“十一五”国家重点图书出版规划项目

《系统与控制丛书》编委会

系统与控制丛书

模型预测控制

陈 虹 著

科 学 出 版 社
北 京

内 容 简 介

本书在状态空间理论的统一框架下系统深入地介绍了预测控制的滚动优化原理、算法和闭环性能. 首先通过本科生熟悉的状态空间模型建立起预测控制从原理到算法和性能分析的每一个细节. 然后, 介绍了阶跃响应模型和脉冲响应模型的状态空间描述, 给出了与传统卷积描述的一致性. 据此, 遵循预测控制的三个步骤“预测系统未来动态–求解优化问题–解的第一个元素作用于系统”和“滚动时域、重复进行”机制推导了无约束的动态矩阵控制(DMC)和模型算法控制(MAC), 分析了闭环性能, 给出了闭环稳定性的分离原理. 然后, 依次讨论了时滞预测控制、约束预测控制、非线性预测控制, 以及稳定性和鲁棒性研究的最新进展. 最后, 介绍了基于滚动优化原理的滚动时域估计和基于现场可编程门阵列(FPGA)的预测控制器实现技术.

本书可作为高等学校自动化及相关专业教师、研究生和高年级本科生的教材或教学参考书, 也可供从事控制系统研发工作的科研人员和工程技术人员参考.

图书在版编目(CIP)数据

模型预测控制/陈虹著. —北京：科学出版社, 2013
(系统与控制丛书)
ISBN 978-7-03-038143-9

Ⅰ. ①模… Ⅱ. ①陈… Ⅲ.①预测控制 Ⅳ. ①TP273

中国版本图书馆 CIP 数据核字 (2013) 第 150398 号

责任编辑: 姚庆爽 / 责任校对: 郑金红
责任印制: 吴兆东 / 封面设计: 迷底书装

科学出版社出版
北京东黄城根北街 16 号
邮政编码：100717
http://www.sciencep.com
保定市中画美凯印刷有限公司印刷
科学出版社发行　各地新华书店经销
*
2013 年 7 月第 一 版　开本: B5(720 × 1000)
2025 年 1 月第五次印刷　印张: 26 1/2
字数: 526 000

定价: 108.00 元
(如有印装质量问题, 我社负责调换)

编者的话

我们生活在一个科学技术飞速发展的信息时代，诸如宇宙飞船、机器人、因特网、智能机器及汽车制造等高新技术对自动化提出了更高的要求。系统与控制理论也因此面临着更大的挑战。它必须要能够为设计高水平的物理或信息系统提供原理和方法，使得设计出的系统能感知并自动适应快速变化的环境。

为帮助系统控制专业的专家、工程师以及青年学生迎接这些挑战，科学出版社和中国自动化学会控制理论专业委员会合作，设立了《系统与控制丛书》的出版项目。丛书分中、英文两个系列，目的是出版一些具有创新思想的高质量著作，内容既可以是新的研究方向，也可以是至今仍然活跃的传统方向。研究生是本丛书的主要读者群，因此，我们强调内容的可读性和表述的清晰。我们希望丛书能达到这些目的，为此，期盼着大家的支持和奉献！

《系统与控制丛书》编委会

2007 年 4 月 1 日

序

从 2002 年为研究生讲授“预测控制”课程的简单讲义到如今能交给出版社的书稿, 整整十年过去了. 期间的修改已无法计数. 但预测控制是一个仍在发展的研究领域, 持续不断的研究与探索必将带来新的认识和观点以及更优的结果. 仅凭作者在“有限时域内”所做的工作难以概全和无误, 望广大读者批评指正, 更需要广大新生代研究者的“滚动优化”努力.

首先感谢吉林大学控制科学与工程专业 2003 年至今所有选修“预测控制”的研究生们, 是他们陪伴着书稿的成长.

感谢我的学生们, 他们为书稿付出了很多的心血: 2005~2006 年马苗苗在我的备课笔记和她的听课笔记的基础上完成第一版讲课用的课件; 2007 年王萍协助完成最初版本中第 3 章和第 4 章例子的选编, 之后一直参与书稿的维护与更新; 2012 年初于树友从德国学成回国后就协助组织了书稿第一个完整版本, 同时协助撰写了第 1 章和第 5 章以及第 7 章; 赵海艳协助撰写了第 8 章; 许芳协助撰写了第 9 章; 曲婷完成附录 A 的证明及第 3 章的整理; 卢晓晖协助撰写了第 4 章和整理了参考文献; 王菲协助整理了第 2 章; 还有许多同学参与整理和阅读了书稿的章节, 恕不一一列举. 更可贵的是, 尽管一遍又一遍的阅读和文字整理占用了他们的宝贵时间, 但他们都无怨无悔地告诉我“老师, 我们从中学到了不少东西呢”.

为师者, 能和一届又一届的学生朋友们一起对工作进行持续不断的探索与优化, 深感欣慰! 希望我们的努力能对学科的发展和技术的进步有所贡献.

从 1992 年获得国家教委的资助去德国留学, 二十年过去了, 进入预测控制这个研究领域也二十年了; 1997 年底回国后拿到的最初资助是国家自然科学基金和教育部优秀年轻教师基金以及留学回国基金; 之后又有国家杰出青年科学基金、国家自然科学基金、教育部、科技部和吉林省科技厅等对工作的持续支持, 研究成果也极大地丰富了书稿内容, 在此一并表示衷心的感谢!

最后也是最重要的, 感谢我的家人, 感谢你们的理解、支持与宽容!

掩卷回首, 满怀感谢!

作　者

2012 年 12 月 31 日于长春

目 录

第1章　绪　　论

1.1　为什么出现预测控制

模型预测控制 (Model Predictive Control, MPC), 又称为滚动时域控制 (Moving Horizon Control, MHC)、后退时域控制 (Receding Horizon Control, RHC)、动态矩阵控制 (Dynamic Matrix Control, DMC) 和广义预测控制 (Generalized Predictive Control, GPC) 等, 是近年来被广泛讨论的一种反馈控制策略. 模型预测控制的机理可以描述为：在每一采样时刻, 根据获得的当前测量信息, 在线求解一个有限时域开环优化问题, 并将得到的控制序列的第一个元素作用于被控对象. 在下一个采样时刻, 重复上述过程：用新的测量值刷新优化问题并重新求解. 在线求解开环优化问题获得开环优化序列是模型预测控制和传统控制方法的主要区别, 因为后者通常是离线求解一个反馈控制律, 并将得到的反馈控制律一直作用于系统.

实际系统中存在各种各样的约束, 例如, 执行机构饱和是对控制输入的约束, 安全生产和环境保护要求某些变量 (温度, 压力和浓度等) 不超过阈值是对系统状态或输出的约束. 另外, 根据质量守恒以及能量 (动能, 势能和热能) 守恒等定理建立机械系统或者化工系统的动力学模型时, 往往会有一些源于机械空间约束或者相平衡关系和其他唯象热力学关系的代数方程[1~3],这些代数方程表示了对系统动力学的约束. 在系统控制设计时如果简单的忽略这些约束, 则可能导致实际系统的控制性能变差, 甚至不稳定[4, 5]. 尽管存在一些可以在设计控制系统时有效处理约束的方法, 他们要么适宜某种特殊类型的系统, 要么适宜处理特殊形式的约束. 例如, 尽管设计的控制器比较保守, 线性矩阵不等式 (Linear Matrix Inequality, LMI) 仍然不失为处理约束线性系统控制的一种有效方法; anti-windup 是处理线性或者非线性系统控制输入饱和的一种有效方法. 由于在线求解的优化问题中很容易包括各种等式和不等式约束, MPC 是处理约束系统控制问题的最有效方法之一.

最优控制通常要求在允许控制集合中找到一个使目标函数最优的控制律或者控制序列. 线性二次最优控制 (Linear Quadratic Regulator, LQR) 是一种广泛讨论的最优控制方法. 无约束线性二次最优控制问题可以通过求解相应的代数 Ricatti 方程或者 Ricatti 代数不等式得到最优控制律. 对于非线性系统, 求取最优控制的问题被转化为求解对应的 Hamilton-Jacobi-Bellman 方程. 考虑到非线性或者约束的存在, 直接求解系统的 Hamilton-Jacobi-Bellman 方程来获得其精确解析解几乎是一个不可能完成的任务. 由于可以将求解最优控制问题转化为在线数值求解有约束的优化问题, 这大大地降低了计算的复杂度, 因而 MPC 是处理约束系统最优控制的一种可行的方法.

因此, 寻求一种能利用计算机的计算能力有效处理系统约束的优化控制算法促成了预测控制的产生与发展. 可以这么说, 预测控制起源于工业应用, 起源于解决实际控制问题, 并且是在工业界首先有成功应用后才有相应的理论研究. 因而沿着已有的论文出版顺序并不能完全了解模型预测控制早期发展的轨迹. 这里只是简要介绍几篇关于预测控制的早期文献, 希望以此勾勒出模型预测控制的早期形态.

(1) **模型算法控制** (Model Algorithm Control, MAC) 或者是模型预测启发控制 (Model Predictive Heuristic Control) 是 Richalet 等[6] 于 1978 年提出的一种控制算法. 但是实际上该算法的思想早在 20 世纪 60 年代末在法国工业企业的锅炉和蒸馏塔的控制中就已经得到了应用. 该算法着眼于解决传统的 PID 控制无法解决的问题, 约束处理和最优性能并非是算法设计时主要考虑的问题[7]. 算法具有概念直观和易于调节的优点. MAC 基于系统的脉冲响应, 并且适用于渐近稳定的线性系统. MAC 算法在通用的性能指标下会出现静差, 这是由于它以输入 u 作为控制量, 本质上导致了比例性质的控制.

(2) **动态矩阵控制** (Dynamic Matrix Control, DMC)[8] 通过在线求解线性规划 (Linear Programming, LP) 或者二次规划 (Quadratic Programming, QP) 问题得到满足约束条件的最优性能. DMC 算法是一种基于对象阶跃响应的预测控制算法, 它适用于渐近稳定的线性系统. 对于弱非线性系统, 由于系统在稳态工作点附近具有近似的线性特性, 因而可以在稳态工作点处做单位阶跃响应实验, 得到系统的单位阶跃响应模型. 对于不稳定系统, 可先用常规 PID 控制使其稳定, 然后再使用 DMC 算法. DMC 算法比较简单、计算量较少、鲁棒性较强, 可方便的应用于纯时滞的对象. DMC 算法以变化量 Δu 直接作为控制量, 在控制中包含了数字积分环节, 因而有无静差的控制性能[9].

(3) **广义预测控制.** Clarke 等在保持最小方差自校正控制原理的基础上, 汲取 DMC 和 MAC 中的多步预测优化策略, 提出了广义预测控制 (Generalized Prediction Control, GPC) 算法[10]. GPC 是一种基于辨识被控过程参数模型且带有自适应机制的预测控制算法. 参数模型的模型参数比非参数模型要少, 因而减少了预测控制算法的计算量. 同时, 为了克服模型参数失配对预测准确性的影响, 在基于参数模型的预测控制算法中, 引进了自适应控制的在线递推算法估计模型参数, 并用估计的参数更新原来的模型参数. 由于将自适应控制与预测控制结合, 能及时修正因过程参数慢时变所引起的预测误差, 从而改善了系统的动态特性[11].

预测控制起源于工业界, 意在解决 PID 控制不易解决的多变量约束优化控制问题. 虽然从理论上说, 鲁棒控制、最优控制和自适应控制也可以解决某一类这样的问题, 但是这些方法或者要求系统的模型精度比较高, 或者只能解决线性系统的控制问题. 一方面, 严格意义上所有的系统都是非线性系统, 即使是线性系统, 由于约束的存在, 系统的动态也表现为非线性特性. 并且对于绝大多数的过程控制系统, 时滞是普遍存在的. 另一方面, 即使得到了精确的系统模型, 为了处理问题的方便, 或者为了系统控制器的可实现性, 我们也往往采用近似的系统模型. 作为一种基于模型的控制系统设计方法, 由于优化问题中的系统模型可以是描述系统动态行为的任意形式的模型, 因而从原理上讲模型预测控制可以处理时变或者非时变、线性或者非线性、有时滞或者无时滞的系统的约束最优控制问题. 这使得 MPC 成为一种适用范围非常广泛的方法.

1.2　预测控制的基本原理

我们以一个简单的给定值控制问题为例介绍预测控制的基本原理. 如图 1.1 所示, 在当前时刻 k, 我们从被控系统得到测量值 $y(k)$. 同时, 我们有一个可以预测系统未来动态的模型. 不计较模型的形式, 我们以熟悉的状态空间模型为例

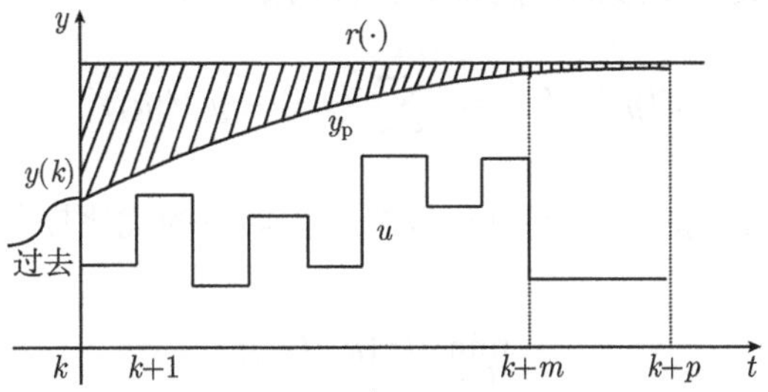

图 1.1　模型预测控制的基本原理

$$x(k+1)=f(x(k),u(k)),\quad x(0)=x_0, \tag{1.1a}$$

$$y(k)=h(x(k),u(k)), \tag{1.1b}$$

其中 $x(k)\in\mathbb{R}^n$, $u(k)\in\mathbb{R}^l$, $y(k)\in\mathbb{R}^q$ 分别表示 k 时刻系统的状态、控制输入和输出. 基于预测模型 (1.1), 我们可以计算 (也就是预测) 系统起始于 $y(k)$ 的未来一段时间内的输出, 记为

$$\{y_p(k+1|k),y_p(k+2|k),\cdots,y_p(k+p|k)\},$$

其中 p 称为预测时域; 括号中的 $k+1|k$ 表示在当前时刻 k 预测 $k+1$ 时刻的输出, 依此类推. 以下也相同. 当然, 因为 (1.1a) 是差分方程, 计算时需要 $x(k)$ 作为预测状态的起点. 在已获得测量输出 $y(k)$ 的情况下, 可以构造状态观测器完成对状态 $x(k)$ 的估计. 这个问题完全依赖于选择什么样的模型作为预测模型, 暂不进一步讨

论. 重要的是, 预测输出的起点是测量值 $y(k)$. 另外, 预测动态系统未来输出时还需要预测时域内的控制输入 U_k,

$$U_k \stackrel{\text{def}}{=\!=} \{u(k|k), u(k+1|k), \cdots, u(k+p-1|k)\}.$$

这正是我们将要求解的优化问题的独立变量.

我们的控制目标是使系统输出 $y(\cdot)$ 跟踪期望的输出, 通常称为参考输入

$$\{r(k+1), r(k+2), \cdots, r(k+p)\},$$

同时满足系统的控制约束和输出约束

$$u_{\min} \leqslant u(k+i) \leqslant u_{\max}, \quad i \geqslant 0,$$
$$y_{\min} \leqslant y(k+i) \leqslant y_{\max}, \quad i \geqslant 0.$$

也就是说, 我们希望寻找最佳的控制输入使得预测的系统输出与期望的系统输出越接近越好, 即图 1.1 中的阴影部分的面积最小. 为此, 我们用预测输出与期望输出之间的累积误差定义一个最简单的优化目标函数如下:

$$J(y(k), U_k) = \sum_{i=k+1}^{k+p} (r(i) - y_p(i|k))^2.$$

那么, "寻找最佳控制输入" 的问题可以描述为如下的优化控制问题.

问题 1.1

$$\min_{U_k} J(y(k), U_k)$$

满足系统动力学方程 (1.1) 和

$$\text{控制约束} \quad u_{\min} \leqslant u(k+i|k) \leqslant u_{\max}, \quad i = 0, 1, \cdots, p-1,$$
$$\text{输出约束} \quad y_{\min} \leqslant y(k+i|k) \leqslant y_{\max}, \quad i = 1, 2, \cdots, p.$$

问题 1.1 有时也称为动态优化问题. 之所以冠于"动态"两字, 是因为优化问题中包含了系统动力学方程 (1.1), 即目标函数是一个沿着系统动态轨迹定义的代价, 约束条件也是对系统动态轨迹 (状态轨迹和输出轨迹) 的约束. 但是, 更多时候我们简称问题 1.1 为优化问题, 或者称为 MPC 的优化问题.

假设优化问题 1.1 有解, 并记 k 时刻的优化解为

$$U_k^* = \{u^*(k|k), u^*(k+1|k), \cdots, u^*(k+p-1|k)\}.$$

显然, 从优化问题 1.1 的函数依赖关系知道 U_k^* 是当前测量值 $y(k)$ 的函数, 即

$$U_k^*(y(k)) = \arg\min_{U_k} J(y(k), U_k).$$

接下来的问题是我们是否可以将 U_k^* 的全部元素作用于系统呢? 答案是否定的. 其中的原因包括:

(1) 因为外部干扰 (external disturbances) 和模型失配 (model-plant mismatch) 的影响, 系统的预测输出和实际输出存在某种偏差. 如果测量值选取得当, 这个偏差在测量值 $y(\cdot)$ 中会有很好的表达. 而优化问题 1.1 的解 U_k^* 依赖于当前的测量值 $y(k)$. 也就是说, 如果将 U_k^* 全部作用于系统, $k+1$ 时刻之后的测量值将不能影响控制动作, 测量值中所包括的外部干扰或模型误差信息将得不到有效的利用. 由此可能导致系统性能变坏甚至是系统失稳.

(2) 一般情况下, 我们无法得到优化问题 1.1 解析解的表达式, 往往采用数值方法求解. 因此, 预测时域 p 一般是有限的, 也就是说, 即使将全部的 U_k^* 作用于系统, 我们也只有在有限时间区域 p 之内的控制量, 不能支撑控制系统的长期运行.

因此, 我们采取的策略是将 k 时刻优化解 U_k^* 的第一个分量 $u^*(k|k)$ 作用于系统, 并且在 $k+1$ 时刻, 以新得到的测量值 $y(k+1)$ 为初始条件重新预测系统未来输出并求解优化问题. 如图 1.1 所示, $k+1$ 时刻的预测时域仍为 p. 随着“当前时间”的向前推移 $(k \to \infty)$, 预测时域也向前滚动, 这也是模型预测控制又名滚动时域控制 (Moving Horizon Control, MHC) 的由来.

因此, 预测控制的基本原理可以概括为: 在每个采样时刻用最新得到的测量值刷新优化问题 1.1, 并求解刷新后的优化问题, 将得到的优化解的第一个分量 $u^*(k|k)$ 作用于系统, 如此循环往复至永远即 $k \to \infty$. 换句话说, 预测控制算法包括三个步骤:

(1) 预测系统未来动态;

(2) (数值) 求解优化问题;

(3) 将优化解的第一个元素 (或者说一部分) 作用于系统.

这三步是在每个采样时刻重复进行的, 且无论采用什么样的模型, 每个采样时刻得到的测量值都将作为预测系统未来动态的初始条件.

注 1.1 根据上述预测控制的基本原理, 需要在每个采样时刻在线求解优化问题 1.1. 因此, 数值求解优化问题的快速性一直是困扰预测控制应用的一个关键问题, 尤其是对于快速动态系统和嵌入式控制系统. 为了降低优化问题的独立变量数, 提高算法的快速性, 一个简单的方法是引入控制时域的概念. 如图 1.1 所示, 一般有控制时域不大于预测时域, 即 $m \leqslant p$. 如果选择控制时域小于预测时域, 即 $m < p$, 同时假设控制时域之外的控制量不变或满足一个给定的控制律, 则 m(而不是 p) 将决定优化问题的独立变量数. 当然, 这样做的代价是减少了优化的自由度.

注 1.2 优化问题 1.1 的独立变量 U_k 中元素是时间的函数, 因此, 从控制理论的角度我们称 1.1 是一个开环优化问题. 相对于寻求最优控制的闭环解, 数值求解这样的开环优化问题要简单得多. 预测控制的基本原理是在每个采样时刻在线求解用最新测量值刷新的优化问题 1.1 并将解的第一个分量作用于系统. 而从函数依赖关系知道优化问题 1.1 的解是当前测量值的函数. 因此, 随着“当前时间”的向前推移, 我们有

$$
\begin{aligned}
k \text{ 时刻:}\quad & \text{作用于系统的控制动作依赖于 } y(k) \\
k+1 \text{ 时刻:}\quad & \text{作用于系统的控制动作依赖于 } y(k+1) \\
k+2 \text{ 时刻:}\quad & \text{作用于系统的控制动作依赖于 } y(k+2) \\
& \vdots
\end{aligned}
$$

可见, 预测控制在线求解相对简单的开环优化问题, 通过滚动优化的机制得到最优控制的一个闭环解. 也许这个解不是最优的, 但应该有次优的特点.

1.3 预测控制的基本特点

自从 1978 年 Richalet 等提出模型算法控制 (MAC)[6] 以来, 在预测控制“滚动时域优化”的思想框架下, 已经有了很多很多的算法. 虽然各类算法在预测模型的形式和优化问题的求解算法上存在诸多差异, 但他们的基本特点都是基于模型的预测、滚动优化和前馈–反馈的控制结构.

1.3.1 基于模型的预测

在预测控制算法中, 需要一个描述对象动态行为的模型. 这个模型的作用是预测系统未来的动态, 因此称为预测模型. 在英文文献中, 预测控制更多地称为模型预测控制. 预测控制也被称为基于模型的控制, 其原因即在于此. 但是, 我们应该强调的是模型在预测控制中的作用, 而不是模型的形式. 也就是说, 用于预测控制的模型应具有预测系统未来动态的功能, 即能够根据系统的当前信息和未来的控制输入, 预测其未来的输出值. 这里, 系统“未来的控制输入”正是用来改变系统的预测输出使之最大限度地接近期望输出的优化独立变量. 至于这个模型具有什么样的表达形式并不重要, 重要的是模型能基于当前测量值预测系统未来动态的功能. 因此, 预测模型通常包括:

(1) 卷积模型, 包括

- 阶跃响应模型;
- 脉冲响应模型.

(2) 机理模型, 包括

- 状态空间模型;
- 传递函数模型.

(3) 模糊 (Fuzzy) 模型.

(4) 人工神经网络 (Neural Network, NN) 模型.

(5) 混沌 (Choas) 模型.

随着建模技术和模型表达形式的不断发展, 我们相信会有更多具有“预测系统未来动态”功能的模型形式加入这个列表.

1.3.2 滚动优化

因为采用有限时域的预测, 还因为存在外部干扰和模型不确定性, 我们不能将求解优化问题得到的最佳控制序列全部作用于系统, 而是将每个采样时刻的优化解的第一个分量作用于系统. 也就是说, 在 k 时刻将优化解 U_k^* 的第一个分量 $u^*(k|k)$ 作用于系统; 在 $k+1$ 时刻, 以新得到的测量值 $y(k+1)$ 为初始条件重新预测系统未来输出并求解优化问题, 再将优化解 U_{k+1}^* 的第一个分量 $u^*(k+1|k+1)$ 作用于系统, 这样重复至时间无穷. 如图 1.1 所示, $k+1$ 时刻的预测时域仍为 p. 因此, 随着“当前时间”的向前推移, 预测时域也向前滚动, 也即

$$\begin{aligned}
k \text{ 时刻:}\quad & \text{预测时间区域为 } [k+1, k+p] \text{ 的系统动态}\\
k+1 \text{ 时刻:}\quad & \text{预测时间区域为 } [k+2, k+p+1] \text{ 的系统动态}\\
k+2 \text{ 时刻:}\quad & \text{预测时间区域为 } [k+3, k+p+2] \text{ 的系统动态}\\
\vdots\quad &
\end{aligned}$$

在每一采样时刻, 预测控制需要通过求解优化问题得到控制量, 因此, 预测控制是一种优化控制算法. 但与通常的离散最优控制算法不同, 预测控制不是采用一个不变的全局优化目标, 而是采用时间向前滚动式的有限时域优化策略. 这意味着优化过程不是一次离线进行, 而是反复在线进行的. 这种有限优化目标的局限性, 使其在理想情况下只能得到全局的次优解. 但其滚动实施, 却能顾及由于模型失配、时变、干扰等引起的不确定性, 及时进行弥补, 始终把新的优化建立在实际的基础上, 使控制保持实际上的最优. 这种启发式的滚动优化策略, 兼顾了对未来充分长时间内的理想优化和实际存在的不确定性的影响, 是最优控制对于对象和环境不确定性的折中妥协. 在复杂的工业环境中, 要比建立在理想条件下的最优控制更加实际与有效.

1.3.3 前馈-反馈控制结构

预测控制求解的是一个开环优化问题, 如何实现反馈控制呢? 这个问题在前面阐述预测控制基本原理时已经讨论了. 这里, 我们再明确一下. 预测控制在每个采样时刻在线求解优化问题 1.1 并将解的第一个分量作用于系统, 即 k 时刻的控制量定义为

$$u(k) \stackrel{\text{def}}{=\!=} u^*(k|k).$$

优化问题 1.1 中动力学方程 (1.1) 的初始条件是当前时刻的测量值 $y(k)$, 因此, 其解是当前测量值 $y(k)$ 的函数, 也即

$$u(k) = f_u(y(k)). \tag{1.2}$$

一般情况下, 我们并不能知道函数 $f_u(\cdot)$ 的具体表达式, 只知道在每个采样时刻的函数值即 $u^*(k|k)$, 但是 (1.2) 很明确表明: 这是一个反馈控制律.

进一步, 如果用于预测系统未来动态的模型是线性的, 优化的目标函数是二次型的, 且不考虑控制约束和输出约束, 则我们可以很容易找到优化问题 1.1 的解析解. 根据预测控制的基本原理, 取第一个元素可以得到无约束线性预测控制律的解析表达式. 第 2~4 章将给出详细推导, 这里只列出结果.

(1) 单位阶跃响应模型作为预测模型

$$\Delta u(k) = K_{\text{mpc}}\left(R(k+1) - \mathcal{M}\hat{Y}(k) - \mathcal{S}_d\Delta d(k)\right),$$

其中 $\Delta u(k)$ 是控制增量; $K_{\text{mpc}}, \mathcal{M}, \mathcal{S}_d$ 是与系统的单位阶跃响应系数等相关的控制器参数, 分别由式 (3.64), (3.55) 计算.

(2) 脉冲响应模型作为预测模型

$$u(k) = K_{\text{mpc}}\left(R(k+1) - \mathcal{M}\hat{Y}(k) - \mathcal{H}_d d(k)\right),$$

其中 $K_{\text{mpc}}, \mathcal{M}, \mathcal{H}_d$ 是与系统的脉冲响应系数等相关的控制器参数, 分别由式 (4.59), (4.49) 计算.

(3) 状态空间模型作为预测模型

$$\Delta u(k) = K_{\text{mpc}}\left(R(k+1) - \mathcal{S}_x\Delta x(k) - \mathcal{I}C_c x(k) - \mathcal{S}_d\Delta d(k)\right),$$

其中 $K_{\text{mpc}}, \mathcal{S}_x, \mathcal{I}, \mathcal{S}_d$ 是与系统状态矩阵等相关的控制器参数, 分别由式 (2.34), (2.14a)~(2.14c) 计算.

从上述三个无约束预测控制律的表达式, 我们可以分析得出:

(1) $R(k+1)$ 是在预测时域内的参考输入, 因此, 预测控制中有基于未来参考输入的前馈补偿;

(2) $d(k)$ ($\Delta d(k)$) 是可测干扰 (的增量), 因此, 预测控制中有基于可测干扰的前馈补偿;

(3) $x(k)$ (或 $\Delta x(k)$), $\hat{Y}(k)$ 是由测量值或由测量值计算得到的系统状态值. 因此, 预测控制中有基于测量值的反馈补偿.

综上, 预测控制具有前馈-反馈控制结构. 这正是预测控制能获得好的控制性能的原因.

预测控制的三个步骤“预测系统未来动态—(数值) 求解优化问题—解的第一个元素作用于系统”是在每个采样时刻重复进行的, 而预测系统未来动态的起点是当前的测量值, 即用每个采样时刻的测量值作为动力学预测的初始条件. 这种机制赋予预测控制的特点还包括

(1) 显式和主动处理约束. 在设计预测控制器时, 满足时域范围内的约束条件的需求是以其原来的形式直接表达为优化问题的约束条件. 例如, 执行机构的饱和约束就是直接表达为优化问题 1.1 的控制约束, 即我们不需要对饱和约束 $u_{\min} \leqslant u(k) \leqslant u_{\max}$ 做任何变换. 这种直接表达的一个显而易见的优点是没有保守性, 即通过优化, 控制系统可以充分利用允许的控制动作, 提高性能. 另外, 在预测系统未来动态的过程中, 可以预见未来可能发生的约束违背, 从而调整当前时刻的控制动作, 使系统能够避免约束违背. 因此, 预测控制对时域约束的处理还有一定的主动性.

(2) 算法可以进一步扩展, 如经济 MPC、基于 MPC 的容错控制. 式 (1.1) 只是给出了预测控制的优化问题的一个最为简单的例子. 首先, 目标函数可以不是二次型的, 甚至不是正定的, 例如, 需要优化的是经济效益, 这就引出了经济 MPC[12]. 其次, 根据预测控制的基本原理, 我们在每个采样时刻采用数值方法求解预测控制的优化问题. 原则上讲, 我们并没有要求这个优化问题在每个采样时刻是一致的, 即具有相同的目标函数和相同的约束条件[13]. 我们也没有规定每个采样时刻用于预测系统未来动态的模型应该是一样[14]. 因此, 执行机构故障和传感器故障可以表达为不同的预测模型, 通过在线切换到不同的预测模型使得设计的控制系统具有容错能力[15]. 当然, 这类预测控制的优化问题求解和稳定性分析等并不是如叙述原理那么简单.

1.4 本书概貌

鉴于研究生已经具备一定的控制理论基础知识, 熟悉控制系统的状态空间模型描述, 本书将在第 1 章介绍预测控制基本原理的基础上, 第 2 章介绍基于状态空间模型的预测控制. 按照预测控制基本原理的三个步骤“预测系统未来动态—(数值) 求解优化问题—解的第一个元素作用于系统”和“滚动时域、重复进行”的机制, 推导基于状态空间模型的预测输出方程, 依次给出无约束预测控制的优化问题描述、优化问题求解和预测控制律. 讨论预测控制的前馈-反馈结构, 并在状态空间理论框架下分析闭环系统的稳定性 (分离原理) 和性能. 通过熟悉的状态空间模型建立起预测控制从基本原理到算法和系统分析的每一个细节, 加深对预测控制基本原理的理解.

第 3 章介绍基于阶跃响应的模型预测控制. 首先我们定义了一个有别于传统机理模型中状态变量的系统“状态”: 假设系统 N 个采样后进入稳态, 定义系统在

k 时刻的“状态”为

$$Y(k) \stackrel{\text{def}}{=} \left\{ \begin{array}{l} [y(k), y(k+1), \cdots, y(k+N-2), y(k+N-1)]^{\mathrm{T}} \\ \text{在 } \Delta u(k+i) = 0, i = 0, 1, \cdots N-1 \text{的条件下} \end{array} \right\}. \tag{1.3}$$

也就是说, 系统状态是系统“自由响应”的 N 个采样值. 在此基础上, 推导单输入单输出 (Signal Input Signal Output, SISO) 稳定系统单位阶跃响应模型的状态空间表达式

$$Y(k) = M_{ss}Y(k-1) + S\Delta u(k-1), \tag{1.4}$$

其中 S 是单位阶跃响应系数; M_{ss} 是一个常数矩阵. 可以证明, (1.4) 与单位阶跃响应模型的传统卷积表达式是一致的. 因此, 我们将动态矩阵控制 (DMC) 的算法推导移植到状态空间理论的框架下, 并应用状态空间理论分析无约束 DMC 的闭环稳定性, 得到无约束 DMC 闭环系统的分离原理. 进而, 讨论多输入多输出 (Multiple Input Multiple Output, MIMO) 系统的无约束 DMC 和时滞系统的无约束 DMC.

概括一下在状态空间理论框架下讨论 DMC 带来的优点包括有

(1) 算法推导遵循预测控制基本原理的三个步骤“预测系统未来动态—求解优化问题—解的第一个元素作用于系统”和“滚动时域、重复进行”的机制, 思路清晰, 容易理解.

(2) 传统 DMC 算法中“一步预测和校正”可以清晰的解释为因为状态不完全可以测量 (只有第一个状态分量是可以测量得到) 而需要做的状态估计. 而在状态空间理论框架下, 我们还可以用极点配置或 Kalman 滤波等方法设计这个状态估计器.

(3) 可以应用状态空间理论分析无约束线性预测控制的闭环稳定性分析, 得到分离原理.

(4) 时滞系统与无时滞系统单位阶跃响应模型在状态空间表达式的形式上是完全一致的, 唯一的区别在于模型 (1.4) 中 S 的前 θ 个元素取值为 0, 其中 θ 是时滞时间. 因此, 我们可以采用与无时滞系统 DMC 相同的思路, 推导时滞系统无约束 DMC 的算法和分析闭环系统.

第 4 章采用相同的思路介绍基于脉冲响应的模型预测控制, 即首先推导脉冲响应模型的状态空间描述, 并证明与传统卷积表达式的一致性. 然后, 将模型算法控制 (MAC) 的算法推导移植到状态空间理论的框架下, 并应用状态空间理论分析无约束 MAC 的闭环稳定性, 得到分离原理, 以及改进 MAC 等.

第 5 章介绍线性系统约束预测控制. 首先介绍约束动态矩阵控制 (约束 DMC), 包括约束优化问题描述、约束优化问题求解及约束 DMC 的闭环控制. 然后, 采用相同的思路介绍约束模型算法控制 (约束 MAC) 和基于状态空间模型的约束预测控制. 前两章的讨论已经知道, 单位阶跃响应模型和脉冲响应模型均有完全对应的

状态空间描述形式. 因此, 第 5 章的最后一节将利用状态空间稳定性理论讨论约束线性预测控制的闭环稳定性, 给出预测控制稳定性研究的一个基本框架.

第 6 章讨论基于非线性模型的预测控制. 在介绍非线性预测控制的优化问题描述及其求解的基础上, 详细讨论一种经典的非线性预测控制算法 —— 准无限时域预测控制方法. 首先讨论具有二次型目标函数的准无限时域非线性预测控制算法. 与传统的二次目标函数预测控制算法相比, 该预测控制算法仅在优化问题描述中加入了终端惩罚项 $x(t+T_p)^{\mathrm{T}}Px(t+T_p)$ 和终端不等式约束 $x(t+T_p)\in\Omega$. 有了终端不等式约束和终端惩罚这两个基本要素, 以及需要满足的条件 (不变性和 Hamilton-Jacobi-Bellman 不等式), 就可以证明滚动优化问题的值函数是不增的, 进而证明预测控制闭环系统的稳定性. 除了要求对称正定外, 二次目标函数中的性能参数 Q 和 R 是可以自由选择的. 因此, 所讨论的准无限时域非线性预测控制算法能实现某种程度的稳定性和控制性能的分离. 随后, 我们又讨论了具有广义目标函数的准无限时域预测控制算法 (离散系统和连续系统). 这里所谓的广义, 是指阶段代价除了二次正定函数外, 可以是其他任何意义的正定函数. 与其他也能保证渐近稳定的非线性预测控制算法 (如终端等式约束和无限时域) 比较, 准无限时域非线性预测控制算法不仅能保证稳定性, 在线计算方面也更具优势.

第 7 章讨论鲁棒预测控制. 首先讨论基于博弈论的约束非线性预测控制方法, 并将终端不等式约束和终端惩罚的概念推广到讨论预测控制鲁棒稳定性的情况, 给出了鲁棒预测控制的 minimax 问题描述, 终端不等式约束和终端惩罚需要满足的条件 (鲁棒不变性和 Hamilton-Jacobi-Bellman 不等式), 以及基于耗散理论的鲁棒性证明方法. 由于预测控制算法需要在线求解优化问题, 鉴于在线求解约束非线性 minimax 问题的困难, 这部分内容更多的是给出了鲁棒预测控制的理论框架. 之后, 我们将讨论的重点放在可计算的 (computationally tractable) 鲁棒预测控制算法上. 7.3 节讨论了约束线性系统的滚动时域 $\mathcal{H}_\infty$ 控制算法: 采用无限预测时域并用最简单的反馈律 $u=Kx$ 参数化整个预测时域内的控制序列, 以及时域约束的不变椭圆域方法. 这样, 需要在线求解的是一个凸的可以有效计算的 LMI 最小化问题. 还详细讨论了保证闭环预测控制系统 $\mathcal{H}_\infty$ 性能的耗散约束. 7.4 节应用拉格朗日松弛法将鲁棒预测控制的约束 minimax 问题转化为约束最小化问题, 从而从理论上建立起 minimax 问题与 7.3 节以及后续章节的 LMI 最小化问题之间的联系. 有了这个统一的框架和思路, 7.5 节讨论了约束不确定线性系统的滚动时域 $\mathcal{H}_\infty$ 控制算法, 7.6 节讨论了非线性系统的滚动时域 $\mathcal{H}_\infty$ 跟踪控制算法.

第 8 章介绍基于预测控制滚动优化原理的滚动时域估计方法. 首先分别从概率估计的角度和预测控制的角度推导了滚动时域估计算法. 然后, 讨论了全信息滚动时域估计算法, 以及引入到达代价函数将全信息估计问题转化为有限时域估计问题, 从而给出了有限时域滚动时域估计算法. 特别地, 8.2.5 节详细讨论了滚动时域估计与卡尔曼估计之间的关系, 得出对无约束线性系统, 如果取滚动时域窗口长度 $N=1$ 且将上一个时刻的状态优化估计值作为当前时刻对起始状态的先验估计, 则滚动时域估计算法与卡尔曼滤波算法等价. 在此基础上, 通过对到达代价函数的近似, 给出了可以数值求解的近似滚动时域估计算法. 最后一节给出了一些应用滚动时域估计方法的例子.

第 9 章从硬件实现角度出发, 以约束线性预测控制算法及对偶优化算法为理论基础, 介绍了基于现场可编程门阵列 (Field Programmable Gate Array, FPGA) 及片上可编程系统 (System on Programmable Chi, SoPC) 方案的预测控制器的设计流程, 基于 FPGA 和 dSPACE 实时仿真系统的实验平台. 最后以预测控制在汽车电子节气门控制中的应用为例, 通过实时仿真实验验证了 MPC-FPGA 控制器的实时性.

第 2 章　基于状态空间模型的预测控制

本章将通过熟悉的状态空间模型建立起预测控制从基本原理到算法和系统分析的每一个细节. 按照预测控制基本原理的三个步骤“预测系统未来动态 — 求解优化问题 — 解的第一个元素作用于系统”和“滚动时域、重复进行”的机制, 推导基于状态空间模型的预测方程, 依次给出无约束预测控制的优化问题描述、求解和预测控制律. 通过对预测控制律的进一步分析得出预测控制具有前馈-反馈结构, 并在状态空间理论框架下分析闭环系统的稳定性 (分离原理) 和性能.

2.1　状态空间模型

考虑线性离散时间系统的状态空间模型如下:

$$x(k+1) = Ax(k) + B_u u(k) + B_d d(k)\,, \tag{2.1a}$$

$$y_c(k) = C_c x(k)\,, \tag{2.1b}$$

其中 $x(k) \in \mathbb{R}^{n_x}$ 是状态变量; $u(k) \in \mathbb{R}^{n_u}$ 是控制输入变量; $y_c(k) \in \mathbb{R}^{n_c}$ 是被控输出变量; $d(k) \in \mathbb{R}^{n_d}$ 是可以测量的外部干扰变量. 上面的离散时间模型与连续时间模型

$$\dot{x}(t) = A_c x(t) + B_{cu} u(t) + B_{cd} d(t), \tag{2.2a}$$

$$y_c(t) = C_c x(t), \tag{2.2b}$$

之间有如下的转化关系:

$$A = \mathrm{e}^{A_c T_s}\,, \tag{2.3a}$$

$$B_u = \int_0^{T_s} \mathrm{e}^{A_c \tau} \mathrm{d}\tau \cdot B_{cu}\,, \tag{2.3b}$$

$$B_d = \int_0^{T_s} \mathrm{e}^{A_c \tau} \mathrm{d}\tau \cdot B_{cd}\,, \tag{2.3c}$$

其中 T_s 是系统的采样时间.

2.2 预测方程

这一节我们将讨论预测控制基本原理的第一个步骤：基于模型预测系统未来动态. 假设系统的全部状态都是可以测量的. 为了引入积分以减少或消除静态误差, 将模型 (2.1) 改写为增量模型

$$\Delta x(k+1) = A\Delta x(k) + B_u\Delta u(k) + B_d\Delta d(k)\,, \tag{2.4a}$$

$$y_c(k) = C_c\Delta x(k) + y_c(k-1)\,, \tag{2.4b}$$

其中

$$\Delta x(k) = x(k) - x(k-1)\,,$$
$$\Delta u(k) = u(k) - u(k-1)\,,$$
$$\Delta d(k) = d(k) - d(k-1)\,.$$

根据预测控制的基本原理, 首先以最新测量值为初始条件, 基于模型 (2.4) 预测系统未来的动态. 为此, 设定预测时域为 p, 控制时域为 m 且 $m \leqslant p$. 为了推导系统的预测方程, 我们需要做如下的假设：

A2.2.1) 控制时域之外, 控制量不变, 即 $\Delta u(k+i) = \mathbf{0}$, $i = m, m+1, \cdots, p-1$.

A2.2.2) 可测干扰在 k 时刻之后不变, 即 $\Delta d(k+i) = \mathbf{0}$, $i = 1, 2, \cdots, p-1$.

假设 A2.2.1) 是因为控制时域有可能小于预测时域, 而预测系统未来动态需要在整个预测时域的控制输入; 假设 A2.2.2) 是因为在当前时刻 (k 时刻), 我们还不知道干扰的未来取值. 当然, 针对这两个问题, 我们可以有其他形式的假设.

在当前时刻 k, 测量值为 $x(k)$, 可以计算 $\Delta x(k) = x(k) - x(k-1)$. 这个 $\Delta x(k)$ 将作为预测系统未来动态的起点. 由 (2.4) 可以预测 $k+1$ 到 $k+3$ 时刻的状态 (实际上是状态增量, 简单起见称为状态) 如下：

$$\Delta x(k+1|k) = A\Delta x(k) + B_u\Delta u(k) + B_d\Delta d(k)\,, \tag{2.5a}$$

$$\begin{aligned}\Delta x(k+2|k) &= A\Delta x(k+1|k) + B_u\Delta u(k+1) + B_d\Delta d(k+1)\\ &= A^2\Delta x(k) + AB_u\Delta u(k) + B_u\Delta u(k+1) + AB_d\Delta d(k)\,,\end{aligned} \tag{2.5b}$$

$$\begin{aligned}\Delta x(k+3|k) &= A\Delta x(k+2|k) + B_u\Delta u(k+2) + B_d\Delta d(k+2)\\ &= A^3\Delta x(k) + A^2B_u\Delta u(k) + AB_u\Delta u(k+1)\\ &\quad + B_u\Delta u(k+2) + A^2B_d\Delta d(k)\,.\end{aligned} \tag{2.5c}$$

上式中, $k+1|k$ 表示 k 时刻对 $k+1$ 时刻的预测; 符号 "|" 后面的 k 表示当前时刻为 k. 进而, 可以预测 $k+m$ 至 $k+p$ 时刻的状态

$$
\begin{aligned}
\Delta x(k+m|k) &= A\Delta x(k+m-1|k) + B_u\Delta u(k+m-1) + B_d\Delta d(k+m-1) \\
&= A^m\Delta x(k) + A^{m-1}B_u\Delta u(k) + A^{m-2}B_u\Delta u(k+1) \\
&\quad + \cdots + B_u\Delta u(k+m-1) + A^{m-1}B_d\Delta d(k)\,, \qquad (2.6) \\
&\ \ \vdots \\
\Delta x(k+p|k) &= A\Delta x(k+p-1|k) + B_u\Delta u(k+p-1) + B_d\Delta d(k+p-1) \\
&= A^p\Delta x(k) + A^{p-1}B_u\Delta u(k) + A^{p-2}B_u\Delta u(k+1) \\
&\quad + \cdots + A^{p-m}B_u\Delta u(k+m-1) + A^{p-1}B_d\Delta d(k)\,. \qquad (2.7)
\end{aligned}
$$

进一步, 由输出方程 (2.4b) 可以预测 $k+1$ 至 $k+p$ 的被控输出

$$
\begin{aligned}
y_c(k+1|k) &= C_c\Delta x(k+1|k) + y_c(k) \\
&= C_cA\Delta x(k) + C_cB_u\Delta u(k) + C_cB_d\Delta d(k) + y_c(k)\,, \qquad (2.8) \\
y_c(k+2|k) &= C_c\Delta x(k+2|k) + y_c(k+1|k) \\
&= (C_cA^2 + C_cA)\Delta x(k) + (C_cAB_u + C_cB_u)\Delta u(k) \\
&\quad + C_cB_u\Delta u(k+1) + (C_cAB_d + C_cB_d)\Delta d(k) + y_c(k)\,, \qquad (2.9) \\
&\ \ \vdots \\
y_c(k+m|k) &= C_c\Delta x(k+m|k) + y_c(k+m-1|k) \\
&= \sum_{i=1}^{m} C_cA^i\Delta x(k) + \sum_{i=1}^{m} C_cA^{i-1}B_u\Delta u(k) \\
&\quad + \sum_{i=1}^{m-1} C_cA^{i-1}B_u\Delta u(k+1) + \cdots \\
&\quad + C_cB_u\Delta u(k+m-1) \\
&\quad + \sum_{i=1}^{m} C_cA^{i-1}B_d\Delta d(k) + y_c(k)\,, \qquad (2.10) \\
&\ \ \vdots \\
y_c(k+p|k) &= C_c\Delta x(k+p|k) + y_c(k+p-1|k) \\
&= \sum_{i=1}^{p} C_cA^i\Delta x(k) + \sum_{i=1}^{p} C_cA^{i-1}B_u\Delta u(k)
\end{aligned}
$$

$$+\sum_{i=1}^{p-1} C_c A^{i-1} B_u \Delta u(k+1) + \cdots$$
$$+\sum_{i=1}^{p-m+1} C_c A^{i-1} B_u \Delta u(k+m-1)$$
$$+\sum_{i=1}^{p} C_c A^{i-1} B_d \Delta d(k) + y_c(k)\,. \tag{2.11}$$

定义 p 步预测输出向量和 m 步输入向量如下:

$$Y_p(k+1|k) \overset{\text{def}}{=\!=} \begin{bmatrix} y_c(k+1|k) \\ y_c(k+2|k) \\ \vdots \\ y_c(k+p|k) \end{bmatrix}_{p\times 1}, \tag{2.12a}$$

$$\Delta U(k) \overset{\text{def}}{=\!=} \begin{bmatrix} \Delta u(k) \\ \Delta u(k+1) \\ \vdots \\ \Delta u(k+m-1) \end{bmatrix}_{m\times 1}. \tag{2.12b}$$

注 2.1　矩阵下标表示的是矩阵中向量 (或标量) 的个数, 不一定是矩阵的维数. 例如, 上式中, $p\times 1$ 仅表示 $Y_p(k+1|k)$ 矩阵中 y_c 的个数, 当 y_c 是向量时, $p\times 1$ 并不等于矩阵的维数.

那么, 对系统未来 p 步预测的输出可以由下面的预测方程计算:

$$Y_p(k+1|k) = \mathcal{S}_x \Delta x(k) + \mathcal{I} y_c(k) + \mathcal{S}_d \Delta d(k) + \mathcal{S}_u \Delta U(k)\,, \tag{2.13}$$

其中

$$\mathcal{S}_x = \begin{bmatrix} C_c A \\ \sum_{i=1}^{2} C_c A^i \\ \vdots \\ \sum_{i=1}^{p} C_c A^i \end{bmatrix}_{p\times 1}, \quad \mathcal{I} = \begin{bmatrix} I_{n_c\times n_c} \\ I_{n_c\times n_c} \\ \vdots \\ I_{n_c\times n_c} \end{bmatrix}_{p\times 1}, \tag{2.14a}$$

$$\mathcal{S}_d = \begin{bmatrix} C_cB_d \\ \sum_{i=1}^{2} C_cA^{i-1}B_d \\ \vdots \\ \sum_{i=1}^{p} C_cA^{i-1}B_d \end{bmatrix}_{p\times 1}, \tag{2.14b}$$

$$\mathcal{S}_u = \begin{bmatrix} C_cB_u & \mathbf{0} & \mathbf{0} & \cdots & \mathbf{0} \\ \sum_{i=1}^{2} C_cA^{i-1}B_u & C_cB_u & \mathbf{0} & \cdots & \mathbf{0} \\ \vdots & \vdots & \vdots & \ddots & \vdots \\ \sum_{i=1}^{m} C_cA^{i-1}B_u & \sum_{i=1}^{m-1} C_cA^{i-1}B_u & \cdots & \cdots & C_cB_u \\ \vdots & \vdots & \vdots & \ddots & \vdots \\ \sum_{i=1}^{p} C_cA^{i-1}B_u & \sum_{i=1}^{p-1} C_cA^{i-1}B_u & \cdots & \cdots & \sum_{i=1}^{p-m+1} C_cA^{i-1}B_u \end{bmatrix}_{p\times m}. \tag{2.14c}$$

上式中 $\mathcal{S}_u$ 的下三角形式直接反映了系统在时间上的因果关系, 即 $k+1$ 时刻的输入对 k 时刻的输出没有影响, $k+2$ 时刻的输入对 k 和 $k+1$ 时刻的输出没有影响, 等等.

2.3 无约束预测控制

这一节讨论如何实施预测控制的第二步和第三步: 求解优化问题和将优化解的第一个元素作用于系统. 在求解优化问题之前, 我们首先需要明确优化问题的数学描述.

2.3.1 开环优化问题的数学描述

目标函数的选取反映了对系统性能的要求, 如希望被控输出接近参考输入, 则可选取如下的最简单形式:

$$J = \sum_{i=1}^{p}\sum_{j=1}^{n_c}\left(\Gamma_{y_j}(y_{cj}(k+i|k) - r_j(k+i))\right)^2, \tag{2.15}$$

其中 $r_j(k+i), i=1,2,\cdots,p$ 为给定的参考输入序列的第 j 个分量; Γ_{y_j} 是对第 j 个预测控制输出误差的加权因子. 加权因子越大, 表明我们期望对应的控制输出越接近给定的参考输入. 在整个预测时域中, 加权因子也可以不一样, 即采用时变加权因子, 目标函数如下:

$$\begin{aligned} J &= \sum_{i=1}^{p}\sum_{j=1}^{n_c}\left(\Gamma_{y_j,i}(y_{cj}(k+i|k)-r_j(k+i))\right)^2 \\ &= \sum_{i=1}^{p}\left\|\Gamma_{y,i}\left(y_c(k+i|k)-r(k+i)\right)\right\|^2 , \end{aligned} \tag{2.16}$$

其中 $\Gamma_{y_j,i}$ 是在预测时刻 i 对预测控制输出第 j 个分量误差的加权因子, 以及

$$\Gamma_{y,i} \overset{\text{def}}{=\!=} \operatorname{diag}(\Gamma_{y_1,i}, \Gamma_{y_2,i}, \cdots, \Gamma_{y_{n_c},i}) .$$

经常地, 我们还希望控制动作变化不要太大, 即采用如下目标函数:

$$J = \sum_{i=1}^{p}\left\|\Gamma_{y,i}\left(y_c(k+i|k)-r(k+i)\right)\right\|^2 + \sum_{i=1}^{m}\left\|\Gamma_{u,i}\Delta u(k+i-1)\right\|^2 , \tag{2.17}$$

其中

$$\Gamma_{u,i} \overset{\text{def}}{=\!=} \operatorname{diag}(\Gamma_{u_1,i}, \Gamma_{u_2,i}, \cdots, \Gamma_{u_{n_u},i})$$

且 $\Gamma_{u_j,i}$ 是在预测时刻 i 对控制增量第 j 个分量的加权因子, 控制加权因子 $\Gamma_{u,i}$ 越大, 表明我们期望对应的控制动作变化越小. 因此, 开环优化问题可以描述如下.

问题 2.1

$$\min_{\Delta U(k)} J\left(x(k), \Delta U(k), m, p\right) \tag{2.18}$$

满足系统动力学 $(i=0,1,\cdots,p)$

$$\Delta x(k+i+1|k) = A\Delta x(k+i|k) + B_u\Delta u(k+i) + B_d\Delta d(k+i) , \tag{2.19a}$$

$$\Delta x(k|k) = \Delta x(k) , \tag{2.19b}$$

$$y_c(k+i|k) = C_c\Delta x(k+i|k) + y_c(k+i-1|k) , \tag{2.19c}$$

其中

$$\begin{aligned} J\left(x(k), \Delta U(k), m, p\right) = &\sum_{i=1}^{p}\left\|\Gamma_{y,i}\left(y_c(k+i|k)-r(k+i)\right)\right\|^2 \\ &+ \sum_{i=1}^{m}\left\|\Gamma_{u,i}\Delta u(k+i-1)\right\|^2 . \end{aligned} \tag{2.20}$$

将 (2.20) 写成矩阵向量形式, 则

$$J\left(x(k), \Delta U(k), m, p\right) = \left\| \Gamma_y \left(Y_p(k+1|k) - R(k+1)\right)\right\|^2 + \left\|\Gamma_u \Delta U(k)\right\|^2, \tag{2.21}$$

其中 $Y_p(k+1|k)$ 由预测方程 (2.13) 给出. 上式中, 加权矩阵为

$$\Gamma_y = \mathrm{diag}(\Gamma_{y,1}, \Gamma_{y,2}, \cdots, \Gamma_{y,p}), \tag{2.22a}$$

$$\Gamma_u = \mathrm{diag}(\Gamma_{u,1}, \Gamma_{u,2}, \cdots, \Gamma_{u,m}), \tag{2.22b}$$

参考输入序列为

$$R(k+1) = \begin{bmatrix} r(k+1) \\ r(k+2) \\ \vdots \\ r(k+p) \end{bmatrix}_{p\times 1}. \tag{2.23}$$

2.3.2 开环优化问题的求解

为了方便求解优化问题 2.1, 定义辅助变量

$$\rho \overset{\mathrm{def}}{=\!=} \begin{bmatrix} \Gamma_y \left(Y_p(k+1|k) - R(k+1)\right) \\ \Gamma_u \Delta U(k) \end{bmatrix}, \tag{2.24}$$

则目标函数 (2.21) 变为

$$J\left(x(k), \Delta U(k), m, p\right) = \rho^{\mathrm{T}} \rho. \tag{2.25}$$

将预测方程 (2.13) 代入 (2.24), 得

$$\begin{aligned} \rho &= \begin{bmatrix} \Gamma_y \left(\mathcal{S}_x \Delta x(k) + \mathcal{I} y_c(k) + \mathcal{S}_d \Delta d(k) + \mathcal{S}_u \Delta U(k) - R(k+1)\right) \\ \Gamma_u \Delta U(k) \end{bmatrix} \\ &= \begin{bmatrix} \Gamma_y \mathcal{S}_u \\ \Gamma_u \end{bmatrix} \Delta U(k) \\ &\quad - \begin{bmatrix} \Gamma_y \overbrace{\left(R(k+1) - \mathcal{S}_x \Delta x(k) - \mathcal{I} y_c(k) - \mathcal{S}_d \Delta d(k)\right)}^{E_p(k+1|k)} \\ \mathbf{0} \end{bmatrix} \\ &= \underbrace{\begin{bmatrix} \Gamma_y \mathcal{S}_u \\ \Gamma_u \end{bmatrix} \Delta U(k)}_{Az} - \underbrace{\begin{bmatrix} \Gamma_y E_p(k+1|k) \\ \mathbf{0} \end{bmatrix}}_{b} \\ &= Az - b. \end{aligned} \tag{2.26}$$

上式中

$$z = \Delta U(k), \quad A = \begin{bmatrix} \Gamma_y \mathcal{S}_u \\ \Gamma_u \end{bmatrix}, \quad b = \begin{bmatrix} \Gamma_y E_p(k+1|k) \\ \mathbf{0} \end{bmatrix}, \tag{2.27}$$

$$E_p(k+1|k) = R(k+1) - \mathcal{S}_x \Delta x(k) - \mathcal{I} y_c(k) - \mathcal{S}_d \Delta d(k). \tag{2.28}$$

因此, 无约束预测控制的开环优化问题 2.1 变为

$$\min_z \rho^{\mathrm{T}} \rho, \text{ 其中 } \rho = Az - b. \tag{2.29}$$

由 $\rho^{\mathrm{T}}\rho = (Az-b)^{\mathrm{T}}(Az-b)$ 的极值条件

$$\frac{\mathrm{d}\rho^{\mathrm{T}}\rho}{\mathrm{d}z} = 2\left(\frac{\mathrm{d}\rho}{\mathrm{d}z}\right)^{\mathrm{T}} \rho = 2A^{\mathrm{T}}(Az-b) = 0 \tag{2.30}$$

得极值解为

$$z^* = (A^{\mathrm{T}}A)^{-1}A^{\mathrm{T}}b. \tag{2.31}$$

又由

$$\frac{\mathrm{d}^2(\rho^{\mathrm{T}}\rho)}{\mathrm{d}z^2} = 2A^{\mathrm{T}}A > 0 \tag{2.32}$$

知式 (2.31) 是取得最小值的解. 将式 (2.27) 代入式 (2.31), 得到优化问题 2.1 的解, 即 k 时刻的最优控制序列为

$$\Delta U^*(k) = \left(\mathcal{S}_u^{\mathrm{T}} \Gamma_y^{\mathrm{T}} \Gamma_y \mathcal{S}_u + \Gamma_u^{\mathrm{T}} \Gamma_u\right)^{-1} \mathcal{S}_u^{\mathrm{T}} \Gamma_y^{\mathrm{T}} \Gamma_y E_p(k+1|k), \tag{2.33}$$

其中 $E_p(k+1|k)$ 由 (2.28) 计算.

注 2.2　在目标函数 (2.20) 中, 通过加权考虑了对控制动作变化不能太大的要求, 但是这是对控制增量的软约束. 因此, 在模型预测控制的术语中仍称为无约束预测控制. 约束预测控制是指在优化问题中显式包含形如

$$\begin{aligned} &u_{\min} \leqslant u(k+i) \leqslant u_{\max}, \quad i = 0, 1, \cdots, m-1 \\ &\Delta u_{\min} \leqslant \Delta u(k+i) \leqslant \Delta u_{\max}, \quad i = 0, 1, \cdots, m-1 \end{aligned}$$

的时域硬约束.

注 2.3　这一节讨论的是预测控制基本原理的第二个步骤: (数值) 求解优化问题. 由于我们采用的预测模型是线性的, 目标函数是二次型的, 且没有考虑时域硬约束, 因此, 可以得到优化问题的解析解, 无须采用数值方法求解.

2.3.3 预测控制闭环解

根据模型预测控制的基本原理, 只有开环最优控制序列的第一个元素将作用于系统 (即预测控制基本原理的第三个步骤: 优化解的第一个元素作用于系统), 即

$$\begin{aligned}\Delta u(k) &= \begin{bmatrix} I_{n_u\times n_u} & \mathbf{0} & \cdots & \mathbf{0}\end{bmatrix}_{1\times m}\Delta U^*(k)\\ &= \begin{bmatrix} I_{n_u\times n_u} & \mathbf{0} & \cdots & \mathbf{0}\end{bmatrix}_{1\times m}\left(\mathcal{S}_u^{\mathrm{T}}\Gamma_y^{\mathrm{T}}\Gamma_y\mathcal{S}_u+\Gamma_u^{\mathrm{T}}\Gamma_u\right)^{-1}\mathcal{S}_u^{\mathrm{T}}\Gamma_y^{\mathrm{T}}\Gamma_y E_p(k+1|k).\end{aligned}$$

定义预测控制增益

$$K_{\mathrm{mpc}} = \begin{bmatrix} I_{n_u\times n_u} & \mathbf{0} & \cdots & \mathbf{0}\end{bmatrix}_{1\times m}\left(\mathcal{S}_u^{\mathrm{T}}\Gamma_y^{\mathrm{T}}\Gamma_y\mathcal{S}_u+\Gamma_u^{\mathrm{T}}\Gamma_u\right)^{-1}\mathcal{S}_u^{\mathrm{T}}\Gamma_y^{\mathrm{T}}\Gamma_y. \tag{2.34}$$

那么, 控制增量可由下式计算:

$$\Delta u(k) = K_{\mathrm{mpc}}E_p(k+1|k), \tag{2.35}$$

其中 $E_p(k+1|k)$ 由 (2.28) 在线计算. 显然, 如果加权阵 Γ_y 和 Γ_u 是与时间无关的常数, 则 K_{mpc} 可以由 (2.34) 离线计算. 在 $k+1$ 时刻, 得到新的测量值 $x(k+1)$, 将由预测方程 (2.13) 重新计算系统未来的输出, 并且由 (2.33) 计算最优控制序列 $\Delta U^*(k+1)$. 最后, 由预测控制基本原理中的"滚动时域、重复进行"的机制, 给出无约束预测控制的算法如下.

算法 2.1

(1) 初始化: 设定预测时域 p 和控制时域 m, 初始值 $u(-1)=\mathbf{0}$, $x(-1)=\mathbf{0}$; 由 (2.14a)~(2.14c) 计算 $\mathcal{S}_x$, $\mathcal{I}$, $\mathcal{S}_d$ 和 $\mathcal{S}_u$, 由 (2.34) 计算 K_{mpc}.

(2) $k\geqslant 0$ 时刻, 得到测量值 $x(k)$ 和 $d(k)$. 由 (2.1b) 计算 $y_c(k)$; 计算 $\Delta x(k) = x(k)-x(k-1)$.

(3) 由 (2.28) 计算误差 $E_p(k+1|k)$.

(4) 由 (2.35) 计算控制量变化量 $\Delta u(k)$.

(5) 将 $u(k)=u(k-1)+\Delta u(k)$ 作用于系统.

(6) 在 $k+1$ 时刻, 测量 $x(k+1)$ 和 $d(k+1)$ 的值, 并且令 $k=k+1$, 返回第 (2) 步.

注 2.4 如果采用时变加权因子, 则 K_{mpc} 的计算或者部分计算也将在循环内进行.

下面仔细分析一下预测控制器 (2.35) 的结构. 为此, 将 $y_c(k)=C_cx(k)$ 和 $\Delta x(k)=x(k)-x(k-1)$ 代入 (2.28), 推导得

$$\begin{aligned}E_p(k+1|k) &= R(k+1)-\mathcal{S}_x\Delta x(k)-\mathcal{I}y_c(k)-\mathcal{S}_d\Delta d(k)\\ &= R(k+1)-\mathcal{S}_x x(k)+\mathcal{S}_x x(k-1)-\mathcal{I}C_c x(k)-\mathcal{S}_d\Delta d(k)\end{aligned}$$

$$= R(k+1) - (\mathcal{S}_x + \mathcal{I}C_c)\, x(k) - \mathcal{S}_d \Delta d(k) + \mathcal{S}_x x(k-1)\,.$$

将其代入 (2.35), 得

$$\begin{aligned}\Delta u(k) = &K_{\rm mpc} R(k+1) - K_{\rm mpc}\,(\mathcal{S}_x + \mathcal{I}C_c)\, x(k)\\ &- K_{\rm mpc}\mathcal{S}_d \Delta d(k) + K_{\rm mpc}\mathcal{S}_x x(k-1)\,.\end{aligned}$$

上式中的各项具有以下解释:

(1) $K_{\rm mpc} R(k+1)$ 是基于未来参考输入的前馈补偿.

(2) $-K_{\rm mpc}\mathcal{S}_d \Delta d(k)$ 是基于可测干扰的前馈补偿.

(3) $-K_{\rm mpc}\,(\mathcal{S}_x + \mathcal{I}C_c)\, x(k) + K_{\rm mpc}\mathcal{S}_x x(k-1)$ 是状态反馈补偿. 值得注意的是, 这里的反馈补偿不仅用到了当前时刻的状态值, 还用到了前一时刻的状态值.

因此, 预测控制 (2.35) 具有“前馈-反馈”结构. 这应该是在工业应用中的普遍结论“预测控制性能好”的控制理论解释.

注 2.5　需要指出的是计算前馈控制量时用到了参考输入在预测时域内的所有值. 因此, 选择过长的预测时域可能会导致保守的控制动作.

2.4　无约束预测控制的闭环系统分析

这一节将在状态空间理论框架下讨论无约束预测控制闭环系统的稳定性和性能.

2.4.1　稳定性分析

考虑一些不确定因素, 被控系统描述为

$$\Delta x(k+1) = A\Delta x(k) + B_u \Delta u(k) + B_d \Delta d(k) + B_w \Delta w(k)\,, \tag{2.36}$$

其中 $w(k) \in \mathbb{R}^{n_w}$ 为不可测量的外部干扰.

先推导预测控制闭环系统的表达式. 将 (2.1b) 和 (2.28) 代入预测控制律 (2.35), 得

$$\begin{aligned}\Delta u(k) &= K_{\rm mpc}\,(R(k+1) - \mathcal{S}_x \Delta x(k) - \mathcal{I}C_c x(k) - \mathcal{S}_d \Delta d(k))\\ &= K_{\rm mpc} R(k+1) - K_{\rm mpc}\,(\mathcal{S}_x + \mathcal{I}C_c)\,\Delta x(k)\\ &\quad - K_{\rm mpc}\mathcal{I}C_c x(k-1) - K_{\rm mpc}\mathcal{S}_d \Delta d(k)\,.\end{aligned} \tag{2.37}$$

再将其代入 (2.36), 得到闭环控制系统为

$$\Delta x(k+1) = (A - B_u K_{\rm mpc}\,(\mathcal{S}_x + \mathcal{I}C_c))\,\Delta x(k) + B_u K_{\rm mpc} R(k+1) + B_w \Delta w(k)$$

$$+\left(B_d - B_u K_{\mathrm{mpc}} \mathcal{S}_d\right) \Delta d(k) - B_u K_{\mathrm{mpc}} \mathcal{I} C_c x(k-1). \tag{2.38}$$

显然, 如果矩阵

$$A - B_u K_{\mathrm{mpc}} \left(\mathcal{S}_x + \mathcal{I} C_c\right)$$

的所有特征值均位于单位圆内, 则闭环系统 (2.38) 是名义渐近稳定的. 因此, 当我们完成无约束预测控制器设计后, 需要核实矩阵 $A - B_u K_{\mathrm{mpc}} \left(\mathcal{S}_x + \mathcal{I} C_c\right)$ 的所有特征值是否在单位圆内.

2.4.2 性能分析

稳定是讨论系统性能的前提. 因此, 下面的讨论均假设闭环系统 (2.38) 是名义渐近稳定的.

抗干扰性能

令 $R(k+1) = \mathbf{0}$, 考虑可测和不可测干扰对系统的影响, 闭环系统 (2.38) 变为

$$\begin{aligned} \Delta x(k+1) = &\left(A - B_u K_{\mathrm{mpc}} \left(\mathcal{S}_x + \mathcal{I} C_c\right)\right) \Delta x(k) - B_u K_{\mathrm{mpc}} \mathcal{I} C_c x(k-1) \\ &+ \left(B_d - B_u K_{\mathrm{mpc}} \mathcal{S}_d\right) \Delta d(k) + B_w \Delta w(k). \end{aligned} \tag{2.39}$$

如果干扰趋于不变, 即当 $k \to \infty$ 时 $\Delta d(k) \to \mathbf{0}$ 和 $\Delta w(k) \to \mathbf{0}$, 即上式变为

$$\Delta x(k+1) = \left(A - B_u K_{\mathrm{mpc}} \left(\mathcal{S}_x + \mathcal{I} C_c\right)\right) \Delta x(k) - B_u K_{\mathrm{mpc}} \mathcal{I} C_c x(k-1).$$

因此, 有 $\Delta x(k) \to \mathbf{0}$, 进而 $\Delta y_c(k) \to \mathbf{0}$. 因此, 可测和不可测的外部干扰趋于不变时, 预测控制闭环系统 (2.38) 的状态和输出都是有界的.

无静差跟踪

这节考虑在外部干扰趋于不变的情况下, 系统对非零参考信号的跟踪. 外部干扰趋于不变意味着当时间足够长时, 有 $\Delta d(k) = \Delta w(k) = \mathbf{0}$. 因此, 假设:

(1) 闭环系统是名义渐近稳定的.

(2) 外部可测和不可测干扰已经趋于不变, 即 $\Delta d(k) = \mathbf{0}$, $\Delta w(k) = \mathbf{0}$, $k \geqslant 0$.

为了简化推导, 假设 $n_c = n_u$, 即控制输出的维数等于控制输入的维数. 这个假设使得 $C_c B_u$ 是一个方阵并且 $C_c B_u$ 是可逆的. 取 $\Gamma_u = \mathbf{0}_{m \times m}$, $\Gamma_y = I_{p \times p}$, 以及 $m = p$, 则由 (2.34) 得

$$\begin{aligned} K_{\mathrm{mpc}} &= \begin{bmatrix} I_{n_u \times n_u} & \mathbf{0} & \cdots & \mathbf{0} \end{bmatrix}_{1 \times m} \left(\mathcal{S}_u^{\mathrm{T}} \mathcal{S}_u\right)^{-1} \mathcal{S}_u^{\mathrm{T}} \\ &= \begin{bmatrix} I_{n_u \times n_u} & \mathbf{0} & \cdots & \mathbf{0} \end{bmatrix}_{1 \times m} \mathcal{S}_u^{-1}. \end{aligned}$$

将 (2.14c) 给出的 $\mathcal{S}_u$ 求逆并代入上式, 得

$$K_{\mathrm{mpc}}=\begin{bmatrix} I_{n_u\times n_u} & \mathbf{0} \cdots & \mathbf{0}\end{bmatrix}_{1\times m}\begin{bmatrix}(C_cB_u)^{-1} & \mathbf{0} & \cdots & \mathbf{0}\\ * & (C_cB_u)^{-1} & \cdots & \mathbf{0}\\ \vdots & \vdots & & \vdots\\ * & * & \cdots & (C_cB_u)^{-1}\end{bmatrix}_{m\times m}.$$

这里下三角中的 $*$ 代表求逆得到的复杂表达式, 因为在接下来的推导中没有作用, 所以忽略了其真正的表达式. 通过简单的矩阵运算, 上式变为

$$K_{\mathrm{mpc}}=(C_cB_u)^{-1}\begin{bmatrix} I_{n_u\times n_u} & \mathbf{0} & \cdots & \mathbf{0}\end{bmatrix}_{1\times m}. \tag{2.40}$$

将上式代入 (2.35), 同时考虑 (2.28) 和 (2.14a), 得预测控制律为

$$\begin{aligned}\Delta u(k)&=(C_cB_u)^{-1}\begin{bmatrix} I_{n_u\times n_u} & \mathbf{0} & \cdots & \mathbf{0}\end{bmatrix}_{1\times m}\Big(R(k+1)-\mathcal{S}_x\Delta x(k)-\mathcal{I}y_c(k)\Big)\\&=(C_cB_u)^{-1}\left(r(k+1)-C_cA\Delta x(k)-y_c(k)\right).\end{aligned} \tag{2.41}$$

将其代入 (2.36), 得闭环控制系统为

$$\Delta x(k+1)=A\Delta x(k)+B_u\left(C_cB_u\right)^{-1}\left(r(k+1)-C_cA\Delta x(k)-y_c(k)\right). \tag{2.42}$$

结合输出方程 (2.4), 可以得出闭环系统的控制输出序列如下:

$$\begin{aligned}y_c(k+1)&=C_c\Delta x(k+1)+y_c(k)\\&=C_cB_u\left(C_cB_u\right)^{-1}\left(r(k+1)-C_cA\Delta x(k)-y_c(k)\right)\\&\quad+C_cA\Delta x(k)+y_c(k)\\&=r(k+1).\end{aligned} \tag{2.43}$$

进一步, 有

$$\begin{aligned}y_c(k+2)&=C_c\Delta x(k+2)+y_c(k+1)\\&=C_cB_u\left(C_cB_u\right)^{-1}\left(r(k+2)-C_cA\Delta x(k+1)-y_c(k+1)\right)\\&\quad+C_cA\Delta x(k+1)+y_c(k+1)\\&=r(k+2),\end{aligned} \tag{2.44}$$

以及

$$y_c(k+i)=r(k+i),\quad i=3,4,\cdots,p. \tag{2.45}$$

因此, 在外部干扰趋于不变的情况下, 无约束预测控制系统对参考信号的跟踪是无静差的.

2.5 基于估计的无约束预测控制

这一节讨论状态不是全部可以测量或有测量噪声的情况下, 基于状态估计的无约束预测控制.

2.5.1 状态估计

如果状态不是全部可以测量或有测量噪声, 则需要估计状态或滤波. 设系统的可测量输出变量

$$y_m(k) = C_m x(k)\,, \tag{2.46}$$

其中 $y_m(k) \in \mathbb{R}^{n_m}$.

考虑下面的估计器形式:

$$\hat{x}(k+1) = A\hat{x}(k) + B_u u(k) + B_d d(k) + L\left(y_m(k) - C_m\hat{x}(k)\right) \tag{2.47a}$$

$$\hat{y}_c(k) = C_c\hat{x}(k)\,. \tag{2.47b}$$

如果 (C_m, A) 是可观的, 则我们可以任意配置 $A - LC_m$ 的极点, 即可以任意指定估计误差的衰减速度; 如果 (C_m, A) 是可测的, 则我们可以设计 L 使得 $A - LC_m$ 是渐近稳定的, 但不能任意指定估计误差的衰减速度. 因此, 只要 (C_m, A) 是可测的, 我们就可以用任何估计 (滤波) 方法 (如 Kalman 滤波) 设计 L 使得 $A - LC_m$ 是渐近稳定的.

注 2.6 系统是可观的是指系统的所有模态都可以在输出端观测到的, 系统是可测的是指系统所有不稳定的模态可以在输出端观测到的. 因此, 相比于可观性, 系统的可测性假设更弱.

2.5.2 预测控制及其闭环解

根据预测控制的基本原理, 由估计器得到的当前时刻的状态将作为预测系统未来动态的起点, 即状态空间模型的初始状态. 因此, 基于状态估计的预测控制的开环优化问题为

问题 2.2

$$\min_{\Delta U(k)} J\left(y_m(k), \Delta U(k), m, p\right) \tag{2.48}$$

满足系统动力学 $(i = 0, 1, \cdots, p)$

$$\Delta x(k+i+1|k) = A\Delta x(k+i|k) + B_u\Delta u(k+i) + B_d\Delta d(k+i)\,, \tag{2.49a}$$

$$\Delta x(k|k) = \Delta\hat{x}(k)\,, \tag{2.49b}$$

$$y_c(k+i|k) = C_c\Delta x(k+i|k) + y_c(k+i-1|k)\,, \tag{2.49c}$$

其中

$$J\left(y_m(k), \Delta U(k), m, p\right) = \left\| \Gamma_y \left(Y_p\left(k+1|k\right) - R(k+1)\right)\right\|^2 + \left\|\Gamma_u \Delta U(k)\right\|^2 . \tag{2.50}$$

上式中, 加权矩阵 Γ_y 和 Γ_u 由 (2.22a)、(2.22b) 给出, 参考序列 $R(k+1)$ 由 (2.23) 给出.

需要注意的是上述问题描述中的 (2.49b), 表明当前时刻的估计状态是预测系统未来动态的起点.

为了得到系统未来动态的预测输出, 我们采用 2.2 节同样的推导过程. 区别只是在于用估计的状态 $\hat{x}(k)$ 和被控输出 $\hat{y}_c(k)$ 代替 2.2 节中的测量状态 $x(k)$ 和被控输出 $y_c(k)$. 得到的 p 步预测方程与 (2.13) 形式相同, 即

$$Y_p(k+1|k) = \mathcal{S}_x \Delta\hat{x}(k) + \mathcal{I}\hat{y}_c(k) + \mathcal{S}_d \Delta d(k) + \mathcal{S}_u \Delta U(k), \tag{2.51}$$

其中预测输出向量 $Y_p(k+1|k)$ 和控制增量向量 $\Delta U(k)$ 由 (2.12) 定义, 参数矩阵 $\mathcal{S}_x$, $\mathcal{I}$, $\mathcal{S}_d$, $\mathcal{S}_u$ 由 (2.14a)~(2.14c) 给出.

然后, 用 2.3.2 节的方法求解上述优化问题, 并取优化解的第一个元素作用于系统. 得到的预测控制律在形式上与 (2.35) 相同, 即

$$\Delta u(k) = K_{\mathrm{mpc}} E_p(k+1|k), \tag{2.52}$$

其中控制增益 K_{mpc} 由 (2.34) 计算, $E_p(k+1|k)$ 由

$$E_p(k+1|k) = R(k+1) - \mathcal{S}_x \Delta\hat{x}(k) - \mathcal{I}\hat{y}_c(k) - \mathcal{S}_d \Delta d(k) \tag{2.53}$$

计算. 值得注意的是计算 $E_p(k+1|k)$ 用到的是状态的估计值.

同样, 我们可以讨论基于状态估计的无约束预测控制的结构. 将 (2.53) 和 (2.47b) 代入 (2.52), 得分解的控制增量各部分为

$$\begin{aligned}\Delta u(k) = {} & K_{\mathrm{mpc}} R(k+1) - K_{\mathrm{mpc}}\left(\mathcal{S}_x + \mathcal{I}C_c\right)\Delta\hat{x}(k) \\ & - K_{\mathrm{mpc}}\mathcal{I}\hat{y}_c(k-1) - K_{\mathrm{mpc}}\mathcal{S}_d \Delta d(k).\end{aligned} \tag{2.54}$$

分析 (2.54), 可以得出:

(1) $K_{\mathrm{mpc}} R(k+1)$ 是基于未来参考输入的前馈补偿;

(2) $-K_{\mathrm{mpc}}\mathcal{S}_d \Delta d(k)$ 是干扰输入的前馈补偿;

(3) $-K_{\mathrm{mpc}}\left(\mathcal{S}_x + \mathcal{I}C_c\right)\Delta\hat{x}(k) - K_{\mathrm{mpc}}\mathcal{I}\hat{y}_c(k-1)$ 是基于估计状态的反馈补偿.

因此, 当系统的状态不完全可以测量时, 预测控制具有“前馈-基于估计的状态反馈”的结构. 由于 $\hat{y}_c(k-1) = C_c\hat{x}(k-1)$, 反馈补偿不仅用到了当前时刻的状态估计值, 还用到前一时刻的状态估计值.

最后, 由预测控制基本原理中的“滚动时域、重复进行”的机制, 给出基于估计的预测控制算法.

算法 2.2

(1) 初始化：设定预测时域和控制时域 p, m, 初始值 $y_m(-1) = \mathbf{0}$, $u(-1) = \mathbf{0}$, $\hat{x}(-1) = \mathbf{0}$; 由 (2.14a)~(2.14c) 计算 $\mathcal{S}_x$, $\mathcal{I}$, $\mathcal{S}_d$ 和 $\mathcal{S}_u$, 由 (2.34) 计算 K_{mpc}.

(2) $k \geqslant 0$ 时刻, 得到测量值 $y_m(k)$ 和 $d(k)$. 由 (2.47) 估计状态 $\hat{x}(k)$ 和 $\hat{y}_c(k)$; 计算 $\Delta\hat{x}(k) = \hat{x}(k) - \hat{x}(k-1)$.

(3) 由 (2.53) 计算误差 $E_p(k+1|k)$.

(4) 由 (2.52) 计算控制量变化量.

(5) 将 $u(k) = u(k-1) + \Delta u(k)$ 作用于系统.

(6) $k+1$ 时刻, 得到测量值 $y_m(k+1)$ 和 $d(k+1)$, 并且令 $k = k+1$, 返回第 (2) 步.

注 2.7 算法 2.2 与算法 2.1 的区别是第 (2) 步中采用状态估计器 (2.47) 估计状态和被控输出的当前值. 同样, 如果采用时变加权因子, 则 K_{mpc} 的计算也将在循环内进行.

2.5.3 闭环系统分析

这一节我们同样在状态空间理论框架下讨论基于状态估计的无约束预测控制的闭环系统稳定性和性能.

稳定性

考虑一些不确定因素, 被控系统仍由 (2.36) 描述, 即

$$\Delta x(k+1) = A\Delta x(k) + B_u\Delta u(k) + B_d\Delta d(k) + B_w\Delta w(k)\,, \tag{2.55}$$

其中 $w(k) \in \mathbb{R}^{n_w}$ 为不可测量的外部干扰. 将预测控制律 (2.54) 代入上式得

$$\begin{aligned}
\Delta x(k+1) &= A\Delta x(k) + B_u\Delta u(k) + B_d\Delta d(k) + B_w\Delta w(k) \\
&= A\Delta x(k) - B_u K_{\mathrm{mpc}}\left(\mathcal{S}_x + \mathcal{I}C_c\right)\Delta\hat{x}(k) \\
&\quad + \left(B_d - B_u K_{\mathrm{mpc}}\mathcal{S}_d\right)\Delta d(k) + B_w\Delta w(k) \\
&\quad + B_u K_{\mathrm{mpc}} R(k+1) - B_u K_{\mathrm{mpc}}\mathcal{I}\hat{y}_c(k-1)\,.
\end{aligned} \tag{2.56}$$

将估计器 (2.47a) 写成状态增量形式如下：

$$\Delta\hat{x}(k+1) = (A - LC_m)\Delta\hat{x}(k) + B_u\Delta u(k) + B_d\Delta d(k) + L\Delta y_m(k).$$

将 $y_m(k) = C_m x(k)$ 和预测控制律 (2.54) 代入上式得

$$\begin{aligned}
\Delta\hat{x}(k+1) &= (A - LC_m)\Delta\hat{x}(k) + B_u\Delta u(k) + B_d\Delta d(k) + L\Delta y_m(k) \\
&= LC_m\Delta x(k) + \left(A - LC_m - B_u K_{\mathrm{mpc}}\left(\mathcal{S}_x + \mathcal{I}C_c\right)\right)\Delta\hat{x}(k)
\end{aligned}$$

$$
\begin{aligned}
&+ (B_d - B_u K_{\mathrm{mpc}} \mathcal{S}_d)\, \Delta d(k) \\
&+ B_u K_{\mathrm{mpc}} R(k+1) - B_u K_{\mathrm{mpc}} \mathcal{I} \hat{y}_c(k-1)\,.
\end{aligned} \tag{2.57}
$$

考虑式 (2.56) 和式 (2.57), 定义闭环系统的状态为

$$
\Delta x_{cl} \xlongequal{\text{def}} \begin{bmatrix} \Delta x \\ \Delta \hat{x} \end{bmatrix},
$$

则预测控制的闭环系统为

$$
\begin{aligned}
\Delta x_{cl}(k+1) = &\begin{bmatrix} A & -B_u K_{\mathrm{mpc}} (\mathcal{S}_x + \mathcal{I} C_c) \\ LC_m & A - LC_m - B_u K_{\mathrm{mpc}} (\mathcal{S}_x + \mathcal{I} C_c) \end{bmatrix} \Delta x_{cl}(k) \\
&+ \begin{bmatrix} B_u K_{\mathrm{mpc}} \\ B_u K_{\mathrm{mpc}} \end{bmatrix} R(k+1) + \begin{bmatrix} B_d - B_u K_{\mathrm{mpc}} \mathcal{S}_d \\ B_d - B_u K_{\mathrm{mpc}} \mathcal{S}_d \end{bmatrix} \Delta d(k) \\
&+ \begin{bmatrix} B_w \\ \mathbf{0} \end{bmatrix} \Delta w(k) - \begin{bmatrix} B_u K_{\mathrm{mpc}} \mathcal{I} \\ B_u K_{\mathrm{mpc}} \mathcal{I} \end{bmatrix} \hat{y}_c(k-1)\,.
\end{aligned} \tag{2.58}
$$

显然, 如果矩阵

$$
\begin{bmatrix} A & -B_u K_{\mathrm{mpc}} (\mathcal{S}_x + \mathcal{I} C_c) \\ LC_m & A - LC_m - B_u K_{\mathrm{mpc}} (\mathcal{S}_x + \mathcal{I} C_c) \end{bmatrix} \tag{2.59}
$$

的全部特征值位于单位圆内, 则闭环系统名义渐近稳定. 用

$$
P = \begin{bmatrix} I & \mathbf{0} \\ -I & I \end{bmatrix}, \quad P^{-1} = \begin{bmatrix} I & \mathbf{0} \\ I & I \end{bmatrix} \tag{2.60}
$$

对 (2.59) 作相似变换, 有

$$
\begin{aligned}
&P \begin{bmatrix} A & -B_u K_{\mathrm{mpc}} (\mathcal{S}_x + \mathcal{I} C_c) \\ LC_m & A - LC_m - B_u K_{\mathrm{mpc}} (\mathcal{S}_x + \mathcal{I} C_c) \end{bmatrix} P^{-1} \\
&\qquad = \begin{bmatrix} A - B_u K_{\mathrm{mpc}} (\mathcal{S}_x + \mathcal{I} C_c) & -B_u K_{\mathrm{mpc}} (\mathcal{S}_x + \mathcal{I} C_c) \\ \mathbf{0} & A - LC_m \end{bmatrix}.
\end{aligned} \tag{2.61}
$$

对照 (2.38) 得出, 上式中的 $A - B_u K_{\mathrm{mpc}}(\mathcal{S}_x + \mathcal{I} C_c)$ 是状态全部可以测量时预测控制闭环系统的稳定性判定矩阵. 而 $A - LC_m$ 是状态估计器的稳定性判定矩阵. 因此, 基于估计的预测控制闭环系统的极点由状态全部可测时的控制器极点和状态估计器的极点组成. 也就是说, 对无约束 MPC 闭环系统来说, 分离原理成立, 状态反馈和估计器可以独立设计. 因此, 我们可以得到结论: 基于估计的无约束 MPC 闭环系统名义渐近稳定, 当且仅当状态反馈 MPC 稳定和状态估计器稳定.

抗干扰性能

稳定是讨论系统性能的前提. 因此, 假设闭环系统 (2.58) 是名义渐近稳定的.

令 $R(k+1)=0$, 考虑可测和不可测干扰对系统性能的影响, 闭环系统 (2.58) 变为

$$\begin{aligned}\Delta x_{cl}(k+1)=&\begin{bmatrix} A & -B_uK_{\text{mpc}}\left(\mathcal{S}_x+\mathcal{I}C\right) \\ LC_m & A-LC_m-B_uK_{\text{mpc}}\left(\mathcal{S}_x+\mathcal{I}C\right)\end{bmatrix}\Delta x_{cl}(k)\\ &+\begin{bmatrix} B_d-B_uK_{\text{mpc}}\mathcal{S}_d \\ B_d-B_uK_{\text{mpc}}\mathcal{S}_d\end{bmatrix}\Delta d(k)+\begin{bmatrix} B_w \\ \mathbf{0}\end{bmatrix}\Delta w(k). \qquad (2.62)\end{aligned}$$

如果干扰趋于不变, 即 $k\to\infty$ 时 $\Delta d(k)\to\mathbf{0}$ 和 $\Delta w(k)\to\mathbf{0}$, 则有 $\Delta x(k)\to\mathbf{0}$ 和 $\Delta\hat{x}(k)\to\mathbf{0}$, 进而有 $\Delta y_c(k)\to\mathbf{0}$. 因此, 当可测和不可测的外部干扰趋于不变时, 基于估计的预测控制闭环系统 (2.58) 的状态和输出是有界的.

无静差跟踪

考虑在外部干扰趋于不变的情况下, 系统对非零参考信号的跟踪. 外部干扰趋于不变表明当时间足够长之后, 有 $\Delta d(k)=\Delta w(k)=\mathbf{0}$. 因此, 假设:

(1) 闭环系统是名义渐近稳定的, 且估计误差已经为零, 即 $\Delta\hat{x}(k)=\Delta x(k)$, $\Delta\hat{y}_c(k)=\Delta y_c(k)$, $k\geqslant 0$.

(2) 外部可测和不可测干扰已经趋于不变, 即 $\Delta d(k)=\mathbf{0}$ 和 $\Delta w(k)=\mathbf{0}$, $k\geqslant 0$.

为了简化推导, 假设 $n_c=n_u$, 即控制输出的维数等于控制输入的维数. 这个假设使得 C_cB_u 是一个方阵且是可逆的. 取 $\Gamma_u=\mathbf{0}_{m\times m}$, $\Gamma_y=I_{p\times p}$, 以及 $m=p$, 则由 (2.34) 得

$$\begin{aligned}K_{\text{mpc}}&=\begin{bmatrix} I_{n_u\times n_u} & \mathbf{0} & \cdots & \mathbf{0}\end{bmatrix}_{1\times m}\left(\mathcal{S}_u^{\mathrm{T}}\mathcal{S}_u\right)^{-1}\mathcal{S}_u^{\mathrm{T}}\\ &=\begin{bmatrix} I_{n_u\times n_u} & \mathbf{0} & \cdots & \mathbf{0}\end{bmatrix}_{1\times m}\mathcal{S}_u^{-1}\\ &=\begin{bmatrix} I_{n_u\times n_u} & \mathbf{0} & \cdots & \mathbf{0}\end{bmatrix}_{1\times m}\begin{bmatrix} (C_cB_u)^{-1} & \mathbf{0} & \cdots & \mathbf{0}\\ * & (C_cB_u)^{-1} & \cdots & \mathbf{0}\\ \vdots & \vdots & & \vdots\\ * & * & \cdots & (C_cB_u)^{-1}\end{bmatrix}_{m\times m}\\ &=(C_cB_u)^{-1}\begin{bmatrix} I_{n_u\times n_u} & \mathbf{0} & \cdots & \mathbf{0}\end{bmatrix}_{1\times m}. \qquad (2.63)\end{aligned}$$

将其代入 (2.52), 同时考虑 (2.53) 和 (2.14a), 得预测控制律为

$$\begin{aligned}\Delta u(k)=(C_cB_u)^{-1}\begin{bmatrix} I_{n_u\times n_u} & \mathbf{0}\cdots\mathbf{0}\end{bmatrix}_{1\times m}\Big(&R(k+1)-\left(\mathcal{S}_x+\mathcal{I}C_c\right)\Delta\hat{x}(k)\\ &-\mathcal{I}\hat{y}_c(k-1)\Big)\end{aligned}$$

$$= (C_cB_u)^{-1}\left(r(k+1) - (C_cA + C_c)\Delta\hat{x}(k) - \hat{y}_c(k-1)\right). \tag{2.64}$$

将 (2.64) 代入 (2.36), 得闭环控制系统为

$$\Delta x(k+1) = A\Delta x(k) + B_u (C_cB_u)^{-1}\Big(r(k+1) - (C_cA + C_c)\Delta\hat{x}(k) - \hat{y}_c(k-1)\Big). \tag{2.65}$$

结合输出方程 (2.4b), 考虑到 $\Delta\hat{x}(k) = \Delta x(k)$ 和 $\Delta\hat{y}_c(k) = \Delta y_c(k)$, 可以得出闭环输出序列如下:

$$\begin{aligned}
y_c(k+1) &= C_c\Delta x(k+1) + y_c(k) \\
&= C_cB_u (C_cB_u)^{-1}\Big(r(k+1) - (C_cA + C_c)\Delta\hat{x}(k) - \hat{y}_c(k-1)\Big) \\
&\quad + C_cA\Delta x(k) + y_c(k) \\
&= r(k+1) - C_c\Delta\hat{x}(k) - \hat{y}_c(k-1) + y_c(k) \\
&= r(k+1) - C_c\Delta x(k) + \Delta y_c(k) \\
&= r(k+1).
\end{aligned} \tag{2.66}$$

进一步, 有

$$\begin{aligned}
y_c(k+2) &= C_c\Delta x(k+2) + y_c(k+1) \\
&= C_cB_u (C_cB_u)^{-1}\Big(r(k+2) - (C_cA + C_c)\Delta\hat{x}(k+1) - \hat{y}_c(k)\Big) \\
&\quad + C_cA\Delta x(k+1) + y_c(k+1) \\
&= r(k+2) - C_c\Delta\hat{x}(k+1) - \hat{y}_c(k) + y_c(k+1) \\
&= r(k+2),
\end{aligned} \tag{2.67}$$

以及

$$y_c(k+i) = r(k+i), \quad i = 3, 4, \cdots, p. \tag{2.68}$$

因此, 在外部干扰趋于不变的情况下, 当估计误差趋于零之后, 基于估计的无约束预测控制系统对参考信号的跟踪是无静差的.

第 3 章　基于阶跃响应的无约束预测控制

本章讨论基于单位阶跃响应的无约束预测控制, 即无约束动态矩阵控制 (Dynamic Matrix Control, DMC). 首先, 我们根据系统的单位阶跃响应建立一个状态空间单位阶跃响应模型. 与传统单位阶跃响应模型的卷积表达形式不同, 所建立的状态空间单位阶跃响应模型具有状态空间模型的表达形式. 然后, 推导得出所建立的状态空间单位阶跃响应模型与卷积单位阶跃响应模型是一致的. 有了这样的一致性, 我们就可以很容易的采用与前一章相同的状态空间方法推导基于单位阶跃响应的无约束预测控制律, 即无约束 DMC 的控制律, 分析动态矩阵控制的前馈-反馈结构. 同时, 在状态空间理论框架下讨论闭环系统的稳定性 (分离原理) 和性能. 最后, 采用相同的思路, 我们很方便地建立多变量系统和时滞系统的状态空间单位阶跃响应模型, 推导对应的无约束 DMC 控制律, 以及分析闭环系统稳定性 (分离原理) 和性能.

本章建立的单位阶跃响应模型也可以理解为传递函数的一个状态空间实现. 但一般情况下, 不会是一个最小实现.

3.1　SISO 阶跃响应模型的状态空间描述

为了建立状态空间单位阶跃响应模型, 我们首先需要寻找一个状态变量, 什么样的量能作为状态变量呢? 如果是根据系统的动力学机理建立状态空间模型, 我们往往选择一些有物理意义的量 (包括它们的导数) 作为状态变量. 这里, 我们要做的是用状态空间的描述方式给出单位阶跃响应模型, 显然不能用物理量来作为状态变量. 因此, 我们更需要关注状态变量的核心特征, 而不是物理意义了. 状态变量的核心特征就是它在时间上的因果性, 即一个系统的状态变量在当前时刻的取值与未来时刻的输入无关. 有了这样的一个因果性, 我们就不难理解下面关于状态变量的定义了.

3.1.1　稳定 SISO 系统的阶跃响应模型

考虑单输入单输出 (Signal Input Signal Output, SISO) 系统, 其传递函数为

$$G(s)=\frac{y(s)}{u(s)}, \tag{3.1}$$

其中 u 为输入, y 为输出.

首先考虑当输入不变时, 系统的非零初始状态响应. 为此, 假设

A3.1.1) $k-1$ 时刻及以后输入变化为零, 即 $\Delta u(k-1) = \Delta u(k) = \cdots = 0$;

A3.1.2) 系统的过渡过程时间为 N 个采样间隔.

在上面的两个假设条件下得到系统的非零初始状态响应, 如图 3.1 所示. 由假设 A3.1.2) 知, 系统在 $k+N-2$ 以后进入稳态, 输出将保持不变, 即

$$y(k+N-2) = y(k+N-1) = y(k+N) = \cdots.$$

因此, 定义 $k-1$ 时刻的未来 N 步输出为

$$Y(k-1) \stackrel{\text{def}}{=\!=} \left\{ \begin{array}{c} [y(k-1), y(k), \cdots, y(k+N-3), y(k+N-2)]^{\mathrm{T}} \\ \Delta u(k+i) = 0,\ i = -1, 0, \cdots, N-2 \end{array} \right\}. \tag{3.2}$$

显然, $Y(k-1)$ 与系统 $k-1$ 时刻以前的输入信息有关, 而与 $k-1$ 时刻及以后的输入信息无关 ($k-1$ 时刻及以后的输入信息已经固定在 $Y(k-1)$ 的定义中了). 因此, 称 $Y(k-1)$ 为系统在 $k-1$ 时刻的**“状态”**. 值得注意的是: $k-1$ 时刻的输入变化即 $\Delta u(k-1) \neq 0$ 将影响 k 时刻的输出 $y(k)$. 按定义 (3.2), 这将影响 k 时刻的状态 $Y(k)$.

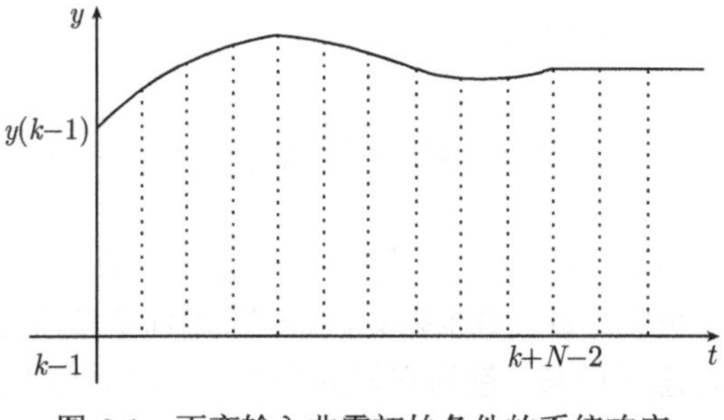

图 3.1　不变输入非零初始条件的系统响应

实际上, 这样定义的状态也是有物理意义的: 在输入不变条件下系统的非零初始状态响应的 N 步输出, 即系统无外部输入的“自由响应”的 N 步输出为状态变量的 N 个分量.

因此, 定义 k 时刻的状态变量为

$$Y(k) \stackrel{\text{def}}{=\!=} \left\{ \begin{array}{c} [y(k), y(k+1), \cdots, y(k+N-2), y(k+N-1)]^{\mathrm{T}} \\ \Delta u(k+i) = 0,\ i = 0, 1, \cdots N-1 \end{array} \right\}. \tag{3.3}$$

观察 (3.2) 和 (3.3) 得出, 当 $\Delta u(k-1) = 0$ 时 $Y(k)$ 与 $Y(k-1)$ 之间的关系为

$$Y(k) = M_{ss} Y(k-1), \tag{3.4}$$

其中

$$M_{ss}=\begin{bmatrix}0&1&0&\cdots&0&0\\0&0&1&\cdots&0&0\\\vdots&\vdots&\vdots&&\vdots&\vdots\\0&0&0&\cdots&0&1\\0&0&0&\cdots&0&1\end{bmatrix}_{N\times N} \tag{3.5}$$

这就是稳定 SISO 系统的不变输入非零初始状态响应.

接着, 考虑当初始状态为零时, 系统的输入响应. 为此, $k-1$ 时刻, 在系统平衡状态下做一个单位阶跃响应实验, 得到系统的输出响应如图 3.2 所示. 采样得到系统零初始状态下单位阶跃响应序列为

$$\{0,s_1,s_2,\cdots,s_N,s_N,\cdots\}. \tag{3.6}$$

由线性系统的齐次性得, 对任意的输入变化 $\Delta u(k-1)$, 系统的响应序列为

$$\{0,s_1,s_2,\cdots,s_N,s_N,\cdots\}\cdot\Delta u(k-1), \tag{3.7}$$

因此, 在零初始状态下, $k-1$ 时刻及以后的输出序列为

$$\begin{aligned}y(k-1)&=0\\y(k)&=s_1\Delta u(k-1)\\y(k+1)&=s_2\Delta u(k-1)\\&\vdots\\y(k+N-1)&=s_N\Delta u(k-1)\\y(k+N)&=s_N\Delta u(k-1)\\&\vdots\end{aligned}$$

注意, 因为系统是时不变的, 所以输出与阶跃作用的时刻无关.

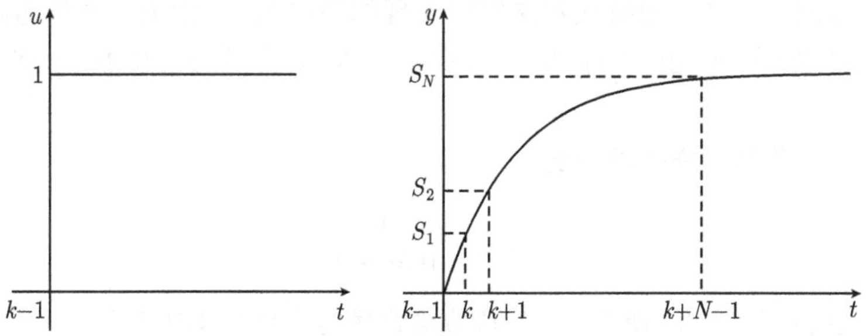

图 3.2 零初始状态下的单位阶跃响应

记单位阶跃响应系数矩阵为

$$S=\begin{bmatrix} s_1 \\ s_2 \\ \vdots \\ s_N \end{bmatrix}_{N\times 1}, \tag{3.8}$$

则零初始状态下, 系统对任意变化输入的响应可以描述为

$$Y(k)=S\Delta u(k-1). \tag{3.9}$$

由于线性系统满足叠加性, 因此, 由 (3.4) 和 (3.9) 得到, 在非零初始状态下系统对任意输入变化的响应为

$$Y(k)=M_{ss}Y(k-1)+S\Delta u(k-1), \tag{3.10}$$

其中初始条件为

$$Y(0)=\begin{bmatrix} y(0) \\ \vdots \\ y(0) \end{bmatrix}_{N\times 1} \tag{3.11}$$

上式中, M_{ss} 由 (3.5) 给出, S 由 (3.8) 给出.

由系统状态的定义 (3.3) 知, 系统在 k 时刻的输出为

$$y(k)=CY(k) \tag{3.12}$$

其中

$$C=\begin{bmatrix} 1 & 0 & \cdots & 0 \end{bmatrix}_{1\times N}. \tag{3.13}$$

综上, (3.10) 和 (3.12) 就是系统的单位阶跃响应模型. 显然, (3.10) 与状态空间模型 (2.1) 具有相同的形式. 如果从状态空间实现的角度来讲, (3.10) 是传递函数 (3.1) 的一个状态空间实现. 由 (3.3) 知, 状态变量是 N 维的. 因此, (3.10) 一般不是系统的最小实现.

例 3.1　考虑一阶传递函数

$$G(s)=\frac{1}{0.5s+1}$$

其单位阶跃响应如图 3.3 所示. 一般认为输出保持在终值上下 5% 即可认为进入稳态, 本例中稳态区间为 (0.95, 1.05). 因此, 调节时间约为 1.6s. 在过渡过程时间内采

样 5 ~ 16 次即可, 故取采样时间为 $T_s = 0.2\text{s}$, 即 $N = 8$. 采样得单位阶跃响应系数为

$$S = \begin{bmatrix} 0.3297 & 0.5507 & 0.6988 & 0.7981 & 0.8647 & 0.9093 & 0.9392 & 0.9592 \end{bmatrix}^{\mathrm{T}}.$$

故可由式 (3.10) 得到该系统的单位阶跃响应模型. 对由传递函数及由单位阶跃响应模型描述的系统分别输入正弦信号 $u = \sin(t)$, 图 3.4 中实线给出了所建的单位阶跃响应模型的输出响应, 图中虚线表示实际的输出. 仿真结果验证了模型的可靠性.

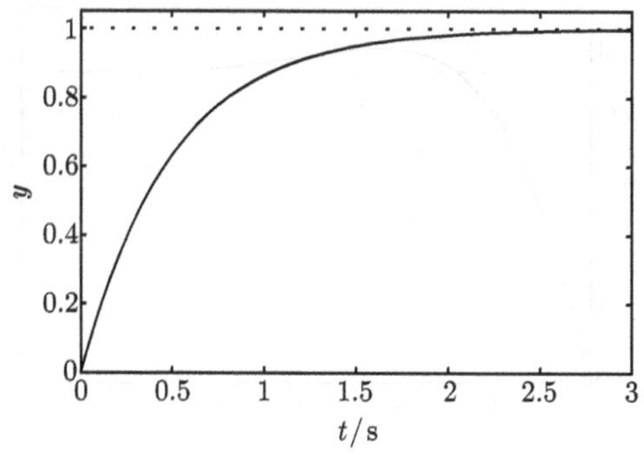

图 3.3 例 3.1 的单位阶跃响应

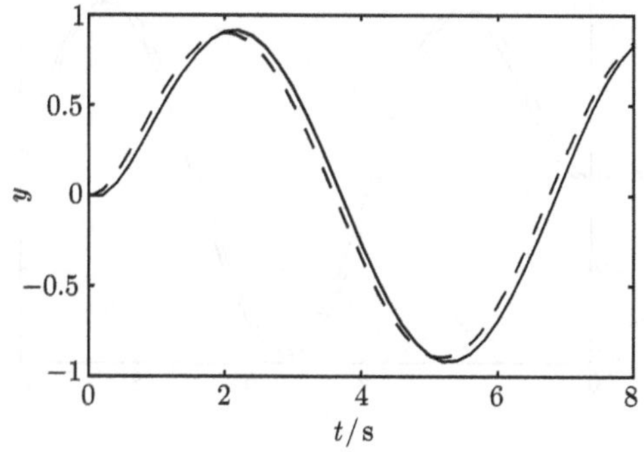

图 3.4 例 3.1 的模型输出 (实线) 和实际输出 (虚线)

例 3.2 考虑高阶传递函数

$$G(s) = \frac{5s^2 + 25s + 30}{s^3 + 6s^2 + 10s + 8}.$$

这是一个稳定的三阶最小相位系统, 其单位阶跃响应如图 3.5 所示. 稳态终值为

3.75, 过渡过程时间为 3s. 取 $T_s = 0.3$s, $N = 10$, 采样得单位阶跃响应系数为

$$S = \begin{bmatrix} 1.3071 & 2.2969 & 3.0179 & 3.5063 & 3.8054 & 3.9617 & 4.0192 \\ & & & 4.0148 & 3.9770 & 3.9260 \end{bmatrix}^{\mathrm{T}}.$$

故可由式 (3.10) 得到该系统的单位阶跃响应模型. 对由传递函数及由单位阶跃响应模型描述的系统分别输入正弦信号 $u = \sin(t)$, 图 3.6 中实线给出了所建的单位阶跃响应模型的输出响应, 图中虚线表示实际的输出. 仿真结果验证了模型的可靠性.

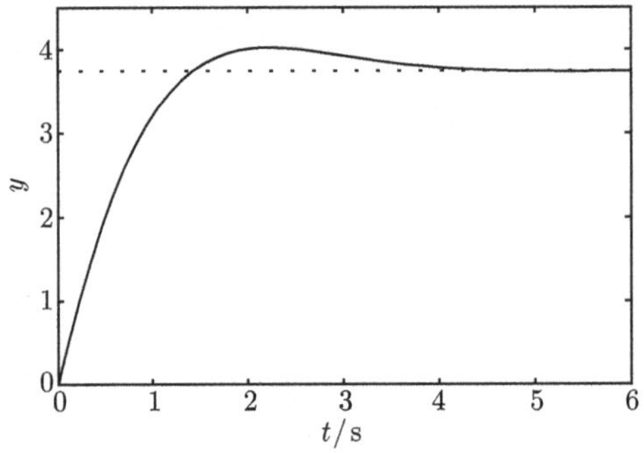

图 3.5　例 3.2 的单位阶跃响应

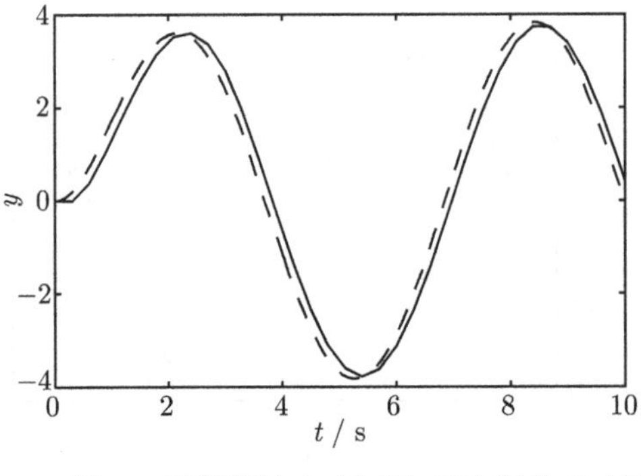

图 3.6　例 3.2 的模型输出 (实线) 和实际输出 (虚线)

例 3.3　考虑传递函数

$$G(s) = \frac{-5s^2 - 5s + 30}{s^3 + 6s^2 + 10s + 8}$$

这是一个稳定的三阶非最小相位系统, 其单位阶跃响应如图 3.7 所示. 稳态终值为 3.75, 过渡过程时间为 4s. 一般来说, 非最小相位系统的采样周期要取得比最小相

位系统小些. 因此, 取 $T_s = 0.25\text{s}$, $N = 15$, 采样得单位阶跃响应系数为

$$S = \begin{bmatrix} -0.6222 & -0.4339 & 0.1391 & 0.8572 & 1.5812 & 2.2341 & 2.7786 & 3.2038 \\ & & 3.5150 & 3.7266 & 3.8573 & 3.9261 & 3.9507 & 3.9461 & 3.9242 \end{bmatrix}^{\mathrm{T}}.$$

同例 3.1 及例 3.2 的验证过程, 由图 3.8 可验证所建立的单位阶跃响应模型的可靠性.

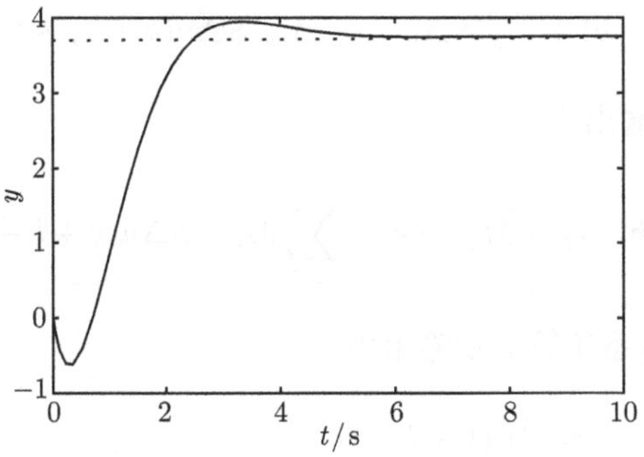

图 3.7 例 3.3 的单位阶跃响应

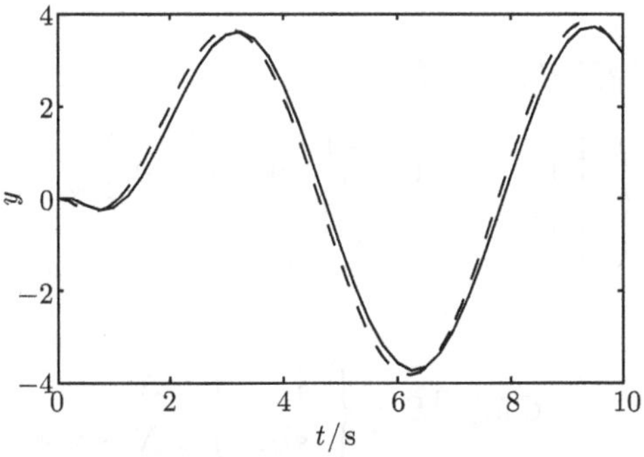

图 3.8 例 3.3 的模型输出 (实线) 和实际输出 (虚线)

3.1.2 与卷积单位阶跃响应模型的一致性

本节将讨论由状态空间形式描述的单位阶跃响应模型 (3.10) 与常见的卷积单位阶跃响应模型

$$y(k) = \sum_{i=1}^{N-1} s_i \Delta u(k-i) + s_N u(k-N) \tag{3.14}$$

的关系, 下面我们将说明其等价性.

由 (3.10) 得

$$Y(k+1)=M_{ss}Y(k)+S\Delta u(k)\,. \tag{3.15}$$

递推得

$$\begin{aligned}Y(k+2)&=M_{ss}Y(k+1)+S\Delta u(k+1)\\&=M_{ss}^2Y(k)+M_{ss}S\Delta u(k)+S\Delta u(k+1)\,,\end{aligned} \tag{3.16}$$

$$\begin{aligned}Y(k+3)&=M_{ss}Y(k+2)+S\Delta u(k+2)\\&=M_{ss}^3Y(k)+M_{ss}^2S\Delta u(k)+M_{ss}S\Delta u(k+1)+S\Delta u(k+2)\,.\end{aligned} \tag{3.17}$$

进一步, 第 l 步状态输出为

$$Y(k+l)=M_{ss}^lY(k)+\sum_{i=1}^{l}M_{ss}^{i-1}S\Delta u(k+l-i)\,. \tag{3.18}$$

由输出方程 (3.12) 得系统第 l 步输出为

$$\begin{aligned}y(k+l)&=CY(k+l)\\&=CM_{ss}^lY(k)+\sum_{i=1}^{l}CM_{ss}^{i-1}S\Delta u(k+l-i)\,.\end{aligned} \tag{3.19}$$

由式 (3.5) 和 (3.13), 经简单推导, 有

$$CM_{ss}^i=\begin{cases}\begin{bmatrix}0 & \cdots & 0 & \overset{i+1}{1} & 0 & \cdots & 0\end{bmatrix}_{1\times N}, & i<N,\\ \begin{bmatrix}0 & \cdots & 0 & 1\end{bmatrix}_{1\times N}, & i\geqslant N.\end{cases} \tag{3.20}$$

进一步, 由式 (3.8) 得

$$CM_{ss}^{i-1}S=\begin{cases}s_i, & i<N,\\ s_N, & i\geqslant N.\end{cases} \tag{3.21}$$

考虑 $l\geqslant N$ 的情况 ($l<N$ 的情况更简单些), 将上两式代入式 (3.19), 得

$$y(k+l)=\underbrace{\sum_{i=1}^{N-1}s_i\Delta u(k+l-i)}_{(1)}+\underbrace{s_N\sum_{i=N}^{l}\Delta u(k+l-i)}_{(2)}+\underbrace{CM_{ss}^lY(k)}_{(3)}\,. \tag{3.22}$$

若令

$$y^{(1)}(k+l)=\sum_{i=1}^{N-1}s_i\Delta u(k+l-i)\,,$$

$$y^{(2)}(k+l) = s_N \sum_{i=N}^{l} \Delta u(k+l-i)\,,$$
$$y^{(3)}(k+l) = CM_{ss}^{l} Y(k)\,,$$

则有

$$y(k+l) = y^{(1)}(k+l) + y^{(2)}(k+l) + y^{(3)}(k+l)\,. \tag{3.23}$$

下面详细讨论 $y(k+l)$ 各项的物理意义和进一步的计算.

首先考虑式 (3.23) 中的第三部分

$$y^{(3)}(k+l) = CM_{ss}^{l} Y(k)\,.$$

因为 $CM_{ss}^{l} = [0\ \cdots\ 0\ 1]$, 所以 $y^{(3)}(k+l)$ 是状态变量 $Y(k)$ 的最后一个元素. 因此, 由状态变量 $Y(k)$ 的定义 (3.3) 得,

$$\begin{aligned} y^{(3)}(k+l) &= \begin{bmatrix} 0 & \cdots & 0 & 1 \end{bmatrix} Y(k) \\ &= \{y(k+N-1), \text{在 } \Delta u(k+i) = 0, i = 0,1,\cdots,N-1 \text{ 的条件下}\}\,. \end{aligned} \tag{3.24}$$

因此, 式 (3.22) 的第三项是当 k 时刻及以后输入变化为零时, 系统非零初始条件 $y(k)$ 对 $y(k+l)$ 的影响. 实际上, 这也可视为非零 $u(k-1)$ 对 $y(k+l)$ 的影响. 因为 $l \geqslant N$ 时, 这个影响已经进入了系统稳态. 因此有

$$y^{(3)}(k+l) = s_N u(k-1), \tag{3.25}$$

这是因为系统是线性的, 所以 u 和 Δu 对输出的影响系数相同.

下面考虑式 (3.22) 中的前两部分. 由于系统 N 个采样时刻之后进入稳态, 为了讨论 (3.22) 中的前两部分, 将区间 $[k, k+l-1]$ 分成 $[k, k+l-N]$ 和 $[k+l-N+1, k+l-1]$ 两部分, 如图 3.9 所示.

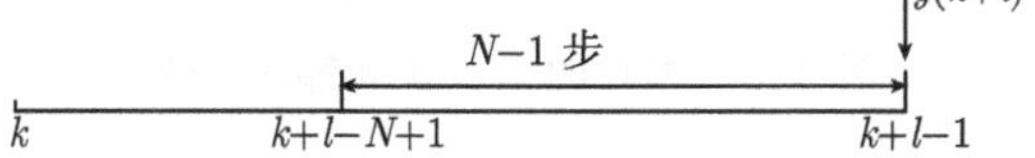

图 3.9 区间划分示意图

先考虑式 (3.22) 中的第一部分. 在图 3.9 中, 当区间 $[k, k+l-N]$ 内输入变化为零, 区间 $[k+l-N+1, k+l-1]$ 内输入任意变化, 即

$$\begin{aligned} &\Delta u(i) = 0, \quad i \in [k, k+l-N], \\ &\Delta u(i) \neq 0, \quad i \in [k+l-N+1, k+l-1]. \end{aligned} \tag{3.26}$$

上述输入情况, 如图 3.10 所示.

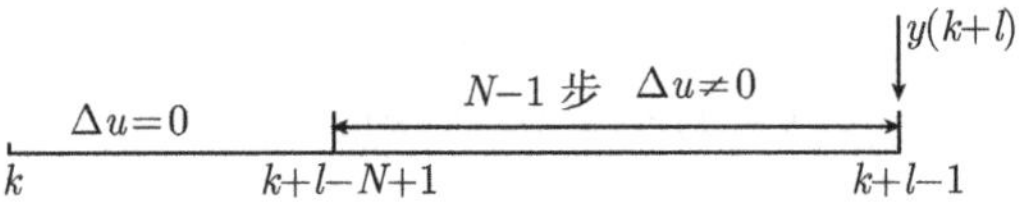

图 3.10　最初的 $l-N+1$ 步输入不变

因此, (3.22) 中的第一部分表示零初始状态下, $k+l$ 时刻之前 $N-1$ 步输入对输出 $y(k+l)$ 的影响. 具体如下:

$\Delta u(k+l-1)$ 作用的时间为一个采样间隔, 因此, 对 $y(k+l)$ 的影响系数为 s_1.

$\Delta u(k+l-2)$ 作用的时间为两个采样间隔, 因此, 对 $y(k+l)$ 的影响系数为 s_2.

...

$\Delta u(k+l-N+1)$ 作用的时间为 $N-1$ 个采样间隔, 因此, 对 $y(k+l)$ 的影响系数为 s_{N-1}.

由线性系统的叠加性得

$$\begin{aligned} y^{(1)}(k+l) &= s_1\Delta u(k+l-1)+\cdots+s_{N-1}\Delta u(k+l-N+1) \\ &= \sum_{i=1}^{N-1} s_i\Delta u(k+l-i)\,. \end{aligned} \tag{3.27}$$

然后, 考虑 (3.22) 中的第二部分. 在图 3.9 中, 令区间 $[k,k+l-N]$ 内输入任意变化, 区间 $[k+l-N+1,k+l-1]$ 内输入变化为零, 即

$$\begin{aligned} &\Delta u(i)\neq 0,\quad i\in[k,k+l-N], \\ &\Delta u(i)=0,\quad i\in[k+l-N+1,k+l-1]. \end{aligned} \tag{3.28}$$

上述输入情况, 如图 3.11 所示.

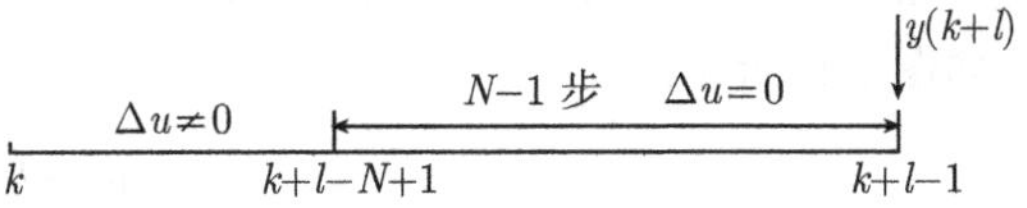

图 3.11　最后的 $N-1$ 步输入不变

因此, (3.22) 的第二部分表示零初始状态下, 最初的 $l-N+1$ 步输入对 $y(k+l)$ 的影响. 因为 $l\geqslant N$, 所以这些输入变化对 $y(k+l)$ 的影响全部进入稳态, 即

$$\begin{aligned} y^{(2)}(k+l) &= s_N\Delta u(k+l-N)+\cdots+s_N\Delta u(k) \\ &= s_N\sum_{i=k}^{k+l-N}\Delta u(i) \end{aligned} \tag{3.29}$$

综上已讨论了 $y(k+l)$ 各项的物理意义和计算.

又由 (3.25) 和 (3.29) 得

$$y^{(2)}(k+l)+y^{(3)}(k+l)=s_N\left(u(k-1)+\sum_{i=k}^{k+l-N}\Delta u(i)\right)$$
$$=s_N u(k+l-N)\,. \tag{3.30}$$

因此, 将 (3.27) 和 (3.30) 代入 (3.23), 得 $k+l$ 时刻的输出为

$$y(k+l)=y^{(1)}(k+l)+y^{(2)}(k+l)+y^{(3)}(k+l)$$
$$=\sum_{i=1}^{N-1}s_i\Delta u(k+l-i)+s_N u(k+l-N) \tag{3.31}$$

或者

$$y(k)=\sum_{i=1}^{N-1}s_i\Delta u(k-i)+s_N u(k-N)\,. \tag{3.32}$$

这就是常见的单位阶跃响应模型的卷积表达式, 即卷积单位阶跃响应模型.

综上, 作为系统单位阶跃响应模型的两种不同表达形式, 状态空间单位阶跃响应模型 (3.10) 和卷积单位阶跃响应模型 (3.32) 是完全一致的. 因此, 本书后面提到的单位阶跃响应模型都是指状态空间单位阶跃响应模型.

3.1.3 SISO 积分系统的阶跃响应模型

对积分系统而言, 在 N 个采样时间之后, 系统进入所谓的“稳态”, 指的是响应的斜率不变, 如图 3.12 所示. 也即

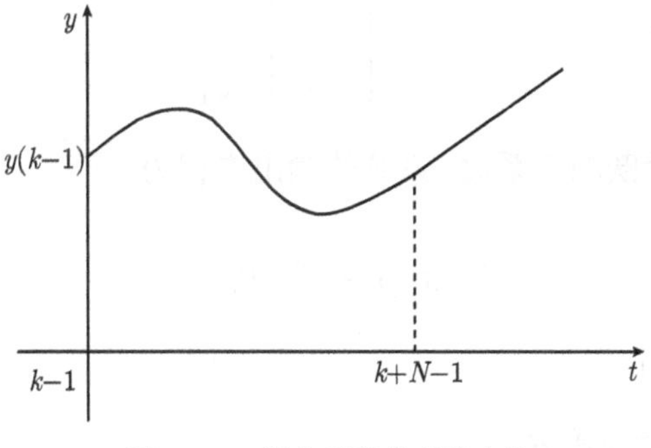

图 3.12 积分系统的“稳态”

$$y(k+N)=y(k+N-1)+[y(k+N-1)-y(k+N-2)]$$
$$=2y(k+N-1)-y(k+N-2)\,. \tag{3.33}$$

同样地, 定义 k 时刻的状态为

$$Y(k) \overset{\text{def}}{=\!=} \left\{ \begin{array}{c} [y(k), y(k+1), \cdots, y(k+N-2), y(k+N-1)]^{\mathrm{T}} \\ \Delta u(k+i) = 0, i = 0, 1, \cdots, N-1 \end{array} \right\}, \tag{3.34}$$

则有

$$Y(k) = M_{sI} Y(k-1), \tag{3.35}$$

其中

$$M_{sI} = \begin{bmatrix} 0 & 1 & 0 & \cdots & 0 & 0 \\ 0 & 0 & 1 & \cdots & 0 & 0 \\ \vdots & \vdots & \vdots & & \vdots & \vdots \\ 0 & 0 & 0 & \cdots & 0 & 1 \\ 0 & 0 & 0 & \cdots & -1 & 2 \end{bmatrix}_{N \times N}. \tag{3.36}$$

考虑到 $\Delta u(k-1)$ 的影响, 有

$$Y(k) = M_{sI} Y(k-1) + S \Delta u(k-1), \tag{3.37}$$

其中

$$S = \begin{bmatrix} s_1 \\ s_2 \\ \vdots \\ s_N \end{bmatrix}_{N \times 1} \tag{3.38}$$

为积分系统的单位阶跃响应系数. 系统的输出方程为

$$y(k) = CY(k), \tag{3.39}$$

式中 C 由 (3.13) 给出.

例 3.4　考虑传递函数

$$G(s) = \frac{s + 0.1}{s(0.1s^2 + 0.025s + 0.03)}.$$

这是一个具有积分环节的三阶系统, 其单位阶跃响应如图 3.13 所示.

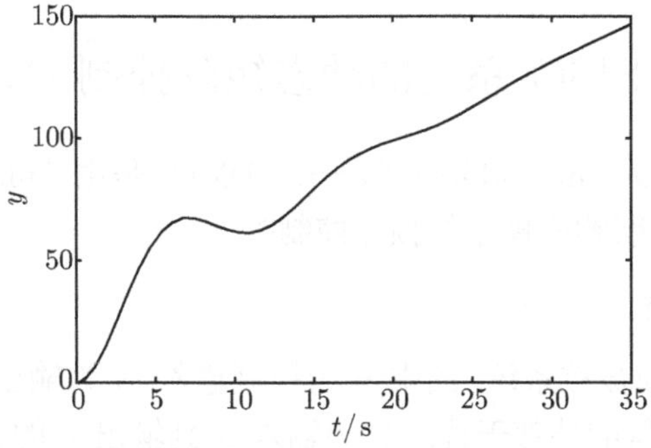

图 3.13 例 3.4 的单位阶跃响应

稳态的斜率为 $\dfrac{10}{3}$. 过渡过程时间约在 $12 \sim 25$s. 取 $T_s = 0.6$s, $N = 40$, 采样得单位阶跃响应系数为

$$S = \Big[\ 1.7326 \quad 6.5659 \quad 13.7865 \quad 22.5430 \quad 31.9499 \quad 41.1803 \quad 49.5403$$
$$56.5190 \quad 61.8139 \quad 65.3321 \quad 67.1701 \quad 67.5782 \quad 66.9136 \quad 65.5908$$
$$64.0315 \quad 62.6225 \quad 61.6817 \quad 61.4362 \quad 62.0123 \quad 63.4370 \quad 65.6495$$
$$68.5187 \quad 71.8668 \quad 75.4932 \quad 79.1975 \quad 82.7993 \quad 86.1537 \quad 89.1607$$
$$91.7685 \quad 93.9722 \quad 95.8081 \quad 97.3435 \quad 98.6665 \quad 99.8740 \quad 101.0609$$
$$102.3108 \quad 103.6895 \quad 105.2408 \quad 106.9853 \quad 108.9215\ \Big]^{\mathrm{T}}.$$

故可由式 (3.37) 得到该积分系统的单位阶跃响应模型. 对由传递函数及由单位阶跃响应模型描述的系统分别输入正弦信号 $u = \sin(t)$, 图 3.14 中实线给出了所建的单位阶跃响应模型的输出响应, 图中虚线表示实际的输出. 仿真结果验证了模型的可靠性.

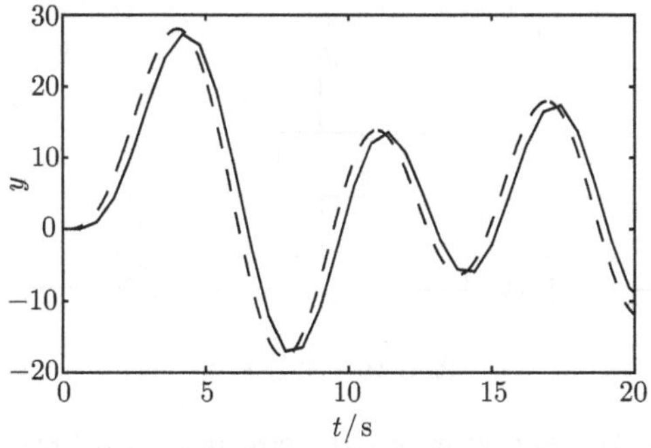

图 3.14 例 3.4 的模型输出 (实线) 和实际输出 (虚线)

3.2　SISO 系统的动态矩阵控制 (DMC)

动态矩阵控制 (Dynamic Matrix Control, DMC) 是由 Culter 等在 1980 年提出来的一种基于单位阶跃响应模型的预测控制[8].

3.2.1　被控系统描述

如图 3.15 所示为被控系统. 图中 u 为控制输入, y 为输出, d 为可以测量的外部干扰, w 为不能测量的外部干扰, P_u 为输入 u 到输出 y 的传递函数, P_d 为可测干扰 d 到输出 y 的传递函数. 设控制输入 u 和可测干扰 d 对输出 y 的单位阶跃响应系数矩阵分别为

$$S_u = \begin{bmatrix} s_1^u \\ s_2^u \\ \vdots \\ s_N^u \end{bmatrix}, \quad S_d = \begin{bmatrix} s_1^d \\ s_2^d \\ \vdots \\ s_N^d \end{bmatrix}. \tag{3.40}$$

由于线性系统满足齐次性和叠加性, 因此, 由 (3.10) 可以得出带可测干扰的单位阶跃响应模型为

$$Y(k) = M_{ss}Y(k-1) + S_u\Delta u(k-1) + S_d\Delta d(k-1)\,, \tag{3.41}$$

其中状态变量由 (3.3) 定义, M_{ss} 由 (3.5) 给出. 系统在 k 时刻的输出为

$$y(k) = CY(k)\,, \tag{3.42}$$

式中 C 由 (3.13) 给出, 即

$$C = \begin{bmatrix} 1 & 0 & \cdots & 0 \end{bmatrix}_{1\times N}. \tag{3.43}$$

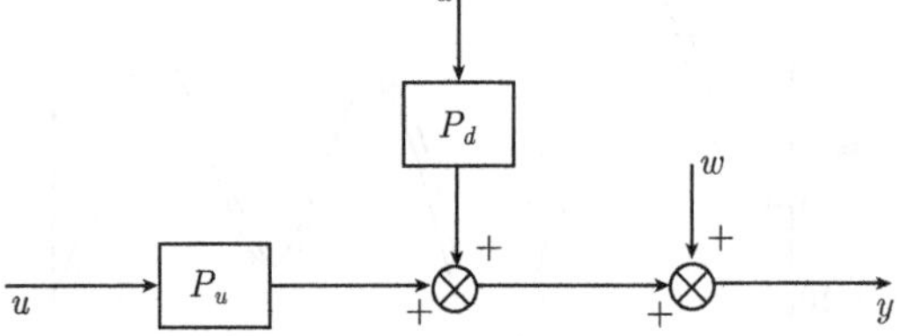

图 3.15　被控系统

由 3.1.2 节讨论知道, 单位阶跃响应模型的状态空间描述 (3.41) 和其卷积表达式是一致的. 因此, 下面我们将按照第 2 章的思路推导基于单位阶跃响应模型的预

测控制算法, 即动态矩阵控制 (DMC) 算法. 也就是说, 将基于模型 (3.41)~(3.43), 按照预测控制基本原理的三个步骤“预测系统未来动态 — 求解优化问题 — 解的第一个元素作用于系统”和“滚动时域、重复进行”的机制, 推导 DMC 算法.

3.2.2 状态估计

由于单位阶跃响应模型 (3.41) 的状态不是全部可以测量的 (只有第一个分量是可以测量的). 因此, 需要对状态进行估计, 用估计的状态作为初始条件预测系统未来的动态.

先按传统 DMC 算法中的“一步预测和误差校正”方法为稳定系统简单设计一个状态估计器. 在 $k-1$ 时刻, 由 (3.41) 计算 k 时刻的状态, 记为 $Y(k|k-1)$, 即

$$Y(k|k-1) = M_{ss}\hat{Y}(k-1) + S_u\Delta u(k-1) + S_d\Delta d(k-1), \tag{3.44}$$

其中 $\hat{Y}(k-1)$ 是 $k-1$ 时刻对状态的估计. 由输出方程 (3.42) 计算得到 k 时刻的输出为

$$y(k|k-1) = CY(k|k-1). \tag{3.45}$$

在 k 时刻的测量值为 $y(k)$, 与计算值之差为 $y(k)-y(k|k-1)$. 以这个误差作为校正量, 得到校正后的状态分量如下:

$$\begin{aligned}
\hat{y}(k|k) &= y(k|k-1) + [y(k)-y(k|k-1)],\\
\hat{y}(k+1|k) &= y(k+1|k-1) + [y(k)-y(k|k-1)],\\
&\vdots\\
\hat{y}(k+N-1|k) &= y(k+N-1|k-1) + [y(k)-y(k|k-1)].
\end{aligned}$$

记

$$\hat{Y}(k) \overset{\text{def}}{=\!=} \begin{bmatrix} \hat{y}(k|k) \\ \hat{y}(k+1|k) \\ \vdots \\ \hat{y}(k+N-1|k) \end{bmatrix}_{N\times 1}, \tag{3.46}$$

则上式变为

$$\hat{Y}(k) = Y(k|k-1) + K_I\left(y(k)-y(k|k-1)\right), \tag{3.47}$$

其中

$$K_I = \begin{bmatrix} 1 \\ \vdots \\ 1 \end{bmatrix}_{N\times 1}. \tag{3.48}$$

将 (3.44) 和 (3.45) 代入 (3.47), 得

$$\begin{aligned}\hat{Y}(k) &= Y(k|k-1) + K_I\left(y(k) - CY(k|k-1)\right) \\ &= (I - K_IC)Y(k|k-1) + K_Iy(k) \\ &= (I - K_IC)\,M_{ss}\hat{Y}(k-1) + K_Iy(k) \\ &\quad + (I - K_IC)\,S_u\Delta u(k-1) + (I - K_IC)\,S_d\Delta d(k-1)\,. \end{aligned} \tag{3.49}$$

这是一个典型的状态估计器方程. 用 (3.5), (3.43) 和 (3.48) 计算得

$$(I - K_IC)M_{ss} = \begin{pmatrix} 0 & 0 & 0 & 0 & \cdots & 0 \\ 0 & -1 & 1 & 0 & \cdots & 0 \\ 0 & -1 & 0 & 1 & \cdots & 0 \\ \vdots & \vdots & \vdots & \vdots & & \vdots \\ 0 & -1 & 0 & 0 & \cdots & 1 \\ 0 & -1 & 0 & 0 & \cdots & 1 \end{pmatrix}_{N\times N}\,. \tag{3.50}$$

可以证明, $(I - K_IC)M_{ss}$ 的所有特征值均位于单位圆内. 具体证明见附录 A.1. 因此, 估计器 (3.49) 是名义渐近稳定的.

单位阶跃响应模型 (3.41) 及其输出方程 (3.42) 具有状态空间模型的形式. 由 (3.20) 可以验证

$$\operatorname{rank}\begin{bmatrix} C \\ CM_{ss} \\ CM_{ss}^2 \\ \vdots \\ CM_{ss}^{N-1} \end{bmatrix} = \operatorname{rank} I_{N\times N} = N\,, \tag{3.51}$$

即稳定系统的单位阶跃响应模型是可观的. 因此, 可以设计状态观测器方程如下:

$$\begin{aligned}\hat{Y}(k) &= M_{ss}\hat{Y}(k-1) + S_u\Delta u(k-1) + S_d\Delta d(k-1) \\ &\quad + K_F\left(y(k-1) - C\hat{Y}(k-1)\right), \end{aligned} \tag{3.52}$$

其中 K_F 是估计器增益. 我们可以应用极点配置或 Kalman 滤波等方法设计 K_F 使得 $M_{ss} - K_FC$ 是名义渐近稳定的, 且估计误差按指定的衰减速度趋于零.

同样可以验证, 积分系统的单位阶跃响应模型也是可观的. 因此, 可以采用极点配置或 Kalman 滤波等方法设计状态观测器.

3.2.3 预测方程

由于单位阶跃响应模型 (3.41) 具有状态空间模型的表达形式. 我们可以采用与 2.2 节相同的方法推导预测方程. 为此, 设定预测时域为 p, 控制时域为 m 且 $m \leqslant p$, 并作相同的假设如下：

A3.2.1) 控制时域之外, 控制量不变, 即 $\Delta u(k+i)=0,\ i=m,m+1,\cdots,p-1$.

A3.2.2) 可测干扰在 k 时刻之后不变, 即 $\Delta d(k+i)=0,\ i=1,2,\cdots,p-1$.

在 k 时刻, 有测量值 $y(k)$ 和 $d(k)$ 以及估计状态 $\hat{Y}(k)$, 基于模型 (3.41) 作 p 步状态预测, 得

$$
\begin{aligned}
Y(k+1|k) &= M_{ss}\hat{Y}(k)+S_u\Delta u(k)+S_d\Delta d(k)\,,\\
Y(k+2|k) &= M_{ss}^2\hat{Y}(k)+M_{ss}S_u\Delta u(k)+S_u\Delta u(k+1)+M_{ss}S_d\Delta d(k)\,,\\
&\ \ \vdots\\
Y(k+m|k) &= M_{ss}^m\hat{Y}(k)+M_{ss}^{m-1}S_u\Delta u(k)+M_{ss}^{m-2}S_u\Delta u(k+1)\\
&\quad +\cdots+S_u\Delta u(k+m-1)+M_{ss}^{m-1}S_d\Delta d(k)\,,\\
&\ \ \vdots\\
Y(k+p|k) &= M_{ss}^p\hat{Y}(k)+M_{ss}^{p-1}S_u\Delta u(k)+M_{ss}^{p-2}S_u\Delta u(k+1)\\
&\quad +\cdots+M_{ss}^{p-m}S_u\Delta u(k+m-1)+M_{ss}^{p-1}S_d\Delta d(k)\,.
\end{aligned}
$$

由输出方程 (3.42) 得预测的 p 步输出如下：

$$
\begin{aligned}
y(k+1|k) &= CM_{ss}\hat{Y}(k)+CS_u\Delta u(k)+CS_d\Delta d(k)\,,\\
y(k+2|k) &= CM_{ss}^2\hat{Y}(k)+CM_{ss}S_u\Delta u(k)+CS_u\Delta u(k+1)+CM_{ss}S_d\Delta d(k)\,,\\
&\ \ \vdots\\
y(k+m|k) &= CM_{ss}^m\hat{Y}(k)+CM_{ss}^{m-1}S_u\Delta u(k)+CM_{ss}^{m-2}S_u\Delta u(k+1)\\
&\quad +\cdots+CS_u\Delta u(k+m-1)+CM_{ss}^{m-1}S_d\Delta d(k)\,,\\
&\ \ \vdots\\
y(k+p|k) &= CM_{ss}^p\hat{Y}(k)+CM_{ss}^{p-1}S_u\Delta u(k)+CM_{ss}^{p-2}S_u\Delta u(k+1)\\
&\quad +\cdots+CM_{ss}^{p-m}S_u\Delta u(k+m-1)+CM_{ss}^{p-1}S_d\Delta d(k)\,.
\end{aligned}
$$

定义向量

$$Y_p(k+1|k) \overset{\text{def}}{=\!=} \begin{bmatrix} y(k+1|k) \\ y(k+2|k) \\ \vdots \\ y(k+p|k) \end{bmatrix}_{p\times 1}, \tag{3.53a}$$

$$\Delta U(k) \overset{\text{def}}{=\!=} \begin{bmatrix} \Delta u(k) \\ \Delta u(k+1) \\ \vdots \\ \Delta u(k+m-1) \end{bmatrix}_{m\times 1}, \tag{3.53b}$$

则对系统未来 p 步输出的预测可以由下面的预测方程计算:

$$Y_p(k+1|k) = \mathcal{M}\hat{Y}(k) + \mathcal{S}_u \Delta U(k) + \mathcal{S}_d \Delta d(k), \tag{3.54}$$

其中

$$\mathcal{M} = \begin{bmatrix} CM_{ss} \\ CM_{ss}^2 \\ \vdots \\ CM_{ss}^p \end{bmatrix}_{p\times 1}, \quad \mathcal{S}_d = \begin{bmatrix} CS_d \\ CM_{ss}S_d \\ \vdots \\ CM_{ss}^{p-1}S_d \end{bmatrix}_{p\times 1}$$

$$\mathcal{S}_u = \begin{bmatrix} CS_u & 0 & 0 & \cdots & 0 \\ CM_{ss}S_u & CS_u & 0 & \cdots & 0 \\ \vdots & \vdots & \vdots & & \vdots \\ CM_{ss}^{m-1}S_u & CM_{ss}^{m-2}S_u & \cdots & \cdots & CS_u \\ \vdots & \vdots & \vdots & & \vdots \\ CM_{ss}^{p-1}S_u & CM_{ss}^{p-2}S_u & \cdots & \cdots & CM_{ss}^{p-m}S_u \end{bmatrix}_{p\times m}.$$

应用 (3.20), 上式变为

$$\mathcal{M} = \begin{bmatrix} 0 & 1 & 0 & 0 & \cdots & 0 & \cdots & 0 \\ 0 & 0 & 1 & 0 & \cdots & 0 & \cdots & 0 \\ \vdots & \vdots & \ddots & \ddots & \ddots & \vdots & & \vdots \\ 0 & 0 & \cdots & 0 & 1 & 0 & \cdots & 0 \end{bmatrix}_{p\times N}, \tag{3.55a}$$

$$\mathcal{S}_u = \begin{bmatrix} s_1^u & 0 & 0 & \cdots & 0 \\ s_2^u & s_1^u & 0 & \cdots & 0 \\ \vdots & \vdots & \vdots & & \vdots \\ s_m^u & s_{m-1}^u & \cdots & \cdots & s_1^u \\ \vdots & \vdots & \vdots & & \vdots \\ s_p^u & s_{p-1}^u & \cdots & \cdots & s_{p-m+1}^u \end{bmatrix}_{p\times m}, \quad \mathcal{S}_d = \begin{bmatrix} s_1^d \\ s_2^d \\ \vdots \\ s_p^d \end{bmatrix}_{p\times 1}. \tag{3.55b}$$

3.2.4 DMC 算法及其控制律

根据预测控制的基本原理, 动态矩阵控制 (DMC) 的开环优化问题描述如下:

问题 3.1

$$\min_{\Delta U(k)} J\left(y(k), \Delta U(k), m, p\right) \tag{3.56}$$

满足系统动力学 $(i = 0, 1, \cdots, p)$

$$Y(k+i+1|k) = M_{ss}Y(k+i|k) + S_u\Delta u(k+i) + S_d\Delta d(k+i), \tag{3.57a}$$

$$Y(k|k) = \hat{Y}(k), \tag{3.57b}$$

$$y(k+i|k) = CY(k+i|k), \tag{3.57c}$$

其中目标函数为

$$J\left(y(k), \Delta U(k), m, p\right) = \sum_{i=1}^{p} \left\|\Gamma_{y,i}\left(y(k+i|k) - r(k+i)\right)\right\|^2 + \sum_{i=1}^{m} \left\|\Gamma_{u,i}\Delta u(k+i-1)\right\|^2. \tag{3.58}$$

预测的输出序列 $y(k+i|k), i = 1, 2, \cdots, p$ 由系统动力学模型 (3.57) 计算. 前一节的推导已经给出了预测输出序列的预测方程 (3.54). 因此, 将目标函数 (3.58) 写成矩阵向量形式, 优化问题 3.1 变为

问题 3.2

$$\min_{\Delta U(k)} J\left(y(k), \Delta U(k), m, p\right)$$

其中

$$J\left(y(k), \Delta U(k), m, p\right) = \left\|\Gamma_y\left(Y_p(k+1|k) - R(k+1)\right)\right\|^2 + \left\|\Gamma_u\Delta U(k)\right\|^2. \tag{3.59}$$

在问题 3.2 中, 预测输出序列 $Y_p(k+1|k)$ 由 (3.54) 给出, 加权矩阵为

$$\Gamma_y = \mathrm{diag}\{\Gamma_{y,1}, \Gamma_{y,2}, \cdots, \Gamma_{y,p}\},$$

$$\Gamma_u = \mathrm{diag}\{\Gamma_{u,1}, \Gamma_{u,2}, \cdots, \Gamma_{u,m}\},$$

参考序列为

$$R(k+1)=\begin{bmatrix} r(k+1) \\ r(k+2) \\ \vdots \\ r(k+p) \end{bmatrix}_{p\times 1}. \tag{3.60}$$

下面用 2.3.2 节介绍的方法求解上述优化问题. 将预测方程 (3.54) 代入目标函数 (3.59), 定义

$$E_p(k+1|k) \overset{\text{def}}{=\!=} R(k+1)-\mathcal{M}\hat{Y}(k)-\mathcal{S}_d\Delta d(k)\,, \tag{3.61}$$

推导得

$$J\left(y(k),\Delta U(k),m,p\right)=\rho^{\mathrm{T}}\rho\,,$$

其中

$$\rho=\underbrace{\begin{bmatrix} \Gamma_y\mathcal{S}_u \\ \Gamma_u \end{bmatrix}\Delta U(k)}_{Az}-\underbrace{\begin{bmatrix} \Gamma_y E_p(k+1|k) \\ \mathbf{0} \end{bmatrix}}_{b}.$$

因此, 优化解为

$$\Delta U^*(k)=\left(\mathcal{S}_u^{\mathrm{T}}\Gamma_y^{\mathrm{T}}\Gamma_y\mathcal{S}_u+\Gamma_u^{\mathrm{T}}\Gamma_u\right)^{-1}\mathcal{S}_u^{\mathrm{T}}\Gamma_y^{\mathrm{T}}\Gamma_y E_p(k+1|k)\,. \tag{3.62}$$

根据预测控制的基本原理, 将优化解的第一个元素作用于系统, 即得 DMC 控制律为

$$\Delta u(k)=K_{\mathrm{mpc}}E_p(k+1|k)\,, \tag{3.63}$$

其中控制增益 K_{mpc} 由

$$K_{\mathrm{mpc}}=\begin{bmatrix} 1 & 0 & \cdots & 0 \end{bmatrix}_{1\times m}\left(\mathcal{S}_u^{\mathrm{T}}\Gamma_y^{\mathrm{T}}\Gamma_y\mathcal{S}_u+\Gamma_u^{\mathrm{T}}\Gamma_u\right)^{-1}\mathcal{S}_u^{\mathrm{T}}\Gamma_y^{\mathrm{T}}\Gamma_y \tag{3.64}$$

计算.

为了分析 DMC 控制律的结构, 我们将 (3.61) 代入 (3.63), 得

$$\Delta u(k)=K_{\mathrm{mpc}}\Big(R(k+1)-\mathcal{M}\hat{Y}(k)-\mathcal{S}_d\Delta d(k)\Big)\,. \tag{3.65}$$

因此, 可以分解控制增量的各部分如下:

(1) $K_{\mathrm{mpc}}R(k+1)$ 是参考输入未来值的前馈控制;

(2) $-K_{\mathrm{mpc}}\mathcal{S}_d\Delta d(k)$ 是干扰输入的前馈控制;

(3) $-K_{\mathrm{mpc}}\mathcal{M}\hat{Y}(k)$ 是基于估计状态的反馈部分.

因此, 动态矩阵控制具有“前馈-基于估计的状态反馈”的结构.

综上, 由预测控制基本原理中的“滚动时域、重复进行”的机制, 给出基于单位阶跃响应模型的预测控制即动态矩阵控制算法如下.

算法 3.1

(1) 初始化: 设定预测时域 p 和控制时域 m, 设定初始值 $\Delta u(-1)$, $\Delta d(-1)$, $u(-1)$, $d(-1)$ 和 $\hat{Y}(-1)$, 由 (3.55) 计算 $\mathcal{M}$, $\mathcal{S}_u$, $\mathcal{S}_d$, 由 (3.64) 计算 K_{mpc};

(2) $k \geqslant 0$ 时刻, 测量 $y(k)$ 和 $d(k)$ 的值, 由 (3.49) 或 (3.52) 估计 $\hat{Y}(k)$;

(3) 由 (3.61) 计算误差 $E_p(k+1 \mid k)$;

(4) 由 (3.63) 计算控制量变化量 $\Delta u(k)$;

(5) 将控制量 $u(k) = u(k-1) + \Delta u(k)$ 作用于被控系统;

(6) 令 $k = k+1$, 返回第 (2) 步.

3.2.5 闭环系统分析

由于单位阶跃响应模型 (3.41) 具有状态空间描述的形式, 我们可以采用与 2.4 节相同的方法, 即在状态空间理论框架下分析无约束 DMC 闭环系统的稳定性和性能.

名义渐近稳定性

考虑一些不确定因素, 被控系统由下式描述:

$$Y(k+1) = M_{ss}Y(k) + S_u\Delta u(k) + S_d\Delta d(k) + S_w\Delta w(k)\,, \tag{3.66}$$

其中 $w(k)$ 为不可测量的外部干扰; S_w 是不可测量干扰的单位阶跃响应系数, 是未知的. 将 DMC 控制律 (3.65) 代入上式得

$$\begin{aligned} Y(k+1) &= M_{ss}Y(k) + S_u\Delta u(k) + S_d\Delta d(k) + S_w\Delta w(k) \\ &= M_{ss}Y(k) + S_uK_{\mathrm{mpc}}R(k+1) - S_uK_{\mathrm{mpc}}\mathcal{M}\hat{Y}(k) \\ &\quad + (S_d - S_uK_{\mathrm{mpc}}\mathcal{S}_d)\,\Delta d(k) + S_w\Delta w(k)\,. \end{aligned} \tag{3.67}$$

首先考虑状态反馈 DMC 的名义渐近稳定性. 假设状态完全可以测量, 即 $\hat{Y}(k) = Y(k)$, 则由 (3.67) 知, 状态反馈 DMC 的稳定性取决于矩阵

$$M_{ss} - S_uK_{\mathrm{mpc}}\mathcal{M}$$

的特征根是否位于单位圆内. 但是, 状态 $Y(k)$ 并不能全部测量. 在考虑估计状态的情况下, 将 DMC 控制律 (3.65) 代入估计器方程 (3.52), 得

$$\begin{aligned} \hat{Y}(k+1) &= (M_{ss} - K_FC)\hat{Y}(k) + S_u\Delta u(k) + S_d\Delta d(k) + K_Fy(k) \\ &= (M_{ss} - K_FC)\hat{Y}(k) + S_d\Delta d(k) + K_FCY(k) \\ &\quad + S_u\left(K_{\mathrm{mpc}}\left(R(k+1) - \mathcal{M}\hat{Y}(k) - \mathcal{S}_d\Delta d(k)\right)\right) \end{aligned}$$

$$= K_F C Y(k) + (M_{ss} - K_F C - S_u K_{\mathrm{mpc}} \mathcal{M}) \hat{Y}(k) \\ + (S_d - S_u K_{\mathrm{mpc}} \mathcal{S}_d) \Delta d(k) + S_u K_{\mathrm{mpc}} R(k+1). \tag{3.68}$$

定义闭环系统的状态为

$$x_{cl} \stackrel{\mathrm{def}}{=} \begin{bmatrix} Y \\ \hat{Y} \end{bmatrix},$$

则动态矩阵控制的闭环系统为

$$x_{cl}(k+1) = \begin{bmatrix} M_{ss} & -S_u K_{\mathrm{mpc}} \mathcal{M} \\ K_F C & M_{ss} - K_F C - S_u K_{\mathrm{mpc}} \mathcal{M} \end{bmatrix} x_{cl}(k) \\ + \begin{bmatrix} S_u K_{\mathrm{mpc}} \\ S_u K_{\mathrm{mpc}} \end{bmatrix} R(k+1) + \begin{bmatrix} S_d - S_u K_{\mathrm{mpc}} \mathcal{S}_d \\ S_d - S_u K_{\mathrm{mpc}} \mathcal{S}_d \end{bmatrix} \Delta d(k) \\ + \begin{bmatrix} S_w \\ 0 \end{bmatrix} \Delta w(k). \tag{3.69}$$

如果矩阵

$$\begin{bmatrix} M_{ss} & -S_u K_{\mathrm{mpc}} \mathcal{M} \\ K_F C & M_{ss} - K_F C - S_u K_{\mathrm{mpc}} \mathcal{M} \end{bmatrix} \tag{3.70}$$

的全部特征值均位于单位圆内, 则闭环系统名义渐近稳定. 用

$$P = \begin{bmatrix} I & \mathbf{0} \\ -I & I \end{bmatrix}, \quad P^{-1} = \begin{bmatrix} I & \mathbf{0} \\ I & I \end{bmatrix} \tag{3.71}$$

对 (3.70) 作相似变换, 得

$$P \begin{bmatrix} M_{ss} & -S_u K_{\mathrm{mpc}} \mathcal{M} \\ K_F C & M_{ss} - K_F C - S_u K_{\mathrm{mpc}} \mathcal{M} \end{bmatrix} P^{-1} \\ = \begin{bmatrix} M_{ss} - S_u K_{\mathrm{mpc}} \mathcal{M} & -S_u K_{\mathrm{mpc}} \mathcal{M} \\ \mathbf{0} & M_{ss} - K_F C \end{bmatrix}. \tag{3.72}$$

上式中, $M_{ss} - K_F C$ 是状态估计器 (3.52) 的系统矩阵, $M_{ss} - S_u K_{\mathrm{mpc}} \mathcal{M}$ 是动态矩阵控制反馈部分的矩阵. 因此, 动态矩阵控制闭环系统的极点由反馈矩阵的极点和状态估计器的极点组成. 也就是说, 对无约束 DMC 闭环系统来说, 分离原理成立. 因此, 我们可以得到结论: 无约束 DMC 闭环系统名义渐近稳定, 当且仅当状态反馈 DMC 名义渐近稳定和状态估计器名义渐近稳定.

抗干扰性能

稳定是讨论系统性能的前提. 因此, 假设闭环系统 (3.69) 是名义渐近稳定的.

讨论抗干扰性能时, 假设 $R(k+1)=\mathbf{0}$. 考虑可测和不可测干扰对系统的影响, 闭环系统 (3.69) 变为

$$x_{cl}(k+1)=\begin{bmatrix} M_{ss} & -S_u K_{\text{mpc}}\mathcal{M} \\ K_F C & M_{ss}-K_F C-S_u K_{\text{mpc}}\mathcal{M}\end{bmatrix} x_{cl}(k) + \begin{bmatrix} S_d-S_u K_{\text{mpc}}\mathcal{S}_d \\ S_d-S_u K_{\text{mpc}}\mathcal{S}_d\end{bmatrix}\Delta d(k)+\begin{bmatrix} S_w \\ 0\end{bmatrix}\Delta w(k).$$

如果当 $k\to\infty$ 时, 外部干扰不变即 $\Delta d(k)\to 0$, $\Delta w(k)\to 0$, 则由闭环系统的名义渐近稳定性知 $x_{cl}(k)\to\mathbf{0}$, 即 $Y(k)\to\mathbf{0}$ 和 $\hat{Y}(k)\to\mathbf{0}$. 进一步, 有 $y(k)\to 0$. 因此, 基于无约束动态矩阵控制的闭环系统 (3.69) 对趋于不变的可测和不可测外部干扰, 其控制输出是无静差的.

如果外部干扰的变化是有界的, 即 $\Delta d(k)<\infty$, $\Delta w(k)<\infty$, 则 $k\to\infty$ 时有 $x_{cl}(k)<\infty$ 即 $y(k)<\infty$. 因此, 基于无约束动态矩阵控制的闭环系统 (3.69) 对有界 (变化) 的可测和不可测干扰, 其控制输出是有界的.

无静差跟踪

下面考虑在外部干扰趋于不变的情况下, 系统对非零参考信号的跟踪. 假设:

(1) 闭环系统是名义渐近稳定的, 估计误差已经为零, 即 $\hat{Y}(k)=Y(k)$, $k\geqslant 0$;

(2) 外部可测和不可测干扰已经趋于不变, 即 $\Delta d(k)=\Delta w(k)=0$, $k\geqslant 0$.

为了简化推导, 取 $\varGamma_u=\mathbf{0}_{m\times m}$, $\varGamma_y=I_{p\times p}$ 且 $m=p$. 那么, 由 (3.64) 得

$$K_{\text{mpc}}=\begin{bmatrix}1 & 0 & \cdots & 0\end{bmatrix}_{1\times m}\left(\mathcal{S}_u^{\mathrm{T}}\mathcal{S}_u\right)^{-1}\mathcal{S}_u^{\mathrm{T}}=\begin{bmatrix}1 & 0 & \cdots & 0\end{bmatrix}_{1\times m}\mathcal{S}_u^{-1}.$$

将 (3.55b) 中的 $\mathcal{S}_u$ 求逆并代入上式, 得

$$\begin{aligned} K_{\text{mpc}}&=\begin{bmatrix}1 & 0 & \cdots & 0\end{bmatrix}_{1\times m}\begin{bmatrix} (s_1^u)^{-1} & 0 & \cdots & 0 \\ * & (s_1^u)^{-1} & \cdots & 0 \\ \vdots & & & \\ * & * & \cdots & (s_1^u)^{-1}\end{bmatrix}_{m\times m} \\ &=(s_1^u)^{-1}\begin{bmatrix}1 & 0 & \cdots & 0\end{bmatrix}_{1\times m}. \end{aligned} \tag{3.73}$$

将其代入 (3.65) 得预测控制律为

$$\Delta u(k)=K_{\text{mpc}}\left(R(k+1)-\mathcal{M}\hat{Y}(k)\right)=(s_1^u)^{-1}\left(r(k+1)-I_{2,N}\hat{Y}(k)\right), \tag{3.74}$$

其中 $I_{i,m}$ 是 $1\times m$ 维向量, 第 i 个元素为 1, 其余均为 0, 即

$$I_{i,m}=\begin{bmatrix}0 & \cdots & 0 & \overset{i}{1} & 0 & \cdots & 0\end{bmatrix}_{1\times m}. \tag{3.75}$$

将 (3.74) 代入被控系统 (3.66), 得闭环控制系统为

$$Y(k+1) = M_{ss}Y(k) + S_u \left(s_1^u\right)^{-1} \left(r(k+1) - I_{2,N}\hat{Y}(k)\right). \tag{3.76}$$

结合输出方程 (3.42), 并考虑到 $CM_{ss} = I_{2,N}$ 和 $CS_u = s_1^u$, 可以推导闭环输出如下:

$$\begin{aligned} y(k+1) &= CY(k+1) \\ &= CM_{ss}Y(k) + CS_u \left(s_1^u\right)^{-1} \left(r(k+1) - I_{2,N}\hat{Y}(k)\right) \\ &= I_{2,N}Y(k) + r(k+1) - I_{2,N}\hat{Y}(k). \end{aligned}$$

由于估计误差为零, 由上式得出

$$y(k+1) = r(k+1). \tag{3.77}$$

同样的, 我们可以继续推导得出闭环输出序列为

$$\begin{aligned} y(k+2) &= CY(k+2) \\ &= CM_{ss}Y(k+1) + CS_u \left(s_1^u\right)^{-1} \left(r(k+2) - I_{2,N}\hat{Y}(k+1)\right) \\ &= I_{2,N}Y(k+1) + r(k+2) - I_{2,N}\hat{Y}(k+1) \\ &= r(k+2), \\ &\vdots \\ y(k+p) &= CY(k+p) \\ &= CM_{ss}Y(k+p-1) + CS_u \left(s_1^u\right)^{-1} \left(r(k+p) - I_{2,N}\hat{Y}(k+p-1)\right) \\ &= I_{2,N}Y(k+p-1) + r(k+p) - I_{2,N}\hat{Y}(k+p-1) \\ &= r(k+p) \end{aligned}$$

因此, 在外部干扰趋于不变的情况下, 系统对非零参考信号的跟踪是无静差.

例 3.5　采用例子 3.1, 并假设可测干扰为直接叠加在输出上的一个干扰量 d. 因此, S_u 和 S_d 分别为

$$\begin{aligned} S_u &= \begin{bmatrix} 0.3297 & 0.5507 & 0.6988 & 0.7981 & 0.8647 & 0.9093 & 0.9392 & 0.9592 \end{bmatrix}^{\mathrm{T}}, \\ S_d &= \begin{bmatrix} 1 & 1 & 1 & 1 & 1 & 1 & 1 & 1 \end{bmatrix}^{\mathrm{T}}. \end{aligned}$$

采用最简单的估计器 (3.49) 估计状态, 其中

$$K_I = \begin{bmatrix} 1 & 1 & 1 & 1 & 1 & 1 & 1 & 1 \end{bmatrix}^{\mathrm{T}},$$

则 $I-K_ICM_{ss}$ 的特征值为

$$[0.0053;\ 0.0033\pm0.0041\mathrm{i};\ -0.0012\pm0.0051\mathrm{i};\ -0.0047\pm0.0023\mathrm{i};\ 0],$$

全部位于单位圆内. 因此, 状态估计器是稳定的. 取预测时域 $p=5$, 控制时域 $m=3$, 以及加权阵为

$$\Gamma_y=I_{5\times5},\quad \Gamma_u=\mathrm{diag}\{0.2,0.2,0.2\}.$$

应用 (3.64) 求得

$$K_{\mathrm{mpc}}=\left[\begin{array}{lllll}1.3993 & 0.5927 & 0.2413 & 0.0061 & -0.1516\end{array}\right].$$

计算 $M_{ss}-S_uK_{\mathrm{mpc}}\mathcal{M}$ 的特征值为

$$[0;\ -0.6659;\ -0.4410\pm0.5217\mathrm{i};\ 0.0859\pm0.7155\mathrm{i};\ 0.5656\pm0.4553\mathrm{i}],$$

也全部位于单位圆内. 因此, 所设计的无约束 DMC 控制器是闭环稳定的.

图 3.16 是在 Simulink 中搭建的仿真框图. 需要注意的是, 被控对象是连续传递函数, 而无约束 DMC 控制器是离散的. 这也是我们做实际控制应用时的情况, 所以保留了这样的形式. 由此带来的可能问题 (如图 3.19 中的跟踪误差) 属于采样数据控制系统的问题, 已经不在本书的讨论范围之内.

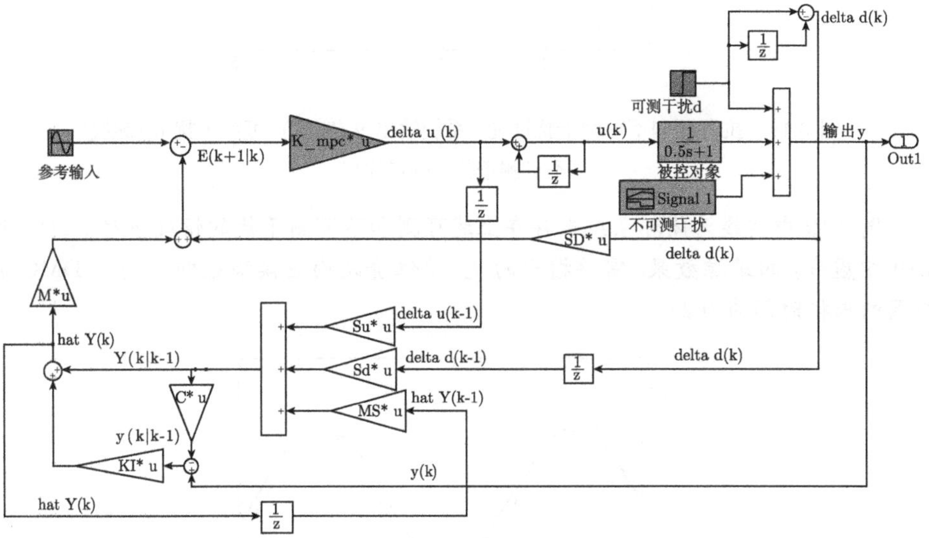

图 3.16 无约束 DMC 控制器闭环系统的 Simulink 框图

当系统存在如图 3.17 虚线所示的可测外部干扰时, 闭环系统对设定值 $r=2$ 的控制效果如图 3.17 实线所示. 可知所设计的无约束 DMC 控制器具有抗干扰性能.

当系统同时存在可测干扰和不可测干扰时, 分别如图 3.18 中的虚线和点线表示, 闭环系统输出如图 3.18 实线表示, 仿真结果进一步验证了闭环系统的具有很好的抗干扰能力.

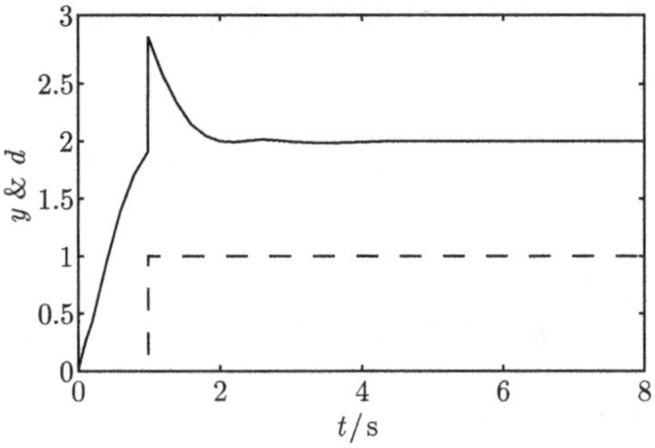

图 3.17　抗可测干扰性能: 系统输出 y (实线), 可测干扰 d (虚线)

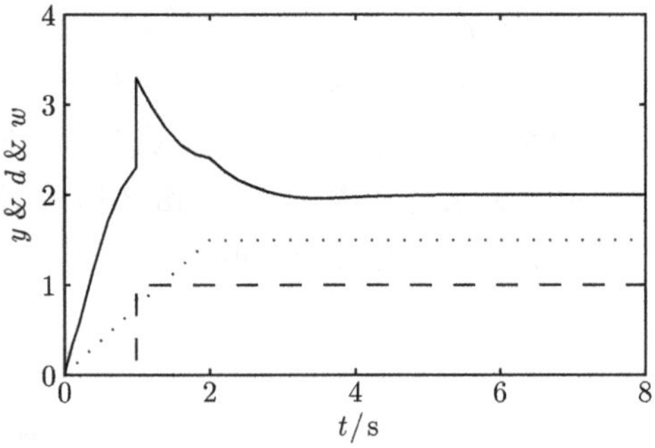

图 3.18　抗可测和不可测干扰性能: 系统输出 y (实线), 可测干扰 d (虚线), 不可测干扰 w (点线)

图 3.19 中实线为闭环系统在存在上述可测和不可测干扰的情况下对 $\sin(t)$ (图 3.19 中虚线) 的跟踪效果. 需要指出的是, 单位阶跃响应模型也即无约束 DMC 控制器的采样时间为 0.2s.

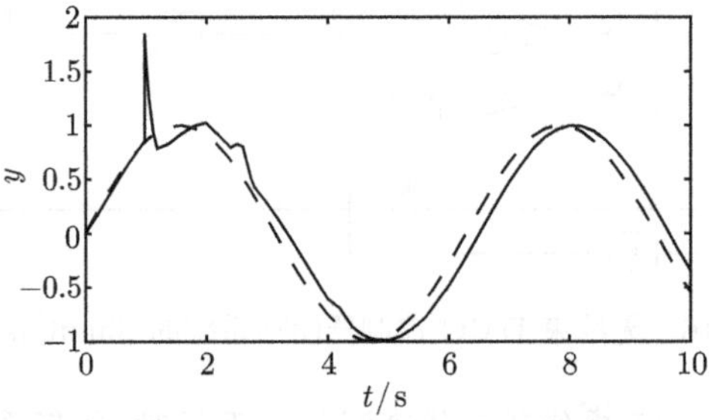

图 3.19　跟踪性能: 系统输出 (实线), 参考曲线 (虚线)

3.3 SISO 时滞系统的动态矩阵控制

3.3.1 SISO 时滞系统的 DMC 算法

本节讨论时滞系统的预测控制. 先推导有时滞的单位阶跃响应模型. 与 3.1 节一样, 定义 $k-1$ 时刻和 k 时刻的状态如下:

$$Y(k-1)\stackrel{\text{def}}{=\!=}\left\{\begin{array}{c}[y(k-1),y(k),\cdots,y(k+N-3),y(k+N-2)]^{\mathrm{T}}\\ \Delta u(k+i)=0,\ i=-1,0,\cdots,N-2\end{array}\right\}, \tag{3.78a}$$

$$Y(k)\stackrel{\text{def}}{=\!=}\left\{\begin{array}{c}[y(k),y(k+1),\cdots,y(k+N-2),y(k+N-1)]^{\mathrm{T}}\\ \Delta u(k+i)=0,\ i=0,1,\cdots,N-1\end{array}\right\}. \tag{3.78b}$$

观察 (3.78a) 和 (3.78b) 得出, 当 $\Delta u(k-1)=0$ 时 $Y(k)$ 与 $Y(k-1)$ 之间的关系为

$$Y(k)=M_{ss}Y(k-1), \tag{3.79}$$

其中 M_{ss} 与 (3.5) 一样, 即

$$M_{ss}=\begin{bmatrix}0&1&0&\cdots&0&0\\0&0&1&\cdots&0&0\\\vdots&\vdots&\vdots&&\vdots&\vdots\\0&0&0&\cdots&0&1\\0&0&0&\cdots&0&1\end{bmatrix}_{N\times N}. \tag{3.80}$$

然后, $k-1$ 时刻, 在系统平衡状态下做一个单位阶跃响应实验. 得到如图 3.20 所示的单位阶跃响应曲线. 假设系统的时滞为 θ 个采样周期, 则采样得到的系统单位阶跃响应序列为

$$\{0,\cdots,0,s_{\theta+1},s_{\theta+2},\cdots,s_N,s_N,\cdots\}. \tag{3.81}$$

由线性系统的齐次性得, 对任意的输入变化 $\Delta u(k-1)$, 系统的响应序列为

$$\{0,\cdots,0,s_{\theta+1},s_{\theta+2},\cdots,s_N,s_N,\cdots\}\cdot\Delta u(k-1). \tag{3.82}$$

记时滞系统的控制输入和可测干扰输入单位阶跃响应系数矩阵分别为

$$S_u = \begin{bmatrix} 0 \\ \vdots \\ 0 \\ s^u_{\theta_u+1} \\ s^u_{\theta_u+2} \\ \vdots \\ s^u_N \end{bmatrix}_{N\times 1}, \quad S_d = \begin{bmatrix} 0 \\ \vdots \\ 0 \\ s^d_{\theta_d+1} \\ s^d_{\theta_d+2} \\ \vdots \\ s^d_N \end{bmatrix}_{N\times 1}, \tag{3.83}$$

其中控制通道的时滞为 θ_u, 干扰通道的时滞为 θ_d. 如果 $Y(k-1)=0$, 则 k 时刻及以后的状态为

$$Y(k) = S_u \Delta u(k-1) + S_d \Delta d(k-1)\,. \tag{3.84}$$

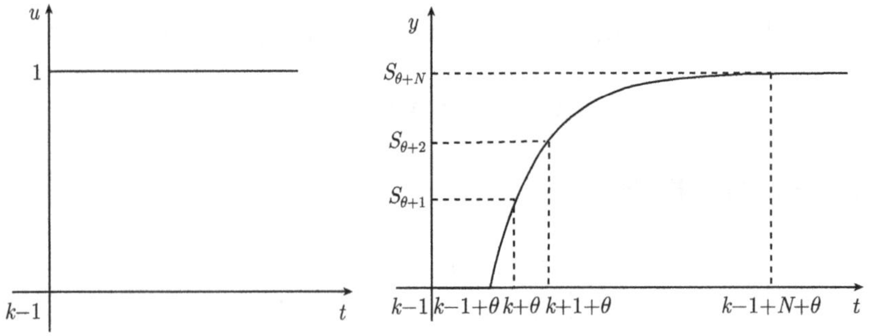

图 3.20　时滞系统的单位阶跃响应

由于线性系统满足叠加性, 因此, 由 (3.79) 和 (3.84) 得到在非零初始状态下系统对任意输入变化的响应为

$$Y(k) = M_{ss} Y(k-1) + S_u \Delta u(k-1) + S_d \Delta d(k-1)\,, \tag{3.85}$$

其中初始条件为

$$Y(0) = \begin{bmatrix} y(0) \\ \vdots \\ y(0) \end{bmatrix}_{N\times 1}. \tag{3.86}$$

这就是 SISO 时滞系统单位阶跃响应模型的状态空间描述, 其中 M_{ss} 由 (3.80) 给出, S_u 和 S_d 由 (3.83) 给出. 输出方程与 (3.12) 相同, 即

$$y(k) = CY(k)\,, \tag{3.87}$$

其中 C 由 (3.13) 给出, 即

$$C = \begin{bmatrix} 1 & 0 & \cdots & 0 \end{bmatrix}_{1\times N}. \tag{3.88}$$

值得指出的是, 时滞的影响只体现在单位阶跃响应系数矩阵 (3.83) 中, 并没有给单位阶跃响应模型的表达形式带来任何变化. 因此, 我们完全可以照搬 3.2 节的推导给出时滞系统的动态矩阵控制算法. 下面给出推导过程的要点和结果.

状态估计

同 3.2.2 节的分析, 时滞系统单位阶跃响应模型 (3.85) 的状态不是全部可以测量的 (只有第一个分量是可以测量的). 因此, 需要对状态进行估计. 由于估计器的设计与单位阶跃响应系数矩阵无关, 可以照搬 3.2.2 节的设计方法. 得到类似 (3.49) 的"一步预测和误差校正"的状态估计器, 即

$$\begin{aligned}\hat{Y}(k) &= Y(k|k-1) + K_I\left(y(k) - CY(k|k-1)\right)\\ &= (I - K_IC)Y(k|k-1) + K_Iy(k)\\ &= (I - K_IC)\,M_{ss}\hat{Y}(k-1) + K_Iy(k)\\ &\quad + (I - K_IC)\,S_u\Delta u(k-1) + (I - K_IC)\,S_d\Delta d(k-1)\,. \end{aligned} \tag{3.89}$$

同样也可得到类似 (3.52) 的状态估计器, 即

$$\begin{aligned}\hat{Y}(k) &= M_{ss}\hat{Y}(k-1) + S_u\Delta u(k-1) + S_d\Delta d(k-1)\\ &\quad + K_F\left(y(k-1) - C\hat{Y}(k-1)\right). \end{aligned} \tag{3.90}$$

与式 (3.49) 和式 (3.52) 所不同的只是式 (3.89) 和式 (3.90) 中 S_u, S_d 为由 (3.83) 给出的时滞系统单位阶跃响应系数矩阵.

预测方程

由于时滞系统单位阶跃响应模型的状态空间方程 (3.85) 与单位阶跃响应模型的状态空间方程 (3.41) 唯一不同的是阶跃响应系数矩阵, 因此基于时滞系统状态空间方程获得其预测方程可照搬 3.2.3 节的推导过程, 得到类似式 (3.54) 的预测方程, 即

$$Y_p(k+1|k) = \mathcal{M}\hat{Y}(k) + \mathcal{S}_u\Delta U(k) + \mathcal{S}_d\Delta d(k), \tag{3.91}$$

其中

$$\mathcal{M} = \begin{bmatrix} CM_{ss} \\ CM_{ss}^2 \\ \vdots \\ CM_{ss}^p \end{bmatrix}_{p\times 1}, \quad \mathcal{S}_d = \begin{bmatrix} CS_d \\ CM_{ss}S_d \\ \vdots \\ CM_{ss}^{p-1}S_d \end{bmatrix}_{p\times 1},$$

$$\mathcal{S}_u = \begin{bmatrix} CS_u & 0 & 0 & \cdots & 0 \\ CM_{ss}S_u & CS_u & 0 & \cdots & 0 \\ \vdots & \vdots & \vdots & & \vdots \\ CM_{ss}^{m-1}S_u & CM_{ss}^{m-2}S_u & \cdots & \cdots & CS_u \\ \vdots & \vdots & \vdots & & \vdots \\ CM_{ss}^{p-1}S_u & CM_{ss}^{p-2}S_u & \cdots & \cdots & CM_{ss}^{p-m}S_u \end{bmatrix}_{p\times m} .$$

上式中

$$M_{ss} = \begin{bmatrix} 0 & 1 & 0 & \cdots & 0 & 0 \\ 0 & 0 & 1 & \cdots & 0 & 0 \\ \vdots & \vdots & \vdots & & \vdots & \vdots \\ 0 & 0 & 0 & \cdots & 0 & 1 \\ 0 & 0 & 0 & \cdots & 0 & 1 \end{bmatrix}_{N\times N}, \quad C = \begin{bmatrix} 1 & 0 & \cdots & 0 \end{bmatrix}_{1\times N}, \tag{3.92}$$

$$S_u = \begin{bmatrix} 0 \\ \vdots \\ 0 \\ s_{\theta_u+1}^u \\ s_{\theta_u+2}^u \\ \vdots \\ s_N^u \end{bmatrix}_{N\times 1}, \quad S_d = \begin{bmatrix} 0 \\ \vdots \\ 0 \\ s_{\theta_d+1}^d \\ s_{\theta_d+2}^d \\ \vdots \\ s_N^d \end{bmatrix}_{N\times 1} . \tag{3.93}$$

由

$$CM_{ss}^i = \begin{cases} \begin{bmatrix} 0 & \cdots & 0 & \overset{i+1}{1} & 0 & \cdots & 0 \end{bmatrix}_{1\times N}, & i < N, \\ \begin{bmatrix} 0 & \cdots & 0 & 1 \end{bmatrix}_{1\times N}, & i \geqslant N. \end{cases} \tag{3.94}$$

经过简单的推导可得

$$\mathcal{M} = \begin{bmatrix} 0 & 1 & 0 & 0 & \cdots & 0 & \cdots & 0 \\ 0 & 0 & 1 & 0 & \cdots & 0 & \cdots & 0 \\ \vdots & \vdots & \ddots & \ddots & \ddots & \vdots & & \vdots \\ 0 & 0 & \cdots & 0 & 1 & 0 & \cdots & 0 \end{bmatrix}_{p\times N} \tag{3.95a}$$

$$\mathcal{S}_u = \begin{bmatrix} 0 & 0 & 0 & \cdots & 0 \\ \vdots & \vdots & \vdots & & \vdots \\ 0 & 0 & 0 & \cdots & 0 \\ s^u_{\theta_u+1} & 0 & 0 & \cdots & 0 \\ s^u_{\theta_u+2} & s^u_{\theta_u+1} & 0 & \cdots & 0 \\ \vdots & \vdots & \vdots & & \vdots \\ s^u_m & s^u_{m-1} & \cdots & \cdots & s^u_{\theta_u+1} \\ \vdots & \vdots & \vdots & & \vdots \\ s^u_p & s^u_{p-1} & \cdots & \cdots & s^u_{p-m+1} \end{bmatrix}_{p\times m}, \quad \mathcal{S}_d = \begin{bmatrix} 0 \\ \vdots \\ 0 \\ s^d_{\theta_d+1} \\ s^d_{\theta_d+2} \\ \vdots \\ s^d_p \end{bmatrix}_{p\times 1} \tag{3.95b}$$

显然, 在选择预测时域和控制时域时应满足 $p \geqslant m \geqslant \max\{\theta_u, \theta_d\}$. 至此, 已给出了有关时滞系统单位阶跃响应模型预测输出序列的预测方程 (3.91). 下面将给出其矩阵向量形式的优化问题.

矩阵向量形式的优化问题

问题 3.3

$$\min_{\Delta U(k)} J\left(y(k), \Delta U(k), m, p\right)$$

其中

$$J\left(y(k), \Delta U(k), m, p\right) = \left\|\varGamma_y \left(Y_p(k+1|k) - R(k+1)\right)\right\|^2 + \left\|\varGamma_u \Delta U(k)\right\|^2 \tag{3.96}$$

加权矩阵

$$\begin{aligned} \varGamma_y &= \mathrm{diag}\{\varGamma_{y,1}, \varGamma_{y,2}, \cdots, \varGamma_{y,p}\}, \\ \varGamma_u &= \mathrm{diag}\{\varGamma_{u,1}, \varGamma_{u,2}, \cdots, \varGamma_{u,m}\}, \end{aligned}$$

参考序列

$$R(k+1) = \begin{bmatrix} r(k+1) \\ r(k+2) \\ \vdots \\ r(k+p) \end{bmatrix}_{p\times 1} \tag{3.97}$$

预测输出序列 $Y_p(k+1|k)$ 由 (3.91) 计算.

闭环控制律及其结构

求解上述优化问题 3.3, 得 k 时刻的控制增量为

$$\Delta u(k) = K_{\mathrm{mpc}} E_p(k+1|k), \tag{3.98}$$

其中控制增益 K_{mpc} 由

$$K_{\mathrm{mpc}}=\begin{bmatrix}1 & 0 & \cdots & 0\end{bmatrix}\left(\mathcal{S}_u^{\mathrm{T}}\Gamma_y^{\mathrm{T}}\Gamma_y\mathcal{S}_u+\Gamma_u^{\mathrm{T}}\Gamma_u\right)^{-1}\mathcal{S}_u^{\mathrm{T}}\Gamma_y^{\mathrm{T}}\Gamma_y \tag{3.99}$$

计算, $E_p(k+1|k)$ 由

$$E_p(k+1|k)=R(k+1)-\mathcal{M}\hat{Y}(k)-\mathcal{S}_d\Delta d(k) \tag{3.100}$$

计算. 将 (3.100) 代入 (3.98), 得

$$\Delta u(k)=K_{\mathrm{mpc}}\left(R(k+1)-\mathcal{M}\hat{Y}(k)-\mathcal{S}_d\Delta d(k)\right). \tag{3.101}$$

值得注意的是：式 (3.99), (3.100), (3.101) 中的 $\mathcal{M}$, $\mathcal{S}_u$, $\mathcal{S}_d$ 由 (3.95) 给出. 分解控制增量 (3.101) 其各部分如下：

(1) $K_{\mathrm{mpc}}R(k+1)$ 是参考输入未来值的前馈控制;

(2) $-K_{\mathrm{mpc}}\mathcal{S}_d\Delta d(k)$ 是干扰输入的前馈控制;

(3) $-K_{\mathrm{mpc}}\mathcal{M}\hat{Y}(k)$ 是基于估计状态的反馈部分.

因此, 基于时滞系统的动态矩阵控制也具有前馈-基于估计的状态反馈的结构. 下面给出时滞系统的动态矩阵控制的算法：

算法 3.2

(1) 初始化：设定预测时域 p 和控制时域 m, 设定初始值 $\Delta u(-1)$, $\Delta d(-1)$, $u(-1)$, $d(-1)$, $\hat{Y}(-1)$; 由 (3.95) 计算 $\mathcal{M}$, $\mathcal{S}_u$, $\mathcal{S}_d$, 由 (3.99) 计算 K_{mpc};

(2) $k\geqslant 0$ 时刻, 测量 $y(k)$ 和 $d(k)$ 的值, 由 (3.89) 或者 (3.90) 估计状态 $\hat{Y}(k)$;

(3) 由 (3.100) 计算误差 $E_p(k+1\mid k)$;

(4) 由 (3.101) 计算控制量变化量 $\Delta u(k)$;

(5) 将控制量 $u(k)=u(k-1)+\Delta u(k)$ 作用于被控系统;

(6) 令 $k=k+1$, 返回第 (2) 步.

3.3.2 闭环系统分析

稳定性

考虑一些不可测量的不确定因素, 被控系统由下式描述：

$$Y(k+1)=M_{ss}Y(k)+S_u\Delta u(k)+S_d\Delta d(k)+S_w\Delta w(k), \tag{3.102}$$

其中 $w(k)$ 为不可测量的外部干扰, S_w 是未知的不可测量干扰的单位阶跃响应系数矩阵. 将时滞系统 DMC 控制律 (3.101) 代入上式得

$$\begin{aligned}Y(k+1)&=M_{ss}Y(k)+S_u\Delta u(k)+S_d\Delta d(k)+S_w\Delta w(k)\\&=M_{ss}Y(k)+S_uK_{\mathrm{mpc}}R(k+1)-S_uK_{\mathrm{mpc}}\mathcal{M}\hat{Y}(k)\\&\quad+\left(S_d-S_uK_{\mathrm{mpc}}\mathcal{S}_d\right)\Delta d(k)+S_w\Delta w(k).\end{aligned} \tag{3.103}$$

首先考虑时滞系统状态反馈 DMC 的名义渐近稳定性. 假设系统状态完全可以测量, 即 $\hat{Y}(k) = Y(k)$, 则由 (3.103) 知, 时滞系统状态反馈 DMC 的稳定性取决于矩阵 $M_{ss} - S_u K_{\text{mpc}} \mathcal{M}$ 的特征根是否均位于单位圆内.

但是, 状态 $Y(k)$ 并不能全部测量. 在考虑估计状态的情况下, 将 DMC 控制律 (3.101) 代入估计器 (3.90)

$$\begin{aligned}\hat{Y}(k+1) &= (M_{ss} - K_F C)\hat{Y}(k) + S_u \Delta u(k) + S_d \Delta d(k) + K_F y(k) \\ &= (M_{ss} - K_F C)\hat{Y}(k) + S_d \Delta d(k) + K_F C Y(k) \\ &\quad + S_u \left(K_{\text{mpc}} \left(R(k+1) - \mathcal{M}\hat{Y}(k) - \mathcal{S}_d \Delta d(k) \right) \right) \\ &= K_F C Y(k) + (M_{ss} - K_F C - S_u K_{\text{mpc}} \mathcal{M}) \hat{Y}(k) \\ &\quad + (S_d - S_u K_{\text{mpc}} \mathcal{S}_d) \Delta d(k) + S_u K_{\text{mpc}} R(k+1) \end{aligned} \tag{3.104}$$

定义闭环系统的状态为

$$x_{cl} \stackrel{\text{def}}{=\!=} \begin{bmatrix} Y \\ \hat{Y} \end{bmatrix},$$

则动态矩阵控制的闭环系统为

$$\begin{aligned} x_{cl}(k+1) = &\begin{bmatrix} M_{ss} & -S_u K_{\text{mpc}} \mathcal{M} \\ K_F C & M_{ss} - K_F C - S_u K_{\text{mpc}} \mathcal{M} \end{bmatrix} x_{cl}(k) \\ &+ \begin{bmatrix} S_u K_{\text{mpc}} \\ S_u K_{\text{mpc}} \end{bmatrix} R(k+1) + \begin{bmatrix} S_d - S_u K_{\text{mpc}} \mathcal{S}_d \\ S_d - S_u K_{\text{mpc}} \mathcal{S}_d \end{bmatrix} \Delta d(k) \\ &+ \begin{bmatrix} S_w \\ 0 \end{bmatrix} \Delta w(k). \end{aligned} \tag{3.105}$$

显然, 如果矩阵

$$\begin{bmatrix} M_{ss} & -S_u K_{\text{mpc}} \mathcal{M} \\ K_F C & M_{ss} - K_F C - S_u K_{\text{mpc}} \mathcal{M} \end{bmatrix} \tag{3.106}$$

的全部特征值均位于单位圆内, 则闭环系统名义渐近稳定. 用

$$P = \begin{bmatrix} I & \mathbf{0} \\ -I & I \end{bmatrix}, \quad P^{-1} = \begin{bmatrix} I & \mathbf{0} \\ I & I \end{bmatrix} \tag{3.107}$$

对 (3.106) 作相似变换, 有

$$\begin{aligned} &P \begin{bmatrix} M_{ss} & -S_u K_{\text{mpc}} \mathcal{M} \\ K_F C & M_{ss} - K_F C - S_u K_{\text{mpc}} \mathcal{M} \end{bmatrix} P^{-1} \\ &\qquad = \begin{bmatrix} M_{ss} - S_u K_{\text{mpc}} \mathcal{M} & -S_u K_{\text{mpc}} \mathcal{M} \\ \mathbf{0} & M_{ss} - K_F C \end{bmatrix} \end{aligned} \tag{3.108}$$

上式中, $M_{ss}-K_FC$ 是状态估计器 (3.90) 的系统矩阵, $M_{ss}-S_uK_{\rm mpc}\mathcal{M}$ 是动态矩阵控制反馈部分的矩阵. 基于时滞系统的动态矩阵控制系统的极点由反馈矩阵的极点和状态估计器的极点组成. 因此, 我们可以得到结论: 对时滞系统, 无约束 DMC 闭环系统名义渐近稳定, 当且仅当状态反馈 DMC 名义渐近稳定和状态估计器名义渐近稳定.

抗干扰性能

名义渐近稳定是讨论系统性能的前提. 因此, 假设闭环系统 (3.105) 是名义渐近稳定的. 假设 $R(k+1)=\mathbf{0}$, 考虑可测和不可测干扰对系统的影响, 闭环系统 (3.105) 变为

$$x_{cl}(k+1)=\begin{bmatrix} M_{ss} & -S_uK_{\rm mpc}\mathcal{M} \\ K_FC & M_{ss}-K_FC-S_uK_{\rm mpc}\mathcal{M}\end{bmatrix}x_{cl}(k)+\begin{bmatrix} S_d-S_uK_{\rm mpc}\mathcal{S}_d \\ S_d-S_uK_{\rm mpc}\mathcal{S}_d\end{bmatrix}\Delta d(k)+\begin{bmatrix} S_w \\ 0\end{bmatrix}\Delta w(k).$$

如果当 $k\to\infty$ 时, 外部干扰不变即 $\Delta d(k)\to 0$, $\Delta w(k)\to 0$, 则 $x_{cl}(k)\to\mathbf{0}$, 即 $Y(k)\to\mathbf{0}$, 进一步有 $y(k)\to 0$. 因此, 基于无约束动态矩阵控制闭环系统 (3.105) 对趋于不变的可测和不可测外部干扰, 其控制输出是无静差的.

如果外部干扰的变化是有界的, 即 $\Delta d(k)<\infty$, $\Delta w(k)<\infty$, 则 $k\to\infty$ 时有 $x_{cl}(k)<\infty$, 即 $y(k)<\infty$. 因此, 基于无约束动态矩阵控制闭环系统 (3.105) 对有界 (变化) 的可测和不可测干扰, 其控制输出是有界的.

无静差跟踪

下面考虑在外部干扰趋于不变的情况下, 系统对非零参考信号的跟踪. 为此, 假设:

(1) 闭环系统是名义渐近稳定的, 估计误差已经为零, 即 $\hat{Y}(k)=Y(k)$, $k\geqslant 0$;

(2) 外部可测和不可测干扰已经趋于不变, 即 $\Delta d(k)=\Delta w(k)=0$, $k\geqslant 0$.

为了简化推导, 取 $m=p-\theta_u$ 和 $\Gamma_u=\mathbf{0}_{m\times m}$, $\Gamma_y=I_{p\times p}$. 将 (3.83) 中的 S_u 和 (3.95) 中的 $\mathcal{S}_u$ 写成

$$\mathcal{S}_u=\begin{bmatrix} 0 & 0 & \cdots & 0 \\ \vdots & \vdots & & \vdots \\ 0 & 0 & \cdots & 0 \\ s^u_{\theta_u+1} & 0 & \cdots & 0 \\ s^u_{\theta_u+2} & s^u_{\theta_u+1} & \cdots & 0 \\ \vdots & \vdots & & \vdots \\ s^u_p & s^u_{p-1} & \cdots & s^u_{\theta_u+1}\end{bmatrix}_{p\times m}=\begin{bmatrix}\mathbf{0}_1 \\ \bar{\mathcal{S}}_u\end{bmatrix} \tag{3.109}$$

$$S_u = \begin{bmatrix} 0 \\ \vdots \\ 0 \\ s^u_{\theta_u+1} \\ s^u_{\theta_u+2} \\ \vdots \\ s^u_N \end{bmatrix}_{N\times 1} = \begin{bmatrix} \mathbf{0}_2 \\ \bar{S}_u \end{bmatrix} \tag{3.110}$$

其中 $\mathbf{0}_1$ 是 $\theta_u \times m$ 维零矩阵; $\bar{\mathcal{S}}u$ 是 $m\times m$ 维下三角矩阵, 因而 $\bar{\mathcal{S}}_u$ 是非奇异矩阵. $\mathbf{0}_2$ 是 $\theta_u \times 1$ 维零向量; $\bar{S}_u$ 是 $(N-\theta_u)\times 1$ 维非零向量.

将 (3.109) 代入 (3.99), 得

$$\begin{aligned} K_{\mathrm{mpc}} &= \begin{bmatrix} 1 & 0 & \cdots & 0 \end{bmatrix}_{1\times m} \left(\bar{\mathcal{S}}_u^{\mathrm{T}}\bar{\mathcal{S}}_u\right)^{-1} \begin{bmatrix} \mathbf{0}_1^{\mathrm{T}} & \bar{\mathcal{S}}_u^{\mathrm{T}} \end{bmatrix} \\ &= I_{1,m} \begin{bmatrix} \mathbf{0}_1^{\mathrm{T}} & \left(\bar{\mathcal{S}}_u\right)^{-1} \end{bmatrix} \\ &= \begin{bmatrix} \mathbf{0}_{1\times\theta_u} & I_{1,m}\left(\bar{\mathcal{S}}_u\right)^{-1} \end{bmatrix} \end{aligned} \tag{3.111}$$

其中 $I_{i,m}$ 是 $1\times m$ 维向量, 第 i 个元素为 1, 其余均为 0, 即

$$I_{i,m} = \begin{bmatrix} 0 & \cdots & 0 & \overset{i}{1} & 0 & \cdots & 0 \end{bmatrix}_{1\times m}. \tag{3.112}$$

因为

$$\begin{aligned} & I_{1,m}(\bar{\mathcal{S}}_u)^{-1} \\ &= \begin{bmatrix} 1 & 0 & \cdots & 0 \end{bmatrix}_{1\times m} \begin{bmatrix} (s^u_{\theta_u+1})^{-1} & 0 & \cdots & 0 \\ * & (s^u_{\theta_u+1})^{-1} & \cdots & 0 \\ \vdots & \vdots & & \vdots \\ * & * & \cdots & (s^u_{\theta_u+1})^{-1} \end{bmatrix}_{m\times m} \\ &= (s^u_{\theta_u+1})^{-1} I_{1,m} \end{aligned}$$

式 (3.111) 变为

$$K_{\mathrm{mpc}} = \begin{bmatrix} \mathbf{0}_{1\times\theta_u} & \left(s^u_{\theta_u+1}\right)^{-1} I_{1,m} \end{bmatrix} = \left(s^u_{\theta_u+1}\right)^{-1} I_{\theta_u+1,p} \tag{3.113}$$

将其代入 (3.101), 得预测控制律为

$$\begin{aligned} \Delta u(k) &= \left(s^u_{\theta_u+1}\right)^{-1} I_{\theta_u+1,p} \left(R(k+1) - \mathcal{M}\hat{Y}(k)\right) \\ &= \left(s^u_{\theta_u+1}\right)^{-1} \left(r(k+\theta_u+1) - I_{\theta_u+2,N}\hat{Y}(k)\right) \end{aligned} \tag{3.114}$$

将 (3.114) 代入 (3.102), 得闭环控制系统为

$$Y(k+1) = M_{ss}Y(k) + S_u\left(s^u_{\theta_u+1}\right)^{-1}\left(r(k+\theta_u+1) - I_{\theta_u+2,N}\hat{Y}(k)\right) \tag{3.115}$$

结合输出方程 (3.87), 计算该闭环系统的输出为

$$\begin{aligned}
y(k+1) &= CY(k+1)\\
&= CM_{ss}Y(k) + CS_u\left(s^u_{\theta_u+1}\right)^{-1}\left(r(k+\theta_u+1) - I_{\theta_u+2,N}\hat{Y}(k)\right)\\
&= I_{2,N}Y(k)
\end{aligned} \tag{3.116}$$

进一步, 有状态和输出序列分别为 (考虑到 $s^u_1 = \cdots = s^u_{\theta_u} = 0$)

$$\begin{aligned}
Y(k+2) &= M_{ss}Y(k+1) + S_u\left(s^u_{\theta_u+1}\right)^{-1}\left(r(k+\theta_u+2) - I_{\theta_u+2,N}\hat{Y}(k+1)\right)\\
&= M^2_{ss}Y(k) + M_{ss}S_u\left(s^u_{\theta_u+1}\right)^{-1}\left(r(k+\theta_u+1) - I_{\theta_u+2,N}\hat{Y}(k)\right)\\
&\quad + S_u\left(s^u_{\theta_u+1}\right)^{-1}\left(r(k+\theta_u+2) - I_{\theta_u+2,N}\hat{Y}(k+1)\right)\\
y(k+2) &= CY(k+2) = CM^2_{ss}Y(k) = I_{3,N}Y(k)\\
&\ \ \vdots\\
Y(k+\theta_u) &= M^{\theta_u}_{ss}Y(k) + M^{\theta_u-1}_{ss}S_u\left(s^u_{\theta_u+1}\right)^{-1}\left(r(k+\theta_u+1) - I_{\theta_u+2,N}\hat{Y}(k)\right)\\
&\quad + \cdots + S_u\left(s^u_{\theta_u+1}\right)^{-1}\left(r(k+2\theta_u) - I_{\theta_u+2,N}\hat{Y}(k+\theta_u-1)\right)\\
y(k+\theta_u) &= CY(k+\theta_u) = CM^{\theta_u}_{ss}Y(k) = I_{\theta_u+1,N}Y(k)
\end{aligned} \tag{3.117}$$

以及

$$\begin{aligned}
Y(k+\theta_u+1) &= M^{\theta_u+1}_{ss}Y(k) + M^{\theta_u}_{ss}S_u\left(s^u_{\theta_u+1}\right)^{-1}\left(r(k+\theta_u+1) - I_{\theta_u+2,N}\hat{Y}(k)\right)\\
&\quad + \cdots + S_u\left(s^u_{\theta_u+1}\right)^{-1}\left(r(k+2\theta_u+1) - I_{\theta_u+2,N}\hat{Y}(k+\theta_u)\right)\\
y(k+\theta_u+1) &= CY(k+\theta_u+1)\\
&= CM^{\theta_u+1}_{ss}Y(k) + r(k+\theta_u+1) - I_{\theta_u+2,N}\hat{Y}(k)\\
&= I_{\theta_u+2,N}Y(k) + r(k+\theta_u+1) - I_{\theta_u+2,N}\hat{Y}(k)\\
&= r(k+\theta_u+1)
\end{aligned} \tag{3.118}$$

和

$$\begin{aligned}Y(k+\theta_u+2) = &M_{ss}^{\theta_u+2}Y(k)\\&+M_{ss}^{\theta_u+1}S_u\left(s_{\theta_u+1}^u\right)^{-1}\Big(r(k+\theta_u+1)-I_{\theta_u+2,N}\hat{Y}(k)\Big)\\&+M_{ss}^{\theta_u}S_u\left(s_{\theta_u+1}^u\right)^{-1}\Big(r(k+\theta_u+2)-I_{\theta_u+2,N}\hat{Y}(k+1)\Big)\\&+\cdots+S_u\left(s_{\theta_u+1}^u\right)^{-1}\Big(r(k+2\theta_u+2)-I_{\theta_u+2,N}\hat{Y}(k+\theta_u+1)\Big)\end{aligned} \tag{3.119}$$

$$\begin{aligned}y(k+\theta_u+2) &= CY(k+\theta_u+2)\\&=CM_{ss}^{\theta_u+2}Y(k)+\frac{s_{\theta_u+2}^u}{s_{\theta_u+1}^u}\Big(r(k+\theta_u+1)-I_{\theta_u+2,N}\hat{Y}(k)\Big)\\&\quad+r(k+\theta_u+2)-I_{\theta_u+2,N}\hat{Y}(k+1)\\&=I_{\theta_u+3,N}Y(k)+\frac{s_{\theta_u+2}^u}{s_{\theta_u+1}^u}\Big(r(k+\theta_u+1)-I_{\theta_u+2,N}\hat{Y}(k)\Big)\\&\quad+r(k+\theta_u+2)-I_{\theta_u+2,N}\hat{Y}(k+1).\end{aligned} \tag{3.120}$$

将预测控制律 (3.114) 代入观测器方程 (3.52), 得

$$\begin{aligned}\hat{Y}(k+1) &= M_{ss}\hat{Y}(k)+S_u\left(s_{\theta_u+1}^u\right)^{-1}\Big(r(k+\theta_u+1)-I_{\theta_u+2,N}\hat{Y}(k)\Big)\\&\quad+K_FC\Big(Y(k)-\hat{Y}(k)\Big)\\&=M_{ss}\hat{Y}(k)+S_u\left(s_{\theta_u+1}^u\right)^{-1}\Big(r(k+\theta_u+1)-I_{\theta_u+2,N}\hat{Y}(k)\Big).\end{aligned} \tag{3.121}$$

因此, 有

$$\begin{aligned}I_{\theta_u+2,N}\hat{Y}(k+1) &= I_{\theta_u+2,N}M_{ss}\hat{Y}(k)\\&\quad+I_{\theta_u+2,N}S_u\left(s_{\theta_u+1}^u\right)^{-1}\Big(r(k+\theta_u+1)-I_{\theta_u+2,N}\hat{Y}(k)\Big)\\&=I_{\theta_u+3,N}\hat{Y}(k)+\frac{s_{\theta_u+2}^u}{s_{\theta_u+1}^u}\Big(r(k+\theta_u+1)-I_{\theta_u+2,N}\hat{Y}(k)\Big).\end{aligned} \tag{3.122}$$

将其代入 (3.120) 得

$$y(k+\theta_u+2)=r(k+\theta_u+2). \tag{3.123}$$

同理, 又可以得到

$$y(k+\theta_u+i)=r(k+\theta_u+i),\quad i\geqslant 3. \tag{3.124}$$

因此, 在外部干扰趋于不变的情况下, 系统对非零参考信号的跟踪在 θ_u 步以后是无静差的.

例 3.6　考虑控制通道为具有纯滞后的一阶传递函数

$$G(s) = \frac{e^{-0.5s}}{2s+1}$$

其单位阶跃响应如图 3.21 所示. 取采样时间为 $T_s = 0.5$s, 系统达到稳态的时间为 $N = 13$. 采样得单位阶跃响应系数为

$$S_u = \begin{bmatrix} 0 & 0.2212 & 0.3935 & 0.5276 & 0.6321 & 0.7135 & 0.7769 \\ 0.8262 & 0.8647 & 0.8946 & 0.9179 & 0.9361 & 0.9500 \end{bmatrix}^{\mathrm{T}}.$$

控制通道的纯滞后为 $\theta_u = 1$. 图 3.22 中由实线给出了所建的单位阶跃响应模型对一个正弦输入 $u = \sin(t)$ 的输出响应. 图中虚线表示实际的输出. 假设可测干扰为直接叠加在输出上的一个干扰量 d. 因此, S_d 为

$$S_d = \begin{bmatrix} 1 & 1 & 1 & 1 & 1 & 1 & 1 & 1 & 1 & 1 & 1 & 1 & 1 \end{bmatrix}^{\mathrm{T}}.$$

采用最简单的估计器估计状态, 即

$$K_I = \begin{bmatrix} 1 & 1 & 1 & 1 & 1 & 1 & 1 & 1 & 1 & 1 & 1 & 1 & 1 \end{bmatrix}^{\mathrm{T}},$$

则 $I - K_I C M_{ss}$ 的特征值为

$$\{0.0599;\ 0.0518 \pm 0.0300\mathrm{i};\ 0.0298 \pm 0.0519\mathrm{i};\ -0.0001 \pm 0.0598\mathrm{i};\ -0.0300 \pm 0.0571\mathrm{i};\ -0.0571 \pm 0.0298\mathrm{i};\ -0.0597;\ 0\},$$

全部位于单位圆内. 因此, 状态估计器是稳定的. 取预测步数 $p = 5$, 控制步数 $m = 3$. 目标函数的加权阵为

$$\Gamma_y = I_{5\times 5}, \quad \Gamma_u = \mathrm{diag}\{0.2, 0.2, 0.2\}.$$

应用 (3.99) 求得

$$K_{\mathrm{mpc}} = \begin{bmatrix} 0 & 1.3451 & 0.8820 & 0.3304 & -0.0983 \end{bmatrix}.$$

验证 $M_{ss} - S_u K_{\mathrm{mpc}} \mathcal{M}$ 的特征值为

$$\{0;\ 0;\ -0.7589;\ -0.6420 \pm 0.4042\mathrm{i};\ -0.3492 \pm 0.6936\mathrm{i};\ 0.0661 \pm 0.8156\mathrm{i};\ 0.4932 \pm 0.6896\mathrm{i};\ 0.7447 \pm 0.3515\mathrm{i}\},$$

也全部位于单位圆内. 因此, 所设计的无约束 DMC 控制器是闭环名义渐近稳定的.

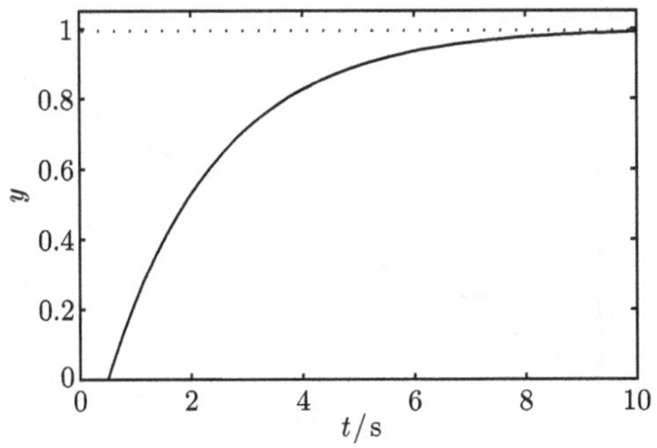

图 3.21 单位阶跃响应

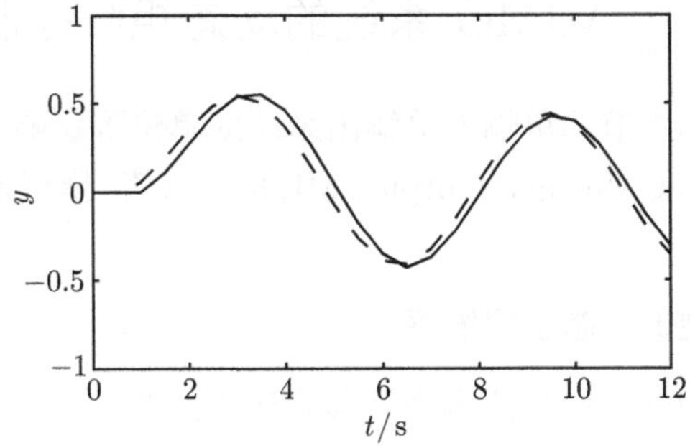

图 3.22 模型输出 (实线) 和实际输出 (虚线)

当系统存在可测干扰量时, 干扰如图 3.23 中的虚线所示, 闭环系统输出如图 3.23 中的实线所示, 可知所设计的无约束 DMC 控制器具有抗干扰性能. 当被跟踪信号为 $y = t$ 时, (图 3.24 中虚线所示), 给定初始误差为 0 时, 系统实现无静差跟踪.

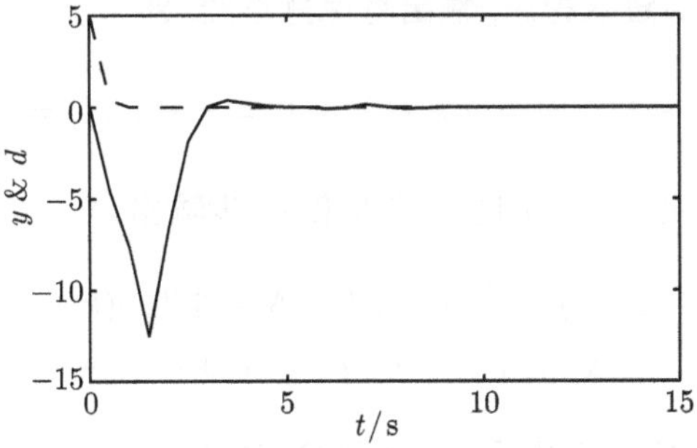

图 3.23 抗干扰性能; 系统输出y(实线), 可测干扰d(虚线)

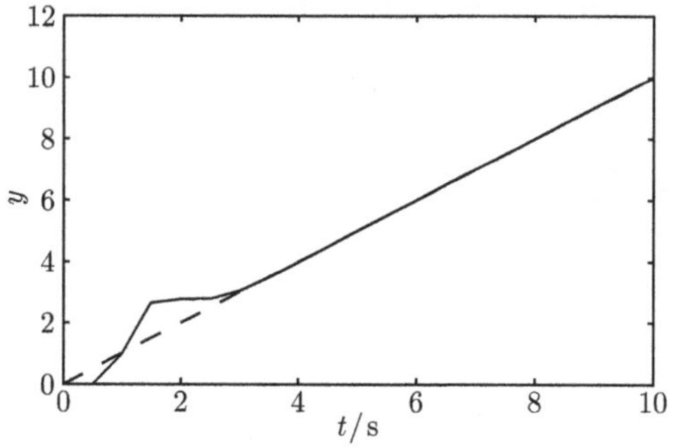

图 3.24　跟踪性能; 系统输出 (实线), 参考曲线 (虚线)

3.4　MIMO 系统的动态矩阵控制

这一节, 我们将 3.1 节的单输入单输出系统的单位阶跃响应模型推广至多输入多输出 (Multiple Input Multiple Output, MIMO) 系统. 模型推导所采用的方法与 3.1 节相同.

3.4.1　阶跃响应模型的状态空间描述

考虑稳定的 MIMO 系统传递函数矩阵描述形式为

$$y(s)=G(s)u(s), \tag{3.125}$$

其中 u 是 n_u 维输入向量, y 是 n_y 维输出向量.

首先考虑当输入不变时, 系统的非零初始状态响应. 为此, 假设

A3.4.1) $k-1$ 时刻及以后输入变化为零, 即 $\Delta u(k-1)=\Delta u(k)=\cdots=\mathbf{0}$;

A3.4.2) 系统的过渡过程时间为 N 个采样间隔.

在上面的两个假设条件下得到系统的非零初始状态响应. 由假设 A3.4.2) 知, 系统在 $k+N-2$ 以后进入稳态, 输出将保持不变, 即

$$y(k+N-2)=y(k+N-1)=y(k+N)=\cdots, \tag{3.126}$$

其中 $y\in R^{n_y}$. 因此, 定义 $k-1$ 时刻的未来 N 步输出为

$$Y(k-1)\overset{\text{def}}{=\!=}\left\{\begin{array}{c}\left[y(k-1)^{\mathrm{T}},y(k)^{\mathrm{T}},\cdots,y(k+N-3)^{\mathrm{T}},y(k+N-2)^{\mathrm{T}}\right]^{\mathrm{T}}\\ \Delta u(k+i)=\mathbf{0},\ i=-1,0,\cdots,N-2\end{array}\right\}. \tag{3.127}$$

值得注意的是, $k-1$ 时刻及以后的输入信号已经固定在 $Y(k-1)$ 的定义中了. 因此, $Y(k-1)$ 只与系统 $k-1$ 时刻以前的输入有关, 也即 $Y(k-1)$ 是起始于 $y(k-1)$

"自由响应"的 N 输出, 而与 $k-1$ 时刻及以后的输入无关. 因此, 称 $Y(k-1)$ 为系统在 $k-1$ 时刻的状态. 同样, k 时刻的状态定义为

$$Y(k) \stackrel{\text{def}}{=\!=} \left\{ \begin{array}{l} \left[y(k)^{\mathrm{T}}, y(k+1)^{\mathrm{T}}, \cdots, y(k+N-2)^{\mathrm{T}}, y(k+N-1)^{\mathrm{T}}\right]^{\mathrm{T}} \\ \Delta u(k+i) = \mathbf{0}, \quad i = 0, 1, \cdots, N-1 \end{array} \right\}. \tag{3.128}$$

观察 (3.127) 和 (3.128) 得出, 当 $\Delta u(k+i) = \mathbf{0}$, $i = -1, 0, \cdots, N-1$ 时 $Y(k)$ 与 $Y(k-1)$ 之间的关系为

$$Y(k) = M_{ss} Y(k-1), \tag{3.129}$$

其中

$$M_{ss} = \begin{bmatrix} \mathbf{0} & I_{n_y \times n_y} & \mathbf{0} & \cdots & \mathbf{0} & \mathbf{0} \\ \mathbf{0} & \mathbf{0} & I_{n_y \times n_y} & \cdots & \mathbf{0} & \mathbf{0} \\ \vdots & \vdots & \vdots & & \vdots & \vdots \\ \mathbf{0} & \mathbf{0} & \mathbf{0} & \cdots & \mathbf{0} & I_{n_y \times n_y} \\ \mathbf{0} & \mathbf{0} & \mathbf{0} & \cdots & \mathbf{0} & I_{n_y \times n_y} \end{bmatrix}_{N \times N} \tag{3.130}$$

这就是稳定的 MIMO 系统的不变输入非零初始状态响应.

接着, 考虑当初始状态为零时, 系统的输入响应. 为此, $k-1$ 时刻, 在系统平衡状态下做第 i 个输入到第 j 个输出的单位阶跃响应实验. 采样得到的系统零初始状态单位阶跃响应序列为

$$\{0, s_{ji,1}, s_{ji,2}, \cdots, s_{ji,N}, s_{ji,N}, \cdots\}, \quad i = 1, 2, \cdots, n_u, \quad j = 1, 2, \cdots, n_y. \tag{3.131}$$

由线性系统的齐次性, 得第 i 个输入 $\Delta u_i(k-1) \neq \mathbf{0}$ 对系统输出分量 y_j 的影响为

$$\begin{aligned} y_{ji}(k) &= s_{ji,1} \Delta u_i(k-1), \\ y_{ji}(k+1) &= s_{ji,2} \Delta u_i(k-1), \\ &\ \ \vdots \\ y_{ji}(k+N) &= s_{ji,N} \Delta u_i(k-1), \\ y_{ji}(k+N+1) &= s_{ji,N} \Delta u_i(k-1), \\ &\ \ \vdots \end{aligned}$$

当 $i = 1, 2, \cdots, n_u$ 时, 由线性系统的叠加性得所有的 $\Delta u_i(k-1) \neq \mathbf{0}$ 对系统输出分量 y_j 的影响为

$$y_j(k) = \sum_{i=1}^{n_u} s_{ji,1} \Delta u_i(k-1) = S_{j,1} \Delta u(k-1),$$

$$
\begin{aligned}
y_j(k+1) &= \sum_{i=1}^{n_u} s_{ji,2}\Delta u_i(k-1) = S_{j,2}\Delta u(k-1)\,, \\
&\vdots \\
y_j(k+N) &= \sum_{i=1}^{n_u} s_{ji,N}\Delta u_i(k-1) = S_{j,N}\Delta u(k-1)\,, \\
y_j(k+N+1) &= \sum_{i=1}^{n_u} s_{ji,N}\Delta u_i(k-1) = S_{j,N}\Delta u(k-1)\,, \\
&\vdots
\end{aligned}
$$

其中

$$
S_{j,i} = \begin{bmatrix} s_{j1,i} & \cdots & s_{jn_u,i} \end{bmatrix}, \quad j = 1,2,\cdots,n_y, \quad i = 1,2,\cdots,N. \tag{3.132}
$$

将所有的输出分量 y_j 合并成向量形式, 得

$$
\begin{aligned}
y(k) &= S_1\Delta u(k-1)\,, \\
y(k+1) &= S_2\Delta u(k-1)\,, \\
&\vdots \\
y(k+N) &= S_N\Delta u(k-1)\,, \\
y(k+N+1) &= S_N\Delta u(k-1)\,, \\
&\vdots
\end{aligned}
$$

其中

$$
S_i = \begin{bmatrix} S_{1,i} \\ \vdots \\ S_{n_y,i} \end{bmatrix} = \begin{bmatrix} s_{11,i} & \cdots & s_{1n_u,i} \\ s_{21,i} & \cdots & s_{2n_u,i} \\ \vdots & & \vdots \\ s_{n_y1,i} & \cdots & s_{n_yn_u,i} \end{bmatrix}_{n_y\times n_u}, \quad i = 1,2,\cdots,N. \tag{3.133}
$$

因此, 零初始条件下, 系统对任意变化输入的响应可以描述为

$$
Y(k) = S\Delta u(k-1), \tag{3.134}
$$

其中

$$S=\begin{bmatrix} S_1 \\ \vdots \\ S_N \end{bmatrix}=\begin{bmatrix} s_{11,1} & \cdots & s_{1n_u,1} \\ \vdots & & \vdots \\ s_{n_y1,1} & \cdots & s_{n_yn_u,1} \\ \vdots & & \vdots \\ s_{11,N} & \cdots & s_{1n_u,N} \\ \vdots & & \vdots \\ s_{n_y1,N} & \cdots & s_{n_yn_u,N} \end{bmatrix}_{(n_y\cdot N)\times n_u} \tag{3.135}$$

是多输入多输出系统的单位阶跃响应矩阵.

由于线性系统满足叠加性. 因此, 由 (3.129) 和 (3.134) 得到, 在非零初始条件下系统对任意变化输入的响应为

$$Y(k)=M_{ss}Y(k-1)+S\Delta u(k-1), \tag{3.136}$$

其中初始条件为

$$Y(0)=\begin{bmatrix} y(0) \\ \vdots \\ y(0) \end{bmatrix}_{N\times 1}. \tag{3.137}$$

上式中, M_{ss} 由 (3.130) 给出, S 由 (3.135) 给出.

由系统状态的定义 (3.128) 知, 系统在 k 时刻的输出为

$$y(k)=CY(k), \tag{3.138}$$

其中

$$C=\begin{bmatrix} I_{n_y\times n_y} & \mathbf{0} & \cdots & \mathbf{0} \end{bmatrix}_{1\times N}. \tag{3.139}$$

由 (3.130) 和 (3.139), 经简单推导, 有

$$CM_{ss}^i=\begin{cases} \begin{bmatrix} \mathbf{0} & \cdots & \mathbf{0} & \overset{i+1}{I} & \mathbf{0} & \cdots & \mathbf{0} \end{bmatrix}_{1\times N}, & i<N, \\ \begin{bmatrix} \mathbf{0} & \cdots & \mathbf{0} & I \end{bmatrix}_{1\times N}, & i\geqslant N, \end{cases} \tag{3.140}$$

其中 I 为 $n_y\times n_y$ 维单位阵. 进一步, 由 (3.135) 得

$$CM_{ss}^{i-1}S=\begin{cases} S_i, & i<N \\ S_N, & i\geqslant N \end{cases} \tag{3.141}$$

其中 S_i 在 (3.133) 中给出.

考虑 n_d 维可测干扰 d, MIMO 系统的单位阶跃响应模型为

$$Y(k)=M_{ss}Y(k-1)+S_u\Delta u(k-1)+S_d\Delta d(k-1)\,, \tag{3.142}$$

其中初始条件由 (3.137) 给出, M_{ss} 由 (3.130) 给出. 上式中, 控制输入 u 和可测干扰 d 到输出 y 的单位响应系数矩阵分别为

$$S_u=\begin{bmatrix} s^u_{11,1} & \cdots & s^u_{1n_u,1} \\ \vdots & & \vdots \\ s^u_{n_y1,1} & \cdots & s^u_{n_yn_u,1} \\ \vdots & & \vdots \\ s^u_{11,N} & \cdots & s^u_{1n_u,N} \\ \vdots & & \vdots \\ s^u_{n_y1,N} & \cdots & s^u_{n_yn_u,N} \end{bmatrix}_{(n_y\cdot N)\times n_u}, \tag{3.143a}$$

$$S_d=\begin{bmatrix} s^d_{11,1} & \cdots & s^d_{1n_d,1} \\ \vdots & & \vdots \\ s^d_{n_y1,1} & \cdots & s^d_{n_yn_d,1} \\ \vdots & & \vdots \\ s^d_{11,N} & \cdots & s^d_{1n_d,N} \\ \vdots & & \vdots \\ s^d_{n_y1,N} & \cdots & s^d_{n_yn_d,N} \end{bmatrix}_{(n_y\cdot N)\times n_d}. \tag{3.143b}$$

3.4.2 状态估计

单位阶跃响应模型 (3.136) 的状态 $Y(k)$ 中只有第一个分向量 $y(k)$ 是可以测量的. 因此, 需要对状态进行估计. 估计的状态将作为预测系统未来动态的初始条件. 考虑到多输入多输出系统中测量输出与被控输出可能是不同的, 给出单位阶跃响应模型如下:

$$Y(k)=M_{ss}Y(k-1)+S_u\Delta u(k-1)+S_d\Delta d(k-1)\,, \tag{3.144a}$$

$$y(k)=CY(k)\,, \tag{3.144b}$$

$$y_c(k)=C_cy(k)\,, \tag{3.144c}$$

$$y_m(k)=C_my(k) \tag{3.144d}$$

其中 $y(k)\in\mathbb{R}^{n_y}$ 为系统输出; $y_c(k)\in\mathbb{R}^{n_c}$ 为被控输出; $y_m(k)\in\mathbb{R}^{n_m}$ 为测量输出; $n_c\leqslant n_y$, $n_m\leqslant n_y$. 另外, M_{ss}, S_u, S_d 和 C 由 (3.130), (3.143) 和 (3.139) 给出.

首先需要考察系统的可观性 (或者可测性). 应用 (3.140), 有

$$\begin{bmatrix} C_mC \\ C_mCM_{ss} \\ C_mCM_{ss}^2 \\ \vdots \\ C_mCM_{ss}^{N-1} \end{bmatrix} = \begin{bmatrix} C_mI_{n_y\times n_y} & \mathbf{0} & \cdots & \mathbf{0} \\ \mathbf{0} & C_mI_{n_y\times n_y} & \cdots & \mathbf{0} \\ \vdots & \vdots & & \vdots \\ \mathbf{0} & \mathbf{0} & \cdots & C_mI_{n_y\times n_y} \end{bmatrix}_{N\times N} . \tag{3.145}$$

如果选择测量输出 y_m 使得

$$\operatorname{rank}\begin{bmatrix} C_mC \\ C_mCM_{ss} \\ C_mCM_{ss}^2 \\ \vdots \\ C_mCM_{ss}^{N-1} \end{bmatrix} = n_y\cdot N, \tag{3.146}$$

则 MIMO 系统的单位阶跃响应模型 (3.136) 是可观的. 因此, 可以设计状态观测器方程如下:

$$\begin{aligned} \hat{Y}(k) = {} & M_{ss}\hat{Y}(k-1) + S_u\Delta u(k-1) + S_d\Delta d(k-1) \\ & + K_F\Big(y_m(k-1) - C_mC\hat{Y}(k-1)\Big), \end{aligned} \tag{3.147}$$

其中 K_F 可以应用极点配置或 Kalman 滤波等方法使得 $M_{ss}-K_FC_mC$ 是名义渐近稳定的且可以任意配置极点.

如果选择测量输出 y_m 使得 $(C_mC,\ M_{ss})$ 是可测的, 则可使得 $M_{ss}-K_FC_mC$ 是名义渐近稳定的, 但不能任意配置其极点.

3.4.3 预测方程

根据预测控制的基本原理, 我们首先基于模型 (3.142) 作 p 步状态预测.

在 k 时刻, 有测量值 $y(k)$ 和 $d(k)$ 以及估计状态 $\hat{Y}(k)$ 作为预测系统未来动态的初始条件. 与 2.2 节相同, 假设未来的可测干扰不变, 即 $\Delta d(k+i)=\mathbf{0}$, $i=1,2,\cdots,p$. 由 (3.144a) 递推得

$$\begin{aligned} Y(k+1|k) &= M_{ss}\hat{Y}(k) + S_u\Delta u(k) + S_d\Delta d(k), \\ Y(k+2|k) &= M_{ss}^2\hat{Y}(k) + M_{ss}S_u\Delta u(k) + S_u\Delta u(k+1) + M_{ss}S_d\Delta d(k), \\ &\ \ \vdots \\ Y(k+m|k) &= M_{ss}^m\hat{Y}(k) + M_{ss}^{m-1}S_u\Delta u(k) + M_{ss}^{m-2}S_u\Delta u(k+1) \\ &\quad + \cdots + S_u\Delta u(k+m-1) + M_{ss}^{m-1}S_d\Delta d(k), \end{aligned}$$

$$\vdots$$

$$\begin{aligned}Y(k+p|k) = {} & M_{ss}^p \hat{Y}(k) + M_{ss}^{p-1} S_u \Delta u(k) + M_{ss}^{p-2} S_u \Delta u(k+1) \\ & + \cdots + M_{ss}^{p-m} S_u \Delta u(k+m-1) + M_{ss}^{p-1} S_d \Delta d(k)\,.\end{aligned}$$

由输出方程 (3.144b) 和 (3.144c) 得预测的 p 步控制输出如下:

$$\begin{aligned}
y_c(k+1|k) = {} & C_c \Big(C M_{ss} \hat{Y}(k) + C S_u \Delta u(k) + C S_d \Delta d(k) \Big)\,, \\
y_c(k+2|k) = {} & C_c \Big(C M_{ss}^2 \hat{Y}(k) + C M_{ss} S_u \Delta u(k) + C S_u \Delta u(k+1) \\
& + C M_{ss} S_d \Delta d(k) \Big)\,, \\
& \vdots \\
y_c(k+m|k) = {} & C_c \Big(C M_{ss}^m \hat{Y}(k) + C M_{ss}^{m-1} S_u \Delta u(k) + C M_{ss}^{m-2} S_u \Delta u(k+1) \\
& + \cdots + C S_u \Delta u(k+m-1) + C M_{ss}^{m-1} S_d \Delta d(k) \Big)\,, \\
& \vdots \\
y_c(k+p|k) = {} & C_c \Big(C M_{ss}^p \hat{Y}(k) + C M_{ss}^{p-1} S_u \Delta u(k) + C M_{ss}^{p-2} S_u \Delta u(k+1) \\
& + \cdots + C M_{ss}^{p-m} S_u \Delta u(k+m-1) + C M_{ss}^{p-1} S_d \Delta d(k) \Big).
\end{aligned}$$

定义向量

$$Y_p(k+1|k) \overset{\text{def}}{=\!=} \begin{bmatrix} y_c(k+1|k) \\ y_c(k+2|k) \\ \vdots \\ y_c(k+p|k) \end{bmatrix}_{p\times 1}, \tag{3.148a}$$

$$\Delta U(k) \overset{\text{def}}{=\!=} \begin{bmatrix} \Delta u(k) \\ \Delta u(k+1) \\ \vdots \\ \Delta u(k+m-1) \end{bmatrix}_{m\times 1}, \tag{3.148b}$$

则对系统未来 p 步输出的预测可以由下面的预测方程计算:

$$Y_p(k+1|k) = \mathcal{M} \hat{Y}(k) + \mathcal{S}_u \Delta U(k) + \mathcal{S}_d \Delta d(k)\,, \tag{3.149}$$

其中

$$\mathcal{M}=\begin{bmatrix} C_cCM_{ss} \\ C_cCM_{ss}^2 \\ \vdots \\ C_cCM_{ss}^p \end{bmatrix}_{p\times 1}, \quad \mathcal{S}_d=\begin{bmatrix} C_cCS_d \\ C_cCM_{ss}S_d \\ \vdots \\ C_cCM_{ss}^{p-1}S_d \end{bmatrix}_{p\times 1}$$

$$\mathcal{S}_u=\begin{bmatrix} C_cCS_u & \mathbf{0} & \mathbf{0} & \cdots & \mathbf{0} \\ C_cCM_{ss}S_u & C_cCS_u & \mathbf{0} & \cdots & \mathbf{0} \\ \vdots & \vdots & \vdots & & \vdots \\ C_cCM_{ss}^{m-1}S_u & C_cCM_{ss}^{m-2}S_u & \cdots & \cdots & C_cCS_u \\ \vdots & \vdots & \vdots & & \vdots \\ C_cCM_{ss}^{p-1}S_u & C_cCM_{ss}^{p-2}S_u & \cdots & \cdots & C_cCM_{ss}^{p-m}S_u \end{bmatrix}_{p\times m}$$

应用 (3.140) 和 (3.141), 上述矩阵变为

$$\mathcal{M}=\begin{bmatrix} \mathbf{0} & C_c & \mathbf{0} & \mathbf{0} & \mathbf{0} & \cdots & \mathbf{0} & \cdots & \mathbf{0} \\ \mathbf{0} & \mathbf{0} & C_c & \mathbf{0} & \mathbf{0} & \cdots & \mathbf{0} & \cdots & \mathbf{0} \\ \vdots & \vdots & \ddots & \ddots & \ddots & \ddots & \vdots & & \vdots \\ \mathbf{0} & \mathbf{0} & \cdots & \mathbf{0} & C_c & \mathbf{0} & \mathbf{0} & \cdots & \mathbf{0} \end{bmatrix}_{p\times N}, \tag{3.150a}$$

$$\mathcal{S}_d=\begin{bmatrix} C_cS_1^d \\ C_cS_2^d \\ \vdots \\ C_cS_p^d \end{bmatrix}_{p\times 1}, \tag{3.150b}$$

$$\mathcal{S}_u=\begin{bmatrix} C_cS_1^u & \mathbf{0} & \mathbf{0} & \cdots & \mathbf{0} \\ C_cS_2^u & C_cS_1^u & \mathbf{0} & \cdots & \mathbf{0} \\ \vdots & \vdots & \vdots & & \vdots \\ C_cS_m^u & C_cS_{m-1}^u & \cdots & \cdots & C_cS_1^u \\ \vdots & \vdots & \vdots & & \vdots \\ C_cS_p^u & C_cS_{p-1}^u & \cdots & \cdots & C_cS_{p-m+1}^u \end{bmatrix}_{p\times m}. \tag{3.150c}$$

由 (3.133) 知, 上式中的 S_i^u 和 S_i^d 为

$$S_i^u = \begin{bmatrix} s_{11,i}^u & \cdots & s_{1n_u,i}^u \\ s_{21,i}^u & \cdots & s_{2n_u,i}^u \\ \vdots & & \vdots \\ s_{n_y1,i}^u & \cdots & s_{n_yn_u,i}^u \end{bmatrix}_{n_y \times n_u}, \quad i = 1, 2, \cdots, p, \tag{3.151a}$$

$$S_i^d = \begin{bmatrix} s_{11,i}^d & \cdots & s_{1n_d,i}^d \\ s_{21,i}^d & \cdots & s_{2n_d,i}^d \\ \vdots & & \vdots \\ s_{n_y1,i}^d & \cdots & s_{n_yn_d,i}^d \end{bmatrix}_{n_y \times n_d}, \quad i = 1, 2, \cdots, p. \tag{3.151b}$$

3.4.4 MIMO-DMC 算法及其控制律

根据预测控制的基本原理, 多输入多输出动态矩阵控制 (DMC) 的开环优化问题描述如下.

问题 3.4

$$\min_{\Delta U(k)} J\left(y_m(k), \Delta U(k), m, p\right) \tag{3.152}$$

满足系统动力学 ($i = 0, 1, \cdots, p$)

$$Y(k+i+1|k) = M_{ss}Y(k+i|k) + S_u\Delta u(k+i) + S_d\Delta d(k+i), \tag{3.153a}$$

$$Y(k|k) = \hat{Y}(k), \tag{3.153b}$$

$$y_c(k+i|k) = C_cCY(k+i|k), \tag{3.153c}$$

其中目标函数为

$$J\left(y_m(k), \Delta U(k), m, p\right) = \sum_{i=1}^{p} \left\|\Gamma_{y,i}\left(y_c(k+i|k) - r(k+i)\right)\right\|^2 + \sum_{i=1}^{m} \left\|\Gamma_{u,i}\Delta u(k+i-1)\right\|^2. \tag{3.154}$$

上述优化问题中, M_{ss}, S_u, S_d 和 C 由 (3.130), (3.143) 和 (3.139) 给出. 注意, (3.153b) 表明 k 时刻的估计状态是预测系统未来动态的初始条件.

预测的控制输出序列 $y_c(k+i|k), i = 1, 2, \cdots, p$ 由系统动力学模型 (3.153) 计算. 前一节的推导已经给出了预测输出序列的预测方程 (3.149). 因此, 将目标函数 (3.154) 写成矩阵向量形式, 优化问题 3.4 变为

问题 3.5

$$\min_{\Delta U(k)} J\left(y_m(k), \Delta U(k), m, p\right)$$

其中

$$J\left(y_m(k), \Delta U(k), m, p\right) = \left\|\Gamma_y\left(Y_p(k+1|k) - R(k+1)\right)\right\|^2 + \left\|\Gamma_u \Delta U(k)\right\|^2. \tag{3.155}$$

上面的优化问题中, 预测输出序列 $Y_p(k+1|k)$ 由预测方程 (3.149) 给出, 加权矩阵为

$$\Gamma_y = \text{diag}\{\Gamma_{y,1}, \Gamma_{y,2}, \cdots, \Gamma_{y,p}\},$$
$$\Gamma_u = \text{diag}\{\Gamma_{u,1}, \Gamma_{u,2}, \cdots, \Gamma_{u,m}\},$$

参考序列为

$$R(k+1) = \begin{bmatrix} r(k+1) \\ r(k+2) \\ \vdots \\ r(k+p) \end{bmatrix}_{p\times 1}. \tag{3.156}$$

同样的, 我们可以用 2.3.2 节介绍的方法求解上述优化问题. 将预测方程 (3.149) 代入目标函数 (3.155), 定义

$$E_p(k+1|k) \stackrel{\text{def}}{=\!=} R(k+1) - \mathcal{M}\hat{Y}(k) - \mathcal{S}_d \Delta d(k), \tag{3.157}$$

推导得

$$J\left(y_m(k), \Delta U(k), m, p\right) = \rho^{\mathrm{T}} \rho,$$

其中

$$\rho = \underbrace{\begin{bmatrix} \Gamma_y \mathcal{S}_u \\ \Gamma_u \end{bmatrix}}_{A} \Delta U(k) - \underbrace{\begin{bmatrix} \Gamma_y E_p(k+1|k) \\ \mathbf{0} \end{bmatrix}}_{b}.$$

因此, 优化解为

$$\begin{aligned} \Delta U^*(k) &= (A^{\mathrm{T}} A)^{-1} A^{\mathrm{T}} b \\ &= \left(\mathcal{S}_u^{\mathrm{T}} \Gamma_y^{\mathrm{T}} \Gamma_y \mathcal{S}_u + \Gamma_u^{\mathrm{T}} \Gamma_u\right)^{-1} \mathcal{S}_u^{\mathrm{T}} \Gamma_y^{\mathrm{T}} \Gamma_y E_p(k+1|k). \end{aligned} \tag{3.158}$$

根据预测控制的基本原理, 将优化解的第一个元素作用于系统, 即得 MIMO-DMC 控制律为

$$\Delta u(k) = K_{\text{mpc}} E_p(k+1|k), \tag{3.159}$$

其中控制增益 K_{mpc} 由

$$K_{\text{mpc}} = \begin{bmatrix} I & \mathbf{0} & \cdots & \mathbf{0} \end{bmatrix}_{1\times m} \left(\mathcal{S}_u^{\mathrm{T}} \Gamma_y^{\mathrm{T}} \Gamma_y \mathcal{S}_u + \Gamma_u^{\mathrm{T}} \Gamma_u\right)^{-1} \mathcal{S}_u^{\mathrm{T}} \Gamma_y^{\mathrm{T}} \Gamma_y \tag{3.160}$$

计算.

下面, 我们分析 MIMO-DMC 控制律的结构. 将 (3.157) 代入 (3.159), 得

$$\Delta u(k) = K_{\text{mpc}}\left(R(k+1) - \mathcal{M}\hat{Y}(k) - \mathcal{S}_d\Delta d(k)\right). \tag{3.161}$$

可以分解控制增量的各部分如下：

(1) $K_{\text{mpc}}R(k+1)$ 是参考输入未来值的前馈控制;

(2) $-K_{\text{mpc}}\mathcal{S}_d\Delta d(k)$ 是干扰输入的前馈控制;

(3) $-K_{\text{mpc}}\mathcal{M}\hat{Y}(k)$ 是基于估计状态的反馈部分.

因此, 与 SISO 系统一样, MIMO 系统的 DMC 具有“前馈-基于估计的状态反馈”的结构.

同样的, 由预测控制基本原理中的“滚动时域、重复进行”的机制, 给出 MIMO 系统基于单位阶跃响应模型的预测控制即动态矩阵控制算法如下.

算法 3.3

(1) 初始化：设定预测时域 p 和控制时域 m, 设定初始值 $\Delta u(-1)$, $\Delta d(-1)$, $u(-1)$, $d(-1)$, $y_m(-1)$, $\hat{Y}(-1)$, 由 (3.150) 计算 $\mathcal{M}$, $\mathcal{S}_u$, $\mathcal{S}_d$, 由 (3.160) 计算 K_{mpc};

(2) $k \geqslant 0$ 时刻, 测量 $y_m(k)$ 和 $d(k)$ 的值, 由 (3.147) 估计状态 $\hat{Y}(k)$;

(3) 由 (3.157) 计算误差 $E_p(k+1|k)$;

(4) 由 (3.159) 计算控制量变化量 $\Delta u(k)$;

(5) 将控制量 $u(k) = u(k-1) + \Delta u(k)$ 作用于被控系统;

(6) 令 $k = k+1$, 返回第 (2) 步.

3.4.5 闭环系统分析

由于 MIMO 系统单位阶跃响应模型 (3.142) 具有状态空间描述的形式, 并且在上一节我们也得到了无约束 DMC 的闭环控制律. 因此, 我们可以采用与 2.4 相同的方法, 即在状态空间理论框架下分析无约束 MIMO-DMC 闭环系统的稳定性和性能.

名义渐近稳定性

考虑一些不确定因素, 被控系统由下式描述：

$$Y(k+1) = M_{ss}Y(k) + S_u\Delta u(k) + S_d\Delta d(k) + S_w\Delta w(k), \tag{3.162}$$

其中 $w(k)$ 为不可测量的外部干扰, S_w 是未知的不可测量干扰单位阶跃响应系数. 将多输入多输出动态矩阵控制律 (MIMO-DMC) (3.159) 代入上式得

$$\begin{aligned}
Y(k+1) &= M_{ss}Y(k) + S_u\Delta u(k) + S_d\Delta d(k) + S_w\Delta w(k) \\
&= M_{ss}Y(k) + S_uK_{\text{mpc}}R(k+1) - S_uK_{\text{mpc}}\mathcal{M}\hat{Y}(k) \\
&\quad + \left(S_d - S_uK_{\text{mpc}}\mathcal{S}_d\right)\Delta d(k) + S_w\Delta w(k).
\end{aligned} \tag{3.163}$$

首先考虑状态反馈 MIMO-DMC 的名义渐近稳定性. 假设状态完全可以测量, 即 $\hat{Y}(k)=Y(k)$, 则由 (3.163) 知, 状态反馈 MIMO-DMC 的名义渐近稳定性取决于矩阵

$$M_{ss}-S_uK_{\mathrm{mpc}}\mathcal{M}$$

的特征根是否位于单位圆内.

实际上, 状态 $Y(k)$ 并不能全部测量得到. 在考虑估计状态的情况下, 将 MIMO-DMC 控制律 (3.159) 代入估计器方程 (3.147), 得

$$\begin{aligned}\hat{Y}(k+1) &= (M_{ss}-K_FC_mC)\hat{Y}(k)+S_u\Delta u(k)+S_d\Delta d(k)+K_Fy_m(k)\\ &= (M_{ss}-K_FC_mC)\,\hat{Y}(k)+S_d\Delta d(k)+K_FC_mCY(k)\\ &\quad +S_u\left(K_{\mathrm{mpc}}\left(R(k+1)-\mathcal{M}\hat{Y}(k)-\mathcal{S}_d\Delta d(k)\right)\right)\\ &= K_FC_mCY(k)+(M_{ss}-K_FC_mC-S_uK_{\mathrm{mpc}}\mathcal{M})\,\hat{Y}(k)\\ &\quad +(S_d-S_uK_{\mathrm{mpc}}\mathcal{S}_d)\,\Delta d(k)+S_uK_{\mathrm{mpc}}R(k+1)\,.\end{aligned}\tag{3.164}$$

定义闭环系统的状态为

$$x_{cl}\overset{\text{def}}{=\!=}\begin{bmatrix}Y\\ \hat{Y}\end{bmatrix},$$

则动态矩阵控制的闭环系统为

$$\begin{aligned}x_{cl}(k+1)=&\begin{bmatrix}M_{ss} & -S_uK_{\mathrm{mpc}}\mathcal{M}\\ K_FC_mC & M_{ss}-K_FC_mC-S_uK_{\mathrm{mpc}}\mathcal{M}\end{bmatrix}x_{cl}(k)\\ &+\begin{bmatrix}S_uK_{\mathrm{mpc}}\\ S_uK_{\mathrm{mpc}}\end{bmatrix}R(k+1)+\begin{bmatrix}S_d-S_uK_{\mathrm{mpc}}\mathcal{S}_d\\ S_d-S_uK_{\mathrm{mpc}}\mathcal{S}_d\end{bmatrix}\Delta d(k)\\ &+\begin{bmatrix}S_w\\ 0\end{bmatrix}\Delta w(k).\end{aligned}\tag{3.165}$$

显然, 如果矩阵

$$\begin{bmatrix}M_{ss} & -S_uK_{\mathrm{mpc}}\mathcal{M}\\ K_FC_mC & M_{ss}-K_FC_mC-S_uK_{\mathrm{mpc}}\mathcal{M}\end{bmatrix}\tag{3.166}$$

的全部特征值位于单位圆内, 则闭环系统名义渐近稳定. 用

$$P=\begin{bmatrix}I & \mathbf{0}\\ -I & I\end{bmatrix},\quad P^{-1}=\begin{bmatrix}I & \mathbf{0}\\ I & I\end{bmatrix}\tag{3.167}$$

对 (3.166) 作相似变换, 有

$$P\begin{bmatrix} M_{ss} & -S_uK_{\mathrm{mpc}}\mathcal{M} \\ K_FC_mC & M_{ss}-K_FC_mC-S_uK_{\mathrm{mpc}}\mathcal{M} \end{bmatrix}P^{-1} = \begin{bmatrix} M_{ss}-S_uK_{\mathrm{mpc}}\mathcal{M} & -S_uK_{\mathrm{mpc}}\mathcal{M} \\ \mathbf{0} & M_{ss}-K_FC_mC \end{bmatrix}. \tag{3.168}$$

上式中, $M_{ss}-K_FC_mC$ 是状态估计器 (3.147) 的系统矩阵, $M_{ss}-S_uK_{\mathrm{mpc}}\mathcal{M}$ 是状态反馈 MIMO-DMC (也就是假设 (3.142) 的状态全部可以测量) 的闭环系统矩阵. 因此, MIMO-DMC 闭环系统的极点由状态反馈矩阵的极点和状态估计器的极点组成. 也就是说, 对无约束 MIMO-DMC 闭环系统来说, 分离原理成立, 状态反馈控制器和估计器可以独立设计. 因此, 我们可以得到结论: 无约束 MIMO-DMC 闭环系统名义渐近稳定, 当且仅当状态反馈 MIMO-DMC 名义渐近稳定和状态估计器名义渐近稳定.

抗干扰性能

稳定是讨论系统性能的前提. 因此, 假设闭环系统 (3.165) 是名义渐近稳定的.

假设 $R(k+1)=\mathbf{0}$, 考虑可测和不可测干扰对系统的影响, 闭环系统 (3.165) 变为

$$x_{cl}(k+1)=\begin{bmatrix} M_{ss} & -S_uK_{\mathrm{mpc}}\mathcal{M} \\ K_FC_mC & M_{ss}-K_FC_mC-S_uK_{\mathrm{mpc}}\mathcal{M} \end{bmatrix}x_{cl}(k) + \begin{bmatrix} S_d-S_uK_{\mathrm{mpc}}\mathcal{S}_d \\ S_d-S_uK_{\mathrm{mpc}}\mathcal{S}_d \end{bmatrix}\Delta d(k)+\begin{bmatrix} S_w \\ \mathbf{0} \end{bmatrix}\Delta w(k).$$

如果外部干扰趋于不变, 即当 $k\to\infty$ 时, $\Delta d(k)\to\mathbf{0}$, $\Delta w(k)\to\mathbf{0}$, 则由渐近稳定性得 $x_{cl}(k)\to\mathbf{0}$, 即 $Y(k)\to\mathbf{0}$ 和 $\hat{Y}(k)\to\mathbf{0}$. 进一步有 $y_c(k)\to\mathbf{0}$ 和 $y_m(k)\to\mathbf{0}$. 因此, 基于无约束动态矩阵控制闭环系统 (3.165) 对趋于不变的可测和不可测外部干扰, 其输出是无静差的.

如果外部干扰的变化是有界的, 即 $\Delta d(k)<\infty$, $\Delta w(k)<\infty$, 则 $k\to\infty$ 时有 $x_{cl}(k)<\infty$, 即 $y_c(k)<\infty$ 和 $y_m(k)<\infty$. 因此, 基于无约束动态矩阵控制闭环系统 (3.165) 对有界 (变化) 的可测和不可测干扰, 其控制输出是有界的.

无静差跟踪

下面考虑在外部干扰趋于不变的情况下, 系统对非零参考信号的跟踪. 外部干扰是趋于不变表示在时间足够长之后有 $\Delta d(k)=\mathbf{0}$, $\Delta w(k)=\mathbf{0}$. 因此, 假设:

(1) 闭环系统是名义渐近稳定的, 估计误差已经为零, 即 $\hat{Y}(k)=Y(k),\ k\geqslant 0$;

(2) 外部可测和不可测干扰已经趋于不变, 即 $\Delta d(k)=\mathbf{0},\ \Delta w(k)=\mathbf{0},\ k\geqslant 0$.

为了简化推导, 假设 $n_c = n_u$, 即控制输出的维数等于控制输入的维数. 这个假设使得 $C_cS_1^u$ 是一个方阵. 并且, 取 $\Gamma_u = \mathbf{0}_{m\times m}$, $\Gamma_y = I_{p\times p}$ 和 $m = p$, 则由 (3.160) 得

$$\begin{aligned} K_{\text{mpc}} &= \begin{bmatrix} I_{n_u\times n_u} & \mathbf{0} & \cdots & \mathbf{0} \end{bmatrix}_{1\times m} \left(\mathcal{S}_u^{\text{T}}\mathcal{S}_u\right)^{-1}\mathcal{S}_u^{\text{T}} \\ &= \begin{bmatrix} I_{n_u\times n_u} & \mathbf{0} & \cdots & \mathbf{0} \end{bmatrix}_{1\times m} \mathcal{S}_u^{-1}. \end{aligned} \tag{3.169}$$

将 (3.150c) 给出的 $\mathcal{S}_u$ 求逆代入上式, 得

$$\begin{aligned} K_{\text{mpc}} &= \begin{bmatrix} I_{n_u\times n_u} & \mathbf{0} & \cdots & \mathbf{0} \end{bmatrix} \begin{bmatrix} (C_cS_1^u)^{-1} & \mathbf{0} & \cdots & \mathbf{0} \\ * & (C_cS_1^u)^{-1} & \cdots & \mathbf{0} \\ \vdots & \vdots & & \vdots \\ * & * & \cdots & (C_cS_1^u)^{-1} \end{bmatrix}_{m\times m} \\ &= (C_cS_1^u)^{-1} \begin{bmatrix} I_{n_u\times n_u} & \mathbf{0} & \cdots & \mathbf{0} \end{bmatrix}_{1\times m}. \end{aligned} \tag{3.170}$$

将其代入 (3.161), 并考虑到 (3.150a) 给出的 $\mathcal{M}$ 式, 得预测控制律为

$$\begin{aligned} \Delta u(k) &= K_{\text{mpc}}\left(R(k+1) - \mathcal{M}\hat{Y}(k)\right) \\ &= (C_cS_1^u)^{-1}\left(r(k+1) - C_cI_{2,N}\hat{Y}(k)\right), \end{aligned} \tag{3.171}$$

其中 $I_{i,m}$ 是 $1\times m$ 维块矩阵, 并且其第 i 个块为 $n_u \times n_u$ 维单位阵, 其余均为相同维数的零矩阵, 即

$$I_{i,m} = \begin{bmatrix} \mathbf{0} & \cdots & \mathbf{0} & \overset{i}{I} & \mathbf{0} & \cdots & \mathbf{0} \end{bmatrix}_{1\times m}. \tag{3.172}$$

将 (3.171) 代入 (3.162), 得闭环控制系统为

$$Y(k+1) = M_{ss}Y(k) + S_u\,(C_cS_1^u)^{-1}\left(r(k+1) - C_cI_{2,N}\hat{Y}(k)\right). \tag{3.173}$$

结合输出方程 (3.144b) 和 (3.144c), 并考虑到 $CM_{ss} = I_{2,N}$ 和 $CS_u = S_1^u$, 可以推导闭环输出如下:

$$\begin{aligned} y_c(k+1) &= C_cCY(k+1) \\ &= C_cCM_{ss}Y(k) + C_cCS_u\,(C_cS_1^u)^{-1}\left(r(k+1) - C_cI_{2,N}\hat{Y}(k)\right) \\ &= C_cI_{2,N}Y(k) + C_cS_1^u\,(C_cS_1^u)^{-1}\left(r(k+1) - C_cI_{2,N}\hat{Y}(k)\right) \\ &= C_cI_{2,N}Y(k) + r(k+1) - C_cI_{2,N}\hat{Y}(k). \end{aligned}$$

由于估计误差为零的, 上式变为

$$y(k+1) = r(k+1). \tag{3.174}$$

同样的, 我们可以得出闭环系统的控制输出序列如下:

$$
\begin{aligned}
y_c(k+2) &= C_c C Y(k+2) \\
&= C_c C M_{ss} Y(k+1) + C_c C S_u \left(C_c S_1^u\right)^{-1} \left(r(k+2) - C_c I_{2,N} \hat{Y}(k+1)\right) \\
&= C_c I_{2,N} Y(k+1) + r(k+2) - C_c I_{2,N} \hat{Y}(k+1) \\
&= r(k+2), \\
&\ \ \vdots \\
y_c(k+i) &= C_c C Y(k+i) \\
&= C_c C M_{ss} Y(k+i-1) \\
&\quad + C_c C S_u \left(C_c S_1^u\right)^{-1} \left(r(k+i) - C_c I_{2,N} \hat{Y}(k+i-1)\right) \\
&= C_c I_{2,N} Y(k+i-1) + r(k+i) - C_c I_{2,N} \hat{Y}(k+i-1) \\
&= r(k+i),\ i \geqslant 3.
\end{aligned}
$$

因此, 在外部干扰趋于不变的情况下, 多输入多输出动态矩阵控制系统的控制输出对非零参考信号的跟踪是无静差的.

3.5 三容液位实验系统的预测控制

作为验证提出的 MIMO 预测控制方法的一个例子, 我们考虑一个三容系统数学模型, 如图 3.25 所示. 此系统包括三个横截面积为 S 的容器 T_1, T_2 和 T_3. T_1 和 T_3, T_3 和 T_2, 以及 T_2 和蓄水池之间均有管子相连, 管子的截面积都是 S_n. 系统内流动的液体存储于蓄水池中, 为水泵提供水源. 水泵 1 和水泵 2 分别给容器 T_1 和 T_2 供水, 而容器 T_3 中的水则只能通过耦合作用从容器 T_1 或容器 T_2 中获得, 整个系统形成了一个回路.

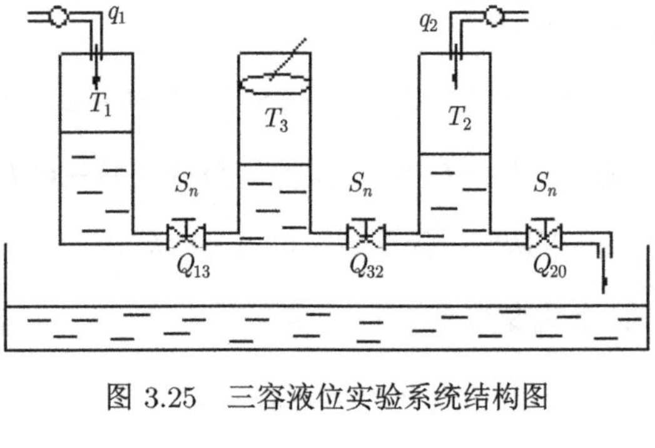

图 3.25 三容液位实验系统结构图

根据物量平衡原理可以用以下非线性微分方程描述该系统:

$$S\frac{\mathrm{d}h_1}{\mathrm{d}t} = q_1 - Q_{13}\,,$$
$$S\frac{\mathrm{d}h_2}{\mathrm{d}t} = q_2 + Q_{32} - Q_{20}\,,$$
$$S\frac{\mathrm{d}h_3}{\mathrm{d}t} = Q_{13} - Q_{32}\,,$$

其中

$$Q_{13} = a_{z1}S_n\mathrm{sgn}(h_1 - h_3)\sqrt{2g\,|h_1 - h_3|}\,,$$
$$Q_{32} = a_{z3}S_n\mathrm{sgn}(h_3 - h_2)\sqrt{2g\,|h_3 - h_2|}\,,$$
$$Q_{20} = a_{z2}S_n\sqrt{2gh_2}\,.$$

上式中, Q_{ij} 是从容器 i 到容器 j 的液体流量; g 为重力加速度, $a_{zi}(i = 1, 2, 3)$ 为相应的流量系数, 由实验数据辨识得到; $h_i(i = 1, 2, 3)$ 为各容器的液位. 表 3.1 给出了上式中的物理参数.

表 3.1 三容系统的物理参数

变量	值	变量	值
S	154 cm^2	S_n	0.5 cm^2
$H_{\max}$	60 cm	$Q_{\max}$	166 ml/s
g	980 cm/s^2	a_{z1}	0.4637
a_{z2}	0.6751	a_{z3}	0.4680

这里考虑的是容器 T_1 和容器 T_2 的液位控制. 定义状态变量和控制变量

$$x = \begin{bmatrix} h_1 & h_2 & h_3 \end{bmatrix}^{\mathrm{T}},$$
$$u = \begin{bmatrix} q_1 & q_2 \end{bmatrix}^{\mathrm{T}},$$

则系统的状态方程和输出方程变为

$$\frac{\mathrm{d}x}{\mathrm{d}t} = A(x) + Bu\,,$$
$$y = Cx\,,$$

其中

$$A(h) = \begin{bmatrix} \dfrac{-Q_{13}}{S} \\ \dfrac{Q_{32} - Q_{20}}{S} \\ \dfrac{Q_{13} - Q_{32}}{S} \end{bmatrix}, \quad C = \begin{bmatrix} 1 & 0 & 0 \\ 0 & 1 & 0 \end{bmatrix}, \quad B = \frac{1}{S}\begin{bmatrix} 1 & 0 \\ 0 & 1 \\ 0 & 0 \end{bmatrix}.$$

由以上可以看出三容系统的两个输出变量都要受到两个输入变量的影响, 因此它是一个多输入输出耦合的非线性系统.

当泵 1 以 20 ml/s 向 T_1 注水, 而泵 2 不注水时, T_1 和 T_2 的阶跃响应曲线如图 3.26 所示. 取采样时间为 $T_s = 70\text{s}$ 和 $N = 15$, 采样得单位阶跃响应系数分别为

$$S_{11} = [0.02654\ 0.2552\ 0.34949\ 0.3918\ 0.4263\ 0.4387\ 0.4543\ 0.46134\\ 0.4680\ 0.4771\ 0.4823\ 0.4801\ 0.4904\ 0.4964\ 0.4931]^{\mathrm{T}}$$

$$S_{12} = [0.0406\ 0.0483\ 0.0497\ 0.0478\ 0.0519\ 0.0553\ 0.0605\ 0.0624\\ 0.0625\ 0.0657\ 0.0617\ 0.0649\ 0.0692\ 0.0665\ 0.0676]^{\mathrm{T}}$$

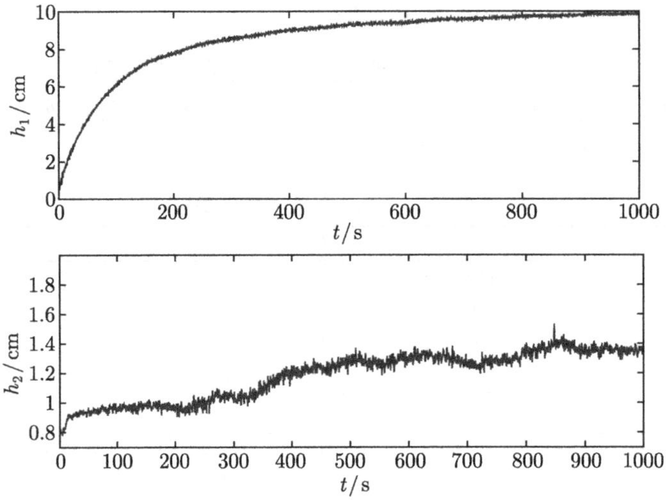

图 3.26　泵 1 注水时, 容器 T_1 和 T_2 的液位阶跃响应曲线

当泵 2 以 50 ml/s 向 T_2 注水, 而泵 1 不注水时, T_1 和 T_2 的阶跃响应曲线如图 3.27 所示. 同样取采样时间为 $T_s = 70\text{s}$ 和 $N = 15$, 采样得单位阶跃响应系数分别为

$$S_{21} = [0.0092\ 0.0598\ 0.1177\ 0.1596\ 0.1868\ 0.2083\ 0.2251\ 0.2377\\ 0.2483\ 0.2547\ 0.2608\ 0.2646\ 0.2663\ 0.2692\ 0.2713]^{\mathrm{T}}$$

$$S_{22} = [0.0154\ 0.1111\ 0.1552\ 0.1814\ 0.2035\ 0.2223\ 0.2364\ 0.2487\\ 0.2570\ 0.2641\ 0.2702\ 00.2718\ 0.2747\ 00.2777\ 0.2793]^{\mathrm{T}}$$

控制要求容器 T_1 和 T_2 的液位跟踪给定值 $h_1 = 36\text{cm}$, $h_2 = 18\text{cm}$. 根据前面给出的无约束动态矩阵控制算法, 设定预测时域 $p = 15$, 控制时域 $m = 10$, 加权矩阵 $\varGamma_y = I_{2p\times 2p}$ 和 $\varGamma_u = 0.35 I_{2m\times 2m}$, 得到容器 T_1 和 T_2 的控制响应曲线如图 3.28

所示. 简单起见, 这里并没有对控制器的参数做仔细的调整. 从结果中可以看出, 容器 T_1 和容器 T_2 的液位 h_1 和 h_2 能较好的跟踪上期望的设定值.

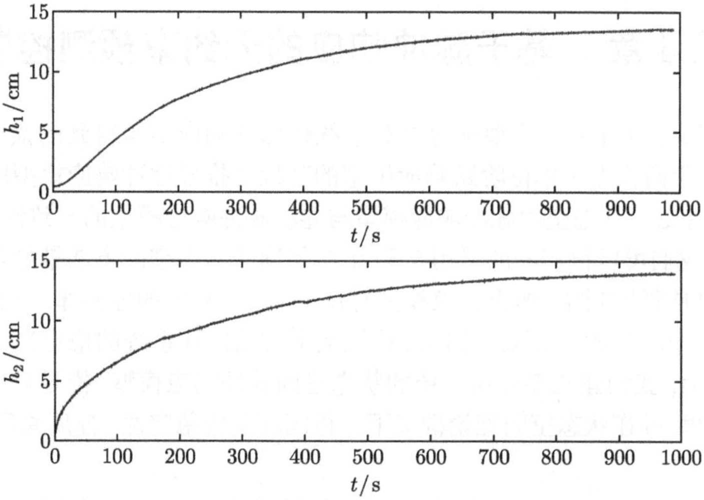

图 3.27 泵 2 注水时, 容器 T_1 和 T_2 的液位阶跃响应曲线

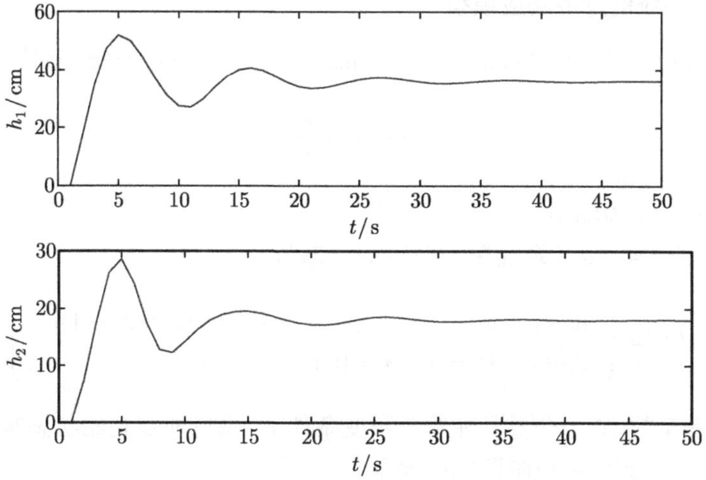

图 3.28 容器 T_1 和容器 T_2 液位的无约束动态矩阵控制响应曲线

第 4 章　基于脉冲响应的无约束预测控制

顾名思义, 脉冲响应模型是通过对系统作脉冲响应实验得到的描述系统动力学的模型. 我们首先在单位阶跃响应模型的基础上推导脉冲响应模型的状态空间表达形式, 并给出状态空间脉冲响应模型与卷积脉冲响应模型的一致性. 有了这样的一致性, 我们可以很容易的采用与第 2 章相同的状态空间方法推导基于脉冲响应的无约束预测控制律, 即无约束模型算法控制 (MAC) 的控制律, 分析 MAC 的前馈-反馈结构. 同时, 在状态空间理论框架下讨论闭环系统的稳定性 (分离原理) 和性能. 最后, 我们建立多变量系统的状态空间脉冲响应模型, 推导对应的无约束 MAC 控制律, 并在状态空间理论框架下分析闭环系统稳定性 (分离原理) 和性能.

4.1　SISO 脉冲响应模型的状态空间描述

4.1.1　稳定系统的脉冲响应模型

考虑单输入单输出 (Signal Input Signal Output, SISO) 系统, 其传递函数为

$$G(s)=\frac{y(s)}{u(s)},$$

其中 u 为输入, y 为输出.

与 3.1 节一样, 定义系统在 k 时刻的状态为

$$Y(k)\overset{\text{def}}{=\!=}\left\{\begin{array}{l}[y(k),y(k+1),\cdots,y(k+N-2),y(k+N-1)]^{\mathrm{T}}\\ \Delta u(k+i)=0,\quad i=0,1,\cdots N-1\end{array}\right\}. \tag{4.1}$$

也即, 状态变量的 N 个分量是在输入不变条件下, 系统非零初始状态响应的 N 个采样值. 3.1 节得到的单位阶跃响应模型为

$$Y(k)=M_{ss}Y(k-1)+S\Delta u(k-1), \tag{4.2a}$$

$$y(k)=CY(k), \tag{4.2b}$$

其中 S 为单位阶跃响应系数, M_{ss} 是常数矩阵由 (3.5) 给出, C 为常数矩阵由 (3.12) 给出, 即

$$C=\left[\begin{array}{cccc}1&0&\cdots&0\end{array}\right]_{1\times N}.$$

为了后面有一个清楚的推导, 将 (4.1) 式定义的状态变量写为分量形式

$$Y(k) = [y_1(k), y_2(k), \cdots, y_N(k)]^{\mathrm{T}} . \tag{4.3}$$

值得注意的是, 系统的输出为状态变量的第一个分量, 即

$$y(k) = y_1(k), \quad \forall k \geqslant 0 . \tag{4.4}$$

将 (3.5) 给出的 M_{ss} 和 (3.8) 给出的 S 代入 (4.2a) 并展开, 得

$$\begin{bmatrix} y_1(k) \\ y_2(k) \\ \vdots \\ y_N(k) \end{bmatrix} = \begin{bmatrix} 0 & 1 & 0 & \cdots & 0 & 0 \\ 0 & 0 & 1 & \cdots & 0 & 0 \\ \vdots & \vdots & \vdots & & \vdots & \vdots \\ 0 & 0 & 0 & \cdots & 0 & 1 \\ 0 & 0 & 0 & \cdots & 0 & 1 \end{bmatrix} \begin{bmatrix} y_1(k-1) \\ y_2(k-1) \\ \vdots \\ y_N(k-1) \end{bmatrix} + \begin{bmatrix} s_1 \\ s_2 \\ \vdots \\ s_N \end{bmatrix} \Delta u(k-1) . \tag{4.5}$$

将上式进一步展开为

$$y_1(k) = y_2(k-1) + s_1 \Delta u(k-1) , \tag{4.6a}$$

$$y_2(k) = y_3(k-1) + s_2 \Delta u(k-1) , \tag{4.6b}$$

$$\vdots$$

$$y_{N-1}(k) = y_N(k-1) + s_{N-1} \Delta u(k-1) , \tag{4.6c}$$

$$y_N(k) = y_N(k-1) + s_N \Delta u(k-1) . \tag{4.6d}$$

定义状态分量的增量

$$\Delta y_i(k) \overset{\text{def}}{=\!=} \begin{cases} y(k) - y(k-1), & i = 1 \\ y_i(k) - y_{i-1}(k), & i = 2, \cdots, N \end{cases} \tag{4.7}$$

以及相邻两个单位阶跃响应系数的差

$$h_i \overset{\text{def}}{=\!=} \begin{cases} s_1, & i = 1 \\ s_i - s_{i-1}, & i = 2, \cdots, N . \end{cases} \tag{4.8}$$

后面我们将会清楚, h_i 实际上是脉冲响应系数.

对 $i=1$, 将 (4.4) 代入 (4.7) 并利用 (4.6)~(4.8), 得

$$\begin{aligned}\Delta y_1(k) &= y(k)-y(k-1)\\ &= y_1(k)-y_1(k-1)\\ &= y_2(k-1)+s_1\Delta u(k-1)-y_1(k-1)\\ &= \Delta y_2(k-1)+h_1\Delta u(k-1).\end{aligned}$$

同样, 我们可以推导

$$\begin{aligned}\Delta y_2(k) &= y_2(k)-y_1(k)\\ &= y_3(k-1)+s_2\Delta u(k-1)-y_2(k-1)-s_1\Delta u(k-1)\\ &= \Delta y_3(k-1)+h_2\Delta u(k-1),\\ &\ \ \vdots\\ \Delta y_{N-1}(k) &= y_{N-1}(k)-y_{N-2}(k)\\ &= y_N(k-1)+s_{N-1}\Delta u(k-1)-y_{N-1}(k-1)-s_{N-2}\Delta u(k-1)\\ &= \Delta y_N(k-1)+h_{N-1}\Delta u(k-1),\\ \Delta y_N(k) &= y_N(k)-y_{N-1}(k)\\ &= y_N(k-1)+s_N\Delta u(k-1)-y_N(k-1)-s_{N-1}\Delta u(k-1)\\ &= h_N\Delta u(k-1).\end{aligned}$$

定义状态增量向量

$$\Delta Y(k)\overset{\text{def}}{=\!=}\begin{bmatrix}\Delta y_1(k)\\ \Delta y_2(k)\\ \vdots\\ \Delta y_N(k)\end{bmatrix}.$$

将上面得到的状态增量写成矩阵向量形式如下:

$$\Delta Y(k)=M_{hs}\Delta Y(k-1)+H\Delta u(k-1), \tag{4.9}$$

其中

$$M_{hs}=\begin{bmatrix}0&1&0&\cdots&0\\0&0&1&\cdots&0\\\vdots&\vdots&\vdots&&\vdots\\0&0&0&\cdots&1\\0&0&0&\cdots&0\end{bmatrix}_{N\times N},\quad H=\begin{bmatrix}h_1\\h_2\\\vdots\\h_N\end{bmatrix}_{N\times 1}. \tag{4.10}$$

这就是脉冲响应模型的状态空间形式. 输出方程为

$$\Delta y(k)=C\Delta Y(k), \tag{4.11}$$

其中

$$C=\begin{bmatrix}1&0&\cdots&0\end{bmatrix}_{1\times N}. \tag{4.12}$$

之所以 (4.9) 能称为脉冲响应模型, 是因为我们可以从 (4.9) 得到脉冲响应模型更常见的卷积形式, 且 H 是脉冲响应系数. 由 (4.9) 可递推得到 $k+l$ 时刻 $(l\geqslant N)$ 的状态为 (详细的推导见 4.2.3 节).

$$\Delta Y(k+l)=M_{hs}^{l}\Delta Y(k)+\sum_{i=1}^{l}M_{hs}^{i-1}H\Delta u(k+l-i).$$

由 (4.11) 得 $k+l$ 时刻的输出为

$$\Delta y(k+l)=CM_{hs}^{l}\Delta Y(k)+\sum_{i=1}^{l}CM_{hs}^{i-1}H\Delta u(k+l-i). \tag{4.13}$$

由 (4.10) 和 (4.12), 经简单运算得

$$CM_{hs}^{i}=\begin{cases}\begin{bmatrix}0&\cdots&0&\overset{i+1}{1}&0&\cdots&0\end{bmatrix}_{1\times N}, & i<N,\\ \begin{bmatrix}0&\cdots&0&0\end{bmatrix}_{1\times N}, & i\geqslant N.\end{cases} \tag{4.14}$$

进一步, 结合 (4.10) 得

$$CM_{hs}^{i-1}H=\begin{cases}h_i, & i\leqslant N\\ 0, & i>N\end{cases} \tag{4.15}$$

将 (4.14) 和 (4.15) 代入 (4.13), 于是有

$$\Delta y(k+l)=\sum_{i=1}^{N}h_i\Delta u(k+l-i), \tag{4.16}$$

或者

$$\Delta y(k)=\sum_{i=1}^{N}h_i\Delta u(k-i)\,. \tag{4.17}$$

这就是常见的脉冲响应模型的卷积表达形式. 也就是说, 本节推导的状态空间脉冲响应模型 (4.9) 与卷积脉冲响应模型 (4.17) 是一致的. 有了这个一致性, 下面我们就可以在状态空间理论框架下推导基于脉冲响应模型的预测控制算法即 MAC 算法, 分析其闭环稳定性和性能.

注 4.1 考虑一个 SISO 系统, 其传递函数为

$$G(s)=\frac{1}{s+1}, \tag{4.18}$$

将单位阶跃函数 $1(t)$ 作用于此系统, 则系统的单位阶跃响应为

$$y_s(t)=1-\mathrm{e}^{-t}. \tag{4.19}$$

由于无法产生理想脉冲信号, 在工程实现中常采用适当的方波信号来近似代替脉冲信号. 假设系统的采样时间为 δ, 将脉冲信号

$$u_\delta(t)=1(t)-1(t-\delta) \tag{4.20}$$

作用于系统, 则系统的脉冲响应为

$$y_h(t)=1-\mathrm{e}^{-t}-1+\mathrm{e}^{-t-\delta}. \tag{4.21}$$

表 4.1 给出了在不同的采样时刻, 系统的单位阶跃响应系数和脉冲响应系数, 以及相邻采样时刻的单位阶跃响应系数之差. 由此表明由公式 (4.8) 计算脉冲响应系数的合理性.

表 4.1 系统的单位阶跃响应及脉冲响应

t	0	δ	2δ	3δ	$\cdots$
s_i	0	$1-\mathrm{e}^{-\delta}$	$1-\mathrm{e}^{-2\delta}$	$1-\mathrm{e}^{-3\delta}$	$\cdots$
h_i	0	$1-\mathrm{e}^{-\delta}$	$\mathrm{e}^{-\delta}-\mathrm{e}^{-2\delta}$	$\mathrm{e}^{-2\delta}-\mathrm{e}^{-3\delta}$	$\cdots$
s_i-s_{i-1}	0	$1-\mathrm{e}^{-\delta}$	$\mathrm{e}^{-\delta}-\mathrm{e}^{-2\delta}$	$\mathrm{e}^{-2\delta}-\mathrm{e}^{-3\delta}$	$\cdots$

另外, 需要特别关注所取方波信号的幅值和宽度以达到对系统动力学的充分激励系统. 还需要对系统进行归一化, 然后再对系统作脉冲响应, 建立脉冲响应模型.

例 4.1 建立例 3.1 中传递函数描述的系统的脉冲响应模型. 其脉冲响应如图 4.1 所示. 与例 3.1 相同, 取 $T_s=0.2\mathrm{s}$ 和 $N=8$, 采样得脉冲响应系数为

$$H=[\ 0.3297\quad 0.2210\quad 0.1481\quad 0.0993\quad 0.0666\quad 0.0446\quad 0.0299\quad 0.0608\ ]^{\mathrm{T}}. \tag{4.22}$$

如果已经为系统做了单位阶跃响应, 则 H 也可以通过其单位阶跃响应系数及式 (4.8) 计算得到.

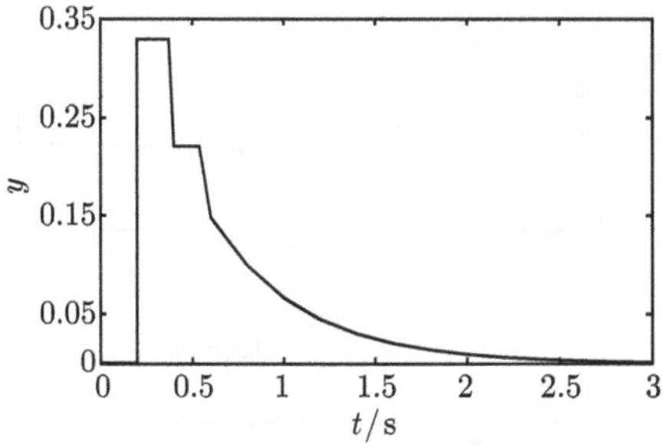

图 4.1 例 4.1 的脉冲响应

因此, 例 3.1 系统的脉冲响应模型由式 (4.9) 和 (4.22) 给出. 对由传递函数及由单位阶跃响应模型描述的系统分别输入正弦信号 $u = \sin(t)$, 得到的脉冲响应模型输出和实际输出如图 4.2 所示. 结果验证了所建立的脉冲响应模型有可接受的精度.

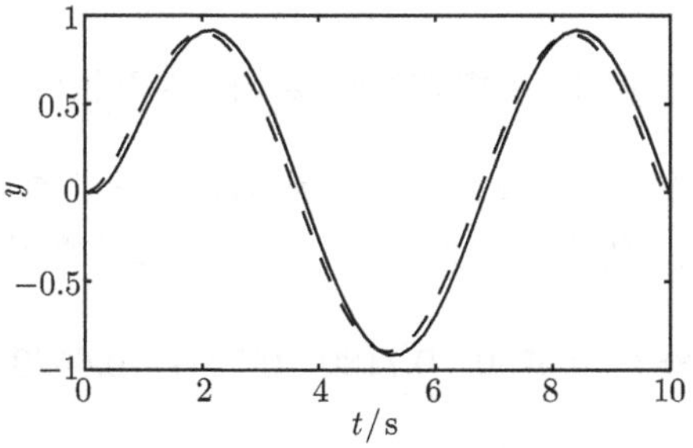

图 4.2 例 4.1 的模型输出 (实线) 和实际输出 (虚线)

例 4.2 建立例 3.2 传递函数描述的系统的脉冲响应模型. 其脉冲响应如图 4.3 所示. 与例 3.2 相同, 取 $T_s = 0.3\text{s}$ 和 $N = 10$, 采样得到脉冲响应系数为

$$H = \begin{bmatrix} 1.3071 & 0.9898 & 0.7209 & 0.4885 & 0.2991 & 0.1563 & 0.0574 & -0.0044 & -0.0377 & -0.2270 \end{bmatrix}^{\mathrm{T}} \tag{4.23}$$

同样, 如果已经为系统做了单位阶跃响应, 则 H 也可以通过其单位阶跃响应系数及式 (4.8) 计算得到.

因此, 例 3.2 系统的脉冲响应模型由式 (4.9) 和 (4.23) 给出. 对由传递函数及由单位阶跃响应模型描述的系统分别输入正弦信号 $u = \sin(t)$, 得到的脉冲响应模型输出和实际输出如图 4.4 所示. 结果验证了所建立的脉冲响应模型有可接受的精度.

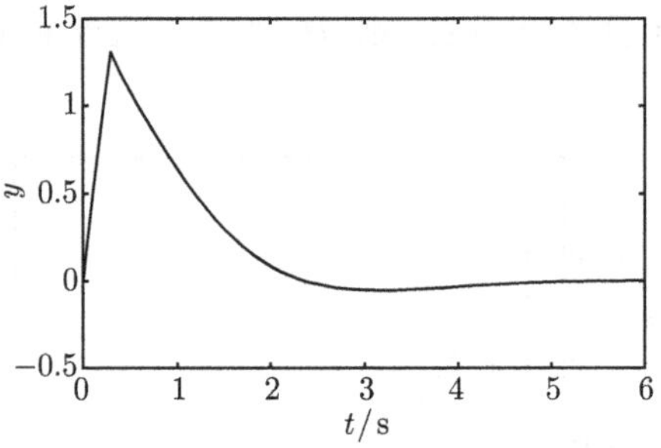

图 4.3　例 4.2 的脉冲响应

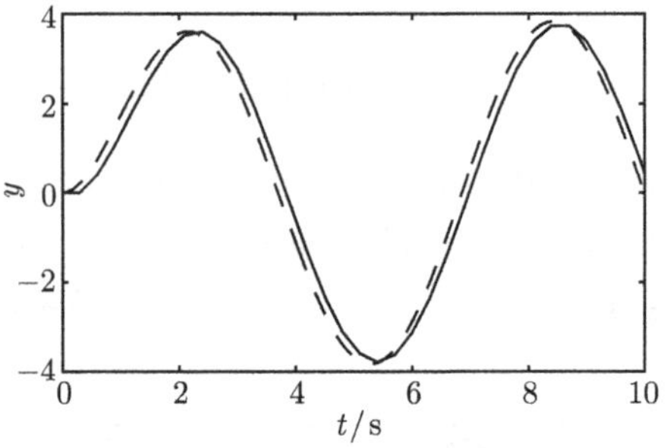

图 4.4　例 4.2 的模型输出 (实线) 和实际输出 (虚线)

例 4.3　建立例 3.3 传递函数描述的系统的脉冲响应模型. 其脉冲响应如图 4.5 所示. 与例 3.3 相同, 取 $T_s = 0.25\text{s}$ 和 $N = 15$, 采样得到脉冲响应系数为

$$H = \begin{bmatrix} -0.6222 & 0.1883 & 0.5730 & 0.7180 & 0.7241 & 0.6529 & 0.5445 & 0.4252 \\ 0.3112 & 0.2117 & 0.1307 & 0.0608 & 0.0246 & -0.0046 & -0.1961 \end{bmatrix}^{\mathrm{T}}. \tag{4.24}$$

因此, 例 3.3 系统的脉冲响应模型由式 (4.9) 和 (4.24) 给出. 对由传递函数及由单位阶跃响应模型描述的系统分别输入正弦信号 $u = \sin(t)$, 得到的脉冲响应模型输出和实际输出如图 4.6 所示. 结果验证了所建立的脉冲响应模型有可接受的精度.

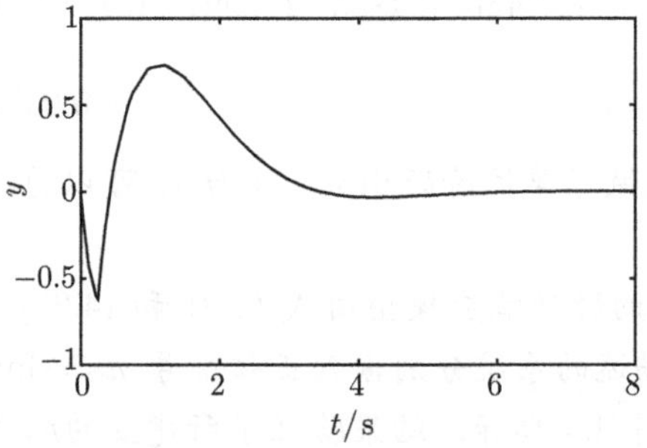

图 4.5　例 4.3 的脉冲响应

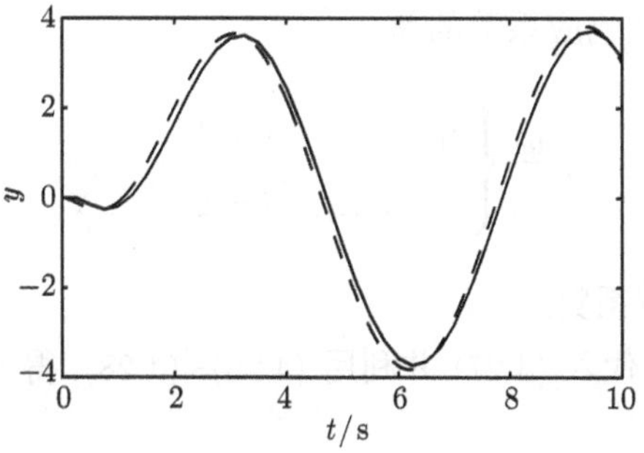

图 4.6 例 4.3 的模型输出 (实线) 和实际输出 (虚线)

4.1.2 积分系统的脉冲响应模型

同 4.1 节中的方法, 将积分系统的阶跃响应模型 (3.37) 展开, 得

$$\begin{bmatrix} y_1(k) \\ y_2(k) \\ \vdots \\ y_N(k) \end{bmatrix} = \begin{bmatrix} 0 & 1 & 0 & \cdots & 0 & 0 & 0 \\ 0 & 0 & 1 & \cdots & 0 & 0 & 0 \\ \vdots & \vdots & \vdots & & \vdots & \vdots & \vdots \\ 0 & 0 & 0 & \cdots & 0 & 0 & 1 \\ 0 & 0 & 0 & \cdots & 0 & -1 & 2 \end{bmatrix} \begin{bmatrix} y_1(k-1) \\ y_2(k-1) \\ \vdots \\ y_N(k-1) \end{bmatrix} + \begin{bmatrix} s_1 \\ s_2 \\ \vdots \\ s_N \end{bmatrix} \Delta u(k-1). \tag{4.25}$$

将上式进一步展开为

$$y_1(k) = y_2(k-1) + s_1\Delta u(k-1), \tag{4.26a}$$

$$y_2(k) = y_3(k-1) + s_2\Delta u(k-1), \tag{4.26b}$$

$$\vdots$$

$$y_{N-1}(k) = y_N(k-1) + s_{N-1}\Delta u(k-1), \tag{4.26c}$$

$$y_N(k) = -y_{N-1}(k-1) + 2y_N(k-1) + s_N\Delta u(k-1). \tag{4.26d}$$

同样, 定义状态分量的增量

$$\Delta y_i(k) \overset{\text{def}}{=\!=} \begin{cases} y(k) - y(k-1), & i = 1 \\ y_i(k) - y_{i-1}(k), & i = 2, \cdots, N \end{cases} \tag{4.27}$$

以及相邻两个单位阶跃响应系数的差

$$h_i \overset{\text{def}}{=\!=} \begin{cases} s_1, & i=1 \\ s_i - s_{i-1}, & i=2,\cdots,N\,. \end{cases} \tag{4.28}$$

实际上, h_i 是脉冲响应系数.

对 $i=1$, 将 (4.4) 代入 (4.27) 并利用 (4.26)~(4.28), 得

$$\begin{aligned}\Delta y_1(k) &= y(k) - y(k-1) \\ &= y_1(k) - y_1(k-1) \\ &= y_2(k-1) + s_1\Delta u(k-1) - y_1(k-1) \\ &= \Delta y_2(k-1) + h_1\Delta u(k-1)\,.\end{aligned}$$

同样, 我们可以推导

$$\begin{aligned}\Delta y_2(k) &= y_2(k) - y_1(k) \\ &= y_3(k-1) + s_2\Delta u(k-1) - y_2(k-1) - s_1\Delta u(k-1) \\ &= \Delta y_3(k-1) + h_2\Delta u(k-1)\,, \\ &\ \ \vdots \\ \Delta y_{N-1}(k) &= y_{N-1}(k) - y_{N-2}(k) \\ &= y_N(k-1) + s_{N-1}\Delta u(k-1) - y_{N-1}(k-1) - s_{N-2}\Delta u(k-1) \\ &= \Delta y_N(k-1) + h_{N-1}\Delta u(k-1)\,, \\ \Delta y_N(k) &= y_N(k) - y_{N-1}(k) \\ &= -y_{N-1}(k-1) + 2y_N(k-1) + s_N\Delta u(k-1) - y_N(k-1) - s_{N-1}\Delta u(k-1) \\ &= \Delta y_N(k-1) + h_N\Delta u(k-1)\,.\end{aligned}$$

定义状态增量向量

$$\Delta Y(k) \overset{\text{def}}{=\!=} \begin{bmatrix} \Delta y_1(k) \\ \Delta y_2(k) \\ \vdots \\ \Delta y_N(k) \end{bmatrix}.$$

将上面得到的状态增量写成矩阵向量形式如下：

$$\Delta Y(k) = M_{hI}\Delta Y(k-1) + H\Delta u(k-1), \tag{4.29}$$

其中

$$M_{hI} = \begin{bmatrix} 0 & 1 & 0 & \cdots & 0 \\ 0 & 0 & 1 & \cdots & 0 \\ \vdots & \vdots & \vdots & & \vdots \\ 0 & 0 & 0 & \cdots & 1 \\ 0 & 0 & 0 & \cdots & 1 \end{bmatrix}_{N\times N}, \quad H = \begin{bmatrix} h_1 \\ h_2 \\ \vdots \\ h_N \end{bmatrix}_{N\times 1}. \tag{4.30}$$

这就是积分系统的脉冲响应模型的状态空间形式. 输出方程与 (4.11) 相同.

例 4.4 建立例 3.4 中传递函数描述的系统的脉冲响应模型. 其脉冲响应如图 4.7 所示. 与例 3.4 相同, 取 $T_s = 0.6\text{s}$ 和 $N = 40$, 采样得到积分系统的脉冲响应系数为

$$\begin{aligned} H = \Big[\ & 1.7326 \quad 4.8334 \quad 7.2206 \quad 8.7565 \quad 9.4069 \quad 9.2305 \quad 8.3600 \quad 6.9787 \\ & 5.2949 \quad 3.5182 \quad 1.8381 \quad 0.4081 \quad -0.6645 \quad -1.3229 \quad -1.5593 \quad -1.4090 \\ & -0.9408 \quad -0.2455 \quad 0.5761 \quad 1.4248 \quad 2.2124 \quad 2.8692 \quad 3.3482 \quad 3.6264 \\ & 3.7042 \quad 3.6018 \quad 3.3545 \quad 3.0070 \quad 2.6078 \quad 2.2038 \quad 1.8358 \quad 1.5354 \\ & 1.3230 \quad 1.2075 \quad 1.1869 \quad 1.2499 \quad 1.3787 \quad 1.5513 \quad 1.7445 \quad 1.9362\ \Big]^{\mathrm{T}}. \end{aligned} \tag{4.31}$$

因此, 例 3.4 系统的脉冲响应模型由式 (4.29) 和 (4.31) 给出. 对由传递函数及由单位阶跃响应模型描述的系统分别输入正弦信号 $u = \sin(t)$, 得到的脉冲响应模型输出和实际输出如图 4.8 所示. 结果验证了所建立的脉冲响应模型有可接受的精度.

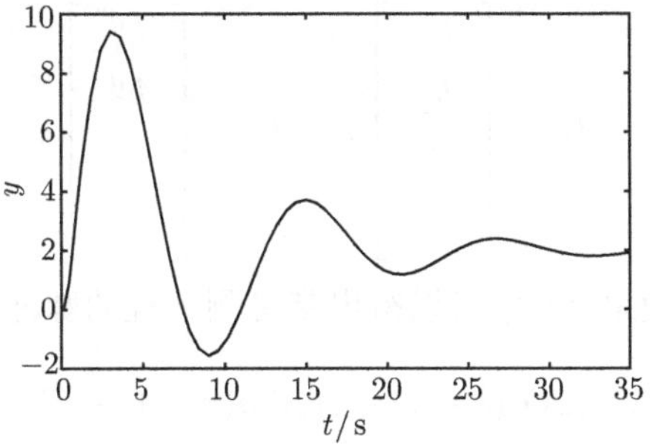

图 4.7 例 4.4 的脉冲响应

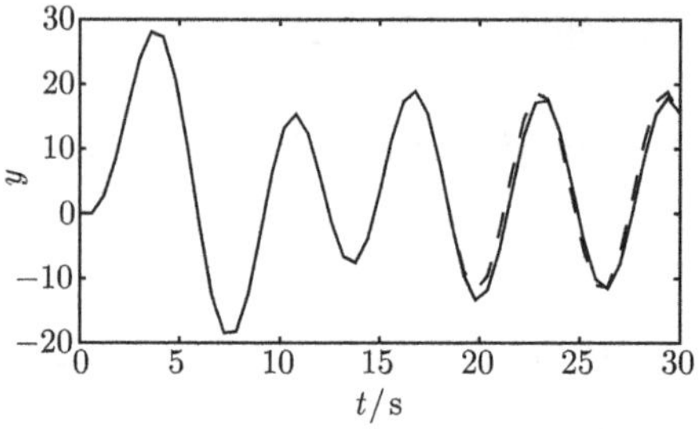

图 4.8　例 4.4 的模型输出 (实线) 和实际输出 (虚线)

4.2　SISO 系统模型算法控制 (MAC)

模型算法控制 (Model Algorithm Control, MAC) 是由 Richalet 等在 1978 年提出来的基于脉冲响应模型的预测控制[6].

4.2.1　被控系统描述

被控系统如图 4.9 所示. 图中 u 为控制输入, y 为输出, d 为可以测量的外部干扰, w 为不能测量的外部干扰, P_u 是控制输入 u 到输出 y 的传递函数, P_d 是可测外部干扰 d 到输出 y 的传递函数. 设控制输入 u 和可测干扰 d 对输出 y 的脉冲响应系数矩阵分别为

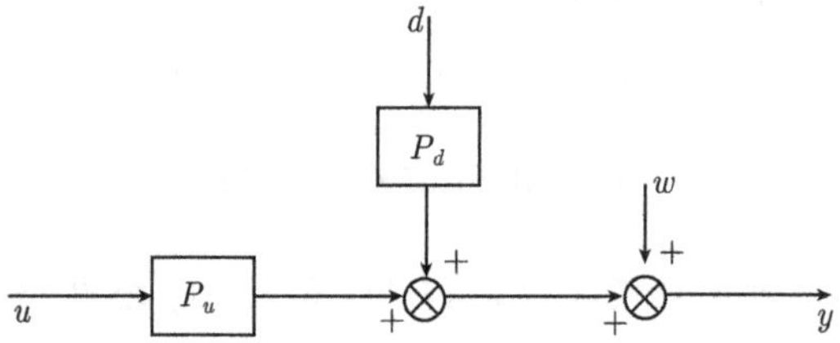

图 4.9　被控系统

$$H_u = \begin{bmatrix} h_1^u \\ h_2^u \\ \vdots \\ h_N^u \end{bmatrix}, \quad H_d = \begin{bmatrix} h_1^d \\ h_2^d \\ \vdots \\ h_N^d \end{bmatrix}. \tag{4.32}$$

由线性系统的可叠加性和 (4.9) 可以得出带可测干扰的脉冲响应模型为

$$\Delta Y(k) = M_{hs}\Delta Y(k-1) + H_u\Delta u(k-1) + H_d\Delta d(k-1), \tag{4.33}$$

其中 M_{hs} 由 (4.10) 给出, 即

$$M_{hs}=\begin{bmatrix}0&1&0&\cdots&0\\0&0&1&\cdots&0\\\vdots&\vdots&\vdots&&\vdots\\0&0&0&\cdots&1\\0&0&0&\cdots&0\end{bmatrix}_{N\times N}, \tag{4.34}$$

输出方程与 (4.11) 相同, 即

$$\Delta y(k)=C\Delta Y(k), \tag{4.35}$$

其中

$$C=\begin{bmatrix}1&0&\cdots&0\end{bmatrix}_{1\times N}. \tag{4.36}$$

对于线性系统而言, 系统的模型等价于其增量模型, 因此, 脉冲响应模型 (4.33) 等价于

$$Y(k)=M_{hs}Y(k-1)+H_u u(k-1)+H_d d(k-1), \tag{4.37}$$

输出方程为

$$y(k)=CY(k), \tag{4.38}$$

其中 H_u 和 H_d 由式 (4.32) 给出, M_{hs} 和 C 分别由式 (4.34) 和 (4.36) 给出.

由上一节的讨论知道, 脉冲响应模型 (4.33) 和其卷积表达式是一致的, 且 (4.33) 具有状态空间模型的表达形式. 因此, 下面我们将按照第 2 章的思路推导基于脉冲响应模型的预测控制算法, 即模型算法控制 (MAC) 算法. 也就是说, 将基于模型 (4.37)-(4.38), 按照预测控制基本原理的三个步骤"预测系统未来动态 — 求解优化问题 — 解的第一个元素作用于系统"和"滚动时域、重复进行"的机制, 推导 MAC 算法.

4.2.2 状态估计

由于脉冲响应模型 (4.37) 的状态不是全部可以测量的 (只有第一个分量是可以测量的), 因此, 需要对状态进行估计. 这个估计的状态将作为预测系统未来动态的初始条件.

先按传统 MAC 算法中的"一步预测和误差校正"方法为稳定系统简单设计一个状态估计器. 在 $k-1$ 时刻, 由 (4.37) 计算 k 时刻的状态, 记为 $Y(k|k-1)$, 即

$$Y(k|k-1)=M_{hs}\hat{Y}(k-1)+H_u u(k-1)+H_d d(k-1), \tag{4.39}$$

其中 $\hat{Y}(k-1)$ 是 $k-1$ 时刻对状态的估计. 由输出方程 (4.38) 计算得到 k 时刻的输出为

$$y(k|k-1) = CY(k|k-1). \tag{4.40}$$

在 k 时刻的测量值为 $y(k)$, 与计算值之差为 $y(k)-y(k|k-1)$. 以这个误差作为校正量, 得到校正后的 k 时刻的状态, 记为 $\hat{Y}(k)$, 即

$$\hat{Y}(k) = Y(k|k-1) + K_I\left(y(k) - y(k|k-1)\right), \tag{4.41}$$

其中

$$K_I = \begin{bmatrix} k_i \\ \vdots \\ k_i \end{bmatrix}_{N\times 1}. \tag{4.42}$$

将 (4.39) 和 (4.40) 代入 (4.41), 得

$$\begin{aligned}
\hat{Y}(k) &= M_{hs}\hat{Y}(k-1) + H_u u(k-1) + H_d d(k-1) \\
&\quad + K_I\left(y(k) - CY(k|k-1)\right) \\
&= M_{hs}\hat{Y}(k-1) + H_u u(k-1) + H_d d(k-1) \\
&\quad + K_I y(k) - K_I C\left(M_{hs}\hat{Y}(k-1) + H_u u(k-1) + H_d d(k-1)\right) \\
&= \left(I - K_I C\right) M_{hs}\hat{Y}(k-1) + K_I y(k) \\
&\quad + \left(I - K_I C\right) H_u u(k-1) + \left(I - K_I C\right) H_d d(k-1).
\end{aligned} \tag{4.43}$$

这是一个典型的观测器方程. 由 (4.14) 计算得

$$(I - K_I C)M_{hs} = \begin{pmatrix} 0 & 1-k_i & 0 & 0 & \cdots & 0 \\ 0 & -k_i & 1 & 0 & \cdots & 0 \\ 0 & -k_i & 0 & 1 & \cdots & 0 \\ \vdots & \vdots & \vdots & \vdots & & \vdots \\ 0 & -k_i & 0 & 0 & \cdots & 1 \\ 0 & -k_i & 0 & 0 & \cdots & 0 \end{pmatrix}_{N\times N}. \tag{4.44}$$

可以证明当 $0 < k_i < 1$ 时, $(I - K_I C)M_{hs}$ 的所有特征值位于单位圆内 (见附录 A.2). 因此, 观测器 (4.43) 是名义渐近稳定的.

脉冲响应模型 (4.37) 及其输出方程 (4.38) 具有状态空间模型的形式. 由 (4.14) 可以验证

$$\operatorname{rank}\begin{bmatrix} C \\ CM_{hs} \\ CM_{hs}^2 \\ \vdots \\ CM_{hs}^{N-1} \end{bmatrix} = \operatorname{rank} I_{N\times N} = N, \tag{4.45}$$

即, 名义稳定系统的脉冲响应模型是可观的. 因此, 可以设计状态观测器如下:

$$\begin{aligned}\hat{Y}(k) &= M_{hs}\hat{Y}(k-1) + H_u u(k-1) + H_d d(k-1) \\ &\quad + K_F\left(y(k-1) - C\hat{Y}(k-1)\right),\end{aligned} \tag{4.46}$$

其中 K_F 可以应用极点配置或 Kalman 滤波等方法使得 $M_{hs} - K_F C$ 是名义稳定的, 且可以任意配置极点.

同样可以验证, 积分系统的脉冲响应模型也是可观的. 因此, 可以采用极点配置或 Kalman 滤波等方法设计状态观测器.

4.2.3 预测方程

由于脉冲响应模型 (4.37) 具有状态空间模型的表达形式. 我们可以采用与 2.2 节相同的方法推导预测方程. 为此, 设定预测时域为 p, 控制时域为 m 且 $m \leqslant p$, 并作相同的假设如下:

A4.2.1) 控制时域之外, 控制量不变, 即 $u(k+m-1) = u(k+m) = \cdots = u(k+p-1)$;

A4.2.2) 可测干扰在 k 时刻之后不变, 即 $d(k) = d(k+1) = \cdots = d(k+p-1)$.

在 k 时刻, 有测量值 $y(k)$ 和 $d(k)$ 以及估计状态 $\hat{Y}(k)$, 基于模型 (4.37) 作 p 步状态预测, 得

$$\begin{aligned}
Y(k+1|k) &= M_{hs}\hat{Y}(k) + H_u u(k) + H_d d(k), \\
Y(k+2|k) &= M_{hs}^2\hat{Y}(k) + M_{hs}H_u u(k) + H_u u(k+1) + M_{hs}H_d d(k) \\
&\quad + H_d d(k+1) \\
&= M_{hs}^2\hat{Y}(k) + M_{hs}H_u u(k) + H_u u(k+1) + (M_{hs}H_d + H_d)d(k), \\
Y(k+3|k) &= M_{hs}^3\hat{Y}(k) + M_{hs}^2 H_u u(k) + M_{hs}H_u u(k+1) + H_u u(k+2) \\
&\quad + M_{hs}^2 H_d d(k) + M_{hs}H_d d(k+1) + H_d d(k+2) \\
&= M_{hs}^3\hat{Y}(k) + M_{hs}^2 H_u u(k) + M_{hs}H_u u(k+1) + H_u u(k+2) \\
&\quad + (M_{hs}^2 H_d + M_{hs}H_d + H_d)d(k), \\
&\ \ \vdots \\
Y(k+m|k) &= M_{hs}^m\hat{Y}(k) + M_{hs}^{m-1}H_u u(k) + M_{hs}^{m-2}H_u u(k+1) \\
&\quad + \cdots + H_u u(k+m-1) \\
&\quad + (M_{hs}^{m-1}H_d + M_{hs}^{m-2}H_d + \cdots + H_d)d(k), \\
Y(k+m+1|k) &= M_{hs}^{m+1}\hat{Y}(k) + M_{hs}^m H_u u(k) + M_{hs}^{m-1}H_u u(k+1)
\end{aligned}$$

$$
\begin{aligned}
&+ M_{hs}^{m-2}H_u u(k+2) + \cdots + (M_{hs}H_u + H_u)u(k+m-1) \\
&+ (M_{hs}^{m}H_d + M_{hs}^{m-1}H_d + \cdots + H_d)d(k)\,,
\end{aligned}
$$

$$\vdots$$

$$
\begin{aligned}
Y(k+p|k) = {} & M_{hs}^{p}\hat{Y}(k) + M_{hs}^{p-1}H_u u(k) + M_{hs}^{p-2}H_u u(k+1) \\
&+ \cdots + (M_{hs}^{p-m}H_u + \cdots + H_u)u(k+m-1) \\
&+ (M_{hs}^{p-1}H_d + M_{hs}^{p-2}H_d + \cdots + H_d)d(k)\,.
\end{aligned}
$$

由输出方程 (4.38) 得 p 步输出预测如下：

$$
\begin{aligned}
y(k+1|k) = {} & CM_{hs}\hat{Y}(k) + CH_u u(k) + CH_d d(k)\,, \\
y(k+2|k) = {} & CM_{hs}^{2}\hat{Y}(k) + CM_{hs}H_u u(k) + CH_u u(k+1) \\
&+ C(M_{hs}H_d + H_d)d(k) \\
y(k+3|k) = {} & CM_{hs}^{3}\hat{Y}(k) + CM_{hs}^{2}H_u u(k) + CM_{hs}H_u u(k+1) \\
&+ CH_u u(k+2) + C(M_{hs}^{2}H_d + M_{hs}H_d + H_d)d(k)\,, \\
&\vdots \\
y(k+m|k) = {} & CM_{hs}^{m}\hat{Y}(k) + CM_{hs}^{m-1}H_u u(k) + CM_{hs}^{m-2}H_u u(k+1) \\
&+ \cdots + CH_u u(k+m-1) \\
&+ C(M_{hs}^{m-1}H_d + M_{hs}^{m-2}H_d + \cdots + H_d)d(k)\,, \\
y(k+m+1|k) = {} & CM_{hs}^{m+1}\hat{Y}(k) + CM_{hs}^{m}H_u u(k) + CM_{hs}^{m-1}H_u u(k+1) \\
&+ CM_{hs}^{m-2}H_u u(k+2) + \cdots + C(M_{hs}H_u + H_u)u(k+m-1) \\
&+ C(M_{hs}^{m}H_d + M_{hs}^{m-1}H_d + \cdots + H_d)d(k)\,, \\
&\vdots \\
y(k+p|k) = {} & CM_{hs}^{p}\hat{Y}(k) + CM_{hs}^{p-1}H_u u(k) + CM_{hs}^{p-2}H_u u(k+1) \\
&+ \cdots + C(M_{hs}^{p-m}H_u + \cdots + H_u)u(k+m-1) \\
&+ C(M_{hs}^{p-1}H_d + M_{hs}^{p-2}H_d + \cdots + H_d)d(k)\,.
\end{aligned}
$$

定义向量

$$
Y_p(k+1|k) \overset{\text{def}}{=\!=} \begin{bmatrix} y(k+1|k) \\ y(k+2|k) \\ \vdots \\ y(k+p|k) \end{bmatrix}_{p\times 1}, \tag{4.47a}
$$

$$U(k) \stackrel{\text{def}}{=} \begin{bmatrix} u(k) \\ u(k+1) \\ \vdots \\ u(k+m-1) \end{bmatrix}_{m\times 1}, \tag{4.47b}$$

则对系统未来 p 步输出的预测可以由下面的预测方程计算:

$$Y_p(k+1|k) = \mathcal{M}\hat{Y}(k) + \mathcal{H}_u U(k) + \mathcal{H}_d d(k), \tag{4.48}$$

其中

$$\mathcal{M} = \begin{bmatrix} CM_{hs} \\ CM_{hs}^2 \\ \vdots \\ CM_{hs}^p \end{bmatrix}_{p\times 1}, \quad \mathcal{H}_d = \begin{bmatrix} CH_d \\ C(M_{hs}H_d + H_d) \\ \vdots \\ \sum\limits_{i=1}^{p} CM_{hs}^{i-1}H_d \end{bmatrix}_{p\times 1},$$

$$\mathcal{H}_u = \begin{bmatrix} CH_u & 0 & 0 & \cdots & 0 \\ CM_{hs}H_u & CH_u & 0 & \cdots & 0 \\ \vdots & \vdots & \vdots & & \vdots \\ CM_{hs}^{m-1}H_u & CM_{hs}^{m-2}H_u & \cdots & \cdots & CH_u \\ CM_{hs}^{m}H_u & CM_{hs}^{m-1}H_u & \cdots & \cdots & C(M_{hs}H_u + H_u) \\ \vdots & \vdots & \vdots & & \vdots \\ CM_{hs}^{p-1}H_u & CM_{hs}^{p-2}H_u & \cdots & \cdots & \sum\limits_{i=0}^{p-m} C(M_{hs}^{i}H_u) \end{bmatrix}_{p\times m}.$$

应用 (4.14), 上述矩阵变为

$$\mathcal{M} = \begin{cases} \begin{bmatrix} 0 & 1 & 0 & 0 & \cdots & 0 & 0 & \cdots & 0 \\ 0 & 0 & 1 & 0 & \cdots & 0 & 0 & \cdots & 0 \\ \vdots & \vdots & \vdots & \ddots & \ddots & \vdots & \vdots & & \vdots \\ 0 & 0 & 0 & \cdots & 1 & 0 & 0 & \cdots & 0 \\ 0 & 0 & 0 & \cdots & 0 & 1 & 0 & \cdots & 0 \end{bmatrix}_{p\times N}, & p < N \\ \begin{bmatrix} 0 & 1 & 0 & \cdots & 0 \\ 0 & 0 & 1 & \cdots & 0 \\ \vdots & \vdots & \vdots & & \vdots \\ 0 & 0 & 0 & \cdots & 1 \\ 0 & 0 & 0 & \cdots & 0 \end{bmatrix}_{N\times N}, & p = N \end{cases} \tag{4.49a}$$

$$\mathcal{H}_u = \begin{bmatrix} h_1^u & 0 & 0 & \cdots & 0 \\ h_2^u & h_1^u & 0 & \cdots & 0 \\ \vdots & \vdots & \vdots & & \vdots \\ h_m^u & h_{m-1}^u & \cdots & \cdots & h_1^u \\ h_{m+1}^u & h_m^u & \cdots & \cdots & h_1^u + h_2^u \\ \vdots & \vdots & \vdots & & \vdots \\ h_p^u & h_{p-1}^u & \cdots & \cdots & \sum\limits_{i=1}^{p-m+1} h_i^u \end{bmatrix}_{p\times m}, \quad \mathcal{H}_d = \begin{bmatrix} h_1^d \\ h_2^d + h_1^d \\ \vdots \\ \sum\limits_{i=1}^{p} h_i^d \end{bmatrix}_{p\times 1}. \tag{4.49b}$$

4.2.4 MAC 算法及其控制律

根据预测控制的基本原理, 模型算法控制 (MAC) 的开环优化问题描述如下.

问题 4.1

$$\min_{U(k)} J\left(y(k), U(k), m, p\right) \tag{4.50}$$

满足系统动力学 $(i = 0, 1, \cdots, p)$

$$Y(k+i+1|k) = M_{hs}Y(k+i|k) + H_u u(k+i) + H_d d(k+i)\,, \tag{4.51a}$$

$$Y(k|k) = \hat{Y}(k)\,, \tag{4.51b}$$

$$y(k+i|k) = CY(k+i|k)\,, \tag{4.51c}$$

其中目标函数为

$$J\left(y(k), U(k), m, p\right) = \sum_{i=1}^{p} \left\| \Gamma_{y,i}\left(y(k+i|k) - r(k+i)\right)\right\|^2 + \sum_{i=1}^{m} \left\| \Gamma_{u,i} u(k+i-1)\right\|^2. \tag{4.52}$$

上述优化问题中, M_{hs}, H_u, H_d 和 C 由 (4.34), (4.32) 和 (4.36) 给出.

预测的控制输出序列 $y(k+i|k), i = 1, 2, \cdots, p$, 由脉冲响应模型 (4.51) 计算. 上一节已经讨论, 基于模型预测的输出序列可以由预测方程 (4.48) 计算. 因此, 将目标函数 (4.52) 写成矩阵向量形式, 优化问题 4.1 变为

问题 4.2

$$\min_{U(k)} J\left(y(k), U(k), m, p\right) \tag{4.53}$$

其中

$$J\left(y(k), U(k), m, p\right) = \left\| \Gamma_y\left(Y_p(k+1|k) - R(k+1)\right)\right\|^2 + \left\| \Gamma_u U(k)\right\|^2. \tag{4.54}$$

在问题 4.2 中, 预测输出序列 $Y_p(k+1|k)$ 由 (4.48) 给出, 加权矩阵为

$$\begin{aligned}\Gamma_y &= \mathrm{diag}\{\Gamma_{y,1}, \Gamma_{y,2}, \cdots, \Gamma_{y,p}\},\\ \Gamma_u &= \mathrm{diag}\{\Gamma_{u,1}, \Gamma_{u,2}, \cdots, \Gamma_{u,m}\},\end{aligned}$$

参考输入序列为

$$R(k+1) = \begin{bmatrix} r(k+1) \\ r(k+2) \\ \vdots \\ r(k+p) \end{bmatrix}_{p\times 1}. \tag{4.55}$$

我们同样采用 2.3.2 节介绍的方法求解上述优化问题. 将 (4.48) 代入目标函数 (4.54), 定义

$$E_p(k+1|k) \stackrel{\mathrm{def}}{=\!=} R(k+1) - \mathcal{M}\hat{Y}(k) - \mathcal{H}_d d(k) \tag{4.56}$$

推导得

$$J\left(y(k), U(k), m, p\right) = \rho^{\mathrm{T}}\rho,$$

其中

$$\rho = \underbrace{\begin{bmatrix} \Gamma_y \mathcal{H}_u \\ \Gamma_u \end{bmatrix}}_{A} U(k) - \underbrace{\begin{bmatrix} \Gamma_y E_p(k+1|k) \\ \mathbf{0} \end{bmatrix}}_{b}.$$

因此, 优化解为

$$\begin{aligned} U^*(k) &= (A^{\mathrm{T}}A)^{-1}A^{\mathrm{T}}b \\ &= \left(\mathcal{H}_u^{\mathrm{T}}\Gamma_y^{\mathrm{T}}\Gamma_y\mathcal{H}_u + \Gamma_u^{\mathrm{T}}\Gamma_u\right)^{-1}\mathcal{H}_u^{\mathrm{T}}\Gamma_y^{\mathrm{T}}\Gamma_y E_p(k+1|k). \end{aligned} \tag{4.57}$$

根据预测控制的基本原理, 将优化解的第一个元素作用于系统, 即得 MAC 控制律为

$$u(k) = K_{\mathrm{mpc}} E_p(k+1|k), \tag{4.58}$$

其中控制增益 K_{mpc} 由

$$K_{\mathrm{mpc}} = \begin{bmatrix} 1 & 0 & \cdots & 0 \end{bmatrix}_{1\times m} \left(\mathcal{H}_u^{\mathrm{T}}\Gamma_y^{\mathrm{T}}\Gamma_y\mathcal{H}_u + \Gamma_u^{\mathrm{T}}\Gamma_u\right)^{-1}\mathcal{H}_u^{\mathrm{T}}\Gamma_y^{\mathrm{T}}\Gamma_y \tag{4.59}$$

计算. 将 (4.56) 代入 (4.58), 得

$$u(k) = K_{\mathrm{mpc}}\left(R(k+1) - \mathcal{M}\hat{Y}(k) - \mathcal{H}_d d(k)\right). \tag{4.60}$$

因此, 可以分解控制增量的各部分如下:

(1) $K_{\mathrm{mpc}}R(k+1)$ 是参考输入未来值的前馈控制;

(2) $-K_{\mathrm{mpc}}\mathcal{H}_d d(k)$ 是干扰输入的前馈控制;

(3) $-K_{\mathrm{mpc}}\mathcal{M}\hat{Y}(k)$ 是基于估计状态的反馈部分.

因此, 模型算法控制 具有“前馈-基于估计的状态反馈”的结构.

下面, 由预测控制基本原理中的“滚动时域、重复进行”的机制, 给出基于脉冲响应模型的预测控制即 MAC 的算法步骤.

算法 4.1

(1) 初始化: 设定预测时域 p 和控制时域 m, 设定初始值 $u(-1)=0$, $d(-1)=0$, $Y(-1)=\mathbf{0}$, 由 (4.49) 计算 $\mathcal{M}$, $\mathcal{H}_u$, $\mathcal{H}_d$, 由 (4.59) 计算 K_{mpc};

(2) $k\geqslant 0$ 时刻, 获取测量值 $y(k)$ 和 $d(k)$, 由 (4.43) 估计 $\hat{Y}(k)$;

(3) 由 (4.56) 计算误差 $E_p(k+1|k)$;

(4) 由 (4.58) 计算控制量 $u(k)$;

(5) 将控制量 $u(k)$ 作用于被控系统;

(6) 令 $k=k+1$, 返回第 (2) 步.

4.2.5 闭环系统分析

由于脉冲响应模型 (4.33) 节具有状态空间描述的形式, 我们可以采用与 2.4 相同的方法, 即在状态空间理论框架下分析无约束 MAC 闭环系统的稳定性和性能.

名义稳定性

考虑一些不确定因素, 被控系统由下式描述:

$$Y(k+1)=M_{hs}Y(k)+H_u u(k)+H_d d(k)+H_w w(k), \tag{4.61}$$

其中 $w(k)$ 为不可测量的外部干扰; H_w 是与之对应的脉冲响应系数, 是未知的. 将 MAC 控制律 (4.60) 代入上式得

$$\begin{aligned}Y(k+1)=&M_{hs}Y(k)+H_uK_{\mathrm{mpc}}R(k+1)-H_uK_{\mathrm{mpc}}\mathcal{M}\hat{Y}(k)\\&+\left(H_d-H_uK_{\mathrm{mpc}}\mathcal{H}_d\right)d(k)+H_w w(k).\end{aligned} \tag{4.62}$$

首先考虑状态反馈 MAC 的名义稳定性. 假设状态完全可以测量, 即假设 $\hat{Y}(k)=Y(k)$, 则由 (4.62) 知, 状态反馈 MAC 的名义稳定性取决于矩阵

$$M_{hs}-H_uK_{\mathrm{mpc}}\mathcal{M}$$

的特征根是否位于单位圆内.

实际上, 状态 $Y(k)$ 并不能全部测量. 在考虑估计状态的情况下, 将 MAC 控制律 (4.60) 代入估计器 (4.46), 得

$$\begin{aligned}\hat{Y}(k+1) &= (M_{hs}-K_FC)\hat{Y}(k)+H_uu(k)+H_dd(k)+K_Fy(k)\\ &= (M_{hs}-K_FC)\hat{Y}(k)+H_dd(k)+K_FCY(k)\\ &\quad +H_uK_{\mathrm{mpc}}R(k+1)-H_uK_{\mathrm{mpc}}\mathcal{M}\hat{Y}(k)-H_uK_{\mathrm{mpc}}\mathcal{H}_dd(k)\\ &= K_FCY(k)+(M_{hs}-K_FC-H_uK_{\mathrm{mpc}}\mathcal{M})\hat{Y}(k)\\ &\quad +(H_d-H_uK_{\mathrm{mpc}}\mathcal{H}_d)d(k)+H_uK_{\mathrm{mpc}}R(k+1).\end{aligned} \tag{4.63}$$

定义闭环系统的状态为

$$x_{cl}\overset{\text{def}}{=\!=}\begin{bmatrix} Y \\ \hat{Y}\end{bmatrix},$$

则预测控制的闭环系统为

$$\begin{aligned}x_{cl}(k+1) &= \begin{bmatrix} M_{hs} & -H_uK_{\mathrm{mpc}}\mathcal{M} \\ K_FC & M_{hs}-K_FC-H_uK_{\mathrm{mpc}}\mathcal{M}\end{bmatrix}x_{cl}(k)\\ &\quad +\begin{bmatrix} H_uK_{\mathrm{mpc}} \\ H_uK_{\mathrm{mpc}}\end{bmatrix}R(k+1)+\begin{bmatrix} H_d-H_uK_{\mathrm{mpc}}\mathcal{H}_d \\ H_d-H_uK_{\mathrm{mpc}}\mathcal{H}_d\end{bmatrix}d(k)\\ &\quad +\begin{bmatrix} H_w \\ 0\end{bmatrix}w(k).\end{aligned} \tag{4.64}$$

显然, 如果矩阵

$$\begin{bmatrix} M_{hs} & -H_uK_{\mathrm{mpc}}\mathcal{M} \\ K_FC & M_{hs}-K_FC-H_uK_{\mathrm{mpc}}\mathcal{M}\end{bmatrix} \tag{4.65}$$

全部特征值均位于单位圆内, 则闭环系统名义稳定. 用

$$P=\begin{bmatrix} I & \mathbf{0} \\ -I & I\end{bmatrix},\quad P^{-1}=\begin{bmatrix} I & \mathbf{0} \\ I & I\end{bmatrix} \tag{4.66}$$

对 (4.65) 作相似变换, 有

$$\begin{aligned}&P\begin{bmatrix} M_{hs} & -H_uK_{\mathrm{mpc}}\mathcal{M} \\ K_FC & M_{hs}-K_FC-H_uK_{\mathrm{mpc}}\mathcal{M}\end{bmatrix}P^{-1}\\ &\qquad =\begin{bmatrix} M_{hs}-H_uK_{\mathrm{mpc}}\mathcal{M} & -H_uK_{\mathrm{mpc}}\mathcal{M} \\ \mathbf{0} & M_{hs}-K_FC\end{bmatrix}.\end{aligned} \tag{4.67}$$

上式中, $M_{hs}-K_FC$ 是状态估计器 (4.46) 的系统矩阵, $M_{hs}-H_uK_{\rm mpc}\mathcal{M}$ 是模型算法控制反馈部分的矩阵. 因此, MAC 闭环系统的极点由反馈矩阵的极点和状态估计器的极点组成. 也就是说, 对无约束 MAC 闭环系统来说, 分离原理成立. 因此, 我们可以得到结论: 无约束 MAC 闭环系统名义稳定, 当且仅当状态反馈 MAC 名义稳定和状态估计器名义稳定.

抗干扰性能

稳定是讨论系统性能的前提. 因此, 假设闭环系统 (4.64) 是名义渐近稳定的.

假设 $R(k+1)=\mathbf{0}$, 考虑可测和不可测干扰对系统的影响, 闭环系统 (4.64) 变为

$$
\begin{aligned}
x_{cl}(k+1)=&\begin{bmatrix} M_{hs} & -H_uK_{\rm mpc}\mathcal{M}\\ K_FC & M_{hs}-K_FC-H_uK_{\rm mpc}\mathcal{M}\end{bmatrix}x_{cl}(k)\\
&+\begin{bmatrix} H_d-H_uK_{\rm mpc}\mathcal{H}_d\\ H_d-H_uK_{\rm mpc}\mathcal{H}_d\end{bmatrix}d(k)+\begin{bmatrix} H_w\\ 0\end{bmatrix}w(k).
\end{aligned}
$$

由于闭环系统是名义渐近稳定的, 因此, 模型算法控制闭环系统 (4.64) 对于可测和不可测干扰都有"有界干扰输入有界控制输出"特性. 如果干扰趋于零, 即当 $k\to\infty$ 时 $d(k)\to 0$, $w(k)\to 0$, 则有 $x_{cl}(k)\to\mathbf{0}$, 即 $Y(k)\to\mathbf{0}$ 和 $\hat{Y}(k)\to\mathbf{0}$. 因此, 当干扰趋于零时, 模型算法控制闭环系统 (4.64) 的控制输出趋于零.

跟踪性能

下面考虑在外部可测干扰趋于不变和不可测干扰趋于零的情况下, 系统对非零参考信号的跟踪. 因此, 假设

(1) 闭环系统是名义稳定的, 估计误差已经为零, 即 $\hat{Y}(k)=Y(k)$, $k\geqslant 0$;

(2) 外部可测干扰已经趋于不变, 即 $d(k)=d(k+1)=\cdots$;

(3) 外部不可测干扰已经趋于零, 即 $w(k)=w(k+1)=\cdots=0$.

值得注意的是, 与 3.2.5 节讨论 DMC 跟踪性能相比, 上面的假设条件多了"外部不可测干扰已经趋于零".

为了简化推导, 取 $\varGamma_u=\mathbf{0}_{m\times m},\varGamma_y=I_{p\times p}$, 以及 $m=p$, 则由 (4.59) 得

$$
\begin{aligned}
K_{\rm mpc}&=\begin{bmatrix}1 & 0 & \cdots & 0\end{bmatrix}_{1\times m}\left(\mathcal{H}_u^{\rm T}\mathcal{H}_u\right)^{-1}\mathcal{H}_u^{\rm T}=\begin{bmatrix}1 & 0 & \cdots & 0\end{bmatrix}_{1\times m}\mathcal{H}_u^{-1}\\
&=\begin{bmatrix}1 & 0 & \cdots & 0\end{bmatrix}_{1\times m}\begin{bmatrix}(h_1^u)^{-1} & 0 & \cdots & 0\\ * & (h_1^u)^{-1} & \cdots & 0\\ \vdots & \vdots & & \vdots\\ * & * & \cdots & (h_1^u)^{-1}\end{bmatrix}_{m\times m}\\
&=(h_1^u)^{-1}\begin{bmatrix}1 & 0 & \cdots & 0\end{bmatrix}_{1\times m}.
\end{aligned}\tag{4.68}
$$

上面需要对 (4.49b) 给出的 $\mathcal{H}_u$ 求逆. 因为不影响推导, 求逆得到的复杂下三角元素用 $*$ 表示. 将 (4.68) 代入 (4.60) 得预测控制律为

$$\begin{aligned} u(k) &= K_{\mathrm{mpc}}\left(R(k+1) - \mathcal{M}\hat{Y}(k) - \mathcal{H}_d d(k)\right) \\ &= (h_1^u)^{-1}\left(r(k+1) - I_{2,N}\hat{Y}(k) - h_1^d d(k)\right), \end{aligned} \tag{4.69}$$

其中 $I_{i,m}$ 是 $1\times m$ 维向量, 其第 i 个元素为 1, 其余均为 0, 即

$$I_{i,m} = \begin{bmatrix} 0 & \cdots & 0 & \overset{i}{1} & 0 & \cdots & 0 \end{bmatrix}_{1\times m}. \tag{4.70}$$

将 (4.69) 代入 (4.61), 得闭环控制系统为

$$\begin{aligned} Y(k+1) = {} & M_{hs}Y(k) + H_u\left(h_1^u\right)^{-1}\left(r(k+1) - I_{2,N}\hat{Y}(k) - h_1^d d(k)\right) \\ & + H_d d(k) + H_w w(k). \end{aligned} \tag{4.71}$$

结合输出方程 (4.38), 考虑到估计误差为零和外部不可测干扰已经趋于零, 可以得出闭环输出序列如下:

$$\begin{aligned} y(1) &= CY(1) \\ &= CM_{hs}Y(0) + CH_u\left(h_1^u\right)^{-1}\left(r(1) - I_{2,N}\hat{Y}(0) - h_1^d d(0)\right) \\ &\quad + CH_d d(0) + CH_w w(0) \\ &= I_{2,N}Y(0) + r(1) - I_{2,N}\hat{Y}(0) - h_1^d d(0) + h_1^d d(0) + CH_w w(0) \\ &= r(1). \end{aligned} \tag{4.72}$$

进一步, 有

$$\begin{aligned} y(2) &= CY(2) \\ &= CM_{hs}Y(1) + CH_u\left(h_1^u\right)^{-1}\left(r(2) - I_{2,N}\hat{Y}(1) - h_1^d d(1)\right) \\ &\quad + CH_d d(1) + CH_w w(1) \\ &= I_{2,N}Y(1) + r(2) - I_{2,N}\hat{Y}(1) - h_1^d d(1) + h_1^d d(1) + CH_w w(1) \\ &= r(2) \end{aligned} \tag{4.73}$$

以及

$$y(i) = r(i), \quad i \geqslant 3. \tag{4.74}$$

因此, 在外部可测干扰趋于不变的情况下, 如果外部不可测干扰已经趋于零, 则模型算法控制系统对参考信号的跟踪是无静差的.

例 4.5　根据例 4.1 的脉冲响应模型设计控制器. 假设可测干扰是直接叠加在输出上的一个干扰量 d. 因此, H_u 和 H_d 分别为

$$H_u = \begin{bmatrix} 0.3297 & 0.2210 & 0.1481 & 0.0993 & 0.0666 & 0.0446 & 0.0299 & 0.0608 \end{bmatrix}^{\mathrm{T}},$$

$$H_d = \begin{bmatrix} 1 & 0 & 0 & 0 & 0 & 0 & 0 & 0 \end{bmatrix}^{\mathrm{T}}.$$

这里仍采用简单的"一步预测和误差校正"方法设计估计器, 即估计器形如 (4.41), 其中选择误差补偿系数为

$$K_I = \begin{bmatrix} 0.5 & 0.5 & 0.5 & 0.5 & 0.5 & 0.5 & 0.5 & 0.5 \end{bmatrix}^{\mathrm{T}}.$$

计算 $(I - K_I C)M_{hs}$ 的特征值为

$$\{-0.8662;\ 0.7203 \pm 0.6331\mathrm{i};\ -0.0587 \pm 0.9031\mathrm{i};\ -0.5959 \pm 0.6421\mathrm{i};\ 0\},$$

可以看出状态估计器是稳定的. 取与例 3.5 相同的预测时域, 控制时域及目标函数的加权阵. 应用 (4.59) 求得

$$K_{\mathrm{mpc}} = \begin{bmatrix} 2.0317 & 0.3334 & 0.0405 & 0.0274 & 0.0186 \end{bmatrix}.$$

验证 $M_{hs} - H_u K_{\mathrm{mpc}} \mathcal{M}$ 的特征值为

$$\{0;\ -0.7549;\ -0.5064 \pm 0.5604\mathrm{i};\ 0.0730 \pm 0.7455\mathrm{i};\ 0.5583 \pm 0.4468\mathrm{i}\}.$$

由于特征值位于单位圆内, 故根据脉冲响应模型所设计的无约束 MAC 控制器是闭环名义稳定的. 图 4.10 和图 4.11 为闭环系统的仿真结果, 目的是验证系统的抗干扰能力和跟踪性能. 虚线和点画线分别给出可测干扰和不可测干扰, 其中可测干扰趋于不变, 但是不可测干扰趋于零. 从图 4.10 可以看出, 系统受到干扰后, 能够很快恢复到稳态值. 因此, 所设计的无约束动态矩阵控制器具有良好的抗干扰性能. 对同样的干扰信号, 图 4.11 给出了控制系统对参考信号 $\sin(t)$ (图 4.11 的虚线) 的跟踪效果. 图 4.11 表明, 在不可测干扰趋于零的情况下, 系统能很好地跟踪参考信号.

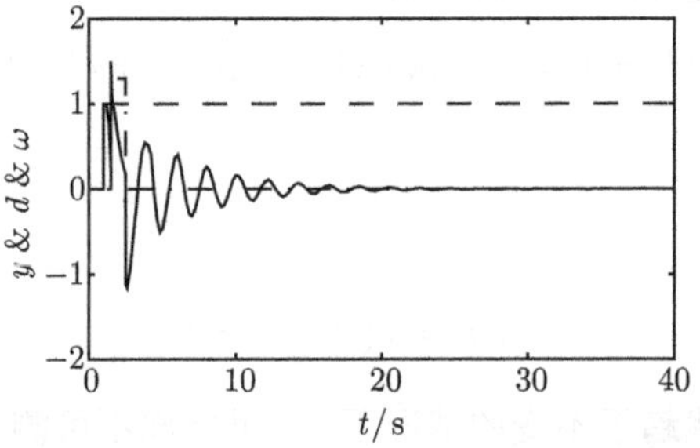

图 4.10　例 4.5 的抗干扰性能: 系统输出 y (实线), 可测干扰 d (虚线), 不可测干扰 w (点画线)

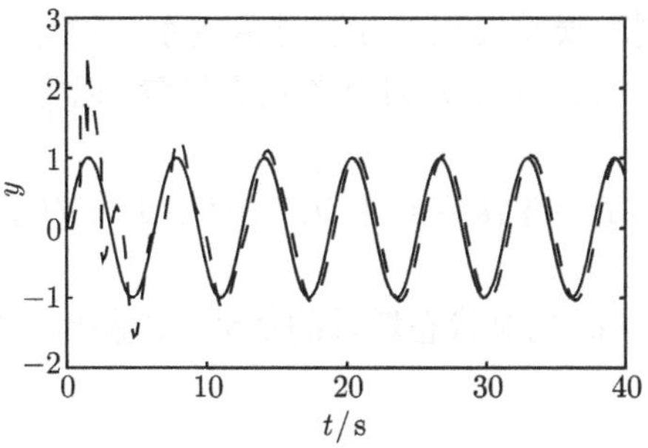

图 4.11 例 4.5 跟踪性能: 参考曲线 (实线), 系统输出 (虚线)

4.3 改进的 SISO 系统模型算法控制

上一节介绍的模型算法控制 (MAC) 的跟踪无静差特性是建立在不可测干扰已经趋于零的前提下. 这意味着这样的 MAC 算法实际上没有跟踪无静差特性. 因此, 需要改进 MAC 算法. 本节给出的改进模型算法控制保证在外部不可测干扰趋于不变的情况下, 受控系统仍然具有跟踪无静差特性.

4.3.1 被控系统描述

被控系统仍为图 4.9 所示, 其中 u 为控制输入, y 为输出, d 为可以测量的外部干扰, w 为不能测量的外部干扰. 设控制输入 u 和可测干扰 d 对输出 y 的脉冲响应系数矩阵分别为

$$H_u = \begin{bmatrix} h_1^u \\ h_2^u \\ \vdots \\ h_N^u \end{bmatrix}, \quad H_d = \begin{bmatrix} h_1^d \\ h_2^d \\ \vdots \\ h_N^d \end{bmatrix}, \tag{4.75}$$

则系统的脉冲响应模型由 (4.33) 给出. 输出方程与 (4.35) 相同, 但我们在这里将其表述为输出量的形式, 即

$$y(k) = C\Delta Y(k) + y(k-1), \tag{4.76}$$

其中 C 由 (4.36) 给出.

4.3.2 状态估计

同样的, 由于脉冲响应模型 (4.33) 的状态不是全部可以测量的, 因此, 需要对状态进行估计. 这个估计的状态将作为预测系统未来动态的初始条件.

先采用“一步预测和误差校正”方法对稳定系统设计一个最简单的状态估计器. 在 $k-1$ 时刻, 由 (4.33) 计算 k 时刻的状态增量, 记为 $\Delta Y(k|k-1)$, 即

$$\Delta Y(k|k-1) = M_{hs}\Delta\hat{Y}(k-1) + H_u\Delta u(k-1) + H_d\Delta d(k-1), \tag{4.77}$$

其中 $\Delta\hat{Y}(k-1)$ 是 $k-1$ 时刻对状态增量的估计. 由输出方程 (4.76) 计算得到 k 时刻的输出为

$$y(k|k-1) = C\Delta Y(k|k-1) + y(k-1), \tag{4.78}$$

其中 $y(k-1)$ 为 $k-1$ 时刻的输出测量值. 在 k 时刻的测量值为 $y(k)$, 与计算值之差为 $y(k)-y(k|k-1)$. 以这个误差作为校正量, 得到校正后的 k 时刻的状态, 记为 $\Delta\hat{Y}(k)$, 即

$$\Delta\hat{Y}(k) = \Delta Y(k|k-1) + K_I\left(y(k) - y(k|k-1)\right), \tag{4.79}$$

其中

$$K_I = \begin{bmatrix} k_i \\ \vdots \\ k_i \end{bmatrix}_{N\times 1}. \tag{4.80}$$

将 (4.77) 和 (4.78) 代入 (4.79), 得

$$\begin{aligned}
\Delta\hat{Y}(k) &= M_{hs}\Delta\hat{Y}(k-1) + H_u\Delta u(k-1) + H_d\Delta d(k-1) \\
&\quad + K_I\left(y(k) - C\Delta Y(k|k-1) - y(k-1)\right) \\
&= M_{hs}\Delta\hat{Y}(k-1) + H_u\Delta u(k-1) + H_d\Delta d(k-1) \\
&\quad - K_I C\left(M_{hs}\Delta\hat{Y}(k-1) + H_u\Delta u(k-1) + H_d\Delta d(k-1)\right) \\
&\quad + K_I\left(y(k) - y(k-1)\right) \\
&= \left(I - K_I C\right) M_{hs}\Delta\hat{Y}(k-1) + K_I\left(y(k) - y(k-1)\right) \\
&\quad + \left(I - K_I C\right) H_u\Delta u(k-1) + \left(I - K_I C\right) H_d\Delta d(k-1).
\end{aligned} \tag{4.81}$$

这是一个典型的观测器方程, 与 (4.43) 完全相同. 可以证明 $0 < k_i < 1$ 时, $(I-K_IC)M_{hs}$ 的所有特征值位于单位圆内或单位圆上 (见附录 A.2). 因此, 观测器 (4.81) 是名义渐近稳定的.

脉冲响应模型 (4.33) 及其输出方程 (4.76) 具有状态空间模型的形式. 由 (4.14)

可以验证

$$\operatorname{rank}\begin{bmatrix} C \\ CM_{hs} \\ CM_{hs}^2 \\ \vdots \\ CM_{hs}^{N-1} \end{bmatrix} = \operatorname{rank} I_{N\times N} = N, \tag{4.82}$$

即系统的脉冲响应模型是可观的. 因此, 可以设计状态观测器方程如下:

$$\begin{aligned} \Delta\hat{Y}(k) = {} & M_{hs}\Delta\hat{Y}(k-1) + H_u\Delta u(k-1) + H_d\Delta d(k-1) \\ & + K_F\left(\Delta y(k-1) - C\Delta\hat{Y}(k-1)\right), \end{aligned} \tag{4.83}$$

其中 K_F 可以应用极点配置或 Kalman 滤波等方法使得 $M_{hs} - K_F C$ 是名义渐近稳定的, 且可以任意配置极点.

4.3.3 预测方程

由于脉冲响应模型 (4.33) 具有状态空间模型的表达形式. 我们可以采用与 2.2 节相同的方法推导预测方程. 为此, 设定预测时域为 p, 控制时域为 m 且 $m \leqslant p$, 并作相同的假设如下:

A4.3.1) 控制时域之外, 控制量不变, 即 $\Delta u(k+i) = 0,\ i = m, m+1, \cdots, p-1$.

A4.3.2) 可测干扰在 k 时刻之后不变, 即 $\Delta d(k+i) = 0,\ i = 1, 2, \cdots, p-1$.

在 k 时刻, 有测量值 $y(k)$ 和 $d(k)$ 以及估计状态 $\Delta\hat{Y}(k)$, 基于模型 (4.33) 作 p 步状态预测, 得

$$\begin{aligned}
\Delta Y(k+1|k) &= M_{hs}\Delta\hat{Y}(k) + H_u\Delta u(k) + H_d\Delta d(k)\,, \\
\Delta Y(k+2|k) &= M_{hs}^2\Delta\hat{Y}(k) + M_{hs}H_u\Delta u(k) + H_u\Delta u(k+1) + M_{hs}H_d\Delta d(k)\,, \\
&\ \ \vdots \\
\Delta Y(k+m|k) &= M_{hs}^m\Delta\hat{Y}(k) + M_{hs}^{m-1}H_u\Delta u(k) + M_{hs}^{m-2}H_u\Delta u(k+1) \\
&\quad + \cdots + H_u\Delta u(k+m-1) + M_{hs}^{m-1}H_d\Delta d(k)\,, \\
&\ \ \vdots \\
\Delta Y(k+p|k) &= M_{hs}^p\Delta\hat{Y}(k) + M_{hs}^{p-1}H_u\Delta u(k) + M_{hs}^{p-2}H_u\Delta u(k+1) \\
&\quad + \cdots + M_{hs}^{p-m}H_u\Delta u(k+m-1) + M_{hs}^{p-1}H_d\Delta d(k)\,.
\end{aligned}$$

由输出方程 (4.76) 得 p 步输出预测如下 (考虑了 $y(k|k) = y(k)$):

$$
\begin{aligned}
y(k+1|k) &= C\Delta Y(k+1|k) + y(k) \\
&= CM_{hs}\Delta\hat{Y}(k) + CH_u\Delta u(k) + CH_d\Delta d(k) + y(k)\,, \\
y(k+2|k) &= C\Delta Y(k+2|k) + y(k+1|k) \\
&= CM_{hs}^2\hat{Y}(k) + CM_{hs}H_u\Delta u(k) \\
&\quad + CH_u\Delta u(k+1) + CM_{hs}H_d\Delta d(k) \\
&\quad + CM_{hs}\Delta\hat{Y}(k) + CH_u\Delta u(k) + CH_d\Delta d(k) + y(k) \\
&= \left(CM_{hs}^2 + CM_{hs}\right)\Delta\hat{Y}(k) + \left(CM_{hs}H_u + CH_u\right)\Delta u(k) \\
&\quad + CH_u\Delta u(k+1) + \left(CM_{hs}H_d + CH_d\right)\Delta d(k) + y(k)\,, \\
&\vdots \\
y(k+m|k) &= C\Delta Y(k+m|k) + y(k+m-1|k) \\
&= \sum_{i=1}^{m} CM_{hs}^{i}\Delta\hat{Y}(k) + \sum_{i=1}^{m} CM_{hs}^{i-1}H_u\Delta u(k) \\
&\quad + \sum_{i=1}^{m-1} CM_{hs}^{i-1}H_u\Delta u(k+1) + \cdots + CH_u\Delta u(k+m-1) \\
&\quad + \sum_{i=1}^{m} CM_{hs}^{i-1}H_d\Delta d(k) + y(k), \\
&\vdots \\
y(k+p|k) &= C\Delta Y(k+p|k) + y(k+p-1|k) \\
&= \sum_{i=1}^{p} CM_{hs}^{i}\Delta\hat{Y}(k) + \sum_{i=1}^{p} CM_{hs}^{i-1}H_u\Delta u(k) \\
&\quad + \sum_{i=1}^{p-1} CM_{hs}^{i-1}H_u\Delta u(k+1) + \cdots \\
&\quad + \sum_{i=1}^{p-m+1} CM_{hs}^{i-1}H_u\Delta u(k+m-1) \\
&\quad + \sum_{i=1}^{p} CM_{hs}^{i-1}H_d\Delta d(k) + y(k)\,.
\end{aligned}
$$

定义输出向量和控制增量向量如下：

$$
Y_p(k+1|k) \overset{\text{def}}{=\!=} \begin{bmatrix} y(k+1|k) \\ y(k+2|k) \\ \vdots \\ y(k+p|k) \end{bmatrix}_{p\times 1}, \tag{4.84a}
$$

$$\Delta U(k) \stackrel{\text{def}}{=} \begin{bmatrix} \Delta u(k) \\ \Delta u(k+1) \\ \vdots \\ \Delta u(k+m-1) \end{bmatrix}_{m\times 1}, \tag{4.84b}$$

则对系统未来 p 步输出的预测可以由下面的预测方程计算:

$$Y_p(k+1|k) = \mathcal{M}\Delta\hat{Y}(k) + \mathcal{H}_u\Delta U(k) + \mathcal{H}_d\Delta d(k) + \mathcal{I}y(k), \tag{4.85}$$

其中

$$\mathcal{M} = \begin{bmatrix} CM_{hs} \\ CM_{hs}^2 + CM_{hs} \\ \vdots \\ \sum_{i=1}^{p} CM_{hs}^i \end{bmatrix}_{p\times 1},$$

$$\mathcal{H}_d = \begin{bmatrix} CH_d \\ CM_{hs}H_d + CH_d \\ \vdots \\ \sum_{i=1}^{p} CM_{hs}^{i-1}H_d \end{bmatrix}_{p\times 1}, \quad \mathcal{I} = \begin{bmatrix} 1 \\ 1 \\ \vdots \\ 1 \end{bmatrix}_{p\times 1},$$

$$\mathcal{H}_u = \begin{bmatrix} CH_u & 0 & 0 & \cdots & 0 \\ CM_{hs}H_u + CH_u & CH_u & 0 & \cdots & 0 \\ \vdots & \vdots & \vdots & & \vdots \\ \sum_{i=1}^{m} CM_{hs}^{i-1}H_u & \sum_{i=1}^{m-1} CM_{hs}^{i-1}H_u & \cdots & \cdots & CH_u \\ \vdots & \vdots & \vdots & & \vdots \\ \sum_{i=1}^{p} CM_{hs}^{i-1}H_u & \sum_{i=1}^{p-1} CM_{hs}^{i-1}H_u & \cdots & \cdots & \sum_{i=1}^{p-m+1} CM_{hs}^{i-1}H_u \end{bmatrix}_{p\times m}.$$

不同于 4.2.3 节的预测方程, 上述预测方程给出的是基于增量模型对输出量的预测. 这也是为了得到无静差控制对原来的 MAC 算法所做的改进.

应用 (4.14), 上述矩阵变为

$$\mathcal{M}=\begin{cases}\begin{bmatrix}0&1&0&0&0&\cdots&0&\cdots&0\\0&1&1&0&0&\cdots&0&\cdots&0\\\vdots&\vdots&\vdots&\ddots&\ddots&\ddots&\vdots&&\vdots\\0&1&1&\cdots&1&0&0&\cdots&0\\0&1&1&\cdots&1&1&0&\cdots&0\end{bmatrix}_{p\times N}, & p<N\\ \begin{bmatrix}0&1&0&\cdots&0\\0&1&1&\ddots&\vdots\\\vdots&\vdots&\vdots&\ddots&0\\0&1&1&\cdots&1\\0&1&1&\cdots&1\end{bmatrix}_{N\times N}, & p=N\end{cases} \tag{4.86}$$

$$\mathcal{H}_u=\begin{bmatrix}h_1^u&0&0&\cdots&0\\\sum_{i=1}^{2}h_i^u&h_1^u&0&\cdots&0\\\vdots&\vdots&\vdots&&\vdots\\\sum_{i=1}^{m}h_i^u&\sum_{i=1}^{m-1}h_i^u&\cdots&\cdots&h_1^u\\\vdots&\vdots&\vdots&&\vdots\\\sum_{i=1}^{p}h_i^u&\sum_{i=1}^{p-1}h_i^u&\cdots&\cdots&\sum_{i=1}^{p-m+1}h_i^u\end{bmatrix}_{p\times m},\quad \mathcal{H}_d=\begin{bmatrix}h_1^d\\\sum_{i=1}^{2}h_i^d\\\vdots\\\sum_{i=1}^{p}h_i^d\end{bmatrix}_{p\times 1}. \tag{4.87}$$

4.3.4 改进 MAC 算法及其控制律

根据预测控制的基本原理, 改进 MAC 的开环优化问题描述如下.

问题 4.3

$$\min_{\Delta U(k)} J\left(y(k),\Delta U(k),m,p\right) \tag{4.88}$$

满足系统动力学 $(i=0,1,\cdots,p)$

$$\Delta Y(k+i+1|k)=M_{hs}\Delta Y(k+i|k)+H_u\Delta u(k+i)+H_d\Delta d(k+i)\,, \tag{4.89a}$$

$$\Delta Y(k|k)=\Delta\hat{Y}(k)\,, \tag{4.89b}$$

$$y(k+i|k)=C\Delta Y(k+i|k)+y(k+i-1|k),\quad i\geqslant 1\,, \tag{4.89c}$$

$$y(k|k)=y(k)\,, \tag{4.89d}$$

其中目标函数为

$$J\left(y(k), \Delta U(k), m, p\right) = \sum_{i=1}^{p} \left\|\Gamma_{y,i}\left(y(k+i|k) - r(k+i)\right)\right\|^2 + \sum_{i=1}^{m} \left\|\Gamma_{u,i}\Delta u(k+i-1)\right\|^2. \tag{4.90}$$

上述优化问题中, M_{hs}, H_u, H_d 和 C 由 (4.34), (4.32) 和 (4.36) 给出. 注意, (4.89b) 表明 k 时刻估计的状态增量是预测系统未来动态的初始条件.

以估计的状态增量 $\Delta\hat{Y}(k)$ 作为起点, 预测的输出序列 $y(k+i|k), i=1,\cdots,p$ 由系统动力学模型 (4.89) 即单位脉冲响应模型计算. 前一节已经推导了基于单位脉冲响应模型的预测方程, 由 (4.85) 给出. 因此, 将目标函数 (4.90) 写成矩阵向量形式, 优化问题 4.3 变为

问题 4.4

$$\min_{\Delta U(k)} J\left(y(k), \Delta U(k), m, p\right)$$

其中

$$J\left(y(k), \Delta U(k), m, p\right) = \left\|\Gamma_y\left(Y_p(k+1|k) - R(k+1)\right)\right\|^2 + \left\|\Gamma_u \Delta U(k)\right\|^2. \tag{4.91}$$

在问题 4.4 中, 预测输出序列 $Y_p(k+1|k)$ 由 (4.85) 给出, 加权矩阵为

$$\Gamma_y = \mathrm{diag}\{\Gamma_{y,1}, \Gamma_{y,2}, \cdots, \Gamma_{y,p}\},$$
$$\Gamma_u = \mathrm{diag}\{\Gamma_{u,1}, \Gamma_{u,2}, \cdots, \Gamma_{u,m}\},$$

参考序列为

$$R(k+1) = \begin{bmatrix} r(k+1) \\ r(k+2) \\ \vdots \\ r(k+p) \end{bmatrix}_{p\times 1}. \tag{4.92}$$

我们同样可以用 2.3.2 节介绍的方法求解上述优化问题. 将预测方程 (4.85) 代入目标函数 (4.91), 定义

$$E_p(k+1|k) \overset{\text{def}}{=\!=} R(k+1) - \mathcal{M}\Delta\hat{Y}(k) - \mathcal{H}_d \Delta d(k) - \mathcal{I}y(k), \tag{4.93}$$

推导得

$$J\left(y(k), \Delta U(k), m, p\right) = \rho^{\mathrm{T}}\rho,$$

其中

$$\rho = \underbrace{\begin{bmatrix} \varGamma_y \mathcal{H}_u \\ \varGamma_u \end{bmatrix}}_{A} \Delta U(k) - \underbrace{\begin{bmatrix} \varGamma_y E_p(k+1|k) \\ \mathbf{0} \end{bmatrix}}_{b}.$$

因此, 优化解为

$$\begin{aligned} \Delta U^*(k) &= (A^{\mathrm{T}}A)^{-1}A^{\mathrm{T}}b \\ &= \left(\mathcal{H}_u^{\mathrm{T}}\varGamma_y^{\mathrm{T}}\varGamma_y\mathcal{H}_u + \varGamma_u^{\mathrm{T}}\varGamma_u\right)^{-1}\mathcal{H}_u^{\mathrm{T}}\varGamma_y^{\mathrm{T}}\varGamma_y E_p(k+1|k). \end{aligned} \tag{4.94}$$

根据预测控制的基本原理, 将优化解的第一个元素作用于系统, 即得改进 MAC 控制律为

$$\Delta u(k) = K_{\mathrm{mpc}} E_p(k+1|k), \tag{4.95}$$

其中控制增益 K_{mpc} 由

$$K_{\mathrm{mpc}} = \begin{bmatrix} 1 & 0 & \cdots & 0 \end{bmatrix}_{1\times m} \left(\mathcal{H}_u^{\mathrm{T}}\varGamma_y^{\mathrm{T}}\varGamma_y\mathcal{H}_u + \varGamma_u^{\mathrm{T}}\varGamma_u\right)^{-1}\mathcal{H}_u^{\mathrm{T}}\varGamma_y^{\mathrm{T}}\varGamma_y \tag{4.96}$$

计算. 将 (4.93) 代入 (4.95), 得

$$\Delta u(k) = K_{\mathrm{mpc}}\left(R(k+1) - \mathcal{M}\Delta\hat{Y}(k) - \mathcal{H}_d\Delta d(k) - \mathcal{I}y(k)\right). \tag{4.97}$$

因此, 可以分解控制增量的各部分如下:

(1) $K_{\mathrm{mpc}}R(k+1)$ 是参考输入未来值的前馈补偿;

(2) $-K_{\mathrm{mpc}}\mathcal{H}_d\Delta d(k)$ 是干扰输入变化的前馈补偿;

(3) $-K_{\mathrm{mpc}}\left(\mathcal{M}\Delta\hat{Y}(k) + \mathcal{I}y(k)\right)$ 是基于估计状态增量和测量输出的反馈补偿.

因此, 改进的无约束 MAC 具有“前馈-基于估计的状态反馈”的结构.

下面给出改进的无约束 MAC 的算法.

算法 4.2

(1) 初始化: 设定预测时域和控制时域 p, m, 设定初始值 $u(-1)=0$, $\Delta u(-1)=0$, $d(-1)=0$, $\Delta d(-1)=0$, $Y(-1)=\mathbf{0}$, $\Delta Y(-1)=\mathbf{0}$, 由 (4.86)、(4.87) 计算 $\mathcal{M}, \mathcal{H}_u, \mathcal{H}_d$, 由 (4.96) 计算 K_{mpc};

(2) $k \geqslant 0$ 时刻, 测量 $y(k)$ 和 $d(k)$ 的值, 由 (4.81) 估计状态增量 $\Delta\hat{Y}(k)$;

(3) 由 (4.93) 计算误差 $E_p(k+1 \mid k)$;

(4) 由 (4.95) 计算控制量变化量 $\Delta u(k)$;

(5) 将控制量 $u(k) = u(k-1) + \Delta u(k)$ 作用于被控系统;

(6) 令 $k = k+1$, 返回第 (2) 步.

4.3.5 闭环系统分析

同样的, 我们在状态空间理论框架下讨论改进 MAC 的闭环稳定性和性能.

名义稳定性

考虑一些不确定因素, 被控系统由下式描述:

$$\Delta Y(k+1) = M_{hs}\Delta Y(k) + H_u\Delta u(k) + H_d\Delta d(k) + H_w\Delta w(k), \tag{4.98}$$

其中 $w(k)$ 为不可测量的外部干扰, H_w 是与之对应的脉冲响应系数, 是未知的. 将改进 MAC 控制律 (4.97) 代入上式得

$$\begin{aligned}\Delta Y(k+1) &= M_{hs}\Delta Y(k) + H_uK_{\mathrm{mpc}}R(k+1) - H_uK_{\mathrm{mpc}}\mathcal{M}\Delta\hat{Y}(k)\\ &\quad + (H_d - H_uK_{\mathrm{mpc}}\mathcal{H}_d)\,\Delta d(k) - H_uK_{\mathrm{mpc}}\mathcal{I}y(k) + H_w\Delta w(k)\\ &= (M_{hs} - H_uK_{\mathrm{mpc}}\mathcal{I}C)\,\Delta Y(k) + H_uK_{\mathrm{mpc}}R(k+1)\\ &\quad - H_uK_{\mathrm{mpc}}\mathcal{M}\Delta\hat{Y}(k) + (H_d - H_uK_{\mathrm{mpc}}\mathcal{H}_d)\,\Delta d(k)\\ &\quad - H_uK_{\mathrm{mpc}}\mathcal{I}y(k-1) + H_w\Delta w(k)\,.\end{aligned} \tag{4.99}$$

首先考虑状态反馈改进 MAC 的名义稳定性. 假设状态完全可以测量, 即假设 $\Delta\hat{Y}(k) = \Delta Y(k)$, 则由 (4.99) 知, 状态反馈改进 MAC 的稳定性取决于矩阵

$$M_{hs} - H_uK_{\mathrm{mpc}}\,(\mathcal{M} + \mathcal{I}C)$$

的特征根是否位于单位圆内.

实际上, 状态增量 $\Delta Y(k)$ 并不能全部测量. 在考虑估计状态的情况下, 将改进 MAC 控制 (4.97) 代入估计器 (4.83)

$$\begin{aligned}\Delta\hat{Y}(k+1) &= (M_{hs} - K_FC)\Delta\hat{Y}(k) + H_u\Delta u(k) + H_d\Delta d(k) + K_F\Delta y(k)\\ &= (M_{hs} - K_FC)\Delta\hat{Y}(k) + H_d\Delta d(k) + K_FC\Delta Y(k)\\ &\quad + H_uK_{\mathrm{mpc}}R(k+1) - H_uK_{\mathrm{mpc}}\mathcal{M}\Delta\hat{Y}(k)\\ &\quad - H_uK_{\mathrm{mpc}}\mathcal{H}_d\Delta d(k) - H_uK_{\mathrm{mpc}}\mathcal{I}\,(C\Delta Y(k) + y(k-1))\\ &= (K_FC - H_uK_{\mathrm{mpc}}\mathcal{I}C)\,\Delta Y(k)\\ &\quad + (M_{hs} - K_FC - H_uK_{\mathrm{mpc}}\mathcal{M})\,\Delta\hat{Y}(k)\\ &\quad + (H_d - H_uK_{\mathrm{mpc}}\mathcal{H}_d)\,\Delta d(k) + H_uK_{\mathrm{mpc}}R(k+1)\\ &\quad - H_uK_{\mathrm{mpc}}\mathcal{I}y(k-1)\,.\end{aligned} \tag{4.100}$$

定义闭环系统的状态为

$$x_{cl} \overset{\mathrm{def}}{=\!=} \begin{bmatrix} \Delta Y \\ \Delta\hat{Y} \end{bmatrix},$$

则改进 MAC 的闭环系统为

$$x_{cl}(k+1) = \begin{bmatrix} M_{hs} - H_u K_{\mathrm{mpc}} \mathcal{I} C & -H_u K_{\mathrm{mpc}} \mathcal{M} \\ K_F C - H_u K_{\mathrm{mpc}} \mathcal{I} C & M_{hs} - K_F C - H_u K_{\mathrm{mpc}} \mathcal{M} \end{bmatrix} x_{cl}(k)$$
$$+ \begin{bmatrix} H_u K_{\mathrm{mpc}} \\ H_u K_{\mathrm{mpc}} \end{bmatrix} R(k+1) + \begin{bmatrix} H_d - H_u K_{\mathrm{mpc}} \mathcal{H}_d \\ H_d - H_u K_{\mathrm{mpc}} \mathcal{H}_d \end{bmatrix} \Delta d(k)$$
$$- \begin{bmatrix} H_u K_{\mathrm{mpc}} \mathcal{I} \\ H_u K_{\mathrm{mpc}} \mathcal{I} \end{bmatrix} y(k-1) + \begin{bmatrix} H_w \\ 0 \end{bmatrix} \Delta w(k) . \tag{4.101}$$

显然, 如果矩阵

$$\begin{bmatrix} M_{hs} - H_u K_{\mathrm{mpc}} \mathcal{I} C & -H_u K_{\mathrm{mpc}} \mathcal{M} \\ K_F C - H_u K_{\mathrm{mpc}} \mathcal{I} C & M_{hs} - K_F C - H_u K_{\mathrm{mpc}} \mathcal{M} \end{bmatrix} \tag{4.102}$$

全部特征值位于单位圆内, 则闭环系统渐近稳定. 用

$$P = \begin{bmatrix} I & \mathbf{0} \\ -I & I \end{bmatrix}, \quad P^{-1} = \begin{bmatrix} I & \mathbf{0} \\ I & I \end{bmatrix} \tag{4.103}$$

对 (4.102) 作相似变换, 有

$$P \begin{bmatrix} M_{hs} - H_u K_{\mathrm{mpc}} \mathcal{I} C & -H_u K_{\mathrm{mpc}} \mathcal{M} \\ K_F C - H_u K_{\mathrm{mpc}} \mathcal{I} C & M_{hs} - K_F C - H_u K_{\mathrm{mpc}} \mathcal{M} \end{bmatrix} P^{-1}$$
$$= \begin{bmatrix} M_{hs} - H_u K_{\mathrm{mpc}} (\mathcal{M} + \mathcal{I} C) & -H_u K_{\mathrm{mpc}} \mathcal{M} \\ \mathbf{0} & M_{hs} - K_F C \end{bmatrix}. \tag{4.104}$$

上式中, $M_{hs} - H_u K_{\mathrm{mpc}} (\mathcal{M} + \mathcal{I} C)$ 是改进模型算法控制反馈部分的矩阵. $M_{hs} - K_F C$ 是状态估计器 (4.83) 的系统矩阵. 因此, 改进的 MAC 的闭环系统的极点由状态反馈矩阵的极点和状态估计器的极点组成. 也就是说, 对改进的无约束 MAC 闭环系统来说, 分离原理成立. 因此, 我们可以得到结论: 改进的无约束 MAC 闭环系统名义稳定, 当且仅当状态反馈改进 MAC 名义稳定和状态估计器名义稳定.

性能分析

下面考虑在外部干扰趋于不变的情况下, 系统对非零参考信号的跟踪. 因为外部干扰是趋于不变的, 则有当时间足够长之后, $\Delta d(k) = \Delta w(k) = 0$. 因此, 假设:

(1) 闭环系统是名义稳定的, 估计误差已经为零, 即 $\Delta \hat{Y}(k) = \Delta Y(k)$, $k \geqslant 0$;

(2) 外部可测和不可测干扰已经趋于不变, 即 $\Delta d(k) = \Delta w(k) = 0, k \geqslant 0$.

为了简化推导, 取 $\Gamma_u = \mathbf{0}_{m\times m}, \Gamma_y = I_{p\times p}$, 以及 $m = p$, 则由 (4.96) 得

$$K_{\mathrm{mpc}} = \begin{bmatrix} 1 & 0 & \cdots & 0 \end{bmatrix}_{1\times m} \left(\mathcal{H}_u^{\mathrm{T}} \mathcal{H}_u\right)^{-1} \mathcal{H}_u^{\mathrm{T}} = \begin{bmatrix} 1 & 0 & \cdots & 0 \end{bmatrix}_{1\times m} \mathcal{H}_u^{-1}$$

将 (4.87) 中给出的 $\mathcal{H}_u$ 求逆代入上式, 得

$$
\begin{aligned}
K_{\text{mpc}} &= \begin{bmatrix} 1 & 0 & \cdots & 0 \end{bmatrix}_{1\times m} \begin{bmatrix} (h_1^u)^{-1} & 0 & \cdots & 0 \\ * & (h_1^u)^{-1} & \cdots & 0 \\ \vdots & \vdots & & \vdots \\ * & * & \cdots & (h_1^u)^{-1} \end{bmatrix}_{m\times m} \\
&= (h_1^u)^{-1} \begin{bmatrix} 1 & 0 & \cdots & 0 \end{bmatrix}_{1\times m}.
\end{aligned} \tag{4.105}
$$

将其代入 (4.97), 得预测控制律为

$$
\begin{aligned}
\Delta u(k) &= K_{\text{mpc}}\Big(R(k+1) - \mathcal{M}\Delta\hat{Y}(k) - \mathcal{I}y(k)\Big) \\
&= (h_1^u)^{-1}\Big(r(k+1) - I_{2,N}\Delta\hat{Y}(k) - y(k)\Big),
\end{aligned} \tag{4.106}
$$

其中 $I_{i,m}$ 是 $1\times m$ 维向量, 第 i 个元素为 1, 其余均为 0, 即

$$
I_{i,m} = \begin{bmatrix} 0 & \cdots & 0 & \overset{i}{1} & 0 & \cdots & 0 \end{bmatrix}_{1\times m}. \tag{4.107}
$$

显然有

$$
\begin{aligned}
&I_{1,m} = C, \\
&I_{i,m}\mathcal{I} = 1, \quad \forall 1 \leqslant i \leqslant m.
\end{aligned}
$$

将 (4.106) 代入 (4.98), 得闭环控制系统为

$$
\begin{aligned}
\Delta Y(k+1) = {} & M_{hs}\Delta Y(k) \\
& + H_u\,(h_1^u)^{-1}\Big(r(k+1) - I_{2,N}\Delta\hat{Y}(k) - y(k)\Big).
\end{aligned} \tag{4.108}
$$

结合输出方程 (4.76), 考虑到估计误差已经为零, 可以得出闭环输出序列如下:

$$
\begin{aligned}
y(k+1) &= C\Delta Y(k+1) + y(k) \\
&= CM_{hs}\Delta Y(k) + CH_u\,(h_1^u)^{-1}\Big(r(k+1) - I_{2,N}\Delta\hat{Y}(k) - y(k)\Big) + y(k) \\
&= I_{2,N}\Delta Y(k) + r(k+1) - I_{2,N}\Delta\hat{Y}(k) \\
&= r(k+1).
\end{aligned} \tag{4.109}
$$

进一步, 有

$$\begin{aligned} y(k+2) &= C\Delta Y(k+2) + y(k+1) \\ &= CM_{hs}\Delta Y(k+1) + y(k+1) \\ &\quad + CH_u\left(h_1^u\right)^{-1}\Big(r(k+2) - I_{2,N}\Delta\hat{Y}(k+1) - y(k+1)\Big) \\ &= I_{2,N}\Delta Y(k+1) + r(k+2) - I_{2,N}\Delta\hat{Y}(k+1) \\ &= r(k+2) \end{aligned} \tag{4.110}$$

以及

$$y(k+i) = r(k+i), \quad i \geqslant 3. \tag{4.111}$$

因此, 在外部干扰趋于不变的情况下, 改进的模型算法控制系统对参考信号的跟踪是无静差的.

例 4.6　针对例 4.5 的系统. 如果系统所受到的可测干扰和不可测干扰分别如图 4.12 中的虚线和实线所示, 即不可测干扰并没有趋于零而是趋于不变, 则图 4.13 表明, 采用 4.2 节的 MAC 控制器对参考信号 sin(t) 的跟踪是存在较大静差的. 若采用本节讨论的改进 MAC 算法设计的控制器, 图 4.14 表明对同样的不趋于零的不可测干扰及被跟踪信号, 此时的跟踪是基本无静差的.

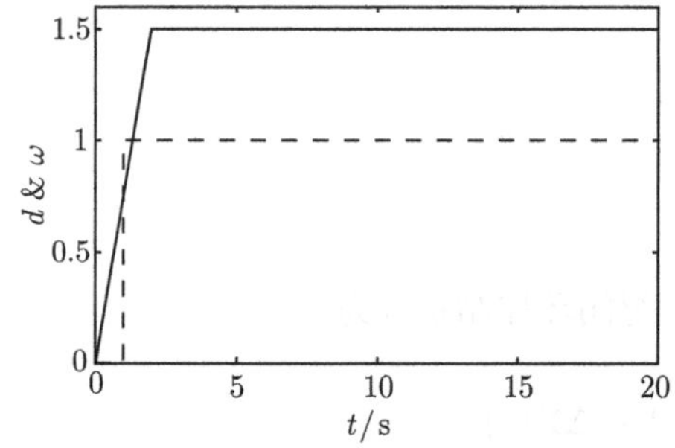

图 4.12　可测干扰 d (虚线), 不可测干扰 w (实线)

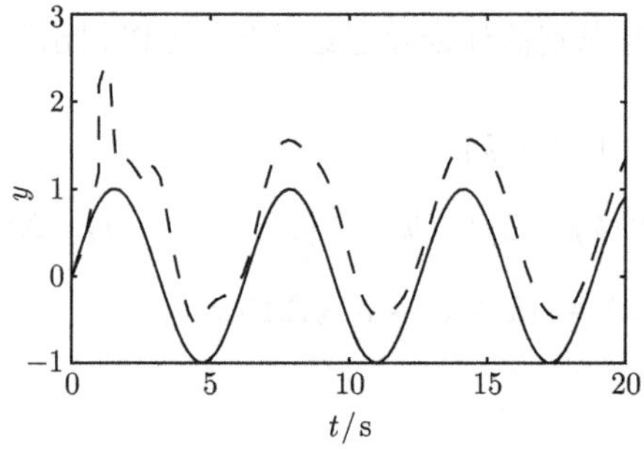

图 4.13　例 4.6 MAC 控制器的跟踪性能: 参考曲线 (实线), 系统输出 (虚线)

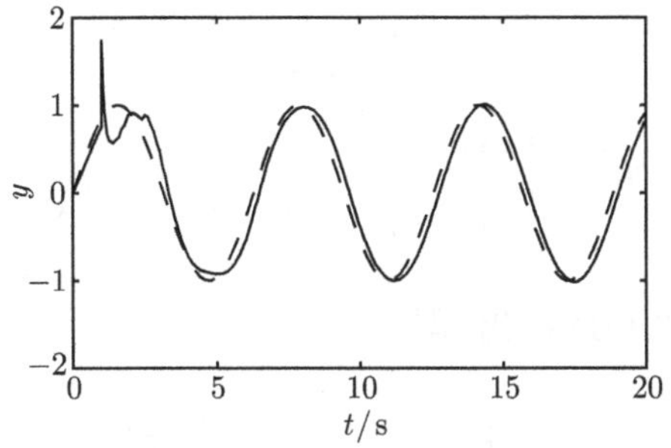

图 4.14 例 4.6 改进 MAC 控制器的跟踪性能：参考曲线 (虚线), 系统输出 (实线)

4.4 MIMO 系统的模型算法控制

考虑到对单输入单输出系统来说, 原始的模型算法控制实际上没有无静差跟踪性能, 因此在讨论多输入多输出系统的模型算法控制时, 我们采用改进的 MAC 算法.

4.4.1 脉冲响应模型的状态空间描述

首先还是要建立多输入多输出系统的脉冲响应模型. 为此, 我们可以采用与 4.1 节相同的方法. 从 MIMO 稳定系统的单位阶跃响应模型得到其脉冲响应模型如下：

$$\Delta Y(k) = M_{hs}\Delta Y(k-1) + H_u\Delta u(k-1) + H_d\Delta d(k-1), \tag{4.112}$$

其中 $y(k) \in \mathbb{R}^{n_y}$ 为系统输出, $u(k) \in \mathbb{R}^{n_u}$ 为控制输入, $d(k) \in \mathbb{R}^{n_d}$ 为可测干扰输入. 系数矩阵分别为

$$M_{hs} = \begin{bmatrix} \mathbf{0} & I_{n_y\times n_y} & \mathbf{0} & \cdots & \mathbf{0} \\ \mathbf{0} & \mathbf{0} & I_{n_y\times n_y} & \cdots & \mathbf{0} \\ \vdots & \vdots & \vdots & & \vdots \\ \mathbf{0} & \mathbf{0} & \mathbf{0} & \cdots & I_{n_y\times n_y} \\ \mathbf{0} & \mathbf{0} & \mathbf{0} & \cdots & \mathbf{0} \end{bmatrix}_{N\times N}, \tag{4.113a}$$

$$H_u = \begin{bmatrix} H_1^u & H_2^u & \cdots & H_N^u \end{bmatrix}_{1\times N}, \tag{4.113b}$$

$$\text{其中 } H_i^u = \begin{cases} S_1^u, & i=1, \\ S_i^u - S_{i-1}^u, & i=2,3,\cdots,N, \end{cases} \tag{4.113c}$$

$$H_d = \left[\begin{array}{cccc} H_1^d & H_2^d & \cdots & H_N^d \end{array}\right]_{1\times N}, \tag{4.113d}$$

$$\text{其中 } H_i^d = \begin{cases} S_1^d, & i=1, \\ S_i^d - S_{i-1}^d, & i=2,3,\cdots,N. \end{cases} \tag{4.113e}$$

上式中, S_i^u 和 S_i^d 由 (3.151) 给出, 即

$$S_i^u = \begin{bmatrix} s_{11,i}^u & \cdots & s_{1n_u,i}^u \\ s_{21,i}^u & \cdots & s_{2n_u,i}^u \\ \vdots & & \vdots \\ s_{n_y1,i}^u & \cdots & s_{n_yn_u,i}^u \end{bmatrix}_{n_y\times n_u}, \quad S_i^d = \begin{bmatrix} s_{11,i}^d & \cdots & s_{1n_d,i}^d \\ s_{21,i}^d & \cdots & s_{2n_d,i}^d \\ \vdots & & \vdots \\ s_{n_y1,i}^d & \cdots & s_{n_yn_d,i}^d \end{bmatrix}_{n_y\times n_d}. \tag{4.114}$$

输出方程为

$$y(k) = C\Delta Y(k-1) + y(k-1), \tag{4.115}$$

其中

$$C = \left[\begin{array}{cccc} I_{n_y\times n_y} & \mathbf{0} & \cdots & \mathbf{0} \end{array}\right]_{1\times N}. \tag{4.116}$$

具体推导过程留给读者.

由 (4.113a) 和 (4.116), 经简单运算得

$$CM_{hs}^i = \begin{cases} \left[\begin{array}{ccccccc} \mathbf{0} & \cdots & \mathbf{0} & \overset{i+1}{I} & \mathbf{0} & \cdots & \mathbf{0} \end{array}\right]_{1\times N}, & i<N, \\ \left[\begin{array}{cccc} \mathbf{0} & \cdots & \mathbf{0} & \mathbf{0} \end{array}\right]_{1\times N}, & i\geqslant N, \end{cases} \tag{4.117a}$$

$$CM_{hs}^{i-1}H_u = \begin{cases} H_i^u, & i\leqslant N, \\ \mathbf{0}, & i>N, \end{cases} \tag{4.117b}$$

$$CM_{hs}^{i-1}H_d = \begin{cases} H_i^d, & i\leqslant N, \\ \mathbf{0}, & i>N, \end{cases} \tag{4.117c}$$

其中 (4.117a) 中的单位阵和零矩阵都是 $n_y\times n_y$ 维的.

上面的脉冲响应模型是从单位阶跃响应模型推导得到的. 实际上, 脉冲响应模型是通过脉冲响应实验得到的. 从推导可以看出通过实验得到的是脉冲响应系数 H_u 和 H_d. 这需要对每个控制输入 u_i 和每个可测干扰 d_i 到每个输出 y_j 完成脉冲

响应实验, 采样得到系数为

$$H_{ji}^u=\begin{bmatrix} h_{ji,1}^u \\ h_{ji,2}^u \\ \vdots \\ h_{ji,N}^u \end{bmatrix}_{N\times 1}, \quad j=1,2,\cdots,n_y, \quad i=1,2,\cdots,n_u,$$

$$H_{ji}^d=\begin{bmatrix} h_{ji,1}^d \\ h_{ji,2}^d \\ \vdots \\ h_{ji,N}^d \end{bmatrix}_{N\times 1}, \quad j=1,2,\cdots,n_y, \quad i=1,2,\cdots,n_d.$$

组成的矩阵分别为

$$H_u=\begin{bmatrix} h_{11,1}^u & \cdots & h_{1n_u,1}^u \\ \vdots & & \vdots \\ h_{n_y1,1}^u & \cdots & h_{n_yn_u,1}^u \\ \vdots & & \vdots \\ h_{11,N}^u & \cdots & h_{1n_u,N}^u \\ \vdots & & \vdots \\ h_{n_y1,N}^u & \cdots & h_{n_yn_u,N}^u \end{bmatrix}_{(n_y\cdot N)\times n_u}, \tag{4.118a}$$

$$H_d=\begin{bmatrix} h_{11,1}^d & \cdots & h_{1n_d,1}^d \\ \vdots & & \vdots \\ h_{n_y1,1}^d & \cdots & h_{n_yn_d,1}^d \\ \vdots & & \vdots \\ h_{11,N}^d & \cdots & h_{1n_d,N}^d \\ \vdots & & \vdots \\ h_{n_y1,N}^d & \cdots & h_{n_yn_d,N}^d \end{bmatrix}_{(n_y\cdot N)\times n_d}. \tag{4.118b}$$

4.4.2 状态估计

脉冲响应模型 (4.112) 的状态 $\Delta Y(k)$ 中只有第一个分向量 $\Delta y(k)$ 是可以测量的. 因此, 需要对状态进行估计, 而估计的状态将作为预测系统未来动态的初始条件.

考虑到多输入多输出系统中测量输出与被控输出不同, 给出被控输出和测量输出如下：

$$y_c(k) = C_c C \Delta Y(k) + y_c(k-1)\,, \tag{4.119a}$$

$$y_m(k) = C_c C \Delta Y(k) + y_m(k-1)\,, \tag{4.119b}$$

其中 $y_c(k) \in \mathbb{R}^{n_c}$ 为被控输出; $y_m(k) \in \mathbb{R}^{n_m}$ 为测量输出; $n_c \leqslant n_y$, $n_m \leqslant n_y$.

首先需要考察系统的可观性 (可测性). 应用 (4.117a), 我们有系统 (4.112) 的可观性矩阵为

$$\begin{bmatrix} C_m C \\ C_m C M_{hs} \\ C_m C M_{hs}^2 \\ \vdots \\ C_m C M_{hs}^{N-1} \end{bmatrix} = \begin{bmatrix} C_m I_{n_y \times n_y} & \mathbf{0} & \cdots & \mathbf{0} \\ \mathbf{0} & C_m I_{n_y \times n_y} & \cdots & \mathbf{0} \\ \vdots & \vdots & & \vdots \\ \mathbf{0} & \mathbf{0} & \cdots & C_m I_{n_y \times n_y} \end{bmatrix}_{N \times N} . \tag{4.120}$$

如果选择测量输出 y_m 使得

$$\operatorname{rank} \begin{bmatrix} C_m C \\ C_m C M_{hs} \\ C_m C M_{hs}^2 \\ \vdots \\ C_m C M_{hs}^{N-1} \end{bmatrix} = n_y \cdot N\,, \tag{4.121}$$

则以 (4.119b) 为测量输出方程的 MIMO 脉冲响应模型 (4.112) 是可观的. 因此, 可以设计状态观测器方程如下：

$$\begin{aligned} \Delta \hat{Y}(k) = {} & M_{hs} \Delta \hat{Y}(k-1) + H_u \Delta u(k-1) + H_d \Delta d(k-1) \\ & + K_F \left(\Delta y_m(k-1) - C_m C \Delta \hat{Y}(k-1) \right), \end{aligned} \tag{4.122a}$$

$$\hat{y}(k) = C \Delta \hat{Y}(k) + \hat{y}(k-1)\,, \tag{4.122b}$$

$$\hat{y}_c(k) = C_c C \Delta \hat{Y}(k) + \hat{y}_c(k-1)\,, \tag{4.122c}$$

其中 K_F 是估计器增益矩阵, 可以应用极点配置或 Kalman 滤波等设计使得 $M_{hs} - K_F C_m C$ 是名义渐近稳定的, 且可以任意配置极点.

如果选择测量输出 y_m 使得 $(C_m C,\, M_{hs})$ 是可测的, 则可使得 $M_{hs} - K_F C_m C$ 是名义渐近稳定的, 但不能任意配置其极点.

4.4.3 预测方程

根据预测控制的基本原理, 我们基于 MIMO 脉冲响应模型 (4.112) 作 p 步状态预测. 采用的方法与 2.2 节相同. 为此, 设定预测时域为 p, 控制时域为 m 且 $m \leqslant p$, 并作相同的假设如下:

A4.4.1) 控制时域之外, 控制量不变, 即 $\Delta u(k+i) = \mathbf{0}$, $i = m, m+1, \cdots, p-1$.

A4.4.2) 可测干扰在 k 时刻之后不变, 即 $\Delta d(k+i) = \mathbf{0}$, $i = 1, 2, \cdots, p-1$.

在 k 时刻, 有测量值 $y(k)$ 和 $d(k)$ 以及估计状态 $\hat{Y}(k)$, 基于模型 (4.112) 作 p 步状态预测, 得

$$
\begin{aligned}
\Delta Y(k+1|k) &= M_{hs}\Delta\hat{Y}(k) + H_u\Delta u(k) + H_d\Delta d(k)\,, \\
\Delta Y(k+2|k) &= M_{hs}^2\Delta\hat{Y}(k) + M_{hs}H_u\Delta u(k) + H_u\Delta u(k+1) + M_{hs}H_d\Delta d(k)\,, \\
&\ \ \vdots \\
\Delta Y(k+m|k) &= M_{hs}^m\Delta\hat{Y}(k) + M_{hs}^{m-1}H_u\Delta u(k) + M_{hs}^{m-2}H_u\Delta u(k+1) \\
&\quad + \cdots + H_u\Delta u(k+m-1) + M_{hs}^{m-1}H_d\Delta d(k)\,, \\
&\ \ \vdots \\
\Delta Y(k+p|k) &= M_{hs}^p\Delta\hat{Y}(k) + M_{hs}^{p-1}H_u\Delta u(k) + M_{hs}^{p-2}H_u\Delta u(k+1) \\
&\quad + \cdots + M_{hs}^{p-m}H_u\Delta u(k+m-1) + M_{hs}^{p-1}H_d\Delta d(k)\,.
\end{aligned}
$$

由输出方程 (4.115) 和 (4.119a) 得预测的 p 步控制输出如下 (考虑了 $y_c(k|k) = \hat{y}_c(k)$):

$$
\begin{aligned}
y_c(k+1|k) &= C_cC\Delta Y(k+1|k) + \hat{y}_c(k) \\
&= C_c\Big(CM_{hs}\Delta\hat{Y}(k) + CH_u\Delta u(k) + CH_d\Delta d(k)\Big) + \hat{y}_c(k)\,, \\
y_c(k+2|k) &= C_cC\Delta Y(k+2|k) + y_c(k+1|k) \\
&= C_c\Big(CM_{hs}^2\Delta\hat{Y}(k) + CM_{hs}H_u\Delta u(k) \\
&\quad + CH_u\Delta u(k+1) + CM_{hs}H_d\Delta d(k) \\
&\quad + CM_{hs}\Delta\hat{Y}(k) + CH_u\Delta u(k) + CH_d\Delta d(k)\Big) + \hat{y}_c(k) \\
&= C_c\left(CM_{hs}^2 + CM_{hs}\right)\Delta\hat{Y}(k) + C_c\left(CM_{hs}H_u + CH_u\right)\Delta u(k) \\
&\quad + C_cCH_u\Delta u(k+1) + C_c\left(CM_{hs}H_d + CH_d\right)\Delta d(k) + \hat{y}_c(k)\,, \\
&\ \ \vdots \\
y_c(k+m|k) &= C_cC\Delta Y(k+m|k) + y_c(k+m-1|k)
\end{aligned}
$$

$$
\begin{aligned}
&= C_c\left(\sum_{i=1}^{m} CM_{hs}^{i}\Delta\hat{Y}(k) + \sum_{i=1}^{m} CM_{hs}^{i-1}H_u\Delta u(k)\right.\\
&\quad + \sum_{i=1}^{m-1} CM_{hs}^{i-1}H_u\Delta u(k+1) + \cdots + CH_u\Delta u(k+m-1)\\
&\quad \left.+ \sum_{i=1}^{m} CM_{hs}^{i-1}H_d\Delta d(k)\right) + \hat{y}_c(k),\\
&\vdots\\
y_c(k+p|k) &= C_cC\Delta Y(k+p|k) + y_c(k+p-1|k)\\
&= C_c\left(\sum_{i=1}^{p} CM_{hs}^{i}\Delta\hat{Y}(k) + \sum_{i=1}^{p} CM_{hs}^{i-1}H_u\Delta u(k)\right.\\
&\quad + \sum_{i=1}^{p-1} CM_{hs}^{i-1}H_u\Delta u(k+1) + \cdots\\
&\quad + \sum_{i=1}^{p-m+1} CM_{hs}^{i-1}H_u\Delta u(k+m-1)\\
&\quad \left.+ \sum_{i=1}^{p} CM_{hs}^{i-1}H_d\Delta d(k)\right) + \hat{y}_c(k).
\end{aligned}
$$

定义向量

$$
Y_p(k+1|k) \overset{\text{def}}{=} \begin{bmatrix} y_c(k+1|k) \\ y_c(k+2|k) \\ \vdots \\ y_c(k+p|k) \end{bmatrix}_{p\times 1}, \tag{4.123a}
$$

$$
\Delta U(k) \overset{\text{def}}{=} \begin{bmatrix} \Delta u(k) \\ \Delta u(k+1) \\ \vdots \\ \Delta u(k+m-1) \end{bmatrix}_{m\times 1}, \tag{4.123b}
$$

则对系统未来 p 步输出的预测可以由下面的预测方程计算:

$$
Y_p(k+1|k) = \mathcal{M}\Delta\hat{Y}(k) + \mathcal{H}_u\Delta U(k) + \mathcal{H}_d\Delta d(k) + \mathcal{I}\hat{y}_c(k), \tag{4.124}
$$

其中

$$\mathcal{M}=\begin{bmatrix} C_cCM_{hs} \\ C_c\left(CM_{hs}^2+CM_{hs}\right) \\ \vdots \\ C_c\sum_{i=1}^{p}CM_{hs}^{i} \end{bmatrix}_{p\times 1}, \quad \mathcal{H}_d=\begin{bmatrix} C_cCH_d \\ C_c\left(CM_{hs}H_d+CH_d\right) \\ \vdots \\ C_c\sum_{i=1}^{p}CM_{hs}^{i-1}H_d \end{bmatrix}_{p\times 1},$$

$$\mathcal{I}=\begin{bmatrix} I_{n_c\times n_c} \\ I_{n_c\times n_c} \\ \vdots \\ I_{n_c\times n_c} \end{bmatrix}_{p\times 1},$$

$$\mathcal{H}_u=\begin{bmatrix} C_cCH_u & \mathbf{0} & \cdots & \mathbf{0} \\ C_c\left(CM_{hs}H_u+CH_u\right) & C_cCH_u & \cdots & \mathbf{0} \\ \vdots & \vdots & & \vdots \\ C_c\sum_{i=1}^{m}CM_{hs}^{i-1}H_u & C_c\sum_{i=1}^{m-1}CM_{hs}^{i-1}H_u & \cdots & C_cCH_u \\ \vdots & \vdots & & \vdots \\ C_c\sum_{i=1}^{p}CM_{hs}^{i-1}H_u & C_c\sum_{i=1}^{p-1}CM_{hs}^{i-1}H_u & \cdots & C_c\sum_{i=1}^{p-m+1}CM_{hs}^{i-1}H_u \end{bmatrix}_{p\times m}.$$

应用 (4.117), 上述矩阵变为

$$\mathcal{M}=\begin{cases} \begin{bmatrix} \mathbf{0} & C_c & \mathbf{0} & \mathbf{0} & \mathbf{0} & \cdots & \mathbf{0} & \cdots & \mathbf{0} \\ \mathbf{0} & C_c & C_c & \mathbf{0} & \mathbf{0} & \cdots & \mathbf{0} & \cdots & \mathbf{0} \\ \vdots & \vdots & \vdots & \ddots & \ddots & \ddots & \vdots & & \vdots \\ \mathbf{0} & C_c & C_c & \cdots & C_c & \mathbf{0} & \mathbf{0} & \cdots & \mathbf{0} \\ \mathbf{0} & C_c & C_c & \cdots & C_c & C_c & \mathbf{0} & \cdots & \mathbf{0} \end{bmatrix}_{p\times N}, & p<N, \\ \begin{bmatrix} \mathbf{0} & C_c & \mathbf{0} & \mathbf{0} & \cdots & \mathbf{0} \\ \mathbf{0} & C_c & C_c & \mathbf{0} & \ddots & \vdots \\ \vdots & \vdots & \vdots & \ddots & \ddots & \mathbf{0} \\ \mathbf{0} & C_c & C_c & \cdots & C_c & \mathbf{0} \\ \mathbf{0} & C_c & C_c & \cdots & C_c & \mathbf{0} \end{bmatrix}_{N\times N}, & p=N, \end{cases} \tag{4.125}$$

$$\mathcal{H}_u = \begin{bmatrix} C_c H_1^u & \mathbf{0} & \mathbf{0} & \cdots & \mathbf{0} \\ C_c \sum_{i=1}^{2} H_i^u & C_c H_1^u & \mathbf{0} & \cdots & \mathbf{0} \\ \vdots & \vdots & \vdots & & \vdots \\ C_c \sum_{i=1}^{m} H_i^u & C_c \sum_{i=1}^{m-1} H_i^u & \cdots & \cdots & C_c H_1^u \\ \vdots & \vdots & \vdots & & \vdots \\ C_c \sum_{i=1}^{p} H_i^u & C_c \sum_{i=1}^{p-1} H_i^u & \cdots & \cdots & C_c \sum_{i=1}^{p-m+1} H_i^u \end{bmatrix}_{p\times m}, \tag{4.126a}$$

$$\mathcal{H}_d = \begin{bmatrix} C_c H_1^d \\ C_c \sum_{i=1}^{2} H_i^d \\ \vdots \\ C_c \sum_{i=1}^{p} H_i^d \end{bmatrix}_{p\times 1}. \tag{4.126b}$$

4.4.4 MIMO-MAC 算法及其控制律

根据预测控制的基本原理, MIMO-MAC 的开环优化问题描述如下.

问题 4.5

$$\min_{\Delta U(k)} J\left(y_m(k), \Delta U(k), m, p\right) \tag{4.127}$$

满足系统动力学 $(i = 0, 1, \cdots, p)$

$$\Delta Y(k+i+1|k) = M_{hs}\Delta Y(k+i|k) + H_u \Delta u(k+i) + H_d \Delta d(k+i)\,, \tag{4.128a}$$

$$\Delta Y(k|k) = \Delta \hat{Y}(k)\,, \tag{4.128b}$$

$$y_c(k+i|k) = C_c C \Delta Y(k+i|k) + y_c(k+i-1|k), \quad i \geqslant 1\,, \tag{4.128c}$$

$$y_c(k|k) = \hat{y}_c(k)\,, \tag{4.128d}$$

其中目标函数为

$$J\left(y_m(k), \Delta U(k), m, p\right) = \sum_{i=1}^{p} \left\| \varGamma_{y,i}\left(y_c(k+i|k) - r(k+i)\right) \right\|^2 + \sum_{i=1}^{m} \left\| \varGamma_{u,i} \Delta u(k+i-1) \right\|^2. \tag{4.129}$$

上述优化问题中, M_{hs}, H_u, H_d 和 C 由 (4.113a), (4.118) 和 (4.116) 给出. 注意, (4.128b) 和 (4.128d) 表明 k 时刻的估计状态是预测系统未来动态的初始条件.

以估计的状态 $\Delta Y(k)$ 作为起点, 预测的控制输出序列 $y_c(k+i|k), i=1,\cdots,p$ 由系统动力学模型 (4.128) 即 MIMO 单位脉冲响应模型计算. 前一节已经推导了基于单位脉冲响应模型的预测方程, 由 (4.124) 给出. 因此, 将目标函数 (4.129) 写成矩阵向量形式, 优化问题 4.5 变为

问题 4.6

$$\min_{\Delta U(k)} J\left(y_m(k), \Delta U(k), m, p\right)$$

其中

$$J\left(y_m(k), \Delta U(k), m, p\right) = \left\|\Gamma_y\left(Y_p(k+1|k) - R(k+1)\right)\right\|^2 + \left\|\Gamma_u \Delta U(k)\right\|^2. \quad (4.130)$$

在问题 4.6 中, 预测输出序列 $Y_p(k+1|k)$ 由 (4.124) 给出, 加权矩阵为

$$\Gamma_y = \operatorname{diag}\{\Gamma_{y,1}, \Gamma_{y,2}, \cdots, \Gamma_{y,p}\},$$
$$\Gamma_u = \operatorname{diag}\{\Gamma_{u,1}, \Gamma_{u,2}, \cdots, \Gamma_{u,m}\},$$

参考序列为

$$R(k+1) = \begin{bmatrix} r(k+1) \\ r(k+2) \\ \vdots \\ r(k+p) \end{bmatrix}_{p\times 1}. \quad (4.131)$$

同样的, 我们可以用 2.3.2 节介绍的方法求解上述优化问题. 将预测方程 (4.124) 代入目标函数 (4.130), 定义

$$E_p(k+1|k) \overset{\text{def}}{=\!=} R(k+1) - \mathcal{M}\Delta\hat{Y}(k) - \mathcal{H}_d \Delta d(k) - \mathcal{I}\hat{y}_c(k), \quad (4.132)$$

推导得

$$J\left(y_m(k), \Delta U(k), m, p\right) = \rho^{\mathrm{T}}\rho,$$

其中

$$\rho = \underbrace{\begin{bmatrix} \Gamma_y \mathcal{H}_u \\ \Gamma_u \end{bmatrix}}_{A} \Delta U(k) - \underbrace{\begin{bmatrix} \Gamma_y E_p(k+1|k) \\ \mathbf{0} \end{bmatrix}}_{b}.$$

因此, 优化解为

$$\begin{aligned} \Delta U^*(k) &= (A^{\mathrm{T}}A)^{-1}A^{\mathrm{T}}b \\ &= \left(\mathcal{H}_u^{\mathrm{T}}\Gamma_y^{\mathrm{T}}\Gamma_y\mathcal{H}_u + \Gamma_u^{\mathrm{T}}\Gamma_u\right)^{-1}\mathcal{H}_u^{\mathrm{T}}\Gamma_y^{\mathrm{T}}\Gamma_y E_p(k+1|k). \end{aligned} \quad (4.133)$$

根据预测控制的基本原理, 将优化解的第一个元素作用于系统, 即得 MIMO-MAC 控制律为

$$\Delta u(k)=K_{\mathrm{mpc}}E_p(k+1|k), \tag{4.134}$$

其中控制增益 K_{mpc} 由

$$K_{\mathrm{mpc}}=\begin{bmatrix} I_{n_u\times n_u} & \mathbf{0} & \cdots & \mathbf{0}\end{bmatrix}_{1\times m}\left(\mathcal{H}_u^{\mathrm{T}}\Gamma_y^{\mathrm{T}}\Gamma_y\mathcal{H}_u+\Gamma_u^{\mathrm{T}}\Gamma_u\right)^{-1}\mathcal{H}_u^{\mathrm{T}}\Gamma_y^{\mathrm{T}}\Gamma_y \tag{4.135}$$

计算.

下面分析 MIMO-MAC 控制律 (4.134) 的结构. 将 (4.132) 代入 (4.134), 得

$$\Delta u(k)=K_{\mathrm{mpc}}\Big(R(k+1)-\mathcal{M}\Delta\hat{Y}(k)-\mathcal{H}_d\Delta d(k)-\mathcal{I}\hat{y}_c(k)\Big). \tag{4.136}$$

将 (4.122c) 代入, 整理得

$$\Delta u(k)=K_{\mathrm{mpc}}\Big(R(k+1)-(\mathcal{M}+\mathcal{I}C_cC)\,\Delta\hat{Y}(k)-\mathcal{H}_d\Delta d(k)-\mathcal{I}\hat{y}_c(k-1)\Big). \tag{4.137}$$

因此, 可以分解控制增量的各部分如下:

(1) $K_{\mathrm{mpc}}R(k+1)$ 是参考输入未来值的前馈补偿;

(2) $-K_{\mathrm{mpc}}\mathcal{S}_d\Delta d(k)$ 是干扰输入变化的前馈补偿;

(3) $-K_{\mathrm{mpc}}\Big(\mathcal{M}\Delta\hat{Y}(k)+\mathcal{I}\hat{y}_c(k)\Big)$ 是基于估计的状态增量和控制输出的反馈补偿; 或者 $-K_{\mathrm{mpc}}\,(\mathcal{M}+\mathcal{I}C_cC)\,\Delta\hat{Y}(k)$ 是基于估计状态增量的反馈补偿.

因此, 与 SISO 系统一样, MIMO 系统的 MAC 具有“前馈-基于估计的状态反馈”的结构.

下面, 由预测控制基本原理中的“滚动时域、重复进行”的机制, 给出 MIMO-MAC 的算法步骤.

算法 4.3

(1) 初始化: 设定预测时域 p 和控制时域 m, 设定初始值 $u(-1)=\mathbf{0}$, $\Delta u(-1)=\mathbf{0}$, $d(-1)=\mathbf{0}$, $\Delta d(-1)=\mathbf{0}$, $Y(-1)=\mathbf{0}$, $\Delta Y(-1)=\mathbf{0}$, 由 (4.125) 和 (4.126) 计算 $\mathcal{M}$, $\mathcal{H}_u$, $\mathcal{H}_d$, 由 (4.135) 计算 K_{mpc};

(2) $k\geqslant 0$ 时刻, 得到测量值 $y(k)$ 和 $d(k)$; 由 (4.122) 估计 $\Delta\hat{Y}(k)$ 和 $\hat{y}_c(k)$;

(3) 由 (4.132) 计算误差 $E_p(k+1|k)$;

(4) 由 (4.134) 计算控制量变化量 $\Delta u(k)$;

(5) 将控制量 $u(k)=u(k-1)+\Delta u(k)$ 作用于被控系统;

(6) 令 $k=k+1$, 返回第 (2) 步.

4.4.5 闭环系统分析

同样的, 我们在状态空间理论框架下分析 MIMO-MAC 的闭环系统稳定性和性能.

名义渐近稳定性

考虑一些不确定因素, 被控系统由下式描述:

$$\Delta Y(k+1) = M_{hs}\Delta Y(k) + H_u\Delta u(k) + H_d\Delta d(k) + H_w\Delta w(k), \tag{4.138}$$

其中 $w(k)$ 为不可测量的外部干扰; H_w 是与之对应的脉冲响应系数, 是未知的. 将 MIMO-MAC 控制律 (4.137) 代入上式得

$$\begin{aligned}\Delta Y(k+1) &= M_{hs}\Delta Y(k) + H_u K_{\rm mpc} R(k+1) - H_u K_{\rm mpc}\left(\mathcal{M} + \mathcal{I}C_c C\right)\Delta\hat{Y}(k)\\ &\quad + \left(H_d - H_u K_{\rm mpc}\mathcal{H}_d\right)\Delta d(k) - H_u K_{\rm mpc}\mathcal{I}\hat{y}_c(k-1) + H_w\Delta w(k)\\ &= M_{hs}\Delta Y(k) + H_u K_{\rm mpc} R(k+1)\\ &\quad - H_u K_{\rm mpc}\left(\mathcal{M} + \mathcal{I}C_c C\right)\Delta\hat{Y}(k) + \left(H_d - H_u K_{\rm mpc}\mathcal{H}_d\right)\Delta d(k)\\ &\quad - H_u K_{\rm mpc}\mathcal{I}\hat{y}_c(k-1) + H_w\Delta w(k)\,. \end{aligned}\tag{4.139}$$

首先考虑状态反馈 MIMO-MAC 的稳定性. 假设状态完全可以测量, 即假设 $\Delta\hat{Y}(k) = \Delta Y(k)$, 则由 (4.139) 知, 状态反馈 MIMO-MAC 的名义渐近稳定性取决于矩阵

$$M_{hs} - H_u K_{\rm mpc}\left(\mathcal{M} + \mathcal{I}C_c C\right)$$

的特征根是否位于单位圆内.

实际上, 状态 $Y(k)$ 并不能全部测量. 我们是用估计器 (4.122) 估计的状态增量. 因此, 将 MIMO-MAC 控制 (4.137) 代入估计器 (4.122), 得

$$\begin{aligned}\Delta\hat{Y}(k+1) &= (M_{hs} - K_F C_m C)\Delta\hat{Y}(k) + H_u\Delta u(k) + H_d\Delta d(k) + K_F\Delta y_m(k)\\ &= (M_{hs} - K_F C_m C)\Delta\hat{Y}(k) + H_d\Delta d(k) + K_F C_m C\Delta Y(k)\\ &\quad + H_u K_{\rm mpc} R(k+1) - H_u K_{\rm mpc}\left(\mathcal{M} + \mathcal{I}C_c C\right)\Delta\hat{Y}(k)\\ &\quad - H_u K_{\rm mpc}\mathcal{H}_d\Delta d(k) - H_u K_{\rm mpc}\mathcal{I}\hat{y}_c(k-1)\\ &= K_F C_m C\Delta Y(k)\\ &\quad + \left(M_{hs} - K_F C_m C - H_u K_{\rm mpc}\left(\mathcal{M} + \mathcal{I}C_c C\right)\right)\Delta\hat{Y}(k)\\ &\quad + \left(H_d - H_u K_{\rm mpc}\mathcal{H}_d\right)\Delta d(k) + H_u K_{\rm mpc} R(k+1)\\ &\quad - H_u K_{\rm mpc}\mathcal{I}\hat{y}_c(k-1)\,. \end{aligned}\tag{4.140}$$

定义闭环系统的状态为

$$x_{cl} \overset{\text{def}}{=} \begin{bmatrix} \Delta Y \\ \Delta \hat{Y} \end{bmatrix},$$

则预测控制的闭环系统为

$$\begin{aligned} x_{cl}(k+1) = & \begin{bmatrix} M_{hs} & -H_u K_{\text{mpc}}(\mathcal{M}+\mathcal{I}C_c C) \\ K_F C_m C & M_{hs} - K_F C_m C - H_u K_{\text{mpc}}(\mathcal{M}+\mathcal{I}C_c C) \end{bmatrix} x_{cl}(k) \\ & + \begin{bmatrix} H_u K_{\text{mpc}} \\ H_u K_{\text{mpc}} \end{bmatrix} R(k+1) + \begin{bmatrix} H_d - H_u K_{\text{mpc}} \mathcal{H}_d \\ H_d - H_u K_{\text{mpc}} \mathcal{H}_d \end{bmatrix} \Delta d(k) \\ & - \begin{bmatrix} H_u K_{\text{mpc}} \mathcal{I} \\ H_u K_{\text{mpc}} \mathcal{I} \end{bmatrix} \hat{y}_c(k-1) + \begin{bmatrix} H_w \\ \mathbf{0} \end{bmatrix} \Delta w(k). \end{aligned} \tag{4.141}$$

显然, 如果矩阵

$$\begin{bmatrix} M_{hs} & -H_u K_{\text{mpc}}(\mathcal{M}+\mathcal{I}C_c C) \\ K_F C_m C & M_{hs} - K_F C_m C - H_u K_{\text{mpc}}(\mathcal{M}+\mathcal{I}C_c C) \end{bmatrix} \tag{4.142}$$

的全部特征值位于单位圆内, 则闭环系统名义渐近稳定. 用

$$P = \begin{bmatrix} I & \mathbf{0} \\ -I & I \end{bmatrix}, \quad P^{-1} = \begin{bmatrix} I & \mathbf{0} \\ I & I \end{bmatrix} \tag{4.143}$$

对 (4.142) 作相似变换, 有

$$\begin{aligned} & P \begin{bmatrix} M_{hs} & -H_u K_{\text{mpc}}(\mathcal{M}+\mathcal{I}C_c C) \\ K_F C_m C & M_{hs} - K_F C_m C - H_u K_{\text{mpc}}(\mathcal{M}+\mathcal{I}C_c C) \end{bmatrix} P^{-1} \\ = & \begin{bmatrix} M_{hs} - H_u K_{\text{mpc}}(\mathcal{M}+\mathcal{I}C_c C) & -H_u K_{\text{mpc}}(\mathcal{M}+\mathcal{I}C_c C) \\ \mathbf{0} & M_{hs} - K_F C_m C \end{bmatrix}. \end{aligned} \tag{4.144}$$

上式中, $M_{hs} - H_u K_{\text{mpc}}(\mathcal{M}+\mathcal{I}C_c C)$ 是状态完全可以测量时, 状态反馈 MIMO-MAC 的系统矩阵; $M_{hs} - K_F C_m C$ 是状态估计器 (4.122) 的系统矩阵. 因此, MIMO-MAC 的闭环系统的极点由反馈矩阵的极点和状态估计器的极点组成. 也就是说, 对无约束 MIMO-MAC 闭环系统来说, 分离原理成立, 状态反馈控制器与估计器可以独立设计. 因此, 我们可以得到结论: 无约束 MIMO-MAC 闭环系统稳定, 当且仅当状态反馈 MIMO-MAC 名义渐近稳定和状态估计器名义渐近稳定.

性能分析

下面考虑在外部干扰趋于不变的情况下, 系统对非零参考信号的跟踪. 因为外部干扰是趋于不变的, 则当时间足够长之后, 有 $\Delta d(k) = \mathbf{0}$, $\Delta w(k) = \mathbf{0}$. 因此, 假设:

(1) 闭环系统是名义渐近稳定的, 估计误差已经为零, 即 $\Delta\hat{Y}(k) = \Delta Y(k)$, $\hat{y}_c(k) = y_c(k), k \geqslant 0$;

(2) 外部可测和不可测干扰已经趋于不变, 即 $\Delta d(k) = \mathbf{0}$, $\Delta w(k) = \mathbf{0}, k \geqslant 0$.

为了简化推导, 假设 $n_c = n_u$, 即控制输出的维数等于控制输入的维数. 这个假设使得 $C_c H_1^u$ 是一个方阵. 取 $\Gamma_u = \mathbf{0}_{m\times m}, \Gamma_y = I_{p\times p}$, 以及 $m = p$, 则由 (4.135) 得

$$K_{\rm mpc} = \begin{bmatrix} I_{n_u\times n_u} & \mathbf{0} & \cdots & \mathbf{0} \end{bmatrix}_{1\times m} \left(\mathcal{H}_u^{\rm T}\mathcal{H}_u\right)^{-1}\mathcal{H}_u^{\rm T} = \begin{bmatrix} I & \mathbf{0} & \cdots & \mathbf{0} \end{bmatrix}\mathcal{H}_u^{-1}$$

对 (4.126a) 求逆并代入上式, 得

$$\begin{aligned} K_{\rm mpc} &= \begin{bmatrix} I & \mathbf{0} & \cdots & \mathbf{0} \end{bmatrix}_{1\times m} \begin{bmatrix} (C_cH_1^u)^{-1} & \mathbf{0} & \cdots & \mathbf{0} \\ * & (C_cH_1^u)^{-1} & \cdots & \mathbf{0} \\ \vdots & \vdots & & \vdots \\ * & * & \cdots & (C_cH_1^u)^{-1} \end{bmatrix}_{m\times m} \\ &= (C_cH_1^u)^{-1}\begin{bmatrix} I & \mathbf{0} & \cdots & \mathbf{0} \end{bmatrix}_{1\times m}. \end{aligned} \tag{4.145}$$

将其代入 (4.136), 并且考虑到 (4.125), 得预测控制律为

$$\begin{aligned} \Delta u(k) &= K_{\rm mpc}\left(R(k+1) - \mathcal{M}\Delta\hat{Y}(k) - \mathcal{I}\hat{y}_c(k)\right) \\ &= (C_cH_1^u)^{-1}\left(r(k+1) - C_cI_{2,N}\Delta\hat{Y}(k) - \hat{y}_c(k)\right), \end{aligned} \tag{4.146}$$

其中 $I_{i,m}$ 是 $1\times m$ 维块矩阵, 并且其第 i 个元素为 $n_u \times n_u$ 维单位阵, 其余均为 $n_u \times n_u$ 维零矩阵, 即

$$I_{i,m} = \begin{bmatrix} \mathbf{0} & \cdots & \mathbf{0} & \overset{i}{I} & \mathbf{0} & \cdots & \mathbf{0} \end{bmatrix}_{1\times m}. \tag{4.147}$$

显然有 (因为 $n_u = n_c$)

$$\begin{aligned} &I_{1,m} = C, \\ &I_{i,m}\mathcal{I} = I_{n_c\times n_c}, \quad \forall 1 \leqslant i \leqslant m. \end{aligned}$$

将 (4.146) 代入 (4.138), 得闭环控制系统为

$$\begin{aligned} \Delta Y(k+1) = &M_{hs}\Delta Y(k) \\ &+ H_u\left(C_cH_1^u\right)^{-1}\left(r(k+1) - C_cI_{2,N}\Delta\hat{Y}(k) - \hat{y}_c(k)\right). \end{aligned} \tag{4.148}$$

结合输出方程 (4.119a), 并且应用 (4.117) 可以得出闭环系统的控制输出序列如下:

$$\begin{aligned}
y_c(k+1) &= C_c C \Delta Y(k+1) + y_c(k) \\
&= C_c C M_{hs} \Delta Y(k) + y_c(k) \\
&\quad + C_c C H_u \left(C_c H_1^u\right)^{-1} \Big(r(k+1) - C_c I_{2,N} \Delta \hat{Y}(k) - \hat{y}_c(k)\Big) \\
&= C_c I_{2,N} \Delta Y(k) + y_c(k) \\
&\quad + C_c H_1^u \left(C_c H_1^u\right)^{-1} \Big(r(k+1) - C_c I_{2,N} \Delta \hat{Y}(k) - \hat{y}_c(k)\Big) \\
&= C_c I_{2,N} \Delta Y(k) + y_c(k) + r(k+1) - C_c I_{2,N} \Delta \hat{Y}(k) - \hat{y}_c(k)\,.
\end{aligned}$$

因为估计误差已经为零, 即 $\Delta \hat{Y}(k) = \Delta Y(k)$ 和 $\hat{y}_c(k) = y_c(k)$, 所以上式变为

$$y_c(k+1) = r(k+1)\,. \tag{4.149}$$

进一步, 有

$$\begin{aligned}
y_c(k+2) &= C_c C \Delta Y(k+2) + y_c(k+1) \\
&= C_c C M_{hs} \Delta Y(k+1) + y_c(k+1) \\
&\quad + C_c C H_u \left(C_c H_1^u\right)^{-1} \Big(r(k+2) - C_c I_{2,N} \Delta \hat{Y}(k+1) - \hat{y}_c(k+1)\Big) \\
&= C_c I_{2,N} \Delta Y(k+1) + y_c(k+1) \\
&\quad + r(k+2) - C_c I_{2,N} \Delta \hat{Y}(k+1) - \hat{y}_c(k+1) \\
&= r(k+2)
\end{aligned} \tag{4.150}$$

以及

$$y(k+i) = r(k+i), \quad i \geqslant 3\,. \tag{4.151}$$

因此, 在外部干扰趋于不变的情况下, 改进的模型算法控制系统对参考信号的跟踪是无静差的.

第5章　线性系统约束预测控制

约束条件在实际控制中是不可避免的, 这里我们特指对控制系统某些变量在时间域上取值的约束. 因此, 也经常称为时域约束. 例如, 执行机构饱和是对控制量的时域约束, 执行机构动作不允许过大是对控制增量的时域约束; 为了安全生产要求某个状态如温度或压力不超过极限值, 或为了环境保护而使得一些变量不得高于一定的阈值, 这都是对状态量的时域约束. 进一步考虑, 当应用质量、动量或能量转化定律建立过程模型时, 由相位平衡或热力学关系得到的代数方程也可以认为是对过程动态的约束. 即使受控系统是线性的, 这些约束也会使可望获得的控制性能受到限制. 这就意味着在分析和综合时, 不能忽略这些约束. 而大部分控制系统设计与分析忽略时域约束的存在, 会带来一些问题, 例如系统性能变坏, 不稳定等[4], 下面用一个简单的例子来说明.

例 5.1[5]　考虑下面的线性系统

$$\dot{x}_1 = 0.8x_1 - 0.5x_2 + 0.5u \tag{5.1a}$$

$$\dot{x}_2 = x_1 + 0.5u. \tag{5.1b}$$

显然, 这是开环不稳定的. 这个系统的控制输入需要满足如下的饱和约束:

$$|u| \leqslant a\,, \tag{5.2}$$

其中 a 是常数. 不考虑这个约束的存在, 设计状态反馈控制器使得无约束的闭环系统是渐近稳定的, 如反馈增益为 $K = [0.88\ 3.48]$. 将设计的反馈控制律作用于系统, 按图 5.1 的结构进行仿真, 也就是说当超出饱和值时, 控制量取饱和值. 图 5.2 给出不同 a 值时闭环系统的轨迹, 其中 $a = \infty$ 表示理想的无约束情况. 显然, 饱和约束的存在使得闭环性能变差. 当饱和约束越来越紧时, 系统变得不稳定了 (如图中的 $a = 2, a = 1$).

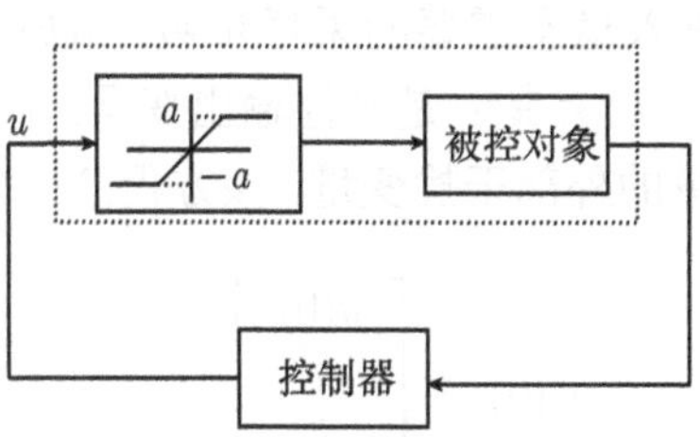

图 5.1　输入受限系统的仿真框图

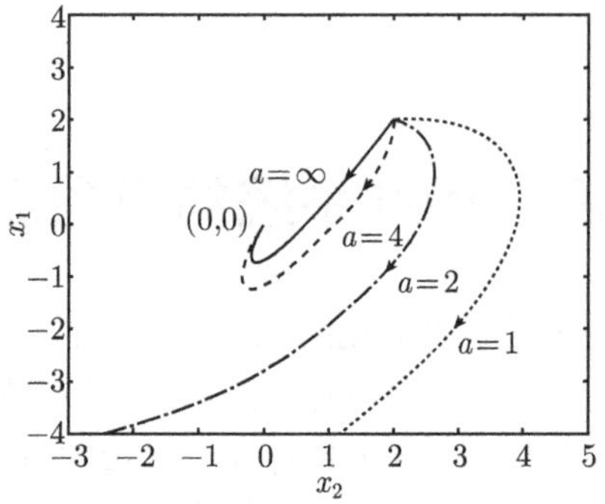

图 5.2　输入受限的线性系统[5]

从前面几章无约束预测控制的讨论知, 预测控制具有前馈 - 反馈的结构, 并且整个预测时域内的参考输入也影响当前的控制动作. 因为能够充分利用未来信息, 所以预测控制能“主动”地处理约束[16, 17], 即预见未来发生的违背约束的可能性, 提前采取必要的控制动作使之不再发生[18]. 本章介绍带时域约束的预测控制.

5.1　约束动态矩阵控制

本节讨论带时域约束的动态矩阵控制, 即采用单位阶跃响应模型作为预测系统未来动态的模型.

5.1.1　约束优化问题描述

在 3.4 节已经推导了 MIMO 系统的单位阶跃响应模型

$$Y(k)=M_{ss}Y(k-1)+S_u\Delta u(k-1)+S_d\Delta d(k-1), \tag{5.3a}$$

$$y(k)=CY(k), \tag{5.3b}$$

$$y_c(k)=C_cy(k), \tag{5.3c}$$

$$y_m(k)=C_my(k), \tag{5.3d}$$

其中 $\Delta u(k)=u(k)-u(k-1)$, $\Delta d(k)=d(k)-d(k-1)$. 模型中 $Y(k)\in\mathbb{R}^{n_y\cdot N}$ 是状态变量, N 是系统进入稳态需要的采样步数, $u(k)\in\mathbb{R}^{n_u}$ 是控制输入变量, $y(k)\in\mathbb{R}^{n_y}$ 是输出变量, $y_c(k)\in\mathbb{R}^{n_c}$ 是被控输出变量, $y_m(k)\in\mathbb{R}^{n_m}$ 是测量输出变量, $d(k)\in\mathbb{R}^{n_d}$ 是可以测量的外部干扰变量. 该方程的初始条件为

$$Y(0)=\begin{bmatrix} y(0) \\ \vdots \\ y(0) \end{bmatrix}_{N\times 1}, \tag{5.4}$$

其中 $y(0) \in \mathbb{R}^{n_y}$. 系统矩阵为

$$M_{ss} = \begin{bmatrix} \mathbf{0} & I & \mathbf{0} & \cdots & \mathbf{0} & \mathbf{0} \\ \mathbf{0} & \mathbf{0} & I & \cdots & \mathbf{0} & \mathbf{0} \\ \vdots & \vdots & \vdots & & \vdots & \vdots \\ \mathbf{0} & \mathbf{0} & \mathbf{0} & \cdots & \mathbf{0} & I \\ \mathbf{0} & \mathbf{0} & \mathbf{0} & \cdots & \mathbf{0} & I \end{bmatrix}_{N \times N}, \tag{5.5}$$

其中 $\mathbf{0} \in \mathbb{R}^{n_y \times n_y}, I \in \mathbb{R}^{n_y \times n_y}$. 控制输入 u 和可测干扰 d 到输出 y 的单位阶跃响应系数矩阵分别为

$$S_u = \begin{bmatrix} s_{11,1}^u & \cdots & s_{1n_u,1}^u \\ \vdots & & \vdots \\ s_{n_y1,1}^u & \cdots & s_{n_yn_u,1}^u \\ \vdots & & \vdots \\ s_{11,N}^u & \cdots & s_{1n_u,N}^u \\ \vdots & & \vdots \\ s_{n_y1,N}^u & \cdots & s_{n_yn_u,N}^u \end{bmatrix}_{(n_y \cdot N) \times n_u}, \tag{5.6a}$$

$$S_d = \begin{bmatrix} s_{11,1}^d & \cdots & s_{1n_d,1}^d \\ \vdots & & \vdots \\ s_{n_y1,1}^d & \cdots & s_{n_yn_d,1}^d \\ \vdots & & \vdots \\ s_{11,N}^d & \cdots & s_{1n_d,N}^d \\ \vdots & & \vdots \\ s_{n_y1,N}^d & \cdots & s_{n_yn_d,N}^d \end{bmatrix}_{(n_y \cdot N) \times n_d}. \tag{5.6b}$$

这一节, 我们还要求系统的输出 (后面将称其为约束输出 $y_b(k) \in \mathbb{R}^{n_b}$)

$$y_b(k) = C_b y(k), \text{ 其中} C_b \in \mathbb{R}^{n_b \times n_y}, \tag{5.7}$$

满足下面的输出约束

$$y_{\min}(k) \leqslant y_b(k) \leqslant y_{\max}(k), \quad \forall k \geqslant 0 \tag{5.8}$$

以及控制量和控制增量满足下面的控制约束

$$u_{\min}(k) \leqslant u(k) \leqslant u_{\max}(k), \quad \forall k \geqslant 0 \tag{5.9a}$$

$$\Delta u_{\min}(k) \leqslant \Delta u(k) \leqslant \Delta u_{\max}(k), \quad \forall k \geqslant 0. \tag{5.9b}$$

注 5.1　上面向量之间的不等式关系表示向量中对应各元素的不等式关系，例如对于任意向量 $A=[a_1,a_2,\cdots,a_n]^{\mathrm{T}}, B=[b_1,b_2,\cdots,b_n]^{\mathrm{T}}$，其中 $a_i,b_i\in\mathbb{R}, i=1,2,\cdots,n$，向量不等式 $A\leqslant B$ 表示向量各对应元素 $a_i\leqslant b_i$.

在 k 时刻有测量输出值 $y_m(k)$ 以及给定的控制输出参考序列, 即参考输入序列

$$R(k+1)=\begin{bmatrix} r(k+1)\\ r(k+2)\\ \vdots\\ r(k+p)\end{bmatrix}_{p\times 1}, \tag{5.10}$$

其中 $r(k+i)\in\mathbb{R}^{n_c}, i=1,2,\cdots,p$.

修改 3.4 节的无约束 DMC 的优化问题 3.4, 得到约束 DMC 在 k 时刻的优化问题如下.

问题 5.1

$$\min_{\Delta U(k)} J\left(y_m(k),\Delta U(k),m,p\right)$$

满足系统动力学 $(i=0,1,\cdots,p)$

$$Y(k+i+1|k)=M_{ss}Y(k+i|k)+S_u\Delta u(k+i)+S_d\Delta d(k+i)\,, \tag{5.11a}$$

$$Y(k|k)=\hat{Y}(k)\,, \tag{5.11b}$$

$$y_c(k+i|k)=C_cCY(k+i|k)\,, \tag{5.11c}$$

$$y_b(k+i|k)=C_bCY(k+i|k)\,, \tag{5.11d}$$

及时域约束

$$u_{\min}(k+i)\leqslant u(k+i)\leqslant u_{\max}(k+i),\quad i=0,1,\cdots,m-1\,, \tag{5.12a}$$

$$\Delta u_{\min}(k+i)\leqslant \Delta u(k+i)\leqslant \Delta u_{\max}(k+i),\quad i=0,1,\cdots,m-1\,, \tag{5.12b}$$

$$y_{\min}(k+i)\leqslant y_b(k+i|k)\leqslant y_{\max}(k+i),\quad i=1,\cdots,p\,, \tag{5.12c}$$

其中

$$J\left(y_m(k),\Delta U(k),m,p\right)=\left\|\Gamma_y\left(Y_{p,c}(k+1|k)-R(k+1)\right)\right\|^2+\left\|\Gamma_u\Delta U(k)\right\|^2. \tag{5.13}$$

在上述优化问题描述中 Γ_y 和 Γ_u 是加权矩阵, 给定为

$$\Gamma_y=\mathrm{diag}\{\Gamma_{y,1},\Gamma_{y,2},\cdots,\Gamma_{y,p}\},\quad \Gamma_{y,i}\in\mathbb{R}^{n_c\times n_c},\quad i=1,2,\cdots,p\,,$$

$$\Gamma_u=\mathrm{diag}\{\Gamma_{u,1},\Gamma_{u,2},\cdots,\Gamma_{u,m}\},\quad \Gamma_{u,j}\in\mathbb{R}^{n_u\times n_u},\quad j=1,2,\cdots,m\,,$$

$\Delta U(k)$ 是控制量增量序列, 作为约束优化问题的独立变量, 定义为

$$\Delta U(k) \stackrel{\text{def}}{=\!=} \begin{bmatrix} \Delta u(k) \\ \Delta u(k+1) \\ \vdots \\ \Delta u(k+m-1) \end{bmatrix}_{m\times 1}, \tag{5.14}$$

$Y_{p,c}(k+1|k)$ 是 k 时刻基于单位阶跃响应模型预测的 p 步控制输出, 定义为

$$Y_{p,c}(k+1|k) \stackrel{\text{def}}{=\!=} \begin{bmatrix} y_c(k+1|k) \\ y_c(k+2|k) \\ \vdots \\ y_c(k+p|k) \end{bmatrix}_{p\times 1}. \tag{5.15}$$

具体的, 预测输出序列 $y_c(k+i|k)$ 和 $y_b(k+i|k)$ 由 (5.11) 计算, 其中 (5.11b) 表明估计状态是预测未来动态的初始条件. 对控制输出序列 $Y_{p,c}(k+1|k)$, 在 3.4.3 节已经完成推导过程, 这里直接给出预测方程如下:

$$Y_{p,c}(k+1|k) = \mathcal{M}\hat{Y}(k) + \mathcal{S}_u\Delta U(k) + \mathcal{S}_d\Delta d(k), \tag{5.16}$$

其中

$$\mathcal{M} = \begin{bmatrix} \mathbf{0} & C_c & \mathbf{0} & \mathbf{0} & \cdots & \mathbf{0} & \mathbf{0} & \cdots & \mathbf{0} \\ \mathbf{0} & \mathbf{0} & C_c & \mathbf{0} & \cdots & \mathbf{0} & \mathbf{0} & \cdots & \mathbf{0} \\ \vdots & \vdots & \vdots & \vdots & \vdots & \vdots & \vdots & & \vdots \\ \mathbf{0} & \mathbf{0} & \mathbf{0} & \cdots & \mathbf{0} & C_c & \mathbf{0} & \cdots & \mathbf{0} \end{bmatrix}_{p\times N}, \tag{5.17a}$$

$$\mathcal{S}_u = \begin{bmatrix} C_cS_1^u & \mathbf{0} & \mathbf{0} & \cdots & \mathbf{0} \\ C_cS_2^u & C_cS_1^u & \mathbf{0} & \cdots & \mathbf{0} \\ \vdots & \vdots & \vdots & & \vdots \\ C_cS_m^u & C_cS_{m-1}^u & \cdots & \cdots & C_cS_1^u \\ \vdots & \vdots & \vdots & & \vdots \\ C_cS_p^u & C_cS_{p-1}^u & \cdots & \cdots & C_cS_{p-m+1}^u \end{bmatrix}_{p\times m}, \tag{5.17b}$$

其中 $S_i^u = \begin{bmatrix} s_{11,i}^u & \cdots & s_{1n_u,i}^u \\ s_{21,i}^u & \cdots & s_{2n_u,i}^u \\ \vdots & & \vdots \\ s_{n_y1,i}^u & \cdots & s_{n_yn_u,i}^u \end{bmatrix}_{n_y\times n_u}$,

$$\mathcal{S}_d = \begin{bmatrix} C_c S_1^d \\ C_c S_2^d \\ \vdots \\ C_c S_p^d \end{bmatrix}_{p\times 1}, \quad \text{其中 } S_i^d = \begin{bmatrix} s_{11,i}^d & \cdots & s_{1n_d,i}^d \\ s_{21,i}^d & \cdots & s_{2n_d,i}^d \\ \vdots & & \vdots \\ s_{n_y1,i}^d & \cdots & s_{n_yn_d,i}^d \end{bmatrix}_{n_y\times n_d}. \tag{5.17c}$$

预测方程 (5.16) 中的 $\hat{Y}(k)$ 是对 k 时刻状态的估计. 其原因是单位阶跃响应模型 (5.3a) 的状态 $Y(k)$ 中只有第一个分向量的部分是可以测量的, 即只有 $y_m(k)$ 是可以测量得到的. 因此, 需要对状态量 $Y(k)$ 进行估计, 以估计状态 $\hat{Y}(k)$ 作为预测系统未来动态的起点, 即优化问题 5.1 中的动力学初始条件 (5.11b). 在 3.4.2 节也已经讨论, 如果选择测量输出 y_m 使得

$$\begin{aligned}\text{rank}\begin{bmatrix} C_mC \\ C_mCM_{ss} \\ C_mCM_{ss}^2 \\ \vdots \\ C_mCM_{ss}^{N-1} \end{bmatrix} &= \text{rank}\begin{bmatrix} C_mI_{n_y\times n_y} & \mathbf{0} & \cdots & \mathbf{0} \\ \mathbf{0} & C_mI_{n_y\times n_y} & \cdots & \mathbf{0} \\ \vdots & \vdots & & \vdots \\ \mathbf{0} & \mathbf{0} & \cdots & C_mI_{n_y\times n_y} \end{bmatrix} \\ &= n_y\cdot N, \end{aligned} \tag{5.18}$$

则 MIMO 系统的单位阶跃响应模型 (5.3) 是可观的. 因此, 可以设计状态观测器方程如下:

$$\begin{aligned}\hat{Y}(k) &= M_{ss}\hat{Y}(k-1) + S_u\Delta u(k-1) + S_d\Delta d(k-1) \\ &\quad + K_F\left(y_m(k-1) - C_mC\hat{Y}(k-1)\right), \end{aligned} \tag{5.19}$$

其中 K_F 可以应用极点配置或 Kalman 滤波等方法计算使得 $M_{ss} - K_FC_mC$ 是名义渐近稳定的, 且可以任意配置极点.

5.1.2　约束优化问题求解

显然, 由于约束条件 (5.12) 的存在, 一般情况下, 我们无法得到优化问题 5.1 的解析解, 也即我们不能得到如 (3.160) 的 K_{mpc} 表达式. 因此, 需要采用数值优化方法求解约束优化问题 5.1. 由于目标函数是二次型的, 动力学方程和时域约束条件是线性的, 所以问题 5.1 是一个二次规划 (Quadratic programming, QP) 问题. 下面简单介绍一下 QP 问题.

QP 问题是下面形式的优化问题:

$$\min_z z^{\mathrm{T}}Hz - g^{\mathrm{T}}z, \quad \text{满足 } Cz \geqslant b, \tag{5.20}$$

其中 H 是 Hessian 矩阵, g 是梯度向量, z 是优化的独立变量. 如果没有约束, 即没有 $Cz \geqslant b$, 则

$$\frac{\mathrm{d}(z^{\mathrm{T}}Hz - g^{\mathrm{T}}z)}{\mathrm{d}z} = 2Hz - g = 0 \Rightarrow z = \frac{1}{2}H^{-1}g\,,$$
$$\frac{\mathrm{d}^2(z^{\mathrm{T}}Hz - g^{\mathrm{T}}z)}{\mathrm{d}z^2} = 2H\,.$$

因此, 无约束 QP 问题 (5.20) 存在最小值的条件为 $H > 0$. 优化问题 2.1 就是这样的一个例子. 因为 $b^{\mathrm{T}}b$ 与 z 无关, 所以优化问题 2.1 等价于 QP 问题

$$\min_z z^{\mathrm{T}}A^{\mathrm{T}}Az - 2b^{\mathrm{T}}Az\,.$$

如果 $A^{\mathrm{T}}A > 0$, 则最优解为

$$z = \frac{1}{2}H^{-1}g = (A^{\mathrm{T}}A)^{-1}A^{\mathrm{T}}b,$$

与 2.3.2 节得到的解相同.

注 5.2 *在有不等式约束的情况下, $H = 0$ 时优化问题也是可以有解的. 这时, QP 问题就变成线性规划 (Linear programming, LP) 问题*

$$\min_z -g^{\mathrm{T}}z, \quad 满足\ Cz \geqslant b\,,$$

如图 5.3 所示, LP 问题的解总是在某一约束边界上.

求解形如 (5.20) 的 QP 问题已有不少商用软件. 因此, 我们需要将约束 DMC 优化问题 5.1 转换为标准的 QP 描述.

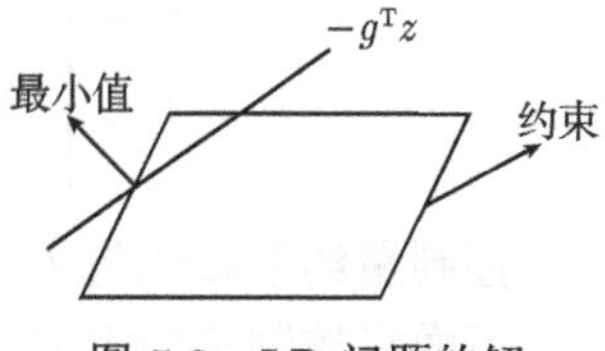

图 5.3 LP 问题的解

目标函数转换为 $z^{\mathrm{T}}Hz - g^{\mathrm{T}}z$

下面将目标函数 (5.13) 转换为 $z^{\mathrm{T}}Hz - g^{\mathrm{T}}z$ 的形式, 其中 $z = \Delta U(k)$ 是优化问题 5.1 的独立变量. 将预测方程 (5.16) 代入目标函数 (5.13), 并定义

$$E_p(k+1|k) \stackrel{\mathrm{def}}{=\!=} R(k+1) - \mathcal{M}\hat{Y}(k) - \mathcal{S}_d\Delta d(k)\,, \tag{5.21}$$

则目标函数变为

$$\begin{aligned} J &= \|\Gamma_y(\mathcal{S}_u\Delta U(k) - E_p(k+1|k))\|^2 + \|\Gamma_u\Delta U(k)\|^2 \\ &= \Delta U(k)^{\mathrm{T}}\mathcal{S}_u^{\mathrm{T}}\Gamma_y^{\mathrm{T}}\Gamma_y\mathcal{S}_u\Delta U(k) + \Delta U(k)^{\mathrm{T}}\Gamma_u^{\mathrm{T}}\Gamma_u\Delta U(k) \\ &\quad - 2E_p(k+1|k)^{\mathrm{T}}\Gamma_y^{\mathrm{T}}\Gamma_y\mathcal{S}_u\Delta U(k) + E_p(k+1|k)^{\mathrm{T}}\Gamma_y^{\mathrm{T}}\Gamma_yE_p(k+1|k)\,. \end{aligned} \tag{5.22}$$

因为 $E_p(k+1|k)^{\mathrm{T}}\Gamma_y^{\mathrm{T}}\Gamma_yE_p(k+1|k)$ 与独立变量 $\Delta U(k)$ 无关, 所以对优化问题而言, 上式等价于

$$\tilde{J} = \Delta U(k)^{\mathrm{T}} H \Delta U(k) - G(k+1|k)^{\mathrm{T}} \Delta U(k)\,, \tag{5.23}$$

其中

$$H = \mathcal{S}_u^{\mathrm{T}} \Gamma_y^{\mathrm{T}} \Gamma_y \mathcal{S}_u + \Gamma_u^{\mathrm{T}} \Gamma_u\,, \tag{5.24a}$$

$$G(k+1|k) = 2\mathcal{S}_u^{\mathrm{T}} \Gamma_y^{\mathrm{T}} \Gamma_y E_p(k+1|k)\,. \tag{5.24b}$$

控制增量约束转化为 $\boldsymbol{Cz \geqslant b}$

下面将控制量增量约束 (5.12b) 转化为 $Cz \geqslant b$ 的形式. 因为优化问题的独立变量是控制增量序列, 可以将控制量增量约束 (5.12b) 直接写成需要的形式

$$\begin{bmatrix} -T \\ T \end{bmatrix} \Delta U(k) \geqslant \begin{bmatrix} -\Delta u_{\max}(k) \\ \vdots \\ -\Delta u_{\max}(k+m-1) \\ \Delta u_{\min}(k) \\ \vdots \\ \Delta u_{\min}(k+m-1) \end{bmatrix}, \tag{5.25}$$

其中

$$T = \begin{bmatrix} I_{n_u \times n_u} & \mathbf{0} & \cdots & \mathbf{0} \\ \mathbf{0} & I_{n_u \times n_u} & \cdots & \mathbf{0} \\ \vdots & \vdots & & \vdots \\ \mathbf{0} & \mathbf{0} & \cdots & I_{n_u \times n_u} \end{bmatrix}_{m \times m}. \tag{5.26}$$

控制量约束转化为 $\boldsymbol{Cz \geqslant b}$

下面将控制量约束 (5.12a) 转化为 $Cz \geqslant b$ 的形式. 由于

$$\Delta u(k+i) = u(k+i) - u(k+i-1)\,,$$

因此对 $i = 0$ 有 $u(k) = u(k-1) + \Delta u(k)$, 进而有

$$u_{\min}(k) \leqslant u(k) \leqslant u_{\max}(k) \Longrightarrow \begin{cases} -\Delta u(k) \geqslant u(k-1) - u_{\max}(k)\,, \\ \Delta u(k) \geqslant u_{\min}(k) - u(k-1)\,. \end{cases}$$

对 $i = 1$ 有 $u(k+1) = u(k-1) + \Delta u(k) + \Delta u(k+1)$, 因此有

$$\begin{aligned} & u_{\min}(k+1) \leqslant u(k+1) \leqslant u_{\max}(k+1) \\ & \qquad \Longrightarrow \begin{cases} -(\Delta u(k) + \Delta u(k+1)) \geqslant u(k-1) - u_{\max}(k+1)\,, \\ \Delta u(k) + \Delta u(k+1) \geqslant u_{\min}(k+1) - u(k-1)\,. \end{cases} \end{aligned}$$

对任何 $i=0,1,2,\cdots,m-1$ 有 $u(k+i)=u(k-1)+\sum_{j=0}^{i}\Delta u(k+j)$, 因此有

$$u_{\min}(k+i)\leqslant u(k+i)\leqslant u_{\max}(k+i)$$
$$\Longrightarrow\begin{cases}-\sum_{j=0}^{i}\Delta u(k+j)\geqslant u(k-1)-u_{\max}(k+i)\ ,\\ \sum_{j=0}^{i}\Delta u(k+j)\geqslant u_{\min}(k+i)-u(k-1)\ .\end{cases}$$

综上, 将控制量约束 (5.12a) 写成如下的矩阵形式:

$$\begin{bmatrix}-L\\ L\end{bmatrix}\Delta U(k)\geqslant\begin{bmatrix}u(k-1)-u_{\max}(k)\\ \vdots\\ u(k-1)-u_{\max}(k+m-1)\\ u_{\min}(k)-u(k-1)\\ \vdots\\ u_{\min}(k+m-1)-u(k-1)\end{bmatrix}, \tag{5.27}$$

其中

$$L=\begin{bmatrix}I_{n_u\times n_u} & \mathbf{0} & \cdots & \mathbf{0}\\ I_{n_u\times n_u} & I_{n_u\times n_u} & \cdots & \mathbf{0}\\ \vdots & \vdots & & \vdots\\ I_{n_u\times n_u} & I_{n_u\times n_u} & \cdots & I_{n_u\times n_u}\end{bmatrix}_{m\times m}. \tag{5.28}$$

输出约束转化为 $\boldsymbol{Cz\geqslant b}$

下面将输出约束 (5.12c) 转化为 $Cz\geqslant b$ 的形式. 为此, 我们需要建立约束输出的预测方程. 方法与 3.2.3 节基于单位阶跃响应模型建立控制输出的预测方程相同. 首先, 基于动力学方程 (5.11a) 和初始条件 (5.11b) 作 p 步状态预测, 得

$$\begin{aligned}Y(k+1|k)&=M_{ss}\hat{Y}(k)+S_u\Delta u(k)+S_d\Delta d(k)\ ,\\ Y(k+2|k)&=M_{ss}^2\hat{Y}(k)+M_{ss}S_u\Delta u(k)+S_u\Delta u(k+1)+M_{ss}S_d\Delta d(k)\ ,\\ &\ \ \vdots\\ Y(k+m|k)&=M_{ss}^m\hat{Y}(k)+M_{ss}^{m-1}S_u\Delta u(k)+M_{ss}^{m-2}S_u\Delta u(k+1)\\ &\quad+\cdots+S_u\Delta u(k+m-1)+M_{ss}^{m-1}S_d\Delta d(k)\ ,\\ &\ \ \vdots\end{aligned}$$

$$
\begin{aligned}
Y(k+p|k) = & M_{ss}^{p}\hat{Y}(k) + M_{ss}^{p-1}S_u\Delta u(k) + M_{ss}^{p-2}S_u\Delta u(k+1) \\
& + \cdots + M_{ss}^{p-m}S_u\Delta u(k+m-1) + M_{ss}^{p-1}S_d\Delta d(k) .
\end{aligned}
$$

然后, 由约束输出方程 (5.11d) 得预测的 p 步约束输出如下:

$$
\begin{aligned}
y_b(k+1|k) &= C_b\Big(CM_{ss}\hat{Y}(k) + CS_u\Delta u(k) + CS_d\Delta d(k)\Big) , \\
y_b(k+2|k) &= C_b\Big(CM_{ss}^{2}\hat{Y}(k) + CM_{ss}S_u\Delta u(k) + CS_u\Delta u(k+1) \\
&\qquad + CM_{ss}S_d\Delta d(k)\Big) , \\
&\ \ \vdots \\
y_b(k+m|k) &= C_b\Big(CM_{ss}^{m}\hat{Y}(k) + CM_{ss}^{m-1}S_u\Delta u(k) + CM_{ss}^{m-2}S_u\Delta u(k+1) \\
&\qquad + \cdots + CS_u\Delta u(k+m-1) + CM_{ss}^{m-1}S_d\Delta d(k)\Big) , \\
&\ \ \vdots \\
y_b(k+p|k) &= C_b\Big(CM_{ss}^{p}\hat{Y}(k) + CM_{ss}^{p-1}S_u\Delta u(k) + CM_{ss}^{p-2}S_u\Delta u(k+1) \\
&\qquad + \cdots + CM_{ss}^{p-m}S_u\Delta u(k+m-1) \\
&\qquad + CM_{ss}^{p-1}S_d\Delta d(k)\Big) .
\end{aligned}
$$

定义向量

$$
Y_{p,b}(k+1|k) \overset{\text{def}}{=\!=} \begin{bmatrix} y_b(k+1|k) \\ y_b(k+2|k) \\ \vdots \\ y_b(k+p|k) \end{bmatrix}_{p\times 1} , \tag{5.29}
$$

则对系统未来 p 步约束输出的预测可以由下面的预测方程计算:

$$
Y_{p,b}(k+1|k) = \mathcal{M}_b\hat{Y}(k) + \mathcal{S}_{u,b}\Delta U(k) + \mathcal{S}_{d,b}\Delta d(k) , \tag{5.30}
$$

其中

$$
\mathcal{M}_b = \begin{bmatrix} C_bCM_{ss} \\ C_bCM_{ss}^{2} \\ \vdots \\ C_bCM_{ss}^{p} \end{bmatrix}_{p\times 1} , \quad \mathcal{S}_{d,b} = \begin{bmatrix} C_bCS_d \\ C_bCM_{ss}S_d \\ \vdots \\ C_bCM_{ss}^{p-1}S_d \end{bmatrix}_{p\times 1} ,
$$

$$
\mathcal{S}_{u,b} = \begin{bmatrix} C_bCS_u & \mathbf{0} & \mathbf{0} & \cdots & \mathbf{0} \\ C_bCM_{ss}S_u & C_bCS_u & \mathbf{0} & \cdots & \mathbf{0} \\ \vdots & \vdots & \vdots & & \vdots \\ C_bCM_{ss}^{m-1}S_u & C_bCM_{ss}^{m-2}S_u & \cdots & \cdots & C_bCS_u \\ \vdots & \vdots & \vdots & & \vdots \\ C_bCM_{ss}^{p-1}S_u & C_bCM_{ss}^{p-2}S_u & \cdots & \cdots & C_bCM_{ss}^{p-m}S_u \end{bmatrix}_{p\times m} .
$$

应用 (3.140) 和 (3.141), 上述矩阵变为

$$
\mathcal{M}_b = \begin{bmatrix} \mathbf{0} & C_b & \mathbf{0} & \mathbf{0} & \mathbf{0} & \cdots & \mathbf{0} & \cdots & \mathbf{0} \\ \mathbf{0} & \mathbf{0} & C_b & \mathbf{0} & \mathbf{0} & \cdots & \mathbf{0} & \cdots & \mathbf{0} \\ \vdots & \vdots & \ddots & \ddots & \ddots & \ddots & \vdots & & \vdots \\ \mathbf{0} & \mathbf{0} & \cdots & \mathbf{0} & C_b & \mathbf{0} & \mathbf{0} & \cdots & \mathbf{0} \end{bmatrix}_{p\times N} , \tag{5.31a}
$$

$$
\mathcal{S}_{u,b} = \begin{bmatrix} C_bS_1^u & \mathbf{0} & \mathbf{0} & \cdots & \mathbf{0} \\ C_bS_2^u & C_bS_1^u & \mathbf{0} & \cdots & \mathbf{0} \\ \vdots & \vdots & \vdots & & \vdots \\ C_bS_m^u & C_bS_{m-1}^u & \cdots & \cdots & C_bS_1^u \\ \vdots & \vdots & \vdots & & \vdots \\ C_bS_p^u & C_bS_{p-1}^u & \cdots & \cdots & C_bS_{p-m+1}^u \end{bmatrix}_{p\times m} , \tag{5.31b}
$$

$$
\mathcal{S}_{d,b} = \begin{bmatrix} C_bS_1^d \\ C_bS_2^d \\ \vdots \\ C_bS_p^d \end{bmatrix}_{p\times 1} . \tag{5.31c}
$$

记

$$
Y_{\min}(k+1) = \begin{bmatrix} y_{\min}(k+1) \\ y_{\min}(k+2) \\ \vdots \\ y_{\min}(k+p) \end{bmatrix}_{p\times 1} , \quad Y_{\max}(k+1) = \begin{bmatrix} y_{\max}(k+1) \\ y_{\max}(k+2) \\ \vdots \\ y_{\max}(k+p) \end{bmatrix}_{p\times 1} ,
$$

其中 $y_{\min}(k+i)$, $y_{\max}(k+i) \in \mathbb{R}^{n_b}$, $i = 1, 2, \cdots, p$. 因此输出约束 (5.12c) 可描述为如下的向量形式

$$
Y_{\min}(k+1) \leqslant Y_{p,b}(k+1|k) \leqslant Y_{\max}(k+1) .
$$

将 (5.30) 代入得输出约束 (5.12c) 转换为

$$\begin{bmatrix} -\mathcal{S}_{u,b} \\ \mathcal{S}_{u,b} \end{bmatrix} \Delta U(k) \geqslant \begin{bmatrix} \left(\mathcal{M}_b \hat{Y}(k) + \mathcal{S}_{d,b}\Delta d(k)\right) - Y_{\max}(k+1) \\ -\left(\mathcal{M}_b \hat{Y}(k) + \mathcal{S}_{d,b}\Delta d(k)\right) + Y_{\min}(k+1) \end{bmatrix} \tag{5.32}$$

综合 (5.23)~(5.32), 约束 DMC 的优化问题 5.1 可以转换为如下的 QP 问题描述:

$$\min_{\Delta U(k)} \Delta U(k)^{\mathrm{T}} H \Delta U(k) - G(k+1|k)^{\mathrm{T}} \Delta U(k) \tag{5.33a}$$

$$\text{满足} \quad C_u \Delta U(k) \geqslant b(k+1|k)\,, \tag{5.33b}$$

其中 H 和 $G(k+1|k)$ 由 (5.24) 给出,

$$C_u = \begin{bmatrix} -T^{\mathrm{T}} & T^{\mathrm{T}} & -L^{\mathrm{T}} & L^{\mathrm{T}} & -\mathcal{S}_{u,b}^{\mathrm{T}} & \mathcal{S}_{u,b}^{\mathrm{T}} \end{bmatrix}^{\mathrm{T}}_{(4m+2p)\times 1},$$

$$b(k+1|k) = \begin{bmatrix} -\Delta u_{\max}(k) \\ \vdots \\ -\Delta u_{\max}(k+m-1) \\ \Delta u_{\min}(k) \\ \vdots \\ \Delta u_{\min}(k+m-1) \\ u(k-1) - u_{\max}(k) \\ \vdots \\ u(k-1) - u_{\max}(k+m-1) \\ u_{\min}(k) - u(k-1) \\ \vdots \\ u_{\min}(k+m-1) - u(k-1) \\ \left(\mathcal{M}_b \hat{Y}(k) + \mathcal{S}_{d,b}\Delta d(k)\right) - Y_{\max}(k+1) \\ -\left(\mathcal{M}_b \hat{Y}(k) + \mathcal{S}_{d,b}\Delta d(k)\right) + Y_{\min}(k+1) \end{bmatrix}_{(4m+2p)\times 1}.$$

上式中 T, L, $\mathcal{M}_b$, $\mathcal{S}_{u,b}$ 和 $\mathcal{S}_{d,b}$ 由 (5.26), (5.28) 和 (5.31) 计算.

5.1.3 约束 DMC 的闭环控制

由 (5.24a) 知 $H \geqslant 0$. 因此, QP 问题 (5.33) 对任何加权矩阵 $\Gamma_y \geqslant 0$, $\Gamma_u \geqslant 0$ 均有解, 记为 $\Delta U^*(k)$. 显然, $\Delta U^*(k)$ 是测量值 $y_m(k)$, 控制时域 m 和预测时域 p 的函数, 一般来说是非线性的. 根据预测控制的基本原理, 得到的开环控制序列的

第一步将作用于被控系统. 在下一个采样时刻, 将用新的测量值刷新约束优化问题 5.1 即 QP 问题 (5.33), 并重新求解. 因此, 约束 DMC 的闭环控制律定义为

$$\Delta u(k) = \begin{bmatrix} I_{n_u \times n_u} & \mathbf{0} & \cdots & \mathbf{0} \end{bmatrix} \Delta U^*(k)\,. \tag{5.34}$$

图 5.4 给出了约束 DMC 控制器的实现流程. 前面已经说明, 只要选择加权矩阵满足 $\Gamma_y \geqslant 0, \Gamma_u \geqslant 0$, QP 问题 (5.33) 均有解. 也就是说框图中“控制器失败”的情况实际上是完全可以避免的.

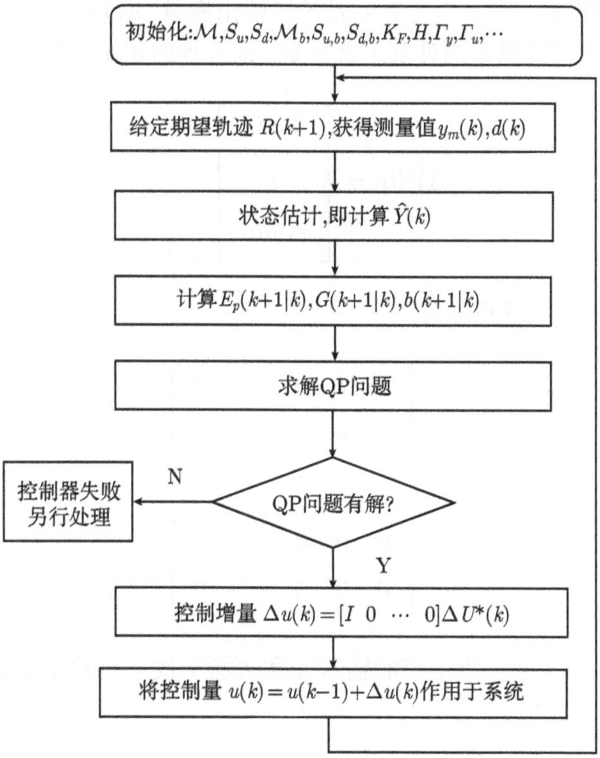

图 5.4 约束 DMC 的实现流程图

5.2 约束模型算法控制

本节讨论带时域约束的模型算法控制, 即采用脉冲响应模型作为预测系统未来动态的模型.

5.2.1 约束优化问题描述

在 4.4 节已经推导了 MIMO 系统的脉冲响应模型

$$\Delta Y(k) = M_{hs}\Delta Y(k-1) + H_u\Delta u(k-1) + H_d\Delta d(k-1)\ , \tag{5.35a}$$
$$y(k) = C\Delta Y(k) + y(k-1)\ , \tag{5.35b}$$
$$y_c(k) = C_c y(k)\ , \tag{5.35c}$$
$$y_m(k) = C_m y(k)\ , \tag{5.35d}$$

其中 $\Delta u(k) = u(k) - u(k-1)$, $\Delta d(k) = d(k) - d(k-1)$. 模型中 $\Delta Y(k) \in \mathbb{R}^{n_y \cdot N}$ 是状态变量增量, N 是系统进入稳态需要的采样步数, $u(k) \in \mathbb{R}^{n_u}$ 是控制输入变量, $y(k) \in \mathbb{R}^{n_y}$ 是输出变量, $y_c(k) \in \mathbb{R}^{n_c}$ 是被控输出变量, $y_m(k) \in \mathbb{R}^{n_m}$ 是测量输出变量, $d(k) \in \mathbb{R}^{n_d}$ 是可以测量的外部干扰变量. 该方程的初始条件为

$$\Delta Y(0) = \begin{bmatrix} \Delta y(0) \\ \vdots \\ \Delta y(0) \end{bmatrix}_{N\times 1}, \tag{5.36}$$

其中 $\Delta y(0) \in \mathbb{R}^{n_y}$. 系统矩阵为

$$M_{hs} = \begin{bmatrix} \mathbf{0} & I & \mathbf{0} & \cdots & \mathbf{0} \\ \mathbf{0} & \mathbf{0} & I & \cdots & \mathbf{0} \\ \vdots & \vdots & \vdots & & \vdots \\ \mathbf{0} & \mathbf{0} & \mathbf{0} & \cdots & I \\ \mathbf{0} & \mathbf{0} & \mathbf{0} & \cdots & \mathbf{0} \end{bmatrix}_{N\times N}, \tag{5.37}$$

其中 $\mathbf{0} \in \mathbb{R}^{n_y\times n_y}, I \in \mathbb{R}^{n_y\times n_y}$. 控制输入 u 和可测干扰 d 到输出 y 的脉冲响应系数矩阵分别为

$$H_u = \begin{bmatrix} h^u_{11,1} & \cdots & h^u_{1n_u,1} \\ \vdots & & \vdots \\ h^u_{n_y1,1} & \cdots & h^u_{n_yn_u,1} \\ \vdots & & \vdots \\ h^u_{11,N} & \cdots & h^u_{1n_u,N} \\ \vdots & & \vdots \\ h^u_{n_y1,N} & \cdots & h^u_{n_yn_u,N} \end{bmatrix}_{(n_y\cdot N)\times n_u}, \tag{5.38a}$$

$$H_d = \begin{bmatrix} h^d_{11,1} & \cdots & h^d_{1n_d,1} \\ \vdots & & \vdots \\ h^d_{n_y1,1} & \cdots & h^d_{n_yn_d,1} \\ \vdots & & \vdots \\ h^d_{11,N} & \cdots & h^d_{1n_d,N} \\ \vdots & & \vdots \\ h^d_{n_y1,N} & \cdots & h^d_{n_yn_d,N} \end{bmatrix}_{(n_y\cdot N)\times n_d} . \tag{5.38b}$$

这一节我们还要求系统的输出

$$y_b(k) = C_b y(k), \quad 其中 C_b \in \mathbb{R}^{n_b\times n_y} \tag{5.39}$$

满足下面的输出约束:

$$y_{\min}(k) \leqslant y_b(k) \leqslant y_{\max}(k), \quad \forall k \geqslant 0 \tag{5.40}$$

以及控制量和控制增量满足下面的控制约束:

$$u_{\min}(k) \leqslant u(k) \leqslant u_{\max}(k), \quad \forall k \geqslant 0 , \tag{5.41a}$$

$$\Delta u_{\min}(k) \leqslant \Delta u(k) \leqslant \Delta u_{\max}(k), \quad \forall k \geqslant 0 . \tag{5.41b}$$

在 k 时刻有测量输出值 $y_m(k)$ 以及给定的控制输出参考序列

$$R(k+1) = \begin{bmatrix} r(k+1) \\ r(k+2) \\ \vdots \\ r(k+p) \end{bmatrix}_{p\times 1} . \tag{5.42}$$

我们修改 4.4 节的无约束多输入多输出 MAC 的优化问题 4.5, 得到约束 MAC 的优化问题如下.

问题 5.2

$$\min_{\Delta U(k)} J\left(y_m(k), \Delta U(k), m, p\right)$$

满足系统动力学 $(i = 0, 1, \cdots, p)$

$$\Delta Y(k+i+1|k) = M_{hs}\Delta Y(k+i|k) + H_u\Delta u(k+i) + H_d\Delta d(k+i) , \tag{5.43a}$$

$$\Delta Y(k|k) = \Delta\hat{Y}(k) , \tag{5.43b}$$

$$y_c(k+i|k) = C_cC\Delta Y(k+i|k) + y_c(k+i-1|k), \quad i \geqslant 1 , \tag{5.43c}$$

$$y_c(k|k) = \hat{y}_c(k) , \tag{5.43d}$$

$$y_b(k+i|k) = C_b C \Delta Y(k+i|k) + y_b(k+i-1|k), \quad i \geqslant 1\,, \tag{5.43e}$$

$$y_b(k|k) = \hat{y}_b(k)\,, \tag{5.43f}$$

及时域约束

$$u_{\min}(k+i) \leqslant u(k+i) \leqslant u_{\max}(k+i), \quad i = 0, 1, \cdots, m-1\,, \tag{5.44a}$$

$$\Delta u_{\min}(k+i) \leqslant \Delta u(k+i) \leqslant \Delta u_{\max}(k+i), \quad i = 0, 1, \cdots, m-1\,, \tag{5.44b}$$

$$y_{\min}(k+i) \leqslant y_b(k+i|k) \leqslant y_{\max}(k+i)\,, \quad i = 1, \cdots, p\,, \tag{5.44c}$$

其中

$$J\left(y_m(k), \Delta U(k), m, p\right) = \left\| \varGamma_y \left(Y_{p,c}(k+1|k) - R(k+1)\right)\right\|^2 + \left\|\varGamma_u \Delta U(k)\right\|^2 . \tag{5.45}$$

在上述优化问题描述中 $\varGamma_y$ 和 $\varGamma_u$ 是加权矩阵, 给定为

$$\varGamma_y = \mathrm{diag}\{\varGamma_{y,1}, \varGamma_{y,2}, \cdots, \varGamma_{y,p}\}_{p\times p}\,,$$
$$\varGamma_u = \mathrm{diag}\{\varGamma_{u,1}, \varGamma_{u,2}, \cdots, \varGamma_{u,m}\}_{m\times m}\,,$$

$\Delta U(k)$ 是控制量增量序列, 作为约束优化问题的独立变量, 定义为

$$\Delta U(k) \stackrel{\text{def}}{=\!=} \begin{bmatrix} \Delta u(k) \\ \Delta u(k+1) \\ \vdots \\ \Delta u(k+m-1) \end{bmatrix}_{m\times 1}, \tag{5.46}$$

$Y_{p,c}(k+1|k)$ 是基于脉冲响应模型预测的 p 步控制输出, 定义为

$$Y_{p,c}(k+1|k) \stackrel{\text{def}}{=\!=} \begin{bmatrix} y_c(k+1|k) \\ y_c(k+2|k) \\ \vdots \\ y_c(k+p|k) \end{bmatrix}_{p\times 1}. \tag{5.47}$$

具体的, 预测的控制输出 $y_c(k+i|k)$ 和约束输出 $y_b(k+i|k)$ 由 (5.43) 计算, 其中 (5.43b), (5.43d) 和 (5.43f) 表明估计状态是预测未来动态的初始条件.

进一步, 在 4.4.3 节已经推导, 控制输出序列 $Y_{p,c}(k+1|k)$ 可以由预测方程

$$Y_{p,c}(k+1|k) = \mathcal{M}\Delta\hat{Y}(k) + \mathcal{H}_u \Delta U(k) + \mathcal{H}_d \Delta d(k) + \mathcal{I}\hat{y}_c(k) \tag{5.48}$$

计算, 其中

$$
\mathcal{M}=\begin{cases}\begin{bmatrix}\mathbf{0} & C_c & \mathbf{0} & \mathbf{0} & \mathbf{0} & \cdots & \mathbf{0} & \cdots & \mathbf{0}\\ \mathbf{0} & C_c & C_c & \mathbf{0} & \mathbf{0} & \cdots & \mathbf{0} & \cdots & \mathbf{0}\\ \vdots & \vdots & \vdots & \ddots & \ddots & \ddots & \vdots & & \vdots\\ \mathbf{0} & C_c & C_c & \cdots & C_c & \mathbf{0} & \mathbf{0} & \cdots & \mathbf{0}\\ \mathbf{0} & C_c & C_c & \cdots & C_c & C_c & \mathbf{0} & \cdots & \mathbf{0}\end{bmatrix}_{p\times N} & \text{如果 } p<N,\\ \begin{bmatrix}\mathbf{0} & C_c & \mathbf{0} & \cdots & \mathbf{0}\\ \mathbf{0} & C_c & C_c & \ddots & \vdots\\ \vdots & \vdots & \vdots & \ddots & \mathbf{0}\\ \mathbf{0} & C_c & C_c & \cdots & C_c\\ \mathbf{0} & C_c & C_c & \cdots & C_c\end{bmatrix}_{N\times N} & \text{如果 } p=N,\end{cases} \tag{5.49}
$$

$$
\mathcal{H}_u=\begin{bmatrix}C_cH_1^u & \mathbf{0} & \mathbf{0} & \cdots & \mathbf{0}\\ C_c\sum_{i=1}^{2}H_i^u & C_cH_1^u & \mathbf{0} & \cdots & \mathbf{0}\\ \vdots & \vdots & \vdots & & \vdots\\ C_c\sum_{i=1}^{m}H_i^u & C_c\sum_{i=1}^{m-1}H_i^u & \cdots & \cdots & C_cH_1^u\\ \vdots & & \vdots & & \vdots\\ C_c\sum_{i=1}^{p}H_i^u & C_c\sum_{i=1}^{p-1}H_i^u & \cdots & \cdots & C_c\sum_{i=1}^{p-m+1}H_i^u\end{bmatrix}_{p\times m}, \tag{5.50a}
$$

$$
\mathcal{H}_d=\begin{bmatrix}C_cH_1^d\\ C_c\sum_{i=1}^{2}H_i^d\\ \vdots\\ C_c\sum_{i=1}^{p}H_i^d\end{bmatrix}_{p\times 1},\quad \mathcal{I}=\begin{bmatrix}I_{n_c\times n_c}\\ I_{n_c\times n_c}\\ \vdots\\ I_{n_c\times n_c}\end{bmatrix}_{p\times 1}. \tag{5.50b}
$$

预测方程 (5.48) 中的 $\Delta\hat{Y}(k)$ 和 $\hat{y}_c(k)$ 是对 k 时刻状态和控制输出的估计. 在脉冲响应模型 (5.35) 中, 只有状态 $Y(k)$ 的第一分向量 $y(k)$ 的部分, 即 $y_m(k)$, 是可以测量的, 因此, 需要对状态进行估计. 在 4.4.2 节也已经讨论, 如果选择测量输出 y_m

使得

$$\operatorname{rank}\begin{bmatrix} C_mC \\ C_mCM_{ss} \\ C_mCM_{ss}^2 \\ \vdots \\ C_mCM_{ss}^{N-1} \end{bmatrix} = \operatorname{rank}\begin{bmatrix} C_mI_{n_y\times n_y} & \mathbf{0} & \cdots & \mathbf{0} \\ \mathbf{0} & C_mI_{n_y\times n_y} & \cdots & \mathbf{0} \\ \vdots & \vdots & & \vdots \\ \mathbf{0} & \mathbf{0} & \cdots & C_mI_{n_y\times n_y} \end{bmatrix}$$
$$= n_y\cdot N\ , \tag{5.51}$$

则 MIMO 系统的脉冲响应模型 (5.35) 是可观的. 因此, 可以设计如下状态观测器方程:

$$\begin{aligned}\Delta\hat{Y}(k) = {}& M_{hs}\Delta\hat{Y}(k-1) + H_u\Delta u(k-1) + H_d\Delta d(k-1) \\ & + K_F\left(\Delta y_m(k-1) - C_mC\Delta\hat{Y}(k-1)\right)\ ,\end{aligned} \tag{5.52a}$$

$$\hat{y}(k) = C\Delta\hat{Y}(k) + \hat{y}(k-1)\ , \tag{5.52b}$$

$$\hat{y}_c(k) = C_c\hat{y}(k)\ , \tag{5.52c}$$

$$\hat{y}_b(k) = C_b\hat{y}(k)\ , \tag{5.52d}$$

其中 K_F 可以应用极点配置或者 Kalman 滤波等方法计算使得 $M_{hs} - K_FC_mC$ 是名义渐近稳定的, 且可以任意配置极点.

5.2.2　约束优化问题求解

由于时域约束 (5.44) 的存在, 一般情况下, 我们无法得到优化问题 5.2 的解析解, 即我们不能得到如 (4.135) 的 K_{mpc} 表达式. 因此, 需要采用数值求解方法. 约束 MAC 的优化问题 5.2 也是一个二次规划问题. 因此, 与约束 DMC 一样, 我们需要将约束优化问题 5.2 转换为 QP 描述.

目标函数转换为 $\boldsymbol{z}^{\mathrm{T}}\boldsymbol{H}\boldsymbol{z} - \boldsymbol{g}^{\mathrm{T}}\boldsymbol{z}$

下面将目标函数 (5.45) 转换为 $z^{\mathrm{T}}Hz - g^{\mathrm{T}}z$ 的形式, 其中 $z = \Delta U(k)$ 是优化问题的独立变量. 将预测方程 (5.48) 代入目标函数 (5.45), 并定义

$$E_p(k+1|k) \stackrel{\text{def}}{=\!=} R(k+1) - \mathcal{M}\Delta\hat{Y}(k) - \mathcal{H}_d\Delta d(k) - \mathcal{I}\hat{y}_c(k), \tag{5.53}$$

则目标函数变为

$$\begin{aligned}J &= \left\|\Gamma_y\left(\mathcal{H}_u\Delta U(k) - E_p(k+1|k)\right)\right\|^2 + \left\|\Gamma_u\Delta U(k)\right\|^2 \\ &= \Delta U(k)^{\mathrm{T}}\mathcal{H}_u^{\mathrm{T}}\Gamma_y^{\mathrm{T}}\Gamma_y\mathcal{H}_u\Delta U(k) + \Delta U(k)^{\mathrm{T}}\Gamma_u^{\mathrm{T}}\Gamma_u\Delta U(k) \\ &\quad - 2E_p(k+1|k)^{\mathrm{T}}\Gamma_y^{\mathrm{T}}\Gamma_y\mathcal{H}_u\Delta U(k) + E_p(k+1|k)^{\mathrm{T}}\Gamma_y^{\mathrm{T}}\Gamma_yE_p(k+1|k)\ .\end{aligned} \tag{5.54}$$

因为 $E_p(k+1|k)^{\mathrm{T}}\Gamma_y^{\mathrm{T}}\Gamma_y E_p(k+1|k)$ 与独立变量 $\Delta U(k)$ 无关, 所以对优化问题而言, 上式等价于

$$\tilde{J} = \Delta U(k)^{\mathrm{T}} H \Delta U(k) - G(k+1|k)^{\mathrm{T}} \Delta U(k)\ , \tag{5.55}$$

其中

$$H = \mathcal{H}_u^{\mathrm{T}} \Gamma_y^{\mathrm{T}} \Gamma_y \mathcal{H}_u + \Gamma_u^{\mathrm{T}} \Gamma_u\ , \tag{5.56a}$$

$$G(k+1|k) = 2\mathcal{H}_u^{\mathrm{T}} \Gamma_y^{\mathrm{T}} \Gamma_y E_p(k+1|k). \tag{5.56b}$$

控制约束转化为 $Cz \geqslant b$

下面将控制量约束 (5.44b) 和控制增量约束 (5.44a) 转化为 $Cz \geqslant b$ 的形式. 这个过程与 5.1.2 节相同, 因此, 下面直接给出控制增量约束形式和控制量约束所需要的形式

$$\begin{bmatrix} -T \\ T \end{bmatrix} \Delta U(k) \geqslant \begin{bmatrix} -\Delta u_{\max}(k) \\ \vdots \\ -\Delta u_{\max}(k+m-1) \\ \Delta u_{\min}(k) \\ \vdots \\ \Delta u_{\min}(k+m-1) \end{bmatrix}, \tag{5.57}$$

$$\begin{bmatrix} -L \\ L \end{bmatrix} \Delta U(k) \geqslant \begin{bmatrix} u(k-1) - u_{\max}(k) \\ \vdots \\ u(k-1) - u_{\max}(k+m-1) \\ u_{\min}(k) - u(k-1) \\ \vdots \\ u_{\min}(k+m-1) - u(k-1) \end{bmatrix}, \tag{5.58}$$

其中

$$T = \begin{bmatrix} I_{n_u \times n_u} & \mathbf{0} & \cdots & \mathbf{0} \\ \mathbf{0} & I_{n_u \times n_u} & \cdots & \mathbf{0} \\ \vdots & \vdots & & \vdots \\ \mathbf{0} & \mathbf{0} & \cdots & I_{n_u \times n_u} \end{bmatrix}_{m \times m}, \tag{5.59a}$$

$$L = \begin{bmatrix} I_{n_u \times n_u} & \mathbf{0} & \cdots & \mathbf{0} \\ I_{n_u \times n_u} & I_{n_u \times n_u} & \cdots & \mathbf{0} \\ \vdots & \vdots & & \vdots \\ I_{n_u \times n_u} & I_{n_u \times n_u} & \cdots & I_{n_u \times n_u} \end{bmatrix}_{m \times m} . \tag{5.59b}$$

输出约束转化为 $\boldsymbol{Cz \geqslant b}$

下面将输出约束 (5.44c) 转化为 $Cz \geqslant b$ 的形式. 为此, 我们需要建立约束输出的预测方程, 方法与 4.3.3 节基于脉冲响应模型建立控制输出的预测方程相同. 首先, 基于动力学方程 (5.43a) 和初始条件 (5.43b) 作 p 步状态预测, 得

$$\begin{aligned}
\Delta Y(k+1|k) &= M_{hs}\Delta\hat{Y}(k) + H_u\Delta u(k) + H_d\Delta d(k)\,, \\
\Delta Y(k+2|k) &= M_{hs}^2\Delta\hat{Y}(k) + M_{hs}H_u\Delta u(k) + H_u\Delta u(k+1) + M_{hs}H_d\Delta d(k)\,, \\
&\ \,\vdots \\
\Delta Y(k+m|k) &= M_{hs}^m\Delta\hat{Y}(k) + M_{hs}^{m-1}H_u\Delta u(k) + M_{hs}^{m-2}H_u\Delta u(k+1) \\
&\quad + \cdots + H_u\Delta u(k+m-1) + M_{hs}^{m-1}H_d\Delta d(k)\,, \\
&\ \,\vdots \\
\Delta Y(k+p|k) &= M_{hs}^p\Delta\hat{Y}(k) + M_{hs}^{p-1}H_u\Delta u(k) + M_{hs}^{p-2}H_u\Delta u(k+1) \\
&\quad + \cdots + M_{hs}^{p-m}H_u\Delta u(k+m-1) + M_{hs}^{p-1}H_d\Delta d(k)\,.
\end{aligned}$$

然后, 由约束输出方程 (5.43e) 和 (5.43f) 得预测的 p 步约束输出如下:

$$\begin{aligned}
y_b(k+1|k) &= C_bC\Delta Y(k+1|k) + \hat{y}_b(k) \\
&= C_b\Big(CM_{hs}\Delta\hat{Y}(k) + CH_u\Delta u(k) + CH_d\Delta d(k)\Big) + \hat{y}_b(k)\,, \\
y_b(k+2|k) &= C_bC\Delta Y(k+2|k) + y_b(k+1|k) \\
&= C_b\Big(CM_{hs}^2\Delta\hat{Y}(k) + CM_{hs}H_u\Delta u(k) \\
&\quad + CH_u\Delta u(k+1) + CM_{hs}H_d\Delta d(k) \\
&\quad + CM_{hs}\Delta\hat{Y}(k) + CH_u\Delta u(k) + CH_d\Delta d(k)\Big) + \hat{y}_b(k) \\
&= C_b\left(CM_{hs}^2 + CM_{hs}\right)\Delta\hat{Y}(k) + C_b\left(CM_{hs}H_u + CH_u\right)\Delta u(k) \\
&\quad + C_bCH_u\Delta u(k+1) + C_b\left(CM_{hs}H_d + CH_d\right)\Delta d(k) + \hat{y}_b(k), \\
&\ \,\vdots \\
y_b(k+m|k) &= C_bC\Delta Y(k+m|k) + y_b(k+m-1|k)
\end{aligned}$$

$$
\begin{aligned}
&= C_b\left(\sum_{i=1}^{m} CM_{hs}^{i}\Delta\hat{Y}(k) + \sum_{i=1}^{m} CM_{hs}^{i-1}H_u\Delta u(k)\right.\\
&\quad + \sum_{i=1}^{m-1} CM_{hs}^{i-1}H_u\Delta u(k+1) + \cdots + CH_u\Delta u(k+m-1)\\
&\quad \left.+ \sum_{i=1}^{m} CM_{hs}^{i-1}H_d\Delta d(k)\right) + \hat{y}_b(k),\\
&\ \ \vdots\\
y_b(k+p|k) &= C_bC\Delta Y(k+p|k) + y_b(k+p-1|k)\\
&= C_b\left(\sum_{i=1}^{p} CM_{hs}^{i}\Delta\hat{Y}(k) + \sum_{i=1}^{p} CM_{hs}^{i-1}H_u\Delta u(k)\right.\\
&\quad + \sum_{i=1}^{p-1} CM_{hs}^{i-1}H_u\Delta u(k+1) + \cdots\\
&\quad + \sum_{i=1}^{p-m+1} CM_{hs}^{i-1}H_u\Delta u(k+m-1)\\
&\quad \left.+ \sum_{i=1}^{p} CM_{hs}^{i-1}H_d\Delta d(k)\right) + \hat{y}_b(k).
\end{aligned}
$$

定义向量

$$
Y_{p,b}(k+1|k) \overset{\text{def}}{=\!=} \begin{bmatrix} y_b(k+1|k)\\ y_b(k+2|k)\\ \vdots\\ y_b(k+p|k) \end{bmatrix}_{p\times 1}, \tag{5.60a}
$$

$$
\Delta U(k) \overset{\text{def}}{=\!=} \begin{bmatrix} \Delta u(k)\\ \Delta u(k+1)\\ \vdots\\ \Delta u(k+m-1) \end{bmatrix}_{m\times 1}, \tag{5.60b}
$$

则对系统未来 p 步约束输出的预测可以由下面的预测方程计算:

$$
Y_{p,b}(k+1|k) = \mathcal{M}_b\Delta\hat{Y}(k) + \mathcal{H}_{u,b}\Delta U(k) + \mathcal{H}_{d,b}\Delta d(k) + \mathcal{I}_b\hat{y}_b(k), \tag{5.61}
$$

其中

$$
\mathcal{M}_b = \begin{bmatrix} C_bCM_{hs}\\ C_b\left(CM_{hs}^2 + CM_{hs}\right)\\ \vdots\\ C_b\sum_{i=1}^{p} CM_{hs}^{i} \end{bmatrix}_{p\times 1}, \tag{5.62a}
$$

$$
\mathcal{H}_{u,b}=\begin{bmatrix}
C_bCH_u & \mathbf{0} & \cdots & \mathbf{0}\\
C_b\left(CM_{hs}H_u+CH_u\right) & C_bCH_u & \cdots & \mathbf{0}\\
\vdots & \vdots & & \vdots\\
C_b\sum_{i=1}^{m}CM_{hs}^{i-1}H_u & C_b\sum_{i=1}^{m-1}CM_{hs}^{i-1}H_u & \cdots & C_bCH_u\\
\vdots & \vdots & & \vdots\\
C_b\sum_{i=1}^{p}CM_{hs}^{i-1}H_u & C_b\sum_{i=1}^{p-1}CM_{hs}^{i-1}H_u & \cdots & C_b\sum_{i=1}^{p-m+1}CM_{hs}^{i-1}H_u
\end{bmatrix}_{p\times m},
\tag{5.62b}
$$

$$
\mathcal{H}_{d,b}=\begin{bmatrix}
C_bCH_d\\
C_b\left(CM_{hs}H_d+CH_d\right)\\
\vdots\\
C_b\sum_{i=1}^{p}CM_{hs}^{i-1}H_d
\end{bmatrix}_{p\times 1},\quad
\mathcal{I}_b=\begin{bmatrix}
I_{n_b\times n_b}\\
I_{n_b\times n_b}\\
\vdots\\
I_{n_b\times n_b}
\end{bmatrix}_{p\times 1}.
\tag{5.62c}
$$

应用 (4.117), 上述矩阵变为

$$
\mathcal{M}_b=\begin{cases}
\begin{bmatrix}
\mathbf{0} & C_b & \mathbf{0} & \mathbf{0} & \cdots & \mathbf{0} & \mathbf{0} & \cdots & \mathbf{0}\\
\mathbf{0} & C_b & C_b & \mathbf{0} & \cdots & \mathbf{0} & \mathbf{0} & \cdots & \mathbf{0}\\
\vdots & \vdots & \vdots & \ddots & \ddots & \vdots & \vdots & & \vdots\\
\mathbf{0} & C_b & C_b & \cdots & C_b & \mathbf{0} & \mathbf{0} & \cdots & \mathbf{0}\\
\mathbf{0} & C_b & C_b & \cdots & C_b & C_b & \mathbf{0} & \cdots & \mathbf{0}
\end{bmatrix}_{p\times N}, & p<N,\\
\begin{bmatrix}
\mathbf{0} & C_b & \mathbf{0} & \cdots & \mathbf{0}\\
\mathbf{0} & C_b & C_b & \ddots & \vdots\\
\vdots & \vdots & \vdots & \ddots & \mathbf{0}\\
\mathbf{0} & C_b & C_b & \cdots & C_b\\
\mathbf{0} & C_b & C_b & \cdots & C_b
\end{bmatrix}_{N\times N}, & p=N,
\end{cases}
\tag{5.63a}
$$

$$\mathcal{H}_{u,b}=\begin{bmatrix} C_bH_1^u & \mathbf{0} & \mathbf{0} & \cdots & \mathbf{0} \\ C_b\sum_{i=1}^{2}H_i^u & C_bH_1^u & \mathbf{0} & \cdots & \mathbf{0} \\ \vdots & \vdots & \vdots & & \vdots \\ C_b\sum_{i=1}^{m}H_i^u & C_b\sum_{i=1}^{m-1}H_i^u & \cdots & \cdots & C_bH_1^u \\ \vdots & \vdots & \vdots & & \vdots \\ C_b\sum_{i=1}^{p}H_i^u & C_b\sum_{i=1}^{p-1}H_i^u & \cdots & \cdots & C_b\sum_{i=1}^{p-m+1}H_i^u \end{bmatrix}_{p\times m}, \tag{5.63b}$$

$$\mathcal{H}_{d,b}=\begin{bmatrix} C_bH_1^d \\ C_b\sum_{i=1}^{2}H_i^d \\ \vdots \\ C_b\sum_{i=1}^{p}H_i^d \end{bmatrix}_{p\times 1}. \tag{5.63c}$$

记

$$Y_{\min}(k+1)=\begin{bmatrix} y_{\min}(k+1) \\ y_{\min}(k+2) \\ \vdots \\ y_{\min}(k+p) \end{bmatrix}_{p\times 1}, \quad Y_{\max}(k+1)=\begin{bmatrix} y_{\max}(k+1) \\ y_{\max}(k+2) \\ \vdots \\ y_{\max}(k+p) \end{bmatrix}_{p\times 1},$$

其中 $y_{\min}(k+i),\ y_{\max}(k+i)\in\mathbb{R}^{n_b},\ i=1,2,\cdots,p$. 因此输出约束 (5.44c) 可描述为如下的向量形式:

$$Y_{\min}(k+1)\leqslant Y_{p,b}(k+1|k)\leqslant Y_{\max}(k+1)\,.$$

将 (5.61) 代入则输出约束 (5.44c) 转换为

$$\begin{bmatrix} -\mathcal{H}_{u,b} \\ \mathcal{H}_{u,b} \end{bmatrix}\Delta U(k) \geqslant \begin{bmatrix} \left(\mathcal{M}_b\Delta\hat{Y}(k)+\mathcal{H}_{d,b}\Delta d(k)+\mathcal{I}_b\hat{y}_b(k)\right)-Y_{\max}(k+1) \\ -\left(\mathcal{M}_b\Delta\hat{Y}(k)+\mathcal{H}_{d,b}\Delta d(k)+\mathcal{I}_b\hat{y}_b(k)\right)+Y_{\min}(k+1) \end{bmatrix}. \tag{5.64}$$

综合 (5.55)~(5.64), 约束 MAC 的优化问题 5.2 可以转换为如下的 QP 问题描述:

$$\min_{\Delta U(k)} \Delta U(k)^{\mathrm{T}} H \Delta U(k) - G(k+1|k)^{\mathrm{T}} \Delta U(k) \tag{5.65a}$$

$$\text{满足} \quad C_u \Delta U(k) \geqslant b(k+1|k) \tag{5.65b}$$

其中 H 和 $G(k+1|k)$ 由 (5.56) 给出,

$$C_u = \begin{bmatrix} -T^{\mathrm{T}} & T^{\mathrm{T}} & -L^{\mathrm{T}} & L^{\mathrm{T}} & -\mathcal{H}_{u,b}^{\mathrm{T}} & \mathcal{H}_{u,b}^{\mathrm{T}} \end{bmatrix}_{(4m+2p)\times 1}^{\mathrm{T}},$$

$$b(k+1|k) = \begin{bmatrix} -\Delta u_{\max}(k) \\ \vdots \\ -\Delta u_{\max}(k+m-1) \\ \Delta u_{\min}(k) \\ \vdots \\ \Delta u_{\min}(k+m-1) \\ u(k-1) - u_{\max}(k) \\ \vdots \\ u(k-1) - u_{\max}(k+m-1) \\ u_{\min}(k) - u(k-1) \\ \vdots \\ u_{\min}(k+m-1) - u(k-1) \\ \left(\mathcal{M}_b \Delta \hat{Y}(k) + \mathcal{H}_{d,b} \Delta d(k) + \mathcal{I}_b \hat{y}_b(k)\right) - Y_{\max}(k+1) \\ -\left(\mathcal{M}_b \Delta \hat{Y}(k) + \mathcal{H}_{d,b} \Delta d(k) + \mathcal{I}_b \hat{y}_b(k)\right) + Y_{\min}(k+1) \end{bmatrix}_{(4m+2p)\times 1}.$$

上式中 $T, L, \mathcal{M}_b, \mathcal{H}_{u,b}, \mathcal{H}_{d,b}$ 和 $\mathcal{I}_b$ 由 (5.59), (5.63) 和 (5.62c) 计算.

5.2.3 约束 MAC 的闭环控制

由 (5.56) 知 $H \geqslant 0$. 因此 (5.65) 对任何加权矩阵 $\Gamma_y \geqslant 0, \Gamma_u \geqslant 0$ 有解, 记为 $\Delta U^*(k)$. 显然, $\Delta U^*(k)$ 是测量值 $y_m(k)$, 控制时域 m 和预测时域 p 的函数, 一般来说是非线性的. 根据预测控制的基本原理, 得到的开环控制序列的第一步将作用于被控系统. 在下一个采样时刻, 将用新的测量值刷新约束优化问题 5.2, 即 QP 问题 (5.65), 并重新求解. 因此, 约束 MAC 的闭环控制律定义为

$$\Delta u(k) = \begin{bmatrix} I_{n_u \times n_u} & \mathbf{0} & \cdots & \mathbf{0} \end{bmatrix} \Delta U^*(k). \tag{5.66}$$

图 5.5 给出了约束 MAC 控制器的实现流程.

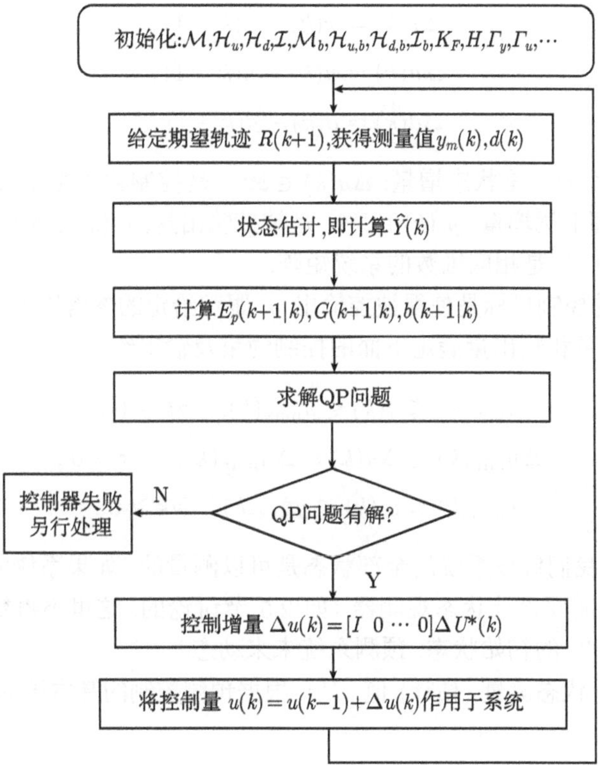

图 5.5 约束 MAC 的实现流程图

5.3 基于机理状态模型的约束预测控制

尽管都具有状态空间模型的表达形式, 前两节讨论的约束 DMC 和约束 MAC 中的模型是通过单位阶跃响应实验或者脉冲响应实验得到的. 这一节, 我们简单讨论基于机理状态空间模型的约束预测控制.

5.3.1 约束优化问题描述

考虑如下线性离散时间系统的状态空间增量模型:

$$\Delta x(k+1) = A\Delta x(k) + B_u\Delta u(k) + B_d\Delta d(k)\,, \tag{5.67a}$$

$$y_c(k) = C_c\Delta x(k) + y_c(k-1)\,, \tag{5.67b}$$

$$y_b(k) = C_b\Delta x(k) + y_b(k-1)\,, \tag{5.67c}$$

其中

$$\Delta x(k) = x(k) - x(k-1)\,,$$
$$\Delta u(k) = u(k) - u(k-1)\,,$$
$$\Delta d(k) = d(k) - d(k-1)\,.$$

模型中 $\Delta x(k) \in \mathbb{R}^{n_x}$ 是状态增量; $\Delta u(k) \in \mathbb{R}^{n_u}$ 是控制输入增量; $\Delta d(k) \in \mathbb{R}^{n_d}$ 是可以测量的外部干扰增量; $y_c(k) \in \mathbb{R}^{n_c}$ 是被控输出量; $y_b(k) \in \mathbb{R}^{n_b}$ 是约束输出量; A, B_u, B_d, C_c 和 C_b 是相应维数的系统矩阵.

我们考虑的控制目标是使得被控输出 y_c 跟踪给定的参考输入 r. 同时, 系统的控制量, 控制增量和输出量满足下面的控制约束及输出约束:

$$u_{\min}(k) \leqslant u(k) \leqslant u_{\max}(k), \quad \forall k \geqslant 0\,, \tag{5.68a}$$
$$\Delta u_{\min}(k) \leqslant \Delta u(k) \leqslant \Delta u_{\max}(k), \quad \forall k \geqslant 0\,, \tag{5.68b}$$
$$y_{\min}(k) \leqslant y_b(k) \leqslant y_{\max}(k), \quad \forall k \geqslant 0\,. \tag{5.68c}$$

简单起见, 我们假设系统的全部状态是可以测量的. 如果系统的状态不是全部可以测量的, 则需要设计状态观测器 (如 2.5 节讨论的, 这里不再赘述), 以估计状态作为模型 (5.67) 的初始状态, 预测系统未来动态.

在 k 时刻有状态测量 (估计) 值 $x(k)$, 根据预测控制的基本原理, 约束 MPC 的优化问题描述为

问题 5.3

$$\min_{\Delta U(k)} J\left(x(k), \Delta U(k)\right)$$

满足系统动力学 $(i = 0, 1, \cdots, p)$

$$\Delta x(k+i+1|k) = A\Delta x(k+i|k) + B_u\Delta u(k+i) + B_d\Delta d(k+i)\,, \tag{5.69a}$$
$$\Delta x(k|k) = \Delta x(k)\,, \tag{5.69b}$$
$$y_c(k+i|k) = C_c\Delta x(k+i|k) + y_c(k+i-1|k), \quad i \geqslant 1\,, \tag{5.69c}$$
$$y_c(k|k) = y_c(k)\,, \tag{5.69d}$$
$$y_b(k+i|k) = C_b\Delta x(k+i|k) + y_c(k+i-1|k), \quad i \geqslant 1\,, \tag{5.69e}$$
$$y_b(k|k) = y_b(k)\,, \tag{5.69f}$$

及时域约束

$$u_{\min}(k+i) \leqslant u(k+i) \leqslant u_{\max}(k+i), \quad i = 0, 1, \cdots, m-1\,, \tag{5.70a}$$
$$\Delta u_{\min}(k+i) \leqslant \Delta u(k+i) \leqslant \Delta u_{\max}(k+i), \quad i = 0, 1, \cdots, m-1\,, \tag{5.70b}$$
$$y_{\min}(k+i) \leqslant y_b(k+i) \leqslant y_{\max}(k+i), \quad i = 1, \cdots, p, \tag{5.70c}$$

其中

$$J\left(x(k), \Delta U(k)\right) = \left\|\Gamma_y\left(Y_{p,c}(k+1|k) - R(k+1)\right)\right\|^2 + \left\|\Gamma_u \Delta U(k)\right\|^2 . \tag{5.71}$$

上面的优化问题中 Γ_y 和 Γ_u 是加权矩阵, 给定为

$$\Gamma_y = \mathrm{diag}\{\Gamma_{y,1}, \Gamma_{y,2}, \cdots, \Gamma_{y,p}\}_{p\times p},$$
$$\Gamma_u = \mathrm{diag}\{\Gamma_{u,1}, \Gamma_{u,2}, \cdots, \Gamma_{u,m}\}_{m\times m},$$

$R(k+1)$ 是给定的控制输出参考序列, 为

$$R(k+1) = \begin{bmatrix} r(k+1) \\ r(k+2) \\ \vdots \\ r(k+p) \end{bmatrix}_{p\times 1} , \tag{5.72}$$

$\Delta U(k)$ 是控制量增量序列, 作为约束优化问题的独立变量, 定义为

$$\Delta U(k) \overset{\mathrm{def}}{=\!=} \begin{bmatrix} \Delta u(k) \\ \Delta u(k+1) \\ \vdots \\ \Delta u(k+m-1) \end{bmatrix}_{m\times 1} , \tag{5.73}$$

$Y_{p,c}(k+1|k)$ 是 k 时刻基于模型 (5.67) 预测的 p 步控制输出, 定义为

$$Y_{p,c}(k+1|k) \overset{\mathrm{def}}{=\!=} \begin{bmatrix} y_c(k+1|k) \\ y_c(k+2|k) \\ \vdots \\ y_c(k+p|k) \end{bmatrix}_{p\times 1} . \tag{5.74}$$

具体的, 预测的控制输出 $y_c(k+i|k)$ 和约束输出 $y_b(k+i|k)$ 由 (5.69) 计算, 其中 (5.69b), (5.69d) 和 (5.69f) 表明测量状态是预测系统未来动态的初始条件. 如果状态不是全部可以测量的, 则用估计状态作为预测系统未来动态的初始条件, 即 (5.69) 变为

$$\Delta x(k+i+1|k) = A\Delta x(k+i|k) + B_u \Delta u(k+i) + B_d \Delta d(k+i) , \tag{5.75a}$$

$$\Delta x(k|k) = \Delta \hat{x}(k) , \tag{5.75b}$$

$$y_c(k+i|k) = C_c \Delta x(k+i|k) + y_c(k+i-1|k), i \geqslant 1 , \tag{5.75c}$$

$$y_c(k|k) = \hat{y}_c(k) , \tag{5.75d}$$

$$y_b(k+i|k) = C_b\Delta x(k+i|k) + y_c(k+i-1|k), i \geqslant 1\,, \tag{5.75e}$$

$$y_b(k|k) = \hat{y}_b(k)\,, \tag{5.75f}$$

进一步, 在 2.2 节已经推导, $Y_{p,c}(k+1|k)$ 可以由预测方程

$$Y_{p,c}(k+1|k) = \mathcal{S}_x\Delta x(k) + \mathcal{I}y_c(k) + \mathcal{S}_u\Delta U(k) + \mathcal{S}_d\Delta d(k) \tag{5.76}$$

计算, 其中

$$\mathcal{S}_x = \begin{bmatrix} C_cA \\ C_cA^2 + C_cA \\ \vdots \\ \sum\limits_{i=1}^{p} C_cA^i \end{bmatrix}_{p\times 1}, \quad \mathcal{I} = \begin{bmatrix} I_{n_c\times n_c} \\ I_{n_c\times n_c} \\ \vdots \\ I_{n_c\times n_c} \end{bmatrix}_{p\times 1}, \tag{5.77a}$$

$$\mathcal{S}_d = \begin{bmatrix} C_cB_d \\ C_cAB_d + C_cB_d \\ \vdots \\ \sum\limits_{i=1}^{p} C_cA^{i-1}B_d \end{bmatrix}_{p\times 1}, \tag{5.77b}$$

$$\mathcal{S}_u = \begin{bmatrix} C_cB_u & \mathbf{0} & \mathbf{0} & \cdots & \mathbf{0} \\ \sum\limits_{i=1}^{2} C_cA^{i-1}B_u & C_cB_u & \mathbf{0} & \cdots & \mathbf{0} \\ \vdots & \vdots & \vdots & & \vdots \\ \sum\limits_{i=1}^{m} C_cA^{i-1}B_u & \sum\limits_{i=1}^{m-1} C_cA^{i-1}B_u & \cdots & \cdots & C_cB_u \\ \vdots & \vdots & \vdots & & \vdots \\ \sum\limits_{i=1}^{p} C_cA^{i-1}B_u & \sum\limits_{i=1}^{p-1} C_cA^{i-1}B_u & \cdots & \cdots & \sum\limits_{i=1}^{p-m+1} C_cA^{i-1}B_u \end{bmatrix}_{p\times m}. \tag{5.77c}$$

5.3.2 约束优化问题求解

由于约束条件 (5.70) 的存在, 一般情况下, 我们无法得到优化问题 5.3 的解析解, 即我们不能得到如 (2.34) 的 $K_{\rm mpc}$ 表达式. 因此, 需要采用数值求解方法. 约束 MPC 的优化问题 5.3 也是一个二次规划问题. 因此, 与约束 DMC 及 MAC 一样, 我们需要将约束优化问题 5.3 转换为 QP 描述.

目标函数转换为 $\boldsymbol{z}^{\mathrm{T}}\boldsymbol{H}\boldsymbol{z}-\boldsymbol{g}^{\mathrm{T}}\boldsymbol{z}$

下面将目标函数 (5.71) 转换为 $z^{\mathrm{T}}Hz-g^{\mathrm{T}}z$ 的形式, 其中 $z=\Delta U(k)$ 是优化问题的独立变量. 将预测方程 (5.76) 代入目标函数 (5.71), 并定义

$$E_p(k+1|k)\stackrel{\text{def}}{=\!=}R(k+1)-\mathcal{S}_x\Delta x(k)-\mathcal{I}y_c(k)-\mathcal{S}_d\Delta d(k), \tag{5.78}$$

则目标函数变为

$$\begin{aligned}J&=\left\|\varGamma_y\left(\mathcal{S}_u\Delta U(k)-E_p(k+1|k)\right)\right\|^2+\left\|\varGamma_u\Delta U(k)\right\|^2\\&=\Delta U(k)^{\mathrm{T}}\mathcal{S}_u^{\mathrm{T}}\varGamma_y^{\mathrm{T}}\varGamma_y\mathcal{S}_u\Delta U(k)+\Delta U(k)^T\varGamma_u^{\mathrm{T}}\varGamma_u\Delta U(k)\\&\quad-2E_p(k+1|k)^{\mathrm{T}}\varGamma_y^{\mathrm{T}}\varGamma_y\mathcal{S}_u\Delta U(k)+E_p(k+1|k)^{\mathrm{T}}\varGamma_y^{\mathrm{T}}\varGamma_yE_p(k+1|k)\,.\end{aligned} \tag{5.79}$$

因为 $E_p(k+1|k)^{\mathrm{T}}\varGamma_y^{\mathrm{T}}\varGamma_yE_p(k+1|k)$ 与独立变量 $\Delta U(k)$ 无关, 所以对优化问题而言, 上式等价于

$$\tilde{J}=\Delta U(k)^{\mathrm{T}}H\Delta U(k)-G(k+1|k)^{\mathrm{T}}\Delta U(k)\,, \tag{5.80}$$

其中

$$H=\mathcal{S}_u^{\mathrm{T}}\varGamma_y^{\mathrm{T}}\varGamma_y\mathcal{S}_u+\varGamma_u^{\mathrm{T}}\varGamma_u\,, \tag{5.81a}$$

$$G(k+1|k)=2\mathcal{S}_u^{\mathrm{T}}\varGamma_y^{\mathrm{T}}\varGamma_yE_p(k+1|k)\,. \tag{5.81b}$$

控制约束转化为 $\boldsymbol{C}\boldsymbol{z}\geqslant\boldsymbol{b}$

下面将控制量约束 (5.70a) 和控制增量约束 (5.70b) 转化为 $Cz\geqslant b$ 的形式. 这个过程与 5.1.2 节和 5.2.2 节相同, 因此, 下面直接给出控制增量约束和控制量约束所需要的形式:

$$\begin{bmatrix}-T\\T\end{bmatrix}\Delta U(k)\geqslant\begin{bmatrix}-\Delta u_{\max}(k)\\\vdots\\-\Delta u_{\max}(k+m-1)\\\Delta u_{\min}(k)\\\vdots\\\Delta u_{\min}(k+m-1)\end{bmatrix}, \tag{5.82a}$$

$$\begin{bmatrix}-L\\L\end{bmatrix}\Delta U(k)\geqslant\begin{bmatrix}u(k-1)-u_{\max}(k)\\\vdots\\u(k-1)-u_{\max}(k+m-1)\\u_{\min}(k)-u(k-1)\\\vdots\\u_{\min}(k+m-1)-u(k-1)\end{bmatrix}, \tag{5.82b}$$

其中

$$T=\begin{bmatrix} I_{n_u\times n_u} & \mathbf{0} & \cdots & \mathbf{0} \\ \mathbf{0} & I_{n_u\times n_u} & \cdots & \mathbf{0} \\ \vdots & \vdots & & \vdots \\ \mathbf{0} & \mathbf{0} & \cdots & I_{n_u\times n_u} \end{bmatrix}_{m\times m}, \tag{5.83a}$$

$$L=\begin{bmatrix} I_{n_u\times n_u} & \mathbf{0} & \cdots & \mathbf{0} \\ I_{n_u\times n_u} & I_{n_u\times n_u} & \cdots & \mathbf{0} \\ \vdots & \vdots & \vdots & \vdots \\ I_{n_u\times n_u} & I_{n_u\times n_u} & \cdots & I_{n_u\times n_u} \end{bmatrix}_{m\times m}. \tag{5.83b}$$

输出约束转化为 $\boldsymbol{Cz \geqslant b}$

下面将输出约束 (5.70c) 转化为 $Cz \geqslant b$ 的形式. 为此, 我们需要建立约束输出的预测方程, 方法与 2.2 节基于状态空间模型建立控制输出的预测方程相同. 首先, 基于动力学方程 (5.69a) 和初始条件 (5.69b) 作 p 步状态预测, 得

$$\begin{aligned}
\Delta x(k+1|k) &= A\Delta x(k) + B_u\Delta u(k) + B_d\Delta d(k)\,,\\
\Delta x(k+2|k) &= A^2\Delta x(k) + AB_u\Delta u(k) + B_u\Delta u(k+1) + AB_d\Delta d(k)\,,\\
&\ \ \vdots\\
\Delta x(k+m|k) &= A^m\Delta x(k) + A^{m-1}B_u\Delta u(k) + A^{m-2}B_u\Delta u(k+1)\\
&\quad + \cdots + B_u\Delta u(k+m-1) + A^{m-1}B_d\Delta d(k)\,,\\
&\ \ \vdots\\
\Delta x(k+p|k) &= A^p\Delta x(k) + A^{p-1}B_u\Delta u(k) + A^{p-2}B_u\Delta u(k+1)\\
&\quad + \cdots + A^{p-m}B_u\Delta u(k+m-1) + A^{p-1}B_d\Delta d(k)\,.
\end{aligned}$$

然后, 由约束输出方程 (5.69e) 和 (5.69f) 得预测的 p 步约束输出如下:

$$\begin{aligned}
y_b(k+1|k) &= C_b\Delta x(k+1|k) + y_b(k)\\
&= C_bA\Delta x(k) + C_bB_u\Delta u(k) + C_bB_d\Delta d(k) + y_b(k)\,,\\
y_b(k+2|k) &= C_b\Delta x(k+2|k) + y_b(k+1|k)\\
&= C_bA^2\Delta x(k) + C_bAB_u\Delta u(k) + C_bB_u\Delta u(k+1)\\
&\quad + C_bAB_d\Delta d(k) + C_bA\Delta x(k) + C_bB_u\Delta u(k) + C_bB_d\Delta d(k) + y_b(k)
\end{aligned}$$

$$
\begin{aligned}
&= (C_bA^2 + C_bA)\Delta x(k) + (C_bAB_u + C_bB_u)\Delta u(k) \\
&\quad + C_bB_u\Delta u(k+1) + (C_bAB_d + C_bB_d)\Delta d(k) + y_b(k), \\
&\ \vdots \\
y_b(k+m|k) &= C_b\Delta x(k+m|k) + y_b(k+m-1|k) \\
&= \sum_{i=1}^{m} C_bA^i\Delta x(k) + \sum_{i=1}^{m} C_bA^{i-1}B_u\Delta u(k) \\
&\quad + \sum_{i=1}^{m-1} C_bA^{i-1}B_u\Delta u(k+1) + \cdots + C_bB_u\Delta u(k+m-1) \\
&\quad + \sum_{i=1}^{m} C_bA^{i-1}B_d\Delta d(k) + y_b(k), \\
&\ \vdots \\
y_b(k+p|k) &= C_b\Delta x(k+p|k) + y_b(k+p-1|k) \\
&= \sum_{i=1}^{p} C_bA^i\Delta x(k) + \sum_{i=1}^{p} C_bA^{i-1}B_u\Delta u(k) \\
&\quad + \sum_{i=1}^{p-1} C_bA^{i-1}B_u\Delta u(k+1) + \cdots + \sum_{i=1}^{p-m+1} C_bA^{i-1}B_u\Delta u(k+m-1) \\
&\quad + \sum_{i=1}^{p} C_bA^{i-1}B_d\Delta d(k) + y_b(k).
\end{aligned}
$$

定义向量

$$
Y_{p,b}(k+1|k) \overset{\text{def}}{=\!=} \begin{bmatrix} y_b(k+1|k) \\ y_b(k+2|k) \\ \vdots \\ y_b(k+p|k) \end{bmatrix}_{p\times 1}, \quad \Delta U(k) \overset{\text{def}}{=\!=} \begin{bmatrix} \Delta u(k) \\ \Delta u(k+1) \\ \vdots \\ \Delta u(k+m-1) \end{bmatrix}_{m\times 1}, \tag{5.84}
$$

则对系统未来 p 步约束输出的预测可以由下面的预测方程计算:

$$
Y_{p,b}(k+1|k) = \mathcal{S}_{x,b}\Delta x(k) + \mathcal{I}_b y_b(k) + \mathcal{S}_{u,b}\Delta U(k) + \mathcal{S}_{d,b}\Delta d(k), \tag{5.85}
$$

其中

$$\mathcal{S}_{x,b} = \begin{bmatrix} C_bA \\ C_bA^2 + C_bA \\ \vdots \\ \sum_{i=1}^{p} C_bA^i \end{bmatrix}_{p\times 1}, \quad \mathcal{I}_b = \begin{bmatrix} I_{n_b\times n_b} \\ I_{n_b\times n_b} \\ \vdots \\ I_{n_b\times n_b} \end{bmatrix}_{p\times 1}, \tag{5.86a}$$

$$\mathcal{S}_{d,b} = \begin{bmatrix} C_bB_d \\ C_bAB_d + C_bB_d \\ \vdots \\ \sum_{i=1}^{p} C_bA^{i-1}B_d \end{bmatrix}_{p\times 1}, \tag{5.86b}$$

$$\mathcal{S}_{u,b} = \begin{bmatrix} C_bB_u & \mathbf{0} & \mathbf{0} & \cdots & \mathbf{0} \\ \sum_{i=1}^{2} C_bA^{i-1}B_u & C_bB_u & \mathbf{0} & \cdots & \mathbf{0} \\ \vdots & \vdots & \vdots & & \vdots \\ \sum_{i=1}^{m} C_bA^{i-1}B_u & \sum_{i=1}^{m-1} C_bA^{i-1}B_u & \cdots & \cdots & C_bB_u \\ \vdots & \vdots & \vdots & & \vdots \\ \sum_{i=1}^{p} C_bA^{i-1}B_u & \sum_{i=1}^{p-1} C_bA^{i-1}B_u & \cdots & \cdots & \sum_{i=1}^{p-m+1} C_bA^{i-1}B_u \end{bmatrix}_{p\times m}. \tag{5.86c}$$

记

$$Y_{\min}(k+1) = \begin{bmatrix} y_{\min}(k+1) \\ y_{\min}(k+2) \\ \vdots \\ y_{\min}(k+p) \end{bmatrix}_{p\times 1}, \quad Y_{\max}(k+1) = \begin{bmatrix} y_{\max}(k+1) \\ y_{\max}(k+2) \\ \vdots \\ y_{\max}(k+p) \end{bmatrix}_{p\times 1},$$

其中 $y_{\min}(k+i)$, $y_{\max}(k+i) \in \mathbb{R}^{n_b}$, $i = 1, 2, \cdots, p$. 因此输出约束 (5.70c) 可描述为如下的向量形式:

$$Y_{\min}(k+1) \leqslant Y_{p,b}(k+1|k) \leqslant Y_{\max}(k+1)\,.$$

将约束输出预测方程 (5.85) 代入上式, 则输出约束 (5.70c) 转换为

$$\begin{bmatrix} -\mathcal{S}_{u,b} \\ \mathcal{S}_{u,b} \end{bmatrix} \Delta U(k) \geqslant \begin{bmatrix} (\mathcal{S}_{x,b}\Delta x(k)+\mathcal{I}_b y_b(k)+\mathcal{S}_{d,b}\Delta d(k))-Y_{\max}(k+1) \\ -(\mathcal{S}_{x,b}\Delta x(k)+\mathcal{I}_b y_b(k)+\mathcal{S}_{d,b}\Delta d(k))+Y_{\min}(k+1) \end{bmatrix}. \quad (5.87)$$

综合 (5.80)~(5.87), 约束 MPC 的优化问题 5.3 可以转换为如下的 QP 问题描述:

$$\min_{\Delta U(k)} \Delta U(k)^{\mathrm{T}} H \Delta U(k) - G(k+1|k)^{\mathrm{T}} \Delta U(k) \quad (5.88a)$$

$$\text{满足} \quad C_u \Delta U(k) \geqslant b(k+1|k) \quad (5.88b)$$

其中 H 和 $G(k+1|k)$ 由 (5.81) 给出,

$$C_u = \begin{bmatrix} -T^{\mathrm{T}} & T^{\mathrm{T}} & -L^{\mathrm{T}} & L^{\mathrm{T}} & -\mathcal{S}_{u,b}^{\mathrm{T}} & \mathcal{S}_{u,b}^{\mathrm{T}} \end{bmatrix}_{(4m+2p)\times 1}^{\mathrm{T}},$$

$$b(k+1|k) = \begin{bmatrix} -\Delta u_{\max}(k) \\ \vdots \\ -\Delta u_{\max}(k+m-1) \\ \Delta u_{\min}(k) \\ \vdots \\ \Delta u_{\min}(k+m-1) \\ u(k-1)-u_{\max}(k) \\ \vdots \\ u(k-1)-u_{\max}(k+m-1) \\ u_{\min}(k)-u(k-1) \\ \vdots \\ u_{\min}(k+m-1)-u(k-1) \\ (\mathcal{S}_{x,b}\Delta x(k)+\mathcal{I}_b y_b(k)+\mathcal{S}_{d,b}\Delta d(k))-Y_{\max}(k+1) \\ -(\mathcal{S}_{x,b}\Delta x(k)+\mathcal{I}_b y_b(k)+\mathcal{S}_{d,b}\Delta d(k))+Y_{\min}(k+1) \end{bmatrix}_{(4m+2p)\times 1}.$$

上式中 T, L, $\mathcal{S}_{x,b}$, $\mathcal{S}_{u,b}$, $\mathcal{S}_{d,b}$ 和 $\mathcal{I}_b$ 由 (5.83) 和 (5.86) 计算.

5.3.3 约束 MPC 的闭环控制

由 (5.81) 知 $H \geqslant 0$. 因此 QP 问题 (5.88) 对任何加权矩阵 $\Gamma_y \geqslant 0, \Gamma_u \geqslant 0$ 有解, 记为 $\Delta U^*(k)$. 显然, $\Delta U^*(k)$ 是测量值 $x(k)$, 控制时域 m 和预测时域 p 的函

数, 一般来说是非线性的. 根据预测控制的基本原理, 得到的开环控制序列的第一步将作用于被控系统. 在下一个采样时刻, 将用新的测量值刷新约束优化问题 5.3, 即 QP 问题 (5.88), 并重新求解. 因此, 约束 MPC 的闭环控制律定义为

$$\Delta u(k) = \begin{bmatrix} I_{n_u \times n_u} & \mathbf{0} & \cdots & \mathbf{0} \end{bmatrix} \Delta U^*(k). \tag{5.89}$$

图 5.6 给出了约束 MPC 控制器的实现流程.

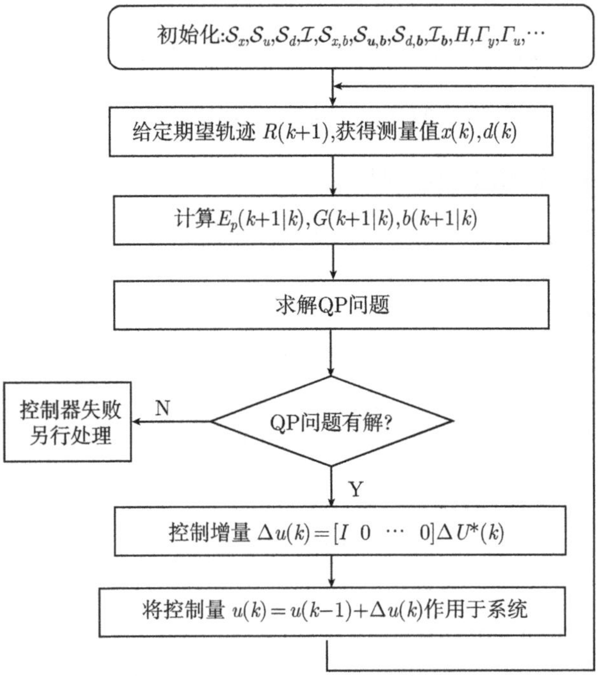

图 5.6　约束 MPC 的实现流程图

5.3.4　QP 问题的求解方法

从 5.1 节, 5.2 节和 5.3 节的讨论中可以发现, 预测控制算法在线的主要计算量体现在求解有不等式约束的二次规划问题中. 二次规划是一个典型的数学优化问题, 它的优化目标是二次实函数, 带有线性约束, 可以采用多种方法求解, 常用的最有效的两种方法是: 积极集法 (active-set method) 和内点法 (interior-point method).

积极集法适用于解决只有不等式约束的二次规划问题, 是通过不断地判断是否有约束起作用从而更新起作用约束集. 积极集方法的核心是, 在有一个起始可行点的前提下, 每次迭代的时候用积极集中的约束构成等式约束解得当前最优解, 再去判断得到的这个解是否违反某一新的约束. 换句话说, 就是沿着约束的边界向下降方向搜索, 直到没有可行下降方向为止. 由于积极集方法通常需要一个初始可行点,

并且积极集矩阵变动频繁且求解迭代步数不确定，求解过程复杂，计算量大，因此又出现了许多积极集的改进算法，例如对偶积极集法，不可行积极集法等. 本书 9.8 节介绍的电子节气门跟踪控制中的 MPC 控制器就是应用的对偶积极集方法进行 QP 问题的求解，并在 9.5 节简单介绍了对偶积极集方法原理.

内点法适用于任何形式的二次规划问题，可以包含等式约束，不等式约束，和变量上下值约束. 内点法把满足所有约束的点的集合叫做可行域，把可行域中的点叫做内点. 算法的核心是，从一个内点出发，找到一个可行下降方向使得内点沿着这个方向移动能够使目标函数值下降，重复以上过程直到满足迭代终止为止，得到的点即为最优点. 内点法是优化问题中的最为核心的算法之一，因为该算法实用且计算复杂度低，经过多年的研究，目前已经产生了很多种变形的内点算法，如不可行内点算法，惩罚函数内点算法，原始 - 对偶内点算法等.

上文只是简单地介绍了两种常用的求解 QP 问题的优化算法，更多内容参见 [19]~[21] 等相关文献.

5.4 约束预测控制的稳定性

本节讨论约束预测控制系统的名义稳定性，也就是说讨论在扰动为零即 $d = \mathbf{0}$ 时，预测控制闭环系统的稳定性. 为了叙述方便，在本节中可以考虑将与 d 有关的项全部删除.

5.4.1 闭环系统的非线性特性

无论是控制约束还是输出约束都是一种非线性特性. 因此，约束预测控制的闭环系统是非线性的. 下面给予详细的介绍.

前面两章的讨论发现，无论是动态矩阵控制还是模型算法控制，我们都可以在状态空间描述的框架下给出预测控制的算法以及分析闭环系统的性能. 因此，下面的讨论都将基于标准的状态空间模型：

$$x(k+1) = Ax(k) + B_u u(k) + B_d d(k), \quad x(0) = x_0 \tag{5.90a}$$

$$y_c(k) = C_c x(k) \tag{5.90b}$$

$$y_b(k) = C_b x(k) \tag{5.90c}$$

展开，其中 (A, B_u) 可控；$x(k) \in \mathbb{R}^{n_x}$ 是状态变量；$u(k) \in \mathbb{R}^{n_u}$ 是控制输入变量；$d(k) \in \mathbb{R}^{n_d}$ 是可以测量的外部干扰变量；$y_c(k) \in \mathbb{R}^{n_c}$ 是被控输出变量；$y_b(k) \in \mathbb{R}^{n_b}$ 是约束输出变量，其需要满足下面的约束：

$$y_{\min}(k) \leqslant y_b(k) \leqslant y_{\max}(k), \quad \forall k \geqslant 0, \quad 其中\ \mathbf{0} \in [y_{\min}(k),\ y_{\max}(k)].$$

另外, 控制量和控制增量需要满足下面形式的控制约束:

$$u_{\min}(k) \leqslant u(k) \leqslant u_{\max}(k), \quad \forall k \geqslant 0, \quad \text{其中 } \mathbf{0} \in [u_{\min}(k),\ u_{\max}(k)],$$
$$\Delta u_{\min}(k) \leqslant \Delta u(k) \leqslant \Delta u_{\max}(k), \quad \forall k \geqslant 0, \quad \text{其中 } \mathbf{0} \in [\Delta u_{\min}(k),\ \Delta u_{\max}(k)].$$

对约束预测控制, 在 k 时刻以当前系统状态 $x(k)$ 为初始条件的 MPC 优化问题可以描述为

问题 5.4

$$\min_{\Delta U_k} J\left(x(k), \Delta U_k, m, p, Q_i, R_i, S_i\right)$$

满足系统 (5.90) 及时域约束

$$u_{\min}(k+i) \leqslant u(k+i|k) \leqslant u_{\max}(k+i), \quad i = 0, 1, \cdots, m-1, \tag{5.91a}$$

$$\Delta u_{\min}(k+i) \leqslant \Delta u(k+i|k) \leqslant \Delta u_{\max}(k+i), \quad i = 0, 1, \cdots, m-1, \tag{5.91b}$$

$$y_{\min}(k+i) \leqslant y_b(k+i|k) \leqslant y_{\max}(k+i), \quad i = 1, 2, \cdots, p, \tag{5.91c}$$

其中

$$J = \sum_{i=1}^{p} \|y_c(k+i|k) - r(k+i)\|_{Q_i}^2 + \sum_{i=0}^{m-1} \left(\|\Delta u(k+i|k)\|_{S_i}^2 + \|u(k+i|k)\|_{R_i}^2\right). \tag{5.92}$$

上面的问题描述中, $y_c(\cdot|k)$ 和 $y_b(\cdot|k)$ 是在 k 时刻对系统未来控制输出和约束输出的预测, 是以 $x(k)$ 为初始条件基于模型 (5.90) 和待优化的未来控制输入增量序列

$$\Delta U_k \stackrel{\text{def}}{=\!=} \begin{bmatrix} \Delta u(k|k) \\ \Delta u(k+1|k) \\ \vdots \\ \Delta u(k+m-1|k) \end{bmatrix}_{m \times 1} \tag{5.93}$$

计算得到的, 即对 $i = 0, 1, \cdots, p$ 有

$$x(k+i+1|k) = Ax(k+i|k) + B_u u(k+i|k) + B_d d(k+i|k), \tag{5.94a}$$

$$x(k|k) = x(k), \tag{5.94b}$$

$$y_c(k+i|k) = C_c x(k+i|k), \tag{5.94c}$$

$$y_b(k+i|k) = C_b x(k+i|k), \tag{5.94d}$$

$$u(k+i|k) = \Delta u(k+i|k) + u(k+i-1|k), \tag{5.94e}$$

$$u(k-1|k) = u(k-1), \tag{5.94f}$$

其中 $x(k)$ 是 k 时刻测量或者估计的状态值, $u(k-1)$ 是上一个采样时刻的控制量. 在 (5.92) 中 Q_i 是对控制输出误差的加权, S_i 是对控制增量的加权, R_i 是对控制量的加权. 与目标函数 (2.20) 相比有, $Q_i=\Gamma_{y,i}^{\mathrm{T}}\Gamma_{y,i}$ 和 $S_i=\Gamma_{u,i}^{\mathrm{T}}\Gamma_{u,i}$.

优化问题 5.4 是一个约束二次规划问题, 一般情况下我们无法得到其解析解, 需要数值求解. 上一节已经讨论了如何将这样的二次规划问题转换成标准的 QP 描述, 这里就不再重复.

假设上述优化问题有解 ΔU_k^*, 则根据预测控制原理得到的闭环控制增量为

$$\Delta u(k)=\begin{bmatrix} I_{n_u\times n_u} & \mathbf{0} & \cdots & \mathbf{0}\end{bmatrix}_{1\times m}\Delta U_k^* .$$

由于数值求解优化问题, 我们并不能知道 $\Delta u(k)$ 的具体解析表达式. 但是, 从优化问题的函数依赖关系, 我们知道:

(1) ΔU_k^* 是 $(x(k),m,p,Q_i,R_i,S_i)$ 的函数;

(2) 由于时域约束的存在, 这种函数关系是非线性的.

因此, 定义非线性控制输入

$$\kappa(x(k))\overset{\text{def}}{=\!=}\begin{bmatrix} I_{n_u\times n_u} & \mathbf{0} & \cdots & \mathbf{0}\end{bmatrix}\Delta U_k^*+u(k-1) . \tag{5.95}$$

为了简化符号标记我们在 $\kappa(x(k))$ 中没有标注出其对 (m,p,Q_i,R_i,S_i) 的依赖. 于是, 预测控制闭环系统为

$$x(k+1)=Ax(k)+B_u\kappa(x(k))+B_d d(k),\quad k\geqslant 0 . \tag{5.96}$$

显然, 这是一个非线性系统. 为了讨论的方便下一节我们给出非线性系统稳定性的一些基本概念和定理.

5.4.2 离散系统的稳定性

为了分析非线性离散系统的稳定性, 我们需要给出如下定义和定理[22~24].

定义 5.1 如果连续函数 $\alpha:[0,a)\to[0,\infty)$ 严格递增, 且 $\alpha(0)=0$, 则 α 属于 $\mathcal{K}$ 类函数. 如果 $a=\infty$, 且当 $r\to\infty$ 时 $\alpha(r)\to\infty$, 则 α 属于 $\mathcal{K}_\infty$ 类函数.

定义 5.2 对于连续函数 $\beta:[0,a)\times[0,\infty)\to[0,\infty)$, 如果对于每个固定的 s, 映射 $\beta(r,s)$ 都是关于 r 的 $\mathcal{K}$ 类函数, 并且对于每个固定的 r, 映射 $\beta(r,s)$ 是 s 的递减函数, 且当 $s\to\infty$ 时 $\beta(r,s)\to 0$, 则 β 属于 $\mathcal{KL}$ 类函数.

考虑如下自治离散时间系统:

$$x(k+1)=f(x(k)),\quad k\geqslant 0,\quad x(0)=x_0, \tag{5.97}$$

其中 $x(k)\in\mathbb{X}\subseteq\mathbb{R}^n$ 是状态变量. 系统 (5.97) 的平衡点为 $f(x_s)=\mathbf{0}$. 不失一般性设 $x_s=\mathbf{0}$. 下面给出 Lyapunov 稳定性定义.

定义 5.3　自治离散系统 (5.97) 的平衡点 $x_s=\mathbf{0}$ 是

(a) 稳定的, 如果对任何 $\varepsilon>0$, 存在 $\eta=\eta(\varepsilon)$ 使得

$$\|x(0)\|<\eta \quad \Rightarrow \quad \|x(k)\|<\varepsilon, \quad \forall k\geqslant 0;$$

(b) 不稳定的, 如果上述关系不成立;

(c) 渐近稳定的, 如果 $x_s=\mathbf{0}$ 是稳定的, 且选择 η 使得

$$\|x(0)\|<\eta \quad \Rightarrow \quad \lim_{k\to\infty} x(k)=\mathbf{0}.$$

定理 5.1　对于方程 (5.97) 的平衡点 $x_s=\mathbf{0}$,

(1) 如果存在一个 $\mathcal{K}$ 类函数 α, 系统的轨迹满足

$$\|x(k)\|\leqslant \alpha\left(\|x(0)\|\right), \quad \forall k\geqslant 0, \quad \forall x(0)\in\mathbb{X}$$

时, 平衡点是稳定的.

(2) 如果存在一个 $\mathcal{KL}$ 类函数 β, 系统的轨迹满足

$$\|x(k)\|\leqslant \beta\left(\|x(0)\|,k\right), \quad \forall k\geqslant 0, \quad \forall x(0)\in\mathbb{X}$$

时, 平衡点是渐近稳定的.

定理 5.2　设 $x_s=\mathbf{0}$ 是方程 (5.97) 的平衡点, $\mathbb{X}\subseteq\mathbb{R}^n$ 是包含 $x=0$ 的定义域, $V:\mathbb{X}\to\mathbb{R}$ 是连续可微函数, 且满足对任何 $k\geqslant 0$ 和任何 $x\in\mathbb{X}$ 有

$$\begin{aligned}&\alpha_1(\|x\|)\leqslant V(x)\leqslant\alpha_2(\|x\|)\,,\\&V(x(k+1))\leqslant\rho V(x(k)),\end{aligned}$$

其中 $\alpha_1,\alpha_2,\alpha_3$ 是 $\mathcal{K}$ 类函数; $\rho\in(0,1)$. 那么, $x_s=\mathbf{0}$ 是渐近稳定的.
下面的稳定性定理并不要求 $V:\mathbb{X}\to\mathbb{R}$ 是连续可微的.

定理 5.3　考虑系统

$$x(k+1)=f(x(k)),\ k\geqslant 0,\ x(0)=x_0, \tag{5.98}$$

其中 f 关于 x 连续, 且 $f(\mathbf{0})=\mathbf{0}$. 对于系统 (5.98), 如果存在正定有界函数 $V(x)$ 满足:

(a) $V(\mathbf{0})=0$ 且对任意的 $x\neq\mathbf{0}$ 有 $V(x)>0$,

(b) 在平衡点 $x=\mathbf{0}$ 附近, $V(x)$ 是连续的,

(c) 沿着系统的轨迹, 有

$$V(x(k+1))-V(x(k))\leqslant-\alpha_0(\|x(k)\|), \tag{5.99}$$

其中 $\alpha_0(\cdot)$ 是一个 $\mathcal{K}$ 类函数, 则系统是渐近稳定的.

证明 由式 (5.99) 知沿系统的轨迹 $V(x)$ 是单调不增的, 且 $V(x)=0$ 是其下界. 由于单调不增且有下界的序列必有极限, 所以当 $k\to\infty$ 时 $V(x)$ 收敛. 对 (5.99) 两边分别取极限, 得

$$\lim_{k\to\infty}\alpha_0\left(\|x(k)\|\right)\leqslant\lim_{k\to\infty}V(x(k))-\lim_{k\to\infty}V(x(k+1))=0\,.$$

由于 $\alpha_0(\cdot)$ 是一个 $\mathcal{K}$ 类函数, 所以有 $\lim\limits_{k\to\infty}x(k)=\mathbf{0}$. 也即当 $k\to\infty$ 时系统收敛于平衡点.

定义 $B_r:=\left\{x\in\mathbb{R}^n|x^{\mathrm{T}}x\leqslant r^2\right\}$, 集合 B_r 是平衡点附近的一个球域. 因为 $V(x)$ 在平衡点附近连续, 且 $V(x)$ 是正定函数, 则存在定义在 $(0,r]$ 上的 $\mathcal{K}$ 类函数 $\alpha_1(\cdot)$ 和 $\alpha_2(\cdot)$, 满足 (见文献 [22] 引理 4.3)

$$\alpha_1\left(\|x\|\right)\leqslant V(x)\leqslant\alpha_2\left(\|x\|\right),\quad\forall x\in B_r\,.\tag{5.100}$$

下面用反证法证明存在正的常数 N, 使得当 $k>N$ 时, $x(k)\in B_r$.

记 $\varPhi(i;x)$ 为 $x(k+1)=f(x(k))$ 在 i 时刻的解, 其初始状态为 x. 假设对于任意的 $k>0$, $x(k)\notin B_r$, 则迭代式 (5.99) 可得

$$V\left(\varPhi(k;x)\right)\leqslant-\sum_{i=1}^{k-1}\alpha_0\left(\|\varPhi(i;x)\|\right)+V(x)\,.$$

由于对任意的 $i>0$, 有 $\|\varPhi(k;x)\|>r$, 则

$$V\left(\varPhi(k;x)\right)<-\sum_{i=1}^{k-1}\alpha_0\left(r\right)+V(x)\,.$$

因而有 $V\left(\varPhi(k;x)\right)\stackrel{k\to\infty}{\longrightarrow}-\infty$, 这显然与 $V(x)\geqslant0$ 矛盾.

继而, 由式 (5.100) 知对任意的 $k\geqslant0$ 和 $x\in B_r$, 有

$$\|\varPhi(k;x)\|\leqslant\alpha_1^{-1}\left(V\left(\varPhi(k;x)\right)\right)\leqslant\left(\alpha_1^{-1}\circ\alpha_2\right)(r)\,.$$

因而对于任意的 $\varepsilon>0$, 存在 $\delta:=\min\left\{r,\left(\alpha_1^{-1}\circ\alpha_2\right)^{-1}(\varepsilon)\right\}$, 可推得

$$\|\varPhi(k;x)\|<\left(\alpha_1^{-1}\circ\alpha_2\right)(\delta)\leqslant\left(\alpha_1^{-1}\circ\alpha_2\right)\left(\alpha_1^{-1}\circ\alpha_2\right)^{-1}(\varepsilon)=\varepsilon\,.$$

根据稳定性定义 5.3 可知, 系统稳定. 进一步, 结合收敛性得出系统渐近稳定. 因此, 定理 5.3 结论得证. □

5.4.3　最优性 $\neq$ 稳定性

为了讨论约束预测控制闭环系统 (5.96) 的名义稳定性, 我们假设:

(1) $r(k) = \mathbf{0}$ 和 $d(k) = \mathbf{0}$, $k \geqslant 0$;

(2) 系统状态全部可以测量得到或者观测误差已经为零, 即只考虑状态反馈的情况.

从 Lyapunov 稳定性定义可知, 系统稳定性是一个时间趋于无穷的概念. 在 MPC 中, 尽管通过每个采样时刻的优化, 滚动向前可以使得时间 $k \to \infty$, 但讨论 MPC 的稳定性问题时, 每个采样时刻优化问题的最优性并不能引出闭环系统的稳定性. 我们来简单看一下其中的原因.

假设在 k 时刻, 约束优化问题 5.4 有解, 记为

$$\Delta U_k^* = \begin{bmatrix} \Delta u^*(k|k) \\ \Delta u^*(k+1|k) \\ \vdots \\ \Delta u^*(k+m-1|k) \end{bmatrix}_{m\times 1} . \tag{5.101}$$

相应的优化目标函数值为

$$J_k^* = \sum_{i=0}^{p} \|y_c^*(k+i|k)\|_{Q_i}^2 + \sum_{i=0}^{m-1} \left(\|\Delta u^*(k+i|k)\|_{S_i}^2 + \|u(k+i|k)\|_{R_i}^2 \right). \tag{5.102}$$

在 $k+1$ 时刻, 约束优化问题也有解 ΔU_{k+1}^*, 优化值为 J_{k+1}^*. 但在 $k+1$ 时刻的优化计算并没有保证

$$J_{k+1}^* \leqslant J_k^* \ ,$$

即优化计算并没有保证值函数是不增的. 因此, 有可能出现

$$J_{k+1}^* > J_k^*$$

的情况. 这样, 就有可能当 $k \to \infty$ 时 $J_k^* \to \infty$. 从而, 导致 $y_c(\infty) \to \infty$. 因此, 每个采样时刻优化问题的最优性并不能导出闭环系统的稳定性, 即在每个采样时刻求解由测量值刷新的约束优化问题 5.4 得到的预测控制并不能保证闭环系统是稳定的. 我们需要改进约束预测控制的算法. 下面介绍几个改进的约束预测控制算法.

5.4.4　无限时域 MPC

稳定性是一个时间趋于无穷的概念. 因此, 我们首先想到的是采用无限预测时域和无限控制时域, 即 $p = m = \infty$. 这里, 保证闭环稳定的基本思路是: 在无限预测时域和无限控制时域的条件下, 如果优化问题存在可行解, 则表明 $y_c(\infty) = \mathbf{0}$. 如

果 (C_c, A) 是可测的, 则有 $x(\infty) = \mathbf{0}$. 以优化问题 5.4 为例, 给出优化问题可行解的定义如下:

定义 5.4 如果给定的一个 ΔU_k 使得优化问题 5.4 的

(1) 约束条件 (5.91) 满足;

(2) 目标函数 (5.92) 的值是有界的, 即

$$\sum_{i=0}^{p} \|y_c(k+i|k)\|_{Q_i}^2 + \sum_{i=0}^{m-1} \left(\|\Delta u(k+i|k)\|_{S_i}^2 + \|u(k+i|k)\|_{R_i}^2 \right) < \infty,$$

则 ΔU_k 是优化问题 5.4 的一个可行解.

因此, 可以得到下面的结论.

定理 5.4 假设

(1) $m = p = \infty$;

(2) 加权系数是时不变的, 即 $Q_i = Q, R_i = R$ 和 $S_i = S$, 且 $R \geqslant 0, S \geqslant 0$ 和 $Q > 0$;

(3) y_c 是零状态可观测的, 则预测控制闭环系统 (5.96) 是名义渐近稳定的.

证明 假设在 k 时刻无限时域约束优化问题有解 (暂不考虑如何求解的问题), 记为

$$\Delta U_k^* = \begin{bmatrix} \Delta u^*(k|k) \\ \Delta u^*(k+1|k) \\ \Delta u^*(k+2|k) \\ \vdots \end{bmatrix},$$

其满足控制增量约束. 对应的控制量

$$\begin{aligned} u(k|k) &= \Delta u^*(k|k) + u(k-1) \\ u(k+1|k) &= \sum_{i=0}^{1} \Delta u^*(k+i|k) + u(k-1) \\ u(k+2|k) &= \sum_{i=0}^{2} \Delta u^*(k+i|k) + u(k-1) \\ &\vdots \end{aligned}$$

满足控制量约束. 对应的约束输出序列

$$\left\{ y_b^*(k+1|k), y_b^*(k+2|k), y_b^*(k+3|k), \cdots \right\}$$

满足输出约束. 对应的控制输出序列为

$$\left\{y_c^*(k+1|k), y_c^*(k+2|k), y_c^*(k+3|k), \cdots\right\},$$

其使得相应的优化值

$$J_k^* = \sum_{i=0}^{\infty} \|y_c^*(k+i|k)\|_Q^2 + \sum_{i=0}^{\infty}\left(\|u(k+i|k)\|_R^2 + \|\Delta u^*(k+i|k)\|_S^2\right) \tag{5.103}$$

是有界的. 将由 (5.95) 定义的闭环控制

$$\kappa(x(k)) \overset{\text{def}}{=\!=} \Delta u^*(k|k) + u(k-1)$$

代入闭环系统 (5.96). 对无干扰无模型误差的闭环系统, $k+1$ 时刻的系统状态测量值为

$$x(k+1) = Ax(k) + B_u\kappa(x(k)),$$

其与预测的 $k+1$ 时刻状态是一致的. 因此, 在 $k+1$ 时刻, 我们可以选择如下的一个控制增量序列:

$$\Delta U_{k+1} = \begin{bmatrix} \Delta u(k+1|k+1) \\ \Delta u(k+2|k+1) \\ \Delta u(k+3|k+1) \\ \vdots \end{bmatrix} \overset{\text{def}}{=\!=} \begin{bmatrix} \Delta u^*(k+1|k) \\ \Delta u^*(k+2|k) \\ \Delta u^*(k+3|k) \\ \vdots \end{bmatrix}. \tag{5.104}$$

这个选择的控制增量序列就是 k 时刻的优化解从 $k+1$ 时刻开始的无限区间 $[k+1,\infty)$ 对应的向量. 显然, 这样选择的控制序列满足控制量和增量约束. 在不考虑干扰的情况下, 对应的约束输出序列

$$y_b(k+1+i|k+1) = y_b^*(k+1+i|k), \quad i=1,2,\cdots$$

也是满足输出约束的. 对应的控制输出序列为

$$y_c(k+1+i|k+1) = y_c^*(k+1+i|k), \quad i=1,2,\cdots$$

在 $k+1$ 时刻, 计算对应的目标函数值为

$$\begin{aligned} J_{k+1} = \sum_{i=0}^{\infty} \|y_c(k+1+i|k+1)\|_Q^2 + \sum_{i=0}^{\infty}\Big(&\|u(k+1+i|k+1)\|_R^2 \\ &+ \|\Delta u(k+1+i|k+1)\|_S^2\Big) \end{aligned}$$

$$
\begin{aligned}
&= \sum_{i=1}^{\infty} \|y_c^*(k+i|k)\|_Q^2 + \sum_{i=1}^{\infty} \left(\|u(k+i|k)\|_R^2 + \|\Delta u^*(k+i|k)\|_S^2 \right) \\
&= \sum_{i=0}^{\infty} \|y_c^*(k+i|k)\|_Q^2 + \sum_{i=0}^{\infty} \left(\|u(k+i|k)\|_R^2 + \|\Delta u^*(k+i|k)\|_S^2 \right) \\
&\quad - \|y_c^*(k|k)\|_Q^2 - \|u(k|k)\|_R^2 - \|\Delta u^*(k|k)\|_S^2 \\
&= J_k^* - \|C_c x(k)\|_Q^2 - \|u(k)\|_R^2 - \|\Delta u(k)\|_S^2 .
\end{aligned}
$$

显然, J_{k+1} 是有界的. 因此, 选定的 $k+1$ 时刻的控制序列 (5.104) 是无限时域约束优化问题 5.4 的一个可行解. 若 $k+1$ 时刻优化问题存在优化解, 优化解不会差于可行解, 即有

$$
J_{k+1}^* \leqslant J_{k+1} \leqslant J_k^* - \|C_c x(k)\|_Q^2 . \tag{5.105}
$$

得到上式还用到了 $R \geqslant 0$ 和 $S \geqslant 0$. 当 $x = \mathbf{0}$ 时, $u = \mathbf{0}$, 此时 $\Delta U_k^* \equiv \mathbf{0}$ 是优化问题的可行解, 对应的 $J^* = 0$. 由式 (5.103) 知, 对于任意的 $k \geqslant 0$, 都有 $J_k^* \geqslant 0$. 由式 (5.105) 知 J_k^* 是单调递减的, 并且 J_k^* 在 $x = \mathbf{0}$ 时取得最小值. 可以证明, J_k^* 在 $x = \mathbf{0}$ 处连续 (见附录 B.1).

综上, 无限时域优化问题 5.4 的值函数 J_k^* 是闭环系统的一个 Lyapunov 函数, 由定理 5.3 知, 闭环系统名义渐近稳定. □

但是采用无限控制时域意味着约束优化问题是无限维的, 而无限维优化问题的数值求解几乎是不可能的. 为此, 我们需要将无限控制时域变为有限时域.

5.4.5 无限预测时域和有限控制时域 MPC

无限预测时域和有限控制时域指的是 $p = \infty$ 和 $m < \infty$. 先考虑最简单的情况, 即假设被控系统开环稳定, 且只考虑控制量约束. 因此, 我们可以取控制时域以外的控制为零, 即 $u(k) = \mathbf{0}, k \geqslant m$. 并且, 将无限预测时域的目标函数 (5.92) 分成两个区间: 与控制时域相等的有限时域部分 $[k, k+m-1]$ 和剩余的无限时域部分 $[k+m, \infty)$, 即

$$
\begin{aligned}
J &= \sum_{i=0}^{\infty} \|y_c(k+i|k)\|_{Q_i}^2 + \sum_{i=0}^{m-1} \left(\|\Delta u(k+i|k)\|_{S_i}^2 + \|u(k+i|k)\|_{R_i}^2 \right) \\
&= \sum_{i=0}^{m-1} \|y_c(k+i|k)\|_{Q_i}^2 + \sum_{i=m}^{\infty} \|y_c(k+i|k)\|_{Q_i}^2 \\
&\quad + \sum_{i=0}^{m-1} \left(\|\Delta u(k+i|k)\|_{S_i}^2 + \|u(k+i|k)\|_{R_i}^2 \right) .
\end{aligned} \tag{5.106}
$$

在剩余的无限时域 $[k+m, \infty)$ 中, 我们有

(1) 控制输入为零, 即 $u(k+i|k) = \mathbf{0}, i \in [m, \infty)$;

(2) 初始状态为 $x(k+m|k)$, 即 k 时刻预测的控制时域的终端状态.

因此, 我们可以计算剩余无限时域的目标函数值

$$\sum_{i=m}^{\infty} \|y_c(k+i|k)\|_{Q_i}^2 .$$

为了简化计算, 我们假设加权系数是时不变的, 即 $Q_i = Q, i = 0, 1, 2, \cdots$. 因此, 我们通过系统方程

$$\begin{aligned} x(i+1) &= Ax(i), \quad i \geqslant 0 \\ y_c(i) &= C_c x(i) \end{aligned}$$

计算

$$\begin{aligned} \sum_{i=0}^{\infty} \|y_c(i)\|_Q^2 &= \sum_{i=0}^{\infty} \left\|C_c A^i x(0)\right\|_Q^2 \\ &= x(0)^{\mathrm{T}} \sum_{i=0}^{\infty} \left(A^i\right)^{\mathrm{T}} C_c^{\mathrm{T}} Q C_c A^i x(0) \stackrel{\text{def}}{=\!=} x(0)^{\mathrm{T}} P x(0) , \end{aligned}$$

其中

$$\begin{aligned} P &\stackrel{\text{def}}{=\!=} \sum_{i=0}^{\infty} \left(A^i\right)^{\mathrm{T}} C_c^{\mathrm{T}} Q C_c A^i = C_c^{\mathrm{T}} Q C_c + \sum_{i=1}^{\infty} \left(A^i\right)^{\mathrm{T}} C_c^{\mathrm{T}} Q C_c A^i \\ &= C_c^{\mathrm{T}} Q C_c + A^{\mathrm{T}} \underbrace{\left(\sum_{i=1}^{\infty} \left(A^{i-1}\right)^{\mathrm{T}} C_c^{\mathrm{T}} Q C_c A^{i-1}\right)}_{=P,\ \text{令}\ i:=i-1} A \\ &= C_c^{\mathrm{T}} Q C_c + A^{\mathrm{T}} P A . \end{aligned}$$

如果 (C_c, A) 是可观的, 则 Lyapunov 方程

$$P = C_c^{\mathrm{T}} Q C_c + A^{\mathrm{T}} P A \tag{5.107}$$

存在正定解. 代入 (5.106) 可得

$$J = \sum_{i=0}^{m-1} \left(\|y_c(k+i|k)\|_Q^2 + \|\Delta u(k+i|k)\|_S^2 + \|u(k+i|k)\|_R^2\right) + \|x(k+m|k)\|_P^2 , \tag{5.108}$$

其中 $x(k+m|k)^{\mathrm{T}} P x(k+m|k)$ 称为终端惩罚项, P 称为终端惩罚矩阵, 是 Lyapunov 方程 (5.107) 的正定解.

如果只考虑控制量约束且取 $S = \mathbf{0}$, 则约束优化问题 5.4 可以改写为

问题 5.5

$$\min_{U_k} J\left(x(k), U_k, m, Q, R\right)$$

满足系统动力学 (5.90) 及

$$u_{\min}(k+i) \leqslant u(k+i|k) \leqslant u_{\max}(k+i), \quad i=0,1,\cdots m-1\,, \tag{5.109}$$

其中

$$J = \sum_{i=0}^{m-1}\left(\|y_c(k+i|k)\|_Q^2 + \|u(k+i|k)\|_R^2\right) + \|x(k+m|k)\|_P^2\,. \tag{5.110}$$

上式中 $y_c(\cdot|k)$ 是在 k 时刻对系统未来控制输出的预测, 是通过模型 (5.90) 计算得到的, 即对 $i=0,1,\cdots,m$ 有

$$x(k+i+1|k) = Ax(k+i|k) + B_u u(k+i|k),\ x(k|k) = x(k)\,, \tag{5.111a}$$

$$y_c(k+i|k) = C_c x(k+i|k)\,. \tag{5.111b}$$

这里为了下面理论证明的方便, 我们将约束优化问题中的独立变量改写为控制量序列 U_k, 即

$$U_k = \begin{bmatrix} u(k|k) \\ u(k+1|k) \\ \vdots \\ u(k+m-1|k) \end{bmatrix}_{m\times 1}.$$

而这对优化问题的求解没有影响.

如果优化问题 5.5 有解, 记为 U_k^*, 则可定义 k 时刻的预测控制律为

$$\kappa(x(k)) \stackrel{\text{def}}{=\!=} \begin{bmatrix} I_{n_u\times n_u} & \mathbf{0} & \cdots & \mathbf{0} \end{bmatrix}_{1\times m} U_k^*. \tag{5.112}$$

由此组成的闭环控制系统为

$$x(k+1) = Ax(k) + B_u\kappa(x(k)), \quad k \geqslant 0\,, \tag{5.113a}$$

$$y_c(k) = C_c x(k)\,. \tag{5.113b}$$

不考虑外部干扰和模型误差, 我们可以得到下面的结论.

定理 5.5 假设:

(1) $k=0$ 时刻, 约束优化问题 5.5 有解,

(2) y_c 是零状态可观测的.

则对不考虑外部干扰和模型不确定性的名义系统, 有

(a) 对任何 $k>0$, 由状态测量值 $x(k)$ 刷新的约束优化问题 5.5 有解;

(b) 由 (5.112) 组成的闭环系统 (5.113) 是名义渐近稳定的.

证明　假设在 k 时刻优化问题 5.5 有解, 记为

$$U_k^* = \begin{bmatrix} u^*(k|k) \\ u^*(k+1|k) \\ \vdots \\ u^*(k+m-1|k) \end{bmatrix}_{m\times 1},$$

其满足控制量约束. 对应的在 $[k+1, k+m]$ 区间的状态和输出序列为

$$\Big\{x^*(k+1|k), x^*(k+2|k), \cdots, x^*(k+m|k)\Big\},$$
$$\Big\{y_c^*(k+1|k), y_c^*(k+2|k), \cdots, y_c^*(k+m|k)\Big\}.$$

相应的优化值为

$$J_k^* = \sum_{i=0}^{m-1}\Big(\|y_c^*(k+i|k)\|_Q^2 + \|u^*(k+i|k)\|_R^2\Big) + \|x^*(k+m|k)\|_P^2. \tag{5.114}$$

上式中 $y_c^*(k|k) = y_c(k)$. 由 (5.112) 定义的闭环控制为

$$u(k) = \kappa(x(k)) \overset{\text{def}}{=\!=} u^*(k|k).$$

将其代入闭环系统 (5.113). 对无干扰和模型误差的名义闭环系统, $k+1$ 时刻的系统状态为

$$x(k+1) = Ax(k) + B_u u^*(k|k),$$

其等于 $x^*(k+1|k)$. 根据预测控制原理, 我们将用这个值刷新 $k+1$ 时刻的约束优化问题 5.5 并求解之. 为此, 在 $k+1$ 时刻, 选择一个控制序列为

$$U_{k+1} = \begin{bmatrix} u(k+1|k+1) \\ u(k+2|k+1) \\ \vdots \\ u(k+m-1|k+1) \\ u(k+m|k+1) \end{bmatrix} \overset{\text{def}}{=\!=} \begin{bmatrix} u^*(k+1|k) \\ u^*(k+2|k) \\ \vdots \\ u^*(k+m-1|k) \\ \mathbf{0} \end{bmatrix}. \tag{5.115}$$

选择的控制量序列的前 $m-1$ 个元素是 k 时刻的优化解去掉第一个元素, 最后一个元素是补入的 $u = \mathbf{0}$. 显然, 这个选择的控制量序列是满足控制量约束的. 因为

有 $x(k+1)=x^*(k+1|k)$, 对应的状态序列和控制输出序列分别为

$$x(k+1+i|k+1)=\begin{cases}x^*(k+1+i|k), & i=0,\cdots,m-1\\ Ax^*(k+m|k), & i=m\end{cases}$$

$$y_c(k+1+i|k+1)=\begin{cases}y_c^*(k+1+i|k), & i=0,\cdots,m-1\\ C_cx^*(k+m|k), & i=m\end{cases}$$

将上式和 (5.115) 代入 (5.110), 可以计算对应的 $k+1$ 时刻的目标函数值如下:

$$\begin{aligned}J_{k+1}&=\sum_{i=0}^{m-1}\left(\|y_c(k+1+i|k+1)\|_Q^2+\|u(k+1+i|k+1)\|_R^2\right)\\&\quad+\|x(k+1+m|k+1)\|_P^2\\&=\sum_{i=0}^{m-2}\left(\|y_c^*(k+1+i|k)\|_Q^2+\|u^*(k+1+i|k)\|_R^2\right)\\&\quad+\|C_cx^*(k+m|k)\|_Q^2+\|Ax^*(k+m|k)\|_P^2\\&=\sum_{i=1}^{m-1}\left(\|y_c^*(k+i|k)\|_Q^2+\|u^*(k+i|k)\|_R^2\right)\\&\quad+\|x^*(k+m|k)\|^2_{C_c^{\mathrm T}QC_c+A^{\mathrm T}PA}.\end{aligned}$$

由于 Lyapunov 方程 (5.107), 上式变为

$$\begin{aligned}J_{k+1}&=\sum_{i=1}^{m-1}\left(\|y_c^*(k+i|k)\|_Q^2+\|u^*(k+i|k)\|_R^2\right)+\|x^*(k+m|k)\|_P^2\\&=\sum_{i=0}^{m-1}\left(\|y_c^*(k+i|k)\|_Q^2+\|u^*(k+i|k)\|_R^2\right)+\|x^*(k+m|k)\|_P^2\\&\quad-\|y_c^*(k|k)\|_Q^2-\|u^*(k|k)\|_R^2.\end{aligned}$$

又因为 (5.114), 以及 $y_c^*(k|k)=C_cx(k)$ 和 $u^*(k|k)=u(k)$, 上式变为

$$J_{k+1}=J_k^*-\|C_cx(k)\|_Q^2-\|u(k)\|_R^2.$$

因为 $Q>0$, $R\geqslant 0$, 上述不等式表明 J_{k+1} 有界. 综上, 选定的 $k+1$ 时刻的控制序列 (5.115) 满足控制量约束且使目标函数值有界. 因此, U_{k+1} 是约束优化问题 5.5 的一个可行解. 定理 5.5(a) 得证.

若 $k+1$ 时刻优化问题存在优化解, 则优化解不会差于可行解. 结合前面的不等式得

$$J_{k+1}^*\leqslant J_{k+1}\leqslant J_k^*-\|C_cx(k)\|_Q^2. \tag{5.116}$$

当 $x = \mathbf{0}$ 时, $u = \mathbf{0}$, 此时 $U_k^* \equiv \mathbf{0}$ 是优化问题的可行解, 对应的 $J^* = 0$. 由式 (5.114) 知, 对于任意的 $k \geqslant 0$, 都有 $J_k^* \geqslant 0$. 由式 (5.116) 知 J_k^* 是单调递减的, 并且 J_k^* 在 $x = \mathbf{0}$ 时取得最小值. 与无限时域 MPC 一样, 可以证明 J_k^* 在 $x = \mathbf{0}$ 处连续 (感兴趣的读者可参考附录 B.1 自行给出证明). 因此, 优化问题 5.5 的值函数 J_k^* 是闭环系统的一个 Lyapunov 函数. 由定理 5.3 知, 闭环系统名义渐近稳定. 定理 5.5(b) 得证. □

注 5.3 如果考虑控制增量约束和输出约束, 前面的证明可能不成立. 开环不稳定和存在输出约束的情况将在下面两节讨论.

5.4.6 终端等式 MPC

如果开环有不稳定的极点, 我们不能再取控制时域以外的控制为零. 一个解决问题的思路是在优化问题中加入终端等式约束 $x(k+m) = \mathbf{0}$ 迫使控制时域终端状态回到平衡点. 因此, 如果不考虑控制增量约束并取 $S = \mathbf{0}$, 则约束优化问题 5.4 变为

问题 5.6

$$\min_{U_k} J\left(x(k), U_k, m, p, Q, R\right)$$

满足系统动力学 (5.90) 及时域约束

$$u_{\min}(k+i) \leqslant u(k+i|k) \leqslant u_{\max}(k+i), \quad i = 0, 1, \cdots, m-1\,, \tag{5.117}$$

$$y_{\min}(k+i) \leqslant y_b(k+i|k) \leqslant y_{\max}(k+i), \quad i = 1, 2, \cdots, m\,, \tag{5.118}$$

$$x(k+m|k) = \mathbf{0}\,, \tag{5.119}$$

其中

$$J = \sum_{i=0}^{m-1} \left(\|y_c(k+i|k)\|_Q^2 + \|u(k+i|k)\|_R^2 \right). \tag{5.120}$$

上式中 $y_c(\cdot|k)$ 和 $y_b(\cdot|k)$ 是在 k 时刻对系统未来控制输出和约束输出的预测, 是通过模型 (5.90) 计算得到的, 即对 $i = 0, 1, \cdots, m$ 有

$$x(k+i+1|k) = Ax(k+i|k) + B_u u(k+i|k), x(k|k) = x(k)\,, \tag{5.121a}$$

$$y_c(k+i|k) = C_c x(k+i|k)\,, \tag{5.121b}$$

$$y_b(k+i|k) = C_b x(k+i|k)\,. \tag{5.121c}$$

通过终端等式约束 (5.119) 迫使预测的系统状态在控制时域的终端回到平衡点. 这时, 对无干扰和模型误差的预测系统, 可以取控制时域以外的控制量为零, 而系统始终处于平衡点. 因此有,

$$
\begin{aligned}
J &= \sum_{i=0}^{m-1}\left(\|y_c(k+i|k)\|_Q^2+\|u(k+i|k)\|_R^2\right)\\
&= \sum_{i=0}^{\infty}\left(\|y_c(k+i|k)\|_Q^2+\|u(k+i|k)\|_R^2\right).
\end{aligned}
$$

即优化问题 5.6 的目标函数实际上具有无限时域. 如果优化问题 5.6 有解, 我们可以由 (5.112) 定义预测控制律, 并有下面的结论.

定理 5.6 假设:

(1) $k=0$ 时刻, 约束优化问题 5.6 有解,

(2) y_c 是零状态可观测的,

则对不考虑外部干扰和模型不确定性的名义系统, 有

(a) 对任何 $k>0$, 由状态测量值 $x(k)$ 刷新的约束优化问题 5.6 有解;

(b) 闭环系统 (5.113) 是名义渐近稳定的.

证明 假设在 k 时刻优化问题有解, 记为

$$
U_k^* = \begin{bmatrix} u^*(k|k) \\ u^*(k+1|k) \\ \vdots \\ u^*(k+m-1|k) \end{bmatrix}_{m\times 1}
$$

其满足控制量约束. 对应的预测状态序列和预测输出序列为

$$
\begin{aligned}
&\left\{x^*(k+1|k), x^*(k+2|k), \cdots, x^*(k+m-1|k), 0\right\},\\
&\left\{y_c^*(k+1|k), y_c^*(k+2|k), \cdots, y_c^*(k+m-1|k), 0\right\},\\
&\left\{y_b^*(k+1|k), y_b^*(k+2|k), \cdots, y_b^*(k+m-1|k), 0\right\}.
\end{aligned}
$$

它们分别满足终端约束 (5.119) 和输出约束 (5.118). 相应的优化值为

$$
J_k^* = \sum_{i=0}^{m-1}\left(\|y_c^*(k+i|k)\|_Q^2+\|u^*(k+i|k)\|_R^2\right). \tag{5.122}
$$

上式中 $y_c^*(k|k)=y_c(k)$. 由 (5.112) 定义的闭环控制为

$$
u(k)=\kappa(x(k)) \overset{\text{def}}{=\!=} u^*(k|k)\ .
$$

将其代入闭环系统 (5.96). 对于无干扰无建模误差的名义闭环系统, $k+1$ 时刻的系统状态为

$$
x(k+1)=Ax(k)+B_u u^*(k|k)\ ,
$$

其等于 $x^*(k+1|k)$. 在 $k+1$ 时刻, 预选一个预测控制序列为

$$U_{k+1}=\begin{bmatrix} u(k+1|k+1)\\ u(k+2|k+1)\\ \vdots\\ u(k+m-1|k+1)\\ u(k+m|k+1)\end{bmatrix}\overset{\text{def}}{=\!=}\begin{bmatrix} u^*(k+1|k)\\ u^*(k+2|k)\\ \vdots\\ u^*(k+m-1|k)\\ \mathbf{0}\end{bmatrix}. \tag{5.123}$$

预选控制序列的前 $m-1$ 个元素是 k 时刻的优化解去掉第一个元素. 预选控制序列的最后一个元素为零. 可以选择最后一个元素为零的原因是: 因为 $x(k+m)=\mathbf{0}$, 如果保持 $u(k+m)=\mathbf{0}$, 则

$$x(k+m+1)=Ax(k+m)+B_uu(k+m)=\mathbf{0},$$

即系统将维持在平衡点不变. 显然, 预选控制序列 (5.123) 满足控制量约束. 对应的状态序列和输出序列分别为

$$x(k+1+i|k+1)=\begin{cases} x^*(k+1+i|k), & i=0,\cdots,m-1\\ \mathbf{0}, & i=m\end{cases}$$

$$y_c(k+1+i|k+1)=\begin{cases} y_c^*(k+1+i|k), & i=0,\cdots,m-1\\ \mathbf{0}, & i=m\end{cases}$$

$$y_b(k+1+i|k+1)=\begin{cases} y_b^*(k+1+i|k), & i=0,\cdots,m-1\\ \mathbf{0}, & i=m\end{cases}$$

显然, 这也是满足输出约束和终端等式约束的.

将上式和 (5.123) 代入 (5.120), 计算对应的 $k+1$ 时刻的目标函数值为

$$\begin{aligned} J_{k+1}&=\sum_{i=0}^{m-1}\left(\|y_c(k+1+i|k+1)\|_Q^2+\|u(k+1+i)\|_R^2\right)\\ &=\sum_{i=0}^{m-2}\left(\|y_c^*(k+1+i|k)\|_Q^2+\|u^*(k+1+i|k)\|_R^2\right)\\ &=\sum_{i=1}^{m-1}\left(\|y_c^*(k+i|k)\|_Q^2+\|u^*(k+i|k)\|_R^2\right)\\ &=\sum_{i=0}^{m-1}\left(\|y_c^*(k+i|k)\|_Q^2+\|u^*(k+i|k)\|_R^2\right)\\ &\quad-\|y_c^*(k|k)\|_Q^2-\|u^*(k|k)\|_R^2\end{aligned}$$

$$= J_k^* - \|C_c x(k)\|_Q^2 - \|u(k)\|_R^2$$
$$\leqslant J_k^* - \|C_c x(k)\|_Q^2 .$$

显然, J_{k+1} 是有界的. 因此, 选定的控制序列 (5.123) 是 $k+1$ 时刻约束优化问题 5.6 的一个可行解. 定理 5.6(a) 得证.

若 $k+1$ 时刻优化问题存在优化解, 则优化解不会差于可行解, 即有

$$J_{k+1}^* \leqslant J_{k+1} \leqslant J_k^* - \|C_c x(k)\|_Q^2 \tag{5.124}$$

当 $x = \mathbf{0}$ 时, $u = \mathbf{0}$, 此时 $U_k^* \equiv \mathbf{0}$ 是优化问题的可行解, 对应的 $J^* = 0$. 由式 (5.122) 知, 对于任意的 $k \geqslant 0$, 都有 $J_k^* \geqslant 0$. 由式 (5.124) 知 J_k^* 是单调递减的, 并且 J_k^* 在 $x = \mathbf{0}$ 时取得最小值. 可以证明, J_k^* 在 $x = \mathbf{0}$ 处连续 (省略证明过程, 感兴趣的读者可参考附录 B.1 自行完成). 因此, 优化问题 5.6 的值函数 J_k^* 是闭环系统的一个 Lyapunov 函数. 由定理 5.3 知, 闭环系统名义渐近稳定. 定理 5.6(b) 得证. □

注 5.4 关于终端约束 $x(k+m) = \mathbf{0}$ 的讨论.

(1) 如果考虑有限时域目标函数

$$J = \sum_{i=0}^{m-1} \left(\|y_c(k+i)\|_Q^2 + \|u(k+i)\|_R^2 \right) + x(k+m)^{\mathrm{T}} P x(k+m),$$

则终端等式约束 $x(k+m) = \mathbf{0}$ 等价于 $P = \infty$.

假设 $C_c = I$, 即 $y_c = x$. 考虑无约束有限时域最优控制问题

$$\min_{u(k), u(k+1), \cdots, u(k+m-1)} J.$$

如果上述的优化问题存在可行解, 则 $J = x^{\mathrm{T}}(k) P(k) x(k)$, 其中 $P(k)$ 由后退 Riccati 方程

$$\begin{aligned} P(k+i-1) = &\ Q + A^{\mathrm{T}} P(k+i) A \\ &- A^{\mathrm{T}} P(k+i) B \left[B^{\mathrm{T}} P(k+i) B + R \right]^{-1} B^{\mathrm{T}} P(k+i) A, \\ &\qquad\qquad 其中\ i = 1,\ 2,\ \cdots,\ m \end{aligned}$$

迭代求解, 而 $P(k+m) = \infty$ 是相应的初始条件.

(2) 如果部分开环极点是不稳定的, 则可分解系统为

$$A = VJV^{-1} = \begin{bmatrix} V_u & V_s \end{bmatrix} \begin{bmatrix} J_u & \mathbf{0} \\ \mathbf{0} & J_s \end{bmatrix} \begin{bmatrix} \tilde{V}_u \\ \tilde{V}_s \end{bmatrix},$$

$$x = \begin{bmatrix} V_u & V_s \end{bmatrix} \begin{bmatrix} z^u \\ z^s \end{bmatrix},$$

其中 z^u, z^s 分别是系统的不稳定振型和稳定振型, J_u, J_s 分别是系统的不稳定极点和稳定极点, V_u 和 V_s 分别是相应的特征向量, 并且

$$\begin{bmatrix} \tilde{V}_u \\ \tilde{V}_s \end{bmatrix} \begin{bmatrix} V_u & V_s \end{bmatrix} = \begin{bmatrix} I & \mathbf{0} \\ \mathbf{0} & I \end{bmatrix}.$$

因此, 系统方程变为

$$\begin{bmatrix} z^u(k+1) \\ z^s(k+1) \end{bmatrix} = \begin{bmatrix} J_u & \mathbf{0} \\ \mathbf{0} & J_s \end{bmatrix} \begin{bmatrix} z^u(k) \\ z^s(k) \end{bmatrix} + \begin{bmatrix} \tilde{V}_u \\ \tilde{V}_s \end{bmatrix} B_u u(k).$$

这样, 我们可以只将终端约束施加于不稳定的振型, 即要求

$$\tilde{V}_u x(k+m) = \mathbf{0}.$$

相应的可取控制时域之外的控制为零, 即 $u(k+i) = \mathbf{0}, i \geqslant m$. 记

$$\Sigma = \sum_{j=0}^{\infty} J_s^{j\mathrm{T}} V_s^{\mathrm{T}} C_c^{\mathrm{T}} Q C_c V_s J_s^j ,$$

则终端惩罚矩阵可以选为

$$P = \tilde{V}_s^{\mathrm{T}} \Sigma \tilde{V}_s ,$$

其中 Σ 满足下面的等式

$$\Sigma = \sum_{j=0}^{\infty} J_s^{j\mathrm{T}} V_s^{\mathrm{T}} C_c^{\mathrm{T}} Q C_c V_s J_s^j = J_s^{\mathrm{T}} \Sigma J_s + V_s^{\mathrm{T}} C_c^{\mathrm{T}} Q C_c V_s .$$

因此, k 时刻的优化问题变为

问题 5.7

$$\min_{U_k} J(x(k), U_k, m)$$

满足 (5.94), (5.91) 和

$$\tilde{V}_u x(k+m|k) = \mathbf{0},$$

其中

$$J = \sum_{i=0}^{m-1} \left(\|y_c(k+i|k)\|_Q^2 + \|u(k+i|k)\|_R^2 \right) + x(k+m|k)^{\mathrm{T}} P x(k+m|k).$$

终端约束 $\tilde{V}_u x(k+m|k) = \mathbf{0}$ 迫使不稳定模态在控制时域的终端回到原点.

5.4.7 终端不等式 MPC

上一节在约束优化问题中加入终端等式约束 $x(k+m)=\mathbf{0}$ 使得预测控制闭环系统内部稳定. 加入终端等式约束带来的问题如下:

(1) 零终端约束在数值计算时不易实现;

(2) 易引起优化问题的不可行;

(3) 导致较小的稳定域.

因此, 我们在约束优化问题中引入较宽松的不等式约束 $x(k+m)\in\Omega$, 其中 Ω 是原点的一个邻域. 这种方法的基本出发点是在平衡点的邻域内可以用无约束线性反馈来控制系统. 对一个线性系统而言, 如果 (A,B_u) 是可稳的, 则必存在一个状态反馈 $u=Kx$ 使得 $A+B_uK$ 是渐近稳定的. 而且, 由函数的连续性可知必定存在一个平衡点的邻域 Ω, 使得系统满足控制量约束和输出约束, 即

$$u_{\min}\leqslant Kx\leqslant u_{\max},\quad \forall x\in\Omega, \tag{5.125a}$$

$$y_{\min}\leqslant C_bx\leqslant y_{\max},\quad \forall x\in\Omega, \tag{5.125b}$$

其中 $u_{\min}<0, y_{\min}<0$ 和 $u_{\max}>0, y_{\max}>0$, 即平衡点 $(\mathbf{0},\mathbf{0})$ 包含在时域约束内. 另外, 稳定性证明还需要 Ω 是由 $u=Kx$ 控制的系统

$$x(k+1)=(A+B_uK)x(k) \tag{5.126}$$

的一个正不变域, 即满足

$$(A+B_uK)x\in\Omega,\quad \forall x\in\Omega. \tag{5.127}$$

不考虑对控制增量的约束, 下面的引理给出满足上述要求的一个邻域.

引理 5.1 *假设 $P>0$ 是 Lyapunov 方程*

$$P=(A+B_uK)^{\mathrm{T}}P(A+B_uK)+(C_c^{\mathrm{T}}QC_c+K^{\mathrm{T}}RK) \tag{5.128}$$

的正定解, 则存在 $\alpha>0$ 使得在由 (P,α) 定义的邻域

$$\Omega(P,\alpha):=\left\{x\in\mathbb{R}^n|x^{\mathrm{T}}Px\leqslant\alpha\right\} \tag{5.129}$$

内, 系统 (5.126) 满足条件 (5.125a), (5.125b) 和 (5.127).

证明 由 Ω 的定义 (5.129) 知, $\mathbf{0}\in\Omega$. 因此, $u_{\min}<0$, $y_{\min}<0$, $u_{\max}>0$ 和 $y_{\max}>0$ 意味着一定存在 $\alpha>0$ 使得在 Ω 内满足条件 (5.125a) 和 (5.125b). 要求系统满足 (5.127) 就是验证对所有 $x\in\Omega$, 下面的不等式成立:

$$((A+B_uK)x)^{\mathrm{T}}P((A+B_uK)x)\leqslant\alpha\,. \tag{5.130}$$

为此, 我们展开上式的左边得

$$((A+B_uK)x)^{\mathrm{T}} P((A+B_uK)x) = x^{\mathrm{T}}(A+B_uK)^{\mathrm{T}}P(A+B_uK)x\ .$$

如果 $P>0$ 满足 (5.128), 则上式变为

$$((A+B_uK)x)^{\mathrm{T}} P((A+B_uK)x) \leqslant x^{\mathrm{T}}Px\ .$$

因为 $x\in\Omega$, 所以有 $x^{\mathrm{T}}Px\leqslant\alpha$. 进而, (5.130) 成立, 结论得证. □

因此, 如果不考虑控制增量约束并取 $S=\mathbf{0}$, 且控制约束和输出约束均为时不变的, 则约束优化问题 5.4 变为

问题 5.8

$$\min_{U_k} J(x(k),U_k,m,Q,R)$$

满足系统动力学 (5.90) 及时域约束

$$u_{\min}\leqslant u(k+i|k)\leqslant u_{\max},\quad i=0,1,\cdots,m-1\ , \tag{5.131a}$$

$$y_{\min}\leqslant y_b(k+i|k)\leqslant y_{\max},\quad i=1,2,\cdots,m\ , \tag{5.131b}$$

$$x(k+m|k)\in\Omega\ , \tag{5.131c}$$

其中

$$J=\sum_{i=0}^{m-1}\left(\|y_c(k+i|k)\|_Q^2+\|u(k+i|k)\|_R^2\right)+\|x(k+m|k)\|_P^2\ . \tag{5.132}$$

上述优化问题中, $y_c(\cdot|k)$ 和 $y_b(\cdot|k)$ 是在 k 时刻对系统未来控制输出和约束输出的预测, 是通过动力学模型 (5.90) 计算得到的, 即对 $i=0,1,\cdots,m$ 有

$$x(k+i+1|k)=Ax(k+i|k)+B_uu(k+i|k),x(k|k)=x(k)\ , \tag{5.133a}$$

$$y_c(k+i|k)=C_cx(k+i|k)\ , \tag{5.133b}$$

$$y_b(k+i|k)=C_bx(k+i|k)\ . \tag{5.133c}$$

注意, 上述预测的起点是 k 时刻的测量 (估计) 状态 $x(k)$. 另外, (5.131c) 是终端不等式约束, 其迫使预测的系统状态在控制时域的终端回到平衡点的邻域 Ω 内. 显然, 与终端等式约束 (5.119) 相比, 终端不等式约束比较容易满足.

如果优化问题 5.8 有解, 我们可以由 (5.112) 定义预测控制律, 并有下面的结论.

定理 5.7　假设:

(1) $k=0$ 时刻, 约束优化问题 5.8 有解, 其中 $P>0$ 是 Lyapunov 方程

$$P=(A+B_uK)^{\mathrm{T}}P(A+B_uK)+(C_c^{\mathrm{T}}QC_c+K^{\mathrm{T}}RK) \tag{5.134}$$

的解, Ω 由 (5.129) 定义且满足约束条件 (5.125),

(2) y_c 是零状态可观测的,

则对不考虑外部干扰和模型不确定性的名义系统, 有

(a) 对任何 $k>0$, 由状态测量值 $x(k)$ 刷新的约束优化问题 5.8 有解;

(b) 闭环系统 (5.113) 是渐近稳定的.

证明 假设在 k 时刻优化问题 5.8 有解, 记为

$$U_k^*=\begin{bmatrix} u^*(k|k) \\ u^*(k+1|k) \\ \vdots \\ u^*(k+m-1|k) \end{bmatrix},$$

其满足控制量约束 (5.131a). 对应的预测状态序列和预测输出序列分别为

$$\begin{aligned} &\left\{x^*(k+1|k), x^*(k+2|k), \cdots, x^*(k+m|k)\right\}, \\ &\left\{y_c^*(k+1|k), y_c^*(k+2|k), \cdots, y_c^*(k+m|k)\right\}, \\ &\left\{y_b^*(k+1|k), y_b^*(k+2|k), \cdots, y_b^*(k+m|k)\right\}. \end{aligned}$$

它们分别满足终端不等式约束 (5.131c) 和输出约束 (5.131b). 相应的优化值为

$$J_k^*=\sum_{i=0}^{m-1}\left(\|y_c^*(k+i|k)\|_Q^2+\|u^*(k+i|k)\|_R^2\right)+\|x^*(k+m|k)\|_P^2 . \tag{5.135}$$

由 (5.112) 定义的闭环控制为

$$u(k)=\kappa(x(k)) \stackrel{\text{def}}{=\!=} u^*(k|k) .$$

代入闭环系统 (5.113). 对无干扰和模型误差的名义闭环系统, $k+1$ 时刻的系统状态为

$$x(k+1)=Ax(k)+B_u u^*(k|k) ,$$

其与 $x^*(k+1|k)$ 相等. 根据预测控制原理, 我们将用这个值刷新 $k+1$ 时刻的约束优化问题 5.8 并求解之. 在 $k+1$ 时刻, 选择一个控制序列为

$$U_{k+1}=\begin{bmatrix} u(k+1|k+1) \\ u(k+2|k+1) \\ \vdots \\ u(k+m-1|k+1) \\ u(k+m|k+1) \end{bmatrix} \stackrel{\text{def}}{=\!=} \begin{bmatrix} u^*(k+1|k) \\ u^*(k+2|k) \\ \vdots \\ u^*(k+m-1|k) \\ Kx^*(k+m|k) \end{bmatrix}. \tag{5.136}$$

选择的控制量序列的前 $m-1$ 个元素, 是去掉第一个元素之后的 k 时刻的优化解. 这与等式约束 MPC 一样. 但是, 最后一个元素不一样, 为 $Kx^*(k+m|k)$. 因为 $x^*(k+m|k)\in\Omega$, 所以由 (5.125) 有

$$u_{\min}\leqslant Kx^*(k+m|k)\leqslant u_{\max}\ .$$

因此, 所选择的控制序列满足控制量约束. 因为

$$\begin{aligned}x(k+1+m|k+1)&=Ax(k+m|k+1)+B_uu(k+m|k+1)\\&=(A+B_uK)x^*(k+m|k)\ ,\end{aligned}$$

与预选控制量序列 (5.136) 对应的状态序列和输出序列分别为

$$x(k+1+i|k+1)=\begin{cases}x^*(k+1+i|k), & i=0,\cdots,m-1,\\(A+B_uK)x^*(k+m|k), & i=m,\end{cases}\tag{5.137a}$$

$$y_c(k+1+i|k+1)=\begin{cases}y_c^*(k+1+i|k), & i=0,\cdots,m-2,\\C_cx^*(k+m|k), & i=m-1,\end{cases}\tag{5.137b}$$

$$y_b(k+1+i|k+1)=\begin{cases}y_b^*(k+1+i|k), & i=0,\cdots,m-1,\\C_b(A+B_uK)x^*(k+m|k), & i=m.\end{cases}\tag{5.137c}$$

又因为 $x^*(k+m|k)\in\Omega$, 所以由 (5.127) 和 (5.125b) 有

$$\begin{aligned}&(A+B_uK)x^*(k+m|k)\in\Omega\ ,\\&y_{\min}\leqslant C_b(A+B_uK)x^*(k+m|k)\leqslant y_{\max}\ .\end{aligned}$$

因此, 选择的控制序列 (5.136) 使得预测系统满足终端不等式约束和输出约束.

将 (5.137) 和 (5.136) 代入 (5.132), 计算对应的目标函数值为

$$\begin{aligned}J_{k+1}=&\sum_{i=0}^{m-1}\Big(\|y_c(k+1+i|k+1)\|_Q^2+\|u(k+1+i|k+1)\|_R^2\Big)\\&+\|x(k+1+m|k+1)\|_P^2\\=&\sum_{i=0}^{m-2}\Big(\|y_c^*(k+1+i|k)\|_Q^2+\|u^*(k+1+i|k)\|_R^2\Big)\\&+\|C_cx^*(k+m|k)\|_Q^2+\|Kx^*(k+m|k)\|_R^2+\|(A+B_uK)x^*(k+m|k)\|_P^2\\=&\sum_{i=1}^{m-1}\Big(\|y_c^*(k+i|k)\|_Q^2+\|u^*(k+i|k)\|_R^2\Big)\\&+\|x^*(k+m|k)\|^2_{C_c^{\mathrm T}QC_c+K^{\mathrm T}RK+(A+B_uK)^{\mathrm T}P(A+B_uK)}\ .\end{aligned}$$

因为 $P>0$ 满足 (5.134), 继续推导上式为

$$\begin{aligned}J_{k+1} &= \sum_{i=1}^{m-1}\left(\|y_c^*(k+i|k)\|_Q^2+\|u^*(k+i|k)\|_R^2\right)+\|x^*(k+m|k)\|_P^2\\&= \sum_{i=0}^{m-1}\left(\|y_c^*(k+i|k)\|_Q^2+\|u^*(k+i|k)\|_R^2\right)+\|x^*(k+m|k)\|_P^2\\&\quad -\|y_c^*(k|k)\|_Q^2-\|u^*(k|k)\|_R^2 .\end{aligned}$$

又因为 (5.135), 以及 $y_c^*(k|k)=C_cx(k)$ 和 $u^*(k|k)=u(k)$, 上式变为

$$J_{k+1}=J_k^*-\|C_cx(k)\|_Q^2-\|u(k)\|_R^2 ,$$

即目标函数值有界.

综上, $k+1$ 时刻的预选控制序列 (5.136) 满足控制约束 (5.131a), 使得预测系统满足输出约束 (5.131b) 和终端不等式约束 (5.131c), 且使得目标函数 (5.132) 有界. 因此, (5.136) 是约束优化问题 5.8 的一个可行解. 定理 5.7(a) 得证.

若 $k+1$ 时刻优化问题存在优化解, 优化解不会差于可行解, 即有

$$J_{k+1}^*\leqslant J_{k+1}\leqslant J_k^*-\|C_cx(k)\|_Q^2 \tag{5.138}$$

当 $x=\mathbf{0}$ 时, $u=\mathbf{0}$, 此时 $U_k^*\equiv\mathbf{0}$ 是优化问题的可行解, 对应的 $J^*=0$. 由式 (5.135) 知, 对于任意的 $k\geqslant 0$, 都有 $J_k^*\geqslant 0$. 由式 (5.138) 知 J_k^* 是单调递减的, 并且 J_k^* 在 $x=\mathbf{0}$ 时取得最小值. 同样, 证明 J_k^* 在 $x=\mathbf{0}$ 处连续 (省略证明过程, 感兴趣的读者可参考附录 B.1 自行给出证明). 因此, 优化问题 5.8 的值函数 J_k^* 是闭环系统的一个 Lyapunov 函数. 由定理 5.3 知, 闭环系统名义渐近稳定. 定理 5.7(b) 得证. □

第 6 章　非线性预测控制

6.1　前　　言

尽管线性化模型被广泛用于控制系统的设计, 但是, 大部分的实际系统存在固有的非线性特性. 同时, 对产品质量的精益求精, 不断提升的产量和效益要求, 日趋严格的环境保护规定等使得系统越来越复杂, 工作点也越来越接近设备能力的饱和边界. 在这种情况下, 用基于线性化模型的控制系统设计往往不能得到好的性能, 甚至影响闭环系统的稳定性. 因此, 需要在控制系统设计时考虑系统的非线性特性和时域约束条件. 下面的一个例子可以说明这点.

例 6.1[5]　图 6.1 所示为带冷却套的连续搅拌反应釜 (Continuous Stirred Tank Reactor, CSTR), 其化学反应是由环戊二烯 (cyclopentadience, 组分 A) 生成主产品环戊烯 (cyclopentenol, 组分 B) 和副产品二环戊二烯 (dicyclopentadience, 组分 D), 以及由环戊烯继续反应生成的副产品环戊酮 (cyclopentanediol, 组分 C). 化学反应方程如下[25]

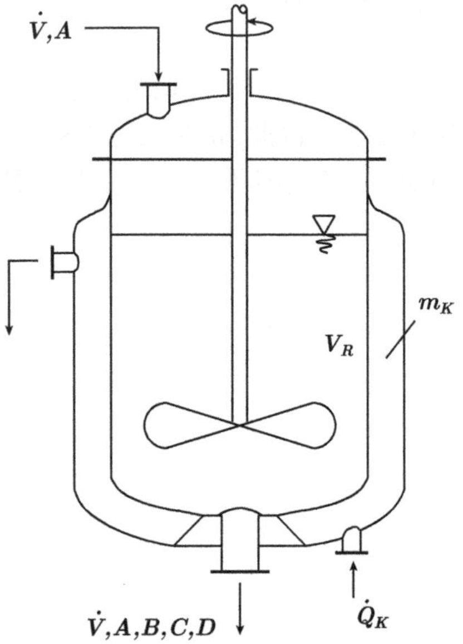

图 6.1　连续搅拌反应釜的示意图

$$\begin{aligned} &\mathrm{A} \xrightarrow{k_1} \mathrm{B} \xrightarrow{k_2} \mathrm{C} \\ &2\mathrm{A} \xrightarrow{k_3} \mathrm{D}\,. \end{aligned}$$

对反应釜的详细描述可参见文献 [26]. 基于组分 A 和 B 的质量平衡定律以及反应和冷却的能量守恒定律, 该反应釜的理想动态特性可以由如下非线性微分方程描述①:

$$\dot{c}_A = \frac{\dot{V}}{V_R}(c_{A0} - c_A) - k_1(\vartheta)c_A - k_3(\vartheta){c_A}^2, \quad c_A \geqslant 0 \tag{6.1a}$$

$$\dot{c}_B = -\frac{\dot{V}}{V_R}c_B + k_1(\vartheta)\,c_A - k_2(\vartheta)c_B, \quad c_B \geqslant 0 \tag{6.1b}$$

$$\begin{aligned}\dot{\vartheta} = {} & \frac{\dot{V}}{V_R}(\vartheta_0 - \vartheta) - \frac{1}{\rho C_p}\Big(k_1(\vartheta)c_A\Delta H_{R_{AB}} + k_2(\vartheta)c_B\Delta H_{R_{BC}} \\ & + k_3(\vartheta){c_A}^2\Delta H_{R_{AD}}\Big) + \frac{k_w A_R}{\rho C_p V_R}(\vartheta_K - \vartheta)\end{aligned} \tag{6.1c}$$

$$\dot{\vartheta}_K = \frac{1}{m_K C_{PK}}\left(\dot{Q}_K + k_w A_R(\vartheta - \vartheta_K)\right). \tag{6.1d}$$

上式中 c_A 和 c_B 分别表示组分 A 和 B 的浓度; ϑ 和 ϑ_K 分别为反应温度和冷却温度. 假设反应速度 k_i 依赖反应温度并遵循如下的 Arrhenius 规则:

$$k_i(\vartheta) = k_{i0}\cdot\exp\left(\frac{E_i}{\vartheta/{}^\circ\mathrm{C} + 273.15}\right), \quad i = 1, 2, 3.$$

相关系数来自文献 [28]、[27], 见表 6.1.

表 6.1　CSTR 的物理化学参数

参数名	符号	值
反应 k_1 的碰撞因子	k_{10}	$(1.287 \pm 0.04)\cdot 10^{12}\ \mathrm{h}^{-1}$
反应 k_2 的碰撞因子	k_{20}	$(1.287 \pm 0.04)\cdot 10^{12}\ \mathrm{h}^{-1}$
反应 k_3 的碰撞因子	k_{30}	$(9.043 \pm 0.27)\cdot 10^{9}\ \mathrm{h}^{-1}$
反应 k_1 的活化能	E_1	-9758.3 K
反应 k_2 的活化能	E_2	-9758.3 K
反应 k_3 的活化能	E_3	-8560 K
反应 k_1 的焓	$\Delta H_{R_{AB}}$	(4.2 ± 2.36) kJ/mol
反应 k_2 的焓	$\Delta H_{R_{BC}}$	$-(11.0 \pm 1.92)$ kJ/mol

① 因为并行反应 $2A \rightarrow D$, 在 (6.1a) 中关于 ${c_A}^2$ 前面应该乘以 2. 在文献 [27] 中这个系数 2 已经并入 k_{30}.

续表

参数名	符号	值
反应 k_3 的焓	$\Delta H_{R_{AD}}$	$-(41.85 \pm 1.41)\,\mathrm{kJ/mol}$
反应液密度	ρ	$(0.9342 \pm 4.0 \cdot 10^{-4})\,\mathrm{kg/L}$
反应液热容	C_p	$(3.01 \pm 0.04)\,\mathrm{kJ/(kg \cdot K)}$
冷却套的传热系数	k_w	$(4032 \pm 120)\,\mathrm{kJ/(h \cdot m^2 \cdot K)}$
冷却套的传热面积	A_R	$0.215\,\mathrm{m}^2$
反应体积	V_R	$0.01\,\mathrm{m}^3$
冷却液质量	m_K	$5.0\,\mathrm{kg}$
冷却液热容	C_{PK}	$(2.0 \pm 0.05)\,\mathrm{kJ/(kg \cdot K)}$

物料进给率 $\dfrac{\dot{V}}{V_R}$ 和冷却套中的散热量 $\dot{Q}_K$ 作为系统的控制输入, 但是它们都限定在一定范围内变化:

$$\begin{aligned} 3\,(1/\mathrm{h}) \leqslant \frac{\dot{V}}{V_R} \leqslant 35\,(1/\mathrm{h}) \\ -9000\,(\mathrm{kJ/h}) \leqslant \dot{Q}_K \leqslant 0\,(\mathrm{kJ/h}). \end{aligned} \tag{6.2}$$

反应器的进料来自上一设备, 其温度 ϑ_0 和浓度 c_{A0} 是波动的, 可考虑为外部干扰. 为了提高设备运营的经济效益, 该反应釜的工作点设置在由进给率, 散热量以及进料温度稳态优化的最大产出率点①. 给出的参数如下, 其中 $|_S$ 代表变量的稳态值:

$$\begin{aligned} c_{A0}|_S &= 5.10\,\mathrm{mol/L}, & c_A|_S &= 2.14\,\mathrm{mol/L} \\ \vartheta_0|_S &= 104.9\,^\circ\mathrm{C}, & c_B|_S &= 1.09\,\mathrm{mol/L} \\ \left.\frac{\dot{V}}{V_R}\right|_S &= 14.19\,\mathrm{h}^{-1}, & \vartheta|_S &= 114.2\,^\circ\mathrm{C} \\ \left.\dot{Q}_K\right|_S &= -1113.5\,\mathrm{kJ/h}, & \vartheta_K|_S &= 112.9\,^\circ\mathrm{C} \end{aligned} \tag{6.3}$$

该工作点具有如下特性:

(1) 主产品 B 的名义产出率最高;

(2) 如果在该点附近任意另选一个平衡点, 其线性化系统的增益可能出现改变符号的情况, 即在最大产出率点 (6.3) 的邻域内, 雅可比线性化系统的增益可能改变符号.

① 产出率定义为主产品浓度和进料浓度之比, 即 $\Phi \overset{\mathrm{def}}{=\!=} \left.\dfrac{c_B}{c_{A0}}\right|_S$.

关于该反应釜的最大产出率及其非线性特性的详细讨论可以参考文献 [29]. 应用非线性预测控制, 文献 [28] 设计了一个定值控制器, 其中在线优化的目标函数选择为主产品浓度与其给定值之差的平方积分, 即

$$J=\int_{t}^{t+T_p}\left(c_B(\tau)-c_{B|_S}(\tau)\right)^2\mathrm{d}\tau \tag{6.4}$$

该控制系统能克服一定干扰和参数不确定性的影响, 维持上面给出的名义最大产出率.

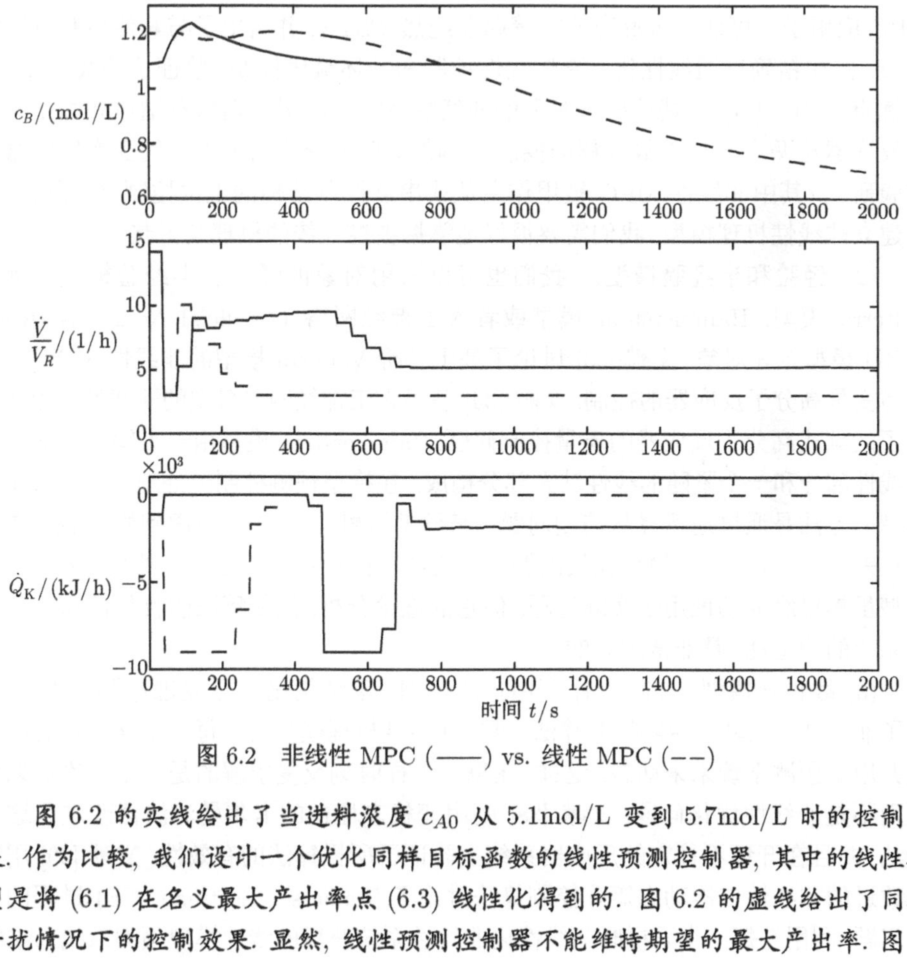

图 6.2 非线性 MPC (——) vs. 线性 MPC (– –)

图 6.2 的实线给出了当进料浓度 c_{A0} 从 5.1mol/L 变到 5.7mol/L 时的控制效果. 作为比较, 我们设计一个优化同样目标函数的线性预测控制器, 其中的线性模型是将 (6.1) 在名义最大产出率点 (6.3) 线性化得到的. 图 6.2 的虚线给出了同样干扰情况下的控制效果. 显然, 线性预测控制器不能维持期望的最大产出率. 图中可以清楚地看到, 线性预测控制器在干扰作用刚开始时产生了一个完全错误的控制动作, 即对反应进行了大幅度的冷却, 导致了系统最后的失控. 产生这个错误控制动作的原因可能就是在最大产出率点 (6.3) 的邻域内, 线性化系统的增益改变了符号. 而线性预测控制显然没有考虑这样的变化.

上面这个例子明确表明了基于线性模型的预测有可能是完全不正确的, 从而导致闭环系统的失控. 因此, 需要采用非线性模型来提高预测系统未来动态的正确性.

非线性 MPC 中的模型

与前几章介绍的线性 MPC 一样, 在预测控制基本原理的框架下, 人们基于不同的模型描述提出了不同的非线性 MPC 控制算法.

(1) **机理模型:** 通常情况下, 我们采用对象的非线性微分方程描述作为系统的模型. 这些模型是从系统的质量、动量和能量守恒定律得到, 因而可以在不同的操作点比较精确地描述系统的动力学. 例如, 文献 [30] 讨论了基于机理模型的非线性 MPC 应用于不可逆一阶反应的非等温非绝热 CSTR, 并给出了与其他控制方法的比较, 例如精确反馈线性化、离散线性控制和开环最优控制, 验证了非线性 MPC 的优点. 文献 [31] 将基于机理模型的非线性 MPC 应用于填料蒸馏塔和固定床催化反应器这两个分布参数过程的控制. 文献 [32] 讨论了固定床水气变换反应器的实验研究, 其中非线性 MPC 被用作主从式串联控制结构的上位控制器. 当然, 为了建立非线性机理模型, 我们需要很好地掌握被控系统的机理及工艺.

(2) **经验和半经验模型:** 我们也可以采用对象的经验和半经验模型, 例如 Volterra 模型, Hammerstein 模型或者人工神经网络 (Artificial Neural Network, ANN) 模型描述对象. 文献 [33] 讨论了基于二阶 Volterra 模型的非线性 MPC 应用于多变量高分子反应器的控制. 文献 [34] 基于人工神经网络模型的非线性 MPC 讨论了间歇式高分子反应器的质量控制问题. Hammerstein 模型由一个输入端的静态非线性部分和一个紧随的线性动态部分构成. 在模型预测控制中处理 Hammerstein 模型的方法是通过逆运算从控制问题中移除非线性项[35, 36]. 考虑到模型的内在结构误差, 二阶 Volterra 模型仅仅能够在一定的范围内描述特定的非线性系统. ANN 模型虽然已经成功地用于实际过程, 但它的理论分析, 例如算法的收敛性和闭环控制系统的稳定性, 是非常困难的.

(3) **线性化模型:** 文献 [37] 利用预测控制"滚动优化 – 重复进行"的机制, 提出了非线性二次动态矩阵控制算法, 其中非线性机理模型将在每个采样时刻的线性化并用于预测系统未来动态. 这样, 在每个采样时刻反复求解的是一个二次规划问题而不是非线性优化问题. 文献 [38] 则用变稳态增益的卡尔曼滤波器改进了这个算法, 并且在开环不稳定的反应器系统上验证了所提算法的有效性. 文献 [39] 用一种改进的非线性二次动态矩阵控制算法讨论了 Tennessee Eastman (TE) 过程的控制问题. 利用在每一个采样时刻线性化非线性系统获得的线性模型预测系统未来的轨迹, 一些我们不期望的系统动态无法预测. 在这种情况下, 我们无法提前采取控制动作来避免这种情况的发生. 文献 [40] 提出的另一种非线性动态矩阵控制算法, 利用扩展 DMC 模型预测非线性系统未来的动作. 系统的非线性特性被作为附加扰动在每一采样时刻用非线性模型估计 (而不是仅仅将它假设为常值). 利用这种扩展 DMC 算法他们研究了半间隙高分子反应器的控制问题[41].

(4) **多模型:** 利用多个线性模型去近似非线性系统是文献 [42], [43] 的主要观点.

如果读者想进一步的了解非线性 MPC 参考模型和应用的知识, 请参阅文献 [44]~[46].

6.2 优化问题的数学描述

这一节给出非线性预测控制的约束优化问题数学描述.

6.2.1 基于离散时间模型

考虑采用如下离散时间模型描述非线性系统的动力学

$$x(k+1) = f\left(x(k), u(k)\right), \quad k \geqslant 0 \tag{6.5a}$$

$$y_c(k) = g_c\left(x(k), u(k)\right), \tag{6.5b}$$

$$y_b(k) = g_b\left(x(k), u(k)\right), \tag{6.5c}$$

其中 $x(k) \in \mathbb{R}^n$ 为状态向量; $u(k) \in \mathbb{R}^m$ 为控制输入向量; $y_c(k) \in \mathbb{R}^c$ 为控制输出; $y_b(k) \in \mathbb{R}^b$ 为约束输出. 并且控制量和控制增量约束以及输出约束为

$$u_{\min} \leqslant u(k) \leqslant u_{\max}, \quad \forall k \geqslant 0 \tag{6.6a}$$

$$\Delta u_{\min} \leqslant \Delta u(k) \leqslant \Delta u_{\max}, \quad \forall k \geqslant 0 \tag{6.6b}$$

$$y_{\min}(k) \leqslant y_b(k) \leqslant y_{\max}(k), \quad \forall k \geqslant 0. \tag{6.6c}$$

控制量和控制增量约束来源于执行器的饱和, 它们的上下限一般是常数. 如果出现时变的控制量或控制增量约束, 只要稍加修改下面的优化问题描述即可.

当前时刻为 k, 我们有测量状态值 $x(k)$. 如果系统的状态不是全部可以测量的, 则采用估计器得到状态的估计值, 比如采用第 8 章讨论的滚动时域估计方法. 这里不再赘述.

在 k 时刻, 基于离散非线性模型的 MPC 优化问题可以描述为

问题 6.1

$$\min_{U_k} J(x(k), U_k) \tag{6.7}$$

满足时域约束条件

$$u_{\min} \leqslant \bar{u}(k+i) \leqslant u_{\max}, \quad 0 \leqslant i < N_c \,, \tag{6.8a}$$

$$\Delta u_{\min} \leqslant \Delta\bar{u}(k+i) \leqslant \Delta u_{\max} \,, \tag{6.8b}$$

$$\Delta\bar{u}(k+i) = \bar{u}(k+i) - \bar{u}(k+i-1) \,, \tag{6.8c}$$

$$y_{\min}(k+i) \leqslant \bar{y}_b(k+i) \leqslant y_{\max}(k+i), \quad 0 < i \leqslant N_p \,, \tag{6.8d}$$

$$\Delta\bar{u}(k+i) = 0, N_c \leqslant i \leqslant N_p, \tag{6.8e}$$

其中目标函数为

$$J\left(x(k), U_k\right) = \sum_{i=1}^{N_p} \|\bar{y}_c(k+i) - r(k+i)\|_Q^2 + \sum_{i=0}^{N_c-1} \left(\|\bar{u}(k+i) - u_r(k+i)\|_R^2 + \|\Delta\bar{u}(k+i)\|_S^2\right), \tag{6.9}$$

$\bar{y}_c(\cdot)$ 和 $\bar{y}_b(\cdot)$ 是预测的控制输出和约束输出, 通过下面的动力学模型计算得到

$$\bar{x}(i+1) = f(\bar{x}(i), \bar{u}(i)), \quad k \leqslant i \leqslant k+N_p, \quad \bar{x}(k) = x(k), \tag{6.10a}$$

$$\bar{y}_c(i) = g_c\left(\bar{x}(i), \bar{u}(i)\right) \,, \tag{6.10b}$$

$$\bar{y}_b(i) = g_b\left(\bar{x}(i), \bar{u}(i)\right) . \tag{6.10c}$$

上面的优化问题描述中, N_p 和 N_c 分别为预测时域和控制时域且满足 $N_c \leqslant N_p$; $(r(\cdot), u_r(\cdot))$ 为期望的控制输出即参考输入和与之对应的控制输入; (Q, R, S) 为加权矩阵, 可以是时变的; $x(k)$ 是当前时刻系统状态值或估计值, 作为预测模型 (6.10a) 的初始条件, 也即预测系统未来动态的起点; $\bar{u}(\cdot)$ 为预测的控制输入, 定义为

$$\bar{u}(k+i) = \bar{u}_i, \quad i = 0, 1, \cdots, N_c - 1 \,, \tag{6.11}$$

其中 $\bar{u}_0, \cdots, \bar{u}_{N_c-1}$ 构成了优化问题的独立变量, 记为 U_k

$$U_k \overset{\text{def}}{=\!=} \begin{bmatrix} \bar{u}_0 \\ \bar{u}_1 \\ \vdots \\ \bar{u}_{N_c-1} \end{bmatrix} . \tag{6.12}$$

约束条件 (6.8e) 只是在 $N_c < N_p$ 时需要的, 表示在控制时域之外, 控制量保持不变. 当然, 也可以采用别的给定控制.

应该注意到, 由于存在模型不确定性或外部干扰, 预测的系统变量值与实际的系统变量值是不同的. 即使是没有模型不确定性和外部干扰, 由于采用有限时域,

预测的系统变量值与实际的系统变量值也可能是不同的. 为了明确这样的不同, 我们在优化问题的描述中将预测系统的变量上面加了 "-".

假设约束优化问题 6.1 有解, 记为

$$U_k^* \stackrel{\text{def}}{=\!=} \begin{bmatrix} \bar{u}_0^* \\ \bar{u}_1^* \\ \vdots \\ \bar{u}_{N_c-1}^* \end{bmatrix}, \tag{6.13}$$

则根据预测控制的基本原理, 优化解的第一个元素作用于系统, 即定义当前时刻的控制量为

$$u(k) = \bar{u}_0^*. \tag{6.14}$$

由优化问题的变量依赖关系知道, U_k^* 是 $x(k)$ 和 (Q,S,R) 及其 (N_c,N_p) 的函数. 进一步, 由于系统的非线性特性和时域约束的存在, 这个隐式函数是非线性的. 因此, 当前采样周期内的控制量与这些变量之间的隐式函数也是非线性的. 忽略对控制器参数 (Q,S,R) 和 (N_c,N_p) 的依赖, 将其记为

$$u(k) = \kappa(x(k)), \quad k \geqslant 0. \tag{6.15}$$

将其代入被控系统 (6.5), 得闭环系统为

$$x(k+1) = f\left(x(k), \kappa(x(k))\right), \quad k \geqslant 0. \tag{6.16}$$

如果系统的状态不能完全测量, 则只需用估计状态 $\hat{x}(k)$ 替代上面的 $x(k)$.

6.2.2 基于连续时间模型

一般情况下, 非线性模型并不能做到精确离散化. 即使只考虑连续可微的非线性系统, 由于非线性的存在, 离散化后的系统模型与原系统模型之间也可能存在较大的偏差. 因此, 我们往往也会直接采用系统的连续时间模型作为预测模型.

考虑采用如下连续时间模型描述非线性系统的动力学

$$\dot{x}(t) = f\left(x(t), u(t)\right), \quad t \geqslant 0, \tag{6.17a}$$

$$y_c(t) = g_c\left(x(t), u(t)\right), \tag{6.17b}$$

$$y_b(t) = g_b\left(x(t), u(t)\right), \tag{6.17c}$$

其中 $x(t) \in \mathbb{R}^n$ 为状态向量, $u(t) \in \mathbb{R}^m$ 为控制输入向量, $y_c(t) \in \mathbb{R}^c$ 为控制输出, $y_b(t) \in \mathbb{R}^b$ 为约束输出. 并且控制量和输出约束为

$$u_{\min} \leqslant u(t) \leqslant u_{\max}, \quad \forall t \geqslant 0\,, \tag{6.18a}$$

$$du_{\min} \leqslant \dot{u}(t) \leqslant du_{\max}, \quad \forall t \geqslant 0\,, \tag{6.18b}$$

$$y_{\min}(t) \leqslant y_b(t) \leqslant y_{\max}(t), \quad \forall t \geqslant 0\,, \tag{6.18c}$$

其中 (6.18b) 是对控制量变化的约束, 来源于执行器响应速度的饱和.

在当前时刻 t, 有测量得到或者估计得到的状态值 $x(t)$. 如果不考虑对控制量变化的约束, 优化问题可以描述为

问题 6.2

$$\min_{U_t} J\left(x(t), U_t\right) \tag{6.19}$$

满足时域约束条件

$$u_{\min} \leqslant \bar{u}(\tau) \leqslant u_{\max}, \quad t \leqslant \tau < t + T_c\,, \tag{6.20a}$$

$$y_{\min}(\tau) \leqslant \bar{y}_b(\tau) \leqslant y_{\max}(\tau), \quad t < \tau \leqslant t + T_p\,, \tag{6.20b}$$

$$\bar{u}(\tau) = \bar{u}(t + T_c), \quad t + T_c \leqslant \tau \leqslant t + T_p\,, \tag{6.20c}$$

其中目标函数定义为

$$J\left(x(t), U_t\right) = \int_t^{t+T_p} \left(\|\bar{y}_c(\tau) - r(\tau)\|_Q^2 + \|\bar{u}(\tau) - u_r(\tau)\|_R^2\right) \mathrm{d}\tau, \tag{6.21}$$

$\bar{y}_c(\cdot)$ 和 $\bar{y}_b(\cdot)$ 是预测的控制输出和约束输出, 通过求解下面的微分方程得到:

$$\dot{\bar{x}}(\tau) = f(\bar{x}(\tau), \bar{u}(\tau)), \quad t \leqslant \tau \leqslant t + T_p, \quad \bar{x}(t) = x(t)\,, \tag{6.22a}$$

$$\bar{y}_c(\tau) = g_c\left(\bar{x}(\tau), \bar{u}(\tau)\right), \tag{6.22b}$$

$$\bar{y}_b(\tau) = g_b\left(\bar{x}(\tau), \bar{u}(\tau)\right). \tag{6.22c}$$

上面的优化问题描述中, T_c 和 T_p 分别是预测时域和控制时域且满足 $T_c \leqslant T_p$; $(r(\cdot), u_r(\cdot))$ 为期望的控制输出即参考输入和与之对应的控制输入; (Q, R) 为加权矩阵可以是时变的; $x(t)$ 是当前时刻系统状态测量值或者估计值, 作为预测模型 (6.22a) 的初始条件; $\bar{u}(\cdot)$ 为预测的控制输入, 对任何 $\tau \in [t, t + T_c]$ 定义为

$$\bar{u}(\tau) = \bar{u}_i, \quad i = \mathrm{int}\left(\frac{\tau - t}{\delta}\right)\,, \tag{6.23}$$

其中 $\mathrm{int}(\cdot)$ 是向下取整函数; δ 是采样时间满足 $T_c = N_c\delta$. 这样, $\bar{u}_0, \cdots, \bar{u}_{N_c-1}$ 构成了优化问题的独立变量, 记为 U_t

$$U_t \overset{\text{def}}{=\!=} \begin{bmatrix} \bar{u}_0 \\ \bar{u}_1 \\ \vdots \\ \bar{u}_{N_c-1} \end{bmatrix}. \tag{6.24}$$

另外, 约束条件 (6.20c) 只是在 $T_c < T_p$ 时需要的, 表示控制量在控制时域之外保持不变. 同样, 为了明确表示预测系统与实际系统的不同, 我们在优化问题的描述中将预测系统的变量上面加了 "$^-$".

注 6.1 式 (6.23) 和 (6.24) 以最简单的形式, 即保持控制量在采样时刻间不变, 将控制量的时间函数参数化为优化问题的有限个独立变量的函数. 稍为详细一点的讨论参见注释 6.5.

注 6.2 对控制量变化率的约束可以采用两种方式在优化问题中进行描述. 一种是在目标函数中加入对控制量变化的惩罚, 即将目标函数修改为

$$J\left(x(t), U_t\right) = \int_t^{t+T_p} \left(\|\bar{y}_c(\tau) - r(\tau)\|_Q^2 + \|\bar{u}(\tau) - u_r(\tau)\|_R^2\right) \mathrm{d}\tau + \sum_{i=0}^{N_c-1} \|\bar{u}_i - \bar{u}_{i-1}\|_S^2. \tag{6.25}$$

这是一种 "软" 的处理方式. 另一种是用 $\dfrac{\bar{u}_i - \bar{u}_{i-1}}{\delta}$ 近似控制量的导数, 在优化问题中的时域约束 (6.20) 中加入控制量变化约束

$$\mathrm{d}u_{\min} \leqslant \frac{\bar{u}_i - \bar{u}_{i-1}}{\delta} \leqslant \mathrm{d}u_{\max}. \tag{6.26}$$

假设约束非线性优化问题 6.2 有解, 记为

$$U_t^* \stackrel{\text{def}}{=\!=} \begin{bmatrix} \bar{u}_0^* \\ \bar{u}_1^* \\ \vdots \\ \bar{u}_{N_c-1}^* \end{bmatrix}, \tag{6.27}$$

则根据预测控制的基本原理, 当前采样周期内的控制量定义为

$$u(\tau) = \bar{u}_0^*, \quad t \leqslant \tau \leqslant t+\delta. \tag{6.28}$$

由优化问题的变量依赖关系知道, U_t^* 是 $x(t)$ 和 (Q, R) 及其 (T_c, T_p) 的函数. 进一步, 由于系统的非线性特性和时域约束的存在, 这个隐式函数是非线性的. 因此, 当前采样周期内的控制量与这些变量之间的隐式函数也是非线性的. 忽略对控制器参数 (Q, R) 和 (T_c, T_p) 的依赖, 将其记为

$$u(\tau) = \kappa(x(t)), \quad t \leqslant \tau \leqslant t+\delta. \tag{6.29}$$

将其代入被控系统 (6.17), 得闭环系统为

$$\dot{x}(\tau) = f\left(x(\tau), \kappa(x(t))\right), \quad t \leqslant \tau \leqslant t+\delta, \quad t \geqslant 0. \tag{6.30}$$

可见, 基于连续时间模型的预测控制具有采样数据系统的特点.

6.3 非线性优化问题求解及闭环控制

由于非线性和约束的存在, 我们无法通过求解优化问题 6.1 或者优化问题 6.2 得到控制律的显式表达式. 转而在每一个采样时刻在线求解开环优化问题, 同时将开环优化问题的第一个元素作用于系统; 在下一个采样时刻根据新的测量值重新求解开环优化问题. 从某种意义上我们可以简单地认为模型预测控制是在无法显式的求得闭环控制律的情况下的一种求取最优控制的方法.

在实际工程和科学研究中, 约束优化问题, 尤其是非线性约束优化问题是一类广泛存在但又较难求解的问题. 因此, 非线性规划 (Nonlinear Programming, NLP) 问题的求解一直是优化问题中的热点和难点. NLP 问题通常需要求解 Hamilton-Jacobi-Bellman (HJB) 方程, 但是对于有约束的非线性系统, 无法通过直接求取系统的 HJB 方程获得其精确解析解, 所以需要采用数值求解方法.

序贯二次规划法 (Sequential Quadratic Programming, SQP), 是求解有非线性约束的非线性规划的常用方法. SQP 是一个迭代算法, 算法的每一次迭代过程中, 需要求解一个二次规划子问题以得到搜索方向, 再通过引入步长线性搜索, 得到下一个改进的迭代点, 直至算法终止. SQP 算法具有良好的超线性收敛作用, 对求解有约束 NLP 问题非常有效. 文献 [47] 将 SQP 应用于 NMPC 中, 求解控制量, 并应用于精馏塔过程中, 有较好的控制效果. 但 SQP 属于基于梯度的优化算法, 只有当非线性规划是凸时, 序贯二次规划法才能保证解的存在并且收敛到全局最优. 其局部优化能力强, 相对而言全局优化能力较弱, 不能保证每次优化得到的控制量为全局最优解. 同时 SQP 算法依赖于初始值的选取, 当初始值选取不当时, 会导致优化时间变长, 陷入局部最优解甚至无法找到可行解. 因此, 许多文章在通用 SQP 算法的基础上又研究了 SQP 的改进算法, 如 SQP-Zoutendijk 可行方向法[48] 等.

文献 [49] 将连续法 (Continuation Method) 和广义最小残数法 (Generalized Minimum Residual Method, GMRES) 组合, 提出了一种快速求解非线性预测控制的数值方法, 简记为 C/GMRES 方法. GMRES 算法是求解非对称大型稀疏方程组的有效方法, 属于空间逼近法, 是一种 Krylov 子空间法. C/GMRES 算法中, 控制动作在每一个采样时刻的更新是通过 GMRES 方法求解一个线性方程实现的. 由于 C/GMRES 算法无需迭代优化, 和其他算法相比计算量较小. 为了进一步提高 C/GMRES 算法的计算速度, 文献 [50] 将多重打靶法 (Multiple Shooting) 和 C/GMRES 算法结合, 提出了一种改进算法. 多重打靶法提高了数值求解精度, 同时压缩 GMRES 求解线性方程的维数, 降低了 GMRES 的计算量, 提高了算法的计算速度. 为验证算法有效性, 文章以欠驱动气垫船为被控对象进行了仿真实验, 实验表明改进算法提高了计算精度及计算速度.

随着优化对象复杂性的增加, 优化问题的规模也越来越大, 传统的优化方法难以适应, 因此人们在寻求严格最优化理论和方法的基础上, 探索并提出了一些新的随机最优化方法和智能优化方法, 如遗传算法 (Genetic Algorithm, GA), 粒子群算法 (Particle Swarm Optimization, PSO) 等. 但是各种方法都有其相应的适用范围和局限性. 遗传算法作为一种非确定性的拟自然随机优化算法, 因其全局搜索能力强, 不依赖于初始值的选取等优点, 在求解 NLP 问题中发挥着重要的作用, 并也应用于 NMPC 中. 遗传算法可以针对任何形式的函数进行优化, 只要给予足够的计算时间, 当采用精英保存策略时, 以概率 1 收敛到全局最优解, 从而能避免通过梯度法进行优化时经常会产生局部收敛及对初值敏感的问题. 而且在 NMPC 控制量优化过程中把控制量约束作为 GA 的搜索区间, 可较方便的处理控制作用的受限问题. 但是, 当预测控制中的预测时域 (GA 的搜索空间) 增大, 遗传代数和种群增大时, GA 需要很长时间来寻找受限预测控制的最优解, 在线求解非线性规划计算量呈指数增加, 求解速度极为缓慢, 难以在采样周期内完成, 并且无法预知求解非线性规划所需要的时间. 因此, 许多文章也提出了基于遗传算法的改进算法.

粒子群算法是 Kennedy 和 Eberhart 于 1995 年提出的一种进化算法, 其源于对鸟群捕食的行为研究. PSO 同遗传算法类似, 是一种基于迭代的优化算法. 系统初始化为一组随机解, 通过迭代搜寻最优值. 但是它没有遗传算法用的交叉 (crossover) 以及变异 (mutation), 而是粒子在解空间追随最优的粒子进行搜索. 所有粒子都有一个由被优化函数决定的适应度值 (fitness value), 每个粒子还有一个速度决定他们飞翔速度的大小和方向. 随即, 粒子们会追随当前的最优粒子在解空间内搜索. PSO 初始化为一群随机粒子 (随机解), 其最终最优解通过若干轮迭代求得. 每一次迭代, 每一粒子通过两个因素进行自我更新 (通过取得新速度而取得新位置): 粒子自身寻解过程中的最佳解, 我们称它为 "自我意识", 它往往和算法的局部搜索性能有很大的关系; 另一个因素我们称之为 "群体智慧", 是整个群体所找到的最佳解, 在速度更新中他能带领整个群体向问题的全局最优靠拢, 在个体和群体的共同协作下算法可以取得最优解. 目前粒子群算法已成功应用于非线性预测控制的求解过程[51].

以上只是简单介绍了几种非线性优化算法, 求解非线性规划问题还有许多其他的非线性优化算法及商业软件, 如广义简约梯度法 (Generalized Reduced Gradient, GRG)、NPSOL 软件包、NAG (Numerical Algorithms Group) 工具箱等.

非线性预测控制的求解最终可以归结为求解非线性规划问题, 图 6.3 给出了约束非线性预测控制器的实现流程.

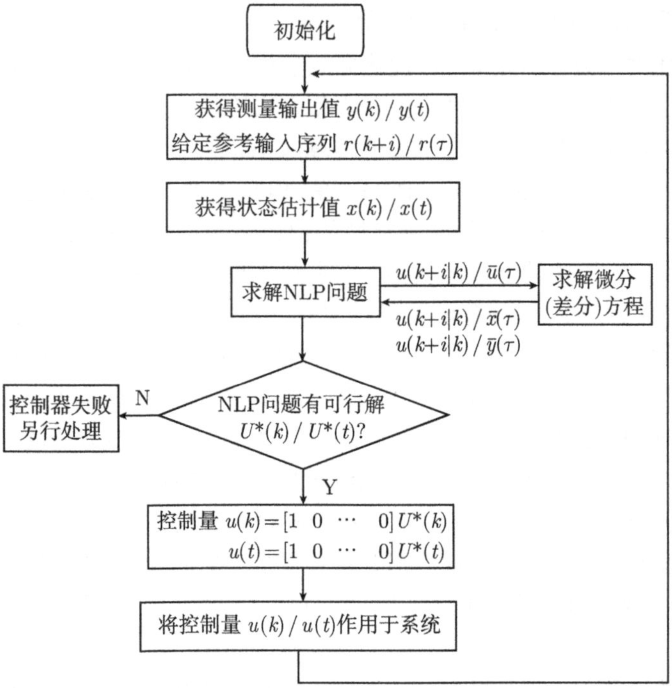

图 6.3 约束非线性预测控制器的实现流程图

6.4 二次型准无限时域预测控制

本节介绍获取非线性预测控制系统名义稳定性的一个经典方法 —— 准无限时域预测控制方法[52, 53]. 该方法的思想基于下面的考虑:

(1) 稳定性是时间趋于无穷时控制系统的特性. 因此, 对系统动态的预测应该是无限时域的, 才有可能保证 MPC 系统的稳定性.

(2) 对大部分 (线性或非线性) 系统而言, 在局部小范围内, 存在稳定的线性控制器 (或局部非线性控制器) 满足时域约束.

(3) 即使是线性 MPC, 由于时域约束的存在, 闭环系统的动态也是非线性的. 因此, 线性或非线性 MPC 的稳定性问题均应该采用非线性系统理论来讨论.

因为只讨论预测控制的名义稳定性问题, 本章的前提是没有模型误差和外部干扰, 以及 $r(\cdot) = \mathbf{0}$.

6.4.1 优化问题描述

考虑由如下非线性常微分方程描述的一类受控系统

$$\dot{x}(t) = f\left(x(t), u(t)\right), \quad x(0) = x_0, \tag{6.31}$$

其中状态向量为 $x(t) \in \mathbb{R}^n$, 输入向量为 $u(t) \in \mathbb{R}^m$, 并且输入和状态约束为

$$u(t) \in U, \quad \forall t \geqslant 0 \tag{6.32a}$$

$$x(t) \in X, \quad \forall t \geqslant 0. \tag{6.32b}$$

对于线性系统, 时变连续模型能够容易并精确地转化为时变离散模型. 这样, 完全可以在离散时域内设计预测控制器. 而对于非线性系统, 这种转化并不容易, 一般来说也不精确. 这样, 我们直接利用由质量, 动量和能量守恒定律推导出的时变连续模型作为设计预测控制器的基础 — 预测系统未来动态.

注 6.3 用于预测系统未来动态的模型是非线性的, 因此, 我们不可能像采用线性预测模型时那样推导出未来输出的预测方程.

下面是对系统 (6.31) 的一些基本假设, 在本章的结论叙述中将不再复述.

A6.4.1) $f: \mathbb{R}^n \times \mathbb{R}^m \ni (x,u) \rightarrow f(x,u) \in \mathbb{R}^n$ 是二阶连续可微的, 且 $f(\mathbf{0},\mathbf{0}) = \mathbf{0}$. 因此, $\mathbf{0} \in \mathbb{R}^n$ 是系统的一个平衡点,

A6.4.2) $U \subset \mathbb{R}^m$ 是紧的和凸的, $X \subseteq \mathbb{R}^n$ 是连通的, 并且 $(\mathbf{0},\mathbf{0})$ 包含在 $X \times U$ 的内部,

A6.4.3) 对于任意初始条件 $x(0) \in X$ 和任何分段连续和右连续的输入函数 $u(\cdot):[0,T_p] \rightarrow U$, 系统 (6.31) 有唯一连续的解.

如果 $f(x_s,u_s) \neq \mathbf{0}$, 总可以把系统的平衡点移到 (x_s,u_s). 因此, 假设 $f(\mathbf{0},\mathbf{0}) = \mathbf{0}$ 的限制并不是非常大的. 另外, 假设系统所有的状态都是可以测量的.

下面介绍准无限时域非线性预测控制算法的问题描述. 为了明确区分实际系统 (6.31) 和控制器内用于预测系统未来动态的模型, 将用 $(\bar{x},\bar{u})$ 表示控制器内预测系统的变量. 因此, $\bar{x}(\cdot;x(t),t)$ 表示 t 时刻起始于实际状态 $x(t)$, 在开环控制序列 $\bar{u}(\cdot)$ 作用下非线性系统的预测轨迹. 在不引起歧义的情况下, 下面将其记为 $\bar{x}(\cdot)$.

在 t 时刻, 开环优化问题可描述如下.

问题 6.3

$$\min_{\bar{u}(\cdot)} J\left(x(t),\bar{u}(\cdot)\right) \tag{6.33}$$

满足动力学约束和时域约束

$$\dot{\bar{x}} = f(\bar{x},\bar{u}), \quad \bar{x}(t) = x(t) \tag{6.34a}$$

$$\bar{u}(\tau) \in U, \quad \tau \in [t,t+T_p] \tag{6.34b}$$

$$\bar{x}(\tau) \in X, \quad \tau \in [t,t+T_p] \tag{6.34c}$$

$$\bar{x}(t+T_p) \in \Omega, \tag{6.34d}$$

其中

$$J\left(x(t),\bar{u}(\cdot)\right) := \int_t^{t+T_p} \left(\|\bar{x}(\tau)\|_Q^2 + \|\bar{u}(\tau)\|_R^2\right) \mathrm{d}\tau + \|\bar{x}(t+T_p)\|_P^2. \tag{6.35}$$

在问题 6.3 中, T_p 为有限预测时域, (为了简单起见, 在本章中控制时域和预测时域选为相等), $Q \in \mathbb{R}^{n\times n}$ 和 $R \in \mathbb{R}^{m\times m}$ 是正定对称加权矩阵. 在讨论的准无限时域控制方法中, 除了满足正定对称外, 加权矩阵是可以任意选择的. 因此它们可以作为调整参数以获得期望的性能. 正定对称矩阵 $P \in \mathbb{R}^{n\times n}$ 的选择将在下面作详细讨论.

优化问题 6.3 的几个关键因素如下:

(1) 动力学方程 (6.34a) 是控制器中用于预测系统未来动态的模型. 由于其动态非线性特性, 我们不可能像线性模型那样给出系统未来输出的预测方程, "预测系统未来动态" 也需要通过数值求解完成. 注意 (6.34a) 的初始条件在滚动优化过程中的作用: 在控制器中用于预测未来动态的模型是以实际系统的当前状态值为初始条件的, 因此, 在每个采样时刻预测系统未来动态的起点是系统状态的当前值. 也就是说, 我们用每个采样时刻的测量值 (状态值) 刷新优化问题 6.3, 这正是反馈量进入控制器的机制.

(2) 目标函数 (6.35) 由描述期望控制性能的有限时域二次型代价函数和在有限时域末端用来惩罚状态的终端代价函数组成. 对于讨论控制算法的稳定性, 终端惩罚项很关键, 后面将详细讨论.

(3) 有别于控制约束 (6.34b) 和状态约束 (6.34c), (6.34d) 是一个人为添加的附加约束, 称为终端不等式约束, 它迫使系统状态在有限预测时域的末端回到平衡点的某一临域 (称之为终端域)Ω 内. 终端域和终端代价将构成约束预测控制稳定性的基本要素, 后面将详细讨论.

准无限时域预测控制的基本思路是: 假设存在局部线性状态反馈控制律 $u = Kx$ 使得非线性系统 (6.31) 渐近稳定, 则可选择闭环系统

$$\dot{x} = f(x, Kx) \tag{6.36}$$

的一个不变域作为终端域 Ω, 即当系统进入终端域 Ω 后, 其轨迹将留在终端域内. 如果可以找到无限时域代价函数的一个上界, 即

$$\begin{aligned} \|x(t+T_p)\|_P^2 \geqslant \int_{t+T_p}^{\infty} \left(\|x(\tau)\|_Q^2 + \|u(\tau)\|_R^2\right) \mathrm{d}\tau, \\ u = Kx, \quad \forall x(t+T_p) \in \Omega, \end{aligned} \tag{6.37}$$

则可将该上界作为终端惩罚项. 因此, 我们可以将无限预测时域 $[t, \infty)$ 分成两部分: 有限时域 $[t, t+T_p]$ 和无限时域 $[t+T_p, \infty)$. 即, 对应 (6.35), 定义如下的无限时域目标函数:

$$J^{\infty}\left(x(t), \bar{u}(\cdot)\right) := \int_{t}^{\infty} \left(\|\bar{x}(\tau)\|_Q^2 + \|\bar{u}(\tau)\|_R^2\right) \mathrm{d}\tau\,. \tag{6.38}$$

将其分成有限时域 $[t,t+T_p]$ 和无限时域 $[t+T_p,\infty)$ 两部分, 并考虑 (6.37), 推导得

$$\begin{aligned}J^{\infty}\left(x(t),\bar{u}(\cdot)\right) &= \int_t^{t+T_p}\left(\|\bar{x}(\tau)\|_Q^2+\|\bar{u}(\tau)\|_R^2\right)\mathrm{d}\tau \\ &\quad+\int_{t+T_p}^{\infty}\left(\|\bar{x}(\tau)\|_Q^2+\|\bar{u}(\tau)\|_R^2\right)\mathrm{d}\tau \\ &\leqslant \int_t^{t+T_p}\left(\|\bar{x}(\tau)\|_Q^2+\|\bar{u}(\tau)\|_R^2\right)\mathrm{d}\tau+\|\bar{x}(t+T_p)\|_P^2 \,. \end{aligned} \tag{6.39}$$

代入 (6.35), 有

$$J^{\infty}\left(x(t),\bar{u}(\cdot)\right)\leqslant J\left(x(t),\bar{u}(\cdot)\right), \tag{6.40}$$

即优化问题 6.3 中的代价函数是无限时域代价函数的一个上界. 也就是在这个意义下, 所讨论的非线性预测控制方法称为准无限时域预测控制. 后面将证明这样选择的终端域和终端惩罚项将保证闭环预测系统的稳定性. 因此, 终端约束 (6.34d) 是一种稳定性约束[54]. 正定对称终端惩罚矩阵 $P\in\mathbb{R}^{n\times n}$ 和终端域 Ω 是离线计算的, 条件是使得不等式 (6.37) 和 Ω 的不变性成立, 并且在 Ω 内系统满足控制约束和状态约束 (见 6.4.2 节).

注 6.4 引入终端惩罚项和终端域是为了保证闭环系统的稳定性, 但是其在无限时域目标函数意义下也有某种“性能意义”. 这一点将在以后变得更加明确.

如果约束优化问题 6.3 有解, 记为 $\bar{u}^*(\cdot;x(t),t):[t,t+T_p]\to U$, 简记为 $\bar{u}^*(\cdot)$, 则根据预测控制的基本原理, t 时刻的控制定义为

$$u^*(\tau):=\bar{u}^*(\tau),\quad t\leqslant\tau\leqslant t+\delta\,, \tag{6.41}$$

其中 $\delta\leqslant T_p$. 对应的最优开环状态值和最优目标函数值分别由 $\bar{x}^*(\cdot;x(t),t)$ 和 $J^*(x(t),t,t+T_p):=J(x(t),\bar{u}^*(\cdot;x(t),t))$ 表示.

上面是本章所讨论的预测控制方法的开环优化问题的数学描述, 其出发点是为了保证闭环预测系统的稳定性. 在预测控制的框架下, 我们将对系统未来动态的预测分解为两个阶段: 有限时域内的控制输入将驱使非线性系统的预测轨迹进入终端域; 之后, 一个虚设的局部线性状态反馈控制将驱使系统渐近地回到原点. 如图 6.4 所示, 实线表示从初始状态 (系统的测量状态) 开始的有限时域预测轨迹; 虚线表示由局部线性控制器得到的预测轨迹. 根据预测控制的基本原理, 优化得到的有限时域控制输入的一部分 (对连续时间系统而言是一个采样周期, 对离散时间系统而言是第一步) 作用于被控系统. 在下一个采样时刻, 系统获得了新的状态值. 以该状态值为预测系统未来动态的初始条件, 即用该状态值刷新优化问题 6.3, 再次求解优化问题并得到一个新的控制序列. 因此, 预测控制“滚动优化 - 重复进行”的机制使得我们并没有将局部线性状态反馈控制器直接作用于被控系统. 在下一节

将会看到, 我们只是用局部线性状态反馈控制器离线求解终端惩罚矩阵 P 和终端域 Ω.

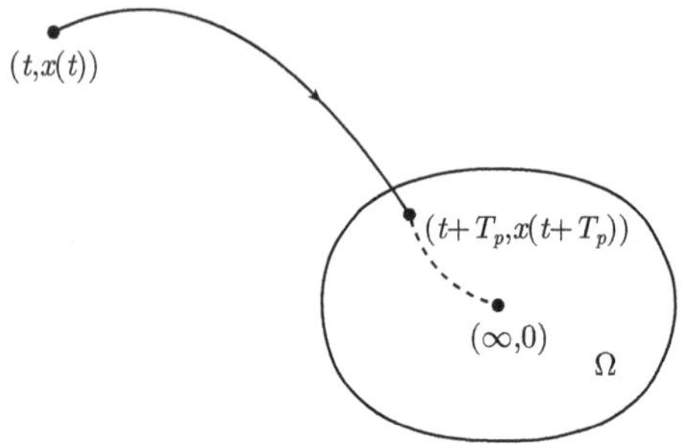

图 6.4 二步预测 (实线: 有限时域开环预测轨迹; 虚线: 局部线性控制器生成的轨迹)

注 6.5 值得一提的是图 6.4 中将非线性系统的预测轨迹驱入终端域的"有限时域控制输入"正是优化问题 6.3 的独立变量. 尽管这个控制输入是定义在有限时间域上的, 对采用连续时间模型而言, 需要对这个有限时域内的控制输入函数进行参数化. 否则, 6.3 将是一个无限维的非线性优化问题, 几乎无法数值求解. 最简单的参数化是采样和一阶保持, 即将预测控制输入函数 $\bar{u}(\cdot)$ 参数化为

$$\bar{u}(\tau) := \bar{u}_i, \quad i = \mathrm{int}\left(\frac{\tau - t}{\delta}\right), \quad \tau \in [t, t+T_p],$$

其中 δ 是采样时间且满足 $T_p = N_p\delta$. 这样, 优化问题 6.3 的独立变量变为数量有限的控制输入序列 $\bar{u}_i$, $i = 0, 1, \cdots, N_p - 1$. 当然, 也可以采用其他形式的参数化, 比如采用基函数将预测控制输入函数 $\bar{u}(\cdot)$ 参数化为

$$\bar{u}(\cdot) := \sum_{i=0}^{N_p-1} \mu_i B_i(\cdot),$$

其中 $B_i(\cdot)$ 是预先选定的基函数. 这样的预测控制通常称为预测函数控制 (Predictive Functional Control)[55~57].

6.4.2 计算终端域和终端惩罚

首先对文献 [58] 中的相关结果稍加变动, 得到有关不变域和基于局部线性状态反馈控制的非线性系统性能上界的一些基本结论. 这些结论为求解准无限时域预测控制方法的开环优化问题 6.3 的终端域和终端惩罚矩阵提供了一个系统的方法, 并且将用于证明所讨论的预测控制算法的闭环渐近稳定性. 由于计算终端域和终端惩罚矩阵的过程是离线进行的, 在本节中我们使用不带"-"的变量.

将系统 (6.31) 在平衡点进行雅可比 (Jacobian) 线性化, 得线性模型

$$\dot{x} = Ax + Bu, \tag{6.42}$$

其中 $A := \frac{\partial f}{\partial x}(\mathbf{0},\mathbf{0})$ 和 $B := \frac{\partial f}{\partial u}(\mathbf{0},\mathbf{0})$. 如果 (6.42) 是可稳的 (所有不稳定的模态都是可控的), 则可求得线性状态反馈 $u = Kx$ 使得 $A_K := A + BK$ 是渐近稳定的. 对于任何一个这样的 K, 有如下引理.

引理 6.1 假设系统 (6.31) 在平衡点的雅可比线性化模型是可稳的, 则有

(a) 如果 $Q^* = Q + K^{\mathrm{T}}RK$ 是对称正定的, 则对任何满足

$$\kappa < -\lambda_{\max}(A_K) \tag{6.43}$$

的非负数 $\kappa \in [0,\infty)$, Lyapunov 方程

$$(A_K + \kappa I)^{\mathrm{T}} P + P(A_K + \kappa I) = -Q^* \tag{6.44}$$

有唯一对称正定解 P;

(b) 存在常数 $\alpha \in (0,\infty)$, 定义平衡点的一个邻域 Ω 如下:

$$\Omega := \left\{x \in \mathbb{R}^n \;\middle|\; x^{\mathrm{T}}Px \leqslant \alpha\right\}, \tag{6.45}$$

则 Ω 满足

(i) $\Omega \subseteq X$, 即在 Ω 内系统满足状态约束;

(ii) 对所有的 $x \in \Omega$ 有 $Kx \in U$, 即在 Ω 内, 线性状态反馈控制律 $u = Kx$ 满足控制约束;

(iii) 对由局部线性反馈控制律 $u = Kx$ 控制的非线性系统 (6.31), 即

$$\dot{x}(t) = f(x(t), Kx(t)), \tag{6.46}$$

Ω 是不变的;

(iv) 给定 $x_1 \in \Omega$, 沿着 (6.46) 的任何始于 $x(t_1) = x_1$ 的轨迹, $x_1^{\mathrm{T}}Px_1$ 是无限时域目标函数值

$$J^{\infty}(x_1, u(\cdot)) := \int_{t_1}^{\infty} \left(\|x(t)\|_Q^2 + \|u(t)\|_R^2\right) \mathrm{d}t \tag{6.47}$$

的一个上界, 即

$$J^{\infty}(x_1, u) \leqslant x_1^{\mathrm{T}}Px_1. \tag{6.48}$$

证明 由于 $Q^* > 0$, 根据 Lyapunov 方程有解的通用条件[59], 如果 $(A_K + \kappa I)$ 的所有特征值都有负实部, 则有唯一的对称正定解. 由于 A_K 是渐近稳定的, 满足 $\kappa \in [0, -\lambda_{\max}(A_K))$ 的任何常数 κ 均能保证 $(A_K + \kappa I)$ 的所有特征值都有负实部. 因此, (a) 得证.

由于点 $(\mathbf{0},\mathbf{0})$ 是在 $X \times U$ 的内部, 因此对任何固定的 $P > 0$, 我们总能找到一个正数 $\alpha \in (0,\infty)$ 使得在由 (6.45) 定义的平衡点邻域内, 线性状态反馈满足控制

约束且系统满足状态约束, 即对所有的 $x \in \Omega$, 有 $\Omega \subseteq X$ 和 $Kx \in U$. 因此, (bi) 和 (bii) 为真. 换句话说, 在 Ω 内可以将系统看做是无约束的.

进一步, 定义二次型函数 $V(x) := x^{\mathrm{T}}Px$, 沿着 (6.46) 的任何轨迹对 $V(x)$ 求导, 得

$$\frac{\mathrm{d}}{\mathrm{d}t}V(x(t)) = x(t)^{\mathrm{T}}\left(A_K^{\mathrm{T}}P + PA_K\right)x(t) + 2x(t)^{\mathrm{T}}P\phi(x(t)), \tag{6.49}$$

其中 $\phi(x) := f(x, Kx) - A_K x$. 上式中与 $\phi(x)$ 有关的项有如下的上界:

$$x^{\mathrm{T}}P\phi(x) \leqslant \|x^{\mathrm{T}}P\| \cdot \|\phi(x)\| \leqslant \|P\| \cdot L_\phi \cdot \|x\|^2 \leqslant \frac{\|P\| \cdot L_\phi}{\lambda_{\min}(P)}\|x\|_P^2, \tag{6.50}$$

其中 $L_\phi := \sup\left\{\frac{\|\phi(x)\|}{\|x\|}\,\middle|\, x \in \Omega, x \neq \mathbf{0}\right\}$, $\|\cdot\|$ 为向量 (或矩阵) 的 2 范数. 因此, 如果选择 $\alpha > 0$ 使得在 Ω 中

$$L_\phi \leqslant \frac{\kappa \cdot \lambda_{\min}(P)}{\|P\|} \tag{6.51}$$

成立, 则不等式 (6.50) 变为

$$x^{\mathrm{T}}P\phi(x) \leqslant \kappa \cdot x^{\mathrm{T}}Px. \tag{6.52}$$

将 (6.52) 代入 (6.49) 得

$$\frac{\mathrm{d}}{\mathrm{d}t}V(x(t)) \leqslant x(t)^{\mathrm{T}}\Big((A_K + \kappa I)^{\mathrm{T}}P + P(A_K + \kappa I)\Big)x(t). \tag{6.53}$$

应用 Lyapunov 方程 (6.44), 则有

$$\frac{\mathrm{d}}{\mathrm{d}t}V(x(t)) \leqslant -x(t)^{\mathrm{T}}Q^*x(t). \tag{6.54}$$

由于 $P > 0$, $Q^* > 0$, 不等式 (6.54) 表明对于 (6.46) 和 (6.45) 所定义的集合 Ω 是一个不变集, 即从集合 (6.45) 起始的 (6.46) 的任何轨迹都将保持在 Ω.

因此, 对于任意 $x_1 \in \Omega$, 以 $x(t_1) = x_1$ 为初始条件, 从 t_1 到 ∞ 对 (6.54) 进行积分得到期望的结果 (6.48). □

如果令 $x_1 = x(t + T_p)$, 则 (6.48) 和 (6.37) 是等效的. 因此, (6.44) 的解 P 和由 (6.45) 定义的区域 Ω 可以作为终端惩罚矩阵和终端域.

归纳本节讨论的终端惩罚矩阵和终端域需要满足的条件如下:

C6.4.1) 终端惩罚矩阵 $P > 0$ 满足 (6.44), 其中 $\kappa \geqslant 0$ 满足 (6.43);

C6.4.2) 终端域 Ω 由 (6.45) 定义, 满足:

(a) $\Omega \subseteq X$, 即在 Ω 内系统满足状态约束;

(b) 对所有的 $x \in \Omega$ 有 $Kx \in U$, 即在 Ω 内, 线性状态反馈控制律 $u = Kx$ 满足控制约束;

(c) 对由局部线性反馈律 $u = Kx$ 控制的非线性系统 (6.46), Ω 是不变的.

从上面的证明可以得到一个离线求解终端惩罚矩阵和 (尽可能大的) 终端域的步骤. 所得到终端惩罚矩阵和终端域使得不等式 (6.54) 成立并且控制约束和状态约束也都满足.

算法 6.1

(1) 基于雅可比线性化模型 (6.42), 求得一个使 $A + BK$ 渐近稳定的线性反馈增益 K;

(2) 选择一个满足 (6.43) 的正数 $\kappa > 0$, 求解 Lyapunov 方程 (6.44) 得到对称正定矩阵 P;

(3) 寻找尽可能大的 $\alpha_1 > 0$ 使得对于所有的 $x \in \Omega_1$, 有 $\Omega_1 \subseteq X$ 和 $Kx \in U$ 成立, 其中

$$\Omega_1 := \left\{x \in \mathbb{R}^n \;\middle|\; x^{\mathrm{T}} P x \leqslant \alpha_1\right\};$$

(4) 寻找尽可能大的 $\alpha \in (0, \alpha_1]$ 使得在 Ω 中不等式 (6.51) 成立.

注 6.6 一般来说, $\dfrac{\lambda_{\min}(P)}{\|P\|}$ 的取值可能很小. 因此, 可能仅在一个很小的终端域 Ω 内使不等式 (6.51) 成立. 从引理 6.1 的证明, 我们知道如果对于所有的 $x \in \Omega$, 不等式 (6.52) 成立, 则不等式 (6.54) 也成立. 而且当 $\|x\| \to 0$ 时, $\phi(x)$ 满足 $\dfrac{\|\phi(x)\|}{\|x\|} \to 0$. 因此, 必存在一常数 $\epsilon > 0$ 使得不等式 (6.52) 对于所有满足 $\|x\| \leqslant \epsilon$ 的 x 成立. 因此, 为了能得到一个不太保守的终端域, 我们可以反复地求解优化问题

$$\max_{x} \left\{x^{\mathrm{T}} P \phi(x) - \kappa \cdot x^{\mathrm{T}} P x \;\middle|\; x^{\mathrm{T}} P x \leqslant \alpha\right\}. \tag{6.55}$$

首先按照上面的算法直到步骤 (2). 然后, 根据所选的 κ 值, 从 $\alpha = \alpha_1$ 开始逐渐减小 α, 直到 (6.55) 的优化值为非正. 有关优化问题 (6.55) 和寻找一尽可能大的 α_1 的讨论可见文献 [58]. 如果按这种方法找到一适当的 α, 它和 P 一起就给出了形如 (6.45) 的一个集合. 在这个集合中, 不等式 (6.52) 成立. 相应地, 不等式 (6.54) 和引理 6.1 的结论也成立. 因此, 这个集合可以作为终端域.

注 6.7 对于某一非线性系统, 上面步骤得到的终端域并不是唯一的. 为了降低预测控制算法的在线计算量, 我们总是对尽可能大的那个终端域感兴趣. 然而, 这并不是一件容易的事. 首先, 要求选择一个适当的稳定的线性反馈增益 K. 这里可以采用许多线性控制方法. 由于预测的“最优性”, 可优先使用线性最优控制方法 (Linear Quadratic Regulation, LQR) 求解稳定的 K. 然后, 对于给定的增益 K, 选择适当的 κ. 在 6.4.5 节将结合例子作进一步的讨论. 而且, 一般来说, 终端域的

大小受系统非线性程度的影响①. 非线性项的影响越强, 终端域就越小. 对于某些非线性项影响弱的非线性系统, 控制约束和状态约束将可能决定终端域的大小. 这点也将在 6.4.5 节的例子中得到印证.

注 6.8　如果受控系统是线性的, 即对于所有的 $x \in \mathbb{R}^n$ 有 $\phi(x) = \mathbf{0}$ 和 $L_\phi = 0$, 则 $\kappa = 0$ 满足 (6.51). 相应地, (6.44) 变为线性系统的 Lyapunov 方程, (6.48) 和 (6.54) 等式成立. 这就意味着下面的等式:

$$\int_t^{t+T_p} \left(\|\bar{x}(\tau)\|_Q^2 + \|\bar{u}(\tau)\|_R^2\right) \mathrm{d}\tau + \|\bar{x}(t+T_p)\|_P^2 = \int_t^{\infty} \left(\|\bar{x}(\tau)\|_Q^2 + \|\bar{u}(\tau)\|_R^2\right) \mathrm{d}\tau \quad (6.56)$$

成立. 因此, 所讨论的模型预测控制方法具有无限预测时域, 而需在线计算的控制序列则为有限时域. 从预测的角度来讲, 有限时域之后的控制律将由局部线性状态反馈 $u = Kx$ 给定. 5.4.5 节详细讨论了离散时间线性系统的无限预测时域和有限控制时域 MPC. 相关的文献也可以参见文献 [60]~[64].

6.4.3　优化问题的可行性

根据预测控制原理, 将在每个采样时刻 $t = j\delta, j = 0, 1, \cdots$ 用最新的测量值刷新开环优化问题 6.3 并重复求解, 将得到的优化控制的第一步作用于系统. 这里, 测量值刷新的是优化问题 6.3 中预测模型的初始条件, 即在每个采样时刻的测量值是预测系统未来动态的起点.

由于需要重复求解问题 6.3, 则要求在每个采样时刻 $t \geqslant 0$, 优化问题都是可行的. 优化问题的可行性意味着至少存在一个 (不必最优) 控制函数使得起始于测量状态的满足 (6.34a) 的轨迹, 同时满足状态约束 (6.34c) 和终端不等式约束 (6.34d), 并且目标函数 (6.35) 的值是有界的. 下面给出一个有关优化问题在每一时刻都可行的引理. 相关的讨论参见文献 [58]、[65]、[66].

为了给出清楚的证明, 在本节我们采用带和不带 "$^-$" 的变量以区别预测系统和实际系统. 因此, 在实际时刻 t, 简记的 $\bar{x}(\cdot; x(t), t)$ 表示在开环控制序列 $\bar{u}(\cdot)$ 作用下非线性系统始于实际状态 $x(t)$ 的预测轨迹.

引理 6.2　对状态完全可测和无干扰的名义系统, 问题 6.3 所描述的开环优化控制问题在 $t = 0$ 时刻可行意味着对所有 $t \geqslant 0$ 都可行, 其中终端惩罚矩阵 P 和终端域 Ω 满足条件 C6.4.1) 和 C6.4.2).

证明　在 t 时刻, 假设系统的实际状态为 $x(t)$. 假设优化问题 6.3 存在并找到一优化解

$$\bar{u}^*(\cdot; x(t), t) : [t, t+T_p] \to U. \quad (6.57)$$

① 此时, 我们不考虑对系统模型作坐标变换.

如果把这个有限时域的控制函数作用于系统 (6.31), 将使系统在时段 $[t, t+T_p]$ 内的状态轨迹满足约束即

$$\bar{x}^*(\tau; x(t), t) \in X, \quad \tau \in [t, t+T_p],$$

且轨迹的末端进入终端域即

$$\bar{x}^*(t+T_p; x(t), t) \in \Omega.$$

根据预测控制的基本原理, 从 t 到 $t+\delta$ 时段内, 闭环控制 $u^*(\cdot)$ 是由 (6.41) 定义的. 假设无干扰和模型误差, 则系统 (6.67) 在 $t+\delta$ 时刻的状态值为

$$x(t+\delta) = \bar{x}^*(t+\delta; x(t), t).$$

这将用于刷新 $t+\delta$ 时刻优化问题 6.3 的初始状态, 即刷新后优化问题 6.3 中动力学模型 (6.34a) 的初始条件为:

$$\bar{x}(t+\delta; x(t+\delta), t+\delta) = x(t+\delta). \tag{6.58}$$

因此, 求解 $t+\delta$ 时刻优化问题时, 可以预选如下的控制函数:

$$\bar{u}(\tau) = \begin{cases} \bar{u}^*(\tau; x(t), t), & \tau \in [t+\delta, t+T_p], \\ K\bar{x}(\tau; x(t+\delta), t+\delta), & \tau \in [t+T_p, t+\delta+T_p], \end{cases} \tag{6.59}$$

其中 K 是用以离线计算 P 和 Ω 的局部线性反馈增益, 参见 6.4.2 节. 由 (6.59) 给出的预选控制序列由两部分组成: 第一部分是 $[t+\delta, t+T_p)$ 时段, 这是 t 时刻得到的优化控制输入去掉第一个采样周期后的部分; 第二部分是由局部反馈律生成的控制输入, 这部分是衔接在第一部分的末端的.

由于 t 时刻的最优控制输入满足控制约束 (见 (6.57)), 因此, 预选控制 (6.59) 的第一部分也满足控制约束. 且由于 $k+\delta$ 时刻预测系统未来动态的初始状态为

$$\begin{aligned} \bar{x}(t+\delta; x(t+\delta), t+\delta) &= x(t+\delta) \\ &= \bar{x}^*(t+\delta; x(t), t), \end{aligned} \tag{6.60}$$

因此, 在 $[t+\delta, t+T_p]$ 时段, 对应的预测状态轨迹 $\bar{x}(\cdot; x(t+\delta), t+\delta)$ 就是 $\bar{x}^*(\cdot; x(t), t)$ 在 $[t+\delta, t+T_p]$ 上的分段, 即

$$\bar{x}(\tau; x(t+\delta), t+\delta) = \bar{x}^*(\tau; x(t), t), \quad \tau \in [t+\delta, t+T_p]. \tag{6.61}$$

显然, 这部分状态轨迹满足状态约束, 且轨迹的末端进入终端域, 即

$$\bar{x}(t+T_p; x(t+\delta), t+\delta) \in \Omega. \tag{6.62}$$

根据引理 6.1, 对由线性状态反馈律控制的非线性系统, 终端域 Ω 是一个不变集. 因此, 对于初始条件为 $\bar{x}(t+T_p)=\bar{x}(t+T_p;x(t+\delta),t+\delta)$ 的系统

$$\dot{\bar{x}}(\tau)=f(\bar{x}(\tau),K\bar{x}(\tau)), \quad \tau \geqslant t+T_p\,, \tag{6.63}$$

起始于 $\bar{x}(t+T_p)\in\Omega$ 的轨迹将保持始终在 Ω 中, 即

$$\bar{x}(\tau)\in\Omega, \quad \forall\tau\geqslant t+T_p\,. \tag{6.64}$$

这意味着, 在 $[t+T_p,t+\delta+T_p]$ 时段, 由预选控制的第二部分, 即 $u=Kx$, 生成的状态轨迹也在 Ω 内. 因此, 这部分状态轨迹满足状态约束, 且满足终端约束, 即

$$\bar{x}(\tau;x(t+\delta),t+\delta)\in\Omega, \quad \tau\in[t+T_p,t+\delta+T_p]\,. \tag{6.65}$$

另外, 由于在 Ω 内, 状态反馈律 $u=Kx$ 满足控制约束, 因此, 预选控制 (6.59) 的第二部分也满足控制约束.

综上, 在 $t+\delta$ 时刻, 基于初始条件 $\bar{x}(t+\delta;x(t+\delta),t+\delta)=x(t+\delta)$ 的开环优化控制问题 (6.59), 预选控制 (6.59) 是可行的.

显然, 以任何一个可行解作为讨论的开始, 以上的推理也是成立的. 因此, 实际上我们并不需要最优解. 结论得证. □

注 6.9 预选控制输入 (6.59) 的第一部分是开环预测即控制输入是时间的函数, 不是预测状态的函数. 而第二部分则是闭环预测, 即 $\bar{u}=K\bar{x}$, 控制输入是预测状态的函数. 因此, 在上面的证明过程中, 我们并没有用到"采样时间足够小"的条件 (这个条件列在文献 [67] 的 Lemma 2 中). 但是, 考虑到在数值求解优化问题 6.3 时采用的控制输入参数化方法, 例如, 注 6.5 中的采样和一阶保持方法, 足够小的采样时间也许是必要的.

注 6.10 引理 6.2 表明我们至少应该选择足够长的预测时域 T_p 使得问题 6.3 在 $t=0$ 时刻是可行的. 当然, 可行性与可控性 (或者可稳性, 即系统所有不稳定的模态是可控的) 是相关的 (如文献 [68]). 这将在 6.5.3 节讨论.

6.4.4 渐近稳定性

根据预测控制原理, 在每个采样时刻求解开环优化问题 6.3 得到的优化控制序列的第一步作用于系统. 简记开环优化问题 6.3 的优化解为 $\bar{u}^*(\cdot)$, 则 t 时刻的闭环控制定义为

$$u^*(\tau):=\bar{u}^*(\tau), \quad t\leqslant\tau\leqslant t+\delta\,, \tag{6.66}$$

其中 $\delta\leqslant T_p$. 对应的预测控制闭环系统为

$$\dot{x}(t)=f\left(x(t),u^*(t)\right)\,. \tag{6.67}$$

由于 (6.67) 的非线性特性, 我们需要在 Lyapunov 稳定性理论框架内讨论其名义稳定性. 为此, 我们希望能有一个沿着闭环轨迹不增的 Lyapunov 函数. 在可微性假设下, 优化问题的值函数成为最先想到的候选函数[69, 70]. 鉴于预测控制在每个采样时刻数值求解优化问题的事实, 假设优化值函数可以微分实际上是不可能满足的. 因此, 我们将首先证明沿着闭环轨迹的值函数是不增的, 然后给出不依赖于值函数可微性的稳定性证明.

假设 $x=\mathbf{0}$ 是预测控制闭环系统 (6.67) 的一个平衡点 (后面将证明为真), 在 Lyapunov 稳定性理论框架下给出稳定性的标准定义如下[22].

定义 6.1 如果对任何 $\epsilon>0$, 存在 $\eta(\epsilon)>0$ 使得

$$\|x(0)\|<\eta(\epsilon) \ \Rightarrow\ \|x(t)\|<\epsilon, \quad \forall t \geqslant 0,$$

则 (6.67) 的平衡点 $x=\mathbf{0}$ 是稳定的.

定义 6.2 如果 (6.67) 的平衡点 $x=\mathbf{0}$ 是稳定的, 并且可以选择 η 使得

$$\|x(0)\|<\eta \ \Rightarrow\ \lim_{t\to\infty} x(t) \to \mathbf{0},$$

则 (6.67) 的平衡点 $x=\mathbf{0}$ 是渐近稳定的.

在讨论闭环系统 (6.67) 的渐近稳定性之前, 将首先证明沿着闭环轨迹的最优值函数是不增的. 这是证明稳定性的关键.

引理 6.3 假设在 $t=0$ 时刻优化问题 6.3 是可行的, 其中终端惩罚矩阵 P 和终端域 Ω 满足条件 C6.4.1) 和 C6.4.2). 则对任何 $t \geqslant 0$ 和 $\tau \in (t, t+\delta]$, 无扰动名义闭环系统的优化值函数满足

$$J^*(x(\tau), \tau, \tau+T_p) \leqslant J^*(x(t), t, t+T_p) - \int_t^{\tau} \left(\|x(s)\|_Q^2 + \|u^*(s)\|_R^2\right) \mathrm{d}s. \tag{6.68}$$

证明 根据引理 6.2, 在 $t=0$ 时刻优化问题可行能保证在任一时刻 $t>0$ 优化问题都可行.

如果在时刻 t 有限时域开环优化控制函数为 $\bar{u}^*(\cdot; x(t), t): [t, t+T_p] \to U$ 和在 $[t, t+T_p]$ 时段相应的有限时域开环轨迹为 $\bar{x}^*(\cdot; x(t), t)$, 则目标函数的值为

$$J^*(x(t), t, t+T_p) = \int_t^{t+T_p} \left(\|\bar{x}^*(s; x(t), t)\|_Q^2 + \|\bar{u}^*(s; x(t), t)\|_R^2\right) \mathrm{d}s + \|\bar{x}^*(t+T_p; x(t), t)\|_P^2. \tag{6.69}$$

对任何 $\tau \in (t, t+\delta]$, 上式分解为

$$\begin{aligned} J^*(x(t), t, t+T_p) = &\int_t^{\tau} \left(\|\bar{x}^*(s; x(t), t)\|_Q^2 + \|\bar{u}^*(s; x(t), t)\|_R^2\right) \mathrm{d}s \\ &+ \int_{\tau}^{t+T_p} \left(\|\bar{x}^*(s; x(t), t)\|_Q^2 + \|\bar{u}^*(s; x(t), t)\|_R^2\right) \mathrm{d}s + \|\bar{x}^*(t+T_p; x(t), t)\|_P^2. \end{aligned} \tag{6.70}$$

根据预测控制的基本原理, 对任何 $\tau \in (t, t+\delta]$, 闭环控制为 (6.66). 因此, 对无干扰名义系统, 闭环状态轨迹为

$$x(s) = \bar{x}^*(s; x(t), t), \quad s \in [t, \tau]. \tag{6.71}$$

因此, 对任何 $\tau \in (t, t+\delta]$, 我们可以根据 (6.59) 构造一个可行的控制函数, 即

$$\bar{u}(s) = \begin{cases} \bar{u}^*(s; x(t), t), & \text{当 } s \in [\tau, t+T_p], \\ K\bar{x}(s; x(t+\delta), t+\delta), & \text{当 } s \in [t+T_p, \tau+T_p], \end{cases} \tag{6.72}$$

并计算相应的目标函数值, 记为

$$\bar{J}(x(\tau), \tau, \tau+T_p) := J(x(\tau), \bar{u}(\cdot)) .$$

与控制输入 (6.72) 的第一部分对应的有限时域预测状态轨迹, 就是在 t 时刻由优化得到的预测状态轨迹在时间区域 $(\tau, t+T_p]$ 上的分段, 即

$$\bar{x}(s; x(\tau), \tau) = \bar{x}^*(s; x(t), t), \quad s \in (\tau, t+T_p]. \tag{6.73}$$

下面讨论控制输入 (6.72) 的第二部分, 即在时段 $[t+T_p, \tau+T_p]$ 内的控制, 对值函数的贡献. 为此, 我们需要应用引理 6.1 的结论. 由于 t 时刻优化问题的可行意味着 $\bar{x}^*(t+T_p; x(t), t) \in \Omega$. 因此, 我们将 (6.54) 中的 $x(t)$ 和 t 分别由 $\bar{x}(s; x(\tau), \tau)$ 和 s 代替, 并从 $t+T_p$ 到 $\tau+T_p$ 积分, 得到下面关系:

$$\|\bar{x}(\tau+T_p; x(\tau), \tau)\|_P^2 \leqslant \|\bar{x}(t+T_p; x(\tau), \tau)\|_P^2 - \int_{t+T_p}^{\tau+T_p} \|\bar{x}(s; x(\tau), \tau)\|_{Q^*}^2 \mathrm{d}s. \tag{6.74}$$

在 (6.73) 中取 $s = t+T_p$ 得 $\bar{x}(t+T_p; x(\tau), \tau) = \bar{x}^*(t+T_p; x(t), t)$. 因此, 上式变为

$$\|\bar{x}(\tau+T_p; x(\tau), \tau)\|_P^2 \leqslant \|\bar{x}^*(t+T_p; x(t), t)\|_P^2 - \int_{t+T_p}^{\tau+T_p} \|\bar{x}(s; x(\tau), \tau)\|_{Q^*}^2 \mathrm{d}s. \tag{6.75}$$

因此, 利用 (6.72) 和 (6.73), 计算与预选控制 (6.72) 对应的目标函数值如下:

$$\begin{aligned}
&\bar{J}(x(\tau), \tau, \tau+T_p) \\
&= \int_{\tau}^{\tau+T_p} \left(\|\bar{x}(s; x(\tau), \tau)\|_Q^2 + \|\bar{u}(s)\|_R^2\right) \mathrm{d}s + \|\bar{x}(\tau+T_p; x(\tau), \tau)\|_P^2 \\
&= \int_{\tau}^{t+T_p} \left(\|\bar{x}^*(s; x(t), t)\|_Q^2 + \|\bar{u}^*(s; x(t), t)\|_R^2\right) \mathrm{d}s \\
&\quad + \int_{t+T_p}^{\tau+T_p} \|\bar{x}(s; x(\tau), \tau)\|_{Q^*}^2 \mathrm{d}s + \|\bar{x}(\tau+T_p; x(\tau), \tau)\|_P^2.
\end{aligned} \tag{6.76}$$

再将 (6.75) 代入, 上面的不等式变为

$$\bar{J}(x(\tau),\tau,\tau+T_p)\leqslant\int_{\tau}^{t+T_p}\left(\|\bar{x}^*(s;x(t),t)\|_Q^2+\|\bar{u}^*(s;x(t),t)\|_R^2\right)\mathrm{d}s+\|\bar{x}^*(t+T_p;x(t),t)\|_P^2\quad. \tag{6.77}$$

结合 (6.70), 则得

$$\bar{J}(x(\tau),x(\tau),\tau)\leqslant J^*(x(t),t,t+T_p)-\int_t^{\tau}\left(\|\bar{x}^*(s;x(t),t)\|_Q^2+\|\bar{u}^*(s;x(t),t)\|_R^2\right)\mathrm{d}s\,. \tag{6.78}$$

将 (6.66) 和 (6.71) 代入上式, 则得

$$\bar{J}(x(\tau),\tau,\tau+T_p)\leqslant J^*(x(t),t,t+T_p)-\int_t^{\tau}\left(\|x(s)\|_Q^2+\|u^*(s)\|_R^2\right)\mathrm{d}s. \tag{6.79}$$

根据 J^* 的最优性, 有

$$\begin{aligned}J^*(x(\tau),\tau,\tau+T_p)&\leqslant\bar{J}(x(\tau),\tau,\tau+T_p)\\&\leqslant J^*(x(t),t,t+T_p)-\int_t^{\tau}\left(\|x(s)\|_Q^2+\|u^*(s)\|_R^2\right)\mathrm{d}s,\end{aligned} \tag{6.80}$$

上式对任何 $\tau\in(t,t+\delta]$ 成立. 结论得证. □

注 6.11 根据预测控制的基本原理, 优化问题的求解是在每个采样时刻进行. 重复应用 (6.79) 和采样时刻优化解 $J^*\leqslant\bar{J}$, 可以得出 (6.80) 对所有 $\tau>t\geqslant 0$ 成立. 结合 $Q>0,R\geqslant 0$, 这表明沿着闭环系统的轨迹, 最优值函数是不增的.

下面给出闭环系统 (6.67) 渐近稳定的结论.

定理 6.1 假设:

(a) 条件 A6.4.1)~A6.4.3) 成立;

(b) 非线性系统 (6.31) 的雅可比线性化模型是可稳的,

(c) 由问题 6.3 描述的开环优化控制问题在 $t=0$ 时刻是可行的.

则闭环系统 (6.67) 是名义渐近稳定的. 令 D 表示满足条件 (6.1) 的所有初始状态的集合, 则 D 给出了闭环系统的一个吸引域.

证明 根据引理 6.1, 满足条件 (6.1) 意味着可以按算法 6.1 得到满足条件 C6.4.1) 和 C6.4.2) 的终端惩罚矩阵 P 和终端域 Ω. 根据引理 6.2, 条件 (6.1) 保证在每一时刻 $t>0$, 开环优化问题 6.3 都是可行的.

如果 $x(t)=\mathbf{0}$, 优化问题 6.3 的最优解是 $\bar{u}^*(\cdot;x(t),t):[t,t+T_p]\to\mathbf{0}$, 即, $u^*(\tau)=\mathbf{0}$, 对于任意的 $\tau\in[t,t+\delta]$. 因为 $f(\mathbf{0},\mathbf{0})=\mathbf{0}$, 所以 $x=\mathbf{0}$ 是闭环系统 (6.67) 的一个平衡点.

对给定 $x(t)=x$, 定义优化问题 6.3 的值函数为系统在 MPC 控制器作用下的候选 Lyapunov 函数

$$V(x):=J^*(x,t,t+T_p)\,. \tag{6.81}$$

函数 $V(x)$ 有如下特性:

(1) $V(\mathbf{0})=0$ 和 $V(x)>0$, 如果 $x\neq\mathbf{0}$,

(2) 在 $x=\mathbf{0}$ 处, $V(x)$ 是连续的,

(3) 沿着任何始于 $x(0)\in X$ 的闭环系统轨迹, 有

$$V(x(t_2))-V(x(t_1))\leqslant-\int_{t_1}^{t_2}\|x(t)\|_Q^2\mathrm{d}t, \tag{6.82}$$

其中 $0\leqslant t_1<t_2\leqslant\infty$.

前面的两个特性可以从引理 B.2 得到. 应用引理 6.3 和 $R>0$ 则得到第三个特性.

下面, 首先采用定义 6.1 和文献 [22] 中的定理 3.1 的证明思路来证明平衡点 $x=\mathbf{0}$ 是稳定的. 然后, 证明存在 $\eta>0$ 使得对于所有 $\|x(0)\|<\eta$ 有 $t\to\infty$ 时 $x(t)\to\mathbf{0}$. 因此, 按照定义 6.2 得平衡点 $x=\mathbf{0}$ 是渐近稳定的. 在这个证明过程中, 我们没有假设 $V(x)$ 是连续可微的. 实际上, 这样的假设对数值求解的优化问题 6.3 的值函数来说是不可能满足的. 最后, 证明 D 是闭环系统的一个吸引域.

给定 $\epsilon>0$, 选 $r\in(0,\epsilon]$ 使得

$$B_r:=\{x\in\mathbb{R}^n\mid\|x\|\leqslant r\} \tag{6.83}$$

是 $x=\mathbf{0}$ 的一个小邻域. 由于 $V(x)$ 在 $x=\mathbf{0}$ 是连续的, 且对任何 $x\neq\mathbf{0}$ 有 $V(x)>0$, 所以, 存在一个 $\beta\in(0,\infty)$ 满足

$$\beta<\min_{\|x\|=r}V(x)\,. \tag{6.84}$$

定义

$$W_\beta:=\{x\in B_r\mid V(x)\leqslant\beta\}\,, \tag{6.85}$$

则 W_β 整个包含在 B_r 之中. 这可通过反证法证明: 假设 W_β 不是完全包含在 B_r 的内部, 则至少存在一个点 $x_1\in W_\beta$ 位于 B_r 的边界上, 即 $\|x_1\|=r$. 由 (6.84) 有 $V(x_1)>\beta$, 这与当 $x_1\in W_\beta$ 时有 $V(x_1)\leqslant\beta$ 矛盾. 另外, 由沿着 (6.67) 的轨迹 $V(x)$ 具有单调性可得

$$V(x(t))\leqslant V(x(0))\leqslant\beta\,,\quad\forall\,t\geqslant0\,. \tag{6.86}$$

因此, W_β 有如下特性: 始于 W_β 满足 (6.67) 的任何轨迹均留在 W_β 内. 由于当 $x=\mathbf{0}$ 时, $V(x)$ 连续并且 $V(\mathbf{0})=0$, 则存在 $\eta>0$ $(\eta<r)$ 使得有 $\|x\|<\eta$ 即有 $V(x)<\beta$. 相应地, 有

$$\|x(0)\|<\eta \Rightarrow V(x(0))<\beta \Rightarrow V(x(t))<\beta \Rightarrow \|x(t)\|<\epsilon. \tag{6.87}$$

因此, 根据定义 6.1, 闭环系统 (6.67) 的平衡点 $x=\mathbf{0}$ 是稳定的.

下面, 我们以 (6.82) 为起点证明渐近稳定性. 通过推导有

$$V(x(\infty)) \leqslant V(x(0))-\int_0^{\infty}\|x(t)\|_Q^2\mathrm{d}t. \tag{6.88}$$

由 $V(x(\infty))\geqslant 0$ 和 $V(x(0))<\beta$ 得积分

$$\int_0^{\infty}\|x(t)\|_Q^2\mathrm{d}t$$

存在且有界. 令 $\epsilon_1<\epsilon$ 使得 $\|x(t)\|\leqslant\epsilon_1$, 则对所有的 $t\in[0,\infty)$, $x(t)$ 属于紧集 $\{x\in\mathbb{R}^n \mid \|x\|\leqslant\epsilon_1\}$. 另外, 对所有的 $t\in[0,\infty)$ 有 $u^*(t)\in U$, 其中 U 是紧的且 f 对 x 和 u 连续, 则对所有的 $t\in[0,\infty)$, $f(x(t),u^*(t))$ 是有界的. 因此, $x(t)$ 对 $t\geqslant 0$ 是一致连续的[71]. 相应地, 因为 $\|x\|_Q^2$ 对属于紧密集 $\{x\in\mathbb{R}^n \mid \|x\|\leqslant\epsilon_1\}$ 的 x 是一致连续的. 所以, $\|x(t)\|_Q^2$ 对 $t\geqslant 0$ 也是一致连续的. 又因 $Q>0$, 应用 Barbalat 引理[22] 得

$$\|x(t)\|\to\mathbf{0} \quad 当 \quad t\to\infty. \tag{6.89}$$

因此, 根据定义 6.2, 闭环系统 (6.67) 的平衡点 $x=\mathbf{0}$ 是渐近稳定的. 显然, W_β 是一个吸引域.

进一步, 对所有的 $x(0)\in D$, 存在一个有限时间 T 使得 $x(T)\in W_\beta$. 这可采用反证法证明: 假设对于所有 $t\geqslant T$ 有 $x(t)\notin W_\beta$. 从 (6.82) 得对于所有 $t\geqslant T$, 有

$$\begin{aligned} V\left(x(t+\delta)\right)-V\left(x(t)\right) &\leqslant -\int_t^{t+\delta}\|x(\tau)\|_Q^2\mathrm{d}\tau \\ &\leqslant -\delta\cdot\inf\left\{\|x\|_Q^2 \,\middle|\, x\notin W_\beta\right\}\leqslant -\delta\cdot\gamma. \end{aligned} \tag{6.90}$$

由于 $Q>0$ 和 $V(x)$ 是正定的, 所以, $\gamma>0$. 归纳得, 当 $t\to\infty$ 时 $V(x(t))\to-\infty$. 这正好与 $V(x)\geqslant 0$ 矛盾. 因此, 始于 D 满足 (6.67) 的任何轨迹在有限时间内进入 W_β. 而 W_β 是 (6.67) 的一个吸引域. 因此, D 是闭环系统 (6.67) 的一个稳定域.

最后, D 也有如下特性: 任何始于 D 的闭环系统轨迹留在 D 内. 再用反证法证明: 假设从任意 $x(0)\in D$ 开始的闭环轨迹在某时刻 $t_1>0$ 离开了 D, 即 $x(t_1)\notin D$. 根据引理 6.2, 在 t_1 时刻, 基于初始条件 $\bar{x}(t_1;x(t_1),t_1)=x(t_1)$ 的优化问题 6.3 是可行的. 这与 D 是所有满足条件 (c) 的初始状态的集合相矛盾. 结合已经得到的渐近稳定性, D 给出了闭环系统 (6.67) 的一个吸引域. □

注 6.12　上面给出的稳定性条件是充分的, 但不是必要的. 而且, Jacobian 线性化系统不可稳并不意味着不存在线性反馈控制器使得非线性系统局部稳定.

注 6.13　由于受计算速度的限制或者优化算法只能得到局部解, 上面讨论的预测控制算法在每一个采样时间里也许找不到全局最优控制函数. 这样会丢失系统的最优性能, 但并不影响闭环系统的稳定性, 因为保证稳定性并不依赖解的最优性, 而仅需要它的可行性. 因此, 只要优化问题是可行的和优化算法在 $t=0$ 时刻能找到一个可行解, 并且在以后的每一采样时刻, 优化问题是以平移前一步优化解得到的可行解 (见 (6.59)) 进行初始化的, 就能保证系统的稳定性.

6.4.5　数值例子

下面举例说明所讨论的控制算法. 考虑由如下常微分方程描述的系统:

$$\dot{x}_1 = x_2 + u(\mu + (1-\mu)x_1) \tag{6.91a}$$

$$\dot{x}_2 = x_1 + u(\mu - 4(1-\mu)x_2)\,. \tag{6.91b}$$

这个系统是对文献 [72] 中使用的例子稍加改变得到的. 改变后的系统是开环不稳定的, 且对任何的 $\mu \in (0,1)$, 其 Jacobian 线性化系统是可稳的但不可控的. 另外, 我们假设控制量必须满足下面的约束条件:

$$U = \{u \in \mathbb{R} \mid -2.0 \leqslant u \leqslant 2.0\}\,. \tag{6.92}$$

对这个不稳定约束系统, 我们很容易验证其满足条件 A6.4.1)~A6.4.3). 选择目标函数 (6.35) 中的加权矩阵 Q 和 R 如下:

$$Q = \begin{pmatrix} 0.5 & 0.0 \\ 0.0 & 0.5 \end{pmatrix}, \quad R = 1.0\,. \tag{6.93}$$

先取 $\mu = 0.5$. 采用算法 6.1 得到终端惩罚矩阵 P 和尽可能大的终端域 Ω. 首先, 对 Jacobian 线性化系统, 求解线性最优控制 (LQR) 问题, 得到稳定的状态反馈增益

$$K = [2.118 \quad 2.118]\,. \tag{6.94}$$

求解时所需的加权矩阵 Q 和 R 由 (6.93) 给出. 应该指出, 也可用其他线性控制方法, 比如极点配置法, 得到稳定的状态反馈增益 K. 对线性反馈增益 (6.94), 闭环系统特征值的最大实部为 $\lambda_{\max}(A_K) = -1.0$. 因此, 我们选 $\kappa = 0.95$, 相应的 Lyapunov 方程 (6.44) 的唯一对称正定解为

$$P = \begin{pmatrix} 16.5926 & 11.5926 \\ 11.5926 & 16.5926 \end{pmatrix}, \tag{6.95}$$

它可以作为终端惩罚矩阵. 然后, 取 $\alpha_1 = 12.5$ 给出区域

$$\Omega_1 = \left\{x \in \mathbb{R}^2 \,|\, x^{\mathrm{T}}Px \leqslant \alpha_1\right\}.$$

可以验证, 在该区域内线性状态反馈控制律满足控制约束 (6.92). 最后, 按算法 6.1, 我们找到一个区域 $\Omega \subset \Omega_1$ 使得不等式 (6.51) 成立, 其中 $\alpha = 0.025$. 显然, 由于 $\dfrac{\lambda_{\min}(P)}{\|P\|}$ 的取值小 (即 0.1774), 这个区域非常小. 根据注 6.6, 求解优化问题 (6.55), 我们能直接得到一个不太保守的终端域如下:

$$\Omega = \left\{x \in \mathbb{R}^2 \,\middle|\, x^{\mathrm{T}}Px \leqslant 0.7\right\}. \tag{6.96}$$

仿真结果及其分析

取采样时间 $\delta = 0.1$, 预测时域 $T_p = 1.5$, 即 $N_p = 15$, 在每个采样时间求解开环优化问题 6.3. 取 $\mu = 0.5$. 对于不同的初始条件, 由准无限时域非线性预测控制器控制的不稳定约束系统 (6.91) 的轨迹如图 6.5 所示, 其中控制器参数为 (6.93), (6.95) 和 (6.96). 图中, 实线表示闭环轨迹; 虚线是由 (6.96) 给出的终端域边界; 点虚线表示在 $t = 0$ 时刻预测的开环轨迹, 它是由求解有限时域开环优化问题 6.3 得到的, 因此是有限时域的. 显然, 闭环轨迹将收敛到原点, 且正如引入终端不等式约束时期望的, 预测的有限时域开环轨迹最后回到终端域内. 图 6.6 给出了闭环系统始于两个不同初始条件 (分别为实线和虚线) 的时间曲线. 可以看出, 系统没有违背控制约束 (6.92).

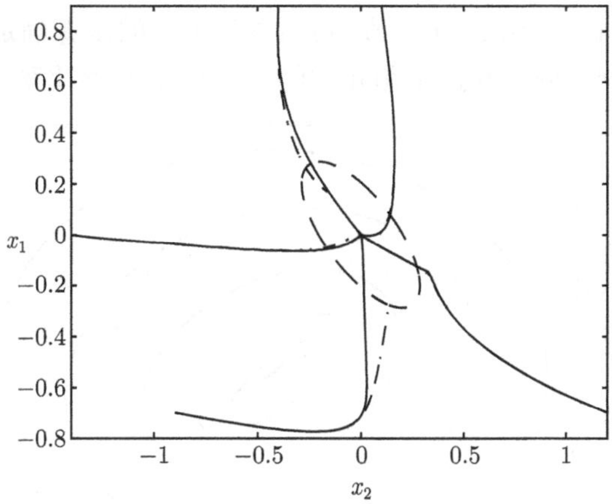

图 6.5 由准无限时域非线性预测控制器控制的开环不稳定约束系统 ($\mu = 0.5$) 的轨迹: 闭环轨迹 (——), 在 $t = 0$ 时刻的预测轨迹 (− · −), 终端域 Ω 的边界 (— —)

值得强调的是: 线性状态反馈增益 (6.94) 并没有用于闭环控制. 跟标准模型预测控制器一样, 闭环控制是由在线重复求解优化问题 6.3 获得的.

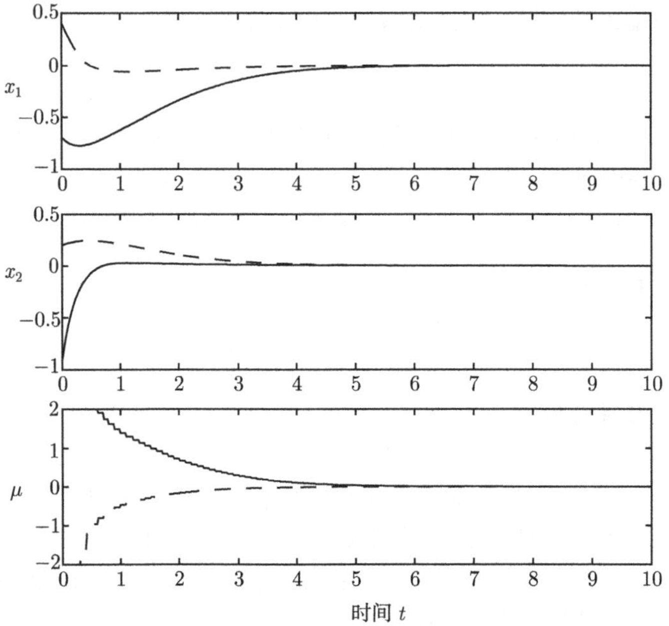

图 6.6　始于两个给定初始状态的闭环系统时间曲线

关于终端域的讨论

模型参数 $\mu \in (0,1)$ 给出了系统 (6.91) 的非线性程度. 从其结构可看出, μ 越小, 非线性项 $(1-\mu)x_1u$ 和 $(1-\mu)x_2u$ 的非线性程度越强. 当 $\mu = 1$ 时, 系统 (6.91) 是线性的. 对某一给定的 μ 值, 可按算法 6.1 的步骤确定终端域, 结果如图 6.7 所示. 在得到这些终端域时, 采用相同的 Jacobian 线性化系统, 取由 (6.93) 给出

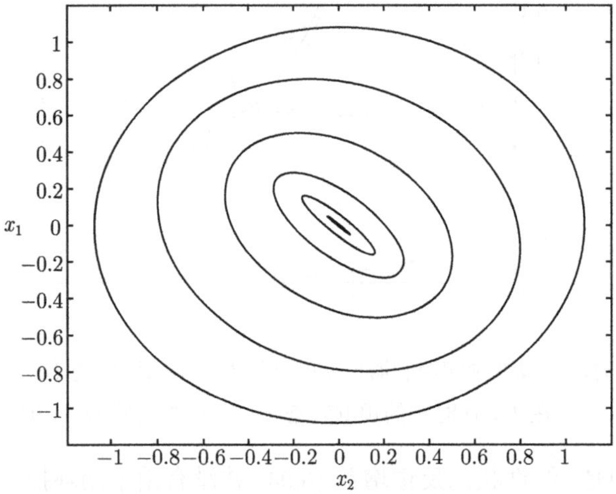

图 6.7　不同 μ 值时的终端域比较: 从外向里的椭圆分别 $\mu = 0.9, 0.8, 0.7, 0.5, 0.3, 0.1$

的加权矩阵 Q 和 R, 且选 $\kappa=0.95$, 和通过求解线性最优控制问题确定相应的线性控制器 $u=Kx$. 可以看到, 模型参数 μ 越小, 终端域也越小. 对于 $\mu=0.9$ 的系统 (6.91), 终端域的大小实际上是由控制约束 (6.92) 确定的.

在 6.4.4 节讨论的稳定性条件仅是充分的. 实际上, 对一个给定的非线性系统, 按算法 6.1 的步骤寻到最大的终端域几乎是不可能的. 由 Lyapunov 方程 (6.44) 的特性知, 其解 P 随着 κ 的增大而增大, 当 κ 接近 $-\lambda_{\max}(A_K)$ 时, P 增加的非常快. 而且, P 越大表明对有限时域的终端状态的惩罚越大, 但并不意味着有较大的终端域 Ω. 对给定的模型参数 $\mu=0.5$ 和不同的 κ 值, 计算得到的终端域如图 6.8 所示.

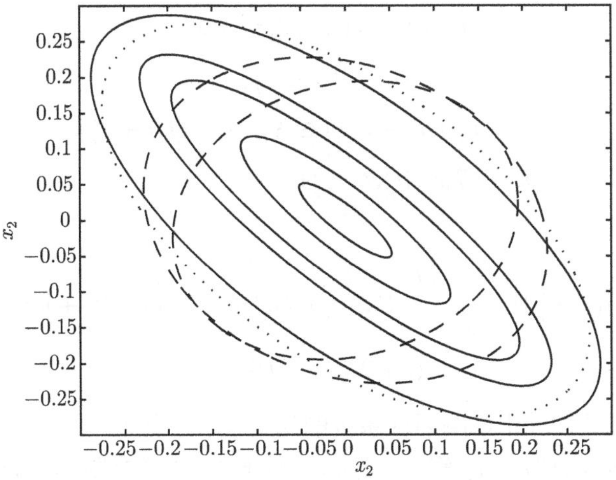

图 6.8　不同 κ 值时的终端域比较: 实线从里向外的椭圆分别 $\kappa=0.15,\ 0.35,\ 0.55,\ 0.75,\ 0.95$; 点虚线的椭圆 $\kappa=0.97$; 虚线从外到里的椭圆 $\kappa=0.99,\ 0.995$

可以看到, 终端域开始时随着 κ 的增大而扩展, 但是当 κ 接近 $-\lambda_{\max}(A_K)=1.0$ 时, 终端域反而变小了. 反复试验表明, 当参数 κ 在特征根的实部绝对值的最大值附近取值时, 基本上能得到一个尽可能最大的终端域. 然而, 随着 κ 增大, P 也增大. 根据目标函数的结构, 对终端状态过强的惩罚可能对控制性能有不好的影响. 因此, 我们必须在大的终端域和期望的控制性能之间进行协调.

6.4.6　状态约束的可行

在求解优化问题时很容易处理控制约束, 即直接给出优化问题自变量的取值范围. 然而, 对于非线性系统, 状态约束显然是非线性的, 很可能导致优化问题的不可行而使闭环系统只有一个小的吸引域. 通常, 有两种方法处理状态约束的不可行. 对于约束线性系统, 文献 [66] 建议在预测时域的前部分不考虑状态约束, 目的是为了能满足后部分的状态约束. 另一种方法是, 系统在每一采样时刻都允许违背状态约束, 但这种违背状态约束的行为必须受到惩罚 (如文献 [65]、[73]、[74]), 即硬状态约束可以不满足, 但软状态约束必须满足. 这两种方法的比较可见文献 [75].

例如, 采用第二种方法, 在 t 时刻基于实际系统状态 $x(t)$ 的开环优化控制问题可描述如下[52].

问题 6.4

$$\min_{\bar{u}(\cdot),\bar{\boldsymbol{s}}(\cdot)} J\left(x(t),\bar{u}(\cdot),\bar{\boldsymbol{s}}(\cdot)\right) \tag{6.97}$$

满足系统动力学和约束时域为

$$\dot{\bar{x}} = f(\bar{x},\bar{u}), \quad \bar{x}(t;x(t),t) = x(t) \tag{6.98a}$$

$$\bar{u}(\tau) \in U, \quad \tau \in [t, t+T_p] \tag{6.98b}$$

$$\bar{x}(\tau;x(t),t) - \bar{\boldsymbol{s}}(\tau) \in X, \quad \tau \in [t, t+T_p] \tag{6.98c}$$

$$\bar{x}(t+T_p;x(t),t) \in \Omega, \tag{6.98d}$$

其中

$$\begin{aligned} J\left(x(t),\bar{u}(\cdot),\bar{\boldsymbol{s}}(\cdot)\right) = &\int_t^{t+T_p} \left(\|\bar{x}(\tau;x(t),t)\|_Q^2 + \|\bar{u}(\tau)\|_R^2 + \|\bar{\boldsymbol{s}}(\tau)\|_W^2\right)\mathrm{d}\tau \\ &+ \|\bar{x}(t+T_p;x(t),t)\|_P^2. \end{aligned} \tag{6.99}$$

状态约束的软化处理并不影响闭环系统的稳定性[52]. 然而, 处理状态约束特别是软化处理使得在线计算时间显著增加. 因此, 对于“实时”控制, 如何有效地处理状态约束还有待研究.

6.5 广义准无限时域非线性预测控制

前一节介绍的准无限时域非线性 MPC 算法仅仅考虑了二次目标函数的情况. 为了考虑经济或者环境的因素, 优化问题的目标函数通常采用更广义的描述方式. 本节中我们推广上节讨论的结果, 即非线性 MPC 算法中优化问题的目标函数不再限制为二次目标函数. 终端惩罚和终端不变集的思想也进行了相应的扩展, 确保终端不变特性的局部反馈控制器可以是线性的, 也可以是非线性的. 同时我们不再要求非线性系统的 Jacobian 线性化模型必须是可稳定的. 对于可反馈线性化的系统, 我们可以利用系统的结构特性进一步的减少在线数值优化的计算时间.

6.5.1 优化问题描述

考虑由如下非线性常微分方程描述的一类受控系统:

$$\dot{x}(t) = f\left(x(t),u(t)\right), \quad x(0) = x_0, \tag{6.100}$$

其中状态向量为 $x(t) \in \mathbb{R}^n$, 输入向量为 $u(t) \in \mathbb{R}^m$, 并且输入和状态约束为

$$u(t) \in U, \quad \forall t \geqslant 0\,, \tag{6.101a}$$

$$x(t) \in X, \quad \forall t \geqslant 0\,. \tag{6.101b}$$

类似上一节, 我们给出下面的基本假设:

A6.5.1) $f : \mathbb{R}^n \times \mathbb{R}^m \ni (x,u) \to f(x,u) \in \mathbb{R}^n$ 是连续的且满足 $f(\mathbf{0},\mathbf{0}) = \mathbf{0}$. 另外, f 对 x 局部 Lipschitz 连续;

A6.5.2) $U \subset \mathbb{R}^m$ 是紧的, $X \subseteq \mathbb{R}^n$ 是连通的且点 $(\mathbf{0},\mathbf{0})$ 包含在 $X \times U$ 的内部;

A6.5.3) 对任何初始条件 $x(0) \in X$ 和任何分段连续和右连续的输入函数 $u(\cdot) : [0, T_p] \to U$, 系统 (6.100) 有唯一的连续解.

显然, 因为不再需要非线性系统的 Jacobian 线性化模型, 假设 A6.5.1) 比 A6.4.1) 要弱. 假设 A6.4.2) 中 U 的凸性是优化问题解的存在性所要求的. 这章的后面会有较详细的讨论, 这里暂不引入.

为了推导一个广义的准无限时域非线性预测控制算法, 我们从下面广义的无限时域目标函数出发:

$$J^{\infty}(x_0, u(\cdot)) := \int_{t_0}^{\infty} F(x(t), u(t))\mathrm{d}t, \tag{6.102}$$

其中

A6.5.4) $F : \mathbb{R}^n \times \mathbb{R}^m \ni (x,u) \to F(x,u) \in \mathbb{R}$ 是连续的且满足 $F(\mathbf{0},\mathbf{0}) = 0$ 并且对任何 $(x,u) \neq (\mathbf{0},\mathbf{0})$ 有 $F(x,u) > 0$.

采用上一节相同的思路, 我们引入满足一定条件的终端惩罚项和终端域来保证预测控制系统的稳定性. 假设存在一个 (可能是非线性的) 状态反馈控制律 $u = \kappa(x)$ 使得非线性系统 (6.100) 在平衡点的一个邻域内, 如 $M \subseteq \mathbb{R}^n$, 局部渐近稳定. 这里, 我们假设 $\kappa : \mathbb{R}^n \to \mathbb{R}^m$ 是连续的且满足 $\kappa(\mathbf{0}) = \mathbf{0}$. 在上一节中, 我们用到的是 $\kappa(x) = Kx$. 由非线性动态规划知, 对任何 $x \in M$, 存在一个值函数 $E_1(x)$:

$$E_1(x) := J^{\infty}\left(x, \kappa\left(x(\cdot)\right)\right) = \int_{t_1}^{\infty} F\left(x(t), \kappa\left(x(t)\right)\right)\mathrm{d}t\,, \tag{6.103}$$

其中 $x(\cdot)$ 是由局部控制律 $u = \kappa(x)$ 控制的系统

$$\dot{x}(t) = f(x(t), \kappa(x(t))) \tag{6.104}$$

始于 $x(t_1) = x$ 的轨迹. 显然, 正定函数 $E_1(x)$ 是连续的. 进一步, 如果 $E_1(x)$ 是连续可微的, 则对所有的 $x \in M$, $E_1(x)$ 满足

$$\frac{\partial E_1}{\partial x} f\left(x, \kappa(x)\right) + F\left(x, \kappa(x)\right) = 0. \tag{6.105}$$

但是, 由于系统的非线性特性, 我们可能无法求解偏微分方程 (6.105) 得到 $E_1(x)$ 的确切表达式. 因此, 我们用相对宽松一点的微分不等式代替微分方程 (6.105), 即寻找非线性控制律 $\kappa(x)$ 和正定的连续可微的函数 $E(x)$, 使得对所有的 $x \in M$ 下面的微分不等式成立:

$$\frac{\partial E}{\partial x} f\left(x, \kappa(x)\right) + F\left(x, \kappa(x)\right) \leqslant 0, \tag{6.106}$$

或者

$$\frac{\mathrm{d}}{\mathrm{d}t} E\left(x(t)\right) \leqslant -F\left(x(t), \kappa\left(x(t)\right)\right). \tag{6.107}$$

实际上, $\kappa(x), E(x)$ 满足的是 Hamilton-Jacobi-Bellman (HJB) 不等式. 进一步的讨论见 6.5.4 节.

下面, 我们定义函数 $E(x)$ 的一个水平截集:

$$\Omega := \{x \in M \mid E(x) \leqslant \alpha\}, \tag{6.108}$$

其中选择 $\alpha \in (0, \infty)$ 使得在 Ω 中控制约束和状态约束均得到满足, 即

C6.5.1) $\Omega \subseteq X$,

C6.5.2) 对任何 $x \in \Omega$ 有 $\kappa(x) \in U$.

显然, Ω 具有下面的特性:

(i) 因为 $E(x)$ 是正定的且 $\alpha > 0$, 所以点 $\mathbf{0} \in \mathbb{R}^n$ 包含在 Ω 内部;

(ii) 因为 $E(x)$ 对 x 是连续的, 所以 Ω 是闭的和连通的;

(iii) 因为 $E(x)$ 满足 (6.107), 所以 Ω 是系统 (6.104) 的一个不变域, 即系统 (6.104) 的任何始于 Ω 的轨迹留在 Ω 中.

这样, $E(x)$ 和 Ω 就能作为准无限时域非线性预测控制的终端惩罚和终端域.

因此, 广义准无限时域非线性预测控制的有限时域目标函数定义为

$$J(x(t), \bar{u}(\cdot)) = \int_t^{t+T_p} F(\bar{x}(\tau; x(t), t), \bar{u}(\tau))\,\mathrm{d}\tau + E(\bar{x}(t+T_p; x(t), t)). \tag{6.109}$$

在采样时刻 t, 给定当前状态 $x(t)$, 相应的开环优化问题的数学描述如下.

问题 6.5

$$\min_{\bar{u}(\cdot)} J\left(x(t), \bar{u}(\cdot)\right) \tag{6.110}$$

满足系统动力学和约束

$$\dot{\bar{x}} = f(\bar{x}, \bar{u}), \quad \bar{x}(t; x(t), t) = x(t) \tag{6.111a}$$

$$\bar{u}(\tau) \in U, \quad \tau \in [t, t+T_p] \tag{6.111b}$$

$$\bar{x}(\tau; x(t), t) \in X, \quad \tau \in [t, t+T_p] \tag{6.111c}$$

$$\bar{x}(t+T_p; x(t), t) \in \Omega, \tag{6.111d}$$

其中目标函数由 (6.109) 给定.

因为 $E(x)\geqslant 0$, 由 (6.107) 知 $\bar{x}(t+T_p;x(t),t)\in\Omega$ 意味着

$$E\left(\bar{x}(t+T_p;x(t),t)\right)\geqslant\int_{t+T_p}^{\infty}F\left(\bar{x}(\tau;x(t),t),\kappa(\bar{x}(\tau;x(t),t))\right)\mathrm{d}\tau\,. \tag{6.112}$$

将上式代入 (6.109) 得

$$J^{\infty}(x(t),\bar{u}(\cdot))\leqslant J(x(t),\bar{u}(\cdot)).$$

就此, 我们将 6.4 节讨论的准无限时域非线性预测控制推广到了采用广义的目标函数, 广义的终端惩罚和终端域的形式.

如果优化问题 6.5 有解, 记为 $\bar{u}^*(\cdot;x(t),t):[t,t+T_p]\to U$, 则可根据预测控制的基本原理, 定义闭环控制如下:

$$u^*(\tau):=\bar{u}^*(\tau;x(t),t),\quad \tau\in(t,t+\delta]. \tag{6.113}$$

组成的预测控制闭环系统如下:

$$\dot{x}(t)=f\left(x(t),u^*(t)\right)\,. \tag{6.114}$$

下面我们将讨论该闭环系统的稳定性.

6.5.2 名义稳定性

其实, 闭环系统 (6.114) 稳定性的证明方法和上一节是一样的. 为了更清楚地表达其中的一些特性, 这一节中我们将证明过程细化了.

令 $\sigma=t+T_p$, 并记优化问题 6.5 的一个解 (假设存在) 为

$$\bar{u}^*(\cdot;x(t),t):[t,\sigma]\to U.$$

对应的优化状态轨迹和优化值分别记为 $\bar{x}^*(\cdot;x(t),t)$ 和

$$J^*(x(t),t,\sigma):=J(x(t),\bar{u}^*(\cdot;x(t),t))\,.$$

这样做的目的是为了突出优化值函数 J^* 是分别依赖于 σ 和 t, 即预测时域 T_p 和 t 的. 在下面的讨论中, 我们将首先固定当前时刻 $t=t_0$ 和当前状态 $x(t_0)=x_0$, 讨论值函数 J^* 对 σ 的依赖性. 我们将得出 $J^*(x_0,t_0,\sigma)$ 对 σ 是不增的. 然后, 对固定的 $\sigma=\sigma_0$, 我们将证明 $J^*(x(t),t,\sigma_0)$ 对 t 也是不增的. 综合这两个不增特性, 将得出值函数沿着闭环系统 (6.114) 的轨迹是不增的. 最后, 给出稳定性证明.

为了有一个清楚的表达, 我们重写固定 $t=t_0$ 和 $x(t_0)=x_0$ 的优化问题 6.5.

问题 6.5a

$$\min_{\bar{u}(\cdot)}J\left(x_0,\bar{u}(\cdot)\right) \tag{6.115}$$

满足系统动力学和约束

$$\dot{\bar{x}} = f(\bar{x}, \bar{u}), \quad \bar{x}(t_0; x_0, t_0) = x_0 \tag{6.116a}$$

$$\bar{u}(\tau) \in U, \quad \tau \in [t_0, \sigma] \tag{6.116b}$$

$$\bar{x}(\tau; x_0, t_0) \in X, \quad \tau \in [t_0, \sigma] \tag{6.116c}$$

$$\bar{x}(\sigma; x_0, t_0) \in \Omega, \tag{6.116d}$$

其中

$$J(x_0, \bar{u}(\cdot)) = \int_{t_0}^{\sigma} F(\bar{x}(\tau; x_0, t_0), \bar{u}(\tau))\, \mathrm{d}\tau + E(\bar{x}(\sigma; x_0, t_0)) \tag{6.117}$$

对给定的 $\sigma = \sigma_0$, 假设优化问题 6.5a有解, 记为 $\bar{u}^*(\cdot; x_0, t_0) : [t_0, \sigma_0] \to U$, 则对应的状态轨迹满足状态约束和终端约束, 即对任何 $\tau \in [t_0, \sigma_0]$ 有

$$\bar{x}^*(\tau; x_0, t_0) \in X\ ,$$

$$\bar{x}^*(\sigma_0; x_0, t_0) \in \Omega\ .$$

对任何 $\delta > 0$, 如果将 σ 延长至 $\sigma_0 + \delta$, 我们可以按照 (6.59) 的范式构造优化问题 6.5a 的一个预选解如下:

$$\bar{u}(\tau) = \begin{cases} \bar{u}^*(\tau; x_0, t_0), & \tau \in [t_0, \sigma_0]\,, \\ \kappa(\bar{x}(\tau; x_0, t_0)), & \tau \in [\sigma_0, \sigma_0 + \delta]\,, \end{cases} \tag{6.118}$$

其中 $\kappa(x)$ 是前面用于求取终端惩罚和终端域的局部状态反馈控制律. 由于具有相同的初始状态 x_0, 这个预选解对应状态轨迹的第一部分, 即在 $[t_0, \sigma_0]$ 时段就是 $\bar{x}^*(\cdot; x_0, t_0) : [t_0, \sigma_0] \to X$, 即

$$\bar{x}(\tau; x_0, t_0) = \bar{x}^*(\tau; x_0, t_0), \quad \text{当}\ \tau \in [t_0, \sigma_0]. \tag{6.119}$$

因为 $\bar{x}^*(\sigma_0; x_0, t_0) \in \Omega$, 通过积分 (6.107) 可得, 状态轨迹的第二部分满足

$$E(\bar{x}(\tau; x_0, t_0)) \leqslant E(\bar{x}^*(\sigma_0; x_0, t_0)) - \int_{\sigma_0}^{\tau} F\left(\bar{x}(s; x_0, t_0), \kappa(\bar{x}(s; x_0, t_0))\right) \mathrm{d}s,$$
$$\tau \in [\sigma_0, \sigma_0 + \delta]\,, \tag{6.120}$$

因此, 由预选解 (6.118) 生成的状态轨迹 $\bar{x}(\cdot; x_0, t_0) : [t_0, \sigma_0 + \delta]$ 满足状态约束和终端约束. 又因为 $\kappa(x) \in U$, 所以, (6.118) 是取 $\sigma = \sigma_0 + \delta$ 时优化问题 6.5a 的一个可行解.

利用 (6.118), (6.119), 和取 $\tau = \sigma_0 + \delta$ 的 (6.120), 计算对应的目标函数值如下:

$$\bar{J}(x_0, t_0, \sigma_0 + \delta) = \int_{t_0}^{\sigma_0 + \delta} F(\bar{x}(\tau; x_0, t_0), \bar{u}(\tau)) \mathrm{d}\tau + E(\bar{x}(\sigma_0 + \delta; x_0, t_0))$$

$$
\begin{aligned}
&= \int_{t_0}^{\sigma_0} F(\bar{x}^*(\tau;x_0,t_0),\bar{u}^*(\tau;x_0,t_0))\mathrm{d}\tau + E(\bar{x}(\sigma_0+\delta;x_0,t_0)) \\
&\quad + \int_{\sigma_0}^{\sigma_0+\delta} F(\bar{x}(\tau;x_0,t_0),\kappa(\bar{x}(\tau;x_0,t_0)))\mathrm{d}\tau \\
&= J^*(x_0,t_0,\sigma_0) - E(\bar{x}^*(\sigma_0;x_0,t_0)) + E(\bar{x}(\sigma_0+\delta;x_0,t_0)) \\
&\quad + \int_{\sigma_0}^{\sigma_0+\delta} F(\bar{x}(\tau;x_0,t_0),\kappa(\bar{x}(\tau;x_0,t_0)))\mathrm{d}\tau \\
&\leqslant J^*(x_0,t_0,\sigma_0)
\end{aligned} \tag{6.121}
$$

根据 J^* 的最优性, 由 (6.121) 得

$$
J^*(x_0,t_0,\sigma_0+\delta) \leqslant J^*(x_0,t_0,\sigma_0)\,. \tag{6.122}
$$

综上, 可以得出下面的结论.

引理 6.4 假设优化问题 6.5a 有解, 则值函数 $J^*(x_0,t_0,\sigma)$ 是对 σ 不增的.

证明 结论可以直接从 (6.122) 得出. □

引理 6.4 表明对给定的 t 和 $x(t)$ 而言, 优化问题 6.5 的值函数 $J^*(x(t),t,t+T_p)$ 是对预测时域 T_p 不增的.

下面, 将在固定 $t+T_p$ 的情况下, 讨论优化问题 6.5 的值函数对 t 的依赖关系. 为此, 用 σ_0 代替 $t+T_p$, 重写优化问题 6.5 如下.

问题 6.5b

$$
\min_{\bar{u}(\cdot)} J\left(x(t),\bar{u}(\cdot)\right) \tag{6.123}
$$

满足系统动力学和约束

$$
\dot{\bar{x}} = f(\bar{x},\bar{u}), \quad \bar{x}(t;x(t),t) = x(t) \tag{6.124a}
$$

$$
\bar{u}(\tau) \in U, \quad \tau \in [t,\sigma_0] \tag{6.124b}
$$

$$
\bar{x}(\tau;x(t),t) \in X, \quad \tau \in [t,\sigma_0] \tag{6.124c}
$$

$$
\bar{x}(\sigma_0;x(t),t) \in \Omega, \tag{6.124d}
$$

其中

$$
J(x(t),\bar{u}(\cdot)) = \int_t^{\sigma_0} F(\bar{x}(\tau;x(t),t),\bar{u}(\tau))\mathrm{d}\tau + E(\bar{x}(\sigma_0;x(t),t))\,. \tag{6.125}
$$

假设优化问题 6.5b 有解, 记为 $\bar{u}^*(\cdot;x(t),t):[t,\sigma_0]\to U$. 将这个优化控制函数作用于非线性受控系统 (6.100), 直至时刻 $t+\delta$, 即在时间段 $[t,t+\delta]$ 的闭环控制为

$$
u^*(\tau) := \bar{u}^*(\tau;x(t),t), \quad \tau \in [t,t+\delta]\,. \tag{6.126}
$$

显然 $\delta < T_p$. 对无扰动的名义系统而言, 始于 $x(t)$ 的状态轨迹为

$$x(\tau) = \bar{x}^*(\tau; x(t), t), \quad \tau \in [t, t+\delta]. \tag{6.127}$$

现在, 我们来试图求解 $t+\delta$ 时刻, 以

$$\bar{x}(t+\delta; x(t+\delta), t+\delta) = x(t+\delta)$$

为初始条件的优化问题 6.5b. 选择如下的一个预选解

$$\bar{u}(\tau) = \bar{u}^*(\tau; x(t), t), \quad \tau \in [t+\delta, \sigma_0]. \tag{6.128}$$

由 Bellman's 优化原理[76] 知, 如果 $\bar{u}^*(\cdot; x(t), t) : [t, \sigma_0] \to U$ 是优化问题 6.5b 在时刻 t 的解, 则 (6.128) 是其在时刻 $t+\delta$ 的解. 因为

$$x(t+\delta) = \bar{x}^*(t+\delta; x(t), t),$$

由 (6.128) 产生的始于 $x(t+\delta)$ 的状态轨迹为

$$\bar{x}(\tau; x(t+\delta), t+\delta) = \bar{x}^*(\tau; x(t), t), \quad \tau \in [t+\delta, \sigma_0]. \tag{6.129}$$

利用 (6.128) 和 (6.129), 计算对应于 (6.128) 的目标函数 (6.125) 的值如下:

$$\begin{aligned}
&\bar{J}(x(t+\delta), t+\delta, \sigma_0) \\
&= \int_{t+\delta}^{\sigma_0} F\left(\bar{x}(\tau; x(t+\delta), t+\delta), \bar{u}(\tau)\right) \mathrm{d}\tau + E\left(\bar{x}(\sigma_0; x(t+\delta), t+\delta)\right) \\
&= \int_{t+\delta}^{\sigma_0} F\left(\bar{x}^*(\tau; x(t), t), \bar{u}^*(\tau; x(t), t)\right) \mathrm{d}\tau + E\left(\bar{x}^*(\sigma_0; x(t), t)\right) \\
&= J^*(x(t), t, \sigma_0) - \int_t^{t+\delta} F\left(\bar{x}^*(\tau; x(t), t), \bar{u}^*(\tau; x(t), t)\right) \mathrm{d}\tau.
\end{aligned} \tag{6.130}$$

将 (6.126) 和 (6.127) 代入 (6.130), 得

$$\bar{J}(x(t+\delta), t+\delta, \sigma_0) = J^*(x(t), t, \sigma_0) - \int_t^{t+\delta} F\left(x(\tau), u^*(\tau)\right) \mathrm{d}\tau. \tag{6.131}$$

由 J^* 的最优性, 上式变成

$$J^*(x(t+\delta), t+\delta, \sigma_0) \leqslant J^*(x(t), t, \sigma_0) - \int_t^{t+\delta} F\left(x(\tau), u^*(\tau)\right) \mathrm{d}\tau. \tag{6.132}$$

综上, 我们给出下面的结论.

引理 6.5 假设优化问题 6.5b 在时刻 t_0 有解, 则对任何 $t \in [t_0, \sigma_0]$, 值函数 $J^*(x(t), t, \sigma_0)$ 是不增的.

证明 因为 F 是正定的, 由 (6.132) 可以直接得出结论. □

最后, 我们回到预测控制的优化问题 6.5, 其中预测时域 T_p 是固定的, 讨论闭环系统 (6.114) 的名义稳定性. 需要注意的是, 由于实际时间 t 的变迁, $\sigma = t + T_p$ 不再固定了.

定理 6.2 假设

(a) 条件 A6.5.1)~A6.5.4) 成立;

(b) 对系统 (6.100), 存在局部渐近稳定的状态反馈控制律 $u = \kappa(x)$ 和连续可微的正定函数 $E(x)$ 满足 (6.106);

(c) 由 (6.108) 定义的终端域满足 C6.5.1) 和 C6.5.2);

(d) 在 $t = 0$ 时刻, 优化问题 6.5 有可行解.

则预测控制闭环系统 (6.114) 是名义渐近稳定的, 且 D 是吸引域, 其中 D 与定理 6.1 给出的一样.

证明 根据预测控制的基本原理, 将在每个采样时刻求解用最新状态值刷新的优化问题 6.5. 类似于引理 6.2, 通过构造如下的预选控制函数

$$\bar{u}(\tau) = \begin{cases} \bar{u}^*(\tau; x(t), t), & \text{当 } \tau \in [t + \delta, t + T_p], \\ \kappa(\bar{x}(\tau; x(t + \delta), t + \delta)), & \text{当 } \tau \in [t + T_p, t + \delta + T_p], \end{cases} \tag{6.133}$$

我们同样可以根据假设条件 (d) 得到该优化问题在任何 $t \geqslant 0$ 都是可行的. 对任何 $\tau \in (t, t + \delta]$, 由 (6.122) 和 (6.132) 得对任何 $\tau \in (t, t + \delta]$ 有

$$\begin{aligned} & J^*(x(\tau), \tau, \tau + T_p) - J^*(x(t), t, t + T_p) \\ & = J^*(x(\tau), \tau, \tau + T_p) - J^*(x(\tau), \tau, t + T_p) \\ & \quad + J^*(x(\tau), \tau, t + T_p) - J^*(x(t), t, t + T_p) \\ & \leqslant -\int_t^\tau F(x(s), u^*(s))\, \mathrm{d}s\,. \end{aligned} \tag{6.134}$$

值得注意的是上式不仅对优化问题 6.5 的最优解成立, 而且对形如 (6.133) 的可行解也成立. 根据预测控制的基本原理, 优化问题的求解是在每个采样时刻进行的. 因此, 在 $(t + \delta]$ 上反复使用 (6.134) 和采样时刻的最优性, 可以得出, 对所有的 $\tau > t \geqslant 0$

$$J^*(x(\tau), \tau, \tau + T_p) \leqslant J^*(x(t), t, t + T_p) - \int_t^\tau F(x(s), u^*(s))\, \mathrm{d}s$$

成立. 结合 F 是正定的, 我们得出: 沿着闭环系统 (6.114) 的状态轨迹, 优化问题 6.5 的值函数是不增的. 这与 6.4 节中的引理 6.3 相同. 因此, 可以用相似于定理 6.1 的方法得到稳定性结论. □

6.5.3 优化解存在性的讨论

正如在注 6.13 中讨论的, 保证预测控制系统的闭环稳定性只需要优化问题的可行解, 并不要求是最优解. 当然, 为了得到最优的控制性能, 我们确实需要最优解. 因此, 这一节将基于文献 [77] 的一些结论讨论优化问题 6.5 解存在的条件. 为了简单起见, 这一节全部采用没有 '‾' 的变量, 并重写 t_0 时刻初始条件为 $x(t_0)=x_0$ 的优化问题 6.5 如下.

问题 6.5c

$$\min_{u(\cdot)} J\left(x_0, u(\cdot)\right) \tag{6.135}$$

满足

$$\dot{x}=f(x,u), \quad x(t_0;x_0,t_0)=x_0 \tag{6.136a}$$

$$u(t)\in U, \quad t\in[t_0,t_0+T_p] \tag{6.136b}$$

$$x(t;x_0,t_0)\in X, \quad t\in[t_0,t_0+T_p] \tag{6.136c}$$

$$x(t_0+T_p;x_0,t_0)\in\Omega, \tag{6.136d}$$

其中

$$J(x_0,u(\cdot))=\int_{t_0}^{t_0+T_p} F\left(x(t;x_0,t_0),u(t)\right)\mathrm{d}t+E(x(t_0+T_p;x_0,t_0)).$$

参照文献 [77], 首先给出优化问题 6.5c 允许控制输入函数 $u(\cdot)$ 的定义:

定义 6.3 称定义在 $[t_0,t_0+T_p]$ 上的分段连续的输入函数 $u(\cdot)$ 是优化问题 6.5c 的一个允许解, 如果该输入函数使得系统 (6.136a) 的轨迹满足

(i) 在 $[t_0,t_0+T_p]$ 时段上, $u(t)\in U$;

(ii) 在 $[t_0,t_0+T_p]$ 时段上, $x(t;x_0,t_0)\in X$;

(iii) $x(t_0+T_p;x_0,t_0)\in\Omega$;

(iv) 在 $[t_0,t_0+T_p]$ 时段上, $t\to F(x(t;x_0,t_0),u(t))$ 是 Lebesgue 可测函数.

对应于允许解的系统轨迹称为允许轨迹. 所有允许输入函数的集合称为允许输入函数集, 记为 $\mathcal{U}$. 显然, 允许输入函数集 $\mathcal{U}$ 是非空的, 表示优化问题 6.5c 是可行的. 实际上, $\mathcal{U}$ 非空与约束系统的可控性有关. 与定义 6.3 对应, 参照文献 [68] 给出约束系统可控性的定义如下:

定义 6.4 称非线性系统 (6.100) 是约束可控的, 如果对 X 中的任何两点 x_1,x_2 存在有限时间 T 和控制函数 $u(\cdot):[0,T]\to U$ 使得始于 x_1 的状态轨迹满足 $x(t;x_1,0)\in X, t\in[0,T]$ 和 $x(T;x_1,0)=x_2$.

对给定的 x, 对所有的 $u\in U$, $F(x,u)$ 和 $f(x,u)$ 的值构成在 $\mathbb{R}^{n+1}$ 上的一个集合. 定义集合 $\mathcal{L}^+(x)\subseteq\mathbb{R}^{n+1}$ 如下:

$$\mathcal{L}^+(x):=\left\{(y^0,y)\;\middle|\;y^0\geqslant F(x,u),\,y=f(x,u),\,u\in U\right\}. \tag{6.137}$$

最后, 我们给出优化问题 6.5c 的解的存在性条件.

推论 6.1 假设

(a) $\mathcal{U}$ 是非空的;

(b) 假设条件 A6.5.1)~A6.5.4) 成立, 且 U 是凸的;

(c) 对每个给定的 $x \in X$, 集合 $\mathcal{L}^+(x)$ 是凸的.

则优化问题 6.5c 有最优解.

证明 条件 A6.5.3) 表明对所有的允许输入函数 $u(\cdot):[t_0, t_0+T_p] \to U$, 在 $[t_0, t_0+T_p]$ 时段上的状态轨迹是有界的. 因此, 所有允许轨迹在紧集上. 由终端域 Ω 的定义 (6.108) 得, E 是连续的表明 Ω 是闭的. 因此, 文献 [77] 中定理 5.1 的条件得到满足. 由此结论得证. □

注 6.14 控制约束的常见形式是 $U=\{u \in \mathbb{R}^m \mid u_{\min} \leqslant u \leqslant u_{\max}\}$. 显然, U 是凸的. 条件 (c) 仅仅是一个充分条件, 且不容易验证. 文献 [77] 指出, 如果被控的非线性系统对 u 是仿射的, 则 F 在 U 上对 u 是凸的.

6.5.4 终端惩罚和终端域的讨论

终端惩罚和终端域以及局部控制器构成了准无限时域非线性预测控制的基本要素, 也是保证预测控制系统名义稳定性的基本要素. 定理 6.2 给出了终端惩罚 $E(x)$ 和终端域 Ω 应该满足的条件, 即

C6.5.3) 对非线性系统 (6.100), 存在局部渐近稳定的状态反馈控制律 $u=\kappa(x)$ 和连续可微的正定函数 $E(x)$ 满足 Hamilton-Jacobi-Bellman 不等式 (6.106), 即

$$\frac{\partial E}{\partial x} f(x, \kappa(x)) + F(x, \kappa(x)) \leqslant 0\,; \tag{6.138}$$

C6.5.4) 定义 $E(x)$ 的一个水平截集为终端域, 由 (6.108) 给出, 并满足控制约束和状态约束, 即满足 C6.5.1) 和 C6.5.2).

终端惩罚 $E(x)$ 也称为终端代价, 局部控制器 $\kappa(x)$ 也称为终端控制. 在准无限时域非线性预测控制中, 终端控制器只是用来计算终端惩罚函数和终端域的, 并没有直接作用于系统. 由 (6.138) 很容易得出终端域的正不变性.

下面我们在非线性最优控制理论框架下作进一步讨论. 给定 $x(t_0)=x$, 考虑无限时域最优控制问题.

问题 6.6

$$\min_{u(\cdot)} J^{\infty}(x, u(\cdot)) \tag{6.139}$$

满足系统动力学

$$\dot{x}(t) = f(x(t), u(t)), \quad x(t_0)=x\,, \tag{6.140}$$

其中

$$J^{\infty}(x,u(\cdot)) = \int_{t_0}^{\infty} F\left(x(t),u(t)\right) \mathrm{d}t\,. \tag{6.141}$$

假设问题 6.6 有解, 记最优控制律为 $u=\kappa_o(x)$, 对应的最优值函数为

$$E_o(x) := \min_{u(\cdot)} \{J^{\infty}(x,u(\cdot)) \mid \dot{x}(t) = f(x(t),u(t)),\ x(t_0)=x\}\,. \tag{6.142}$$

由非线性动态规划知, $E_o(x)$ 满足 Hamilton-Jacobi-Bellman 方程

$$\inf_{u} \left\{ \frac{\partial E_o}{\partial x} f(x,u) + F(x,u) \right\} = 0 \tag{6.143}$$

即

$$\frac{\partial E_o}{\partial x} f(x,\kappa_o(x)) + F(x,\kappa_o(x)) = 0\,. \tag{6.144}$$

对任何使 (6.140) 渐近稳定的反馈控制律 $u=\kappa(x)$, 定义值函数

$$E_{\kappa}(x) := \int_{t_0}^{\infty} F\left(x(t;x,\kappa(x)),\kappa(x(t))\right) \mathrm{d}t\,, \tag{6.145}$$

其中 $x(t;x,\kappa(x))$ 是系统 (6.140) 在 $u=\kappa(x)$ 作用下始于 $x(t_0)=x$ 的轨迹. 显然, 当 $t\to\infty$ 时 $x(t;x,\kappa(x))\to 0$, 且 $E_{\kappa}(0)=0$ 和当 $x\neq 0$ 时 $E_{\kappa}(x)>0$. 进一步, 由 $(E_o(x),\kappa_o(x))$ 的最优性得

$$E_{\kappa}(x) \geqslant E_o(x)\,. \tag{6.146}$$

终端惩罚函数 $E(x)$ 满足 HJB 不等式 (6.138). 对其从 t_0 到 ∞ 积分, 考虑到 $u=\kappa(x)$ 是渐近稳定的, 得

$$E(x) \geqslant \int_{t_0}^{\infty} F\left(x(t;x,\kappa(x)),\kappa(x(t))\right) \mathrm{d}t.$$

由 (6.145) 和 (6.146) 得

$$E(x) \geqslant E_{\kappa}(x) \geqslant E_o(x)\,. \tag{6.147}$$

因此, 终端惩罚函数给出的是无限时域最优控制值函数的一个上界. 换句话说, 最理想的终端控制是无限时域最优控制律. 一般情况下, 我们并不能得到这个最优控制律和相应的最优值函数. 实际上, 这正是预测控制的起因之一.

幸运的是, 在准无限时域非线性预测控制框架下, 我们只需要得到一个局部解. 下面给出获取局部解 $(E(x),\kappa(x))$ 的几个特例.

(1) 非线性系统的雅可比线性化系统是可稳的且目标函数是二次的, 即可以取 $E(x)=x^{\mathrm{T}}Px$ 使其局部满足式 (6.138). 我们已经在 6.4.2 节进行了详细的讨论.

(2) 如果非线性系统是可以精确反馈线性化的, 则可以基于反馈线性化系统确定等式满足 (6.138) 的 $(E(x), \kappa(x))$. 这将在 6.5.5 节讨论.

(3) 如果非线性系统是严格反馈系统, 我们或许可以利用 Backstepping 方法[78] 设计满足 (6.138) 的 $(E(x), \kappa(x))$.

(4) 如果修改控制 Lyapunov 函数的定义[78] 使其能考虑阶段代价 $F(x,u)$, 如定义 6.5 给出, 则我们或许可以应用控制 Lyapunov 方法设计满足 (6.138) 的 $(E(x), \kappa(x))$.

定义 6.5 如果光滑正定和径向无界的函数 $V:\mathbb{R}^n \to \mathbb{R}^+$ 满足

$$\inf_{u\in R^m}\left\{\frac{\partial V}{\partial x}f(x,u)+F(x,u)\right\}\leqslant 0, \quad \forall x\neq \mathbf{0}, \tag{6.148}$$

则 $V(x)$ 是系统

$$\dot{x}=f(x,u), \quad x\in\mathbb{R}^n, \quad u\in\mathbb{R}^m, \quad f(\mathbf{0},\mathbf{0})=\mathbf{0}, \tag{6.149}$$

的一个最优控制 Lyapunov 函数 (Control Lyapunov Function, CLF).

在预测控制的优化过程中, 终端约束 $x(t+T_p)\in\Omega$ 将迫使预测的终端状态进入终端域. 较大的终端域意味着我们可以选择较小的预测时域. 因此, 终端域的大小将是决定准无限时域 MPC 在线计算负担的关键因素. 由定义知, 终端域是终端代价函数的一个水平截集, 其大小不仅与系统的控制约束和状态约束有关, 也与终端代价函数和终端控制器的选取有关. 因此, 采用不同的方法寻求尽可能大的终端域成为预测控制研究的热点之一. 对于约束线性系统, 文献 [79] 给出了一种扩展终端域的方法. 利用非线性系统的局部 Lipschitz 条件, 或者通过选择预测时域大于控制时域, 文献 [67] 和文献 [80] 分别给出了一种计算非线性系统的终端域的算法. 对于非线性系统，我们还可以利用系统的局部的线性微分包含 (Linear Differential Inclusion, LDI), 来给出扩展终端域的求取方法[81~84].

6.5.5 特例: 精确反馈线性化系统

这一节讨论基于精确反馈线性化计算终端控制器, 终端惩罚和终端域的方法. 假设非线性系统关于控制输入 u 仿射, 即

$$\dot{x}=f(x)+g(x)u, \quad f(\mathbf{0})=0, \tag{6.150}$$

则可以设计坐标变换[85]

$$z=\Phi(x) \tag{6.151}$$

和非线性控制

$$u=\alpha(x)+\beta(x)v$$

或者引入一个新的输入向量

$$v:=b(x)+\Psi(x)u\,,$$

将非线性系统变换成线性系统的可控标准型

$$\dot{z} = Az + Bv. \tag{6.152}$$

暂时不考虑系统的状态和输入约束, 我们可以求得一个线性状态反馈控制器 $v = Kz$ 使得 $A_K := A + BK$ 是渐近稳定的. 因而, 非线性控制器

$$u = \alpha(x) + \beta(x)K\Phi(x) =: \kappa(x) \tag{6.153}$$

是一个使得原系统 (6.150) 渐近稳定的控制器.

考虑初始条件 $z(t_1) = z_1$, 系统沿着轨迹 (6.152) 的无限时域的目标函数为

$$J_e^{\infty}(z_1, v(\cdot)) := \int_{t_1}^{\infty} \left(z(t)^{\mathrm{T}} Q z(t) + v(t)^{\mathrm{T}} R v(t)\right) \mathrm{d}t\,, \tag{6.154}$$

其中 Q 和 R 是正定对称的加权阵. 由 $v = Kz$, 我们可以得到系统的起始于初态 z_1 的无限时域性能为[76]

$$J_e^{\infty}(z_1, Kz(\cdot)) = z_1^{\mathrm{T}} P z_1\,, \tag{6.155}$$

其中 P 是如下 Lyapunov 方程的唯一的正定对称解:

$$A_K^{\mathrm{T}} P + P A_K = -\left(Q + K^{\mathrm{T}} R K\right)\,. \tag{6.156}$$

选择原系统坐标 $x - u$ 中最优化问题的目标函数的 F – 函数和 E – 函数为

$$F(x, u) := \|\Phi(x)\|_Q^2 + \|b(x) + \Psi(x)u\|_R^2\,, \tag{6.157a}$$

$$E(x) := \|\Phi(x)\|_P^2\,. \tag{6.157b}$$

实际上, 他们在 $z - v$ 坐标中分别为 $F(z, v) = \|z\|_Q^2 + \|v\|_R^2$ 和 $E(z) = \|z\|_P^2$. 显然, F 是正定的并且关于控制输入 u 是凸的, E 是正定且连续可微的.

注 6.15　按照这样的方式选择函数 E 和 F, 系统期望的控制性能与原坐标系中期望的性能之间并没有直接的关系. 这个问题必须与利用精确反馈线性化设计控制器的条件和基于精确反馈线性化的控制技术采用同一方式来解释.

由于点 $(\mathbf{0}, \mathbf{0})$ 是在 $X \times U$ 的内部, 因此, 对任何 $P > 0$, 我们总能找到常数 $\alpha \in (0, \infty)$, 并参照 (6.108) 定义平衡点的一个邻域

$$\Omega := \left\{x \in \mathbb{R}^n \;\middle|\; \Phi(x)^{\mathrm{T}} P \Phi(x) \leqslant \alpha\right\} \tag{6.158}$$

使得 6.5.1 节中的条件 C6.5.1) 和 C6.5.1) 成立, 即

C6.5.5) $\Omega \subseteq X$,

C6.5.6) 对任意的 $x \in \Omega$, 有 $\kappa(x) \in U$.

进一步, 我们可以得到下面的结论.

引理 6.6 假设非线性系统关于控制 u 是仿射的, 并且在域 X 中是可以精确反馈线性化的, 则对由 (6.153) 控制的非线性系统

$$\dot{x} = f(x) + g(x)\kappa(x) \tag{6.159}$$

有

(a) 系统 (6.159) 的轨迹满足

$$\frac{\mathrm{d}}{\mathrm{d}t}E(x(t)) = -F(x(t), \kappa(x(t))), \tag{6.160}$$

其中 $E(x)$ 和 $F(x)$ 由 (6.157) 给出;

(b) Ω 是系统 (6.159) 的一个不变域.

证明 由非线性系统关于 u 是仿射的且在域 X 中可以精确反馈线性化知, (6.152) 是原系统 (6.150) 在 z-v 坐标下的描述, 两者是等价的. 因此, 由 (6.153) 控制的非线性原系统 (6.159) 的轨迹与由 $v = Kz$ 控制的反馈线性化系统 $\dot{z} = (A+BK)z$ 的轨迹是等价的.

由 (6.154) 和 (6.155) 得, 沿着系统 $\dot{z} = (A + BK)z$ 的任何轨迹满足

$$\frac{\mathrm{d}}{\mathrm{d}t}\|z(t)\|_P^{\mathrm{T}} = -\left(\|z(t)\|_Q^2 + \|Kz(t)\|_R^2\right).$$

还原到原系统坐标中, 即得 (6.160). 性质 (b) 得证.

对任何 $x \neq 0$ 有 $F(x, \kappa(x)) > 0$, 因此, (6.160) 表明任何起始于 Ω 的轨迹保持在 Ω 内. 性质 (b) 得证. □

综上, 如果在目标函数 (6.109) 中按照式 (6.157a) 定义函数 F, 则式 (6.158) 中定义的集合 Ω 和式 (6.157b) 中定义的函数 E 可以分别用作准无限时域预测控制优化问题的终端域和终端惩罚函数.

假如非线性系统在域 X 中是可以精确反馈线性化的, 下面的步骤提供了离线求解终端域 (要求尽可能的大) 和终端惩罚函数的方法.

算法 6.2

(1) 用标准的反馈线性化技术构造变换坐标和线性反馈控制律;

(2) 对反馈线性化系统求解稳定性问题, 得到渐近稳定的线性状态反馈控制增益 K;

(3) 求解 Lyapunov 方程 (6.156), 得正定的对称矩阵 P;

(4) 寻找满足式 (6.158) 或条件 C6.5.5) 和 C6.5.6) 的最大可能的 $\alpha \in (0, \infty)$.

注 6.16 对于在域 X 中可以精确反馈线性化的非线性系统, 终端域的大小由系统的状态约束和输入约束直接决定. 同时原系统的非线性特性也对它有间接的影响, 这是因为系统的非线性特性同时包含在终端域的定义式 (6.158) 和反映输

入约束的局部非线性控制器的定义式 (6.153) 中. 采用上面的步骤求取的终端域通常比采用 Jacobian 线性化方法 (参看 6.4.2 节) 得到的终端域要大. 由于终端域扩大, 因此在优化问题中我们可以选取更小的预测时域 T_p, 而这也意味着更小的计算负担.

注 6.17　考虑初始状态 $x(t_1) = x_1$, 在时域 $[t_1, \infty)$ 积分式 (6.160) 有

$$E(x_1) = \int_{t_1}^{\infty} F(x(t), \kappa(x(t)))\mathrm{d}t. \tag{6.161}$$

采用控制器的内部变量符号, 令 $x_1 = \bar{x}(t + T_p; x(t), t)$, 将式 (6.161) 代入式 (6.109), 得到

$$J(x(t), \bar{u}(\cdot)) = \int_{t}^{\infty} F(\bar{x}(\tau; x(t), t), \bar{u}(\tau))\,\mathrm{d}\tau = J^{\infty}(x(t), \bar{u}(\cdot)), \tag{6.162}$$

其中当 $\tau \geqslant t + T_p$ 时 $\bar{u}(\tau) = \kappa(\bar{x}(\tau; x(t), t))$. 因而, 相应的非线性 MPC 控制器实际上具有无限预测时域.

6.5.6　应用: 刚性机器人系统

我们这里考虑 n 自由度的刚性机器人系统. 相比于过程控制中的“慢”系统, 机器人系统是一个“快”系统. 机器人的运动可以用下面的微分方程描述[86]:

$$M(q)\ddot{q} + c(q, \dot{q}) = u, \tag{6.163}$$

上式中向量 q 和 $\dot{q}$ 分别代表连接体的位置和速度; $M(q)$ 是转动惯量矩阵, 它是正定和对称的; $c(q, \dot{q})$ 代表科氏力 (Coriolis), 离心力和重力对系统的影响; 控制 u 代表关节力矩. 通常来说, $M(q)$ 和 $c(q, \dot{q})$ 是全局已知的且 $M(q)$ 是可逆的. 定义状态向量 $x = [x_1^{\mathrm{T}},\ x_2^{\mathrm{T}}]^{\mathrm{T}} = [q^{\mathrm{T}},\ \dot{q}^{\mathrm{T}}]^{\mathrm{T}}$, 则我们可以得到系统的状态空间模型:

$$\dot{x}_1 = x_2 \tag{6.164a}$$

$$\dot{x}_2 = M(x_1)^{-1}u - M(x_1)^{-1}c(x_1, x_2). \tag{6.164b}$$

定义一个新的输入向量

$$v = M(x_1)^{-1}u - M(x_1)^{-1}c(x_1, x_2), \tag{6.165}$$

则原系统 (6.163) 可以转化为具有可控标准型的线性系统

$$\dot{x}_1 = x_2 \tag{6.166a}$$

$$\dot{x}_2 = v. \tag{6.166b}$$

因而, 非线性系统 (6.163) 是可以精确反馈线性化的. 在机器人的文献中, 这种控制方法被称为计算力矩法[86].

下面我们将 6.5 节介绍的广义模型预测控制方法应用于机器人系统. 参考式 (6.157), 目标函数中的阶段代价和终端惩罚函数可以选为

$$F(x,u)=\|x\|_Q^2+\|M(x_1)^{-1}u-M(x_1)^{-1}c(x_1,x_2)\|_R^2, \tag{6.167a}$$

$$E(x)=\|x\|_P^2. \tag{6.167b}$$

式 (6.167a) 中的第二项可以解释为状态依赖的输入项的惩罚. 因为式 (6.165) 是全局定义的, 则终端代价函数 E 和阶段代价函数 F 也是全局定义的. 因而可以利用算法 6.2 求取终端惩罚矩阵 P 和终端约束集 Ω.

在机器人研究中, 人们对于让机器人跟踪一个给定的位置轨迹 $x_{id}(\cdot)$ 比较感兴趣. 记机器人系统 (6.164) 的稳态为 $x_2|_S$ 和 $u|_S$. 如果定义

$$F(x,u)=\|x\|_Q^2+\|M(x_1)^{-1}u-M(x_1)^{-1}c(x_1,x_2)\|_R^2 \tag{6.168a}$$

$$E(x)=\|x\|_P^2, \tag{6.168b}$$

其中 $x_1(t)-x_{1d}=e(t)$ 是跟踪误差向量, 则刚性机器人系统的轨迹跟踪控制问题可以很容易的转化为准无限时域 MPC 控制问题. 因而, 下面我们将研究的重点放在是否可以应用反馈线性化技术去降低在线计算时间, 也即允许准无限时域 MPC 实时的应用于快速系统. 为了实现上述目标, 我们将比较基于反馈线性化技术的准无限时域 MPC 和应用 Jacobian 线性化技术的 MPC (控制器 A/R 和控制器 B/R).

控制器 A/R: 在线求解的优化问题采用优化问题 6.5, 其中阶段代价函数 F 和终端惩罚函数 E 由式 (6.167) 给定, 终端惩罚矩阵 P 和终端约束集 Ω 根据反馈线性化技术求取, 也即依据算法 6.2 来求取.

控制器 B/R: 在线求解的优化问题采用优化问题 6.3, 其中终端惩罚矩阵 P 和终端约束集 Ω 根据 Jacobian 线性化技术求取, 也即依据算法 6.1 来求取.

比较结果

作为一个比较的例子, 这里我们考虑苏黎世基准机器人 (Zürich benchmark robot)[87]. 这个机器人由一个机械臂和一个小车构成, 机械臂和小车的运动可以用如下的微分方程来描述.

$$(J+mr^2)\ddot{\varphi}+2mr\dot{r}\dot{\varphi}=T_1 \tag{6.169a}$$

$$\rho m\ddot{r}-\rho mr\dot{\varphi}=T_2, \tag{6.169b}$$

其中 m 是小车的质量; J 是关节的转动惯量; φ 和 r 是机械臂和小车的位置; T_1 和 T_2 是分别作用于机械臂和小车的扭矩和力. 系统的物理参数取自文献 [87], 其中也可见关于这个机器人系统的更详尽描述.

这个机器人系统的一个稳态点为

$$\dot{\varphi}|_S = 0.0\text{s}^{-1}, \qquad \dot{r}|_S = 0.0\text{m/s} \tag{6.170a}$$

$$T_1|_S = 0.0\text{Nm}, \qquad T_2|_S = 0.0\text{N}. \tag{6.170b}$$

定义状态向量和输入向量如下:

$$x_1 := \varphi - \varphi|_S, \qquad x_2 := \dot{\varphi} - \dot{\varphi}|_S \tag{6.171a}$$

$$x_3 := r - r|_S, \qquad x_4 := \dot{r} - \dot{r}|_S \tag{6.171b}$$

$$u_1 := T_1 - T_2|_S, \qquad u_2 := T_2 - T_2|_S. \tag{6.171c}$$

我们希望机器人系统由某一初始状态转移到系统的稳态, 如稳态

$$\varphi|_S = 135°, \qquad r|_S = 0.635\text{m}. \tag{6.172}$$

因而, 考虑这个机器人系统的输入和状态约束[87]:

$$U = \{u \in \mathbb{R}^2 \mid -20Nm \leqslant u_1 \leqslant Nm, \ \ -10N \leqslant u_2 \leqslant 10N\} \tag{6.173a}$$

$$X = \{x \in \mathbb{R}^4 \mid -135° \leqslant x_1 \leqslant 135°\}. \tag{6.173b}$$

显然, 控制约束和状态约束满足假设 A6.5.2). 作为考虑状态约束的例子, 这里我们只考虑关于状态 x_1 的约束. 根据式 (6.172), 理想的情况下原点应该选择位于集合 $X \times U$ 的中心. 事实上, 如果原点选择位于集合 $X \times U$ 的边界, 终端约束集将收缩到原点.

加权矩阵 Q 和 R 可以选为 (变量的单位被忽略了)

$$Q = \begin{bmatrix} 1.0 & 0.0 & 0.0 & 0.0 \\ 0.0 & 0.5 & 0.0 & 0.0 \\ 0.0 & 0.0 & 1.0 & 0.0 \\ 0.0 & 0.0 & 0.0 & 0.5 \end{bmatrix}, \quad R = \begin{bmatrix} 0.1 & 0.0 \\ 0.0 & 0.1 \end{bmatrix}, \tag{6.174}$$

它们指定了系统期望的控制性能. 机器人系统在原点的 Jacobian 线性化矩阵为 (在 x 坐标系下)

$$A = \begin{bmatrix} 0 & 1 & 0 & 0 \\ 0 & 0 & 0 & 0 \\ 0 & 0 & 0 & 1 \\ 0 & 0 & 0 & 0 \end{bmatrix}, \quad B = \begin{bmatrix} 0.0 & 0.0 \\ \dfrac{1}{J + mr|_S^2} & 0.0 \\ 0.0 & 0.0 \\ 0.0 & \dfrac{1}{\rho m} \end{bmatrix}. \tag{6.175}$$

为了给出公平的比较结果, 我们选择反馈线性化的控制律为

$$u_1 = \frac{J + m(x_3 + r|_S)^2}{J + mr|_S^2} v_1 + 2mx_2x_4(x_2 + r|_S) \tag{6.176a}$$

$$u_2 = v_2 - \rho m x_2^2(x_3 + r|_S). \tag{6.176b}$$

这里, 我们用到了式 (6.170) 和坐标变换 $z = x$. 因而, 精确反馈线性化系统 (在 z 坐标系下) 和式 (6.175) 有同样的动态和控制矩阵.

采用算法 6.2, 我们得到了控制器 A/R 的一个终端惩罚矩阵和一个终端约束集:

$$P = \begin{bmatrix} 2.1960 & 2.1613 & 0.0 & 0.0 \\ 3.1613 & 4.7463 & 0.0 & 0.0 \\ 0.0 & 0.0 & 1.0642 & 0.3162 \\ 0.0 & 0.0 & 0.3162 & 0.3365 \end{bmatrix} \tag{6.177a}$$

$$\Omega = \{x \in \mathbb{R}^4 \mid x^{\mathrm{T}} P x \leqslant 3.0\}, \tag{6.177b}$$

这里终端约束集的大小主要取决于系统约束. 对于控制器 B/R, 我们用算法 6.1 求得的终端惩罚矩阵和终端约束集为

$$P = \begin{bmatrix} 44.9619 & 48.8059 & 0.0 & 0.0 \\ 48.8059 & 96.0076 & 0.0 & 0.0 \\ 0.0 & 0.0 & 2.0011 & 0.6200 \\ 0.0 & 0.0 & 0.6200 & 0.4978 \end{bmatrix} \tag{6.178a}$$

$$\Omega = \{x \in \mathbb{R}^4 \mid x^{\mathrm{T}} P x \leqslant 2.1\}, \tag{6.178b}$$

这里机器人系统 (6.169) 中的非线性项直接限定了终端约束集的大小.

在图 6.9 中, 控制器 A/R 和控制器 B/R 的终端域被分别投影到 $x_1 - x_2$ 平面和 $x_3 - x_4$ 平面. 从图中我们可以清楚地看到控制器 A/R 有一个较大的终端域, 也即应用反馈线性化技术得到了一个较大的终端域. 因而为了保证优化问题的可行性, 我们可以选择一个较小的预测时域. 相应的, 与控制器 B/R 比较, 控制器 A/R 的计算负担较小, 这可以从表 6.2 中看出. 对于这两个控制器, 优化问题均采用离散求解, 其中采样时间为 $\delta = 0.1$s, 相同的数值参数 (优化误差为 10^{-4}, 可行误差为 10^{-3}, 积分步长为 0.005s 等). 控制器 A/R 和控制器 B/R 的预测时域均选择使得优化问题在初始时刻可行的最小时域. 对于控制器 A/R, 预测时域 $T_p = 1$s; 对于控制器 B/R, 预测时域 $T_p = 2$s. 可以肯定地说, 控制器 A/R 可以选择较小的预测时域是因为它具有较大的终端域. 图 6.10 给出了分别由控制器 A/R 和控制器 B/R 构成的闭环系统的时域响应, 从图中可以看到它们均满足控制和状态约束 (6.173). 当在 x 坐标系下的二次目标函数被选作比较的基础时, 由控制器 A/R 构成的闭环

系统的控制性能不差于由控制器 B/R 构成的闭环系统的控制性能. 这主要是因为对机器人系统来说, 我们采用了坐标变换 $x = z$ 的缘故.

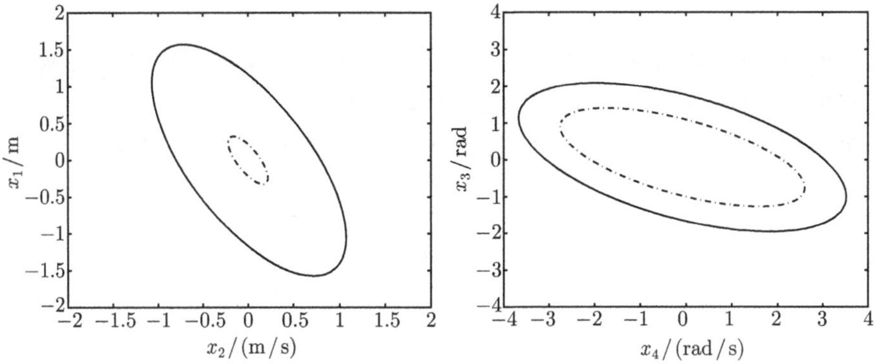

图 6.9 终端约束集在 $x_1 - x_2$ 平面 (左) 和 $x_3 - x_4$ 平面 (右) 的映射, 其中控制器 A/R (–) 和控制器 B/R (– · –)

从表 6.2 可以看到反馈线性化技术可以用来降低在线计算负担. 然而在采用选定的参数的情况下, 即使不考虑状态约束, 控制器 A/R 也不能够实时实现. 在没有状态约束的情况下, 为了让控制器 A/R 可以实时实现, 我们可以选择采样时间 $\delta = 0.2\mathrm{s}$ 和积分步长等于 0.02s. 在选定这些参数的情况下, 对于表 6.2 所示的初始

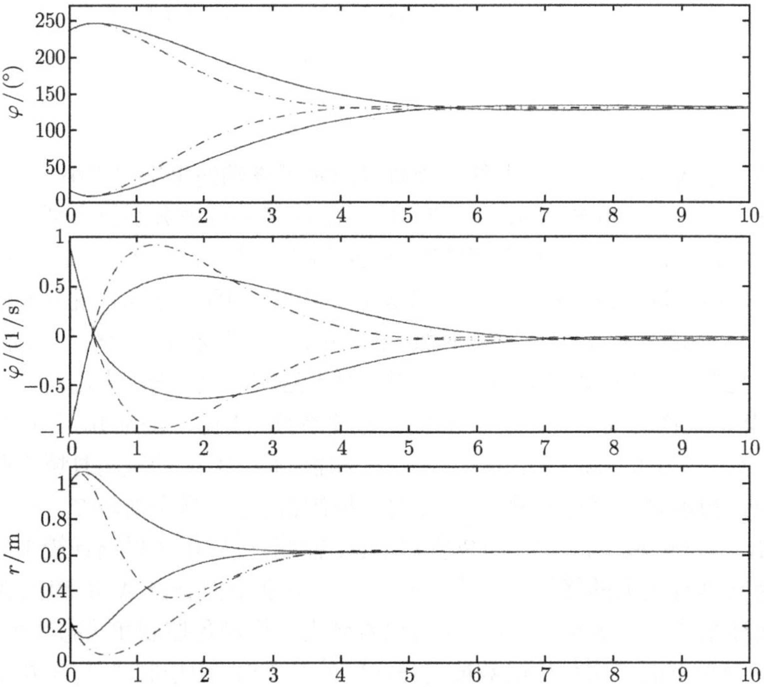

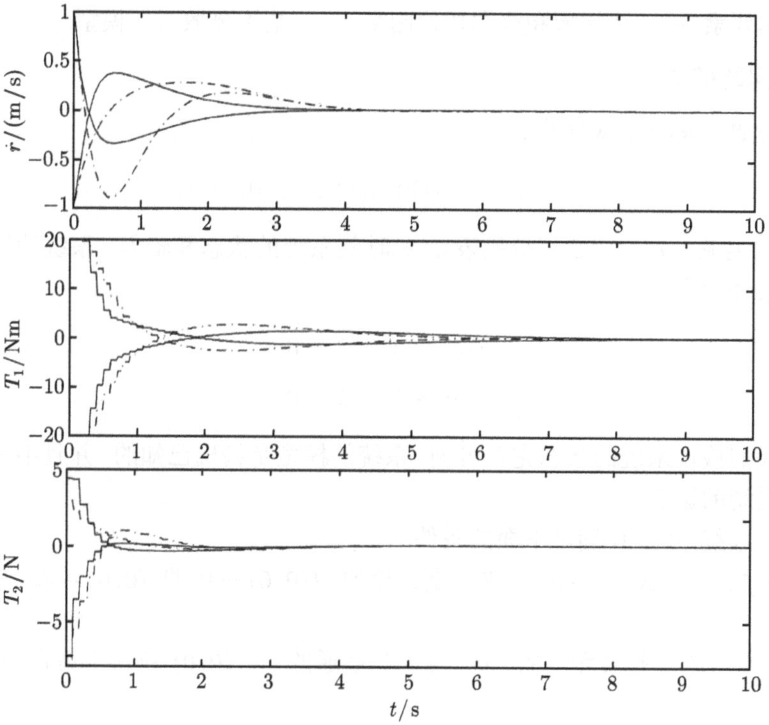

图 6.10 终端约束集在 $x_1 - x_2$ 平面 (左) 和 $x_3 - x_4$ 平面 (右) 的映射, 其中控制器 A/R (–) 和控制器 B/R (– · –)

状态优化问题依然可行, 并且 CPU 的执行时间大约是 9s. 我们这样做的代价是控制器性能的部分下降.

表 6.2 控制器 A/R 的 CPU 执行时间: 具有控制约束 (SC) 和没有控制约束 (NSC); 控制器 B/R 在有状态约束时的 CPU 执行时间

初始状态				CPU 执行时间/s		
$\varphi(0)$	$\dot{\varphi}(0)$	$r(0)$	$\dot{r}(0)$	A/R (NSC)	A/R (SC)	B/R (SC)
0°	0.0	0.3	0.0	58.59	426.93	2593.94
270°	0.0	1.0	0.0	57.96	414.94	2514.97
240°	1.0	1.0	1.0	58.14	428.89	2728.63
23°	−1.0	0.27	−1.0	63.17	405.55	2523.06

6.6 离散时间系统非线性预测控制

在 6.4 节和 6.5 节的基础上, 本节我们讨论约束离散时间系统的准无限时域非线性 MPC 算法. 实际上就是将上两节介绍的准无限时域非线性 MPC 中保证稳定

性的基本要素 —— 终端域和终端代价函数 —— 基于离散时间模型.

6.6.1 问题描述

考虑如下非线性离散系统:

$$x(k+1) = f(x(k), u(k)), \quad x(0) = x_0, \tag{6.179}$$

其中 $x(k) \in \mathbb{R}^n$, $u(k) \in \mathbb{R}^m$ 分别表示 k 时刻系统的状态和输入. 系统的输入和状态量约束分别为

$$x(k) \in X, \quad k \geqslant 0, \tag{6.180a}$$

$$u(k) \in U, \quad k \geqslant 0, \tag{6.180b}$$

本节中我们假设系统的状态完全可测, 系统的模型是精确已知的, 并且不考虑外部扰动对系统的影响.

假设系统 (6.179) 满足下面的条件:

A1) $f : \mathbb{R}^n \times \mathbb{R}^m \longrightarrow \mathbb{R}^n \times \mathbb{R}^m$ 是连续的, $f(\mathbf{0}, \mathbf{0}) = \mathbf{0}$, 即 $(\mathbf{0}, \mathbf{0}) \in \mathbb{R}^n$ 是系统的平衡点;

A2) $U \subset \mathbb{R}^m$ 是紧和凸的, $X \subset \mathbb{R}^n$ 是连通的, 点 $(\mathbf{0}, \mathbf{0})$ 包含于集合 $X \times U$ 的内部.

实际上, 假设 $f(\mathbf{0}, \mathbf{0}) = \mathbf{0}$ 并非很强的限制. 如果 $f(x_s, u_s) = \mathbf{0}$, 我们可以通过变量变换 $x' = x - x_s$, $u' = u - u_s$ 将系统的平衡点转换到 $(\mathbf{0}, \mathbf{0})$.

首先我们讨论无限时域的最优化问题, 在此基础上引入离散时间准无限时域非线性 MPC 算法的基本要素和设计思想.

无限时域最优控制要求求解如下的最小化问题.

问题 6.7

$$\min_{u(\cdot)} \ J^{\infty}(x_0, u(\cdot))$$

满足系统动力学 (6.179) 和时域约束 (6.180),

其中

$$J^{\infty}(x_0, u(\cdot)) = \sum_{i=0}^{\infty} F(x(i), u(i)) \tag{6.181}$$

且 $F(\cdot, \cdot)$ 满足如下条件:

A3) $F(x, u) : X \times U \to \mathbb{R}$ 关于自变量 x 和 u 均是连续的, 并且满足 $F(\mathbf{0}, \mathbf{0}) = 0$ 和对任意的 $(x, u) \in X \times U \setminus \{\mathbf{0}, \mathbf{0}\}$ 有 $F(x, u) > 0$.

非线性优化问题 6.7, 需要求解系统相应的 Hamilton-Jacobian-Bellman (HJB) 方程来获得其精确的解析解. 由于非线性动力学特性和时域约束的存在, 这是一件几乎不可能的工作. 事实上, 即使对于线性系统, 由于时域约束的存在, 也几乎不可

能给出解析解的精确表达式. 数值求解是求解上述优化问题最常用的手段. 为此, 我们可以将 (6.181) 改写成如下的形式:

$$J^{\infty}(x_0, u(\cdot)) = \sum_{i=0}^{N-1} F(x(i), u(i)) + \sum_{N}^{\infty} F(x(i), u(i)) . \tag{6.182}$$

设 Ω 是平衡点的某一邻域, 定义为

$$\Omega := \{x \in \mathbb{R}^n \mid E(x) \leqslant \alpha, \alpha > 0\}. \tag{6.183}$$

其中 $E(x)$ 是一个正定函数满足 $E(0) = 0$ 和 $E(x) > 0, \forall x \neq 0$. 假设在 Ω 内存在一个局部渐近稳定的控制器 $u = \kappa(x)$ 满足下面的条件:

B1) $\Omega \subseteq X$,

B2) 对于所有的 $x \in \Omega$ 有 $\kappa(x) \in U$,

B3) 对于所有的 $x \in \Omega$, 正定函数 $E(x)$ 满足 HJB 不等式

$$E(x(s)) - E(x(j)) \leqslant -\sum_{i=j}^{s} F(x(i), u(i)), \quad N \geqslant s \geqslant j \geqslant 0 \tag{6.184}$$

则称 $\Omega(\alpha)$ 是非线性系统的一个终端域.

注 6.18 上述条件表明在终端域内, 局部控制器 $u = \kappa(x)$ 使得控制系统满足约束 (6.180) 且是正不变的, 即系统始于 Ω 的所有轨迹保持在 Ω 中.

在 Ω 内, 由于局部控制 $u = \kappa(x)$ 使得控制系统渐近稳定, 即 $E(x(\infty)) = 0$, 则

$$\sum_{i=N}^{\infty} F(x(i), u(i)) \leqslant E(x(N)). \tag{6.185}$$

将上式代入 (6.182) 得

$$J^{\infty}(x_0, u(\cdot)) \leqslant \sum_{i=0}^{N-1} F(x(i), u(i)) + E(x(N)). \tag{6.186}$$

因此, 我们定义有限时域目标函数如下:

$$J(x_0, u(\cdot)) := \sum_{i=0}^{N-1} F(x(i), u(i)) + E(x(N)) , \tag{6.187}$$

其是无限时域目标函数 (6.181) 的一个上界. 这样, 我们将无限时域的优化问题转化为一个有限时域优化问题.

问题 6.8　设在 k 时刻系统的状态为 $x(k)$, 离散系统准无限时域非线性预测控制的优化问题可描述为

$$\min_{\bar{u}(\cdot)} \quad J(x(k),\bar{u}(\cdot)) \tag{6.188a}$$

$$J(x(k),\bar{u}(\cdot)) = \sum_{i=0}^{N-1} F(\bar{x}(k+i|k),\bar{u}(k+i|k)) + E(\bar{x}(k+N|k)) \tag{6.188b}$$

同时满足系统动力学和时域约束

$$\bar{x}(\tau+1|k) = f(\bar{x}(\tau|k),\bar{u}(\tau|k)), \quad \bar{x}(k|k) = x(k), \tag{6.189a}$$

$$\bar{u}(\tau|k) \in U, \quad \tau \in [k, k+N-1], \tag{6.189b}$$

$$\bar{x}(\tau|k) \in X, \quad \tau \in [k, k+N-1], \tag{6.189c}$$

$$\bar{x}(k+N|k) \in \Omega, \tag{6.189d}$$

其中 N 是有限的预测时域; $\bar{x}(\tau|k)$ 是在控制 $\bar{u}(\cdot)$ 的作用下系统起始于 $x(k)$ 的预测状态轨迹.

如果优化问题 6.8 有解, 记为

$$U^*(k) = \begin{bmatrix} \bar{u}^*(k|k) \\ \bar{u}^*(k+1|k)^{\mathrm{T}} \\ \vdots \\ \bar{u}^*(k+N-1|k) \end{bmatrix}^{\mathrm{T}},$$

则可根据预测控制的基本原理, 定义闭环控制如下:

$$u^*(k) := \bar{u}^*(k|k). \tag{6.190}$$

组成的预测控制闭环系统如下:

$$x(k+1) = f\left(x(k), u^*(k)\right). \tag{6.191}$$

下面我们将讨论该闭环系统的稳定性.

6.6.2　闭环系统的稳定性分析

与前两节讨论连续时间准无限时域预测控制的闭环稳定性一样, 我们将在 Lyapunov 稳定性理论的框架内讨论闭环系统 (6.191) 的稳定性. 对预测控制而言, 由于需要在每个采样时刻求解优化问题, 因此, 优化问题 6.8 在每个采样时刻的可行性也是至关重要的.

定理 6.3 如果

(1) 假设 A1)~A3) 成立,

(2) 对于非线性系统 (6.179), 存在局部渐近稳定的控制器 $u=\kappa(x)$, 平衡点的邻域 Ω 和正定函数 $E(x)$ 满足条件 B1)~B3),

(3) 在 $k=0$ 时刻开环优化问题 6.8 有可行解,

则在不考虑外部扰动和模型误差的情况下,

(a) 对于任意时刻 $k>0$, 优化问题 6.8 有可行解,

(b) 闭环系统是渐近稳定的.

证明 首先证明 k 时刻优化问题 6.8 的可行性意味着其在 $k+1$ 时刻也是可行的. 在 k 时刻测得的系统状态为 $x(k)$, 由假设知此时优化问题有可行解, 记为

$$U^*(k)=\begin{bmatrix}\bar{u}^*(k|k)\\ \bar{u}^*(k+1|k)\\ \vdots\\ \bar{u}^*(k+N-1|k)\end{bmatrix} \tag{6.192}$$

其满足控制约束 (6.180b). 对应的在 $[k+1,\ k+N]$ 区间的状态序列为

$$X^*(k)=\begin{bmatrix}\bar{x}^*(k+1|k)\\ \bar{x}^*(k+2|k)\\ \vdots\\ \bar{x}^*(k+N-1|k)\\ \bar{x}^*(k+N|k)\end{bmatrix} \tag{6.193}$$

其满足状态约束 (6.180a) 和终端约束 (6.189d), 即

$$\bar{x}^*(k+i|k)\in X,\quad i\in[k+1,k+N]\,, \tag{6.194a}$$

$$\bar{x}^*(k+N|k)\in\Omega\,. \tag{6.194b}$$

按照模型预测控制的原理, 我们将开环控制序列的第一个元素作用于系统, 得到 $k+1$ 时刻系统的状态 $x(k+1)$. 在不考虑外部干扰和模型误差的情况下, 我们有

$$x(k+1)=\bar{x}^*(k+1|k).$$

以这个 $x(k+1)$ 作为初始状态, 在 $k+1$ 时刻选择开环优化问题 6.8 的一个候选解为

$$U(k+1)=\begin{bmatrix}\bar{u}^*(k+1|k)\\ \vdots\\ \bar{u}^*(k+N-1|k)\\ \kappa(\bar{x}^*(k+N|k))\end{bmatrix}. \tag{6.195}$$

显然, 这个候选解的前 $N-1$ 个元素是 k 时刻优化解 (6.192) 的后 $N-1$ 个元素, 它们均满足控制约束 (6.180b). 由于 $\bar{x}^*(k+N|k)\in\Omega$ 和对 Ω 内所有 x 均有 $\kappa(x)\in U$, 所以, (6.195) 满足控制约束 (6.180b).

与 (6.195) 对应的预测状态序列为

$$X(k+1)=\begin{cases}\bar{x}(k+i|k+1)=\bar{x}^*(k+i|k), & i\in[1,N],\\ \bar{x}(k+N+1|k+1)=f(\bar{x}^*(k+N|k),\kappa(\bar{x}^*(k+N|k))), & i=N+1.\end{cases} \tag{6.196}$$

由 (6.194), 我们有

$$\bar{x}(k+i|k+1)\in X,\quad i\in[1,N],$$

即预测状态序列的前 $N-1$ 步满足状态约束. 由 Ω 对系统 $x(k+1)=f(x(k),\kappa(x(k)))$ 的不变性, $\bar{x}^*(k+N|k)\in\Omega$ 意味着 $\bar{x}(k+N+1|k+1)\in\Omega$, 即预测状态序列满足状态约束和终端约束.

综上, 由 (6.195) 给出的 $U(k+1)$ 是 $k+1$ 时刻开环优化问题 6.8 的一个可行解. 性质 (a) 得证.

下面证明闭环系统的稳定性. 由 (6.192) 和 (6.193) 计算 k 时刻目标函数的优化值为

$$J_k^*=\sum_{i=0}^{N-1}F(\bar{x}^*(k+i|k),\bar{u}^*(k+i|k))+E(\bar{x}^*(k+N|k))\,. \tag{6.197}$$

利用 (6.196), 在 $k+1$ 时刻由可行解 (6.195) 计算的目标函数值为

$$\begin{aligned}J_{k+1}&=\sum_{i=0}^{N-1}F(\bar{x}(k+1+i|k+1),\bar{u}(k+1+i|k+1))+E(\bar{x}(k+1+N|k+1))\\&=\sum_{i=0}^{N-2}F(\bar{x}^*(k+1+i|k),\bar{u}^*(k+1+i|k))\\&\quad+F(\bar{x}(k+N|k+1),\bar{u}(k+N|k+1))+E(\bar{x}(k+1+N|k+1))\\&=\sum_{i=0}^{N-1}F(\bar{x}^*(k+i|k),\bar{u}^*(k+i|k))+E(\bar{x}^*(k+N|k))\\&\quad-F(\bar{x}^*(k|k),\bar{u}^*(k|k))+F(\bar{x}(k+N|k+1),\bar{u}(k+N|k+1))\\&\quad+E(\bar{x}(k+1+N|k+1))-E(\bar{x}^*(k+N|k))\,.\end{aligned}$$

由 (6.197), 上式变为

$$J_{k+1} = J_k^* - F(\bar{x}^*(k|k), \bar{u}^*(k|k)) + F(\bar{x}(k+N|k+1), \bar{u}(k+N|k+1)) \\ + E(\bar{x}(k+1+N|k+1)) - E(\bar{x}^*(k+N|k)) \,. \tag{6.198}$$

又因为 $\bar{x}^*(k+N|k) = \bar{x}(k+N|k+1)$ 且 $\bar{x}^*(k+N|k) \in \Omega$, 由式 (6.184) 知,

$$F(\bar{x}(k+N|k+1),\ \bar{u}(k+N|k+1)) \\ + E(\bar{x}(k+1+N|k+1)) - E(\bar{x}(k+N|k+1)) \leqslant 0. \tag{6.199}$$

则 (6.198) 变为

$$J_{k+1} \leqslant J_k^* - F(\bar{x}^*(k|k), \bar{u}^*(k|k)) \,. \tag{6.200}$$

进一步, 因为优化解不会差于可行解, 上式变为

$$J_{k+1}^* \leqslant J_k^* - F(\bar{x}^*(k|k), \bar{u}^*(k|k)). \tag{6.201}$$

显然 $J_i^* \geqslant 0$, 并且 J_i^* 是不增的.

另一方面, 由于单调不增有下界的序列必有极限, 所以当 $i \to \infty$ 时, J_i^* 收敛. 对式 (6.201) 的两边分别取极限, 得

$$\begin{aligned} \lim_{k\to\infty} F(\bar{x}^*(k|k),\ \bar{u}^*(k|k)) &\leqslant \lim_{k\to\infty} J_k^* - \lim_{k\to\infty} J_{k+1}^* \\ &= \mathbf{0}\,. \end{aligned}$$

又因为 $\alpha(\|[x^{\mathrm{T}}, u^{\mathrm{T}}]^{\mathrm{T}}\|) \leqslant F(x,u) \leqslant \beta(\|[x^{\mathrm{T}}, u^{\mathrm{T}}]^{\mathrm{T}}\|)$ (见文献 [22] 引理 4.3), 所以有 $\lim\limits_{k\to\infty} x(k) = \mathbf{0}$ 和 $\lim\limits_{k\to\infty} u(k) = \mathbf{0}$. 与连续系统的证明类似, 我们可以推得 J_k^* 在平衡点处是连续的. 由定理 5.3 可知, 闭环系统是渐近稳定的. □

6.6.3 基于二次型终端惩罚的准无限时域 NMPC 设计

通常我们称局部稳定的控制器 $\kappa(x)$ 为终端控制, 正定函数 $E(\cdot)$ 为终端惩罚. 终端控制、终端域和终端加权 (惩罚) 是准无限时域非线性 MPC 设计的关键要素.

本节中首先给出平衡点局部线性化后得到的线性系统是可稳定的非线性系统, 阶段代价为 $E(x,u) = x^{\mathrm{T}}Qx + u^{\mathrm{T}}Ru$, $Q > 0, R > 0$ 时终端约束集、终端惩罚和终端控制的一种求解方法, 在此基础上讨论基于二次型终端惩罚的准无限时域 NMPC 的设计方法.

定理 6.4 考虑非线性系统 (6.179) 在平衡点 $(\mathbf{0},\mathbf{0})$ 的线性化形式,

$$x(k+1) = Ax(k) + Bu(k), \tag{6.202}$$

其中 $A=\dfrac{\partial f}{\partial x}(\mathbf{0},\mathbf{0})$, $B=\dfrac{\partial f}{\partial u}(\mathbf{0},\mathbf{0})$. 假设系统 (6.202) 是可稳定的, 即存在线性状态反馈控制 $u=Kx$, 使得 $A_k=A+BK$ 渐近稳定. 记 $Q^*=Q+K^{\mathrm{T}}RK\in\mathbb{R}^{n\times n}$, $\kappa>1$ 为常数, 则

(a) 离散 Lyapunov 方程

$$A_k^{\mathrm{T}}PA_k-P+\kappa Q^*=0 \tag{6.203}$$

有唯一正定对称解.

(b) 存在常数 $\alpha\in(0,\infty)$, 使得平衡点的某一邻域

$$\Omega=\{x(k)\in X\mid x^{\mathrm{T}}(k)Px(k)\leqslant\alpha\} \tag{6.204}$$

是非线性系统 (6.179) 的一个终端域, $u(k)=Kx(k)$ 和 $x^{\mathrm{T}}(k)Px(k)$ 是对应的终端控制器和终端惩罚函数.

证明　(a) 因为 A_k 渐近稳定, 所以 A_k 的所有特征值均具有负实部. 对于给定的正定对称矩阵 Q^* 和参数 $\kappa>1$, 离散系统 Lyapunov 方程 (6.203) 存在唯一正定对称解.

(b) 因为 $(\mathbf{0},\mathbf{0})\subset X\times U$, 所以总可以找到一个常数 $\alpha_1\in(0,\infty)$ 和域 Ω_1, 使其满足式 (6.204) 的形式; 并且对于所有 $x(k)\in\Omega_1\subseteq X$, 有 $u(k)\in U$, 即系统在域 Ω_1 中可以看做是无约束的.

定义 $W(x(k))=x^{\mathrm{T}}(k)Px(k)$, 沿着系统 (6.179) 的轨迹对其进行差分

$$\begin{aligned}
&W(x(k+1))-W(x(k))=x^{\mathrm{T}}(k+1)Px(k+1)-x^{\mathrm{T}}(k)Px(k)\\
&=(A_kx(k)+\boldsymbol{\phi}(x(k)))^{\mathrm{T}}P(A_kx(k)+\boldsymbol{\phi}(x(k)))-x^{\mathrm{T}}(k)Px(k)\\
&=x^{T}(k)A_k^{\mathrm{T}}PA_kx(k)+2x^{\mathrm{T}}(k)A_k^{\mathrm{T}}P\boldsymbol{\phi}(x(k))-x^{\mathrm{T}}(k)Px(k)\\
&\quad+\boldsymbol{\phi}(x(k))^{\mathrm{T}}P\boldsymbol{\phi}(x(k)),
\end{aligned} \tag{6.205}$$

上式中 $\boldsymbol{\phi}(x(k):=f(x(k),Kx(k))-A_kx(k)$.

将 Lyapunov 方程 (6.203) 代入式 (6.205), 有

$$\begin{aligned}
W(x(k+1))-W(x(k))=&2x^{\mathrm{T}}(k)A_k^{\mathrm{T}}P\boldsymbol{\phi}(x(k))-\kappa x^{\mathrm{T}}(k)Q^*x(k)\\
&+\boldsymbol{\phi}(x(k))^{\mathrm{T}}P\boldsymbol{\phi}(x(k)).
\end{aligned} \tag{6.206}$$

在 Ω_1 内定义参量

$$L_\phi:=\sup\left\{\left.\frac{\boldsymbol{\phi}(x)\|}{\|x\|}\right|x\in\Omega_1,x\neq 0\right\}$$

(由于 f 是连续的, 所以 $L_{\boldsymbol{\phi}}$ 一定存在). 于是, 有式 (6.206) 的上界为

$$W(x(k+1))-W(x(k))\leqslant\left(2L_\phi\|P\|\|A_k\|+L_{\boldsymbol{\phi}}^2\|P\|\right)\|x(k)\|^2-\kappa x^{\mathrm{T}}(k)Q^*x(k). \tag{6.207}$$

为了得到 $W(x(k+1)) - W(x(k)) \leqslant -x^{\mathrm{T}}(k)Q^*x(k)$, 即局部满足 Hamilton-Jacobi-Bellman 不等式 (6.184), 只需要使

$$\left(2L_\phi\|P\|\|A_k\| + L_\phi^2\|P\|\right)\|x(k)\|^2 \leqslant (\kappa-1)x^{\mathrm{T}}Q^*x\,. \tag{6.208}$$

由于 $\kappa > 1$ 且当 $\alpha_1 \to 0$ 时, $L_\phi = 0$, 所以存在 $\alpha \in (0, \alpha_1]$, 使得对任意的 $x \in \Omega = \left\{x \in \mathbb{R}^n \mid x^{\mathrm{T}}Px \leqslant \alpha\right\}$ 式 (6.207) 成立, 即对于任意的 $x \in \Omega$ 有

$$W(x(k+1)) - W(x(k)) \leqslant -x^{\mathrm{T}}(k)(Q + K^{\mathrm{T}}PK)x(k). \tag{6.209}$$

由于 $Q > 0$, $R > 0$, 同时考虑到在 Ω 内有 $u = Kx \in U$, 则 Ω 是终端域 $u(k) = Kx$ 和 $x^{\mathrm{T}}Px$ 是对应的终端控制器和终端惩罚函数. □

下面的定理给出了非线性系统 (6.179) 基于二次型终端惩罚的准无限时域 MPC 的性质. 因为它可以由定理 6.3 和定理 6.4 直接得到, 因而我们省略了这个定理的证明.

推论 6.2 对于 Jacobian 线性化系统是可稳定的非线性系统 (6.179), 如果

(1) 假设 A1)~A3) 成立,

(2) 选择局部渐近稳定的控制器 $u = Kx$, 正定函数 $E(x) = x^{\mathrm{T}}Px$ 和平衡点的邻域 $\Omega = \left\{x \in \mathbb{R}^n \mid x^{\mathrm{T}}Px \leqslant \alpha\right\}$ 分别作为准无限时域非线性 MPC 的终端控制, 终端惩罚和终端域,

(3) 在 $k = 0$ 时刻开环优化问题有可行解.

则在不考虑外部扰动和模型误差的情况下, 有

(a) 对于任意时刻 $k \geqslant 0$, 最优控制问题有可行解,

(b) 闭环系统是渐近稳定的.

6.6.4 三容系统的应用

三容系统是模拟多容器流程系统的一种典型实验装置, 具有开环稳定和动态响应比较缓慢的特点[88]. 考虑到系统物理结构的限制, 三容系统存在液位和水泵流量的约束. 三容系统如图 6.11 所示. 图中从左到右容器的排列为容器 1、容器 3 和容器 2.

图 6.11 三容系统实物图

三容控制对象的物理过程用微分方程描述如下：

$$S\frac{\mathrm{d}h_1}{\mathrm{d}t} = Q_1 - Q_{13}, \tag{6.210a}$$

$$S\frac{\mathrm{d}h_2}{\mathrm{d}t} = Q_2 + Q_{32} - Q_{20}, \tag{6.210b}$$

$$S\frac{\mathrm{d}h_3}{\mathrm{d}t} = Q_{13} - Q_{32}. \tag{6.210c}$$

上式中, S 为容器的截面积, $h_i, i = 1, 2, 3$ 为容器的液位, Q_1 和 Q_2 为通过水泵 1 和水泵 2 进入容器 1 和容器 2 的流量, Q_{ij} 为容器 i 到容器 j 的流量, Q_{20} 为容器 2 的出水流量. 水泵的最大流速为 $Q_{\max}$, 即

$$0 \leqslant Q_1, Q_2 \leqslant Q_{\max}.$$

容器液位高度的最大允许值为 $H_{\max}$, 即

$$0 \leqslant h_1, h_2, h_3 \leqslant H_{\max}.$$

由 Torricelli 规则, 容器 i 到容器 j 的流量为

$$Q_{ij} = a_z S_n \mathrm{sgn}(\Delta h)(2g|h_i - h_j|)^{\frac{1}{2}}.$$

因此, 我们有

$$\begin{aligned} Q_{13} &= a_{z1} S_n \mathrm{sgn}(h_1 - h_3)(2g|h_1 - h_3|)^{\frac{1}{2}}, \\ Q_{32} &= a_{z3} S_n \mathrm{sgn}(h_3 - h_2)(2g|h_3 - h_2|)^{\frac{1}{2}}, \\ Q_{20} &= a_{z2} S_n (2gh_2)^{\frac{1}{2}}, \end{aligned}$$

其中 $\mathrm{sgn}(\cdot)$ 为变量的符号函数, $a_{zi},\ i = 1, 2, 3$ 为流量系数, S_n 为管道的截面积.

表 6.3 为三容系统的物理参数.

表 6.3　三容系统的物理参数

S	$154\mathrm{cm}^2$	S_n	$0.5\mathrm{cm}^2$
$H_{\max}$	60cm	$Q_{\max}$	166ml/s
g	$980\mathrm{cm/s}^2$	a_{z1}	0.4116
a_{z2}	0.7261	a_{z3}	0.4536

设液位目标值为 $h_1 = h_{01}$, $h_2 = h_{02}$ 满足 $(58 > h_{01} > h_{02})$, 相应的系统平衡点为 (h_{01}, h_{02}, h_{03}) 和系统在平衡点的控制量 $u(Q_{01}, Q_{02})$. 选择采样周期 $T_s = 1\mathrm{s}$ 对

系统离散化. 定义系统的状态和输入如下 (归一化和无量纲化):

$$x_i = \frac{h_i - h_{0i}}{h_{0i}}, \quad i = 1, 2, 3,$$
$$u_i = \frac{Q_i - Q_{0i}}{Q_{0i}}, \quad i = 1, 2,$$

得到系统的差分方程

$$x(k+1) = f(x(k), u(k)).$$

本例的控制目标是由水泵向容器中注水使得容器 1 和容器 2 的液位高度保持在 45cm 和 35cm, 同时要满足系统的物理约束. 当 h_1 和 h_2 的液位高度保持在 45cm 和 35cm 时, 对应的水泵的流量分别为 32.6ml/s 和 42.1ml/s. 选择二次阶段代价函数 $F(x,u) = x^{\mathrm{T}}Qx + u^{\mathrm{T}}Ru$, 其中 $R = 0.081 * \mathrm{diag}\{1, 1\}$, $Q = \mathrm{diag}\{2.0, 5.0, 10.0\}$. 按照 6.6.3 节介绍的方法求取非线性模型预测控制的终端域

$$\Omega = \{x \in \mathbb{R}^2 \mid x^{\mathrm{T}}Px \leqslant \alpha\},$$

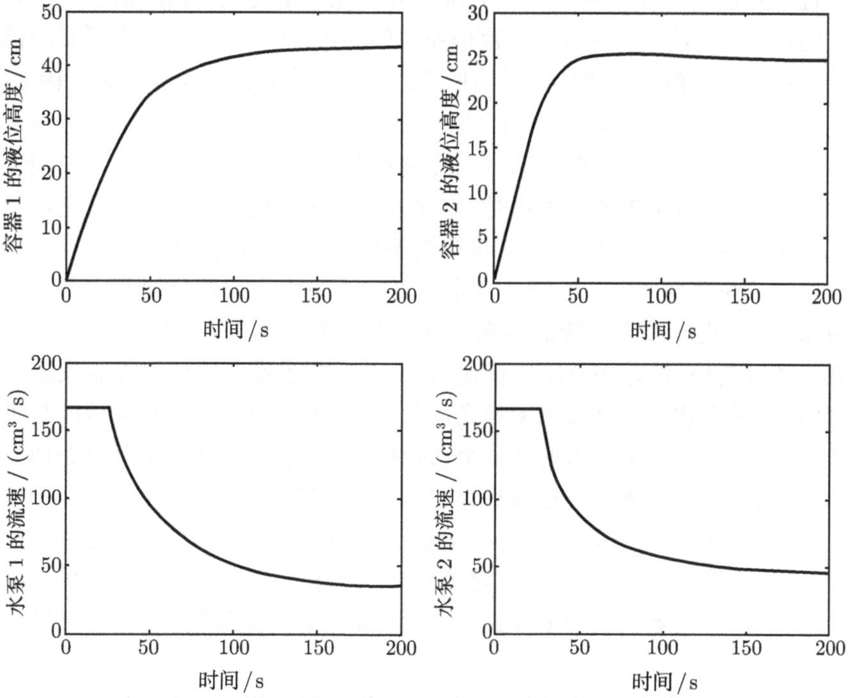

图 6.12 三容系统的离散时间非线性 MPC 的仿真曲线

其中

$$\alpha = 37.7399, \quad P = 10^4 \times \begin{bmatrix} 1.1467 & 0.0668 & 0.4293 \\ 0.0668 & 0.0194 & 0.0375 \\ 0.4293 & 0.0375 & 0.2095 \end{bmatrix}.$$

选择预测时域 $N = 50$. 在线求解优化问题, 并且在每一采样时刻将优化控制序列的第一个元素作用于系统, 得到系统的仿真曲线如图 6.12 所示. 从图中可以看出, 在开始阶段水泵以所能够提供的最大流量向容器供水. 水泵流量和容器液位都在允许的范围内变化, 并且系统的超调量较小.

6.7 注释和参考文献

由于约束的存在, 约束系统的模型预测控制规律表现出非线性特性, 因此需要用李亚普诺夫稳定理论来分析预测控制系统的稳定性. 早在 1982 年 Chen & Shaw 就指出: 利用终端等式约束, 有限时域最优控制问题的值函数可以用作无约束连续系统的李亚普诺夫函数来研究其稳定性[69]. 遗憾的是, 该思想在当时没有引起学术界的重视. 直到 1988 年 Keerthi & Gilbert 才首先利用优化问题的值函数作为李亚普诺夫函数来证明约束时变非线性离散系统的稳定性[70]. 目前, 几乎所有的预测控制系统的稳定性分析都将优化问题的值函数作为一个自然的李亚普诺夫函数.

在非线性 MPC 的稳定性证明方面, Mayne & Michalska 提出了一种终端等式约束 MPC 算法[72], 该算法强迫系统的终端状态满足 $x(t+T_p) = \mathbf{0}$. 对于线性开环稳定的系统, 如果所考虑的约束集是一个凸集, 则闭环稳定性可以通过在目标函数中增加一个终端惩罚项来实现[66]. 该终端惩罚项是在无约束情况下系统的无限时域代价函数. 非线性 MPC 的稳定性也可以通过在优化问题中加入一个终端不等式约束来实现, 也即要求系统的终端状态进入一个指定的终端约束集[58]. 当系统状态在终端域之外时, 求解 MPC 优化问题, 此时要求预测轨迹的终端状态在终端约束集中; 当系统状态在终端约束集之内时, 直接将一个线性状态反馈控制律作用于系统. 这种方法实际上给出的是一个切换控制, 并不是严格意义上的 MPC. 因为存在两种模式的切换, 该算法也被称为双模 MPC 控制算法 (Dual-mode MPC). 如我们在本章介绍的, Chen & Allgöwer 提出了名为准无限时域 MPC 的算法[67]. 与文献 [58] 提出的算法不同, 准无限时域 MPC 要求在每一采样时刻求解开环优化问题; 并且局部控制器只是用来计算终端惩罚函数和终端域的, 并没有直接作用于系统.

双模 MPC 控制算法和准无限时域 MPC 控制算法均要求在优化问题中加入一个非线性的不等式约束, 即终端不等式约束. 终端不等式约束的存在增加了在线优化负担, 使得系统的实时实现变得更加困难. 当前研究的重点主要放在了如何去除终端约束集. 其中的一个努力方向是试图证明即使在优化问题中不加入终端约束, 但实际上系统的终端状态自然的满足这个约束文献[89]. 另外一个努力的方向着眼于最优值函数和无限时域最优值函数的关系文献[90]. 这种方法假设系统是指数可控的, 即假设存在一个控制作用 (但不知道它是什么) 使得受控系统是指数稳定的. 目前该方法只适用于无约束系统, 并且在证明滚动可行性时存在困难.

在 MPC 领域最著名的综述文章应该是 Mayne 和合作者 2000 年发表在 Automatica 上的论文 [91]. 感兴趣的读者也可以阅读其他文献, 如文献 [92]~[103] 及其中的参考文献. 中文的综述文章可以参考文献 [104]~[106].

第7章　鲁棒预测控制

7.1　前　　言

实际工程中的控制系统总是存在不确定性. 这种不确定性通常分为两类: 一类称为外部不确定性, 即外部的干扰; 另一类称为内部不确定性, 如测量误差, 参数估计误差, 描述系统的模型和实际系统之间的模型失配及未建模动态. 控制系统必然存在不确定性, 不包含不确定性的系统是不存在的, 控制系统各种不确定性主要来源如图 7.1 所示.

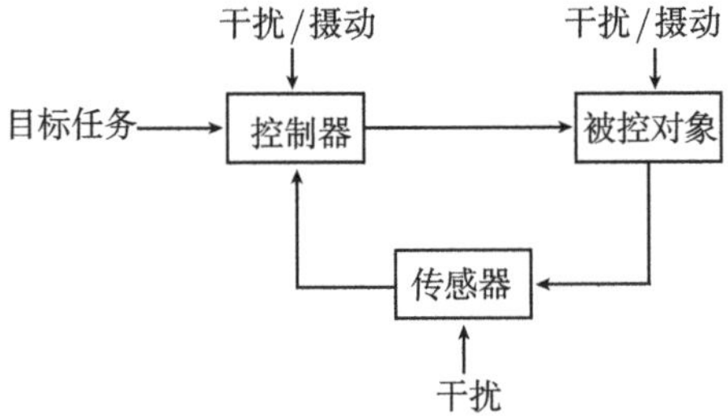

图 7.1　控制系统不确定性的主要来源

不确定性使得基于名义模型的预测轨迹和系统实际运行轨迹存在偏差. 将基于名义模型设计的预测控制器应用于实际对象时可能出现系统性能变差甚至系统失稳的后果, 下面通过一个连续时间系统的例子来说明扰动对系统的可能影响.

例 7.1　考虑非线性系统

$$\begin{cases} \dot{x}_1 = -0.1x_2 + w_1 \\ \dot{x}_2 = -\sin x_1 - 0.2x_2 + w_2 \end{cases}$$

如果不考虑扰动的存在 (即 $w_1 = w_2 = 0$), 可知系统的平衡点是 $(k\pi, 0)$, 其中 $k = 0, \pm1, \pm2, \cdots$. 若系统的初始状态为 $(-1, -2)$, 相轨迹如图 7.2 所示.

从图中可以看出, 系统状态从 $(-1, -2)$ 运行到平衡点 $(-\pi, 0)$. 接下来我们考虑系统的初始状态不变, 不同的扰动 w_1 和 w_2 对系统产生怎样的影响, 其中 t 为系统运行时间, 单位为秒 (s).

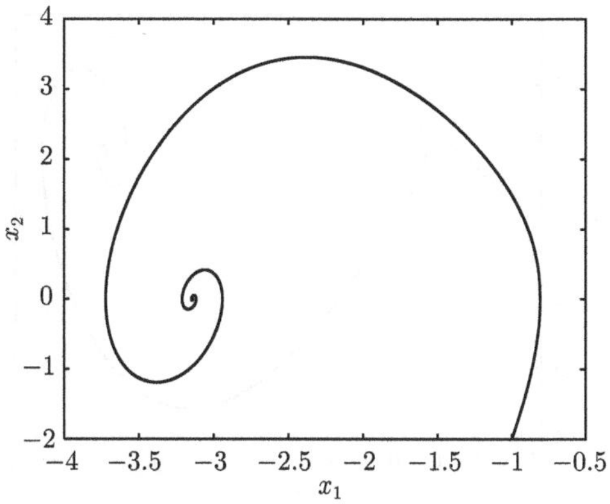

图 7.2　无扰动时系统相轨迹

当扰动同为阶跃信号, 例如选取

$$w_1 = w_2 = \begin{cases} 0, & t < 0 \\ 0.5, & t \geqslant 0 \end{cases}$$

时, 系统的相轨迹如图 7.3 所示. 可以看出, 系统状态在该扰动的影响下无法到达原系统的任意一个平衡点, 而是到达一个新的平衡点.

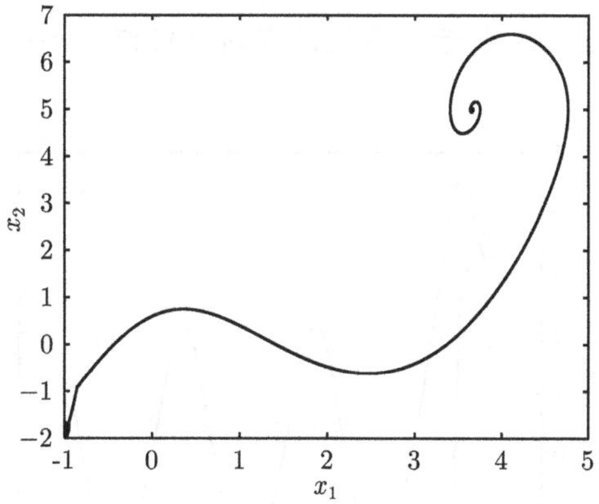

图 7.3　同为阶跃扰动时系统相轨迹

当扰动同为脉冲信号, 如选取

$$w_1 = w_2 = \begin{cases} 0, & \text{其他} \\ 1, & 1 \leqslant t \leqslant 2 \end{cases}$$

时, 系统的相轨迹如图 7.4 所示. 由于扰动的影响导致系统状态没有回到平衡点 $(-\pi, 0)$ 而是到达原系统的另一个平衡点 $(\pi, 0)$.

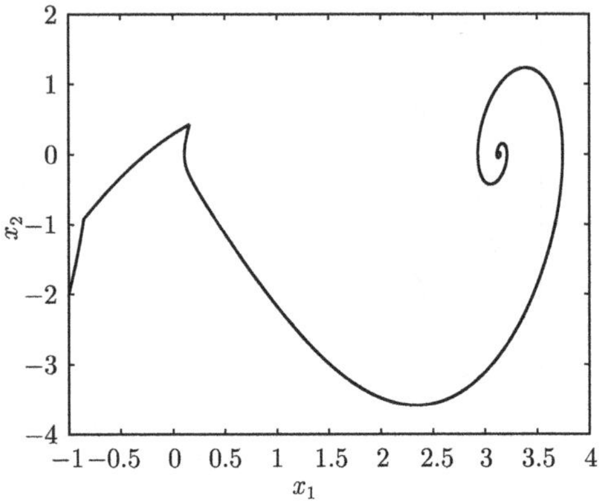

图 7.4　同为脉冲扰动时系统相轨迹

当 w_1 为脉冲信号, w_2 为阶跃信号, 例如选取

$$w_1 = \begin{cases} 0, & \text{其他} \\ 1, & 4 \leqslant t \leqslant 5 \end{cases}$$

$$w_2 = \begin{cases} 0, & t < 10 \\ 0.2, & t \geqslant 10 \end{cases}$$

时, 系统的相轨迹如图 7.5 所示. 系统没有到达任何一个平衡点, 而是一直振荡下去.

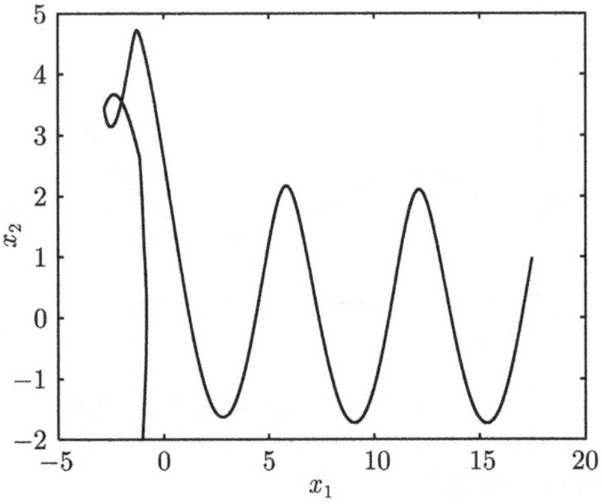

图 7.5　扰动不相同时系统相轨迹

通过上述例子可以看出不确定性使得基于名义模型的预测轨迹和系统实际运行轨迹存在偏差. 因此, 研究模型预测控制的鲁棒性是十分必要的.

预测控制的鲁棒性包括两个方面的内容: 第一个方面是先不考虑不确定性, 针对名义系统设计预测控制算法, 然后, 针对某种不确定性分析实际闭环系统的鲁棒

性 (本质鲁棒性); 第二个方面是在预测控制算法设计时就考虑了某种不确定性的影响. 这时, 在线求解的最小化问题变为最小–最大化 (minimax) 问题, 其中最大化是针对不确定性. 前者也被简单的称作鲁棒性分析, 后者也被称为鲁棒性综合. 无论是分析还是综合问题, 如果考虑的不确定性是建模误差, 则讨论的是鲁棒稳定性; 如果考虑的不确定性是外部干扰, 则讨论的是鲁棒性能比如 $\mathcal{H}_\infty$ 性能. 在本章中我们主要考虑预测控制的鲁棒性综合问题, 包括鲁棒稳定性综合和 $\mathcal{H}_\infty$ 性能综合.

基于名义系统模型的预测控制要求在每一采样时刻在线求解一个开环优化问题, 并且将求得的最优控制序列的第一个元素作用于系统, 在下一采样时刻根据新的状态测量值重复上面的过程. 因为在每个采样时刻需根据系统当前的状态信息求取当前时刻的控制, 所以通过滚动优化原理预测控制最终实现了反馈控制; 但是在“预测”这个环节中, 用于计算系统未来动态的控制量只是时间的函数, 与系统状态无关也即用于预测的控制器其实是一个开环控制器. 当系统存在不确定性或者扰动时, 因为反馈控制可以根据系统当前的状态及时调整作用于系统的控制量, 并且有效地抑制扰动或者不确定性对系统的影响, 因而反馈控制器的控制效果要远远优于开环控制器[107]. 在本章中我们考虑用于预测的控制器也是一个闭环控制器, 即在“预测”这个环节中, 用于计算系统未来动态的控制量也允许依赖于系统状态. 这称为闭环预测.

在 7.2 节中我们讨论具有模型摄动的约束非线性系统的鲁棒稳定性综合问题, 给出了闭环系统鲁棒稳定的充分条件, 其中的不确定性采用了具有普遍意义的反馈结构来描述. 因为算法需要在线求解一个非线性非凸的 minimax 问题, 其中的终端域是受控系统在考虑允许扰动下的鲁棒不变集. 这带来的主要问题是在线计算负担非常重. 这使得所建议的方法有理论价值, 但很难真正的应用于实际系统的控制.

因此, 在 7.3 节我们将闭环预测律参数化为 $u = Kx$ 并将预测时域扩展至无限, 讨论有外部扰动时约束线性系统的滚动时域 $\mathcal{H}_\infty$ 控制. 其基本思路是在每个采样时刻求解一个约束 $\mathcal{H}_\infty$ 干扰抑制问题. 应用线性矩阵不等式 (Linear matrix inequality, LMI) 技术, 将约束 $\mathcal{H}_\infty$ 控制问题转化为一个以 LMI 为约束的凸优化问题. 因此, 需要在线求解的优化问题是一个可以有效计算的 LMI 优化问题. 通过滚动优化 $\mathcal{H}_\infty$ 性能指标, 所讨论的滚动时域 $\mathcal{H}_\infty$ 控制能在线协调提高抗干扰性能和满足时域约束之间的矛盾.

在 7.4 节, 我们应用拉格朗日乘子法将鲁棒预测控制的无限时域 minimax 问题弱化为最小化问题, 从而给出 7.3 节以及文献中基于 LMI 的预测控制与鲁棒预测控制之间的关系. 进一步, 7.5 节讨论有外部扰动和模型摄动时约束线性系统的滚动时域 $\mathcal{H}_\infty$ 控制和 7.5 节讨论有外部扰动时约束非线性系统的 $\mathcal{H}_\infty$ 跟踪控制问题. 同样, 在闭环预测控制律参数化为 $u = Kx$ 的条件下, 分别给出需要在线求解的 LMI 优化问题.

7.2 基于博弈论的约束非线性系统鲁棒 MPC

这一节讨论预测控制的鲁棒性综合问题. 我们将准无限时域预测控制的基本要素 – 终端惩罚和终端域以及终端控制–推广到考虑存在不确定性的情况, 用最大–最小化问题 (minimax problem) 替代最小化问题, 即在线求解的是一个 minimax 优化问题. 这个 minimax 优化问题描述的是控制输入和不确定性之间的博弈, 即控制输入使得目标函数变好 (最小化), 而不确定性使得目标函数变坏 (最大化). 由于不确定性的存在, 基于开环预测的优化将是非常保守的. 我们知道, 开环预测就是用于预测的控制输入只是时间的函数, 而不是系统状态的函数. 因为系统状态含有不确定性对系统影响的信息, 所以, 开环预测表明在这个两人博弈的游戏中, 控制输入并没有得到或者说没有利用不确定性的信息. 因此, 控制输入需要在不知道不确定性影响的情况下, 在整个预测时域内, 为不确定性破坏系统性能的最坏可能做好准备. 这意味着, 控制输入将会非常保守. 因此, 闭环预测是必然的选择[108, 107], 即允许控制输入获取系统预测状态的信息, 从而反映不确定性对系统影响.

7.2.1 问题描述

考虑连续时间仿射非线性系统

$$
\begin{aligned}
\dot{x} &= f(x,u) + g(x,u)w \\
z &= h(x,u),
\end{aligned} \tag{7.1}
$$

其中 $x \in \mathbb{R}^n$ 是系统状态, $u \in \mathbb{R}^m$ 是控制输入, $w \in \mathbb{R}^p$ 是外部干扰输入, $z \in \mathbb{R}^q$ 是被控输出. 输入和状态约束分别为

$$u(t) \in U, \quad \forall t \geqslant 0 \tag{7.2a}$$

$$x(t) \in X, \quad \forall t \geqslant 0. \tag{7.2b}$$

记在区间 $[t,T)$上允许的控制输入轨迹为 $u(\cdot):[t,T) \to U$, $u(\cdot)$ 为分段右连续的函数, T为某一给定的正常数. 相应的记在区间 $[t,T)$上所有允许控制输入函数的集合为 $\mathcal{U}_T$. 则显然$u(\cdot) \in \mathcal{U}_T$.

下面是对系统 (7.1) 的一些基本假设, 在本节的结论叙述中将不再重述.

假设 7.1　$f:\mathbb{R}^n \times \mathbb{R}^m \to \mathbb{R}^n$, $g:\mathbb{R}^n \times \mathbb{R}^m \to \mathbb{R}^{n\times p}$ 和 $h:\mathbb{R}^n \times \mathbb{R}^m \to \mathbb{R}^q$ 是二次连续可微的并且 $f(\mathbf{0},\mathbf{0}) = \mathbf{0}$, $h(\mathbf{0},\mathbf{0}) = \mathbf{0}$. 因而, $(\mathbf{0},\mathbf{0}) \in \mathbb{R}^n \times \mathbb{R}^m$ 是系统在扰动输入 $w \equiv \mathbf{0}$ 条件下的一个平衡点.

假设 7.2　$U \subset \mathbb{R}^m$ 是紧的, $X \subseteq \mathbb{R}^n$ 是连通的, 并且点 $(\mathbf{0},0)$ 包含在集合 $X \times U$ 的内部.

假设 7.3 系统 (7.1) 在集合 Θ 中是零状态可观测的, 其中 Θ 包含零点作为它的内部, 如果对于任意 $x \in \Theta \subseteq X$,

$$\{z(t) \equiv \mathbf{0}, \forall t \geqslant 0\} \Rightarrow \left\{\lim_{t\to\infty} x(t) = \mathbf{0}\right\}.$$

这里我们仅考虑结构反馈不确定性, 即

$$w = \Delta(x,u)z, \tag{7.3}$$

其中 $\Delta(x,u) \in \mathbb{R}^{p\times q}$ 是一个任意光滑的矩阵, 并且满足

$$\|\Delta(x,u)\| < \frac{1}{\gamma_0}, \tag{7.4}$$

这里 $\gamma_0 > 0$ 是一个给定的常数.

因此, 在 t_0 时刻, 对给定的初始状态 x_0 和允许的输入轨迹 $u(\cdot) \in \mathcal{U}_T$ (这里我们允许 $u(\cdot)$ 是状态反馈的), 如果沿着系统

$$\begin{aligned} \dot{x} &= f(x,u) + g(x,u)w,\ x(t_0) = x_0 \\ z &= h(x,u) \end{aligned}$$

的轨迹有

$$w(t)^{\mathrm{T}} w(t) \leqslant \frac{1}{\gamma_0^2} z(t)^{\mathrm{T}} z(t),$$

则我们称扰动 w 是允许的. 记所有允许扰动的集合为 $\mathcal{W}_T(x_0)$.

系统 (7.1) 从信号 w 到信号 z 的 $\mathcal{L}_2$ 增益定义为[109]

$$\gamma := \sup\{\|z\|_{\mathcal{L}_2} \mid \|w\|_{\mathcal{L}_2} \leqslant 1\}.$$

Minimax MPC 的控制目标是设计模型预测控制器使得闭环系统在满足时域约束的情况下内在鲁棒稳定, 并且系统的 $\mathcal{L}_2$ 性能满足条件 $\gamma \leqslant \gamma_0$.

假设 u 和 w 是区间 $[t, t+T_p]$ 的函数对, minimax MPC 的有限时域代价函数可以定义为

$$J(\pi(x), w, x(t)) := E(x(t+T_p)) + \frac{1}{2}\int_t^{t+T_p} \left(z(\tau)^{\mathrm{T}} z(\tau) - \gamma_0^2 w(\tau)^{\mathrm{T}} w(\tau)\right) \mathrm{d}\tau, \tag{7.5}$$

其中 $x(t)$ 是系统当前时刻的状态, 作为系统未来轨迹的初始状态, T_p 是预测时域, $E(x(t+T_p))$ 是终端惩罚项. 我们将优化反馈预测输入函数 $u := \pi(x)$ 使得最坏扰动情况下的有限时域代价函数 (7.5) 最小. 也就是说, 我们将采用闭环预测, 且我们并没有要求 $\pi : \mathbb{R}^n \to \mathbb{R}^m$ 是连续的.

7.2.2 Minimax 预测控制

为了将准无限时域预测控制的基本要素 – 终端域和终端惩罚以及终端控制 – 推广到鲁棒预测控制, 我们首先需要在考虑不确定性的情况下定义终端域和终端惩罚函数以及终端控制律.

记集合 X_f 是连续可微正定函数 $E(x)$ 的水平截集, 即

$$X_f := \left\{ x \in \mathbb{R}^n \mid E(x) \leqslant \frac{\alpha}{2} \right\}. \tag{7.6}$$

定义 7.1 如果 X_f 和 $E(x)$ 以及 $\kappa : \mathbb{R}^n \to \mathbb{R}^m$ 满足下面的条件:

B0. $X_f \subseteq X$,

B1. $\kappa(\mathbf{0}) = \mathbf{0}$, 同时对于任意的 $x \in X_f$ 有 $\kappa(x) \in U$,

B2. $E(\mathbf{0}) = \mathbf{0}$, 并且对于任意的 $x \in X_f$ 有 $E(x)$ 满足下面的 HJB 不等式

$$\begin{aligned} &\frac{\partial E}{\partial x} f(x, \kappa(x)) + \frac{1}{2} h^{\mathrm{T}}(x, \kappa(x)) h(x, \kappa(x)) \\ &\qquad + \frac{1}{2\gamma_0^2} \frac{\partial E}{\partial x} g(x, \kappa(x)) g^{\mathrm{T}}(x, \kappa(x)) \left(\frac{\partial E}{\partial x} \right)^{\mathrm{T}} \leqslant 0, \end{aligned} \tag{7.7}$$

则分别称它们为终端域和终端惩罚函数以及终端控制律.

显然, 我们有下面的结论.

命题 7.1 终端域 X_f 具有下面的特性:

(a) 因为 $E(x)$ 关于 x 连续, 所以 X_f 是闭的并且是连通的;

(b) 在 X_f 中, 由 $u = \kappa(x)$ 控制的系统 (7.1) 即

$$\begin{aligned} \dot{x} &= f(x, \kappa(x)) + g(x, \kappa(x)) w \\ z &= h(x, \kappa(x)) \end{aligned} \tag{7.8}$$

是 $\mathcal{L}_2$ 稳定的并且其 $\mathcal{L}_2$ 增益小于等于 γ_0[110];

(c) 由于不等式 (7.7) 成立, 系统 (7.8) 满足如下耗散不等式:

$$E\left(x(\sigma_2)\right) - E\left(x(\sigma_1)\right) \leqslant \frac{1}{2} \int_{\sigma_1}^{\sigma_2} \left(\gamma_0^2 \|w\|^2 - \|z\|^2 \right) \mathrm{d}t\,.$$

进一步, 由于 $w = \Delta(x, u) z$ 和 $\|\Delta(x, u)\| \leqslant \dfrac{1}{\gamma_0}$, 则对于所有 $\sigma_2 \geqslant \sigma_1 \geqslant 0$, 我们可以得到

$$E(x(\sigma_2)) - E(x(\sigma_1)) \leqslant 0.$$

这表明终端约束集 X_f 是在终端控制律 $u = \kappa(x)$ 作用下的系统 (7.1) 的一个鲁棒正不变集.

假设 7.4 对于系统 (7.1), 存在终端控制器 $\kappa(x)$, 终端域 X_f 和终端惩罚函数 $E(x)$ 满足条件 B0~B2.

假设系统的状态全部可测量. 在当前时刻 t, 我们有测量状态 $x(t)$. 为了符号的简便, 我们记 $x(t)$, $u(t)$ 和 $w(t)$ 为 x_t, u_t 和 w_t. 因此, t 时刻 minimax 预测控制在线求解的优化问题可以描述如下.

问题 7.1

$$\min_{\pi(\cdot)\in\mathcal{U}_{T_p}} \max_{w(\cdot)\in\mathcal{W}_{T_p}(x_t)} J(\pi, w, x_t)$$

满足系统动力学方程和时域约束

$$\dot{x} = f(x, \pi(x)) + g(x, \pi(x))w, \quad x(t; x_t, t) = x_t, \tag{7.9a}$$

$$z = h(x, \pi(x)), \tag{7.9b}$$

$$x(\tau; x_t, t) \in X, \quad \tau \in (t, t + T_p], \tag{7.9c}$$

$$\pi\left(x(\tau; x_t, t), \tau\right) \in U, \quad \tau \in [t, t + T_p), \tag{7.9d}$$

$$w(\tau)^{\mathrm{T}} w(\tau) \leqslant \frac{1}{\gamma_0} z(\tau)^{\mathrm{T}} z(\tau), \quad \tau \in [t, t + T_p), \tag{7.9e}$$

$$x(t + T_p; x_t, t) \in X_f, \tag{7.9f}$$

其中代价函数 $J(\cdot,\cdot,\cdot)$ 的定义见式 (7.5), $x(\cdot; x_t, t)$ 是系统 (7.9a) 起始时间为 t, 起始状态为 x_t 的状态轨迹. 式 (7.9f) 是终端不等式约束, 其迫使系统状态在预测时域内进入终端域 X_f. 为了叙述的方便, 本节我们采用相同的符号来描述实际系统和模型.

假设问题 7.1 存在优化解, 记优化控制输入为 $\pi^*(x(\cdot; x_t, t))$, 则根据预测控制的基本原理, 定义 t 时刻的闭环控制为

$$u^*(\tau) := \pi^*(x(\tau; x_t, t)), \quad \tau \in [t, t + \delta]. \tag{7.10}$$

7.2.3 闭环系统的鲁棒性

我们沿用 6.5.2 节讨论名义稳定性的思路, 令 $\sigma = t + T_p$, 重写 minimax 优化问题 7.1 如下.

问题 7.2

$$\min_{\pi(\cdot)\in\mathcal{U}_{\sigma}} \max_{w(\cdot)\in\mathcal{W}_{\sigma}(x_t)} J(\pi, w, x_t)$$

满足动力学方程和时域约束

$$\dot{x} = f(x, \pi(x)) + g(x, \pi(x))w, \quad x(t; x_t, t) = x_t, \tag{7.11a}$$

$$z = h(x, \pi(x)), \tag{7.11b}$$

$$x(\tau;x_t,t)\in X,\quad \tau\in(t,\sigma],\tag{7.11c}$$

$$\pi\left(x(\tau;x_t,t)\right)\in U,\quad \tau\in[t,\sigma),\tag{7.11d}$$

$$w(\tau)^{\mathrm{T}}w(\tau)\leqslant\frac{1}{\gamma_0}z(\tau)^{\mathrm{T}}z(\tau),\quad \tau\in[t,\sigma),\tag{7.11e}$$

$$x(\sigma;x_t,t)\in X_f,\tag{7.11f}$$

其中目标函数为

$$J(\pi(x),w,x(t)):=E(x(\sigma))+\frac{1}{2}\int_t^{\sigma}\left(z(\tau)^{\mathrm{T}}z(\tau)-\gamma_0^2w(\tau)^{\mathrm{T}}w(\tau)\right)\mathrm{d}\tau\,.\tag{7.12}$$

定义 7.2 给定 $\sigma>0$, 定义初始可行域 $IC(\sigma)$: 对任意 $x\in IC(\sigma)$, 存在一个允许控制 $\pi(\cdot)\in\mathcal{U}_\sigma$ 使得系统 (7.1) 在任意允许扰动 $w(\cdot)\in\mathcal{W}_\sigma(x)$ 作用下起始于 x 的轨迹 满足 $x(\tau;x,t)\in X,\tau\in[t,\sigma]$ 和 $x(\sigma;x,t)\in X_f$.

为了叙述的方便, 定义函数

$$S(x,\sigma):=\min_{\pi(\cdot)\in\mathcal{U}_\sigma}\ \max_{w(\cdot)\in\mathcal{W}_\sigma(x)}J(\pi,w,x)\tag{7.13}$$

其中 $J(\pi(x),w,x)$ 由式 (7.12) 定义. 函数 $S(x,T_p)$ 是有限时域 T_p 上的函数的最优值, 同时 x, w 和 u 是定义在有界集合上的变量, 函数 $E(\cdot)$ 和 $h(\cdot,\cdot)$ 关于自变量连续. 不失一般性, 我们可以假设:

假设 7.5 $0\leqslant S(x,\sigma)<\infty$.

假设 7.6 存在一个最优控制律 $\pi^*(x(\cdot;x_t,t))\in\mathcal{U}_\sigma$ 使得

$$S(x_t,\sigma)=\max_{w\in\mathcal{W}_\sigma(x_t)}J(\pi^*,w,x_t).\tag{7.14}$$

为叙述的方便, 记 $s(z,w):=\dfrac{1}{2}(z^{\mathrm{T}}z-\gamma_0^2w^{\mathrm{T}}w)$.

引理 7.1 如果 $\sigma_1\leqslant\sigma_2$ 且 $x\in IC(\sigma_1)$, 则有 $S(x,\sigma_1)\geqslant S(x,\sigma_2)$.

证明 由 (7.5), 我们将所考虑的代价函数写为

$$\begin{aligned}&E(x(\sigma_2))+\int_t^{\sigma_2}s(z(\tau),w(\tau))\ \mathrm{d}\tau\\&\qquad=E(x(\sigma_2))-E(x(\sigma_1))+\int_{\sigma_1}^{\sigma_2}s(z(\tau),w(\tau))\mathrm{d}\tau\\&\qquad\qquad+E(x(\sigma_1))+\int_t^{\sigma_1}s(z(\tau),w(\tau))\mathrm{d}\tau.\end{aligned}\tag{7.15}$$

对于 $\sigma=\sigma_1$ 的优化问题 7.2, 假设最优解为 $\pi_1(x)$. 则对于 $\sigma=\sigma_2$ 的优化问题 7.2, 我们选择一个预选解为

$$u(\tau):=\begin{cases}\pi_1(x(\tau;x_t,t)), & \tau\in[t,\sigma_1)\,,\\ \kappa(x(\tau;x(\sigma_1;x_t,t),\sigma_1)), & \tau\in[\sigma_1,\sigma_2)\,.\end{cases}\tag{7.16}$$

这里, $x(\cdot;x(\sigma_1;x_t,t),\sigma_1)$ 是系统在 $\kappa(x)$ 和任意允许扰动的作用下, 起始于时刻 σ_1 和状态 $x(\sigma_1;x_t,t)$ 的轨迹, 即系统 (7.8) 在允许扰动的作用下, 起始于时刻 σ_1 和状态 $x(\sigma_1;x_t,t)$ 的轨迹. 根据 σ 吸引域的定义, $x_1\in IC(\sigma_2)$.

考虑到 $E(x)$ 是系统的终端惩罚函数, 并且在终端域 $\mathcal{X}_f$ 中 $E(x)$ 满足式 (7.7), 则

$$\begin{aligned}\frac{\mathrm{d}E(x)}{\mathrm{d}t}&=\frac{\partial E}{\partial x}f(x,\pi(x))+\frac{\partial E}{\partial x}g(x,\pi(x))w\\&\leqslant -s(z,w).\end{aligned}\tag{7.17}$$

对式 (7.17) 进行积分, 则对于任意允许的扰动 w 我们有

$$E(x(\sigma_2))+\int_{\sigma_1}^{\sigma_2}s(z,w)\mathrm{d}t\leqslant E(x(\sigma_1)).\tag{7.18}$$

将其代入式 (7.15), 得

$$E(x(\sigma_2))+\int_t^{\sigma_2}s(z(\tau),w(\tau))\ \mathrm{d}\tau\leqslant E(x(\sigma_1))+\int_t^{\sigma_1}s(z(\tau),w(\tau))\ \mathrm{d}\tau\tag{7.19}$$

因而我们有

$$\begin{aligned}&\max_{w\in\mathcal{W}_{\sigma_2}(x)}\left(E(x(\sigma_2))+\int_t^{\sigma_2}s(z(\tau),w(\tau))\ \mathrm{d}\tau\right)\leqslant\\&\qquad\qquad\max_{w\in\mathcal{W}_{\sigma_1}(x)}\left(E(x(\sigma_1))+\int_t^{\sigma_1}s(z(\tau),w(\tau))\ \mathrm{d}\tau\right).\end{aligned}\tag{7.20}$$

考虑到因果关系, 上述不等式右侧的上确界可以通过考虑 $[t,\sigma_1]$ 区间内的所有允许扰动 $w\in\mathcal{W}_{\sigma_1}(x)$ 得到. 所以这个最大值正是 $S(x_t,\sigma_1)$. 我们也因而得到

$$\begin{aligned}S(x,\sigma_2)&=\inf_{\pi(\cdot)\in\mathcal{U}_{\sigma_2}}\sup_{w\in\mathcal{W}_{\sigma_2}(x)}\left(E(x(\sigma_2))+\int_t^{\sigma_2}s(z(\tau),w(\tau))\ \mathrm{d}\tau\right)\\&\leqslant S(x_t,\sigma_1).\end{aligned}$$

结论得证. □

由引理 7.1 的证明知, 如果优化问题 7.1 有可行解, 则优化问题 7.2 也存在可行解. 现在让我们考虑初始时刻是 t_0, 初始状态是 x_0 的情况. 我们假定存在一个预测时域 $T>0$ (也许这个值很大) 使得 $x_0\in IC(T)$. 最后, 我们简记采样时间是 $\delta>0$, 对应的采样时刻是 $\tau_j:=t_0+j\delta$. 采样时间决定了计算优化问题的频率. 控制策略可以表述如下: 在时刻 τ_j, 系统的状态为 x_{τ_j}. 求解 minimax 优化问题 7.1 得到优化控制 $\pi(x_{\tau_j})$, 对任意的 $\tau\in[\tau_j,\tau_j+T)$. 将得到的优化控制直到下一个采样时刻 τ_{j+1}. 这个过程在每个采样间隔被反复的执行. 下面我们首先证明这个控制策略满足耗散不等式.

命题 7.2　对于所有的 $\tau_j < \tau \leqslant \tau_j + T$ 和所有的在 $[\tau_j, \tau]$ 区间内的允许扰动 w, 我们有下面的耗散不等式

$$S(x_{\tau_j}, \tau_j + T) \geqslant \int_{\tau_j}^{\tau} s(z_t, w_t)\mathrm{d}t + S(x_\tau, \tau + T).$$

证明　我们首先证明在区间 $\tau \in (\tau_j, \tau_{j+1}]$ 上命题成立. 在 τ_j 时刻, 假设系统的状态为 x_{τ_j}, 通过求解优化问题得到的控制器为 $u_j(\tau) := \pi(x(\tau; x_{\tau_j}, \tau_j))$, 其中 $\tau \in [\tau_j, \tau_j + T]$. 从式 (7.13) 知对于任意的允许扰动 w, 我们有

$$\begin{aligned} S(x_{\tau_j}, \tau_j + T) &\geqslant E(x_{\tau_j+T}) + \int_{\tau_j}^{\tau_j+T} s(z_t, w_t)\mathrm{d}t \\ &= E(x_{\tau_j+T}) + \int_{\tau_j}^{\tau} s(z_t, w_t)\mathrm{d}t + \int_{\tau}^{\tau_j+T} s(z_t, w_t)\mathrm{d}t. \end{aligned} \tag{7.21}$$

由于式 (7.21) 对任意的允许扰动 w 均成立, 相应的我们可以得到

$$\begin{aligned} S(x_{\tau_j}, \tau_j + T) \geqslant & \int_{\tau_j}^{\tau} s(z_t, w_t)\ \mathrm{d}t + \\ & \max_{w \in \mathcal{W}_{\tau_j+T}(x_{\tau_j})} \left\{ E(x_{\tau_j+T}) + \int_{\tau}^{\tau_j+T} s(z_t, w_t)\ \mathrm{d}t \right\}. \end{aligned}$$

对所有的在区间 $[\tau, \tau_j + T]$ 上的允许扰动, 我们有

$$S(x_\tau, \tau_j + T) \leqslant \max_{w \in \mathcal{W}_{\tau_j+T}(x_{\tau_j})} \left\{ E(x_{\tau_j+T}) + \int_{\tau}^{\tau_j+T} s(z_t, w_t)\ \mathrm{d}t \right\}.$$

由于 $u_j \in \mathcal{U}_{\tau_j+T}$, 同时考虑到上面的两个不等式, 我们有

$$S(x_{\tau_j}, \tau_j + T) \geqslant \int_{\tau_j}^{\tau} s(z_t, w_t)\ \mathrm{d}t + S(x_\tau, \tau_j + T).$$

因为 $\tau_j + T \leqslant \tau + T$, 引理 7.1 表明在时域 $\tau \in (\tau_j, \tau_{j+1}]$ 内

$$S(x_{\tau_j}, \tau_j + T) \geqslant \int_{\tau_j}^{\tau} s(z_t, w_t)\ \mathrm{d}t + S(x_\tau, \tau + T).$$

则通过上面的结果我们可以得到, 对于所有的 $k > j$

$$S(x_{\tau_j}, \tau_j + T) \geqslant \int_{\tau_j}^{\tau_k} s(z_t, w_t)\ \mathrm{d}t + S(x_{\tau_k}, \tau_k + T)$$

对于任意的 $\tau > \tau_j$ 我们可以选择 k 满足 $\tau \in [\tau_k, \tau_{k+1}]$ 并且在区间 $[\tau_k, \tau]$ 多次运用上面的不等式来得到期望的不等式. □

定义 $V(x) := S(x, t+T)$. 考察不确定闭环系统, 由于 $w_t = \Delta(x,u)z_t$, 并且 $\|\Delta(x,u)\| < 1/\gamma_0$, 则对于任意的 $\tau \geqslant \tau_j$, 我们有

$$V(x_{\tau_j}) - V(x_\tau) \geqslant \frac{1}{2}(1 - \|\Delta(x,u)\|^2)\int_{\tau_j}^{\tau} \|z_t\|^2 \mathrm{d}t > 0. \tag{7.22}$$

现在我们阐述保证 $\mathcal{L}_2$ 性能的 minimax 模型预测控制算法的主要结论.

定理 7.1 如果

(1) 非线性系统 (7.1) 满足假设 7.1~7.5,

(2) 在 $t=0$ 时刻, 问题 7.1 有可行解.

则:

(a) 对于所有的 $t \geqslant 0$, 问题 7.1 有可行解,

(b) 受控系统满足 $\mathcal{L}_2$ 性能, 其中 $\gamma \leqslant \gamma_0$,

(c) 对于所有的允许扰动 w, 受控系统是内部稳定的.

证明 (1) 结论 (a) 和 (b) 可以由引理 7.1 和命题 7.2 直接推得. (2) 由于 x_t 是有界的, 则存在一个序列 τ_j 使得 x_{τ_j} 趋于某一点 x_∞. 由于 $V(x_{\tau_j})$ 是不增的, 并且有下界, 我们可以选取子序列 τ_{j_k} 使得 $V(x_{\tau_{j_k}})$ 收敛. 从式 (7.22) 我们可以得到

$$\int_{\tau_{j_k}}^{\tau_{j_l}} h(x,u)^{\mathrm{T}} h(x,u)\,\mathrm{d}t \xrightarrow{k,l\to\infty} 0$$

和

$$\int_{\tau_{j_k}}^{\infty} h(x,u)^{\mathrm{T}} h(x,u)\,\mathrm{d}t \xrightarrow{k\to\infty} 0.$$

由于对于任意的 $t \geqslant 0$, $h(x_x, u(t))^{\mathrm{T}} h(x_x, u(t)) \geqslant 0$, 因而我们有 $\lim\limits_{t\to\infty} z_t = 0$. 则依据系统零状态可观测的假设 7.3, 我们有 $\lim\limits_{t\to\infty} x_t = 0$. 同时考虑到式 (7.22), 则闭环系统是内部稳定的. □

一方面, MPC 算法通常要求在线求解有限时域最优控制问题; 另一方面, 稳定性或者鲁棒性是系统在无限时域所具有的特性. 由于我们要强制在有限时域 (终端域) 内系统的终端状态进入终端约束集, 其中约束集是系统在终端控制作用下的一个不变集或者鲁棒不变集, 这就为我们解决上述悖论找到了一个有效地途径. 从上面的讨论可以看出不变集或者鲁棒不变集在 MPC 的设计和综合中起着非常重要的作用.

7.2.4 终端控制律和终端约束集

本节我们将讨论终端控制律和终端约束集的存在性. 我们假设存在一个线性控制律 $u = Kx$ 使得非线性系统在平衡点处 Jacobian 线性化得到的线性系统内部稳定, 并且具有衰减率 γ_0. 我们将要证明这个线性控制律可以被选作非线性系统的

终端控制律. 与线性控制律 $u = Kx$ 相对应, 我们将得到椭圆终端不变集和二次的终端惩罚函数.

我们考虑非线性系统 (7.1) 在原点处的 Jacobian 线性系统

$$\begin{aligned}\dot{x} &= Ax + Bu + Gw,\\ z &= Cx + Du,\end{aligned} \tag{7.23}$$

其中 $A = \left.\frac{\partial f}{\partial x}\right|_{(\mathbf{0},\mathbf{0})}$, $B = \left.\frac{\partial f}{\partial u}\right|_{(\mathbf{0},\mathbf{0})}$, $C = \left.\frac{\partial h}{\partial x}\right|_{(\mathbf{0},\mathbf{0})}$, $D = \left.\frac{\partial h}{\partial u}\right|_{(\mathbf{0},\mathbf{0})}$, $G = g(\mathbf{0},\mathbf{0})$.

定理 7.2 记 τ 为一给定的正常数, 假设存在一个正定矩阵 $P \in \mathbb{R}^{n\times n}$ 和矩阵 $K \in \mathbb{R}^{m\times n}$ 使得系统 (7.23) 满足

$$(A+BK)^{\mathrm{T}}P + P(A+BK) + \frac{1}{\gamma_0^2}PGG^{\mathrm{T}}P + 2(C+DK)^{\mathrm{T}}(C+DK) \leqslant -\tau I. \tag{7.24}$$

定义原点附近的邻域 $\mathcal{X}_f$,

$$\mathcal{X}_f := \{x \in \mathbb{R}^n \mid x^{\mathrm{T}}Px \leqslant \alpha\}, \tag{7.25}$$

其中 $\alpha > 0$. 则线性控制律 $u = Kx$, 函数 $E(x) := \frac{1}{2}x^{\mathrm{T}}Px$ 和椭圆集 $\mathcal{X}_f$ 可以分别被选为终端控制律, 终端惩罚矩阵和终端约束集.

证明 考虑雅可比线性系统 (7.23), 由于式 (7.24) 是式 (7.7) 的充分条件, 则受控的雅可比线性系统 (7.23) 是有限增益 $\mathcal{L}_2$ 稳定的, 并且其 $\mathcal{L}_2$ 增益小于等于 γ_0[110].

定义集合 $\mathcal{X}_0 := \{x \in \mathbb{R}^n \mid x^{\mathrm{T}}Px \leqslant \alpha_1\}$, 其中 $\alpha_1 > 0$, 使得 $\mathcal{X}_0 \subseteq \mathcal{X}$, 并且对于任意 $x \in \mathcal{X}_0$, $Kx \in \mathcal{U}$, 即在集合 $\mathcal{X}_0$ 中, 系统满足控制和状态约束 (7.2). 记

$$\begin{aligned}H(x,u,w) &:= \frac{1}{2}\dot{E}(x) + \frac{1}{2}\left(\|z\|^2 - \gamma_0^2\|w\|^2\right)\\ d(x,w) &:= f(x,Kx) - (A+BK)x + (g(x,Kx) - G)\,w\\ s(x) &:= h(x,Kx) - (C+DK)x,\end{aligned}$$

其中 $d(x,w)$ 和 $s(x)$ 是在考虑线性控制律 $u = Kx$ 的情况下, 非线性系统 (7.1) 和雅可比线性化系统 (7.23) 之间的偏差. 因而, 考虑线性控制律 $u = Kx$ 的非线性系统可以描述为

$$\begin{aligned}\dot{x} &= (A+BK)x + Gw + d(x,w),\\ z &= (C+DK)x + s(x)\\ w &= \Delta(x,Kx)z.\end{aligned} \tag{7.26}$$

在集合 $\mathcal{X}_0$ 中, 由于函数 $h(\cdot,\cdot)$ 是二次连续可微的, 因而 $\|h(x,Kx)\|$ 有界. 进一步的, 在集合 $\mathcal{X}_0$ 中,

$$\|d(x,w)\| \leqslant \|f(x,Kx)-(A+BK)x\| + \|g(x,Kx)-G\|\cdot\|h(x,Kx)\|,$$

$$\|s(x)\| \leqslant \|h(x,Kx)-(C+DK)x\|.$$

由于我们仅仅考虑结构反馈不确定性 (7.3), 并且 $s(\mathbf{0})=\mathbf{0}$, $d(\mathbf{0},\mathbf{0})=\mathbf{0}$, 因而在平衡点附近非线性系统和它的 Jacobian 线性化系统之间的偏差是变量 x 的高阶无穷小.

因而存在正定的标量 L_d 和 L_s 使得

$$\begin{aligned}\|d(x,w)\| &\leqslant L_d\|x\|,\\ \|s(x)\| &\leqslant L_s\|x\|,\end{aligned}\tag{7.27}$$

其中 $L_d := \sup\left\{\dfrac{\|d(x,w)\|}{\|x\|} \mid x\in\mathcal{X}_0, x\neq 0\right\}$, $L_s := \sup\left\{\dfrac{\|s(x)\|}{\|x\|} \mid x\in\mathcal{X}_0, x\neq 0\right\}$. 这里我们强调参数 L_d 和 L_s 的存在性, 并且 L_d 和 L_s 的值与集合 $\mathcal{X}_0$ 有关. 进一步的, $\lim\limits_{\alpha_1\to 0^+} L_d = 0$, $\lim\limits_{\alpha_1\to 0^+} L_s = 0$.

考虑线性控制律 $u=Kx$ 作用下非线性系统的动态特性, 我们有

$$\begin{aligned}H(x,Kx,w) = &\frac{1}{2}\left(\|h(x,Kx)\|^2-\gamma_0^2\|w\|^2\right)+\\ &\frac{1}{2}\Big([f(x,Kx)+g(x,Kx)w]^{\mathrm{T}}Px + x^{\mathrm{T}}P\left[f(x,Kx)+g(x,Kx)w\right]\Big).\end{aligned}$$

也即

$$\begin{aligned}&H(x,Kx,w) =\\ &\quad\frac{1}{2}\Big(2x^{\mathrm{T}}(C+DK)^{\mathrm{T}}s(x)-\gamma_0^2\|w\|^2+\|s(x)\|^2+x^{\mathrm{T}}(C+DK)^{\mathrm{T}}(C+DK)x\Big)\\ &\quad+\frac{1}{2}\Big([(A+BK)x+Gw+d(x,w)]^{\mathrm{T}}Px+x^{\mathrm{T}}P[(A+BK)x+Gw+d(x,w)]\Big).\end{aligned}\tag{7.28}$$

考虑不等式 (7.24), 则不等式 (7.28) 可以写成下面的形式

$$H(x,Kx,w) \leqslant -\frac{\tau}{2}x^{\mathrm{T}}x + x^{\mathrm{T}}Pd(x,w) + x^{\mathrm{T}}(C+DK)^{\mathrm{T}}s(x)+s^{\mathrm{T}}(x)s(x). \tag{7.29}$$

基于式 (7.27) 中对变量 $s(x,w)$ 和 $d(x)$ 的估计, 我们有

$$\begin{aligned}H(x,Kx,w) &\leqslant -\frac{\tau}{2}x^{\mathrm{T}}x + \|P\|\cdot L_d\cdot\|x\|^2+\|C+DK\|\cdot L_s\cdot\|x\|^2+L_s^2\cdot\|x\|^2\\ &\leqslant \left(-\frac{\tau}{2}+\|P\|\cdot L_d+\|C+DK\|\cdot L_s+L_s^2\right)\|x\|^2.\end{aligned}$$

我们选择参数 $\alpha \in (0, \alpha_1]$ 使得在集合 $\mathcal{X}_f$ 中,

$$\|P\| \cdot L_d + \|C + DK\| \cdot L_s + L_s^2 \leqslant \frac{\tau}{2}. \tag{7.30}$$

进一步的, 我们可以保证在集合 $\mathcal{X}_f$ 中, $H(x, Kx, w) \leqslant 0$.

基于上面的讨论我们知道在线性控制律 Kx 的作用下非线性系统 (7.1) 满足不等式 (7.7) 和约束 (7.2), 因而集合 $\mathcal{X}_f$ 是一个终端约束集, 线性控制律 Kx 是一个终端控制律. □

根据定理 7.2 及其证明, 我们给出具体的求解终端控制 Kx 和终端约束集 $\mathcal{X}_f$ 的离线算法.

算法 7.1

(1) 针对 Jacobian 线性化得到的线性系统 (7.23), 求解标准线性 $\mathcal{H}_\infty$ 控制问题, 求得线性反馈控制律 $u = Kx$.

(2) 求解不等式 (7.24), 求得正定矩阵 P 和标量 $\tau > 0$.

(3) 寻找 $\alpha_1 > 0$ 使得对任意的 $x \in \mathcal{X}_1$, 约束$\mathcal{X}_1 \in \mathcal{X}$ 和 $Kx \in \mathcal{U}$ 得到满足.

(4) 寻找 $\alpha \in (0, \alpha_1]$ 使得在集合 $\mathcal{X}_f$ 中系统动态满足不等式 (7.30).

7.2.5 讨论

本节我们讨论了仿射非线性系统的鲁棒控制问题. 它要求在线求解一个闭环的 minimax 优化控制问题, 其中的终端域是受控系统在考虑允许扰动下的鲁棒不变集. 这带来了两个问题, 首先是在线计算负担非常重. 这使得所建议的方法只有理论价值, 但无法真正的应用于实际系统的控制. 又因为终端域是系统的一个鲁棒不变集, 这使得所提算法只是适合于小的参数摄动 (如本节的讨论), 或者是能量有界的小扰动.

下面我们将要介绍基于线性矩阵不等式的线性系统鲁棒模型预测控制. 与本节要求在线求解有限时域优化问题不同, 基于线性矩阵不等式的线性系统鲁棒 MPC 要求在每个采样时刻求解一个无限时域约束系统的鲁棒控制问题, 相应的控制律是一个静态的反馈控制律. 由于所提算法仅仅要求在线求解一个线性矩阵不等式优化问题, 因而可以极大的改进求解效率.

7.3 约束线性系统的滚动时域 $\mathcal{H}_\infty$ 控制

线性 $\mathcal{H}_\infty$ 控制理论是解决线性系统鲁棒控制的非常重要的方法. 如果不考虑时域约束, 线性系统的 $\mathcal{H}_\infty$ 控制理论将求解 minimax 优化问题转化为求解 Riccati 代数方程或者线性矩阵不等式 (Linear matrix inequality, LMI). 然而经典的 $\mathcal{H}_\infty$ 控制没有考虑系统的时域硬约束. 在假设已知扰动能量上界的情况下, 我们也可以利

用约束系统的 $\mathcal{H}_\infty$ 控制方法[111, 112] 求取同时满足时域硬约束和鲁棒性能的控制器. 这种方法的最大缺点是必须先验的假设外部扰动能量的上界, 因而不可能协调约束满足和系统性能.

本节我们在线性矩阵不等式 (LMI) 优化和多目标控制的框架下讨论存在时域硬约束的线性系统的 $\mathcal{H}_\infty$ 控制问题. 我们给出了一种基于LMI 优化的状态反馈控制策略, 因而可以保证求解的效率. 依据预测控制的滚动优化原理, 在每一采样时刻用系统当前的状态刷新 LMI 优化问题, 并且在线求解. 通过在保证系统耗散性的条件下在线优化系统的 $\mathcal{H}_\infty$ 性能, 使得滚动时域闭环系统能实时协调控制性能和系统约束. 即在必要时降低性能要求以保证时域硬约束的满足; 当系统远离约束边界时, 提高性能要求.

7.3.1 预备知识

接下来的讨论将用到线性矩阵不等式 (Linear matrix inequality, LMI) 理论, 下面给出一些基础知识.

LMI 是如下形式的矩阵不等式:

$$F(x) := F_0 + x_1F_1 + \cdots + x_mF_m > 0\,, \tag{7.31}$$

其中

(1) $x = (x_1, \cdots, x_m)$ 是变量,

(2) $F_0, \cdots, F_m$ 是给定的对称矩阵,

(3) 不等式 $F(x) > 0$ 表示对所有的 $u \in \mathbb{R}^n, u \neq 0$ 时有 $u^{\mathrm{T}}F(x)u > 0$.

下面的引理用于将一些不是 LMI 的矩阵不等式等价或者充分地转换为 LMI.

引理 7.2 (Schur 补) 如果 $Q(x), R(x), S(x)$ 仿射依赖于变量 x, 且 $Q(x)$ 和 $R(x)$ 是对称的, 则 LMI

$$\begin{pmatrix} Q(v) & S(x) \\ S(v)^{\mathrm{T}} & R(x) \end{pmatrix} > 0$$

等价于

$$Q(v) > 0, \quad R(x) - S(v)^{\mathrm{T}}Q(v)^{-1}S(v) > 0$$

或者

$$R(v) > 0, \quad Q(x) - S(v)R(v)^{-1}S(v)^{\mathrm{T}} > 0.$$

引理 7.3 ($\mathcal{S}$-Procedure)[113] 设 $F_0, F_1, \cdots, F_p \in \mathbb{R}^{n\times n}$ 是对称矩阵. 如果存在 $\lambda_1, \lambda_2, \cdots, \lambda_p \geqslant 0$ 使得

$$F_0 - \sum_{i=1}^{p} \lambda_i F_i > 0$$

成立, 则

$$\xi^{\mathrm{T}}F_0\xi>0 \text{ 对所有满足 } \xi^{\mathrm{T}}F_i\xi\geqslant 0, i=1,2,\cdots,p \text{ 的 } \xi\neq 0 \text{ 均成立.}$$

对于 $p=1$, 如果存在至少一个 ξ_0 使得 $\xi_0^{\mathrm{T}}F_1\xi_0>0$ 成立, 则上述结论是充分必要的.

应用 Schur 补, 我们可以得到稍为不同于文献 [114] 的一个线性化引理.

引理 7.4(线性化引理) 假设 A,C,M 是常数矩阵, $B(v),Q(v)=Q(v)^{\mathrm{T}}$ 是依变量 v 仿射的且 $R(v)$ 能分解为 $TU(v)^{-1}T^{\mathrm{T}}$, 其中 $U(v)>0$ 是依变量 v 仿射的, 则非线性矩阵不等式

$$\left(\begin{array}{c} A \\ \left[\begin{array}{c} B(v) \\ C \end{array}\right] \end{array}\right)^{\mathrm{T}} \left(\begin{array}{cc} Q(v) & * \\ \left[\begin{array}{cc} M & S(v) \end{array}\right]^{\mathrm{T}} & R(v) \end{array}\right) \left(\begin{array}{c} A \\ \left[\begin{array}{c} B(v) \\ C \end{array}\right] \end{array}\right)<0 \tag{7.32}$$

等价于下面的 LMI

$$\left(\begin{array}{cc} A^{\mathrm{T}}Q(v)A+A^{\mathrm{T}}\left(MB(v)+S(v)C\right)+\left(MB(v)+S(v)C\right)^{\mathrm{T}}A & * \\ T^{\mathrm{T}}\left[\begin{array}{c} B(v) \\ C \end{array}\right] & -U(v) \end{array}\right)<0. \tag{7.33}$$

应用文献 [114] 的对偶化引理, 我们可以给出下面的结论.

引理 7.5 假设 $P=\left(\begin{array}{cc} Q & S \\ S^{\mathrm{T}} & R \end{array}\right)\in\mathbb{R}^{(k+l)\times(k+l)}$ 是非奇异的, 其逆矩阵记为 $P^{-1}=\left(\begin{array}{cc} \tilde{Q} & \tilde{S} \\ \tilde{S}^{T} & \tilde{R} \end{array}\right)\in\mathbb{R}^{(k+l)\times(k+l)}$, 则

$$R\geqslant 0,\quad \left(\begin{array}{c} I \\ M \end{array}\right)^{\mathrm{T}}\left(\begin{array}{cc} Q & S \\ S^{\mathrm{T}} & R \end{array}\right)\left(\begin{array}{c} I \\ M \end{array}\right)<0$$

等价于

$$\tilde{Q}\leqslant 0,\quad \left(\begin{array}{c} -M^{\mathrm{T}} \\ I \end{array}\right)^{\mathrm{T}}\left(\begin{array}{cc} \tilde{Q} & \tilde{S} \\ \tilde{S}^{\mathrm{T}} & \tilde{R} \end{array}\right)\left(\begin{array}{c} -M^{\mathrm{T}} \\ I \end{array}\right)>0.$$

7.3.2 无约束 $\mathcal{H}_\infty$ 控制和椭圆状态域

考虑如下的被控系统

$$x(k+1)=Ax(k)+B_1w(k)+B_uu(k) \tag{7.34a}$$

$$z_1(k)=C_1x(k)+D_1w(k)+D_{1u}u(k) \tag{7.34b}$$

$$z_2(k)=C_2x(k)+D_{2u}u(k) \tag{7.34c}$$

其时域约束为

$$|z_{2\nu}(k)| \leqslant z_{2\nu,\max}, \quad k \geqslant 0, \quad \nu = 1, 2, \cdots, p_2, \tag{7.35}$$

其中 $x(k) \in \mathbb{R}^n$ 表示状态, $w(k) \in \mathbb{R}^{m_1}$ 为干扰, $u(k) \in \mathbb{R}^{m_2}$ 为控制输入, $z_1(k) \in \mathbb{R}^{p_1}$ 为性能输出, $z_2(k) \in \mathbb{R}^{p_2}$ 为约束输出. 需要注意的是, 如果取 $C_2 = \mathbf{0}$ 和 $D_{2u} = I$, 控制约束可由 (7.34c) 和 (7.35) 描述. 假设 (A, B_u) 是可稳的, (C_1, A) 是可测的.

首先不考虑时域约束, 状态反馈为 $u = Kx$, 则闭环系统为

$$x(k+1) = A_{cl}x(k) + B_1 w(k) \tag{7.36a}$$

$$z_1(k) = C_{1,cl}x(k) + D_1 w(k) \tag{7.36b}$$

其中 $A_{cl} = A + B_u K$, $C_{1,cl} = C_1 + D_{1u}K$. 从 w 到 z_1 的离散闭环 $\mathcal{H}_\infty$ 范数小于 γ, 当且仅当存在一个对称阵 P 使得下面的矩阵不等式成立[115]

$$\begin{pmatrix} P & 0 & A_{cl}^{\mathrm{T}}P & C_{1,cl}^{\mathrm{T}} \\ 0 & \gamma I & B_1^{\mathrm{T}}P & D_1^{\mathrm{T}} \\ PA_{cl} & PB_1 & P & 0 \\ C_{1,cl} & D_1 & 0 & \gamma I \end{pmatrix} > 0. \tag{7.37}$$

根据 Schur 补公式, LMI (7.37) 等价于

$$\begin{pmatrix} P - A_{cl}^{\mathrm{T}}PA_{cl} - \gamma^{-1}C_{1,cl}^{\mathrm{T}}C_{1,cl} & -A_{cl}^{\mathrm{T}}PB_1 - \gamma^{-1}C_{1,cl}^{\mathrm{T}}D_1 \\ -B_1^{\mathrm{T}}PA_{cl} - \gamma^{-1}D_1^{\mathrm{T}}C_{1,cl} & \gamma I - B_1^{\mathrm{T}}PB_1 - \gamma^{-1}D_1^{\mathrm{T}}D_1 \end{pmatrix} > 0. \tag{7.38}$$

从上面的矩阵不等式可以得出

$$P - A_{cl}^{\mathrm{T}}PA_{cl} - \gamma^{-1}C_{1,cl}^{\mathrm{T}}C_{1,cl} > 0$$

即

$$A_{cl}^{\mathrm{T}}PA_{cl} - P < 0.$$

因此, (7.37) 可行意味着 A_{cl} 是内部稳定的.

将 (7.38) 右乘 $\begin{pmatrix} x(k) \\ w(k) \end{pmatrix}$ 左乘 $\begin{pmatrix} x(k) \\ w(k) \end{pmatrix}^{\mathrm{T}}$, 得

$$\begin{aligned} & x(k)^{\mathrm{T}}\left(A_{cl}^{\mathrm{T}}PA_{cl} + \gamma^{-1}C_{1,cl}^{\mathrm{T}}C_{1,cl} - P\right)x(k) + x(k)^{\mathrm{T}}\left(A_{cl}^{\mathrm{T}}PB_1 + \gamma^{-1}C_{1,cl}^{\mathrm{T}}D_1\right)w(k) \\ & \quad + w(k)^{\mathrm{T}}\left(B_1^{\mathrm{T}}PA_{cl} + \gamma^{-1}D_1^{\mathrm{T}}C_{1,cl}\right)x(k) \\ & \quad + w(k)^{\mathrm{T}}\left(B_1^{\mathrm{T}}PB_1 + \gamma^{-1}D_1^{\mathrm{T}}D_1 - \gamma I\right)w(k) \leqslant 0. \end{aligned}$$

定义 $V(x) = x^{\mathrm{T}}Px$, 则上式表示闭环系统 (7.36) 满足下面的耗散不等式:

$$V(x(k+1)) + \gamma^{-1}\|z_1(k)\|^2 - \gamma\|w(k)\|^2 \leqslant V(x(k)) \,. \tag{7.39}$$

对上式取 $k = 0, 1, 2, \cdots$ 并求和, 得

$$V(x(k)) + \sum_{i=0}^{k-1} \left(\gamma^{-1}\|z_1(i)\|^2 - \gamma\|w(i)\|^2\right) \leqslant V(x(0)) \,. \tag{7.40}$$

因此, 存储函数 $V(x)$ 反映了系统 (7.36) 关于供应率 $s(z_1, w) = \gamma\|w\|^2 - \gamma^{-1}\|z_1\|^2$ 的耗散性. 函数 $V(x) \geqslant 0$, 并且当 $x = 0$ 时 $V(0) = 0$. 由于 A_{cl} 是内部稳定的, 所以有 $\lim\limits_{k\to\infty} V(x(k)) = 0$. 因而, 根据 (7.40) 可推得

$$\sum_{i=0}^{\infty} \|z_1(i)\|^2 \leqslant \gamma^2 \sum_{i=0}^{\infty} \|w(i)\|^2 + \gamma V(x(0)), \tag{7.41}$$

即闭环系统 (7.36) 的 $\mathcal{H}_\infty$ 范数不大于 γ. 将 $A_{cl} = A + B_uK$, $C_{1,cl} = C_1 + D_{1u}K$ 代入 (7.37), 定义 $Q = P^{-1}$ 和 $Y = KQ$ 代入, 并以 $\mathrm{diag}(Q, I, Q, I)$ 作同余变换, 则 (7.37) 等价于

$$\begin{pmatrix} Q & 0 & * & * \\ 0 & \gamma I & * & * \\ AQ + B_uY & B_1 & Q & 0 \\ C_1Q + D_{1u}Y & D_1 & 0 & \gamma I \end{pmatrix} > 0 \,. \tag{7.42}$$

因此, 当 (7.42) 存在可行解 (γ, Q, Y) 时, 取 $K = YQ^{-1}$, 状态反馈 $u = Kx$ 使得闭环系统 (7.36) 渐近稳定, 并且 $\mathcal{H}_\infty$ 性能的界是 γ. 这是基于状态反馈的无约束 $\mathcal{H}_\infty$ 控制问题的标准 LMI 求解方法.

如果定义下面两个嵌套的状态椭圆域

$$\mathcal{E}_1(P, r, \alpha) := \{x \in \mathbb{R}^n : \gamma\alpha + V(x) \leqslant r\}, \tag{7.43a}$$

$$\mathcal{E}_2(P, r) := \{x \in \mathbb{R}^n : V(x) \leqslant r\}, \tag{7.43b}$$

其中 $r > 0$, $\alpha \geqslant 0$, 则可得下面的附加结果.

引理 7.6 设 (γ, Q, Y) 满足 LMI (7.42), 并且定义 $K = YQ^{-1}$ 和 $P = Q^{-1}$. 对于由 $u = Kx$ 控制的系统 (7.34), 假设干扰的能量界为 $\sum\limits_{i=0}^{\infty} \|w(i)\|^2 \leqslant \alpha$, 则有

(a) 对任意的状态 $x(0)$, 存在 $r > 0$ 使得以 $x(0)$ 作为起点的状态轨迹受扰后仍在 $\mathcal{E}_2(P, r)$ 中, 即对于任意 $k \geqslant 0$ 有 $x(k) \in \mathcal{E}_2(P, r)$;

(b) 如果 $r > \gamma\alpha$, 那么以 $x(0) \in \mathcal{E}_1(P, r, \alpha)$ 作为起点的受扰状态轨迹仍在 $\mathcal{E}_2(P, r)$ 中, 即对任意 $k \geqslant 0$ 有 $x(k) \in \mathcal{E}_2(P, r)$;

(c) 上述情况下, 输出能量的界为

$$\sum_{i=0}^{\infty}\|z_1(i)\|^2 \leqslant \gamma r. \tag{7.44}$$

证明 利用 $\sum_{i=0}^{\infty}\|w(i)\|^2 \leqslant \alpha$, (7.40) 表明对任何 $k>0$ 有

$$V(x(k))+\sum_{i=0}^{k-1}\gamma^{-1}\|z_1(i)\|^2 \leqslant V(x(0))+\gamma\alpha. \tag{7.45}$$

任意给定初始状态 $x(0)$, 通过选择 $r:=\gamma\alpha+V(x(0))$, (7.45) 表明对所有 $k>0$, 始于 $x(0)$ 的闭环系统 (7.36) 状态轨迹满足 $\sum_{i=0}^{\infty}\|z_1(i)\|^2 \leqslant \gamma r$ 和 $V(x(k))\leqslant r$, 即 (a) 和 (c) 得证.

如果 $r>\gamma\alpha$ 且 $x(0)\in\mathcal{E}_1(P,r,\alpha)$, (7.45) 的不等号右侧小于 r, 也可推得 (b) 和 (c). □

注 7.1 引理 7.6 的结论 (b) 可以通过图 7.6 来表示. 由于 $P>0$, 通过定义 (7.43) 我们可以很明确地知道 $0\in\mathcal{E}_1(P,r,\alpha)$ 的充要条件是 $r\geqslant\gamma\alpha$. 另外, 一般来说, 由于 $\gamma>0$ 和 $\alpha\geqslant 0$ 可得 $\mathcal{E}_1\subseteq\mathcal{E}_2$, 而且等式 $\mathcal{E}_1=\mathcal{E}_2$ 成立的充要条件是 $\alpha=0$. 在这种情况下, $\mathcal{E}_2$ 是被控系统的一个不变椭圆域, 它是保证标准 MPC 的稳定性的终端域 (如文献 [53] 等).

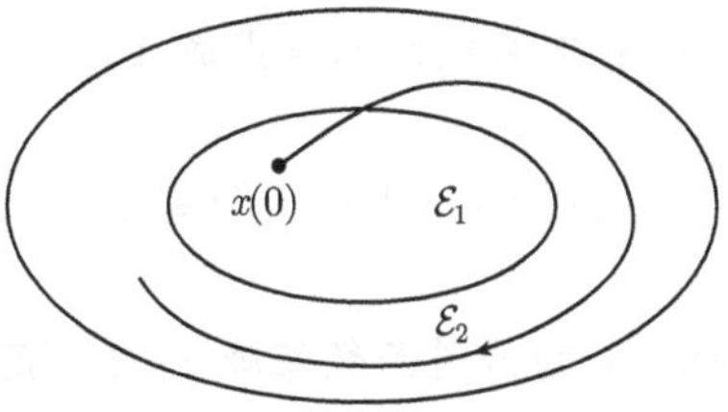

图 7.6 状态不变集: 对所有的 $k\geqslant 0$, 若 $x(0)\in\mathcal{E}_1$ 则 $x(k)\in\mathcal{E}_2$

7.3.3 时域约束转换及约束 $\mathcal{H}_\infty$ 控制

现在考虑时域约束. 如果 $x(0)\in\mathcal{E}_2(P,r)$, 则应用引理 7.6 中的结论 (a) 和 (b), 可推得[116]

$$\begin{aligned}|z_{2\nu}(i)|^2 &= \left|e_\nu^{\mathrm{T}}\left(C_2+D_{2u}YQ^{-1}\right)x(i)\right|^2\\ &\leqslant \max_{x\in\mathcal{E}_2(P,r)}\left|e_\nu^{\mathrm{T}}\left(C_2+D_{2u}YQ^{-1}\right)x\right|^2\\ &\leqslant r\left\|e_\nu^{\mathrm{T}}\left(C_2Q^{\frac{1}{2}}+D_{2u}YQ^{-\frac{1}{2}}\right)\right\|_2^2\end{aligned}$$

$$= r\left(e_\nu^{\mathrm{T}}\left(C_2Q + D_{2u}Y\right)Q^{-1}\left(C_2Q + D_{2u}Y\right)^{\mathrm{T}} e_\nu\right), \tag{7.46}$$

其中 e_ν 是 $\mathbb{R}^{p_2}$ 的标准基向量. 因为上式对于任意的 $i \geqslant 0$ 均成立, 所以如果 Q 和 Y 在满足 (7.42) 的同时又满足

$$\begin{pmatrix} \dfrac{z_{2\nu,\max}^2}{r} & e_\nu^{\mathrm{T}}\left(C_2Q + D_{2u}Y\right) \\ * & Q \end{pmatrix} \geqslant 0, \quad \nu = 1, 2, \cdots, p_2, \tag{7.47}$$

则闭环系统 (7.36) 起始于 $x(0)$ 的轨迹满足约束 (7.35). 下面将给出约束 $\mathcal{H}_\infty$ 控制的主要结论. 首先我们考虑如下的 LMI 优化问题.

问题 7.3

$$\min_{\gamma,\, Q=Q^{\mathrm{T}},\, Y} \gamma \ \text{满足 (7.42) 和 (7.47)} \tag{7.48}$$

定理 7.3 给定 $r = r_0$, 假设 LMI 优化问题 7.3 存在优化解 (γ_0, Q_0, Y_0), 并且干扰能量满足

$$\sum_{i=0}^{\infty} \|w(i)\|^2 \leqslant \alpha,$$

其中 $\alpha \leqslant \dfrac{r_0 - x(0)^{\mathrm{T}} P_0 x(0)}{\gamma_0}$, $P_0 = Q_0^{-1}$. 令 $K_0 = Y_0 P_0$. 那么, 对由 $u = K_0 x$ 控制的系统 (7.34), 有下列结论:

(a) 该系统是渐近稳定的;

(b) 时域约束 (7.35) 可以得到满足;

(c) 对所有的 $0 \leqslant k \leqslant l$, 有下面耗散不等式成立:

$$\sum_{i=k}^{l} \left(\gamma_0^{-1}\|z_1(i)\|^2 - \gamma_0\|w(i)\|^2\right) \leqslant x(k)^{\mathrm{T}} P_0 x(k) \tag{7.49}$$

(d) 干扰 w 到性能输出 z_1 的传递函数矩阵的 $\mathcal{H}_\infty$ 范数不大于 γ_0.

证明 取 $\alpha \leqslant \dfrac{r_0 - x(0)^{\mathrm{T}} P_0 x(0)}{\gamma_0}$, 可得 $x(0) \in \mathcal{E}_1(P_0, r_0, \alpha)$. 因为 (γ_0, Q_0, Y_0) 满足 (7.42), 引理 7.6 表明, 对于所有干扰 $\sum\limits_{i=0}^{\infty} \|w(i)\|^2 \leqslant \alpha$, 状态轨迹在椭圆 $\mathcal{E}_2(P_0, r_0)$ 中. 因此, (7.47) 的可行性意味着 (7.46) 成立, 从而 (b) 成立.

因为时域约束是满足的, 所以稳定性结论 (a) 可从 LMI (7.42) 直接推得. 另外, 对于所有的 $k \geqslant 0$, 取 $\gamma = \gamma_0$ 和 $V(x) = x^{\mathrm{T}} P_0 x$, 则闭环系统满足耗散不等式 (7.39). 因此, 对于任意的 $l \geqslant k$ 有

$$\sum_{i=k}^{l} \left(\gamma_0^{-1}\|z_1(i)\|^2 - \gamma_0\|w(i)\|^2\right) \leqslant x(k)^{\mathrm{T}} P_0 x(k) - x(l+1)^{\mathrm{T}} P_0 x(l+1), \tag{7.50}$$

由于 $P_0>0$, 这意味着 (c) 成立. 当 $k=0$ 和 $x(0)=0$ 时, 可直接得出结论 (d). □

注 7.2 如果固定 r_0, 则 $\alpha_0=\dfrac{r_0}{\gamma_0}$ 给出了干扰能量的一个上界, 即如果干扰能量小于 α_0, 则以 $u=K_0x$ 作为状态反馈控制律的闭环系统满足时域约束.

上面的设计反映了满足时域约束和得到更好的控制性能之间的内在折中. 事实上, 如果无法预见未来可能发生的大干扰, 则需将 r_0 取得大些. 然而, 由 (7.47) 可知, r_0 变大将限制 Q 和 Y 的取值. 这导致 γ_0 值变大即性能降低. 另一方面, 提高性能指标 (减小 γ_0) 需要降低 r_0. 如果未来系统受到大的干扰, 则将会导致系统无法满足时域约束. 总之, 固定的 r_0, γ_0 和 P_0 带来很强的保守性. 这促使我们通过滚动时域优化在线协调满足时域约束和提高性能指标的冲突.

7.3.4 滚动时域 $\mathcal{H}_\infty$ 控制算法

预测控制的滚动优化原理是在每个采样时刻, 在线求解根据最新测量值更新的约束优化问题, 将所得的控制量作用于系统直到下一个采样时刻. 应用滚动优化原理, 我们将在每个采样时刻 k 求解由最新测量状态 $x(k)$ 刷新的 LMI 优化问题

问题 7.4

$$\min_{\gamma,\, Q=Q^{\mathrm{T}},\, Y}\gamma \tag{7.51}$$

满足 (7.42), (7.47) 和

$$\begin{pmatrix} r-\gamma\alpha & x(k)^{\mathrm{T}} \\ x(k) & Q \end{pmatrix}\geqslant 0. \tag{7.52}$$

上述 LMI 优化问题与 7.3 的不同在于将条件 $x(k)\in\mathcal{E}_1(P,r,\alpha)$ 转化为 LMI 约束 (7.52). 这应用 Schur 补引理就可以得到.

通过在线求解优化问题 7.4, 我们可以在满足时域约束的前提下获得尽可能好的性能. 这种优化协调就是通过在线改变椭圆域 $\mathcal{E}_1(P,r,\alpha)$ 的形状来完成的.

如果优化问题 7.4 有解, 记为 (γ_k,Q_k,Y_k), 则 k 时刻的反馈增益为

$$K(k)=Y_kP_k\,. \tag{7.53}$$

进而计算 k 时刻的闭环控制为

$$u(k)=K(k)x(k)\,. \tag{7.54}$$

可见, 测量值 $x(k)$ 不仅用于计算控制量, 而且用于计算一个随时间变化的反馈增益. 也就是说, 我们通过在线优化, 获得时变的状态反馈增益.

然而, 这种滚动优化策略的简单实现并不能保证闭环系统的耗散性以及控制性能, 详细讨论见文献 [117] 和文献 [118]. 这里不再详述. 下面我们将通过在优化问题中增加一个约束来重新使闭环系统具有耗散性.

对给定的 α 和 r (其作用将在后面讨论), 在 $k \geqslant 0$ 时刻, 根据最新测量值 $x(k)$, 求解下面的半正定规划问题:

问题 7.5

$$\min_{\gamma,\, Q=Q^{\mathrm{T}},\, Y} \gamma \tag{7.55}$$

满足 (7.42), (7.47), (7.52) 和

$$\begin{pmatrix} p_0 - p_{k-1} + x(k)^{\mathrm{T}} P_{k-1} x(k) & x(k)^{\mathrm{T}} \\ x(k) & Q \end{pmatrix} \geqslant 0. \tag{7.56}$$

上述优化问题中, (7.56) 是附加的耗散约束, 它依赖于上一时刻的 P_{k-1} 和耗散指标 p_{k-1}. 如果优化问题对于 $\alpha = \alpha_k$ 和 $r = r_k$ 是可行的, 记优化解为(γ_k, Q_k, Y_k), 则迭代更新 p_k 和 P_k 为

$$P_k := Q_k^{-1}, \tag{7.57a}$$

$$p_k := p_{k-1} - \left[x(k)^{\mathrm{T}} P_{k-1} x(k) - x(k)^{\mathrm{T}} P_k x(k)\right], \tag{7.57b}$$

其中 $\alpha = \alpha_0$ 和 $r = r_0$ 为迭代过程的起始参数. 在 $k = 0$ 时刻, 不考虑耗散约束 (7.56), 得到优化问题 7.3 的解 (γ_0, Q_0, Y_0), 则令 $P_0 = Q_0^{-1}$ 和 $p_0 = x(0)^{\mathrm{T}} P_0 x(0)$.

在每个采样时刻求解优化问题 7.5 时, P_{k-1} 和 p_{k-1} 是固定的. 因此, (7.56) 是关于 Q 的一个 LMI 约束. 而问题 7.5 也因此是可以数值求解的 LMI 优化问题.

如果优化问题 7.5 有解, 记为 (γ_k, Q_k, Y_k), 则 k 时刻的反馈增益为

$$K(k) = Y_k P_k\,. \tag{7.58}$$

进而计算 k 时刻的闭环控制为

$$u(k) = K(k)x(k)\,. \tag{7.59}$$

同样, 我们通过在线求解优化问题 7.5, 获得时变的状态反馈增益.

为了实现滚动时域优化, 最基本的条件是优化问题 7.5 在每一个采样时刻 k 都是可行的. 为此, 我们需要对干扰的幅值和能量作出限制. 下面给出一个相关的结论.

引理 7.7 对于 $\alpha = \alpha_k$ 和 $r = r_k$, 假设优化问题 7.5 直到 k 时刻都是可行的. 定义标量 d_k 为

$$d_k := \frac{r_k - x(k)^{\mathrm{T}} P_k x(k)}{\gamma_k} + \frac{\|z_1(k)\|^2}{\gamma_k^2}\,, \tag{7.60}$$

则 d_k 是非负的. 如果干扰满足 $\|w(k)\|^2 \leqslant d_k$, 那么存在 $\alpha \geqslant 0$, 使得当 $r = r_k$ 时问题 7.5 在 $k+1$ 时刻也是可行的.

证明 如果 $(r_k, \alpha_k, \gamma_k, Q_k, Y_k)$ 对于问题 7.5 是可行的, 可从 (7.52) 推得 $d_k \geqslant 0$. 如果 $\|w(k)\|^2 \leqslant d_k$, 将 k 替换为 $k+1$. 为了证明引理的结论只需要证明存在一个 $\alpha \geqslant 0$ 使得 $(r_k, \alpha, \gamma_k, Q_k, Y_k)$ 满足 (7.52) 和 (7.56). 因为 $p_0 - p_k \geqslant 0$, 当 $Q = P_k^{-1}$ 时 (7.56) 成立. 在 k 时刻 (7.42) 成立意味着有下列耗散不等式:

$$x(k+1)^{\mathrm{T}} P_k x(k+1) \leqslant \gamma_k \|w(k)\|^2 - \gamma_k^{-1} \|z_1(k)\|^2 + x(k)^{\mathrm{T}} P_k x(k). \tag{7.61}$$

那么 $\|w(k)\|^2 \leqslant d_k$ 表明 $x(k+1)^{\mathrm{T}} P_k x(k+1) \leqslant r_k$. 因此, 当 k 替换为 $k+1$ 时, 对于 $(r, \alpha, Q) = (r_k, 0, Q_k)$, (7.52) 仍然是可行的. 结论得证. □

注 7.3 参数 $\alpha \geqslant 0$ 和 $r > 0$ 是可以通过平面搜索 (Plane search) 在线调节或在线优化的参数. 通过搜索 α 和 r 保证优化问题 7.5 有可行解. 需要强调的是它们的选取将不影响滚动时域 $\mathcal{H}_\infty$ 控制方法的本质特性. 参数 α 可被用于调节期望但未知的未来干扰的能量. 当干扰大时, 这将减小控制动作的侵略性 (Agressive). 然而, 我们必须明白, 即使未来的干扰大于 α, 在保证优化问题可行的前提下这个方法仍然能进行干扰抑制. 为了简单起见, 可以选择 $\alpha_k = 0$ 并调节 r_k 来满足 $x(k)^{\mathrm{T}} P_k x(k) < r_k$, 这是为定理 7.3 的非零干扰所准备的, 并已经在图 7.6 中阐明.

注 7.4 设 $(\gamma_{\text{opt}}, Q_{\text{opt}}, Y_{\text{opt}})$ 是 (7.42) 的优化解. 如果去掉 (7.47), 很容易显示在每个时刻 $k \geqslant 0$ 和有限的 $r > 0$, $(\gamma_{\text{opt}}, Q_{\text{opt}}, Y_{\text{opt}})$ 是优化问题 7.5 的可行解. 因此, 如果不考虑时域约束采用滚动时域 $\mathcal{H}_\infty$ 控制与标准无约束 $\mathcal{H}_\infty$ 控制可达到同样的性能.

注 7.5 因为假设未来干扰能量的界已知以保证可行性所得到的控制器是非常保守的, 因而我们不希望在设计的方法中包含任何关于干扰的先验信息. 如果系统需要满足时域约束同时系统受到不衰减的大干扰的影响, 需要考虑此时 LMI 优化问题可能不存在可行解. 为了保证可行性, 可以采用松弛控制约束 (这对稳定系统往往是可能的, 但是实际上几乎不可行), 或者是切换到具有二次目标的预测控制方法, 但这些方法却无法保证下节所要讨论的耗散性.

7.3.5 闭环系统性能分析

假设在每个采样时刻 $k \geqslant 0$, LMI 优化问题 7.5 存在优化解 (γ_k, Q_k, Y_k), 则 k 时刻的反馈增益为

$$K(k) = Y_k P_k\,. \tag{7.62}$$

进而定义 k 时刻的闭环控制为

$$u(k) = K(k) x(k)\,. \tag{7.63}$$

相应的闭环控制系统为

$$x(k+1) = Ax(k) + B_1w(k) + B_uK(k)x(k) \tag{7.64a}$$

$$z_1(k) = C_1x(k) + D_1w(k) + D_{1u}K(k)x(k) \tag{7.64b}$$

$$z_2(k) = C_2x(k) + D_{2u}K(k)x(k). \tag{7.64c}$$

这节根据文献 [117] 的思路, 讨论为什么附加的耗散约束 (7.56) 可以保证闭环系统 (7.64) 的耗散性.

从迭代更新 p_k 和 P_k 的式 (7.57) 可推得

$$p_{k-1} = p_0 - \sum_{i=1}^{k-1}[x(i)^{\mathrm{T}}P_{i-1}x(i) - x(i)^{\mathrm{T}}P_ix(i)]. \tag{7.65}$$

因为优化解矩阵 Q_k 使得耗散约束 (7.56) 满足, 利用 Schur 补公式, (7.56) 等价于

$$p_0 - p_{k-1} + x(k)^{\mathrm{T}}P_{k-1}x(k) - x(k)^{\mathrm{T}}P_kx(k) \geqslant 0\,. \tag{7.66}$$

将 (7.65) 和 (7.66) 相结合可得

$$\sum_{i=1}^{k}[x(i)^{\mathrm{T}}P_{i-1}x(i) - x(i)^{\mathrm{T}}P_ix(i)] \geqslant 0. \tag{7.67}$$

LMI (7.42) 的可行性表明, 在每个采样时刻 $k \geqslant 0$, 闭环系统 (7.64) 的输入输出和状态满足不等式 (7.39), 其中 $\gamma = \gamma_k$ 和 $V(x) = x^{\mathrm{T}}P_kx$. 因此有

$$\gamma_0^{-1}\|z_1(0)\|^2 - \gamma_0\|w(0)\|^2 \leqslant x(0)^{\mathrm{T}}P_0x(0) - x(1)^{\mathrm{T}}P_0x(1) \tag{7.68a}$$

$$\gamma_1^{-1}\|z_1(1)\|^2 - \gamma_1\|w(1)\|^2 \leqslant x(1)^{\mathrm{T}}P_1x(1) - x(2)^{\mathrm{T}}P_1x(2) \tag{7.68b}$$

$$\vdots$$

$$\gamma_k^{-1}\|z_1(k)\|^2 - \gamma_k\|w(k)\|^2 \leqslant x(k)^{\mathrm{T}}P_kx(k) - x(k+1)^{\mathrm{T}}P_kx(k+1). \tag{7.68c}$$

叠加上式, 有

$$\begin{aligned}\sum_{i=0}^{k}\gamma_i^{-1}\|z_1(i)\|^2 - \gamma_i\|w(i)\|^2 \leqslant{}& x(0)^{\mathrm{T}}P_0x(0) \\ &- \sum_{i=1}^{k}\left[x(i)^{\mathrm{T}}P_{i-1}x(i) - x(i)^{\mathrm{T}}P_ix(i))\right] - x(k+1)^{\mathrm{T}}P_kx(k+1).\end{aligned} \tag{7.69}$$

定义 $\gamma := \max\{\gamma_0, \gamma_1, \cdots, \gamma_k\}$. 由 (7.67), 上述不等式变为

$$\sum_{i=0}^{k}\gamma^{-1}\|z_1(i)\|^2 - \gamma\|w(i)\|^2 \leqslant x(0)^{\mathrm{T}}P_0x(0) - x(k+1)^{\mathrm{T}}P_kx(k+1). \tag{7.70}$$

这表明滚动时域闭环系统关于供应率 $s(z_1,w)=\gamma\|w\|^2-\gamma^{-1}\|z_1\|^2$ 是耗散的, 这可引出下面的结论.

定理 7.4 假设:

(1) 在每个采样时刻 k, 存在 $r=r_k>0$ 和 $\alpha=\alpha_k\geqslant 0$ 使得由测量状态 $x(k)$ 刷新的优化问题 7.5 存在一个优化解 (γ_k,Q_k,Y_k);

(2) 优化值序列 γ_k 是有界的.

闭环系统 (7.64) 有下面的特性:

(a) 对于有限能量的干扰, 当 $k\to\infty$ 时, 系统的状态收敛于零;

(b) 时域约束 (7.35) 得到满足;

(c) 对于所有的 $k\geqslant 0$, 记 $\gamma:=\max\{\gamma_0,\gamma_1,\cdots,\gamma_k\}$, 则闭环系统满足耗散不等式

$$\sum_{i=0}^{k}\gamma^{-1}\|z_1(i)\|^2-\gamma\|w(i)\|^2\leqslant x(0)^{\mathrm{T}}P_0x(0)=p_0. \tag{7.71}$$

(d) 从干扰 w 到性能输出 z_1 的能量增益不大于

$$\gamma_\infty:=\lim_{k\to\infty}\max\{\gamma_0,\gamma_1,\cdots,\gamma_k\}. \tag{7.72}$$

证明 在每个采样时刻 k, (7.52) 使得测量状态 $x(k)$ 属于$\mathcal{E}_1(P_k,r_k,\alpha_k)$, 并且由于 $\alpha_k\geqslant 0$, 所以 $x(k)$ 也属于 $\mathcal{E}_2(P_k,r_k)$. 因此, 我们可以照搬 (7.46) 的推导得, 在每个采样时刻满足 LMI (7.47) 意味着对任意 $k\geqslant 0$ 有 $|z_{2\nu}(k)|\leqslant z_{2\nu,\max}$, 其中 $\nu=1,2,\cdots,p_2$. 这证明 (b) 成立. 由于 $P_k>0$, (7.70) 推出结论 (c). 如果干扰具有有限的能量, 可以在 $k\to\infty$ 时取极限, 推得

$$\sum_{i=0}^{\infty}\|z_1(i)\|^2\leqslant\gamma_\infty x(0)^{\mathrm{T}}P_0x(0)+\gamma_\infty^2\sum_{i=0}^{\infty}\|w(i)\|^2. \tag{7.73}$$

因为 (C_1,A) 是可测的, 这证明 (a) 成立. 进一步, 设 $x(0)=0$ 可得 (d). □

注 7.6 在定理 7.3 中, 时域约束是通过一个固定控制器增益和两个固定的嵌套的状态椭圆域来满足的, 而这需要干扰能量上界的先验知识. 与此相反, 在滚动时域 $\mathcal{H}_\infty$ 控制器中, 时域约束是通过改变包含测量状态的椭圆域来保证的. 因此, 与固定的 $\mathcal{H}_\infty$ 控制器相比, 在线求解的椭圆域可降低控制策略的保守性. 滚动时域算法的一个主要好处是, 它不基于任何干扰能量的先验知识来满足时域约束.

下面, 我们总结一下滚动时域 $\mathcal{H}_\infty$ 控制方法的一些特性:

(1) 定量考虑带时域约束的干扰抑制. 在线求解线性系统的约束 $\mathcal{H}_\infty$ 控制问题, 并且在每一采样时刻更新实际系统的状态. 这与标准 MPC 算法在每一采样时刻求解开环优化问题不同, 也不像文献 [119] 那样求解一个带约束的 (鲁棒) LQR 问题.

(2) 引入一个附加的耗散约束来保证闭环滚动时域系统的耗散性. 主要特点是根据时域约束自动调整 (和优化) 性能指标. 这与已有的滚动时域 $\mathcal{H}_\infty$ 方法 (如文献 [80]、[120]~[122]) 是不同的, 它们的闭环目标增益通常是常值, 这也是因为在没有时域约束时不需要调整性能.

(3) 与文献 [119] 相似, 在每个采样时刻, 进行反馈预测 (而不是开环预测), 而且滚动时域实现导致控制器的状态反馈增益矩阵是时变的. 然而在这些框架中, 在每个采样时刻, 求解优化问题得到一个固定的线性反馈增益用于预测系统的未来动态, 这会引起保守性 (好处是计算易处理). 与 minimax 方法相比, 后者基于更加复杂的分段仿射的反馈增益矩阵[123~125].

7.3.6 关于耗散约束

由上一节的推导知, 耗散约束 (7.56) 的本质是使得 (7.67) 成立. 我们把 (7.67) 的左边改写成

$$\begin{aligned}&\sum_{i=1}^{k}\left[x(i)^{\mathrm{T}}P_{i-1}x(i)-x(i)^{\mathrm{T}}P_{i}x(i)\right]\\&\quad=\sum_{i=1}^{k-1}\left[x(i)^{\mathrm{T}}P_{i-1}x(i)-x(i)^{\mathrm{T}}P_{i}x(i)\right]+x(k)^{\mathrm{T}}P_{k-1}x(k)-x(k)^{\mathrm{T}}P_{k}x(k)\end{aligned}$$

如果在 $0,\cdots,k-1$ 时刻, 系统 (7.34) 的反馈增益为 $K(0),\cdots,K(k-1)$, 则累积量

$$\sum_{i=1}^{k-1}\left[x(i)^{\mathrm{T}}P_{i-1}x(i)-x(i)^{\mathrm{T}}P_{i}x(i)\right] \tag{7.74}$$

决定了依旧能保证 (7.67) 成立的

$$x(k)^{\mathrm{T}}\left(P_{k-1}-P_{k}\right)x(k) \tag{7.75}$$

为负的最大可能量. 也即如果在前面的滚动过程中, 已经有足够的储备被累积到 (7.74) 中, 则可以允许 (7.75) 成为负值. 我们允许 (7.75) 为负即允许 $P_{k-1}<P_k$, 只要 (7.74) 与 (7.75) 的和是非负的, (7.67) 就能成立. 显然, 这比文献 [126] 讨论的约束 $P_{k-1}\geqslant P_k$ 要弱很多. 也给优化问题获得更小的 γ_k 进而更好的控制性能留有更大的余地.

需要指出的是, 系统始终通过 p_k 的迭代式 (7.57) 在监测并存储其耗散水平. 换句话说, 引入的耗散约束提供了一种机制: 如果一直只有小干扰影响系统的话, 系统将一直“累积并保存”能量, 以备未来在大干扰出现时能“消费”能量. 通过这种机制, 闭环系统仍然能保证耗散性 (因此保证性能), 而这并没有像其他方法 (如文献 [127]), 那样要求在每个采样时刻耗散指标 (值函数) 都是递减的.

在具体设计中, 在 $k=0$ 时刻初始化优化参数并在未来所有时刻保持 p_0 固定不变. 需要重点说明的是, 这个策略允许在任何 $k_0>0$ 时刻进行重新初始化. 在定理 7.4 的假设条件下, 即 $k=0$ 由 $k=k_0$ 来代替, 可得下面的耗散不等式

$$\sum_{i=k_0}^{k} \gamma^{-1}\|z_1(i)\|^2-\gamma\|w(i)\|^2 \leqslant x(k_0)^{\mathrm{T}} P_{k_0} x(k_0). \tag{7.76}$$

当 $k \geqslant k_0$ 且 $\gamma=\max\{\gamma_{k_0},\gamma_{k_0+1},\cdots,\gamma_k\}$, 则干扰到被控输出的能量增益在 $[k_0,\infty)$ 时的界为 $\lim\limits_{k\to\infty}\max\{\gamma_{k_0},\gamma_{k_0+1},\cdots,\gamma_k\}$. 这可以理解为丢弃过去时刻的坏性能 (例如大的非持续干扰), 然后为未来的控制动作提供更好的性能保证.

最后, 我们强调的是这种由耗散约束实现的"能量积累"和"耗散监测"机制有更广泛的应用. 例如,"能量积累"和"耗散监测"的概念已经被应用于基于反馈增益离线构造切换控制策略中[117]. 在下面的 7.5 节和 7.6 节, 我们将耗散约束的应用推广到存在系统不确定性的约束线性系统以及约束系统跟踪控制问题.

7.3.7 应用: 主动悬架控制

作为验证所提出的滚动时域 $\mathcal{H}_\infty$ 控制方法的一个例子, 我们考虑一个二自由度四分之一车模型, 如图 7.7 所示. 这里 (k_s,c_s) 代表主动悬架内置的被动悬架; k_u 代表轮胎刚度; m_s 和 m_u 分别代表簧载和非簧载质量. 另外, x_s-x_u 是悬架动行程, x_u-x_o 是轮胎动位移, x_o 是路面不平度引起的路面纵向位移; u_f 是主动力, 其由液压传动装置产生, 可视为控制输入.

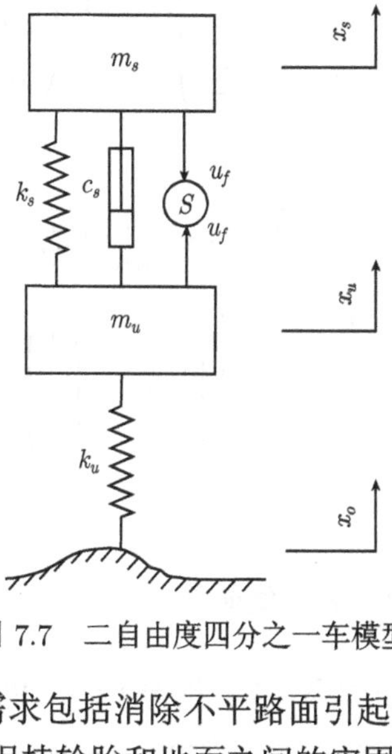

图 7.7 二自由度四分之一车模型

车辆主动悬架的控制需求包括消除不平路面引起的震动对乘客的影响, 称为乘坐舒适性, 抑制轮胎弹跳保持轮胎和地面之间的牢固和不间断接触, 保持悬架动

行程在允许范围内 (如文献 [128]、[129]). 我们选用车身加速度描述乘坐舒适性, 即 $z_1 = \ddot{x}_s$. 为了确保稳固而不间断的轮胎和路面接触, 轮胎动载荷不应超过静载荷[130, 129], 即

$$k_u\left(x_u(t) - x_o(t)\right) \leqslant (m_s + m_u)g, \quad \forall t \geqslant 0. \tag{7.77}$$

为了避免悬架动行程过大造成机械结构的损坏, 车辆上往往安装有悬架限位块. 但是撞击将直接导致乘坐的不舒适. 因此, 我们需要考虑对悬架的动行程进行限制, 即

$$|x_s(t) - x_u(t)| \leqslant x_{\max}, \quad \forall t \geqslant 0\,. \tag{7.78}$$

另外, 由于执行器饱和, 作为控制量的主动力也是受约束的, 即

$$|u_f(t)| \leqslant u_{\max}, \quad \forall t \geqslant 0. \tag{7.79}$$

很明显, (7.77)~(7.79) 是时域硬约束. 因此, 主动悬架控制问题是一个有时域约束的干扰抑制问题.

选择归一化的主动控制力, 悬架动行程和轮胎动静载荷比为约束输出. 取 $x = (x_s - x_u,\ \dot{x}_s,\ x_u - x_o,\ \dot{x}_u)^{\mathrm{T}}$ 为状态变量, 地面速度为干扰输入, 则四分之一车可描述为:

$$\dot{x}(t) = \begin{pmatrix} 0 & 1 & 0 & -1 \\ -\dfrac{k_s}{m_s} & -\dfrac{c_s}{m_s} & 0 & \dfrac{c_s}{m_s} \\ 0 & 0 & 0 & 1 \\ \dfrac{k_s}{m_u} & \dfrac{c_s}{m_u} & -\dfrac{k_u}{m_u} & -\dfrac{c_s}{m_u} \end{pmatrix} x(t) + \begin{pmatrix} 0 \\ 0 \\ -1 \\ 0 \end{pmatrix} w(t) + \begin{pmatrix} 0 \\ \dfrac{u_{\max}}{m_s} \\ 0 \\ -\dfrac{u_{\max}}{m_u} \end{pmatrix} u(t) \tag{7.80a}$$

$$z_1(t) = \begin{pmatrix} -\dfrac{k_s}{m_s} & -\dfrac{c_s}{m_s} & 0 & \dfrac{c_s}{m_s} \end{pmatrix} x(t) + \frac{u_{\max}}{m_s} u(t) \tag{7.80b}$$

$$z_2(t) = \begin{pmatrix} 0 & 0 & 0 & 0 \\ \dfrac{1}{x_{\max}} & 0 & 0 & 0 \\ 0 & 0 & \dfrac{k_u}{(m_s + m_u)g} & 0 \end{pmatrix} x(t) + \begin{pmatrix} 1 \\ 0 \\ 0 \end{pmatrix} u(t), \tag{7.80c}$$

其中时域约束的界为 $z_{2\nu,\max} = 1,\ \nu = 1, 2, 3$.

模型 (7.80) 中物理参数的名义值如下:

$$m_s = 320 \text{ kg}, \quad m_u = 40 \text{ kg}, \quad k_s = 18 \text{ kN/m}, \quad c_s = 1 \text{ kN·s/m},$$

$$k_u = 200 \text{ kN/m}, \quad x_{\max} = 0.08 \text{ m}, \quad u_{\max} = 1.5 \text{ kN}.$$

选取采样时间为 $T_s = 0.02\text{s}$, 离散四分之一车模型, 得到形式如 (7.34) 的名义系统, 相应矩阵为

$$
\begin{aligned}
A &= \begin{pmatrix} 0.9278 & 0.0155 & 0.6972 & -0.0102 \\ -0.8693 & 0.9423 & -2.4736 & 0.0398 \\ 0.0628 & 0.0040 & 0.2848 & 0.0107 \\ 4.5970 & 0.3181 & -53.5513 & -0.0333 \end{pmatrix}, \\
B_1 &= \begin{pmatrix} -0.0052 \\ 0.0179 \\ -0.0147 \\ 0.7152 \end{pmatrix}, \quad B_u = \begin{pmatrix} 0.0060 \\ 0.0724 \\ -0.0052 \\ -0.3831 \end{pmatrix}, \\
C_1 &= \begin{pmatrix} -56.2500 & -3.1250 & 0 & 3.1250 \end{pmatrix}, \\
C_2 &= \begin{pmatrix} 0 & 0 & 0 & 0 \\ 12.5000 & 0 & 0 & 0 \\ 0 & 0 & 56.6316 & 0 \end{pmatrix}, \quad D_{2u} = \begin{pmatrix} 1 \\ 0 \\ 0 \end{pmatrix}, \\
D_1 &= 0, \quad D_{1u} = 4.6875.
\end{aligned} \tag{7.81}
$$

车辆驶过明显的包或坑时, 可能会发生撞击悬架限位块或车轮跳跃的现象, 即违背时域约束. 我们考虑路面垂向速度为系统干扰. 路面的包或坑可以描述为

$$
w(k) = \begin{cases} \dfrac{\pi V A}{L} \sin \dfrac{2\pi V}{L} k T_s, & 0 \leqslant k \leqslant \dfrac{L}{V T_s}, \\ 0, & k > \dfrac{L}{V T_s}, \end{cases} \tag{7.82}
$$

其中 V 是车辆向前行驶的速度, A 和 L 分别是包块的高度和长度. 图 7.8 给出了包块响应, 其中 $L = 5\text{m}$, $V = 60\text{km/h}$, $A = 0.1\text{m}$ (包), $A = -0.063\text{m}$ (坑). 对于所提出的滚动时域 $\mathcal{H}_\infty$ 主动悬架, 我们选择 $\alpha = 0.0$ 和 $r = 5.0$. 优化问题在每个采样时刻都是可行的, 因此, 可以保证控制和输出约束得到满足. 为了对比控制器的效果, 分别取 $r = 5.0$ 和 $r = 15.0$, 通过求解优化问题 7.3 设计了两个约束 $\mathcal{H}_\infty$ 控制器, 固定所得的反馈增益. 根据定理 7.3 和注释 7.2, 如果干扰能量分别小于 $0.09\text{m}^2/\text{s}^2$ 和 $0.11\text{m}^2/\text{s}^2$, 固定控制器可以保证时域约束满足. 另外, 干扰抑制水平 γ 分别取值 7.5 和 11.7. 需要注意的是, 通过计算得图 7.8 中包坑的干扰能量分别为 $8.2\text{m}^2/\text{s}^2$ 和 $3.3\text{m}^2/\text{s}^2$, 它比两个固定控制器的允许值要大得多, 因此无法保证时域约束得到满足. 仿真结果分别如图 7.8 中的虚线 ($r = 5.0$) 和点画线 ($r = 15.0$) 所示. 很清楚的可以看出滚动时域 $\mathcal{H}_\infty$ 主动悬架可以通过在线协调性能水平 (见图 7.8 底部曲线) 来满足时域约束. 与 $r = 15.0$ 的固定控制器相比, 滚动时域 $\mathcal{H}_\infty$ 控制可以取

得更好的乘坐舒适性, 而固定控制器轻微地违背了控制约束. 当 $r = 5.0$ 时, 固定控制器在所有设计方法中具有最好的性能, 但是它严重地违背了控制和输出约束. 另外, 在小干扰的情况下, (图 7.8 所示的坑), 没有需要在线协调控制. 这时, 滚动时域 $\mathcal{H}_\infty$ 主动悬架与 $r = 5.0$ 固定约束 $\mathcal{H}_\infty$ 主动悬架有相同的性能.

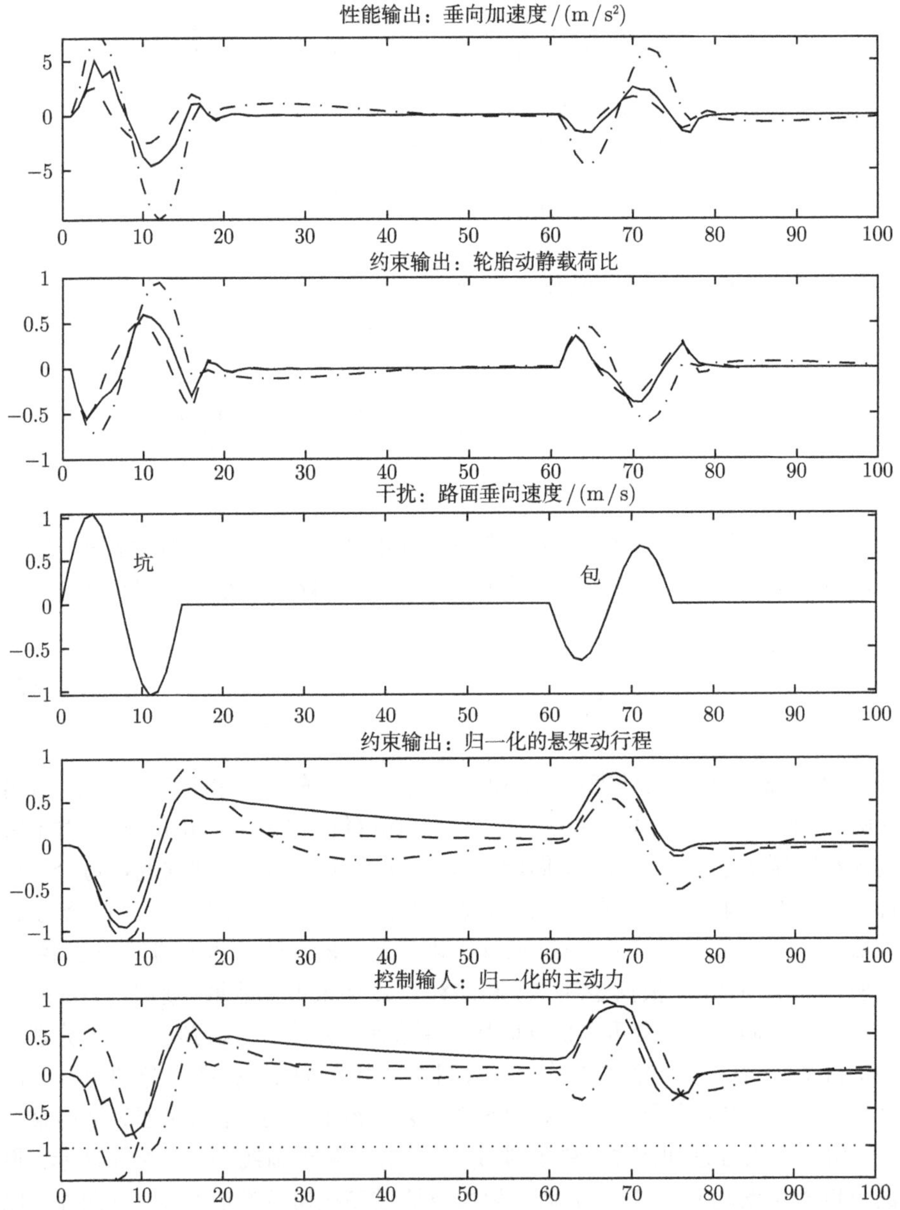

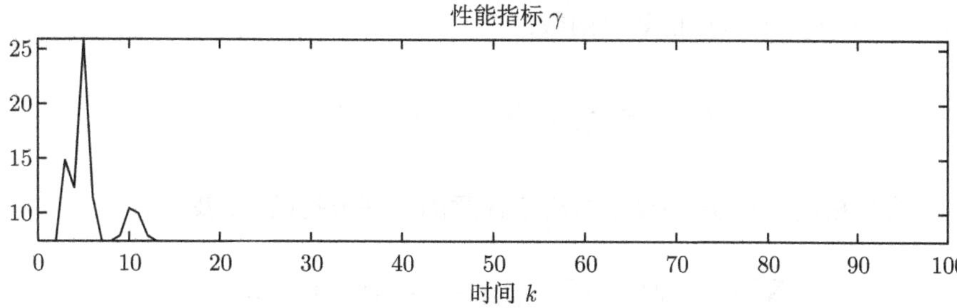

图 7.8 包块响应: 基于滚动优化的约束 $\mathcal{H}_\infty$ 控制器 ($r=5.0$ (——)), 固定约束 $\mathcal{H}_\infty$ 控制器 ($r=5.0$ (– –) 和 $r=15.0$ (– · –))

7.4 Minimax 问题的拉格朗日近似

预测控制的基本原理是在每个采样时刻求解用最新测量值刷新的约束优化问题, 将得到的控制动作或者控制规律作用于系统至下一个采样时刻. 在鲁棒预测控制中, 我们需要在线重复求解如下的 minimax 优化问题.

问题 7.6

$$\min_{u\in\mathcal{U}}\max_{w\in\mathcal{W}}\sum_{i=k}^{\infty}\|z_1(i)\|^2,$$

其中 $\mathcal{U}$ 是所有允许控制函数的集合, $\mathcal{W}$ 是所有允许干扰函数的集合, z_1 是动力学方程

$$x(k+1)=f(x(k),u(k),w(k)),\quad x(0)=x \tag{7.83a}$$

$$z_1(k)=h(x(k),u(k),w(k)) \tag{7.83b}$$

的解.

上述约束 minimax 优化问题的解满足 HJB 方程. 但是, 一般情况下我们不可能得到其解析解. 在 7.2 节, 我们引入终端惩罚和终端域, 将无限时域的 minimax 优化问题转换成有限时域的 minimax, 试图在博弈论的框架下给出 7.6 的求解方法. 但也只给出了理论框架性的结果, 并没有给出计算控制量的可行方案. 目前来讲, 这种方法的理论意义远大于实际意义. 下面我们将应用拉格朗日松弛法将约束 minimax 问题 7.6 转化为最小化问题.

假设允许干扰函数的能量为 α, 即允许干扰函数的集合为

$$\mathcal{W}:=\left\{w\in\mathbb{R}^{m_1}\mid\sum_{i=0}^{\infty}\|w(i)\|^2\leqslant\alpha\right\}, \tag{7.84}$$

则我们可以定义如下的拉格朗日函数:

$$L(x,u,\gamma) := \sum_{i=k}^{\infty} \|z_1(i)\|^2 - \gamma^2 \left(\|w(i)\|^2 - \alpha\right) ,$$

其中 γ^2 为拉格朗日算子. 于是, 对给定任意的允许干扰函数, 我们有

$$\sum_{i=k}^{\infty} \|z_1(i)\|^2 \leqslant \sum_{i=k}^{\infty} \|z_1(i)\|^2 - \gamma^2 \left(\|w(i)\|^2 - \alpha\right) .$$

因为上式对所有允许干扰函数都成立, 所以有

$$\sum_{i=k}^{\infty} \|z_1(i)\|^2 \leqslant \max_{w\in l_2} \left(\sum_{i=k}^{\infty} \|z_1(i)\|^2 - \gamma^2\|w(i)\|^2 + \gamma^2\alpha\right). \tag{7.85}$$

对固定的 γ, 我们为系统 (7.83) 定义值函数如下:

$$V(x(k)) := \max_{w\in l_2} \left(\sum_{i=k}^{\infty} \|z_1(i)\|^2 - \gamma^2\|w(i)\|^2\right) . \tag{7.86}$$

应用动态规划 (Dynamic programming) 得, 值函数满足

$$V(x(k)) = \max_{w(k)\in\mathbb{R}^{m_1}} \left(\|z_1(k)\|^2 - \gamma^2\|w(k)\|^2 + V\left(x(k+1)\right)\right). \tag{7.87}$$

进一步, 对任意的能量有界干扰 ($w \in l_2$), 系统 (7.83) 满足如下的耗散不等式:

$$V(x(k+1)) - V(x(k)) \leqslant \gamma^2\|w(k)\|^2 - \|z_1(k)\|^2. \tag{7.88}$$

由 (7.86) 和 (7.85) 得

$$\sum_{i=k}^{\infty} \|z_1(i)\|^2 \leqslant V(x(k)) + \gamma^2\alpha\,. \tag{7.89}$$

上式对任意的允许干扰都成立, 包括“最坏”的那个干扰. 因此, 有

$$V(x(k)) + \gamma^2\alpha \geqslant \max_{w\in\mathcal{W}} \sum_{i=k}^{\infty} \|z_1(i)\|^2. \tag{7.90}$$

因此, minimax 问题 7.6 可以转化为下面的最小化问题.

问题 7.7

$$\min_{\gamma^2,u\in\mathcal{U}} V(x(k)) + \gamma^2\alpha$$

满足耗散不等式 (7.88) 和系统动力学方程 (7.83).

上述问题将 γ 也作为优化独立变量是为了使 (7.90) 有一个更好的上界. 如果引入 $V(x(k)) \leqslant r$, 则上述优化问题变为

问题 7.8

$$\min_{\gamma^2, u\in\mathcal{U}} \ r + \gamma^2\alpha$$

满足耗散不等式 (7.88), 系统动力学方程 (7.83) 和

$$V(x(k)) \leqslant r\,. \tag{7.91}$$

显然, 对于一个实际系统而言, 我们并不能知道外部干扰的能量界 α. 因此, 一种更合适的方式是将其视为可以调整的加权系数, 即将优化问题 7.9 改写为

问题 7.9

$$\min_{\gamma^2, u\in\mathcal{U}} \ q_1 r + q_2\gamma^2$$

满足系统动力学方程 (7.83), 耗散不等式 (7.88) 和 (7.91), 其中 q_1, q_2 为加权系数.

在鲁棒 MPC 中, 采用闭环预测优于开环预测已经是一个不争的事实, 即上述优化问题的变量 u 实际上是 $u = \kappa(x)$. 如此, 我们的问题似乎又回到了求解约束优化问题的解析解. 为了使问题可以数值求解, 需要对函数 $\kappa(\cdot)$ 进行参数化. 最简单的参数化为 $u = Kx$, 也即在整个无限预测时域内, 用于预测系统未来动态的控制序列由 $u = Kx$ 产生. 这样, 最小化问题的独立变量就是有限维的即 γ^2 和 K. 如果系统动力学方程是线性的, 那么就可以将优化问题 7.9 转化为以一组线性矩阵不等式 (LMIs) 为约束的优化问题. 已经有非常高效的数值计算方法求解 LMI 优化问题. 下面是一些情况的罗列:

(1) 如果不考虑外部干扰, 则取 $q_1 = 1$ 和 $q_2 = 0$ 且在耗散不等式 (7.88) 中去掉外部干扰相关的项, 即变成

$$V(x(k+1)) - V(x(k)) \leqslant -\|z_1(k)\|^2.$$

这就是文献 [119] 讨论的情况.

(2) 在有外部干扰的情况下, 我们取 $q_1 = 0$ 和 $q_2 = 1$. 文献 [131] 和本书 7.2 节讨论的就是这种情况. 需要指出的是本节的耗散不等式 (7.88) 与 7.2 节的耗散不等式 (7.39) 是等价的. 在预测控制的意义下, 罗列一下文献 [131] 和 7.2 节讨论的滚动时域 $\mathcal{H}_\infty$ 控制的要点:

(i) 无限预测时域;

(ii) 闭环预测;

(iii) 用反馈控制律 $u = Kx$ 参数化预测时域内的控制序列.

简述优化问题 7.9 和 LMI 优化问题 7.4 关系:

(i) 如 7.3.2 节讨论, 在 $u = Kx$ 作用下, 动力学系统 (7.83) 满足耗散不等式 (7.88) 的要求等价于存在 (γ, Y, Q) 满足 LMI (7.42), 其中 $V(x) = x^{\mathrm{T}}Q^{-1}x$;

(ii) $u \in \mathcal{U}$ 表示控制函数属于允许控制集 $\mathcal{U}$, 而允许控制就是使得系统 (7.83) 满足时域约束的控制函数. 7.2 节讨论的时域约束由式 (7.35) 给出, 采用椭圆域方法将其转化为矩阵不等式 (7.47). 这个如 7.3.3 节讨论.

总之, 为了将优化问题 7.9 转化为可以数值求解的 LMI 优化问题 7.4, 我们需要求解动力学系统 (7.83) 的约束 $\mathcal{H}_\infty$ 控制. 由于基于椭圆域的时域约束转化只有充分性没有必要性, 这种优化问题的转化是有保守性的.

(3) 保留 q_1 和 q_2 作为可调参数, 文献 [132] 给出了文献 [131] 滚动时域 $\mathcal{H}_\infty$ 控制方法的一种改进. 该方法把 r 也作为 7.9 的独立变量, 引入一个固定的 r_c满足 $r_c \geqslant r$, 由椭圆域约束 (7.91) 得 $x(k)^{\mathrm{T}}Px(k) \leqslant r_c$. 如 7.3.3 节, 采用椭圆域方法将满足时域约束的要求转化为矩阵不等式 (这个转化是充分的)

$$\begin{pmatrix} \dfrac{z^2_{2\nu,\max}}{r_c} & e^{\mathrm{T}}_\nu\left(C_2Q + D_{2u}Y\right) \\ * & Q \end{pmatrix} \geqslant 0, \quad \nu = 1, 2, \cdots, p_2. \tag{7.92}$$

于是, 优化问题 7.9 就转化为可以数值求解的 LMI 优化问题如下:

问题 7.10 *对于给定 r_c, 求解*

$$\min_{r, \gamma^2, Q=Q^{\mathrm{T}}, Y} q_1 r + q_2\gamma^2$$

满足 (7.42), (7.92) 和

$$\begin{pmatrix} r & x(k)^{\mathrm{T}} \\ x(k) & Q \end{pmatrix} \geqslant 0, \tag{7.93a}$$

$$r \leqslant r_c. \tag{7.93b}$$

如果再引入保证耗散性的耗散约束 (7.56), 上述优化问题就是文献 [132] 中的优化问题 (21). 因此, 通过引入固定的 r_c, 分离了时域约束与性能指标之间的耦合, 将二次型矩阵不等式变为 LMI, 易于数值求解. 同时, 也提供了一种机制使得该方法能降低采用椭圆域方法转化时域约束带来的保守性, 且能避免在不可预见的大干扰情况下优化问题的不可行. 当然, 需要付出的代价是增加了计算负担.

下面两节我们将针对不同的情况, 继续沿着这样的思路将优化问题 7.9 转化为可以数值计算的 LMI 优化问题.

7.5 约束不确定线性系统的滚动时域 $\mathcal{H}_\infty$ 控制

这一节讨论存在不确定性的情况. 考虑如下的线性被控系统:

$$x(k+1) = Ax(k) + B_1 w(k) + B_u u(k) \tag{7.94a}$$

$$z_1(k) = C_1 x(k) + D_1 w(k) + D_{1u} u(k) \tag{7.94b}$$

$$z_2(k) = C_2 x(k) + D_{2u} u(k) \tag{7.94c}$$

其时域约束为

$$|z_{2\nu}(k)| \leqslant z_{2\nu,\max}, \quad k \geqslant 0, \quad \nu = 1, 2, \cdots, p_2, \tag{7.95}$$

其中 $x(k) \in \mathbb{R}^n$ 表示状态; $w(k) \in \mathbb{R}^{m_1}$ 为干扰; $u(k) \in \mathbb{R}^{m_2}$ 为控制输入, $z_1(k) \in \mathbb{R}^{p_1}$ 为性能输出; $z_2(k) \in \mathbb{R}^{p_2}$ 为约束输出. 需要注意的是, 如果取$C_2 = \mathbf{0}$ 和 $D_{2u} = I$, 控制约束可由 (7.94c) 和 (7.95) 描述. 假设 (A, B_u) 是一致可稳的, (C_1, A) 是一致可测的.

假设我们只知道系统 (7.94) 的矩阵满足

$$\begin{pmatrix} A & B_1 & B_u \\ C_1 & D_1 & D_{1u} \\ C_2 & 0 & D_{2u} \end{pmatrix} \in \Omega,$$

其中 Ω 是一个不确定性集合. 根据前一节的讨论知道, 我们需要求解不确定系统 (7.94) 的约束鲁棒 $\mathcal{H}_\infty$ 控制问题, 就可以将鲁棒 MPC 的 minimax 优化问题 (充分地) 转化为可以数值求解的矩阵不等式优化问题.

最简单的一个例子是多包不确定系统, 即 Ω 由下式给出:

$$\Omega = \mathrm{co}\left\{ \begin{pmatrix} A_i & B_{1,i} & B_{u,i} \\ C_{1,i} & D_{1,i} & D_{1u,i} \\ C_{2,i} & 0 & D_{2u,i} \end{pmatrix}, \ i = 1, 2, \cdots, l \right\},$$

其中 l 是多包的顶点数. 上式中 co 表示凸包. 对于线性系统 (7.94) 而言, 我们可以定义 $V(x) = x^{\mathrm{T}} Q^{-1} x$. 用下面的矩阵不等式:

$$\begin{pmatrix} Q & * & * & * \\ 0 & I & * & * \\ A_i Q + B_{u,i} Y & B_{1,i} & Q & * \\ C_{1,i} Q + D_{1u,i} Y & D_{1,i} & 0 & \gamma^2 I \end{pmatrix} > 0, \quad i = 1, 2, \cdots, l, \tag{7.96a}$$

$$\begin{pmatrix} \frac{1}{r}Z & C_{2,i}Q+D_{2u,i}Y \\ (C_{2,i}Q+D_{2u,i}Y)^{\mathrm{T}} & Q \end{pmatrix} \geqslant 0, \quad Z_{\nu\nu} \leqslant z_{2\nu,\max}^2, \quad i=1,2,\cdots,l. \tag{7.96b}$$

替换 (7.42) 和 (7.47), 我们很容易就得到了多包不确定线性系统的约束鲁棒 $\mathcal{H}_\infty$ 控制的解. 进而, 优化问题 7.9 就 (充分地) 转化为可以数值求解的优化问题如下:

问题 7.11

$$\min_{\gamma^2,\, Q=Q^{\mathrm{T}},\, Y} q_1 r + q_2\gamma^2 \tag{7.97}$$

满足 (7.96) 和

$$\begin{pmatrix} r & x(k)^{\mathrm{T}} \\ x(k) & Q \end{pmatrix} \geqslant 0. \tag{7.98}$$

应用 Schur 补公式, (7.98) 等价于优化问题 7.9 的 (7.91).

如果给定 r, 问题 7.11 是一个 LMI 优化问题, 很方便数值求解. 如果将 r 也作为问题 7.11 的一个优化变量, 那么我们也可以如上一节或者文献 [132] 一样引入一个固定的 r_c 将问题 7.11 转化为易于数值求解的 LMI 优化问题.

下面讨论线性分式 (Linear Fractional Transformation, LFT) 不确定性系统的情况. 根据前一节的讨论知道, 首先需要针对 LFT 不确定性系统求解约束鲁棒 $\mathcal{H}_\infty$ 控制问题.

7.5.1 LFT 不确定系统的约束 $\mathcal{H}_\infty$ 控制

本节介绍基于满块乘子技术 (Full Block Multiplier technique)[114] 的鲁棒约束 $\mathcal{H}_\infty$ 控制. 考虑一个线性分式 (Linear Fractional Transformation, LFT) 不确定性系统, 其名义部分为

$$x(k+1) = Ax(k) + B_1 w(k) + B_u u(k) + B_p p(k)\,, \tag{7.99a}$$

$$z_1(k) = C_1 x(k) + D_1 w(k) + D_{1u} u(k) + D_{1p} p(k)\,, \tag{7.99b}$$

$$z_2(k) = C_2 x(k) + D_{2u} u(k) + D_{2p} p(k)\,, \tag{7.99c}$$

$$q(k) = C_q x(k) + D_{qu} u(k) + D_{qp} p(k)\,, \tag{7.99d}$$

需要满足的时域约束为

$$|z_{2\nu}(k)| \leqslant z_{2\nu,\max}, \quad k \geqslant 0, \quad \nu = 1,2,\cdots,p_2, \tag{7.100}$$

其中 $x \in \mathbb{R}^n$ 表示状态向量; $w \in \mathbb{R}^{m_1}$ 表示干扰向量; $u \in \mathbb{R}^{m_2}$ 表示控制向量; $z_1 \in \mathbb{R}^{p_1}$ 和 $z_2 \in \mathbb{R}^{p_2}$ 分别表示性能和约束输出; $p \in \mathbb{R}^p$ 表示不确定输入向量.

系统的不确定输入满足

$$p(k) = \Delta q(k)\,, \tag{7.101}$$

其中 $\Delta \in B_\Delta$ 是不确定性; B_Δ 是不确定性集合. 我们将考虑这样的不确定性集合: 对任意 $\Delta \in B_\Delta$, 存在一个可逆的乘子 $\tilde{S}$ 使得

$$\begin{pmatrix} \Delta \\ I \end{pmatrix}^{\mathrm{T}} \tilde{S} \begin{pmatrix} \Delta \\ I \end{pmatrix} \geqslant 0 \tag{7.102}$$

成立, 其中 $\tilde{S} = \begin{pmatrix} S_Q & S_S \\ S_S^{\mathrm{T}} & S_R \end{pmatrix}$ 是按 $\begin{pmatrix} \Delta \\ I \end{pmatrix}$ 分块的.

对由 (7.99) 和 (7.101) 描述的不确定系统的一个基本假设是 (A, B_u, C_1) 是一致可稳和一致可测的.

暂时忽略时域约束, 并且考虑状态反馈 $u = Kx$. 如果 $I - D_{qp}\Delta$ 是可逆的, 则 (7.99) 变为

$$x(k+1) = A_\Delta x(k) + B_1 w(k), \tag{7.103a}$$

$$z_1(k) = C_{\Delta,1} x(k) + D_1 w(k), \tag{7.103b}$$

$$z_2(k) = C_{\Delta,2} x(k), \tag{7.103c}$$

其中

$$\begin{aligned} A_\Delta &= A_{cl} + B_p \Delta (I - D_{qp}\Delta)^{-1} C_{q,cl}, \\ A_{cl} &= A + B_u K, \\ C_{q,cl} &= C_q + D_{qu} K, \\ C_{\Delta,i} &= C_{i,cl} + D_{ip}\Delta (I - D_{qp}\Delta)^{-1} C_{q,cl}, \\ C_{i,cl} &= C_i + D_{iu} K, \quad i = 1, 2\,. \end{aligned}$$

给定 $\gamma > 0$, 如果系统 (7.103) 满足不等式

$$x(k+1)^{\mathrm{T}} P x(k+1) - x(k)^{\mathrm{T}} P x(k) \leqslant \gamma^2 \|w(k)\|^2 - \|z_1(k)\|^2, \tag{7.104}$$

其中 $P = P^{\mathrm{T}} > 0$, 则对于所有的 $w \in l_2$ 有

$$x(0)^{\mathrm{T}} P x(0) \geqslant \max_{\Delta \in B_\Delta} \sum_{i=0}^{\infty} \|z_1(i)\|^2 - \gamma^2 \|w(i)\|^2\,. \tag{7.105}$$

这意味着对于所有的不确定性 $\Delta \in B_\Delta$, 系统 (7.103) 从 w 到 z_1 的 $\mathcal{H}_\infty$ 范数小于 γ.

将系统方程 (7.103) 代入 (7.105) 整理得, 要求系统 (7.103) 对于所有 $\Delta \in B_\Delta$ 满足不等式 (7.105) 等价于

$$\begin{pmatrix} A_\Delta^{\mathrm{T}} P A_\Delta - P + C_{\Delta,1}^{\mathrm{T}} C_{\Delta,1} & A_\Delta^{\mathrm{T}} P B_1 + C_{\Delta,1}^{\mathrm{T}} D_1 \\ B_1 P A_\Delta + D_1^{\mathrm{T}} C_{\Delta,1} & B_1^{\mathrm{T}} P B_1 + D_1^{\mathrm{T}} D_1 - \gamma^2 I \end{pmatrix} < 0$$

也即

$$\begin{pmatrix} I & 0 \\ A_\Delta & B_1 \end{pmatrix}^{\mathrm{T}} \begin{pmatrix} -P & 0 \\ 0 & P \end{pmatrix} \begin{pmatrix} I & 0 \\ A_\Delta & B_1 \end{pmatrix} + \begin{pmatrix} 0 & I \\ C_{\Delta,1} & D_1 \end{pmatrix}^{\mathrm{T}} \begin{pmatrix} -\gamma^2 I & 0 \\ 0 & I \end{pmatrix} \begin{pmatrix} 0 & I \\ C_{\Delta,1} & D_1 \end{pmatrix} < 0 \tag{7.106}$$

对所有 $\Delta \in B_\Delta$ 成立. 记

$$N = \begin{pmatrix} I & 0 \\ 0 & I \\ \Delta(I - D_{qp}\Delta)^{-1} C_{q,cl} & 0 \end{pmatrix},$$

我们注意到

$$\begin{pmatrix} I & 0 & 0 \\ A_{cl} & B_1 & B_p \end{pmatrix} N = \begin{pmatrix} I & 0 \\ A_\Delta & B_1 \end{pmatrix}, \tag{7.107a}$$

$$\begin{pmatrix} 0 & I & 0 \\ C_{1,cl} & D_1 & D_{1p} \end{pmatrix} N = \begin{pmatrix} 0 & I \\ C_{\Delta,1} & D_1 \end{pmatrix}, \tag{7.107b}$$

$$\begin{pmatrix} 0 & 0 & I \\ C_{q,cl} & 0 & D_{qp} \end{pmatrix} N = \begin{pmatrix} \Delta & 0 \\ I & 0 \end{pmatrix} (I - D_{qp}\Delta)^{-1} C_{q,cl}\,. \tag{7.107c}$$

因此, 通过左右乘 N^{T} 和 N 得, (7.106) 等价于

$$\begin{pmatrix} I & 0 & 0 \\ A_{cl} & B_1 & B_p \end{pmatrix}^{\mathrm{T}} \begin{pmatrix} -P & 0 \\ 0 & P \end{pmatrix} \begin{pmatrix} I & 0 & 0 \\ A_{cl} & B_1 & B_p \end{pmatrix} + \\ + \begin{pmatrix} 0 & I & 0 \\ C_{1,cl} & D_1 & D_{1p} \end{pmatrix}^{\mathrm{T}} \begin{pmatrix} -\gamma^2 I & 0 \\ 0 & I \end{pmatrix} \begin{pmatrix} 0 & I & 0 \\ C_{1,cl} & D_1 & D_{1p} \end{pmatrix} < 0. \tag{7.108}$$

应用满块乘子技术[133, 114] 我们可以推得 (7.108) 对所有 $\Delta \in B_\Delta$ 成立等价于

$$\begin{pmatrix} I & 0 & 0 \\ A_{cl} & B_1 & B_p \end{pmatrix}^{\mathrm{T}} \begin{pmatrix} -P & 0 \\ 0 & P \end{pmatrix} \begin{pmatrix} I & 0 & 0 \\ A_{cl} & B_1 & B_p \end{pmatrix} +$$

$$+\begin{pmatrix} 0 & 0 & I \\ C_{q,cl} & 0 & D_{qp} \end{pmatrix}^{\mathrm{T}} \tilde{S} \begin{pmatrix} 0 & 0 & I \\ C_{q,cl} & 0 & D_{qp} \end{pmatrix}$$

$$+\begin{pmatrix} 0 & I & 0 \\ C_{1,cl} & D_1 & D_{1p} \end{pmatrix}^{\mathrm{T}} \begin{pmatrix} -\gamma^2 I & 0 \\ 0 & I \end{pmatrix} \begin{pmatrix} 0 & I & 0 \\ C_{1,cl} & D_1 & D_{1p} \end{pmatrix} < 0 \tag{7.109}$$

成立. 由于所有的 $\Delta \in B_\Delta$ 满足 (7.102), 因此, (7.109) 的充分性可以通过对其左右乘 N^{T} 和 N 得到证实. 整理式 (7.109) 得

$$\left(\begin{array}{ccc} I & 0 & 0 \\ A_{cl} & B_1 & B_p \\ \hline 0 & I & 0 \\ C_{1,cl} & D_1 & D_{1p} \\ \hline 0 & 0 & I \\ C_{q,cl} & 0 & D_{qp} \end{array}\right)^{\mathrm{T}} \left(\begin{array}{cc|cc|cc} -P & 0 & 0 & 0 & 0 & 0 \\ 0 & P & 0 & 0 & 0 & 0 \\ \hline 0 & 0 & -\gamma^2 I & 0 & 0 & 0 \\ 0 & 0 & 0 & I & 0 & 0 \\ \hline 0 & 0 & 0 & 0 & S_Q & S_S \\ 0 & 0 & 0 & 0 & S_S^{\mathrm{T}} & S_R \end{array}\right) \left(\begin{array}{c} * \\ \hline * \\ \hline * \end{array}\right) < 0 \tag{7.110}$$

因 S 可逆, 应用对偶引理 7.5 知所有的$\Delta \in B_\Delta$ 均满足

$$\begin{pmatrix} I \\ -\Delta^{\mathrm{T}} \end{pmatrix}^{\mathrm{T}} S \begin{pmatrix} I \\ -\Delta^{\mathrm{T}} \end{pmatrix} \leqslant 0, \tag{7.111}$$

其中 $S = \tilde{S}^{-1}$ 记为 $S = \begin{pmatrix} M_Q & M_S \\ M_S^{\mathrm{T}} & M_R \end{pmatrix}$. 应用对偶引理 7.5 得式 (7.110) 等价于

$$\left(\begin{array}{ccc} -A_{cl}^{\mathrm{T}} & -C_{1,cl}^{\mathrm{T}} & -C_{q,cl}^{\mathrm{T}} \\ I & 0 & 0 \\ \hline -B_1^{\mathrm{T}} & -D_1^{\mathrm{T}} & 0 \\ 0 & I & 0 \\ \hline -B_p^{\mathrm{T}} & -D_{1p}^{\mathrm{T}} & -D_{qp}^{\mathrm{T}} \\ 0 & 0 & I \end{array}\right)^{\mathrm{T}} \left(\begin{array}{cc|cc|cc} -Q & 0 & 0 & 0 & 0 & 0 \\ 0 & Q & 0 & 0 & 0 & 0 \\ \hline 0 & 0 & -\gamma^{-2} I & 0 & 0 & 0 \\ 0 & 0 & 0 & I & 0 & 0 \\ \hline 0 & 0 & 0 & 0 & M_Q & M_S \\ 0 & 0 & 0 & 0 & M_S^{\mathrm{T}} & M_R \end{array}\right) \left(\begin{array}{c} * \\ \hline * \\ \hline * \end{array}\right) > 0, \tag{7.112}$$

其中 $Q = P^{-1}$. 对式 (7.112) 的作简单矩阵变换得

$$\left(\begin{array}{ccc} I & 0 & 0 \\ 0 & I & 0 \\ 0 & 0 & I \\ \hline -A_{cl}^{\mathrm{T}} & -C_{1,cl}^{\mathrm{T}} & -C_{q,cl}^{\mathrm{T}} \\ -B_1^{\mathrm{T}} & -D_1^{\mathrm{T}} & 0 \\ \hline -B_p^{\mathrm{T}} & -D_{1p}^{\mathrm{T}} & -D_{qp}^{\mathrm{T}} \end{array}\right)^{\mathrm{T}} \left(\begin{array}{ccc|ccc} Q & 0 & 0 & 0 & 0 & 0 \\ 0 & I & 0 & 0 & 0 & 0 \\ 0 & 0 & M_R & 0 & 0 & M_S^{\mathrm{T}} \\ \hline 0 & 0 & 0 & -Q & 0 & 0 \\ 0 & 0 & 0 & 0 & -\gamma^{-2} I & 0 \\ 0 & 0 & M_S & 0 & 0 & M_Q \end{array}\right) \left(\begin{array}{c} * \\ \hline * \end{array}\right) > 0. \tag{7.113}$$

接下来, 我们对 (7.113) 按顺序执行下面的几步:

(1) 应用线性化引理 7.4;

(2) 以 $\mathrm{diag}(I, I, -I, -Q, -I, -M_Q)$ 进行同余变换;

(3) 替换 $(A_{cl}, C_{1,cl}, C_{q,cl})$ 和定义 $Y = KQ$,

得到 (7.113) 等价于

$$\begin{pmatrix} Q & 0 & B_pM_S & AQ+B_uY & B_1 & B_pM_Q \\ 0 & I & D_{1p}M_S & C_1Q+D_{1u}Y & D_1 & D_{1p}M_Q \\ * & * & M_R-D_{qp}M_S-* & C_qQ+D_{qu}Y & 0 & D_{qp}M_Q \\ * & * & * & Q & 0 & 0 \\ * & * & 0 & 0 & \gamma^2 I & 0 \\ * & * & * & 0 & 0 & -M_Q \end{pmatrix} > 0 \,. \tag{7.114}$$

综上, 如果存在 $(\gamma^2, Q, Y, M_Q, M_S, M_R)$ 使得 (7.114) 成立, 则 (7.104) 对所有 $\Delta \in B_\Delta$ 成立, 即系统 (7.99) 在控制器 $K = YQ^{-1}$ 作用下从 w 到 z_1 的 $\mathcal{H}_\infty$ 范数小于 γ. 另外, (7.114) 成立也保证 $A+BK$ 是二次稳定的, 结合 (7.111), 还保证 $I-D_{qp}\Delta$ 是非奇异性的[114].

现在讨论存在时域约束的情况. 首先定义一个椭圆域

$$\mathcal{E}(P, r_c) := \{x \in \mathbb{R}^n | x^{\mathrm{T}}Px \leqslant r_c\}.$$

如果 $x(k) \in \mathcal{E}(P, r_c)$, 对于 $\nu = 1, 2, \cdots, p_2$, 由 (7.103c) 可以推导

$$|z_{2\nu}(k)|^2 = |e_\nu^{\mathrm{T}} C_{\Delta,2} x(k)|^2 \leqslant \max_{x \in \mathcal{E}(P, r_c)} |e_\nu^{\mathrm{T}} C_{\Delta,2} x|^2, \tag{7.115}$$

其中 $\Delta \in B_\Delta$; e_ν 是 $\mathbb{R}^{p_2}$ 空间内的标准基向量. 因此, 对于 $\nu = 1, 2, \cdots, p_2$, 如果

$$|e_\nu^{\mathrm{T}} C_{\Delta,2} x|^2 \leqslant z_{2\nu,\max}^2 \text{ 对所有 } x \in \mathcal{E}(P, r_c) \text{ 和所有 } \Delta \in B_\Delta \text{ 成立}, \tag{7.116}$$

则 $|z_{2\nu}(k)| \leqslant z_{2\nu,\max}$ 即满足时域约束 (7.100). 应用 $\mathcal{S}$-procedure (引理 7.3), (7.116) 等价于存在一个 $\lambda > 0$ 使得

$$z_{2\nu,\max}^2 - x^{\mathrm{T}}(e_\nu^{\mathrm{T}} C_{\Delta,2})^{\mathrm{T}}(e_\nu^{\mathrm{T}} C_{\Delta,2})x - r_c\lambda + \lambda x^{\mathrm{T}}Px \geqslant 0 \tag{7.117}$$

对所有 $\Delta \in B_\Delta$ 成立. 选择 $\lambda = \dfrac{z_{2\nu,\max}^2}{r_c}$, 则我们要求

$$\begin{pmatrix} I \\ e_\nu^{\mathrm{T}} C_{\Delta,2} \end{pmatrix}^{\mathrm{T}} \begin{pmatrix} -P & 0 \\ 0 & \dfrac{z_{2\nu,\max}^2}{r_c} \end{pmatrix} \begin{pmatrix} I \\ e_\nu^{\mathrm{T}} C_{\Delta,2} \end{pmatrix} \leqslant 0 \,. \tag{7.118}$$

对所有 $\Delta \in B_\Delta$ 成立. 应用满块乘子技术, 我们得到 (7.118) 对所有$\Delta \in B_\Delta$ 成立等价于存在一个乘子 $\tilde{S}_\nu = \begin{pmatrix} S_{Q\nu} & S_{S\nu} \\ S_{S\nu}^{\mathrm{T}} & S_{R\nu} \end{pmatrix}$ 满足 (7.102) 和

$$\left(\begin{array}{cc} I & 0 \\ e_\nu^{\mathrm{T}} C_{2,cl} & e_\nu^{\mathrm{T}} D_{2p} \\ \hline 0 & I \\ C_{q,cl} & D_{qp} \end{array}\right)^{\mathrm{T}} \left(\begin{array}{cc|cc} -P & 0 & 0 & 0 \\ 0 & \dfrac{r_c}{z_{2\nu,\max}^2} & 0 & 0 \\ \hline 0 & 0 & S_{Q\nu} & S_{S\nu} \\ 0 & 0 & S_{S\nu}^{\mathrm{T}} & S_{R\nu} \end{array}\right) \left(\begin{array}{c} * \\ \hline * \end{array}\right) \leqslant 0. \tag{7.119}$$

记 $S_\nu = \tilde{S}_\nu^{-1} = \begin{pmatrix} N_{Q\nu} & N_{S\nu} \\ N_{S\nu}^{\mathrm{T}} & N_{R\nu} \end{pmatrix}$. 应用对偶引理 7.5 和简单矩阵变换, (7.119) 等价于

$$\left(\begin{array}{cc} I & 0 \\ 0 & I \\ \hline -C_{2,cl}^{\mathrm{T}} e_\nu & -C_{q,cl}^{\mathrm{T}} \\ -D_{2p}^{\mathrm{T}} e_\nu & -D_{qp}^{\mathrm{T}} \end{array}\right)^{\mathrm{T}} \left(\begin{array}{cc|cc} \dfrac{z_{2\nu,\max}^2}{r_c} & 0 & 0 & 0 \\ 0 & N_{R\nu} & 0 & N_{S\nu}^{\mathrm{T}} \\ \hline 0 & 0 & -P^{-1} & 0 \\ 0 & N_{S\nu} & 0 & N_{Q\nu} \end{array}\right) \left(\begin{array}{c} * \\ \hline * \end{array}\right) \geqslant 0. \tag{7.120}$$

应用线性化引理引理 7.5, (7.120) 等价于

$$\begin{pmatrix} \dfrac{z_{2\nu,\max}^2}{r_c} & -e_\nu^{\mathrm{T}} D_{2p} N_{S\nu} & -e_\nu^{\mathrm{T}} C_{2,cl} & -e_\nu^{\mathrm{T}} D_{2p} \\ * & N_{R\nu} - N_{S\nu}^{\mathrm{T}} D_{qp}^{\mathrm{T}} - D_{qp} N_{S\nu} & -C_{q,cl} & -D_{qp} \\ * & * & P & 0 \\ * & * & 0 & -N_{Q\nu}^{-1} \end{pmatrix} \geqslant 0.$$

对其用 $\mathrm{diag}(I, -I, -Q, N_{Q\nu})$ 作同余变换, 得

$$\begin{pmatrix} \dfrac{z_{2\nu,\max}^2}{r_c} & e_\nu^{\mathrm{T}} D_{2p} N_{S\nu} & e_\nu^{\mathrm{T}} C_{2,cl} Q & -e_\nu^{\mathrm{T}} D_{2p} N_{Q\nu} \\ * & N_{R\nu} - N_{S\nu}^{\mathrm{T}} D_{qp}^{\mathrm{T}} - D_{qp}^{\mathrm{T}} N_{S\nu} & C_{q,cl} Q & -D_{qp} N_{Q\nu} \\ * & * & Q & 0 \\ * & * & 0 & -N_{Q\nu} \end{pmatrix} \geqslant 0, \tag{7.121}$$

$$\nu = 1, \cdots, p_2,$$

其中 $Q = P^{-1}$.

因此, 如果满足 (7.114)的 (Q, Y) 也使得 (7.121) 成立, 则$|z_{2\nu}(k)| \leqslant z_{2\nu,\max}, \nu = 1, \cdots, p_2$ 对所有的 $\Delta \in B_\Delta$ 成立. 这表明针对所有考虑的不确定性, 时域约束得到满足.

综上, 可以通过求解如下的 LMI 优化问题来构造一个鲁棒约束 $\mathcal{H}_\infty$ 状态反馈控制器.

问题 7.12 对于给定的 r_c, 求解

$$\min_{\gamma^2,Q,Y,S,\{S_\nu\}} \gamma^2 \text{ 满足 (7.114) 和 (7.121)}, \tag{7.122}$$

其中 $\{S_\nu\} := \{S_1, S_2, \cdots, S_{p_2}\}$. 状态反馈控制增益定义为 $K = YQ^{-1}$.

同样, 我们可以得到定理 7.3的 LFT 鲁棒版本.

定理 7.5 给定 r_c, 假设 LMI 优化问题 7.12 存在优化解 (γ_0, Q_0, Y_0), 并且干扰能量满足

$$\sum_{i=0}^{\infty} \|w(i)\|^2 \leqslant \alpha,$$

其中 $\alpha \leqslant \dfrac{r_c - x(0)^{\mathrm{T}} P_0 x(0)}{\gamma_0^2}$, $P_0 = Q_0^{-1}$. 那么, 对由 $u = Kx$ 控制的不确定系统 (7.99), 有下列结论:

(a) 该系统是渐近稳定的;

(b) 时域约束 (7.35) 可以得到满足;

(c) 对所有的 $0 \leqslant k \leqslant l$, 有下面耗散不等式成立;

$$\sum_{i=k}^{l} \left(\|z_1(i)\|^2 - \gamma_0^2 \|w(i)\|^2\right) \leqslant x(k)^{\mathrm{T}} P_0 x(k) \tag{7.123}$$

(d) 干扰 w 到性能输出 z_1 的传递函数矩阵的 $\mathcal{H}_\infty$ 范数不大于 γ_0.

例 7.2 考虑重复结构不确定性

$$B_\Delta := \left\{\mathrm{diag}\{\delta_1(k)I, \cdots, \delta_l(k)I\}, |\delta_j(k)| \leqslant 1, \forall k \geqslant 0\right\}. \tag{7.124}$$

满足 (7.111) 的乘子 S 和 S_ν 可以分别选为

$$\begin{aligned} &M_R = \mathrm{diag}\{M_{R_1}, \cdots, M_{R_l}\} > 0, \quad M_Q = -M_R \\ &M_S = \mathrm{diag}\{M_{S_1}, \cdots, M_{S_l}\}, \quad M_{S_j} + M_{S_j}^{\mathrm{T}} = 0 \end{aligned} \tag{7.125}$$

和

$$\begin{aligned} &N_R = \mathrm{diag}\{N_{R_1,\nu}, \quad \cdots, N_{R_l,\nu}\} > 0, \quad N_Q = -N_R \\ &N_{S\nu} = \mathrm{diag}\{N_{S_1,\nu}, \cdots, N_{S_l,\nu}\}, \quad N_{S_j,\nu} + N_{S_j,\nu}^{\mathrm{T}} = 0. \end{aligned} \tag{7.126}$$

于是, LMI 优化问题 7.12 定制为

问题 7.13 对于给定的 r_c, 求解

$$\min_{\gamma^2,Q,Y,M_R,M_S,N_R,\{N_{S\nu}\}} \gamma^2 \text{ 满足 (7.114), (7.121), (7.125) 和 (7.126)},$$

其中 $\{N_{S\nu}\} = \{N_{S_1}, N_{S_2}, \cdots, N_{S_{p_2}}\}$.

显然, LMI 优化问题 7.13 的独立变量大大少于 LMI 优化问题 7.12.

注 7.7 有一些办法可以减少优化的独立变量数进而降低滚动优化实现的在线计算负担. 当然, 代价就是引入了解的保守性. 例如, 可以设定 $M_S = 0$ 和 $N_{S\nu} = 0, \nu = 1, 2, \cdots, p_2$.

7.5.2 LFT 不确定系统的滚动时域 $\mathcal{H}_\infty$ 控制

结合上一节讨论的鲁棒约束 $\mathcal{H}_\infty$ 控制和 7.4 讨论的 minimax 优化问题转换, 我们就可以给出 LFT 不确定系统的滚动时域 $\mathcal{H}_\infty$ 控制在每个采样时刻滚动求解的 LMI 优化问题. 这里在优化问题 7.10 的基础上, 替换 $\mathcal{H}_\infty$ 性能和时域约束相关的矩阵不等式, 并引入耗散约束, 得如下 LMI 优化问题.

问题 7.14 对于给定 r_c, 求解

$$\min_{r,\gamma^2,Q,Y,S,\{S_\nu\}} q_1 r + q_2 \gamma^2$$

满足 (7.114), (7.121) 和

$$\begin{pmatrix} r & x(k)^{\mathrm{T}} \\ x(k) & Q \end{pmatrix} \geqslant 0, \tag{7.127a}$$

$$\begin{pmatrix} p_0 - p_{k-1} + x(k)^{\mathrm{T}} P_{k-1} x(k) & x(k)^{\mathrm{T}} \\ x(k) & Q \end{pmatrix} \geqslant 0, \tag{7.127b}$$

$$r \leqslant r_c, \tag{7.127c}$$

其中 $\{S_\nu\} := \{S_1, S_2, \cdots, S_{p_2}\}$.
正如 7.3.5 节讨论的, 耗散约束 (7.127b) 的引入是为了保证闭环系统的耗散性.

在 k 时刻, 如果问题 7.14 有解, 记为 $(r_k, \gamma_k, Q_k, Y_k)$ (忽略了乘子), 则 k 时刻的反馈增益定义为 $K(k) = Y_k Q_k^{-1}$, 进而闭环控制定义为

$$u(k) = K(k)x(k), \quad \forall k \geqslant 0. \tag{7.128}$$

强调一下, 优化问题 7.14 是在每个采样时刻用最新的测量状态 $x(k)$ 刷新之后求解的. 更新的信息分别体现在约束条件 (7.93a) 和 (7.56) 中.

问题 7.14 的可行性

与 7.3.4 一样, 我们可以通过对干扰强加一些相当保守的先验假设, 保证问题 7.14 的滚动可行性. 这里我们不作讨论. 实际上, 我们无法对系统的干扰作出先验假设. 因此, 在没有对干扰作出更多限制的条件下, 为了获得优化问题在每个采样时刻的可行性, 我们建议引入一个很小的 $\epsilon \geqslant 0$ 修正优化问题 7.14 如下:

问题 7.15 对于给定 r_c, 求解

$$\min_{r,\gamma^2,Q,Y,S,\{S_\nu\}} q_1 r + q_2\gamma^2$$

满足 (7.114), (7.121), (7.127a), (7.127b) 和

$$r \leqslant r_c(1+\epsilon)\,. \tag{7.129}$$

相应的我们有如下的可行性结果.

引理 7.8 假设:

(1) LMIs (7.114) 和 (7.121) 是可行的, 即约束 $\mathcal{H}_\infty$ 控制有解;

(2) 初始状态 $x(0)$ 是幅值有界的;

(3) 对于所有 $k \geqslant 0$, 干扰是幅值有界的.

则在每个采样时刻 $k \geqslant 0$, 存在 $\epsilon \geqslant 0$ 使得优化问题 7.15 是可行的.

证明 通过第一个假设, 存在范数有界 (γ_0, Q_0, Y_0 和乘子) 使得 LMIs (7.114) 和 (7.121) 是可行的. 因为这些 LMIs 是与测量状态 $x(k)$ 无关的, 因此只需讨论在每个 $k \geqslant 0$ 时刻, (7.127a), (7.127b) 和 (7.129) 的可行性. 当 $k=0$ 时, 不需要考虑耗散约束 (7.127b). 如果 $x(0)$ 是有界的, 我们可以定义 $r_0 := x(0)^{\mathrm{T}}Q_0^{-1}x(0)$ 满足 (7.127a). 因此, 就一定能找到一个 $\epsilon \geqslant 0$ 使得 (7.129) 成立进而问题 7.15 是可行的. 另外, (7.114) 可行使得 (7.104) 成立, 这意味着有界的 $w(0)$ 使得 $x(1)$ 有界. 假设在 $k \geqslant 0$ 时刻, $x(k)$ 是有界的, 而且优化问题 7.15 存在一个可行解 (r_k, γ_k, Q_k, Y_k 和乘子). 因此, 根据 (7.104), $w(k)$ 有界使得 $x(k+1)$ 有界. 取$r_{k+1} := x(k+1)^{\mathrm{T}}Q_k^{-1}x(k+1)$ 满足 (7.127a). 在 k 时刻, (7.127b) 的可行性使得 $p_0 - p_k \geqslant 0$. 这意味着, 当 k 更新为 $k+1$ 后, 可以取 $Q=Q_k$ 使得 (7.127b) 可行. 因此, 在 $k+1$ 时刻, 一定能找到一个 $\epsilon \geqslant 0$, 使得 $(r_{k+1}, \gamma_k, Q_k, Y_k)$ 和相同的乘子构造了问题 7.15 的可行解. 应用归纳法, 结论得证. □

因此, 我们建议一个可行的滚动时域算法: 在每个采样时刻求解优化问题 7.15, 如果出现不可行, 则增加 ϵ, 重新求解优化问题 7.15. 这样设计的算法能降低椭圆域方法处理时域约束带来的保守性. 当然, 代价是增加了计算负担. 详细的讨论请参考文献 [132].

闭环系统分析

我们将上面的可行算法应用于系统, 并讨论控制系统的特性. 这里我们必须区分两种情况: ① 扰动足够温和, 因而问题 7.14 在每一采样时刻都是可行的; ② 我们需要通过增加 $\epsilon > 0$ 来得到某种松弛以处理无法预知的大的扰动.

定理 7.6 假设:

(1) 在每个时刻 k, 基于实际状态 $x(k)$ 的优化问题 7.14 有解 (r_k, γ_k, Q_k, Y_k 和乘子);

(2) 优化值序列 γ_k 是有界的.

则对于所有的 $\Delta \in B_\Delta$, 由 (7.128) 控制的闭环系统有下面的特性:

(a) 时域约束 (7.100) 可以得到满足;

(b) 对于有限能量的扰动, 当 $k \to \infty$ 时, 状态收敛于零;

(c) 对于所有的 $k \geqslant 0$, 取有界的 $\gamma := \max\{\gamma_0, \gamma_1, \cdots, \gamma_k\}$, 耗散不等式

$$\sum_{i=0}^{k} \|z_1(i)\|^2 - \gamma^2 \|w(i)\|^2 \leqslant x(0)^{\mathrm{T}} P_0 x(0)$$

成立;

(d) 从扰动 w 到性能输出 z_1 的 $\mathcal{H}_\infty$ 增益不大于有界的 γ_∞, 其中

$$\gamma_\infty := \lim_{k\to\infty} \max\{\gamma_0, \gamma_1, \cdots, \gamma_k\}.$$

证明 存在 r_k 满足 (7.127a) 和 (7.127c) 表明 $x(k)^{\mathrm{T}} P_k x(k) \leqslant r_c$. 因为对于所有 $\Delta \in B_\Delta$, (7.121) $\Leftrightarrow$ (7.118) $\Leftrightarrow$ (7.116) $\Rightarrow |z_{2\nu}(k)| \leqslant z_{2\nu,\max}, \nu = 1, 2, \cdots, p_2$. 这证明 (a) 成立.

在每个 $k \geqslant 0$ 时刻, (7.114) 成立意味着, 对于所有的 $\Delta \in B_\Delta$, (7.104) 得到满足, 其中 $\gamma = \gamma_k$ 和 $P = P_k$. 因此, 可得

$$\begin{aligned}\sum_{i=0}^{k} \|z_1(i)\|^2 - \gamma_i^2 \|w(i)\|^2 \leqslant\ & x(0)^{\mathrm{T}} P_0 x(0) - x(k+1)^{\mathrm{T}} P_k x(k+1) \\ & - \sum_{i=1}^{k} \left[x(i)^{\mathrm{T}} P_{i-1} x(i) - x(i)^{\mathrm{T}} P_i x(i))\right]. \quad (7.130)\end{aligned}$$

由 7.3.6 节讨论知, 耗散约束 (7.127b) 使得

$$\sum_{i=1}^{k} [x(i)^{\mathrm{T}} P_{i-1} x(i) - x(i)^{\mathrm{T}} P_i x(i)] \geqslant 0\,.$$

取 $\gamma := \max\{\gamma_0, \gamma_1, \cdots, \gamma_k\}$, 式 (7.130) 变为

$$\sum_{i=0}^{k} \|z_1(i)\|^2 - \gamma^2 \|w(i)\|^2 \leqslant x(0)^{\mathrm{T}} P_0 x(0) - x(k+1)^{\mathrm{T}} P_k x(k+1), \quad (7.131)$$

其对所有的 $\Delta \in B_\Delta$ 都成立. 由于第二个假设, γ 是有界的. 因为 $P_k > 0$, 式 (7.131) 表明 (c) 得证. 如果干扰具有有限的能量, 我们可以取 $k \to \infty$ 时的极限来推得

$$\sum_{i=0}^{\infty} \|z_1(i)\|^2 \leqslant x(0)^{\mathrm{T}} P_0 x(0) + \gamma_\infty^2 \sum_{i=0}^{\infty} \|w(i)\|^2.$$

这证明 (b) 成立. 因为 (C_1, A) 是一致可测的. 通过设定 $x(0)=0$, 可得结论 (d). □

如果 $D_{2p}=0$, 对于需要求解问题 7.15 的情况, 即有时会出现优化问题 7.14 不可行, 我们可得出下面保守性更小的结果.

定理 7.7　假设引理 7.8 的假设条件得到满足, 而且优化值序列 γ_k 是有界的, 则由滚动时域控制 (7.128) 组成的闭环系统, 对于所有的 $\Delta \in B_\Delta$ 有下面的特性:

(a) 如果在每个 $k \geqslant 0$ 时刻, 有

$$\left|e_\nu^{\mathrm{T}}\left(C_2+D_{2u}K(k)\right)x(k)\right| \leqslant z_{2\nu,\max}, \quad \forall \nu=1,2,\cdots,p_2,$$

则时域约束 (7.100) 得到满足;

(b) 同样具有定理 7.6 的 (b)~(d) 特性.

证明　从引理 7.8 可以得出, 在每个 $k \geqslant 0$ 时刻, 存在 $\epsilon \geqslant 0$ 使得优化问题 7.15 是可行的. 因此, 我们可以计算$K(k)=Y_kQ_k^{-1}$, (a) 是显然成立的. 剩余性质的证明和定理 7.6 的证明相似. 不再复述. □

7.5.3　应用: 主动悬架控制

采用 7.3.7 节的例子. 式 (7.80) 弹簧质量是不确定的, 即

$$m_s=(1+\delta_{m_s})\bar{m}_s,$$

其中 $\bar{m}_s$ 是名义值. 改写$\delta_{m_s}=W_{m_s}\delta$, 引入加权 $W_{m_s}>0$ 使得 $|\delta| \leqslant 1$. 可以将四分之一车模型的不确定项 $\dfrac{1}{m_s}$ 和 $\dfrac{1}{m_s+m_u}$ 建模为一个二次重复的结构不确定性即 $l=2$.

取 $W_{m_s}=0.2$ 和 $(q_1,q_2)=(0.1,1)$ 来强调最小化 $\mathcal{H}_\infty$ 范数. 如注 7.7 所讨论, 为了降低在线计算负担, 我们设定 $M_S=0$ 和 $N_{S\nu}=0, \nu=1,2,3$.

图 7.9 的实线给出的是鲁棒滚动时域 $\mathcal{H}_\infty$ 主动悬架取 $r_c=36$ 时的包块响应. 弹簧质量的改变为

$$\delta_{m_s}(k)=\begin{cases}+0.2, & 0 \leqslant k \leqslant 30,\\ -0.2, & 30<k \leqslant 70,\\ -0.74, & k>70.\end{cases} \tag{7.132}$$

作为对比,

(1) 采用名义的滚动时域 $\mathcal{H}_\infty$ 控制器[134], 其中 $r_c=38.25$ (因为优化问题不可行, 选取了不同的 r_c 值);

(2) 固定的鲁棒约束 $\mathcal{H}_\infty$ 控制器, 其需要求解优化问题 7.12, 其中 $r_c=36$. 这两种控制器的响应在图 7.9 中分别以虚线和点画线给出. 通过在线协调性能指标(图中最下面的曲线), 时域约束在两种滚动时域 $\mathcal{H}_\infty$ 主动悬架中都得到满足, 而固定

的鲁棒 $\mathcal{H}_\infty$ 控制器违反了悬架动行程约束和主动力约束, 即控制约束. 可以看出, 鲁棒滚动时域 $\mathcal{H}_\infty$ 控制器比名义控制器获得了更好的性能. 另外, 固定控制器在出现不可预见的大的扰动时, 表现得相当坏.

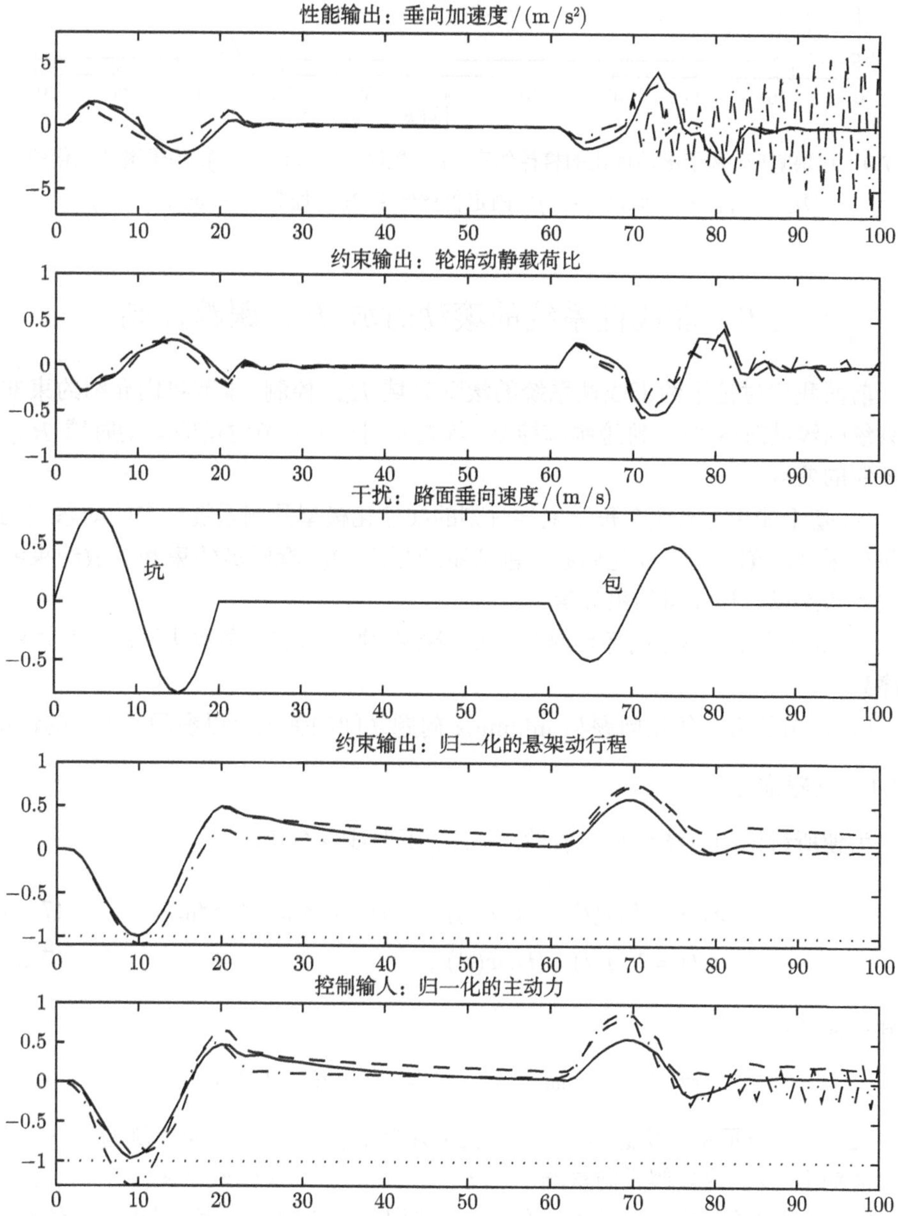

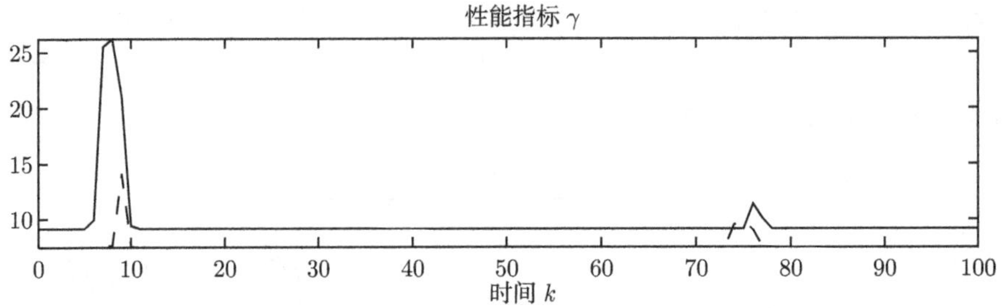

图 7.9 包块响应: 基于滚动优化的鲁棒约束 $\mathcal{H}_\infty$ 控制 ($r = 36$ (—)), 基于滚动优化的约束 $\mathcal{H}_\infty$ 控制 ($r = 38.25$ (−−)), 固定鲁棒约束 $\mathcal{H}_\infty$ 控制 ($r = 36$ (− · −))

7.6 非线性系统的滚动时域 $\mathcal{H}_\infty$ 跟踪控制

前面我们讨论了约束线性系统的滚动时域 $\mathcal{H}_\infty$ 控制, 本节我们介绍约束非线性系统的滚动时域 $\mathcal{H}_\infty$ 轨迹跟踪控制. 首先罗列一下本节讨论的滚动时域 $\mathcal{H}_\infty$ 跟踪控制的要点:

(1) 基于非线性系统在每个采样时刻的线性化模型预测系统未来的动态. 因此, 在每个采样时刻"刷新优化问题"包括系统矩阵 Ω_k, 椭圆域约束和耗散约束的跟踪误差状态以及控制量约束界等;

(2) 无限预测时域, 闭环预测且用反馈控制律 $u = Kx$ 参数化预测时域内的控制序列;

(3) 本节的最小优化问题与 minimax 问题之间的关系可以参阅 7.4 节的讨论.

7.6.1 问题描述

为使所讨论的方法更具一般性, 考虑如下非线性系统:

$$\dot{x}(t) = f\left(x(t), u(t), w(t)\right), \quad x(t_0) = x_0, \quad t \geqslant t_0, \tag{7.133a}$$

$$z(t) = h\left(x(t), u(t), w(t)\right), \tag{7.133b}$$

及其控制约束:

$$|u_j(t)| \leqslant u_{j,\max}, \quad j = 1, 2, \cdots, m_2, \quad t \geqslant t_0, \tag{7.134}$$

式中, $x \in \mathbb{R}^n$ 表示系统状态; $w \in \mathbb{R}^{m_1}$ 表示外界干扰; $u \in \mathbb{R}^{m_2}$ 为控制输入; $z \in \mathbb{R}^{p_1}$ 为性能输出. 我们这里假设向量场 $f : \mathbb{R}^n \times \mathbb{R}^{m_2} \times \mathbb{R}^{m_1} \to \mathbb{R}^n$ 和 $h : \mathbb{R}^n \times \mathbb{R}^{m_2} \times \mathbb{R}^{m_1} \to \mathbb{R}^{p_1}$ 是充分光滑的. 为了叙述的方便, 这里我们只讨论控制约束. 对于状态约束, 读者可以参看本章前面的讨论.

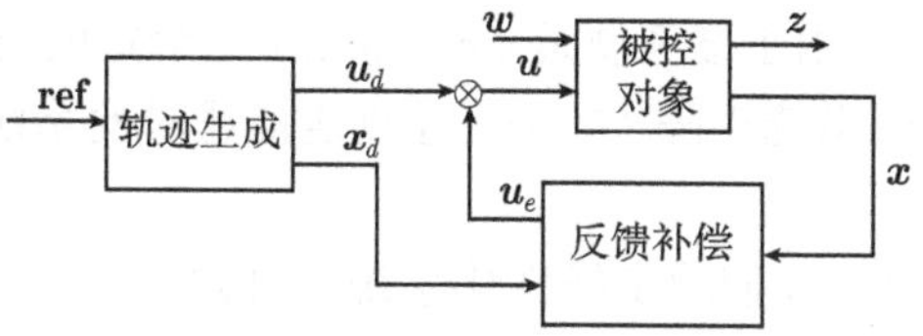

图 7.10 轨迹跟踪策略

为了设计轨迹跟踪控制器, 我们通常将问题分为两个部分: 轨迹生成部分 (Trajectory generation) 和反馈补偿部分 (Feedback compensation)[135], 如图 7.10 所示. 其中, 轨迹生成环节用来生成"可行的"(满足动力学约束、控制约束和状态约束等) 名义轨迹(包括名义状态轨迹和名义输入), 这个环节可以采用如微分平坦技术[136]. 名义输出可以作为轨迹跟踪策略的前馈控制输入. 反馈补偿环节是用来校正由初始误差、干扰或模型不确定性带来的跟踪误差, 下面我们将重点介绍反馈补偿控制器的设计.

设 (x_d, u_d, z_d) 为参考轨迹, 它们是时变但已知的. 参考轨迹可行是指(x_d, u_d, z_d) 满足动力学约束

$$\dot{x}_d(t) = f(x_d(t), u_d(t), \mathbf{0}), \quad x_d(t_0) = x_{d0}, \quad t \geqslant t_0, \tag{7.135a}$$

$$z_d(t) = h(x_d(t), u_d(t), \mathbf{0}) \tag{7.135b}$$

和控制约束 (7.134).

通过定义

$$x_e := x - x_d, \quad u_e := u - u_d, \quad z_e := z - z_d, \tag{7.136}$$

可将系统 (7.133) 沿着参考轨迹线性化, 从而得到跟踪误差的动态方程

$$\dot{x}_e(t) = A(t)x_e(t) + B_1(t)w(t) + B_2(t)u_e(t), \tag{7.137a}$$

$$z_e(t) = C(t)x_e(t) + D_1(t)w(t) + D_2(t)u_e(t). \tag{7.137b}$$

由于参考轨迹是时变的, 因此误差系统 (7.137) 是线性时变系统, 其中

$$\begin{pmatrix} A(t) & B_1(t) & B_2(t) \\ C(t) & D_1(t) & D_2(t) \end{pmatrix} := \left.\begin{pmatrix} \dfrac{\partial f}{\partial x} & \dfrac{\partial f}{\partial w} & \dfrac{\partial f}{\partial u} \\ \dfrac{\partial h}{\partial x} & \dfrac{\partial h}{\partial w} & \dfrac{\partial h}{\partial u} \end{pmatrix}\right|_{(x_d(t), \mathbf{0}, u_d(t))}. \tag{7.138}$$

系统 (7.137) 的控制输入 $u_e(t)$ 需满足如下约束:

$$|u_{e,j}(t)| \leqslant u_{j,\max} - |u_{d,j}(t)|, \quad \forall t \geqslant t_0, \quad j = 1, 2, \cdots, m_2. \tag{7.139}$$

在固定时刻 $t=t_k$, 由于参考轨迹 (x_d,u_d,z_d) 是给定的, 因此系统矩阵 (7.138) 是已知的. 我们可以用系统矩阵 (7.138) 近似地描述时变系统 (7.137) 在局部时刻 $[t_k,t_{k+1}]$ 的动态特征.

在每个采样时刻 t_k, 我们固定线性化系统 (7.137) 为

$$\dot{\bar{x}}_e(t)=A_k\bar{x}_e(t)+B_{1k}w(t)+B_{2k}u_e(t), \tag{7.140a}$$

$$\bar{z}_e(t)=C_k\bar{x}_e(t)+D_{1k}w(t)+D_{2k}u_e(t), \tag{7.140b}$$

其中

$$\begin{pmatrix} A_k & B_{1k} & B_{2k} \\ C_k & D_{1k} & D_{2k} \end{pmatrix}=\begin{pmatrix} A(t_k) & B_1(t_k) & B_2(t_k) \\ C(t_k) & D_1(t_k) & D_2(t_k) \end{pmatrix}=:\Omega_k. \tag{7.141}$$

并用该模型来预测 $t>t_k$ 之后的跟踪误差. 式中, 用 $(\bar{x}_e,\bar{z}_e)$ 来表示预测误差是为了有别于实际误差 (x_e,z_e), 即明确地表明预测轨迹不一定与实际轨迹相同.

我们知道, 线性化模型毕竟只能近似描述非线性系统的局部特征, 所以有必要在每个采样时刻采用新的线性化模型完成以上的预测过程. 这意味着在本节讨论的滚动优化控制方案中, 每个采样时刻的预测模型也是不同的.

7.6.2 滚动时域 $\mathcal{H}_\infty$ 跟踪控制算法

在 t_k 时刻, 由于 Ω_k 是已知的, 系统 (7.140) 可以视为线性时不变系统. 设用于预测的状态反馈增益为 K_k, 则

$$u_e(t)=K_k\bar{x}_e(t),\quad \forall t\in[t_k,t_{k+1}),\quad k\geqslant 0\,. \tag{7.142}$$

对应的预测闭环系统为

$$\dot{\bar{x}}_e(t)=A_{cl,k}\bar{x}_e(t)+B_{1k}w(t), \tag{7.143a}$$

$$\bar{z}_e(t)=C_{cl,k}\bar{x}_e(t)+D_{1k}w(t),\quad t\geqslant t_k, \tag{7.143b}$$

其中 $A_{cl,k}=A_k+B_{2k}K_k$; $C_{cl,k}=C_k+D_{2k}K_k$.

参照 7.3 节的讨论, 我们首先考虑无约束的干扰抑制问题. 在每一个采样时刻 t_k, 给定线性化系统矩阵Ω_k, 考虑下面的优化问题

问题 7.16

$$\min_{\gamma,Q_k=Q_k^{\mathrm{T}}>0,Y}\gamma^2 \text{ 满足不等式}$$

$$\begin{pmatrix} A_kQ_k+Q_kA_k^{\mathrm{T}}+B_{2k}Y+Y^{\mathrm{T}}B_{2k}^{\mathrm{T}} & B_{1k} & (C_kQ_k+D_{2k}Y)^{\mathrm{T}} \\ B_{1k}^{\mathrm{T}} & -\gamma^2I & D_{1k}^{\mathrm{T}} \\ C_kQ_k+D_{2k}Y & D_{1k} & -I \end{pmatrix}<0. \tag{7.144}$$

根据预测控制的基本原理, 我们将在每个采样时刻求解上述优化问题. 值得指出的是, 在每个采样时刻, 用最新测量值刷新的是预测模型的系统矩阵 Ω_k.

如果优化问题 7.16 有解, 记为 (γ_k, Q_k, Y_k), 则定义闭环控制为

$$K_k := Y_k Q_k^{-1}, \tag{7.145a}$$

$$u_e(t) := K_k \bar{x}_e(t), \quad \forall t \in [t_k, t_{k+1}), \quad k \geqslant 0. \tag{7.145b}$$

定义储能函数

$$V(\bar{x}_e) := \bar{x}_e^{\mathrm{T}} P_k \bar{x}_e, \quad \forall t \in [t_k, t_{k+1}), \quad k \geqslant 0, \tag{7.146}$$

其中 $P_k = Q_k^{-1}$. 进而, 得到系统 (7.140) 满足耗散不等式

$$V(\bar{x}_e(t)) + \int_{t_k}^{t} \left(\|\bar{z}_e(s)\|^2 - \gamma_k^2 \|w(s)\|^2\right) \mathrm{d}s \leqslant V(\bar{x}_e(t_k)). \tag{7.147}$$

假设系统动态“足够光滑”并且采样时间“足够短”, 由 $\bar{x}_e(t_k) = x_e(t_k)$ 和式 (7.147) 可知, 对于任意 $t \in [t_k, t_{k+1})$, 由 (7.145) 控制的系统 (7.137) 满足

$$V(x_e(t)) + \int_{t_k}^{t} \left(\|z_e(s)\|^2 - \gamma_k^2 \|w(s)\|^2\right) \mathrm{d}s \leqslant V(x_e(t_k)). \tag{7.148}$$

注意到, 以上不等式只是对一小段时间 $[t_k, t_{k+1})$ 成立, 并不能给出系统 (7.137) 的耗散性结论. 因此, 我们还需要讨论系统 (7.137) 是否对任意 $t \geqslant 0$ 都有这样的不等式.

如前所述, 优化问题将在每个采样时刻重复求解. 假设优化问题 7.16 在每个采样时刻有解, 得到 (γ_k, P_k), $k = 0, 1, 2, \cdots$, 则对任意 $t > t_k > \cdots > t_1 > t_0$ 有下列不等式成立:

$$\begin{aligned}
x_e(t_1)^{\mathrm{T}} P_0 x_e(t_1) - x_e(t_0)^{\mathrm{T}} P_0 x_e(t_0) &\leqslant -\int_{t_0}^{t_1} \left(\|z_e(s)\|^2 - \gamma_0^2 \|w(s)\|^2\right) \mathrm{d}s, \\
x_e(t_2)^{\mathrm{T}} P_1 x_e(t_2) - x_e(t_1)^{\mathrm{T}} P_1 x_e(t_1) &\leqslant -\int_{t_1}^{t_2} \left(\|z_e(s)\|^2 - \gamma_1^2 \|w(s)\|^2\right) \mathrm{d}s, \\
&\vdots \\
x_e(t)^{\mathrm{T}} P_k x_e(t) - x_e(t_k)^{\mathrm{T}} P_k x_e(t_k) &\leqslant -\int_{t_k}^{t} \left(\|z_e(s)\|^2 - \gamma_k^2 \|w(s)\|^2\right) \mathrm{d}s.
\end{aligned}$$

将上述各式相加, 可得闭环系统满足

$$\begin{aligned}
\int_{t_0}^{t} \left(\|z_e(s)\|^2 - \gamma(s)^2 \|w(s)\|^2\right) \mathrm{d}s \leqslant\ & x_e(t_0)^{\mathrm{T}} P_0 x_e(t_0) - x_e(t)^{\mathrm{T}} P_k x_e(t) \\
& - \sum_{i=1}^{k} \left[x_e(t_i)^{\mathrm{T}} P_{i-1} x_e(t_i) - x_e(t_i)^{\mathrm{T}} P_i x_e(t_i)\right],
\end{aligned} \tag{7.149}$$

其中 $\gamma(t)$ 定义为

$$\gamma(t) := \gamma_i, \quad \forall t \in [t_i, t_{i+1}), \quad i \geqslant 0, \tag{7.150}$$

是分段连续的.

由于 $V(x) = x^{\mathrm{T}}Px$, 式 (7.149) 可以写成

$$\int_{t_0}^{t} \left(\|z_e(s)\|^2 - \gamma(s)^2\|w(s)\|^2\right)\mathrm{d}s \leqslant V(x_e(t_0)) - V(x_e(t)) - \sum_{i=1}^{k}\left[x_e(t_i)^{\mathrm{T}}P_{i-1}x_e(t_i) - x_e(t_i)^{\mathrm{T}}P_i x_e(t_i)\right]. \tag{7.151}$$

观察式 (7.151), 如果

$$\sum_{i=1}^{k}\left[x_e(t_i)^{\mathrm{T}}P_{i-1}x_e(t_i) - x_e(t_i)^{\mathrm{T}}P_i x_e(t_i)\right] \geqslant 0, \tag{7.152}$$

则可以得到系统 (7.137) 满足耗散不等式

$$V(x_e(t)) - V(x_e(t_0)) \leqslant \int_{t_0}^{t}\left(\gamma(s)^2\|w(s)\|^2 - \|z_e(s)\|^2\right)\mathrm{d}s. \tag{7.153}$$

将 (7.152) 写成迭代形式就是 7.3.6 节讨论的耗散约束, 即

$$p_0 - p_{k-1} + x_e(t_k)^{\mathrm{T}}P_{k-1}x_e(t_k) - x_e(t_k)^{\mathrm{T}}P_k x_e(t_k) \geqslant 0, \tag{7.154}$$

其中 $p_0 = x_e(t_0)^T P_0 x_e(t_0)$, p_k 在每个采样时刻由下式更新:

$$p_k := p_{k-1} - [x_e(t_k)^{\mathrm{T}}P_{k-1}x_e(t_k) - x_e(t_k)^{\mathrm{T}}P_k x_e(t_k)]. \tag{7.155}$$

将 P_k 作为变量即用 P 代替 P_k, 则由 Schur 补公式得, 式 (7.154) 等价于 LMI:

$$\begin{pmatrix} p_0 - p_{k-1} + x_e(t_k)^{\mathrm{T}}P_{k-1}x_e(t_k) & x_e(t_k)^{\mathrm{T}} \\ x_e(t_k) & Q \end{pmatrix} \geqslant 0. \tag{7.156}$$

将其加入优化问题 7.16, 则有下面的优化问题.

问题 7.17

$$\min_{\gamma, Q_k = Q_k^T > 0, Y} \gamma^2 \ \text{满足 (7.144) 和 (7.156)}$$

根据滚动优化原理, 在每个采样时刻, 用测量值更新系统矩阵 Ω_k, 求解上述优化问题. 我们可以得到如下结论.

引理 7.9　*在每个采样时刻 t_k, 如果优化问题 7.17 有解, 记为 (γ_k, Q_k, Y_k). 则 (7.145) 可保证系统 (7.137) 的 l_2 增益小于 $\bar{\gamma}$, 其中 $\bar{\gamma} := \max\limits_k \gamma_k$.*

证明 结论由系统 (7.137) 满足耗散不等式 (7.153) 得出 □

下面回到有约束的情况, 即要求控制输入满足约束条件 (7.139). 因此, 在每个采样时刻 t_k, 我们要求控制输入满足

$$\max_{t\in[t_k,t_{k+1})}|u_{e,j}(t)|^2 \leqslant u_{jk,\max}^2, \tag{7.157}$$

其中

$$u_{jk,\max} := \min_{t\in[t_k,t_{k+1})}\{u_{j,\max} - |u_{d,j}(t)|\}, \quad j = 1,2,\cdots,m_2. \tag{7.158}$$

需要指出的是, 在每个采样时刻 t_k, 我们并没有要求在整个预测时域, 即 $[t_k,\infty)$ 内上式成立. 后面的讨论知道, 如果优化问题在每个采样时刻有解, (7.157) 成立就意味着控制输入满足约束条件 (7.139). 显然, 相比于 (7.139), (7.157) 的要求弱很多.

下面我们采用椭圆域方法将控制输入满足 (7.157) 的要求转化为优化问题 7.17 的附加条件.

给定 r_c, 定义椭圆域

$$\mathcal{E}(P,r_c) := \left\{x\in\mathbb{R}^n \mid x^{\mathrm{T}}Px \leqslant r_c\right\}. \tag{7.159}$$

假设在采样间隔 $[t_k,t_{k+1})$ 内系统 (7.137) 的状态轨迹 $x_e(t)\in\mathcal{E}(Q_k^{-1},r_c)$, 则由 (7.145) 推导得

$$\begin{aligned}\max_{t\in[t_k,t_{k+1})}|u_{e,j}(t)|^2 &= \max_{t\in[t_k,t_{k+1})}|e_j^{\mathrm{T}}Y_kQ_k^{-1}x_e(t)|^2\\ &\leqslant \max_{x_e\in\,\mathcal{E}(Q_k^{-1},r_c)}|e_j^{\mathrm{T}}Y_kQ_k^{-1}x_e|^2\\ &\leqslant r_c\|e_j^{\mathrm{T}}Y_kQ_k^{-\frac{1}{2}}\|_2^2,\end{aligned} \tag{7.160}$$

其中 e_j 表示 $\mathbb{R}^{m_2}$ 空间的一个基函数. 由 Schur 补公式, 上式等价于

$$\begin{pmatrix}\frac{u_{jk,\max}^2}{r_c} & e_j^TY_k\\ Y_k^Te_j & Q_k\end{pmatrix}\geqslant 0, \quad j=1,2,\ldots,m_2. \tag{7.161}$$

于是可有下面的结论.

引理 7.10 假设在每个采样时刻优化问题 7.17 的解 (Q_k,Y_k) 也使得 (7.161) 成立且在采样间隔 $[t_k,t_{k+1})$ 内系统 (7.137) 的轨迹满足 $x_e(t)\in\mathcal{E}(Q_k^{-1},r_c)$, 则状态反馈 (7.145) 满足控制约束 (7.139).

证明 证明如上所述. □

对于上述引理中关于轨迹在椭圆域内的假设, 有如下引理.

引理 7.11　假设

(a) 外界干扰能量有界, 即 $\int_{t_0}^{t}\|w(t)\|^2\mathrm{d}t<\infty$;

(b) 采样时刻 t_k 时刻的状态 $x_e(t_k)$ 在由式 (7.159) 定义的椭圆域内;

则对于足够光滑的系统动态及足够短的采样时间, 系统在任意时刻 $t\in[t_k,t_{k+1})$ 的状态 $x_e(t)$ 也在同一个椭圆域内, 即

$$x_e(t)\in\mathcal{E}(P_k,r_c),\quad t\in[t_k,t_{k+1}).$$

证明　已知 $x_e(t_k)$ 在由式 (7.159) 定义的椭圆域内, 那么有

$$V(x_e(t_k))=x_e^{\mathrm{T}}(t_k)P_kx_e(t_k)\leqslant r_c. \tag{7.162}$$

由干扰能量有界及 $\gamma_k<\infty$ 得

$$\lim_{t\to t_k}\int_{t_k}^{t}\gamma_k^2\|w(s)\|^2\mathrm{d}s\to 0\,. \tag{7.163}$$

进而

$$\lim_{t\to t_k}\left\{V(x_e(t))+\int_{t_k}^{t}\left(\|z_e(s)\|^2-\gamma_k^2\|w(s)\|^2\right)\mathrm{d}s\right\}=\lim_{t\to t_k}V(x_e(t))\,. \tag{7.164}$$

又优化问题 7.16 有解, 则 (7.148) 成立, 于是由 (7.164), (7.148) 及 (7.162) 可得

$$\lim_{t\to t_k}V(x_e(t))\leqslant r_c\,,$$

即在任意时刻 $t\in(t_k,t_{k+1})$ 的状态 $x_e(t)$ 也在同一个椭圆域 $\mathcal{E}(P_k,r_c)$ 内. □

注 7.8　对于采样周期较长的情况, 如果干扰满足:

$$\int_{t_k}^{t_{k+1}}\|w(s)\|^2\mathrm{d}s\leqslant\frac{\displaystyle\int_{t_k}^{t_{k+1}}\|z_e(s)\|^2\mathrm{d}s}{\gamma_k^2}\,, \tag{7.165}$$

则仍能够由 (7.148) 和 (7.162) 得到 $V(x_e(t))\leqslant r_c$.

注 7.9　不等式 (7.161) 与 $x_e(t_k)^{\mathrm{T}}P_kx_e(t_k)\leqslant r_c$ 共同保证控制输入满足约束 (7.139). 这只是个充分条件, 如果 t_k 时刻的状态不满足 $x_e(t_k)^{\mathrm{T}}P_kx_e(t_k)\leqslant r_c$, 控制约束也可能是满足的.

综上, 为了保证状态反馈 (7.145) 满足控制约束 (7.139), 我们可以在优化问题 7.17 中增加下面的 LMI 约束

$$\begin{pmatrix}\dfrac{u_{jk,\max}^2}{r_c} & e_j^{\mathrm{T}}Y\\ Y^{\mathrm{T}}e_j & Q\end{pmatrix}\geqslant 0,\quad j=1,2,\cdots,m_2. \tag{7.166a}$$

$$\begin{pmatrix}r_c & x_e(t_k)^{\mathrm{T}}\\ x_e(t_k) & Q\end{pmatrix}\geqslant 0\,. \tag{7.166b}$$

于是, 优化问题 7.17 变为

问题 7.18 $\min\limits_{\gamma,Q=Q^{\mathrm{T}}>0,Y}\gamma^2$ 满足 (7.144), (7.156), (7.166a) 和 (7.166b)

如果优化问题 7.18 有解 (γ_k,Q_k,Y_k), 则定义 t_k 时刻的控制量由 (7.145) 计算.

$$K_k:=Y_kQ_k^{-1},\tag{7.167a}$$

$$u_e(t):=K_kx_e(t),\quad \forall t\in[t_k,t_{k+1}),\quad k\geqslant 0\,.\tag{7.167b}$$

根据滚动优化原理, 具体算法如下:

算法 7.2

(1) 初始化, 设定 r_c.

(2) t_0 时刻, 得到 $(x(t_0),x_d(t_0),u_d(t_0))$, 计算 $x_e(t_0)$, $u_{j0,\max}$ 和 Ω_0 (这里 Ω_0 由式 (7.141) 计算). 先不考虑耗散约束 (7.156), 求解 LMI 优化问题 7.18 得到优化解 (γ_0,Q_0,Y_0). 计算 $K_0=Y_0Q_0^{-1}$, $P_0=Q_0^{-1}$ 和 $p_0=x_e(t_0)^{\mathrm{T}}P_0x_e(t_0)$. 转到第 (5) 步.

(3) 在 $t_k>t_0$ 时刻, 得到 $(x(t_k),x_d(t_k),u_d(t_k))$ 并计算$x_e(t_k)$, $u_{jk,\max}$ 和 Ω_k. 解优化问题 7.18 得 (γ_k,Q_k,Y_k), 计算 $K_k=Y_kQ_k^{-1}$, $P_k=Q_k^{-1}$.

(4) 由式 (7.155) 计算 p_k, 为下一步计算做准备.

(5) 由式 (7.167) 计算闭环系统控制. 令 $k=k+1$, 转到第 (3) 步.

注 7.10 如果系统在 t_k 时刻误差 $x_e(t_k)$ 较小, 那么选择较小的 r_c 也能够使 (7.166b) 成立. 而 r_c 越小, (7.144) 和 (7.166a) 的解空间就越大, 就能使优化指标 γ 越小, 即获得更好的闭环系统抗干扰性能. 如果 r_c 选取的较大, 那么在满足约束的情况下, (7.166b) 给出的椭圆域就能包含较大的误差 $x_e(t_k)$, 即 (7.166b) 成立对 $x_e(t_k)$ 有较好的鲁棒性. 但大的 r_c 会导致 (7.144) 和 (7.166a) 的解空间变小甚至无解. 这个矛盾也是促使我们在第 7.6.4 节对算法 7.2 作改进的原因之一. 在应用算法 7.2 时, r_c 应该根据闭环系统的抗干扰性能要求适当选取.

7.6.3 闭环系统性能分析

下面, 我们先讨论线性化误差系统 (7.137) 的特性, 先给出如下定理.

定理 7.8 假设:

(1) 系统 (7.137) 的解是唯一并且充分光滑的;

(2) 干扰能量有界;

(3) 采样间隔充分小或者外部干扰满足 (7.165);

(4) 优化问题 7.18 在每个采样时刻都能得到一个范数有界的优化解;

那么, 由 (7.167) 控制的系统 (7.137) 有如下性质:

(a) 控制量满足时域硬约束 (7.139);

(b) 闭环系统满足耗散性, 并且 l_2 增益小于 γ;

(c) 如果系统 (7.137) 是零状态可观测的, 那么闭环系统对于非持续性干扰是渐近稳定的.

证明　性质 (a) 和性质 (b) 可由引理 7.10 和引理 7.11 直接得到.

因干扰能量有界, 那么对于有界的 $\gamma(t)$, 有 $\lim\limits_{t\to\infty}\gamma(t)\|w(t)\|\to 0$. 当 $t\to\infty$, 对不等式 (7.153) 两边求极限可得

$$\int_{t_0}^{\infty}\|z_e(t)\|^2\mathrm{d}t\leqslant V(x_e(t_0))+\int_{t_0}^{\infty}\gamma(t)^2\|w(t)\|^2\mathrm{d}t<\infty. \tag{7.168}$$

上式表明 $\lim\limits_{t\to\infty}z_e(t)\to 0$. 那么由零状态可观测性质可以得到系统渐近稳定性[137], 性质 (c) 得证. □

需要指出的是, 上面所有讨论都只是针对线性化误差系统 (7.137), 而不是非线性系统 (7.133). 因此, 我们还需要讨论由 (7.167) 控制的非线性系统 (7.133) 的特性.

由滚动时域控制器 (7.167), 可得系统 (7.133) 的反馈控制律如下:

$$u=\kappa(x):=K_k\left(x-x_d\right)+u_d, \tag{7.169}$$

于是跟踪误差动态满足:

$$\dot{x}_e(t)=f_e\left(x_e(t),w(t)\right),\quad t\geqslant t_0, \tag{7.170a}$$

$$z_e(t)=h_e\left(x_e(t),w(t)\right), \tag{7.170b}$$

其中

$$f_e(x_e,w):=f(x_e+x_d,\kappa(x_e+x_d),w)-\dot{x}_d\,,$$
$$h_e(x_e,w):=h(x_e+x_d,\kappa(x_e+x_d),w)-z_d\,.$$

由于 (z_d,x_d,u_d) 满足 (7.135), 故易得 $(x_e,w)=(\mathbf{0},\mathbf{0})$ 是非线性系统 (7.170) 的一个平衡点. 我们可以应用下面引理的基础上讨论非线性系统 (7.133) 的局部耗散性. 为此, 先给出下面的引理.

引理 7.12[138]　给定 $\gamma>0$, 假设:

(1) 系统 (7.170) 在平衡点 $(0,0)$ 处的线性化系统的 l_2 增益小于 γ;

(2) $A=\left.\dfrac{\partial f_e}{\partial x_e}\right|_{(0,0)}$ 是渐近稳定的.

那么存在平衡点的邻域使得非线性系统 (7.170) 局部满足 l_2 增益小于 γ.

定理 7.9　假设

(1) 定理 7.8 中的假设全部成立;

(2) 线性化系统 (7.137) 是零状态可观测的,

那么对于能量有界干扰, 非线性系统 (7.133)

(a) 满足约束 (7.134);

(b) 局部渐近稳定;

(c) 跟踪误差系统 (7.170) 局部 l_2 增益小于 $\bar{\gamma}$, 这里 $\bar{\gamma}$ 定义为

$$\bar{\gamma} := \max_{t \geqslant t_0} \gamma(t). \tag{7.171}$$

证明 已知滚动时域控制 (7.167) 满足控制约束 (7.139), 于是对于所有的 $t \geqslant t_0$ 和 $j = 1, 2, \cdots, m_2$, 有

$$|u_j(t)| \leqslant |u_{e,j}(t)| + |u_{d,j}(t)| \leqslant u_{j,\max}$$

即满足约束 (7.134), 结论 (a) 得证.

由零状态可观测性, 及定理 7.8 的结论 (c) 可知, 系统 (7.170) 的线性化系统在平衡点 $(\mathbf{0}, \mathbf{0})$ 处是局部渐近稳定的, 结论 (b) 得证.

由定义 (7.171), 对于系统 (7.170) 的线性化系统, (7.153) 变为

$$\int_{t_0}^{\infty} \|z_e(t)\|^2 \mathrm{d}t \leqslant x_e(t_0)^{\mathrm{T}} P_0 x_e(t_0) + \int_{t_0}^{\infty} \bar{\gamma}^2 \|w(t)\|^2 \mathrm{d}t,$$

即系统 (7.170) 在平衡点 $(0, 0)$ 处线性化系统的 l_2 增益小于 γ. 应用引理 7.13 知, 存在平衡点的邻域使得误差系统 (7.170) 的局部 l_2 增益小于 $\bar{\gamma}$, 结 (c) 得证. □

7.6.4 改进的控制算法

对滚动优化控制而言, 优化问题在每个采样时刻的可行性是至关重要的. 或许我们可以如 7.3.4 节那样要求外界干扰满足一定的假设条件, 讨论优化问题 7.18 在每个采样时刻的可行性. 但是, 对本节讨论的非线性系统跟踪问题而言, 优化问题 7.18 的约束 (7.166a) 在每个采样时刻是变化的. 这无疑会增加结论的保守性. 另外, 提前预知干扰信息是不现实的. 因此, 出现大干扰时优化问题 7.18 就可能不可行. 当然对于“过分”大的干扰, 没有哪个算法能够在考虑控制约束的同时很好地抑制它. 我们的目的只是通过对算法做些改进来降低其保守性, 充分发挥其功能. 因此, 这里我们将参照第 7.4 讨论的改进方法, 引入约束 $r < r_c$ 并进行放缩以使优化问题 7.18 有解. 故引入一个正数 $\epsilon \geqslant 0$, 将优化问题 7.18 改为如下形式:

问题 7.19

$$\min_{r, \gamma, Q = Q^{\mathrm{T}} > 0, Y} q_1 r + q_2 \gamma^2 \quad \text{满足 (7.144), (7.156), (7.166a) 和}$$

$$\begin{pmatrix} r & x_e(t_k)^{\mathrm{T}} \\ x_e(t_k) & Q \end{pmatrix} \geqslant 0, \tag{7.172a}$$

$$r \leqslant r_c(1 + \epsilon). \tag{7.172b}$$

根据滚动优化原理, 具体算法如下:

算法 7.3

(1) 初始化, 设定 r_c, 并取 $\epsilon=0$.

(2) 在 t_0 时刻, 得到 $(x(t_0),x_d(t_0),u_d(t_0))$ 并计算 $x_e(t_0),u_{j0,\max}$ 和 Ω_0 (其中 Ω_0 由式 (7.141) 计算得到). 先不考虑 (7.156), 求解 LMI 优化问题 7.19 得 (γ_0,Q_0,Y_0). 如果无解, 则增大 ϵ 直到有解. 计算 $K_0=Y_0Q_0^{-1}$, $P_0=Q_0^{-1}$ 和 $p_0=x_e(t_0)^{\mathrm{T}}P_0x_e(t_0)$. 转到第 (5) 步.

(3) 在 $t_k>t_0$ 时刻, 得到 $(x(t_k),x_d(t_k),u_d(t_k))$ 并计算 $x_e(t_k),u_{jk,\max}$ 和 Ω_k. 求解优化问题 7.19 得 (γ_k,Q_k,Y_k). 如果无解, 则增大 ϵ 直到有解. 计算 $K_k=Y_kQ_k^{-1}$, $P_k=Q_k^{-1}$.

(4) 由式 (7.155) 计算 p_k, 为下一步计算做准备.

(5) 由式 (7.167) 计算闭环系统控制量. 令 $k=k+1$, $\epsilon=0$, 转到第 (3) 步.

注 7.11　算法 7.3 在每个采样时刻 t_k 首先通过在线优化椭圆域 $\mathcal{E}(P,r)$ 使其包含状态 $x_e(t_k)$ (如图 7.11 上方图). 如果可行, 则 $r\leqslant r_c$ 和 LMI (7.166a) 就能够保证系统满足时域约束. 如果无论怎样变化 P 和 r 都不能使得 $\mathcal{E}(P,r)$ 包含 $x_e(t_k)$, 则算法将通过增大 ϵ 来放松约束 (7.172b), 即放大椭圆域 $\mathcal{E}$, 直到其包含 $x_e(t_k)$(如图 7.11 下方图). 从而使得优化问题可行. 然而, 这时 $r\leqslant r_c$ 已经不满足. 但由于椭圆域方法处理时域约束的保守性, 控制约束仍有可能是满足的. 这时可以通过验证 K_k 是否满足下式来检查控制约束是否满足:

$$\left|e_j^{\mathrm{T}}\left(K_k\left(x(t_k)-x_d(t_k)\right)+u_d(t_k)\right)\right|\leqslant u_{j,\max},\quad j=1,2,\cdots,m_2\,. \tag{7.173}$$

由此可见, 算法 7.3 可以降低椭圆域方法带来的保守性.

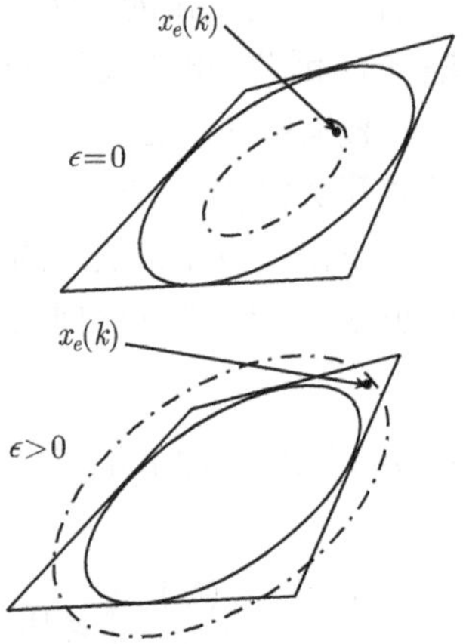

图 7.11　改进算法对椭圆域的调整, $\mathcal{E}(P,r_c)$: ——, $\mathcal{E}(P,r)$: $-\cdot-$

注 7.12 如上所述, 当 $\epsilon > 0$ 时, $r \leqslant r_c$ 这个条件已经不满足, 此时系统是否满足约束只能通过验证来检查. 既然如此, LMI (7.166a) 仿佛已经没有用. 那么在解优化问题 7.19 时是否可以不考虑 (7.166a) 呢? 答案是否定的. 如果放弃 (7.166a), 则剩余的优化条件 (7.144), (7.156), (7.172a) 以及 (7.172b) 均是只针对系统性能, 而没有一个条件是用来限制控制量的大小, 这直接导致求解出的反馈增益 K_k 过分地大. 故无论 $\epsilon = 0$ 或 $\epsilon > 0$, LMI (7.166a) 作为优化的约束条件之一都是不能放弃的.

注 7.13 这个算法同样解决了注 7.10 提到的 r_c 选择时所遇到的矛盾. 在算法 7.3 中, 可以选择较小的 r_c 使得 LMI (7.166a) 的解空间增大. 而这时, 较小的 r_c 并不影响椭圆域约束成立对于状态 $x_e(t_k)$ 的"鲁棒性", 因为椭圆域是可以随 $x_e(t_k)$ 的大小进行放缩的.

注 7.14 由 7.4 节的推导知 r 是作为 $\max\limits_{w\in\mathcal{W}} \int_{t_k}^{\infty} \|z_e(t)\|^2 - \gamma^2\|w(t)\|^2 \mathrm{d}t$ 的一个上界引出的, 故它与 γ 一样都是反映系统性能的参数, 所以二者之间不存在矛盾. 也因此 r 与 γ 的加权系数 q_1 和 q_2 的选择显得比较"随意". 仿真实验也证明了这一点.

7.6.5 应用: 轮式移动机器人轨迹跟踪控制

下面我们将上述滚动时域 $\mathcal{H}_\infty$ 轨迹跟踪控制方法应用于轮式移动机器人 (Wheeled mobile robots, WMR) 轨迹跟踪控制.

WMR 动力学模型

本节讨论的 WMR 如图 7.12 所示, 它可以由以下非线性微分方程来描述[139]:

$$\begin{cases} \dot{x} = v\cos\phi, \\ \dot{y} = v\sin\phi, \\ \dot{\phi} = \omega, \\ \dot{v} = \beta_1(\tau_1 + \tau_2) + \beta_3 w_1, \\ \dot{\omega} = \beta_2(\tau_1 - \tau_2) + \beta_4 w_2, \end{cases} \tag{7.174}$$

以及非完整约束

$$\dot{x}\sin\phi - \dot{y}\cos\phi = 0, \tag{7.175}$$

其中 (x, y) 为质心坐标; ϕ 为车身相对于 x 轴的方向角; v 为线速度; ω 为相对于垂直轴的角速度; τ_1 与 τ_2 分别是后轮两个电机提供的驱动力矩; w_1 和 w_2 分别为加在

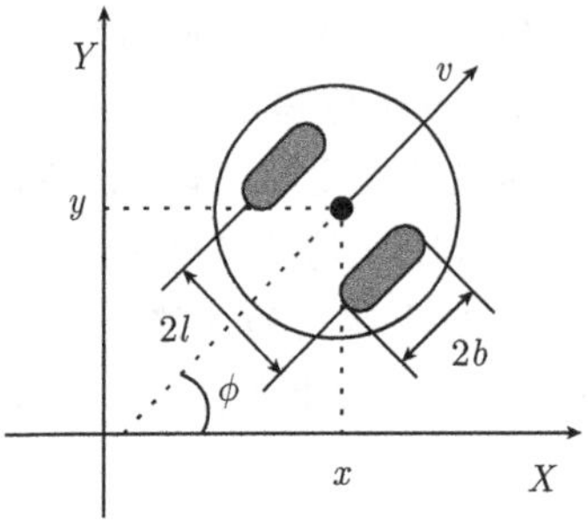

图 7.12　轮式移动机器人系统示意图

线速度与角速度上的外部干扰. 另外, $\beta_1 = \dfrac{1}{bm}$, $\beta_2 = \dfrac{l}{bI}$, $\beta_3 = \dfrac{1}{m}$, $\beta_4 = \dfrac{1}{I}$, 其中 m 与 I 分别为 WMR 的质量与转动惯量, $2l$ 为后轮轴的长度, b 为轮的半径. WMR 的设计参数分别为: 质量 $m = 80\text{kg}$; 转动惯量 $I = 2\text{kg}\cdot\text{m}^2$, 轮半径 $b = 0.075\text{m}$; 轮轴长 $2l = 0.65\text{m}$. 另外, 考虑电机存在输出饱和情况, 控制约束有如下形式:

$$|\tau_1(t)| \leqslant 4\text{N}\cdot\text{m}, \quad |\tau_2(t)| \leqslant 4\text{N}\cdot\text{m}, \quad \forall t \geqslant 0. \tag{7.176}$$

定义 $\zeta = [x, y, \phi, v, \omega]$ 作为系统状态, $\zeta_d = [x_d, y_d, \phi_d, v_d, \omega_d]$ 为期望的名义轨迹, $\tau_d = [\tau_{d,1}, \tau_{d,2}]$ 为名义的控制量, 并令 $\zeta_e = \zeta - \zeta_d$, $u_e = \tau - \tau_d$ 作为误差系统的状态和控制输入, 则该误差系统可以表示为

$$\dot{\zeta}_e = \begin{pmatrix} 0 & 0 & 0 & \cos(\phi_d + e_3) & 0 \\ 0 & 0 & 0 & \sin(\phi_d + e_3) & 0 \\ 0 & 0 & 0 & 0 & 1 \\ 0 & 0 & 0 & 0 & 0 \\ 0 & 0 & 0 & 0 & 0 \end{pmatrix} \zeta_e + \begin{pmatrix} 0 & 0 \\ 0 & 0 \\ 0 & 0 \\ \beta_3 & 0 \\ 0 & \beta_4 \end{pmatrix} w + \begin{pmatrix} 0 & 0 \\ 0 & 0 \\ 0 & 0 \\ \beta_1 & \beta_1 \\ \beta_2 & -\beta_2 \end{pmatrix} u_e + \begin{pmatrix} v_d\left(\cos(\phi_d + e_3) - \cos\phi_d\right) \\ v_d\left(\sin(\phi_d + e_3) - \sin\phi_d\right) \\ 0 \\ 0 \\ 0 \end{pmatrix}.$$

由式 (7.138) 可得其线性化系统

$$\dot{\zeta}_e = A(t)\zeta_e + B_1(t)w + B_2(t)u_e, \tag{7.177}$$

其中

$$A(t) = \begin{pmatrix} 0 & 0 & -v_d(t)\sin\phi_d(t) & \cos\phi_d(t) & 0 \\ 0 & 0 & v_d(t)\cos\phi_d(t) & \sin\phi_d(t) & 0 \\ 0 & 0 & 0 & 0 & 1 \\ 0 & 0 & 0 & 0 & 0 \\ 0 & 0 & 0 & 0 & 0 \end{pmatrix},$$

$$B_1(t)=\begin{pmatrix}0 & 0\\ 0 & 0\\ 0 & 0\\ \beta_3 & 0\\ 0 & \beta_4\end{pmatrix},\quad B_2(t)=\begin{pmatrix}0 & 0\\ 0 & 0\\ 0 & 0\\ \beta_1 & \beta_1\\ \beta_2 & -\beta_2\end{pmatrix}.$$

我们要求 WMR 跟踪下式定义的‘8’字形轨迹

$$x_d(t)=a_1\sin\frac{t}{a_3},\quad y_d(t)=a_2\sin\frac{t}{2a_3},\quad \forall t\geqslant 0. \tag{7.178}$$

为使机器人的参考轨迹 (ζ_d,τ_d) 满足无干扰时的机器人模型 (即 $w=\mathbf{0}$ 时的式 (7.174)) 和非完整约束 (7.175), 我们采用微分平坦理论来生成参考输入或者前馈控制$\tau_{d,j}, j=1,2$. 选择 (x,y) 作为平坦输出, 则有

$$\tau_{d,1}=\frac{s_1+s_2}{2},\quad \tau_{d,2}=\frac{s_1-s_2}{2},$$

其中

$$s_1=\frac{\dot{x}_d\ddot{x}_d+\dot{y}_d\ddot{y}_d}{\beta_1\sqrt{\dot{x}_d^2+\dot{y}_d^2}},$$
$$s_2=\frac{1}{\beta_2}\left(\frac{\dot{x}_d\dddot{y}_d-\dddot{x}_d\dot{y}_d}{\dot{x}_d^2+\dot{y}_d^2}-\frac{2\left(\dot{x}_d\ddot{y}_d-\ddot{x}_d\dot{y}_d\right)\left(\dot{x}_d\ddot{x}_d+\dot{y}_d\ddot{y}_d\right)}{\left(\dot{x}_d^2+\dot{y}_d^2\right)^2}\right).$$

另外, 作为 (a_1,a_2,a_3,t) 的函数, 对任意 $t\geqslant 0$, $\tau_{d,j}$ 都需要满足控制约束 (7.176). 我们这里选择 $(a_1=2, a_2=0.5, a_3=7)$, 在这组参数下, $\tau_{d,j}$ 是满足约束的, 如图 7.13 所示. 而这时的‘8’字轨迹如图 7.15 中点画线所示.

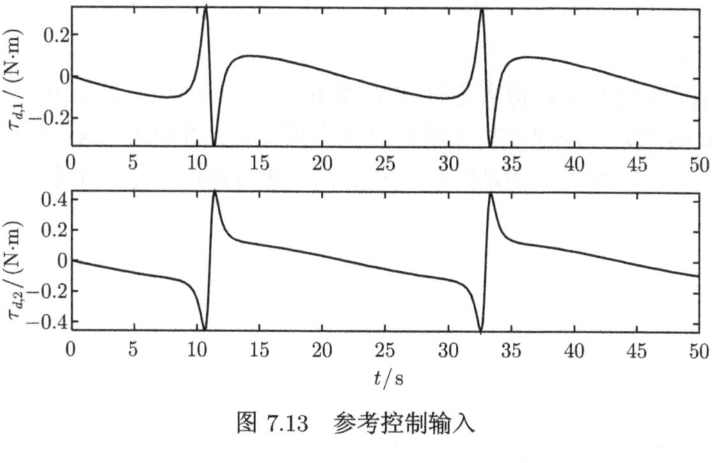

图 7.13 参考控制输入

分析与仿真

将系统 (7.174) 沿轨迹线性化, 由式 (7.138) 可得其线性化系统矩阵

$$A(t)=\begin{pmatrix} 0 & 0 & -v_d(t)\sin\phi_d(t) & \cos\phi_d(t) & 0 \\ 0 & 0 & v_d(t)\cos\phi_d(t) & \sin\phi_d(t) & 0 \\ 0 & 0 & 0 & 0 & 1 \\ 0 & 0 & 0 & 0 & 0 \\ 0 & 0 & 0 & 0 & 0 \end{pmatrix},$$

$$B_1(t)=\begin{pmatrix} 0 & 0 \\ 0 & 0 \\ 0 & 0 \\ \beta_3 & 0 \\ 0 & \beta_4 \end{pmatrix},\quad B_2(t)=\begin{pmatrix} 0 & 0 \\ 0 & 0 \\ 0 & 0 \\ \beta_1 & \beta_1 \\ \beta_2 & -\beta_2 \end{pmatrix}.$$

不失一般性, 性能输出 (7.137b) 中相应矩阵选择为

$$C(t)=\mathrm{diag}\{2,2,0.7,0.5,0.5\},$$
$$D_1(t)=D_2(t)=\mathbf{0}_{5\times 2}.$$

选择优化问题 7.19 的可调参数为 $r_c=1$, $q_1=2$, $q_2=1$. 仿真采样时间$T=0.2\mathrm{s}$. 设初始跟踪误差为 $\zeta_e(0)=\left[0,-1,\dfrac{\pi}{10},0.6,0.4\right]^{\mathrm{T}}$. 机器人闭环系统在 $15\mathrm{s}\leqslant t\leqslant 20\mathrm{s}$ 期间需要承受线速度和角速度方向的两个干扰为

$$w_1=32.04\sin\frac{2\pi}{10}t\ \mathrm{N},$$
$$w_2=18.50\sin\frac{2\pi}{10}t\ \mathrm{N}\cdot\mathrm{m},$$

如图 7.14 所示.

仿真时间设定为 50s, 仿真运行环境: 2.4GHz X86 CPU, 512M RAM, 控制器可通过求解 LMI 优化问题得到, 求解控制器占用 CPU 时间为 93s (大于 50s), 计算负担较大. 因此, 如何提高滚动时域方法的在线运行速度也是一个非常有价值的研究课题.

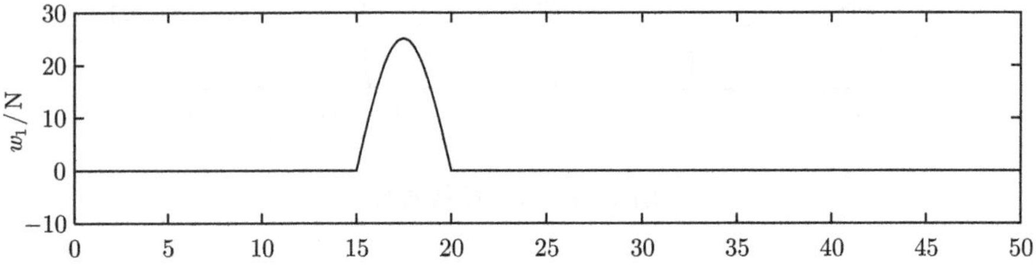

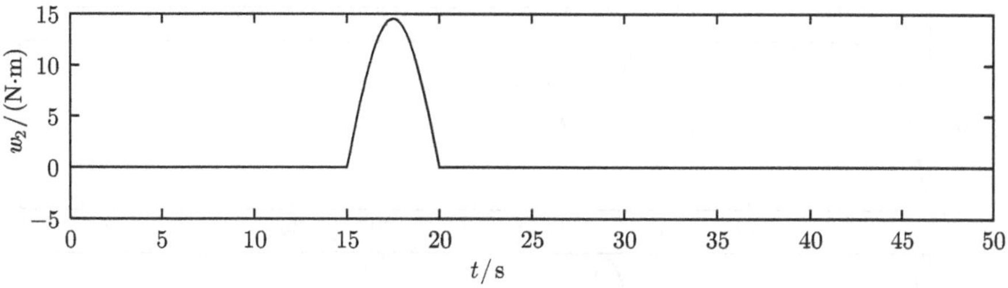

图 7.14 干扰输入

机器人跟踪控制系统的轨迹如图 7.15中实线所示, 线上箭头指明了机器人运动方向. 跟踪误差见图 7.16. 显然, 虽然存在初始误差和外界干扰, 机器人还是能够很好地跟踪参考轨迹. 同时由图 7.17 可知, 控制输入满足其约束. 图 7.18 下方的图描绘了在线优化得到的性能指标 γ.注意到, 当存在初始误差或者遭遇大的干扰时, 控制输入增大, 所设计的滚动 $\mathcal{H}_\infty$ 控制器会自动降低性能指标以保证控制量不超出其约束. 而当干扰消失时, 控制器又会自动提高系统性能. 性能指标 γ 的这种变化 再次证实了由算法 7.3 所得的控制器也能够很好地协调性能与控制约束之间的矛盾. 除此以外, 我们也给出了 $\dfrac{\zeta_e(t)^{\mathrm{T}}P\zeta_e(t)}{r_c}$ 的变化曲线, 在遭遇初始误差和外部干扰时, 明显有 $\zeta_e(t)^{\mathrm{T}}P\zeta_e(t) \geqslant r_c$, 这表示此时优化问题 7.18 是不可行的. 这个现象表明, 优化算法 7.3 确实很好地降低保守性, 从而充分发挥控制器的控制潜能.

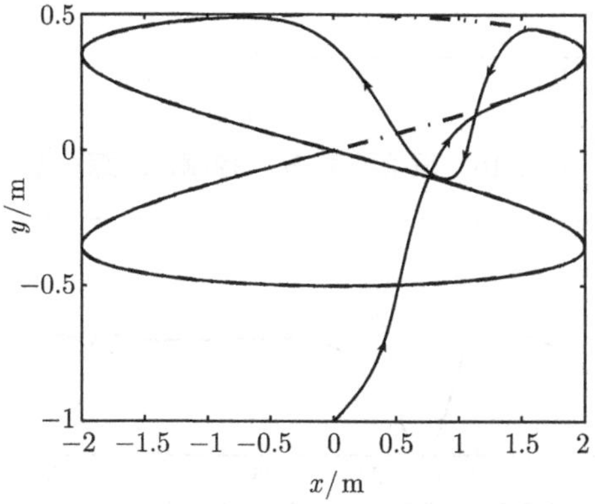

图 7.15 ‘8’ 字参考轨迹 (– · –) 和实际跟踪轨迹 (——)

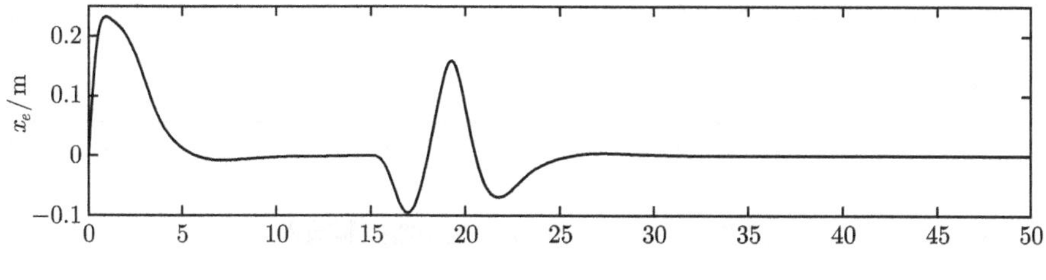

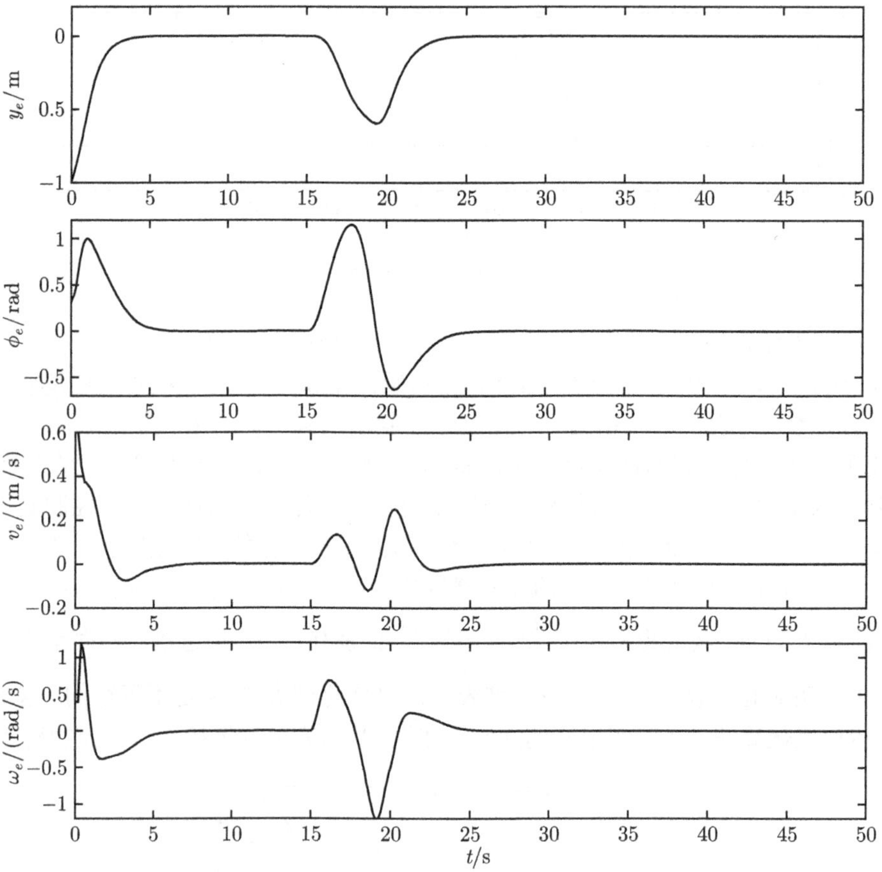

图 7.16　滚动约束 $\mathcal{H}_\infty$ 控制器跟踪误差

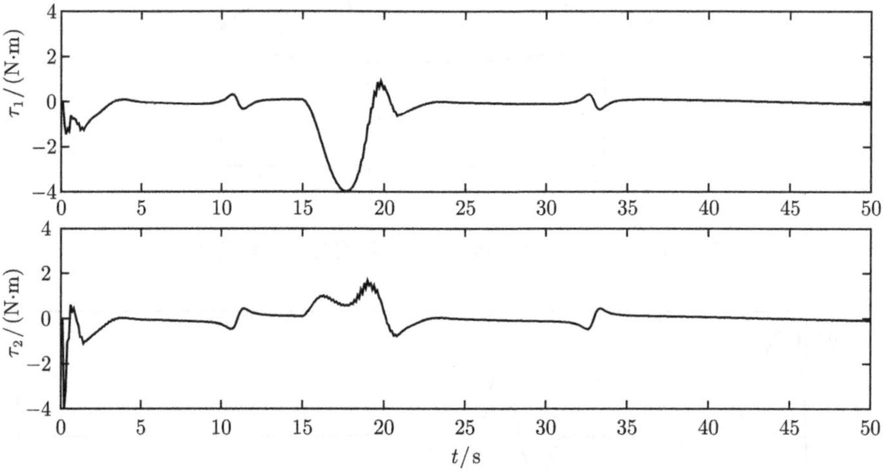

图 7.17　滚动约束 $\mathcal{H}_\infty$ 控制器控制输入

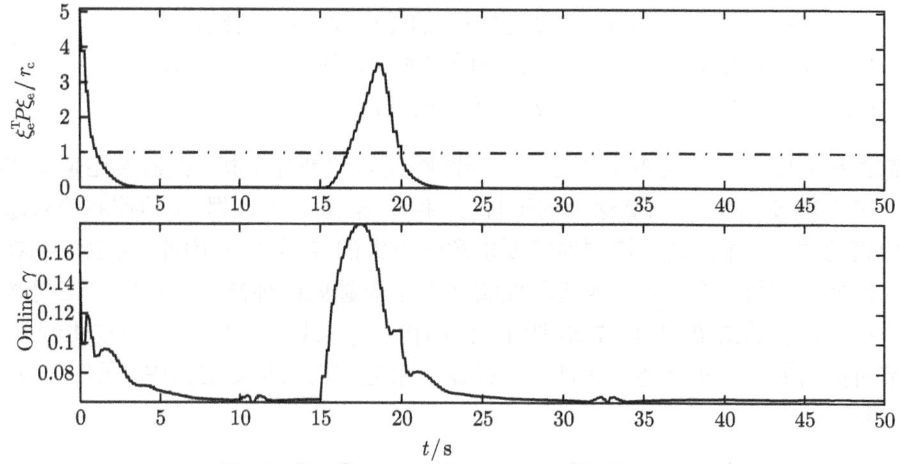

图 7.18 $\dfrac{\zeta_e(t)^{\mathrm{T}} P \zeta_e(t)}{r_c}$ 曲线与在线优化性能指标 γ

作为比较, 我们又利用动态反馈线性化的方法设计了一个轨迹跟踪控制器[85]. 令 $u_1 = \tau_1 + \tau_2$, $u_2 = \tau_1 - \tau_2$, 假设 $w_1 = w_2 = 0$, 对 x, y 求导, 直至出现 u_1 或 u_2, 得

$$\begin{bmatrix} \dddot{x} \\ \dddot{y} \end{bmatrix} = \begin{bmatrix} -2\beta_1 u_1 \omega \sin\phi - v\omega^2 \cos\phi \\ 2\beta_1 u_1 \omega \cos\phi - v\omega^2 \sin\phi \end{bmatrix} + \begin{bmatrix} \beta_1 \cos\phi & -v\beta_2 \sin\phi \\ \beta_1 \sin\phi & v\beta_2 \cos\phi \end{bmatrix} \begin{bmatrix} \dot{u}_1 \\ u_2 \end{bmatrix}. \tag{7.179}$$

不考虑外部干扰和控制量约束, 设计动态补偿器为

$$\begin{cases} \dot{\eta} = \dfrac{v_1 \cos\phi + v_2 \sin\phi + v\omega^2}{\beta_1}, \\ \tau_1 + \tau_2 = \eta, \\ \tau_1 - \tau_2 = \dfrac{v_2 \cos\phi - v_1 \sin\phi - 2\beta_1 \xi \omega}{v\beta_2}, \end{cases} \tag{7.180}$$

可使非线性系统 (7.174) 线性化为

$$\begin{bmatrix} \dddot{x} \\ \dddot{y} \end{bmatrix} = \begin{bmatrix} v_1 \\ v_2 \end{bmatrix}, \quad u_1 = \xi. \tag{7.181}$$

为了渐近跟踪期望的参考轨迹, 设计 v_1 和 v_2 如下:

$$\begin{cases} v_1 = \dddot{x}_d + k_{a1}(\ddot{x}_d - \ddot{x}) + k_{p1}(\dot{x}_d - \dot{x}) + k_{d1}(x_d - x), \\ v_2 = \dddot{y}_d + k_{a2}(\ddot{y}_d - \ddot{y}) + k_{p2}(\dot{y}_d - \dot{y}) + k_{d2}(y_d - y), \end{cases} \tag{7.182}$$

其中系数 $k_{ai} > 0$, $k_{pi} > 0$, $k_{di} > 0$, $i = 1, 2$. 将 v_1 和 v_2 反馈到动态补偿器 (7.180) 以得到真实的控制输入. 如图 7.19~ 图 7.21 所示为跟踪效果. 分别选取三组不同的系数:

A: $k_{ai} = k_{di} = 4$, $k_{pi} = 6$, $i = 1, 2$, 由图中的短虚线 (−−) 表示,
B: $k_{ai} = k_{di} = 4$, $k_{pi} = 10$, $i = 1, 2$, 由图中的点画线 (− · −) 表示,
C: $k_{ai} = k_{di} = 4$, $k_{pi} = 4$, $i = 1, 2$, 由图中的实线 (——).

跟踪误差见图 7.22. 可见虽然存在初始跟踪误差和外界干扰, 机器人还是能够跟踪上参考轨迹. 然而, 当遭遇大的干扰时, 控制器 A 和控制器 B 的控制输入超出了约束的边界. 通常高的控制性能要求意味着大的控制动作. 因此, 可以以牺牲系统的性能为代价, 通过适当地选取控制器增益来避免这种情况的发生. 控制器 C 就是这种调整的结果. 如图 7.23 所示, 控制输入 (实线) 满足约束. 通过比较可知, 本节所提出的控制策略能够在性能与控制约束之间取得很好的折中 (见图 7.16 和图 7.18).

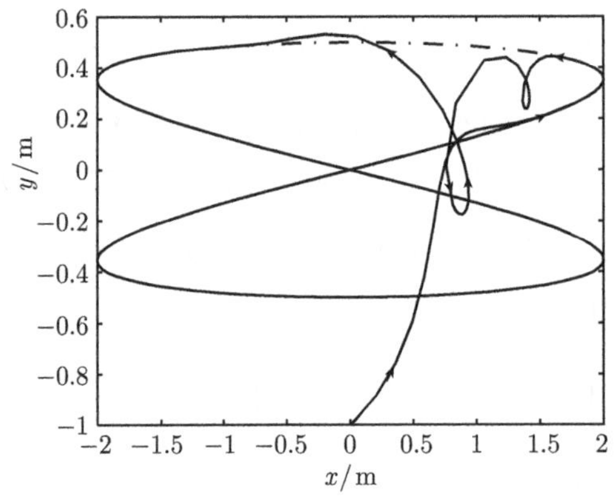

图 7.19　‘8’ 字参考轨迹 (− · −) 和实际跟踪轨迹 A (——)

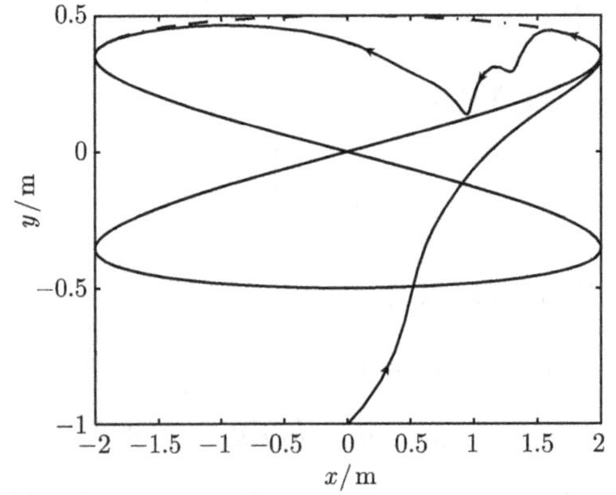

图 7.20　‘8’ 字参考轨迹 (− · −) 和实际跟踪轨迹 B (——)

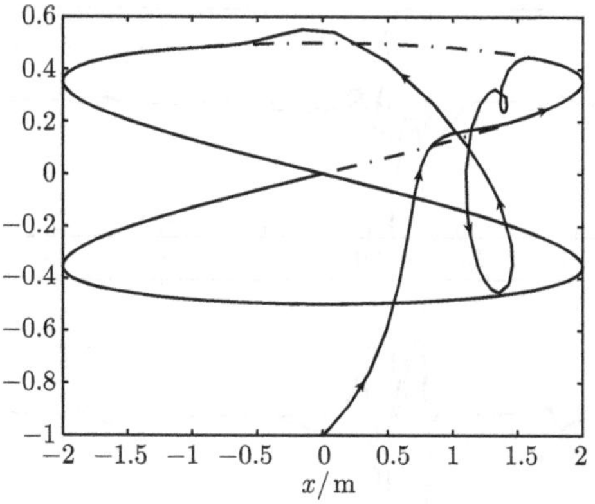

图 7.21 '8' 字参考轨迹 (– · –) 和实际跟踪轨迹 C (—)

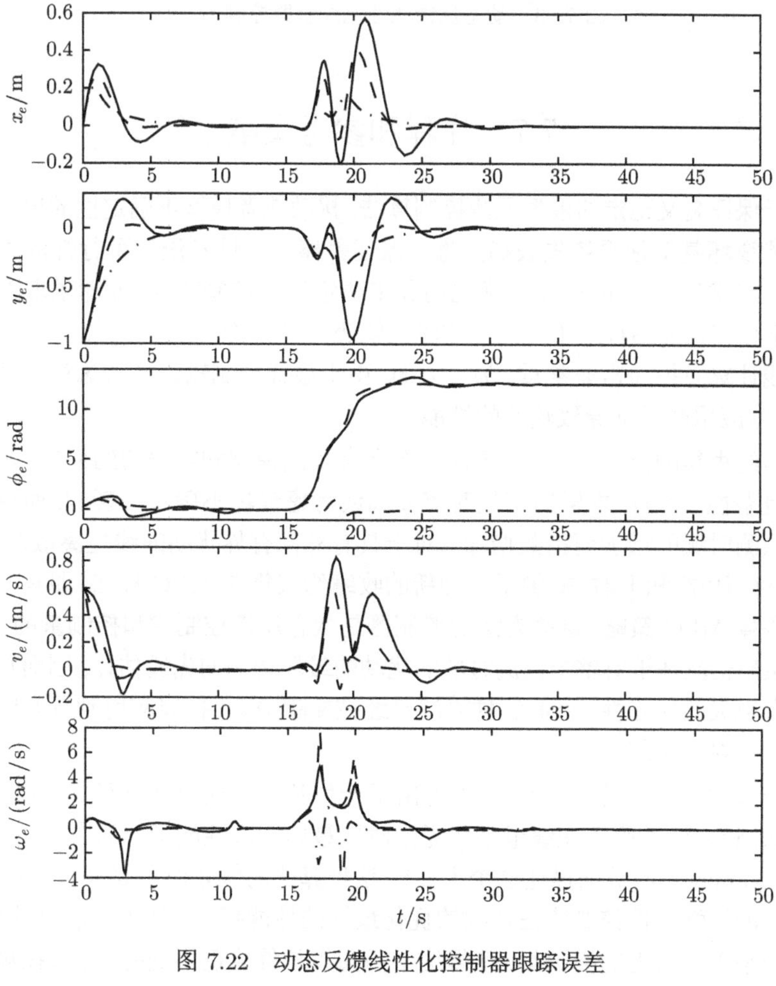

图 7.22 动态反馈线性化控制器跟踪误差

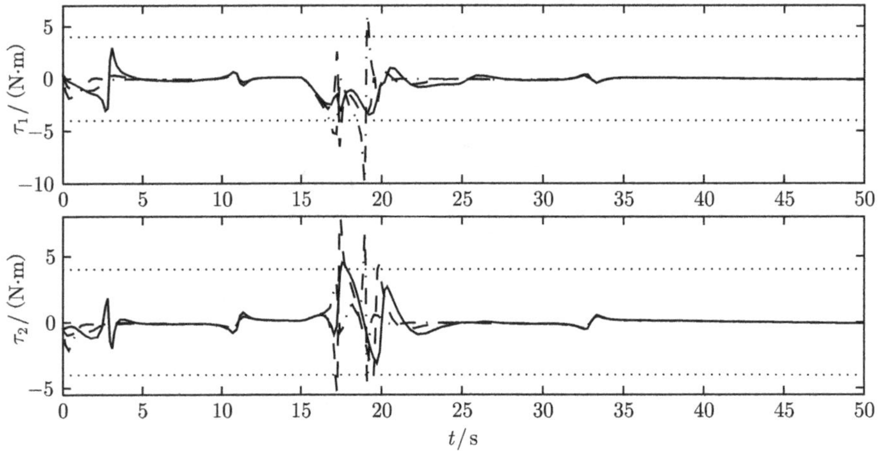

图 7.23　动态反馈线性化控制器控制输入

7.7　注释和参考文献

对于保证名义稳定的模型预测控制算法, 扰动或者模型不确定性的出现会导致系统性能变坏甚至使系统失去稳定性. 保证鲁棒稳定性和滚动可行性的最直观的方法是在线求解一个 min-max 优化问题来决定最优控制输入, 亦即求取在最坏扰动情况下使得性能指标最小化的控制输入轨迹[101,108,123,124,140~142]. 一方面这种算法的在线计算负担通常非常重. 另一方面, 由于最优控制输入是考虑最坏情况得到的, 在实际应用时通常导致较差的性能.

收缩约束集的方法[143~145] 考虑一个名义预测模型和收缩的约束集, 可以避免计算的复杂性. 然而, 求解约束集时需要离线考虑最坏不确定的影响, 而这种影响会随着预测时域的增加而指数增加. 对于具有外部有界扰动的线性离散时间系统, 文献 [146]、[107] 和 [147] 提供了一种新的收缩约束集的 MPC 算法, 即具有固定收缩集的鲁棒 MPC 策略. 这些方法的控制器是状态反馈控制律和控制量的复合. 由于这种策略仍然基于对整个预测时域的扰动的最坏影响的先验估计, 因而算法本身仍然具有很大的保守性. 目前这种方法已经被文献 [148] 扩展应用到具有匹配非线性和分段仿射的系统.

对于线性摄动系统, 文献 [119] 提出了一种基于线性矩阵不等式的鲁棒 MPC 控制算法, 该方法着眼于在线最小化无限时域最坏二次性能指标的上界 (采用一个单一的 Lyapunov 函数来描述这个上界). 这种算法的保守性主要来自于: ① 采用一个静态的线性反馈控制律去在线的优化最坏的性能指标; ② 为了满足约束, 需要寻找一个平衡点附近的椭圆集, 使得这个椭圆集是鲁棒正不变的, 并且在集合中系统满足约束. 为了降低保守性, 文献 [149] 提出了一种改进算法. 与文献 [119] 的结果相比较, 控制律由 u_0 和 Kx 构成, 即控制序列的第一个元素是一个控制量. 文献 [150] 则采用 $u+Kx$ 的结构. 在这个算法中 Kx 是一个最优的二次反馈控制律, u 用来在线的调整系统的约束满足. 但按照这种方法得到的系统性能已经失去了最优性.

第 8 章　滚动时域估计

8.1　前　　言

本章介绍基于模型预测控制滚动优化原理的系统状态估计方法：滚动时域估计 (Moving Horizon Estimation, MHE). 与 MPC 一样,

(1) MHE 算法是基于模型设计的. 同样, 我们强调的是模型功能, 即计算系统的动力学演变, 并不在意模型的形式.

(2) MHE 需要在线求解优化问题, 即在线求解优化估计问题. 当前的测量数据用于刷新优化问题, 特别的, 数据时域长度为 N 的测量数据序列接受新的测量值后, 将丢掉最旧的那个数据, 以维持数据时域长度不变, 从而避免“数据爆炸”.

(3) 系统的时域约束和非线性特性可以直接表述在优化问题的描述中. 如此, 在线求解的将是一个约束优化问题或者非线性优化问题, 甚至约束非线性优化问题.

有别于其他优化估计方法如 Kalman 滤波,

(4) MHE 能充分利用那些以时域约束形式出现的关于系统干扰和状态的已知信息, 提高估计的合理性和准确性.

(5) 如果不考虑时域约束, 且模型是线性的和取数据时域长度为 $N = 1$, 则 MHE 退化为 Kalman 滤波[151].

除了需要清楚优化控制问题和优化估计问题在数学描述上的区别外, MHE 与 MPC 不一样的是系统时域约束. 在 MHE 中, 时域约束可以是源自系统自然规律的一些变量取值范围, 有时称为物理约束, 如化学组分浓度和容器的泄漏量总是大于零等. 时域约束也可以是系统运行的一些信息, 有时称为过程约束, 比如由流程工业中上下游的关系已知干扰量在某个给定范围内波动, 已知 (假设) 干扰或者测量噪声的统计学分布特性等. 下面的例子说明系统时域约束作为附加信息对状态估计的影响.

例 8.1　*考虑例 6.1 的 CSTR 系统浓度估计问题. 该反应釜的理想动态特性可以由如下非线性微分方程描述:*

$$\dot{c}_A = \frac{\dot{V}}{V_R}(c_{A0} - c_A) - k_1(\vartheta)c_A - k_3(\vartheta){c_A}^2, \quad c_A \geqslant 0 \tag{8.1a}$$

$$\dot{c}_B = -\frac{\dot{V}}{V_R}c_B + k_1(\vartheta)c_A - k_2(\vartheta)c_B, \quad c_B \geqslant 0 \tag{8.1b}$$

$$\dot{\vartheta} = \frac{\dot{V}}{V_R}(\vartheta_0 - \vartheta) - \frac{1}{\rho C_p}\Big(k_1(\vartheta)c_A\Delta H_{R_{AB}} + k_2(\vartheta)c_B\Delta H_{R_{BC}} + k_3(\vartheta){c_A}^2\Delta H_{R_{AD}}\Big) + \frac{k_w A_R}{\rho C_p V_R}(\vartheta_K - \vartheta) \tag{8.1c}$$

$$\dot{\vartheta}_K = \frac{1}{m_K C_{PK}}\left(\dot{Q}_K + k_w A_R(\vartheta - \vartheta_K)\right), \tag{8.1d}$$

其中 c_A, c_B 分别表示组分 A 和组分 B 的浓度; v, v_k 分别为反应温度和冷却温度. 显然组分浓度应不小于零, 即 $c_A \geqslant 0$ 和 $c_B \geqslant 0$. 关于该 CSTR 的详细描述和物理化学参数可以参阅第 6 章或者参阅文献 [27]、[28].

CSTR 系统组分 A 和组分 B 的浓度一般不容易直接测量得到, 需要设计估计器来估计浓度. 为此, 我们将非线性系统 (8.1) 在平衡点线性化并离散化得到线性离散系统模型, 分别按 Kalman 方法和 MHE 方法设计估计器. 在设计的 MHE 中, 取数据长度为 $N = 10$, 组分浓度大于零即 $c_A \geqslant 0$ 和 $c_B \geqslant 0$ 是以约束形式直接表述在在线求解的优化问题中.

从仿真结果图 8.1 可见, Kalman 方法估计的组分 A 的浓度在刚开始时出现了小于零的情况. 这显然不合理. 而 MHE 估计器考虑了浓度大于零这个约束条件. 因此, 充分利用了以约束形式出现的关于系统状态和干扰的已知信息, 提高了估计的合理性和准确性.

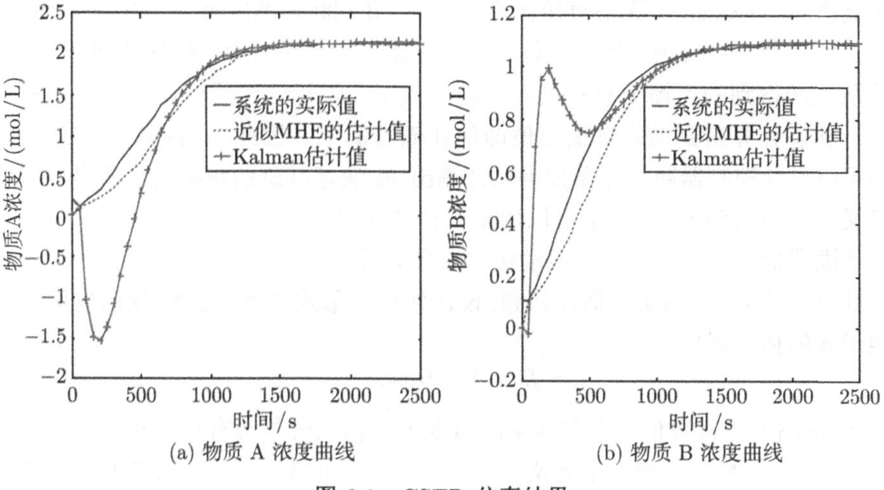

(a) 物质 A 浓度曲线　　(b) 物质 B 浓度曲线

图 8.1　CSTR 仿真结果

滚动时域估计是国际上近年来刚刚起步的一种先进估计方法, 相关的研究国内并不多见. 由于能够方便的处理非线性特性和利用时域约束给出的附加信息提高估计的准确性和可靠性, MHE 具有广泛的应用前景. 工程界首先将其应用于过程控制中的状态估计问题[152~154], 并取得了较好的估计效果.

8.2 滚动时域估计方法

滚动时域估计的基本原理就是预测控制的滚动优化原理. 因此, 我们先讨论从 MPC 到 MHE.

8.2.1 从 MPC 到 MHE

考虑如下一类非线性离散时间系统:

$$x_{k+1} = f(x_k, w_k), \tag{8.2a}$$

$$y_k = g(x_k) + v_k, \quad k \geqslant 0, \tag{8.2b}$$

系统的时域约束为

$$x_k \in \mathbb{X}, \quad w_k \in \mathbb{W}, \quad v_k \in \mathbb{V}, \tag{8.3}$$

其中 $x_k \in \mathbb{R}^n$ 和 $y_k \in \mathbb{R}^p$ 分别为系统状态和测量输出; $w_k \in \mathbb{R}^m$ 和 $v_k \in \mathbb{R}^p$ 分别为外部干扰和测量噪声. 假设 $\mathbb{X}, \mathbb{W}, \mathbb{V}$ 为凸集. 估计问题就是由测量值计算得到系统状态 x_k 的估计值 $\hat{x}_k$, 即设计一个估计器, 其输入为测量值 y_k, 其输出为估计的系统状态 $\hat{x}_k$. 无论有什么样的形式, 我们对估计器的基本要求是估计误差稳定且

$$e_k := x_k - \hat{x}_k \to 0, \quad 当\ k \to \infty. \tag{8.4}$$

由于真值 x_k 并不知道, 无法直接计算 $x_k - \hat{x}_k$ 并判断误差序列 e_k 的性质. 因此, 转而用控制系统的"反馈—比较—校正"的思路去设计估计器. 就估计问题而言, 我们能从系统得到的反馈信息就是测量输出值 y_k, 能和这个反馈信息作比较就是通过估计状态计算得到的系统输出值即估计输出值 $\hat{y}_k$. 因此, 在控制理论的框架下, 我们可以设计控制器即估计器使得估计输出 $\hat{y}_k$ 快速准确的跟踪测量输出 y_k. 从这个意义上说, 任何控制方法都可以用来设计估计器.

下面我们就应用 MPC 的滚动优化原理设计估计器.

针对系统 (8.2) 的状态估计问题, 设计估计器形式如下 (当然, 我们也可以考虑其他形式的估计器):

$$\hat{x}_{k+1} = f_0(\hat{x}_k) + Bw_k, \quad \hat{x}_0 = x_0, \tag{8.5}$$

其中 B 是归一化常数使得在多变量的情况下各输入分量具有可比较的值; $f_0(x) := f(x, w_s)$ 且 w_s 是干扰的一个名义值, 不失一般性可以取零. 在确定了估计器的形式后, 设计任务就具体化为确定参数 x_0 和 $\{w_i, i = 0, 1, \cdots, k-1\}$ 使得估计器的输出

$$\hat{y}_k := g(\hat{x}_k) \tag{8.6}$$

快速准确的跟踪测量输出 y_k. 同时, 从系统理论的角度, 我们还希望估计器是稳定的且估计误差是收敛的即满足 (8.4).

在 MPC 的框架下, 我们还可以使用多个测量数据. 为了估计 T 时刻的系统状态, 我们将使用最新的 N 个测量数据, 记为

$$\{y_i\}_{T-N}^{T-1} := \{y_{T-N}, y_{T-N+1}, \cdots, y_{T-1}\}.$$

记 T 时刻之前的 N 个干扰值为

$$\{w_i\}_{T-N}^{T-1} := \{w_{T-N}, w_{T-N+1}, \cdots, w_{T-1}\}.$$

上述符号中, 大括号内的下标为数据序列的计数变量, 大括号外的上下标分别为数据序列的时间终点和起点. 在不引起歧义的情况下, 有时也简化表述为 $\{y_i\}$ 和 $\{w_i\}$.

这时, 状态估计问题描述为如下有限时域优化问题.

问题 8.1

$$\Phi_T^* := \min_{x_{T-N}, \{w_i\}_{T-N}^{T-1}} \Phi_T(\{w_i\}, x_{T-N}) \tag{8.7}$$

满足系统动力学

$$\hat{x}_{i+1} = f(\hat{x}_i) + Bw_i, \quad i \in [T-N, T], \tag{8.8a}$$

$$\hat{x}_{T-N} = x_{T-N}, \tag{8.8b}$$

和约束条件

$$\hat{x}_i \in \mathbb{X}, \quad i \in [T-N, T], \tag{8.9a}$$

$$w_i \in \mathbb{W}, \quad i \in [T-N, T-1], \tag{8.9b}$$

$$y_i - g(\hat{x}_i) \in \mathbb{V}, \quad i \in [T-N, T-1], \tag{8.9c}$$

其中目标函数为

$$\Phi_T(\{w_i\}, x_{T-N}) = \sum_{i=T-N}^{T-1} \|y_i - g(\hat{x}_i)\|_{\bar{R}}^2 + \|w_i\|_{\bar{Q}}^2 + \|x_{T-N} - \bar{x}_{T-N}\|_{\bar{P}}^2. \tag{8.10}$$

上述优化问题中, $\bar{Q} \geqslant 0$ 和 $\bar{R} > 0$ 是加权系数. 如果从要求估计输出序列快速准确的跟踪测量输出序列的角度, $\bar{R}$ 可以选择比 $\bar{Q}$ 大一些. 当然, 所谓的大和小是针对已经归一化的变量而言的. 如果将 w_k 和 v_k 看成系统干扰和测量噪声并假设其为零均值, 协方差分别为 Q 和 R 的时间序列, 则取 $\bar{Q} = Q^{-1}$ 和 $\bar{R} = R^{-1}$.

值得指出, (8.8b) 是系统动力学方程 (8.8a) 的初始条件, 给出了优化问题 8.1 所考虑的系统动态起始于时间 $T-N$ 和状态 x_{T-N}, 而 x_{T-N} 正是优化问题的一个独立变量. 同样需要注意的是目标函数 (8.10) 右侧第三项, 其中 $\bar{x}_{T-N}$ 是对起始状态 x_{T-N} 的一个先验估计, $\bar{P} \geqslant 0$ 是加权系数, 表示对这个先验估计的信心. 如

果 $\bar{P}$ 大, 则最小化将使得 x_{T-N} 更加接近 $\bar{x}_{T-N}$. 这表示设计者对认为先验估计值可靠. 如果取 $\bar{P}=0$, 则该项对目标函数的贡献为零, 也就是说 $\bar{x}_{T-N}$ 将不会影响求解, 表示设计者认为先验估计值不可信, 从而不予采纳. 同样, 如果对 x_{T-N} 先验估计的均值为 $\bar{x}_{T-N}$, 协方差为 P_{T-N}, 则取 $\bar{P}=P_{T-N}^{-1}$.

约束优化问题 8.1 的独立变量是 x_{T-N} 和 $\{w_i\}_{T-N}^{T-1}$. 如果约束优化问题有解, 记为 $(x_{T-N}^*, \{w_i^*\}_{T-N}^{T-1})$, 则 T 时刻的状态估计值 $\hat{x}_T$ 可以求解下面的动力学方程得到:

$$\hat{x}_{i+1}=f_0(\hat{x}_i)+Bw_i^*, \quad \hat{x}_{T-N}=x_{T-N}^*, \quad i\in[T-N,T-1]. \tag{8.11}$$

在下一个时刻, 将最新测量值 y_T 推入数据序列, 丢掉最旧的那个数据, 维持 N 个测量数据不变, 则数据序列更新为

$$\{y_i\}_{T-N+1}^{T}:=\{y_{T-N+1},y_{T-N+2},\cdots,y_T\}.$$

根据预测控制的滚动优化原理, 令 $T:=T+1$, 重新求解约束优化问题 8.1.

我们也可以将前一时刻的估计值作为当前时刻对起始状态的先验估计. 为了清楚说明, 这里有必要区别前一时刻的估计问题和当前时刻的估计问题, 分别用下标 "$|T-1$" 和 "$|T$" 表示. 因此, 前一时刻的估计值作为当前时刻对起始状态的先验估计的数学表达式为

$$\bar{x}_{T-N|T}=\hat{x}_{T-N|T-1}.$$

上式中, $\bar{x}_{T-N|T}$ 是当前时刻对起始状态的先验估计, 即优化问题 8.1 目标函数 (8.10) 中的 $\bar{x}_{T-N}$. 而 $\hat{x}_{T-N|T-1}$ 是前一时刻对系统在 $T-N$ 时刻状态的估计值, 根据 (8.11) 可知由下式计算:

$$\hat{x}_{T-N|T-1}=f_0(x_{T-N-1|T-1}^*)+Bw_{T-N-1|T-1}^*.$$

结合上面两式, 有

$$\bar{x}_{T-N|T}=f_0(x_{T-N-1|T-1}^*)+Bw_{T-N-1|T-1}^*.$$

在清楚"前一时刻"和"当前时刻"的情况下, 我们去掉下标中的 "$|T-1$" 和 "$|T$", 给出用前一时刻的优化解构造当前时刻对起始状态的先验估计如下:

$$\bar{x}_{T-N}=f_0(x_{T-N-1}^*)+Bw_{T-N-1}^*. \tag{8.12}$$

如果系统是线性的, 即系统动力学方程为

$$x_{k+1}=Ax_k+Bw_k, \tag{8.13a}$$

$$y_k=Cx_k. \tag{8.13b}$$

在不考虑时域约束的情况下且取 $N=1$, 则优化问题 8.1 简化为

问题 8.2

$$\varPhi_T^* := \min_{x_{T-1}, w_{T-1}} \|y_{T-1} - C\hat{x}_{T-1}\|_{\bar{R}}^2 + \|w_{T-1}\|_{\bar{Q}}^2 + \|x_{T-1} - \bar{x}_{T-1}\|_{\bar{P}}^2. \tag{8.14}$$

显然, 我们可以得到优化问题 8.2 的解析解. 解的递推形式就是 Kalman 滤波方程. 在下面 8.2.5 节将作详细讨论.

8.2.2 从概率估计到 MHE

上面我们直接从 MPC 的基本原理给出 MHE 算法. 实际上, 我们还可以从概率估计理论的角度出发推导 MHE 算法.

状态估计问题可以描述为: 给定 T 时刻之前的所有测量值

$$\{y_i\}_0^{T-1} := \{y_0, y_1, \cdots, y_{T-1}\}$$

及其概率分布, 寻找状态

$$\{x_0, x_1, \cdots, x_T\}$$

的概率分布, 以获得最大可能的估计状态

$$\left\{\hat{x}_{0|T-1}, \hat{x}_{1|T-1}, \cdots, \hat{x}_{T|T-1}\right\}$$

其中 $\hat{x}_{i|T-1}\,(i = 0, 1, \cdots, T)$ 表示在 $T-1$ 时刻对 i 时刻的状态估计, 即保证条件概率密度函数

$$p\left(x_0, x_1, \cdots, x_{T-1} | y_0, y_1, \cdots, y_{T-1}\right) \tag{8.15}$$

达到最大. 记 $L_T(\cdot)$ 为 (8.15) 的条件概率密度函数, 则状态估计问题可表示为

$$\left\{\hat{x}_{0|T-1}, \hat{x}_{1|T-1}, \cdots, \hat{x}_{T|T-1}\right\} = L_T\left(p\left(x_0, x_1, \cdots, x_T | y_0, y_1, \cdots, y_{T-1}\right)\right).$$

通常情况下, 函数 $L_T(\cdot)$ 可选择为后验贝叶斯估计的最大值或期望, 即

$$\left\{\hat{x}_{0|T-1}, \hat{x}_{1|T-1}, \cdots, \hat{x}_{T|T-1}\right\} \in \arg\max_{\{x_0, x_1, \cdots, x_T\}} p\left(x_0, x_1, \cdots, x_T | y_0, y_1, \cdots, y_{T-1}\right). \tag{8.16}$$

由方程 (8.2) 可知, 状态 x_{k+1} 仅与前一时刻的状态 x_k 和 $p_{w_k}(w_k)$ 相关, 这表明状态序列 x_k 为马尔可夫链. 依据马尔可夫性质, 可将状态的联合概率密度函数表示为

$$p\left(x_0, x_1, \cdots, x_T\right) = p_{x_0}\left(x_0\right) \prod_{k=0}^{T-1} p\left(x_{k+1} | x_k\right),$$

其中 $p_{x_0}(x_0)$ 表示关于系统初始状态的先验信息. 假设测量噪声 v_k 是独立的, 则根据 (8.2), 可获得如下关系:

$$p\left(y_0, y_1, \cdots, y_{T-1} | x_0, x_1, \cdots, x_T\right) = \prod_{k=0}^{T-1} p_{v_k}\left(y_k - g\left(x_k\right)\right).$$

根据贝叶斯准则, 条件概率分布密度 (8.15) 式可表示为

$$\begin{aligned}&p\left(x_0,x_1,\cdots,x_T|y_0,y_1,\cdots,y_{T-1}\right)\\&=\frac{p\left(y_0,y_1,\cdots,y_{T-1}|x_0,x_1,\cdots,x_T\right)p\left(x_0,x_1,\cdots,x_T\right)}{p\left(y_0,y_1,\cdots,y_{T-1}\right)},\end{aligned}\tag{8.17}$$

即

$$p\left(x_0,x_1,\cdots,x_T|y_0,y_1,\cdots,y_{T-1}\right)\propto p_{x_0}\left(x_0\right)\prod_{k=0}^{T-1}p_{v_k}\left(y_k-g\left(x_k\right)\right)p\left(x_{k+1}|x_k\right),$$

对上式两端同时取以 e 为底的对数, 可得如下等式:

$$\begin{aligned}&\max_{\{x_0,x_1,\cdots,x_T\}}p\left(x_0,x_1,\cdots,x_T|y_0,y_1,\cdots,y_{T-1}\right)\\&=\max_{\{x_0,x_1,\cdots,x_T\}}\ln p\left(x_0,x_1,\cdots,x_T|y_0,y_1,\cdots,y_{T-1}\right)\\&=\max_{\{x_0,x_1,\cdots,x_T\}}\sum_{k=0}^{T-1}\left[\ln p_{v_k}\left(y_k-g\left(x_k\right)\right)+\ln p\left(x_{k+1}|x_k\right)\right]+\ln p_{x_0}\left(x_0\right).\end{aligned}\tag{8.18}$$

上式将状态估计问题转化为多进程优化问题. 显然, 求解上面的问题需要知道概率密度函数 $p_{x_0}(\cdot)$ 和 $p_{v_k}(\cdot)$. 为此, 给出如下假设条件:

(1) 扰动 w_k 是相互独立的;

(2) $f(x_k,w_k)=f_0(x_k)+w_k$;

(3) 系统初始状态 x_0 的先验估计状态服从均值为 $\bar{x}_0$, 协方差为 P_0 的正态分布;

(4) 系统噪声 w_k 和 v_k 服从零均值, 协方差分别为 Q,R 的正态分布序列.

根据假设条件可知系统初始状态 x_0 及噪声 w_k, v_k 的概率密度函数分别为

$$p_{x_0}(x_0)=\frac{1}{(2\pi)^{\frac{n}{2}}\mid P_0\mid^{\frac{1}{2}}}\mathrm{e}^{-\frac{1}{2}(x_0-\bar{x}_0)^{\mathrm{T}}P_0^{-1}(x_0-\bar{x}_0)}$$

$$p_{w_k}(w_k)=\frac{1}{(2\pi)^{\frac{m}{2}}\mid Q\mid^{\frac{1}{2}}}\mathrm{e}^{-\frac{1}{2}w_k^{\mathrm{T}}Q^{-1}w_k}$$

$$p_{v_k}(v_k)=\frac{1}{(2\pi)^{\frac{p}{2}}\mid R\mid^{\frac{1}{2}}}\mathrm{e}^{-\frac{1}{2}v_k^{\mathrm{T}}R^{-1}v_k}$$

将其代入到式 (8.18), 可继续推导

$$\max_{\{x_0,x_1,\cdots,x_T\}}p\left(x_0,x_1,\cdots,x_T|y_0,y_1,\cdots,y_{T-1}\right)$$

$$= \max_{\{x_0,x_1,\cdots,x_T\}} \sum_{k=0}^{T-1} [\ln p_{v_k}(y_k - g(x_k)) + \ln p(x_{k+1}|x_k)] + \ln p_{x_0}(x_0) \tag{8.19}$$

$$= \min_{\{x_0,x_1,\cdots,x_T\}} \sum_{k=0}^{T-1} \|y_k - g(x_k)\|_{R^{-1}}^2 + \|x_{k+1} - f_0(x_k)\|_{Q^{-1}}^2 + \|x_0 - \bar{x}_0\|_{P_0^{-1}}^2$$

$$= \min_{\{x_0,x_1,\cdots,x_T\}} \sum_{k=0}^{T-1} \|y_k - g(x_k)\|_{R^{-1}}^2 + \|w_k\|_{Q^{-1}}^2 + \|x_0 - \bar{x}_0\|_{P_0^{-1}}^2, \tag{8.20}$$

其中 $\|z\|_A^2 = z^{\mathrm{T}}Az$.

因此, 概率估计问题可等价于下面的优化问题.

问题 8.3

$$\min_{x_0,\{w_k\}_0^{T-1}} \varPhi_T(x_0, \{w_k\})$$

满足系统动力学

$$\hat{x}_{k+1} = f_0(\hat{x}_k) + Bw_k, \quad k \in [0, T-1] \tag{8.21a}$$

$$\hat{x}_0 = x_0 \tag{8.21b}$$

和时域约束条件

$$\hat{x}_k \in \mathbb{X}, \quad k \in [0, T], \tag{8.22a}$$

$$w_k \in \mathbb{W}, \quad k \in [0, T-1], \tag{8.22b}$$

$$y_k - C\hat{x}_k \in \mathbb{V}, \quad k \in [0, T-1], \tag{8.22c}$$

其中目标函数为

$$\varPhi_T(x_0, \{w_k\}) = \sum_{k=0}^{T-1} \|y_k - C\hat{x}_k\|_{R^{-1}}^2 + \|w_k\|_{Q^{-1}}^2 + \|x_0 - \bar{x}_0\|_{P_0^{-1}}^2. \tag{8.23}$$

注意, 动力学方程 (8.21a) 中用符号 ^ 是为了能明确的表述动力学初始条件 (8.21b).

下面我们针对约束线性系统展开详细讨论.

8.2.3 全信息 MHE 算法

考虑如下一类线性离散系统:

$$x_{k+1} = Ax_k + Bw_k, \tag{8.24a}$$

$$y_k = Cx_k + v_k, \quad k \geqslant 0, \tag{8.24b}$$

满足约束条件

$$x_k \in \mathbb{X}, \quad w_k \in \mathbb{W}, \quad v_k \in \mathbb{V}, \tag{8.25}$$

其中 $x_k \in \mathbb{R}^n$ 和 $y_k \in \mathbb{R}^p$ 分别为系统状态和测量输出; $\mathbb{W}, \mathbb{X}, \mathbb{V}$ 为凸集. 假设 $w_k \in \mathbb{R}^m$ 和 $v_k \in \mathbb{R}^q$ 分别为外部干扰和测量噪声, 服从均值为零, 协方差矩阵分别为 Q 和 R 的正态分布, 且 w_k 与 v_k 是相互独立的. 从统计学意义上来解释: 矩阵 Q 反映了对模型精度的信心而矩阵 R 则反映了对传感器测量结果的信心. 因此, 如果 $Q > R$, 那么对模型的信心要弱于对测量的信心. 反之则表示我们对模型更有信心.

设系统 (8.24) 的初始状态为 x_0, 记 k 时刻之前干扰序列为 $\{w_j\}_0^{k-1}$, 则系统在 k 时刻的状态可以由 (8.24) 递推得到. 定义为

$$x\left(k; x_0, \{w_j\}_0^{k-1}\right) := A^k x_0 + \sum_{j=0}^{k-1} A^{k-j-1} B w_j. \tag{8.26}$$

如果 $k=0$ 则有 $x\left(0; x_0, \{w_j\}_0^{k-1}\right) = x_0$, 即系统的初始状态为 x_0.

假设系统初始状态 x_0 的先验估计满足均值为 $\hat{x}_0$ 和协方差为 P_0 的正态分布, 从式 (8.19) 可知, 在 T 时刻由式 (8.2) 描述的系统状态估计问题与如下的数学规划问题等价.

问题 8.4

$$\min_{x_0, \{w_j\}_0^{T-1}} \Phi_T\left(x_0, \{w_j\}\right) \tag{8.27}$$

满足系统动力学

$$\hat{x}_{j+1} = A\hat{x}_j + Bw_j, \quad j \in [0, T-1] \tag{8.28a}$$

$$\hat{x}_0 = x_0 \tag{8.28b}$$

和时域约束条件

$$\hat{x}_j \in \mathbb{X}, \quad j \in [0, T], \tag{8.29a}$$

$$w_j \in \mathbb{W}, \quad j \in [0, T-1], \tag{8.29b}$$

$$y_j - C\hat{x}_j \in \mathbb{V}, \quad j \in [0, T-1], \tag{8.29c}$$

其中目标函数为

$$\Phi_T\left(x_0, \{w_j\}\right) = \sum_{j=0}^{T-1} \|y_j - C\hat{x}_j\|_{R^{-1}}^2 + \|w_j\|_{Q^{-1}}^2 + \|x_0 - \bar{x}_0\|_{P_0^{-1}}^2. \tag{8.30}$$

上式中, $\bar{x}_0$ 是对初始状态 x_0 的先验估计, P_0 反映了对这个先验估计的信心.

假设约束优化问题 8.4 存在优化解, 记为 $\left(x_0^*, \{w_j^*\}_0^{T-1}\right)$, 则 T 时刻系统状态的估计值可通过求解下面的动力学方程得到:

$$\hat{x}_{j+1} = A\hat{x}_j + Bw_j^*, \quad j \in [0, T-1] \tag{8.31a}$$

$$\hat{x}_0 = x_0^*. \tag{8.31b}$$

我们也可以根据上式和 (8.26) 直接写出待估计值 $\hat{x}_T$ 的计算公式

$$\hat{x}_T = A^{\mathrm{T}} x_0^* + \sum_{j=0}^{T-1} A^{\mathrm{T}-j-1} B w_j^*. \tag{8.32}$$

在下一个时刻, 将最新测量值 y_T 推入数据序列, 则数据序列更新为

$$\{y_i\}_0^T := \{y_0, y_1, \cdots, y_T\}.$$

根据预测控制的滚动优化原理, 令 $T := T+1$, 重新求解约束优化问题 8.4.

应该指出, 优化问题 8.4 的解还给出了对外部干扰的估计: 在 T 时刻对系统干扰的估计为 w_{T-1}^*. 由于我们是基于测量输出完成的估计, 对系统干扰的估计有一个采样时刻的滞后, 这也符合动力学系统的时间因果关系.

优化问题 8.4 利用了全部的测量数据来估计状态 x_0 及系统扰动 $\{w_k\}$, 故称之为全信息滚动时域估计[151]. 显然, 随着时间 T 的增大, 优化问题 8.4 处理的数据越来越多, 计算负荷越来越大, 尤其是当存在约束 (8.25) 时. 当 $T \to \infty$ 时, 就产生了所谓的"数据爆炸". 因此, 限制优化问题的维数是必要的.

8.2.4 有限时域 MHE 算法

为了避免全信息 MHE 算法的"数据爆炸"问题, 本节通过引入固定的数据时域 N, 将优化问题 8.4 的计算时域分为两部分, 即 $\{0 \leqslant j \leqslant T-N-1\}$ 和 $\{T-N \leqslant j \leqslant T-1\}$. 目标函数 (8.30) 可重新表示为

$$\begin{aligned}
\Phi_T\left(x_0, \{w_j\}_{T-N}^{T-1}\right) &= \sum_{j=0}^{T-1} \|y_j - C\hat{x}_j\|_{R^{-1}}^2 + \|w_j\|_{Q^{-1}}^2 + \|x_0 - \bar{x}_0\|_{P_0^{-1}}^2 \\
&= \sum_{j=T-N}^{T-1} \|y_j - C\hat{x}_j\|_{R^{-1}}^2 + \|w_j\|_{Q^{-1}}^2 \\
&\quad + \sum_{j=0}^{T-N-1} \|y_j - C\hat{x}_j\|_{R^{-1}}^2 + \|w_j\|_{Q^{-1}}^2 + \|x_0 - \bar{x}_0\|_{P_0^{-1}}^2 \\
&= \sum_{j=T-N}^{T-1} \|y_j - C\hat{x}_j\|_{R^{-1}}^2 + \|w_j\|_{Q^{-1}}^2 + \Phi_{T-N}\left(x_0, \{w_j\}_0^{T-N-1}\right).
\end{aligned} \tag{8.33}$$

根据系统 (8.24) 的马尔可夫特性, 上式中前面两项

$$\sum_{j=T-N}^{T-1} \|y_j - C\hat{x}_j\|_{R^{-1}}^2 + \|w_j\|_{Q^{-1}}^2$$

的值仅与状态 x_{T-N} 和扰动序列 $\{w_j\}_{T-N}^{T-1}$ 相关. 利用前向动态规划 (Forward Dynamic Programming) 原理, 可以建立起全信息估计问题与固定时域估计问题之间的等价关系.

对任意给定的 $x_0 \in \mathbb{X}$ 和 $z \in \mathbb{X}$, 如果存在满足约束的干扰序列 $\{w_j\}_0^{k-1}$ 使得系统起始于 x_0 的轨迹满足状态约束且在 k 时刻的状态为

$$x\left(k; x_0, 0, \{w_j\}\right) = z,$$

则称状态 z 对系统来说是可达的. 所有可达状态的集合称为可达集. 因此, k 时刻系统的可达集 R_k 定义为

$$R_k := \left\{ \begin{array}{ll} x\left(k; x_0, \{w_j\}\right): & x\left(j; x_0, 0, \{w_j\}\right) \in \mathbb{X}, \quad j = 0, 1, \cdots, k, \\ & w_j \in \mathbb{W}, \quad j = 0, 1, \cdots, k-1. \end{array} \right. \tag{8.34}$$

注意, 因为 $x\left(k; x_0, \{w_j\}\right) = x_0$, 所以 $x_0 \in \mathbb{X}$ 已经包含在上述定义中了.

显然, 对任何 $k \geqslant 0$ 有 $R_k \subseteq \mathbb{X}$. 对任何 $z \in R_T$, 定义到达代价 (Arrival cost)[1] 函数 $\Theta_\tau(\cdot)$ 为下面约束优化问题的优化值:

问题 8.5

$$\Theta_\tau(z) := \min_{x_0, \{w_k\}_0^{\tau-1}} \left\{ \Phi_\tau\left(x_0, \{w_k\}_0^{\tau-1}\right) : x\left(\tau; x_0, \{w_k\}\right) = z \right\} \tag{8.35}$$

满足系统动力学 (8.24) *和约束条件* (8.25).

顾名思义, 到达代价就是动力学系统在满足约束条件的情况下从初始状态 x_0 到达给定状态 z 需要付出的代价. 在明确定义了到达代价之后, 根据前向动态规划原理, 优化问题 8.4 可与如下问题等价.

问题 8.6

$$\min_{x_{T-N}, \{w_j\}_{T-N}^{T-1}} \Phi_T\left(x_{T-N}, \{w_j\}\right), \tag{8.36}$$

满足系统动力学

$$\hat{x}_{j+1} = A\hat{x}_j + Bw_j, \quad j \in [T-N, T-1] \tag{8.37a}$$

$$\hat{x}_{T-N} = x_{T-N} \tag{8.37b}$$

和时域约束条件

$$\hat{x}_j \in \mathbb{X}, \quad j \in [T-N, T], \tag{8.38a}$$

$$w_j \in \mathbb{W}, \quad j \in [T-N, T-1], \tag{8.38b}$$

$$y_j - C\hat{x}_j \in \mathbb{V}, \quad j \in [T-N, T-1], \tag{8.38c}$$

---

1 在后退时域规划问题中称之为 cost to go

其中目标函数为

$$\Phi_T\left(x_{T-N},\{w_j\}\right)=\sum_{j=T-N}^{T-1}\|y_j-C\hat{x}_j\|_{R^{-1}}^2+\|w_j\|_{Q^{-1}}^2+\Theta_{T-N}(x_{T-N}). \tag{8.39}$$

上述优化问题中, N 是滚动时域窗口长度, $\Theta_{T-N}(x_{T-N})$ 是到达代价由求解约束优化问题 8.5 得到, x_{T-N} 和 $\{w_j\}_{T-N}^{T-1}$ 是优化独立变量.

如果约束优化问题 8.6 有解, 记为 $(x_{T-N}^*,\{w_j^*\}_{T-N}^{T-1})$, 则 T 时刻的状态估计可通过求解下面的动力学方程得到

$$\hat{x}_{j+1}=A\hat{x}_j+Bw_j^*,\quad j\in[T-N,T-1] \tag{8.40a}$$

$$\hat{x}_{T-N}=x_{T-N}^*. \tag{8.40b}$$

我们也可以根据上式和 (8.26) 直接写出估计值 $\hat{x}_T$ 的计算公式

$$\hat{x}_T=A^Nx_{T-N}^*+\sum_{j=T-N}^{T-1}A^{T-j-1}Bw_j^*. \tag{8.41}$$

在下一个时刻, 将最新测量值 y_T 推入数据序列, 丢掉最旧的那个数据, 维持 N 个测量数据不变, 则数据序列更新为

$$\{y_j\}_{T-N+1}^T:=\{y_{T-N+1},y_{T-N+2},\cdots,y_T\}.$$

根据滚动优化原理, 令 $T:=T+1$, 重新求解优化问题 8.6. 随着时刻 $T\to\infty$, 使用的数据时域窗口也向前滚动, 如图 8.2 所示. 因此, 称为滚动时域估计.

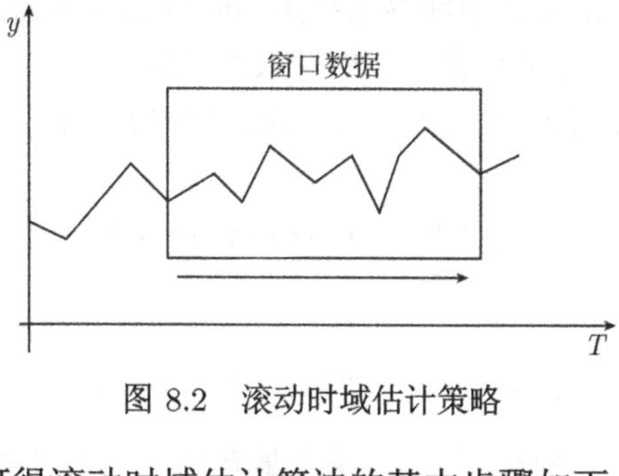

图 8.2 滚动时域估计策略

根据以上讨论, 可得滚动时域估计算法的基本步骤如下:

算法 8.1

(1) 初始化: 给定 Q,R, 初始状态的先验估计 $\bar{x}_0$ 和 P_0 以及滚动时域窗口长度 N; 设定 $T=1$.

(2) 当 $T\leqslant N$ 时, 求解全信息优化问题 8.4, 得优化解为 $\left(x_0^*,\{w_k^*\}_0^{T-1}\right)$, 并由式 (8.32) 计算当前时刻状态的估计值;

(3) 当 $T > N$ 时, 求解优化问题 8.6 得优化解为 $\left(x_{T-N}^*, \{w_k^*\}_{T-N}^{T-1}\right)$;

(4) 根据式 (8.41) 计算当前时刻的状态估计值;

(5) 计算下一时刻的先验估计状态 $\bar{x}_{T-N+1}$ 和误差协方差矩阵 P_{T-N+1};

(6) 在下一个时刻, 用最新测量值 y_T 构造新的测量数据集, 定义 $T := T+1$ 返回第 (2) 步.

注 8.1　上述算法中并没有给出第 (5) 步的具体算法, (8.12) 建议用当前时刻的优化解构造下一个时刻对起始状态的先验估计. 下一节将作更详细的讨论.

注 8.2　时域长度 N 是有限时域 MHE 的一个参数. 如果 N 取值过大, 求解的速度就会下降, 但估计效果会随着 N 的增大而得到增强. 所以选择时域长度 N 时, 需要协调效果和速度这两个方面. 通常选择 N 为两倍于系统阶次的正整数. 当然, 在实际应用中要依具体情况来调整.

在求解优化问题 8.4 时, 利用了全部的测量数据, 而求解优化问题 8.6 时, 只利用了当前时刻前最新的 N 个数据, 其余测量数据对估计的影响压缩进了到达代价函数 $\Theta_{T-N}(x_{T-N})$.

到达代价函数是滚动时域估计中一个基本的概念, 它建立了全信息估计与固定时域估计问题之间的联系, 它的引入将无限维数全信息估计问题 8.4 转化为有限维数的优化问题 8.6, 从而保证问题求解的可行性. 显然, 对时域约束系统, 通过求解优化问题 8.5 获得到达代价函数的解析表达式并不是件容易的事. 因此, 如何表示到达代价函数将是滚动时域估计方法的关键.

8.2.5　特例: 线性无约束且 $N = 1$

这一节讨论最简单的无约束线性系统滚动时域估计问题, 且取数据时域为 $N = 1$[155, 156], 以便对到达代价函数有一个更深入的理解.

对无约束线性系统且取 $N = 1$, MHE 的优化问题 8.6 简化为

问题 8.7

$$\min_{x_{T-1}, w_{T-1}} \Phi_T(x_{T-1}, w_{T-1})$$

其中

$$\Phi_T(x_{T-1}, w_{T-1}) = \|y_{T-1} - Cx_{T-1}\|_{R^{-1}}^2 + \|w_{T-1}\|_{Q^{-1}}^2 + \Theta_{T-1}(x_{T-1}). \tag{8.42}$$

根据滚动时域估计的基本原理, 我们将基于最新的一个测量数据重复求解上述优化问题, 以得到状态估计值. 记优化问题 8.7 的解为 (x_{T-1}^*, w_{T-1}^*), 则 T 时刻的状态估计值为

$$\hat{x}_T = Ax_{T-1}^* + Bw_{T-1}^*. \tag{8.43}$$

下面我们从最初始时刻开始讨论优化问题 8.7 的求解. 也就是说我们想要用测量值 y_0 估计 $T = 1$ 时刻的状态. 需要指出的是, y_0 是这个时候我们拥有的全部数

据. 因此, 我们需要求解下面的全信息优化问题 (优化问题 8.4, 无约束且取 $T=1$).

问题 8.8

$$\min_{x_0,w_0} \Phi_1(x_0,w_0)$$

目标函数为

$$\Phi_1(x_0,w_0)=\|y_0-Cx_0\|^2_{R^{-1}}+\|w_0\|^2_{Q^{-1}}+\|x_0-\bar{x}_0\|^2_{P_0^{-1}}, \tag{8.44}$$

其中 $\bar{x}_0$ 是对初始状态 x_0 的先验估计; P_0 是协方差矩阵, 表示对先验估计的信心.

将 (8.44) 分别对 x_0,w_0 求偏导得

$$\left(C^{\mathrm{T}}R^{-1}C+P_0^{-1}\right)x_0=C^{\mathrm{T}}R^{-1}y_0+P_0^{-1}\bar{x}_0, \tag{8.45a}$$

$$Q^{-1}w_0=0. \tag{8.45b}$$

因此, 问题 8.8 的优化解为

$$x_0^*=\left(C^{\mathrm{T}}R^{-1}C+P_0^{-1}\right)^{-1}\left(C^{\mathrm{T}}R^{-1}y_0+P_0^{-1}\bar{x}_0\right), \tag{8.46a}$$

$$w_0^*=0. \tag{8.46b}$$

由 (8.43), 可得 $T=1$ 时刻的状态估计值为

$$\hat{x}_1=Ax_0^*+Bw_0^*. \tag{8.47}$$

将 (8.46) 代入上式, 得

$$\hat{x}_1=A\left(C^{\mathrm{T}}R^{-1}C+P_0^{-1}\right)^{-1}\left(C^{\mathrm{T}}R^{-1}y_0+P_0^{-1}\bar{x}_0\right). \tag{8.48}$$

应用矩阵逆运算公式

$$\left(A-BD^{-1}C\right)^{-1}=A^{-1}+A^{-1}B(D-CA^{-1}B)^{-1}CA^{-1} \tag{8.49}$$

得

$$\left(C^{\mathrm{T}}R^{-1}C+P_0^{-1}\right)^{-1}=P_0-P_0C^{\mathrm{T}}(R+CP_0C^{\mathrm{T}})^{-1}CP_0. \tag{8.50}$$

将其代入 (8.48), 继续推导

$$\begin{aligned}
\hat{x}_1=&A\left(P_0-P_0C^{\mathrm{T}}(R+CP_0C^{\mathrm{T}})^{-1}CP_0\right)\left(C^{\mathrm{T}}R^{-1}y_0+P_0^{-1}\bar{x}_0\right)\\
=&A\bar{x}_0+AP_0C^{\mathrm{T}}R^{-1}y_0-AP_0C^{\mathrm{T}}(R+CP_0C^{\mathrm{T}})^{-1}CP_0\left(C^{\mathrm{T}}R^{-1}y_0+P_0^{-1}\bar{x}_0\right)\\
=&A\bar{x}_0+AP_0C^{\mathrm{T}}R^{-1}y_0-AP_0C^{\mathrm{T}}(R+CP_0C^{\mathrm{T}})^{-1}CP_0C^{\mathrm{T}}R^{-1}y_0\\
&-AP_0C^{\mathrm{T}}(R+CP_0C^{\mathrm{T}})^{-1}C\bar{x}_0\\
=&A\bar{x}_0+AP_0C^{\mathrm{T}}\left(I-(R+CP_0C^{\mathrm{T}})^{-1}CP_0C^{\mathrm{T}}\right)R^{-1}y_0\\
&-AP_0C^{\mathrm{T}}(R+CP_0C^{\mathrm{T}})^{-1}C\bar{x}_0.
\end{aligned}$$

因为

$$(R+CP_0C^{\mathrm{T}})\left(I-(R+CP_0C^{\mathrm{T}})^{-1}CP_0C^{\mathrm{T}}\right)R^{-1}=I,$$

所以, 上式变为

$$\hat{x}_1=A\bar{x}_0+AP_0C^{\mathrm{T}}(R+CP_0C^{\mathrm{T}})^{-1}(y_0-C\bar{x}_0). \tag{8.51}$$

这就是 $T=1$ 时刻的状态估计值计算公式. 如果我们将最初时刻的先验估计值 $\bar{x}_0$ 另记为 $\hat{x}_0$ 即记 $\hat{x}_0=\bar{x}_0$, 则上式变为

$$\hat{x}_1=A\hat{x}_0+AP_0C^{\mathrm{T}}(R+CP_0C^{\mathrm{T}})^{-1}(y_0-C\hat{x}_0). \tag{8.52}$$

显然, 上式有 Kalman 滤波器的形式. 当然, 是否可以递推还需要进一步的推导来验证.

根据滚动优化估计的原理, 为了估计 $T=2$ 时刻的状态, 我们将利用最新的一个测量数据 y_1 求解下面的优化问题 (优化问题 8.7, 取 $T=2$)

问题 8.9

$$\min_{x_1,w_1}\ \varPhi_2(x_1,w_1)$$

其中

$$\varPhi_2(x_1,w_1)=\|y_1-Cx_1\|^2_{R^{-1}}+\|w_1\|^2_{Q^{-1}}+\varTheta_1(x_1). \tag{8.53}$$

简单地看, 上述优化问题只利用了最新的一个测量数据 y_1. 实际上, 之前的系统信息是压缩在到达代价 $\varTheta_1(x_1)$ 中了. 因此, 我们首先需要获得 $T=1$ 时刻的到达代价函数. 定义 $\Delta=x_0-x_0^*$, 改写和整理目标函数 (8.44) 如下:

$$\begin{aligned}
\varPhi_1(x_0,w_0)&=\|y_0-Cx_0\|^2_{R^{-1}}+\|w_0\|^2_{Q^{-1}}+\|x_0-\bar{x}_0\|^2_{P_0^{-1}}\\
&=\|w_0\|^2_{Q^{-1}}+\|y_0-C(x_0^*+\Delta)\|^2_{R^{-1}}+\|x_0^*+\Delta-\bar{x}_0\|^2_{P_0^{-1}}\\
&=\|w_0\|^2_{Q^{-1}}+\|y_0-Cx_0^*\|^2_{R^{-1}}+\|x_0^*-\bar{x}_0\|^2_{P_0^{-1}}\\
&\quad+\Delta^{\mathrm{T}}(C^{\mathrm{T}}R^{-1}C+P_0^{-1})\Delta\\
&\quad-2\Delta^{\mathrm{T}}(C^{\mathrm{T}}R^{-1}y_0+P_0^{-1}\bar{x}_0-(C^{\mathrm{T}}R^{-1}C+P_0^{-1})x_0^*).
\end{aligned}$$

由于 x_0^* 是优化解满足 (8.46a), 上式的最后一项消失. 上式变为

$$\varPhi_1(x_0,w_0)=\|w_0\|^2_{Q^{-1}}+\Delta^{\mathrm{T}}(C^{\mathrm{T}}R^{-1}C+P_0^{-1})\Delta+\phi_1, \tag{8.54}$$

其中

$$\phi_1:=\|y_0-Cx_0^*\|_R^{-1}+\|x_0^*-\bar{x}_0\|_{P_0}^{-1} \tag{8.55}$$

与优化独立变量 (x_1,w_1) 无关. 根据到达代价的定义 (8.35), 考虑系统在 $T=1$ 时刻到达任意给定状态 $z\in R^n$ 的终端约束优化问题如下.

问题 8.10

$$\Theta_1(z) = \min_{x_0, w_0} \{\Phi_1(x_0, w_0) : x_1 = z\}, \tag{8.56}$$

其中

$$x_1 = Ax_0 + Bw_0.$$

应用拉格朗日乘数法, 上述约束优化问题等价于下面的无约束优化问题:

$$\Theta_1(z) = \min_{x_0, w_0, \lambda} \Phi_1(x_0, w_0) + 2\lambda^{\mathrm{T}}(Ax_0 + Bw_0 - z), \tag{8.57}$$

其中 λ 为拉格朗日算子. 因此, 优化问题 8.10 的最优性条件为

$$Q^{-1}w_0 + B^{\mathrm{T}}\lambda = 0, \tag{8.58a}$$

$$\left(C^{\mathrm{T}}R^{-1}C + P_0^{-1}\right)(x_0 - x_0^*) + A^{\mathrm{T}}\lambda = 0, \tag{8.58b}$$

$$Ax_0 + Bw_0 = z. \tag{8.58c}$$

由 (8.58b) 得 (下面我们并没有在符号上区分优化解和独立变量)

$$x_0 - x_0^* = -\left(C^{\mathrm{T}}R^{-1}C + P_0^{-1}\right)A^{\mathrm{T}}\lambda. \tag{8.59}$$

鉴于 $\hat{x}_1 = Ax_0^*$ (因为 $w_0^* = 0$). 将上式两边乘以 A 且与 (8.58c) 相减, 整理得

$$\hat{x}_1 - z = A(C^{\mathrm{T}}R^{-1}C + P_0^{-1})^{-1}A^{\mathrm{T}}\lambda - Bw_0. \tag{8.60}$$

由 (8.58a) 对 w_0 求解, 得

$$w_0 = -QB^{\mathrm{T}}\lambda.$$

将其代入 (8.60) 得

$$\hat{x}_1 - z = A\left(C^{\mathrm{T}}R^{-1}C + P_0^{-1}\right)^{-1}A^{\mathrm{T}}\lambda + BQB^{\mathrm{T}}\lambda. \tag{8.61}$$

应用矩阵逆运算公式 (8.49), 上式变为

$$\hat{x}_1 - z = A\left(P_0 - P_0C^{\mathrm{T}}(R + CP_0C^{\mathrm{T}})^{-1}CP_0\right)A^{\mathrm{T}}\lambda + BQB^{\mathrm{T}}\lambda. \tag{8.62}$$

若令

$$P_1 = BQB^{\mathrm{T}} + A(P_0 - P_0C^{\mathrm{T}}(R + CP_0C^{\mathrm{T}})^{-1}CP_0)A^{\mathrm{T}}, \tag{8.63}$$

则式 (8.62) 对 λ 求解, 得优化问题 8.10 的解变量之一

$$\lambda = P_1^{-1}(\hat{x}_1 - z). \tag{8.64}$$

代入 (8.58a) 和 (8.58b), 得

$$Q^{-1}w_0 = B^{\mathrm{T}}P_1^{-1}(z - \hat{x}_1), \tag{8.65a}$$

$$(C^{\mathrm{T}}R^{-1}C + P_0^{-1})(x_0 - x_0^*) = A^{\mathrm{T}}P_1^{-1}(z - \hat{x}_1). \tag{8.65b}$$

也即

$$w_0 = QB^{\mathrm{T}}P_1^{-1}(z - \hat{x}_1), \tag{8.66a}$$

$$x_0 - x_0^* = (C^{\mathrm{T}}R^{-1}C + P_0^{-1})^{-1}A^{\mathrm{T}}P_1^{-1}(z - \hat{x}_1). \tag{8.66b}$$

前面的推导过程中, 我们没有在符号上区别优化问题 8.10 的独立变量和解. 因此, 这里需要指出, 上式给出的是问题 8.10 的优化解 (x_0, w_0). 由于最优性条件 (8.58c) 且考虑 (8.54), 优化问题 8.10 的优化值为

$$\Theta_1(z) = \|w_0\|^2_{Q^{-1}} + \Delta^{\mathrm{T}}(C^{\mathrm{T}}R^{-1}C + P_0^{-1})\Delta + \phi_1.$$

因 $\Delta = x_0 - x_0^*$, 将优化解 (8.66) 代入上式, 得

$$\begin{aligned}\Theta_1(z) &= (z - \hat{x}_1)^{\mathrm{T}}P_1^{-1}BQB^{\mathrm{T}}P_1^{-1}(z - \hat{x}_1)\\ &\quad + (z - \hat{x}_1)^{\mathrm{T}}P_1^{-1}A(C^{\mathrm{T}}R^{-1}C + P_0^{-1})^{-1}A^{\mathrm{T}}P_1^{-1}(z - \hat{x}_1) + \phi_1\\ &= (z - \hat{x}_1)^{\mathrm{T}}P_1^{-1}\left(BQB^{\mathrm{T}} + A(C^{\mathrm{T}}R^{-1}C + P_0^{-1})^{-1}A^{\mathrm{T}}\right)P_1^{-1}(z - \hat{x}_1) + \phi_1.\end{aligned}$$

将矩阵 $(C^{\mathrm{T}}R^{-1}C + P_0^{-1})$ 的逆运算式 (8.50) 代入上式, 且考虑 (8.63), 得优化问题 8.10 的优化值即系统状态在 $T = 1$ 时刻到达 z 的代价为

$$\Theta_1(z) = \|z - \hat{x}_1\|^2_{P_1^{-1}} + \phi_1. \tag{8.67}$$

如果我们取上一时刻的状态估计值作为 $T = 2$ 时刻对起始状态 x_1 的先验估计, 即取 $\bar{x}_1 = \hat{x}_1$, 则求得优化问题 8.9 的到达代价函数为

$$\Theta_1(z) = \|z - \bar{x}_1\|^2_{P_1^{-1}} + \phi_1. \tag{8.68}$$

进而, 优化问题 8.9 的目标函数变为

$$\Phi_2(x_1, w_1) = \|y_1 - Cx_1\|^2_{R^{-1}} + \|w_1\|^2_{R^{-1}} + \|x_1 - \bar{x}_1\|^2_{P_1^{-1}}. \tag{8.69}$$

注意, 由 (8.55) 知 ϕ_1 与优化问题 8.9 的独立变量 (x_1, w_1) 无关. 因此, 上式不再保留 ϕ_1.

至此, 我们发现优化问题 8.9 与优化问题 8.8 具有完全相同的形式. 重复前面的推导, 我们可以得到 $T = 2$ 时刻的状态估计值

$$\hat{x}_2 = A\hat{x}_1 + AP_1C^{\mathrm{T}}(R + CP_1C^{\mathrm{T}})^{-1}(y_1 - C\hat{x}_1) \tag{8.70}$$

以及系统状态在 $T = 2$ 时刻到达 z 的到达代价函数为

$$\Theta_2(z) = \|z - \hat{x}_2\|^2_{P_2^{-1}} + \phi_2, \tag{8.71}$$

其中

$$P_2 = BQB^{\mathrm{T}} + A(P_1 - P_1C^{\mathrm{T}}(R + CP_1C^{\mathrm{T}})^{-1}CP_1)A^{\mathrm{T}}. \tag{8.72}$$

因为 ϕ_2 与 (x_2, w_2) 无关, 所以不再给详细的表达式. 需要强调的是, $T = 2$ 时刻的到达代价将用于 $T = 3$ 时刻的优化问题. 彼时, 我们仍将取 $T = 2$ 时刻的状态估计值作为 $T = 3$ 时刻对起始状态 x_2 的先验估计, 即取 $\bar{x}_2 = \hat{x}_2$ 和

$$\varTheta_2(z) = \|z - \bar{x}_2\|^2_{P_2^{-1}} + \phi_2. \tag{8.73}$$

下面, 我们用归纳法讨论任意 $T > 1$ 的情况. 最新测量数据为 y_{T-1}, 优化问题由 8.7 给出. 目标函数中的到达代价由前一个时刻的计算得到, 为

$$\varTheta_{T-1}(z) = \|z - \bar{x}_{T-1}\|^2_{P_{T-1}^{-1}} + \phi_{T-1}, \tag{8.74}$$

其中 P_{T-1} 满足

$$P_{T-1} = BQB^{\mathrm{T}} + A\left(P_{T-2} - P_{T-2}C^{\mathrm{T}}(R + CP_{T-2}C^{\mathrm{T}})^{-1}CP_{T-2}\right)A^{\mathrm{T}},$$

$\bar{x}_{T-1}$ 是对 T 时刻起始状态 x_{T-1} 的先验估计, 我们取其等于前一个时刻的状态估计值, 即

$$\begin{aligned}
&\bar{x}_{T-1} = \hat{x}_{T-1}, \\
&\hat{x}_{T-1} = A\hat{x}_{T-2} + AP_{T-2}C^{\mathrm{T}}(R + CP_{T-2}C^{\mathrm{T}})^{-1}(y_{T-2} - C\hat{x}_{T-2}).
\end{aligned}$$

同样, ϕ_{T-1} 与优化问题 8.7 的独立变量 (x_{T-1}, w_{T-1}) 无关.

因此, 优化问题 8.7 的目标函数可以写成

$$\varPhi_T(x_{T-1}, w_{T-1}) = \|y_{T-1} - Cx_{T-1}\|^2_{R^{-1}} + \|w_{T-1}\|^2_{R^{-1}} + \|x_{T-1} - \bar{x}_{T-1}\|^2_{P_{T-1}^{-1}}. \tag{8.75}$$

进而, 重复前面的推导, 我们可以得到 T 时刻的估计状态

$$\hat{x}_T = A\hat{x}_{T-1} + AP_{T-1}C^{\mathrm{T}}(R + CP_{T-1}C^{\mathrm{T}})^{-1}(y_{T-1} - C\hat{x}_{T-1}) \tag{8.76}$$

以及系统的到达代价函数

$$\varTheta_T(z) = \|z - \hat{x}_T\|^2_{P_T^{-1}} + \phi_T, \tag{8.77}$$

其中 P_T 满足

$$P_T = BQB^{\mathrm{T}} + A\left(P_{T-1} - P_{T-1}C^{\mathrm{T}}(R + CP_{T-1}C^{\mathrm{T}})^{-1}CP_{T-1}\right)A^{\mathrm{T}}. \tag{8.78}$$

因为到达代价函数将用于下一个时刻的优化问题且 ϕ_T 与 (x_T, w_T) 无关, 所以不再给详细的表达式.

显然, (8.76) 和 (8.78) 就是卡尔曼滤波的递推估计方程. 因此, 滚动时域估计方法具有如下性质: 对无约束线性系统, 如果

(1) 取滚动时域窗口长度 $N=1$;

(2) 将上一个时刻的状态优化估计值作为当前时刻对起始状态的先验估计, 即 $\bar{x}_{T-1}=\hat{x}_{T-1}$,

则滚动时域估计算法与卡尔曼滤波算法等价.

8.2.6 近似 MHE 算法

对约束线性系统而言, 到达代价函数需要求解约束优化问题 8.5 得到. 一般来说, 我们很难得到其解析表达式. 因此, 往往采用无约束线性系统的到达代价函数近似地代替有约束系统的到达代价函数, 即在有限时域 MHE 的约束优化问题 8.6 中, 我们近似地取

$$\Theta_{T-N}(x_{T-N})=\|x_{T-N}-\bar{x}_{T-N}\|^2_{P^{-1}_{T-N}}, \tag{8.79}$$

其中 P_{T-N} 由下式递推计算:

$$P_{j+1}=BQB^{\mathrm{T}}+A\left(P_j-P_jC^{\mathrm{T}}(R+CP_jC^{\mathrm{T}})^{-1}CP_j\right)A^{\mathrm{T}},\quad j=0,1,2,\cdots \tag{8.80}$$

$\bar{x}_{T-N}$ 由卡尔曼滤波递推计算

$$\bar{x}_{j+1}=A\bar{x}_j+AP_jC^{\mathrm{T}}(R+CP_jC^{\mathrm{T}})^{-1}(y_j-C\bar{x}_j),\quad j=0,1,2,\cdots \tag{8.81}$$

或者用前一时刻的优化解计算 (由 (8.12) 得)

$$\bar{x}_{T-N}=Ax^*_{T-N-1}+Bw^*_{T-N-1}. \tag{8.82}$$

因此, 约束优化问题 8.6 变为如下问题.

问题 8.11

$$\min_{x_{T-N},\{w_k\}_{T-N}^{T-1}}\ \Phi_T(x_{T-N},\{w_k\})$$

满足系统动力学

$$\hat{x}_{j+1}=A\hat{x}_j+Bw_j,\quad j\in[T-N,T-1] \tag{8.83a}$$

$$\hat{x}_{T-N}=x_{T-N} \tag{8.83b}$$

和时域约束条件

$$\hat{x}_k\in\mathbb{X},\quad k\in[T-N,T], \tag{8.84a}$$

$$w_k\in\mathbb{W},\quad k\in[T-N,T-1], \tag{8.84b}$$

$$y_k-C\hat{x}_k\in\mathbb{V},\quad k\in[T-N,T-1], \tag{8.84c}$$

其中目标函数为

$$\Phi_T(x_{T-N},\{w_k\})=\sum_{k=T-N}^{T-1}\|y_j-C\hat{x}_j\|^2_{R^{-1}}+\|w_k\|^2_{Q^{-1}}+\|x_{T-N}-\bar{x}_{T-N}\|^2_{P^{-1}_{T-N}}. \tag{8.85}$$

如果优化问题 8.11 有最优解, 记为 $(x^*_{T-N}, \{w^*_j\}_{T-N}^{T-1})$, 则与有限时域 MHE 一样, T 时刻的状态估计可通过求解下面的动力学方程得到:

$$\hat{x}_{j+1} = A\hat{x}_j + Bw^*_j, \quad j \in [T-N, T-1] \tag{8.86a}$$

$$\hat{x}_{T-N} = x^*_{T-N}. \tag{8.86b}$$

我们也可以根据直接写出估计值 $\hat{x}_T$ 的计算公式

$$\hat{x}_T = A^N x^*_{T-N} + \sum_{j=T-N}^{T-1} A^{T-j-1} Bw^*_j. \tag{8.87}$$

在下一个时刻, 将最新测量值 y_T 推入数据序列, 丢掉最旧的那个数据, 维持 N 个测量数据不变, 则数据序列更新为

$$\{y_j\}_{T-N+1}^{T} := \{y_{T-N+1}, y_{T-N+2}, \cdots, y_T\}.$$

根据滚动优化原理, 令 $T := T+1$, 重新求解优化问题 8.11.

因此, 近似滚动时域估计算法的步骤如下:

算法 8.2

(1) 初始化: 给定 Q, R, 初始状态的先验估计 $\bar{x}_0$ 和 P_0 以及滚动时域窗口长度 N; 设定 $T = 1$.

(2) 当 $T \leqslant N$ 时, 求解全信息优化问题 8.4, 得优化解为 $(x^*_0, \{w^*_k\}_0^{T-1})$, 并由式 (8.32) 计算当前时刻状态的估计值.

(3) 当 $T > N$ 时, 求解优化问题 8.11 得优化解为 $(x^*_{T-N}, \{w^*_k\}_{T-N}^{T-1})$.

(4) 根据式 (8.87) 计算当前时刻的状态估计值.

(5) 由 (8.80) 计算下一时刻的误差协方差矩阵 P_{T-N+1}, 由 (8.81) 或者 (8.82) 计算下一时刻的先验估计状态 $\bar{x}_{T-N+1}$.

(6) 在下一个时刻, 用最新测量值 y_T 构造新的测量数据集, 定义 $T := T+1$ 返回第 (2) 步.

与算法 8.1 不同, 上述算法给出了明确计算的第 (5) 步.

8.3 数值例子

考虑如下连续时间系统:

$$G(s) = \frac{-10s - 262.9}{s^2 + 9.867s + 606.3}. \tag{8.88}$$

首先, 通过零阶保持器将其离散化, 并取采样时间为 $T = 0.5$s, 可得到下面的离散方程:

$$x_{k+1} = \begin{bmatrix} 0.5572 & -0.7814 \\ 0.7814 & 0 \end{bmatrix} x_k + \begin{bmatrix} 0.03393 \\ 0.1949 \end{bmatrix} w_k, \tag{8.89}$$
$$y_k = [1 \quad -3]\, x_k + v_k.$$

选择 MHE 估计器参数

$$Q = 1, \quad R = 0.01, \quad P_0 = \mathrm{diag}\{1, 1\}, \quad \hat{x}_0 = \mathbf{0}. \tag{8.90}$$

其中 Q, R, P_0, $\hat{x}_0$ 分别为系统的模型干扰方差、测量噪声方差、初始误差方差和初始状态估计. 约束条件为 $w_k \geqslant 0$.

取滚动时域窗口长度 $N = 1$, 分别考虑了系统不存在约束和存在约束的两种情况, 采用滚动时域估计方法对系统状态进行估计, 并在同等条件下与卡尔曼滤波方法进行了比较.

从仿真结果图 8.3～图 8.6 可以看出: 当系统不存在约束时, 卡尔曼滤波方法和滚动时域估计方法的估计曲线基本重合, 验证了理论推导. 当系统存在约束时, 滚动

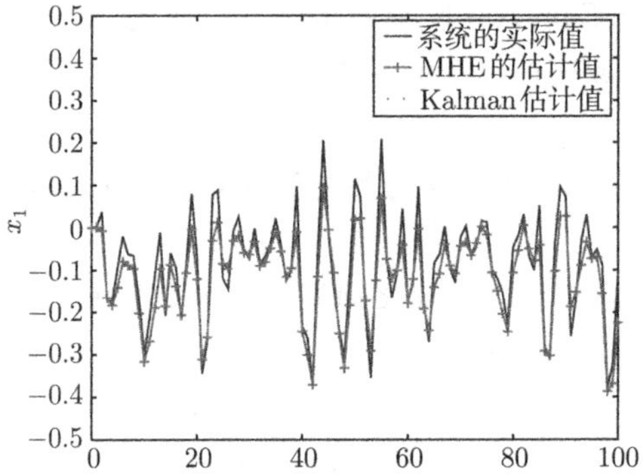

图 8.3　无约束系统状态 x_1 估计

真实系统 (–), Kalman 滤波 (– –), $N = 1$ 的 MHE(+–)

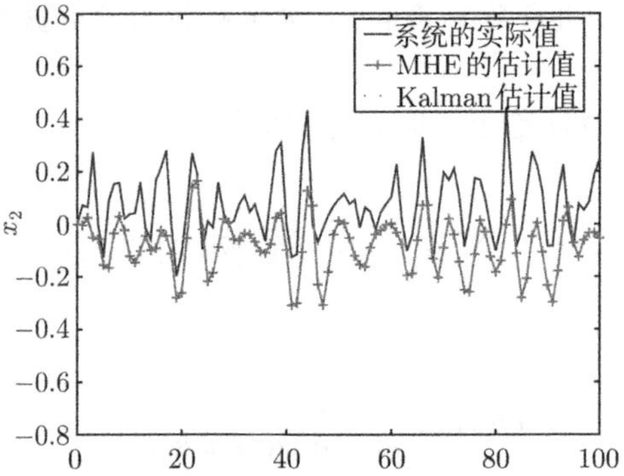

图 8.4　无约束系统状态 x_2 估计

真实系统 (–), Kalman 滤波 (– –), $N = 1$ 的 MHE(+–)

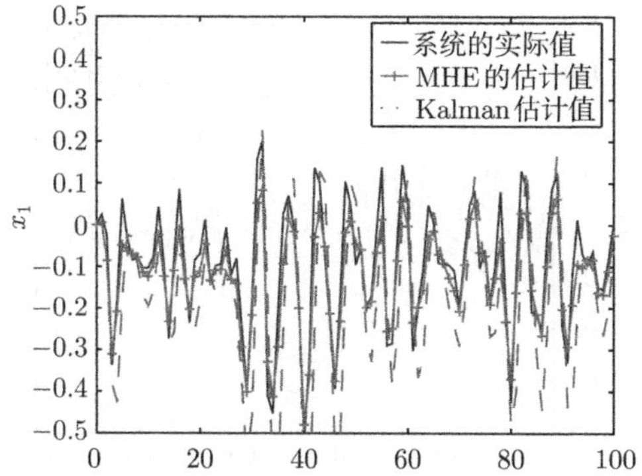

图 8.5 有约束系统状态 x_1 估计

真实系统 (–), Kalman 滤波 (– –), $N = 1$ 的 MHE(+–)

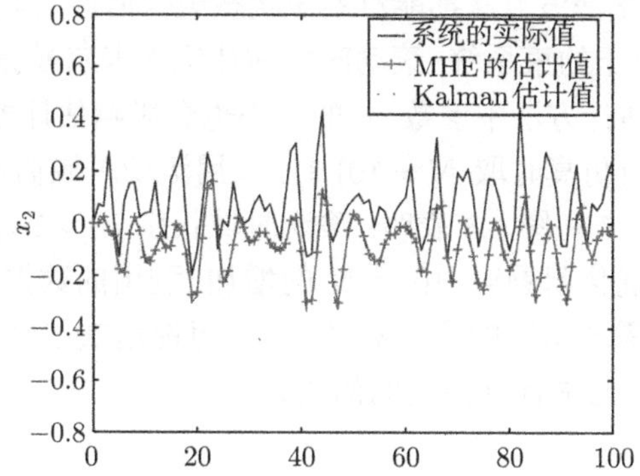

图 8.6 有约束系统状态 x_2 估计

真实系统 (–), 卡尔曼滤波方法 (– –), $N = 1$ 的 MHE(+–)

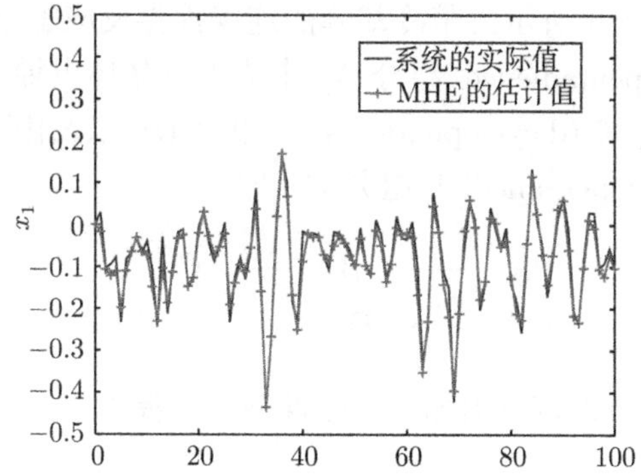

图 8.7 有约束系统状态 x_1 估计

真实系统 (–), $N = 10$ 的 MHE(+–)

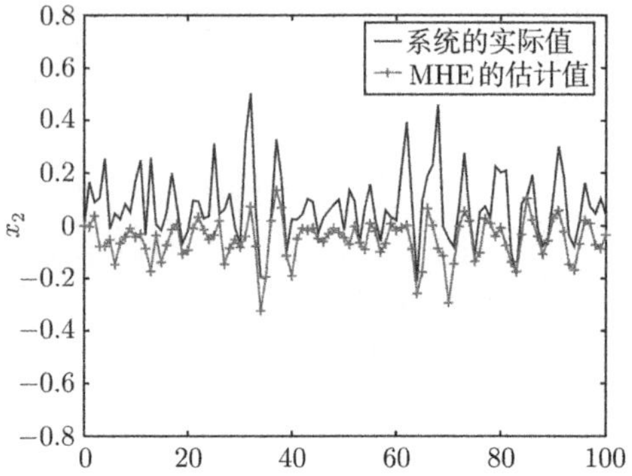

图 8.8　有约束系统状态 x_2 估计

真实系统 (−), $N = 10$ 的 MHE(+−)

时域估计方法与卡尔曼滤波方法都能对系统状态进行估计, 但滚动时域估计方法更加平滑准确. 可见, 对于约束系统, 滚动时域估计优于卡尔曼滤波.

此外, 滚动时域估计方法中参数 N 的大小也会影响估计器估计效果. 同样, 针对约束系统取 $N > 1$ (仿真时取 $N = 10$) 时, 采用滚动时域估计方法对系统状态进行估计, 仿真结果图 8.7 和图 8.8 表明: 滚动时域长度 $N > 1$ 时比 $N = 1$ 时估计效果要好. 这是由于在优化问题时, 由于 N 的增加, 利用的数据越来越多, 估计效果也会越来越好. 但是需要指出的是: N 的过大, 可能增加了计算的负担, 所以在实际应用时需要协调 N 与估计性能之间的关系.

8.4　CSTR 的浓度估计

本章前言简单提到了 MHE 方法在 CSTR 系统中的应用, 接下来我们将详细给出这个例子. 如图 8.9 所示为带冷却套的连续搅拌反应釜 (CSTR), 其化学反应是由环戊二烯 (cyclopentadience, 组分 A) 生成主产品环戊烯 (cyclopentenol, 组分 B) 和副产品二环戊二烯 (dicyclopentadience, 组分 D), 以及由环戊烯继续反应生成的副产品环戊酮 (cyclopentanediol, 组分 C), 即

$$
\begin{aligned}
&\mathrm{A} \xrightarrow{k_1} \mathrm{B} \xrightarrow{k_2} \mathrm{C} \\
&2\mathrm{A} \xrightarrow{k_3} \mathrm{D}\,.
\end{aligned}
$$

该反应釜的理想动态特性可以由如下非线性微分方程描述:

$$
\dot{c}_A = \frac{\dot{V}}{V_R}(c_{A0} - c_A) - k_1(\vartheta)c_A - k_3(\vartheta){c_A}^2, \quad c_A \geqslant 0 \tag{8.91a}
$$

$$
\dot{c}_B = -\frac{\dot{V}}{V_R}c_B + k_1(\vartheta)c_A - k_2(\vartheta)c_B, \quad c_B \geqslant 0 \tag{8.91b}
$$

$$\dot{\vartheta} = \frac{\dot{V}}{V_R}(\vartheta_0 - \vartheta) - \frac{1}{\rho C_p}\Big(k_1(\vartheta)c_A\Delta H_{R_{AB}} + k_2(\vartheta)c_B\Delta H_{R_{BC}} + k_3(\vartheta){c_A}^2\Delta H_{R_{AD}}\Big) + \frac{k_w A_R}{\rho C_p V_R}(\vartheta_K - \vartheta) \tag{8.91c}$$

$$\dot{\vartheta}_K = \frac{1}{m_K C_{PK}}\left(\dot{Q}_K + k_w A_R(\vartheta - \vartheta_K)\right). \tag{8.91d}$$

上式中 c_A 和 c_B 分别表示组分 A 和 B 的浓度, ϑ 和 ϑ_K 分别为反应温度和冷却温度. 假设反应速度 k_i 依赖反应温度并遵循如下的 Arrhenius 规则:

$$k_i(\vartheta) = k_{i0}\cdot\exp\left(\frac{E_i}{\vartheta/℃ + 273.15}\right), \quad i = 1,2,3.$$

物料进给率 $\dfrac{\dot{V}}{V_R}$ 和冷却套中的散热量 $\dot{Q}_K$ 作为系统的控制输入. 本例用到的参数请见表 8.1.

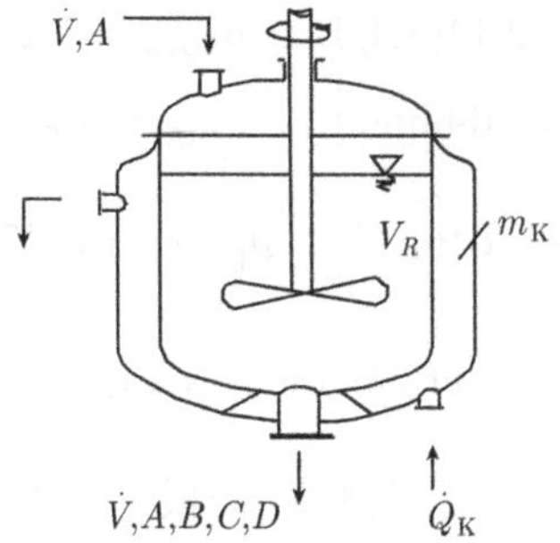

图 8.9 CSTR 系统示意图

表 8.1 CSTR 的物理化学参数

参数名	符号	值
反应 k_1 的碰撞因子	k_{10}	$(1.287 \pm 0.04) \cdot 10^{12}\text{h}^{-1}$
反应 k_2 的碰撞因子	k_{20}	$(1.287 \pm 0.04) \cdot 10^{12}\text{h}^{-1}$
反应 k_3 的碰撞因子	k_{30}	$(9.043 \pm 0.27) \cdot 10^{9}\text{h}^{-1}$
反应 k_1 的活化能	E_1	-9758.3 K
反应 k_2 的活化能	E_2	-9758.3 K
反应 k_3 的活化能	E_3	-8560 K
反应 k_1 的焓	$\Delta H_{R_{AB}}$	(4.2 ± 2.36) kJ/mol
反应 k_2 的焓	$\Delta H_{R_{BC}}$	$-(11.0 \pm 1.92)$ kJ/mol
反应 k_3 的焓	$\Delta H_{R_{AD}}$	$-(41.85 \pm 1.41)$ kJ/mol
反应液密度	ρ	$(0.9342 \pm 4.0 \cdot 10^{-4})$ kg/L
反应液热容	C_p	(3.01 ± 0.04)kJ/(kg·K)
冷却套的传热系数	k_w	(4032 ± 120)kJ/(h·m^2·K)
冷却套的传热面积	A_R	0.215 m^2

续表

参数名	符号	值
反应体积	V_R	$0.01\ \mathrm{m}^3$
冷却液质量	m_K	5.0 kg
冷却液热容	C_{PK}	$(2.0 \pm 0.05)\mathrm{kJ/(kg \cdot K)}$

反应器的进料来自上一设备, 其温度 ϑ_0 和浓度 c_{A0} 是波动的, 可考虑为外部干扰. 根据上游设备的运行状况, 已知温度 ϑ_0 和浓度 c_{A0} 的波动范围如下:

$$\begin{aligned} 4.6\mathrm{mol/l} \leqslant c_{A0} \leqslant 6\mathrm{mol/L}, \\ 100℃\mathrm{kJ/h} \leqslant \vartheta_0 \leqslant 115℃. \end{aligned} \tag{8.92}$$

为了获得组分 A 的最大产出率, 给出的参数如下, 其中 $|_S$ 代表变量的稳态值:

$$\begin{aligned} &c_A|_S = 2.14\mathrm{mol/L}, \quad c_{A0}|_S = 5.10\mathrm{mol/L}, \\ &c_B|_S = 1.09\mathrm{mol/L}, \quad \vartheta_0|_S = 104.9℃, \\ &\left.\frac{\dot{V}}{V_R}\right|_S = 14.19\mathrm{h}^{-1}, \quad \vartheta|_S = 114.2℃, \\ &\left.\dot{Q}_K\right|_S = -1113.5\mathrm{kJ/h}, \quad \vartheta_K|_S = 112.9℃. \end{aligned}$$

组分 A 和组分 B 的浓度一般不容易测量, 需根据较容易测量的反应和冷却温度重构以组成状态反馈控制系统. 为了能合理地估计组分浓度, 显然应考虑浓度总是大于零这个约束条件. 此外, 进料温度和浓度的已知波动范围是关于干扰的附加信息, 也可以利用以提高估计准确性. 因此, 我们面临的实际上是一个有约束的状态估计问题.

定义 CSTR 系统的无量纲变量如下:

$$\begin{aligned} &x_1 := \frac{c_A - c_A|_S}{c_A|_S}, \quad x_2 := \frac{c_B - c_B|_S}{c_B|_S}, \\ &x_3 := \frac{\vartheta - \vartheta|_S}{\vartheta|_S}, \quad x_4 := \frac{\vartheta_K - \vartheta_K|_S}{\vartheta_K|_S}, \\ &u_1 := \frac{\dfrac{\dot{V}}{V_R} - \left.\dfrac{\dot{V}}{V_R}\right|_S}{\left.\dfrac{\dot{V}}{V_R}\right|_S}, \quad u_2 := \frac{\dot{Q}_K - \left.\dot{Q}_K\right|_S}{\left.\dot{Q}_K\right|_S}, \\ &w_1 := \frac{c_{A0} - c_{A0}|_S}{c_{A0}|_S}, \quad w_2 := \frac{\vartheta_0 - \vartheta_0|_S}{\vartheta_0|_S + 273.15}. \end{aligned}$$

将非线性系统 (8.91) 在稳定工作点线性化并取采样时间 50s, 得到如下形式离散模型:

$$x_{k+1} = Ax_k + Bu_k + Gw_k \tag{8.93a}$$

$$y_k = Cx_k + v_k \tag{8.93b}$$

相应的约束条件为

$$u_{\min} \leqslant u \leqslant u_{\max},$$

$$w_{\min} \leqslant w \leqslant w_{\max},$$

$$x_1 \geqslant -1, \quad x_2 \geqslant -1$$

其中

$$A = \begin{bmatrix} 0.5948 & -0.0051 & -4.7453 & 0 \\ 0.2531 & 0.6738 & 2.9878 & 0 \\ 0.0041 & 0.0018 & 0.9097 & 0 \\ 0.0018 & 0.0008 & 0.6658 & 0.2997 \end{bmatrix},$$

$$B = \begin{bmatrix} 0.2280 & 0 \\ -0.1277 & 0 \\ -0.0041 & 0 \\ -0.0018 & -0.0023 \end{bmatrix}, \quad C = \begin{bmatrix} 0 & 0 & 1 & 0 \\ 0 & 0 & 0 & 1 \end{bmatrix},$$

$$G = \begin{bmatrix} 0.3757 & -0.4973 \\ 0.0730 & 0.3395 \\ 0.0010 & 0.1816 \\ 0.0003 & 0.0773 \end{bmatrix},$$

$$u_{\min} = \begin{bmatrix} -0.7886 & -1 \end{bmatrix}^{\mathrm{T}}, \quad u_{\max} = \begin{bmatrix} 1.4665 & 7.0826 \end{bmatrix}^{\mathrm{T}},$$

$$w_{\min} = \begin{bmatrix} -0.0980 & -0.0130 \end{bmatrix}^{\mathrm{T}}, \quad w_{\max} = \begin{bmatrix} 0.1765 & 0.0267 \end{bmatrix}^{\mathrm{T}}.$$

接下来, 我们来求解 MHE 问题, 取数据时域长度 $N = 10$, 目标函数的加权阵 P_0, Q, R 分别取为下值:

$$Q = \begin{bmatrix} 5.0 & 0.0 \\ 0.0 & 5.0 \end{bmatrix}, \quad R = \begin{bmatrix} 2.0 & 0.0 \\ 0.0 & 2.0 \end{bmatrix},$$

$$P_0 = \begin{bmatrix} 10 & 0 & 0 & 0 \\ 0 & 10 & 0 & 0 \\ 0 & 0 & 0.1 & 0 \\ 0 & 0 & 0 & 0.1 \end{bmatrix}.$$

假设实际 CSTR 系统的初始状态分别为

$$x_0 = \begin{bmatrix} -0.9 & -0.9 & 0.68 & 0.68 \end{bmatrix}^{\mathrm{T}},$$

先验估计初始状态取为

$$\bar{x}_0 = \begin{bmatrix} -1 & -1 & 0.68 & 0.68 \end{bmatrix}$$

(对应的系统组分 A, B 的浓度都为 0). 取控制量 u 为稳态工作点值, ϑ_0, c_{A0} 在式 (8.92) 给出的范围内随机波动. 作为比较, 同时采用 Kalman 滤波方法进行估计. 从仿真结果图 8.10～图 8.12 可以看出: Kalman 滤波方法估计的组分 A 的浓度在刚开始的时候出现小于零的情况, 这显然是不合理的. 而 MHE 方法由于充分利用 CSTR 系统的一些附加已知信息如浓度大于零、进料温度和浓度在给定范围内波动, 使得

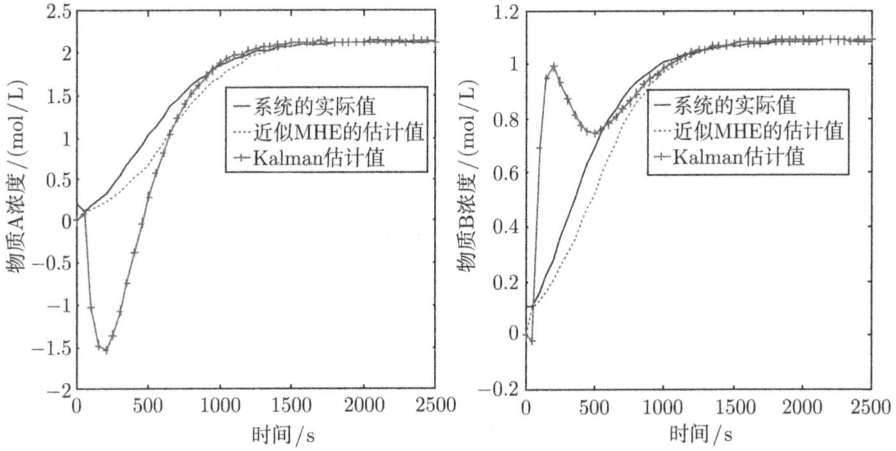

图 8.10　物质 A 和物质 B 的浓度曲线

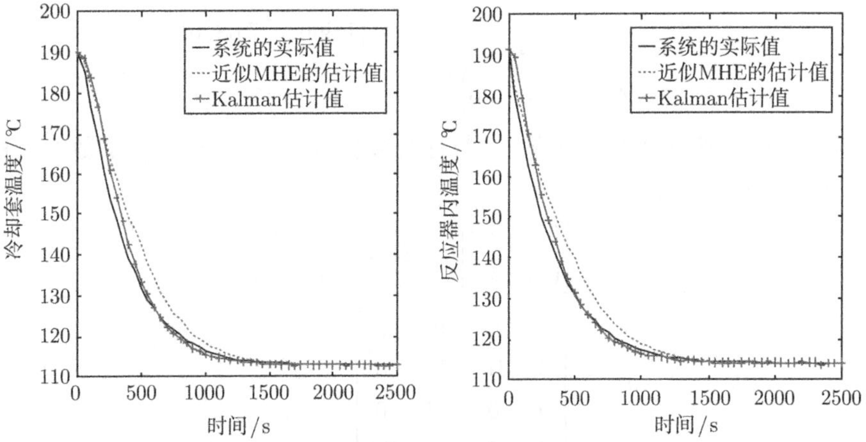

图 8.11　冷却套内温度曲线和反应器内温度曲线

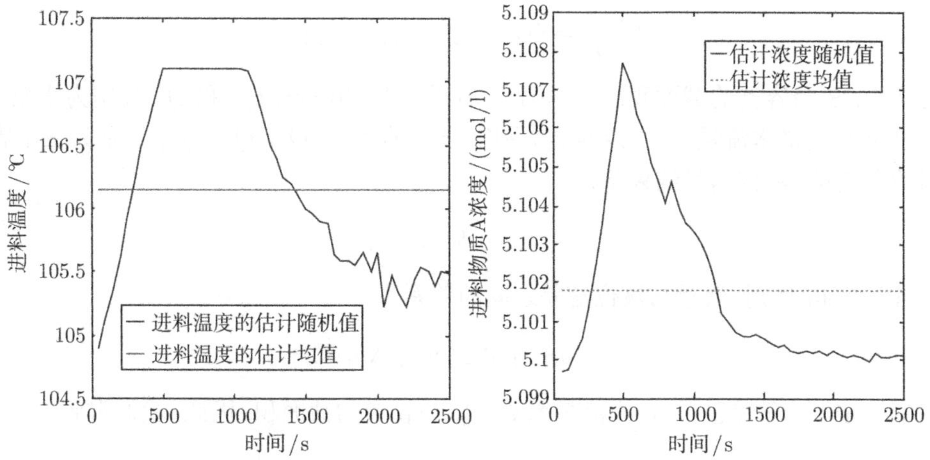

图 8.12 进料温度估计曲线和进料物质 A 浓度估计曲线

对其浓度的估计更加合理和准确, 进而从一开始就很好的估计系统的状态. 此外, 图 8.12 也显示了对进料温度 ϑ_0 和进料浓度 c_{A0} 有比较好的估计.

8.5 三容系统的液位估计

我们以三容系统为例来讨论估计问题, 三容系统示意图如图 8.13 所示.

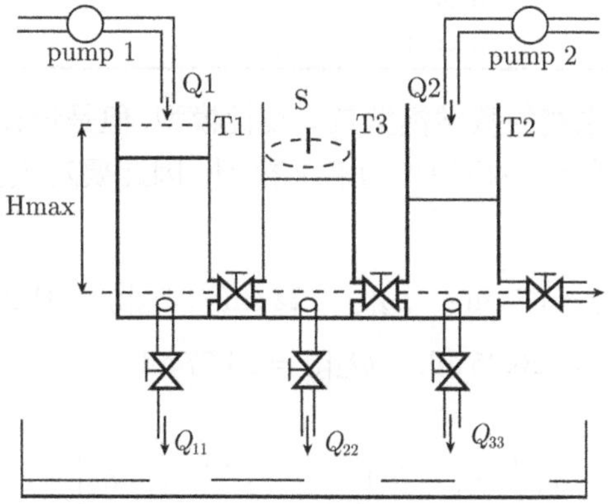

图 8.13 三容液位系统结构图

根据物量平衡原理可以用以下非线性微分方程描述该系统:

$$S\frac{\mathrm{d}h_1}{\mathrm{d}t} = Q_1 - Q_{13} - Q_{11},$$
$$S\frac{\mathrm{d}h_2}{\mathrm{d}t} = Q_{13} - Q_{32} - Q_{33},$$

$$S\frac{\mathrm{d}h_3}{\mathrm{d}t} = Q_2 + Q_{32} - Q_{20} - Q_{22}.$$

上式中, S 为容器的截面积, $h_i(i=1,2,3)$ 为容器的液位, Q_1 和 Q_2 分别为水泵 1 和水泵 2 的供水流量, Q_{ij} 为容器 i 到容器 j 的流量, Q_{11}, Q_{22}, Q_{33} 分别为三个容器的泄漏量. 液位满足约束条件

$$0 \leqslant h_1, h_2, h_3 \leqslant H_{\max}.$$

由 Torricelli 规则, 流量与液位落差之间的关系为

$$q = aS_n\mathrm{sgn}(\Delta h)(2g|\Delta h|)^{\frac{1}{2}},$$

其中 $\mathrm{sgn}(\cdot)$ 为符号函数, a 为流量系数, S_n 为管道的截面积. 因此, 我们得到

$$\begin{aligned}
&Q_{13} = a_1S_n\mathrm{sgn}(h_1-h_3)(2g|h_1-h_3|)^{\frac{1}{2}},\\
&Q_{32} = a_3S_n\mathrm{sgn}(h_3-h_2)(2g|h_3-h_2|)^{\frac{1}{2}},\\
&Q_{20} = a_2S_n(2gh_2)^{\frac{1}{2}},
\end{aligned}$$

其中 $a_i(i=1,2,3)$ 为流量系数. 表 8.2 为三容系统的物理参数.

表 8.2 三容系统的物理参数

S	153cm^2	S_n	0.5cm^2
$H_{\max}$	62cm	g	980cm/s^2
a_1	0.4930	a_2	0.7407
a_3	0.4446		

以上建立的三容系统的数学模型是非线性模型, 但是设计 MHE 观测器和卡尔曼滤波器时需要系统的线性模型作为名义模型, 因此要对模型在平衡点进行线性化. 平衡点为

$$\begin{aligned}
&h_1|_S = 37\,\mathrm{cm}, \quad h_2|_S = 24\,\mathrm{cm}, \quad h_3|_S = 31.2\,\mathrm{cm},\\
&Q_1|_S = 26.35\,\mathrm{ml}, \quad Q_2|_S = 53.77\,\mathrm{ml}.
\end{aligned}$$

并定义

$$\begin{aligned}
&x_1 \stackrel{\text{def}}{=} h_1 - h_1\Big|_S, \quad x_2 \stackrel{\text{def}}{=} h_2 - h_2\Big|_S\\
&x_3 \stackrel{\text{def}}{=} h_3 - h_3\Big|_S, \quad u_1 \stackrel{\text{def}}{=} Q_1 - Q_1\Big|_S\\
&u_2 \stackrel{\text{def}}{=} Q_2 - Q_2\Big|_S, \quad w_1 \stackrel{\text{def}}{=} Q_{11}\\
&w_2 \stackrel{\text{def}}{=} Q_{22}, \qquad\quad w_3 \stackrel{\text{def}}{=} Q_{33}
\end{aligned} \tag{8.94}$$

利用泰勒展开对非线性系统在稳态工作点进行线性化并取采样时间为 20s 得到如下离散系统模型:

$$x_{k+1} = Ax_k + Bu_k + Gw_k, \tag{8.95a}$$
$$y_k = Cx_k + v_k, \tag{8.95b}$$

其中

$$A = \begin{bmatrix} 0.7742 & 0.0234 & 0.2005 \\ 0.0234 & 0.6502 & 0.1495 \\ 0.2005 & 0.1495 & 0.6308 \end{bmatrix}, \quad B = \begin{bmatrix} 0.0813 & 0.0016 \\ 0.0012 & 0.2357 \\ 0.0125 & 0.0195 \end{bmatrix}$$
$$G = \begin{bmatrix} -0.1146 & -0.0011 & -0.0149 \\ -0.0011 & -0.1057 & -0.0115 \\ -0.0149 & -0.0115 & -0.1034 \end{bmatrix}, \quad C = \begin{bmatrix} 1.0 & 0.0 & 0.0 \\ 0.0 & 1.0 & 0.0 \end{bmatrix}$$

对 x_1, x_2, x_3 的约束分别为

$$-37 \leqslant x_1 \leqslant 25,$$
$$-24 \leqslant x_2 \leqslant 38,$$
$$-31.2 \leqslant x_3 \leqslant 30.8,$$

加权阵及初始值选为

$$Q = \begin{bmatrix} 0.05 & 0 \\ 0 & 0.05 \end{bmatrix}, \quad R = \begin{bmatrix} 0.01 & 0 \\ 0 & 0.01 \end{bmatrix},$$
$$P_0 = \begin{bmatrix} 0.5 & 0 & 0 \\ 0 & 0.5 & 0 \\ 0 & 0 & 0.5 \end{bmatrix}, \quad \bar{x}_0 = 0, \quad N = 10.$$

为了利用泄漏量为非负的这一先验知识, 我们给估计问题增加一个约束条件: $w_k \geqslant 0$, 并将 MHE 估计结果与卡尔曼滤波结果进行比较. 从仿真图 8.14~图 8.16 可以看出: 考虑了约束的 MHE 的估计效果要比卡尔曼估计器的效果好. 这是因为 MHE 估计器利用了"泄漏量是非负的"这一已知信息.

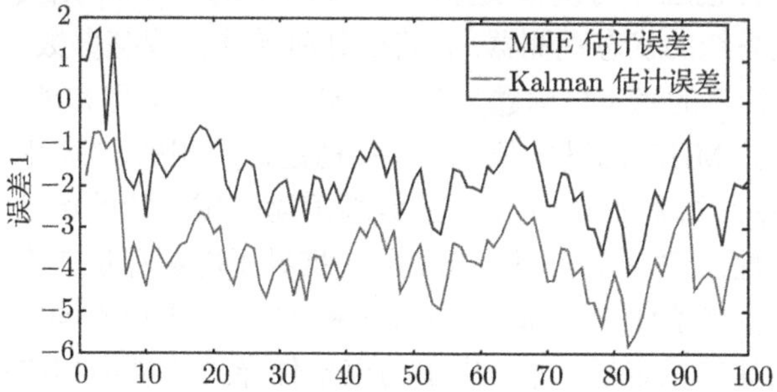

图 8.14 对状态 x_1 两种估计器的误差比较

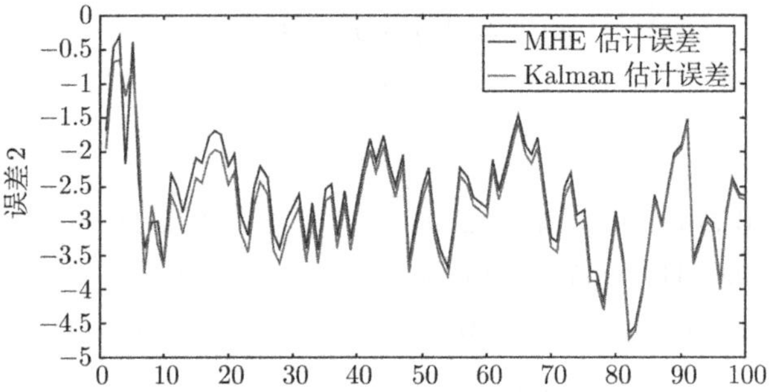

图 8.15　对状态 x_2 两种估计器的误差比较

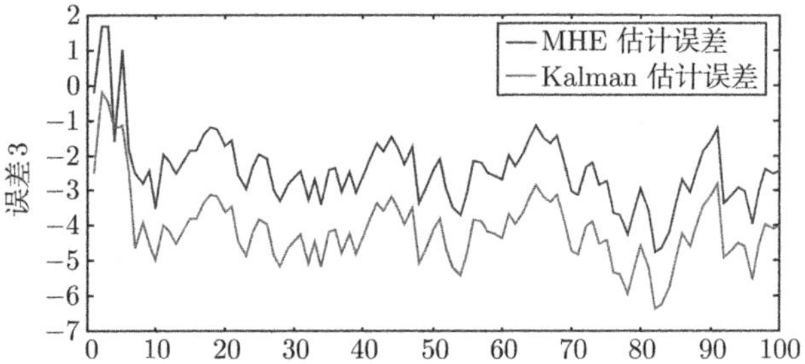

图 8.16　对状态 x_3 两种估计器的误差比较

8.6　注释和参考文献

控制和估计是对偶的两个问题, 近年来, 随着 MPC 研究的不断深入及研究成果的不断取得, 基于滚动优化原理的滚动时域估计方法得到了人们的关注且在约束系统的状态估计问题中获得了成功应用.

Thomas 和 Kwon, Bruckstein 及其合作者在文献 [157] 中针对无约束线性系统讨论了早期的滚动时域估计方法、线性系统的有限记忆法 (limited memory) 和自适应滤波. Muske 和 Rawlings 讨论了非线性 Batch 和滚动时域估计方法, 并提出状态估计的初始条件也应作为决策变量[155]. 文献 [158]、[159] 采用确定性最小二乘方法设计了线性系统的状态观测器, 并将估计时域作为调整参数.

滚动时域估计器的稳定性问题是制约滚动时域估计应用和理论研究的瓶颈, 前面, 我们只讨论了 MHE 的基本原理, 有关稳定性的相关文献可参考文献 [155]、[160]、[161]. 其中, 文献 [160] 讨论了非线性滚动时域估计的优点和约束线性滚动时域估计的稳定性条件. Muske 和 Rawlings 推导了能够保证具有不等式的状态估计器稳定的一些初步条件[155]. 此外, Tyler 和 Morari 采用不同的方法讨论了约束线性滚动时域估计的稳定性, 并给出了约束条件导致非最小相位系统不稳定的例子[162, 163]. Feindeisen 研究了具有滤波和平滑更新的无约束线性滚动时域估计的稳定性[164]. 以上研究中, 稳定性的分析仅限于观测器问题, 即仅考虑无约束扰动情况下, 给定初始状态的估计器的稳定性条件.

近年来在化工过程、故障检测、车辆系统参数辨识等诸多领域中滚动时域估计方法也得到了广泛的应用[165~170]. 文献 [168] 讨论了滚动时域估计在 CSTR 系统中的应用. Gethuisen 和 Engell 利用滚动时域估计方法设计了中式规模聚合反应器的状态估计器[167]. 文献 [169]、[170] 将滚动时域估计方法引入到车辆系统的状态估计问题当中, 对路面摩擦系数和汽车质心侧偏角进行了估计. 同样, 滚动时域估计在不确定系统当中的应用例子也不少, 可参考文献 [171]~[173] 等. 综上, 滚动时域估计算法由于具有便于在线应用和处理约束的能力, 使得估计结果更符合实际情况且具有更好的估计性能.

第9章 预测控制器的 FPGA 实现

9.1 引 言

由于具有前馈-反馈结构, 能在优化的意义上显式和主动处理时域硬约束以及在优化控制的框架下考虑系统的非线性特性等特点, 预测控制的应用也逐渐跨越工业过程控制领域, 延伸到快速动态系统和嵌入式系统等, 并已成功应用于航空, 汽车控制, 网络等众多领域[174~180]. 预测控制的优化过程是在有限采样时间间隔内反复在线求解优化问题, 如何在有限的采样时间内快速准确地求出最优解是预测控制算法在快速动态系统应用中所面临的一大挑战.

同时, 新的应用领域也对预测控制器提出了新的需求, 如微型化, 低成本, 高可靠性等. 显然, 传统基于工控机的预测控制器实现方案已无法满足这些新要求, 这就需要寻求新的方法来提高预测控制算法的在线求解速度. 因此, 如何提高预测控制算法在线计算速度的研究是一个具有重大工程实用意义的课题.

9.2 预测控制器研究现状

近年来, 国内外许多学者都在进行旨在提高预测控制在线计算性能的研究, 并已取得了一些研究成果, 主要分为以下两个方面：一是从预测控制理论入手, 提出很多高效的优化算法, 力求简化在线的计算过程, 加快计算速度; 二是在硬件实现预测控制算法方面, 设计硬件结构, 利用并行计算提高 MPC 在线计算性能.

在预测控制理论方面, 文献 [49]、[50]、[181]~[183] 提出了一些高效优化算法, 在一定程度上改善了 MPC 的计算性能. 文献 [184] 采用微粒子群优化算法, 可快速有效地求得全局最小点. 文献 [185] 介绍了一种预测控制的改进算法, 即通过求解预测控制中逆矩阵的递推算法来降低计算量. 文献 [186]、[187] 为降低约束模型预测控制的计算复杂性, 在标准模型预测控制滚动求解思想的基础上, 提出了每一时刻只精确求解当前要实施的控制量, 未来的控制序列则采用线性反馈控制器来近似的方法, 从而提高了算法的计算快速性. 文献 [188]、[189] 提出了一种显式 MPC 算法, 该方法利用离线与在线结合, 离线时对系统的可行域进行区域划分, 并得到每个区域对应的代价函数与控制率的显式函数关系式, 在线时通过查表确定当前时刻状态所在区域即可得到相应的控制率, 大大减少了在线计算量, 提高了实时性. 文

献 [190] 提出了利用 MPC 算法中 QP 问题的特殊结构求解优化问题, 对于一个状态变量维数为 n, 输入变量维数为 m, 预测时域为 T 的系统, 利用这种特殊结构, 使得算法复杂度由 $O(T^3(n+m)^3)$ 减小到 $O(T(n+m)^3)$, 在线求解速度是普通优化算法的 100 倍.

随着集成电路技术的发展, 通用处理器, 数字信号处理器 (Digital Signal Processor, DSP) 和现场可编程门阵列 (Field Programmable Gate Array, FPGA) 器件已经具有越来越高的计算性能, 尤其是高性能 FPGA 器件在某些特定浮点计算性能方面已经超越了通用处理器和 DSP 处理器. 随着微电子技术的进步, 预测控制的硬件实现方案已经成为可能, 目前也取得了一些研究成果. 文献 [191]、[192] 提出了一种采用 FPGA 实现 MPC 控制器的方案, 将 MPC 算法分解为两部分, 一部分计算量比较小但跳转流程复杂, 这部分运行在一个主处理器上, 用软件实现, 主要起流程控制作用; 另一部分计算量大, 占用大量时间的运算 (例如矩阵运算), 在协处理器中进行运算, 用硬件实现. 文献 [193]、[194] 提出利用 FPGA 全硬件方案来实现 MPC 控制器, MPC 控制器采用新型高级程序设计语言 Handel C 来完成算法设计, 利用开发软件 Celoxica DK 进行编译和综合, 然后将配置文件下载到 FPGA 开发板中, 进行 FPGA 开发板和 PC 机上的 Matlab/Simulink 系统的联合仿真, 验证 MPC 控制器的功能和实时性. 结果表明 MPC 控制器的在线计算性能得到了较大提高. 文献 [195] 分析了预测控制滚动优化过程的计算量, 确定计算负担主要集中在双精度浮点矩阵乘法计算, 特别是稀疏矩阵乘法计算, 进而提出了基于 FPGA 的双精度浮点并行矩阵乘法器, 并用于 MPC 控制器的矩阵乘法并行计算系统, 验证了并行计算系统的计算性能. 针对模型预测控制在快速系统应用中的实时性问题, 文献 [196]、[197] 提出了基于 Nios II 嵌入式软核处理器的 FPGA/SoPC (System on Programmable Chip) 方案, 在 FPGA 芯片上构建 SoPC 系统, 设计 SoPC 的硬件系统及软件系统, 实现了基于 FPGA 的 MPC 控制器, 实时仿真实验验证了 MPC-FPGA 控制器的功能及实时性. FPGA 芯片由大量的可编程逻辑单元组成, 方便并行运算, 运算速度非常快, 并且时延完全可以预测, 在一定程度上解决了预测控制算法计算性能差的问题.

9.3 FPGA 和 SoPC 知识简介

FPGA 是由可配置 (可编程) 逻辑块组成的数字集成电路, 这些逻辑块之间用可配置的互联资源进行连接. 工程师可以对这类器件进行配置 (编程) 来完成各种各样的任务, 用户可对 FPGA 进行重新配置, 以满足系统功能的需求. FPGA 具有集成度高, 研发时间短, 体积小, 保密性强, 可靠性高及设计灵活的优点, 在通信, 数据处理, 汽车电子, 网络, 军事和航空航天等众多领域已得到了广泛应用.

SoPC 即可编程片上系统, 是一种特殊的嵌入式系统, 由美国 Altera 公司于 2000 年最早提出. SoPC 是基于 FPGA 解决方案的 SoC (System on Chip). SoC 设计依赖于固定的 ASIC, 整个设计过程必须实现完整的定制或半定制集成电路设计流程, 需要规模较大的专业设计队伍, 相对较长的开发周期和高昂的开发费用, 并且涉及大量集成电路后端设计和微电子技术的专门知识. SoPC 技术则提供了一种有效的解决方案, 即用大规模可编程器件 FPGA 来实现 SoC 的功能. 基于 FPGA 芯片的 SoPC 技术可以将处理器, 存储器, I/O 接口等系统设计需要的模块集成在一起, 完成系统的主要逻辑功能, 设计方式比较灵活. 基于 FPGA 和 SoPC 实现的系统具有很好的灵活性, 可裁减, 可扩充, 可升级, 具备软件硬件可编程的功能.

基于 FPGA 和 SoPC 自身的结构特点, 利用 FPGA 和 SoPC 实现预测控制器具有以下几点优势:

(1) 高性能及高实时性：由于 FPGA 芯片内部是通过上百万门逻辑单元完成硬件实现, 具有很强的并行处理能力, 它的运算速度相对于基于传统单片机和其他通用嵌入式处理器的软件实现方案要快得多, 具有很高的性能. 因此, 采用 FPGA 芯片实现 MPC 算法, 可以提高算法在线求解速度及控制器的实时性.

(2) 高集成性及控制器微型化：FPGA 芯片采用芯片级封装, 芯片的体积已经缩小到毫米级. 同时, 采用 SoPC 技术可以在一片 FPGA 芯片上实现整个 MPC 控制器, 使得控制器的体积大大缩小, 实现了控制器的微型化, 控制器的可植入性也得到很大提高.

(3) 高可靠性：FPGA 芯片在出厂之前都做过严格测试, 不需要设计人员承担投片风险的费用, FPGA 在军事, 航空航天领域的广泛应用也证实了其高可靠性.

(4) 高灵活性及低功耗：FPGA 的现场可编程性, 使用户可以反复地编程, 擦除, 使用, 或者在外围电路保持不变的情况下采用不同设计就可以实现不同的功能, 这种现场可编程性给产品的快速开发及产品的升级带来了极大的灵活性. 此外, 随着半导体技术的发展, FPGA 的功耗将不断降低, 适合于低功耗设备的场合.

SoPC 技术的实现方案一般有如下三种途径:

(1) 基于 HardCopy 技术的 SoPC 系统.

HardCopy 技术是一种全新的 SoC 级 ASIC 设计方案, 即利用原有的 FPGA 开发工具, 通过特定的技术将成功实现于 FPGA 器件上的 SoPC 系统向 ASIC 转化, 本质上 HardCopy 器件是 FPGA 的精确复制, 剔除了可编程性和专用配置互连使用的走线, 因此减小了器件的硅片面积, 降低了成本, 改善了时序特性.

(2) 基于 FPGA 嵌入 IP (Intellectual Property) 硬核的 SoPC 系统.

该方案是指在 FPGA 中预先植入嵌入式系统处理器. 例如 Altera 公司 Excalibur 系列 FPGA 中植入了 ARM922T 嵌入式系统处理器, Xilinx 公司 Virtex-IIPro 系列中植入了 IBMPowePC405 处理器. 这样可以将 FPGA 灵活的硬件设计, 强大的硬件运算能力与处理器灵活的软件设计结合起来, 高效地实现 SoPC 系统. 但是利用该方案, 存在以下几点不足：一是由于此类硬核通常来自第三方公司, 导致 FPGA 器件成本高; 二是由于硬核是预先植入的, 结构功能固定, 设计者无法根据实际需要改变处理器的结构, 更不可能添加自定制的指令和组件来提升系统性能; 三是无法在同一个 FPGA 中使用多个处理器来满足实际设计需求; 四是供选的芯片型号少.

(3) 基于 FPGA 嵌入 IP 软核的 SoPC 系统.

为解决基于 FPGA 嵌入 IP 硬核 SoPC 系统存在的问题, 设计了基于 FPGA 嵌入 IP 软核的 SoPC 系统. 目前最具代表性的软核处理器有 Altera Nios II 核及 Xilinx MicroBlaze 核. 由于 Nios II 核在同一片 FPGA 中可植入的数量没有限制, 而且可植入的 Altera FPGA 的系列几乎没有限制, Nios II 显然优于 Xilinx 公司的 MicroBlaze. 就成本而言, Nios II 是由 Altera 公司直接推出而非第三方产品, Nios II 的使用费用仅仅是其占用的 FPGA 逻辑资源费.

由于基于 FPGA 嵌入 IP 软核的 SoPC 系统具有开发周期短, 开发成本低以及可配置度高的特点, 本章主要以线性约束 MPC 的设计方法为理论基础, 利用文献 [196]、[197] 所提出的 FPGA/SoPC 方案, 具体介绍 MPC-FPGA 控制器的设计及实现方法, 最后以汽车电子节气门为被控对象, 在建立的基于 FPGA 和 dSPACE 实时仿真系统的实验平台上完成了 MPC-FPGA 控制器的实时仿真实验.

9.4 约束线性 MPC 算法

基于状态空间模型的线性 MPC 算法已经在第 2 章有详细介绍. 在此只作简单的复述. 考虑线性离散时间系统的状态空间增量模型如下：

$$\Delta x(k+1) = A\Delta x(k) + B_u\Delta u(k), \tag{9.1a}$$

$$y_c(k) = C_c\Delta x(k) + y_c(k-1), \tag{9.1b}$$

$$y_b(k) = C_b\Delta x(k) + y_b(k-1), \tag{9.1c}$$

其中

$$\begin{aligned}\Delta x(k) &= x(k) - x(k-1),\\ \Delta u(k) &= u(k) - u(k-1),\\ \Delta d(k) &= d(k) - d(k-1).\end{aligned}$$

模型中 $\Delta x(k) \in \mathbb{R}^{n_x}$ 是状态增量; $\Delta u(k) \in \mathbb{R}^{n_u}$ 是控制输入增量; $y_c(k) \in \mathbb{R}^{n_c}$ 是被控输出量; $y_b(k) \in \mathbb{R}^{n_b}$ 是约束输出量; A, B_u, C_c 和 C_b 是相应维数的系统矩阵.

根据 2.2 节及 5.3 节预测方程的推导过程, 定义被控输出向量和约束输出向量

$$Y_c(k+1|k)=\begin{bmatrix} y_c(k+1|k)\\ y_c(k+2|k)\\ \vdots\\ y_c(k+p|k)\end{bmatrix}_{p\times 1},\quad Y_b(k+1|k)=\begin{bmatrix} y_b(k+1|k)\\ y_b(k+2|k)\\ \vdots\\ y_b(k+p|k)\end{bmatrix}_{p\times 1} \tag{9.2}$$

利用式 (9.1) 可以分别推导出被控输出和约束输出预测方程

$$Y_c(k+1|k)=\mathcal{S}_{x,c}\Delta x(k)+\mathcal{I}_c y_c(k)+\mathcal{S}_{u,c}\Delta U(k), \tag{9.3a}$$

$$Y_b(k+1|k)=\mathcal{S}_{x,b}\Delta x(k)+\mathcal{I}_b y_b(k)+\mathcal{S}_{u,b}\Delta U(k), \tag{9.3b}$$

其中

$$\mathcal{S}_{x,c}=\begin{bmatrix} C_cA\\ C_cA^2+C_cA\\ \vdots\\ \sum_{i=1}^{p} C_cA^i\end{bmatrix}_{p\times 1},\quad \mathcal{I}_c=\begin{bmatrix} I_{n_c\times n_c}\\ I_{n_c\times n_c}\\ \vdots\\ I_{n_c\times n_c}\end{bmatrix}_{p\times 1} \tag{9.4a}$$

$$\mathcal{S}_{u,c}=\begin{bmatrix} C_cB_u & \mathbf{0} & \mathbf{0} & \cdots & \mathbf{0}\\ \sum_{i=1}^{2} C_cA^{i-1}B_u & C_cB_u & \mathbf{0} & \cdots & \mathbf{0}\\ \vdots & \vdots & \vdots & \cdots & \vdots\\ \sum_{i=1}^{m} C_cA^{i-1}B_u & \sum_{i=1}^{m-1} C_cA^{i-1}B_u & \cdots & \cdots & C_cB_u\\ \vdots & \vdots & \vdots & & \vdots\\ \sum_{i=1}^{p} C_cA^{i-1}B_u & \sum_{i=1}^{p-1} C_cA^{i-1}B_u & \cdots & \cdots & \sum_{i=1}^{p-m+1} C_cA^{i-1}B_u \end{bmatrix}_{p\times m} \tag{9.4b}$$

将式 (9.4) 中的脚标 c 都替换成 b 就可以得到 $\mathcal{S}_{x,b}$, $\mathcal{S}_{u,b}$ 和 $\mathcal{I}_b$ 的表达式.

考虑到系统中存在的状态约束, 输入约束及输出约束等, 修改 2.3.1 节的无约束 MPC 的优化问题 2.1, 可得到 5.3 节问题 5.3 所示的约束 MPC 的优化问题.

问题 9.1

$$\min_{\Delta U(k)} J\left(x(k),\Delta U(k)\right)$$

满足系统 (9.1) 及时域约束

$$u_{\min}(k+i) \leqslant u(k+i) \leqslant u_{\max}(k+i), \quad i = 0, 1, \cdots, m-1 \tag{9.5a}$$

$$\Delta u_{\min}(k+i) \leqslant \Delta u(k+i) \leqslant \Delta u_{\max}(k+i), \quad i = 0, 1, \cdots, m-1 \tag{9.5b}$$

$$y_{\min}(k+i) \leqslant y_b(k+i) \leqslant y_{\max}(k+i), \quad i = 1, \cdots, p \tag{9.5c}$$

其中

$$J\left(x(k), \Delta U(k)\right) = \left\| \varGamma_y \left(Y_c(k+1|k) - R(k+1)\right)\right\|^2 + \left\| \varGamma_u \Delta U(k)\right\|^2. \tag{9.6}$$

将预测方程 (9.3) 代入约束优化问题 9.1, 并根据 5.1.2 节的推导过程, 约束优化问题 9.1 可以转化为 QP 问题

$$\min_{\Delta U(k)} \frac{1}{2}\Delta U(k)^{\mathrm{T}} H \Delta U(k) + G(k+1|k)^{\mathrm{T}} \Delta U(k) \tag{9.7}$$

满足

$$C\Delta U(k) \geqslant b(k), \tag{9.8}$$

其中 H, $G(k+1|k)$, C 和 $b(k)$ 计算如下:

$$H = 2(\mathcal{S}_{u,c}^{\mathrm{T}} \varGamma_y^{\mathrm{T}} \varGamma_y \mathcal{S}_{u,c} + \varGamma_u^{\mathrm{T}} \varGamma_u), \tag{9.9a}$$

$$G(k+1|k) = -2\mathcal{S}_{u,c}^{\mathrm{T}} \varGamma_y^{\mathrm{T}} \varGamma_y E_p(k+1|k), \tag{9.9b}$$

$$E_p(k+1|k) = R(k+1) - \mathcal{S}_{x,c}\Delta x(k) - \mathcal{I}_c y_c(k), \tag{9.9c}$$

$$C = \begin{bmatrix} -T^{\mathrm{T}} & T^{\mathrm{T}} & -L^{\mathrm{T}} & L^{\mathrm{T}} & -\mathcal{S}_{u,b}{}^{\mathrm{T}} & \mathcal{S}_{u,b}{}^{\mathrm{T}} \end{bmatrix}^{\mathrm{T}}_{(4m+2p)\times 1}, \tag{9.9d}$$

$$b(k) = \begin{bmatrix} -\Delta u_{\max}(k) \\ \vdots \\ -\Delta u_{\max}(k+m-1) \\ \Delta u_{\min}(k) \\ \vdots \\ \Delta u_{\min}(k+m-1) \\ u(k-1) - u_{\max}(k) \\ \vdots \\ u(k-1) - u_{\max}(k+m-1) \\ u_{\min}(k) - u(k-1) \\ \vdots \\ u_{\min}(k+m-1) - u(k-1) \\ (\mathcal{S}_{x,b}\Delta x(k) + \mathcal{I}_b y_b(k)) - Y_{\max}(k+1) \\ -(\mathcal{S}_{x,b}\Delta x(k) + \mathcal{I}_b y_b(k)) + Y_{\min}(k+1) \end{bmatrix}_{(4m+2p)\times 1}, \tag{9.9e}$$

上式中

$$T = \begin{bmatrix} I_{n_u \times n_u} & \mathbf{0} & \cdots & \mathbf{0} \\ \mathbf{0} & I_{n_u \times n_u} & \cdots & \mathbf{0} \\ \vdots & \vdots & & \vdots \\ \mathbf{0} & \mathbf{0} & \cdots & I_{n_u \times n_u} \end{bmatrix}_{m \times m} \tag{9.10a}$$

$$L = \begin{bmatrix} I_{n_u \times n_u} & \mathbf{0} & \cdots & \mathbf{0} \\ I_{n_u \times n_u} & I_{n_u \times n_u} & \cdots & \mathbf{0} \\ \vdots & \vdots & & \vdots \\ I_{n_u \times n_u} & I_{n_u \times n_u} & \cdots & I_{n_u \times n_u} \end{bmatrix}_{m \times m} \tag{9.10b}$$

由 (9.9a) 知 $H \geqslant 0$, 因此优化问题 (9.7), (9.8) 对任何加权矩阵 $\Gamma_y \geqslant 0$, $\Gamma_u \geqslant 0$ 都有解, 记为 $\Delta U^*(k)$. 如果选取 $\Gamma_u > 0$, 则有 $H > 0$, 即此优化问题是严格凸二次规划问题. 根据预测控制原理得到的闭环控制增量为

$$\Delta u(k) = \Delta u^*(k|k). \tag{9.11}$$

9.5　对偶优化算法

由式 (9.9) 可知, 如果 k 固定, 则 $G(k+1|k)$ 和 $b(k)$ 是常数, 省略掉 k 分别简记为 G 和 b, 同时将独立变量 $\Delta U(k)$ 用 z 替代, 因此 QP 问题 (9.7) 和 (9.8) 可以改写为

$$\min_z f(z) = \frac{1}{2} z^{\mathrm{T}} H z + G^{\mathrm{T}} z, \tag{9.12}$$

满足

$$Cz \geqslant b. \tag{9.13}$$

常用求解 QP 问题的方法主要有积极集法和内点法: 积极集法通过不断地判断是否有约束起作用来更新起作用约束集, 简称“积极集”, 用积极集中的约束构成等式约束解得当前最优解, 再去判断得到的这个解是否违反某一新的约束; 内点法是将目标函数加上由约束集构成的罚函数从而组成新的无约束的目标函数, 然后用牛顿迭代求解. 这些常用的优化算法在求解 QP 问题时往往需要一个初始可行点, 求取这个初始可行点花费的时间一般占求解 QP 问题总时间的 $1/3 \sim 1/2$. 而对偶算法将无约束子 QP 问题的解作为求解约束优化问题的初始点, 避免了初始可行点的计算 [198]、[199]. 由 (9.9a) 知, 如果取 $\Gamma_u > 0$, 则 $H > 0$, 即优化问题 (9.12) 和 (9.13) 是严格凸 QP 问题, 因此本章选择对偶算法来求解 9.8 节实例中的 QP 问题.

在具体介绍对偶算法的基本原理之前, 先给出一些说明和定义. 不等式约束 (9.13) 的个数为 $4n_u m + 2n_b p$. IC 用来表示不等式约束标号的集合, 定义为

$$\text{IC} := \{1,\ 2,\ \cdots,\ 4n_u m + 2n_b p\}. \tag{9.14}$$

其中 $C_i \geqslant b_i,\ i \in \text{IC}$, 表示第 i 个约束条件, 用 S 表示集合 IC 的一个子集, $\varnothing$ 表示空集. 同时 S-pair 和 V-triple 的定义如下.

定义 9.1 设 $S \subseteq \text{IC}$, $P(S)$ 是 QP 问题 (9.12), (9.13) 的一个子问题, 如果 z 是约束问题 $P(S)$ 的最优解, 并且 S 所对应的约束集线性无关, 则称 (z, S) 为一个 solution (S)-pair.

定义 9.2 记 $S^+ = S \cup \{l\}, l \in IC \backslash S$, 如果 (z, S) 是一个 S-pair, 并且 $C_l z < b_l$, 相应的乘子 $\lambda_i \geqslant 0, i \in S^+$, 则 (z, S, l) 称为一个 violated (V)-triple.

对偶算法的流程如图 9.1 所示. 算法的核心思想是在每次迭代过程中, 以无约束子 QP 问题 (9.12) 的最优解 $z_0 = -H^{-1}G$ 为初始点, 把在该点起作用的约束作为等式约束, 在此约束条件下极小化目标函数 $f(z)$, 而其余的约束暂且不考虑, 也就是构造 S-pair. 如果存在约束 C_l, 使得 (z, S, l) 为一个 V-triple, 则 z 以 t 为步长, 沿 v 方向移动, 若 (z, S^+) 构成新的 S-pair 则重新寻找 l, 如果 z 移动后还是 V-triple, 则丢掉约束 w 使其构成新的 S-pair, 重复以上步骤, 直到 $S = \text{IC}$, 就可得到如下一个 S-pair

$$(z^*, S),\ S = \text{IC}, \tag{9.15}$$

其中, z^* 就是 QP 问题的最优解.

对偶算法在每次迭代过程中都用到了矩阵 H 的 Cholesky 分解

$$H = FF^{\mathrm{T}} \tag{9.16}$$

以及中间矩阵 $B := F^{-1}N$ (N 是 S 中起作用约束条件对应的列向量组成的矩阵) 的 QR 分解

$$B = Q\begin{bmatrix} R \\ 0 \end{bmatrix} = \begin{bmatrix} Q_1 & Q_2 \end{bmatrix}\begin{bmatrix} R \\ 0 \end{bmatrix}, \tag{9.17}$$

搜索方向 v 和搜索步长 t 的计算公式如下:

$$v = MC_l, \tag{9.18a}$$

$$t = \min\{t_w, t_2\}, \tag{9.18b}$$

其中

$$M = J_2(J_2)^{\mathrm{T}}, \tag{9.19a}$$

$$J_2 = (F^{-1})^{\mathrm{T}} Q_2, \tag{9.19b}$$

$$t_2 = (C_l z - b^l) z^{\mathrm{T}} C_l z, \tag{9.19c}$$

$$t_w = \min_{\substack{r_j > 0 \\ j \in S^+}} \left\{\frac{\lambda_j}{r_j}\right\} = \frac{\lambda_w}{r_w}, \tag{9.19d}$$

$$r = N^* C_l, \tag{9.19e}$$

$$N^* = R^{-1} {J_1}^{\mathrm{T}}, \tag{9.19f}$$

$$J_1 = (F^{-1})^{\mathrm{T}} Q_1. \tag{9.19g}$$

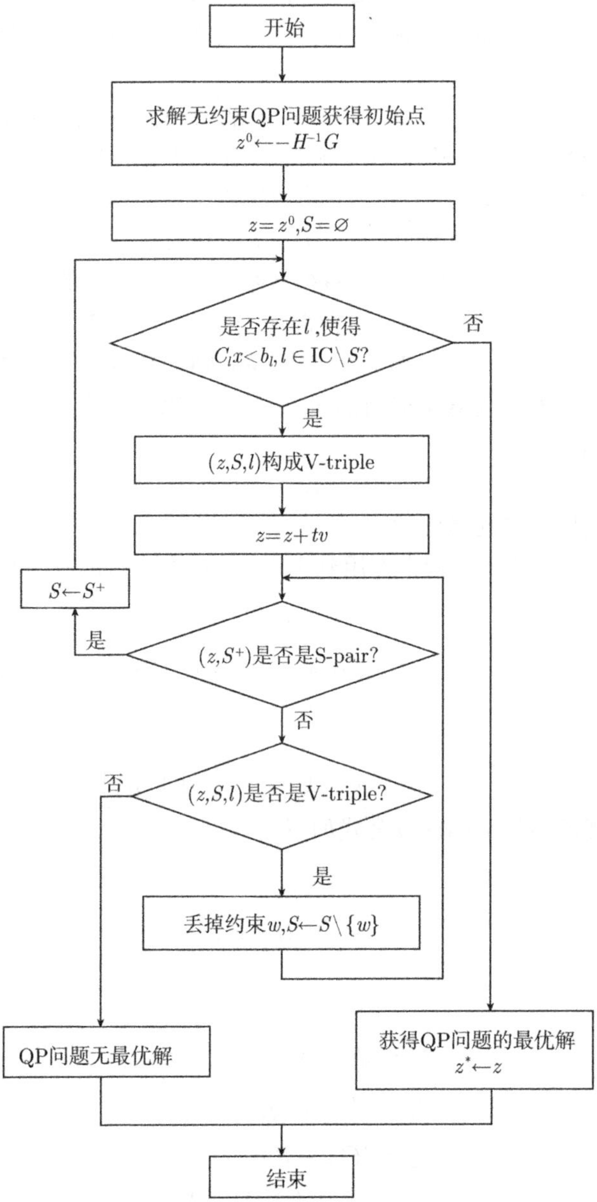

图 9.1 对偶算法计算流程图

9.6 MPC-FPGA 控制器实现方案

本节以 9.4 节和 9.5 节介绍的约束 MPC 算法和对偶优化算法为基础, 综合考虑 FPGA 实现方法和 MPC 算法的特点, 采用基于 Nios II 嵌入式软核的 FPGA/SoPC 方案来设计实现 MPC 控制器. 该方案在 FPGA 芯片中嵌入一个软核处理器 –Nios II 处理器, 用来运行 MPC 算法. Nios II 是 FPGA 生产厂商 Altera 公司推出的软核 CPU, 是一种面向用户的, 可以灵活定制的通用精简指令集架构 (RISC) 嵌入式 CPU. 与其他嵌入式处理器 (ARM, MCU, DSP 等) 相比, Nios II 嵌入式软核处理器具有最好的用户定制特性, 用户可以配置其中最关键的 CPU 内核和标准 IP 核 (Intellectual Property Cores, 或者称为标准组件) 的特性, 通过添加和删除标准组件或者配置不同的组件特性来构建具有不同性能, 满足不同要求的处理器. 同时还可以设计自定制指令和自定制组件来提高算法的运算速度, 提升系统计算性能. 该方案实现的控制器兼顾了 Nios II 处理器软件设计的灵活性和自定制指令, 自定制组件的高性能, 且开发周期较短, 开发难度较小.

MPC-FPGA 控制器设计流程如图 9.2 所示, 主要包括系统需求分析, SoPC 系统硬件设计, 软件设计, 板级仿真验证.

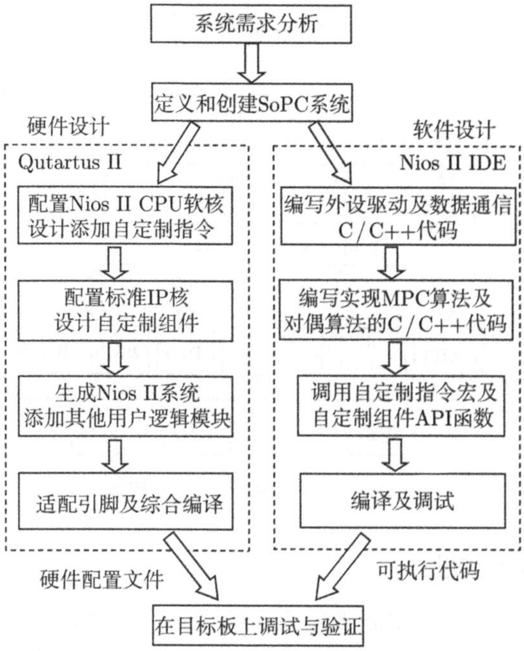

图 9.2 MPC-FPGA 控制器设计流程图

9.6.1　系统需求分析

MPC 在优化过程中, 需要在每个有限的采样时间内在线求解优化问题得出最优控制序列, 但优化问题的求解过程复杂, 存在大量矩阵运算, 运算中涉及的矩阵以及矩阵维数如下：$\mathcal{S}_{u,c} \in \mathbb{R}^{n_c p \times n_u m}$, $\mathcal{S}_{x,c} \in \mathbb{R}^{n_c p \times n_x}$, $H \in \mathbb{R}^{n_u m \times n_u m}$. 如果增大 MPC 的控制时域 m 及预测时域 p, 则矩阵维数随之增加, 因此算法的计算量就会大幅度增加. 由以上分析可以看出, 实现 MPC 算法的控制器必须具有很好的计算性能, MPC 才能成功应用于快速系统.

为满足快速系统对 MPC 控制器高计算性能的要求, 选用快速型 (Nios II/f) 处理器内核以获得最强的处理器性能. 同时 MPC 算法中有许多耗时的浮点运算, 例如浮点加, 减, 乘, 除及开平方运算等, 本章设计了浮点运算自定制指令并添加到 Nios II 指令集中, 用硬件指令来代替耗时的软件运算, 提升算法计算性能. 除了 Nios II 处理器, 还需配置一些标准外设, 如 UART、On-Chip Memory、Performance Counter 及 SDRAM 控制器等, 以完成 MPC-FPGA 控制器的验证与仿真.

本文选用 RedLogic 公司的红色飓风 III 代 - 百万门级全功能 FPGA 开发板作为控制器的开发平台, 此开发板提供了许多常用的外围电路和外部接口. MPC-FPGA 控制器设计的主要工作是在 FPGA 芯片上构建 SoPC 系统的硬件和软件, 硬件设计主要基于 Quartus II 和 SoPC Builder 工具, 软件设计则基于 Nios II IDE.

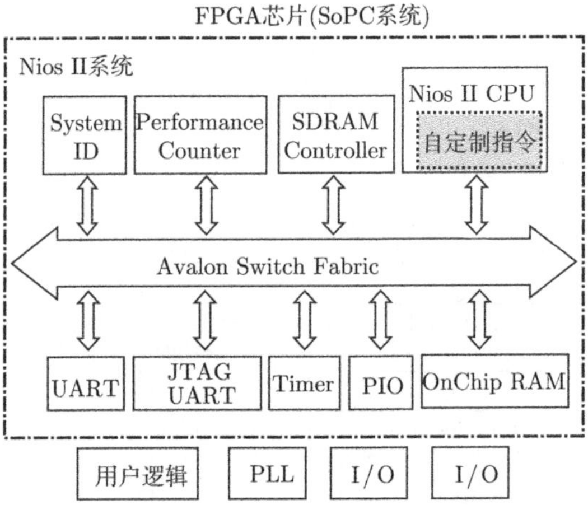

图 9.3　SoPC 硬件系统结构图

9.6.2　SoPC 硬件系统设计

硬件系统设计主要包括定制满足需求的 Nios II CPU 和外围器件, 设计添加自定制指令, 利用 SoPC Builder 分配外设地址及中断号, 设定复位地址, 最后生成 Nios II 系统, 并将该系统模块导入到 Quartus II 工程中. Nios II 系统模块与

Quartus II 工程中其他用户逻辑, IP 核 (如 PLL、Counter) 等在 FPGA 芯片上集成的 SoPC 硬件系统如图 9.3 所示. 最后将集成的 SoPC 硬件系统在 Quartus II 中编译综合, 布局布线, 生成 FPGA 配置文件, 通过下载电缆将配置文件下载到目标板的 FPGA 中进行板级测试.

利用 SoPC Builder 建立的 Nios II 系统结构如图 9.4 所示. 系统中 Nios II CPU 软核和标准 IP 核的具体功能和配置如下:

(1) Nios II CPU 软核.

Nios II CPU 软核是 Nios II 系统的核心, 实现了最基本和最关键的功能, 如运算器, 存储管理, 指令系统等. Nios II 系列包括三种软核: 快速型 (Nios II/f)——最高的系统性能, 中等 FPGA 使用量; 标准型 (Nios II/s)—— 高性能, 低 FPGA 使用量; 经济型 (Nios II/e)—— 低性能, 最低的 FPGA 使用量. 设计者可以根据系统需求的变化更改 CPU, 选择满足性能和成本的最佳方案. 由于本系统的主要设计目标是满足高计算性能, 所以选择快速型 Nios II/f 内核, 以获得最强的处理器性能. 本文配置的 Nios II/f 核大约需要使用 1400~1800 个逻辑单元, 3 个 M4K 片内存储器, 数据缓冲器设为 8 KB, 指令缓冲器设为 4 KB.

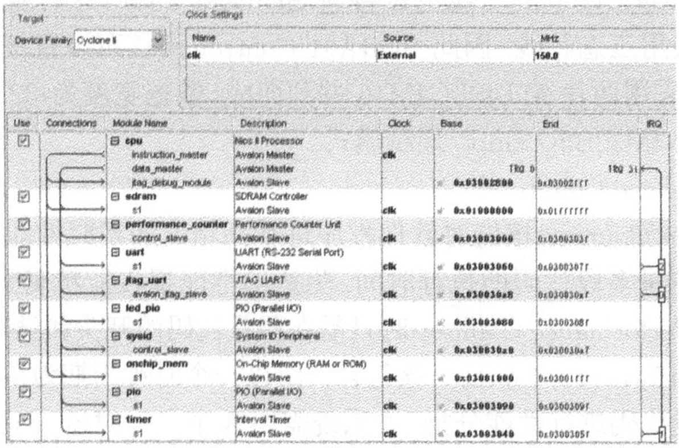

图 9.4 Nios II 系统结构图

JTAG Debug 模块内嵌于 Nios II CPU 内核, 用于对 Nios II 处理器进行调试, 根据不同的调试等级可以对 JTAG Debug 模块进行不同的配置. 本系统选择二级调试功能大约需要使用 800~900 个逻辑单元, 2 个 M4K 片内存储器, 支持 JTAG 连接, 软件下载, 软件断点调试, 硬件断点调试和数据触发五种功能.

(2) UART 核.

UART (Universal Asynchronous Receiver/Transmitter, 通用异步收发器) 核实现了 Altera FPGA 片上嵌入式系统和片外设备之间的数据串行通信. 在 Nios II 系统中, 用户可以根据需要添加配置多个 UART 核. 本系统 Nios II 处理器使用一个 UART 与 dSPACE 实时仿真系统通信, 进行实时仿真实验. UART 核实现了 RS-232 协议, 可以改变其波特率, 奇偶校验位, 停止位, 传输的数据位以及其他可选的 RTS-CTS 流控制信号等. UART 核主要需要配置波特率和数据格式, 本系统波特率设置为 115200bps, 数据格式为 8 位数据位, 1 位停止位, 无须校验位.

(3) JTAG UART 核.

JTAG UART 模块主要是用于系统调试. JTAG UART 核通过 Avalon 总线和 JTAG Debug 模块相连接, 利用 JTAG 连接实现一个 UART 的功能, 在调试过程中可以将信息通过它显示在终端上, 也可以通过输入调试命令控制整个系统. JTAG UART 核主要需要配置读/写 FIFO (First Input First Output) 深度和中断阈值. 本系统读/写 FIFO 深度设置为 64bits, 中断阈值表示当数据还有多少字节填满或清空读/写 FIFO 时产生中断信号, 设置为 8. 在系统软硬件调试完毕后, 可以将 JTAG UART 核去除以节省资源.

(4) SDRAM Controller 核.

如果系统的程序代码和数据需要的存储容量比较大, 则通常需要片外存储器, 如 SDRAM 存储器. SDRAM Controller 核为 FPGA 片外 SDRAM 提供了一个 Avalon 接口, 实现 Avalon 总线主设备向 SDRAM 的读/写功能. 本系统中由于 SDRAM 没有采用三态总线, 因此 SDRAM Controller 核可以直接与 Avalon 总线相连, SDRAM 采用两片 MT48LC4M16 并列而成, 数据宽度为 32bit, 选择 “single Micron MT48LC4M32B2-7 chip” 预制模式.

(5) Performance Counter 核.

Performance Counter 核能对软件程序进行高精度的实时性能分析, 用户利用它可以精确地测量多段代码的执行时间, 生成的性能报告能精确到一个时钟周期. 在程序中使用 Performance Counter 时只需在测量代码的开头和结尾各添加一条指令 (宏代码). Performance Counter 核包含一组以一个时钟周期为单位的计时器, 可以独立地对多段代码进行性能分析. 本系统需要 3 个段计时器, 即需要在设置中将段计时器的个数设置为 3.

(6) On-Chip Memory 核.

On-Chip Memory 核为 SoPC 系统提供一个小容量的片上 RAM, 能存储程序代码和数据. 与其他片外存储器相比, 片上 RAM 能提供最快访问读写速度, 并且在 FPGA 上电启动后即可初始化其中的内容. On-Chip Memory 主要需要配置数据宽度, 容量和端口类型. 本系统数据宽度设置为 32bits, 容量为 2KB, 单端口 RAM.

(7) PIO 核.

PIO 核就是 I/O 管脚 IP 核, 可以配置为输入, 输出, 双向三种状态, 直接与 Nios II 处理器外的模块或者与 FPGA 外部相连接. PIO 核可用来连接用户按键, LED 灯等, 也可和其他 IP 核相连, Nios II 可以通过 I/O 虚拟管脚直接对外部 IP

软核进行控制. PIO 核主要需要设置信号方向和宽度, 本系统中信号设为输出, 8 位宽度, 连接外部 LED 灯.

(8) Timer 核.

Timer 核可以完成定时和计数功能, 在 Nios II 系统中用户可以根据需要添加配置多个 Timer, 本系统需要一个 Timer 核作为时间戳计时器, 用来完成对采样周期的精确计时.

(9) System ID 核.

System ID 核是一个简单的只读设备, 为 SoPC Builder 系统提供唯一的标识符. System ID 核是用于保存 Nios II 系统的 ID, 编译器会根据保存于其中的系统 ID 来识别当前运行的程序与所期望的系统 ID 是否匹配, 如果不匹配将产生错误结果或者程序不运行.

MPC 求解的计算复杂, 运算量大, 而且涉及大量耗时的浮点运算, 除了基本的加, 减, 乘, 除运算, 还多次用到浮点开平方运算等, 因此需要设计硬件加速指令来提高系统的速度, 以满足系统的实时性要求. Altera 为 Nios II 处理器核提供了一套可配置的浮点运算指令, 包括浮点加法, 减法, 乘法和除法运算, 这些指令可直接添加集成到 Nios II CPU 指令集中. 除此之外本系统利用硬件描述语言 Verilog HDL 设计了浮点开平方运算自定制指令, 由于浮点开平方运算需要多个周期才能执行完成, 因此本文采用多周期结构来设计浮点开平方运算定制指令. 该自定制指令主要包括三个功能单元: 开平方运算单元, 控制单元及输出单元, 结构如图 9.5 所示.

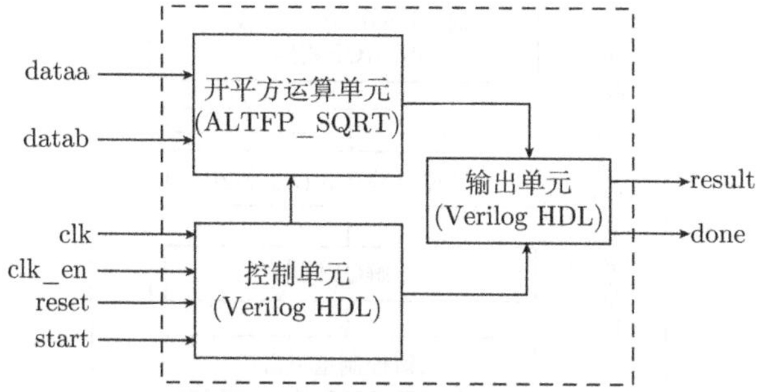

图 9.5 浮点开平方运算自定制指令的结构图

其中开平方运算单元部分由 Altera 提供的专用浮点开平方运算宏模块 ALTFP-SQRT 实现, 完成浮点开平方运算, 输出单元完成运算结果的输出, 控制单元则根据时序对开平方运算单元和输出单元进行控制, 该定制指令的输出单元和控制单元由 Verilog HDL 语言编写实现. 最后利用 SoPC Builder 工具将浮点开平方运算自定制指令集成到 Nios II CPU 指令集中.

9.6.3　SoPC 软件系统设计

完成 SoPC 硬件系统构建后，便可在此之上进行软件设计及应用程序开发. Nios II 嵌入式处理器是一种通用的 RISC 处理器，软件设计与其他微处理器的软件设计非常类似. Nios II 嵌入式处理器支持标准的 C/C++ 程序开发，支持适合嵌入式系统软件开发且源码开放的 C 标准库 –Newlib. 此外，Altera 为 Nios II 软件开发提供了编程接口 ——HAL (Hardware Abstraction Layer, 硬件抽象层)，它提供了底层设备驱动，HAL API 及 C 标准库等丰富的资源. HAL 系统库及 API 大大简化了 Nios II 处理器应用程序的开发，提高了软件开发的效率. 因此，基于 Nios II 的 SoPC 软件开发主要是在 Nios II IDE 中以 HAL 为基础，开发实现 MPC 算法和对偶优化算法的标准 C/C++ 嵌入式应用程序.

本系统中 SoPC 软件系统除了需要完成 MPC 算法计算和 QP 问题求解功能，还需要实现与 dSPACE 实时仿真系统进行实时通信的功能. 软件系统的总体流程如图 9.6 所示，主要包括初始化，串口接收，MPC 计算求解和串口发送.

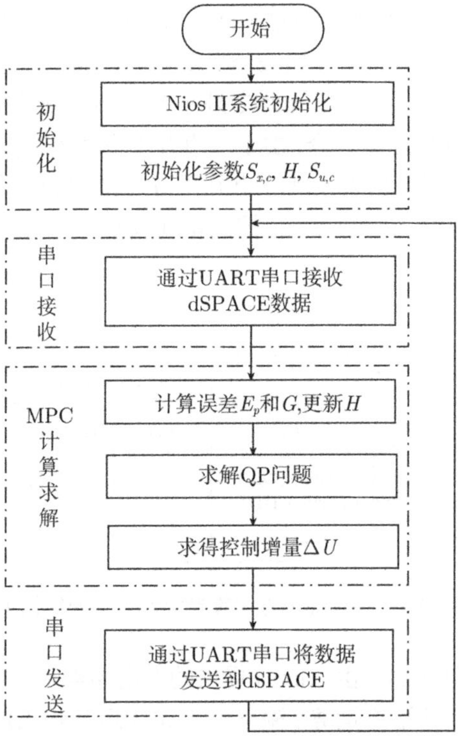

图 9.6　SoPC 软件系统实现流程图

(1) 初始化：Nios II 系统初始化和 MPC 求解参数的初始化. Nios II 系统初始

化主要对其设备进行初始化, 如 UART, 定时器, 中断等; 此外, 还需要对 MPC 算法的参数矩阵 $\mathcal{S}_{x,c}, H, \mathcal{S}_{u,c}$ 等进行初始化.

(2) 串口接收: 通过 UART 串口中断接收 dSPACE 实时仿真系统发送出的数据.

(3) MPC 计算求解: 包括 MPC 算法参数的计算和更新, 以及利用对偶优化算法求解 QP 问题, 获得最优控制解.

(4) 串口发送: 通过 UART 串口将控制量数据发送到 dSPACE 实时仿真系统中.

完成 SoPC 系统软件设计后, 在 Nios II IDE 中进行编译生成可执行文件并将其下载到目标板, 在目标板上进行调试, 验证系统的功能.

9.7 MPC-FPGA 控制器实时仿真实验平台

为了对设计的 MPC-FPGA 控制器进行实时仿真验证, 构建了基于 FPGA 和 dSPACE 实时仿真系统的实验平台. 平台主要由红色飓风 III 代 FPGA 开发板, dSPACE DS 1104 PPC 单板系统和两台 PC 机组成, 实时仿真实验平台实物图如图 9.7 所示.

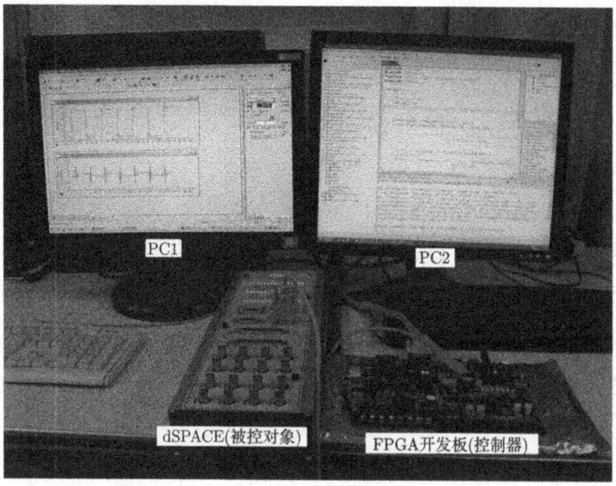

图 9.7 实时仿真实验平台实物图

其中 FPGA 芯片型号为 Cyclone II EP2C20F484C8 作为 MPC 控制器的硬件实现, 用来运行 MPC 控制算法; dSPACE DS1104 单板系统是由德国 dSPACE 公司开发的一套基于 MATLAB/Simulink 的控制系统开发及半实物仿真的软硬件工作平台, 用来设计搭建电子节气门的数学模型, 模拟被控对象的实时运行; PC2 上运行 Quartus II 和 Nios II IDE 两个软件, 分别用来构建 SoPC 的硬件系统和软件系统, 完成 MPC-FPGA 控制器的设计; PC1 上运行 ControlDesk 软件用来监控和测试实验结果. PC2 通过 FPGA JTAG 下载线将编译生成的 FPGA 硬件配置文件下载到 FPGA 芯片中, FPGA 开发板 (MPC 控制器) 和 dSPACE 系统 (被控对象) 之间通过 RS232 串口进行数据通信, dSPACE 系统中的实验数据通过 PCI 接口传输到 PC1 中进行实验结果的显示和监控. 此实验平台不仅可以测试验证 MPC 算法, 设计者还可以在此平台上进行其他控制器和算法的开发验证.

9.8 MPC 在电子节气门中的应用实例

本节以文献 [200] 介绍的电子节气门系统为被控对象, 在 9.7 节所搭建的实验平台上, 对设计的 MPC-FPGA 控制器进行实时仿真实验, 验证控制器的功能和实时性. 电子节气门主要用于控制进入发动机进气歧管的空气流量, 由驱动电机, 减速齿轮组, 复位弹簧, 节气门体及节气门开度传感器组成. 节气门控制系统的基本目标是节气门开度能够又快又精确且超调尽可能小地到达期望的目标位置. 节气门控制系统的性能要求如下：

(1) 上升时间：上升时间定义为在阶跃输入情况下, 节气门开度从最终稳态值的 10% 上升到最终稳态值的 90% 所需要的时间. 电子节气门在全闭到全开阶跃输入情况下的上升时间应不超过 100ms.

(2) 调节时间：调节时间定义为响应到达并保持在最终稳态值的 ±5% 内所需要的最短时间. 电子节气门控制系统应该保证在节气门开度到达最终稳态值的 90% 以后的稳定时间小于 40ms.

(3) 超调量：超调量定义为响应的最大偏离量与最终稳态值之差的百分比. 电子节气门控制系统应使节气门挡板不碰撞限位 (或者零超调).

(4) 稳态误差：稳态跟踪误差定义为期望的节气门开度与最终稳态值之间的差值. 电子节气门控制系统应保证稳态跟踪误差在 ±2% 之内.

根据文献 [200] 中推导的电子节气门模型, 得到节气门系统的状态方程如下：

$$\begin{bmatrix} \dot{x}_1 \\ \dot{x}_2 \end{bmatrix} = \begin{bmatrix} 0 & 1 \\ -44.6578 & -205.464 \end{bmatrix} \begin{bmatrix} x_1 \\ x_2 \end{bmatrix} + \begin{bmatrix} 0 \\ 518.4 \end{bmatrix} u \tag{9.20a}$$

$$y = [1\ \ 0] \begin{bmatrix} x_1 \\ x_2 \end{bmatrix} \tag{9.20b}$$

其中状态变量 x_1 是节气门开度, x_2 为节气门角速度, 控制输入变量 u 是节气门输入电压, 控制输出量 y 为节气门开度. 由于电子节气门结构及驱动机构的限制, 其控制器必须满足以下的硬约束条件：输入电压在 $-12 \sim 12$V, 节气门开度在 $0 \sim \pi/2$.

9.8.1 计算性能分析

文献 [191]~[194] 中提出的 MPC 控制器 FPGA 实现方案与本文介绍的基于 FPGA/SoPC 实现方案的比较结果如表 9.1 所示, 表中第 2, 3, 4 列的数据直接来至文献 [191]~[194] 中的实验数据. 文献 [193]、[194] 提出利用 FPGA 全硬件来实现 MPC 控制器, 整个 MPC 算法采用新型高级程序设计语言 Handel C 来编写实现, 该方案具有最优的计算性能, 但 Handel C 代码相对于 C/C++ 代码编写实现起来比较复杂耗时, 因此开发周期较长, 开发难度较大. 文献 [191]、[192] 提出将 MPC 算法分解为两部分实现, 一部分用软件实现, 运行在微处理器上, 该处理器核是固核, 性能参数已固定不可配置; 计算量大的矩阵运算用硬件实现, 作为主处理器的协处理器. 同时采用 LNS (Logarithmic Number System) 数据类型格式代替浮点类型, 提高算法计算性能. 本文方案与文献 [191]、[192] 的方案不同在于本文嵌入的 Nios II CPU 是软核处理器, 可以根据系统需求定制满足不同需求的处理器核, 还可以设计添加自定制指令, 扩充 CPU 指令集, 提高算法计算性能. 因此本文方案相对其他实现方案具有较好的用户定制特性, 较高灵活性, 开发周期相对较短, 开发难度相对较小. 由表 9.1 可以看出文献 [191]、[192] 计算性能最优, 但综合考虑计算性能和灵活性两方面的因素, 本文选择基于 Nios II 的 FPGA/SoPC 方案实现 MPC 控制器, 并应用于节气门系统的控制. 由于表 9.1 还有其他一些因素没有考虑进去, 例如数据精度等, 因此只是一个粗略的比较结果.

表 9.1 MPC 控制器 FPGA 实现方案比较结果

实现方案	[193]	[194]	[191]、[192]	FPGA/SoPC
FPGA 型号	Virtex II	Spartan-3L	Virtex IV	Cyclone II
优化算法	内点法	内点法	牛顿法	对偶算法
系统阶次	4	4	2	2
控制时域	3	3	3	3
时钟频率/MHz	28	20	50	150
MPC 计算时间/ms	6.1	19.5	0.45	0.4687

常用求解 QP 问题的方法主要有积极集法, 内点法, 对偶算法, 及一些商业优化软件包, 例如 NPSOL. NPSOL 是一个求解约束优化问题的软件包, 用 Fortran 77 语言编写, 能求解凸优化和光滑的非凸优化问题. 表 9.2 对这几种优化方法的计算性能进行了简单比较, 由实验结果可以看出针对电子节气门系统对偶算法具有最好的计算性能. 由于 NPSOL 用 Fortran 77 语言编写, 在求解过程中需要转化成 C 代码, 降低了计算性能; 内点法在求解优化问题时要求给出一个初始可行点, 这个初始点的计算工作占用了许多时间; 而对偶算法将无约束子 QP 问题的解作为已知初始点, 避免了初始点的计算, 并且电子节气门系统优化问题是一个严格凸优化题,

因此本文选择对偶算法求解 QP 问题.

表 9.2　优化算法对求解 QP 问题计算性能的影响

优化算法/工具包	NPSOL 优化包	内点法	对偶算法
时钟频率/MHz	150	150	150
预测时域	20	20	20
控制时域	2	2	2
QP 求解时间/ms	1.952	1.939	0.342
时钟个数	292800	290980	51326

MPC 控制时域长度的变化和自定制指令的应用对求解 QP 问题计算性能影响的实验结果如表 9.3 所示. “软件计算” 表示求解 QP 问题全部用软件实现, “浮点运算 (加减乘除)” 表示求解 QP 问题时加入 Nios II 核自带的浮点运算定制指令, 包括加, 减, 乘, 除运算, “浮点开平方” 表示求解 QP 问题时同时加入 Nios II 核自带的浮点运算定制指令和本文设计的浮点开平方自定制指令. 由表中的实验结果可以看出加入自定制指令后算法计算性能比纯软件实现提高了 3~4 倍. 随着算法控制时域长度的增大, 算法中矩阵维数逐渐增大, 计算时间也随之增加, 计算性能明显降低, 因此可以看出矩阵运算是 MPC 算法计算性能的瓶颈.

表 9.3　控制时域长度和自定制指令对求解 QP 问题计算性能影响的实验结果

控制时域	计算时间/时钟	软件计算	浮点运算 (加减乘除)	浮点开平方
2	T/ms	1.0069	0.4237	0.3423
	clocks	151034	63542	51326
4	T/ms	2.1611	0.7896	0.6346
	clocks	324147	118437	95190
6	T/ms	4.8734	1.6588	1.3438
	clocks	730992	248802	201563
8	T/ms	9.1687	3.0941	2.4615
	clocks	1375296	464081	369219
10	T/ms	12.1161	3.6676	3.0873
	clocks	1817393	550133	463085

9.8.2　实时仿真实验

实时仿真实验具体参数选取如下: 预测时域长度 $p = 20$, 控制时域长度 $m = 2$, 加权矩阵 Γ_y 和 Γ_u 都选为相应维数的单位矩阵, 采样周期 $T = 1\text{ms}$. 控制器的控制量为电压, 控制增量为电压变化量, 通常控制驱动芯片对电压值和电压值的变化量都有一定的阈值要求, 本实验主要验证控制器在控制量和控制增量约束都比较小情况下的控制效果, 控制量和控制增量的约束分别选取为 $-3\text{V} < u(k) < 3\text{V}$ 和 $-1\text{V} < \Delta u(k) < 1\text{V}$.

节气门开度期望值为 1rad 的阶跃响应实验曲线如图 9.8 所示. 由实验曲线可以看出, 控制量和控制增量都没有超出约束范围, 满足约束条件; 系统输出能够在 70ms 内快速的跟踪上期望值并稳定在期望值附近, 系统无超调, 满足了节气门的控制要求, 因此本文设计的 MPC-FPGA 控制器具有很好的跟踪性能和实时性能.

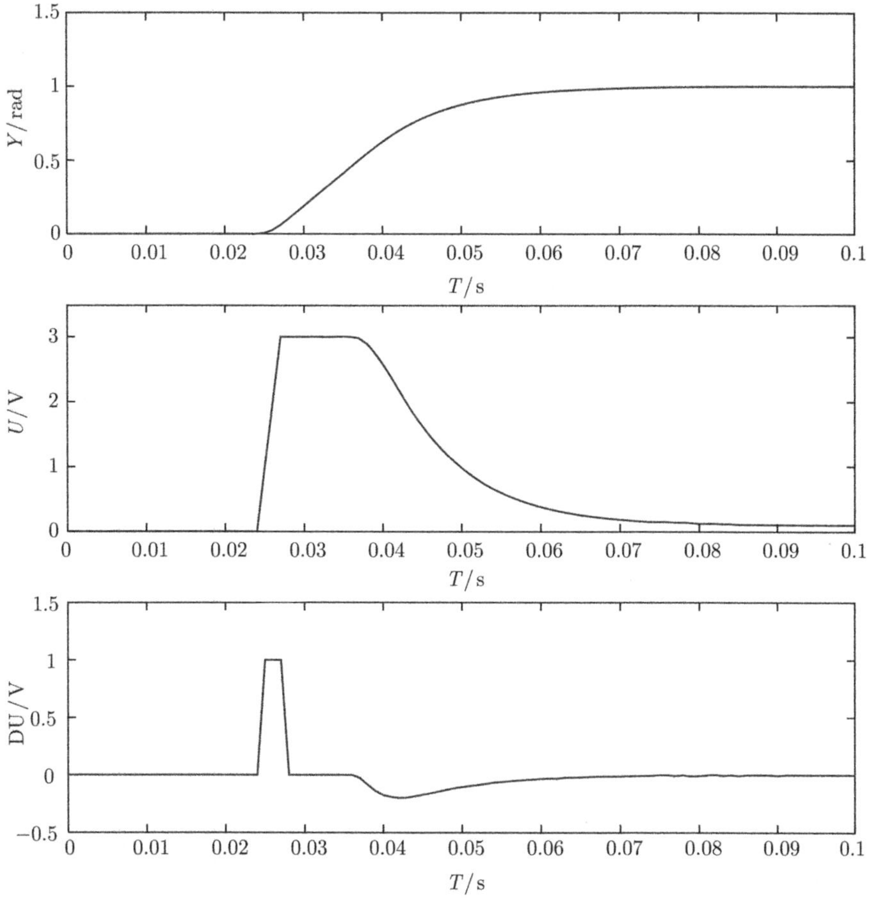

图 9.8 节气门开度期望值为 1rad 的阶跃响应实验曲线

9.9 本章小结

本章首先介绍了预测控制器的研究现状及实现方案, 然后以约束线性预测控制算法为理论基础, 研究了 MPC 控制器在 FPGA 芯片上的实现, 具体介绍了 MPC 控制器的 FPGA/SoPC 实现方案. 该方案是基于 Nios II 嵌入式软核处理器, 在 FPGA 芯片上构建 SoPC 硬件和软件系统, 主要工作包括 Nios II 处理器内核及标准 IP 核的配置, 自定制指令的设计和 MPC 算法 C/C++ 程序的编写. 为验证 MPC-FPGA 控制器的性能, 本章还介绍了基于 FPGA 和 dSPACE 系统的实时仿真平台的建立, 进行了控制器实时仿真实验. 实验结果表明基于 FPGA 的 MPC 控制器提高了 MPC 算法的实时性, 具有微型化, 高可靠性和低成本的特性.

参 考 文 献

[1] Wittenburg J. 多刚体系统动力学. 北京: 北京航空学院出版社, 1986.

[2] Kröner A, Holl P, Marquardt W, et al. DIVA-An open architecture for dynamic simulation. in *Computer Application in the Chemical Industry*, R. Eckermann, Ed. VCH, Weinheim, 1989, 485–492.

[3] Wittenburg J. *Dynamics of Multibody Systems*. London: Springer, 2008.

[4] Mayne D Q. Optimization in model based control. in *Proc. IFAC Symposium Dynamics and Control of Chemical Reactors, Distillation Columns and Batch Processes*, Helsingor, 1995, 229–242.

[5] Chen H. *Stability and Robustness Considerations in Nonlinear Model Predictive Control*. Düsseldorf: Fortschr.-Ber. VDI Reihe 8 Nr. 674, VDI Verlag, 1997.

[6] Richalet J, Rault A, Testud J L, et al. Model predictive heuristic control: Application to industrial processes. *Automatica*, 1978, 14: 413–428.

[7] Maciejowski J M. *Predictive control with constraints*. UK: Prentice Hall, Harlow, 2000.

[8] Cutler C R, Ramaker B L. Dynamic Matrix Control – A computer control algorithm. in *Proc. Joint Automatic Control Conference*, San Francisco, CA, 1980.

[9] 席裕庚. 预测控制. 北京: 国防工业出版社, 1991.

[10] Clarke D W, Mohtadi C, Tuffs P S. Generalized predictive control – Part II. Extensions and interpretations. *Automatica*, 1987, 23(2): 149–160.

[11] 王伟. 广义预测控制理论及其应用. 北京: 科学出版社, 1998.

[12] Diehl M, Amrit R, Rawlings J B. A Lyapunov function for economic optimizing model predict control. *IEEE Trans. Automat. Contr.*, 2011, 56(3): 703–707.

[13] Müller M A, Allgöwer F. Improving performance in model predictive control: Switching cost functionals under average dwell-time. *Automatica*, 2012, 48(2): 401–409.

[14] Mhaskar N, El-Farra P, Christofides P D. Predictive control of switched nonlinear systems with scheduled mode transitions. *IEEE Trans. Automat. Contr.*, 1984, 50(11): 1670–1680.

[15] Camacho E F, Alamo T, de la Pena D M. Fault-tolerant model predictive control. in *Emeerging Technologies and Factory Automation (ETFA)*, Sevilla, Spain, 2010: 1–8.

[16] Gilbert E C, Tan K C. Linear systems with state and control constraints: The theory and application of maximal output admissible sets. *IEEE Trans. Automat. Contr.*, 1991, AC-36: 1008–1020.

[17] Mayne D Q, Schroeder W R. Nonlinear control of constrained linear systems. *Int. J. Contr.*, 1994, 60(5): 1035–1043.

[18] Eaton J W, Rawlings J B. Model predictive control of chemical processes. *Chem. Eng. Sci.*, 1992, 47(4): 705–720.

[19] 陈宝林. *最优化理论与算法 (第 2 版)*. 北京: 清华大学出版社, 2005.

[20] Bartlett R A, Wächter A, Biegler L T. Active set vs. interior point strategies for model predictive control. in *Proceedings of the American Control Conference*, Chicago, Illinois, 2000: 4229–4233.

[21] Lau M S K, Yue S P, Ling K V, et al. A comparison of interior point and active set methods for fpga implementation of model predictive control. in *Proceedings of European Control Conference*, Budapest, Hugary, 2009: 156–161.

[22] Khalil H K. *Nonlinear Systems*. New York: Macmillan Publishing Company, 1992.

[23] Marquez H J. *Nonlinear control systems: Analysis and design*. New Jersey: John Wiley and Sons, Inc., 2003.

[24] Haddad W, Chellaboina V. *Nonlinear Dynamical Systems and Control: A Lyapunov-Based Approach*. New Jersey: Princeton University Press, 2008.

[25] Van der Vusse J G. Plug-flow type reactor versus tank reactor. *Chem. Eng. Sci.*, 1964, 19: 994–998.

[26] Klatt K U, Engell S. Rührkesselreaktor mit Parallel-und Folgereaktion. in *Nichtlineare Regelung – Methoden, Werkzeuge, Anwendungen*. VDI-Berichte Nr. 1026, S. Engell, Ed. Düsseldorf: VDI-Verlag, 1993: 101–108.

[27] Klatt K U, Engell S, Kremling A, et al. Testbeispiel: Rührkesselreaktor mit Parallel-und Folgereaktion. in *Entwurf Nichtlinearer Regelungen*, S. Engell, Ed. München: Oldenbourg Verlag, 1995: 425–432.

[28] Chen H, Kremling A, Allgöwer F. Nonlinear predictive control of a benchmark CSTR. in *Proc. 3rd European Control Conference ECC'95*, Rome, 1995: 3247–3252.

[29] Rothfuß R, Rudolph J, Zeitz M. Flateness based control of a nonlinear chemical reactor. *Automatica*, 1996, 32(10): 1433–1439.

[30] Patwardhan A A, Rawlings J B, Edgar T F. Nonlinear model predictive control. *Chem. Eng. Commun.*, 1990, 87: 123–141.

[31] Patwardhan A A, Wright G T, Edgar T F. Nonlinear model-predictive control of distributed-parameter systems. *Chem. Eng. Sci.*, 1992, 47(4): 721–735.

[32] Wright G A, Edgar T F. Nonlinear model predictive control of a fixed-bed water-gas shift reactor: An experimental study. *Comp. & Chem. Eng.*, 1994, 18(2): 83–102.

[33] Maner B R, Doyle III F J, Ogunnaike B A, et al. Nonlinear model predictive control of a simulated multivariable polymerization reactor using second-order Volterra models. *Automatica*, 1996, 32(9): 1285–1301.

[34] Tsen A Y D, Jang S S, Wong D S H, et al. Predictive control of quality in batch polymerization using hybrid ANN models. *AIChE J.*, 1996, 42(2): 455–465.

[35] Fruzzetti K P, Palazoglu A, McDonald K A. Nonlinear model predictive control using Hammerstein models. *J. Proc. Contr.*, 1997, 7(1): 31–41.

[36] Patwardhan R S, Lakshminarayannan S, Shah S L. Constrained nonlinear MPC us-

ing Hammerstein and Wiener models: PLS framework. *AIChE Journal*, 1998, 44(7): 1611–1622.

[37] García C E. Quadratic dynamic matrix control of nonlinear processes. An application to a batch reaction process. AIChE Annual Meeting, San Francisco, CA, 1984.

[38] Gattu G, Zafiriou E. Nonlinear quadratic dynamic matrix control with state estimation. *Ind. Eng. Chem. Res.*, 1992, 31(4): 1096–1104.

[39] Ricker N L, Lee J H. Nonlinear model predictive control of the Tennessee Eastman challenge process. *Comp. & Chem. Eng.*, 1995, 19(9): 961–981.

[40] Peterson T, Hernandez E, Arkun Y, et al. Nonlinear predictive control of a semi batch polymerization reactor by an extended DMC. in *Proc. Amer. Contr. Conf.*, Pittsburgh, PA, 1989: 1534–1539.

[41] Peterson T, Hernandez E, Arkun Y, et al. A nonlinear DMC algorithm and its application to a semibatch polymerization reactor. *Chem. Eng. Sci.*, 1992, 47: 737–753.

[42] Chow C M, Kuznetsov A G, Clarke D W. Using multiple models in predictive control. in *Proc. 3rd European Control Conference ECC'95*, Rome, 1995: 1732–1737.

[43] Xi Y G, Wang F, Wu G H. Nonlinear multi-model predictive control. in *Proc. 13th IFAC World Congress*, vol. E, San Francisco, 1996: 485–490.

[44] Bequette B W. Nonlinear control of chemical processes: A review. *Ind. Eng. Chem. Res.*, 1991, 30(7): 1391–1413.

[45] Biegler L T, Rawlings J B. Optimization approaches to nonlinear model predictive control. in *Proc. 4th International Conference on Chemical Process Control - CPC IV*, W. Ray and Y. Arkun, Eds. AIChE, CACHE, 1991: 543–571.

[46] Van den Boom T J J. Model based predictive control: Status and perspective. in *Symposium on Control, Optimization and Supervision, CESA'96 IMACS Multiconference*, Lille, 1996: 1–12.

[47] Diehl M, Bock H G, Schlöder J P, et al. Real-time optimization and nonlinear model predictive control of processes governed by differential-algebraic equations. *Journal of Process Control*, 2002, 12: 577–585.

[48] 韩慧婷，李德伟，席裕庚. 基于 FPGA 的非线性预测控制器设计. 微型电脑应用, 2012, 28(3): 1–4.

[49] Ohtsuka T. A continuation/GMRES method for fast computation of nonlinear receding horizon control. *Automatica*, 2004, 40(4): 563–574.

[50] Shimizu Y, Ohtsuka T, Diehl M. A real-time algorithm for nonlinear receding horizon control using multiple shooting and continuation/Krylov method. *Int. J. Robust Nonlinear Control*, 2008, 19(8): 919–936.

[51] Sandou G, Olaru S. Particle swarm optimization based NMPC: an application to district heating networks. in *Nonlinear Predictive Control*, Berlin: Springer-Verlag, 2009: 551–559.

[52] Chen H, Allgöwer F. A quasi-infinite horizon predictive control scheme for constrained nonlinear systems. in *Proc. 16th Chinese Control Conference*, Qindao, 1996: 309–316.

[53] Chen H, Allgöwer F. A quasi-infinite horizon nonlinear model predictive control scheme with guaranteed stability. *Automatica*, 1998, 34(10): 1205–1217.

[54] Mayne D Q. Nonlinear model predictive control: An assessment. in *Chemical Process Control - V*, J. Kantor, C. García, and B. Carnahan, Eds. AIChE, CACHE, 1997: 217–231.

[55] Camacho E F, Bordons C. *Model Predictive Control*. London: Springer-Verlag, 2004.

[56] Abdelghani-Idrissi M A, Arbaoui M A, Estel L, et al. Predictive functional control of a counter-current heat exchange using convexity property. *Chemical Engineering and Processing*, 2001, 40(5): 449–457.

[57] Vivas A, Poignet P. Predictive functional control of a parallel robot. *Control Engineering Practive*, 2005, 13(7): 863–874.

[58] Michalska H, Mayne D Q. Robust receding horizon control of constrained nonlinear systems. *IEEE Trans. Automat. Contr.*, 1993, AC-38(11): 1623–1633.

[59] Knobloch H W, Isidori A, Flockerzi D. *Topics in Control Theory*. Basel: Birkhäuser, 1993.

[60] Chmielewski D, Manousiouthakis V. On constrained infinite-time linear quadratic optimal control. *Syst. Contr. Lett.*, 1996, 29: 121–129.

[61] Rawlings J B, Meadows E S, Muske K R. Nonlinear model predictive control: A tutorial and survey. in *Proc. ADCHEM'94*, Kyoto, Japan, 1994.

[62] Scokaert P O M, Rawlings J B. Infinite horizon linear quadratic control with constraints. in *Proc. 13th IFAC World Congress*, vol. M, San Francisco, 1996: 109–114.

[63] Scokaert P O M, Rawlings J B, Meadows E S. Discrete-time stability with perturbations: Application to model predictive control. *Automatica*, 1997, 33: 463–470.

[64] Sznaier M, Damborg M J. Suboptimal control of linear systems with state and control inequality constraints. in *Proc. 26th IEEE Conf. Decision Contr.*, 1987: 761–762.

[65] Genceli H, Nikolaou M. Robust stability analysis of constrained L_1-norm model predictive control. *AIChE J.*, 1993, 39(12): 1954–1965.

[66] Rawlings J B, Muske K R. The stability of constrained receding horizon control. *IEEE Trans. Automat. Contr.*, 1993, AC-38(10): 1512–1516.

[67] Chen H, Allgöwer F. A quasi-infinite horizon nonlinear model predictive control scheme with guaranteed stability. *Automatica*, 1998, 34(10): 1205–1217.

[68] Nijmeijer H, van der Schaft A J. *Nonlinear Dynamical Control Systems*. New York: Springer Verlag, 1990.

[69] Chen C C, Shaw L. On receding horizon feedback control. *Automatica*, 1982, 18(3): 349–352.

[70] Keerthi S S, Gilbert E G. Optimal infinite-horizon feedback laws for a general class of

constrained discrete-time systems: Stability and moving-horizon approximations. *J. Opt. Theory and Appl.*, 1988, 57(2): 265–293.

[71] Desoer C A, Vidyasagar M. *Feedback Systems: Input-Output Properties.* New York: Academic Press, 1975.

[72] Mayne D Q, Michalska H. Receding horizon control of nonlinear systems. *IEEE Trans. Automat. Contr.*, 1990, AC-35(7): 814–824.

[73] Vuthandam P, Genceli H, Nikolaou M. Performance bounds for robust quadratic dynamic matrix control with end condition. *AIChE J.*, 1995, 41(9): 2083–2097.

[74] Zheng A, Morari M. Stability of model predictive control with mixed constraints. *IEEE Trans. Automat. Contr.*, 1995, AC-40(10): 1818–1823.

[75] Scokaert P O M, Rawlings J B. On infeasibilities in model predictive control. in *Chemical Process Control – V*, AIChE, CACHE, 1997: 331–334.

[76] Gilles E D, Knöpp U. *Skriptum zur Vorlesung "Regelungstechnik II".* Universität Stuttgart: Institut für Systemdynamik und Regelungstechnik, 1982.

[77] Berkovitz L D. *Optimal Control Theory.* New York: Springer-Verlag, 1974.

[78] Krstić M, Kanellakopoulos I, Kokotović P. *Nonlinear and Adaptive Control Design.* New York: Wiley-Interscience, 1995.

[79] De Doná J A, Goodwin G C, Moheimani S O R. Comfining switching, over-saturation and scaling to optimise control performance in the presence of model uncertainty and input saturation. *Automatica*, 2002, 38: 1153–1162.

[80] Magni L, Nijmeijer H, Van der Schaft A J. A receding horizon approach to the nonlinear H_∞ control problem. *Automatica*, 2001, 37: 429–435.

[81] Chen W H, O'Reilly J, Ballance D J. On the terminal region of model predictive control for nonlinear systems with input/state constraints. *Int. J. Control Signal Process*, 2003, 17(3): 195–207.

[82] Cannon M, Deshmukh V, Kouvaritakis B. Nonlinear model predictive control with polytopic invariant sets. *Automatica*, 2003, 39: 1487–1494.

[83] 于树友, 陈虹, 张鹏, 等. 一种基于 LMI 的非线性 MPC 终端域优化方法. 自动化学报, 2008, 34(7): 798–804.

[84] Yu S Y, Chen H, Li X J. Enlarging the terminal region of NMPC based on T-S fuzzy model. *International Journal of Control, Automation and Systems*, 2009, 7(3): 481–486.

[85] Isidori A. *Nonlinear Control Systems.* 3rd ed. Berlin: Springer-Verlag, 1995.

[86] Slotine J J E, Li W. *Applied Nonlinear Control.* Englewood Cliffs, NJ: Prentice-Hall, 1991.

[87] Nevistić V, Morari M. Constrained control of feedback-linearizable systems. in *Proc. 3rd European Control Conference ECC'95*, Rome, 1995: 1726–1731.

[88] 高兴泉, 刘淳, 马苗苗, 等. 基于非线性静态反馈解耦的三容系统 PI 控制. 控制工程,

2004, 11: 352–355.

[89] Limón D, Álamo T, Salas F, et al. On the stability of constrained MPC without terminal constraint. *IEEE Trans. Automat. Contr.*, 2006, 51(5): 832–836.

[90] Grimm L, Pannek J, Seehafer M, et al. Annalysis of unconstrained nonlinear MPC schemes with varying control horizon. *SIAM J. Contr. Optim.*, 2010, 48(8): 4938–4962.

[91] Mayne D Q, Rawlings J B, Rao C V, et al. Constrained model predictive control: Stability and optimality. *Automatica*, 2000, 36(6): 789–814.

[92] Allgöwer F, Badgwell T A, Qin J S, et al. Nonlinear predictive control and moving horizon estimation - An introductory overview. in *Advances in Control, Highlights of ECC'99*, Springer Verlag, 1999: 391–449.

[93] Bemporad A, Morari M. Robust model predictive control: A survey. in *Robustness in Identification and Control, Lecture Notes in Control and Information Sciences, vol. 245*, Springer-Verlag, 1999: 207–226.

[94] Chen H, Allgöwer F. Nonlinear model predictive control schemes with guaranteed stability. in *Nonlinear Model Based Process Control*, Dordrecht, The Netherlands: Kluwer Academic Publishers, 1998: 465–494.

[95] Findeisen R, Imsland L, Allgöwer F. State and output feedback nonlinear model predictive control: An overview. *Europ. J. Contr.*, 2003, 9(2-3): 179–195.

[96] García C, Prett D, Morari M. Model Predictive Control: Theory and practice – A survey. *Automatica*, 1989, 25(3): 335–347.

[97] Limon D, Alamo T, Raimondo D M, et al. Input-to-state stability: an unifying framework for robust model predictive control. in *Nonlinear Model Predictive Control - Towards New Challenging Applications. Lecture Notes in Control and Information Sciences.*, Springer-Verlag, 2009: 1–26.

[98] Magni L, Scattolini R. Robustness and robust design of MPC for nonlinear discrete-time systems. in *Assessment and Future Directions of Nonlinear Model Predictive Control. Lecture Notes in Control and Information Sciences*, Heidelberg: Springer-Verlag, 2007: 239–254.

[99] Morari M, Lee J. Model predictive control: The good, the bad, and the ugly. in *Proc. 4th International Conference on Chemical Process Control – CPC IV*, TX: AIChE, CACHE, 1991: 419–444.

[100] Morari M, Lee J. Model predictive control: past, present and future. *Computers & Chemical Engineering*, 1999, 23(4-5): 667–682.

[101] Raimondo D M, Limon D, Lazar M, et al.. Min-max model predictive control of nonlinear systems: A unifying overivew on stability. *European Journal of Control*, 2009, 15(1): 5–21.

[102] Rawlings J B. Tutorial overview of model predictive control. *IEEE Contr. Syst. Magazine*, 2000, 20(3): 38–52.

[103] Goodwin G C, Carrasco D S, Seron M M. Perdictive control: a historical perspective. *Int. J. of Robust and Nonlinear Control*, 2012, 22(12): 1296–1313.

[104] 陈虹, 刘志远, 解小华. 非线性模型预测控制的现状与问题. *控制与决策*, 2001, 16(4): 385–391.

[105] 席裕庚, 耿晓军, 陈虹. 预测控制性能研究的新进展. *控制理论与应用*, 2000, 17: 469–475.

[106] 席裕庚, 李德伟. 预测控制定性综合理论的基本思路和研究现状. *自动化学报*, 2008, 34(10): 1225–1234.

[107] Rawlings J B, Mayne D Q. *Model Predictive Control: Theory and Design.* Madison, Wisconsin: Nob Hill Publishing, 2009.

[108] Magni L, De Nicolao G, Scattolini R, et al. Robust model predictive control for non-linear discrete-time systems. *Int. J. of Robust and Nonlinear Control*, 2003, 13(3-4): 229–246.

[109] Zhou K, Doyle J C, Glover K. *Robust and Optimal Control.* Upper Saddle River, New Jersey: Prentice Hall, 1996.

[110] Khalil H K. *Nonlinear Systems.* 3rd ed. New York: Prentice-Hall, 2002.

[111] Chen H, Guo K H. Constrained H_∞ control of active suspensions: An LMI approach. IEEE Transactions on Contnol System Technology, 2005, 13(3): 412–421.

[112] Chen H, Sun P Y, Guo K H. A multi-objective control design for active suspensions with hard constraints. in *Proc. Amer. Contr. Conf.*, Colorado, USA, 2003: 4371–4376.

[113] Boyd S, Feron E, Balakishnan V, et al. History of linear matrix inequalities in control theory. in *Proc. Amer. Contr. Conf.*, The Stouffer Harborplace Hotel, Baltimore, Maryland, 1994, 31–34, june 29~July 1,1994.

[114] Scherer C W, Weiland S. *Linear Matrix Inequalities in Control.* Delft Center for Systems and Control, 2000, DISC Lecture note, Dutch Institute of Systems and Control.

[115] Kaminer I, Khargonekar P P, Rotea M A. Mixed H_2/H_∞ control for discrete time systems via convex optimization. *Automatica*, 1993, 29: 57–70.

[116] Boyd S, El Ghaoui L, Feron E, et al. *Linear Matrix Inequalities in System and Control Theory.* Philadelphia: SIAM, 1994.

[117] Scherer C W, Chen H, Allgöwer F. Disturbance attenuation with actuator constraints by hybrid state-feedback control. in *Proc. 41th IEEE Conf. Decision Contr.*, Las Vegas, USA, December 2002: 4134–4139.

[118] Chen H, Scherer C W. Disturbance attenuation with actuator constraints by moving horizon H_∞ control. in *IFAC ADCHEM'03*, HongKong, China, 2003, pp. 447–452.

[119] Kothare M V, Balakrishnan V, Morari M. Robust constrained model predictive control using linear matrix inequalities. *Automatica*, 1996, 32(10): 1361–1379.

[120] Blauwkamp R, Basar T. A receding-horizon approach to robust output feedback control for nonlinear systems. in *Proc. 38th IEEE Conf. Decision Contr.*, Phonex, AZ,

1999: 4879–4884.

[121] Magni L, De Nicolao G, Scattolini R, et al. Robust receding horizon control for nonlinear discrete-time systems. in *Proc. 15th IFAC World Congress*, Barcelona, Spain, 2002.

[122] Gyurkovics E. Receding horizon H_∞ control for nonlinear discrete-time systems. *Control Theory and Applications, IEE Proceedings*, 2002, 149(6): 540–546.

[123] Bemporad A, Borrelli F, Morari M. Min-max control of constrained uncertain discrete-time linear systems. *IEEE Trans. Automat. Contr.*, 2003, 48(9): 1600–1606.

[124] Fontes F A C C, Magni L. Min-max model predictive control of nonlinear systems using discontinuous feedbacks. *IEEE Trans. Automat. Contr.*, 2003, 48(10): 1750–1755.

[125] Ramirez D R, Camacho E F. Charaterization of min-max MPC with bounded uncertainties and a quadratic criterion. *Proc. Amer. Contr. Conf.*, 2002: 358–363.

[126] Lall S, Glover K. A game theoretic approach to moving horizon control. in *Advances in Model-Based Predictive Control*, Oxford University Press, 1994.

[127] Badgwell T A. Robust model predictive control of stable linear systems. *Int. J. Contr.*, 1997, 68(4): 797–818.

[128] Hrovat D. Survey of advanced suspension developments and related optimal control applications. *Automatica*, 1997, 33(10): 1781–1817.

[129] Chen H, Guo K H. Constrained H_∞ control of active suspensions: An LMI approach. *IEEE Trans. Contr. Syst. Technology*, 2005, 13(3): 412–421.

[130] Gordon T J, Marsh C, Milsted M G. A comparison of adaptive LQG and nonlinear controllers for vehicle suspension systems. *Vehicle System Dynamics*, 1991, 20: 321–340.

[131] Chen H, Scherer C W. Moving horizon H_∞ control with performance adaptation for constrained linear systems. *Automatica*, 2006, 42(6): 1033–1040.

[132] Chen H, Gao X Q, Wang H. An improved moving horizon H_∞ control scheme through Lagrange duality. *Int. J. Contr.*, 2006, 79(3): 239–248.

[133] Scherer C W. Robust mixed control and linear parameter-varying control with full block scalings. in *Advances in Linear Matrix Inequality Methodes in Control*, Philadelphia: SIAM, 2000: 187–207.

[134] Chen H, Scherer C W. An LMI based model predictive control scheme with guaranteed H_∞ performance and its application to active suspension. in *Proc. Amer. Contr. Conf.*, Boston, USA, 2004: 1487–1492.

[135] Van Nieuwstadt M J, Murray R M. Real-time trajectory generation for differentially flat systems. *Int. J. of Robust and Nonlinear Control*, 1988, 8(11): 995–1020.

[136] Fliess M, Lévine J, Martin P, et al. Design of trajectory stabilizing feedback for driftless flat systems. in *Proc. 3rd European Control Conference ECC'95*, Rome, Italy,

1995: 1882–1887.

[137] Van der Schaft A J. L_2-gain analysis of nonlinear systems and nonlinear state feedback H_∞ control. *IEEE Trans. Automat. Contr.*, 1992, AC-37(6): 770–784.

[138] Van der Schaft A. *L_2-Gain and Passivity Techniques in Nonlinear Control.* London: Springer Verlag, 2000.

[139] Corradini M L, Orlando G. Control of mobile robots with uncertainties in the dynamical model: A discrete time sliding mode approach with experimental results. *Contr. Eng. Practice.*, 2002, 10(1): 23–34.

[140] Scokaert P O M, Mayne D Q. Min-max feedback model predictive control for constrained linear systems. *IEEE Trans. Automat. Contr.*, 1998, 43(8): 1136–1142.

[141] Chen H, Scherer C W, Allgöwer F. A game theoretic approach to nonlinear robust receding horizon control of constrained systems. in *Proc. Amer. Contr. Conf.*, Albuquerque, 1997: 3073–3077.

[142] Limón D, Álamo T, Salas F, et al. Input to state stability of min-max MPC controllers for nonlinear systems with bounded uncertainties. *Automatica*, 2006, 42(5): 797–803.

[143] Chisci L, Rossiter J A, Zappa G. Systems with persistent disturbances: Predictive control with restricted constraints. *Automatica*, 2001, 37(7): 1019–1028.

[144] D Limón, Álamo T, Camacho E F. Input-to-state stable MPC for constrained discrete-time nonlinear systems with bounded additive disturbance. in *Proc. 41th IEEE Conf. Decision Contr.* Las Vegas, Nevada, USA: IEEE, December 2002: 4619–4624.

[145] Richards A, How J. Robust stable model predictive control with constraint tightening. in *Proc. Amer. Contr. Conf.*, Minneapolis, MN, 2006: 1557–1562.

[146] Mayne D Q, Seron M M, Rakovic S V. Robust model predictive control of constrained linear systems with bounded disturbances. *Automatica*, 2005, 41(2): 219–224.

[147] Rakovic S V, Kouvaritakis B, Cannon M, et al. Fully parameterized tube model predictive control. *Int. J. of Robust and Nonlinear Control*, 2012, 22(12): 1330–1361.

[148] Rakovic S V, Teel A R, Mayne D Q, et al. Simple robust control invariant tubes for some classes of nonlinear discrete time systems. in *Proc. 45th IEEE Conf. Decision Contr.*, San Diego, USA, 2006: 6397–6402.

[149] Lu Y, Arkun Y. Quasi-min-max MPC algorithms for LPV systems. *Automatica*, 2000, 36(4): 527–540.

[150] Kouvaritakis B, Rossiter J A, Schuurmans J. Efficient robust predictive control. *IEEE Trans. Automat. Contr.*, 2000, 45(8): 1545–1549.

[151] Rao C V, Rawlings J B, Lee J H. Constrained linear state estimation – a moving horizon approach. *Automatica*, 2001, 37(2): 1619–1628.

[152] Bemporad A, Mignone D, Morari M. Moving horizon estimation for hybrid systems and fault detection. in *American Control Conference*, San Diego, CA, 1999: 2471–2475.

[153] Trecate G F, Mignone D, Morari M. Moving horizon estimation for hybrid systems. in *Proc. of the American control conference*. Chicago, 2000: 1684–1688.

[154] Gatzke E P, Doyle F J. Use of multiple models and qualitative knowledge for on-line moving horizon disturbance estimation and fault diagnosis. *Journal of process control*, 2002, 12: 339–352.

[155] Muske K R, Rawlings J B. Nonlinear moving horizon state estimation. in *Methods of Model Based Process Control*, Netherlands: Kluwer Academic Publishers, 1995: 349–365.

[156] Rao C V, Rawlings J B. Nonlinear moving horizon state estimation. *Nonlinear Model Predictive Control. Progress in Systems and Controls Theory*, 2000, 26: 45–69.

[157] Kwon W H, Bruckstein A M, Kailath T. Stabilizing state-feedback design via the moving horizon method. *Int. J. Contr.*, 1983, 37(3): 631–643.

[158] Ling K V, Lim K W. State observer design using deterministic least squares technique. in *Proc. of the IEEE on Dec. and Contr*, Kobe, Japan, 1996: 4077–4082.

[159] Ling K V, Lim K W. Receding horizon recursive state estimation. *IEEE Trans on Auto. and Contr*, 1999, 4: 1750–1753.

[160] Mare J B, De Dona J A. Moving horizon estimation of constrained nonlinear systems by carleman approximations. in *Proceedings of the 45th IEEE Conference on Decision & Control*, San Diego, CA, USA, 2006: 2147–2152.

[161] Rao C V, Rawlings J B, Mayne D Q. Constrained state estimation for nonlinear discrete-time systems: Stability and moving horizon approximations. *IEEE Trans. Automat. Contr.*, 2003, 48(2): 246–258.

[162] Tyler M L. Performance monitoring and fault detection in control systems. Ph.D. dissertation, California Institute of Technology, 1997.

[163] Tyler M L, Morari M. *Stability of constrained moving horizon estimation schemes.* AUT 96-18, Auto. Contr. Laboratory, Swiss Federal Institue of Technology, 1996.

[164] Findeisen R. *Suboptimal nonlinear model predictive control.* University of Wisconsin-Madison, 1997.

[165] Xiong R T, Grover A M. In situ estimation of thin film growth rate, complex refractive index, and roughness during chemical vapor deposition using a modified moving horizon estimator. *Journal of Applied Physics*, 2008, 103(12): 124 901–124 901–10, 2008.

[166] Farina M, Ferrari-Trecate G, Scattolini R. State estimation for large-scale partitioned systems: A moving horizon approach. *Applied Physics*, 2010, 103: 3180–3185.

[167] Gesthuisen R, Engell S. Determination of the mass transport in the polycondensation of polyethylenterephthalate by nonlinear estimation techniques. in *Proc. of the 98 IFAC DYCOPS symposium*. Corfu, Greece, 1998: 694–699.

[168] 陈虹, 邹卫平, 孙鹏远. 连续搅拌反应釜浓度的滚动时域估计. 系统仿真学报, 2001, 13:

37–40.

[169] Haiyan Zhao H C. Estimation of vehicle yaw rateand side slip angle using moving horizon strategy. 2007: 1828–1832.

[170] 赵林辉, 刘志远, 陈虹. 车速和路面附着系数的滚动时域估计. 汽车工程, 2009, 31(6): 520–525.

[171] Alessandri A, Baglietto M, Battistelli G. Robust receding-horizon estimation for discrete-time linear systems in the presence of bounded uncertainties. 44th IEEE Conference on Decision and Contnol, 2005: 4269–4274.

[172] 赵海艳, 陈虹. 噪声方差不确定约束系统的滚动时域估计. 控制与决策, 2008, 23(2): 217–220.

[173] 王曌, 刘志远, 裴润, 等. 具有约束的不确定系统的滚动时域状态估计方法. 中国电机工程学报, 2003, 23(9): 99–102.

[174] Bhattacharya R, Balas G J, Kaya M A, et al. Nonlinear receding horizon control of an F-16 aircraft. *J. Guidance, Control, and Dynamics*, 2002, 25(5): 924–931.

[175] Dunbar W B, Milam M B, Franz R, et al. Model predictive control of a thurst-vectored flight control experiment. in *Proc. IFAC World Congress*, 2002.

[176] Jadbabaie A, Hauser J. Control of a thrust-vectored flying wing: a receding horizon–LPV approach. *Int. J. Robust Nonlinear Control*, 2002, 12: 869–896.

[177] Goodwin G C, Haimovich H, Quevedo D E, et al. A moving horizon approach to networked control system design. *IEEE Trans. Automat. Contr.*, 2004, 49(9): 1427–1445.

[178] Cairano S D, Yanakiev D, Bemporad A. An MPC design flow for automotive control and applications to idle speed regulation. in *Proc. 47th IEEE Conf. Decision Contr.*, IEEE. Cancun, Mexico: IEEE Press, 2008: 5686–5691.

[179] Li G, Stoten D P, Tu J Y. Model predictive control of dynamically substructured systems with application to a servohydraulically actuated mechanical plant. *IET Control Theory and Applications*, 2010, 4(2): 253–264.

[180] Cychowski M T, Szabat K. Efficient real-time model predictive control of the drive system with elastic transmission. *IET Control Theory and Applications*, 2010, 4(1): 37–49.

[181] Hansson A. A primal-dual interior-point method for robust optimal control of linear discrete-time systems. *IEEE Trans. Automat. Contr.*, 2000, 45(9): 1639–1655.

[182] Martinsen F, Biegler L T, Foss B A. A new optimization algorithm with application to nonlinear MPC. *Journal of Process Control*, 2004, 14(8): 853–865.

[183] Cannon M, Liao W, Kouvaritakis B. Efficient mpc optimization using pontryagin's minimum principle. *Int. J. Robust Nonlinear Control*, 2008, 18(8): 831–844.

[184] 夏晓华, 刘波, 栾志业, 等. 基于 PSO 的预测控制及在聚丙烯中的应用, 控制工程, 2006, 13(5): 401–403.

[185] 胡耀华, 贾欣乐. 广义预测控制的直接算法. 控制与决策, 2002, 15(2): 221–223.

[186] 金元郁. 一种约束输入的广义预测控制新算法. 控制与决策, 2002, 17(4): 506–508.

[187] 庞中华, 金元郁. 一种广义预测控制的快速算法. 自动化技术与应用, 2005, 24(3): 03–05.

[188] Bemporad A, Borrelli F, Morari M. Model predictive control based on linear programming – The explicit solution. *IEEE Trans. Automat. Contr.*, 2002, 47(12): 1974–1985.

[189] Bemporad A, Morari M, Dua V. The explicit linear quadratic regulator for constrained systems. *Automatica*, 2002, 38(1): 3–20.

[190] Wang Y, Boyd S. Fast model predictive control using online optimization. *IEEE Transactions on Control Systems Technology*, 2010, 18(2): 267–278.

[191] Bleris L G, Vouzis P D, Arnold M G. A co-processor FPGA platform for the implementation of real-time model predictive control. in *Proc. Amer. Contr. Conf.* Minneapolis, Minnesota, USA: IEEE Press, 2006: 1912–1927.

[192] Vouzis P D, Bleris L G, Arnold M G, et al. A system-on-a-chip implementation for embedded real-time model predictive control. *IEEE Trans. Automat. Contr.*, 2009, 17(5): 1006–1016.

[193] He M H, Ling K V. Model predictive control on a chip. in *The 5th Int. Conf. on Contr. Automat.* Budapest, Hungary: IEEE Press, 2005.

[194] Ling K V, Yue S P, Maciejowski J M. A FPGA implementation of model predictive conrol. in *Proc. Amer. Contr. Conf.* Minneapolis, Minnesota, USA: IEEE Press, 2006: 1930–1935.

[195] 田翔. 模型预测控制并行计算系统研究. 杭州: 浙江大学博士毕业论文, 2007.

[196] Chen H, Xu F, Xi Y. Field programmable gate array/system on a programmable chip-based implementation of model predictive controller. *IET Control Theory and Applications*, 2012, 6(8): 1055–1063.

[197] 胡云峰, 陈虹, 刘明星, 等. 基于 FPGA/SoPC 的预测控制器设计与实现. 仪器仪表学报, 2010, 31(6): 1241–1248.

[198] Goldfarb D, Idnani A. Dual and primal-dual methods for solving strictly convex quadratic programs. *Numerical Analysis*, 1982, 909: 226–239.

[199] Goldfarb D, Idnani A. A numerically stable dual method for solving strictly convex quadratic programs. *Mathematical Programming*, 1983, 27: 1–33.

[200] 陈虹, 胡云峰, 郭宏志, 等. 基于 Backstepping 方法的电子节气门控制. 控制理论与应用, 2011, 28(4): 491–496.

[201] 于树友, 陈虹, 赵海艳. 非线性离散时间系统的准无限时域 NMPC. 吉林大学学报(工学版), 2009, 39(4): 1002–1006.

[202] Yu S Y. Robust Model Predictive Control of Constrained Systems. Ph.D. Thesis, University of Stuttgart, Germany, 2011.

附录A　特征根证明

A.1　$(I-K_IC)M_{ss}$ 的特征根

引理 A.1　矩阵 $(I-K_IC)M_{ss}$ 的所有特征根均在单位圆内, 其中

$$K_I=\begin{pmatrix}1\\1\\\vdots\\1\end{pmatrix}_{N\times 1},M_{ss}=\begin{pmatrix}0&1&0&\cdots&0&0\\0&0&1&\cdots&0&0\\\vdots&\vdots&\vdots&&\vdots&\vdots\\0&0&0&\cdots&0&1\\0&0&0&\cdots&0&1\end{pmatrix}_{N\times N},$$

则有

$$(I-K_IC)M_{ss}=\begin{pmatrix}0&0&0&0&\cdots&0\\0&-1&1&0&\cdots&0\\0&-1&0&1&\cdots&0\\\vdots&\vdots&\vdots&\vdots&&\vdots\\0&-1&0&0&\cdots&1\\0&-1&0&0&\cdots&1\end{pmatrix}_{N\times N}.\tag{A.1}$$

证明　由于

$$|\lambda I-(I-K_IC)M_{ss}|=\begin{vmatrix}\lambda&0&0&0&\cdots&0\\0&\lambda+1&-1&0&\cdots&0\\0&1&\lambda&-1&\cdots&0\\\vdots&\vdots&\vdots&\ddots&\ddots&\vdots\\0&1&0&\cdots&\lambda&-1\\0&1&0&0&\cdots&\lambda-1\end{vmatrix}_{N\times N}$$

$$
=\begin{vmatrix}
\lambda & 0 & 0 & \cdots & 0 & 0 & 0 \\
0 & \lambda+1 & -1 & \cdots & 0 & 0 & 0 \\
0 & -\lambda & \lambda+1 & \cdots & 0 & 0 & 0 \\
\vdots & \vdots & \vdots & & \vdots & \vdots & \vdots \\
0 & 0 & 0 & \cdots & \lambda+1 & -1 & 0 \\
0 & 0 & 0 & \cdots & -\lambda & \lambda+1 & -1 \\
0 & 0 & 0 & \cdots & 0 & -\lambda & \lambda
\end{vmatrix}_{N\times N}
$$

$$
=\lambda^2\begin{vmatrix}
\lambda+1 & -1 & 0 & \cdots & 0 & 0 & 0 \\
-\lambda & \lambda+1 & -1 & \cdots & 0 & 0 & 0 \\
0 & -\lambda & \lambda+1 & \cdots & 0 & 0 & 0 \\
\vdots & \vdots & \vdots & & \vdots & \vdots & \vdots \\
0 & 0 & 0 & \cdots & \lambda+1 & -1 & 0 \\
0 & 0 & 0 & \cdots & -\lambda & \lambda+1 & -1 \\
0 & 0 & 0 & \cdots & 0 & -1 & 1
\end{vmatrix}_{(N-1)\times(N-1)}
$$

按最后一行展开,

$|\lambda I-(I-K_IC)M_{ss}|$

$$
=\lambda^2\begin{vmatrix}
\lambda+1 & -1 & 0 & 0 & \cdots & 0 & 0 & 0 \\
-\lambda & \lambda+1 & -1 & 0 & \cdots & 0 & 0 & 0 \\
0 & -\lambda & \lambda+1 & -1 & \cdots & 0 & 0 & 0 \\
0 & 0 & -\lambda & \lambda+1 & \cdots & 0 & 0 & 0 \\
\vdots & \vdots & \vdots & \vdots & & \vdots & \vdots & \vdots \\
0 & 0 & 0 & 0 & \cdots & \lambda+1 & -1 & 0 \\
0 & 0 & 0 & 0 & \cdots & -\lambda & \lambda+1 & -1 \\
0 & 0 & 0 & 0 & \cdots & 0 & -\lambda & \lambda+1
\end{vmatrix}_{(N-2)\times(N-2)}
$$

$$
+\lambda^2\begin{vmatrix}
\lambda+1 & -1 & 0 & 0 & \cdots & 0 & 0 & 0 \\
-\lambda & \lambda+1 & -1 & 0 & \cdots & 0 & 0 & 0 \\
0 & -\lambda & \lambda+1 & -1 & \cdots & 0 & 0 & 0 \\
0 & 0 & -\lambda & \lambda+1 & \cdots & 0 & 0 & 0 \\
\vdots & \vdots & \vdots & \vdots & & \vdots & \vdots & \vdots \\
0 & 0 & 0 & 0 & \cdots & \lambda+1 & -1 & 0 \\
0 & 0 & 0 & 0 & \cdots & -\lambda & \lambda+1 & 0 \\
0 & 0 & 0 & 0 & \cdots & 0 & -\lambda & -1
\end{vmatrix}_{(N-2)\times(N-2)}
$$

$$
=\lambda^2\begin{vmatrix}
\lambda+1 & -1 & 0 & 0 & \cdots & 0 & 0 & 0\\
-\lambda & \lambda+1 & -1 & 0 & \cdots & 0 & 0 & 0\\
0 & -\lambda & \lambda+1 & -1 & \cdots & 0 & 0 & 0\\
0 & 0 & -\lambda & \lambda+1 & \cdots & 0 & 0 & 0\\
\vdots & \vdots & \vdots & \vdots & & \vdots & \vdots & \vdots\\
0 & 0 & 0 & 0 & \cdots & \lambda+1 & -1 & 0\\
0 & 0 & 0 & 0 & \cdots & -\lambda & \lambda+1 & -1\\
0 & 0 & 0 & 0 & \cdots & 0 & -\lambda & \lambda+1
\end{vmatrix}_{(N-2)\times(N-2)}
$$

$$
-\lambda^2\begin{vmatrix}
\lambda+1 & -1 & 0 & 0 & \cdots & 0 & 0 & 0\\
-\lambda & \lambda+1 & -1 & 0 & \cdots & 0 & 0 & 0\\
0 & -\lambda & \lambda+1 & -1 & \cdots & 0 & 0 & 0\\
0 & 0 & -\lambda & \lambda+1 & \cdots & 0 & 0 & 0\\
\vdots & \vdots & \vdots & \vdots & & \vdots & \vdots & \vdots\\
0 & 0 & 0 & 0 & \cdots & \lambda+1 & -1 & 0\\
0 & 0 & 0 & 0 & \cdots & -\lambda & \lambda+1 & -1\\
0 & 0 & 0 & 0 & \cdots & 0 & -\lambda & \lambda+1
\end{vmatrix}_{(N-3)\times(N-3)}
$$

对 $i\geqslant 3$, 令

$$
D_{N-i}=\begin{vmatrix}
\lambda+1 & -1 & 0 & 0 & \cdots & 0 & 0 & 0\\
-\lambda & \lambda+1 & -1 & 0 & \cdots & 0 & 0 & 0\\
0 & -\lambda & \lambda+1 & -1 & \cdots & 0 & 0 & 0\\
0 & 0 & -\lambda & \lambda+1 & -1 & \cdots & 0 & 0\\
\vdots & \vdots & \vdots & \vdots & \vdots & & \vdots & \vdots\\
0 & 0 & 0 & 0 & \cdots & \lambda+1 & -1 & 0\\
0 & 0 & 0 & 0 & \cdots & -\lambda & \lambda+1 & -1\\
0 & 0 & 0 & 0 & \cdots & 0 & -\lambda & \lambda+1
\end{vmatrix}_{(N-i)\times(N-i)}
$$

则有

$$
|\lambda I-(I-K_IC)M_{ss}|=\lambda^2D_{N-2}-\lambda^2D_{N-3}.
$$

这里

$$
D_{N-2}=(\lambda+1)\begin{vmatrix}
\lambda+1 & -1 & 0 & \cdots & 0 & 0 & 0\\
-\lambda & \lambda+1 & -1 & \cdots & 0 & 0 & 0\\
0 & -\lambda & \lambda+1 & \cdots & 0 & 0 & 0\\
0 & 0 & -\lambda & \cdots & 0 & 0 & 0\\
\vdots & \vdots & \vdots & & \vdots & \vdots & \vdots\\
0 & 0 & 0 & \cdots & \lambda+1 & -1 & 0\\
0 & 0 & 0 & \cdots & -\lambda & \lambda+1 & -1\\
0 & 0 & 0 & \cdots & 0 & -\lambda & \lambda+1
\end{vmatrix}_{(N-3)\times(N-3)}
$$

$$
+\lambda\begin{vmatrix}
\lambda+1 & -1 & 0 & \cdots & 0 & 0 & 0 \\
-\lambda & \lambda+1 & -1 & \cdots & 0 & 0 & 0 \\
0 & -\lambda & \lambda+1 & \cdots & 0 & 0 & 0 \\
0 & 0 & -\lambda & \cdots & 0 & 0 & 0 \\
\vdots & \vdots & \vdots & & \vdots & \vdots & \vdots \\
0 & 0 & 0 & \cdots & \lambda+1 & -1 & 0 \\
0 & 0 & 0 & \cdots & -\lambda & \lambda+1 & 0 \\
0 & 0 & 0 & \cdots & 0 & -\lambda & -1
\end{vmatrix}_{(N-3)\times(N-3)}
$$

$$
=(\lambda+1)\begin{vmatrix}
\lambda+1 & -1 & 0 & \cdots & 0 & 0 & 0 \\
-\lambda & \lambda+1 & -1 & \cdots & 0 & 0 & 0 \\
0 & -\lambda & \lambda+1 & \cdots & 0 & 0 & 0 \\
0 & 0 & -\lambda & \cdots & 0 & 0 & 0 \\
\vdots & \vdots & \vdots & & \vdots & \vdots & \vdots \\
0 & 0 & 0 & \cdots & \lambda+1 & -1 & 0 \\
0 & 0 & 0 & \cdots & -\lambda & \lambda+1 & -1 \\
0 & 0 & 0 & \cdots & 0 & -\lambda & \lambda+1
\end{vmatrix}_{(N-3)\times(N-3)}
$$

$$
-\lambda\begin{vmatrix}
\lambda+1 & -1 & 0 & \cdots & 0 & 0 & 0 \\
-\lambda & \lambda+1 & -1 & \cdots & 0 & 0 & 0 \\
0 & -\lambda & \lambda+1 & \cdots & 0 & 0 & 0 \\
0 & 0 & -\lambda & \cdots & 0 & 0 & 0 \\
\vdots & \vdots & \vdots & & \vdots & \vdots & \vdots \\
0 & 0 & 0 & \cdots & \lambda+1 & -1 & 0 \\
0 & 0 & 0 & \cdots & -\lambda & \lambda+1 & -1 \\
0 & 0 & 0 & \cdots & 0 & -\lambda & \lambda+1
\end{vmatrix}_{(N-4)\times(N-4)}
$$

$$
=(\lambda+1)D_{N-3}-\lambda D_{N-4}.
$$

综上可得

$$
D_{N-2}=(\lambda+1)D_{N-3}-\lambda D_{N-4}
$$

即

$$
D_{N-2}-D_{N-3}=\lambda(D_{N-3}-D_{N-4}).
$$

所以

$$
\begin{aligned}
|\lambda I-(I-K_IC)M_{ss}| &= \lambda^2(D_{N-2}-D_{N-3}) \\
&= \lambda^3(D_{N-3}-D_{N-4}) \\
&\cdots
\end{aligned}
$$

$$
\begin{aligned}
&= \lambda^{N-4}(D_4 - D_3) \\
&= \lambda^{N-3}(D_3 - D_2).
\end{aligned}
$$

进一步, 有

$$
D_3 = \begin{vmatrix} \lambda+1 & -1 & 0 \\ -\lambda & \lambda+1 & -1 \\ 0 & -\lambda & \lambda+1 \end{vmatrix} = (\lambda+1)^3 - 2\lambda(\lambda+1) = \lambda^3+\lambda^2+\lambda+1
$$

$$
D_2 = \begin{vmatrix} \lambda+1 & -1 \\ -\lambda & \lambda+1 \end{vmatrix} = \lambda^2+\lambda+1
$$

则 $D_3 - D_2 = \lambda^3$, 故 $|\lambda I - (I-K_IC)M_{ss}| = \lambda^N$.

因此, 矩阵 $(I-K_IC)M_{ss}$ 的特征根均在单位圆内, 证毕. □

A.2 $(I-K_IC)M_{hs}$ 的特征根 I

引理 A.2 矩阵 $(I-K_IC)M_{hs}$ 的所有特征根均在单位圆内或单位圆上, 其中

$$
K_I = \begin{pmatrix} 1 \\ 1 \\ \vdots \\ 1 \end{pmatrix}_{N\times 1}, \quad M_{hs} = \begin{pmatrix} 0 & 1 & 0 & \cdots & 0 & 0 \\ 0 & 0 & 1 & \cdots & 0 & 0 \\ \vdots & \vdots & \vdots & & \vdots & \vdots \\ 0 & 0 & 0 & \cdots & 0 & 1 \\ 0 & 0 & 0 & \cdots & 0 & 0 \end{pmatrix}_{N\times N},
$$

则有

$$
(I-K_IC)M_{hs} = \begin{pmatrix} 0 & 0 & 0 & 0 & \cdots & 0 \\ 0 & -1 & 1 & 0 & \cdots & 0 \\ 0 & -1 & 0 & 1 & \cdots & 0 \\ \vdots & \vdots & \vdots & \vdots & & \vdots \\ 0 & -1 & 0 & 0 & \cdots & 1 \\ 0 & -1 & 0 & 0 & \cdots & 0 \end{pmatrix}_{N\times N} \tag{A.2}
$$

证明 由于

$$|\lambda I-(I-K_IC)M_{hs}|=\begin{vmatrix}\lambda & 0 & 0 & 0 & \cdots & 0\\ 0 & \lambda+1 & -1 & 0 & \cdots & 0\\ 0 & 1 & \lambda & -1 & \cdots & 0\\ \vdots & \vdots & \vdots & \vdots & & \vdots\\ 0 & 1 & 0 & 0 & \lambda & -1\\ 0 & 1 & 0 & 0 & \cdots & \lambda\end{vmatrix}_{N\times N}$$

$$=\begin{vmatrix}\lambda & 0 & 0 & 0 & \cdots & 0 & 0 & 0\\ 0 & \lambda+1 & -1 & 0 & \cdots & 0 & 0 & 0\\ 0 & -\lambda & \lambda+1 & -1 & \cdots & 0 & 0 & 0\\ 0 & 0 & -\lambda & \lambda+1 & \cdots & 0 & 0 & 0\\ \vdots & \vdots & \vdots & \vdots & & \vdots & \vdots & \vdots\\ 0 & 0 & 0 & 0 & \cdots & \lambda+1 & -1 & 0\\ 0 & 0 & 0 & 0 & \cdots & -\lambda & \lambda+1 & -1\\ 0 & 0 & 0 & 0 & \cdots & 0 & -\lambda & \lambda+1\end{vmatrix}_{N\times N}$$

$$=\lambda\begin{vmatrix}\lambda+1 & -1 & 0 & \cdots & 0 & 0 & 0\\ -\lambda & \lambda+1 & -1 & \cdots & 0 & 0 & 0\\ 0 & -\lambda & \lambda+1 & \cdots & 0 & 0 & 0\\ 0 & 0 & -\lambda & \cdots & 0 & 0 & 0\\ \vdots & \vdots & \vdots & & \vdots & \vdots & \vdots\\ 0 & 0 & 0 & \cdots & \lambda+1 & -1 & 0\\ 0 & 0 & 0 & \cdots & -\lambda & \lambda+1 & -1\\ 0 & 0 & 0 & \cdots & 0 & -\lambda & \lambda+1\end{vmatrix}_{(N-1)\times(N-1)} \tag{A.3}$$

同 A.1, 对 $i\geqslant 1$ 令

$$D_{N-i}=\begin{vmatrix}\lambda+1 & -1 & 0 & 0 & \cdots & 0 & 0 & 0\\ -\lambda & \lambda+1 & -1 & 0 & \cdots & 0 & 0 & 0\\ 0 & -\lambda & \lambda+1 & -1 & \cdots & 0 & 0 & 0\\ 0 & 0 & -\lambda & \lambda+1 & \cdots & 0 & 0 & 0\\ \vdots & \vdots & \vdots & \vdots & & \vdots & \vdots & \vdots\\ 0 & 0 & 0 & 0 & \cdots & \lambda+1 & -1 & 0\\ 0 & 0 & 0 & 0 & \cdots & -\lambda & \lambda+1 & -1\\ 0 & 0 & 0 & 0 & \cdots & 0 & -\lambda & \lambda+1\end{vmatrix}_{(N-i)\times(N-i)}$$

则 $|\lambda I-(I-K_IC)M_{hs}|=\lambda D_{N-1}$. 这里

$$
\begin{aligned}
D_{N-1}=&(\lambda+1)\begin{vmatrix}
\lambda+1 & -1 & 0 & \cdots & 0 & 0 & 0\\
-\lambda & \lambda+1 & -1 & \cdots & 0 & 0 & 0\\
0 & -\lambda & \lambda+1 & \cdots & 0 & 0 & 0\\
0 & 0 & -\lambda & \cdots & 0 & 0 & 0\\
\vdots & \vdots & \vdots & & \vdots & \vdots & \vdots\\
0 & 0 & 0 & \cdots & \lambda+1 & -1 & 0\\
0 & 0 & 0 & \cdots & -\lambda & \lambda+1 & -1\\
0 & 0 & 0 & \cdots & 0 & -\lambda & \lambda+1
\end{vmatrix}_{(N-2)\times(N-2)}\\
&+\lambda\begin{vmatrix}
\lambda+1 & -1 & 0 & \cdots & 0 & 0 & 0\\
-\lambda & \lambda+1 & -1 & \cdots & 0 & 0 & 0\\
0 & -\lambda & \lambda+1 & \cdots & 0 & 0 & 0\\
0 & 0 & -\lambda & \cdots & 0 & 0 & 0\\
\vdots & \vdots & \vdots & & \vdots & \vdots & \vdots\\
0 & 0 & 0 & \cdots & \lambda+1 & -1 & 0\\
0 & 0 & 0 & \cdots & -\lambda & \lambda+1 & 0\\
0 & 0 & 0 & \cdots & 0 & -\lambda & -1
\end{vmatrix}_{(N-2)\times(N-2)}\\
=&(\lambda+1)\begin{vmatrix}
\lambda+1 & -1 & 0 & \cdots & 0 & 0 & 0\\
-\lambda & \lambda+1 & -1 & \cdots & 0 & 0 & 0\\
0 & -\lambda & \lambda+1 & \cdots & 0 & 0 & 0\\
0 & 0 & -\lambda & \cdots & 0 & 0 & 0\\
\vdots & \vdots & \vdots & & \vdots & \vdots & \vdots\\
0 & 0 & 0 & \cdots & \lambda+1 & -1 & 0\\
0 & 0 & 0 & \cdots & -\lambda & \lambda+1 & -1\\
0 & 0 & 0 & \cdots & 0 & -\lambda & \lambda+1
\end{vmatrix}_{(N-2)\times(N-2)}\\
&-\lambda\begin{vmatrix}
\lambda+1 & -1 & 0 & \cdots & 0 & 0 & 0\\
-\lambda & \lambda+1 & -1 & \cdots & 0 & 0 & 0\\
0 & -\lambda & \lambda+1 & \cdots & 0 & 0 & 0\\
0 & 0 & -\lambda & \cdots & 0 & 0 & 0\\
\vdots & \vdots & \vdots & & \vdots & \vdots & \vdots\\
0 & 0 & 0 & \cdots & \lambda+1 & -1 & 0\\
0 & 0 & 0 & \cdots & -\lambda & \lambda+1 & -1\\
0 & 0 & 0 & \cdots & 0 & -\lambda & \lambda+1
\end{vmatrix}_{(N-3)\times(N-3)}\\
=&(\lambda+1)D_{N-2}-\lambda D_{N-3}.
\end{aligned}
$$

综上可得: $D_{N-1}=(\lambda+1)D_{N-2}-\lambda D_{N-3}$, 即

$$D_{N-1}-D_{N-2}=\lambda(D_{N-2}-D_{N-3})=\lambda^2(D_{N-3}-D_{N-4})=\cdots=\lambda^{N-4}(D_3-D_2).$$

进一步

$$D_3=\begin{vmatrix}\lambda+1 & -1 & 0\\ -\lambda & \lambda+1 & -1\\ 0 & -\lambda & \lambda+1\end{vmatrix}=(\lambda+1)^3-2\lambda(\lambda+1)=\lambda^3+\lambda^2+\lambda+1$$

$$D_2=\begin{vmatrix}\lambda+1 & -1\\ -\lambda & \lambda+1\end{vmatrix}=\lambda^2+\lambda+1$$

则有 $D_3-D_2=\lambda^3$, 故 $D_{N-1}-D_{N-2}=\lambda^{N-1}$.

由于

$$\begin{aligned}D_{N-1}-D_{N-2}&=\lambda^{N-1}\\ D_{N-2}-D_{N-3}&=\lambda^{N-2}\\ &\vdots\\ D_3-D_2&=\lambda^3\end{aligned}$$

所以

$$\begin{aligned}D_{N-1}&=\lambda^{N-1}+\lambda^{N-2}+\cdots+D_2\\ &=\lambda^{N-1}+\lambda^{N-2}+\cdots+\lambda^2+\lambda+1\end{aligned}$$

故

$$\begin{aligned}|\lambda I-(I-K_IC)M_{hs}|&=\lambda D_{N-1}\\ &=\lambda(\lambda^{N-1}+\lambda^{N-2}+\cdots+\lambda^2+\lambda+1)\\ &=\lambda\frac{\lambda^N-1}{\lambda-1}.\end{aligned}$$

因此矩阵 $(I-K_IC)M_{hs}$ 的特征根为 $\lambda_1=0, |\lambda_i|=1, i=2,3,\cdots,N$. 即, 除一个根在单位圆内 (在圆心), 其余特征根都在单位圆上, 证毕. □

A.3 $(I-K_IC)M_{hs}$ 的特征根 II

引理 A.3 令 $K_I=(k_i,k_i,\cdots,k_i)^{\mathrm{T}}$, 当 $0<k_i<1$ 时, 矩阵 $(I-K_IC)M_{hs}$ 的所有特征根均在单位圆内, 其中

$$M_{hs}=\begin{pmatrix} 0 & 1 & 0 & \cdots & 0 & 0 \\ 0 & 0 & 1 & \cdots & 0 & 0 \\ \vdots & \vdots & \vdots & & \vdots & \vdots \\ 0 & 0 & 0 & \cdots & 0 & 1 \\ 0 & 0 & 0 & \cdots & 0 & 0 \end{pmatrix}_{N\times N},$$

则有

$$(I-K_IC)M_{hs}=\begin{pmatrix} 0 & 1-k_i & 0 & 0 & \cdots & 0 \\ 0 & -k_i & 1 & 0 & \cdots & 0 \\ 0 & -k_i & 0 & 1 & \cdots & 0 \\ \vdots & \vdots & \vdots & \vdots & & \vdots \\ 0 & -k_i & 0 & 0 & \cdots & 1 \\ 0 & -k_i & 0 & 0 & \cdots & 0 \end{pmatrix}_{N\times N}. \tag{A.4}$$

证明 由于

$$|\lambda I-(I-K_IC)M_{hs}|=\begin{vmatrix} \lambda & k_i-1 & 0 & 0 & \cdots & 0 \\ 0 & \lambda+k_i & -1 & 0 & \cdots & 0 \\ 0 & k_i & \lambda & -1 & \cdots & 0 \\ \vdots & \vdots & \vdots & \vdots & & \vdots \\ 0 & k_i & 0 & 0 & \lambda & -1 \\ 0 & k_i & 0 & 0 & \cdots & \lambda \end{vmatrix}_{N\times N}$$

$$=\begin{vmatrix} \lambda & k_i-1 & 0 & 0 & \cdots & 0 & 0 & 0 \\ 0 & \lambda+k_i & -1 & 0 & \cdots & 0 & 0 & 0 \\ 0 & -\lambda & \lambda+1 & -1 & \cdots & 0 & 0 & 0 \\ 0 & 0 & -\lambda & \lambda+1 & \cdots & 0 & 0 & 0 \\ \vdots & \vdots & \vdots & \vdots & & \vdots & \vdots & \vdots \\ 0 & 0 & 0 & 0 & \cdots & \lambda+1 & -1 & 0 \\ 0 & 0 & 0 & 0 & \cdots & -\lambda & \lambda+1 & -1 \\ 0 & 0 & 0 & 0 & \cdots & 0 & -\lambda & \lambda+1 \end{vmatrix}_{N\times N}$$

$$=\lambda\begin{vmatrix} \lambda+k_i & -1 & 0 & 0 & \cdots & 0 & 0 \\ -\lambda & \lambda+1 & -1 & 0 & \cdots & 0 & 0 \\ 0 & -\lambda & \lambda+1 & -1 & \cdots & 0 & 0 \\ \vdots & \vdots & \vdots & \vdots & & \vdots & \vdots \\ 0 & 0 & 0 & 0 & \cdots & -1 & 0 \\ 0 & 0 & 0 & 0 & \cdots & \lambda+1 & -1 \\ 0 & 0 & 0 & 0 & \cdots & -\lambda & \lambda+1 \end{vmatrix}_{(N-1)\times(N-1)} \tag{A.5}$$

式 (A.5) 与式 (A.3) 比较, 只有第一行第一个元素不同, 其余全都相同, 因此可仿照 A.2 的步骤证明.

对 $j \geqslant 1$ 令

$$D(k_i)_{N-j} = \begin{vmatrix} \lambda+k_i & -1 & 0 & 0 & \cdots & 0 & 0 \\ -\lambda & \lambda+1 & -1 & 0 & \cdots & 0 & 0 \\ 0 & -\lambda & \lambda+1 & -1 & \cdots & 0 & 0 \\ 0 & 0 & -\lambda & \lambda+1 & \cdots & 0 & 0 \\ \vdots & \vdots & \vdots & \vdots & & \vdots & \vdots \\ 0 & 0 & 0 & 0 & \cdots & \lambda+1 & -1 \\ 0 & 0 & 0 & 0 & \cdots & -\lambda & \lambda+1 \end{vmatrix}_{(N-j)\times(N-j)}$$

则 $|\lambda I-(I-K_IC)M_{hs}| = \lambda D(k_i)_{N-1}$. 这里

$$\begin{aligned} D(k_i)_{N-1} =&(\lambda+1)\begin{vmatrix} \lambda+k_i & -1 & 0 & \cdots & 0 & 0 \\ -\lambda & \lambda+1 & -1 & \cdots & 0 & 0 \\ 0 & -\lambda & \lambda+1 & \cdots & 0 & 0 \\ 0 & 0 & -\lambda & \cdots & 0 & 0 \\ \vdots & \vdots & \vdots & & \vdots & \vdots \\ 0 & 0 & 0 & \cdots & \lambda+1 & -1 \\ 0 & 0 & 0 & \cdots & -\lambda & \lambda+1 \end{vmatrix}_{(N-2)\times(N-2)} \\ &+\lambda\begin{vmatrix} \lambda+k_i & -1 & 0 & \cdots & 0 & 0 \\ -\lambda & \lambda+1 & -1 & \cdots & 0 & 0 \\ 0 & -\lambda & \lambda+1 & \cdots & 0 & 0 \\ 0 & 0 & -\lambda & \cdots & 0 & 0 \\ \vdots & \vdots & \vdots & & \vdots & \vdots \\ 0 & 0 & 0 & \cdots & \lambda+1 & 0 \\ 0 & 0 & 0 & \cdots & -\lambda & -1 \end{vmatrix}_{(N-2)\times(N-2)} \\ =&(\lambda+1)\begin{vmatrix} \lambda+k_i & -1 & 0 & \cdots & 0 & 0 \\ -\lambda & \lambda+1 & -1 & \cdots & 0 & 0 \\ 0 & -\lambda & \lambda+1 & \cdots & 0 & 0 \\ 0 & 0 & -\lambda & \cdots & 0 & 0 \\ \vdots & \vdots & \vdots & & \vdots & \vdots \\ 0 & 0 & 0 & \cdots & \lambda+1 & -1 \\ 0 & 0 & 0 & \cdots & -\lambda & \lambda+1 \end{vmatrix}_{(N-2)\times(N-2)} \end{aligned}$$

$$-\lambda\begin{vmatrix} \lambda+k_i & -1 & 0 & \cdots & 0 & 0 \\ -\lambda & \lambda+1 & -1 & \cdots & 0 & \\ 0 & -\lambda & \lambda+1 & \cdots & 0 & 0 \\ 0 & 0 & -\lambda & \cdots & 0 & 0 \\ \vdots & \vdots & \vdots & & \vdots & \vdots \\ 0 & 0 & 0 & \cdots & \lambda+1 & -1 \\ 0 & 0 & 0 & \cdots & -\lambda & \lambda+1 \end{vmatrix}_{(N-3)\times(N-3)}$$

$$=(\lambda+1)D(k_i)_{N-2}-\lambda D(k_i)_{N-3}.$$

综上可得: $D(k_i)_{N-1}=(\lambda+1)D(k_i)_{N-2}-\lambda D(k_i)_{N-3}$, 即

$D(k_i)_{N-1}-D(k_i)_{N-2}=\lambda(D(k_i)_{N-2}-D(k_i)_{N-3})=\cdots=\lambda^{N-4}(D(k_i)_3-D(k_i)_2)$.

进一步

$$D(k_i)_3=\begin{vmatrix} \lambda+k_i & -1 & 0 \\ -\lambda & \lambda+1 & -1 \\ 0 & -\lambda & \lambda+1 \end{vmatrix}=\lambda^3+k_i\lambda^2+k_i\lambda+k_i$$

$$D(k_i)_2=\begin{vmatrix} \lambda+k_i & -1 \\ -\lambda & \lambda+1 \end{vmatrix}=\lambda^2+k_i\lambda+k_i$$

则有 $D(k_i)_3-D(k_i)_2=\lambda^3+(k_i-1)\lambda^2$, 故

$$D(k_i)_{N-1}-D(k_i)_{N-2}=\lambda^{N-1}+(k_i-1)\lambda^{N-2}$$

由于

$$\begin{aligned} D(k_i)_{N-1}-D(k_i)_{N-2}&=\lambda^{N-1}+(k_i-1)\lambda^{N-2} \\ D(k_i)_{N-2}-D(k_i)_{N-3}&=\lambda^{N-2}+(k_i-1)\lambda^{N-3} \\ &\vdots \\ D(k_i)_3-D(k_i)_2&=\lambda^3+(k_i-1)\lambda^2 \end{aligned}$$

所以

$$\begin{aligned} D(k_i)_{N-1}&=\lambda^{N-1}+k_i\lambda^{N-2}+\cdots+k_i\lambda^2-\lambda^2+D(k_i)_2 \\ &=\lambda^{N-1}+k_i\lambda^{N-2}+\cdots+k_i\lambda+k_i\lambda+k_i \end{aligned}$$

故

$$\begin{aligned} |\lambda I-(I-K_IC)M_{hs}|&=\lambda D(k_i)_{N-1} \\ &=\lambda(\lambda^{N-1}+k_i\lambda^{N-2}+\cdots+k_i\lambda^2+k_i\lambda+k_i) \end{aligned}$$

下面证明特征多项式 $\lambda(\lambda^{N-1}+k_i\lambda^{N-2}+\cdots+k_i\lambda^2+k_i\lambda+k_i)=0$ 的特征根均在单位圆内. 显然 $\lambda_1=0$ 在单位圆内, 因此只需证明当 $0<k_i<1$ 时,

$$\lambda^{N-1}+k_i\lambda^{N-2}+\cdots+k_i\lambda^2+k_i\lambda+k_i=0 \tag{A.6}$$

的根均在单位圆内.

显然 $\lambda=1$ 不是 (A.6) 的根, 因此 (A.6) 可整理为

$$\lambda^{N-1}+k_i\frac{\lambda^{N-1}-1}{\lambda-1}=0 \tag{A.7}$$

则

$$\lambda^N=k_i+(1-k_i)\lambda^{N-1} \tag{A.8}$$

对式 (A.8) 两边同时取模, 再由三角不等式及条件 $0<k_i<1$ 有

$$|\lambda|^N\leqslant k_i+(1-k_i)|\lambda|^{N-1} \tag{A.9}$$

等号成立的条件是 $k_i=(1-k_i)\lambda^{N-1}$, 从中可得

$$\lambda^{N-1}=\frac{k_i}{1-k_i}, \tag{A.10}$$

将式 (A.10) 带入到式 (A.8) 中, 解得 $\lambda=2(1-k_i)$, 进而

$$\lambda^{N-1}=(2-2k_i)^{N-1} \tag{A.11}$$

事实上当 $k_i=\dfrac{1}{2}$ 时,

$$\frac{k_i}{1-k_i}=(2-2k_i)^{N-1}$$

但将 $k_i=\dfrac{1}{2}$ 带入到 $\lambda=2(1-k_i)$ 中, 可得 $\lambda=1$. 而 $\lambda=1$ 不是特征多项式 (A.6) 当系数 $k_i=\dfrac{1}{2}$ 的根, 矛盾.

当 $0<k_i<\dfrac{1}{2}$ 时, $\dfrac{k_i}{1-k_i}<1$, 而 $(2-2k_i)^{N-1}>1$, 显然 $\dfrac{k_i}{1-k_i}\neq(2-2k_i)^{N-1}$.

当 $\dfrac{1}{2}<k_i<1$ 时, $\dfrac{k_i}{1-k_i}>1$, 而 $(2-2k_i)^{N-1}<1$, 显然 $\dfrac{k_i}{1-k_i}\neq(2-2k_i)^{N-1}$.

综上不等式 (A.9) 中的等号不能成立. 即

$$|\lambda|^N<k_i+(1-k_i)|\lambda|^{N-1} \tag{A.12}$$

下面采用反证法证明, 假设存在一个 $\bar{\lambda}$ 有 $|\bar{\lambda}|\geqslant 1$, 则 $|\bar{\lambda}|^{N-1}\leqslant|\bar{\lambda}|^N$, 且由式 (A.12) 可知

$$|\bar{\lambda}|^{N-1}\leqslant|\bar{\lambda}|^N<k_i+(1-k_i)|\bar{\lambda}|^{N-1}$$

即有 $k_i+(1-k_i)|\bar{\lambda}|^{N-1}>|\bar{\lambda}|^{N-1}$, 推得 $|\bar{\lambda}|^{N-1}<1$. 这与假设 $|\bar{\lambda}|\geqslant 1$ 矛盾. 因此, 所有特征根的模均小于 1, 即都在单位圆内, 证毕. □

附录B　MPC 优化问题值函数的性质

B.1　离散时间 MPC 优化问题值函数的性质

下面我们以 5.4.4 节介绍的离散时间系统无限时域 MPC 为例, 给出离散时间系统 MPC 优化问题值函数的性质. 离散时间系统的其他 MPC 算法, 其值函数具有相同的性质, 证明也类似.

我们考虑离散时间无限时域模型预测控制的最优化问题:

$$\min_{u(\cdot)} J\left(x, u(\cdot)\right) \tag{B.1}$$

满足

$$x(k+1) = Ax(k) + B_u u(k), \quad \text{并且 } x(0) = x_0 \tag{B.2a}$$

$$y_c(k) = C_c x(k), \tag{B.2b}$$

$$y_b(k) = C_b x(k), \tag{B.2c}$$

$$-y_{\max} \leqslant y_b(k) \leqslant y_{\max} \tag{B.2d}$$

$$-u_{\max} \leqslant u(k) \leqslant u_{\max}, \tag{B.2e}$$

$$-\Delta u_{\max} \leqslant \Delta u(k) \leqslant \Delta u_{\max}, \tag{B.2f}$$

其中 $0 \leqslant k < \infty$, $-y_{\max}$ 和 $y_{\max}$, $-u_{\max}$ 和 $u_{\max}$, $-\Delta u_{\max}$ 和 $u_{\max}$ 分别是约束输出、控制输入和控制输入增量的上下界,

$$J = \sum_{i=0}^{\infty} \|y_c(k+i)\|_Q^2 + \sum_{i=0}^{\infty} \left(\|\Delta u(k+i)\|_S^2 + \|u(k+i)\|_R^2 \right). \tag{B.3}$$

并且 (A, B_u) 是可稳定, (C_c, A) 是可测的.

定义最优值函数为

$$V(x) := \min_{u(\cdot)} J\left(x, u(\cdot)\right),$$

我们感兴趣的是最优值函数的性质.

引理 B.1　离散时间系统无限时域 MPC 的最优值函数 $V(x)$ 具有下面的性质:

(a) $V(\mathbf{0}) = 0$ 和对于任意的 $x \neq \mathbf{0}$, $V(x) > 0$;

(b) $V(x)$ 在 $x = \mathbf{0}$ 点连续.

证明　由于 $Q>0$, $R\geqslant 0$ 和 $S\geqslant 0$, 所以当 $x\neq 0$ 时, $V(x)>0$. 当 $x=\mathbf{0}$ 时, 优化问题的最优解是 $u^*(\tau)\equiv 0$, 最优解对应的最优轨迹是 $x^*(\tau)\equiv 0$, 对于任意的 $\tau\in[0,\infty)$. 因而我们可以得到当 $x=\mathbf{0}$ 时, $V(x)=0$. 另一方面, 如果 $V(x(k))=0$, 也即

$$V(x(k))=\sum_{i=0}^{\infty}\|y_c^*(k+i)\|_Q^2+\sum_{i=0}^{\infty}\left(\|\Delta u^*(k+i)\|_S^2+\|u^*(k+i)\|_R^2\right).$$

这里 $\Delta u^*(k+i)$ 和 $u^*(k+i)$ 分别是求解优化问题得到的最优控制的增量和最优控制, $y_c^*(k+i)=C_cx^*(k+i)$ 是最优控制对应的最优预测轨迹. 由于 (C_c,A) 可测, 则 $C_c^{\mathrm{T}}QC_c>0$. 同时考虑 $R\geqslant 0$ 和 $S\geqslant 0$, 我们有下面的不等式:

$$V(x(k))\geqslant\sum_{i=0}^{\infty}\|C_cx^*(k+i)\|_{C_c^{\mathrm{T}}QC_c}^2.$$

显然只有沿着预测轨迹 $x^*(\tau)\equiv 0$ 时, 对于任意的 $\tau\in[0,\infty)$, 才有 $V(x(k))=0$. 因此 $V(x(k))>0$, 对于任意的 $x(k)\neq 0$.

因为 (A,B_u) 可稳, 则存在一个反馈控制律 Kx 和一个不变椭圆域

$$\Omega:=\{x\in\mathbb{R}^{n_x}\mid x^{\mathrm{T}}Px\leqslant\alpha\},$$

其中 P 是一个已知的正定对称矩阵, $\alpha>0$ 是常数, 使得系统及其轨迹满足控制约束 (B.2e) 和输出约束 (B.2d), 同时系统在椭圆域中是正不变的[201].

我们下面用构造法证明一定存在一个常数 $\alpha_1\in(0,\alpha)$, 使得椭圆域

$$\Omega_1:=\{x\in\mathbb{R}^{n_x}\mid x^{\mathrm{T}}Px\leqslant\alpha_1\},\tag{B.4}$$

满足控制增量约束 (B.2f). 记 x_1,x_2 是 Ω 中任意选取的两点, 则[202]

$$\|x_1-x_2\|\leqslant 2\sqrt{\lambda_{\min}(P^{-1})}\alpha^{\frac{1}{2}}.$$

同时

$$\begin{aligned}\|K(x_1-x_2)\|&\leqslant\|K\|\cdot\|x_1-x_2\| &\text{(B.5a)}\\&\leqslant 2\alpha^{\frac{1}{2}}\|K\|\sqrt{\lambda_{\min}(P^{-1})}. &\text{(B.5b)}\end{aligned}$$

记 $\Delta u_{\max}^{(i)}$ 为向量 $\Delta u_{\max}$ 的第 i 个分量, 其中 $i=1,2,\cdots,n_c$. 则我们只需要取

$$\alpha_1=\min\left\{\alpha,\frac{\left[\min_i\|\Delta u_{\max}^{(i)}\|\right]}{2\|K\|^2\lambda_{\min}(P^{-1})}\right\}.$$

即可保证在椭圆域 Ω_1 中系统的轨迹同时满足控制增量约束.

为了证明 $V(x)$ 在 $x=\mathbf{0}$ 点的连续性, 我们考虑 x 在平衡点附近的情况, 也即 $x\in\Omega_1$ 并且 $x\neq\mathbf{0}$. 此时最优化问题的一个可行解 $\bar{u}(\cdot)$ 可以选为

$$\bar{u}(k)=Kx(k),\quad \forall K\geqslant 0. \tag{B.6}$$

对应于可行解 $\bar{u}(\cdot)$ 的值函数记为 $\bar{V}(x)$, 则显然在平衡点附近 $\bar{V}(x)$ 关于 x 是连续的.

考虑到 $x\in\Omega_1$ 点的任意性, 我们可知对于给定 $\epsilon>0$, 存在 $\eta=\eta(\epsilon)>0$ 使得对任意的 $\|x\|<\eta$, 有 $\bar{V}(x)<\epsilon$. 因为最优解不会差于可行解和 $V(x)\geqslant 0$, 我们可以推得 $\|x\|<\eta$ 表明

$$V(x)\leqslant\bar{V}(x)<\epsilon. \tag{B.7}$$

这说明最优值函数 $V(x)$ 在 $x=\mathbf{0}$ 是连续的. □

B.2 连续时间 MPC 优化问题值函数的性质

在本节, 我们考虑下面与准无限时域模型预测控制相关的优化问题:

$$\min_{u(\cdot)} J\left(x,u(\cdot)\right) \tag{B.8}$$

满足

$$\dot{x}(t)=f(x(t),u(t)),\quad x(0)=x, \tag{B.9a}$$

$$u(t)\in U,\quad t\in[0,T] \tag{B.9b}$$

$$x(t)\in X,\quad t\in[0,T] \tag{B.9c}$$

$$x(T)\in\Omega, \tag{B.9d}$$

其中 $0<T<\infty$, $u(\cdot)$ 是在区间 $[0,T]$ 上的分段连续函数,

$$J\left(x,u(\cdot)\right):=\int_0^{\mathrm{T}} F\left(x(t),u(t)\right)\mathrm{d}t+E\left(x(T)\right). \tag{B.10}$$

定义最优值函数为

$$V(x):=\min_{u(\cdot)} J\left(x,u(\cdot)\right),$$

我们感兴趣的是最优值函数的性质.

引理 B.2 假设:

(i) $f:\mathbb{R}^n\times\mathbb{R}^m\to\mathbb{R}^n$ 是连续的, 并且 $f(\mathbf{0},\mathbf{0})=\mathbf{0}$. 进一步的, f 关于自变量 x 和 u 是局部 Lipschitz 连续的,

(ii) $U \subset \mathbb{R}^m$ 是紧的, $X \subseteq \mathbb{R}^n$, 点 $(\mathbf{0},\mathbf{0})$ 包含在集合 $X \times U$ 的内部; $\Omega \subseteq X$ 是连通的, $\mathbf{0} \in \mathbb{R}^n$ 包含在集合 Ω 的内部,

(iii) $F : \mathbb{R}^n \times \mathbb{R}^m \to \mathbb{R}$ 是连续的并且满足 $F(\mathbf{0},\mathbf{0}) = 0$ 和对于任意的 $(x,u) \neq (\mathbf{0},\mathbf{0})$, $F(x,u) > 0$,

(iv) $E : \Omega \to \mathbb{R}$ 是连续的并且是正定的,

(v) 终端控制律 $\kappa(x)$ 是 x 的连续函数.

则最优值函数 $V(x)$ 具有下面的性质:

(a) $V(\mathbf{0}) = 0$ 和对于任意的 $x \neq \mathbf{0}$, $V(x) > 0$,

(b) $V(x)$ 在 $x = \mathbf{0}$ 点连续.

证明 由于 $F(x,u) \geqslant 0$ 和 $E(x) \geqslant 0$, 我们有 $V(x) \geqslant 0$. 当 $x = \mathbf{0}$ 时, 优化问题的最优解是 $u^*(\cdot) : [0,T] \to \mathbf{0}$, 最优解对应的最优轨迹是 $x^*(\cdot) : [0,T] \to \mathbf{0}$. 因而我们可以得到当 $x = \mathbf{0}$ 时, $V(x) = 0$. 另一方面, 如果 $V(x) = 0$, 也即,

$$\int_0^{\mathrm{T}} F\left(x(t), u(t)\right) \mathrm{d}t + E\left(x(T)\right) = 0,$$

则 $E(x(T)) = 0$ 和 $\displaystyle\int_0^{\mathrm{T}} F(x(t), u(t))\mathrm{d}t = 0$. 根据前者我们可以得到 $x(T) = \mathbf{0}$. 因为 $F(x(t), u(t))$ 是非负的并且关于 t 在区间 $[0,T]$ 上分段连续, 因而式

$$\int_0^{\mathrm{T}} F(x(t), u(t))\mathrm{d}t = 0$$

表明对于任意的 $t \in [0,T]$ 有 $F(x(t), u(t)) = 0$. 由函数 $F(x,u)$ 的正定性可知对于任意的 $t \in [0,T]$, $x(t) = \mathbf{0}$ 和 $u(t) = \mathbf{0}$. 因而 $V(x) = 0$ 表明 $x = \mathbf{0}$. 根据上面的讨论我们可以得到对于任意的 $x \neq \mathbf{0}$ 有 $V(x) > 0$. 由此性质 (a) 得证.

为了证明 $V(x)$ 在 $x = \mathbf{0}$ 点的连续性, 我们考虑 x 在平衡点附近的情况, 也即 $x \in \Omega$ 并且 $x \neq \mathbf{0}$. 此时最优化问题的一个可行解 $\bar{u}(\cdot)$ 可以选为

$$\bar{u}(t) = \kappa(x(t)), \quad \forall t \in [0,T]. \tag{B.11}$$

考虑系统

$$\dot{x}(t) = f(x(t), \kappa(x(t))), \quad x(0) = x, \quad t \in [0,T]. \tag{B.12}$$

由于 $f(x, \kappa(x))$ 是连续的和关于变量 x 和 u 局部 Lipschitz 连续, 微分方程 (B.12) 的解 $x(t)$ 存在并且连续. 对应于可行解 $\bar{u}(\cdot)$ 的值函数记为 $\bar{V}(x)$, 则

$$\bar{V}(x) = \int_0^{\mathrm{T}} F\left(x(t), \kappa(x(t))\right) \mathrm{d}t + E\left(x(T)\right). \tag{B.13}$$

由于函数 F 和 E 的连续性, 以及对应于可行解 $\bar{u}(\cdot)$ 的轨迹 $x(t)$ 的连续性, 我们知道在平衡点附近 $\bar{V}(x)$ 关于 x 是连续的. 考虑到 $x \in \Omega$ 点的任意性, 我们可知对于给定 $\epsilon > 0$, 存在 $\eta = \eta(\epsilon) > 0$ 使得对任意的 $\|x\| < \eta$, 有 $\bar{V}(x) < \epsilon$. 因为最优解不会差于可行解和 $V(x) \geqslant 0$, 我们可以推得 $\|x\| < \eta$ 表明

$$V(x) \leqslant \bar{V}(x) < \epsilon. \tag{B.14}$$

这说明最优值函数 $V(x)$ 在 $x = \mathbf{0}$ 是连续的. □

“大学数学系列教学丛书”

编委会名单

FOREWORD / 丛书序言

数学是各门学科的基础, 不仅在自然科学和技术科学中发挥重要作用, 因为"高技术本质上是一种数学技术", 而且在数量化趋势日益明显的大数据背景下, 在经济管理和人文社科等领域也发挥着不可替代的作用. 大学本科是数学知识学习、实践应用和创新能力培养的基础阶段. 如何提高数学素养和培养创新能力是当前大学数学教育所关心的核心问题.

党的二十大提出, 教育、科技、人才是全面建设社会主义现代化国家的基础性、战略性支撑. 大学数学教材建设是高等教育教学改革的重要内容, 是培养基础学科拔尖创新人才的迫切需要, 也是提升基础研究原始创新能力的重要保障. 基于此, 我们编写此套大学数学系列教学丛书. 该丛书根据使用对象的不同、教材内容的覆盖面和难易度, 分为两类: 一类是主要针对理工类学生使用的《高等数学 (上册)》、《高等数学 (下册)》、《线性代数》和《概率论与数理统计》, 另一类是针对经管类学生使用的《高等数学 (经管类)》、《线性代数 (经管类)》和《概率论与数理统计 (经管类)》.

上述丛书所覆盖的内容早在三百多年前就已创立. 例如, 牛顿和莱布尼茨在 1670 年创立了微积分, 这是高等数学的主要内容. 凯莱在 1857 年引入矩阵概念, 佩亚诺在 1888 年定义了向量空间和线性映射, 这些都是线性代数中最基本的概念. 惠更斯在 1657 年就发表了关于概率论的论文, 塑造了概率论的雏形, 而统计理论的产生则是依赖于 18 世纪概率论所取得的进展. 当然, 经过后来的数学家的努力, 这些理论已形成严谨完善的体系, 成为现代数学的基石.

尽管如此, 能够很好领会这些理论的思想本质并不是一件容易的事! 例如, 微积分中关于极限的 ε-δ 语言、线性代数中的向量空间、概率论中的随机变量等. 这些都需要经过反复练习和不断揣摩, 方能提升数学思维, 理解其中精髓.

国内外关于大学数学方面的教材数不胜数. 针对于不同高校、不同专业的学生, 这些教材各有千秋. 既然如此, 我们为什么还要继续编写这样一套系列教材呢?

我们最初的设想是要编写一套适合安徽大学理工类、经管类等学生使用的大学数学系列教材. 我校目前使用的教材由于编写时间较早、版次更新不及时, 部分例题和习题已显陈旧. 面对新形势下大学数学教育的需求以及与高中数学教育的衔接, 我们有必要在内容体系上进行调整.

在教材的编写以及与科学出版社的沟通过程中, 我们发现, 真正适合安徽大学等地方综合性大学及普通本科学校的规划教材并不多见. 安徽大学作为安徽省属唯一的双一流学科建设高校, 本科专业涉及理学、工学、文学、历史学、哲学、经济学、法学、管理学、教育学、艺术学等 10 个门类, 数学学科在全省发挥带头示范作用, 所以我们有责任编写一套大学数学系列教学丛书, 尝试在全省范围内推动大学数学教学和改革工作.

本套系列教材涵盖了教育部高等学校大学数学课程教学指导委员会规定的关于高等数学、线性代数、概率论与数理统计的基本内容, 吸收了国内外优秀教材的优点, 并结合安徽大学的大学数学教学的实际情况和基本要求, 总结了诸位老师多年的教学经验, 为地方综合性大学及普通本科学校的理工类和经管类等专业学生所编写.

本套系列教材力求简洁易懂、脉络清晰. 在这套教材中, 我们把重点放在基本概念和基本定理上, 而不会去面面俱到、不厌其烦地对概念和定理进行注解、对例题充满技巧地进行演示, 使教材成为一个无所不能、大而全的产物. 我们之所以这样做是为了让学生避免因为细枝末节而未能窥见这门课程的主干和全貌, 误解了课程的本质内涵, 从而未能真正了解课程的精髓. 例如, 在线性代数中, 以矩阵这一具体对象作为全书首章内容, 并贯穿全书始末, 建立抽象内容与具体对象的联系, 让学生逐渐了解这门课程的思维方式.

另一方面, 本套系列教材突出与高中数学教学和大学各专业间的密切联系. 例如, 在高等数学中, 实现了与中学数学的衔接, 增加了反三角函数、复数等现行中学数学中弱化的知识点, 对高中学生已熟知的导数公式、导数应用等内容进行简洁处理, 以极限为出发点引入微积分, 并过渡到抽象环节和严格定义. 在每章最后一节增加应用微积分解决理工或经管领域实际问题的案例, 突出了数学建模思想, 以培养学生应用数学能力.

以上就是我们编写这套系列教材的动机和思路. 这仅是以管窥豹, 一隅之见, 或失偏颇, 还请各位专家和读者提出宝贵建议和意见, 以便在教材再版中修订和完善.

PREFACE / 前言

线性代数是研究线性空间和线性变换的理论, 是处理线性问题的重要工具, 也是作为处理非线性问题的一阶近似. 它不仅在自然学科中有其自身的理论价值, 而且在工程技术等领域有着重要的应用.

本教材是依据教育部颁发的教学大纲, 参考大量国内外相关教材, 并结合安徽大学多年来在线性代数中的教学实践经验编写而成. 在本书的编写过程中, 我们注重理工类学科的特点, 并力求脉络清晰, 深入浅出, 简洁易懂.

本书的最大特点在于以矩阵作为本书首章内容, 并贯穿全书始末. 第 2 章是矩阵的行列式 (视为矩阵的函数), 并应用行列式求解一类线性方程组 (克拉默法则). 第 3 章是应用矩阵的秩, 给出线性方程组的解判别与解结构. 第 4 章引入矩阵的特征值和特征向量, 探讨矩阵和实对称矩阵的可对角化问题. 第 5 章则应用实对称矩阵的秩和惯性指数讨论二次型的性质. 第 6 章则引入线性空间, 建立线性变换和矩阵的联系, 与前面所学内容对照, 以较为抽象的手段讨论线性变换的性质.

在本书的编写过程中, 我们参阅了国内外许多教材, 在此谨表诚挚谢意. 限于编者水平, 书中难免有疏漏或不妥之处, 敬请读者批评指正.

编　者

2020 年 7 月

CONTENTS / 目录

Chapter 1

第1章 矩　　阵

第1章课件

矩阵是数学中重要的基本概念之一, 很多问题中的一些数量关系要用矩阵来描述. 矩阵是代数学的一个重要研究对象, 在数学的很多分支和其他学科中有着广泛的应用. 本章将介绍矩阵的概念和运算、矩阵的初等变换、矩阵的分块等基本理论, 它们是学习本课程知识的基础.

1.1　矩阵的概念

1.1.1　引例

本节的两个例子将展示如何将某些数学问题或实际应用问题与一张数表——矩阵联系起来, 其中第二个例子是对实际应用问题进行数学建模.

例 1.1.1　设线性方程组

$$\begin{cases} 2x_1 - 2x_2 \qquad\quad + 6x_4 = -2, \\ 2x_1 - x_2 + 2x_3 + 4x_4 = -2, \\ 3x_1 - x_2 + 4x_3 + 4x_4 = -3, \\ 5x_1 - 3x_2 + x_3 + 20x_4 = -2. \end{cases}$$

这个线性方程组未知量系数及常数项按方程中的相对次序组成一个数表如下:

$$\begin{pmatrix} 2 & -2 & 0 & 6 & -2 \\ 2 & -1 & 2 & 4 & -2 \\ 3 & -1 & 4 & 4 & -3 \\ 5 & -3 & 1 & 20 & -2 \end{pmatrix}.$$

这个数表决定着给定方程组是否有解, 以及有解时如何求解等问题, 因而研究这个数表很有必要.

例 1.1.2　某航空公司在 A, B, C, D 四城市之间开辟了若干航线, 图 1-1-1 表示四城之间的情况. 若从 A 到 B 有航班, 则用带箭头的线连接 A 与 B, 其他连线可作类似解释. 用表格表示为表 1-1-1.

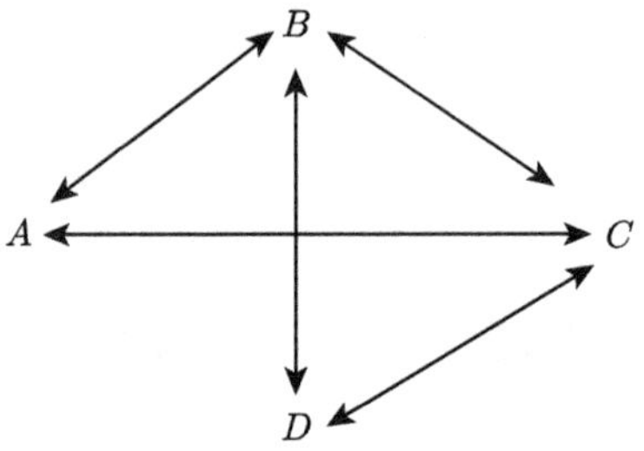

图 1-1-1

表 1-1-1

行标表示发站	列标表示到站			
	A	B	C	D
A		√	√	
B	√		√	√
C	√	√		√
D		√	√	

为便于讨论, 记表 1-1-1 中 √ 为 1, 空的为 0, 则得一个数表

$$\begin{pmatrix} 0 & 1 & 1 & 0 \\ 1 & 0 & 1 & 1 \\ 1 & 1 & 0 & 1 \\ 0 & 1 & 1 & 0 \end{pmatrix}.$$

该数表反映了四城市间的航班往来情况.

1.1.2　矩阵的定义

定义 1.1.1　由 $m \times n$ 个数 a_{ij} $(i=1,2,\cdots,m;j=1,2,\cdots,n)$ 排成的 m 行 n 列的矩形数表

$$\begin{pmatrix} a_{11} & a_{12} & \cdots & a_{1n} \\ a_{21} & a_{22} & \cdots & a_{2n} \\ \vdots & \vdots & & \vdots \\ a_{m1} & a_{m2} & \cdots & a_{mn} \end{pmatrix}$$

称为 **m行n列矩阵**, 简称 $m \times n$ **矩阵**, 其中, a_{ij} 为该矩阵的第 i 行第 j 列元素, $i=1,2,\cdots,m$; $j=1,2,\cdots,n$.

通常用大写的英文字母 $\boldsymbol{A}, \boldsymbol{B}, \boldsymbol{C}, \cdots$ 表示矩阵. 有时为指明矩阵的行数与列数, 也将 $m\times n$ 矩阵 $\boldsymbol{A}$ 写成 $\boldsymbol{A}_{m\times n}$. 如果 $\boldsymbol{A}$ 的元素为 a_{ij} $(i=1,2,\cdots,m;$ $j=1,2,\cdots,n)$, 也将 $\boldsymbol{A}$ 记为 (a_{ij}) 或 $(a_{ij})_{m\times n}$. 当 $\boldsymbol{A}$ 的行数与列数都是 n 时, 称 $\boldsymbol{A}$ 为 n **阶方阵**或 n **阶矩阵**, 一阶矩阵就是一个数, 即 $(a)=a$.

所有元素是实数的矩阵称为**实矩阵**, 所有元素是复数的矩阵称为**复矩阵**. 本书中的矩阵除特殊说明外都指实矩阵. 元素全为零的矩阵称为**零矩阵**, 记为 $\mathbf{0}$.

如果两个矩阵具有相同的行数与相同的列数, 则称这两个矩阵为**同型矩阵**.

定义 1.1.2 如果矩阵 $\boldsymbol{A}, \boldsymbol{B}$ 为同型矩阵, 且相同位置上的元素均相等, 则称矩阵 $\boldsymbol{A}$ 与矩阵 $\boldsymbol{B}$ **相等**, 记为 $\boldsymbol{A}=\boldsymbol{B}$, 即若 $\boldsymbol{A}=(a_{ij})$, $\boldsymbol{B}=(b_{ij})$ 且 $a_{ij}=b_{ij}$ $(i=1,2,\cdots,m;\ j=1,2,\cdots,n)$, 则 $\boldsymbol{A}=\boldsymbol{B}$.

例 1.1.3 设 $\boldsymbol{A}=\begin{pmatrix}1 & 2 & x\\ 0 & 3 & -5\end{pmatrix}$, $\boldsymbol{B}=\begin{pmatrix}y & 2 & -5\\ z & u & -5\end{pmatrix}$. 若 $\boldsymbol{A}=\boldsymbol{B}$, 则 $x=-5$, $y=1$, $z=0$, $u=3$.

1.1.3 几种特殊的矩阵

1) 对角矩阵

形如

$$\begin{pmatrix}a_1 & 0 & \cdots & 0\\ 0 & a_2 & \cdots & 0\\ \vdots & \vdots & & \vdots\\ 0 & 0 & \cdots & a_n\end{pmatrix}$$

的 n 阶矩阵称为 n **阶对角矩阵**, 其中 $a_1, a_2, \cdots, a_n$ 称为**主对角元**, 位于矩阵的对角线上 (即从左上角到右下角). 对角矩阵也可记为

$$\mathrm{diag}(a_1, a_2, \cdots, a_n).$$

2) 数量矩阵

当 n 阶对角矩阵的主对角元均相等时, 称该对角矩阵为 n **阶数量矩阵**, 即形如

$$\begin{pmatrix}a & 0 & \cdots & 0\\ 0 & a & \cdots & 0\\ \vdots & \vdots & & \vdots\\ 0 & 0 & \cdots & a\end{pmatrix}.$$

特别地, 当 $a=1$ 时, 称其为n **阶单位矩阵**, 记为 $\boldsymbol{I}_n$ 或 $\boldsymbol{I}$.

3) 上 (下) 三角矩阵

形如

$$\begin{pmatrix} a_{11} & a_{12} & \cdots & a_{1n} \\ 0 & a_{22} & \cdots & a_{2n} \\ \vdots & \vdots & & \vdots \\ 0 & 0 & \cdots & a_{nn} \end{pmatrix}$$

的 n 阶矩阵, 即主对角线左下方的元素全为零的 n 阶矩阵称为 n **阶上三角矩阵**. 类似地, 主对角线右上方元素全为零的 n 阶矩阵

$$\begin{pmatrix} a_{11} & 0 & \cdots & 0 \\ a_{21} & a_{22} & \cdots & 0 \\ \vdots & \vdots & & \vdots \\ a_{n1} & a_{n2} & \cdots & a_{nn} \end{pmatrix}$$

称为 n **阶下三角矩阵**.

4) 对称矩阵与反对称矩阵

如果 n 阶矩阵 $\boldsymbol{A}=(a_{ij})$ 的元素满足 $a_{ij}=a_{ji}\ (i,j=1,2,\cdots,n)$, 则称 $\boldsymbol{A}$ 为 n **阶对称矩阵**.

例如

$$\boldsymbol{A}=\begin{pmatrix} 3 & 5 & -2 \\ 5 & -4 & 6 \\ -2 & 6 & 1 \end{pmatrix}$$

就是一个 3 阶对称矩阵.

如果 n 阶矩阵 $\boldsymbol{A}=(a_{ij})$ 的元素满足 $a_{ij}=-a_{ji}\ (i,j=1,2,\cdots,n)$, 则称 $\boldsymbol{A}$ 为 n**阶反对称矩阵**. 显然, 反对称矩阵的主对角元均为零, 如

$$\boldsymbol{A}=\begin{pmatrix} 0 & 2 & 4 \\ -2 & 0 & -3 \\ -4 & 3 & 0 \end{pmatrix}$$

就是一个 3 阶反对称矩阵.

习　题　1.1

1. 有 6 名选手参加乒乓球比赛, 成绩如下:

选手 1 胜选手 2, 4, 5, 6, 负于 3; 选手 2 胜选手 4, 5, 6, 负于 1, 3; 选手 3 胜选手 1, 2, 4, 负于 5, 6; 选手 4 胜选手 5, 6, 负于 1, 2, 3; 选手 5 胜选手 3, 6, 负于 1, 2, 4. 若胜一场则得 1 分, 负一场得 −1 分, 平局为 0 分. 试用矩阵表示输赢状况, 并排序.

2. 能源利用系统表示为加权有向图, 见图 1-1-2. 试用矩阵表示.

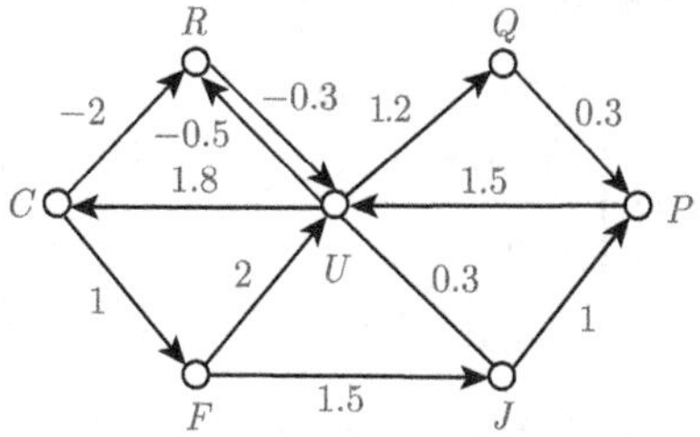

图 1-1-2

3. 甲、乙、丙、丁、戊五人各自从图书馆借来一本小说, 他们约定读完后互相交换, 这五本书的厚度及他们五人的阅读速度差不多. 因此, 五人总是同时交换书, 经四次交换后, 他们读完了这些书. 现已知

(1) 甲最后读的是乙读的第二本书;

(2) 丙最后读的是乙读的第四本书;

(3) 丙读的第二本是甲读的第一本书;

(4) 丁最后读的是丙读的第三本书;

(5) 乙读的第四本是戊读的第三本书;

(6) 丁读的第三本是丙读的第一本书.

假设这五人甲、乙、丙、丁、戊最后读的书分别是 A,B,C,D,E, 试根据以上情况说出这五人各自的读书顺序.

1.2 矩阵的运算

1.2.1 矩阵的线性运算

定义 1.2.1 设 $\boldsymbol{A}=(a_{ij})_{m\times n}$, $\boldsymbol{B}=(b_{ij})_{m\times n}$. 则称 $\boldsymbol{C}=(a_{ij}+b_{ij})_{m\times n}$ **为矩阵 $\boldsymbol{A}$ 与 $\boldsymbol{B}$ 的和**, 记为 $\boldsymbol{C}=\boldsymbol{A}+\boldsymbol{B}$.

由此可见, 两个矩阵的和就是两个矩阵对应位置元素相加而得到的矩阵. 显然, 只有同型矩阵才能相加.

设矩阵 $\boldsymbol{A}=(a_{ij})$, 记 $-\boldsymbol{A}=(-a_{ij})$, 称 $-\boldsymbol{A}$ 为矩阵 $\boldsymbol{A}$ 的**负矩阵**, 显然有

$$-\boldsymbol{A}+\boldsymbol{A}=\boldsymbol{0}.$$

由此, 矩阵的减法定义为

$$\boldsymbol{A}-\boldsymbol{B}=\boldsymbol{A}+(-\boldsymbol{B}).$$

定义 1.2.2　设 $\boldsymbol{A}=(a_{ij})_{m\times n}$, k 是一个数, 用 k 乘 $\boldsymbol{A}$ 的每个元素所得的矩阵称为**数 k 与矩阵 $\boldsymbol{A}$ 的数量乘积**, 记作 $k\boldsymbol{A}$, 即

$$k\boldsymbol{A}=\begin{pmatrix} ka_{11} & ka_{12} & \cdots & ka_{1n} \\ ka_{21} & ka_{22} & \cdots & ka_{2n} \\ \vdots & \vdots & & \vdots \\ ka_{m1} & ka_{m2} & \cdots & ka_{mn} \end{pmatrix}.$$

矩阵的加法与数乘运算统称为矩阵的**线性运算**, 它满足下列运算规律:

设 $\boldsymbol{A}, \boldsymbol{B}, \boldsymbol{C}, \boldsymbol{0}$ 均为同型矩阵, k, l 是常数, 则

(1) $\boldsymbol{A}+\boldsymbol{B}=\boldsymbol{B}+\boldsymbol{A}$;　　(2) $(\boldsymbol{A}+\boldsymbol{B})+\boldsymbol{C}=\boldsymbol{A}+(\boldsymbol{B}+\boldsymbol{C})$;

(3) $\boldsymbol{A}+\boldsymbol{0}=\boldsymbol{A}$;　　(4) $\boldsymbol{A}+(-\boldsymbol{A})=\boldsymbol{0}$;

(5) $1\cdot\boldsymbol{A}=\boldsymbol{A}$;　　(6) $k(l\boldsymbol{A})=(kl)\boldsymbol{A}$;

(7) $(k+l)\boldsymbol{A}=k\boldsymbol{A}+l\boldsymbol{A}$;　　(8) $k(\boldsymbol{A}+\boldsymbol{B})=k\boldsymbol{A}+k\boldsymbol{B}$.

例 1.2.1　$\boldsymbol{A}=\begin{pmatrix} -1 & 2 & 3 & 1 \\ 0 & 3 & -2 & 1 \\ 4 & 0 & 3 & 2 \end{pmatrix}$, $\boldsymbol{B}=\begin{pmatrix} 4 & 3 & 2 & -1 \\ 5 & -3 & 0 & 1 \\ 1 & 2 & -5 & 0 \end{pmatrix}$, 求 $3\boldsymbol{A}-2\boldsymbol{B}$.

解　$$3\boldsymbol{A}-2\boldsymbol{B}=3\begin{pmatrix} -1 & 2 & 3 & 1 \\ 0 & 3 & -2 & 1 \\ 4 & 0 & 3 & 2 \end{pmatrix}-2\begin{pmatrix} 4 & 3 & 2 & -1 \\ 5 & -3 & 0 & 1 \\ 1 & 2 & -5 & 0 \end{pmatrix}$$

$$=\begin{pmatrix} -3-8 & 6-6 & 9-4 & 3+2 \\ 0-10 & 9+6 & -6-0 & 3-2 \\ 12-2 & 0-4 & 9+10 & 6-0 \end{pmatrix}=\begin{pmatrix} -11 & 0 & 5 & 5 \\ -10 & 15 & -6 & 1 \\ 10 & -4 & 19 & 6 \end{pmatrix}.\quad\square$$

例 1.2.2　已知 $\boldsymbol{A}=\begin{pmatrix} 3 & -1 & 2 & 0 \\ 1 & 5 & 7 & 9 \\ 1 & 4 & 6 & 8 \end{pmatrix}$, $\boldsymbol{B}=\begin{pmatrix} 7 & 5 & -2 & 4 \\ 5 & 1 & 9 & 7 \\ 3 & 2 & -2 & 6 \end{pmatrix}$, 且 $\boldsymbol{A}+2\boldsymbol{X}=\boldsymbol{B}$. 求 $\boldsymbol{X}$.

解　$$\boldsymbol{X}=\frac{1}{2}(\boldsymbol{B}-\boldsymbol{A})=\frac{1}{2}\begin{pmatrix} 4 & 6 & -4 & 4 \\ 4 & -4 & 2 & -2 \\ 2 & -2 & -8 & -2 \end{pmatrix}=\begin{pmatrix} 2 & 3 & -2 & 2 \\ 2 & -2 & 1 & -1 \\ 1 & -1 & -4 & -1 \end{pmatrix}.\quad\square$$

1.2.2 矩阵的乘法

首先看一实例.

例 1.2.3 某地区有四个工厂 1, 2, 3, 4, 生产甲、乙、丙三种产品, 矩阵 $\boldsymbol{A}$ 表示一年中各工厂生产各种产品的数量; 矩阵 $\boldsymbol{B}$ 表示各产品的单位价格 (单位: 元) 及单位利润 (单位: 元); 矩阵 $\boldsymbol{C}$ 表示各工厂的总收入及总利润.

$$\boldsymbol{A}=\begin{array}{c}\\1\\2\\3\\4\end{array}\overset{\begin{array}{ccc}\text{甲}&\text{乙}&\text{丙}\end{array}}{\begin{pmatrix}a_{11}&a_{12}&a_{13}\\a_{21}&a_{22}&a_{23}\\a_{31}&a_{32}&a_{33}\\a_{41}&a_{42}&a_{43}\end{pmatrix}},\quad \boldsymbol{B}=\begin{array}{c}\text{甲}\\\text{乙}\\\text{丙}\end{array}\overset{\begin{array}{cc}\text{单位价格}&\text{单位利润}\end{array}}{\begin{pmatrix}b_{11}&b_{12}\\b_{21}&b_{22}\\b_{31}&b_{32}\end{pmatrix}},$$

$$\boldsymbol{C}=\begin{array}{c}1\\2\\3\\4\end{array}\overset{\begin{array}{cc}\text{总收入}&\text{总利润}\end{array}}{\begin{pmatrix}c_{11}&c_{12}\\c_{21}&c_{22}\\c_{31}&c_{32}\\c_{41}&c_{42}\end{pmatrix}},$$

其中 a_{ik} 表示第 i 个工厂生产第 k 种产品的产量, $b_{k1}, b_{k2}\ (k=1, 2, 3)$ 分别表示第 k 种产品的单位价格与单位利润, $c_{i1}, c_{i2}\ (i=1, 2, 3, 4)$ 分别是第 i 个工厂生产三种产品的总收入与总利润, 于是 $\boldsymbol{A}, \boldsymbol{B}, \boldsymbol{C}$ 三个矩阵的元素间有如下关系:

$$\begin{pmatrix}a_{11}b_{11}+a_{12}b_{21}+a_{13}b_{31} & a_{11}b_{12}+a_{12}b_{22}+a_{13}b_{32}\\ a_{21}b_{11}+a_{22}b_{21}+a_{23}b_{31} & a_{21}b_{12}+a_{22}b_{22}+a_{23}b_{32}\\ a_{31}b_{11}+a_{32}b_{21}+a_{33}b_{31} & a_{31}b_{12}+a_{32}b_{22}+a_{33}b_{32}\\ a_{41}b_{11}+a_{42}b_{21}+a_{43}b_{31} & a_{41}b_{12}+a_{42}b_{22}+a_{43}b_{32}\end{pmatrix}=\begin{pmatrix}c_{11}&c_{12}\\c_{21}&c_{22}\\c_{31}&c_{32}\\c_{41}&c_{42}\end{pmatrix},$$

其中 $c_{ij}=a_{i1}b_{1j}+a_{i2}b_{2j}+a_{i3}b_{3j}\ (i=1, 2, 3, 4;\ j=1, 2)$, 即矩阵 $\boldsymbol{C}$ 中第 i 行第 j 列元素等于 $\boldsymbol{A}$ 的第 i 行与 $\boldsymbol{B}$ 的第 j 列对应元素乘积之和. 将上面例中矩阵的这种关系定义为矩阵的积.

定义 1.2.3 设矩阵$\boldsymbol{A}=(a_{ij})_{m\times s}$, $\boldsymbol{B}=(b_{ij})_{s\times n}$, 则定义 $\boldsymbol{A}$ 与 $\boldsymbol{B}$ 的乘积为矩阵 $\boldsymbol{C}=(c_{ij})_{m\times n}$, 其中 $c_{ij}=a_{i1}b_{1j}+a_{i2}b_{2j}+\cdots+a_{is}b_{sj}=\sum\limits_{k=1}^{s}a_{ik}b_{kj}\ (i=1,2,\cdots,m;j=1,2,\cdots,n)$, 记作 $\boldsymbol{C}=\boldsymbol{AB}$, 常读为 $\boldsymbol{A}$ 左乘 $\boldsymbol{B}$ 或 $\boldsymbol{B}$ 右乘 $\boldsymbol{A}$.

根据定义, 只有当左边矩阵 $\boldsymbol{A}$ 的列数等于右边矩阵 $\boldsymbol{B}$ 的行数时, 两个矩阵才能相乘, 且矩阵 $\boldsymbol{C}=\boldsymbol{AB}$ 的行数等于 $\boldsymbol{A}$ 的行数, 列数等于 $\boldsymbol{B}$ 的列数.

例 1.2.4　若 $\boldsymbol{A}=\begin{pmatrix}2 & 3\\ 1 & -2\\ 3 & 1\end{pmatrix}$, $\boldsymbol{B}=\begin{pmatrix}1 & -2 & -3\\ 2 & -1 & 0\end{pmatrix}$, 求 $\boldsymbol{AB}$ 与 $\boldsymbol{BA}$.

解

$$\boldsymbol{AB}=\begin{pmatrix}2 & 3\\ 1 & -2\\ 3 & 1\end{pmatrix}\begin{pmatrix}1 & -2 & -3\\ 2 & -1 & 0\end{pmatrix}$$

$$=\begin{pmatrix}2\times1+3\times2 & 2\times(-2)+3\times(-1) & 2\times(-3)+3\times0\\ 1\times1+(-2)\times2 & 1\times(-2)+(-2)\times(-1) & 1\times(-3)+(-2)\times0\\ 3\times1+1\times2 & 3\times(-2)+1\times(-1) & 3\times(-3)+1\times0\end{pmatrix}$$

$$=\begin{pmatrix}8 & -7 & -6\\ -3 & 0 & -3\\ 5 & -7 & -9\end{pmatrix}.$$

$$\boldsymbol{BA}=\begin{pmatrix}1 & -2 & -3\\ 2 & -1 & 0\end{pmatrix}\begin{pmatrix}2 & 3\\ 1 & -2\\ 3 & 1\end{pmatrix}$$

$$=\begin{pmatrix}1\times2+(-2)\times1+(-3)\times3 & 1\times3+(-2)\times(-2)+(-3)\times1\\ 2\times2+(-1)\times1+0\times3 & 2\times3+(-1)\times(-2)+0\times1\end{pmatrix}$$

$$=\begin{pmatrix}-9 & 4\\ 3 & 8\end{pmatrix}.$$ □

例 1.2.5　设 $\boldsymbol{A}=\begin{pmatrix}-2 & 4\\ 1 & -2\end{pmatrix}$, $\boldsymbol{B}=\begin{pmatrix}2 & 4\\ -3 & -6\end{pmatrix}$, 求 $\boldsymbol{AB}$ 与 $\boldsymbol{BA}$.

解

$$\boldsymbol{AB}=\begin{pmatrix}-2 & 4\\ 1 & -2\end{pmatrix}\begin{pmatrix}2 & 4\\ -3 & -6\end{pmatrix}=\begin{pmatrix}-16 & -32\\ 8 & 16\end{pmatrix},$$

$$\boldsymbol{BA}=\begin{pmatrix}2 & 4\\ -3 & -6\end{pmatrix}\begin{pmatrix}-2 & 4\\ 1 & -2\end{pmatrix}=\begin{pmatrix}0 & 0\\ 0 & 0\end{pmatrix}.$$ □

上述两例都有 $\boldsymbol{AB}\neq\boldsymbol{BA}$, 这表明矩阵乘法不满足交换律, 并且两个非零矩阵的乘积可能是零矩阵, 从而矩阵的消去律不成立, 即若 $\boldsymbol{AB}=\boldsymbol{AC}$ 且 $\boldsymbol{A}\neq\boldsymbol{0}$, 推不出 $\boldsymbol{B}=\boldsymbol{C}$. 这是矩阵乘法与数的乘法的本质区别.

矩阵的乘法满足下列运算规律 (假设运算都是可行的):

(1) $(\boldsymbol{AB})\boldsymbol{C} = \boldsymbol{A}(\boldsymbol{BC})$; (2) $(\boldsymbol{A}+\boldsymbol{B})\boldsymbol{C} = \boldsymbol{AC}+\boldsymbol{BC}$;

(3) $\boldsymbol{C}(\boldsymbol{A}+\boldsymbol{B}) = \boldsymbol{CA}+\boldsymbol{CB}$; (4) $k(\boldsymbol{AB}) = (k\boldsymbol{A})\boldsymbol{B} = \boldsymbol{A}(k\boldsymbol{B})$;

(5) 设 $\boldsymbol{A}$ 是 $m\times n$ 矩阵, 则 $\boldsymbol{I}_m\boldsymbol{A} = \boldsymbol{AI}_n = \boldsymbol{A}$;

(6) 设 k 为数, $\boldsymbol{A}$ 是 n 阶矩阵, 则 $k\boldsymbol{A} = (k\boldsymbol{I}_n)\boldsymbol{A}$.

定义 1.2.4 如果 $\boldsymbol{AB} = \boldsymbol{BA}$, 则称 $\boldsymbol{A}$ 与 $\boldsymbol{B}$ **可交换**.

例 1.2.6 设 $\boldsymbol{A} = \begin{pmatrix} 1 & 0 \\ -1 & 0 \end{pmatrix}$, 试求与 $\boldsymbol{A}$ 可交换的一切矩阵.

解 设与 $\boldsymbol{A}$ 可交换的矩阵 $\boldsymbol{B} = \begin{pmatrix} x_{11} & x_{12} \\ x_{21} & x_{22} \end{pmatrix}$, 由 $\boldsymbol{AB} = \boldsymbol{BA}$ 得

$$\begin{pmatrix} 1 & 0 \\ -1 & 0 \end{pmatrix}\begin{pmatrix} x_{11} & x_{12} \\ x_{21} & x_{22} \end{pmatrix} = \begin{pmatrix} x_{11} & x_{12} \\ x_{21} & x_{22} \end{pmatrix}\begin{pmatrix} 1 & 0 \\ -1 & 0 \end{pmatrix},$$

即

$$\begin{pmatrix} x_{11} & x_{12} \\ -x_{11} & -x_{12} \end{pmatrix} = \begin{pmatrix} x_{11}-x_{12} & 0 \\ x_{21}-x_{22} & 0 \end{pmatrix},$$

由矩阵相等定义得

$$\begin{cases} x_{11} = x_{11}-x_{12}, \\ x_{12} = 0, \\ -x_{11} = x_{21}-x_{22}, \end{cases}$$

所以有

$$\begin{cases} x_{12} = 0, \\ x_{11} = -x_{21}+x_{22}, \end{cases}$$

故与 $\boldsymbol{A}$ 可交换矩阵为 $\begin{pmatrix} b-a & 0 \\ a & b \end{pmatrix}$, 其中 a, b 为任意数. □

例 1.2.7 设线性方程组

$$\begin{cases} a_{11}x_1 + a_{12}x_2 + \cdots + a_{1n}x_n = b_1, \\ a_{21}x_1 + a_{22}x_2 + \cdots + a_{2n}x_n = b_2, \\ \cdots\cdots \\ a_{m1}x_1 + a_{m2}x_2 + \cdots + a_{mn}x_n = b_m. \end{cases} \tag{1.1.1}$$

若记

$$A=\begin{pmatrix} a_{11} & a_{12} & \cdots & a_{1n} \\ a_{21} & a_{22} & \cdots & a_{2n} \\ \vdots & \vdots & & \vdots \\ a_{m1} & a_{m2} & \cdots & a_{mn} \end{pmatrix}, \quad X=\begin{pmatrix} x_1 \\ x_2 \\ \vdots \\ x_n \end{pmatrix}, \quad B=\begin{pmatrix} b_1 \\ b_2 \\ \vdots \\ b_m \end{pmatrix},$$

则利用矩阵的乘法, 线性方程组 (1.1.1) 可表示为矩阵形式: $\boldsymbol{AX}=\boldsymbol{B}$, 其中 $\boldsymbol{A}$ 称为方程组 (1.1.1) 的**系数矩阵**, 而 $\bar{\boldsymbol{A}}=(\boldsymbol{A}\ \boldsymbol{B})$ 称为方程组 (1.1.1) 的**增广矩阵**.

例 1.2.8　设变量 $x_1, x_2, \cdots, x_n$ 与 $y_1, y_2, \cdots, y_n$ 之间的关系式

$$\begin{cases} y_1 = a_{11}x_1 + a_{12}x_2 + \cdots + a_{1n}x_n, \\ y_2 = a_{21}x_1 + a_{22}x_2 + \cdots + a_{2n}x_n, \\ \qquad \cdots\cdots \\ y_m = a_{m1}x_1 + a_{m2}x_2 + \cdots + a_{mn}x_n, \end{cases} \tag{1.1.2}$$

称为从变量 $x_1, x_2, \cdots, x_n$ 到变量 $y_1, y_2, \cdots, y_m$ 的**线性变换**, 其中 a_{ij} 为常数, $i=1,2,\cdots,m$; $j=1,2,\cdots,n$.

若记

$$A=\begin{pmatrix} a_{11} & a_{12} & \cdots & a_{1n} \\ a_{21} & a_{22} & \cdots & a_{2n} \\ \vdots & \vdots & & \vdots \\ a_{m1} & a_{m2} & \cdots & a_{mn} \end{pmatrix}, \quad X=\begin{pmatrix} x_1 \\ x_2 \\ \vdots \\ x_n \end{pmatrix}, \quad Y=\begin{pmatrix} y_1 \\ y_2 \\ \vdots \\ y_m \end{pmatrix},$$

则线性变换 (1.1.2) 可表示为

$$\boldsymbol{Y}=\boldsymbol{AX}. \tag{1.1.3}$$

易见线性变换与其系数矩阵之间存在一一对应的关系. 有关变量的线性变换的内容我们将在本书第 5 章作进一步讨论.

1.2.3　矩阵的转置

定义 1.2.5　设 $m \times n$ 矩阵

$$A=\begin{pmatrix} a_{11} & a_{12} & \cdots & a_{1n} \\ a_{21} & a_{22} & \cdots & a_{2n} \\ \vdots & \vdots & & \vdots \\ a_{m1} & a_{m2} & \cdots & a_{mn} \end{pmatrix},$$

将 $\boldsymbol{A}$ 的行与列依次互换位置, 得到的 $n\times m$ 矩阵

$$\begin{pmatrix} a_{11} & a_{21} & \cdots & a_{m1} \\ a_{12} & a_{22} & \cdots & a_{m2} \\ \vdots & \vdots & & \vdots \\ a_{1n} & a_{2n} & \cdots & a_{mn} \end{pmatrix},$$

称为矩阵 $\boldsymbol{A}$ 的**转置矩阵**, 简称为 $\boldsymbol{A}$ 的转置, 记作 $\boldsymbol{A}^{\top}$(或 $\boldsymbol{A}'$).

例如, $\boldsymbol{A}=\begin{pmatrix} 1 & -1 & 5 \\ 6 & 7 & 8 \end{pmatrix}$, 则 $\boldsymbol{A}^{\top}=\begin{pmatrix} 1 & 6 \\ -1 & 7 \\ 5 & 8 \end{pmatrix}$.

当 $\boldsymbol{A}$ 是对称矩阵时, 有 $a_{ij}=a_{ji}\ (i,j=1,2,\cdots,n)$, 即 $\boldsymbol{A}^{\top}=\boldsymbol{A}$; 当 $\boldsymbol{A}$ 是反对称矩阵时, 有 $a_{ij}=-a_{ji}\ (i,j=1,2,\cdots,n)$, 即 $\boldsymbol{A}^{\top}=-\boldsymbol{A}$.

矩阵的转置满足以下的运算规律 (假设运算是可行的):

(1) $\left(\boldsymbol{A}^{\top}\right)^{\top}=\boldsymbol{A}$;

(2) $(\boldsymbol{A}+\boldsymbol{B})^{\top}=\boldsymbol{A}^{\top}+\boldsymbol{B}^{\top}$;

(3) $(k\boldsymbol{A})^{\top}=k\boldsymbol{A}^{\top}$;

(4) $(\boldsymbol{AB})^{\top}=\boldsymbol{B}^{\top}\boldsymbol{A}^{\top}$.

证明 (1), (2), (3) 显然成立, 现证 (4) 成立.

设 $\boldsymbol{A}=(a_{ij})_{m\times s}$, $\boldsymbol{B}=(b_{ij})_{s\times n}$, 易见, $(\boldsymbol{AB})^{\top}$ 与 $\boldsymbol{B}^{\top}\boldsymbol{A}^{\top}$ 均为 $n\times m$ 矩阵.

矩阵 $(\boldsymbol{AB})^{\top}$ 的第 j 行第 i 列的元素是 $\boldsymbol{AB}$ 的第 i 行第 j 列的元素, 即

$$a_{i1}b_{1j}+a_{i2}b_{2j}+\cdots+a_{is}b_{sj}=\sum_{k=1}^{s}a_{ik}b_{kj},$$

而矩阵 $\boldsymbol{B}^{\top}\boldsymbol{A}^{\top}$ 的第 j 行第 i 列的元素是 $\boldsymbol{B}^{\top}$ 的第 j 行与 $\boldsymbol{A}^{\top}$ 的第 i 列对应元素乘积的和, 即是矩阵 $\boldsymbol{B}$ 的第 j 列与 $\boldsymbol{A}$ 的第 i 行对应元素乘积的和

$$b_{1j}a_{i1}+b_{2j}a_{i2}+\cdots+b_{sj}a_{is}=\sum_{k=1}^{s}a_{ik}b_{kj},$$

所以 $(\boldsymbol{AB})^{\top}=\boldsymbol{B}^{\top}\boldsymbol{A}^{\top}$. □

例 1.2.9 已知 $\boldsymbol{A}=\begin{pmatrix} 2 & 0 & -1 \\ 1 & 3 & 2 \end{pmatrix}$, $\boldsymbol{B}=\begin{pmatrix} 1 & 7 & -1 \\ 4 & 2 & 3 \\ 2 & 0 & 1 \end{pmatrix}$, 求 $(\boldsymbol{AB})^{\top}$.

解　方法一　因为

$$\boldsymbol{AB}=\begin{pmatrix}2&0&-1\\1&3&2\end{pmatrix}\begin{pmatrix}1&7&-1\\4&2&3\\2&0&1\end{pmatrix}=\begin{pmatrix}0&14&-3\\17&13&10\end{pmatrix},$$

所以

$$(\boldsymbol{AB})^{\top}=\begin{pmatrix}0&17\\14&13\\-3&10\end{pmatrix}.$$

方法二　$(\boldsymbol{AB})^{\top}=\boldsymbol{B}^{\top}\boldsymbol{A}^{\top}=\begin{pmatrix}1&4&2\\7&2&0\\-1&3&1\end{pmatrix}\begin{pmatrix}2&1\\0&3\\-1&2\end{pmatrix}=\begin{pmatrix}0&17\\14&13\\-3&10\end{pmatrix}$. □

性质 (4) 可以推广到任意有限个可乘矩阵的情形, 即

$$(\boldsymbol{A}_1\boldsymbol{A}_2\cdots\boldsymbol{A}_s)^{\top}=\boldsymbol{A}_s^{\top}\cdots\boldsymbol{A}_2^{\top}\boldsymbol{A}_1^{\top}.$$

由对称矩阵与反对称矩阵的定义易知

(1) (反) 对称矩阵的和、数乘仍是 (反) 对称矩阵;

(2) 对任意矩阵 $\boldsymbol{A}$, $\boldsymbol{A}^{\top}\boldsymbol{A}$ 和 $\boldsymbol{A}\boldsymbol{A}^{\top}$ 均为对称矩阵;

(3) 若 $\boldsymbol{A}, \boldsymbol{B}$ 是两个 n 阶 (反) 对称矩阵, 则 $\boldsymbol{AB}$ 是 (反) 对称矩阵的充要条件是 $\boldsymbol{AB}=\boldsymbol{BA}\,(\boldsymbol{AB}=-\boldsymbol{BA})$.

证明　仅证 (3). 因为 $\boldsymbol{A}, \boldsymbol{B}$ 均为对称矩阵, 即 $\boldsymbol{A}^{\top}=\boldsymbol{A}$, $\boldsymbol{B}^{\top}=\boldsymbol{B}$, 所以如果 $\boldsymbol{AB}=\boldsymbol{BA}$, 则 $(\boldsymbol{AB})^{\top}=\boldsymbol{B}^{\top}\boldsymbol{A}^{\top}=\boldsymbol{BA}=\boldsymbol{AB}$, 即 $\boldsymbol{AB}$ 对称.

反之, 如果 $\boldsymbol{AB}$ 对称, 即 $(\boldsymbol{AB})^{\top}=\boldsymbol{AB}$, 则 $\boldsymbol{AB}=(\boldsymbol{AB})^{\top}=\boldsymbol{B}^{\top}\boldsymbol{A}^{\top}=\boldsymbol{BA}$.

对反对称矩阵的情形, 类似可证. □

1.2.4　矩阵的逆

在数的运算中, $a\div b\,(b\neq 0)$ 可写成 $b^{-1}a$ 或 ab^{-1}, 那么在矩阵运算中是否也有类似的定义呢? 为此我们要讨论矩阵可逆的问题.

定义 1.2.6　设 $\boldsymbol{A}$ 是 n 阶矩阵. 如果存在矩阵 $\boldsymbol{B}$ 使得

$$\boldsymbol{AB}=\boldsymbol{BA}=\boldsymbol{I}, \tag{1.1.4}$$

则称 $\boldsymbol{A}$ 是**可逆矩阵**, $\boldsymbol{B}$ 称为 $\boldsymbol{A}$ 的一个**逆矩阵**.

显然, 若 $\boldsymbol{A}$ 是 n 阶可逆矩阵, 则满足条件 (1.1.4) 的矩阵 $\boldsymbol{B}$ 一定是 n 阶方阵, 且是唯一的. 事实上, 若 $\boldsymbol{B}, \boldsymbol{C}$ 均是 $\boldsymbol{A}$ 的逆矩阵, 则有

$$B = BI = B(AC) = (BA)C = IC = C,$$

故 A 的逆唯一, 记为 A^{-1}.

可逆矩阵还具有下列性质:

(1) 若 A 可逆, 则 A^{-1} 也可逆, 且 $(A^{-1})^{-1} = A$;

(2) 若 A 可逆, 则 $A^{\top}$ 也可逆, 且 $\left(A^{\top}\right)^{-1} = \left(A^{-1}\right)^{\top}$;

(3) 若 A 可逆, 数 $k \neq 0$, 则 kA 可逆, 且 $(kA)^{-1} = \dfrac{1}{k}A^{-1}$;

(4) 若 A, B 均为 n 阶可逆矩阵, 则 AB 可逆, $(AB)^{-1} = B^{-1}A^{-1}$, 且可推广到任意有限个可逆矩阵的乘积, 即 $(A_1A_2\cdots A_s)^{-1} = A_s^{-1}\cdots A_2^{-1}A_1^{-1}$.

例 1.2.10 设 $A = \begin{pmatrix} 1 & 2 \\ -3 & -5 \end{pmatrix}$, 求 A^{-1}.

解 因为 $A\begin{pmatrix} -5 & -2 \\ 3 & 1 \end{pmatrix} = \begin{pmatrix} -5 & -2 \\ 3 & 1 \end{pmatrix}A = I$, 故 $A^{-1} = \begin{pmatrix} -5 & -2 \\ 3 & 1 \end{pmatrix}$. □

1.2.5 矩阵的幂

定义 1.2.7 设 A 是 n 阶矩阵, 定义 $A^0 = I$, $A^k = \underbrace{A \cdot A \cdot \cdots \cdot A}_{k个}$, k 为非负整数, 则称 A^k 为 A 的 k**次幂**.

矩阵的幂满足以下运算规律:

(1) $A^mA^n = A^{m+n}$(m, n 为非负整数);

(2) $(A^m)^n = A^{mn}$.

注 由于矩阵的乘法不满足交换律, 故一般 $(AB)^m \neq A^mB^m$ (m 为非负整数), 但如果 A, B 均为 n 阶矩阵, 且 $AB = BA$, 则可以证明 $(AB)^m = A^mB^m$ (m 为非负整数).

1.2.6 矩阵的共轭

定义 1.2.8 设 $A = (a_{ij})$ 为复矩阵, 记 $\overline{A} = (\overline{a_{ij}})$, 其中 $\overline{a_{ij}}$ 表示复数 a_{ij} 的共轭, 称 $\overline{A}$ 为 A 的**共轭矩阵**.

共轭矩阵满足如下运算规律.

设 A, B 为复矩阵, k 为复数, 则

(1) $\overline{A+B} = \overline{A} + \overline{B}$;

(2) $\overline{k\boldsymbol{A}} = \overline{k} \cdot \overline{\boldsymbol{A}}$;

(3) $\overline{\boldsymbol{AB}} = \overline{\boldsymbol{A}} \cdot \overline{\boldsymbol{B}}$;

(4) $\overline{\left(\boldsymbol{A}^{\top}\right)} = \left(\overline{\boldsymbol{A}}\right)^{\top}$.

习　题　1.2

1. 设 $\boldsymbol{A} = \begin{pmatrix} 1 & 2 & 1 & 2 \\ 2 & 1 & 2 & 2 \\ 1 & 2 & 3 & 4 \end{pmatrix}$, $\boldsymbol{B} = \begin{pmatrix} 4 & 3 & 2 & 1 \\ -2 & 1 & -2 & 1 \\ 0 & -1 & 0 & -1 \end{pmatrix}$. (1) 计算 $3\boldsymbol{A}+\boldsymbol{B}$; (2) 求 $\boldsymbol{X}$ 满足 $\boldsymbol{A}+\boldsymbol{X}=\boldsymbol{B}$.

2. 计算.

(1) $\begin{pmatrix} 1, 2, 3 \end{pmatrix} \begin{pmatrix} 3 \\ 2 \\ 1 \end{pmatrix}$;

(2) $\begin{pmatrix} 3 \\ 2 \\ 1 \end{pmatrix} \begin{pmatrix} 1, 2, 3 \end{pmatrix}$;

(3) $\begin{pmatrix} 3 & -2 & 1 \\ 1 & -1 & 2 \end{pmatrix} \begin{pmatrix} -1 & 5 \\ -2 & 4 \\ 3 & -1 \end{pmatrix}$;

(4) $\begin{pmatrix} 1 & 2 & 3 \\ -2 & 1 & 2 \end{pmatrix} \begin{pmatrix} 1 & 2 & 0 \\ 0 & 1 & 1 \\ 3 & 0 & -1 \end{pmatrix}$;

(5) $\begin{pmatrix} x_1, x_2, x_3 \end{pmatrix} \begin{pmatrix} a_{11} & a_{12} & a_{13} \\ a_{12} & a_{22} & a_{23} \\ a_{13} & a_{23} & a_{33} \end{pmatrix} \begin{pmatrix} x_1 \\ x_2 \\ x_3 \end{pmatrix}$.

3. 已知 $\boldsymbol{A} = \begin{pmatrix} 1 & 0 & 3 \\ 0 & 2 & 1 \\ 0 & 0 & 1 \end{pmatrix}$, $\boldsymbol{B} = \begin{pmatrix} 1 & 0 & 0 \\ 0 & 2 & 1 \\ 3 & 0 & 1 \end{pmatrix}$, 求 $(\boldsymbol{AB})^{\top}$ 和 $\boldsymbol{B}^{\top}\boldsymbol{A}^{\top}$.

4. 解下列矩阵方程.

(1) $\begin{pmatrix} 2 & 5 \\ 1 & 3 \end{pmatrix} \boldsymbol{X} = \begin{pmatrix} 4 & -6 \\ 2 & 1 \end{pmatrix}$;

(2) $\boldsymbol{X}\begin{pmatrix} 1 & 1 & -1 \\ 2 & 1 & 0 \\ 1 & -1 & 1 \end{pmatrix} = \begin{pmatrix} 1 & 1 & 3 \\ 4 & 3 & 2 \\ 1 & 2 & 5 \end{pmatrix}$.

5. 设 $\boldsymbol{A} = \begin{pmatrix} 1 & 1 \\ 0 & 1 \end{pmatrix}$, 求所有与 $\boldsymbol{A}$ 可交换的矩阵.

6. 计算下列矩阵 (n 为正整数).

(1) $\begin{pmatrix} 1 & 1 \\ 0 & 1 \end{pmatrix}^n$;　(2) $\begin{pmatrix} 1 & 1 & 0 \\ 0 & 1 & 1 \\ 0 & 0 & 1 \end{pmatrix}^n$;　(3) $\begin{pmatrix} \cos\varphi & \sin\varphi \\ -\sin\varphi & \cos\varphi \end{pmatrix}^n$.

7. 设有线性变换 $\boldsymbol{Y} = \boldsymbol{AX}$, 其中系数矩阵 $\boldsymbol{A}$ 分别取 $\begin{pmatrix} 1 & 0 \\ 0 & 0 \end{pmatrix}$, $\begin{pmatrix} 1 & 0 \\ 0 & -1 \end{pmatrix}$, 试求当 $\boldsymbol{X} = \begin{pmatrix} 1 \\ 1 \end{pmatrix}$ 时, 在相应变换下对应变量 $\boldsymbol{Y}$ 的值.

8. 证明: 两个 n 阶下三角矩阵的乘积仍是下三角矩阵.

9. 证明: 任意 n 阶矩阵 $\boldsymbol{A}$ 均可表示为一个对称矩阵和一个反对称矩阵之和.

1.3 矩阵的初等变换

1.3.1 矩阵的初等变换与初等矩阵

定义 1.3.1 设 $\boldsymbol{A} = (a_{ij})_{m\times n}$, 则以下三种变换称为矩阵 $\boldsymbol{A}$ 的**行 (列) 初等变换**.

(1) 交换 $\boldsymbol{A}$ 的某两行 (列);

(2) 用非零数 k 乘以 $\boldsymbol{A}$ 的某一行 (列) 所有元素;

(3) 将 $\boldsymbol{A}$ 的某一行 (列) 的 k 倍加到另一行 (列) 上.

矩阵的行、列初等变换统称为矩阵的**初等变换**.

定义 1.3.2 由单位矩阵 $\boldsymbol{I}$ 经过一次初等变换所得到的矩阵称为**初等矩阵**. 对应于上述初等变换得到三种初等矩阵.

例如, 对 $\boldsymbol{I}_3 = \begin{pmatrix} 1 & 0 & 0 \\ 0 & 1 & 0 \\ 0 & 0 & 1 \end{pmatrix}$ 交换 1,2 行 (列) 得到初等矩阵 $\begin{pmatrix} 0 & 1 & 0 \\ 1 & 0 & 0 \\ 0 & 0 & 1 \end{pmatrix}$; 用

(-3) 去乘 $\boldsymbol{I}_3$ 的第三行 (列) 得到初等矩阵 $\begin{pmatrix} 1 & 0 & 0 \\ 0 & 1 & 0 \\ 0 & 0 & -3 \end{pmatrix}$; 将 $\boldsymbol{I}_3$ 的第 2 行的 (-2) 倍加到第 1 行, 或第 1 列的 (-2) 倍加到第 2 列, 得初等矩阵 $\begin{pmatrix} 1 & -2 & 0 \\ 0 & 1 & 0 \\ 0 & 0 & 1 \end{pmatrix}$.

一般地, 对 n 阶单位矩阵 $\boldsymbol{I}$, 有

(1) 交换 $\boldsymbol{I}$ 的第 i, j 行 (列), 得到的初等矩阵记为 $\boldsymbol{I}(i,j)$;

(2) 用非零数 k 乘以 $\boldsymbol{I}$ 的第 i 行 (列), 得到的初等矩阵记为 $\boldsymbol{I}(i(k))$;

(3) 将 $\boldsymbol{I}$ 的第 j 行的 k 倍加到第 i 行 (或第 i 列的 k 倍加到第 j 列) 上, 得到的初等矩阵记为 $\boldsymbol{I}(i,j(k))$.

写成矩阵形式, 即

$$\boldsymbol{I}(i,j) = \begin{pmatrix} 1 & & & & & & & & \\ & \ddots & & & & & & & \\ & & 0 & & \cdots & & 1 & & \\ & & & 1 & & & & & \\ & & \vdots & & \ddots & & \vdots & & \\ & & & & & 1 & & & \\ & & 1 & & \cdots & & 0 & & \\ & & & & & & & \ddots & \\ & & & & & & & & \ddots \\ & & & & & & & & & 1 \end{pmatrix} \begin{matrix} \\ \\ \text{第 } i \text{ 行} \\ \\ \\ \\ \text{第 } j \text{ 行} \\ \\ \\ \\ \end{matrix};$$

$$\boldsymbol{I}(i(k)) = \begin{pmatrix} 1 & & & & & & \\ & \ddots & & & & & \\ & & 1 & & & & \\ & & & k & & & \\ & & & & 1 & & \\ & & & & & \ddots & \\ & & & & & & 1 \end{pmatrix} \text{第 } i \text{ 行};$$

$$\boldsymbol{I}(i,j(k))=\begin{pmatrix}1 & & & & & & \\ & \ddots & & & & & \\ & & 1 & \cdots & k & & \\ & & & \ddots & \vdots & & \\ & & & & 1 & & \\ & & & & & \ddots & \\ & & & & & & 1\end{pmatrix}\begin{matrix} \\ \\ \text{第 } i \text{ 行} \\ \\ \text{第 } j \text{ 行} \\ \\ \\ \end{matrix}.$$

直接验证, 初等矩阵具有如下性质.

命题 1.3.1 (1) 初等矩阵的转置仍是初等矩阵;

(2) 初等矩阵均为可逆矩阵, 且其逆仍是同类型的初等矩阵, 即

$$\boldsymbol{I}(i,j)^{-1}=\boldsymbol{I}(i,j);\quad \boldsymbol{I}(i(k))^{-1}=\boldsymbol{I}\left(i\left(\frac{1}{k}\right)\right);\quad \boldsymbol{I}(i,j(k))^{-1}=\boldsymbol{I}(i,j(-k)).$$

矩阵的初等变换与初等矩阵之间有密切的联系.

定理 1.3.1 设 $\boldsymbol{A}=(a_{ij})$ 是 $m\times n$ 矩阵, 对 $\boldsymbol{A}$ 施行一次某种初等行 (或列) 变换, 相当于用一个相应的 m (或n) 阶初等矩阵左 (或右) 乘 $\boldsymbol{A}$.

证明 现仅对 $\boldsymbol{A}$ 进行交换 i,j 行的情形进行证明.

$$\boldsymbol{A}=\begin{pmatrix}a_{11} & \cdots & a_{1n}\\ \vdots & & \vdots\\ a_{i1} & \cdots & a_{in}\\ \vdots & & \vdots\\ a_{j1} & \cdots & a_{jn}\\ \vdots & & \vdots\\ a_{m1} & \cdots & a_{mn}\end{pmatrix}\to\begin{pmatrix}a_{11} & \cdots & a_{1n}\\ \vdots & & \vdots\\ a_{j1} & \cdots & a_{jn}\\ \vdots & & \vdots\\ a_{i1} & \cdots & a_{in}\\ \vdots & & \vdots\\ a_{m1} & \cdots & a_{mn}\end{pmatrix}=\boldsymbol{B},$$

$$\boldsymbol{I}(i,j)\boldsymbol{A}=\begin{pmatrix}1 & & & & & & \\ & \ddots & & & & & \\ & & 0 & \cdots & 1 & & \\ & & \vdots & \ddots & \vdots & & \\ & & 1 & \cdots & 0 & & \\ & & & & & \ddots & \\ & & & & & & 1\end{pmatrix}\begin{pmatrix}a_{11} & \cdots & a_{1n}\\ \vdots & & \vdots\\ a_{i1} & \cdots & a_{in}\\ \vdots & & \vdots\\ a_{j1} & \cdots & a_{jn}\\ \vdots & & \vdots\\ a_{m1} & \cdots & a_{mn}\end{pmatrix}=\boldsymbol{B},$$

对于其余情形可类似证明. □

例 1.3.1 设有矩阵 $\boldsymbol{A}=\begin{pmatrix}3&0&1\\1&-1&2\\0&1&1\end{pmatrix}$. (1) 将 $\boldsymbol{A}$ 的 1, 3 列互换; (2) 将 $\boldsymbol{A}$ 的第 2 行的 -3 倍加到第 1 行上, 写出对应的初等矩阵, 并用矩阵乘法将这两种变换表示出来.

解 (1) 交换 $\boldsymbol{A}$ 的 1, 3 列, 即用初等矩阵 $\boldsymbol{I}_3(1,3)=\begin{pmatrix}0&0&1\\0&1&0\\1&0&0\end{pmatrix}$ 右乘 $\boldsymbol{A}$, 得

$$\begin{pmatrix}3&0&1\\1&-1&2\\0&1&1\end{pmatrix}\begin{pmatrix}0&0&1\\0&1&0\\1&0&0\end{pmatrix}=\begin{pmatrix}1&0&3\\2&-1&1\\1&1&0\end{pmatrix}.$$

(2) 将 $\boldsymbol{A}$ 的第 2 行的 -3 倍加到第 1 行上, 即用初等矩阵

$$\boldsymbol{I}_3\left(1,2\left(-3\right)\right)=\begin{pmatrix}1&-3&0\\0&1&0\\0&0&1\end{pmatrix}$$

左乘 $\boldsymbol{A}$ 得

$$\begin{pmatrix}1&-3&0\\0&1&0\\0&0&1\end{pmatrix}\begin{pmatrix}3&0&1\\1&-1&2\\0&1&1\end{pmatrix}=\begin{pmatrix}0&3&-5\\1&-1&2\\0&1&1\end{pmatrix}.$$ □

1.3.2 矩阵的等价标准形

定义 1.3.3 若矩阵 $\boldsymbol{A}$ 经过有限次初等变换变成矩阵 $\boldsymbol{B}$, 则称矩阵 $\boldsymbol{A}$ 与 $\boldsymbol{B}$ **等价**, 记为 $\boldsymbol{A}\to\boldsymbol{B}$.

矩阵之间的等价关系具有下列基本性质.

(1) 自反性: $\boldsymbol{A}\to\boldsymbol{A}$;

(2) 对称性: 若 $\boldsymbol{A}\to\boldsymbol{B}$, 则 $\boldsymbol{B}\to\boldsymbol{A}$;

(3) 传递性: 若 $\boldsymbol{A}\to\boldsymbol{B}$, $\boldsymbol{B}\to\boldsymbol{C}$, 则 $\boldsymbol{A}\to\boldsymbol{C}$.

例 1.3.2 设矩阵 $\boldsymbol{A}=\begin{pmatrix}3&2&9&6\\-1&-3&4&-17\\1&4&-7&3\\-1&-4&7&-3\end{pmatrix}$, 对其做如下初等行变换:

$$
\boldsymbol{A}=\begin{pmatrix}3&2&9&6\\-1&-3&4&-17\\1&4&-7&3\\-1&-4&7&-3\end{pmatrix}\xrightarrow{\text{交换}1,\,3\text{行}}\begin{pmatrix}1&4&-7&3\\-1&-3&4&-17\\3&2&9&6\\-1&-4&7&-3\end{pmatrix}
$$

$$
\xrightarrow[\text{分别加到第 2, 3, 4 行}]{\text{第 1 行乘以 1, }-3,\text{ 1,}}\begin{pmatrix}1&4&-7&3\\0&1&-3&-14\\0&-10&30&-3\\0&0&0&0\end{pmatrix}\xrightarrow[\text{加到第 3 行}]{\text{第 2 行乘以 10}}\begin{pmatrix}1&4&-7&3\\0&1&-3&-14\\0&0&0&-143\\0&0&0&0\end{pmatrix}
$$

$$
=\boldsymbol{B},
$$

其中矩阵 $\boldsymbol{B}$ 依其结构特征称为阶梯形矩阵.

一般地, 称满足下列条件的矩阵为**阶梯形矩阵**:

(1) 若有零行 (元素全为 0 的行), 则其位于非零行的下方;

(2) 每个非零行的第一个非零元都是位于上一行第一个非零元的右边.

对例 1.3.2 中的矩阵 $\boldsymbol{B}$ 再做如下初等行变换:

$$
\boldsymbol{B}=\begin{pmatrix}1&4&-7&3\\0&1&-3&-14\\0&0&0&-143\\0&0&0&0\end{pmatrix}\to\begin{pmatrix}1&4&-7&3\\0&1&-3&-14\\0&0&0&1\\0&0&0&0\end{pmatrix}
$$

$$
\to\begin{pmatrix}1&4&-7&0\\0&1&-3&0\\0&0&0&1\\0&0&0&0\end{pmatrix}\to\begin{pmatrix}1&0&5&0\\0&1&-3&0\\0&0&0&1\\0&0&0&0\end{pmatrix}=\boldsymbol{C}.
$$

称这种特殊结构的阶梯形矩阵 $\boldsymbol{C}$ 为行简化阶梯形矩阵.

一般地, 称满足下列条件的阶梯形矩阵为**行简化阶梯形矩阵**:

(1) 每个非零行的第一个非零元素是 1;

(2) 每个非零行第一个非零元所在列的其余元素是 0.

如果对上述矩阵 $\boldsymbol{C}$ 再做初等列变换:

$$
\boldsymbol{C}=\begin{pmatrix}1&0&5&0\\0&1&-3&0\\0&0&0&1\\0&0&0&0\end{pmatrix}\to\begin{pmatrix}1&0&0&0\\0&1&0&0\\0&0&0&1\\0&0&0&0\end{pmatrix}\to\begin{pmatrix}1&0&0&0\\0&1&0&0\\0&0&1&0\\0&0&0&0\end{pmatrix}=\boldsymbol{D},
$$

其中矩阵 $\boldsymbol{D}$ 称为原矩阵 $\boldsymbol{A}$ 的等价标准形.

定理 1.3.2　任意矩阵 $\boldsymbol{A}$ 都与一个形如 $\boldsymbol{D}=\begin{pmatrix}\boldsymbol{I}_r & \boldsymbol{0}\\ \boldsymbol{0} & \boldsymbol{0}\end{pmatrix}$ 的矩阵等价, 其中矩阵 $\boldsymbol{D}$ 称为矩阵 $\boldsymbol{A}$ 的**等价标准形**.

证明　设 $\boldsymbol{A}=(a_{ij})_{m\times n}$. 若所有 a_{ij} 均为 0, 则 $\boldsymbol{A}$ 已是标准形 $\boldsymbol{D}$ 的形式 (此时 $r=0$). 若 $\boldsymbol{A}$ 至少有一个元素不为零, 不妨设 $a_{11}\neq 0$ (若 $a_{11}=0$, 而 $a_{ij}\neq 0$, 将 $\boldsymbol{A}$ 的第 $1, i$ 行互换, 再将第 $1, j$ 列互换即可). 用 $-\dfrac{a_{i1}}{a_{11}}$ 乘 $\boldsymbol{A}$ 的第 1 行加到第 i 行上 $(i=2,\cdots,m)$, 再用 $-\dfrac{a_{1j}}{a_{11}}$ 乘该矩阵的第 1 列加到第 j 列上 $(j=2,\cdots,n)$, 然后再以 $\dfrac{1}{a_{11}}$ 乘第 1 行, $\boldsymbol{A}$ 可化为

$$\boldsymbol{A}_1=\begin{pmatrix}1 & 0 & \cdots & 0\\ 0 & a'_{22} & \cdots & a'_{2n}\\ \vdots & \vdots & & \vdots\\ 0 & a'_{n2} & \cdots & a'_{nn}\end{pmatrix}.$$

记

$$\boldsymbol{B}_1=\begin{pmatrix}a'_{22} & \cdots & a'_{2n}\\ \vdots & & \vdots\\ a'_{n2} & \cdots & a'_{nn}\end{pmatrix}.$$

若 $\boldsymbol{B}_1=\boldsymbol{0}$, 则 $\boldsymbol{A}$ 已化成 $\boldsymbol{D}$ 的形式; 若 $\boldsymbol{B}_1\neq\boldsymbol{0}$, 则重复上述过程, 即可化为 $\boldsymbol{D}$ 的形式. □

由定理 1.3.1, 可将定理 1.3.2 表述为以下形式.

推论 1.3.1　对任意 $m\times n$ 矩阵 $\boldsymbol{A}$, 存在 m 阶初等矩阵 $\boldsymbol{P}_1,\boldsymbol{P}_2,\cdots,\boldsymbol{P}_s$ 和 n 阶初等矩阵 $\boldsymbol{Q}_1,\boldsymbol{Q}_2,\cdots,\boldsymbol{Q}_t$, 使得 $\boldsymbol{P}_s\cdots\boldsymbol{P}_2\boldsymbol{P}_1\boldsymbol{A}\boldsymbol{Q}_1\boldsymbol{Q}_2\cdots\boldsymbol{Q}_t=\boldsymbol{D}$.

若设 $\boldsymbol{P}=\boldsymbol{P}_s\cdots\boldsymbol{P}_2\boldsymbol{P}_1$, $\boldsymbol{Q}=\boldsymbol{Q}_1\boldsymbol{Q}_2\cdots\boldsymbol{Q}_t$, 则 $\boldsymbol{P},\boldsymbol{Q}$ 为可逆矩阵, 故有以下推论.

推论 1.3.2　对任意 $m\times n$ 矩阵 $\boldsymbol{A}$, 存在 m 阶可逆矩阵 $\boldsymbol{P}$ 和 n 阶可逆矩阵 $\boldsymbol{Q}$, 使得 $\boldsymbol{PAQ}=\begin{pmatrix}\boldsymbol{I}_r & \boldsymbol{0}\\ \boldsymbol{0} & \boldsymbol{0}\end{pmatrix}$.

推论 1.3.3　n 阶矩阵 $\boldsymbol{A}$ 可逆的充分必要条件是 $\boldsymbol{A}$ 的等价标准形为 $\boldsymbol{I}_n$.

推论 1.3.4　矩阵 $\boldsymbol{A}$ 可逆当且仅当 $\boldsymbol{A}$ 可以表示成若干个初等矩阵的乘积形式.

证明　因为 $\boldsymbol{A}$ 的等价标准形是 $\boldsymbol{I}$, 所以, 存在初等矩阵 $\boldsymbol{P}_1,\cdots,\boldsymbol{P}_s$ 及 $\boldsymbol{Q}_1,\cdots,\boldsymbol{Q}_t$ 使得 $\boldsymbol{P}_s\cdots\boldsymbol{P}_1\boldsymbol{A}\boldsymbol{Q}_1\cdots\boldsymbol{Q}_t=\boldsymbol{I}$, 由初等矩阵均为可逆矩阵, 且其逆矩阵仍为初等矩阵, 故有

$$A = P_1^{-1} \cdots P_s^{-1} I Q_t^{-1} \cdots Q_1^{-1} = P_1^{-1} \cdots P_s^{-1} Q_t^{-1} \cdots Q_1^{-1}.$$

充分性显然. □

1.3.3 求逆矩阵的初等变换法

设 $\boldsymbol{A}$ 是 n 阶可逆矩阵, 则 $\boldsymbol{A}^{-1}$ 也是 n 阶可逆矩阵, 从而 $\boldsymbol{A}^{-1}$ 可表示成若干个初等矩阵的乘积. 设 $\boldsymbol{A}^{-1} = \boldsymbol{G}_1\boldsymbol{G}_2\cdots\boldsymbol{G}_m$, 其中 $\boldsymbol{G}_i\,(i=1,2,\cdots,m)$ 为 n 阶初等矩阵, 于是 $\boldsymbol{A}^{-1}\boldsymbol{A} = \boldsymbol{G}_1\boldsymbol{G}_2\cdots\boldsymbol{G}_m\boldsymbol{A}$, 即

$$\boldsymbol{I} = \boldsymbol{G}_1\boldsymbol{G}_2\cdots\boldsymbol{G}_m\boldsymbol{A}, \tag{1.3.1}$$

$$\boldsymbol{A}^{-1} = \boldsymbol{G}_1\boldsymbol{G}_2\cdots\boldsymbol{G}_m\boldsymbol{I}. \tag{1.3.2}$$

式 (1.3.1) 表示对 $\boldsymbol{A}$ 施以若干次初等行变换可化为 $\boldsymbol{I}$; 式 (1.3.2) 表示对 $\boldsymbol{I}$ 施以与 $\boldsymbol{A}$ 相同的初等行变换可化为 $\boldsymbol{A}^{-1}$.

因此, 可构造 $n\times 2n$ 矩阵 $(\boldsymbol{A},\boldsymbol{I})$, 然后对其施以初等行变换将 $\boldsymbol{A}$ 化为 $\boldsymbol{I}$, 此时 $\boldsymbol{I}$ 就化为 $\boldsymbol{A}^{-1}$, 即 $(\boldsymbol{A},\boldsymbol{I}) \xrightarrow{\text{初等行变换}} (\boldsymbol{I},\boldsymbol{A}^{-1})$.

例 1.3.3 设 $\boldsymbol{A} = \begin{pmatrix} 1 & 2 & 3 \\ 2 & 2 & 1 \\ 3 & 4 & 3 \end{pmatrix}$, 求 $\boldsymbol{A}^{-1}$.

解

$$(\boldsymbol{A},\boldsymbol{I}) = \begin{pmatrix} 1 & 2 & 3 & 1 & 0 & 0 \\ 2 & 2 & 1 & 0 & 1 & 0 \\ 3 & 4 & 3 & 0 & 0 & 1 \end{pmatrix} \to \begin{pmatrix} 1 & 2 & 3 & 1 & 0 & 0 \\ 0 & -2 & -5 & -2 & 1 & 0 \\ 0 & -2 & -6 & -3 & 0 & 1 \end{pmatrix}$$

$$\to \begin{pmatrix} 1 & 2 & 3 & 1 & 0 & 0 \\ 0 & -2 & -5 & -2 & 1 & 0 \\ 0 & 0 & -1 & -1 & -1 & 1 \end{pmatrix}$$

$$\to \begin{pmatrix} 1 & 2 & 0 & -2 & -3 & 3 \\ 0 & -2 & 0 & 3 & 6 & -5 \\ 0 & 0 & -1 & -1 & -1 & 1 \end{pmatrix}$$

$$\to \begin{pmatrix} 1 & 0 & 0 & 1 & 3 & -2 \\ 0 & 1 & 0 & -\dfrac{3}{2} & -3 & \dfrac{5}{2} \\ 0 & 0 & 1 & 1 & 1 & -1 \end{pmatrix},$$

于是

$$\boldsymbol{A}^{-1}=\begin{pmatrix}1&3&-2\\-\dfrac{3}{2}&-3&\dfrac{5}{2}\\1&1&-1\end{pmatrix}.$$ □

另外, 对 n 阶可逆矩阵 $\boldsymbol{A}$ 来说, 由于 $\boldsymbol{A}\boldsymbol{A}^{-1}=\boldsymbol{I}$, 于是

$$\boldsymbol{I}=\boldsymbol{A}\boldsymbol{G}_1\boldsymbol{G}_2\cdots\boldsymbol{G}_m, \tag{1.3.3}$$

$$\boldsymbol{A}^{-1}=\boldsymbol{I}\boldsymbol{G}_1\boldsymbol{G}_2\cdots\boldsymbol{G}_m. \tag{1.3.4}$$

式 (1.3.3) 表示对 $\boldsymbol{A}$ 施以若干次初等列变换可化为 $\boldsymbol{I}$; 式 (1.3.4) 表示对 $\boldsymbol{I}$ 施以与 $\boldsymbol{A}$ 相同的初等列变换可化为 $\boldsymbol{A}^{-1}$.

因此, 也可构造 $2n\times n$ 矩阵 $\begin{pmatrix}\boldsymbol{A}\\\boldsymbol{I}\end{pmatrix}$, 然后对其施以初等列变换, 将 $\boldsymbol{A}$ 化为 $\boldsymbol{I}$, 此时 $\boldsymbol{I}$ 就化为 $\boldsymbol{A}^{-1}$, 即

$$\begin{pmatrix}\boldsymbol{A}\\\boldsymbol{I}\end{pmatrix}\xrightarrow{\text{初等列变换}}\begin{pmatrix}\boldsymbol{I}\\\boldsymbol{A}^{-1}\end{pmatrix}.$$

利用初等变换求逆矩阵的方法可用于求解矩阵方程 $\boldsymbol{A}\boldsymbol{X}=\boldsymbol{B}$ 或 $\boldsymbol{X}\boldsymbol{A}=\boldsymbol{B}$, 其中 $\boldsymbol{A}$ 为可逆矩阵, $\boldsymbol{X}$ 为未知矩阵. 方程 $\boldsymbol{A}\boldsymbol{X}=\boldsymbol{B}$ 等价于 $\boldsymbol{X}=\boldsymbol{A}^{-1}\boldsymbol{B}$; $\boldsymbol{X}\boldsymbol{A}=\boldsymbol{B}$ 等价于 $\boldsymbol{X}=\boldsymbol{B}\boldsymbol{A}^{-1}$.

对 $\boldsymbol{A}\boldsymbol{X}=\boldsymbol{B}$ 构造矩阵 $(\boldsymbol{A},\boldsymbol{B})$, 对其施以初等行变换将 $\boldsymbol{A}$ 化为 $\boldsymbol{I}$, 则 $\boldsymbol{B}$ 化为 $\boldsymbol{A}^{-1}\boldsymbol{B}$, 即 $(\boldsymbol{A},\boldsymbol{B})\xrightarrow{\text{初等行变换}}(\boldsymbol{I},\boldsymbol{A}^{-1}\boldsymbol{B})$.

对 $\boldsymbol{X}\boldsymbol{A}=\boldsymbol{B}$ 构造矩阵 $\begin{pmatrix}\boldsymbol{A}\\\boldsymbol{B}\end{pmatrix}$, 对其施以初等列变换将 $\boldsymbol{A}$ 化为 $\boldsymbol{I}$, 则 $\boldsymbol{B}$ 化为 $\boldsymbol{B}\boldsymbol{A}^{-1}$, 即 $\begin{pmatrix}\boldsymbol{A}\\\boldsymbol{B}\end{pmatrix}\xrightarrow{\text{初等列变换}}\begin{pmatrix}\boldsymbol{I}\\\boldsymbol{B}\boldsymbol{A}^{-1}\end{pmatrix}$.

例 1.3.4　设矩阵方程 $\boldsymbol{A}\boldsymbol{X}=\boldsymbol{A}+2\boldsymbol{X}$, 求 $\boldsymbol{X}$, 其中 $\boldsymbol{A}=\begin{pmatrix}4&2&3\\1&1&0\\-1&2&3\end{pmatrix}$.

解　由 $\boldsymbol{A}\boldsymbol{X}=\boldsymbol{A}+2\boldsymbol{X}$, 可知 $(\boldsymbol{A}-2\boldsymbol{I})\boldsymbol{X}=\boldsymbol{A}$, 则 $\boldsymbol{X}=(\boldsymbol{A}-2\boldsymbol{I})^{-1}\boldsymbol{A}$. 此时我

们并不知道 $\boldsymbol{A}-2\boldsymbol{I}$ 是可逆的, 但从后面的行变换结果, 可知它确实是可逆的.

$$
(\boldsymbol{A}-2\boldsymbol{I},\boldsymbol{A})=\begin{pmatrix} 2 & 2 & 3 & 4 & 2 & 3 \\ 1 & -1 & 0 & 1 & 1 & 0 \\ -1 & 2 & 1 & -1 & 2 & 3 \end{pmatrix}
$$

$$
\to\begin{pmatrix} 1 & -1 & 0 & 1 & 1 & 0 \\ 0 & 4 & 3 & 2 & 0 & 3 \\ 0 & 1 & 1 & 0 & 3 & 3 \end{pmatrix}
$$

$$
\to\begin{pmatrix} 1 & -1 & 0 & 1 & 1 & 0 \\ 0 & 1 & 1 & 0 & 3 & 3 \\ 0 & 0 & -1 & 2 & -12 & -9 \end{pmatrix}
$$

$$
\to\begin{pmatrix} 1 & 0 & 0 & 3 & -8 & -6 \\ 0 & 1 & 0 & 2 & -9 & -6 \\ 0 & 0 & 1 & -2 & 12 & 9 \end{pmatrix},
$$

所以,

$$
\boldsymbol{X}=\begin{pmatrix} 3 & -8 & -6 \\ 2 & -9 & -6 \\ -2 & 12 & 9 \end{pmatrix}. \qquad \square
$$

习　题　1.3

1. 求矩阵 $\boldsymbol{A}=\begin{pmatrix} 1 & 2 & 3 & 4 \\ 2 & -3 & 0 & 1 \\ 1 & 0 & -3 & 2 \end{pmatrix}$ 的等价标准形.

2. 用初等变换法求下列矩阵的逆矩阵.

(1) $\begin{pmatrix} 1 & 0 & 0 \\ 1 & 2 & 0 \\ 1 & 2 & 3 \end{pmatrix}$; (2) $\begin{pmatrix} 2 & 2 & -1 \\ 1 & -2 & 4 \\ 5 & 8 & 2 \end{pmatrix}$; (3) $\begin{pmatrix} 0 & 0 & 0 & 1 \\ 0 & 0 & 1 & 1 \\ 0 & 1 & 1 & 1 \\ 1 & 1 & 1 & 1 \end{pmatrix}$;

(4) $\begin{pmatrix} 0 & a_1 & 0 & \cdots & 0 \\ 0 & 0 & a_2 & \cdots & 0 \\ \vdots & \vdots & \vdots & & \vdots \\ 0 & 0 & 0 & \cdots & a_{n-1} \\ a_n & 0 & 0 & \cdots & 0 \end{pmatrix}$ $(a_1a_2\cdots a_n\neq 0)$.

3. 设 $\boldsymbol{A},\boldsymbol{B}$ 均为 3 阶矩阵, $\boldsymbol{A}$ 的第 3 行的 -2 倍加到第 2 行, 得 $\boldsymbol{A}_1$; $\boldsymbol{B}$ 的第 2 列加到第 1 列, 得 $\boldsymbol{B}_1$; 且

$$A_1B_1 = \begin{pmatrix} 1 & 1 & 1 \\ 0 & 2 & 2 \\ 0 & 0 & 3 \end{pmatrix},$$

求 $\boldsymbol{AB}$.

4. 解下列矩阵方程.

(1) 设 $\boldsymbol{A} = \begin{pmatrix} 4 & 1 & -2 \\ 2 & 2 & 1 \\ 3 & 1 & -1 \end{pmatrix}, \boldsymbol{B} = \begin{pmatrix} 1 & -3 \\ 2 & 2 \\ 3 & -1 \end{pmatrix}$, 求 $\boldsymbol{X}$ 使得 $\boldsymbol{AX} = \boldsymbol{B}$;

(2) 设 $\boldsymbol{A} = \begin{pmatrix} 0 & 2 & 1 \\ 2 & -1 & 3 \\ -3 & 3 & -4 \end{pmatrix}, \boldsymbol{B} = \begin{pmatrix} 1 & 2 & 3 \\ 2 & -3 & 1 \end{pmatrix}$, 求 $\boldsymbol{X}$ 使得 $\boldsymbol{XA} = \boldsymbol{B}$;

(3) 设 $\boldsymbol{A} = \begin{pmatrix} 1 & -1 & 0 \\ 0 & 1 & -1 \\ -1 & 0 & 1 \end{pmatrix}, \boldsymbol{AX} = 2\boldsymbol{X} + \boldsymbol{A}$, 求 $\boldsymbol{X}$;

(4) 设 $\boldsymbol{A} = \begin{pmatrix} 1 & 0 & 0 \\ 1 & 1 & 0 \\ 1 & 1 & 1 \end{pmatrix}, \boldsymbol{B} = \begin{pmatrix} 0 & 1 & 1 \\ 1 & 0 & 1 \\ 1 & 1 & 0 \end{pmatrix}, \boldsymbol{AXA} + \boldsymbol{BXB} = \boldsymbol{AXB} + \boldsymbol{BXA} + \boldsymbol{I}$, 求 $\boldsymbol{X}$.

5. 已知 n 阶矩阵 $\boldsymbol{A}$ 满足 $\boldsymbol{A}^2 - 3\boldsymbol{A} - 2\boldsymbol{I} = \boldsymbol{0}$, 证明: $\boldsymbol{A}$ 可逆, 并求 $\boldsymbol{A}^{-1}$.

1.4 分块矩阵

1.4.1 分块矩阵的概念

对于行数和列数较大的矩阵, 为了简化运算, 经常采用分块法, 把大矩阵的运算化为若干个小矩阵的运算, 同时也使原矩阵的结构显得简单而清晰. 具体的做法如下: 将大矩阵 $\boldsymbol{A}$ 用若干个横线和纵线分成多个小矩阵, 每个小矩阵称为 $\boldsymbol{A}$ 的**子块**. 以子块为元素的形式矩阵称为**分块矩阵**.

例如,

$$\boldsymbol{A} = \left(\begin{array}{ccc:c} 1 & 0 & 0 & 3 \\ 0 & 1 & 0 & -1 \\ 0 & 0 & 1 & 0 \\ \hdashline 0 & 0 & 0 & 1 \end{array}\right) = \begin{pmatrix} \boldsymbol{I}_3 & \boldsymbol{A}_1 \\ \boldsymbol{0} & \boldsymbol{A}_2 \end{pmatrix},$$

其中

$$A_1=\begin{pmatrix}3\\-1\\0\end{pmatrix},\quad A_2=(1),\quad \mathbf{0}=\begin{pmatrix}0,0,0\end{pmatrix}.$$

矩阵的分块有多种方式, 可根据具体需要而定. 如上述矩阵 A 也可分块成 $\begin{pmatrix}I_2 & A_3\\ \mathbf{0} & I_2\end{pmatrix}$, 其中 $A_3=\begin{pmatrix}0 & 3\\ 0 & -1\end{pmatrix}$, $\mathbf{0}=\begin{pmatrix}0 & 0\\ 0 & 0\end{pmatrix}$.

设 $A=(a_{ij})_{m\times n}$, 若记 $\alpha_i=(\alpha_{i1},\alpha_{i2},\cdots,\alpha_{in})$, $i=1,2,\cdots,m$; $\beta_j=(\alpha_{1j},\alpha_{2j},\cdots,\alpha_{mj})^{\top}$, $j=1,2,\cdots,n$, 则 $A=\begin{pmatrix}\alpha_1\\ \alpha_2\\ \vdots\\ \alpha_m\end{pmatrix}$, 称 A 按行进行分块; 或 $A=(\beta_1,\beta_2,\cdots,\beta_n)$, 称 A 按列进行分块.

1.4.2 分块矩阵的运算

分块矩阵的运算与普通矩阵的运算规则相似, 但分块时要注意, 参与运算的两矩阵按块能运算, 并且参与运算的子块也能运算.

(1) 加法运算: 设矩阵 A,B 为同型矩阵, 并采用相同的分块法, 则 $A+B$ 的每个分块是 A 与 B 中对应子块之和.

(2) 数乘运算: 设 A 为分块矩阵, k 为数, 则 kA 的每个子块是 k 与 A 中相应子块的数乘.

(3) 乘法运算: 两分块矩阵 A 与 B 的乘积依然按照普通矩阵的乘积进行运算, 但对于乘积 AB, A 的列的分法必须与 B 的行的分法一致.

例 1.4.1 将矩阵 A,B 分块如下:

$$A=\left(\begin{array}{cc:cc}1 & 0 & 1 & 3\\ 0 & 1 & 2 & 4\\ \hdashline 0 & 0 & -1 & 0\\ 0 & 0 & 0 & -1\end{array}\right)=\begin{pmatrix}I_2 & A_1\\ \mathbf{0} & -I_2\end{pmatrix},$$

$$B=\left(\begin{array}{cc:cc}1 & 2 & 0 & 0\\ 2 & 0 & 0 & 0\\ \hdashline 6 & 3 & 1 & 0\\ 0 & -2 & 0 & 1\end{array}\right)=\begin{pmatrix}B_1 & \mathbf{0}\\ B_2 & I_2\end{pmatrix},$$

则

$$A+B=\begin{pmatrix} I_2 & A_1 \\ 0 & -I_2 \end{pmatrix}+\begin{pmatrix} B_1 & 0 \\ B_2 & I_2 \end{pmatrix}=\begin{pmatrix} I_2+B_1 & A_1 \\ B_2 & 0 \end{pmatrix}=\begin{pmatrix} 2 & 2 & 1 & 3 \\ 2 & 1 & 2 & 4 \\ 6 & 3 & 0 & 0 \\ 0 & -2 & 0 & 0 \end{pmatrix},$$

$$kA=k\begin{pmatrix} I_2 & A_1 \\ 0 & -I_2 \end{pmatrix}=\begin{pmatrix} kI_2 & kA_1 \\ 0 & -kI_2 \end{pmatrix}=\begin{pmatrix} k & 0 & k & 3k \\ 0 & k & 2k & 4k \\ 0 & 0 & -k & 0 \\ 0 & 0 & 0 & -k \end{pmatrix}. \qquad \square$$

例 1.4.2　设 $A=\begin{pmatrix} 1 & 0 & -2 & 0 \\ 0 & 1 & 0 & -2 \\ 0 & 0 & 5 & 3 \end{pmatrix}$, $B=\begin{pmatrix} 3 & 0 & -2 \\ 1 & 2 & 0 \\ 0 & 1 & 0 \\ 0 & 0 & 1 \end{pmatrix}$, 用分块矩阵计算 AB.

解

$$A=\left(\begin{array}{cc:cc} 1 & 0 & -2 & 0 \\ 0 & 1 & 0 & -2 \\ \hdashline 0 & 0 & 5 & 3 \end{array}\right)=\begin{pmatrix} I_2 & -2I_2 \\ 0 & A_{22} \end{pmatrix},$$

$$B=\left(\begin{array}{c:cc} 3 & 0 & -2 \\ 1 & 2 & 0 \\ \hdashline 0 & 1 & 0 \\ 0 & 0 & 1 \end{array}\right)=\begin{pmatrix} B_{11} & B_{12} \\ 0 & I_2 \end{pmatrix},$$

则

$$AB=\begin{pmatrix} I_2 & -2I_2 \\ 0 & A_{22} \end{pmatrix}\begin{pmatrix} B_{11} & B_{12} \\ 0 & I_2 \end{pmatrix}=\begin{pmatrix} B_{11} & B_{12}-2I_2 \\ 0 & A_{22} \end{pmatrix}=\begin{pmatrix} 3 & -2 & -2 \\ 1 & 2 & -2 \\ 0 & 5 & 3 \end{pmatrix}. \qquad \square$$

例 1.4.3　设矩阵 A, B 可乘, B 按列分块成 $B=(B_1, B_2, \cdots, B_n)$, 则 $AB=(AB_1, AB_2, \cdots, AB_n)$. 若 $AB=0$, 则 $AB_j=0\ (j=1,2,\cdots,n)$.

(4) 分块矩阵的转置.

设 $\boldsymbol{A}=\begin{pmatrix} \boldsymbol{A}_{11} & \cdots & \boldsymbol{A}_{1t} \\ \vdots & & \vdots \\ \boldsymbol{A}_{s1} & \cdots & \boldsymbol{A}_{st} \end{pmatrix}$, 则 $\boldsymbol{A}^{\top}=\begin{pmatrix} \boldsymbol{A}_{11}^{\top} & \cdots & \boldsymbol{A}_{s1}^{\top} \\ \vdots & & \vdots \\ \boldsymbol{A}_{1t}^{\top} & \cdots & \boldsymbol{A}_{st}^{\top} \end{pmatrix}$.

(5) 两类特殊的分块矩阵.

形如

$$\boldsymbol{A}=\begin{pmatrix} \boldsymbol{A}_1 & \boldsymbol{0} & \cdots & \boldsymbol{0} \\ \boldsymbol{0} & \boldsymbol{A}_2 & \cdots & \boldsymbol{0} \\ \vdots & \vdots & & \vdots \\ \boldsymbol{0} & \boldsymbol{0} & \cdots & \boldsymbol{A}_n \end{pmatrix}$$

的分块矩阵称为**分块对角矩阵**, 其中 $\boldsymbol{A}_i$ 均为方阵, 其余子块均为零矩阵. 同结构的分块对角矩阵的和、积、数乘仍是分块对角矩阵.

形如

$$\begin{pmatrix} \boldsymbol{A}_{11} & \boldsymbol{A}_{12} & \cdots & \boldsymbol{A}_{1t} \\ \boldsymbol{0} & \boldsymbol{A}_{22} & \cdots & \boldsymbol{A}_{2t} \\ \vdots & \vdots & & \vdots \\ \boldsymbol{0} & \boldsymbol{0} & \cdots & \boldsymbol{A}_{tt} \end{pmatrix} \text{和} \begin{pmatrix} \boldsymbol{A}_{11} & \boldsymbol{0} & \cdots & \boldsymbol{0} \\ \boldsymbol{A}_{21} & \boldsymbol{A}_{22} & \cdots & \boldsymbol{0} \\ \vdots & \vdots & & \vdots \\ \boldsymbol{A}_{t1} & \boldsymbol{A}_{t2} & \cdots & \boldsymbol{A}_{tt} \end{pmatrix}$$

的分块矩阵分别称为**分块上三角矩阵**和**分块下三角矩阵**, 其中 $\boldsymbol{A}_{ii}$ $(i=1,2,\cdots,t)$ 为方阵. 同结构的分块上 (下) 三角矩阵的和、积、数乘仍是分块上 (下) 三角矩阵.

习 题 1.4

1. 用分块矩阵乘法求下列矩阵的乘积.

(1) $\begin{pmatrix} a & 0 & 0 & 0 \\ 0 & a & 0 & 0 \\ 1 & 0 & b & 0 \\ 0 & 1 & 0 & b \end{pmatrix}\begin{pmatrix} 1 & 0 & c & 0 \\ 0 & 1 & 0 & c \\ 0 & 0 & d & 0 \\ 0 & 0 & 0 & d \end{pmatrix}$;

(2) $\begin{pmatrix} 1 & 2 & 1 & 0 \\ 0 & 1 & 0 & 1 \\ 0 & 0 & 2 & 1 \\ 0 & 0 & 0 & 3 \end{pmatrix}\begin{pmatrix} 1 & 0 & 3 & 0 \\ 0 & 1 & 2 & -1 \\ 0 & 0 & -2 & 3 \\ 0 & 0 & 0 & -3 \end{pmatrix}$.

2. 设 n 阶矩阵 $\boldsymbol{A}$ 及 s 阶矩阵 $\boldsymbol{B}$ 都可逆, 求 $\begin{pmatrix} \boldsymbol{0} & \boldsymbol{A} \\ \boldsymbol{B} & \boldsymbol{0} \end{pmatrix}^{-1}$.

3. 用矩阵的分块求下列矩阵的逆矩阵.

(1) $\begin{pmatrix} 0 & 0 & 2 \\ 1 & 2 & 0 \\ 3 & 4 & 0 \end{pmatrix}$;　(2) $\begin{pmatrix} 5 & 2 & 0 & 0 \\ 2 & 1 & 0 & 0 \\ 0 & 0 & 8 & 3 \\ 0 & 0 & 5 & 2 \end{pmatrix}$;

(3) $\begin{pmatrix} 0 & a_1 & 0 & \cdots & 0 \\ 0 & 0 & a_2 & \cdots & 0 \\ \vdots & \vdots & \vdots & & \vdots \\ 0 & 0 & 0 & \cdots & a_{n-1} \\ a_n & 0 & 0 & \cdots & 0 \end{pmatrix}$ $(a_1a_2\cdots a_n \neq 0)$.

4. 设 $\boldsymbol{C}$ 是 n 阶可逆矩阵, $\boldsymbol{D}$ 是 $3 \times n$ 矩阵, 且 $\boldsymbol{D} = \begin{pmatrix} 1 & 2 & \cdots & n \\ 0 & 0 & \cdots & 0 \\ 0 & 0 & \cdots & 0 \end{pmatrix}$, 用分块矩阵的乘法求一个 $n \times (n+3)$ 矩阵 $\boldsymbol{X}$ 使得 $\boldsymbol{X}\begin{pmatrix} \boldsymbol{C} \\ \boldsymbol{D} \end{pmatrix} = \boldsymbol{I}$.

5. 设 $\boldsymbol{A} = \begin{pmatrix} 3 & 4 & 0 & 0 \\ 4 & -3 & 0 & 0 \\ 0 & 0 & 2 & 0 \\ 0 & 0 & 2 & 2 \end{pmatrix}$, 求 $\boldsymbol{A}^4$.

//复习题 1//

1. 设 $\boldsymbol{A}, \boldsymbol{B}$ 均为 n 阶方阵, 证明下列命题等价:

(1) $\boldsymbol{AB} = \boldsymbol{BA}$;

(2) $(\boldsymbol{A} \pm \boldsymbol{B})^2 = \boldsymbol{A}^2 \pm 2\boldsymbol{AB} + \boldsymbol{B}^2$;

(3) $(\boldsymbol{A} + \boldsymbol{B})(\boldsymbol{A} - \boldsymbol{B}) = \boldsymbol{A}^2 - \boldsymbol{B}^2$.

2. 设 $\boldsymbol{A}, \boldsymbol{B}$ 为 n 阶方阵, 且 $\boldsymbol{A} = \dfrac{1}{2}(\boldsymbol{B} + \boldsymbol{I})$, 证明: $\boldsymbol{A}^2 = \boldsymbol{A}$ 当且仅当 $\boldsymbol{B}^2 = \boldsymbol{I}$.

3. 设 $\boldsymbol{A} = (a_{ij})$ 为 n 阶方阵, 称 $\boldsymbol{A}$ 的主对角元素之和 $a_{11} + a_{22} + \cdots + a_{nn}$ 为 $\boldsymbol{A}$ 的迹, 记作 $\mathrm{tr}(\boldsymbol{A})$. 证明: 当 $\boldsymbol{A}, \boldsymbol{B}$ 均为 n 阶方阵时,

(1) $\mathrm{tr}(\boldsymbol{A} + \boldsymbol{B}) = \mathrm{tr}(\boldsymbol{A}) + \mathrm{tr}(\boldsymbol{B})$;

(2) $\text{tr}(k\boldsymbol{A}) = k \cdot \text{tr}(\boldsymbol{A})$ (k 为任意常数);

(3) $\text{tr}\boldsymbol{A}^{\top} = \text{tr}\boldsymbol{A}$;

(4) $\text{tr}(\boldsymbol{AB}) = \text{tr}(\boldsymbol{BA})$.

4. 设 $\boldsymbol{A} = \begin{pmatrix} -1 & 1 & 1 & -1 \\ 1 & -1 & -1 & 1 \\ 1 & -1 & -1 & 1 \\ -1 & 1 & 1 & -1 \end{pmatrix}$, 求 $\boldsymbol{A}^6$.

5. 设 $\boldsymbol{A} = \begin{pmatrix} 3 & 1 & 0 & 0 & 0 \\ 0 & 3 & 1 & 0 & 0 \\ 0 & 0 & 3 & 0 & 0 \\ 0 & 0 & 0 & 3 & -1 \\ 0 & 0 & 0 & -9 & 3 \end{pmatrix}$, 求 $\boldsymbol{A}^n$.

6. 设 $\boldsymbol{A} = \begin{pmatrix} 1 & 0 & 1 \\ 0 & 2 & 0 \\ 1 & 0 & 1 \end{pmatrix}$, 求 $\boldsymbol{A}^n - 2\boldsymbol{A}^{n-1}$ $(n \geqslant 2)$.

7. 设方阵 $\boldsymbol{A}$ 满足 $\boldsymbol{A}^2 - \boldsymbol{A} - 2\boldsymbol{I} = \boldsymbol{0}$, 证明:

(1) $\boldsymbol{A}$ 和 $\boldsymbol{I} - \boldsymbol{A}$ 都可逆, 并求它们的逆;

(2) $\boldsymbol{A} + \boldsymbol{I}$ 和 $\boldsymbol{A} - 2\boldsymbol{I}$ 不同时可逆.

8. 用初等变换法求 $\boldsymbol{A} = \begin{pmatrix} 0 & 2 & -1 \\ 1 & 1 & 2 \\ -1 & -1 & -1 \end{pmatrix}$ 的逆.

9. 设 $\boldsymbol{P}^{-1}\boldsymbol{AP} = \boldsymbol{D}$, 其中 $\boldsymbol{P} = \begin{pmatrix} -1 & -4 \\ 1 & 1 \end{pmatrix}$, $\boldsymbol{D} = \begin{pmatrix} -1 & 0 \\ 0 & 2 \end{pmatrix}$, 求 $\boldsymbol{A}$.

10. 用矩阵的分块求矩阵 $\begin{pmatrix} 1 & 1 & 0 & 0 & 0 \\ -1 & 3 & 0 & 0 & 0 \\ 0 & 0 & -2 & 0 & 0 \\ 0 & 0 & 0 & 1 & 2 \\ 0 & 0 & 0 & 0 & 1 \end{pmatrix}$ 的逆.

11. 设 $\boldsymbol{A}$ 是 n 阶可逆方阵, 互换 $\boldsymbol{A}$ 的第 i 行与第 j 行后得到矩阵 $\boldsymbol{B}$, 求 $\boldsymbol{AB}^{-1}$.

12. 设 $\boldsymbol{A}, \boldsymbol{B}$ 为 n 阶矩阵, $2\boldsymbol{A} - \boldsymbol{B} - \boldsymbol{AB} = \boldsymbol{I}, \boldsymbol{A}^2 = \boldsymbol{A}$.

(1) 证明: $\boldsymbol{A} - \boldsymbol{B}$ 可逆, 并求 $(\boldsymbol{A} - \boldsymbol{B})^{-1}$;

(2) 若 $\boldsymbol{A}=\begin{pmatrix}1&0&0\\0&3&-1\\0&6&-2\end{pmatrix}$, 求 $\boldsymbol{B}$.

13. 设 $(2\boldsymbol{I}-\boldsymbol{C}^{-1}\boldsymbol{B})\boldsymbol{A}^{\top}=\boldsymbol{C}^{-1}$, 其中 $\boldsymbol{A}$ 为 4 阶矩阵,

$$\boldsymbol{B}=\begin{pmatrix}1&2&-3&-2\\0&1&2&-3\\0&0&1&2\\0&0&0&1\end{pmatrix},\quad \boldsymbol{C}=\begin{pmatrix}1&2&0&1\\0&1&2&0\\0&0&1&2\\0&0&0&1\end{pmatrix},$$

求矩阵 $\boldsymbol{A}$.

14. 设 $\boldsymbol{A},\boldsymbol{B}$ 满足 $\boldsymbol{A}^{-1}\boldsymbol{B}\boldsymbol{A}=6\boldsymbol{A}+\boldsymbol{B}\boldsymbol{A}$, 其中 $\boldsymbol{A}=\mathrm{diag}\left(\frac{1}{3},\frac{1}{4},\frac{1}{7}\right)$, 求 $\boldsymbol{B}$.

15. 若 $\boldsymbol{A},\boldsymbol{B}$ 及 $\boldsymbol{A},\boldsymbol{C}$ 可交换, 证明: $\boldsymbol{A},\boldsymbol{B},\boldsymbol{C}$ 是同阶矩阵, 且 $\boldsymbol{A}$ 与 $\boldsymbol{BC}$ 可交换.

16. 设 $\boldsymbol{A},\boldsymbol{B}$ 为 n 阶矩阵, 则 $\boldsymbol{AB}-\boldsymbol{BA}\neq\boldsymbol{I}_n$.

Chapter 2

第2章 行列式

第2章课件

行列式的概念起源于线性方程组的求解问题, 是数学的基本概念之一, 不但在数学的许多领域, 而且在经济学、管理学、物理学等其他科学分支中都有广泛的应用. 行列式可以看成是有向面积或体积的概念在一般欧氏空间的推广, 描述一个线性变换对 "体积" 的影响. 本章主要介绍行列式的定义、性质和计算.

2.1 二阶、三阶行列式

行列式可视为方阵的函数, 把方阵的元素映射到一个数, 其函数值是一个标量. 我们经常把上述函数值也称为行列式. 在空间解析几何以及重积分的坐标变换等, 我们已经初步接触了二阶和三阶行列式的计算.

我们用 $\begin{vmatrix} a_{11} & a_{12} \\ a_{21} & a_{22} \end{vmatrix}$ 表示定义在二阶矩阵 $\begin{pmatrix} a_{11} & a_{12} \\ a_{21} & a_{22} \end{pmatrix}$ 上的函数, 其值为

$$a_{11}a_{22} - a_{12}a_{21}.$$

例 2.1.1 $\begin{vmatrix} 1 & 2 \\ 3 & 4 \end{vmatrix} = 1 \times 4 - 3 \times 2 = -2.$

例 2.1.2 在二重积分的极坐标变换中, 我们知道

$$\begin{cases} x = r\cos\theta, \\ y = r\sin\theta. \end{cases}$$

此时, 变换的雅可比行列式为

$$\begin{vmatrix} x'_r & x'_\theta \\ y'_r & y'_\theta \end{vmatrix} = x'_r y'_\theta - x'_\theta y'_r = r,$$

类似地, 我们用 $\begin{vmatrix} a_{11} & a_{12} & a_{13} \\ a_{21} & a_{22} & a_{23} \\ a_{31} & a_{32} & a_{33} \end{vmatrix}$ 表示定义在三阶矩阵 $\begin{pmatrix} a_{11} & a_{12} & a_{13} \\ a_{21} & a_{22} & a_{23} \\ a_{31} & a_{32} & a_{33} \end{pmatrix}$ 上的函数, 其值为

$$a_{11}a_{22}a_{33} + a_{12}a_{23}a_{31} + a_{21}a_{32}a_{13} - a_{13}a_{22}a_{31} - a_{12}a_{21}a_{33} - a_{11}a_{32}a_{23}.$$

例 2.1.3

$$\begin{vmatrix} 1 & 2 & 3 \\ 4 & 5 & 6 \\ 7 & 8 & 9 \end{vmatrix} = 1\times5\times9+2\times6\times7+3\times4\times8-3\times5\times7-2\times4\times9-1\times6\times8=0.$$

例 2.1.4 设三元线性方程组

$$\begin{cases} a_{11}x_1 + a_{12}x_2 + a_{13}x_3 = b_1, \\ a_{21}x_1 + a_{22}x_2 + a_{23}x_3 = b_2, \\ a_{31}x_1 + a_{32}x_2 + a_{33}x_3 = b_3. \end{cases}$$

当三阶系数矩阵的行列式

$$D = \begin{vmatrix} a_{11} & a_{12} & a_{13} \\ a_{21} & a_{22} & a_{23} \\ a_{31} & a_{32} & a_{33} \end{vmatrix} \neq 0,$$

上述三元线性方程组有唯一解, 且解可用行列式表示为

$$x_1 = \frac{D_1}{D}, \quad x_2 = \frac{D_2}{D}, \quad x_3 = \frac{D_3}{D},$$

其中 D_i $(i = 1, 2, 3)$ 为用常数项 b_1, b_2, b_3 代替系数矩阵的第 i 列所得的三阶行列式.

习 题 2.1

1. 计算下列行列式.

(1) $\begin{vmatrix} 1 & 0 \\ 3 & -2 \end{vmatrix}$; (2) $\begin{vmatrix} 1 & 0 & 3 \\ 0 & -2 & 0 \\ -1 & 8 & 2 \end{vmatrix}$;

(3) $\left|\begin{pmatrix} \lambda & 1 \\ 0 & \lambda \end{pmatrix}^n\right|$; (4) $\left|\begin{pmatrix} \lambda & 1 \\ 0 & \lambda \end{pmatrix}\right|^n$.

2. 求方程组 $\begin{cases} x_1 + 2x_2 - x_3 = 1, \\ 2x_1 \qquad\quad + x_3 = 1, \\ \qquad 2x_2 - x_3 = 0 \end{cases}$ 的解.

3. 已知 $\begin{vmatrix} a & 3 & 0 \\ -1 & -4a & 1 \\ 2 & 0 & 1 \end{vmatrix} \geqslant 0$ 无解, 求实数 a 的取值范围.

4. 求三重积分中球面坐标变换的雅可比行列式.

5. 证明三点 (2, 4, 1), (3, 7, 5) 和 (4, 10, 9) 共线.

2.2 n 阶行列式

2.2.1 排列与逆序

我们首先介绍排列和逆序的概念及有关性质.

定义 2.2.1 一个 n 阶**排列**是由 $1, 2, \cdots, n$ 构成的一个 n 元有序数组.

由乘法原理知, 所有 n 阶排列共有 $n!$ 个, 其中按照自然数从小到大顺序排列的 n 阶排列称为 n 阶自然排列, 例如 123456 是一个 6 阶自然排列. 两个排列相同当且仅当这两个排列的元素顺序完全一样.

在一个排列里, 若某个元素排在某个比它小的元素的前面, 则称这两个元素构成一个**逆序**. 排列 $j_1j_2\cdots j_n$ 中逆序的个数称为这个排列的**逆序数**, 记为 $\tau(j_1j_2\cdots j_n)$. 逆序数为偶数的排列称为**偶排列**; 逆序数为奇数的排列称为**奇排列**. 显然, 自然排列的逆序数为 0, 并且是一个偶排列.

例如, 对所有 3 阶排列, 逆序数分别为

$$\tau(123) = 0, \quad \tau(132) = 1, \quad \tau(213) = 1,$$
$$\tau(231) = 2, \quad \tau(312) = 2, \quad \tau(321) = 3.$$

所以, 123, 231, 312 为偶排列, 132, 213, 321 为奇排列. 从这个例子里还可以看到, 所有的 3 阶排列中, 偶排列与奇排列个数相等. 这不是巧合, 后文将进一步给予解释.

在一个排列中, 互换某两个元素的位置, 且其他元素位置保持不变, 这样一个变换称为一个**对换**. 例如, 排列 53421 经过对换 2 与 3, 得到排列 52431. 容易验证, 对换前后的两个排列的奇偶性不同. 事实上, 我们有如下的定理.

定理 2.2.1　一次对换改变排列的奇偶性.

证明　首先考虑特殊情形, 即对换的两个元素在排列中相邻. 设原排列为

$$\cdots j\, k \cdots, \tag{2.2.1}$$

互换 j,k, 且其他元素位置保持不变, 得到新排列

$$\cdots k\, j \cdots, \tag{2.2.2}$$

其中 $\cdots$ 表示两个排列中位置不变的那些元素. 我们把排列中所有的逆序分成三种类型:

(1) 位置不变的元素彼此之间构成的逆序;

(2) 位置不变的元素和 k 或 j 之间构成的逆序;

(3) k,j 构成的逆序.

我们可以看到, 类型 (1) 和 (2) 两种逆序关系在对换前后没有发生改变. 对于类型 (3), 如果原来 j,k 构成逆序, 则对换后不再构成逆序, 从而排列 (2.2.2) 的逆序数减少一个; 如果原来 j,k 不构成逆序, 则对换后变成一个逆序, 从而排列 (2.2.2) 的逆序数增加了一个. 无论哪种情形, 排列的奇偶性都发生改变.

对于一般的情形, 假设 j,k 之间有 s 个元素, 记为 $i_1,i_2,\cdots,i_s$. 设原排列为

$$\cdots j i_1 i_2 \cdots i_s k \cdots,$$

对换 j,k 后得到新排列

$$\cdots k i_1 i_2 \cdots i_s j \cdots.$$

上述对换可以通过一系列相邻元素的对换来实现, 即将 j 向右依次与 $i_1,i_2,\cdots,i_s,k$ 对换, 共 $s+1$ 次相邻元素的对换, 所得排列为

$$\cdots i_1 i_2 \cdots i_s k j \cdots,$$

再将 k 向左依次与 $i_s,i_{s-1},\cdots,i_1$ 对换, 共 s 次相邻元素的对换. 因此, 上述 j 与 k 对换可通过 $2s+1$ 次相邻位置元素的对换来实现. 根据对特殊情形的讨论可知, 每次相邻位置元素的对换改变排列的奇偶性, 而 $2s+1$ 为奇数, 所以上述对换必改变原排列的奇偶性. □

推论 2.2.1 奇数次对换改变排列的奇偶性, 偶数次对换不改变排列的奇偶性.

推论 2.2.2 n 元排列 $i_1i_2\cdots i_n$ 可经有限次对换变为自然排列 $12\cdots n$, 且对换次数的奇偶性与原排列的奇偶性相同.

推论 2.2.3 在所有的 n 元排列中 $(n\geqslant 2)$, 奇排列与偶排列的个数相等, 均为 $\frac{n!}{2}$.

证明 n 阶排列共有 $n!$ 个, 不妨设有 s 个奇排列和 t 个偶排列. 任意固定两个位置, 分别将 $n!$ 个排列对这两个位置上的元素做一次对换, 由定理 2.2.1 可知, s 个奇排列变为 s 个偶排列, 所以 $s\leqslant t$. 同时, t 个偶排列变为 t 个奇排列, 所以 $t\leqslant s$. 因此 $s=t$. 由此可知, 奇排列与偶排列各有 $\frac{n!}{2}$ 个. □

2.2.2 n 阶行列式

我们现在可以给出 n 阶矩阵的行列式的定义.

定义 2.2.2 矩阵 $\boldsymbol{A}=(a_{ij})_{n\times n}$ 的行列式, 记为 $\det\boldsymbol{A}$ 或 $|\boldsymbol{A}|$, 定义为矩阵 $\boldsymbol{A}$ 的所有取自不同行不同列的 n 个元素乘积 $a_{1j_1}a_{2j_2}\cdots a_{nj_n}$ 的代数和, 该项的符号为 $(-1)^{\tau(j_1j_2\cdots j_n)}$. 即

$$|\boldsymbol{A}|=\begin{vmatrix} a_{11} & a_{12} & \cdots & a_{1n} \\ a_{21} & a_{22} & \cdots & a_{2n} \\ \vdots & \vdots & & \vdots \\ a_{n1} & a_{n2} & \cdots & a_{nn} \end{vmatrix}=\sum_{j_1j_2\cdots j_n}(-1)^{\tau(j_1j_2\cdots j_n)}a_{1j_1}a_{2j_2}\cdots a_{nj_n}, \qquad (2.2.3)$$

其中 $\sum\limits_{j_1j_2\cdots j_n}$ 表示对列下标构成的所有 n 阶排列求和. 注意, 定义中行下标是一个自然排列.

特别地, 定义一阶行列式 $|a|=a$.

例 2.2.1 计算上三角矩阵的行列式

$$\begin{vmatrix} a_{11} & a_{12} & \cdots & a_{1n} \\ 0 & a_{22} & \cdots & a_{2n} \\ \vdots & \vdots & & \vdots \\ 0 & 0 & \cdots & a_{nn} \end{vmatrix}.$$

解 行列式中每项的一般形式为 $(-1)^{\tau(j_1j_2\cdots j_n)}a_{1j_1}a_{2j_2}\cdots a_{nj_n}$. 由于矩阵的第 n 行的元素除去 a_{nn} 以外全为零, 因此只需考虑 $j_n=n$ 即可. 而 a_{nn} 位于第 n 列,

因此不能在第 n 列再取任何元素. 接下来考虑 a_{nj_n} 前面的元素 $a_{(n-1)j_{n-1}}$. 类似地, 只需考虑 $j_{n-1}=n-1$ 即可. 依此类推, 该行列式中除去 $(-1)^{\tau(12\cdots n)}a_{11}a_{22}\cdots a_{nn}$ 外, 其余项全是 0. 故

$$\begin{vmatrix} a_{11} & a_{12} & \cdots & a_{1n} \\ 0 & a_{22} & \cdots & a_{2n} \\ \vdots & \vdots & & \vdots \\ 0 & 0 & \cdots & a_{nn} \end{vmatrix} = a_{11}a_{22}\cdots a_{nn}. \qquad \square$$

例 2.2.2　类似地, 下三角矩阵的行列式

$$\begin{vmatrix} a_{11} & 0 & \cdots & 0 \\ a_{21} & a_{22} & \cdots & 0 \\ \vdots & \vdots & & \vdots \\ a_{n1} & a_{n2} & \cdots & a_{nn} \end{vmatrix}$$

与对角矩阵的行列式

$$\begin{vmatrix} a_{11} & 0 & \cdots & 0 \\ 0 & a_{22} & \cdots & 0 \\ \vdots & \vdots & & \vdots \\ 0 & 0 & \cdots & a_{nn} \end{vmatrix}$$

仍然为 $a_{11}a_{22}\cdots a_{nn}$.

例 2.2.3　计算如下矩阵的行列式:

$$\begin{vmatrix} a_{11} & a_{12} & \cdots & a_{1n} \\ a_{21} & a_{22} & \cdots & 0 \\ \vdots & \vdots & & \vdots \\ a_{n1} & 0 & \cdots & 0 \end{vmatrix}$$

解　行列式中每项的一般形式为 $(-1)^{\tau(j_1j_2\cdots j_n)}a_{1j_1}a_{2j_2}\cdots a_{nj_n}$. 由于矩阵的第 n 行的元素除去 a_{n1} 以外全为零, 因此只需考虑 $j_n=1$ 即可. 而 a_{n1} 位于第 1 列, 因此不能在第 1 列再取任何元素. 只需考虑 $j_{n-1}=2$ 即可. 依此类推, 该行列

式中除去 $(-1)^{\tau(n\cdots 21)}a_{1n}a_{2(n-1)}\cdots a_{n1}$ 外, 其余项全是 0. 故

$$\begin{vmatrix} a_{11} & a_{12} & \cdots & a_{1n} \\ a_{21} & a_{22} & \cdots & 0 \\ \vdots & \vdots & & \vdots \\ a_{n1} & 0 & \cdots & 0 \end{vmatrix} = (-1)^{\frac{n(n-1)}{2}}a_{1n}a_{2(n-1)}\cdots a_{n1}. \qquad \square$$

在行列式的定义中, 每一项的行指标是按自然顺序 $123\cdots n$ 来排列的, 但是 (实或复) 数的乘法是可交换的, 因此 n 阶行列式的一般项又可以写成 $a_{i_1j_1}a_{i_2j_2}\cdots a_{i_nj_n}$, 其中 $i_1i_2\cdots i_n$, $j_1j_2\cdots j_n$ 分别为两个 n 阶排列. 利用排列的性质, 不难证明该项的符号为 $(-1)^{\tau(i_1i_2\cdots i_n)+\tau(j_1j_2\cdots j_n)}$. 因此, 我们就得到行列式的另外两种等价定义

$$\begin{vmatrix} a_{11} & a_{12} & \cdots & a_{1n} \\ a_{21} & a_{22} & \cdots & a_{2n} \\ \vdots & \vdots & & \vdots \\ a_{n1} & a_{n2} & \cdots & a_{nn} \end{vmatrix} = \sum_{\substack{i_1i_2\cdots i_n,\\ j_1j_2\cdots j_n}} (-1)^{\tau(i_1i_2\cdots i_n)+\tau(j_1j_2\cdots j_n)}a_{i_1j_1}a_{i_2j_2}\cdots a_{i_nj_n}; \tag{2.2.4}$$

$$\begin{vmatrix} a_{11} & a_{12} & \cdots & a_{1n} \\ a_{21} & a_{22} & \cdots & a_{2n} \\ \vdots & \vdots & & \vdots \\ a_{n1} & a_{n2} & \cdots & a_{nn} \end{vmatrix} = \sum_{i_1i_2\cdots i_n} (-1)^{\tau(i_1i_2\cdots i_n)}a_{i_11}a_{i_22}\cdots a_{i_nn}. \tag{2.2.5}$$

由此可见, 行列式的行指标和列指标的地位是相同的.

习　题　2.2

1. (1) 求排列 965743218 的逆序数;

(2) 求 $2n$ 阶排列 $246\cdots(2n)135\cdots(2n-1)$ 的逆序数;

(3) 已知 8 阶排列 $857i41j3$ 为奇排列, 求 i 和 j.

2. 已知排列 $i_1i_2\cdots i_n$ 的逆序数为 k, 求排列 $i_n\cdots i_2i_1$ 的逆序数.

3. 写出 4 阶矩阵行列式 $|(a_{ij})|$ 展开式中包含 a_{23}, a_{34} 并带正号的项.

4. 按定义计算下列行列式:

(1) $\begin{vmatrix} 0 & a_{12} & 0 & 0 & 0 \\ 0 & 0 & a_{23} & 0 & 0 \\ 0 & 0 & 0 & a_{34} & 0 \\ 0 & 0 & 0 & 0 & a_{45} \\ a_{51} & a_{52} & a_{53} & a_{54} & a_{55} \end{vmatrix}$;　　(2) $\begin{vmatrix} 0 & a_{12} & a_{13} & 0 & 0 \\ a_{21} & a_{22} & a_{23} & a_{24} & a_{25} \\ a_{31} & a_{32} & a_{33} & a_{34} & a_{35} \\ 0 & a_{42} & a_{43} & 0 & 0 \\ 0 & a_{52} & a_{53} & 0 & 0 \end{vmatrix}$;

(3) $\begin{vmatrix} 0 & 1 & 0 & \cdots & 0 \\ 0 & 0 & 2 & \cdots & 0 \\ \vdots & \vdots & \vdots & & \vdots \\ 0 & 0 & 0 & \cdots & n-1 \\ n & 0 & 0 & \cdots & 0 \end{vmatrix}$;　　(4) $\begin{vmatrix} 0 & \cdots & 0 & 1 & 0 \\ 0 & \cdots & 2 & 0 & 0 \\ \vdots & & \vdots & \vdots & \vdots \\ n-1 & \cdots & 0 & 0 & 0 \\ 0 & \cdots & 0 & 0 & n \end{vmatrix}$.

5. 用行列式定义证明: 若 n 阶矩阵的零元素的个数多于 n^2-n, 则该矩阵的行列式为零.

6. 用行列式定义证明 $\begin{vmatrix} a_1 & a_2 & a_3 & a_4 & a_5 \\ b_1 & b_2 & b_3 & b_4 & b_5 \\ c_1 & c_2 & 0 & 0 & 0 \\ d_1 & d_2 & 0 & 0 & 0 \\ e_1 & e_2 & 0 & 0 & 0 \end{vmatrix} = 0$.

2.3　行列式的性质与展开

当 n 很大时, 利用定义直接计算 n 阶矩阵的行列式一般会比较繁琐. 本节将分析行列式的一些基本性质, 可以帮助简化行列式的计算. 下列性质可由行列式定义得到, 我们仅以性质 2.3.4 为例给出证明, 其余证明请读者自行给出.

性质 2.3.1　矩阵行列互换, 其行列式不变, 即矩阵与其转置矩阵有相同的行列式, 即

$$\begin{vmatrix} a_{11} & a_{12} & \cdots & a_{1n} \\ \vdots & \vdots & & \vdots \\ a_{i1} & a_{i2} & \cdots & a_{in} \\ \vdots & \vdots & & \vdots \\ a_{n1} & a_{n2} & \cdots & a_{nn} \end{vmatrix} = \begin{vmatrix} a_{11} & a_{21} & \cdots & a_{n1} \\ \vdots & \vdots & & \vdots \\ a_{1i} & a_{2i} & \cdots & a_{ni} \\ \vdots & \vdots & & \vdots \\ a_{1n} & a_{2n} & \cdots & a_{nn} \end{vmatrix}. \tag{2.3.1}$$

性质 2.3.2　若矩阵的某一行 (或某一列) 有公因子 k, 则 k 可以提到其行列

式的外面, 即

$$\begin{vmatrix} a_{11} & a_{12} & \cdots & a_{1n} \\ \vdots & \vdots & & \vdots \\ ka_{i1} & ka_{i2} & \cdots & ka_{in} \\ \vdots & \vdots & & \vdots \\ a_{n1} & a_{n2} & \cdots & a_{nn} \end{vmatrix} = k \times \begin{vmatrix} a_{11} & a_{12} & \cdots & a_{1n} \\ \vdots & \vdots & & \vdots \\ a_{i1} & a_{i2} & \cdots & a_{in} \\ \vdots & \vdots & & \vdots \\ a_{n1} & a_{n2} & \cdots & a_{nn} \end{vmatrix}. \tag{2.3.2}$$

特别地, 若矩阵的某行 (或某列) 的元素全为零, 则其行列式为零. 注意, 对于 n 阶方阵 $\boldsymbol{A}$, $|k\boldsymbol{A}| = k^n |\boldsymbol{A}|$ (k 为常数).

性质 2.3.3 设 $\boldsymbol{A} = (a_{ij})_{n\times n}$, 分别用 $b_1, b_2, \cdots, b_n$; $c_1, c_2, \cdots, c_n$ 与 $b_1 + c_1, b_2 + c_2, \cdots, b_n + c_n$, 取代 $\boldsymbol{A}$ 的第 i 行元素 $a_{i1}, a_{i2}, \cdots, a_{in}$, 所得方阵分别记为 $\boldsymbol{A}_1, \boldsymbol{A}_2, \boldsymbol{A}_3$, 则 $|\boldsymbol{A}_3| = |\boldsymbol{A}_1| + |\boldsymbol{A}_2|$, 即

$$\begin{vmatrix} a_{11} & a_{12} & \cdots & a_{1n} \\ \vdots & \vdots & & \vdots \\ b_1 + c_1 & b_2 + c_2 & \cdots & b_n + c_n \\ \vdots & \vdots & & \vdots \\ a_{n1} & a_{n2} & \cdots & a_{nn} \end{vmatrix} = \begin{vmatrix} a_{11} & a_{12} & \cdots & a_{1n} \\ \vdots & \vdots & & \vdots \\ b_1 & b_2 & \cdots & b_n \\ \vdots & \vdots & & \vdots \\ a_{n1} & a_{n2} & \cdots & a_{nn} \end{vmatrix} + \begin{vmatrix} a_{11} & a_{12} & \cdots & a_{1n} \\ \vdots & \vdots & & \vdots \\ c_1 & c_2 & \cdots & c_n \\ \vdots & \vdots & & \vdots \\ a_{n1} & a_{n2} & \cdots & a_{nn} \end{vmatrix}. \tag{2.3.3}$$

性质 2.3.4 互换矩阵的两行 (或两列), 其行列式反号, 即

$$\begin{vmatrix} \vdots & \vdots & & \vdots \\ a_{l1} & a_{l2} & \cdots & a_{ln} \\ \vdots & \vdots & & \vdots \\ a_{k1} & a_{k2} & \cdots & a_{kn} \\ \vdots & \vdots & & \vdots \end{vmatrix} = - \begin{vmatrix} \vdots & \vdots & & \vdots \\ a_{k1} & a_{k2} & \cdots & a_{kn} \\ \vdots & \vdots & & \vdots \\ a_{l1} & a_{l2} & \cdots & a_{ln} \\ \vdots & \vdots & & \vdots \end{vmatrix}.$$

证明 设 $\boldsymbol{A} = (a_{ij})_{n\times n}$. 不失一般性, 假设 $l < k$. 交换 $\boldsymbol{A}$ 的第 k 行与第 l 行得到方阵 $\boldsymbol{B} = (b_{ij})_{n\times n}$. 则

$$\begin{aligned} |\boldsymbol{B}| &= \sum_{j_1\cdots j_n} (-1)^{\tau(j_1\cdots j_l\cdots j_k\cdots j_n)} b_{1j_1}\cdots b_{lj_l}\cdots b_{kj_k}\cdots b_{nj_n} \\ &= \sum_{j_1\cdots j_n} (-1)^{\tau(j_1\cdots j_l\cdots j_k\cdots j_n)} a_{1j_1}\cdots a_{kj_l}\cdots a_{lj_k}\cdots a_{nj_n} \\ &= -\sum_{j_1\cdots j_n} (-1)^{\tau(j_1\cdots j_k\cdots j_l\cdots j_n)} a_{1j_1}\cdots a_{lj_k}\cdots a_{kj_l}\cdots a_{nj_n} \end{aligned}$$

$$= -|\boldsymbol{A}|. \qquad \square$$

性质 2.3.5　把矩阵的某一行 (或列) 乘以一个常数加到另一行 (或列) 上, 其行列式不变, 即

$$\begin{vmatrix} \vdots & \vdots & & \vdots \\ a_{i1} & a_{i2} & \cdots & a_{in} \\ \vdots & \vdots & & \vdots \\ a_{j1} & a_{j2} & \cdots & a_{jn} \\ \vdots & \vdots & & \vdots \end{vmatrix} = \begin{vmatrix} \vdots & \vdots & & \vdots \\ a_{i1}+ka_{j1} & a_{i2}+ka_{j2} & \cdots & a_{in}+ka_{jn} \\ \vdots & \vdots & & \vdots \\ a_{j1} & a_{j2} & \cdots & a_{jn} \\ \vdots & \vdots & & \vdots \end{vmatrix}.$$

性质 2.3.6　若矩阵的某两行 (或两列) 对应元素成比例, 则其行列式为零, 即

$$\begin{vmatrix} \vdots & \vdots & & \vdots \\ a_1 & a_2 & \cdots & a_n \\ \vdots & \vdots & & \vdots \\ ka_1 & ka_2 & \cdots & ka_n \\ \vdots & \vdots & & \vdots \end{vmatrix} = 0.$$

特别地, 若矩阵的某两行 (或两列) 对应元素完全相同, 则其行列式为零.

性质 2.3.7　若 $\boldsymbol{A}, \boldsymbol{B}$ 为同阶方阵, 则 $|\boldsymbol{AB}| = |\boldsymbol{A}|\,|\boldsymbol{B}|$. 一般地, 若 $\boldsymbol{A}_1, \boldsymbol{A}_2, \cdots, \boldsymbol{A}_m$ 均为同阶方阵, 则 $|\boldsymbol{A}_1\boldsymbol{A}_2\cdots\boldsymbol{A}_m| = |\boldsymbol{A}_1|\,|\boldsymbol{A}_2|\cdots|\boldsymbol{A}_m|$.

例 2.3.1　计算行列式 $\begin{vmatrix} 2 & 1 & -5 & 1 \\ 1 & -3 & 0 & -1 \\ 0 & 2 & -1 & 2 \\ 1 & 4 & -7 & 0 \end{vmatrix}$.

解　将行列式的第 1 行与第 2 行交换, 得

$$-\begin{vmatrix} 1 & -3 & 0 & -1 \\ 2 & 1 & -5 & 1 \\ 0 & 2 & -1 & 2 \\ 1 & 4 & -7 & 0 \end{vmatrix}.$$

将第 1 行分别乘以 $-2,-1$ 加到第 2, 4 行, 得

$$-\begin{vmatrix} 1 & -3 & 0 & -1 \\ 0 & 7 & -5 & 3 \\ 0 & 2 & -1 & 2 \\ 0 & 7 & -7 & 1 \end{vmatrix};$$

将第 3 行乘以 -3 加到第 2 行, 得

$$-\begin{vmatrix} 1 & -3 & 0 & -1 \\ 0 & 1 & -2 & -3 \\ 0 & 2 & -1 & 2 \\ 0 & 7 & -7 & 1 \end{vmatrix};$$

将第 2 行分别乘以 $-2,-7$ 加到第 3, 4 行, 得

$$-\begin{vmatrix} 1 & -3 & 0 & -1 \\ 0 & 1 & -2 & -3 \\ 0 & 0 & 3 & 8 \\ 0 & 0 & 7 & 22 \end{vmatrix};$$

将第 3 行乘以 $-\dfrac{7}{3}$ 加到第 4 行, 得

$$-\begin{vmatrix} 1 & -3 & 0 & -1 \\ 0 & 1 & -2 & -3 \\ 0 & 0 & 3 & 8 \\ 0 & 0 & 0 & \dfrac{10}{3} \end{vmatrix} = -10.$$ □

例 2.3.2 证明奇数阶反对称矩阵的行列式等于零.

证明 设 $\boldsymbol{A}=(a_{ij})$ 为 n 阶反对称矩阵, 即

$$\boldsymbol{A}=\begin{pmatrix} 0 & a_{12} & \cdots & a_{1n} \\ a_{21} & 0 & \cdots & a_{2n} \\ \vdots & \vdots & & \vdots \\ a_{n1} & a_{n2} & \cdots & 0 \end{pmatrix},$$

其中 n 为奇数, $a_{ij}=-a_{ji}$, $i\neq j$, $i,j=1,2,\cdots,n$. 把矩阵的各行提取公因子 -1,

则

$$|\boldsymbol{A}|=(-1)^n\begin{vmatrix}0&-a_{12}&\cdots&-a_{1n}\\-a_{21}&0&\cdots&-a_{2n}\\\vdots&\vdots&&\vdots\\-a_{n1}&-a_{n2}&\cdots&0\end{vmatrix}=(-1)^n\begin{vmatrix}0&a_{21}&\cdots&a_{n1}\\a_{12}&0&\cdots&a_{n2}\\\vdots&\vdots&&\vdots\\a_{1n}&a_{2n}&\cdots&0\end{vmatrix}$$
$$=-\left|\boldsymbol{A}^{\top}\right|=-|\boldsymbol{A}|.$$

故 $|\boldsymbol{A}|=0$. □

例 2.3.3　计算 n 阶矩阵行列式 $D_n=\begin{vmatrix}a&b&b&\cdots&b\\b&a&b&\cdots&b\\b&b&a&\cdots&b\\\vdots&\vdots&\vdots&&\vdots\\b&b&b&\cdots&a\end{vmatrix}$.

解　将矩阵各列加到第 1 列, 得

$$\begin{vmatrix}a+(n-1)b&b&b&\cdots&b\\a+(n-1)b&a&b&\cdots&b\\a+(n-1)b&b&a&\cdots&b\\\vdots&\vdots&\vdots&&\vdots\\a+(n-1)b&b&b&\cdots&a\end{vmatrix}$$

将第 1 行乘以 -1 加到以下各行, 得

$$\begin{vmatrix}a+(n-1)b&b&b&\cdots&b\\0&a-b&0&\cdots&0\\0&0&a-b&\cdots&0\\\vdots&\vdots&\vdots&&\vdots\\0&0&0&\cdots&a-b\end{vmatrix}=[a+(n-1)b](a-b)^{n-1}.$$ □

设 $\boldsymbol{A}=(a_{ij})$ 为 n 阶方阵, 划去元素 a_{ij} 所在的行与列, 剩下的元素按原来的相对位置构成的 $n-1$ 阶矩阵的行列式称为元素 a_{ij} 的**余子式**, 记为 M_{ij}. 元素 a_{ij} 的**代数余子式**, 记为 A_{ij}, 定义为

$$A_{ij}=(-1)^{i+j}M_{ij}. \tag{2.3.4}$$

下面给出矩阵的行列式按行或列的展开公式.

定理 2.3.1 设 n 阶方阵 $\boldsymbol{A}=(a_{ij})$, 则 $|\boldsymbol{A}|$ 等于 $\boldsymbol{A}$ 的任意一行 (或列) 的所有元素与它们所对应的代数余子式的乘积之和, 即对任意 $i,j=1,2,\cdots,n$,

$$\begin{aligned}|\boldsymbol{A}| &= a_{i1}A_{i1}+a_{i2}A_{i2}+\cdots+a_{in}A_{in}\\ &= a_{1j}A_{1j}+a_{2j}A_{2j}+\cdots+a_{nj}A_{nj}.\end{aligned} \tag{2.3.5}$$

另一方面, $\boldsymbol{A}$ 的任意一行 (或列) 元素与其他行 (或其他列) 对应元素的代数余子式乘积之和为零, 即若 $i\neq j, k\neq l$, 则

$$\begin{aligned}&a_{i1}A_{j1}+a_{i2}A_{j2}+\cdots+a_{in}A_{jn}=0,\\ &a_{1k}A_{1l}+a_{2k}A_{2l}+\cdots+a_{nk}A_{nl}=0.\end{aligned} \tag{2.3.6}$$

证明 只证明行的情形. 先证式 (2.3.5). 分三种情形.

情形 (1): $\boldsymbol{A}$ 的第一行除 a_{11} 外其余元素均为零. 此时,

$$|\boldsymbol{A}|=\begin{vmatrix} a_{11} & 0 & \cdots & 0\\ a_{21} & a_{22} & \cdots & a_{2n}\\ \vdots & \vdots & & \vdots\\ a_{n1} & a_{n2} & \cdots & a_{nn}\end{vmatrix}=a_{11}A_{11}.$$

事实上,

$$\begin{aligned}|\boldsymbol{A}| &= \sum_{j_1j_2\cdots j_n}(-1)^{\tau(j_1j_2\cdots j_n)}a_{1j_1}a_{2j_2}\cdots a_{nj_n}\\ &= \sum_{1j_2\cdots j_n}(-1)^{\tau(1j_2\cdots j_n)}a_{11}a_{2j_2}\cdots a_{nj_n}\\ &= a_{11}\sum_{1j_2\cdots j_n}(-1)^{\tau(1j_2\cdots j_n)}a_{2j_2}\cdots a_{nj_n}\\ &= a_{11}\sum_{j_2\cdots j_n}(-1)^{\tau(j_2\cdots j_n)}a_{2j_2}\cdots a_{nj_n}\\ &= a_{11}M_{11}=a_{11}A_{11}.\end{aligned}$$

情形 (2): $\boldsymbol{A}$ 的第 i 行除 a_{ij} 外其余元素全为零. 此时,

$$
|\boldsymbol{A}| = \begin{vmatrix} a_{11} & a_{12} & \cdots & a_{1j} & \cdots & a_{1n} \\ \vdots & \vdots & & \vdots & & \vdots \\ 0 & 0 & \cdots & a_{ij} & \cdots & 0 \\ \vdots & \vdots & & \vdots & & \vdots \\ a_{n1} & a_{n2} & \cdots & a_{nj} & \cdots & a_{nn} \end{vmatrix} = a_{ij}A_{ij}.
$$

首先将 $\boldsymbol{A}$ 的第 i 行依次与第 $i-1, i-2, \cdots, 2, 1$ 行交换, 再将第 j 列依次与第 $j-1, j-2, \cdots, 2, 1$ 列交换, 使 a_{ij} 位于第 1 行第 1 列, 从而转化为情形 (1). 故

$$
|\boldsymbol{A}| = (-1)^{i+j-2} \begin{vmatrix} a_{ij} & 0 & \cdots & 0 & 0 & \cdots & 0 \\ a_{1j} & a_{11} & \cdots & a_{1,j-1} & a_{1,j+1} & \cdots & a_{1n} \\ \vdots & \vdots & & \vdots & \vdots & & \vdots \\ a_{i-1,j} & a_{i-1,1} & \cdots & a_{i-1,j-1} & a_{i-1,j+1} & \cdots & a_{i-1,n} \\ a_{i+1,j} & a_{i+1,1} & \cdots & a_{i+1,j-1} & a_{i+1,j+1} & \cdots & a_{i+1,n} \\ \vdots & \vdots & & \vdots & \vdots & & \vdots \\ a_{nj} & a_{n1} & \cdots & a_{n,j-1} & a_{n,j+1} & \cdots & a_{nn} \end{vmatrix}
$$

$$
= (-1)^{i+j-2} a_{ij} M_{ij} = a_{ij} A_{ij}.
$$

情形 (3): 一般情形. 先把第 i 行的每个元素分别写成该元素与 $n-1$ 个 0 之和, 根据性质 2.3.3 化为情形 (2), 即

$$
|\boldsymbol{A}| = \begin{vmatrix} a_{11} & a_{12} & \cdots & a_{1n} \\ \vdots & \vdots & & \vdots \\ a_{i1}+0+\cdots+0 & 0+a_{i2}+\cdots+0 & \cdots & 0+\cdots+0+a_{in} \\ \vdots & \vdots & & \vdots \\ a_{n1} & a_{n2} & \cdots & a_{nn} \end{vmatrix}
$$

$$= \begin{vmatrix} a_{11} & a_{12} & \cdots & a_{1n} \\ \vdots & \vdots & & \vdots \\ a_{i1} & 0 & \cdots & 0 \\ \vdots & \vdots & & \vdots \\ a_{n1} & a_{n2} & \cdots & a_{nn} \end{vmatrix} + \begin{vmatrix} a_{11} & a_{12} & \cdots & a_{1n} \\ \vdots & \vdots & & \vdots \\ 0 & a_{i2} & \cdots & 0 \\ \vdots & \vdots & & \vdots \\ a_{n1} & a_{n2} & \cdots & a_{nn} \end{vmatrix} + \cdots + \begin{vmatrix} a_{11} & a_{12} & \cdots & a_{1n} \\ \vdots & \vdots & & \vdots \\ 0 & 0 & \cdots & a_{in} \\ \vdots & \vdots & & \vdots \\ a_{n1} & a_{n2} & \cdots & a_{nn} \end{vmatrix}$$

$$= a_{i1}A_{i1} + a_{i2}A_{i2} + \cdots + a_{in}A_{in}.$$

至此, 我们证明了行列式按行的展开公式.

下证式 (2.3.6). 把矩阵 $\boldsymbol{A}$ 的第 j 行元素换成第 i 行元素, 其余元素不动, 得到的矩阵行列式记为 D, 即

$$D = \begin{vmatrix} a_{11} & a_{12} & \cdots & a_{1n} \\ \vdots & \vdots & & \vdots \\ a_{i1} & a_{i2} & \cdots & a_{in} \\ \vdots & \vdots & & \vdots \\ a_{i1} & a_{i2} & \cdots & a_{in} \\ \vdots & \vdots & & \vdots \\ a_{n1} & a_{n2} & \cdots & a_{nn} \end{vmatrix}$$

将 D 按第 j 行展开, 因此,

$$D = a_{i1}A_{j1} + a_{i2}A_{j2} + \cdots + a_{in}A_{jn}.$$

另一方面, 根据性质 2.3.6, $D = 0$. 因此, 式 (2.3.6) 成立. □

例 2.3.4 设矩阵

$$\boldsymbol{A} = \begin{pmatrix} 1 & 2 & 3 \\ 4 & 5 & 6 \\ 7 & 8 & 9 \end{pmatrix},$$

求 $A_{21} + 2A_{22} + 3A_{23}$.

解

$$A_{21} + 2A_{22} + 3A_{23} = \begin{vmatrix} 1 & 2 & 3 \\ 1 & 2 & 3 \\ 7 & 8 & 9 \end{vmatrix} = 0.$$ □

利用定理 2.3.1 计算行列式时, 将一个 n 阶行列式的计算问题转换成 n 个 $n-1$ 阶的行列式计算问题, 一般会降低计算的复杂度. 同时, 应当尽量对含有零元素较多的行或列展开, 这样会减小计算量.

例 2.3.5 计算 5 阶矩阵行列式

$$\begin{vmatrix} 2 & 0 & 4 & 1 & -3 \\ 0 & -2 & 0 & 1 & 0 \\ -1 & 3 & 5 & 2 & -2 \\ 2 & 1 & 4 & 5 & 5 \\ 0 & 3 & 0 & 0 & 0 \end{vmatrix}.$$

解 按矩阵最后一行展开,

$$\begin{vmatrix} 2 & 0 & 4 & 1 & -3 \\ 0 & -2 & 0 & 1 & 0 \\ -1 & 3 & 5 & 2 & -2 \\ 2 & 1 & 4 & 5 & 5 \\ 0 & 3 & 0 & 0 & 0 \end{vmatrix} = (-1)^{5+2} \times 3 \times \begin{vmatrix} 2 & 4 & 1 & -3 \\ 0 & 0 & 1 & 0 \\ -1 & 5 & 2 & -2 \\ 2 & 4 & 5 & 5 \end{vmatrix}$$

$$= (-3) \times (-1) \times \begin{vmatrix} 2 & 4 & -3 \\ -1 & 5 & -2 \\ 2 & 4 & 5 \end{vmatrix}$$

$$= 3 \times \begin{vmatrix} 2 & 4 & -3 \\ -1 & 5 & -2 \\ 0 & 0 & 8 \end{vmatrix} = 3 \times 8 \times \begin{vmatrix} 2 & 4 \\ -1 & 5 \end{vmatrix} = 336.$$ □

例 2.3.6 求 n 阶矩阵行列式

$$D = \begin{vmatrix} x_1 & a & a & \cdots & a \\ a & x_2 & a & \cdots & a \\ a & a & x_3 & \cdots & a \\ \vdots & \vdots & \vdots & & \vdots \\ a & a & a & \cdots & x_n \end{vmatrix}.$$

解 分下列三种情形讨论:

情形 (1): $x_i \neq a, i=1,2,\cdots,n$. 从矩阵第 2 行开始, 每行减去第 1 行, 则

$$D=\begin{vmatrix} x_1 & a & a & \cdots & a \\ a-x_1 & x_2-a & 0 & \cdots & 0 \\ a-x_1 & 0 & x_3-a & \cdots & 0 \\ \vdots & \vdots & \vdots & & \vdots \\ a-x_1 & 0 & 0 & \cdots & x_n-a \end{vmatrix}.$$

每列提取公因子 $x_i-a, i=1,2,\cdots,n$, 则

$$D=\left(\prod_{i=1}^{n}(x_i-a)\right)\begin{vmatrix} \frac{x_1}{x_1-a} & \frac{a}{x_2-a} & \frac{a}{x_3-a} & \cdots & \frac{a}{x_n-a} \\ -1 & 1 & 0 & \cdots & 0 \\ -1 & 0 & 1 & \cdots & 0 \\ \vdots & \vdots & \vdots & & \vdots \\ -1 & 0 & 0 & \cdots & 1 \end{vmatrix}.$$

把第 $2,3,\cdots,n$ 列加到第 1 列, 则

$$\begin{aligned} D&=\left(\prod_{i=1}^{n}(x_i-a)\right)\begin{vmatrix} \frac{x_1}{x_1-a}+\sum\limits_{j=2}^{n}\frac{a}{x_j-a} & \frac{a}{x_2-a} & \frac{a}{x_3-a} & \cdots & \frac{a}{x_n-a} \\ 0 & 1 & 0 & \cdots & 0 \\ 0 & 0 & 1 & \cdots & 0 \\ \vdots & \vdots & \vdots & & \vdots \\ 0 & 0 & 0 & \cdots & 1 \end{vmatrix}, \\ &=\left(\frac{x_1}{x_1-a}+\sum_{j=2}^{n}\frac{a}{x_j-a}\right)\prod_{i=1}^{n}(x_i-a) \\ &=\left(1+\sum_{j=1}^{n}\frac{a}{x_j-a}\right)\prod_{i=1}^{n}(x_i-a). \end{aligned}$$

情形 (2): 恰有一个 x_i 等于 a, 不妨设为 $x_i = a$. 通过 $2(i-1)$ 次行列互换, 则

$$D = \begin{vmatrix} x_1 & \cdots & a & \cdots & a \\ \vdots & & \vdots & & \vdots \\ a & \cdots & a & \cdots & a \\ \vdots & & \vdots & & \vdots \\ a & \cdots & a & \cdots & x_n \end{vmatrix} = \begin{vmatrix} a & a & a & \cdots & a \\ a & x_1 & a & \cdots & a \\ a & a & x_2 & \cdots & a \\ \vdots & \vdots & \vdots & & \vdots \\ a & a & a & \cdots & x_n \end{vmatrix}.$$

从第 2 行开始, 各行减去第 1 行, 则

$$D = \begin{vmatrix} a & a & a & \cdots & a \\ 0 & x_1 - a & 0 & \cdots & 0 \\ 0 & 0 & x_2 - a & \cdots & 0 \\ \vdots & \vdots & \vdots & & \vdots \\ 0 & 0 & 0 & \cdots & x_n - a \end{vmatrix}$$

$$= a(x_1 - a)(x_2 - a)\cdots(x_{i-1} - a)(x_{i+1} - a)\cdots(x_n - a).$$

情形 (3): $x_1, x_2, \cdots, x_n$ 中至少有两个等于 a. 显然, $D = 0$. □

例 2.3.7 设 $n \geqslant 2$, 称下列行列式为 n 阶**Vandermonde 行列式**, 记为 $V(a_1, a_2, \cdots, a_n)$.

$$V(a_1, a_2, \cdots, a_n) = \begin{vmatrix} 1 & 1 & 1 & & 1 \\ a_1 & a_2 & a_3 & \cdots & a_n \\ a_1^2 & a_2^2 & a_3^2 & \cdots & a_n^2 \\ \vdots & \vdots & \vdots & & \vdots \\ a_1^{n-1} & a_2^{n-1} & a_3^{n-1} & \cdots & a_n^{n-1} \end{vmatrix}.$$

则

$$V(a_1, a_2, \cdots, a_n) = \prod_{1 \leqslant j < i \leqslant n} (a_i - a_j).$$

证明 (数学归纳法) 当 $n=2$ 时,

$$V(a_1,a_2)=\begin{vmatrix} 1 & 1 \\ a_1 & a_2 \end{vmatrix}=a_2-a_1.$$

结论显然成立.

假设结论对 $n-1$ 阶 Vandermonde 行列式成立. 下证 n 阶的情形. 从矩阵的第 n 行开始, 自下而上依次从每行减去它的上一行的 a_1 倍, 得

$$V(a_1,a_2,\cdots,a_n)=\begin{vmatrix} 1 & 1 & 1 & & 1 \\ 0 & a_2-a_1 & a_3-a_1 & \cdots & a_n-a_1 \\ 0 & a_2(a_2-a_1) & a_3(a_3-a_1) & \cdots & a_n(a_n-a_1) \\ \vdots & \vdots & \vdots & & \vdots \\ 0 & a_2^{n-2}(a_2-a_1) & a_3^{n-2}(a_3-a_1) & \cdots & a_n^{n-2}(a_n-a_1) \end{vmatrix}$$

$$=\begin{vmatrix} a_2-a_1 & a_3-a_1 & \cdots & a_n-a_1 \\ a_2(a_2-a_1) & a_3(a_3-a_1) & \cdots & a_n(a_n-a_1) \\ \vdots & \vdots & & \vdots \\ a_2^{n-2}(a_2-a_1) & a_3^{n-2}(a_3-a_1) & \cdots & a_n^{n-2}(a_n-a_1) \end{vmatrix}$$

$$=(a_2-a_1)(a_3-a_1)\cdots(a_n-a_1)\begin{vmatrix} 1 & 1 & \cdots & 1 \\ a_2 & a_3 & \cdots & a_n \\ \vdots & \vdots & & \vdots \\ a_2^{n-2} & a_3^{n-2} & \cdots & a_n^{n-2} \end{vmatrix}$$

$$=\prod_{1=j<i\leqslant n}(a_i-a_1)V(a_2,\cdots,a_n).$$

由归纳假设,

$$V(a_2,\cdots,a_n)=\prod_{2\leqslant j<i\leqslant n}(a_i-a_j).$$

因此,

$$V(a_1,a_2,\cdots,a_n)=\prod_{1\leqslant j<i\leqslant n}(a_i-a_j).$$ □

特别地, $V(a_1,a_2,\cdots,a_n)=0$ 当且仅当 $a_1,a_2,\cdots,a_n$ 中至少有两个相等.

习　题　2.3

1. 计算下面的行列式.

(1) $\begin{vmatrix} 1 & 1 & 1 & 1 \\ 1 & 2 & 2 & 5 \\ 4 & 3 & 2 & 1 \\ 2 & 1 & 1 & -3 \end{vmatrix}$;　　(2) $\begin{vmatrix} 1+x & 1 & 1 & 1 \\ 1 & 1-x & 1 & 1 \\ 1 & 1 & 1+y & 1 \\ 1 & 1 & 1 & 1-y \end{vmatrix}$;

(3) $D_n = \begin{vmatrix} x & y & 0 & \cdots & 0 & 0 \\ 0 & x & y & \cdots & 0 & 0 \\ 0 & 0 & x & \cdots & 0 & 0 \\ \vdots & \vdots & \vdots & & \vdots & \vdots \\ 0 & 0 & 0 & \cdots & x & y \\ y & 0 & 0 & \cdots & 0 & x \end{vmatrix}$;　(4) $\begin{vmatrix} x_1 - m & x_2 & \cdots & x_n \\ x_1 & x_2 - m & \cdots & x_n \\ \vdots & \vdots & & \vdots \\ x_1 & x_2 & \cdots & x_n - m \end{vmatrix}$;

(5) $\begin{vmatrix} 1 & 2 & 2 & \cdots & 2 \\ 2 & 2 & 2 & \cdots & 2 \\ 2 & 2 & 3 & \cdots & 2 \\ \vdots & \vdots & \vdots & & \vdots \\ 2 & 2 & 2 & \cdots & n \end{vmatrix}$;　　(6) $\begin{vmatrix} x & 0 & 0 & \cdots & 0 & a_0 \\ -1 & x & 0 & \cdots & 0 & a_1 \\ 0 & -1 & x & \cdots & 0 & a_2 \\ \vdots & \vdots & \vdots & & \vdots & \vdots \\ 0 & 0 & 0 & \cdots & x & a_{n-2} \\ 0 & 0 & 0 & \cdots & -1 & x + a_{n-1} \end{vmatrix}$;

(7) $D_n = \begin{vmatrix} 1 & -1 & \cdots & -1 & -1 \\ 1 & 1 & \cdots & -1 & -1 \\ \vdots & \vdots & & \vdots & \vdots \\ 1 & 1 & \cdots & 1 & -1 \\ 1 & 1 & \cdots & 1 & 1 \end{vmatrix}$.

2. 计算下列行列式的全部代数余子式.

(1) $\begin{vmatrix} 1 & 2 & 0 & 3 \\ 0 & -1 & 2 & 1 \\ 0 & 0 & 3 & -1 \\ 0 & 0 & 0 & 2 \end{vmatrix}$;　(2) $\begin{vmatrix} 1 & -1 & 2 \\ 2 & 2 & -1 \\ 0 & 2 & 3 \end{vmatrix}$.

3. 设 $|\boldsymbol{A}| = \begin{vmatrix} 1 & 2 & 1 & 1 \\ 2 & 3 & 4 & 8 \\ 3 & 4 & 9 & 27 \\ 4 & 1 & 16 & 64 \end{vmatrix}$, 求 $A_{12} + A_{22} + A_{32} + A_{42}$, 其中 A_{ij} 为元素 a_{ij} 的代数余子式.

4. 已知 4 阶矩阵 $\boldsymbol{A}$ 的第 3 列元素分别是 $-1,2,0,1$, 它们的余子式分别是 $5,3,-7,4$, 求 $\boldsymbol{A}$ 的行列式.

5. 证明:

$$\begin{vmatrix} by+az & bz+ax & bx+ay \\ bx+ay & by+az & bz+ax \\ bz+ax & bx+ay & by+az \end{vmatrix} = (a^3+b^3)\begin{vmatrix} x & y & z \\ z & x & y \\ y & z & x \end{vmatrix}.$$

6. 设 n 阶矩阵 $\boldsymbol{A}$ 满足 $\boldsymbol{A}\boldsymbol{A}^\top = \boldsymbol{I}, |\boldsymbol{A}| < 0$, 求 $|\boldsymbol{A}+\boldsymbol{I}|$.

7. 已知厂商边际成本函数 $C(Q) = a+bQ+cQ^2$ $(c>0)$, 且 $C(10) = 1800, C(20) = 1100, C(70) = 600$. 求此边际成本函数.

2.4 逆 矩 阵

在第 1 章, 我们初步学习了逆矩阵的基本知识. 下面利用行列式这一工具, 进一步讨论矩阵可逆的条件以及矩阵逆的求解问题. 为此, 我们首先介绍伴随矩阵的概念.

定义 2.4.1 若 n 阶矩阵 $\boldsymbol{A}$ 的行列式 $|\boldsymbol{A}| \neq 0$, 则称 $\boldsymbol{A}$ 为**非奇异矩阵或非退化矩阵**. 反之, 称 $\boldsymbol{A}$ 为**奇异矩阵或退化矩阵**.

定义 2.4.2 设 $\boldsymbol{A} = (a_{ij})$ 是 n 阶矩阵, 用 $\boldsymbol{A}$ 的第 i $(i=1,2,\cdots,n)$ 行元素对应的代数余子式 $A_{i1}, A_{i2}, \cdots, A_{in}$ 作为第 i 列元素构成一个 n 阶矩阵, 称此矩阵为 $\boldsymbol{A}$ 的**伴随矩阵**, 记为 $\boldsymbol{A}^*$, 即

$$\boldsymbol{A}^* = \begin{pmatrix} A_{11} & A_{21} & \cdots & A_{n1} \\ A_{12} & A_{22} & \cdots & A_{n2} \\ \vdots & \vdots & & \vdots \\ A_{1n} & A_{2n} & \cdots & A_{nn} \end{pmatrix}.$$

定理 2.4.1 n 阶矩阵 $\boldsymbol{A}$ 可逆的充分必要条件是 $\boldsymbol{A}$ 为非奇异矩阵. 此时,

$$\boldsymbol{A}^{-1} = \frac{1}{|\boldsymbol{A}|}\boldsymbol{A}^*.$$

证明 $$\boldsymbol{A}^*\boldsymbol{A} = \boldsymbol{A}\boldsymbol{A}^* = \begin{pmatrix} |\boldsymbol{A}| & 0 & \cdots & 0 \\ 0 & |\boldsymbol{A}| & \cdots & 0 \\ \vdots & \vdots & & \vdots \\ 0 & 0 & \cdots & |\boldsymbol{A}| \end{pmatrix} = |\boldsymbol{A}|\,\boldsymbol{I}.$$

当 $|\boldsymbol{A}| \neq 0$ 时, 取 $\boldsymbol{B} = \dfrac{1}{|\boldsymbol{A}|}\boldsymbol{A}^*$, 则有 $\boldsymbol{AB} = \boldsymbol{BA} = \boldsymbol{I}$, 从而 $\boldsymbol{A}$ 可逆. 此时, $\boldsymbol{A}^{-1} = \boldsymbol{B} = \dfrac{1}{|\boldsymbol{A}|}\boldsymbol{A}^*$.

反之, 若 $\boldsymbol{A}$ 可逆, 则存在 $\boldsymbol{A}^{-1}$ 使 $\boldsymbol{AA}^{-1} = \boldsymbol{I}$. 两边取行列式, $|\boldsymbol{A}|\left|\boldsymbol{A}^{-1}\right| = |\boldsymbol{I}| = 1$. 因此 $|\boldsymbol{A}| \neq 0$. □

推论 2.4.1 若 n 阶矩阵 $\boldsymbol{A}$ 可逆, 则 $\left|\boldsymbol{A}^{-1}\right| = |\boldsymbol{A}|^{-1}$.

推论 2.4.2 设 $\boldsymbol{A}$ 是 n 阶矩阵. 若存在 n 阶矩阵 $\boldsymbol{B}$, 使得 $\boldsymbol{AB} = \boldsymbol{I}_n$ 或 $\boldsymbol{BA} = \boldsymbol{I}_n$, 则 $\boldsymbol{A}$ 可逆, 且 $\boldsymbol{A}^{-1} = \boldsymbol{B}$.

例 2.4.1 设 $\boldsymbol{A} = \begin{pmatrix} 1 & 2 \\ 3 & 4 \end{pmatrix}$. 证明 $\boldsymbol{A}$ 可逆, 并求 $\boldsymbol{A}^{-1}$.

解 因为

$$|\boldsymbol{A}| = \begin{vmatrix} 1 & 2 \\ 3 & 4 \end{vmatrix} = -2 \neq 0,$$

所以 $\boldsymbol{A}$ 可逆. 因为

$$A_{11} = 4, \quad A_{12} = -3, \quad A_{21} = -2, \quad A_{22} = 1,$$

所以

$$\boldsymbol{A}^* = \begin{pmatrix} A_{11} & A_{21} \\ A_{12} & A_{22} \end{pmatrix} = \begin{pmatrix} 4 & -2 \\ -3 & 1 \end{pmatrix}.$$

于是

$$\boldsymbol{A}^{-1} = \frac{1}{|\boldsymbol{A}|}\boldsymbol{A}^* = \begin{pmatrix} -2 & 1 \\ \dfrac{3}{2} & -\dfrac{1}{2} \end{pmatrix}.$$ □

例 2.4.2 已知 n 阶矩阵 $\boldsymbol{A}$ 满足 $\boldsymbol{A}^2 + \boldsymbol{A} - 3\boldsymbol{I} = \boldsymbol{0}$. 证明 $\boldsymbol{A}$ 可逆, 并求 $\boldsymbol{A}^{-1}$.

解 由题中条件,

$$\boldsymbol{A}^2 + \boldsymbol{A} = 3\boldsymbol{I}, \quad \boldsymbol{A}(\boldsymbol{A} + \boldsymbol{I}) = 3\boldsymbol{I}, \quad \boldsymbol{A}\left(\frac{1}{3}(\boldsymbol{A} + \boldsymbol{I})\right) = \boldsymbol{I},$$

所以, $\boldsymbol{A}$ 可逆, 且 $\boldsymbol{A}^{-1} = \dfrac{1}{3}(\boldsymbol{A} + \boldsymbol{I})$. □

例 2.4.3 求解线性方程组

$$\begin{cases} x_1 + x_2 - x_3 = 2, \\ x_1 - x_2 + x_3 = 1, \\ x_1 + x_2 + 2x_3 = -1. \end{cases}$$

解 设

$$A=\begin{pmatrix}1&1&-1\\1&-1&1\\1&1&2\end{pmatrix},\quad B=\begin{pmatrix}2\\1\\-1\end{pmatrix},\quad X=\begin{pmatrix}x_1\\x_2\\x_3\end{pmatrix},$$

则原方程组可写成矩阵方程 $AX=B$. 易知 A 可逆, 所以

$$X=A^{-1}B=\begin{pmatrix}\frac{3}{2}\\-\frac{1}{2}\\-1\end{pmatrix}.$$

□

习 题 2.4

1. 设 $A=\begin{pmatrix}2&1&1\\3&1&2\\1&-1&0\end{pmatrix}$. 证明 A 可逆, 并求 A^{-1}.

2. 证明: 对于 n 阶矩阵 A, $|A^*|=|A|^{n-1}$. 由此计算 $|((A^*)^*)^*|$.

3. 已知 3 阶矩阵 A 的行列式为 2, 求 $\left|3A^*-2A^{-1}\right|$.

4. 设 A 是幂等阵, 即 $A^2=A$. 试证: $2I-A$ 可逆, 并求其逆.

5. 已知 n 阶矩阵 A 满足 $A^k=0$, k 为正整数. 证明: $A^{k-1}+A^{k-2}+\cdots+A+I$ 可逆.

2.5 克拉默法则

本节将利用克拉默 (Cramer) 法则讨论一类特殊线性方程组, 即方程个数与未知量个数相等的线性方程组的求解问题.

定理 2.5.1(克拉默法则) 设含有 n 个方程 n 个未知量的线性方程组

$$\begin{cases}a_{11}x_1+a_{12}x_2+\cdots+a_{1n}x_n=b_1,\\a_{21}x_1+a_{22}x_2+\cdots+a_{2n}x_n=b_2,\\\qquad\cdots\cdots\\a_{n1}x_1+a_{n2}x_2+\cdots+a_{nn}x_n=b_n.\end{cases}\tag{2.5.1}$$

当系数矩阵的行列式 $D=|A|\neq0$ 时, 方程组 (2.5.1) 有且仅有唯一解

$$x_1=\frac{D_1}{D},\quad x_2=\frac{D_2}{D},\quad\cdots,\quad x_n=\frac{D_n}{D},\tag{2.5.2}$$

其中 $D_i\ (i=1,2,\cdots,n)$ 是用方程组的常数项 $b_1,b_2,\cdots,b_n$ 代替 $\boldsymbol{A}$ 的第 i 列所得方阵的行列式, 即

$$D_i=\begin{vmatrix} a_{11} & \cdots & a_{1,i-1} & b_1 & a_{1,i+1} & \cdots & a_{1n} \\ a_{21} & \cdots & a_{2,i-1} & b_2 & a_{2,i+1} & \cdots & a_{2n} \\ \vdots & & \vdots & \vdots & \vdots & & \vdots \\ a_{n1} & \cdots & a_{n,i-1} & b_n & a_{n,i+1} & \cdots & a_{nn} \end{vmatrix}.$$

证明 首先证明式 (2.5.2) 是方程组 (2.5.1) 的解. 记

$$\boldsymbol{B}=(b_1,b_2,\cdots,b_n)^{\top}.$$

则线性方程组可化为 $\boldsymbol{AX}=\boldsymbol{B}$. 由于 $\boldsymbol{A}$ 可逆, 则 $\boldsymbol{X}=\boldsymbol{A}^{-1}\boldsymbol{B}=\dfrac{1}{|\boldsymbol{A}|}\boldsymbol{A}^*\boldsymbol{B}$. 所以,

$$x_i=\frac{1}{|\boldsymbol{A}|}\left(\boldsymbol{A}_{1i}b_1+\boldsymbol{A}_{2i}b_2+\cdots+\boldsymbol{A}_{ni}b_n\right)=\frac{D_i}{D},\quad i=1,2,\cdots,n.$$

因此式 (2.5.2) 是方程组 (2.5.1) 的解.

再证解的唯一性. 设 $\boldsymbol{X}_1,\boldsymbol{X}_2$ 是方程组 (2.5.1) 的解, 则

$$\boldsymbol{AX}_1=\boldsymbol{AX}_2=\boldsymbol{B},$$

所以 $\boldsymbol{A}(\boldsymbol{X}_1-\boldsymbol{X}_2)=\boldsymbol{0}$, 两边同时乘以 $\boldsymbol{A}^{-1}$, 得到 $\boldsymbol{X}_1=\boldsymbol{X}_2$. □

例 2.5.1 用克拉默法则解线性方程组

$$\begin{cases} x_1+2x_2+3x_3-2x_4=6, \\ 2x_1-\ \ x_2-2x_3-3x_4=8, \\ 3x_1+2x_2-\ \ x_3+2x_4=4, \\ 2x_1-3x_2+2x_3+\ \ x_4=-8. \end{cases}$$

解 系数矩阵的行列式

$$D=\begin{vmatrix} 1 & 2 & 3 & -2 \\ 2 & -1 & -2 & -3 \\ 3 & 2 & -1 & 2 \\ 2 & -3 & 2 & 1 \end{vmatrix}=324\neq 0,$$

于是可用克拉默法则进行求解. 计算可得

$$D_1=\begin{vmatrix}6&2&3&-2\\8&-1&-2&-3\\4&2&-1&2\\-8&-3&2&1\end{vmatrix}=324,\quad D_2=\begin{vmatrix}1&6&3&-2\\2&8&-2&-3\\3&4&-1&2\\2&-8&2&1\end{vmatrix}=648,$$

$$D_3=\begin{vmatrix}1&2&6&-2\\2&-1&8&-3\\3&2&4&2\\2&-3&-8&1\end{vmatrix}=-324,\quad D_4=\begin{vmatrix}1&2&3&6\\2&-1&-2&8\\3&2&-1&4\\2&-3&2&-8\end{vmatrix}=-648.$$

所以方程组有唯一解

$$x_1=\frac{D_1}{D}=1,\quad x_2=\frac{D_2}{D}=2,\quad x_3=\frac{D_3}{D}=-1,\quad x_4=\frac{D_4}{D}=-2. \qquad \square$$

注意, 当方程组系数矩阵的行列式 $D=0$ 时, 方程组解的情况需要通过其他方法进行讨论.

常数项全为零的线性方程组称为**齐次线性方程组**; 反之, 称为**非齐次线性方程组**. 显然, $(0,0,\cdots,0)$ 为齐次线性方程组的一个解, 称为**零解**. 对于齐次线性方程组, 我们主要关心的是它有无非零解. 应用克拉默法则, 我们不难得到如下结论.

定理 2.5.2 若齐次线性方程组

$$\begin{cases}a_{11}x_1+a_{12}x_2+\cdots+a_{1n}x_n=0,\\a_{21}x_1+a_{22}x_2+\cdots+a_{2n}x_n=0,\\\qquad\cdots\cdots\\a_{n1}x_1+a_{n2}x_2+\cdots+a_{nn}x_n=0\end{cases}\tag{2.5.3}$$

的系数矩阵的行列式 $D\neq 0$, 则它只有零解.

证明 因为 $D\neq 0$, 而根据定义 $D_i=0$, $i=1,2,\cdots,n$. 根据克拉默法则, 方程组 (2.5.3) 有唯一解. $\square$

$$x_i=\frac{D_i}{D}=0,\quad i=1,2,\cdots,n.$$

需要强调的是, 定理的逆否命题当然成立, 即, 若方程组 (2.5.3) 有非零解, 则 $D=0$. 而且定理的逆命题也成立, 我们将在以后章节中讨论.

例 2.5.2 讨论 λ 取何值时, 齐次线性方程组 $\begin{cases}\lambda x_1+3x_2=0,\\3x_1+\lambda x_2=0\end{cases}$ 有非零解.

解　由克拉默法则, 如果方程组有非零解, 则系数行列式 $\begin{vmatrix} \lambda & 3 \\ 3 & \lambda \end{vmatrix} = \lambda^2 - 9 = 0$, 所以 $\lambda = \pm 3$. □

习　题　2.5

1. 写出经过三点 (1, 1, 1), (2, 3, −1), (3, −1, −1) 的平面方程.

2. 用克拉默法则求解线性方程组

$$\begin{cases} x_1 + x_2 + x_3 + x_4 = 0, \\ x_2 + x_3 + x_4 + x_5 = 0, \\ x_1 + 2x_2 + 3x_3 = 2, \\ x_2 + 2x_3 + 3x_4 = -2, \\ x_3 + 2x_4 + 3x_5 = 2. \end{cases}$$

3. 设多项式 $f(x) = c_0 + c_1 x + \cdots + c_n x^n$ 满足条件 $f(a_i) = b_i, i = 1, 2, \cdots, n+1$, 其中 a_i 互不相同. 证明: $f(x)$ 的系数 $c_0, c_1, \cdots, c_n$ 是唯一确定的. 试给出当 $n = 2$ 时 $f(x)$ 的表达式.

4. 设 a, b, c, d 是不全为零的实数. 证明: 方程组

$$\begin{cases} ax_1 + bx_2 + cx_3 + dx_4 = 0, \\ bx_1 - ax_2 + dx_3 - cx_4 = 0, \\ cx_1 - dx_2 - ax_3 + bx_4 = 0, \\ dx_1 + cx_2 - bx_3 - ax_4 = 0 \end{cases}$$

只有零解.

5. 当 λ 为何值时, 齐次线性方程组

$$\begin{cases} \lambda x_1 + 3x_2 + 4x_3 = 0, \\ -x_1 + \lambda x_2 = 0, \\ x_2 + x_3 = 0 \end{cases}$$

(1) 仅有零解; (2) 有非零解.

6. 求一个二次多项式 $f(x)$, 使得 $f(1) = 0$, $f(2) = 3$, $f(-3) = 28$.

2.6　拉普拉斯定理

矩阵的行列式可以按其一行或一列展开, 那么, 能否同时按照多行或多列展开呢? 这就是拉普拉斯 (Laplace) 定理要解决的问题.

首先介绍一些概念与记号. 设 n 阶矩阵

$$\boldsymbol{A}=\begin{pmatrix} a_{11} & a_{12} & \cdots & a_{1n} \\ a_{21} & a_{22} & \cdots & a_{2n} \\ \vdots & \vdots & & \vdots \\ a_{n1} & a_{n2} & \cdots & a_{nn} \end{pmatrix}.$$

从 $\boldsymbol{A}$ 中任意选取 k 行 l 列, 如第 $i_1,i_2,\cdots,i_k$ 行与第 $j_1,j_2,\cdots,j_l$ 列, 其中 $1\leqslant i_1<i_2<\cdots<i_k\leqslant n$, $1\leqslant j_1<j_2<\cdots<j_l\leqslant n$, 这些行与列交叉位置上的元素按照原来的相对位置构成的一个 $k\times l$ 矩阵, 称为 $\boldsymbol{A}$ 的一个 $k\times l$**子矩阵**, 记为 $\boldsymbol{A}[i_1,i_2,\cdots,i_k;\ j_1,j_2,\cdots,j_l]$. 剩下 $n-k$ 行与 $n-l$ 列的元素按照原来的相对位置构成的 $(n-k)\times(n-l)$ 矩阵称为上述子矩阵的**余子阵**, 记为 $\boldsymbol{A}(i_1,i_2,\cdots,i_k;j_1,j_2,\cdots,j_l)$.

若 $k=l$, 则子矩阵 $\boldsymbol{A}[i_1,i_2,\cdots,i_k;j_1,j_2,\cdots,j_k]$ 的行列式称为 $\boldsymbol{A}$ 的 k **阶子式**; 而余子阵 $\boldsymbol{A}(i_1,i_2,\cdots,i_k;j_1,j_2,\cdots,j_k)$ 的行列式称为上述子式的**余子式**, 该余子式与符号 $(-1)^{i_1+i_2+\cdots+i_k+j_1+j_2+\cdots+j_k}$ 的积称为上述子式的**代数余子式**.

显然, 当 $k=l=1$ 时, k 阶子式就是 1 阶子式, 而它的余子式即为前面所述的 $M_{i_1j_1}$, 代数余子式即为 $A_{i_1j_1}$.

定理 2.6.1 在 n 阶矩阵 $\boldsymbol{A}=(a_{ij})$ 中任意选取 k $(1\leqslant k\leqslant n-1)$ 行, 由这 k 行元素所组成的一切 k 阶子式与它们的代数余子式的乘积的和等于行列式 $|\boldsymbol{A}|$.

注意到, 定理和式中共有 C_n^k 项, 这是由于列指标 $j_1j_2\cdots j_k$ 取遍了 n 列中的所有 k 列. 其次, 由于矩阵行列式的行与列地位是对等的, 所以也可以固定 k 列, 按 k 列展开. 最后, 当 $k=1$ 时, 此定理就是按一行或者一列作拉普拉斯展开, 即定理 2.3.1.

例 2.6.1 设 $\boldsymbol{A},\boldsymbol{B}$ 均为方阵, 则

$$\begin{vmatrix} \boldsymbol{A} & \boldsymbol{C} \\ \boldsymbol{0} & \boldsymbol{B} \end{vmatrix}=|\boldsymbol{A}|\,|\boldsymbol{B}|.$$

对于分块上三角矩阵

$$\boldsymbol{A}=\begin{pmatrix} \boldsymbol{A}_{11} & \boldsymbol{A}_{12} & \cdots & \boldsymbol{A}_{1t} \\ \boldsymbol{0} & \boldsymbol{A}_{22} & \cdots & \boldsymbol{A}_{2t} \\ \vdots & \vdots & & \vdots \\ \boldsymbol{0} & \boldsymbol{0} & \cdots & \boldsymbol{A}_{tt} \end{pmatrix},$$

应用拉普拉斯定理, $|\boldsymbol{A}| = |\boldsymbol{A}_{11}|\,|\boldsymbol{A}_{22}|\cdots|\boldsymbol{A}_{tt}|$. 因此, $\boldsymbol{A}$ 可逆的充分必要条件为 $\boldsymbol{A}_{ii}$ 都可逆, $i=1,2,\cdots,t$. 当 $\boldsymbol{A}$ 可逆时,

$$\boldsymbol{A}^{-1}=\begin{pmatrix}\boldsymbol{A}_{11}^{-1} & \boldsymbol{B}_{12} & \cdots & \boldsymbol{B}_{1t}\\ \boldsymbol{0} & \boldsymbol{A}_{22}^{-1} & \cdots & \boldsymbol{B}_{2t}\\ \vdots & \vdots & & \vdots\\ \boldsymbol{0} & \boldsymbol{0} & \cdots & \boldsymbol{A}_{tt}^{-1}\end{pmatrix}.$$

请读者自行证明. □

例 2.6.2 设 $\boldsymbol{M}=\begin{pmatrix}\boldsymbol{A} & \boldsymbol{B}\\ \boldsymbol{0} & \boldsymbol{C}\end{pmatrix}$, 其中 $\boldsymbol{A},\boldsymbol{C}$ 分别为 r 阶和 s 阶可逆矩阵. 证明 $\boldsymbol{M}$ 可逆, 并求 $\boldsymbol{M}^{-1}$.

解 因为 $\boldsymbol{A},\boldsymbol{C}$ 可逆, $|\boldsymbol{M}|=|\boldsymbol{A}|\,|\boldsymbol{C}|\neq 0$, 所以 $\boldsymbol{M}$ 可逆. 设

$$\boldsymbol{M}^{-1}=\begin{pmatrix}\boldsymbol{X}_{11} & \boldsymbol{X}_{12}\\ \boldsymbol{X}_{21} & \boldsymbol{X}_{22}\end{pmatrix},$$

其中 $\boldsymbol{X}_{11}, \boldsymbol{X}_{22}$ 分别为 r 阶和 s 阶方阵, 则

$$\boldsymbol{M}\boldsymbol{M}^{-1}=\begin{pmatrix}\boldsymbol{A} & \boldsymbol{B}\\ \boldsymbol{0} & \boldsymbol{C}\end{pmatrix}\begin{pmatrix}\boldsymbol{X}_{11} & \boldsymbol{X}_{12}\\ \boldsymbol{X}_{21} & \boldsymbol{X}_{22}\end{pmatrix}=\begin{pmatrix}\boldsymbol{I}_r & \boldsymbol{0}\\ \boldsymbol{0} & \boldsymbol{I}_s\end{pmatrix}.$$

于是

$$\begin{cases}\boldsymbol{A}\boldsymbol{X}_{11}+\boldsymbol{B}\boldsymbol{X}_{21}=\boldsymbol{I}_r,\\ \boldsymbol{A}\boldsymbol{X}_{12}+\boldsymbol{B}\boldsymbol{X}_{22}=\boldsymbol{0},\\ \boldsymbol{C}\boldsymbol{X}_{21}=\boldsymbol{0},\\ \boldsymbol{C}\boldsymbol{X}_{22}=\boldsymbol{I}_s.\end{cases}$$

解得

$$\begin{cases}\boldsymbol{X}_{11}=\boldsymbol{A}^{-1},\\ \boldsymbol{X}_{12}=-\boldsymbol{A}^{-1}\boldsymbol{B}\boldsymbol{C}^{-1},\\ \boldsymbol{X}_{21}=\boldsymbol{0},\\ \boldsymbol{X}_{22}=\boldsymbol{C}^{-1}.\end{cases}$$

故

$$\boldsymbol{M}^{-1}=\begin{pmatrix}\boldsymbol{A}^{-1} & -\boldsymbol{A}^{-1}\boldsymbol{B}\boldsymbol{C}^{-1}\\ \boldsymbol{0} & \boldsymbol{C}^{-1}\end{pmatrix}.$$ □

习 题 2.6

1. 设 $\boldsymbol{A}=\begin{pmatrix}1&2&-1&0\\3&4&0&-1\\0&0&3&2\\0&0&1&4\end{pmatrix}$, 求 $\boldsymbol{A}^{-1}$.

2. 设 $\boldsymbol{M}=\begin{pmatrix}\boldsymbol{0}&\boldsymbol{A}\\\boldsymbol{C}&\boldsymbol{D}\end{pmatrix}$, 其中 $\boldsymbol{A},\boldsymbol{C}$ 分别为 r 阶和 s 阶可逆矩阵, 证明 $\boldsymbol{M}$ 可逆, 并求 $\boldsymbol{M}^{-1}$.

复习题 2

1. (1) 设 $\boldsymbol{A}$ 为元素为 1 或 -1 的 3 阶方阵, 证明 $|\boldsymbol{A}|$ 为偶数;

(2) 设 $\boldsymbol{A}$ 为元素为 1 或 0 的 3 阶方阵, 试确定 $|\boldsymbol{A}|$ 的最大值.

2. (1) 已知 $|\boldsymbol{A}|=\begin{vmatrix}1&0&0\\-1&-2&0\\4&1&3\end{vmatrix}$, 求 $\left|(4\boldsymbol{I}-\boldsymbol{A})(4\boldsymbol{I}-\boldsymbol{A}^{\top})\right|$;

(2) 已知 $\boldsymbol{A}=\begin{pmatrix}-2&1&0\\1&-2&0\\0&0&2\end{pmatrix}$, $\boldsymbol{A}-2\boldsymbol{B}=\boldsymbol{A}\boldsymbol{B}$, 求 $(\boldsymbol{B}^{\top})^{-1}$.

3. 设 $f(x)=\begin{vmatrix}5x&1&2&3\\2&1&x&3\\x&x&2&3\\1&2&1&-x\end{vmatrix}$. 分别求 $f(x)$ 中 x^4,x^3 的系数及 $\dfrac{\mathrm{d}^3f(x)}{\mathrm{d}x^3}$.

4. 解方程

$$\begin{vmatrix}a_1&a_2&a_3&\cdots&a_n\\a_1&a_1+a_2-x&a_3&\cdots&a_n\\a_1&a_2&a_2+a_3-x&\cdots&a_n\\\vdots&\vdots&\vdots&&\vdots\\a_1&a_2&a_3&\cdots&a_n+a_{n-1}-x\end{vmatrix}=0,$$

其中 $a_1,a_2,\cdots,a_{n-1}$ 互不相同.

5. 计算下面行列式.

(1) $D_n = \begin{vmatrix} 1 & 2 & 3 & \cdots & n \\ -1 & 0 & 3 & \cdots & n \\ -1 & -2 & 0 & \cdots & n \\ \vdots & \vdots & \vdots & & \vdots \\ -1 & -2 & -3 & \cdots & 0 \end{vmatrix}$;

(2) $D_n = \begin{vmatrix} a_1 & 1 & 1 & \cdots & 1 & 1 \\ 1 & a_2 & 0 & \cdots & 0 & 0 \\ \vdots & \vdots & \vdots & & \vdots & \vdots \\ 1 & 0 & 0 & \cdots & a_{n-1} & 0 \\ 1 & 0 & 0 & \cdots & 0 & a_n \end{vmatrix}$, 其中 $a_1a_2\cdots a_n \neq 0$;

(3) $D_n = \begin{vmatrix} a & 0 & 0 & \cdots & 0 & b \\ 0 & a & 0 & \cdots & 0 & 0 \\ 0 & 0 & a & \cdots & 0 & 0 \\ \vdots & \vdots & \vdots & & \vdots & \vdots \\ 0 & 0 & 0 & \cdots & a & 0 \\ b & 0 & 0 & \cdots & 0 & a \end{vmatrix}$;

(4) $D_n = \begin{vmatrix} 1 & 1 & \cdots & 1 \\ x_1 & x_2 & \cdots & x_n \\ x_1^2 & x_2^2 & \cdots & x_n^2 \\ \vdots & \vdots & & \vdots \\ x_1^{n-2} & x_2^{n-2} & \cdots & x_n^{n-2} \\ x_1^n & x_2^n & \cdots & x_n^n \end{vmatrix}$;

(5) $D_n = \begin{vmatrix} x & y & y & \cdots & y & y \\ z & x & y & \cdots & y & y \\ \vdots & \vdots & \vdots & & \vdots & \vdots \\ z & z & z & \cdots & x & y \\ z & z & z & \cdots & z & x \end{vmatrix}$.

6. (1) 设矩阵

$$\boldsymbol{A} = \begin{pmatrix} 1 & 2 & 3 & 4 & 5 \\ 2 & 2 & 2 & 1 & 1 \\ 3 & 1 & 2 & 4 & 5 \\ 1 & 1 & 1 & 2 & 2 \\ 4 & 3 & 1 & 5 & 0 \end{pmatrix}.$$

求 $A_{44}+A_{45}$ 与 $A_{41}+A_{42}+A_{43}$.

(2) 设矩阵

$$\boldsymbol{A}=\begin{pmatrix} 1 & 2 & 3 & \cdots & n \\ 1 & 3 & 4 & \cdots & 1 \\ 1 & 4 & 5 & \cdots & 2 \\ 1 & 5 & 6 & \cdots & 3 \\ \vdots & \vdots & \vdots & & \vdots \\ 1 & n & 1 & \cdots & n-2 \\ 1 & 1 & 2 & \cdots & n-1 \end{pmatrix}.$$

求 $A_{11}+2A_{21}+3A_{31}+\cdots+nA_{n1}$.

7. 计算 $f(x+1)-f(x)$, 其中

$$f(x)=\begin{vmatrix} 1 & 0 & 0 & 0 & \cdots & 0 & x \\ 1 & 2 & 0 & 0 & \cdots & 0 & x^2 \\ 1 & 3 & 3 & 0 & \cdots & 0 & x^3 \\ \vdots & \vdots & \vdots & \vdots & & \vdots & \vdots \\ 1 & n & \mathrm{C}_n^2 & \mathrm{C}_n^3 & \cdots & \mathrm{C}_n^{n-1} & x^n \\ 1 & n+1 & \mathrm{C}_{n+1}^2 & \mathrm{C}_{n+1}^3 & \cdots & \mathrm{C}_{n+1}^{n-1} & x^{n+1} \end{vmatrix}.$$

8. 证明: 若 $\alpha\neq\beta$, 则

$$D_n=\begin{vmatrix} \alpha+\beta & \alpha\beta & 0 & \cdots & 0 & 0 \\ 1 & \alpha+\beta & \alpha\beta & \cdots & 0 & 0 \\ 0 & 1 & \alpha+\beta & \cdots & 0 & 0 \\ \vdots & \vdots & \vdots & & \vdots & \vdots \\ 0 & 0 & 0 & \cdots & 1 & \alpha+\beta \end{vmatrix}=\frac{\alpha^{n+1}-\beta^{n+1}}{\alpha-\beta}.$$

9. 计算 n 阶行列式

$$D_n=\begin{vmatrix} 5 & 3 & 0 & \cdots & 0 & 0 \\ 2 & 5 & 3 & \cdots & 0 & 0 \\ 0 & 2 & 5 & \cdots & 0 & 0 \\ \vdots & \vdots & \vdots & & \vdots & \vdots \\ 0 & 0 & 0 & \cdots & 2 & 5 \end{vmatrix}.$$

10. 证明:

$$\begin{vmatrix} a_{11}+x_1 & a_{12}+x_2 & \cdots & a_{1n}+x_n \\ a_{21}+x_1 & a_{22}+x_2 & \cdots & a_{2n}+x_n \\ \vdots & \vdots & & \vdots \\ a_{n1}+x_1 & a_{n2}+x_2 & \cdots & a_{nn}+x_n \end{vmatrix} = \begin{vmatrix} a_{11} & a_{12} & \cdots & a_{1n} \\ a_{21} & a_{22} & \cdots & a_{2n} \\ \vdots & \vdots & & \vdots \\ a_{n1} & a_{n2} & \cdots & a_{nn} \end{vmatrix} + \sum_{i=1}^{n} x_i \sum_{j=1}^{n} A_{ji},$$

其中 A_{ij} 为 a_{ij} 的代数余子式.

11. 设实数 a,b,c 不全为零, α,β,γ 为任意实数, 且

$$\begin{cases} a = b\cos\gamma + c\cos\beta, \\ b = c\cos\alpha + a\cos\gamma, \\ c = a\cos\beta + b\cos\alpha. \end{cases}$$

证明: $\cos^2\alpha + \cos^2\beta + \cos^2\gamma + 2\cos\alpha\cos\beta\cos\gamma = 1$.

12. 证明: 若矩阵 $\boldsymbol{A} = (a_{ij})$ 的每行元素的和及每列元素的和都等于 0, 则 $\boldsymbol{A}$ 的各元素的代数余子式 A_{ij} 都相等.

13. 证明: 方程组

$$\begin{cases} 2a_{11}x_1 + 2a_{12}x_2 + \cdots + 2a_{1n}x_n = x_1, \\ 2a_{21}x_1 + 2a_{22}x_2 + \cdots + 2a_{2n}x_n = x_2, \\ \cdots\cdots \\ 2a_{n1}x_1 + 2a_{n2}x_2 + \cdots + 2a_{nn}x_n = x_n \end{cases}$$

只有零解, 其中 a_{ij} 为整数, $i,j = 1,2,\cdots,n$.

Chapter 3

第 3 章 线性方程组

第3章课件

求解线性方程组是代数学的起源之一, 它在自然科学和社会科学的许多领域都有着广泛的应用. 线性方程组的求解问题涉及线性方程组解的存在性、线性方程组的求解方法以及解集的线性结构等问题. 本章所讨论的方程组比第 2 章利用克拉默法则求解的方程组更具一般性, 即方程的个数与未知量的个数不一定相等; 而且即使相等, 方程组的系数矩阵的行列式也不一定非零.

3.1 数　　域

作为代数运算的对象, “数” 的范围随着人们对客观世界认识的加深而逐渐扩大. 具有不同性质的数集具有不同的定义. 关于代数运算, 我们知道, 在整数范围内, 可以进行加、减、乘三种运算, 然而两个整数的商不一定是整数, 也就是说, 整数对除法运算不具有封闭性. 但在有理数、实数、复数范围内, 它们关于加、减、乘、除 (除数不为零) 四则运算, 均具有封闭性. 其实, 具有这种性质的数集还有很多. 在代数中经常将有共同性质的对象统一进行研究, 并且对涉及数的运算要求具有封闭性. 我们常常是在具有一定代数运算封闭性的数集上来讨论所要研究的代数对象. 为此, 我们引入下面的概念.

定义 3.1.1　设 $\mathbb{F}$ 是复数集的子集. 若

(1) $0, 1 \in \mathbb{F}$;

(2) $\mathbb{F}$ 中任意两个数的和、差、积、商 (除数不为零) 仍属于 $\mathbb{F}$.

则称 $\mathbb{F}$ 为一个**数域**.

例如, 有理数集 $\mathbb{Q}$、实数集 $\mathbb{R}$、复数集 $\mathbb{C}$ 都是数域, 但整数集 $\mathbb{Z}$ 就不是数域, 所有奇数组成的集合也不是数域. 显然, 任意数域都是复数域的一个子集, 从而复数域是最大的数域.

定理 3.1.1　任何数域 $\mathbb{F}$ 都包含有理数域.

证明　设 $\mathbb{F}$ 为任一数域, 则 $1 \in \mathbb{F}$. 因为 $\mathbb{F}$ 对于加法具有封闭性, 所以 $1+1=2, 1+2=3, \cdots, 1+n=n+1, \cdots$ 全在 $\mathbb{F}$ 中, 即 $\mathbb{F}$ 包含全体自然数. 因为 $0 \in \mathbb{F}$, 则 $0-n=-n$ 也在 $\mathbb{F}$ 中, 进而 $\mathbb{F}$ 包含全体整数. 因为任一有理数都可以表示成两个整数的商, 且数域对除法具有封闭性, 所以 $\mathbb{F}$ 包含一切有理数. □

本书将用 $\mathbb{F}$ 表示一般数域, 将自然数集、整数集、有理数域、实数域和复数域分别记为 $\mathbb{N}, \mathbb{Z}, \mathbb{Q}, \mathbb{R}$ 和 $\mathbb{C}$.

例 3.1.1　设 $\mathbb{Q}(\sqrt{2})=\{a+b\sqrt{2}|a,b\in\mathbb{Q}\}$. 证明: $\mathbb{Q}(\sqrt{2})$ 是数域.

证明　显然 $0=0+0\sqrt{2}\in\mathbb{Q}(\sqrt{2}), 1=1+0\sqrt{2}\in\mathbb{Q}(\sqrt{2})$. 设 $\alpha=a+b\sqrt{2}, \beta=c+d\sqrt{2}\in\mathbb{Q}(\sqrt{2})$, 则

$$\alpha\pm\beta=(a+b\sqrt{2})\pm(c+d\sqrt{2})=(a\pm c)+(b\pm d)\sqrt{2}\in\mathbb{Q}(\sqrt{2}),$$

$$\alpha\beta=(a+b\sqrt{2})(c+d\sqrt{2})=(ac+2bd)+(ad+bc)\sqrt{2}\in\mathbb{Q}(\sqrt{2}).$$

设 $\beta\neq 0$, 则 c,d 不全为 0, 从而 $c-d\sqrt{2}\neq 0$; 否则, $c=d\sqrt{2}$, 于是 $d\neq 0$, 由此推出 $\frac{c}{d}=\sqrt{2}$, 导致矛盾. 因此

$$\begin{aligned}\frac{\alpha}{\beta}=\frac{a+b\sqrt{2}}{c+d\sqrt{2}}&=\frac{(a+b\sqrt{2})(c-d\sqrt{2})}{(c+d\sqrt{2})(c-d\sqrt{2})}\\&=\frac{(ac-2bd)+(bc-ad)\sqrt{2}}{c^2-2d^2}\\&=\frac{ac-2bd}{c^2-2d^2}+\frac{bc-ad}{c^2-2d^2}\sqrt{2}\in\mathbb{Q}(\sqrt{2}).\end{aligned}$$

综上所述, $\mathbb{Q}(\sqrt{2})$ 是一个数域. □

习　题　3.1

1. 验证以下数集是否构成数域, 并说明理由.

(1) 所有可以表示成形式 $\dfrac{a_0+a_1\pi+\cdots+a_n\pi^n}{b_0+b_1\pi+\cdots+b_m\pi^m}$ 的数, 其中 m,n 为任意非负整数, a_i, b_j $(i=0,1,\cdots,n; j=0,1,\cdots,m)$ 是整数.

(2) 所有奇数组成的数集.

(3) $\sqrt{2}$ 的整数倍的全体构成的数集.

2. 证明 $\mathbb{Q}(\mathrm{i}) = \{a + b\mathrm{i} | a, b \in \mathbb{Q}\}$ 是数域, 其中 $\mathrm{i} = \sqrt{-1}$.

3. 设 $\mathbb{F}$ 是至少含两个数的数集. 若 $\mathbb{F}$ 中任意两个数的差和商 (除数不为 0) 仍属于 $\mathbb{F}$, 则 $\mathbb{F}$ 为一个数域.

4. (1) 设 $\mathbb{F}, \mathbb{K}$ 为数域. 证明 $\mathbb{F} \cap \mathbb{K}$ 为数域.

(2) 判断 $\mathbb{F} \cup \mathbb{K}$ 是否为数域? 并请说明理由.

3.2 消 元 法

本节将用消元法讨论线性方程组的求解问题.

3.2.1 线性方程组的初等变换

设含有 m 个方程 n 个未知量的线性方程组的一般形式为

$$\left\{\begin{array}{r} a_{11}x_1 + a_{12}x_2 + \cdots + a_{1n}x_n = b_1, \\ a_{21}x_1 + a_{22}x_2 + \cdots + a_{2n}x_n = b_2, \\ \cdots\cdots \\ a_{m1}x_1 + a_{m2}x_2 + \cdots + a_{mn}x_n = b_m, \end{array}\right. \tag{3.2.1}$$

其中 $x_1, x_2, \cdots, x_n$ 为未知量, $a_{ij}\ (i = 1, 2, \cdots, m; j = 1, 2, \cdots, n)$ 为方程组的系数, $b_i\ (i = 1, 2, \cdots, m)$ 为方程组的常数项.

记

$$\boldsymbol{A} = \begin{pmatrix} a_{11} & a_{12} & \cdots & a_{1n} \\ a_{21} & a_{22} & \cdots & a_{2n} \\ \vdots & \vdots & & \vdots \\ a_{m1} & a_{m2} & \cdots & a_{mn} \end{pmatrix}, \quad \boldsymbol{X} = \begin{pmatrix} x_1 \\ x_2 \\ \vdots \\ x_n \end{pmatrix}, \quad \boldsymbol{B} = \begin{pmatrix} b_1 \\ b_2 \\ \vdots \\ b_m \end{pmatrix}.$$

因此方程组 (3.2.1) 可写成矩阵形式

$$\boldsymbol{AX} = \boldsymbol{B},$$

其中 $\boldsymbol{A}$ 为方程组 (3.2.1) 的系数矩阵, $\boldsymbol{X}$ 为未知量矩阵, $\boldsymbol{B}$ 为方程组 (3.2.1) 的常数项矩阵.

若将矩阵 $\boldsymbol{A}$ 按列分块为 $\boldsymbol{A} = (\boldsymbol{\alpha}_1, \boldsymbol{\alpha}_2, \cdots, \boldsymbol{\alpha}_n)$, 则方程组 (3.2.1) 又可写成

$$x_1\boldsymbol{\alpha}_1 + x_2\boldsymbol{\alpha}_2 + \cdots + x_n\boldsymbol{\alpha}_n = \boldsymbol{B}. \tag{3.2.2}$$

若用一组常数 $d_1, d_2, \cdots, d_n$ 分别去替代方程组 (3.2.1) 中的未知量 $x_1, x_2, \cdots, x_n$, 使方程组 (3.2.1) 中每个方程都成立, 则称 $x_1 = d_1, x_2 = d_2, \cdots, x_n = d_n$ 为方程组 (3.2.1) 的一个解, 向量

$$\boldsymbol{d} = (d_1, d_2, \cdots, d_n)^{\top}$$

为方程组 (3.2.1) 的一个**解向量**. 由方程组 (3.2.1) 的全体解 (或解向量) 构成的集合称为方程组 (3.2.1) 的解集. 当两个方程组的解集相同时, 称这两个方程组**同解**.

回忆中学课程, 我们在解二元、三元线性方程组所采用的加减消元法和代入消元法, 即所谓线性方程组的消元法, 是指利用等式的等量运算, 消去某些方程中未知量的个数, 使之能得到与原方程组同解的简化方程组. 为此, 我们采用相同原理求解一般线性方程组.

下面以例题说明用消元法解一般线性方程组的具体步骤.

例 3.2.1　利用消元法求解下列线性方程组:

$$\begin{cases} x_2 - x_3 + x_4 = -3, \\ x_1 - 2x_2 + 3x_3 - 4x_4 = 4, \\ x_1 + 3x_2 + x_4 = 1, \\ -7x_2 + 3x_3 + x_4 = -3. \end{cases} \tag{3.2.3}$$

解　在方程组 (3.2.3) 中互换第一、二个方程的位置,

$$\begin{cases} x_1 - 2x_2 + 3x_3 - 4x_4 = 4, \\ x_2 - x_3 + x_4 = -3, \\ x_1 + 3x_2 + x_4 = 1, \\ -7x_2 + 3x_3 + x_4 = -3. \end{cases} \tag{3.2.4}$$

在方程组 (3.2.4) 中将第一个方程乘以 -1 加到第三个方程上,

$$\begin{cases} x_1 - 2x_2 + 3x_3 - 4x_4 = 4, \\ x_2 - x_3 + x_4 = -3, \\ 5x_2 - 3x_3 + 5x_4 = -3, \\ -7x_2 + 3x_3 + x_4 = -3. \end{cases} \tag{3.2.5}$$

在方程组 (3.2.5) 中将第二个方程分别乘以 $2, -5, 7$ 加到第一、三、四个方程上,

$$\begin{cases} x_1 + x_3 - 2x_4 = -2, \\ x_2 - x_3 + x_4 = -3, \\ 2x_3 = 12, \\ -4x_3 + 8x_4 = -24. \end{cases} \tag{3.2.6}$$

在方程组 (3.2.6) 中将第三个方程分别乘以 $-\frac{1}{2},\frac{1}{2},2$ 加到第一、二、四个方程上, 再对第三个方程乘以 $\frac{1}{2}$, 第四个方程乘以 $\frac{1}{8}$,

$$\begin{cases} x_1 \quad - \quad 2x_4 = -8, \\ \quad x_2 + \quad x_4 = 3, \\ \qquad x_3 \qquad = 6, \\ \qquad\qquad x_4 = 0. \end{cases} \tag{3.2.7}$$

在方程组 (3.2.7) 中将第四个方程分别乘以 $2,-1$ 加到第一、二个方程上,

$$\begin{cases} x_1 \qquad\qquad = -8, \\ \quad x_2 \qquad\quad = 3, \\ \qquad x_3 \quad = 6, \\ \qquad\quad x_4 = 0. \end{cases}$$

□

从上述解题过程可见, 用消元法解方程组实际上就是对方程组施行一系列的以下三种变换之一:

(1) 互换两个方程的位置;

(2) 用一个非零常数乘以某一个方程;

(3) 把一个方程的倍数加到另一个方程上.

以上三种变换通常称为方程组的**初等变换.**

由初等变换的定义易知以下结论.

定理 3.2.1 初等变换将线性方程组化为同解的线性方程组.

显然, 消元法的目的就是利用方程组的初等变换将原方程组化为阶梯形方程组, 且这个阶梯形方程组与原方程组同解, 然后通过解这个阶梯形方程组从而得到原方程组的解.

3.2.2 系数矩阵与增广矩阵的初等变换

在例 3.2.1 的求解过程中, 我们还发现未知量并未参加运算, 参加运算的只是线性方程组的系数和常数项. 因此, 就其实质来说, 用初等变换来求解线性方程组等价于对相应的增广矩阵施行初等行变换. 例如, 将前面例 3.2.1 解方程组的过程

用增广矩阵的初等行变换表示如下:

$$\bar{\boldsymbol{A}}=\begin{pmatrix}0&1&-1&1&-3\\1&-2&3&-4&4\\1&3&0&1&1\\0&-7&3&1&-3\end{pmatrix}\rightarrow\begin{pmatrix}1&-2&3&-4&4\\0&1&-1&1&-3\\1&3&0&1&1\\0&-7&3&1&-3\end{pmatrix}$$

$$\rightarrow\begin{pmatrix}1&-2&3&-4&4\\0&1&-1&1&-3\\0&5&-3&5&-3\\0&-7&3&1&-3\end{pmatrix}\rightarrow\begin{pmatrix}1&0&1&-2&-2\\0&1&-1&1&-3\\0&0&2&0&12\\0&0&-4&8&-24\end{pmatrix}$$

$$\rightarrow\begin{pmatrix}1&0&0&-2&-8\\0&1&0&1&3\\0&0&1&0&6\\0&0&0&1&0\end{pmatrix}\rightarrow\begin{pmatrix}1&0&0&0&-8\\0&1&0&0&3\\0&0&1&0&6\\0&0&0&1&0\end{pmatrix}.$$

显然, 用初等变换化线性方程组成阶梯形方程组就相当于用初等行变换化增广矩阵成阶梯形矩阵. 因此, 解线性方程组可以通过矩阵来进行, 先用初等行变换化增广矩阵成阶梯形矩阵, 进而化成行简化阶梯形矩阵, 再回到与之对应的方程组求解.

3.2.3　解的一般形式、解的判定

由第 1 章 1.3.2 节, 线性方程组 (3.2.1) 的增广矩阵 $\bar{\boldsymbol{A}}$ 可经过初等行变换及必要的列交换 (但不包括最后一列), 化成如下行简化阶梯形矩阵:

$$\bar{\boldsymbol{A}}\rightarrow\begin{pmatrix}1&0&\cdots&0&c_{1,r+1}&\cdots&c_{1n}&d_1\\0&1&\cdots&0&c_{2,r+1}&\cdots&c_{2n}&d_2\\\vdots&\vdots&&\vdots&\vdots&&\vdots&\vdots\\0&0&\cdots&1&c_{r,r+1}&\cdots&c_{rn}&d_r\\0&0&\cdots&0&0&\cdots&0&d_{r+1}\\0&0&\cdots&0&0&\cdots&0&0\\\vdots&\vdots&&\vdots&\vdots&&\vdots&\vdots\\0&0&\cdots&0&0&\cdots&0&0\end{pmatrix},\tag{3.2.8}$$

与式 (3.2.8) 对应的线性方程组为

$$\begin{cases} x_1 + c_{1,r+1}x_{r+1} + \cdots + c_{1n}x_n = d_1, \\ x_2 + c_{2,r+1}x_{r+1} + \cdots + c_{2n}x_n = d_2, \\ \cdots\cdots \\ x_r + c_{r,r+1}x_{r+1} + \cdots + c_{rn}x_n = d_r, \\ 0 = d_{r+1}. \end{cases} \tag{3.2.9}$$

注意这里 $x_1, x_2, \cdots, x_n$ 的顺序可能有变化，但为了书写的方便，我们仍以 $x_1, x_2, \cdots, x_n$ 的顺序写出, 这并不影响方程组解的讨论.

由定理 3.2.1, 方程组 (3.2.1) 与 (3.2.9) 是同解的. 而方程组 (3.2.9) 是否有解完全取决于最后一个方程 $0 = d_{r+1}$ 是否成立.

当 $d_{r+1} = 0$ 时, 方程组 (3.2.9) 一定有解; 当 $d_{r+1} \neq 0$ 时, 方程组 (3.2.9) 没有解. 因此方程组 (3.2.9) 有解从而方程组 (3.2.1) 有解的充分必要条件是 $d_{r+1} = 0$.

在有解的情形下,

(1) 如果 $r = n$, 方程组 (3.2.9) 为

$$x_1 = d_1, \quad x_2 = d_2, \quad \cdots, \quad x_n = d_n. \tag{3.2.10}$$

显然式 (3.2.10) 即为方程组 (3.2.1) 的唯一解.

(2) 如果 $r < n$, 方程组 (3.2.9) 可改写为

$$\begin{cases} x_1 = d_1 - c_{1,r+1}x_{r+1} - \cdots - c_{1n}x_n, \\ x_2 = d_2 - c_{2,r+1}x_{r+1} - \cdots - c_{2n}x_n, \\ \cdots\cdots \\ x_r = d_r - c_{r,r+1}x_{r+1} - \cdots - c_{rn}x_n. \end{cases} \tag{3.2.11}$$

可见, 任意给定 $x_{r+1}, \cdots, x_n$ 的一组值, 就唯一地确定 $x_1, \cdots, x_r$ 的值. 因此方程组 (3.2.11) 有无穷多个解, 从而方程组 (3.2.1) 有无穷多个解.

由方程组 (3.2.11), $x_1, x_2, \cdots, x_r$ 可以通过 $x_{r+1}, \cdots, x_n$ 表示出来, 这样一组表达式称为方程组 (3.2.1) 的**一般解**, 其中 $x_{r+1}, \cdots, x_n$ 称为**自由未知量**.

例 3.2.2 解方程组

$$\begin{cases} 2x_1 - x_2 + 3x_3 = 1, \\ 4x_1 - 2x_2 + 5x_3 = 4, \\ 2x_1 - x_2 + 4x_3 = 0. \end{cases} \tag{3.2.12}$$

解　对方程组的增广矩阵进行初等行变换

$$\bar{\boldsymbol{A}}=\begin{pmatrix}2&-1&3&1\\4&-2&5&4\\2&-1&4&0\end{pmatrix}\to\begin{pmatrix}2&-1&3&1\\0&0&-1&2\\0&0&1&-1\end{pmatrix}\to\begin{pmatrix}2&-1&3&1\\0&0&-1&2\\0&0&0&1\end{pmatrix}.$$

由最后一行可知, 原方程组无解. □

例 3.2.3　解方程组

$$\begin{cases}x_1+3x_2+3x_3-2x_4+x_5=3,\\2x_1+6x_2+\ x_3-3x_4\qquad=2,\\x_1+3x_2-2x_3-\ x_4-x_5=-1,\\3x_1+9x_2+4x_3-5x_4+x_5=5.\end{cases}\tag{3.2.13}$$

解　对方程组的增广矩阵进行初等行变换

$$\bar{\boldsymbol{A}}=\begin{pmatrix}1&3&3&-2&1&3\\2&6&1&-3&0&2\\1&3&-2&-1&-1&-1\\3&9&4&-5&1&5\end{pmatrix}\to\begin{pmatrix}1&3&3&-2&1&3\\0&0&-5&1&-2&-4\\0&0&-5&1&-2&-4\\0&0&-5&1&-2&-4\end{pmatrix}$$
$$\to\begin{pmatrix}1&3&3&-2&1&3\\0&0&-5&1&-2&-4\\0&0&0&0&0&0\\0&0&0&0&0&0\end{pmatrix}.$$

因此与方程组 (3.2.13) 同解的方程组如下:

$$\begin{cases}x_1+3x_2+3x_3-2x_4+\ x_5\ =3,\\\qquad\qquad-5x_3+\ x_4-2x_5=-4.\end{cases}$$

从而

$$\begin{cases}x_1=\dfrac{3-15x_2+7x_4+x_5}{5},\\[2mm]x_3=\dfrac{4+x_4-2x_5}{5},\end{cases}$$

其中 x_2,x_4,x_5 为自由未知量. □

定理 3.2.2 设齐次线性方程组

$$\begin{cases} a_{11}x_1 + a_{12}x_2 + \cdots + a_{1n}x_n = 0, \\ a_{21}x_1 + a_{22}x_2 + \cdots + a_{2n}x_n = 0, \\ \quad\cdots\cdots \\ a_{s1}x_1 + a_{s2}x_2 + \cdots + a_{sn}x_n = 0. \end{cases} \tag{3.2.14}$$

若 $s < n$, 即方程的个数小于未知量的个数, 则该方程组必有非零解.

证明 显然, 方程组 (3.2.14) 化成阶梯形方程组后, 方程的个数 r 不超过 s, 即 $r \leqslant s < n$, 而且 $d_{r+1} = 0$. 因此, 方程组 (3.2.14) 有无穷多个解, 当然有非零解. □

习 题 3.2

1. 判断下面线性方程组是否有解? 若有解, 求出所有解.

(1) $\begin{cases} 2x_1 - x_2 - x_3 - x_4 - x_5 = 2, \\ x_1 + 3x_2 + x_3 - 6x_4 + 3x_5 = 3, \\ x_1 - 2x_2 + x_3 + x_4 - x_5 = 1, \\ 3x_1 - 6x_2 + 3x_3 + 3x_4 - 3x_5 = 1. \end{cases}$

(2) $\begin{cases} 3x_1 - 2x_2 - 5x_3 - 5x_4 = 17, \\ 2x_1 + x_2 - 7x_3 = 9, \\ 2x_1 - 3x_2 - 6x_3 + 3x_4 = 27, \\ x_1 + 4x_2 - 7x_3 + 6x_4 = 0. \end{cases}$

(3) $\begin{cases} x_1 + 2x_2 + 5x_3 = 0, \\ x_1 + 3x_2 - 2x_3 = 0, \\ 3x_1 + 7x_2 + 8x_3 = 0, \\ x_1 + 4x_2 - 9x_3 = 0. \end{cases}$

2. 讨论下列未知量的取值与对应线性方程组解的关系, 并在有解的情形下求解.

(1) $\begin{cases} x_1 + x_2 + x_3 + x_4 = 1, \\ 3x_1 + 2x_2 + x_3 + x_4 = a, \\ x_2 + 2x_3 + 2x_4 = 3, \\ 5x_1 + 4x_2 + 3x_3 + 3x_4 = b. \end{cases}$

(2) $\begin{cases} kx_1 + x_2 + x_3 = 5, \\ 3x_1 + 2x_2 + kx_3 = 18 - 5k, \\ x_2 + x_3 = 2. \end{cases}$

3. 试讨论 p,t 取何值时, 线性方程组

$$\begin{cases} x_1+\ \ x_2-2x_3+3x_4=0, \\ 2x_1+\ \ x_2-6x_3+4x_4=-1, \\ 3x_1+2x_2+px_3+7x_4=-1, \\ x_1-\ \ x_2-2x_3-2x_4=t+3 \end{cases}$$

有解或无解, 并在有解情形下求其全部解.

3.3　n 维向量空间

本章 3.2 节介绍了消元法, 对于线性方程组的精确解, 消元法是一个最有效和最基本的方法. 但是, 是否可以从线性方程组本身直接判断它是否有解? 此外, 用消元法化线性方程组为阶梯形方程组, 阶梯形方程组中方程个数是否唯一呢? 这些问题需要我们对线性方程组做进一步研究.

一个线性方程组的解的情况是由方程组中方程之间的关系所确定的. 因此, 为了讨论线性方程组的解, 我们有必要来研究方程之间的关系.

一个 n 元方程

$$a_1x_1+a_2x_2+\cdots+a_nx_n=b,$$

可以用 $n+1$ 元有序数组

$$(a_1,a_2,\cdots,a_n,b)$$

来表示. 因此, 线性方程之间的关系实际上就是它们所对应的有序数组之间的关系.

3.3.1　向量及其线性运算

定义 3.3.1　数域 $\mathbb{F}$ 中 n 个有序的数 $a_1,a_2,\cdots,a_n$ 所构成的数组

$$(a_1,a_2,\cdots,a_n) \quad 或 \quad \begin{pmatrix} a_1 \\ a_2 \\ \vdots \\ a_n \end{pmatrix}$$

称为数域 $\mathbb{F}$ 上一个 n 维行 (或列)**向量**, 其中元素 a_i 称为向量的第 i 个**分量**(或**坐标**), $i=1,2,\cdots,n$,

数域 $\mathbb{F}$ 上全体 n 维行 (或列) 向量构成的集合记作 $\mathbb{F}^n$. 向量常用希腊字母 $\boldsymbol{\alpha},\boldsymbol{\beta},\boldsymbol{\gamma}$ 等表示.

定义 3.3.2 若 n 维向量

$$\boldsymbol{\alpha}=(a_1,a_2,\cdots,a_n),\quad \boldsymbol{\beta}=(b_1,b_2,\cdots,b_n)$$

的对应分量都相等, 即 $a_i=b_i,\ i=1,2,\cdots,n$, 则称向量 $\boldsymbol{\alpha}$ 与 $\boldsymbol{\beta}$**相等**, 记为 $\boldsymbol{\alpha}=\boldsymbol{\beta}$.

定义 3.3.3 若 n 维向量的分量全为 0, 即 $(0,\cdots,0)$, 称为**零向量**, 记为 $\mathbf{0}$.

定义 3.3.4 向量 $(-a_1,-a_2,\cdots,-a_n)$ 称为 $\boldsymbol{\alpha}=(a_1,a_2,\cdots,a_n)$ 的**负向量**, 记为 $-\boldsymbol{\alpha}$.

定义 3.3.5 设 $\boldsymbol{\alpha}=(a_1,a_2,\cdots,a_n)$, $\boldsymbol{\beta}=(b_1,b_2,\cdots,b_n)$ 是数域 $\mathbb{F}$ 上的向量, 称

$$(a_1+b_1,a_2+b_2,\cdots,a_n+b_n)$$

为向量 $\boldsymbol{\alpha}$ 与 $\boldsymbol{\beta}$ 的**和**, 记为 $\boldsymbol{\alpha}+\boldsymbol{\beta}$.

零向量满足

$$\mathbf{0}+\boldsymbol{\alpha}=\boldsymbol{\alpha}+\mathbf{0}=\boldsymbol{\alpha}.$$

利用负向量可以定义向量的减法

$$\boldsymbol{\alpha}-\boldsymbol{\beta}=\boldsymbol{\alpha}+(-\boldsymbol{\beta})=(a_1-b_1,a_2-b_2,\cdots,a_n-b_n).$$

注意到, 只有两个向量的维数相同时, 它们才能进行加或减.

定义 3.3.6 设 $\boldsymbol{\alpha}=(a_1,a_2,\cdots,a_n)$ 是数域 $\mathbb{F}$ 上的向量, $k\in\mathbb{F}$, 称向量 $(ka_1,ka_2,\cdots,ka_n)$ 为数 k 与 $\boldsymbol{\alpha}$ 的**数量乘积**, 记作 $k\boldsymbol{\alpha}$.

向量的加法和数乘统称为向量的**线性运算**.

利用上述定义, 向量的线性运算满足下列性质:

(1) $\boldsymbol{\alpha}+\boldsymbol{\beta}=\boldsymbol{\beta}+\boldsymbol{\alpha}$;

(2) $(\boldsymbol{\alpha}+\boldsymbol{\beta})+\boldsymbol{\gamma}=\boldsymbol{\alpha}+(\boldsymbol{\beta}+\boldsymbol{\gamma})$;

(3) $\boldsymbol{\alpha}+\mathbf{0}=\boldsymbol{\alpha}$;

(4) $\boldsymbol{\alpha}+(-\boldsymbol{\alpha})=\mathbf{0}$;

(5) $1\boldsymbol{\alpha}=\boldsymbol{\alpha}$;

(6) $(kl)\boldsymbol{\alpha}=k(l\boldsymbol{\alpha})$;

(7) $k(\boldsymbol{\alpha}+\boldsymbol{\beta})=k\boldsymbol{\alpha}+k\boldsymbol{\beta}$;

(8) $(k+l)\boldsymbol{\alpha}=k\boldsymbol{\alpha}+l\boldsymbol{\alpha}$;

其中 $k,l\in\mathbb{F},\boldsymbol{\alpha},\boldsymbol{\beta},\boldsymbol{\gamma}$ 均为 $\mathbb{F}$ 上的 n 维向量.

而且我们还可以发现

(9) $0\boldsymbol{\alpha} = \mathbf{0}$;

(10) $(-1)\boldsymbol{\alpha} = -\boldsymbol{\alpha}$;

(11) $k\mathbf{0} = \mathbf{0}$;

(12) 若 $k\boldsymbol{\alpha} = \mathbf{0}$, 则 $k = 0$ 或 $\boldsymbol{\alpha} = \mathbf{0}$.

定义 3.3.7　数域 $\mathbb{F}$ 上全体 n 维向量集合 $\mathbb{F}^n$, 连同向量加法和数乘运算一起, 称为数域 $\mathbb{F}$ 上 n 维**向量空间**.

n 维行向量可视为 $1\times n$ 矩阵, n 维列向量可视为 $n\times 1$ 矩阵, 向量与矩阵的线性运算及其规律是一致的. 利用矩阵转置的概念, 列向量的转置是行向量, 而行向量的转置是列向量.

3.3.2　线性相关性

对于一组 n 维向量, 按向量之间的关系, 可将向量组划分为两类, 一类是线性相关, 另一类则是线性无关.

定义 3.3.8　设 $\boldsymbol{\alpha}_1, \boldsymbol{\alpha}_2, \cdots, \boldsymbol{\alpha}_r \in \mathbb{F}^n$, $k_1, k_2, \cdots, k_r \in \mathbb{F}$, 则称

$$k_1\boldsymbol{\alpha}_1 + k_2\boldsymbol{\alpha}_2 + \cdots + k_r\boldsymbol{\alpha}_r$$

为向量组 $\boldsymbol{\alpha}_1, \boldsymbol{\alpha}_2, \cdots, \boldsymbol{\alpha}_r$ 的一个**线性组合**.

设 $\boldsymbol{\beta} \in \mathbb{F}^n$. 若存在 $k_1, k_2, \cdots, k_r \in \mathbb{F}$, 使得

$$\boldsymbol{\beta} = k_1\boldsymbol{\alpha}_1 + k_2\boldsymbol{\alpha}_2 + \cdots + k_r\boldsymbol{\alpha}_r,$$

则称 $\boldsymbol{\beta}$ 可由向量组 $\boldsymbol{\alpha}_1, \boldsymbol{\alpha}_2, \cdots, \boldsymbol{\alpha}_r$ **线性表示**(**或线性表出**), 或称 $\boldsymbol{\beta}$ 是 $\boldsymbol{\alpha}_1, \boldsymbol{\alpha}_2, \cdots, \boldsymbol{\alpha}_r$ 的一个**线性组合**.

例 3.3.1　设 n 维向量组 $\boldsymbol{\varepsilon}_1 = (1, 0, \cdots, 0), \boldsymbol{\varepsilon}_2 = (0, 1, \cdots, 0), \cdots, \boldsymbol{\varepsilon}_n = (0, 0, \cdots, 1)$, 则任一个 n 维向量 $\boldsymbol{\alpha} = (a_1, a_2, \cdots, a_n)$ 是否能被向量组 $\boldsymbol{\varepsilon}_1, \boldsymbol{\varepsilon}_2, \cdots, \boldsymbol{\varepsilon}_n$ 线性表示.

解　易知, 存在下列等式

$$\boldsymbol{\alpha} = a_1\boldsymbol{\varepsilon}_1 + a_2\boldsymbol{\varepsilon}_2 + \cdots + a_n\boldsymbol{\varepsilon}_n.$$

因此, 任一 n 维向量 $\boldsymbol{\alpha}$ 都能被向量组 $\boldsymbol{\varepsilon}_1, \boldsymbol{\varepsilon}_2, \cdots, \boldsymbol{\varepsilon}_n$ 线性表示, 且其表示系数就是向量 $\boldsymbol{\alpha}$ 的各分量, 其中向量组 $\boldsymbol{\varepsilon}_1, \boldsymbol{\varepsilon}_2, \cdots, \boldsymbol{\varepsilon}_n$ 称为n **维单位向量组**. □

下面讨论例 3.3.1 的一般情形. 设 $\boldsymbol{\beta} = (b_1, b_2, \cdots, b_n)$, $\boldsymbol{\alpha}_i = (a_{1i}, a_{2i}, \cdots, a_{ni})$,

$i=1,2,\cdots,s$. 如何判定 $\boldsymbol{\beta}$ 是不是 $\boldsymbol{\alpha}_1,\boldsymbol{\alpha}_2,\cdots,\boldsymbol{\alpha}_s$ 的线性组合? 怎样将 $\boldsymbol{\beta}$ 表示为 $\boldsymbol{\alpha}_1,\boldsymbol{\alpha}_2,\cdots,\boldsymbol{\alpha}_s$ 的线性组合呢?

构造方程 $x_1\boldsymbol{\alpha}_1+x_2\boldsymbol{\alpha}_2+\cdots+x_s\boldsymbol{\alpha}_s=\boldsymbol{\beta}$, 其中 $x_1,x_2,\ldots,x_s$ 为未知量. 由向量相等的定义, 上述方程等价于如下方程组:

$$\begin{cases} a_{11}x_1+a_{12}x_2+\cdots+a_{1s}x_s=b_1, \\ a_{21}x_1+a_{22}x_2+\cdots+a_{2s}x_s=b_2, \\ \qquad\cdots\cdots \\ a_{n1}x_1+a_{n2}x_2+\cdots+a_{ns}x_s=b_n. \end{cases} \tag{3.3.1}$$

由此可知, $\boldsymbol{\beta}$ 是 $\boldsymbol{\alpha}_1,\boldsymbol{\alpha}_2,\cdots,\boldsymbol{\alpha}_s$ 线性组合的充要条件是线性方程组 (3.3.1) 有解.

例 3.3.2 设 $\boldsymbol{\alpha}_1=(1,2,3)$, $\boldsymbol{\alpha}_2=(2,-1,0)$, $\boldsymbol{\alpha}_3=(1,1,1)$, $\boldsymbol{\beta}=(-3,8,7)$, 将 $\boldsymbol{\beta}$ 表示为 $\boldsymbol{\alpha}_1$, $\boldsymbol{\alpha}_2$, $\boldsymbol{\alpha}_3$ 的线性组合.

解 考虑方程 $x_1\boldsymbol{\alpha}_1+x_2\boldsymbol{\alpha}_2+x_3\boldsymbol{\alpha}_3=\boldsymbol{\beta}$, 其对应的方程组如下:

$$\begin{cases} x_1+2x_2+x_3=-3, \\ 2x_1-x_2+x_3=8, \\ 3x_1+x_3=7. \end{cases}$$

解此方程组, $x_1=2,x_2=-3,x_3=1$. 因此 $\boldsymbol{\beta}=2\boldsymbol{\alpha}_1-3\boldsymbol{\alpha}_2+\boldsymbol{\alpha}_3$. □

定义 3.3.9 设 $\boldsymbol{\alpha}_1,\boldsymbol{\alpha}_2,\cdots,\boldsymbol{\alpha}_s,\boldsymbol{\beta}_1,\boldsymbol{\beta}_2,\cdots,\boldsymbol{\beta}_t\in\mathbb{F}^n$. 若对每个 $i=1,2,\cdots,s$, 向量 $\boldsymbol{\alpha}_i$ 都可由 $\boldsymbol{\beta}_1,\boldsymbol{\beta}_2,\cdots,\boldsymbol{\beta}_t$ 线性表示, 则称向量组 $\boldsymbol{\alpha}_1,\boldsymbol{\alpha}_2,\cdots,\boldsymbol{\alpha}_s$ 可由向量组 $\boldsymbol{\beta}_1$, $\boldsymbol{\beta}_2$, $\cdots$, $\boldsymbol{\beta}_t$ **线性表示**. 若两个向量组可以互相线性表示, 则称它们**等价**.

可以验证, 向量组之间的等价具有以下性质.

(1) 反身性: 每个向量组都与它自身等价.

(2) 对称性: 若向量组 $\boldsymbol{\alpha}_1,\boldsymbol{\alpha}_2,\cdots,\boldsymbol{\alpha}_s$ 与 $\boldsymbol{\beta}_1,\boldsymbol{\beta}_2,\cdots,\boldsymbol{\beta}_t$ 等价, 则 $\boldsymbol{\beta}_1,\boldsymbol{\beta}_2,\cdots,\boldsymbol{\beta}_t$ 与 $\boldsymbol{\alpha}_1$, $\boldsymbol{\alpha}_2$, $\cdots$, $\boldsymbol{\alpha}_s$ 等价.

(3) 传递性: 若向量组 $\boldsymbol{\alpha}_1,\boldsymbol{\alpha}_2,\cdots,\boldsymbol{\alpha}_s$ 与 $\boldsymbol{\beta}_1,\boldsymbol{\beta}_2,\cdots,\boldsymbol{\beta}_t$ 等价, $\boldsymbol{\beta}_1,\boldsymbol{\beta}_2,\cdots,\boldsymbol{\beta}_t$ 与 $\boldsymbol{\gamma}_1$, $\boldsymbol{\gamma}_2$, $\cdots$, $\boldsymbol{\gamma}_l$ 等价, 则 $\boldsymbol{\alpha}_1,\boldsymbol{\alpha}_2,\cdots,\boldsymbol{\alpha}_s$ 与 $\boldsymbol{\gamma}_1,\boldsymbol{\gamma}_2,\cdots,\boldsymbol{\gamma}_l$ 等价.

定义 3.3.10 设 $\boldsymbol{\alpha}_1,\boldsymbol{\alpha}_2,\cdots,\boldsymbol{\alpha}_s\in\mathbb{F}^n$. 若存在不全为零的数 $k_1,k_2,\cdots,k_s\in\mathbb{F}$, 使得

$$k_1\boldsymbol{\alpha}_1+k_2\boldsymbol{\alpha}_2+\cdots+k_s\boldsymbol{\alpha}_s=\mathbf{0},$$

则称 $\boldsymbol{\alpha}_1,\boldsymbol{\alpha}_2,\cdots,\boldsymbol{\alpha}_s$ 在 $\mathbb{F}$ 上**线性相关**; 否则称 $\boldsymbol{\alpha}_1,\boldsymbol{\alpha}_2,\cdots,\boldsymbol{\alpha}_s$ 在 $\mathbb{F}$ 上**线性无关**.

由上述定义, $\boldsymbol{\alpha}_1,\boldsymbol{\alpha}_2,\cdots,\boldsymbol{\alpha}_s$ 在 $\mathbb{F}$ 上线性无关等价于方程 $k_1\boldsymbol{\alpha}_1+k_2\boldsymbol{\alpha}_2+\cdots+k_s\boldsymbol{\alpha}_s=\mathbf{0}$ 在 $\mathbb{F}$ 上只有零解, 即 $k_1=k_2=\cdots=k_s=0$. 易知含有零向量的向量组一

定线性相关; 由一个向量 α 构成的向量组线性相关当且仅当 $\boldsymbol{\alpha}=\mathbf{0}$.

例 3.3.3　n 维单位向量组 $\varepsilon_1,\varepsilon_2,\cdots,\varepsilon_n$ 线性无关.

证明　设 $k_1\varepsilon_1+k_2\varepsilon_2+\cdots+k_n\varepsilon_n=\mathbf{0}$, 即

$$(k_1,\cdots,k_n)=(0,\cdots,0).$$

因此 $k_1=k_2=\cdots=k_n=0$, 从而 $\varepsilon_1,\varepsilon_2,\cdots,\varepsilon_n$ 线性无关. □

一般地, 要判别一个向量组

$$\boldsymbol{\alpha}_i=(a_{1i},a_{2i},\cdots,a_{ni}),\quad i=1,2,\cdots,s \tag{3.3.2}$$

是否线性相关, 根据定义 3.3.10, 即检验

$$x_1\boldsymbol{\alpha}_1+x_2\boldsymbol{\alpha}_2+\cdots+x_s\boldsymbol{\alpha}_s=\mathbf{0} \tag{3.3.3}$$

是否有非零解. 式 (3.3.3) 按分量写出来就是

$$\begin{cases} a_{11}x_1+a_{12}x_2+\cdots+a_{1s}x_s=0,\\ a_{21}x_1+a_{22}x_2+\cdots+a_{2s}x_s=0,\\ \qquad\cdots\cdots\\ a_{n1}x_1+a_{n2}x_2+\cdots+a_{ns}x_s=0.\end{cases} \tag{3.3.4}$$

因此, 向量组 $\boldsymbol{\alpha}_1,\boldsymbol{\alpha}_2,\cdots,\boldsymbol{\alpha}_s$ 线性相关 (线性无关) 的充要条件是齐次线性方程组 (3.3.4) 有非零解 (只有零解).

不难看出, 若向量组 (3.3.2) 线性无关, 则对每个向量添加 t 个分量所得到的 $n+t$ 维向量组 (称为 “**延长向量组**”)

$$\boldsymbol{\beta}_i=(a_{1i},a_{2i},\cdots,a_{ni},a_{n+1,i},\cdots,a_{n+t,i}),\quad i=1,2,\cdots,s \tag{3.3.5}$$

也线性无关.

事实上, 类似于上述讨论, 与向量组 (3.3.5) 对应的齐次线性方程组为

$$\begin{cases} a_{11}x_1+a_{12}x_2+\cdots+a_{1s}x_s=0,\\ a_{21}x_1+a_{22}x_2+\cdots+a_{2s}x_s=0,\\ \qquad\cdots\cdots\\ a_{n1}x_1+a_{n2}x_2+\cdots+a_{ns}x_s=0,\\ a_{n+1,1}x_1+a_{n+1,2}x_2+\cdots+a_{n+1,s}x_s=0,\\ \qquad\cdots\cdots\\ a_{n+t,1}x_1+a_{n+t,2}x_2+\cdots+a_{n+t,s}x_s=0.\end{cases} \tag{3.3.6}$$

显然, 方程组 (3.3.6) 的解全是方程组 (3.3.4) 的解. 若方程组 (3.3.4) 只有零解, 则方程组 (3.3.6) 也只有零解.

例 3.3.4 设 $\boldsymbol{\alpha}_1=(-4,2,10)$, $\boldsymbol{\alpha}_2=(-2,1,5)$, $\boldsymbol{\alpha}_3=(-1,1,4)$, 则 $\boldsymbol{\alpha}_1$, $\boldsymbol{\alpha}_2$, $\boldsymbol{\alpha}_3$ 是否线性相关?

解 考虑方程组 $k_1\boldsymbol{\alpha}_1+k_2\boldsymbol{\alpha}_2+k_3\boldsymbol{\alpha}_3=\mathbf{0}$, 即

$$k_1(-4,2,10)+k_2(-2,1,5)+k_3(-1,1,4)=(0,0,0).$$

因而

$$\begin{cases} -4k_1-2k_2-\ \ k_3=0, \\ \ \ 2k_1+\ \ k_2+\ \ k_3=0, \\ 10k_1+5k_2+4k_3=0. \end{cases} \tag{3.3.7}$$

方程组 (3.3.7) 的系数矩阵的行列式为

$$\begin{vmatrix} -4 & -2 & -1 \\ 2 & 1 & 1 \\ 10 & 5 & 4 \end{vmatrix}=0.$$

于是, 方程组 (3.3.7) 有非零解, 即 $\boldsymbol{\alpha}_1,\boldsymbol{\alpha}_2,\boldsymbol{\alpha}_3$ 线性相关. □

定理 3.3.1 向量组 $\boldsymbol{\alpha}_1,\boldsymbol{\alpha}_2,\cdots,\boldsymbol{\alpha}_s$ $(s\geqslant 2)$ 线性相关的充要条件是存在某个向量, 它可以由其余向量线性表示.

证明 先证必要性. 设 $\boldsymbol{\alpha}_1,\boldsymbol{\alpha}_2,\cdots,\boldsymbol{\alpha}_s$ 是线性相关的, 则存在不全为零的 k_1, $k_2,\cdots,k_s\in\mathbb{F}$, 使

$$k_1\boldsymbol{\alpha}_1+k_2\boldsymbol{\alpha}_2+\cdots+k_s\boldsymbol{\alpha}_s=\mathbf{0}.$$

不妨设 $k_s\neq 0$, 则

$$\boldsymbol{\alpha}_s=-\frac{k_1}{k_s}\boldsymbol{\alpha}_1-\frac{k_2}{k_s}\boldsymbol{\alpha}_2-\cdots-\frac{k_{s-1}}{k_s}\boldsymbol{\alpha}_{s-1},$$

即 $\boldsymbol{\alpha}_s$ 可由其余向量线性表示.

再证充分性. 设 $\boldsymbol{\alpha}_1,\boldsymbol{\alpha}_2,\cdots,\boldsymbol{\alpha}_s$ 中有一个向量可以用其余向量线性表示, 不妨设

$$\boldsymbol{\alpha}_s=k_1\boldsymbol{\alpha}_1+\cdots+k_{s-1}\boldsymbol{\alpha}_{s-1},\quad k_1,\cdots,k_{s-1}\in\mathbb{F}.$$

于是

$$k_1\boldsymbol{\alpha}_1+k_2\boldsymbol{\alpha}_2+\cdots+k_{s-1}\boldsymbol{\alpha}_{s-1}+(-1)\boldsymbol{\alpha}_s=\mathbf{0}.$$

设 $k_s=-1$, 则 $k_1,\cdots,k_s$ 不全为 0. 因而 $\boldsymbol{\alpha}_1,\boldsymbol{\alpha}_2,\cdots,\boldsymbol{\alpha}_s$ 线性相关. □

定理 3.3.2　设向量组 $\boldsymbol{\alpha}_1,\boldsymbol{\alpha}_2,\cdots,\boldsymbol{\alpha}_m$ 线性无关. 若向量组 $\boldsymbol{\alpha}_1,\boldsymbol{\alpha}_2,\cdots,\boldsymbol{\alpha}_m,\boldsymbol{\beta}$ 线性相关, 则 $\boldsymbol{\beta}$ 可由 $\boldsymbol{\alpha}_1,\boldsymbol{\alpha}_2,\cdots,\boldsymbol{\alpha}_m$ 线性表示, 且表示唯一.

证明　因为向量组 $\boldsymbol{\alpha}_1,\boldsymbol{\alpha}_2,\cdots,\boldsymbol{\alpha}_m,\boldsymbol{\beta}$ 线性相关, 所以存在一组不全为零的数 $k_1,\cdots,k_m,k$, 使得

$$k_1\boldsymbol{\alpha}_1+\cdots+k_m\boldsymbol{\alpha}_m+k\boldsymbol{\beta}=\mathbf{0}.$$

先证 $k\neq 0$. 若 $k=0$, 则有 $k_1\boldsymbol{\alpha}_1+\cdots+k_m\boldsymbol{\alpha}_m=\mathbf{0}$. 由于向量组 $\boldsymbol{\alpha}_1, \boldsymbol{\alpha}_2, \cdots, \boldsymbol{\alpha}_m$ 线性无关, $k_1=0,k_2=0,\cdots,k_m=0$. 这与 $k_1,\cdots,k_m,k$ 不全为零矛盾. 故 $k\neq 0$, 从而

$$\boldsymbol{\beta}=\left(-\frac{k_1}{k}\right)\boldsymbol{\alpha}_1+\cdots+\left(-\frac{k_m}{k}\right)\boldsymbol{\alpha}_m.$$

再证表示唯一. 设 $\boldsymbol{\beta}=k_1\boldsymbol{\alpha}_1+\cdots+k_m\boldsymbol{\alpha}_m$, $\boldsymbol{\beta}=l_1\boldsymbol{\alpha}_1+\cdots+l_m\boldsymbol{\alpha}_m$, 则

$$(k_1-l_1)\boldsymbol{\alpha}_1+\cdots+(k_m-l_m)\boldsymbol{\alpha}_m=\mathbf{0}.$$

因为 $\boldsymbol{\alpha}_1,\boldsymbol{\alpha}_2,\cdots,\boldsymbol{\alpha}_m$ 线性无关, 所以 $k_1-l_1=0,\cdots,k_m-l_m=0$. 从而 $k_1=l_1$, $\cdots$, $k_m=l_m$, 即 $\boldsymbol{\beta}$ 的表示唯一. □

定理 3.3.3　若向量组 $\boldsymbol{\alpha}_1,\boldsymbol{\alpha}_2,\cdots,\boldsymbol{\alpha}_s$ 线性无关, 则它的部分向量组 $\boldsymbol{\alpha}_{i_1},\boldsymbol{\alpha}_{i_2},\cdots,\boldsymbol{\alpha}_{i_r}$ 也线性无关, 其中 $1\leqslant r\leqslant s$.

证明　(反证法) 不妨设部分向量组为 $\boldsymbol{\alpha}_1,\boldsymbol{\alpha}_2,\cdots,\boldsymbol{\alpha}_r$. 若 $\boldsymbol{\alpha}_1,\boldsymbol{\alpha}_2,\cdots,\boldsymbol{\alpha}_r$ 线性相关, 则存在不全为零的数 $k_1,k_2,\cdots,k_r\in\mathbb{F}$, 使得

$$k_1\boldsymbol{\alpha}_1+k_2\boldsymbol{\alpha}_2+\cdots+k_r\boldsymbol{\alpha}_r=\mathbf{0}.$$

设 $k_{r+1}=\cdots=k_s=0$, 于是

$$k_1\boldsymbol{\alpha}_1+\cdots+k_r\boldsymbol{\alpha}_r+k_{r+1}\boldsymbol{\alpha}_{r+1}+\cdots+k_s\boldsymbol{\alpha}_s=\mathbf{0}.$$

但 $k_1,\cdots,k_r,k_{r+1},\cdots,k_s$ 不全为零, 故 $\boldsymbol{\alpha}_1, \boldsymbol{\alpha}_2, \cdots, \boldsymbol{\alpha}_s$ 线性相关, 导致矛盾. 因此, $\boldsymbol{\alpha}_1,\boldsymbol{\alpha}_2,\cdots,\boldsymbol{\alpha}_r$ 线性无关. □

由此可见, 若向量组 $\boldsymbol{\alpha}_1, \boldsymbol{\alpha}_2, \cdots, \boldsymbol{\alpha}_s$ 的部分向量组线性相关, 则整个向量组线性相关. 特别地, 线性无关向量组不包含零向量.

定理 3.3.4　若向量组 $\boldsymbol{\alpha}_1, \boldsymbol{\alpha}_2, \cdots, \boldsymbol{\alpha}_r$ 可由向量组 $\boldsymbol{\beta}_1,\boldsymbol{\beta}_2,\cdots,\boldsymbol{\beta}_s$ 线性表示, 且 $r>s$, 则 $\boldsymbol{\alpha}_1, \boldsymbol{\alpha}_2, \cdots, \boldsymbol{\alpha}_r$ 线性相关.

证明　由于向量组 $\boldsymbol{\alpha}_1, \boldsymbol{\alpha}_2, \cdots, \boldsymbol{\alpha}_r$ 可由向量组 $\boldsymbol{\beta}_1,\boldsymbol{\beta}_2,\cdots,\boldsymbol{\beta}_s$ 线性表示, 根据

定义, 存在 $a_{ij} \in \mathbb{F}, i=1,2,\ldots,r, j=1,2,\ldots,s$, 使得

$$\begin{cases} \boldsymbol{\alpha}_1 = a_{11}\boldsymbol{\beta}_1 + a_{12}\boldsymbol{\beta}_2 + \cdots + a_{1s}\boldsymbol{\beta}_s, \\ \boldsymbol{\alpha}_2 = a_{21}\boldsymbol{\beta}_1 + a_{22}\boldsymbol{\beta}_2 + \cdots + a_{2s}\boldsymbol{\beta}_s, \\ \qquad \cdots\cdots \\ \boldsymbol{\alpha}_r = a_{r1}\boldsymbol{\beta}_1 + a_{r2}\boldsymbol{\beta}_2 + \cdots + a_{rs}\boldsymbol{\beta}_s, \end{cases}$$

假设存在数 $k_1, k_2, \cdots, k_r$, 使得

$$k_1\boldsymbol{\alpha}_1 + k_2\boldsymbol{\alpha}_2 + \cdots + k_r\boldsymbol{\alpha}_r = \mathbf{0}. \tag{3.3.8}$$

因为

$$k_1\boldsymbol{\alpha}_1 + \cdots + k_r\boldsymbol{\alpha}_r = (k_1a_{11} + \cdots + k_ra_{r1})\boldsymbol{\beta}_1 + \cdots + (k_1a_{1s} + \cdots + k_ra_{rs})\boldsymbol{\beta}_s, \tag{3.3.9}$$

所以要证 $\boldsymbol{\alpha}_1, \boldsymbol{\alpha}_2, \cdots, \boldsymbol{\alpha}_r$ 线性相关, 即需证存在不全为零的数 $k_1, k_2, \cdots, k_r$ 使得式 (3.3.8) 成立, 也即需证, 存在不全为零的 $k_1, k_2, \cdots, k_r$ 使得等式 (3.3.9) 右边为零向量.

事实上, 因为 $r > s$, 由定理 3.2.2, 下面齐次线性方程组 (视 $k_1, k_2, \cdots, k_r$ 为未知量)

$$\begin{cases} k_1a_{11} + \cdots + k_ra_{r1} = 0, \\ \qquad \cdots\cdots \\ k_1a_{1s} + \cdots + k_ra_{rs} = 0 \end{cases}$$

有非零解, 即存在不全为零的数 $k_1, \cdots k_r$ 使得式 (3.3.8) 成立. 因此 $\boldsymbol{\alpha}_1, \boldsymbol{\alpha}_2, \cdots, \boldsymbol{\alpha}_r$ 线性相关. □

由定理 3.3.4, 我们容易得到下面一些推论.

推论 3.3.1 若向量组 $\boldsymbol{\alpha}_1, \boldsymbol{\alpha}_2, \cdots, \boldsymbol{\alpha}_r$ 可由向量组 $\boldsymbol{\beta}_1, \boldsymbol{\beta}_2, \cdots, \boldsymbol{\beta}_s$ 线性表示, 且 $\boldsymbol{\alpha}_1, \boldsymbol{\alpha}_2, \cdots, \boldsymbol{\alpha}_r$ 线性无关, 则 $r \leqslant s$.

推论 3.3.2 任意 $n+1$ 个 n 维向量必线性相关.

事实上, 每个 n 维向量都可以被 n 维单位向量组 $\boldsymbol{\varepsilon}_1, \boldsymbol{\varepsilon}_2, \cdots, \boldsymbol{\varepsilon}_n$ 线性表示, 且 $n+1 > n$, 因而必线性相关.

推论 3.3.3 两个等价的线性无关向量组必含有相同个数的向量.

定义 3.3.11 向量组的一个部分向量组称为一个**极大线性无关组**, 如果这个部分向量组本身是线性无关的, 但从余下的向量中任意选一个向量 (如果还有的话) 添加到这个部分向量组, 则所得到的新部分向量组都是线性相关的.

由定理 3.3.2, 极大线性无关组的定义也可以表述如下: 向量组的一个部分向量组称为一个极大线性无关组, 如果

(1) 这个部分向量组本身是线性无关的;

(2) 向量组中任意一个向量都可以由这个部分向量组线性表示.

例 3.3.5　设 $\boldsymbol{\alpha}_1=(1,0,0)$, $\boldsymbol{\alpha}_2=(0,1,0)$, $\boldsymbol{\alpha}_3=(1,1,0)$. 求 $\boldsymbol{\alpha}_1,\boldsymbol{\alpha}_2,\boldsymbol{\alpha}_3$ 的一个极大线性无关组.

解　因为 $\boldsymbol{\alpha}_1$, $\boldsymbol{\alpha}_2$ 线性无关, 且 $\boldsymbol{\alpha}_3=\boldsymbol{\alpha}_1+\boldsymbol{\alpha}_2$, 所以 $\boldsymbol{\alpha}_1$, $\boldsymbol{\alpha}_2$ 是 $\boldsymbol{\alpha}_1,\boldsymbol{\alpha}_2,\boldsymbol{\alpha}_3$ 的一个极大线性无关组. 类似地, $\boldsymbol{\alpha}_1,\boldsymbol{\alpha}_3$ 和 $\boldsymbol{\alpha}_2,\boldsymbol{\alpha}_3$ 也都是 $\boldsymbol{\alpha}_1,\boldsymbol{\alpha}_2,\boldsymbol{\alpha}_3$ 的极大线性无关组. □

此例说明, 一个向量组的极大线性无关组一般不是唯一的, 但极大线性无关组中所含向量个数相同. 如下结论请读者自行证明.

定理 3.3.5　任一向量组必与它的极大线性无关组等价.

推论 3.3.4　任一向量组的两个极大线性无关组必等价.

推论 3.3.5　一个向量组的任意两个极大线性无关组都含有相同个数的向量.

定义 3.3.12　向量组 $\boldsymbol{\alpha}_1, \boldsymbol{\alpha}_2, \cdots, \boldsymbol{\alpha}_s$ 的极大线性无关组所含向量的个数 r 称为这个**向量组的秩**, 记为 $\operatorname{rank}(\boldsymbol{\alpha}_1, \boldsymbol{\alpha}_2, \cdots, \boldsymbol{\alpha}_s)=r$, 或 $r(\boldsymbol{\alpha}_1, \boldsymbol{\alpha}_2, \cdots, \boldsymbol{\alpha}_s)=r$.

易知, 向量组 $\boldsymbol{\alpha}_1, \cdots, \boldsymbol{\alpha}_s$ 线性无关的充分必要条件是它的秩等于它所含向量的个数. 事实上, 向量组 $\boldsymbol{\alpha}_1, \cdots, \boldsymbol{\alpha}_s$ 线性无关等价于 $\boldsymbol{\alpha}_1, \cdots, \boldsymbol{\alpha}_s$ 的极大线性无关组是它自身, 也等价于 $\operatorname{rank}(\boldsymbol{\alpha}_1,\boldsymbol{\alpha}_2,\cdots,\boldsymbol{\alpha}_s)=s$.

定理 3.3.6　如果向量组 (I) 可以由向量组 (II) 线性表示, 则

$$\text{(I) 的秩 } \leqslant \text{(II) 的秩.}$$

证明　设 $\boldsymbol{\alpha}_1, \boldsymbol{\alpha}_2, \cdots, \boldsymbol{\alpha}_r$ 是 (I) 的一个极大无关组, $\boldsymbol{\beta}_1, \boldsymbol{\beta}_2, \cdots, \boldsymbol{\beta}_s$ 是 (II) 的一个极大无关组. 则 $\boldsymbol{\alpha}_1, \boldsymbol{\alpha}_2, \cdots, \boldsymbol{\alpha}_r$ 可以由 (I) 线性表示, 而 (I) 可以由 (II) 线性表示, (II) 可以由 $\boldsymbol{\beta}_1, \boldsymbol{\beta}_2, \cdots, \boldsymbol{\beta}_s$ 线性表示, 因此 $\boldsymbol{\alpha}_1, \boldsymbol{\alpha}_2, \cdots, \boldsymbol{\alpha}_r$ 可以由 $\boldsymbol{\beta}_1, \boldsymbol{\beta}_2, \cdots, \boldsymbol{\beta}_s$ 线性表示. 由于 $\boldsymbol{\alpha}_1, \boldsymbol{\alpha}_2, \cdots, \boldsymbol{\alpha}_r$ 线性无关, 根据推论 3.3.1, $r \leqslant s$. □

由定理 3.3.6 立即得到, 等价的向量组有相同的秩.

下面介绍求向量组的极大线性无关组的常用方法. 将向量组按列向量排成矩阵 $\boldsymbol{A}$, 对 $\boldsymbol{A}$ 进行初等行变换, 化成阶梯形矩阵 $\boldsymbol{B}$, 矩阵 $\boldsymbol{B}$ 的非零行个数就是该向量组的秩, 这些非零行第一个非零元素所在的列对应于 $\boldsymbol{A}$ 的相应列的列向量就构成一个极大线性无关组. 请读者思考原因.

由于初等行变换的方法不同, 按照上述方法所得的极大线性无关组也可能不

同, 但构成极大线性无关组的向量的个数是唯一的, 即向量组的秩.

例 3.3.6 求向量组 $\boldsymbol{\alpha}_1=(2,1,2,2,-4)$, $\boldsymbol{\alpha}_2=(1,1,-1,0,2)$, $\boldsymbol{\alpha}_3=(0,1,2,1,-1)$, $\boldsymbol{\alpha}_4=(-1,-1,-1,-1,1)$, $\boldsymbol{\alpha}_5=(1,2,1,1,1)$ 的极大线性无关组和秩.

解 将 $\boldsymbol{\alpha}_1^{\top},\boldsymbol{\alpha}_2^{\top},\boldsymbol{\alpha}_3^{\top},\boldsymbol{\alpha}_4^{\top},\boldsymbol{\alpha}_5^{\top}$ 按列排成矩阵

$$\boldsymbol{A}=\left(\boldsymbol{\alpha}_1^{\top},\boldsymbol{\alpha}_2^{\top},\boldsymbol{\alpha}_3^{\top},\boldsymbol{\alpha}_4^{\top},\boldsymbol{\alpha}_5^{\top}\right)=\begin{pmatrix}2&1&0&-1&1\\1&1&1&-1&2\\2&-1&2&-1&1\\2&0&1&-1&1\\-4&2&-1&1&1\end{pmatrix}.$$

对 $\boldsymbol{A}$ 只进行初等行变换化成阶梯形矩阵

$$\boldsymbol{A}\to\begin{pmatrix}1&1&1&-1&2\\0&-1&-2&1&-3\\0&-2&2&0&0\\0&-1&1&0&0\\0&2&1&-1&3\end{pmatrix}\to\begin{pmatrix}1&1&1&-1&2\\0&1&-1&0&0\\0&0&3&-1&3\\0&0&0&0&0\\0&0&0&0&0\end{pmatrix}.$$

因此, 向量组 $\boldsymbol{\alpha}_1,\boldsymbol{\alpha}_2,\boldsymbol{\alpha}_3,\boldsymbol{\alpha}_4,\boldsymbol{\alpha}_5$ 的秩为 3, $\boldsymbol{\alpha}_1,\boldsymbol{\alpha}_2,\boldsymbol{\alpha}_3$ 为其一个极大线性无关组. □

习 题 3.3

1. 判断向量组 $\boldsymbol{\alpha}_1=(3,0,2,-1)$, $\boldsymbol{\alpha}_2=(-4,2,1,3)$, $\boldsymbol{\alpha}_3=(2,5,0,1)$ 的线性相关性.

2. 设 $\boldsymbol{\alpha}_1=(1,2,1,1)$, $\boldsymbol{\alpha}_2=(1,1,1,1)$, $\boldsymbol{\alpha}_3=(1,1,-1,-1)$, $\boldsymbol{\alpha}_4=(1,-1,1,-1)$, $\boldsymbol{\alpha}_5=(1,-1,-1,1)$. 问 $\boldsymbol{\alpha}_2,\boldsymbol{\alpha}_3,\boldsymbol{\alpha}_4,\boldsymbol{\alpha}_5$ 是否线性相关? $\boldsymbol{\alpha}_1$ 可否由 $\boldsymbol{\alpha}_2,\boldsymbol{\alpha}_3,\boldsymbol{\alpha}_4,\boldsymbol{\alpha}_5$ 线性表示? 如能表示求其表示式.

3. 设向量组 $\boldsymbol{\alpha}_1,\boldsymbol{\alpha}_2,\boldsymbol{\alpha}_3$ 线性无关. 证明: $\boldsymbol{\alpha}_1+\boldsymbol{\alpha}_2,\boldsymbol{\alpha}_2+\boldsymbol{\alpha}_3,\boldsymbol{\alpha}_3+\boldsymbol{\alpha}_1$ 也线性无关.

4. 已知向量组 $\boldsymbol{\alpha}_1,\boldsymbol{\alpha}_2,\boldsymbol{\alpha}_3$ 线性相关, $\boldsymbol{\alpha}_1,\boldsymbol{\alpha}_2,\boldsymbol{\alpha}_4$ 线性无关. 问:

(1) $\boldsymbol{\alpha}_3$ 能否由 $\boldsymbol{\alpha}_1,\boldsymbol{\alpha}_2$ 线性表示? 并说明理由.

(2) $\boldsymbol{\alpha}_4$ 能否由 $\boldsymbol{\alpha}_1,\boldsymbol{\alpha}_2,\boldsymbol{\alpha}_3$ 线性表示? 并说明理由.

5. 证明: 一个向量组的任何一个线性无关组都可以扩充成一个极大线性无关组.

6. 设向量组 $\boldsymbol{\alpha}_1=(6,4,1,-1,2)$, $\boldsymbol{\alpha}_2=(1,0,2,3,-4)$, $\boldsymbol{\alpha}_3=(1,4,-9,-16,22)$, $\boldsymbol{\alpha}_4=(7,1,0,-3,3)$. 求 $\boldsymbol{\alpha}_1,\boldsymbol{\alpha}_2,\boldsymbol{\alpha}_3,\boldsymbol{\alpha}_4$ 的秩及一个极大线性无关组.

7. 证明: 线性方程组

$$\begin{cases} a_{11}x_1 + a_{12}x_2 + \cdots + a_{1n}x_n = b_1, \\ a_{21}x_1 + a_{22}x_2 + \cdots + a_{2n}x_n = b_2, \\ \cdots\cdots \\ a_{n1}x_1 + a_{n2}x_2 + \cdots + a_{nn}x_n = b_n \end{cases}$$

对任何 $b_1, b_2, \cdots, b_n$ 都有解的充要条件是其系数矩阵的行列式不等于零.

3.4 矩阵的秩

本节引入矩阵秩的概念.

定义 3.4.1 设 $\boldsymbol{A}$ 为 $m \times n$ 非零矩阵. 若 $\boldsymbol{A}$ 有一个 r 阶非零子式, 而其所有 $r+1$ 阶子式 (如果有的话) 全为零, 则称矩阵 $\boldsymbol{A}$ 的**秩**为 r, 记为 $\operatorname{rank}(\boldsymbol{A}) = r$ 或 $r(\boldsymbol{A}) = r$. 当 $\boldsymbol{A} = \boldsymbol{0}$ 时, 定义 $r(\boldsymbol{A}) = 0$.

显然矩阵的秩具有下列性质:

(1) 若矩阵 $\boldsymbol{A}$ 中有某个 s 阶子式不为零, 则 $r(\boldsymbol{A}) \geqslant s$;

(2) 若 $\boldsymbol{A}$ 中所有 $t+1$ 阶子式全为零, 则 $r(\boldsymbol{A}) \leqslant t$;

(3) $r(\boldsymbol{A}) = r(\boldsymbol{A}^\top)$;

(4) 若 $\boldsymbol{A}$ 为 $m \times n$ 矩阵, 则 $0 \leqslant r(\boldsymbol{A}) \leqslant \min\{m, n\}$. 当 $r(\boldsymbol{A}) = \min\{m, n\}$ 时, 称矩阵 $\boldsymbol{A}$ 为**满秩矩阵**.

一般来说, 当矩阵的行数和列数比较大时, 根据定义去求矩阵的秩是很繁琐的. 我们知道, 任意矩阵都可以经过有限次初等行变换化为阶梯形矩阵, 而阶梯形矩阵的秩恰好为非零行的个数. 因此考虑借助初等变换来求矩阵的秩. 事实上, 矩阵的秩是初等变换下的不变量.

定理 3.4.1 矩阵经过初等变换后, 其秩不变.

证明 先考察矩阵经过一次初等行变换的情形. 设 $\boldsymbol{A}$ 经一次初等行变换得到矩阵 $\boldsymbol{B}$. 设 $r(\boldsymbol{A}) = r$, $\boldsymbol{B}_1$ 为 $\boldsymbol{B}$ 的任一 $r+1$ 阶子矩阵. 下证 $r(\boldsymbol{B}) \leqslant r$.

对于第一种初等行变换 (交换某两行), $\boldsymbol{B}$ 的 $r+1$ 阶子式满足 $|\boldsymbol{B}_1| = |\boldsymbol{A}_1|$ 或者 $|\boldsymbol{B}_1| = -|\boldsymbol{A}_1|$, 其中 $\boldsymbol{A}_1$ 是 $\boldsymbol{A}$ 的某个 $r+1$ 阶子矩阵.

对于第二种初等行变换 (某行乘以一个非零数 k), $|\boldsymbol{B}_1| = |\boldsymbol{A}_1|$ 或者 $|\boldsymbol{B}_1| = k|\boldsymbol{A}_1|$, 其中 $\boldsymbol{A}_1$ 是 $\boldsymbol{A}$ 的某个 $r+1$ 阶子矩阵.

对于第三种初等行变换 (第 i 行乘以 k 加到第 j 行), 有以下三种情形, 其中 $\boldsymbol{A}_1, \boldsymbol{A}_2$ 均为 $\boldsymbol{A}$ 中的某个 $r+1$ 阶子矩阵.

(1) $\boldsymbol{B}_1$ 不含第 j 行, 则 $|\boldsymbol{B}_1| = |\boldsymbol{A}_1|$;

(2) $\boldsymbol{B}_1$ 同时包含第 i 行和第 j 行, 则 $|\boldsymbol{B}_1| = |\boldsymbol{A}_1|$;

(3) $\boldsymbol{B}_1$ 包含第 j 行但不包含第 i 行, 则 $|\boldsymbol{B}_1| = |\boldsymbol{A}_1| + k|\boldsymbol{A}_2|$ 或者 $|\boldsymbol{B}_1| = |\boldsymbol{A}_1| - k|\boldsymbol{A}_2|$.

根据秩的定义, $\boldsymbol{A}$ 的所有 $r+1$ 阶子式全为零. 根据上述讨论, $\boldsymbol{B}$ 的任一 $r+1$ 阶子式都为零, 所以 $r(\boldsymbol{B}) \leqslant r = r(\boldsymbol{A})$.

由于矩阵的初等行变换是可逆的, $\boldsymbol{B}$ 也可以经过一次初等行变换化为 $\boldsymbol{A}$, 故 $r(\boldsymbol{A}) \leqslant r(\boldsymbol{B})$. 因此, $r(\boldsymbol{A}) = r(\boldsymbol{B})$.

最后讨论初等列变换的情形. 设 $\boldsymbol{A}$ 经过一次初等列变换化为 $\boldsymbol{B}$, 则 $\boldsymbol{A}^\top$ 经过一次初等行变换化为 $\boldsymbol{B}^\top$, 且 $r(\boldsymbol{A}^\top) = r(\boldsymbol{B}^\top)$. 由于 $r(\boldsymbol{A}) = r(\boldsymbol{A}^\top)$, $r(\boldsymbol{B}) = r(\boldsymbol{B}^\top)$, 因此 $r(\boldsymbol{A}) = r(\boldsymbol{B})$.

综上所述, 若 $\boldsymbol{A}$ 经过有限次初等变换化为 $\boldsymbol{B}$, 则 $r(\boldsymbol{A}) = r(\boldsymbol{B})$. □

定理 3.4.1 给出了求矩阵秩的初等变换方法. 用初等变换将矩阵 $\boldsymbol{A}$ 化成阶梯形矩阵, 则阶梯形矩阵中非零行的个数就等于 $\boldsymbol{A}$ 的秩.

3.3 节定义了向量组的秩, 现在我们从向量的角度研究矩阵的秩. 若把矩阵的每行视为一个向量, 那么矩阵就是由这些行向量组成的. 类似地, 若把矩阵的每列视为一个向量, 那么矩阵就是由这些列向量组成的.

设

$$\boldsymbol{A} = \begin{pmatrix} a_{11} & a_{12} & \cdots & a_{1n} \\ a_{21} & a_{22} & \cdots & a_{2n} \\ \vdots & \vdots & & \vdots \\ a_{m1} & a_{m2} & \cdots & a_{mn} \end{pmatrix} \in \mathbb{F}^{m\times n},$$

其中 $\mathbb{F}^{m\times n}$ 表示数域 $\mathbb{F}$ 上全体 $m\times n$ 矩阵构成的集合. 记 $\boldsymbol{\alpha}_i = (a_{i1}, a_{i2}, \cdots, a_{in})$, $i = 1, 2, \cdots, m$. 则 $\boldsymbol{\alpha}_1, \boldsymbol{\alpha}_2, \cdots, \boldsymbol{\alpha}_m$ 构成矩阵 $\boldsymbol{A}$ 的行向量组, $\boldsymbol{A}$ 可写成

$$\boldsymbol{A} = \begin{pmatrix} \boldsymbol{\alpha}_1 \\ \boldsymbol{\alpha}_2 \\ \vdots \\ \boldsymbol{\alpha}_m \end{pmatrix}.$$

类似地, 记 $\boldsymbol{\beta}_j = (a_{1j}, a_{2j}, \cdots, a_{mj})^\top$, $j = 1, 2, \cdots, n$. 则 $\boldsymbol{\beta}_1, \boldsymbol{\beta}_2, \cdots, \boldsymbol{\beta}_n$ 构成 $\boldsymbol{A}$ 的列向量组, $\boldsymbol{A}$ 可写成

$$\boldsymbol{A} = (\boldsymbol{\beta}_1, \boldsymbol{\beta}_2, \cdots, \boldsymbol{\beta}_n).$$

定义 3.4.2　矩阵的**行秩**定义为矩阵的行向量组的秩; 矩阵的**列秩**定义为矩阵的列向量组的秩.

定理 3.4.2　设 $\boldsymbol{A} \in \mathbb{F}^{m\times n}$, 则 $\boldsymbol{A}$ 的行秩等于 $\boldsymbol{A}$ 的列秩.

证明　设 $\boldsymbol{A}$ 的列向量组为 $\boldsymbol{\beta}_1,\boldsymbol{\beta}_2,\cdots,\boldsymbol{\beta}_n$, 即 $\boldsymbol{A}=(\boldsymbol{\beta}_1,\boldsymbol{\beta}_2,\cdots,\boldsymbol{\beta}_n)$. 设 $\boldsymbol{A}$ 的列秩为 r, 且不妨设 $\boldsymbol{A}$ 的前 r 个列向量, 即 $\boldsymbol{\beta}_1,\boldsymbol{\beta}_2,\cdots,\boldsymbol{\beta}_r$ 为 $\boldsymbol{A}$ 的列向量组的一个极大线性无关组.

由于 $\boldsymbol{A}$ 的每个列向量都可以由 $\boldsymbol{\beta}_1,\boldsymbol{\beta}_2,\cdots,\boldsymbol{\beta}_r$ 线性表示, 故可设

$$\boldsymbol{\beta}_j = b_{1j}\boldsymbol{\beta}_1 + b_{2j}\boldsymbol{\beta}_2 + \cdots + b_{rj}\boldsymbol{\beta}_r, \quad j=1,2,\cdots,n.$$

因此

$$(\boldsymbol{\beta}_1,\boldsymbol{\beta}_2,\cdots,\boldsymbol{\beta}_n) = (\boldsymbol{\beta}_1,\boldsymbol{\beta}_2,\cdots,\boldsymbol{\beta}_r)\begin{pmatrix} b_{11} & b_{12} & \cdots & b_{1n} \\ b_{21} & b_{22} & \cdots & b_{2n} \\ \vdots & \vdots & & \vdots \\ b_{r1} & b_{r2} & \cdots & b_{rn} \end{pmatrix}$$

记 $\boldsymbol{C}=(\boldsymbol{\beta}_1,\boldsymbol{\beta}_2,\cdots,\boldsymbol{\beta}_r)=(c_{ij})_{m\times r}$, $\boldsymbol{B}=(b_{ij})_{r\times n}$. 由上式可得, $\boldsymbol{A}=\boldsymbol{C}\boldsymbol{B}$. 设 $\boldsymbol{A}$ 的行向量组为 $\boldsymbol{\alpha}_1,\boldsymbol{\alpha}_2,\cdots,\boldsymbol{\alpha}_m$, $\boldsymbol{B}$ 的行向量组为 $\boldsymbol{b}_1,\boldsymbol{b}_2,\cdots,\boldsymbol{b}_r$. 则

$$\begin{pmatrix} \boldsymbol{\alpha}_1 \\ \boldsymbol{\alpha}_2 \\ \vdots \\ \boldsymbol{\alpha}_m \end{pmatrix} = \boldsymbol{C}\begin{pmatrix} \boldsymbol{b}_1 \\ \boldsymbol{b}_2 \\ \vdots \\ \boldsymbol{b}_r \end{pmatrix}$$

因此,

$$\boldsymbol{\alpha}_i = c_{i1}\boldsymbol{b}_1 + c_{i2}\boldsymbol{b}_2 + \cdots + c_{ir}\boldsymbol{b}_r, \quad i=1,2,\cdots,m,$$

即 $\boldsymbol{A}$ 的行向量组可由 $\boldsymbol{B}$ 的行向量组的线性表示. 根据定理 3.3.6, $\boldsymbol{A}$ 的行秩小于或等于 $\boldsymbol{B}$ 的行秩, 但 $\boldsymbol{B}$ 仅有 r 行, 所以 $\boldsymbol{A}$ 的行秩小于或等于 r, 从而 $\boldsymbol{A}$ 的行秩小于或等于 $\boldsymbol{A}$ 的列秩.

根据上述讨论, $\boldsymbol{A}^\top$ 的行秩小于或等于 $\boldsymbol{A}^\top$ 的列秩. 注意到, $\boldsymbol{A}$ 的列秩 (行秩) 即为 $\boldsymbol{A}^\top$ 的行秩 (列秩). 因此 $\boldsymbol{A}$ 的列秩小于或等于 $\boldsymbol{A}$ 的行秩. 故, $\boldsymbol{A}$ 的行秩等于 $\boldsymbol{A}$ 的列秩. □

定理 3.4.3　矩阵 $\boldsymbol{A}=(a_{ij})_{n\times n}$ 的行列式为零的充要条件是 $\boldsymbol{A}$ 的行秩 (或列秩) 小于 n.

证明　先证充分性. 因为 $\boldsymbol{A}$ 的行秩小于 n, 所以 $\boldsymbol{A}$ 的行向量组线性相关. 当 $n=1$ 时, $\boldsymbol{A}=(a)$ 是一个数或者 1 维向量. 由一个向量构成的向量组线性相关当

且仅当该向量为零向量, 因此 $|\boldsymbol{A}|=a=0$. 当 $n>1$ 时, 根据定理 3.3.1, $\boldsymbol{A}$ 的某个行向量是其余行向量的线性组合. 在矩阵 $\boldsymbol{A}$ 中, 将该行依次减去其余各行的倍数 (来自于线性组合的系数), 则该行元素全变成零. 根据行列式的性质, $|\boldsymbol{A}|=0$.

再证必要性. 对 n 作数学归纳. 当 $n=1$ 时, 显然 $\boldsymbol{A}=(0)$, 从而 $\boldsymbol{A}$ 的行秩为零.

假设结论对 $n-1$ 阶矩阵成立. 设 $\boldsymbol{A}$ 为 n 阶矩阵, 且 $|\boldsymbol{A}|=0$. 设 $\boldsymbol{A}$ 的行向量为 $\boldsymbol{\alpha}_1,\boldsymbol{\alpha}_2,\cdots,\boldsymbol{\alpha}_n$. 如果 $\boldsymbol{A}$ 的第一列元素全为零, 那么 $\boldsymbol{A}$ 的列向量组中含有零向量, 当然 $\boldsymbol{A}$ 的列秩 (或行秩) 小于 n. 否则, 不妨设 $a_{11}\neq 0$, 那么从 $\boldsymbol{A}$ 的第 2 行直到第 n 行减去第 1 行的适当倍数, 使得

$$|\boldsymbol{A}|=\begin{vmatrix} a_{11} & a_{12} & \cdots & a_{1n} \\ 0 & a'_{22} & \cdots & a'_{2n} \\ \vdots & \vdots & & \vdots \\ 0 & a'_{n2} & \cdots & a'_{nn} \end{vmatrix}=a_{11}\begin{vmatrix} a'_{22} & \cdots & a'_{2n} \\ \vdots & & \vdots \\ a'_{n2} & \cdots & a'_{nn} \end{vmatrix},$$

其中

$$(0,a'_{i2},\cdots,a'_{in})=\boldsymbol{\alpha}_i-\frac{a_{i1}}{a_{11}}\boldsymbol{\alpha}_1,\quad i=2,\cdots,n.$$

由于 $|\boldsymbol{A}|=0$, 故

$$|\boldsymbol{A}'|=\begin{vmatrix} a'_{22} & \cdots & a'_{2n} \\ \vdots & & \vdots \\ a'_{n2} & \cdots & a'_{nn} \end{vmatrix}=0.$$

根据归纳假设, $\boldsymbol{A}'$ 的行秩小于 $n-1$, 因此它的行向量组线性相关. 故向量组

$$\boldsymbol{\alpha}_2-\frac{a_{21}}{a_{11}}\boldsymbol{\alpha}_1,\quad \cdots,\quad \boldsymbol{\alpha}_n-\frac{a_{n1}}{a_{11}}\boldsymbol{\alpha}_1$$

也线性相关, 即存在不全为零的数 $k_2,\cdots,k_n$, 使得

$$k_2\left(\boldsymbol{\alpha}_2-\frac{a_{21}}{a_{11}}\boldsymbol{\alpha}_1\right)+\cdots+k_n\left(\boldsymbol{\alpha}_n-\frac{a_{n1}}{a_{11}}\boldsymbol{\alpha}_1\right)=\mathbf{0}.$$

改写一下, 有

$$-\left(\frac{a_{21}}{a_{11}}k_2+\cdots+\frac{a_{n1}}{a_{11}}k_n\right)\boldsymbol{\alpha}_1+k_2\boldsymbol{\alpha}_2+\cdots+k_n\boldsymbol{\alpha}_n=\mathbf{0}.$$

故 $\boldsymbol{A}$ 的行向量组 $\boldsymbol{\alpha}_1,\boldsymbol{\alpha}_2,\cdots,\boldsymbol{\alpha}_n$ 线性相关, $\boldsymbol{A}$ 的行秩小于 n. 必要性得证. □

推论 3.4.1 矩阵 $\boldsymbol{A}=(a_{ij})_{n\times n}$ 的行列式不为零的充分必要条件是 $\boldsymbol{A}$ 的行秩 (或列秩) 等于 n.

定理 3.4.4 矩阵 $\boldsymbol{A}$ 的行秩 (或列秩) 等于矩阵的秩.

证明 设矩阵 $\boldsymbol{A}$ 的行秩为 r, 则 $\boldsymbol{A}$ 的任意 $r+1$ 个行向量都线性相关. 因此, $\boldsymbol{A}$ 的任意 $r+1$ 阶子矩阵的行向量组也线性相关. 根据定理 3.4.3, $\boldsymbol{A}$ 的任意 $r+1$ 阶子式为零.

接下来证明 $\boldsymbol{A}$ 有一个 r 阶子式不为零. 设 $\boldsymbol{A}=(a_{ij})_{m\times n}$. 因为 $\boldsymbol{A}$ 的行秩为 r, 所以 $\boldsymbol{A}$ 有 r 个线性无关的行向量, 不妨设为前 r 个行向量. 由这 r 个行向量构成如下矩阵:

$$\boldsymbol{A}_1=\begin{pmatrix} a_{11} & a_{12} & \cdots & a_{1n} \\ \vdots & \vdots & & \vdots \\ a_{r1} & a_{r2} & \cdots & a_{rn} \end{pmatrix}.$$

显然, 矩阵 $\boldsymbol{A}_1$ 的行秩为 r, 因而它的列秩也是 r. 不妨设 $\boldsymbol{A}_1$ 的前 r 个列向量线性无关. 根据推论 3.4.1,

$$\begin{vmatrix} a_{11} & \cdots & a_{1r} \\ \vdots & & \vdots \\ a_{r1} & \cdots & a_{rr} \end{vmatrix}\neq 0.$$

故 $\boldsymbol{A}$ 有一个 r 阶非零子式.

综上所述, $\boldsymbol{A}$ 的秩为 r. 由定理 3.4.2, 矩阵 $\boldsymbol{A}$ 的列秩也等于矩阵 $\boldsymbol{A}$ 的秩. □

我们现在发现, 矩阵的行秩、列秩以及矩阵的秩是从不同角度下描述矩阵性质的同一个参数.

定理 3.4.5 设 $\boldsymbol{A}$ 为 $m\times s$ 矩阵, $\boldsymbol{B}$ 为 $s\times n$ 矩阵, 则

$$r(\boldsymbol{AB})\leqslant \min\{r(\boldsymbol{A}),r(\boldsymbol{B})\}.$$

证明 设 $\boldsymbol{C}=\boldsymbol{AB}$. 根据定理 3.4.2 的证明, $\boldsymbol{C}$ 的每个行向量都是 $\boldsymbol{B}$ 的行向量组的线性组合, 因此 $\boldsymbol{C}$ 的行秩小于或等于 $\boldsymbol{B}$ 的行秩. 类似地, $\boldsymbol{C}$ 的每个列向量都是 $\boldsymbol{A}$ 的列向量组的线性组合, 因此 $\boldsymbol{C}$ 的列秩小于或等于 $\boldsymbol{A}$ 的列秩. 由定理 3.4.4, 矩阵的行秩和列秩都等于矩阵的秩. 因此结论成立. □

习 题 3.4

1. 利用初等变换求下列矩阵的秩.

(1) $\begin{pmatrix} 3 & 2 & -1 & -3 & -2 \\ 2 & -1 & 3 & 1 & -3 \\ 7 & 0 & 5 & -1 & -8 \end{pmatrix}$;

(2) $\begin{pmatrix} 6 & -1 & 5 & 7 & 2 \\ 1 & 5 & 6 & -4 & -10 \\ 2 & 3 & 5 & -1 & -6 \\ -4 & 6 & 2 & -10 & -12 \end{pmatrix}$;

(3) $\begin{pmatrix} 1 & 0 & 1 & 0 & 0 \\ 1 & 1 & 0 & 0 & 0 \\ 0 & 1 & 1 & 0 & 0 \\ 0 & 1 & 1 & 0 & 0 \\ 0 & 0 & 0 & 1 & 1 \end{pmatrix}$.

2. 用定义计算如下矩阵的秩.

(1) $\begin{pmatrix} 0 & 0 & 0 & 0 & 9 & 6 & 4 \\ 0 & 0 & 2 & 1 & 0 & 2 & -1 \\ 0 & 4 & 3 & 5 & 7 & 6 & 4 \\ 7 & 8 & -4 & 0 & 8 & 0 & -3 \end{pmatrix}$;

(2) $\begin{pmatrix} 3 & 0 & 7 & 1 & 5 \\ 0 & 2 & -4 & 6 & 3 \\ 0 & 0 & 8 & 7 & 0 \\ 0 & 0 & 0 & 9 & 4 \end{pmatrix}$.

3. 设 $\boldsymbol{A}$ 和 $\boldsymbol{B}$ 是 $m \times n$ 矩阵, 证明:

$$|r(\boldsymbol{A}) - r(\boldsymbol{B})| \leqslant r(\boldsymbol{A}+\boldsymbol{B}) \leqslant r(\boldsymbol{A}, \boldsymbol{B}) \leqslant r(\boldsymbol{A}) + r(\boldsymbol{B}).$$

4. 若矩阵 $\boldsymbol{A}-\boldsymbol{I}$ 和 $\boldsymbol{B}-\boldsymbol{I}$ 的秩分别是 m 和 n, 则矩阵 $\boldsymbol{AB}-\boldsymbol{I}$ 的秩不大于 $m+n$.

3.5 线性方程组的解

3.5.1 解的判定

对于线性方程组 (3.2.1)

$$\begin{cases} a_{11}x_1 + a_{12}x_2 + \cdots + a_{1n}x_n = b_1, \\ a_{21}x_1 + a_{22}x_2 + \cdots + a_{2n}x_n = b_2, \\ \cdots\cdots \\ a_{m1}x_1 + a_{m2}x_2 + \cdots + a_{mn}x_n = b_m, \end{cases}$$

系数矩阵 $\boldsymbol{A} = (a_{ij})_{m \times n}$ 可以按行向量或列向量写成如下形式:

$$\boldsymbol{A} = \begin{pmatrix} \boldsymbol{\alpha}_1 \\ \boldsymbol{\alpha}_2 \\ \vdots \\ \boldsymbol{\alpha}_m \end{pmatrix} = (\boldsymbol{\beta}_1, \boldsymbol{\beta}_2, \cdots, \boldsymbol{\beta}_n),$$

其中 $\boldsymbol{\alpha}_1,\boldsymbol{\alpha}_2,\cdots,\boldsymbol{\alpha}_m$ 为 $\boldsymbol{A}$ 的行向量或 $1\times n$ 子矩阵, $\boldsymbol{\beta}_1,\boldsymbol{\beta}_2,\cdots,\boldsymbol{\beta}_n$ 为 $\boldsymbol{A}$ 的列向量或 $n\times 1$ 子矩阵. 设

$$\boldsymbol{X}=\begin{pmatrix}x_1\\x_2\\\vdots\\x_n\end{pmatrix},\quad \boldsymbol{B}=\begin{pmatrix}b_1\\b_2\\\vdots\\b_n\end{pmatrix}.$$

利用矩阵的乘法, 则上述方程组可写为矩阵方程

$$\boldsymbol{AX}=\boldsymbol{B}, \tag{3.5.1}$$

其中 $\boldsymbol{X}$ 为未知向量或未知矩阵.

若把系数矩阵 $\boldsymbol{A}$ 按行分块, 则线性方程组 $\boldsymbol{AX}=\boldsymbol{B}$ 可写为

$$\begin{pmatrix}\boldsymbol{\alpha}_1\\\boldsymbol{\alpha}_2\\\vdots\\\boldsymbol{\alpha}_m\end{pmatrix}\boldsymbol{X}=\begin{pmatrix}b_1\\b_2\\\vdots\\b_m\end{pmatrix}\quad 或 \quad \begin{cases}\boldsymbol{\alpha}_1\boldsymbol{X}=b_1,\\\boldsymbol{\alpha}_2\boldsymbol{X}=b_2,\\\cdots\cdots\\\boldsymbol{\alpha}_m\boldsymbol{X}=b_m.\end{cases} \tag{3.5.2}$$

这就相当于把每个方程

$$a_{i1}x_1+a_{i2}x_2+\cdots+a_{in}x_n=b_i,\quad i=1,2,\cdots,m,$$

写为

$$\boldsymbol{\alpha}_i\boldsymbol{X}=b_i,\quad i=1,2,\cdots,m.$$

若把系数矩阵 $\boldsymbol{A}$ 按列分块, 则线性方程组 $\boldsymbol{AX}=\boldsymbol{B}$ 又可写为

$$(\boldsymbol{\beta}_1,\boldsymbol{\beta}_2,\cdots,\boldsymbol{\beta}_n)\begin{pmatrix}x_1\\x_2\\\vdots\\x_n\end{pmatrix}=\boldsymbol{B},$$

即

$$x_1\boldsymbol{\beta}_1+x_2\boldsymbol{\beta}_2+\cdots+x_n\boldsymbol{\beta}_n=\boldsymbol{B}. \tag{3.5.3}$$

式(3.5.1)~(3.5.3) 是线性方程组 (3.2.1) 的各种变形. 今后, 它们与方程组 (3.2.1) 将混合使用而不加区分, 并都称为线性方程组或线性方程, 也不区分解与解向量. 它们的含义可以通过上下文理解而不至于产生误解.

利用系数矩阵 $\boldsymbol{A}$ 和增广矩阵 $\bar{\boldsymbol{A}}=(\boldsymbol{A}\ \boldsymbol{B})$ 的秩, 可以方便地讨论线性方程组是否有解, 以及有解时解是否唯一等问题, 即如下定理.

定理 3.5.1 对于 n 元线性方程组 $\boldsymbol{AX}=\boldsymbol{B}$,

(1) 它有解的充要条件是 $r(\boldsymbol{A})=r(\bar{\boldsymbol{A}})$;

(2) 它有唯一解的充分必要条件是 $r(\boldsymbol{A})=r(\bar{\boldsymbol{A}})=n$;

(3) 它有无穷多解的充分必要条件是 $r(\boldsymbol{A})=r(\bar{\boldsymbol{A}})<n$.

证明 设 $r(\boldsymbol{A})=r$. 若 $r=0$, 则 $\boldsymbol{A}=\boldsymbol{0}$, $\boldsymbol{AX}=\boldsymbol{B}$ 有解当且仅当 $\boldsymbol{B}=\boldsymbol{0}$, 即 $r(\boldsymbol{A})=r(\bar{\boldsymbol{A}})=0<n$. 此时方程组有无穷多解, 结论成立.

下面设 $r\geqslant 1$. 则 $\boldsymbol{A}\neq\boldsymbol{0}$. 不妨假设 $a_{11}\neq 0$. 事实上, 若 $a_{ij}\neq 0$, 则可通过互换第 1, i 行与第 1, j 列使该元素位于矩阵的左上角 (注意在互换列时, 自变量位置的变动). 于是, 对 $\bar{\boldsymbol{A}}$ 的第一行乘以 $-\dfrac{a_{i1}}{a_{11}}$ 分别加到第 i 行, $i=2,3,\cdots,m$, 则 $\bar{\boldsymbol{A}}$ 变为

$$\begin{pmatrix} 1 & b_{12} & \cdots & b_{1n} \\ 0 & b_{22} & \cdots & b_{2n} \\ \vdots & \vdots & & \vdots \\ 0 & b_{n2} & \cdots & b_{nn} \end{pmatrix}.$$

继续对上面矩阵实施初等行变换及前 n 列的交换 (注意常数项列并没有与其他列互换), 最终可以将 $\bar{\boldsymbol{A}}$ 化为如下行最简形:

$$\bar{\boldsymbol{C}}=\begin{pmatrix} 1 & 0 & \cdots & 0 & c_{1,r+1} & \cdots & c_{1n} & d_1 \\ 0 & 1 & \cdots & 0 & c_{2,r+1} & \cdots & c_{2n} & d_2 \\ \vdots & \vdots & & \vdots & \vdots & & \vdots & \vdots \\ 0 & 0 & \cdots & 1 & c_{r,r+1} & \cdots & c_{rn} & d_r \\ 0 & 0 & \cdots & 0 & 0 & \cdots & 0 & d_{r+1} \\ 0 & 0 & \cdots & 0 & 0 & \cdots & 0 & 0 \\ \vdots & \vdots & & \vdots & \vdots & & \vdots & \vdots \\ 0 & 0 & \cdots & 0 & 0 & \cdots & 0 & 0 \end{pmatrix}.$$

$\bar{\boldsymbol{C}}$ 对应的线性方程组为

$$\begin{cases} x_{i_1} \qquad +c_{1,r+1}x_{i_{r+1}}+\cdots+c_{1n}x_{i_n}=d_1, \\ \quad x_{i_2} \quad +c_{2,r+1}x_{i_{r+1}}+\cdots+c_{2n}x_{i_n}=d_2, \\ \qquad\qquad \cdots\cdots \\ \qquad x_{i_r}+c_{r,r+1}x_{i_{r+1}}+\cdots+c_{rn}x_{i_n}=d_r, \\ \qquad\qquad\qquad\qquad 0=d_{r+1}, \end{cases}$$

其中 $x_{i_1},x_{i_2},\cdots,x_{i_n}$ 是 $x_1,x_2,\cdots,x_n$ 的一个重新排列.

根据式 (3.5.4), 方程组 $\boldsymbol{AX}=\boldsymbol{B}$ 有解当且仅当 $d_{r+1}=0$, 也等价于 $r(\boldsymbol{A})=r(\bar{\boldsymbol{A}})=r$. 这就证明了结论 (1).

若 $r(\boldsymbol{A})=r(\bar{\boldsymbol{A}})=n$, 则 $\bar{\boldsymbol{C}}$ 对应的方程组为

$$\begin{cases} x_{i_1}=d_1, \\ x_{i_2}=d_2, \\ \quad\cdots\cdots \\ x_{i_n}=d_n. \end{cases}$$

故 $\boldsymbol{AX}=\boldsymbol{B}$ 有唯一解.

若 $r(\boldsymbol{A})=r(\bar{\boldsymbol{A}})<n$, 则 $\bar{\boldsymbol{C}}$ 对应的方程组为

$$\begin{cases} x_{i_1}=d_1-c_{1,r+1}x_{i_{r+1}}-\cdots-c_{1n}x_{i_n}, \\ x_{i_2}=d_2-c_{2,r+1}x_{i_{r+1}}-\cdots-c_{2n}x_{i_n}, \\ \quad\cdots\cdots \\ x_{i_r}=d_r-c_{r,r+1}x_{i_{r+1}}-\cdots-c_{rn}x_{i_n}. \end{cases} \tag{3.5.4}$$

此时, 任给 $x_{i_{r+1}},\cdots,x_{i_n}$ 的一组值 $k_{r+1},\cdots,k_n$, 就得到方程组 $\boldsymbol{AX}=\boldsymbol{B}$ 的一个解

$$\begin{cases} x_{i_1}=d_1-c_{1,r+1}k_{r+1}-\cdots-c_{1n}k_n, \\ x_{i_2}=d_2-c_{2,r+1}k_{r+1}-\cdots-c_{2n}k_n, \\ \quad\cdots\cdots \\ x_{i_r}=d_r-c_{r,r+1}k_{r+1}-\cdots-c_{rn}x_n, \\ x_{i_{r+1}}=k_{r+1}, \\ \quad\cdots\cdots \\ x_{i_n}=k_n. \end{cases} \tag{3.5.5}$$

因此, 方程组 $\boldsymbol{AX}=\boldsymbol{B}$ 有无穷多解.

根据上述讨论, 可证明结论 (2) 和 (3). □

当 $r(\boldsymbol{A})=r(\bar{\boldsymbol{A}})<n$, 由式 (3.5.4) 可知, $x_{i_1},x_{i_2},\cdots,x_{i_r}$ 可通过 $x_{i_{r+1}},\cdots,x_{i_n}$ 表示出来, 式 (3.5.5) 称为方程组 $\boldsymbol{AX}=\boldsymbol{B}$ 的**一般解**, $x_{i_{r+1}},\cdots,x_{i_n}$ 称为**自由未知量**, 共 $n-r$ 个.

例 3.5.1 判断下列线性方程组是否有解, 若有解给出解的表达式.

$$\begin{cases} 2x_1-x_2+3x_3+2x_4=0, \\ 9x_1-x_2+14x_3+2x_4=1, \\ 3x_1+2x_2+5x_3-4x_4=1, \\ 4x_1+5x_2+7x_3-10x_4=2. \end{cases}$$

解 方程组的增广矩阵为

$$\bar{A} = \begin{pmatrix} 2 & -1 & 3 & 2 & 0 \\ 9 & -1 & 14 & 2 & 1 \\ 3 & 2 & 5 & -4 & 1 \\ 4 & 5 & 7 & -10 & 2 \end{pmatrix}.$$

对 $\bar{A}$ 进行初等行变换

$$\bar{A} \to \begin{pmatrix} 1 & 3 & 2 & -6 & 1 \\ 0 & 7 & 1 & -14 & 2 \\ 0 & 0 & 0 & 0 & 0 \\ 0 & 0 & 0 & 0 & 0 \end{pmatrix}.$$

显然 $r(A) = r(\bar{A}) = 2 < 4$. 因此, 原方程组有解并且有无穷多解.

相应的线性方程组为

$$\begin{cases} x_1 + 3x_2 + 2x_3 - 6x_4 = 1, \\ 7x_2 + x_3 - 14x_4 = 2. \end{cases}$$

将 x_3, x_4 视为自由未知量, 可得

$$x_1 = \frac{1 - 11x_3}{7}, \quad x_2 = \frac{2 - x_3 + 14x_4}{7}.$$

分别取 x_3, x_4 为任意数 k_3, k_4, 可得方程组的一般解为

$$\begin{cases} x_1 = \dfrac{1 - 11k_3}{7}, \\ x_2 = \dfrac{2 - k_3 + 14k_4}{7}, \\ x_3 = k_3, \\ x_4 = k_4, \end{cases}$$

其中 k_3, k_4 为任意常数. □

对于齐次线性方程组 $AX = 0$, 显然有 $r(A) = r(\bar{A})$, 而且有一个平凡解, 即零解. 所以我们主要关注它的非零解的情形.

定理 3.5.2 设 $A = (a_{ij})_{m\times n}$. 则齐次线性方程组 $AX = 0$ 有非零解的充要条件是 $r(A) < n$.

证明 由定理 3.5.1, 当 $r(A) = n$ 时, 方程组 $AX = 0$ 有唯一解, 即零解. 当 $r(A) < n$ 时, 方程组有无穷多解. 因而, 除零解外, 必然有非零解. □

推论 3.5.1　设 $\boldsymbol{A}=(a_{ij})_{n\times n}$. 则齐次线性方程组 $\boldsymbol{AX}=\boldsymbol{0}$ 有非零解的充要条件是 $|\boldsymbol{A}|=0$.

证明　可由定理 3.4.3, 定理 3.4.4 和定理 3.5.2 得到. □

例 3.5.2　设齐次线性方程组

$$\begin{cases} x_1+\lambda x_2+\ \ x_3=0, \\ 2x_1+\ \ x_2+\mu x_3=0, \\ 3x_1+\lambda x_2+\mu x_3=0. \end{cases}$$

问 λ,μ 满足何条件时, 该方程组有非零解.

解　方程组的系数行列式为

$$|\boldsymbol{A}|=\begin{vmatrix} 1 & \lambda & 1 \\ 2 & 1 & \mu \\ 3 & \lambda & \mu \end{vmatrix}=2\lambda+\mu-3.$$

当 $|\boldsymbol{A}|=0$, 即 $2\lambda+\mu-3=0$ 时, 方程组有非零解. □

3.5.2　解的结构

当数域 $\mathbb{F}$ 上线性方程组 $\boldsymbol{AX}=\boldsymbol{B}$ 有无穷多解时, 这些解之间有何联系呢? 本节从向量的角度, 探讨方程组的解向量构成的解集的结构性质.

1. 齐次线性方程组的解结构

设 $\boldsymbol{A}=(a_{ij})_{m\times n}\in\mathbb{F}^{m\times n}$. 则 n 元齐次线性方程组

$$\boldsymbol{AX}=\boldsymbol{0}, \tag{3.5.6}$$

的解 (向量) 有以下性质.

(1) 若 $\boldsymbol{\alpha}$ 是方程组 $\boldsymbol{AX}=\boldsymbol{0}$ 的解, 则对任意的 $k\in\mathbb{F}$, $k\boldsymbol{\alpha}$ 也是 $\boldsymbol{AX}=\boldsymbol{0}$ 的解.

(2) 若 $\boldsymbol{\alpha},\boldsymbol{\beta}$ 均为 $\boldsymbol{AX}=\boldsymbol{0}$ 的解, 则 $\boldsymbol{\alpha}+\boldsymbol{\beta}$ 也是 $\boldsymbol{AX}=\boldsymbol{0}$ 的解.

(3) 若 $\boldsymbol{\alpha}_1,\boldsymbol{\alpha}_2,\cdots,\boldsymbol{\alpha}_r$ 都是 $\boldsymbol{AX}=\boldsymbol{0}$ 的解, 则对任意的 $k_1,k_2,\cdots,k_r\in\mathbb{F}$,

$$k_1\boldsymbol{\alpha}_1+k_2\boldsymbol{\alpha}_2+\cdots+k_r\boldsymbol{\alpha}_r=\sum_{i=1}^{r}k_i\boldsymbol{a}_i$$

仍为 $\boldsymbol{AX}=\boldsymbol{0}$ 的解.

证明　(1) 和 (2) 都可由 (3) 推出, 故只证 (3). 根据矩阵乘法的线性性,

$$\boldsymbol{A\alpha}=\boldsymbol{A}\left(\sum_{i=1}^{r}k_i\boldsymbol{a}_i\right)=\sum_{i=1}^{r}k_i(\boldsymbol{A}\boldsymbol{a}_i)=\sum_{i=1}^{r}k_i\boldsymbol{0}=\boldsymbol{0},$$

所以 $\alpha = \sum_{i=1}^{r} k_i\alpha_i$ 仍为 $AX=0$ 的解. □

根据以上性质, 齐次线性方程组的解集关于加法和数乘运算封闭, 解的线性组合仍然是解. 我们希望找到解集的一个含有限个向量的极大无关组, 使得任一个解向量都可以由这个极大无关组线性表示.

定义 3.5.1 设 $\eta_1, \cdots, \eta_t$ 是齐次线性方程组 $AX=0$ 的一组解. 若它满足

(1) $\eta_1, \cdots, \eta_t$ 线性无关;

(2) $AX=0$ 的任一个解都可由 $\eta_1, \cdots, \eta_t$ 线性表示.

则称 $\eta_1, \cdots, \eta_t$ 为 $AX=0$ 的一个**基础解系**.

易见, 齐次线性方程组的基础解系 (如果存在的话) 实际上就是其解集的一个极大线性无关组. 因此, 基础解系是不唯一的, 但任意两个基础解系都是等价的, 因而它们所含解向量的个数相同. 下面定理证明了基础解系的存在性.

定理 3.5.3 (基础解系的存在性) 若 n 元齐次线性方程组 $AX=0$ 有非零解, 即 $r(A)=r<n$, 则 $AX=0$ 有基础解系, 且基础解系含有 $n-r$ 个解向量.

证明 根据定理 3.5.1 的证明, 增广矩阵 $\bar{A}=(A,0)$ 经过初等变换化为阶梯形矩阵 $\bar{C}$, $\bar{C}$ 对应于方程组 (3.5.4). 不妨设 $x_{i_1}, x_{i_2}, \cdots, x_{i_n}$ 即为 $x_1, x_2, \cdots, x_n$, 则

$$\begin{cases} x_1 = -c_{1,r+1}x_{r+1} - \cdots - c_{1n}x_n, \\ x_2 = -c_{2,r+1}x_{r+1} - \cdots - c_{2n}x_n, \\ \qquad \cdots\cdots \\ x_r = -c_{r,r+1}x_{r+1} - \cdots - c_{rn}x_n. \end{cases} \tag{3.5.7}$$

注意到任给 $x_{r+1}, \cdots, x_n$ 一组值 $k_{r+1}, \cdots, k_n$, 就得到方程组 $AX=0$ 的一个解.

依次取 $(x_{r+1}, \cdots, x_n)$ 为 $(1,0,\cdots,0,0)$, $(0,1,\cdots,0,0)$, $\cdots$, $(0,0,\cdots,0,1)$, 则得到 $AX=0$ 的 $n-r$ 个解

$$\begin{aligned} \eta_1 &= (-c_{1,r+1}, -c_{2,r+1}, \cdots, -c_{r,r+1}, 1, 0, \cdots, 0, 0)^{\top}, \\ \eta_2 &= (-c_{1,r+2}, -c_{2,r+2}, \cdots, -c_{r,r+2}, 0, 1, \cdots, 0, 0)^{\top}, \\ &\cdots\cdots \\ \eta_{n-r} &= (-c_{1,n}, -c_{2,n}, \cdots, -c_{r,n}, 0, 0, \cdots, 0, 1)^{\top}. \end{aligned} \tag{3.5.8}$$

由于向量组 $(1,0,\cdots,0,0)$, $(0,1,\cdots,0,0)$, $\cdots$, $(0,0,\cdots,0,1)$ 线性无关, 因此它们的延长向量组 $\eta_1, \cdots, \eta_{n-r}$ 也线性无关.

由此我们得到方程组 $AX=0$ 的 $n-r$ 个线性无关的解向量, 下面证明方程组的任一个解向量都可由这 $n-r$ 个线性无关的解向量线性表示. 设

$$\eta = (k_1, \cdots, k_r, k_{r+1}, \cdots, k_n)^{\top}$$

为 $\boldsymbol{AX}=\boldsymbol{0}$ 的任一个解. 于是 $\boldsymbol{\eta}$ 满足式 (3.5.7), 即

$$\begin{cases} k_1 = -c_{1,r+1}k_{r+1} - \cdots - c_{1n}k_n, \\ k_2 = -c_{2,r+1}k_{r+1} - \cdots - c_{2n}k_n, \\ \qquad\cdots\cdots \\ k_r = -c_{r,r+1}k_{r+1} - \cdots - c_{rn}k_n. \end{cases}$$

从而 $\boldsymbol{\eta}$ 可以写成如下形式:

$$\begin{aligned} \boldsymbol{\eta} &= \begin{pmatrix} k_1 \\ \vdots \\ k_r \\ k_{r+1} \\ \vdots \\ k_n \end{pmatrix} = \begin{pmatrix} -c_{1,r+1}k_{r+1} - \cdots - c_{1n}k_n \\ \vdots \qquad\qquad \vdots \\ -c_{r,r+1}k_{r+1} - \cdots - c_{rn}k_n \\ 1 \cdot k_{r+1} + \cdots + 0 \cdot k_n \\ \vdots \qquad\qquad \vdots \\ 0 \cdot k_{r+1} + \cdots + 1 \cdot k_n \end{pmatrix} \\ &= k_{r+1}\begin{pmatrix} -c_{1,r+1} \\ \vdots \\ -c_{r,r+1} \\ 1 \\ \vdots \\ 0 \end{pmatrix} + \cdots + k_n \begin{pmatrix} -c_{1n} \\ \vdots \\ -c_{rn} \\ 0 \\ \vdots \\ 1 \end{pmatrix} \\ &= k_{r+1}\boldsymbol{\eta}_1 + \cdots + k_n\boldsymbol{\eta}_{n-r}. \end{aligned}$$

因此 $\boldsymbol{AX}=\boldsymbol{0}$ 的任一个解 $\boldsymbol{\eta}$ 都可以由 $\boldsymbol{\eta}_1, \cdots, \boldsymbol{\eta}_{n-r}$ 线性表示. 从而 $\boldsymbol{\eta}_1, \cdots, \boldsymbol{\eta}_{n-r}$ 是方程组 (3.5.6) 的一个基础解系, 它含 $n-r$ 个解向量. □

定理 3.5.4 (齐次线性方程组解的结构定理)　设齐次线性方程组 (3.5.6) 的一个基础解系为 $\boldsymbol{\eta}_1, \cdots, \boldsymbol{\eta}_{n-r}$. 则它的全部解 (或通解、一般解) 为

$$\boldsymbol{\eta} = c_1\boldsymbol{\eta}_1 + \cdots + c_{n-r}\boldsymbol{\eta}_{n-r},$$

其中 $c_1, \cdots, c_{n-r}$ 为任意常数.

例 3.5.3　求下列齐次线性方程组的一个基础解系和一般解.

$$\begin{cases} x_1 + 2x_2 - 2x_3 + 3x_4 = 0, \\ -3x_1 - x_2 + x_3 + x_4 = 0, \\ -7x_1 - 5x_2 + x_3 + 2x_4 = 0, \\ 4x_1 + x_2 + 3x_3 - 7x_4 = 0. \end{cases}$$

解 对系数矩阵进行初等行变换, 化为行阶梯形矩阵:

$$\begin{pmatrix} 1 & 2 & -2 & 3 \\ -3 & -1 & 1 & 1 \\ -7 & -5 & 1 & 2 \\ 4 & 1 & 3 & -7 \end{pmatrix} \to \begin{pmatrix} 1 & 2 & -2 & 3 \\ 0 & 5 & -5 & 10 \\ 0 & 9 & -13 & 23 \\ 0 & -7 & 11 & -19 \end{pmatrix}$$
$$\to \begin{pmatrix} 1 & 2 & -2 & 3 \\ 0 & 1 & -1 & 2 \\ 0 & 9 & -13 & 23 \\ 0 & -7 & 11 & -19 \end{pmatrix} \to \begin{pmatrix} 1 & 2 & -2 & 3 \\ 0 & 1 & -1 & 2 \\ 0 & 0 & -4 & 5 \\ 0 & 0 & 0 & 0 \end{pmatrix}.$$

相应的齐次线性方程组为

$$\begin{cases} x_1 + 2x_2 - 2x_3 + 3x_4 = 0, \\ x_2 - x_3 + 2x_4 = 0, \\ -4x_3 + 5x_4 = 0, \end{cases}$$

其中 x_4 为自由未知量. 取 $x_4 = 4$, 原方程组的一个基础解系为 $\boldsymbol{\eta}_1 = (4, -3, 5, 4)$. 因此, 原方程组的一般解为

$$\boldsymbol{\eta} = k\boldsymbol{\eta}_1 = k(4, -3, 5, 4),$$

其中 k 为任意常数. □

2. 非齐次线性方程组解的结构

设非齐次线性方程组 $\boldsymbol{AX} = \boldsymbol{B}$, 其中 $\boldsymbol{A} = (a_{ij})_{m\times n}$, $\boldsymbol{B} \neq \boldsymbol{0}$. 称齐次线性方程组 $\boldsymbol{AX} = \boldsymbol{0}$ 为 $\boldsymbol{AX} = \boldsymbol{B}$ 的**导出 (方程) 组**.

非齐次线性方程组 $\boldsymbol{AX} = \boldsymbol{B}$ 的解有以下性质, 请读者自行证明.

(1) 设 $\boldsymbol{\alpha}, \boldsymbol{\beta}$ 是 $\boldsymbol{AX} = \boldsymbol{B}$ 的两个解, 则 $\boldsymbol{\alpha} - \boldsymbol{\beta}$ 是其导出组 $\boldsymbol{AX} = \boldsymbol{0}$ 的解.

(2) 设 $\boldsymbol{\gamma}$ 是 $\boldsymbol{AX} = \boldsymbol{B}$ 的解, $\boldsymbol{\eta}$ 是其导出组 $\boldsymbol{AX} = \boldsymbol{0}$ 的解, 则 $\boldsymbol{\gamma} + \boldsymbol{\eta}$ 是 $\boldsymbol{AX} = \boldsymbol{B}$ 的解.

定理 3.5.5 (非齐次线性方程组解的结构定理) 设 $\boldsymbol{\gamma}_0$ 是非齐次线性方程组 $\boldsymbol{AX} = \boldsymbol{B}$ 的一个特解, 则 $\boldsymbol{AX} = \boldsymbol{B}$ 的全部解 (或通解、一般解) 为

$$\boldsymbol{\gamma} = \boldsymbol{\gamma}_0 + \boldsymbol{\eta}, \tag{3.5.9}$$

其中 $\boldsymbol{\eta}$ 为导出组 $\boldsymbol{AX} = \boldsymbol{0}$ 的任一个解.

证明 设 γ 是 $\boldsymbol{AX}=\boldsymbol{B}$ 的任一个解. 则 $\gamma=\gamma_0+(\gamma-\gamma_0)$. 根据上述性质 (1), $\eta=\gamma-\gamma_0$ 为导出组 $\boldsymbol{AX}=\boldsymbol{0}$ 的解. 故 $\boldsymbol{AX}=\boldsymbol{B}$ 的任一个解可表示为式 (3.5.9) 的形式. 反之, 根据上述性质 (2), 式 (3.5.9) 的 γ 是方程组 $\boldsymbol{AX}=\boldsymbol{B}$ 的解. □

设 γ_0 是方程组 $\boldsymbol{AX}=\boldsymbol{B}$ 的一个特解, $\boldsymbol{\eta}_1,\boldsymbol{\eta}_2,\cdots,\boldsymbol{\eta}_{n-r}$ 是其导出组 $\boldsymbol{AX}=\boldsymbol{0}$ 的基础解系. 根据定理 3.5.5, $\boldsymbol{AX}=\boldsymbol{B}$ 的通解为

$$\gamma=\gamma_0+k_1\boldsymbol{\eta}_1+k_2\boldsymbol{\eta}_2+\cdots+k_{n-r}\boldsymbol{\eta}_{n-r},$$

其中 $k_1,k_2,\cdots,k_{n-r}$ 为任意常数.

推论 3.5.2 若非齐次线性方程组 $\boldsymbol{AX}=\boldsymbol{B}$ 有解, 则解是唯一的充分必要条件是它的导出组 $\boldsymbol{AX}=\boldsymbol{0}$ 只有零解.

证明 假设 $\boldsymbol{AX}=\boldsymbol{B}$ 有唯一解 γ. 若 $\boldsymbol{AX}=\boldsymbol{0}$ 有非零解 $\boldsymbol{\eta}$, 则 $\gamma+\boldsymbol{\eta}$ 是 $\boldsymbol{AX}=\boldsymbol{B}$ 另一个解, 矛盾. 因此, $\boldsymbol{AX}=\boldsymbol{0}$ 只有零解.

反过来, 假设 $\boldsymbol{AX}=\boldsymbol{0}$ 只有零解. 若 $\boldsymbol{AX}=\boldsymbol{B}$ 有两个不同解 γ_1, γ_2, 则其差 $\gamma_1-\gamma_2$ 为 $\boldsymbol{AX}=\boldsymbol{0}$ 的一个非零解, 矛盾. 因此 $\boldsymbol{AX}=\boldsymbol{B}$ 的解是唯一的. □

数域 $\mathbb{F}$ 上的 n 元齐次线性方程组 $\boldsymbol{AX}=\boldsymbol{0}$ 的解集

$$\mathcal{S}(\boldsymbol{A})=\{\boldsymbol{X}\in\mathbb{F}^n:\boldsymbol{AX}=\boldsymbol{0}\}$$

实际上是 $\mathbb{F}$ 上向量空间 $\mathbb{F}^n$ 的子空间, 称为解空间. 解空间的维数为 $n-r(\boldsymbol{A})$. 解空间的一个基称作基础解系, 它含 $n-r(\boldsymbol{A})$ 个解向量. 方程组 $\boldsymbol{AX}=\boldsymbol{0}$ 的所有解都可以由这个基础解系线性表示. 这些概念将在本书第 6 章 6.4 节详细论述.

n 元非齐次线性方程组 $\boldsymbol{AX}=\boldsymbol{B}$ 的解集实际上是

$$\gamma_0+\mathcal{S}(\boldsymbol{A})=\{\gamma_0+\boldsymbol{\eta}:\boldsymbol{\eta}\in\mathcal{S}(\boldsymbol{A})\},$$

其中 γ_0 是方程组 $\boldsymbol{AX}=\boldsymbol{B}$ 的一个特解, $\mathcal{S}(\boldsymbol{A})$ 是其导出组 $\boldsymbol{AX}=\boldsymbol{0}$ 的解空间. 解集 $\gamma_0+\mathcal{S}(\boldsymbol{A})$ 是子空间 $\mathcal{S}(\boldsymbol{A})$ 的一个平移, 称为 $\mathcal{S}(\boldsymbol{A})$ 的陪集或仿射空间. 有兴趣的读者可查看代数学相关书籍.

例 3.5.4 求如下非齐次线性方程组的一般解:

$$\begin{cases} x_1+x_2-x_3+2x_4=3, \\ 2x_1+x_2-3x_4=1, \\ -2x_1-2x_3+10x_4=4. \end{cases}$$

解 对增广矩阵实施初等行变换, 化为阶梯形矩阵,

$$\begin{pmatrix} 1 & 1 & -1 & 2 & 3 \\ 2 & 1 & 0 & -3 & 1 \\ -2 & 0 & -2 & 10 & 4 \end{pmatrix} \to \begin{pmatrix} 1 & 1 & -1 & 2 & 3 \\ 0 & -1 & 2 & -7 & -5 \\ 0 & 2 & -4 & 14 & 10 \end{pmatrix} \to \begin{pmatrix} 1 & 0 & 1 & -5 & -2 \\ 0 & 1 & -2 & 7 & 5 \\ 0 & 0 & 0 & 0 & 0 \end{pmatrix}.$$

对应的方程组为

$$\begin{cases} x_1 = -2 - x_3 + 5x_4, \\ x_2 = 5 + 2x_3 - 7x_4. \end{cases}$$

取 $x_3 = x_4 = 0$, 得到原方程组的一个特解

$$\gamma_0 = (-2, 5, 0, 0).$$

根据上述阶梯形矩阵, 方程的导出组化为

$$\begin{cases} x_1 = - x_3 + 5x_4, \\ x_2 = 2x_3 - 7x_4. \end{cases}$$

其中 x_3, x_4 为自由未知量. 导出组的一个基础解系为

$$\boldsymbol{\eta}_1 = (-1, 2, 1, 0), \quad \boldsymbol{\eta}_2 = (5, -7, 0, 1).$$

因此原方程组的一般解为

$$\boldsymbol{\eta} = \gamma_0 + k_1\boldsymbol{\eta}_1 + k_2\boldsymbol{\eta}_2 = (-2, 5, 0, 0) + k_1(-1, 2, 1, 0) + k_2(5, -7, 0, 1),$$

其中 k_1, k_2 为任意常数. □

习 题 3.5

1. 求下列齐次线性方程组的一个基础解系及一般解.

(1) $\begin{cases} x_1 + 2x_2 - 2x_3 + 2x_4 - x_5 = 0, \\ x_1 + 2x_2 - x_3 + 3x_4 - 2x_5 = 0, \\ 2x_1 + 4x_2 - 7x_3 + x_4 + x_5 = 0. \end{cases}$

(2) $\begin{cases} x_1 + 2x_2 + 4x_3 - 3x_4 = 0, \\ 3x_1 + 5x_2 + 6x_3 - 4x_4 = 0, \\ 4x_1 + 5x_2 - 2x_3 + 3x_4 = 0, \\ 3x_1 + 8x_2 + 24x_3 - 19x_4 = 0. \end{cases}$

2. 求下列非齐次线性方程组的一般解.

(1) $\begin{cases} x_1+2x_2+3x_3+\ \ x_4=3, \\ x_1+4x_2+5x_3+2x_4=2, \\ 2x_1+9x_2+8x_3+3x_4=7, \\ 3x_1+7x_2+7x_3+2x_4=12. \end{cases}$

(2) $\begin{cases} 24x_1+14x_2+30x_3+40x_4+\ \ 41x_5=28, \\ 36x_1+21x_2+45x_3+61x_4+\ \ 62x_5=43, \\ 48x_1+28x_2+60x_3+82x_4+\ \ 83x_5=58, \\ 60x_1+35x_2+75x_3+99x_4+102x_5=69. \end{cases}$

3. 问 λ 为何值时, 齐次方程组

$$\begin{cases} (5-\lambda)\,x+2y+2z=0, \\ 2x+(6-\lambda)\,y=0, \\ 2x+(4-\lambda)\,z=0 \end{cases}$$

有非零解.

4. 讨论当 a 为何值时, 下列方程组无解、有解? 并在有解时求出其通解.

$$\begin{cases} x+2y-\ z-2w=0, \\ 2x-\ y-\ z+\ w=1, \\ 3x+\ y-2z-\ w=a. \end{cases}$$

5. 证明: 设 $\boldsymbol{\gamma}_1,\boldsymbol{\gamma}_2,\cdots,\boldsymbol{\gamma}_m$ 是数域 $\mathbb{F}$ 上非齐次线性方程组 $\boldsymbol{AX}=\boldsymbol{B}$ 的解, 数 $k_1,k_2,\cdots,k_m$ 满足 $k_1+k_2+\cdots+k_m=1$, 则 $k_1\boldsymbol{\gamma}_1+k_2\boldsymbol{\gamma}_2+\cdots+k_m\boldsymbol{\gamma}_m$ 也是方程组 $\boldsymbol{AX}=\boldsymbol{B}$ 的解.

// 复习题 3 //

1. 求向量组 $\boldsymbol{\alpha}_1=(1,1,4,2)\,,\boldsymbol{\alpha}_2=(1,-1,-2,4)\,,\boldsymbol{\alpha}_3=(-3,2,3,-11)\,,\boldsymbol{\alpha}_4=(1,3,10,0)$ 的一个极大线性无关组和秩.

2. 设向量组 $\boldsymbol{\alpha}_1=(1,0,2,4)\,,\boldsymbol{\alpha}_2=(1,1,3,0)\,,\boldsymbol{\alpha}_3=(2,1,a+2,4)\,,\boldsymbol{\alpha}_4=(2,-1,3,a+7)$ 线性相关. 若 $\boldsymbol{\beta}=(3,-1,a+6,a+11)$ 可由 $\boldsymbol{\alpha}_1,\boldsymbol{\alpha}_2,\boldsymbol{\alpha}_3,\boldsymbol{\alpha}_4$ 线性表示, 讨论 a 的取值, 并写出 $\boldsymbol{\beta}$ 的线性表示式.

3. 设向量组 (I) $\boldsymbol{\alpha}_1,\boldsymbol{\alpha}_2,\boldsymbol{\alpha}_3$; (II) $\boldsymbol{\alpha}_1,\boldsymbol{\alpha}_2,\boldsymbol{\alpha}_3,\boldsymbol{\alpha}_4$; (III) $\boldsymbol{\alpha}_1,\boldsymbol{\alpha}_2,\boldsymbol{\alpha}_3,\boldsymbol{\alpha}_5$. 设各向量组的秩分别为: (I) 的秩 =(II) 的秩 = 3, (III) 的秩 = 4. 证明: 向量组 $\boldsymbol{\alpha}_1,\boldsymbol{\alpha}_2,\boldsymbol{\alpha}_3,\boldsymbol{\alpha}_5-\boldsymbol{\alpha}_4$ 的秩为 4.

4. 设方程组: $x_1-x_2=a_1,x_2-x_3=a_2,x_3-x_4=a_3,x_4-x_5=a_4,x_5-x_1=a_5$. 证明: 该方程组有解的充要条件为 $\sum\limits_{i=1}^{5}a_i=0$.

5. 讨论 a, b 的取值, 使下列非齐次线性方程组有解, 并求其解.

$$\begin{cases} ax_1 + bx_2 + 2x_3 = 1, \\ (b-1)x_2 + x_3 = 0, \\ ax_1 + bx_2 + (1-b)x_3 = 3-2b. \end{cases}$$

6. 讨论 λ 取何值时, 下列方程组有解, 并求解

$$\begin{cases} \lambda x_1 + x_2 + x_3 = 1, \\ x_1 + \lambda x_2 + x_3 = \lambda, \\ x_1 + x_2 + \lambda x_3 = \lambda^2. \end{cases}$$

7. 设 $\boldsymbol{\beta}$ 是非齐次线性方程组 $\boldsymbol{AX}=\boldsymbol{B}$ 的一个解, $\boldsymbol{\alpha}_1,\boldsymbol{\alpha}_2,\cdots,\boldsymbol{\alpha}_s$ 是其导出组 $\boldsymbol{AX}=\mathbf{0}$ 的基础解系. 证明:

(1) $\boldsymbol{\alpha}_1,\boldsymbol{\alpha}_2,\cdots,\boldsymbol{\alpha}_s,\boldsymbol{\beta}$ 线性无关;

(2) $\boldsymbol{\beta},\boldsymbol{\beta}+\boldsymbol{\alpha}_1,\boldsymbol{\beta}+\boldsymbol{\alpha}_2,\cdots,\boldsymbol{\beta}+\boldsymbol{\alpha}_s$ 线性无关;

(3) 方程组 $\boldsymbol{AX}=\boldsymbol{B}$ 的任一解 $\boldsymbol{\alpha}$ 可表示为

$$\boldsymbol{\alpha}=k_0\boldsymbol{\beta}+k_1(\boldsymbol{\beta}+\boldsymbol{\alpha}_1)+k_2(\boldsymbol{\beta}+\boldsymbol{\alpha}_2)+\cdots+k_s(\boldsymbol{\beta}+\boldsymbol{\alpha}_s).$$

其中 $k_0+k_1+k_2+\cdots+k_s=1$.

8. 设 $\boldsymbol{A}$ 为 $m\times n$ 矩阵, $\boldsymbol{B}$ 为 $n\times l$ 矩阵. 证明 $\boldsymbol{AB}=\mathbf{0}$ 的充要条件是 B 的每个列向量均是线性方程组 $\boldsymbol{AX}=\mathbf{0}$ 的解.

9. 设 $\boldsymbol{\eta}_1,\boldsymbol{\eta}_2,\cdots,\boldsymbol{\eta}_s$ 是非齐次线性方程组 $\boldsymbol{AX}=\boldsymbol{B}$ 的解. 问在什么条件下, $k_1\boldsymbol{\eta}_1+k_2\boldsymbol{\eta}_2+\cdots+k_s\boldsymbol{\eta}_s$ 是 $\boldsymbol{AX}=\mathbf{0}$ 的解?

10. 设 3 元非齐次线性方程组 $\boldsymbol{AX}=\boldsymbol{B}$ 的系数矩阵 $\boldsymbol{A}$ 的秩为 2, 且它的三个解向量 $\boldsymbol{\beta}_1,\boldsymbol{\beta}_2,\boldsymbol{\beta}_3$ 满足

$$\boldsymbol{\beta}_1+\boldsymbol{\beta}_2=\begin{pmatrix}3\\1\\-1\end{pmatrix},\quad \boldsymbol{\beta}_1+\boldsymbol{\beta}_3=\begin{pmatrix}4\\0\\6\end{pmatrix}.$$

求方程组 $\boldsymbol{AX}=\boldsymbol{B}$ 的通解.

11. 设 $\boldsymbol{A},\boldsymbol{B}$ 分别是 $m\times n$ 和 $n\times l$ 矩阵, 且 $\boldsymbol{AB}=\mathbf{0}$. 证明:

$$r(\boldsymbol{A})+r(\boldsymbol{B})\leqslant n.$$

12. 设 $\boldsymbol{A}$ 为 $m\times n$ 矩阵, 证明:

(1) 存在矩阵 $\boldsymbol{B}\neq\mathbf{0}$, 使得 $\boldsymbol{A}B=\mathbf{0}$ 的充要条件是 $r(\boldsymbol{A})<n$;

(2) 存在矩阵 $\boldsymbol{C}\neq\mathbf{0}$, 使得 $\boldsymbol{CA}=\mathbf{0}$ 的充要条件是 $r(\boldsymbol{A})<m$.

13. 设 $\boldsymbol{A},\boldsymbol{B}$ 分别为 $s\times n$ 与 $n\times m$ 矩阵, 则 $r(\boldsymbol{A})+r(\boldsymbol{B})-n\leqslant r(\boldsymbol{AB})$.

Chapter 4

第4章 矩阵的特征值与特征向量

第4章课件

矩阵的特征值与特征向量以及相似标准形理论是矩阵理论的重要组成部分，是研究矩阵运算、线性变换等众多线性代数问题的重要工具. 它在数学的其他分支，如微分方程、概率统计、计算数学，以及在其他科学技术领域都有着广泛的应用.

首先来看一个例子. 设

$$
\boldsymbol{A}=\begin{pmatrix} 4 & 6 & 0 \\ -3 & -5 & 0 \\ -3 & -6 & 1 \end{pmatrix},
$$

求 $\boldsymbol{A}^{100}$.

如果按照矩阵幂运算的定义来处理此问题，很明显极其复杂. 我们发现对角矩阵的幂运算极其简单. 如果存在一个可逆矩阵 $\boldsymbol{P}$，使得

$$
\boldsymbol{P}^{-1}\boldsymbol{A}\boldsymbol{P}=\operatorname{diag}(\lambda_1,\lambda_2,\cdots,\lambda_n)=\begin{pmatrix} \lambda_1 & & & \\ & \lambda_2 & & \\ & & \ddots & \\ & & & \lambda_n \end{pmatrix},
$$

则

$$
\boldsymbol{A}=\boldsymbol{P}\begin{pmatrix} \lambda_1 & & & \\ & \lambda_2 & & \\ & & \ddots & \\ & & & \lambda_n \end{pmatrix}\boldsymbol{P}^{-1}.
$$

于是

$$A^{100} = P\begin{pmatrix} \lambda_1 & & & \\ & \lambda_2 & & \\ & & \ddots & \\ & & & \lambda_n \end{pmatrix} P^{-1} \times P\begin{pmatrix} \lambda_1 & & & \\ & \lambda_2 & & \\ & & \ddots & \\ & & & \lambda_n \end{pmatrix} P^{-1}$$

$$\times \cdots \times P\begin{pmatrix} \lambda_1 & & & \\ & \lambda_2 & & \\ & & \ddots & \\ & & & \lambda_n \end{pmatrix} P^{-1},$$

从而

$$A^{100} = P\begin{pmatrix} \lambda_1 & & & \\ & \lambda_2 & & \\ & & \ddots & \\ & & & \lambda_n \end{pmatrix}^{100} P^{-1} = P\begin{pmatrix} \lambda_1^{100} & & & \\ & \lambda_2^{100} & & \\ & & \ddots & \\ & & & \lambda_n^{100} \end{pmatrix} P^{-1}.$$

上述计算涉及矩阵的相似对角化, 为此我们要引入矩阵的特征值与特征向量.

4.1 矩阵的特征值与特征向量

定义 4.1.1 设 A 为数域 $\mathbb{F}$ 上的 n 阶矩阵. 若存在数 $\lambda \in \mathbb{F}$ 及非零向量 $\alpha \in \mathbb{F}^n$, 使得

$$A\alpha = \lambda\alpha, \tag{4.1.1}$$

则称 λ 为 A 的一个**特征值**, α 为 A 的属于特征值 λ 的一个**特征向量**.

在定义 4.1.1 中, 式 (4.1.1) 与 $(\lambda I - A)\alpha = 0$ 等价, 即 α 是齐次线性方程组

$$(\lambda I - A)X = 0 \tag{4.1.2}$$

的非零解. 而式 (4.1.2) 有非零解的充要条件为

$$|\lambda I - A| = 0. \tag{4.1.3}$$

定义 4.1.2 设 $A = (a_{ij})_{n\times n} \in \mathbb{F}^{n\times n}$, λ 为一个变量. 矩阵 $\lambda I - A$ 的行列式

$$|\lambda I - A| = \begin{vmatrix} \lambda - a_{11} & -a_{12} & \cdots & -a_{1n} \\ -a_{21} & \lambda - a_{22} & \cdots & -a_{2n} \\ \vdots & \vdots & & \vdots \\ -a_{n1} & -a_{n2} & \cdots & \lambda - a_{nn} \end{vmatrix}$$

称为 $\boldsymbol{A}$ 的**特征多项式**.

由上面分析可知, 若 λ 为 $\boldsymbol{A}$ 的特征值, 则 λ 一定是 $\boldsymbol{A}$ 的特征多项式在数域 $\mathbb{F}$ 上的一个根; 反过来, 若 λ 是 $\boldsymbol{A}$ 的特征多项式在数域 $\mathbb{F}$ 中的一个根, 则 λ 就是 $\boldsymbol{A}$ 的一个特征值.

因此, 确定矩阵 $\boldsymbol{A}$ 的特征值与特征向量的方法如下:

(1) 写出 $\boldsymbol{A}$ 的特征多项式 $|\lambda\boldsymbol{I}-\boldsymbol{A}|$.

(2) 求出 $|\lambda\boldsymbol{I}-\boldsymbol{A}|=0$ 在数域 $\mathbb{F}$ 中的所有根, 它们就是 $\boldsymbol{A}$ 的全部特征值.

(3) 对每个特征值 λ, 求出齐次线性方程组 $(\lambda\boldsymbol{I}-\boldsymbol{A})\boldsymbol{X}=\boldsymbol{0}$ 在数域 $\mathbb{F}$ 上的一个基础解系, 基础解系就是该特征值对应的极大无关特征向量组, 从而得到 λ 所对应的所有特征向量, 即基础解系的线性组合.

如不做特别说明, 本书在讨论特征值和特征向量时, 总假设 $\mathbb{F}$ 为复数域.

例 4.1.1　求矩阵

$$\boldsymbol{A}=\begin{pmatrix}0&1&1\\1&0&1\\1&1&0\end{pmatrix}$$

的特征值与特征向量.

解　$\boldsymbol{A}$ 的特征多项式为

$$|\lambda\boldsymbol{I}-\boldsymbol{A}|=\begin{vmatrix}\lambda&-1&-1\\-1&\lambda&-1\\-1&-1&\lambda\end{vmatrix}=(\lambda-2)(\lambda+1)^2.$$

由 $|\lambda\boldsymbol{I}-\boldsymbol{A}|=0$, $\boldsymbol{A}$ 的特征值为 $\lambda_1=2$, $\lambda_2=\lambda_3=-1$.

对于 $\lambda_1=2$, 解齐次方程组 $(2\boldsymbol{I}-\boldsymbol{A})\boldsymbol{X}=\boldsymbol{0}$,

$$\begin{pmatrix}2&-1&-1\\-1&2&-1\\-1&-1&2\end{pmatrix}\begin{pmatrix}x_1\\x_2\\x_3\end{pmatrix}=\begin{pmatrix}0\\0\\0\end{pmatrix},$$

基础解系为 $\boldsymbol{\alpha}_1=\begin{pmatrix}1\\1\\1\end{pmatrix}$. 故 $\boldsymbol{A}$ 的属于特征值 $\lambda_1=2$ 的全部特征向量为 $k_1\boldsymbol{\alpha}_1$, 其中 k_1 为任意非零常数.

对于 $\lambda_2=\lambda_3=-1$, 解齐次方程组 $(-\boldsymbol{I}-\boldsymbol{A})\boldsymbol{X}=\boldsymbol{0}$,

$$\begin{pmatrix}-1&-1&-1\\-1&-1&-1\\-1&-1&-1\end{pmatrix}\begin{pmatrix}x_1\\x_2\\x_3\end{pmatrix}=\begin{pmatrix}0\\0\\0\end{pmatrix},$$

基础解系为 $\boldsymbol{\alpha}_2=\begin{pmatrix}-1\\1\\0\end{pmatrix}, \boldsymbol{\alpha}_3=\begin{pmatrix}-1\\0\\1\end{pmatrix}$. 故 $\boldsymbol{A}$ 的属于特征值 $\lambda_2=\lambda_3=-1$ 的全部特征向量为 $k_2\boldsymbol{\alpha}_2+k_3\boldsymbol{\alpha}_3$, 其中 k_2,k_3 为任意不全为零常数. □

例 4.1.2 求矩阵

$$\boldsymbol{A}=\begin{pmatrix}1&0&0\\-2&1&0\\3&0&2\end{pmatrix}$$

的特征值与特征向量.

解 $\boldsymbol{A}$ 的特征多项式为

$$|\lambda\boldsymbol{I}-\boldsymbol{A}|=\begin{vmatrix}\lambda-1&0&0\\2&\lambda-1&0\\-3&0&\lambda-2\end{vmatrix}=(\lambda-2)(\lambda-1)^2.$$

由 $|\lambda\boldsymbol{I}-\boldsymbol{A}|=0$, $\boldsymbol{A}$ 的特征值为 $\lambda_1=2, \lambda_2=\lambda_3=1$.

对于 $\lambda_1=2$, 解齐次方程组 $(2\boldsymbol{I}-\boldsymbol{A})\boldsymbol{X}=\boldsymbol{0}$,

$$\begin{pmatrix}1&0&0\\2&1&0\\-3&0&0\end{pmatrix}\begin{pmatrix}x_1\\x_2\\x_3\end{pmatrix}=\begin{pmatrix}0\\0\\0\end{pmatrix},$$

基础解系为 $\boldsymbol{\alpha}_1=\begin{pmatrix}0\\0\\1\end{pmatrix}$. 故 $\boldsymbol{A}$ 的属于特征值 $\lambda_1=2$ 的全部特征向量为 $k_1\boldsymbol{\alpha}_1$, 其中 k_1 为任意非零常数.

对于 $\lambda_2=\lambda_3=1$, 解齐次方程组 $(\boldsymbol{I}-\boldsymbol{A})\boldsymbol{X}=\boldsymbol{0}$,

$$\begin{pmatrix}0&0&0\\2&0&0\\-3&0&-1\end{pmatrix}\begin{pmatrix}x_1\\x_2\\x_3\end{pmatrix}=\begin{pmatrix}0\\0\\0\end{pmatrix},$$

基础解系为 $\boldsymbol{\alpha}_2=\begin{pmatrix}0\\1\\0\end{pmatrix}$. 故 $\boldsymbol{A}$ 的属于特征值 $\lambda_2=\lambda_3=1$ 的全部特征向量为 $k_2\boldsymbol{\alpha}_2$, 其中 k_2 为任意非零常数. □

例 4.1.3　求矩阵

$$A = \begin{pmatrix} 0 & 2 \\ -2 & 0 \end{pmatrix}$$

的特征值与特征向量.

解　A 的特征多项式为

$$|\lambda \boldsymbol{I} - \boldsymbol{A}| = \begin{vmatrix} \lambda & -2 \\ 2 & \lambda \end{vmatrix} = \lambda^2 + 4.$$

在复数域内, 由 $|\lambda \boldsymbol{I} - \boldsymbol{A}| = 0$, $\boldsymbol{A}$ 的特征值为 $\lambda_1 = 2\mathrm{i}$, $\lambda_2 = -2\mathrm{i}$, 其中 $\mathrm{i} = \sqrt{-1}$.

对于 $\lambda_1 = 2\mathrm{i}$, 求解齐次方程组 $(2\mathrm{i}\boldsymbol{I} - \boldsymbol{A})\boldsymbol{X} = \boldsymbol{0}$,

$$\begin{pmatrix} 2\mathrm{i} & -2 \\ 2 & 2\mathrm{i} \end{pmatrix} \begin{pmatrix} x_1 \\ x_2 \end{pmatrix} = \begin{pmatrix} 0 \\ 0 \end{pmatrix},$$

基础解系为 $\boldsymbol{\alpha}_1 = \begin{pmatrix} -\mathrm{i} \\ 1 \end{pmatrix}$. 故 $\boldsymbol{A}$ 的属于特征值 $\lambda_1 = 2\mathrm{i}$ 的全部特征向量为 $k_1\boldsymbol{\alpha}_1$, 其中 k_1 为任意非零常数.

对于 $\lambda_2 = -2\mathrm{i}$, 求解齐次方程组 $(-2\mathrm{i}\boldsymbol{I} - \boldsymbol{A})\boldsymbol{X} = \boldsymbol{0}$, 基础解系为 $\boldsymbol{\alpha}_2 = \begin{pmatrix} \mathrm{i} \\ 1 \end{pmatrix}$. 故 $\boldsymbol{A}$ 的属于特征值 $\lambda_2 = -2\mathrm{i}$ 的全部特征向量为 $k_2\boldsymbol{\alpha}_2$, 其中 k_2 为任意非零常数.

□

从上述例 4.1.1~例 4.1.3, 可以发现 $\boldsymbol{A}$ 的特征值与数域 $\mathbb{F}$ 的选取有关. 设 λ_0 为 $\boldsymbol{A}$ 的一个特征值. λ_0 的**代数重数**定义为 λ_0 作为特征多项式 $|\lambda \boldsymbol{I} - \boldsymbol{A}|$ 的根的重数. λ_0 的**几何重数**定义为齐次线性方程组 $(\lambda_0 \boldsymbol{I} - \boldsymbol{A})\boldsymbol{X} = \boldsymbol{0}$ 的基础解系所含特征向量的个数. 从上述例子中, 可以发现一个特征值的几何重数不超过其代数重数. 有兴趣的读者可以尝试证明.

性质 4.1.1　设 $\boldsymbol{A} = (a_{ij})_{n\times n}$, $\lambda_1, \lambda_2, \cdots, \lambda_n$ 为 $\boldsymbol{A}$ 的全部特征值. 则

$$\lambda_1 + \lambda_2 + \cdots + \lambda_n = a_{11} + a_{22} + \cdots + a_{nn},$$
$$\lambda_1\lambda_2\cdots\lambda_n = |\boldsymbol{A}|.$$

证明

$$|\lambda \boldsymbol{I} - \boldsymbol{A}| = \begin{vmatrix} \lambda - a_{11} & -a_{12} & \cdots & -a_{1n} \\ -a_{21} & \lambda - a_{22} & \cdots & -a_{2n} \\ \vdots & \vdots & & \vdots \\ -a_{n1} & -a_{n2} & \cdots & \lambda - a_{nn} \end{vmatrix}$$

$$= \lambda^n - (a_{11} + a_{22} + \cdots + a_{nn})\lambda^{n-1} + \cdots + (-1)^n|\boldsymbol{A}|.$$

利用代数基本定理及多项式根与系数的关系,

$$\begin{aligned}|\lambda \boldsymbol{I} - \boldsymbol{A}| &= (\lambda - \lambda_1)(\lambda - \lambda_2)\cdots(\lambda - \lambda_n)\\ &= \lambda^n - (\lambda_1 + \lambda_2 + \cdots + \lambda_n)\lambda^{n-1} + \cdots + (-1)^n\lambda_1\lambda_2\cdots\lambda_n.\end{aligned}$$

因而

$$\begin{aligned}\lambda_1 + \lambda_2 + \cdots + \lambda_n &= a_{11} + a_{22} + \cdots + a_{nn},\\ \lambda_1\lambda_2\cdots\lambda_n &= |\boldsymbol{A}|.\end{aligned}$$ □

矩阵 $\boldsymbol{A}$ 的对角线元素之和称为 $\boldsymbol{A}$ 的**迹**, 记为 $\mathrm{tr}(\boldsymbol{A})$. 根据性质 4.1.1, $\mathrm{tr}(\boldsymbol{A})$ 等于 $\boldsymbol{A}$ 的所有特征值之和.

推论 4.1.1 n 阶矩阵 $\boldsymbol{A}$ 可逆的充要条件是 $\boldsymbol{A}$ 的所有特征值全不为零.

设 $f(x) = a_m x^m + \cdots + a_1 x + a_0$ 为数域 $\mathbb{F}$ 上的多项式. 设 $\boldsymbol{A} = (a_{ij})_{n\times n} \in \mathbb{F}^{n\times n}$. 定义 $f(\boldsymbol{A}) = a_m\boldsymbol{A}^m + \cdots + a_1\boldsymbol{A} + a_0\boldsymbol{I}$. 下面给出特征值的另一个重要性质. 有兴趣的读者可以自行证明.

性质 4.1.2 设 $\boldsymbol{A} = (a_{ij})_{n\times n} \in \mathbb{F}^{n\times n}$, λ 是其特征值.

(1) 设 $f(x)$ 为数域 $\mathbb{F}$ 上的多项式. 则 $f(\lambda)$ 是 $f(\boldsymbol{A})$ 的特征值.

(2) 若 $\lambda \neq 0$, 则 $\dfrac{1}{\lambda}, \dfrac{1}{\lambda}|\boldsymbol{A}|$ 分别为 $\boldsymbol{A}^{-1}$ ($\boldsymbol{A}$ 可逆), $\boldsymbol{A}^*$ 的特征值.

例 4.1.4 设 $\boldsymbol{A}$ 是一个 3 阶不可逆矩阵, 有一个特征值 1, 且 $|2\boldsymbol{I} - \boldsymbol{A}| = 0$. 求 $|\boldsymbol{A} + \boldsymbol{I}|$.

解 由于 $\boldsymbol{A}$ 不可逆, $|\boldsymbol{A}| = 0$, 故 $\boldsymbol{A}$ 必有特征值 0. 因为 $|2\boldsymbol{I} - \boldsymbol{A}| = 0$, $\boldsymbol{A}$ 有特征值 2. 故 $\boldsymbol{A}$ 的特征值为 $0, 1, 2$. 由性质 4.1.2, 矩阵 $\boldsymbol{A} + \boldsymbol{I}$ 有特征值 $1, 2, 3$. 由性质 4.1.1, $|\boldsymbol{A} + \boldsymbol{I}| = 1 \times 2 \times 3 = 6$. □

性质 4.1.3 矩阵 $\boldsymbol{A}$ 的属于不同特征值的特征向量必线性无关.

证明 对不同特征值的个数 k 进行数学归纳. 当 $k = 1$ 时, 设 $\boldsymbol{\alpha}_1$ 为对应特征值 λ_1 的特征向量. 由于 $\boldsymbol{\alpha}_1 \neq \boldsymbol{0}$, 显然 $\boldsymbol{\alpha}_1$ 线性无关.

假设结论对 $k-1$ 个不同特征值的情形成立. 设 $\lambda_1, \lambda_2, \cdots, \lambda_k$ 为 $\boldsymbol{A}$ 的 k 个不同特征值, 分别对应特征向量 $\boldsymbol{\alpha}_1, \boldsymbol{\alpha}_2, \cdots, \boldsymbol{\alpha}_k$. 设

$$l_1\boldsymbol{\alpha}_1 + \cdots + l_k\boldsymbol{\alpha}_k = \boldsymbol{0}, \tag{4.1.4}$$

则

$$\begin{aligned}\boldsymbol{A}(l_1\boldsymbol{\alpha}_1 + \cdots + l_k\boldsymbol{\alpha}_k) &= \boldsymbol{0},\\ l_1\boldsymbol{A}\boldsymbol{\alpha}_1 + \cdots + l_k\boldsymbol{A}\boldsymbol{\alpha}_k &= \boldsymbol{0},\end{aligned}$$

即

$$l_1\lambda_1\boldsymbol{\alpha}_1+\cdots+l_k\lambda_k\boldsymbol{\alpha}_k=\mathbf{0}. \tag{4.1.5}$$

用 λ_k 乘以式 (4.1.4)

$$l_1\lambda_k\boldsymbol{\alpha}_1+\cdots+l_k\lambda_k\boldsymbol{\alpha}_k=\mathbf{0}. \tag{4.1.6}$$

由式 (4.1.5) 及式 (4.1.6) 得

$$l_1(\lambda_k-\lambda_1)\boldsymbol{\alpha}_1+\cdots+l_{k-1}(\lambda_k-\lambda_{k-1})\boldsymbol{\alpha}_{k-1}=\mathbf{0}.$$

由归纳假设, $\boldsymbol{\alpha}_1,\cdots,\boldsymbol{\alpha}_{k-1}$ 线性无关, 所以

$$l_i(\lambda_k-\lambda_i)=0,\quad i=1,2,\cdots,k-1.$$

由于 $\lambda_1,\lambda_2,\cdots,\lambda_k$ 互不相同, $l_i=0, i=1,2,\cdots,k-1$. 从而式 (4.1.4) 变为 $l_k\boldsymbol{\alpha}_k=\mathbf{0}$, 故 $l_k=0$. 因此 $\boldsymbol{\alpha}_1,\cdots,\boldsymbol{\alpha}_k$ 线性无关. □

性质 4.1.4 设 λ_1,λ_2 是 $\boldsymbol{A}$ 的不同特征值, $\boldsymbol{\alpha}_1,\cdots,\boldsymbol{\alpha}_s$ 是 $\boldsymbol{A}$ 的属于 λ_1 的线性无关的特征向量, $\boldsymbol{\beta}_1,\cdots,\boldsymbol{\beta}_t$ 是 $\boldsymbol{A}$ 的属于 λ_2 的线性无关的特征向量, 则 $\boldsymbol{\alpha}_1,\cdots,\boldsymbol{\alpha}_s$, $\boldsymbol{\beta}_1,\cdots,\boldsymbol{\beta}_t$ 线性无关.

证明 设

$$k_1\boldsymbol{\alpha}_1+\cdots+k_s\boldsymbol{\alpha}_s+l_1\boldsymbol{\beta}_1+\cdots+l_t\boldsymbol{\beta}_t=\mathbf{0}.$$

设

$$\begin{aligned}\boldsymbol{\alpha}&=k_1\boldsymbol{\alpha}_1+\cdots+k_s\boldsymbol{\alpha}_s,\\ \boldsymbol{\beta}&=l_1\boldsymbol{\beta}_1+\cdots+l_t\boldsymbol{\beta}_t,\end{aligned}$$

则

$$\boldsymbol{\alpha}+\boldsymbol{\beta}=\mathbf{0}. \tag{4.1.7}$$

若 $\boldsymbol{\alpha}\neq\mathbf{0}$, 则 $\boldsymbol{\beta}\neq\mathbf{0}$. 因为 $\boldsymbol{\alpha},\boldsymbol{\beta}$ 分别是属于 λ_1,λ_2 的特征向量, 根据性质 4.1.3, $\boldsymbol{\alpha},\boldsymbol{\beta}$ 线性无关, 与式 (4.1.7) 矛盾. 因此 $\boldsymbol{\alpha}=\mathbf{0}$, $\boldsymbol{\beta}=\mathbf{0}$, 即

$$k_1\boldsymbol{\alpha}_1+\cdots+k_s\boldsymbol{\alpha}_s=\mathbf{0},\quad l_1\boldsymbol{\beta}_1+\cdots+l_t\boldsymbol{\beta}_t=\mathbf{0},$$

所以, $k_1=\cdots=k_s=0$, $l_1=\cdots=l_t=0$. 故 $\boldsymbol{\alpha}_1,\cdots,\boldsymbol{\alpha}_s$, $\boldsymbol{\beta}_1,\cdots,\boldsymbol{\beta}_t$ 线性无关. □

注意到, 性质 4.1.4 可以推广到多个不同特征值的情形.

例 4.1.5 设 $\boldsymbol{A}$ 为 n 阶矩阵, λ_1,λ_2 是 $\boldsymbol{A}$ 的两个不同特征值, $\boldsymbol{\alpha}_1,\boldsymbol{\alpha}_2$ 分别是 $\boldsymbol{A}$ 的属于 λ_1,λ_2 的特征向量. 证明: $\boldsymbol{\alpha}_1+\boldsymbol{\alpha}_2$ 不是 $\boldsymbol{A}$ 的特征向量.

证明 假设 $\boldsymbol{\alpha}_1+\boldsymbol{\alpha}_2$ 是 $\boldsymbol{A}$ 的特征向量, 则存在 λ, 使得 $\boldsymbol{A}(\boldsymbol{\alpha}_1+\boldsymbol{\alpha}_2)=\lambda(\boldsymbol{\alpha}_1+\boldsymbol{\alpha}_2)$. 因为 $\boldsymbol{A}\boldsymbol{\alpha}_1=\lambda_1\boldsymbol{\alpha}_1$, $\boldsymbol{A}\boldsymbol{\alpha}_2=\lambda_2\boldsymbol{\alpha}_2$,

$$\boldsymbol{A}(\boldsymbol{\alpha}_1+\boldsymbol{\alpha}_2)=\lambda_1\boldsymbol{\alpha}_1+\lambda_2\boldsymbol{\alpha}_2,$$

从而 $\lambda(\boldsymbol{\alpha}_1+\boldsymbol{\alpha}_2)=\lambda_1\boldsymbol{\alpha}_1+\lambda_2\boldsymbol{\alpha}_2$, 即

$$(\lambda-\lambda_1)\,\boldsymbol{\alpha}_1+(\lambda-\lambda_2)\,\boldsymbol{\alpha}_2=\mathbf{0}.$$

根据性质 4.1.3, $\boldsymbol{\alpha}_1,\boldsymbol{\alpha}_2$ 线性无关, $\lambda_1=\lambda_2=\lambda$, 与 λ_1,λ_2 互异矛盾. 故 $\boldsymbol{\alpha}_1+\boldsymbol{\alpha}_2$ 不是 $\boldsymbol{A}$ 的特征向量. □

习 题 4.1

1. 求下列矩阵的特征值与特征向量.

(1) $\boldsymbol{A}=\begin{pmatrix}2&3&2\\1&4&2\\1&-3&1\end{pmatrix}$;

(2) $\boldsymbol{A}=\begin{pmatrix}3&1&1\\2&4&2\\1&1&3\end{pmatrix}$;

(3) $\boldsymbol{A}=\begin{pmatrix}5&6&-3\\-1&0&1\\1&2&-1\end{pmatrix}$;

(4) $\boldsymbol{A}=\begin{pmatrix}1&3&1&2\\0&-1&1&3\\0&0&2&5\\0&0&0&2\end{pmatrix}$.

2. 设 n 阶矩阵 $\boldsymbol{A}$ 的各行元素之和都是 3, 求 $\boldsymbol{A}$ 的一个特征值及相应的一个特征向量.

3. 若 3 维列向量 $\boldsymbol{\alpha},\boldsymbol{\beta}$ 满足 $\boldsymbol{\alpha}^\top\boldsymbol{\beta}=2$, 求矩阵 $\boldsymbol{\beta}\boldsymbol{\alpha}^\top$ 的一个非零特征值.

4. 设 2 是矩阵 $\boldsymbol{A}=\begin{pmatrix}3&0&0\\1&t&3\\1&2&3\end{pmatrix}$ 的特征值.

(1) 求 t 的值;

(2) 求属于特征值 2 的所有特征向量.

5. 设 $\boldsymbol{A}$ 为 3 阶可逆矩阵, 满足 $|\boldsymbol{A}|=2$, $|\boldsymbol{I}+\boldsymbol{A}|=0$, $\left|\boldsymbol{I}-\boldsymbol{A}^{-1}\right|=0$. 求矩阵 $\boldsymbol{A}+\boldsymbol{I}$ 的所有特征值.

6. 设 $\boldsymbol{A}$ 为 n 阶矩阵. 证明: $\boldsymbol{A}$ 与 $\boldsymbol{A}^\top$ 有相同的特征值.

7. 设 3 阶矩阵 $\boldsymbol{A}$ 的特征值为 $2,-2,1$, $\boldsymbol{B}=\boldsymbol{A}^2-\boldsymbol{A}+\boldsymbol{I}$. 求 $|\boldsymbol{B}|$.

8. 设 2 阶矩阵 $\boldsymbol{A}$ 有两个不同特征值, $\boldsymbol{\alpha}_1,\boldsymbol{\alpha}_2$ 是 A 的线性无关的特征向量, 且满足 $\boldsymbol{A}^2(\boldsymbol{\alpha}_1+\boldsymbol{\alpha}_2)=\boldsymbol{\alpha}_1+\boldsymbol{\alpha}_2$. 求 $|\boldsymbol{A}|$.

9. 设 $\boldsymbol{A}$ 是 3 阶矩阵. 若线性方程组 $\boldsymbol{AX}=(3,3,3)^{\top}$ 的通解为

$$k_1(-1,2,-1)^{\top}+k_2(0,-1,1)^{\top}+(1,1,1)^{\top},$$

其中 k_1,k_2 是任意常数. 求矩阵 $\boldsymbol{A}$ 的特征值.

10. 设 λ_1,λ_2 是矩阵 $\boldsymbol{A}$ 的两个不同的特征值, 对应的特征向量分别为 $\boldsymbol{\alpha}_1,\boldsymbol{\alpha}_2$. 求 $\boldsymbol{\alpha}_1$, $\boldsymbol{A}(\boldsymbol{\alpha}_1+\boldsymbol{\alpha}_2)$ 线性无关的充要条件.

4.2 矩阵的相似

定义 4.2.1 设 $\boldsymbol{A},\boldsymbol{B}$ 为数域 $\mathbb{F}$ 上的两个 n 阶矩阵. 若存在数域 $\mathbb{F}$ 上的 n 阶可逆矩阵 $\boldsymbol{P}$, 使得 $\boldsymbol{B}=\boldsymbol{P}^{-1}\boldsymbol{AP}$, 则称 $\boldsymbol{A}$ 相似于 $\boldsymbol{B}$, 记作 $\boldsymbol{A}\sim\boldsymbol{B}$.

显然, 相似具有以下基本性质.

(1) 反身性: $\boldsymbol{A}\sim\boldsymbol{A}$;

(2) 对称性: 若 $\boldsymbol{A}\sim\boldsymbol{B}$, 则 $\boldsymbol{B}\sim\boldsymbol{A}$;

(3) 传递性: 若 $\boldsymbol{A}\sim\boldsymbol{B}$, $\boldsymbol{B}\sim\boldsymbol{C}$, 则 $\boldsymbol{A}\sim\boldsymbol{C}$.

性质 4.2.1 相似矩阵有相同的特征多项式, 因此有相同的特征值.

证明 若 $\boldsymbol{A}\sim\boldsymbol{B}$, 则存在可逆矩阵 $\boldsymbol{P}$, 使得 $\boldsymbol{B}=\boldsymbol{P}^{-1}\boldsymbol{AP}$, 于是

$$\begin{aligned}|\lambda\boldsymbol{I}-\boldsymbol{B}|&=\left|\lambda\boldsymbol{I}-\boldsymbol{P}^{-1}\boldsymbol{AP}\right|=\left|\boldsymbol{P}^{-1}(\lambda\boldsymbol{I}-\boldsymbol{A})\boldsymbol{P}\right|\\&=\left|\boldsymbol{P}^{-1}\right||\lambda\boldsymbol{I}-\boldsymbol{A}||\boldsymbol{P}|=|\lambda\boldsymbol{I}-\boldsymbol{A}|.\end{aligned}$$ □

注意, 此结论的逆命题不成立, 如 $\boldsymbol{A}=\begin{pmatrix}1&0\\0&1\end{pmatrix}$, $\boldsymbol{B}=\begin{pmatrix}1&1\\0&1\end{pmatrix}$. 显然 $\boldsymbol{A}$ 与 $\boldsymbol{B}$ 有相同的特征多项式及特征值, 但是 $\boldsymbol{A}$ 与 $\boldsymbol{B}$ 不相似, 因为与 $\boldsymbol{A}$ 相似的矩阵只能是 $\boldsymbol{A}$ 本身.

显然, 相似矩阵有相同的行列式. 此外, 矩阵相似一定等价, 从而相似矩阵有相同的秩.

性质 4.2.2 若 $\boldsymbol{A}\sim\boldsymbol{B}$, 则有 $\boldsymbol{A}^{\top}\sim\boldsymbol{B}^{\top}$, $\boldsymbol{A}^{-1}\sim\boldsymbol{B}^{-1}$(若 $\boldsymbol{A},\boldsymbol{B}$ 可逆), $\boldsymbol{A}^{*}\sim\boldsymbol{B}^{*}$.

例 4.2.1 设

$$\boldsymbol{A}=\begin{pmatrix}2&0&0\\0&0&1\\0&1&a\end{pmatrix},\quad\boldsymbol{B}=\begin{pmatrix}2&0&0\\0&3&4\\0&-2&b\end{pmatrix}.$$

若 $\boldsymbol{A}$ 与 $\boldsymbol{B}$ 相似, 求 a,b 的值.

解 由于 $\boldsymbol{A}$ 与 $\boldsymbol{B}$ 相似, $\boldsymbol{A}$ 与 $\boldsymbol{B}$ 有相同的特征值, 从而有相同的行列式与迹. 于是

$$\begin{cases}|\boldsymbol{A}|=|\boldsymbol{B}|,\\\operatorname{tr}(\boldsymbol{A})=\operatorname{tr}(\boldsymbol{B}),\end{cases}$$

即

$$\begin{cases} -2 = 2(8+3b), \\ 2+0+a = 2+3+b. \end{cases}$$

故 $a=0,\ b=-3$. □

例 4.2.2 设 $\boldsymbol{A}$ 是一个 2 阶矩阵, $\boldsymbol{\alpha}$ 是一个 2 维列向量. 已知 $\boldsymbol{\alpha}$, $\boldsymbol{A\alpha}$ 线性无关, 且 $\boldsymbol{A}^2\boldsymbol{\alpha} = 2\boldsymbol{\alpha} - \boldsymbol{A\alpha}$. 求矩阵 $\boldsymbol{A}$ 的特征值.

解 设 $\boldsymbol{P} = (\boldsymbol{\alpha}, \boldsymbol{A\alpha})$ 为一个 2 阶矩阵. 由 $\boldsymbol{\alpha}$, $\boldsymbol{A\alpha}$ 线性无关知, 矩阵 $\boldsymbol{P}$ 可逆, 且

$$\begin{aligned} \boldsymbol{AP} &= \boldsymbol{A}(\boldsymbol{\alpha}, \boldsymbol{A\alpha}) = \left(\boldsymbol{A\alpha}, \boldsymbol{A}^2\boldsymbol{\alpha}\right) = (\boldsymbol{A\alpha}, 2\boldsymbol{\alpha} - \boldsymbol{A\alpha}) \\ &= (\boldsymbol{\alpha}, \boldsymbol{A\alpha})\begin{pmatrix} 0 & 2 \\ 1 & -1 \end{pmatrix} = \boldsymbol{P}\begin{pmatrix} 0 & 2 \\ 1 & -1 \end{pmatrix}. \end{aligned}$$

设 $\boldsymbol{B} = \begin{pmatrix} 0 & 2 \\ 1 & -1 \end{pmatrix}$, 则 $\boldsymbol{AP} = \boldsymbol{PB}$. 由相似的定义知, $\boldsymbol{A} \sim \boldsymbol{B}$, $\boldsymbol{A}$ 与 $\boldsymbol{B}$ 都相同的特征值. 由于

$$|\lambda\boldsymbol{I} - \boldsymbol{B}| = \begin{vmatrix} \lambda & -2 \\ -1 & \lambda+1 \end{vmatrix} = \lambda^2 + \lambda - 2,$$

故 $\boldsymbol{B}$ 的特征值为 $\lambda_1 = 1$, $\lambda_2 = -2$, 从而 $\boldsymbol{A}$ 的特征值为 $1, -2$. □

现在, 回到本章开始提出的问题, 即关于矩阵可对角化的问题.

若 n 阶矩阵 $\boldsymbol{A}$ 相似于对角矩阵, 则称矩阵 $\boldsymbol{A}$ 可以**相似对角化**, 即存在 n 阶可逆矩阵 $\boldsymbol{P}$, 使得

$$\boldsymbol{P}^{-1}\boldsymbol{AP} = \operatorname{diag}(\lambda_1, \lambda_2, \cdots, \lambda_n) = \begin{pmatrix} \lambda_1 & & & \\ & \lambda_2 & & \\ & & \ddots & \\ & & & \lambda_n \end{pmatrix}.$$

此时, 称 $\boldsymbol{\Lambda} = \begin{pmatrix} \lambda_1 & & & \\ & \lambda_2 & & \\ & & \ddots & \\ & & & \lambda_n \end{pmatrix}$ 为矩阵 $\boldsymbol{A}$ 的**相似标准形**.

定理 4.2.1 n 阶矩阵 $\boldsymbol{A}$ 可以相似对角化的充分必要条件是 $\boldsymbol{A}$ 有 n 个线性无关的特征向量.

证明 设 $\boldsymbol{A}$ 可以相似对角化, 则存在可逆矩阵 $\boldsymbol{P}$, 使得

$$\boldsymbol{P}^{-1}\boldsymbol{A}\boldsymbol{P}=\operatorname{diag}(\lambda_1,\lambda_2,\cdots,\lambda_n)=\begin{pmatrix}\lambda_1&&&\\&\lambda_2&&\\&&\ddots&\\&&&\lambda_n\end{pmatrix}.$$

设 $\boldsymbol{P}=(\boldsymbol{\alpha}_1,\boldsymbol{\alpha}_2,\cdots,\boldsymbol{\alpha}_n)$, 则 $\boldsymbol{\alpha}_1,\boldsymbol{\alpha}_2,\cdots,\boldsymbol{\alpha}_n$ 线性无关. 于是

$$\boldsymbol{A}(\boldsymbol{\alpha}_1,\boldsymbol{\alpha}_2,\cdots,\boldsymbol{\alpha}_n)=(\boldsymbol{\alpha}_1,\boldsymbol{\alpha}_2,\cdots,\boldsymbol{\alpha}_n)\begin{pmatrix}\lambda_1&&&\\&\lambda_2&&\\&&\ddots&\\&&&\lambda_n\end{pmatrix},$$

即 $\boldsymbol{A}\boldsymbol{\alpha}_i=\lambda_i\boldsymbol{\alpha}_i, i=1,2,\cdots,n$, 因此, $\boldsymbol{\alpha}_1,\boldsymbol{\alpha}_2,\cdots,\boldsymbol{\alpha}_n$ 是 $\boldsymbol{A}$ 的 n 个线性无关的特征向量. 反过来, 将上述过程逆推过去即得充分性的证明. □

显然, 若 n 阶矩阵 $\boldsymbol{A}$ 与对角矩阵

$$\boldsymbol{\varLambda}=\begin{pmatrix}\lambda_1&&&\\&\lambda_2&&\\&&\ddots&\\&&&\lambda_n\end{pmatrix}$$

相似, 则 $\lambda_1,\lambda_2,\cdots,\lambda_n$ 是 $\boldsymbol{A}$ 的全部特征值.

推论 4.2.1 若 n 阶矩阵 $\boldsymbol{A}$ 有 n 个不同特征值, 则矩阵 $\boldsymbol{A}$ 一定可以相似对角化.

值得注意的是, 这是一个充分而非必要条件. 例如, 数量矩阵 $k\boldsymbol{I}$ 是可对角化的, 但它只有特征值 k (n 重).

例 4.2.3 设 $\boldsymbol{A}=\begin{pmatrix}4&6&0\\-3&-5&0\\-3&-6&1\end{pmatrix}$.

(1) 证明 $\boldsymbol{A}$ 可对角化;

(2) 求 $\boldsymbol{A}^{100}$.

解 (1) $\boldsymbol{A}$ 的特征多项式为

$$|\lambda\boldsymbol{I}-\boldsymbol{A}|=\begin{vmatrix}\lambda-4&-6&0\\3&\lambda+5&0\\3&6&\lambda-1\end{vmatrix}=(\lambda-1)^2(\lambda+2),$$

故 $\boldsymbol{A}$ 的特征值 $\lambda_1=-2, \lambda_2=\lambda_3=1$.

对特征值 $\lambda_1=-2$, 齐次方程组 $(-2\boldsymbol{I}-\boldsymbol{A})\boldsymbol{x}=\boldsymbol{0}$ 的基础解系为

$$\boldsymbol{\alpha}_1=\begin{pmatrix}-1\\1\\1\end{pmatrix},$$

此为特征值 $\lambda_1=-2$ 的特征向量.

对特征值 $\lambda_2=\lambda_3=1$, 齐次方程组 $(\boldsymbol{I}-\boldsymbol{A})\boldsymbol{x}=\boldsymbol{0}$ 的基础解系为

$$\boldsymbol{\alpha}_2=\begin{pmatrix}-2\\1\\0\end{pmatrix},\quad \boldsymbol{\alpha}_3=\begin{pmatrix}0\\0\\1\end{pmatrix},$$

此为特征值 $\lambda_2=\lambda_3=1$ 的 2 个线性无关的特征向量.

因此 $\boldsymbol{\alpha}_1,\boldsymbol{\alpha}_2,\boldsymbol{\alpha}_3$ 为 $\boldsymbol{A}$ 的 3 个线性无关的特征向量, 故 $\boldsymbol{A}$ 可以对角化. 设

$$\boldsymbol{P}=(\boldsymbol{\alpha}_1,\boldsymbol{\alpha}_2,\boldsymbol{\alpha}_3)=\begin{pmatrix}-1&-2&0\\1&1&0\\1&0&1\end{pmatrix},$$

则

$$\boldsymbol{P}^{-1}\boldsymbol{A}\boldsymbol{P}=\begin{pmatrix}-2&&\\&1&\\&&1\end{pmatrix}.$$

(2) 由 (1), $\boldsymbol{A}=\boldsymbol{P}\begin{pmatrix}-2&&\\&1&\\&&1\end{pmatrix}\boldsymbol{P}^{-1}$. 故

$$\boldsymbol{A}^{100}=\boldsymbol{P}\begin{pmatrix}-2&&\\&1&\\&&1\end{pmatrix}\boldsymbol{P}^{-1}\boldsymbol{P}\begin{pmatrix}-2&&\\&1&\\&&1\end{pmatrix}\boldsymbol{P}^{-1}\cdots\boldsymbol{P}\begin{pmatrix}-2&&\\&1&\\&&1\end{pmatrix}\boldsymbol{P}^{-1}.$$

从而

$$A^{100}=P\begin{pmatrix}-2&&\\&1&\\&&1\end{pmatrix}^{100}P^{-1}=P\begin{pmatrix}(-2)^{100}&&\\&1&\\&&1\end{pmatrix}P^{-1}$$

$$=\begin{pmatrix}-2^{100}+2&-2^{101}+2&0\\2^{100}-1&2^{101}-1&0\\2^{100}-1&2^{101}-2&1\end{pmatrix}.$$

□

最后, 不加证明地给出另一个常见的判定矩阵可相似对角化的方法, 即若一个矩阵的每个特征值的代数重数等于几何重数, 则该矩阵可以相似对角化.

定理 4.2.2　n 阶矩阵 $\boldsymbol{A}$ 可相似对角化的充要条件是对于每一个 n_i 重 (代数重数) 特征值 λ_i, 恰好有 n_i 个线性无关的特征向量, 即秩 $r(\lambda_i\boldsymbol{I}-\boldsymbol{A})=n-n_i$.

例 4.2.4　判定矩阵 $\boldsymbol{A}=\begin{pmatrix}3&0&2\\0&3&-4\\0&0&1\end{pmatrix}$ 是否可以相似对角化.

解

$$|\lambda\boldsymbol{I}-\boldsymbol{A}|=\begin{vmatrix}\lambda-3&0&-2\\0&\lambda-3&4\\0&0&\lambda-1\end{vmatrix}=(\lambda-3)^2(\lambda-1)=0,$$

故 $\boldsymbol{A}$ 的特征值为 $\lambda_1=\lambda_2=3$, $\lambda_3=1$.

对于 2 重特征值 $\lambda_1=\lambda_2=3$, $r(3\boldsymbol{I}-\boldsymbol{A})=1$. 因此, A 可以相似对角化.　□

上述两种矩阵相似对角化的判定方法中, 定理 4.2.1 利用线性无关的特征向量个数来判定, 而定理 4.2.2 侧重于利用矩阵的秩而不需要计算特征向量. 读者视情形可灵活运用.

习　题　4.2

1. 若 n 阶矩阵 $\boldsymbol{A}$ 与 $\boldsymbol{B}$ 相似, 证明:

(1) $\boldsymbol{A}^\top$ 与 $\boldsymbol{B}^\top$ 相似;

(2) $\boldsymbol{A}^*$ 与 $\boldsymbol{B}^*$ 相似;

(3) 若 $\boldsymbol{A}, \boldsymbol{B}$ 可逆, 则 $\boldsymbol{A}^{-1}$ 与 $\boldsymbol{B}^{-1}$ 相似.

2. 设 $\boldsymbol{\alpha}$ 是 n 阶矩阵 $\boldsymbol{A}$ 属于特征值 λ 的特征向量. 求 $\boldsymbol{B}=\boldsymbol{P}^{-1}\boldsymbol{A}\boldsymbol{P}$ 的一个特征值, 并求出相应的一个特征向量.

3. 判断下列矩阵能否相似对角化. 如果能, 求出相似变换矩阵 $\boldsymbol{P}$, 使得 $\boldsymbol{P}^{-1}\boldsymbol{A}\boldsymbol{P}$ 为对角矩阵; 如果不能, 请说明理由.

(1) $\boldsymbol{A}=\begin{pmatrix}1 & -3 & 3\\ 3 & -5 & 3\\ 6 & -6 & 4\end{pmatrix}$;

(2) $\boldsymbol{A}=\begin{pmatrix}3 & -2 & 0\\ -1 & 3 & -1\\ -5 & 7 & -1\end{pmatrix}$;

(3) $\boldsymbol{A}=\begin{pmatrix}1 & -1 & 1\\ 2 & 4 & -2\\ -3 & -3 & 5\end{pmatrix}$.

4. 设矩阵 $\boldsymbol{A}=\begin{pmatrix}0 & 0 & 1\\ x & 1 & y\\ 1 & 0 & 0\end{pmatrix}$ 可相似于一个对角矩阵, 试求 x,y 应满足的条件.

5. 设矩阵 $\boldsymbol{A}=\begin{pmatrix}2 & 0 & 0\\ 0 & 0 & 1\\ 0 & 1 & a\end{pmatrix}$, $\boldsymbol{B}=\begin{pmatrix}2 & 0 & 0\\ 0 & b & 0\\ 0 & 0 & -1\end{pmatrix}$, 且 $\boldsymbol{A}$ 与 $\boldsymbol{B}$ 相似.

(1) 求 a,b 的值;

(2) 求可逆矩阵 $\boldsymbol{P}$, 使得 $\boldsymbol{P}^{-1}\boldsymbol{A}\boldsymbol{P}=\boldsymbol{B}$.

6. 设 3 阶矩阵 $\boldsymbol{A}=\begin{pmatrix}2 & 1 & 1\\ 0 & 2 & 0\\ 0 & -1 & 1\end{pmatrix}$, 求 $\boldsymbol{A}^n$ (n 为正整数).

7. 设 $\boldsymbol{A}=\begin{pmatrix}3 & 2 & -2\\ -k & -1 & k\\ 4 & 2 & -3\end{pmatrix}$ 有 3 个线性无关的特征向量, 求可逆矩阵 $\boldsymbol{P}$, 使得 $\boldsymbol{P}^{-1}\boldsymbol{A}\boldsymbol{P}$ 为对角矩阵.

8. 设 $\boldsymbol{\alpha}=(1,1,1)^{\top}$, $\boldsymbol{\beta}=(1,0,k)^{\top}$, 矩阵 $\boldsymbol{\alpha}\boldsymbol{\beta}^{\top}$ 相似于 $\begin{pmatrix}3 & 0 & 0\\ 0 & 0 & 0\\ 0 & 0 & 0\end{pmatrix}$. 求 k 的值.

9. 矩阵 $\boldsymbol{A}=\begin{pmatrix}1 & 2 & -3\\ -1 & 4 & -3\\ 1 & a & 5\end{pmatrix}$ 的特征多项式有一个 2 重根, 求 a 的值, 并讨论 $\boldsymbol{A}$ 是否可相似对角化.

10. 证明: n 阶矩阵 $\begin{pmatrix} 1 & 1 & \cdots & 1 \\ 1 & 1 & \cdots & 1 \\ \vdots & \vdots & & \vdots \\ 1 & 1 & \cdots & 1 \end{pmatrix}$ 与 $\begin{pmatrix} 0 & \cdots & 0 & 1 \\ 0 & \cdots & 0 & 2 \\ \vdots & & \vdots & \vdots \\ 0 & \cdots & 0 & n \end{pmatrix}$ 相似.

4.3 内积与正交矩阵

在第 3 章中, 我们介绍了数域 $\mathbb{F}$ 上的向量空间 $\mathbb{F}^n$ 的运算, 包括向量加法与数乘运算, 并由此讨论向量组的线性相关性、线性方程组解的结构等问题. 但是, 向量空间 $\mathbb{F}^n$ 没有度量性质, 如向量的长度、向量之间的夹角等. 为此, 本节引入内积的概念, 并由此讨论向量空间的度量性. 在本节以及 4.4 节, 总假设 $\mathbb{F}=\mathbb{R}$.

定义 4.3.1　设 $\boldsymbol{\alpha}=(a_1,a_2,\cdots,a_n)^\top$, $\boldsymbol{\beta}=(b_1,b_2,\cdots,b_n)^\top\in\mathbb{R}^n$. 定义**内积**

$$(\boldsymbol{\alpha},\boldsymbol{\beta})=\boldsymbol{\alpha}^\top\boldsymbol{\beta}=a_1b_1+a_2b_2+\cdots+a_nb_n.$$

由内积定义, 不难验证内积具有如下基本性质:

(1) $(\boldsymbol{\alpha},\boldsymbol{\beta})=(\boldsymbol{\beta},\boldsymbol{\alpha})$;

(2) $(k\boldsymbol{\alpha},\boldsymbol{\beta})=k\,(\boldsymbol{\alpha},\boldsymbol{\beta})$;

(3) $(\boldsymbol{\alpha}+\boldsymbol{\beta},\boldsymbol{\gamma})=(\boldsymbol{\alpha},\boldsymbol{\gamma})+(\boldsymbol{\beta},\boldsymbol{\gamma})$;

(4) $(\boldsymbol{\alpha},\boldsymbol{\alpha})\geqslant 0$, 且 $(\boldsymbol{\alpha},\boldsymbol{\alpha})=0$ 当且仅当 $\boldsymbol{\alpha}=\boldsymbol{0}$,

其中 $\boldsymbol{\alpha},\boldsymbol{\beta},\boldsymbol{\gamma}\in\mathbb{R}^n$, $k\in\mathbb{R}$.

向量内积有更一般的定义, 有兴趣读者可以查阅相关书籍. 有了内积运算, 我们可以度量向量的长度.

定义 4.3.2　设 $\boldsymbol{\alpha}\in\mathbb{R}^n$, 称非负实数 $\sqrt{(\boldsymbol{\alpha},\boldsymbol{\alpha})}$ 为向量 $\boldsymbol{\alpha}$ 的**长度** (**或模**), 记为 $||\boldsymbol{\alpha}||$, 即 $||\boldsymbol{\alpha}||=\sqrt{(\boldsymbol{\alpha},\boldsymbol{\alpha})}$.

显然, $||\boldsymbol{\alpha}||=\boldsymbol{0}$ 的充要条件是 $\boldsymbol{\alpha}=\boldsymbol{0}$. 当 $||\boldsymbol{\alpha}||=1$ 时, 称 $\boldsymbol{\alpha}$ 为一个**单位向量**. 若 $\boldsymbol{\alpha}\neq\boldsymbol{0}$, 则 $\dfrac{1}{||\boldsymbol{\alpha}||}\boldsymbol{\alpha}$ 为一个单位向量, 并称之为 $\boldsymbol{\alpha}$ 的**单位化向量**.

定理 4.3.1　对于 $\mathbb{R}^n$ 中任意两个向量 $\boldsymbol{\alpha},\boldsymbol{\beta}$, 有下列不等式

$$|\,(\boldsymbol{\alpha},\boldsymbol{\beta})\,|\leqslant||\boldsymbol{\alpha}||\cdot||\boldsymbol{\beta}||,$$

其中等号成立的充要条件是 $\boldsymbol{\alpha},\boldsymbol{\beta}$ 线性相关.

证明　如果 $\boldsymbol{\alpha},\boldsymbol{\beta}$ 线性相关, 则 $\boldsymbol{\alpha}=\boldsymbol{0}$ 或 $\boldsymbol{\beta}=k\boldsymbol{\alpha}$, $k\in\mathbb{R}$, 无论哪种情形都有

$$(\boldsymbol{\alpha},\boldsymbol{\beta})^2=(\boldsymbol{\alpha},\boldsymbol{\alpha})\,(\boldsymbol{\beta},\boldsymbol{\beta})\,,$$

从而 $|\,(\boldsymbol{\alpha},\boldsymbol{\beta})\,|=||\boldsymbol{\alpha}||\cdot||\boldsymbol{\beta}||$.

设 $\boldsymbol{\alpha}, \boldsymbol{\beta}$ 线性无关, 则对任意 $t \in \mathbb{R}$, $t\boldsymbol{\alpha} + \boldsymbol{\beta} \neq \mathbf{0}$. 于是 $(t\boldsymbol{\alpha} + \boldsymbol{\beta}, t\boldsymbol{\alpha} + \boldsymbol{\beta}) > 0$, 即

$$t^2 (\boldsymbol{\alpha}, \boldsymbol{\alpha}) + 2t (\boldsymbol{\alpha}, \boldsymbol{\beta}) + (\boldsymbol{\beta}, \boldsymbol{\beta}) > 0.$$

上式左边是 t 的二次多项式, 由于它对任意的 t 都成立, 所以

$$(\boldsymbol{\alpha}, \boldsymbol{\beta})^2 - (\boldsymbol{\alpha}, \boldsymbol{\alpha}) (\boldsymbol{\beta}, \boldsymbol{\beta}) < 0,$$

从而 $|(\boldsymbol{\alpha}, \boldsymbol{\beta})| < ||\boldsymbol{\alpha}|| \cdot ||\boldsymbol{\beta}||$. □

上述不等式称为柯西 (Cauchy) 不等式, 我们容易得到如下结论.

例 4.3.1 对于任意实数 $a_1, a_2, \cdots, a_n; b_1, b_2, \cdots, b_n$,

$$|a_1 b_1 + a_2 b_2 + \cdots + a_n b_n| \leqslant \sqrt{a_1^2 + a_2^2 + \cdots + a_n^2} \sqrt{b_1^2 + b_2^2 + \cdots + b_n^2}.$$

定义 4.3.3 设 $\boldsymbol{\alpha}, \boldsymbol{\beta}$ 为 $\mathbb{R}^n$ 的两个非零向量, 定义 $\boldsymbol{\alpha}, \boldsymbol{\beta}$ 的**夹角**为

$$\langle \boldsymbol{\alpha}, \boldsymbol{\beta} \rangle = \arccos \frac{(\boldsymbol{\alpha}, \boldsymbol{\beta})}{||\boldsymbol{\alpha}|| \cdot ||\boldsymbol{\beta}||}.$$

定义 4.3.4 设 $\boldsymbol{\alpha}, \boldsymbol{\beta} \in \mathbb{R}^n$. 若 $(\boldsymbol{\alpha}, \boldsymbol{\beta}) = 0$, 则称向量 $\boldsymbol{\alpha}$ 与 $\boldsymbol{\beta}$ **正交**, 记为 $\boldsymbol{\alpha} \perp \boldsymbol{\beta}$.

显然, 根据内积的定义, 正交在几何上表示垂直, 故正交也称垂直. 零向量与任何向量正交.

定义 4.3.5 设非零向量 $\boldsymbol{\alpha}_1, \boldsymbol{\alpha}_2, \cdots, \boldsymbol{\alpha}_r \in \mathbb{R}^n$. 若它们是两两正交的向量组, 则称 $\boldsymbol{\alpha}_1$, $\boldsymbol{\alpha}_2$, $\cdots$, $\boldsymbol{\alpha}_r$ 为一个**正交向量组**. 进一步地, 若每个向量还是单位向量, 则称 $\boldsymbol{\alpha}_1, \boldsymbol{\alpha}_2, \cdots, \boldsymbol{\alpha}_r$ 为一个**单位正交向量组**.

正交向量组是我们遇到又一类比较特殊的向量组, 在前面我们曾经探讨过线性无关组, 那么这两种向量组有什么关系呢?

定理 4.3.2 正交向量组一定是线性无关组.

证明 设 $\boldsymbol{\alpha}_1, \boldsymbol{\alpha}_2, \cdots, \boldsymbol{\alpha}_r$ 为一个正交向量组. 假设

$$k_1 \boldsymbol{\alpha}_1 + k_2 \boldsymbol{\alpha}_2 + \cdots + k_r \boldsymbol{\alpha}_r = \mathbf{0}.$$

用 $\boldsymbol{\alpha}_i$ 与上式两边作内积

$$(\boldsymbol{\alpha}_i, k_1 \boldsymbol{\alpha}_1 + k_2 \boldsymbol{\alpha}_2 + \cdots + k_r \boldsymbol{\alpha}_r) = (\boldsymbol{\alpha}_i, \mathbf{0}).$$

由内积的性质及正交的定义知

$$k_i (\boldsymbol{\alpha}_i, \boldsymbol{\alpha}_i) = 0.$$

由于 $\boldsymbol{\alpha}_i \neq \mathbf{0}$, $(\boldsymbol{\alpha}_i, \boldsymbol{\alpha}_i) > 0$, 故 $k_i = 0$, $i = 1, 2, \cdots, r$. □

显然, 定理的逆命题不成立, 但可以由线性无关组构造正交向量组, 这就是施密特 (Schmidt) 正交化方法.

定理 4.3.3 设 $\boldsymbol{\alpha}_1,\boldsymbol{\alpha}_2,\cdots,\boldsymbol{\alpha}_r$ 为一个线性无关组, 则一定存在一个正交向量组 $\boldsymbol{\beta}_1,\boldsymbol{\beta}_2,\cdots,\boldsymbol{\beta}_r$, 且这两个向量组等价.

证明 设

$$\begin{aligned}
\boldsymbol{\beta}_1 &= \boldsymbol{\alpha}_1,\\
\boldsymbol{\beta}_2 &= \boldsymbol{\alpha}_2 - \frac{(\boldsymbol{\alpha}_2,\boldsymbol{\beta}_1)}{(\boldsymbol{\beta}_1,\boldsymbol{\beta}_1)}\boldsymbol{\beta}_1,\\
&\cdots\cdots\\
\boldsymbol{\beta}_r &= \boldsymbol{\alpha}_r - \frac{(\boldsymbol{\alpha}_r,\boldsymbol{\beta}_1)}{(\boldsymbol{\beta}_1,\boldsymbol{\beta}_1)}\boldsymbol{\beta}_1 - \cdots - \frac{(\boldsymbol{\alpha}_r,\boldsymbol{\beta}_{r-1})}{(\boldsymbol{\beta}_{r-1},\boldsymbol{\beta}_{r-1})}\boldsymbol{\beta}_{r-1},
\end{aligned}$$

则 $\boldsymbol{\beta}_1,\boldsymbol{\beta}_2,\cdots,\boldsymbol{\beta}_r$ 即为一个所求的正交向量组. 请读者自己验证. □

例 4.3.2 在 $\mathbb{R}^4$ 中, 把向量组 $\boldsymbol{\alpha}_1=(1,1,0,0)$, $\boldsymbol{\alpha}_2=(1,0,1,0)$, $\boldsymbol{\alpha}_3=(-1,0,0,1)$ 化成单位正交向量组.

解 第一步: 正交化.

$$\begin{aligned}
\boldsymbol{\beta}_1 &= \boldsymbol{\alpha}_1 = (1,1,0,0),\\
\boldsymbol{\beta}_2 &= \boldsymbol{\alpha}_2 - \frac{(\boldsymbol{\alpha}_2,\boldsymbol{\beta}_1)}{(\boldsymbol{\beta}_1,\boldsymbol{\beta}_1)}\boldsymbol{\beta}_1 = (1,0,1,0) - \frac{1}{2}(1,1,0,0) = \left(\frac{1}{2},-\frac{1}{2},1,0\right),\\
\boldsymbol{\beta}_3 &= \boldsymbol{\alpha}_3 - \frac{(\boldsymbol{\alpha}_3,\boldsymbol{\beta}_1)}{(\boldsymbol{\beta}_1,\boldsymbol{\beta}_1)}\boldsymbol{\beta}_1 - \frac{(\boldsymbol{\alpha}_3,\boldsymbol{\beta}_2)}{(\boldsymbol{\beta}_2,\boldsymbol{\beta}_2)}\boldsymbol{\beta}_2\\
&= (-1,0,0,1) + \frac{1}{2}(1,1,0,0) + \frac{1}{3}\left(\frac{1}{2},-\frac{1}{2},1,0\right) = \left(-\frac{1}{3},\frac{1}{3},\frac{1}{3},1\right).
\end{aligned}$$

第二步: 单位化.

$$\begin{aligned}
\boldsymbol{\eta}_1 &= \frac{\boldsymbol{\beta}_1}{||\boldsymbol{\beta}_1||} = \left(\frac{1}{\sqrt{2}},\frac{1}{\sqrt{2}},0,0\right),\\
\boldsymbol{\eta}_2 &= \frac{\boldsymbol{\beta}_2}{||\boldsymbol{\beta}_2||} = \left(\frac{1}{\sqrt{6}},-\frac{1}{\sqrt{6}},\frac{2}{\sqrt{6}},0\right),\\
\boldsymbol{\eta}_3 &= \frac{\boldsymbol{\beta}_3}{||\boldsymbol{\beta}_3||} = \left(-\frac{1}{\sqrt{12}},\frac{1}{\sqrt{12}},\frac{1}{\sqrt{12}},\frac{3}{\sqrt{12}}\right).
\end{aligned}$$

则 $\boldsymbol{\eta}_1,\boldsymbol{\eta}_2,\boldsymbol{\eta}_3$ 即为所求的单位正交向量组. □

向量组与矩阵联系紧密, 列 (行) 向量组线性无关的方阵为一个可逆矩阵, 那么列 (行) 向量组为单位正交向量组的方阵又具有什么特性呢?

定义 4.3.6 设 $\boldsymbol{A}$ 为 n 阶矩阵, $\boldsymbol{I}$ 为 n 阶单位矩阵. 若

$$\boldsymbol{A}^\top\boldsymbol{A} = \boldsymbol{A}\boldsymbol{A}^\top = \boldsymbol{I},$$

则称 $\boldsymbol{A}$ 为**正交矩阵**.

显然, 正交矩阵具有以下性质:

(1) 若 $\boldsymbol{A}$ 为正交矩阵, 则 $\boldsymbol{A}$ 为一个可逆矩阵;

(2) 若 $\boldsymbol{A}$ 为正交矩阵, 则 $|\boldsymbol{A}|=\pm 1$;

(3) 若 $\boldsymbol{A}$ 为正交矩阵, 则 $\boldsymbol{A}^{-1}, \boldsymbol{A}^{\top}, \boldsymbol{A}^{*}$ 也是正交矩阵;

(4) 若 $\boldsymbol{A}, \boldsymbol{B}$ 均为正交矩阵, 则 $\boldsymbol{AB}$ 也是正交矩阵.

定理 4.3.4 设 $\boldsymbol{A}$ 为 n 阶实矩阵, 则 $\boldsymbol{A}$ 为正交矩阵的充要条件是其列 (行) 向量组是单位正交向量组.

证明 设 $\boldsymbol{A}=(\boldsymbol{\alpha}_1,\boldsymbol{\alpha}_2,\cdots,\boldsymbol{\alpha}_n)$, 其中 $\boldsymbol{\alpha}_1,\boldsymbol{\alpha}_2,\cdots,\boldsymbol{\alpha}_n$ 为 $\boldsymbol{A}$ 的列向量组. $\boldsymbol{A}$ 为正交矩阵等价于 $\boldsymbol{A}^{\top}\boldsymbol{A}=\boldsymbol{I}$, 而

$$\boldsymbol{A}^{\top}\boldsymbol{A}=\begin{pmatrix}\boldsymbol{\alpha}_1^{\top}\\ \boldsymbol{\alpha}_2^{\top}\\ \vdots\\ \boldsymbol{\alpha}_n^{\top}\end{pmatrix}(\boldsymbol{\alpha}_1,\boldsymbol{\alpha}_2,\cdots,\boldsymbol{\alpha}_n)=\begin{pmatrix}\boldsymbol{\alpha}_1^{\top}\boldsymbol{\alpha}_1 & \boldsymbol{\alpha}_1^{\top}\boldsymbol{\alpha}_2 & \cdots & \boldsymbol{\alpha}_1^{\top}\boldsymbol{\alpha}_n\\ \boldsymbol{\alpha}_2^{\top}\boldsymbol{\alpha}_1 & \boldsymbol{\alpha}_2^{\top}\boldsymbol{\alpha}_2 & \cdots & \boldsymbol{\alpha}_2^{\top}\boldsymbol{\alpha}_n\\ \vdots & \vdots & & \vdots\\ \boldsymbol{\alpha}_n^{\top}\boldsymbol{\alpha}_1 & \boldsymbol{\alpha}_n^{\top}\boldsymbol{\alpha}_2 & \cdots & \boldsymbol{\alpha}_n^{\top}\boldsymbol{\alpha}_n\end{pmatrix}$$

$$=\begin{pmatrix}(\boldsymbol{\alpha}_1,\boldsymbol{\alpha}_1) & (\boldsymbol{\alpha}_1,\boldsymbol{\alpha}_2) & \cdots & (\boldsymbol{\alpha}_1,\boldsymbol{\alpha}_n)\\ (\boldsymbol{\alpha}_2,\boldsymbol{\alpha}_1) & (\boldsymbol{\alpha}_2,\boldsymbol{\alpha}_2) & \cdots & (\boldsymbol{\alpha}_2,\boldsymbol{\alpha}_n)\\ \vdots & \vdots & & \vdots\\ (\boldsymbol{\alpha}_n,\boldsymbol{\alpha}_1) & (\boldsymbol{\alpha}_n,\boldsymbol{\alpha}_2) & \cdots & (\boldsymbol{\alpha}_n,\boldsymbol{\alpha}_n)\end{pmatrix}.$$

故 $\boldsymbol{A}^{\top}\boldsymbol{A}=\boldsymbol{I}$ 等价于

$$\begin{cases}(\boldsymbol{\alpha}_i,\boldsymbol{\alpha}_i)=1, & i=1,2,\cdots,n,\\ (\boldsymbol{\alpha}_i,\boldsymbol{\alpha}_j)=0, & i\neq j,\ i,j=1,2,\cdots,n.\end{cases}$$

即 $\boldsymbol{A}$ 为正交矩阵的充要条件是其列向量组为单位正交向量组.

类似可证 $\boldsymbol{A}$ 为正交矩阵当且仅当其行向量组为单位正交向量组. □

习 题 4.3

1. 在 $\mathbb{R}^4$ 中, 求向量 $\boldsymbol{\alpha}=(1,2,2,3)$ 与 $\boldsymbol{\beta}=(3,1,5,1)$ 的夹角 $\langle\boldsymbol{\alpha},\boldsymbol{\beta}\rangle$.

2. 用施密特正交化方法将下列向量组化为单位正交向量组.

(1) $\boldsymbol{\alpha}_1=(1,0,1)$, $\boldsymbol{\alpha}_2=(1,1,0)$, $\boldsymbol{\alpha}_3=(0,1,1)$;

(2) $\boldsymbol{\alpha}_1=(1,1,1,1)$, $\boldsymbol{\alpha}_2=(1,-2,-3,-4)$, $\boldsymbol{\alpha}_3=(1,2,2,3)$.

3. 已知 $\boldsymbol{\alpha}_1=(1,1,1)$, 求非零向量 $\boldsymbol{\alpha}_2$, $\boldsymbol{\alpha}_3$, 使得 $\boldsymbol{\alpha}_1$, $\boldsymbol{\alpha}_2$, $\boldsymbol{\alpha}_3$ 两两正交.

4. 判别下列矩阵是否为正交矩阵.

(1) $\begin{pmatrix} 1 & -\frac{1}{2} & \frac{1}{3} \\ -\frac{1}{2} & 1 & \frac{1}{2} \\ \frac{1}{3} & \frac{1}{2} & -1 \end{pmatrix}$; (2) $\begin{pmatrix} \frac{1}{9} & -\frac{8}{9} & -\frac{4}{9} \\ -\frac{8}{9} & \frac{1}{9} & -\frac{4}{9} \\ -\frac{4}{9} & -\frac{4}{9} & \frac{7}{9} \end{pmatrix}$.

5. 设 $\boldsymbol{A}$ 为 n 阶正交矩阵, n 为奇数, 且 $|\boldsymbol{A}|=1$. 证明: $\boldsymbol{I}-\boldsymbol{A}$ 不可逆.

4.4 实对称矩阵的对角化

现在, 我们回到矩阵相似对角化问题, 在 4.2 节中我们知道并不是每个矩阵都是可以相似对角化的, 但是有一类矩阵一定可以相似对角化, 这就是实对称矩阵.

一般地, 实矩阵在复数域上的特征值未必全是实数, 但对于实对称矩阵, 我们有以下定理.

定理 4.4.1 实对称矩阵在复数域上的特征值都是实数.

证明 设 λ 为 $\boldsymbol{A}$ 的特征值, $\boldsymbol{\alpha}$ 为 $\boldsymbol{A}$ 的属于 λ 的特征向量. 则

$$\boldsymbol{A\alpha}=\lambda\boldsymbol{\alpha},$$

两边取共轭,

$$\boldsymbol{A}\bar{\alpha}=\bar{\lambda}\bar{\alpha}.$$

因此,

$$\lambda\bar{\boldsymbol{\alpha}}^{\top}\boldsymbol{\alpha}=\bar{\boldsymbol{\alpha}}^{\top}(\boldsymbol{A\alpha})=(\boldsymbol{A}\bar{\boldsymbol{\alpha}})^{\top}\boldsymbol{\alpha}=\bar{\lambda}\bar{\boldsymbol{\alpha}}^{\top}\boldsymbol{\alpha}.$$

由于 $\boldsymbol{\alpha}$ 为非零向量, $\bar{\alpha}^{\top}\boldsymbol{\alpha}\neq\boldsymbol{0}$, 故 $\lambda=\bar{\lambda}$, 即 λ 为实数. □

由于实对称矩阵 $\boldsymbol{A}$ 的特征值都是实数, 所以对 $\boldsymbol{A}$ 的任一特征值 λ, $(\lambda\boldsymbol{I}-\boldsymbol{A})\boldsymbol{X}=\boldsymbol{0}$ 必在实数域上有解, 因此必有一个实特征向量属于 λ.

定理 4.4.2 实对称矩阵的属于不同特征值的实特征向量互相正交.

证明 设 λ_1, λ_2 是实对称矩阵 $\boldsymbol{A}$ 的不同特征值, $\boldsymbol{\alpha}_1, \boldsymbol{\alpha}_2$ 分别为 $\boldsymbol{A}$ 的属于特征值 λ_1, λ_2 的实特征向量. 于是

$$\boldsymbol{A\alpha}_1=\lambda_1\boldsymbol{\alpha}_1, \quad \boldsymbol{A\alpha}_2=\lambda_2\boldsymbol{\alpha}_2.$$

分别用 $\boldsymbol{\alpha}_2^{\top}, \boldsymbol{\alpha}_1^{\top}$ 左乘上面两式, 得

$$\boldsymbol{\alpha}_2^{\top}\boldsymbol{A\alpha}_1=\lambda_1\boldsymbol{\alpha}_2^{\top}\boldsymbol{\alpha}_1, \quad \boldsymbol{\alpha}_1^{\top}\boldsymbol{A\alpha}_2=\lambda_2\boldsymbol{\alpha}_1^{\top}\boldsymbol{\alpha}_2.$$

因为 $\boldsymbol{A}$ 为实对称矩阵, 以及 $\boldsymbol{\alpha}_2^{\top}\boldsymbol{A\alpha}_1$ 是一个数, 所以

$$\lambda_1\boldsymbol{\alpha}_2^{\top}\boldsymbol{\alpha}_1=\boldsymbol{\alpha}_2^{\top}\boldsymbol{A\alpha}_1=(\boldsymbol{\alpha}_2^{\top}\boldsymbol{A\alpha}_1)^{\top}=\boldsymbol{\alpha}_1^{\top}\boldsymbol{A\alpha}_2=\lambda_2\boldsymbol{\alpha}_1^{\top}\boldsymbol{\alpha}_2,$$

而 $\boldsymbol{\alpha}_2^\top\boldsymbol{\alpha}_1 = \boldsymbol{\alpha}_1^\top\boldsymbol{\alpha}_2$, 因此 $(\lambda_1-\lambda_2)\boldsymbol{\alpha}_2^\top\boldsymbol{\alpha}_1 = 0$. 所以 $\boldsymbol{\alpha}_2^\top\boldsymbol{\alpha}_1 = \mathbf{0}$, 即 $\boldsymbol{\alpha}_1, \boldsymbol{\alpha}_2$ 正交. □

定理 4.4.3 设 $\boldsymbol{A}$ 为 n 阶实对称矩阵, 则存在正交矩阵 $\boldsymbol{Q}$, 使得

$$\boldsymbol{Q}^{-1}\boldsymbol{A}\boldsymbol{Q} = \boldsymbol{Q}^\top\boldsymbol{A}\boldsymbol{Q} = \begin{pmatrix} \lambda_1 & & & \\ & \lambda_2 & & \\ & & \ddots & \\ & & & \lambda_n \end{pmatrix},$$

其中 $\lambda_1, \lambda_2, \cdots, \lambda_n$ 是 $\boldsymbol{A}$ 的全部特征值.

证明 对矩阵 $\boldsymbol{A}$ 的阶用数学归纳法. 当 $n=1$ 时, 1 阶矩阵 $\boldsymbol{A}$ 显然是对角矩阵, 结论成立. 假设对任意的 $n-1$ 阶实对称矩阵, 结论成立. 下面证明对 n 阶实对称矩阵 $\boldsymbol{A}$, 结论也成立.

设 λ_1 是 $\boldsymbol{A}$ 的一个特征值, $\boldsymbol{\alpha}_1$ 是 $\boldsymbol{A}$ 的属于特征值 λ_1 的一个实特征向量. 由于 $\dfrac{\boldsymbol{\alpha}_1}{||\boldsymbol{\alpha}_1||}$ 也是 $\boldsymbol{A}$ 的属于特征值 λ_1 的特征向量, 故不妨设 $\boldsymbol{\alpha}_1$ 是单位列向量. 由 $\boldsymbol{\alpha}_1$ 可以扩充为一个单位正交列向量组 $\boldsymbol{\alpha}_1, \boldsymbol{\alpha}_2, \cdots, \boldsymbol{\alpha}_n$. 设 $\boldsymbol{Q}_1 = (\boldsymbol{\alpha}_1, \boldsymbol{\alpha}_2, \cdots, \boldsymbol{\alpha}_n)$. 根据定理 4.3.4, $\boldsymbol{Q}_1$ 为 n 阶正交矩阵. 把 $\boldsymbol{Q}_1$ 分块为 $\boldsymbol{Q}_1 = (\boldsymbol{\alpha}_1, \boldsymbol{R})$, 其中 $\boldsymbol{R}$ 为 $n\times(n-1)$ 矩阵, 则

$$\boldsymbol{Q}_1^{-1}\boldsymbol{A}\boldsymbol{Q}_1 = \boldsymbol{Q}_1^\top\boldsymbol{A}\boldsymbol{Q}_1 = \begin{pmatrix} \boldsymbol{\alpha}_1^\top \\ \boldsymbol{R}^\top \end{pmatrix} \boldsymbol{A}(\boldsymbol{\alpha}_1, \boldsymbol{R}) = \begin{pmatrix} \boldsymbol{\alpha}_1^\top\boldsymbol{A}\boldsymbol{\alpha}_1 & \boldsymbol{\alpha}_1^\top\boldsymbol{A}\boldsymbol{R} \\ \boldsymbol{R}^\top\boldsymbol{A}\boldsymbol{\alpha}_1 & \boldsymbol{R}^\top\boldsymbol{A}\boldsymbol{R} \end{pmatrix}.$$

注意到 $\boldsymbol{A}\boldsymbol{\alpha}_1 = \lambda_1\boldsymbol{\alpha}_1$, $\boldsymbol{\alpha}_1^\top\boldsymbol{\alpha}_1 = 1$ 及 $\boldsymbol{\alpha}_1$ 与 $\boldsymbol{R}$ 的各列向量都正交, 从而有

$$\boldsymbol{Q}_1^{-1}\boldsymbol{A}\boldsymbol{Q}_1 = \begin{pmatrix} \lambda_1 & \mathbf{0} \\ \mathbf{0} & \boldsymbol{A}_1 \end{pmatrix},$$

其中 $\boldsymbol{A}_1 = \boldsymbol{R}^\top\boldsymbol{A}\boldsymbol{R}$ 为 $n-1$ 阶实对称矩阵.

对于 $\boldsymbol{A}_1$, 根据归纳假设, 存在 $n-1$ 阶正交矩阵 $\boldsymbol{Q}_2$, 使得

$$\boldsymbol{Q}_2^{-1}\boldsymbol{A}_1\boldsymbol{Q}_2 = \begin{pmatrix} \lambda_2 & & & \\ & \lambda_3 & & \\ & & \ddots & \\ & & & \lambda_n \end{pmatrix}.$$

设 $\boldsymbol{Q}_3 = \begin{pmatrix} 1 & \mathbf{0} \\ \mathbf{0} & \boldsymbol{Q}_2 \end{pmatrix}$, 不难验证 $\boldsymbol{Q}_3$ 仍是正交矩阵, 并且

$$\boldsymbol{Q}_3^{-1}(\boldsymbol{Q}_1^{-1}\boldsymbol{A}\boldsymbol{Q}_1)\boldsymbol{Q}_3 = \begin{pmatrix} 1 & \mathbf{0} \\ \mathbf{0} & \boldsymbol{Q}_2 \end{pmatrix}^{-1} \begin{pmatrix} \lambda_1 & \mathbf{0} \\ \mathbf{0} & \boldsymbol{A}_1 \end{pmatrix} \begin{pmatrix} 1 & \mathbf{0} \\ \mathbf{0} & \boldsymbol{Q}_2 \end{pmatrix}$$

$$= \begin{pmatrix} \lambda_1 & \mathbf{0} \\ \mathbf{0} & \boldsymbol{Q}_2^{-1}\boldsymbol{A}_1\boldsymbol{Q}_2 \end{pmatrix} = \begin{pmatrix} \lambda_1 & & & \\ & \lambda_2 & & \\ & & \ddots & \\ & & & \lambda_n \end{pmatrix}.$$

记 $\boldsymbol{Q} = \boldsymbol{Q}_1\boldsymbol{Q}_3$, 则结论对 n 阶实对称矩阵也成立. □

在定理 4.4.3 中, 如果设 $\boldsymbol{Q} = (\boldsymbol{\alpha}_1, \boldsymbol{\alpha}_2, \cdots, \boldsymbol{\alpha}_n)$, 则 $\boldsymbol{\alpha}_i$ 就是 $\boldsymbol{A}$ 的属于 λ_i 的实特征向量, $i = 1, 2, \cdots, n$. 因此, n 阶实对称矩阵有 n 个互相正交的实特征向量, 每个特征值的代数重数等于其几何重数.

实对称矩阵可以通过以下步骤实现正交相似对角化.

(1) 求出实对称矩阵 $\boldsymbol{A}$ 的特征值, 不妨设 $\lambda_1, \lambda_2, \cdots, \lambda_r$ 是 $\boldsymbol{A}$ 的所有不同特征值;

(2) 对每个 k_i 重 (代数重数) 特征值 λ_i, 解齐次线性方程组

$$(\lambda_i \boldsymbol{I} - \boldsymbol{A})\boldsymbol{X} = \mathbf{0},$$

求出一个基础解系 $\boldsymbol{\alpha}_{i1}, \cdots, \boldsymbol{\alpha}_{ik_i}$ (必含 k_i 个特征向量, 此处 k_i 为几何重数), 将其正交化和单位化, 得到 $\boldsymbol{\eta}_{i1}, \cdots, \boldsymbol{\eta}_{ik_i}$ (仍为对应于特征值 λ_i 的特征向量);

(3) 设 $\boldsymbol{Q} = (\boldsymbol{\eta}_{11}, \cdots, \boldsymbol{\eta}_{1k_1}, \cdots, \boldsymbol{\eta}_{r1}, \cdots, \boldsymbol{\eta}_{rk_r})$, 则 $\boldsymbol{Q}$ 为所求的正交矩阵.

例 4.4.1　设 $\boldsymbol{A} = \begin{pmatrix} 4 & 2 & 2 \\ 2 & 4 & 2 \\ 2 & 2 & 4 \end{pmatrix}$. 求正交矩阵 $\boldsymbol{Q}$, 使得 $\boldsymbol{Q}^{-1}\boldsymbol{A}\boldsymbol{Q}$ 为对角矩阵.

解　矩阵 $\boldsymbol{A}$ 的特征多项式

$$|\lambda \boldsymbol{I} - \boldsymbol{A}| = \begin{vmatrix} \lambda - 4 & -2 & -2 \\ -2 & \lambda - 4 & -2 \\ -2 & -2 & \lambda - 4 \end{vmatrix} = (\lambda - 2)^2(\lambda - 8),$$

故 $\boldsymbol{A}$ 的特征值为 $\lambda_1 = \lambda_2 = 2$, $\lambda_3 = 8$.

对于 $\lambda_1 = \lambda_2 = 2$, 齐次方程组 $(2\boldsymbol{I} - \boldsymbol{A})\boldsymbol{X} = \mathbf{0}$ 的一个基础解系为

$$\boldsymbol{\alpha}_1 = \begin{pmatrix} -1 \\ 1 \\ 0 \end{pmatrix}, \quad \boldsymbol{\alpha}_2 = \begin{pmatrix} -1 \\ 0 \\ 1 \end{pmatrix}.$$

对于 $\lambda_3 = 8$, 齐次方程组 $(8\boldsymbol{I} - \boldsymbol{A})\boldsymbol{x} = \mathbf{0}$ 的一个基础解系为

$$\boldsymbol{\alpha}_3 = \begin{pmatrix} 1 \\ 1 \\ 1 \end{pmatrix}.$$

下面对每个特征值所对应的基础解系进行施密特正交化. 设

$$\boldsymbol{\beta}_1=\boldsymbol{\alpha}_1=\begin{pmatrix}-1\\1\\0\end{pmatrix},$$

$$\boldsymbol{\beta}_2=\boldsymbol{\alpha}_2-\frac{(\boldsymbol{\alpha}_2,\boldsymbol{\beta}_1)}{(\boldsymbol{\beta}_1,\boldsymbol{\beta}_1)}\boldsymbol{\beta}_1=\begin{pmatrix}-\frac{1}{2}\\-\frac{1}{2}\\1\end{pmatrix},$$

$$\boldsymbol{\beta}_3=\boldsymbol{\alpha}_3.$$

再进行单位化.

$$\boldsymbol{\eta}_1=\frac{\boldsymbol{\beta}_1}{||\boldsymbol{\beta}_1||}=\left(-\frac{1}{\sqrt{2}},\frac{1}{\sqrt{2}},0\right)^{\top},$$

$$\boldsymbol{\eta}_2=\frac{\boldsymbol{\beta}_2}{||\boldsymbol{\beta}_2||}=\left(-\frac{1}{\sqrt{6}},-\frac{1}{\sqrt{6}},\frac{2}{\sqrt{6}}\right)^{\top},$$

$$\boldsymbol{\eta}_3=\frac{\boldsymbol{\beta}_3}{||\boldsymbol{\beta}_3||}=\left(\frac{1}{\sqrt{3}},\frac{1}{\sqrt{3}},\frac{1}{\sqrt{3}}\right)^{\top},$$

故

$$\boldsymbol{Q}=(\boldsymbol{\eta}_1,\boldsymbol{\eta}_2,\boldsymbol{\eta}_3)=\begin{pmatrix}-\frac{1}{\sqrt{2}}&-\frac{1}{\sqrt{6}}&\frac{1}{\sqrt{3}}\\\frac{1}{\sqrt{2}}&-\frac{1}{\sqrt{6}}&\frac{1}{\sqrt{3}}\\0&\frac{2}{\sqrt{6}}&\frac{1}{\sqrt{3}}\end{pmatrix},$$

此时

$$\boldsymbol{Q}^{-1}\boldsymbol{A}\boldsymbol{Q}=\boldsymbol{Q}^{\top}\boldsymbol{A}\boldsymbol{Q}=\begin{pmatrix}2&&\\&2&\\&&8\end{pmatrix}.$$ □

例 4.4.2 设 3 阶实对称矩阵 $\boldsymbol{A}$ 的特征值为 $\lambda_1=-1,\lambda_2=\lambda_3=1$, 且对应于 $\lambda_1=-1$ 的特征向量为 $\boldsymbol{\alpha}_1=(0,1,1)^{\top}$, 求矩阵 $\boldsymbol{A}$.

解 因为 $\boldsymbol{A}$ 是实对称矩阵, 所以属于不同特征值的特征向量正交. 设 $\lambda_2=\lambda_3=1$ 对应的特征向量为 $(x_1,x_2,x_3)^{\top}$, 于是

$$x_2+x_3=0.$$

此齐次线性方程组的一个基础解系为

$$\boldsymbol{\alpha}_2=(1,0,0)^\top,\quad \boldsymbol{\alpha}_3=(0,1,-1)^\top,$$

此为属于 $\lambda_2=\lambda_3=1$ 的两个正交的特征向量.

设

$$\begin{aligned}\boldsymbol{\eta}_1&=\frac{\boldsymbol{\alpha}_1}{||\boldsymbol{\alpha}_1||}=\left(0,\frac{1}{\sqrt{2}},\frac{1}{\sqrt{2}}\right)^\top,\\ \boldsymbol{\eta}_2&=\frac{\boldsymbol{\alpha}_2}{||\boldsymbol{\alpha}_2||}=(1,0,0)^\top,\\ \boldsymbol{\eta}_3&=\frac{\boldsymbol{\alpha}_3}{||\boldsymbol{\alpha}_3||}=\left(0,\frac{1}{\sqrt{2}},-\frac{1}{\sqrt{2}}\right)^\top.\end{aligned}$$

另一方面, 因为 $\boldsymbol{A}$ 是实对称矩阵, 故 $\boldsymbol{A}$ 一定可以对角化, 故设

$$\boldsymbol{Q}=(\boldsymbol{\eta}_1,\boldsymbol{\eta}_2,\boldsymbol{\eta}_3)=\begin{pmatrix}0&1&0\\ \frac{1}{\sqrt{2}}&0&\frac{1}{\sqrt{2}}\\ \frac{1}{\sqrt{2}}&0&-\frac{1}{\sqrt{2}}\end{pmatrix},$$

此时

$$\boldsymbol{Q}^{-1}\boldsymbol{A}\boldsymbol{Q}=\boldsymbol{Q}^\top\boldsymbol{A}\boldsymbol{Q}=\begin{pmatrix}-1&&\\&1&\\&&1\end{pmatrix}.$$

所以

$$\boldsymbol{A}=\boldsymbol{Q}\begin{pmatrix}-1&&\\&1&\\&&1\end{pmatrix}\boldsymbol{Q}^{-1}=\begin{pmatrix}1&0&0\\0&0&-1\\0&-1&0\end{pmatrix}.$$

□

习　题　4.4

1. 求正交矩阵 $\boldsymbol{Q}$, 使得 $\boldsymbol{Q}^\top\boldsymbol{A}\boldsymbol{Q}$ 为对角矩阵.

(1) $\boldsymbol{A}=\begin{pmatrix}1&2&2\\2&1&2\\2&2&1\end{pmatrix}$;

(2) $\boldsymbol{A}=\begin{pmatrix}3&-1&0\\-1&2&-1\\0&-1&3\end{pmatrix}$;

(3) $\boldsymbol{A}=\begin{pmatrix}1&1&0&-1\\1&1&-1&0\\0&-1&1&1\\-1&0&1&1\end{pmatrix}$.

2. 设 3 阶实对称矩阵 $\boldsymbol{A}$ 的特征值为 $1,1,-1$, 与 $\lambda=1$ 对应的特征向量为

$$\boldsymbol{\alpha}_1=\begin{pmatrix}1\\1\\1\end{pmatrix},\quad \boldsymbol{\alpha}_2=\begin{pmatrix}2\\2\\1\end{pmatrix}.$$

求矩阵 $\boldsymbol{A}$.

3. 设 3 阶实对称矩阵 $\boldsymbol{A}$ 的各行元素之和为 3, $\boldsymbol{\alpha}_1=\begin{pmatrix}-1\\2\\-1\end{pmatrix}$, $\boldsymbol{\alpha}_2=\begin{pmatrix}0\\-1\\1\end{pmatrix}$ 是齐次线性方程组 $\boldsymbol{AX}=\boldsymbol{0}$ 的两个解.

(1) 求 $\boldsymbol{A}$ 的特征值与特征向量;

(2) 求正交矩阵 $\boldsymbol{Q}$, 使得 $\boldsymbol{Q}^{\top}\boldsymbol{AQ}$ 为对角矩阵.

4. 设 $\boldsymbol{A},\boldsymbol{B}$ 都是实对称矩阵, 证明: 存在正交矩阵 $\boldsymbol{Q}$, 使得 $\boldsymbol{Q}^{-1}\boldsymbol{AQ}=\boldsymbol{B}$ 的充分必要条件是 $\boldsymbol{A}$ 与 $\boldsymbol{B}$ 有相同的特征值.

5. 设 $\boldsymbol{A}$ 是 n 阶实对称矩阵, 且 $\boldsymbol{A}^2=\boldsymbol{A}$. 证明: 存在正交矩阵 $\boldsymbol{Q}$, 使得

$$\boldsymbol{Q}^{\top}\boldsymbol{AQ}=\begin{pmatrix}1&&&&&\\&\ddots&&&&\\&&1&&&\\&&&0&&\\&&&&\ddots&\\&&&&&0\end{pmatrix}.$$

6. 设 $\boldsymbol{A}=\begin{pmatrix}0&-1&4\\-1&3&a\\4&a&0\end{pmatrix}$, 设 $\boldsymbol{Q}$ 为正交矩阵使得 $\boldsymbol{Q}^{\top}\boldsymbol{AQ}$ 为对角矩阵. 若 $\boldsymbol{Q}$ 的第 1 列为 $\dfrac{1}{\sqrt{6}}(1,2,1)^{\top}$, 求 a, $\boldsymbol{Q}$.

7. 设 3 阶实对称矩阵 $\boldsymbol{A}$ 的特征值 $\lambda_1=1$, $\lambda_2=2$, $\lambda_3=-2$, $\alpha_1=(1,-1,1)^{\top}$ 是 $\boldsymbol{A}$ 的属于 λ_1 的一个特征向量, 记 $\boldsymbol{B}=\boldsymbol{A}^5-4\boldsymbol{A}^3+\boldsymbol{I}$.

(1) 验证 $\boldsymbol{\alpha}_1$ 是矩阵 $\boldsymbol{B}$ 的特征向量, 并求 $\boldsymbol{B}$ 的全部特征值与特征向量;

(2) 求矩阵 $\boldsymbol{B}$.

复习题 4

1. 求下列矩阵的特征值与特征向量.

(1) $\boldsymbol{A}=\begin{pmatrix} 2 & 0 & 0 \\ 1 & 2 & -1 \\ 1 & 0 & 1 \end{pmatrix}$;

(2) $\boldsymbol{A}=\begin{pmatrix} 8 & -2 & -1 \\ -2 & 5 & -2 \\ -3 & -6 & 6 \end{pmatrix}$;

2. 设矩阵 $\boldsymbol{A}=\begin{pmatrix} 2 & 0 & 0 \\ 0 & 2 & 1 \\ 0 & 0 & 1 \end{pmatrix}$, $\boldsymbol{B}=\begin{pmatrix} 2 & 1 & 0 \\ 0 & 2 & 0 \\ 0 & 0 & 1 \end{pmatrix}$, $\boldsymbol{C}=\begin{pmatrix} 1 & 0 & 0 \\ 0 & 2 & 0 \\ 0 & 0 & 2 \end{pmatrix}$, 则 (　　).

(A) $\boldsymbol{A}$ 与 $\boldsymbol{C}$ 相似, $\boldsymbol{B}$ 与 $\boldsymbol{C}$ 相似　　(B) $\boldsymbol{A}$ 与 $\boldsymbol{C}$ 相似, $\boldsymbol{B}$ 与 $\boldsymbol{C}$ 不相似

(C) $\boldsymbol{A}$ 与 $\boldsymbol{C}$ 不相似, $\boldsymbol{B}$ 与 $\boldsymbol{C}$ 相似　　(D) $\boldsymbol{A}$ 与 $\boldsymbol{C}$ 不相似, $\boldsymbol{B}$ 与 $\boldsymbol{C}$ 不相似

3. 设 $\boldsymbol{\xi}=\begin{pmatrix} 1 \\ 1 \\ -1 \end{pmatrix}$ 是矩阵 $\boldsymbol{A}=\begin{pmatrix} 2 & -1 & 2 \\ 5 & a & 3 \\ -1 & b & -2 \end{pmatrix}$ 的一个特征向量.

(1) 试确定参数 a, b 及特征向量 $\boldsymbol{\xi}$ 所对应的特征值;

(2) 问 $\boldsymbol{A}$ 能否相似于对角阵? 说明理由.

4. 设 $\boldsymbol{A}=\begin{pmatrix} 1 & 1 & 1 \\ a & b & c \\ d & e & f \end{pmatrix}$, $\boldsymbol{\alpha}_1=(1,0,1)^\top$, $\boldsymbol{\alpha}_2=(1,0,-1)^\top$, $\boldsymbol{\alpha}_3=(1,1,0)^\top$ 为 $\boldsymbol{A}$ 的特征向量, 求矩阵 $\boldsymbol{A}$.

5. 设矩阵 $\boldsymbol{A}=\begin{pmatrix} 1 & 1 & a \\ 1 & a & 1 \\ a & 1 & 1 \end{pmatrix}$, $\boldsymbol{\beta}=\begin{pmatrix} 1 \\ 1 \\ -2 \end{pmatrix}$. 线性方程组 $\boldsymbol{AX}=\boldsymbol{\beta}$ 有解但不唯一.

(1) 求 a 的值;

(2) 求正交矩阵 $\boldsymbol{Q}$, 使得 $\boldsymbol{Q}^\top\boldsymbol{AQ}$ 为对角矩阵.

6. 设 n 阶矩阵 $\boldsymbol{A}=\begin{pmatrix} 1 & b & \cdots & b \\ b & 1 & \cdots & b \\ \vdots & \vdots & & \vdots \\ b & b & \cdots & 1 \end{pmatrix}$.

(1) 求 $\boldsymbol{A}$ 的特征值和特征向量;

(2) 求可逆矩阵 $\boldsymbol{P}$, 使得 $\boldsymbol{P}^{-1}\boldsymbol{AP}$ 为对角矩阵.

7. 设 3 阶矩阵 $\boldsymbol{A}$ 与 3 维向量 $\boldsymbol{X}$ 使得 $\boldsymbol{X},\boldsymbol{AX},\boldsymbol{A}^2\boldsymbol{X}$ 线性无关, 且 $\boldsymbol{A}^3\boldsymbol{X}=3\boldsymbol{AX}-2\boldsymbol{A}^2\boldsymbol{X}$.

(1) 记 $\boldsymbol{P}=(\boldsymbol{X},\boldsymbol{AX},\boldsymbol{A}^2\boldsymbol{X})$, 求 3 阶矩阵 $\boldsymbol{B}$, 使得 $\boldsymbol{A}=\boldsymbol{PBP}^{-1}$;

(2) 计算行列式 $|\boldsymbol{A}+\boldsymbol{I}|$.

Chapter 5

第5章 二　次　型

第5章课件

二次型的理论来源于解析几何中二次曲线和二次曲面的研究. 在平面解析几何中, 中心在坐标原点的二次曲线的一般方程为

$$ax^2+bxy+cy^2=1.$$

为研究它的几何性质, 选择适当的坐标旋转变换

$$\begin{cases} x=\tilde{x}\cos\theta-\tilde{y}\sin\theta, \\ y=\tilde{x}\sin\theta+\tilde{y}\cos\theta, \end{cases}$$

把方程化为标准形式

$$\tilde{a}\tilde{x}^2+\tilde{b}\tilde{y}^2=1.$$

这类问题具有普遍性, 在许多理论和实际问题中常会遇到. 本章将这类问题一般化, 讨论含 n 个变量的二次齐次多项式的标准形问题.

5.1　二次型及其矩阵

定义 5.1.1　数域 $\mathbb{F}$ 上的关于 n 个变量 $x_1,\cdots,x_n$ 的二次齐次多项式

$$\begin{aligned} &f(x_1,\cdots,x_n) \\ =&\,a_{11}x_1^2+2a_{12}x_1x_2+\cdots+2a_{1n}x_1x_n+a_{22}x_2^2+\cdots+2a_{2n}x_2x_n+\cdots+a_{nn}x_n^2 \end{aligned} \tag{5.1.1}$$

称为数域 $\mathbb{F}$ 上的 n **元二次型**, 简称**二次型**. 当 $\mathbb{F}=\mathbb{R}$ 时, $f(x_1,\cdots,x_n)$ 为**实二次型**; 当 $\mathbb{F}=\mathbb{C}$ 时, $f(x_1,\cdots,x_n)$ 为**复二次型**.

本章只讨论实二次型. 例如

$$f(x_1, x_2, x_3) = 2x_1^2 + 4x_2^2 + 5x_3^2 - 4x_1x_3$$

和

$$f(x_1, x_2, x_3) = x_1x_2 + x_1x_3 + x_2x_3$$

都是二次型, 而

$$f(x_1, x_2, x_3) = x_1^2 + x_2^2 + x_3^2 - 9$$

和

$$f(x_1, x_2, x_3) = x_1^2 + 2x_1x_2 + x_3^2 - 2x_1 + 4x_3 + 5$$

都不是二次型.

为了讨论的方便, 在式 (5.1.1) 中, 定义 $a_{ji} = a_{ij}$ $(i < j)$, 则

$$2a_{ij}x_ix_j = a_{ij}x_ix_j + a_{ji}x_jx_i \quad (i < j),$$

于是式 (5.1.1) 可以改写成

$$\begin{aligned} f(x_1, \cdots, x_n) &= a_{11}x_1^2 + a_{12}x_1x_2 + \cdots + a_{1n}x_1x_n \\ &\quad + a_{21}x_2x_1 + a_{22}x_2^2 + \cdots + a_{2n}x_2x_n \\ &\quad + \cdots \\ &\quad + a_{n1}x_nx_1 + a_{n2}x_nx_2 + \cdots + a_{nn}x_n^2 \\ &= \sum_{i=1}^{n}\sum_{j=1}^{n} a_{ij}x_ix_j. \end{aligned} \tag{5.1.2}$$

将式 (5.1.2) 的系数排成一个 n 阶实对称矩阵, 即

$$\boldsymbol{A} = \begin{pmatrix} a_{11} & a_{12} & \cdots & a_{1n} \\ a_{21} & a_{22} & \cdots & a_{2n} \\ \vdots & \vdots & & \vdots \\ a_{n1} & a_{n2} & \cdots & a_{nn} \end{pmatrix},$$

记 $\boldsymbol{X} = (x_1, x_2, \cdots, x_n)^{\top}$, 则

$$\boldsymbol{X}^{\top}\boldsymbol{A}\boldsymbol{X} = (x_1, x_2, \cdots, x_n)\begin{pmatrix} a_{11} & a_{12} & \cdots & a_{1n} \\ a_{21} & a_{22} & \cdots & a_{2n} \\ \vdots & \vdots & & \vdots \\ a_{n1} & a_{n2} & \cdots & a_{nn} \end{pmatrix}\begin{pmatrix} x_1 \\ x_2 \\ \vdots \\ x_n \end{pmatrix}$$

$$= \sum_{i=1}^{n}\sum_{j=1}^{n} a_{ij}x_i x_j.$$

于是二次型 (5.1.1) 可以写成

$$f(x_1, \cdots, x_n) = \boldsymbol{X}^\top \boldsymbol{A}\boldsymbol{X},$$

其中 $\boldsymbol{A}$ 称为二次型 $f(x_1, \cdots, x_n)$ 的矩阵. 显然 $\boldsymbol{A}^\top = \boldsymbol{A}$. 矩阵 $\boldsymbol{A}$ 的秩称为**二次型的秩**. 于是二次型 $f(x_1, \cdots, x_n)$ 和它的矩阵 $\boldsymbol{A}$ 是相互唯一确定的, 即 n 元实二次型与 n 阶实对称矩阵一一对应.

例 5.1.1 二次型 $f(x_1, x_2, x_3) = 2x_1^2 + 4x_2^2 + 5x_3^2 - 4x_1x_3$ 的矩阵是

$$\boldsymbol{A} = \begin{pmatrix} 2 & 0 & -2 \\ 0 & 4 & 0 \\ -2 & 0 & 5 \end{pmatrix}.$$

反之, 上述矩阵 $\boldsymbol{A}$ 所对应的二次型是

$$\begin{aligned} \boldsymbol{X}^\top \boldsymbol{A}\boldsymbol{X} &= (x_1, x_2, x_3)\begin{pmatrix} 2 & 0 & -2 \\ 0 & 4 & 0 \\ -2 & 0 & 5 \end{pmatrix}\begin{pmatrix} x_1 \\ x_2 \\ x_3 \end{pmatrix} \\ &= 2x_1^2 + 4x_2^2 + 5x_3^2 - 4x_1x_3 = f(x_1, x_2, x_3). \end{aligned}$$

例 5.1.2 求二次型 $f(x_1, x_2, x_3) = x_1^2 - 4x_1x_2 + 2x_1x_3 - 2x_2^2 + 6x_3^2$ 的秩.

解 二次型的矩阵 $\boldsymbol{A} = \begin{pmatrix} 1 & -2 & 1 \\ -2 & -2 & 0 \\ 1 & 0 & 6 \end{pmatrix}$, 对 $\boldsymbol{A}$ 做初等变换

$$\boldsymbol{A} \to \begin{pmatrix} 1 & -2 & 1 \\ 0 & -6 & 2 \\ 0 & 2 & 5 \end{pmatrix} \to \begin{pmatrix} 1 & -2 & 1 \\ 0 & 2 & 5 \\ 0 & 0 & 17 \end{pmatrix},$$

可知 $r(\boldsymbol{A}) = 3$, 所以二次型的秩为 3. □

为了深入地研究二次型, 希望通过变量的线性变换来化简二次型.

定义 5.1.2 称

$$\begin{cases} x_1 = c_{11}y_1 + c_{12}y_2 + \cdots + c_{1n}y_n, \\ x_2 = c_{21}y_1 + c_{22}y_2 + \cdots + c_{2n}y_n, \\ \qquad\cdots\cdots \\ x_n = c_{n1}y_1 + c_{n2}y_2 + \cdots + c_{nn}y_n \end{cases} \tag{5.1.3}$$

为由变量 $x_1,x_2,\cdots,x_n$ 到变量 $y_1,y_2,\cdots,y_n$ 的一个**线性变换**.

记

$$\boldsymbol{C}=\begin{pmatrix} c_{11} & c_{12} & \cdots & c_{1n} \\ c_{21} & c_{22} & \cdots & c_{2n} \\ \vdots & \vdots & & \vdots \\ c_{n1} & c_{n2} & \cdots & c_{nn} \end{pmatrix},\quad \boldsymbol{X}=\begin{pmatrix} x_1 \\ x_2 \\ \vdots \\ x_n \end{pmatrix},\quad \boldsymbol{Y}=\begin{pmatrix} y_1 \\ y_2 \\ \vdots \\ y_n \end{pmatrix},$$

则式 (5.1.3) 可写成矩阵形式 $\boldsymbol{X}=\boldsymbol{CY}$.

当 $\boldsymbol{C}$ 为可逆矩阵时, 称该线性变换为**非退化的** (**或可逆的**)**线性变换**.

对一般二次型 $f=\boldsymbol{X}^{\top}\boldsymbol{AX}$, 经可逆线性变换 $\boldsymbol{X}=\boldsymbol{CY}$, 可将其化为

$$f=\boldsymbol{X}^{\top}\boldsymbol{AX}=(\boldsymbol{CY})^{\top}\boldsymbol{A}(\boldsymbol{CY})=\boldsymbol{Y}^{\top}(\boldsymbol{C}^{\top}\boldsymbol{AC})\boldsymbol{Y}=\boldsymbol{Y}^{\top}\boldsymbol{BY},$$

其中 $\boldsymbol{B}=\boldsymbol{C}^{\top}\boldsymbol{AC}$. 因为 $\boldsymbol{B}^{\top}=(\boldsymbol{C}^{\top}\boldsymbol{AC})^{\top}=\boldsymbol{C}^{\top}\boldsymbol{AC}=\boldsymbol{B}$, 所以 $\boldsymbol{Y}^{\top}\boldsymbol{BY}$ 为关于 $y_1,y_2,\cdots,y_n$ 的二次型, 对应的矩阵为 $\boldsymbol{B}=\boldsymbol{C}^{\top}\boldsymbol{AC}$.

关于 $\boldsymbol{A}$ 与 $\boldsymbol{C}^{\top}\boldsymbol{AC}$ 的关系, 我们给出下列定义.

定义 5.1.3 设 $\boldsymbol{A},\boldsymbol{B}$ 为两个 n 阶矩阵. 如果存在可逆矩阵 $\boldsymbol{C}$, 使得 $\boldsymbol{C}^{\top}\boldsymbol{AC}=\boldsymbol{B}$, 则称 $\boldsymbol{A}$ 与 $\boldsymbol{B}$ **是合同的**, 或 $\boldsymbol{A}$ **合同于** $\boldsymbol{B}$, 记 $\boldsymbol{A}\simeq\boldsymbol{B}$.

易见, 二次型 $f=\boldsymbol{X}^{\top}\boldsymbol{AX}$ 的矩阵 $\boldsymbol{A}$ 与经可逆线性变换 $\boldsymbol{X}=\boldsymbol{CY}$ 得到的新二次型的矩阵 $\boldsymbol{B}=\boldsymbol{C}^{\top}\boldsymbol{AC}$ 是合同的.

矩阵合同具有以下基本性质.

(1) 反身性: $\boldsymbol{A}\simeq\boldsymbol{A}$;

(2) 对称性: 若 $\boldsymbol{A}\simeq\boldsymbol{B}$, 则 $\boldsymbol{B}\simeq\boldsymbol{A}$;

(3) 传递性: 若 $\boldsymbol{A}\simeq\boldsymbol{B}$, $\boldsymbol{B}\simeq\boldsymbol{C}$, 则 $\boldsymbol{A}\simeq\boldsymbol{C}$.

习 题 5.1

1. 写出下列二次型的矩阵, 并求出二次型的秩.

(1) $f(x_1,x_2,x_3)=x_1^2+2x_2^2+x_1x_2-2x_2x_3$;

(2) $f(x_1,x_2,x_3)=x_1^2+2x_2^2+4x_3^2+2x_1x_2+4x_2x_3$;

(3) $f(x_1,x_2,x_3,x_4)=x_1x_2-2x_2x_3+3x_3x_4$;

(4) $f(x_1,x_2,x_3,x_4)=x_1^2+2x_2^2+x_4^2+4x_1x_2+4x_1x_3+2x_1x_4+2x_2x_3+2x_2x_4+2x_3x_4$.

2. 写出对称矩阵 $\boldsymbol{A}=\begin{pmatrix} 1 & -2 & 1 \\ -2 & 0 & 1 \\ 1 & 1 & 1 \end{pmatrix}$ 所对应的二次型.

3. 写出二次型 $f(x_1,x_2,x_3)=(x_1,x_2,x_3)\begin{pmatrix} 1 & 2 & 3 \\ 4 & 5 & 6 \\ 7 & 8 & 9 \end{pmatrix}\begin{pmatrix} x_1 \\ x_2 \\ x_3 \end{pmatrix}$ 的矩阵.

4. 设 $\boldsymbol{A}=\begin{pmatrix}0&1&1\\1&2&1\\1&1&0\end{pmatrix}$, $\boldsymbol{B}=\begin{pmatrix}2&1&1\\1&0&1\\1&1&0\end{pmatrix}$. 求可逆矩阵 $\boldsymbol{C}$, 使得 $\boldsymbol{C}^\top\boldsymbol{AC}=\boldsymbol{B}$.

5. 设二次型 $f(x_1,x_2,x_3)=2x_1^2+x_2^2-4x_1x_2-4x_2x_3$, 分别做下列可逆线性变换, 求出新的二次型:

(1) $\boldsymbol{X}=\begin{pmatrix}1&1&-2\\0&1&-2\\0&0&1\end{pmatrix}\boldsymbol{Y}$; (2) $\boldsymbol{X}=\begin{pmatrix}\frac{1}{\sqrt{2}}&1&-2\\0&1&-1\\0&0&\frac{1}{2}\end{pmatrix}\boldsymbol{Y}$.

5.2 二次型的标准形

如果二次型 $f(x_1,x_2,\cdots x_n)=\boldsymbol{X}^\top\boldsymbol{AX}$ 经可逆线性变换 $\boldsymbol{X}=\boldsymbol{CY}$ 化为只含平方项的二次型 $\boldsymbol{Y}^\top\boldsymbol{BY}$, 即

$$\boldsymbol{Y}^\top\boldsymbol{BY}=d_1y_1^2+d_2y_2^2+\cdots+d_ny_n^2, \tag{5.2.1}$$

则称式 (5.2.1) 为二次型 $\boldsymbol{X}^\top\boldsymbol{AX}$ 的**标准形**.

易见, 二次型 (5.2.1) 的矩阵 $\boldsymbol{B}$ 为 n 阶对角矩阵, 即

$$\boldsymbol{B}=\boldsymbol{C}^\top\boldsymbol{AC}=\operatorname{diag}(d_1,d_2,\cdots,d_n).$$

从而, 一个二次型能否化为标准形, 等价于该二次型的矩阵是否与一个对角矩阵合同. 我们从三个方面来讨论这个问题.

5.2.1 用配方化二次型为标准形

先看下面的例子.

例 5.2.1 将 $\mathbb{R}^3$ 上的二次型 $f(x,y,z)=x^2+2y^2+5z^2+2xy+2xz+6yz$ 化为标准形, 并求出所用的可逆线性变换.

解 先将含 x 的项配方

$$\begin{aligned}f(x,y,z)&=x^2+2x(y+z)+2y^2+5z^2+6yz\\&=(x+y+z)^2+2y^2+5z^2+6yz-(y+z)^2\\&=(x+y+z)^2+y^2+4z^2+4yz,\end{aligned}$$

再对后面含 y 的项配方, 可得 $f(x,y,z)=(x+y+z)^2+(y+2z)^2$. 设

$$\begin{cases}x_1=x+y+z,\\y_1=y+2z,\\z_1=z,\end{cases}$$

即

$$\begin{pmatrix} x_1 \\ y_1 \\ z_1 \end{pmatrix} = \begin{pmatrix} 1 & 1 & 1 \\ 0 & 1 & 2 \\ 0 & 0 & 1 \end{pmatrix} \begin{pmatrix} x \\ y \\ z \end{pmatrix},$$

也就是做可逆线性变换

$$\begin{pmatrix} x \\ y \\ z \end{pmatrix} = \begin{pmatrix} 1 & 1 & 1 \\ 0 & 1 & 2 \\ 0 & 0 & 1 \end{pmatrix}^{-1} \begin{pmatrix} x_1 \\ y_1 \\ z_1 \end{pmatrix},$$

则原二次型可化为标准形 $f(x,y,z) = x_1^2 + y_1^2$. □

例 5.2.2　将二次型 $f(x_1,x_2,x_3) = x_1x_2 + x_1x_3 + x_2x_3$ 化为标准形.

解　此二次型没有平方项, 故先做一个线性变换, 使其出现平方项, 然后再如例 5.2.1 所示的方法进行配方. 设

$$\begin{cases} x_1 = y_1 - y_2, \\ x_2 = y_1 + y_2, \\ x_3 = y_3, \end{cases}$$

即

$$\begin{pmatrix} x_1 \\ x_2 \\ x_3 \end{pmatrix} = \begin{pmatrix} 1 & -1 & 0 \\ 1 & 1 & 0 \\ 0 & 0 & 1 \end{pmatrix} \begin{pmatrix} y_1 \\ y_2 \\ y_3 \end{pmatrix},$$

则原二次型化为

$$\begin{aligned} f(x_1,x_2,x_3) &= (y_1 - y_2)(y_1 + y_2) + (y_1 - y_2)y_3 + (y_1 + y_2)y_3 \\ &= y_1^2 - y_2^2 + 2y_1y_3 \\ &= (y_1 + y_3)^2 - y_2^2 - y_3^2. \end{aligned}$$

再设

$$\begin{cases} z_1 = y_1 + y_3, \\ z_2 = y_2, \\ z_3 = y_3, \end{cases} \quad \text{即} \quad \begin{cases} y_1 = z_1 - z_3, \\ y_2 = z_2, \\ y_3 = z_3, \end{cases}$$

也就是

$$\begin{pmatrix} y_1 \\ y_2 \\ y_3 \end{pmatrix} = \begin{pmatrix} 1 & 0 & -1 \\ 0 & 1 & 0 \\ 0 & 0 & 1 \end{pmatrix} \begin{pmatrix} z_1 \\ z_2 \\ z_3 \end{pmatrix}.$$

于是原二次型化为标准形 $f(x_1,x_2,x_3)=z_1^2-z_2^2-z_3^2$, 且所做的可逆线性变换为

$$\begin{pmatrix} x_1 \\ x_2 \\ x_3 \end{pmatrix} = \begin{pmatrix} 1 & -1 & 0 \\ 1 & 1 & 0 \\ 0 & 0 & 1 \end{pmatrix} \begin{pmatrix} y_1 \\ y_2 \\ y_3 \end{pmatrix} = \begin{pmatrix} 1 & -1 & 0 \\ 1 & 1 & 0 \\ 0 & 0 & 1 \end{pmatrix} \begin{pmatrix} 1 & 0 & -1 \\ 0 & 1 & 0 \\ 0 & 0 & 1 \end{pmatrix} \begin{pmatrix} z_1 \\ z_2 \\ z_3 \end{pmatrix}$$

$$= \begin{pmatrix} 1 & -1 & -1 \\ 1 & 1 & -1 \\ 0 & 0 & 1 \end{pmatrix} \begin{pmatrix} z_1 \\ z_2 \\ z_3 \end{pmatrix}. \qquad \square$$

一般地, 利用配方法可以得到以下结论.

定理 5.2.1 任一个 n 元二次型都可以通过可逆线性变换化为标准形.

用配方法化二次型为标准形的一般步骤为

(1) 若二次型含有 x_i 的平方项, 则先把含有 x_i 的项集中, 然后配方, 再对其余变量重复上述过程, 直到所有变量都配成平方项为止.

(2) 若二次型中不含有平方项, 但是存在 $a_{ij}\neq 0\ (i\neq j)$. 则先做可逆线性变换

$$\begin{cases} x_i = y_i - y_j, \\ x_j = y_i + y_j, \\ x_k = y_k,\ k=1,2,\cdots,n; k\neq i,j, \end{cases}$$

化二次型为含有平方项的二次型, 然后再按 (1) 的方法配方.

用矩阵的语言, 定理 5.2.1 可叙述为以下形式.

定理 5.2.2 任意实对称矩阵都合同于对角矩阵.

5.2.2 用初等变换化二次型为标准形

设有可逆线性变换 $\boldsymbol{X}=\boldsymbol{CY}$, 它将二次型 $\boldsymbol{X}^\top\boldsymbol{AX}$ 化为标准形 $\boldsymbol{Y}^\top\boldsymbol{BY}$, 则 $\boldsymbol{B}=\boldsymbol{C}^\top\boldsymbol{AC}$ 为对角矩阵. 因为任一可逆矩阵均可表示为若干个初等矩阵的乘积, 故存在初等矩阵 $\boldsymbol{P}_1,\boldsymbol{P}_2,\cdots,\boldsymbol{P}_s$ 使得 $\boldsymbol{C}=\boldsymbol{P}_1\boldsymbol{P}_2\cdots\boldsymbol{P}_s$, 且

$$\boldsymbol{C}^\top\boldsymbol{AC}=\boldsymbol{P}_s^\top\cdots\boldsymbol{P}_2^\top\boldsymbol{P}_1^\top\boldsymbol{AP}_1\boldsymbol{P}_2\cdots\boldsymbol{P}_s$$

为对角矩阵.

由此可见, 对 $2n\times n$ 矩阵 $\begin{pmatrix} \boldsymbol{A} \\ \boldsymbol{I} \end{pmatrix}$ 施以对应于右乘 $\boldsymbol{P}_1,\boldsymbol{P}_2,\cdots,\boldsymbol{P}_s$ 的初等列变换, 再对 $\boldsymbol{A}$ 施以对应于左乘 $\boldsymbol{P}_1^\top,\boldsymbol{P}_2^\top,\cdots,\boldsymbol{P}_s^\top$ 的初等行变换, 则矩阵 $\boldsymbol{A}$ 变为对角矩阵, 而 $\boldsymbol{I}$ 就变为所要求的可逆矩阵 $\boldsymbol{C}$, 即

$$\begin{pmatrix} \boldsymbol{A} \\ \boldsymbol{I} \end{pmatrix} \xrightarrow[\text{对}\begin{pmatrix} \boldsymbol{A} \\ \boldsymbol{I} \end{pmatrix}\text{施以一系列同样的初等列变换}]{\text{对 } \boldsymbol{A} \text{ 施以一系列初等行变换}} \begin{pmatrix} \boldsymbol{P}_s^\top\cdots\boldsymbol{P}_2^\top\boldsymbol{P}_1^\top\boldsymbol{AP}_1\boldsymbol{P}_2\cdots\boldsymbol{P}_s \\ \boldsymbol{IP}_1\boldsymbol{P}_2\cdots\boldsymbol{P}_s \end{pmatrix}.$$

例 5.2.3　用初等变换法将下面的二次型化为标准形.

$$f(x_1,x_2,x_3)=x_1^2+4x_1x_2-4x_1x_3+4x_2^2-2x_2x_3.$$

解　二次型的矩阵为

$$\boldsymbol{A}=\begin{pmatrix}1&2&-2\\2&4&-1\\-2&-1&0\end{pmatrix}.$$

于是

$$\begin{pmatrix}\boldsymbol{A}\\\boldsymbol{I}\end{pmatrix}=\begin{pmatrix}1&2&-2\\2&4&-1\\-2&-1&0\\1&0&0\\0&1&0\\0&0&1\end{pmatrix}\to\begin{pmatrix}1&2&-2\\0&0&3\\0&3&-4\\1&0&0\\0&1&0\\0&0&1\end{pmatrix}$$

$$\to\begin{pmatrix}1&0&0\\0&0&3\\0&3&-4\\1&-2&2\\0&1&0\\0&0&1\end{pmatrix}\to\begin{pmatrix}1&0&0\\0&3&-4\\0&0&3\\1&-2&2\\0&1&0\\0&0&1\end{pmatrix}$$

$$\to\begin{pmatrix}1&0&0\\0&-4&3\\0&3&0\\1&2&-2\\0&0&1\\0&1&0\end{pmatrix}\to\begin{pmatrix}1&0&0\\0&-4&3\\0&0&\frac{9}{4}\\1&2&-2\\0&0&1\\0&1&0\end{pmatrix}\to\begin{pmatrix}1&0&0\\0&-4&0\\0&0&\frac{9}{4}\\1&2&-\frac{1}{2}\\0&0&1\\0&1&\frac{3}{4}\end{pmatrix}.$$

设 $\boldsymbol{C}=\begin{pmatrix}1&2&-\frac{1}{2}\\0&0&1\\0&1&\frac{3}{4}\end{pmatrix}$, 做可逆线性变换 $\boldsymbol{X}=\boldsymbol{C}\boldsymbol{Y}$, 则

$$\boldsymbol{C}^{\top}\boldsymbol{A}\boldsymbol{C}=\operatorname{diag}\left(1,-4,\frac{9}{4}\right).$$

从而原二次型可化为标准形 $f(x_1,x_2,x_3)=y_1^2-4y_2^2+\frac{9}{4}y_3^2$. □

类似地, 若构造 $n\times 2n$ 矩阵 $\left(\boldsymbol{A},\boldsymbol{I}\right)$. 对 $\boldsymbol{A}$ 每施行一次初等列变换, 就对 $\left(\boldsymbol{A},\boldsymbol{I}\right)$ 施行一次相同的初等行变换. 当 $\boldsymbol{A}$ 化为对角矩阵时, $\boldsymbol{I}$ 就化为所要求的可逆矩阵 $\boldsymbol{C}^{\top}$, 即

$$\left(\boldsymbol{A},\boldsymbol{I}\right)\xrightarrow[\text{对 }\boldsymbol{A}\text{ 施以一系列同样的初等列变换}]{\text{对 }(\boldsymbol{A},\boldsymbol{I})\text{ 施以一系列初等行变换}}\left(\boldsymbol{P}_s^{\top}\cdots\boldsymbol{P}_2^{\top}\boldsymbol{P}_1^{\top}\boldsymbol{A}\boldsymbol{P}_1\boldsymbol{P}_2\cdots\boldsymbol{P}_s,\boldsymbol{P}_s^{\top}\cdots\boldsymbol{P}_2^{\top}\boldsymbol{P}_1^{\top}\boldsymbol{I}\right).$$

例 5.2.4 用初等变换法化二次型 $f(x_1,x_2,x_3)=x_1x_2+x_1x_3+x_2x_3$ 为标准形.

解 二次型的矩阵为 $\boldsymbol{A}=\begin{pmatrix}0&\frac{1}{2}&\frac{1}{2}\\\frac{1}{2}&0&\frac{1}{2}\\\frac{1}{2}&\frac{1}{2}&0\end{pmatrix}$. 于是

$$\begin{aligned}\left(\boldsymbol{A},\boldsymbol{I}\right)&=\begin{pmatrix}0&\frac{1}{2}&\frac{1}{2}&1&0&0\\\frac{1}{2}&0&\frac{1}{2}&0&1&0\\\frac{1}{2}&\frac{1}{2}&0&0&0&1\end{pmatrix}\to\begin{pmatrix}\frac{1}{2}&\frac{1}{2}&\frac{1}{2}&1&0&0\\\frac{1}{2}&0&\frac{1}{2}&0&1&0\\1&\frac{1}{2}&0&0&0&1\end{pmatrix}\\&\to\begin{pmatrix}1&\frac{1}{2}&1&1&1&0\\\frac{1}{2}&0&\frac{1}{2}&0&1&0\\1&\frac{1}{2}&0&0&0&1\end{pmatrix}\to\begin{pmatrix}1&0&0&1&1&0\\\frac{1}{2}&-\frac{1}{4}&0&0&1&0\\1&0&-1&0&0&1\end{pmatrix}\\&\to\begin{pmatrix}1&0&0&1&1&0\\0&-\frac{1}{4}&0&-\frac{1}{2}&\frac{1}{2}&0\\0&0&-1&-1&-1&1\end{pmatrix}.\end{aligned}$$

设

$$\boldsymbol{C}^{\top}=\begin{pmatrix}1&1&0\\-\frac{1}{2}&\frac{1}{2}&0\\-1&-1&1\end{pmatrix},\ \text{即}\boldsymbol{C}=\begin{pmatrix}1&-\frac{1}{2}&-1\\1&\frac{1}{2}&-1\\0&0&1\end{pmatrix}.$$

做可逆线性变换 $\boldsymbol{X}=\boldsymbol{C}\boldsymbol{Y}$, 则原二次型的标准形为 $f(x_1,x_2,x_3)=y_1^2-\frac{1}{4}y_2^2-y_3^2$. □

5.2.3 用正交变换化二次型为标准形

由于实二次型的矩阵为实对称矩阵, 而由第 4 章定理 4.4.3 知, 实对称矩阵一定可以通过正交矩阵实现 (相似或合同) 对角化, 从而我们有以下定理.

定理 5.2.3　对于实二次型 $f(x_1,x_2,\cdots,x_n)=\boldsymbol{X}^\top\boldsymbol{A}\boldsymbol{X}$, 存在 n 阶正交矩阵 $\boldsymbol{Q}$, 使得经线性变换 $\boldsymbol{X}=\boldsymbol{Q}\boldsymbol{Y}$ 将 $\boldsymbol{X}^\top\boldsymbol{A}\boldsymbol{X}$ 化为标准形.

如果线性变换的系数矩阵为正交矩阵, 则称该线性变换为**正交线性变换**.

由定理 5.2.3, 用正交线性变换 $\boldsymbol{X}=\boldsymbol{Q}\boldsymbol{Y}$ 化二次型 $f(x_1,x_2,\cdots,x_n)=\boldsymbol{X}^\top\boldsymbol{A}\boldsymbol{X}$ 为标准形, 等同于求正交矩阵 $\boldsymbol{Q}$ 使得 $\boldsymbol{Q}^\top\boldsymbol{A}\boldsymbol{Q}=\boldsymbol{Q}^{-1}\boldsymbol{A}\boldsymbol{Q}$ 为对角矩阵. 具体步骤等同于 4.4 节实对称矩阵的正交相似对角化, 重述如下:

(1) 写出二次型所对应的矩阵 $\boldsymbol{A}$;

(2) 求出 $\boldsymbol{A}$ 的所有特征值, 不妨设 $\lambda_1,\lambda_2,\cdots,\lambda_r$ 为 $\boldsymbol{A}$ 的所有不同特征值;

(3) 对每个 k_i 重特征值 λ_i, 解齐次线性方程组

$$(\lambda_i\boldsymbol{I}-\boldsymbol{A})\boldsymbol{X}=\boldsymbol{0},$$

求出一个基础解系 $\boldsymbol{\alpha}_{i1},\cdots,\boldsymbol{\alpha}_{ik_i}$, 即对应于 λ_i 的 k_i 个线性无关的特征向量; 将其正交化和单位化, 得到 $\boldsymbol{\eta}_{i1},\cdots,\boldsymbol{\eta}_{ik_i}$;

(4) 记 $\boldsymbol{Q}=(\boldsymbol{\eta}_{11},\cdots,\boldsymbol{\eta}_{1k_i},\cdots,\boldsymbol{\eta}_{r1},\cdots,\boldsymbol{\eta}_{rk_r})$, 则 $\boldsymbol{Q}$ 为所求的正交矩阵;

(5) 做正交变换 $\boldsymbol{X}=\boldsymbol{Q}\boldsymbol{Y}$, 则 f 的标准形为 $\lambda_1y_1^2+\lambda_2y_2^2+\cdots+\lambda_ny_n^2$.

例 5.2.5　用正交线性变换化下面二次型为标准形, 并写出所做的正交线性变换.

$$f(x_1,x_2,x_3,x_4)=x_1^2+2x_1x_2-2x_1x_4+x_2^2-2x_2x_3+2x_3x_4+x_3^2+x_4^2.$$

解　二次型的矩阵为 $\boldsymbol{A}=\begin{pmatrix}1&1&0&-1\\1&1&-1&0\\0&-1&1&1\\-1&0&1&1\end{pmatrix}$.

求其特征值. 由

$$|\lambda\boldsymbol{I}-\boldsymbol{A}|=\begin{vmatrix}\lambda-1&-1&0&1\\-1&\lambda-1&1&0\\0&1&\lambda-1&-1\\1&0&-1&\lambda-1\end{vmatrix}=(\lambda-1)^2(\lambda-3)(\lambda+1),$$

$\boldsymbol{A}$ 的特征值为 $\lambda_1=\lambda_2=1,\lambda_3=3,\lambda_4=-1$.

求特征向量. 对 $\lambda_1=\lambda_2=1$, 解齐次线性方程组 $(\boldsymbol{I}-\boldsymbol{A})\boldsymbol{X}=\boldsymbol{0}$, 其基础解系为

$$\boldsymbol{\alpha}_1=(0,1,0,1)^\top,\quad \boldsymbol{\alpha}_2=(1,0,1,0)^\top.$$

将其正交化和单位化,

$$\boldsymbol{\eta}_1=\left(\frac{1}{\sqrt{2}},0,\frac{1}{\sqrt{2}},0\right)^\top,\quad \boldsymbol{\eta}_2=\left(0,\frac{1}{\sqrt{2}},0,\frac{1}{\sqrt{2}}\right)^\top.$$

对 $\lambda_3=3$, 解齐次线性方程组 $(3\boldsymbol{I}-\boldsymbol{A})\boldsymbol{X}=\boldsymbol{0}$, 其基础解系为

$$\boldsymbol{\alpha}_3=(1,1,-1,-1)^\top.$$

将其单位化,

$$\boldsymbol{\eta}_3=\left(\frac{1}{2},\frac{1}{2},-\frac{1}{2},-\frac{1}{2}\right)^\top.$$

对 $\lambda_3=-1$, 解齐次线性方程组 $(-\boldsymbol{I}-\boldsymbol{A})\boldsymbol{X}=\boldsymbol{0}$, 其基础解系为

$$\boldsymbol{\alpha}_4=(1,-1,-1,1)^\top.$$

将其单位化,

$$\boldsymbol{\eta}_4=\left(\frac{1}{2},-\frac{1}{2},-\frac{1}{2},\frac{1}{2}\right)^\top.$$

设

$$\boldsymbol{Q}=\begin{pmatrix} \frac{1}{\sqrt{2}} & 0 & \frac{1}{2} & \frac{1}{2} \\ 0 & \frac{1}{\sqrt{2}} & \frac{1}{2} & -\frac{1}{2} \\ \frac{1}{\sqrt{2}} & 0 & -\frac{1}{2} & -\frac{1}{2} \\ 0 & \frac{1}{\sqrt{2}} & -\frac{1}{2} & \frac{1}{2} \end{pmatrix},$$

做 $\boldsymbol{X}=\boldsymbol{QY}$, 原二次型化为 $y_1^2+y_2^2+3y_3^2-y_4^2$. □

5.2.4 惯性定理

由例 5.2.2 和例 5.2.4 可以看出, 二次型的标准形不是唯一的, 与所做的可逆线性变换有关. 但是, 由于通过可逆线性变换, 二次型的矩阵化为一个与之合同的矩阵, 因而它们有相同的秩. 因此, 尽管一个二次型可以化为不同的标准形, 但是标准形中非零平方项的个数是相同的. 本节将进一步证明, 一个二次型的标准形中所含的正、负平方项的个数也相同.

定义 5.2.1　如果二次型 $f(x_1,x_2,\cdots,x_n)=\boldsymbol{X}^{\top}\boldsymbol{A}\boldsymbol{X}$ 经过可逆线性变换化为

$$y_1^2+\cdots+y_p^2-y_{p+1}^2-\cdots-y_r^2,\quad 其中\ p\leqslant r\leqslant n, \tag{5.2.2}$$

则称式 (5.2.2) 为该二次型的**规范形**.

定理 5.2.4 (惯性定理)　任意实二次型 $f(x_1,x_2,\cdots,x_n)$ 都可以通过可逆线性变换化为规范形, 且规范形是唯一的.

证明　由定理 5.2.1, $f(x_1,x_2,\cdots,x_n)$ 可通过可逆线性变换 $\boldsymbol{X}=\boldsymbol{C}\boldsymbol{Y}$ 化为标准形

$$f(x_1,x_2,\cdots,x_n)=d_1y_1^2+\cdots+d_py_p^2-d_{p+1}y_{p+1}^2-\cdots-d_ry_r^2,$$

其中 $d_i>0\ (i=1,2,\cdots,r)$, r 为二次型 $f(x_1,x_2,\cdots,x_n)$ 的秩.

再做可逆线性变换

$$\begin{cases} y_1=\dfrac{1}{\sqrt{d_1}}z_1,\\ \quad\cdots\cdots\\ y_r=\dfrac{1}{\sqrt{d_r}}z_r,\\ y_{r+1}=z_{r+1},\\ \quad\cdots\cdots\\ y_n=z_n,\end{cases}$$

则二次型化为规范形

$$f(x_1,\cdots,x_n)=z_1^2+\cdots+z_p^2-z_{p+1}^2-\cdots-z_r^2.$$

假设 $f(x_1,x_2,\cdots,x_n)$ 经两个可逆线性变换 $\boldsymbol{X}=\boldsymbol{B}_1\boldsymbol{Y}$, $\boldsymbol{X}=\boldsymbol{B}_2\boldsymbol{Z}$ 分别化为如下规范形:

$$\begin{aligned} f(x_1,x_2,\cdots,x_n)&=y_1^2+\cdots+y_p^2-y_{p+1}^2-\cdots-y_r^2,\\ f(x_1,x_2,\cdots,x_n)&=z_1^2+\cdots+z_q^2-z_{q+1}^2-\cdots-z_r^2.\end{aligned} \tag{5.2.3}$$

可知, $\boldsymbol{Z}=\boldsymbol{B}_2^{-1}\boldsymbol{X}=\boldsymbol{B}_2^{-1}\boldsymbol{B}_1\boldsymbol{Y}$. 设 $\boldsymbol{G}=\boldsymbol{B}_2^{-1}\boldsymbol{B}_1=(g_{ij})$, 则

$$\begin{cases} z_1=g_{11}y_1+g_{12}y_2+\cdots+g_{1n}y_n,\\ z_2=g_{21}y_1+g_{22}y_2+\cdots+g_{2n}y_n,\\ \quad\cdots\cdots\\ z_n=g_{n1}y_1+g_{n2}y_2+\cdots+g_{nn}y_n.\end{cases}$$

下证 $p=q$. 假设 $p>q$, 则线性方程组

$$\begin{cases} g_{11}y_1+g_{12}y_2+\cdots+g_{1n}y_n &= 0, \\ \cdots\cdots \\ g_{q1}y_1+g_{q2}y_2+\cdots+g_{qn}y_n &= 0, \\ y_{p+1} &= 0, \\ \cdots\cdots \\ y_n &= 0, \end{cases}$$

有非零解 (因为 $q<p\leqslant n$). 设非零解为 $(y_1,y_2,\cdots,y_n)=(k_1,k_2,\cdots,k_n)$, 则 $k_{p+1},\cdots,k_n$ 全为 0, 而 $k_1,\cdots,k_p$ 不全为 0. 代入式 (5.2.3) 第一式

$$f(x_1,x_2,\cdots,x_n)=k_1^2+k_2^2+\cdots+k_p^2>0,$$

但是, 代入式 (5.2.3) 第二式

$$f(x_1,x_2,\cdots,x_n)=-z_{q+1}^2-z_{q+2}^2-\cdots-z_r^2\leqslant 0,$$

从而导致矛盾. 故 $p\leqslant q$. 类似地, 可证 $q\leqslant p$, 所以 $p=q$, 即 $f(x_1,x_2,\cdots,x_n)$ 的规范形是唯一性的. □

例 5.2.6 在例 5.2.4 中, 二次型 $f(x_1,x_2,x_3)=x_1x_2+x_1x_3+x_2x_3$ 的标准形为 $f(x_1,x_2,x_3)=y_1^2-\dfrac{1}{4}y_2^2-y_3^2$, 做可逆线性变换

$$\begin{cases} y_1=z_1, \\ y_2=2z_2, \\ y_3=z_3, \end{cases} \quad \text{即} \quad \begin{pmatrix} y_1 \\ y_2 \\ y_3 \end{pmatrix}=\begin{pmatrix} 1 & 0 & 0 \\ 0 & 2 & 0 \\ 0 & 0 & 1 \end{pmatrix}\begin{pmatrix} z_1 \\ z_2 \\ z_3 \end{pmatrix},$$

则二次型 $f(x_1,x_2,x_3)$ 可化为规范形 $z_1^2-z_2^2-z_3^2$.

用矩阵的语言, 定理 5.2.4 可以叙述为以下定理.

定理 5.2.5 设 $\boldsymbol{A}$ 为 n 阶实对称矩阵, 则存在可逆矩阵 $\boldsymbol{C}$, 使得

$$\boldsymbol{C}^{\top}\boldsymbol{A}\boldsymbol{C}=\begin{pmatrix} \boldsymbol{I}_p & & \\ & -\boldsymbol{I}_{r-p} & \\ & & \boldsymbol{0} \end{pmatrix},$$

其中 $r=r(\boldsymbol{A})$, $0\leqslant p\leqslant r$, 且 p 由 $\boldsymbol{A}$ 唯一确定.

二次型 $f(x_1,x_2,\cdots,x_n)$ 的规范形中的正项个数 p 称为该二次型的**正惯性指数**, 负项个数 $r-p$ 称为该二次型的**负惯性指数**, 而它们的差 $p-(r-p)=2p-r$ 称为该二次型的**符号差**.

由定理 5.2.5 容易得以下推论.

推论 5.2.1　两个 n 阶实对称矩阵合同的充要条件是它们有相同的秩和正惯性指数.

习　题　5.2

1. 分别用配方法和初等变换法将下列二次型化为标准形, 并写出所用的可逆线性变换.

(1) $f(x_1,x_2,x_3)=x_1^2+2x_2^2+4x_3^2+2x_1x_2+4x_2x_3$;

(2) $f(x_1,x_2,x_3)=-x_1^2+4x_3^2+2x_1x_2+4x_1x_3+6x_2x_3$;

(3) $f(x_1,x_2,x_3)=2x_1x_2+4x_1x_3$;

(4) $f(x_1,x_2,x_3)=x_1^2-3x_2^2+x_3^2-2x_1x_2+2x_1x_3-6x_2x_3$.

2. 用正交变换法将下列二次型化为标准形, 并写出所用的正交变换.

(1) $f(x_1,x_2,x_3)=2x_1^2+3x_2^2+3x_3^2+4x_2x_3$;

(2) $f(x_1,x_2,x_3)=x_1^2-2x_2^2-2x_3^2-4x_1x_2+4x_1x_3+8x_2x_3$.

3. 将下列二次型化为规范形, 并指出其正惯性指数及秩.

(1) $x_1^2+2x_2^2+2x_1x_2-2x_1x_3$;

(2) $2x_1x_2+2x_2x_3+2x_3x_4+2x_1x_4$.

4. 求正交变换, 把二次曲面的方程 $x_1^2+2x_2^2+x_3^2-2x_1x_3=1$ 化为标准方程.

5. 设二次型 $f(x_1,x_2,x_3)=5x_1^2+5x_2^2+cx_3^2-2x_1x_2+6x_1x_3-6x_2x_3$ 的秩为 2, 求 c, 并用正交变换将二次型化为标准形.

5.3　正定二次型

在实二次型中, 正定二次型占有特殊的地位. 本节中, 我们给出其定义以及常用的判别条件.

定义 5.3.1　设实二次型 $f(x_1,\cdots,x_n)=\boldsymbol{X}^{\mathrm{T}}\boldsymbol{A}\boldsymbol{X}$, 其中 $\boldsymbol{A}=\boldsymbol{A}^{\mathrm{T}}$. 如果对任意的 $\boldsymbol{X}=(x_1,x_2,\cdots,x_n)^{\mathrm{T}}\neq\boldsymbol{0}$, 都有 $\boldsymbol{X}^{\mathrm{T}}\boldsymbol{A}\boldsymbol{X}>0$, 则称该二次型为**正定二次型**, 实对称矩阵 $\boldsymbol{A}$ 为**正定矩阵**.

易见, 正定矩阵首先是实对称矩阵.

例 5.3.1　二次型 $f(x_1,x_2,x_3)=x_1^2+x_2^2+\cdots+x_n^2$ 是正定二次型.

例 5.3.2　二次型 $f(x_1,x_2,x_3)=x_1^2+x_2^2$ 不是正定二次型.

例 5.3.3　二次型 $f(x_1,\cdots,x_n)=d_1x_1^2+d_2x_2^2+\cdots+d_nx_n^2$ 是正定二次型的充要条件为 $d_i>0,\ i=1,2,\cdots,n$.

由上面的例子可以看出, 如果二次型已经是标准形, 则很容易判断二次型的正定性.

引理 5.3.1　可逆线性变换不改变二次型的正定性.

证明 设二次型 $f(x_1,\cdots,x_n)=\boldsymbol{X}^\top\boldsymbol{A}\boldsymbol{X}$ 为正定二次型. 经可逆线性变换 $\boldsymbol{X}=\boldsymbol{C}\boldsymbol{Y}$ 化为

$$f(x_1,\cdots,x_n)=\boldsymbol{X}^\top\boldsymbol{A}\boldsymbol{X}=\boldsymbol{Y}^\top(\boldsymbol{C}^\mathrm{T}\boldsymbol{A}\boldsymbol{C})\boldsymbol{Y}=g(y_1,y_2,\cdots,y_n).$$

对任意的 $\boldsymbol{Y}=(y_1,\cdots,y_n)^\top\neq\boldsymbol{0}$, 由于 $\boldsymbol{C}$ 是可逆的, 故 $\boldsymbol{X}=\boldsymbol{C}\boldsymbol{Y}\neq\boldsymbol{0}$. 从而

$$g(y_1,y_2,\cdots,y_n)=\boldsymbol{Y}^\top(\boldsymbol{C}^\top\boldsymbol{A}\boldsymbol{C})\boldsymbol{Y}=\boldsymbol{X}^\mathrm{T}\boldsymbol{A}\boldsymbol{X}>0.$$

故二次型 $g(y_1,y_2,\cdots,y_n)$ 是正定的.

类似可证, 当 $g(y_1,y_2,\cdots,y_n)$ 是正定时, $f(x_1,\cdots,x_n)$ 也正定. □

定理 5.3.1 n 元实二次型 $f(x_1,\cdots,x_n)$ 是正定的充分必要条件是它的正惯性指数等于 n.

证明 设二次型 $f(x_1,\cdots,x_n)$ 经可逆线性变换化为标准形

$$d_1x_1^2+d_2x_2^2+\cdots+d_nx_n^2. \tag{5.3.1}$$

由引理 5.3.1 知, $f(x_1,\cdots,x_n)$ 正定当且仅当二次型 (5.3.1) 正定, 而由例 5.3.3 知, 二次型 (5.3.1) 正定的充分必要条件是 $d_i>0,\ i=1,2,\cdots,n$, 即正惯性指数为 n. □

定理 5.3.1 说明正定二次型 $f(x_1,\cdots,x_n)$ 的规范形为 $y_1^2+y_2^2+\cdots+y_n^2$.

下面讨论正定矩阵的若干性质.

命题 5.3.1 对角矩阵 $\mathrm{diag}(d_1,d_2,\cdots,d_n)$ 为正定矩阵的充分必要条件是 $d_i>0,\ i=1,2,\cdots,n$.

由命题 5.3.1 知以下命题成立.

命题 5.3.2 设 $\boldsymbol{A},\boldsymbol{B}$ 为 n 阶实对称矩阵, 且 $\boldsymbol{A}$ 与 $\boldsymbol{B}$ 合同. 则 $\boldsymbol{A}$ 正定当且仅当 $\boldsymbol{B}$ 正定.

由定理 5.3.1 知以下命题成立.

命题 5.3.3 实对称矩阵 $\boldsymbol{A}$ 正定当且仅当 $\boldsymbol{A}$ 合同于单位矩阵 $\boldsymbol{I}$, 即存在可逆矩阵 $\boldsymbol{C}$, 使 $\boldsymbol{A}=\boldsymbol{C}^\top\boldsymbol{C}$.

推论 5.3.1 若 $\boldsymbol{A}$ 为正定矩阵, 则 $|\boldsymbol{A}|>0$.

证明 根据命题 5.3.3, 存在可逆矩阵 $\boldsymbol{C}$, 使得 $\boldsymbol{A}=\boldsymbol{C}^\top\boldsymbol{C}$, 所以 $|\boldsymbol{A}|=\left|\boldsymbol{C}^\top\boldsymbol{C}\right|=|\boldsymbol{C}|^2$. 因为 $\boldsymbol{C}$ 是可逆矩阵, $|\boldsymbol{C}|\neq0$, 故 $|\boldsymbol{A}|>0$. □

值得注意的是, 如果实对称矩阵 $\boldsymbol{A}$ 的行列式大于零, $\boldsymbol{A}$ 也未必是正定矩阵. 例如 $\boldsymbol{A}=\mathrm{diag}(1,-2,-3)$, $|\boldsymbol{A}|=6>0$, 但 $\boldsymbol{A}$ 不是正定矩阵.

命题 5.3.4 实对称矩阵 $\boldsymbol{A}$ 正定的充要条件是它的特征值全大于零.

证明 根据定理 4.4.3, 对任一实对称矩阵 $\boldsymbol{A}$, 总存在正交矩阵 $\boldsymbol{Q}$, 使得

$$\boldsymbol{Q}^{-1}\boldsymbol{A}\boldsymbol{Q}=\boldsymbol{Q}^\top\boldsymbol{A}\boldsymbol{Q}=\mathrm{diag}(\lambda_1,\lambda_2,\cdots,\lambda_n),$$

其中 $\lambda_1, \cdots, \lambda_n$ 是 $\boldsymbol{A}$ 的全部特征值, 则结论由命题 5.3.1 及命题 5.3.2 可得. □

定义 5.3.2　设 n 阶矩阵 $\boldsymbol{A}=(a_{ij})$. $\boldsymbol{A}$ 的 k 阶主子阵的行列式

$$\begin{vmatrix} a_{i_1i_1} & a_{i_1i_2} & \cdots & a_{i_1i_k} \\ a_{i_2i_1} & a_{i_2i_2} & \cdots & a_{i_2i_k} \\ \vdots & \vdots & & \vdots \\ a_{i_ki_1} & a_{i_ki_2} & \cdots & a_{i_ki_k} \end{vmatrix}, \quad \text{其中 } 1 \leqslant i_1 < i_2 < \cdots < i_k \leqslant n,$$

称为 $\boldsymbol{A}$ 的 k **阶主子式** $(k=1,2,\cdots,n)$, 而主子式

$$|\boldsymbol{A}_k| = \begin{vmatrix} a_{11} & a_{12} & \cdots & a_{1k} \\ a_{21} & a_{22} & \cdots & a_{2k} \\ \vdots & \vdots & & \vdots \\ a_{k1} & a_{k2} & \cdots & a_{kk} \end{vmatrix}$$

称为 $\boldsymbol{A}$ 的 $\boldsymbol{k}$ **阶顺序主子式** $(k=1,2,\cdots,n)$.

定理 5.3.2　n 阶实对称矩阵 $\boldsymbol{A}$ 为正定矩阵的充要条件是 $\boldsymbol{A}$ 的所有顺序主子式全大于零, 即 $|\boldsymbol{A}_k|>0,\ k=1,2,\cdots,n$.

证明　必要性. 设 $\boldsymbol{A}$ 为正定矩阵, 则对应的 n 元二次型 $f(x_1,\cdots,x_n)=\boldsymbol{X}^\top\boldsymbol{A}\boldsymbol{X}$ 为正定二次型. 对任意给定的 $k=1,2,\cdots,n$, 取 $\boldsymbol{X}=(x_1,\cdots,x_k,0,\cdots,0)^\top\neq\boldsymbol{0}$, 则

$$\begin{aligned} f(x_1,\cdots,x_k,0,\cdots,0) &= (x_1,\cdots,x_k,0,\cdots,0)\boldsymbol{A}\begin{pmatrix} x_1 \\ \vdots \\ x_k \\ 0 \\ \vdots \\ 0 \end{pmatrix} \\ &= (x_1,\cdots,x_k)\boldsymbol{A}_k\begin{pmatrix} x_1 \\ \vdots \\ x_k \end{pmatrix} > 0, \end{aligned}$$

故 $\boldsymbol{A}_k$ 为正定矩阵. 根据推论 5.3.1, $|\boldsymbol{A}_k|>0$.

充分性. 设 $\boldsymbol{A}$ 的各阶顺序主子式 $|\boldsymbol{A}_k|>0,\ k=1,2,\cdots,n$. 下证 $\boldsymbol{A}$ 为正定矩阵. 对 $\boldsymbol{A}$ 的阶数 n 用数学归纳法.

当 $n=1$ 时, $|\boldsymbol{A}_1|=a_{11}>0$, 显然结论成立.

假设结论对 $n-1$ 阶实对称矩阵成立. 设二次型 $f(x_1,\cdots,x_n)=\boldsymbol{X}^\top\boldsymbol{A}\boldsymbol{X}$. 由于 $a_{11}>0$, 对含 x_1 的项进行配方,

$$f(x_1,\cdots,x_n)=\frac{1}{a_{11}}(a_{11}x_1+a_{12}x_2+\cdots+a_{1n}x_n)^2+\sum_{i=2}^{n}\sum_{j=2}^{n}b_{ij}x_ix_j,$$

其中 $b_{ij}=a_{ij}-\dfrac{a_{1i}a_{1j}}{a_{11}}$, $i,j=2,3,\cdots,n$. 设 $\boldsymbol{B}=(b_{ij})$, $i,j=2,3,\cdots,n$. 显然 $\boldsymbol{B}$ 为 $n-1$ 阶实对称矩阵, 故

$$g(x_2,x_3,\cdots,x_n)=\sum_{i=2}^{n}\sum_{j=2}^{n}b_{ij}x_ix_j=\tilde{\boldsymbol{X}}^\top\boldsymbol{B}\tilde{\boldsymbol{X}}$$

为 $n-1$ 元二次型, 其中 $\tilde{\boldsymbol{X}}=(x_2,x_3,\cdots,x_n)^\top$.

对 $k=2,\cdots,n$, 考察行列式

$$|\boldsymbol{A}_k|=\begin{vmatrix}a_{11}&a_{12}&\cdots&a_{1k}\\a_{21}&a_{22}&\cdots&a_{2k}\\\vdots&\vdots&&\vdots\\a_{k1}&a_{k2}&\cdots&a_{kk}\end{vmatrix}=\begin{vmatrix}a_{11}&a_{12}&\cdots&a_{1k}\\0&b_{22}&\cdots&b_{2k}\\\vdots&\vdots&&\vdots\\0&b_{k2}&\cdots&b_{kk}\end{vmatrix}=a_{11}\begin{vmatrix}b_{22}&\cdots&b_{2k}\\\vdots&&\vdots\\b_{k2}&\cdots&b_{kk}\end{vmatrix}.$$

由于 $|\boldsymbol{A}_k|>0$ 及 $a_{11}>0$, 所以

$$\begin{vmatrix}b_{22}&\cdots&b_{2k}\\\vdots&&\vdots\\b_{k2}&\cdots&b_{kk}\end{vmatrix}>0,\ k=2,\cdots,n.$$

故 $\boldsymbol{B}$ 的各阶顺序主子式都大于零.

根据归纳假设, $\boldsymbol{B}$ 是正定的, 从而 $n-1$ 元二次型 $g(x_2,x_3,\cdots,x_n)=\tilde{\boldsymbol{X}}^\top\boldsymbol{B}\tilde{\boldsymbol{X}}$ 是正定的. 由于 $a_{11}>0$, 不难证明二次型 $f(x_1,\cdots,x_n)$ 是正定的, 即 $\boldsymbol{A}$ 是正定矩阵. □

例 5.3.4 当 λ 取何值时, 下面二次型是正定的.

$$f(x_1,x_2,x_3)=x_1^2+2x_1x_2+4x_1x_3+2x_2^2+6x_2x_3+\lambda x_3^2.$$

解 二次型的矩阵为

$$\boldsymbol{A}=\begin{pmatrix}1&1&2\\1&2&3\\2&3&\lambda\end{pmatrix}.$$

由定理 5.3.2, 二次 f 正定当且仅当

$$|\boldsymbol{A}_1| = 1 > 0, \quad |\boldsymbol{A}_2| = \begin{vmatrix} 1 & 1 \\ 1 & 2 \end{vmatrix} = 1 > 0, \quad |\boldsymbol{A}_3| = |\boldsymbol{A}| = \lambda - 5 > 0.$$

因此, 当 $\lambda > 5$ 时, $f(x_1, x_2, x_3)$ 是正定的. □

除了正定二次型, 实二次型中还有与正定性类似的其他概念.

定义 5.3.3　设实二次型 $f(x_1, \cdots, x_n) = \boldsymbol{X}^\top \boldsymbol{A} \boldsymbol{X}$, 其中 $\boldsymbol{A}^\top = \boldsymbol{A}$. 如果对任意的 $\boldsymbol{X} = (x_1, \cdots, x_n)^\top \neq \boldsymbol{0}$, 都有 $\boldsymbol{X}^\top \boldsymbol{A} \boldsymbol{X} < 0$, 则称二次型 $f(x_1, \cdots, x_n)$ 为**负定的**, 实对称矩阵 $\boldsymbol{A}$ 为**负定矩阵**.

如果对任意 $\boldsymbol{X} = (x_1, \cdots, x_n)$, 都有 $\boldsymbol{X}^\top \boldsymbol{A} \boldsymbol{X} \geqslant 0$ ($\leqslant 0$), 则称二次型 $f(x_1, \cdots, x_n)$ 为**半正定** (**半负定**) 的, 实对称矩阵 $\boldsymbol{A}$ 为**半正定** (**半负定**) **矩阵**.

如果 $f(x_1, \cdots, x_n)$ 既不是半正定的, 又不是半负定的, 则称该二次型为**不定的**, 实对称矩阵 $\boldsymbol{A}$ 为**不定矩阵**.

由正定二次型的讨论, 我们不难得到负定二次型判别条件, 因为 $f(x_1, \cdots, x_n)$ 是负定的当且仅当 $-f(x_1, \cdots, x_n)$ 是正定的.

定理 5.3.3　对于实二次型 $f(x_1, \cdots, x_n) = \boldsymbol{X}^\top \boldsymbol{A} \boldsymbol{X}$, 下列条件等价.

(1) $f(x_1, \cdots, x_n)$ 为半正定二次型;

(2) 它的正惯性指数等于它的秩;

(3) $\boldsymbol{A}$ 合同于 $\begin{pmatrix} \boldsymbol{I}_r & \boldsymbol{0} \\ \boldsymbol{0} & \boldsymbol{0} \end{pmatrix}$, $r = r(\boldsymbol{A}) \leqslant n$;

(4) 存在实矩阵 $\boldsymbol{C}$, 使得 $\boldsymbol{A} = \boldsymbol{C}^\top \boldsymbol{C}$;

(5) $\boldsymbol{A}$ 的所有主子式都大于或等于零;

(6) $\boldsymbol{A}$ 的所有特征值都大于或等于零.

注意到, 仅有顺序主子式大于或等于零是不能保证实对称矩阵的半正定性. 例如,

$$f(x_1, x_2) = -x_2^2 = \begin{pmatrix} x_1, x_2 \end{pmatrix} \begin{pmatrix} 0 & 0 \\ 0 & -1 \end{pmatrix} \begin{pmatrix} x_1 \\ x_2 \end{pmatrix}$$

就是一个反例.

定理 5.3.4　设二次型 $f(x_1, \cdots, x_n)$ 的规范形为 $z_1^2 + \cdots + z_p^2 - z_{p+1}^2 - \cdots - z_r^2$. 则

(1) f 为正定二次型当且仅当 $p = r = n$;

(2) f 为半正定二次型当且仅当 $p = r \leqslant n$;

(3) f 为负定二次型当且仅当 $p = 0, r = n$;

(4) f 为半负定二次型当且仅当 $p = 0, r \leqslant n$;

(5) f 为不定二次型当且仅当 $0<p<r\leqslant n$.

利用二次型的正定性, 我们可以得到一个判定多元函数极值的充分条件.

设 $\boldsymbol{X}=(x_1,x_2,\cdots,x_n)$, n 元函数 $f(\boldsymbol{X})$ 在 $\boldsymbol{X}_0$ 的某个邻域内有二阶连续的偏导数, 则由 $f(\boldsymbol{X})$ 的二阶偏导数构成的矩阵

$$\boldsymbol{H}_f(\boldsymbol{X})=\begin{pmatrix} f_{11}(\boldsymbol{X}) & f_{12}(\boldsymbol{X}) & \cdots & f_{1n}(\boldsymbol{X}) \\ f_{21}(\boldsymbol{X}) & f_{22}(\boldsymbol{X}) & \cdots & f_{2n}(\boldsymbol{X}) \\ \vdots & \vdots & & \vdots \\ f_{n1}(\boldsymbol{X}) & f_{n2}(\boldsymbol{X}) & \cdots & f_{nn}(\boldsymbol{X}) \end{pmatrix}$$

称之为 **Hesse 矩阵**, 其中 $f_{ij}(\boldsymbol{X})=\dfrac{\partial^2 f}{\partial x_j\partial x_i}(\boldsymbol{X})$, $i,j=1,2,\cdots,n$.

设 $\boldsymbol{X}_0$ 为 $f(\boldsymbol{X})$ 的驻点 (一阶偏导数都是零的点). 根据多元函数的 Taylor 公式,

(1) 若 $\boldsymbol{H}_f(\boldsymbol{X}_0)$ 为正定矩阵, 则 $f(\boldsymbol{X}_0)$ 为 $f(\boldsymbol{X})$ 的极小值;

(2) 若 $\boldsymbol{H}_f(\boldsymbol{X}_0)$ 为负定矩阵, 则 $f(\boldsymbol{X}_0)$ 为 $f(\boldsymbol{X})$ 的极大值;

(3) 若 $\boldsymbol{H}_f(\boldsymbol{X}_0)$ 为不定矩阵, 则 $f(\boldsymbol{X}_0)$ 不是极值.

习 题 5.3

1. 判别下列二次型的正定性.

(1) $f(x_1,x_2,x_3)=10x_1^2+2x_2^2+10x_3^2-8x_1x_2+12x_1x_3-4x_2x_3$;

(2) $f(x_1,x_2,x_3)=x_1^2-x_2^2+x_3^2-2x_1x_3$.

2. 当 a 取何值时, 下列二次型为正定二次型.

(1) $f(x_1,x_2,x_3)=x_1^2+x_2^2+5x_3^2+2ax_1x_2-2x_1x_3+4x_2x_3$;

(2) $f(x_1,x_2,x_3)=5x_1^2+x_2^2+ax_3^2+4x_1x_2-2x_1x_3-2x_2x_3$.

3. 已知 $\begin{pmatrix} 2-a & 1 & 0 \\ 1 & 1 & 0 \\ 0 & 0 & a+3 \end{pmatrix}$ 是正定矩阵, 求 a 取值范围.

4. 设 $\boldsymbol{A}$ 为 n 阶正定矩阵, 证明: $\boldsymbol{A}$ 的伴随矩阵 $\boldsymbol{A}^*$ 也是正定矩阵.

5. 如果 $\boldsymbol{A},\boldsymbol{B}$ 都是 n 阶正定矩阵, 证明: $\boldsymbol{A}+\boldsymbol{B}$ 也是正定矩阵.

6. 设 $\boldsymbol{A},\boldsymbol{B}$ 分别为 m,n 阶正定矩阵, 证明: 分块矩阵 $\boldsymbol{C}=\begin{pmatrix} \boldsymbol{A} & \boldsymbol{0} \\ \boldsymbol{0} & \boldsymbol{B} \end{pmatrix}$ 也是正定矩阵.

// 复习题 5 //

1. 设二次型 $f(x_1,x_2,x_3)=x_1^2+x_2^2+ax_3^2+4x_1x_2+6x_2x_3$ 的秩为 2, 讨论 a 的取值.

2. 设 $\boldsymbol{A}$ 为 n 阶矩阵. 若对所有的 n 维向量 $\boldsymbol{X}$, 恒有 $\boldsymbol{X}^{\top}\boldsymbol{A}\boldsymbol{X}=0$. 证明: $\boldsymbol{A}$ 是反对称矩阵.

3. 设矩阵 $\boldsymbol{A}=\begin{pmatrix}0&1&0&0\\1&0&0&0\\0&0&y&1\\0&0&1&2\end{pmatrix}$.

(1) 已知 $\boldsymbol{A}$ 的一个特征值为 3, 试求 y;

(2) 求矩阵 $\boldsymbol{P}$, 使 $(\boldsymbol{AP})^{\top}(\boldsymbol{AP})$ 为对角矩阵.

4. 证明: 二次型 $f=\boldsymbol{X}^{\mathrm{T}}\boldsymbol{A}\boldsymbol{X}$ 在 $\boldsymbol{X}^{\top}\boldsymbol{X}=1$ 时的最大值就是矩阵 $\boldsymbol{A}$ 的最大特征值.

5. 二次型 $f(x_1,x_2,x_3)=x_1^2+ax_2^2+x_3^2+2bx_1x_2+2x_1x_3+2x_2x_3$ 经正交线性变换

$$\begin{pmatrix}x_1\\x_2\\x_3\end{pmatrix}=\boldsymbol{P}\begin{pmatrix}y_1\\y_2\\y_3\end{pmatrix}$$

化为标准形 $y_1^2+4y_2^2$, 求 a, b 的值及正交矩阵 $\boldsymbol{P}$.

6. 设 $\boldsymbol{A}$ 为 3 阶实对称矩阵, 且满足 $\boldsymbol{A}^3-\boldsymbol{A}^2-\boldsymbol{A}=2\boldsymbol{I}$, 求二次型 $\boldsymbol{X}^{\mathrm{T}}\boldsymbol{A}\boldsymbol{X}$ 经正交变换所化的标准形.

7. 判断 n 元二次型 $\sum\limits_{i=1}^{n}x_i^2+\sum\limits_{1\leqslant j<i\leqslant n}x_ix_j$ 的正定性.

8. 求二次型 $f(x_1,x_2,x_3)=(x_1+x_2)^2+(x_2-x_3)^2+(x_3+x_1)^2$ 的正、负惯性指数, 并指出方程 $f(x_1,x_2,x_3)=1$ 表示何种二次曲面.

9. 考虑二次型 $f(x_1,x_2,x_3)=x_1^2+2x_2^2+(1-k)x_3^2+2kx_1x_2+2x_1x_3$. 问 k 取何值时, f 是正定二次型.

10. 设 $\boldsymbol{A}$ 为 n 阶正定矩阵, 证明 $|\boldsymbol{A}+\boldsymbol{I}|>1$.

11. 证明: 正定矩阵主对角线上的元素全为正数.

12. 设 $\boldsymbol{A}$ 为 $n\times m$ 实矩阵, 且 $r(\boldsymbol{A})=m<n$. 证明: (1) $\boldsymbol{A}^{\top}\boldsymbol{A}$ 是 m 阶正定矩阵; (2) $\boldsymbol{A}\boldsymbol{A}^{\top}$ 是 n 阶半正定矩阵.

13. 设 $\boldsymbol{A},\boldsymbol{B}$ 为两个 n 阶实对称矩阵, 且 $\boldsymbol{B}$ 是正定矩阵. 证明: 存在 n 阶可逆矩阵 $\boldsymbol{P}$, 使得 $\boldsymbol{P}^{\top}\boldsymbol{A}\boldsymbol{P}$ 与 $\boldsymbol{P}^{\top}\boldsymbol{B}\boldsymbol{P}$ 同时为对角矩阵.

14. 对任意正实数 λ,μ. 证明:

(1) 当 $\boldsymbol{A}$, $\boldsymbol{B}$ 均为半正定时, $\lambda\boldsymbol{A}+\mu\boldsymbol{B}$ 也半正定;

(2) 当 $\boldsymbol{A}$, $\boldsymbol{B}$ 中一个正定, 另一个半正定时, $\lambda\boldsymbol{A}+\mu\boldsymbol{B}$ 正定.

15. 设 $\boldsymbol{A}$, $\boldsymbol{B}$ 均为同阶的实对称矩阵, 其中 $\boldsymbol{A}$ 为正定矩阵, 证明: 存在实数 t, 使 $t\boldsymbol{A}+\boldsymbol{B}$ 为正定矩阵.

16. 设 $\boldsymbol{A}$ 为实对称矩阵, 且正、负惯性指数均不为零. 证明: 存在非零向量 $\boldsymbol{X}_1,\boldsymbol{X}_2,\boldsymbol{X}_3$, 使得 $\boldsymbol{X}_1^{\top}\boldsymbol{A}\boldsymbol{X}_1>0$, $\boldsymbol{X}_2^{\top}\boldsymbol{A}\boldsymbol{X}_2<0$, $\boldsymbol{X}_3^{\top}\boldsymbol{A}\boldsymbol{X}_3=0$.

17. 设 $\boldsymbol{A}$ 为 m 阶实对称正定矩阵, $\boldsymbol{B}\in\mathbb{R}^{m\times n}$. 证明: $\boldsymbol{B}^{\mathrm{T}}\boldsymbol{A}\boldsymbol{B}$ 正定的充要条件是 $r(\boldsymbol{B})=n$.

Chapter 6

第6章 线性空间与线性变换

第6章课件

6.1 线 性 空 间

线性空间是线性代数的中心内容和基本概念之一. 线性空间的理论和方法在科学技术的各个领域都有广泛的应用. 本节首先引入线性空间的概念, 并讨论它的一些基本性质.

定义 6.1.1 设 $\mathbb{F}$ 为一个数域, V 是一个非空集合. 在集合 V 上定义一种代数运算, 称为**加法**, 即对于 V 中任意的两个元素 $\boldsymbol{\alpha}$ 和 $\boldsymbol{\beta}$, 在 V 中都有唯一的元素 $\boldsymbol{\gamma}$ 与它们对应, 称为 $\boldsymbol{\alpha}$ 和 $\boldsymbol{\beta}$ 的**和**, 记为 $\boldsymbol{\gamma}=\boldsymbol{\alpha}+\boldsymbol{\beta}$. 在数域 $\mathbb{F}$ 和集合 V 的元素之间还定义一种运算, 称为**数乘**, 即对数域 $\mathbb{F}$ 中的任意一个数 k 和集合 V 中的任意一个元素 $\boldsymbol{\alpha}$, 在 V 中都有唯一的元素 $\boldsymbol{\eta}$ 与它们对应, 称为 k 与 $\boldsymbol{\alpha}$ 的**数量乘积**, 记为 $\boldsymbol{\eta}=k\boldsymbol{\alpha}$.

如果上述的加法和数乘满足以下运算法则, 则称 V 为数域 $\mathbb{F}$ 上的一个**线性空间**(或**向量空间**), 称 V 中的元素为**向量**.

(1) $\boldsymbol{\alpha}+\boldsymbol{\beta}=\boldsymbol{\beta}+\boldsymbol{\alpha}$;

(2) $(\boldsymbol{\alpha}+\boldsymbol{\beta})+\boldsymbol{\gamma}=\boldsymbol{\alpha}+(\boldsymbol{\beta}+\boldsymbol{\gamma})$;

(3) 在 V 中存在**零向量** $\mathbf{0}$, 使得对任意的 $\boldsymbol{\alpha}\in V, \boldsymbol{\alpha}+\mathbf{0}=\boldsymbol{\alpha}$;

(4) 对 V 中的任意元素 $\boldsymbol{\alpha}$, 存在**负向量**$\boldsymbol{\beta}\in V$, 使得 $\boldsymbol{\alpha}+\boldsymbol{\beta}=\mathbf{0}$;

(5) $1\boldsymbol{\alpha}=\boldsymbol{\alpha}$;

(6) $k\,(l\boldsymbol{\alpha})=(kl)\,\boldsymbol{\alpha}$;

(7) $(k+l)\,\boldsymbol{\alpha}=k\boldsymbol{\alpha}+l\boldsymbol{\alpha}$;

(8) $k\,(\boldsymbol{\alpha}+\boldsymbol{\beta})=k\boldsymbol{\alpha}+k\boldsymbol{\beta}$.

其中 $k,l\in\mathbb{F}$, $\boldsymbol{\alpha},\boldsymbol{\beta},\boldsymbol{\gamma}$ 为 V 中元素.

我们通常用小写希腊字母 $\boldsymbol{\alpha},\boldsymbol{\beta},\boldsymbol{\gamma},\cdots$ 表示线性空间 V 中的向量, 用小写的英文字母 $a,b,c,\cdots$ 表示数域 $\mathbb{F}$ 中的数.

回顾第 3 章 3.3 节, 数域 $\mathbb{F}$ 上的全体 n 维向量的集合 $\mathbb{F}^n$ 就是一个具体的向量空间. 特别地, 取 $\mathbb{F}=\mathbb{R}$, 我们就有如下结论.

定理 6.1.1　所有 n 维实向量集合 $\mathbb{R}^n$ 以及在其上定义的加法和数乘是 $\mathbb{R}$ 上的一个线性空间称为 n 维**实向量空间**.

例 6.1.1　数域 $\mathbb{F}$ 上关于 x 的一元多项式集合 $\mathbb{F}[x]$, 对于多项式加法和数与多项式的乘法, 构成数域 $\mathbb{F}$ 上的一个线性空间, 其中零向量为零多项式.

例 6.1.2　设 n 为正整数, 记 $\mathbb{F}_n[x]$ 为数域 $\mathbb{F}$ 上所有次数小于 n 的多项式集合 (包含零多项式). 在多项式加法和数与多项式的乘法下, $\mathbb{F}_n[x]$ 是数域 $\mathbb{F}$ 上的线性空间.

例 6.1.3　设 $\mathbb{F}^{m\times n}$ 为数域 $\mathbb{F}$ 上所有 $m\times n$ 矩阵构成的集合. 按矩阵的加法和数乘, 它构成数域 $\mathbb{F}$ 上的一个线性空间.

例 6.1.4　全体实函数, 按函数的加法和数与函数的数乘, 构成了实数域上的一个线性空间.

需要强调的是, 对于同一个集合, 如果选取不同的数域, 则构成不同的线性空间. 利用线性空间的定义, 可以得到线性空间的一些简单性质. 我们在这里只列举一些性质, 请读者自行完成证明.

性质 6.1.1　零向量是唯一的.

性质 6.1.2　任一向量 $\boldsymbol{\alpha}$ 的负向量是唯一的, 记为 $-\boldsymbol{\alpha}$.

性质 6.1.3　对任意 $k\in\mathbb{F}$ 和 $\boldsymbol{\alpha}\in V$, $0\boldsymbol{\alpha}=\mathbf{0}$, $k\mathbf{0}=\mathbf{0}$, $(-k)\boldsymbol{\alpha}=k(-\boldsymbol{\alpha})=-k\boldsymbol{\alpha}$.

性质 6.1.4　设 $k\in\mathbb{F},\boldsymbol{\alpha}\in V$. 则 $k\boldsymbol{\alpha}=\mathbf{0}$ 当且仅当 $k=0$ 或 $\boldsymbol{\alpha}=\mathbf{0}$.

习　题　6.1

1. 设 V 为数域 $\mathbb{F}$ 上的线性空间, $k\in\mathbb{F},\boldsymbol{\alpha},\boldsymbol{\beta}\in V$. 证明:

(1) $-(-\boldsymbol{\alpha})=\boldsymbol{\alpha}$;

(2) $k(\boldsymbol{\alpha}-\boldsymbol{\beta})=k\boldsymbol{\alpha}-k\boldsymbol{\beta}$.

2. 证明: 设 V 为数域 $\mathbb{F}$ 上的线性空间. 如果 V 有一个非零向量, 则 V 一定有无穷多个向量.

3. 检验以下集合 V 对于所定义的运算是否构成数域 $\mathbb{F}$ 上的线性空间.

(1) V 为平面上全体向量构成的集合, $\mathbb{F}=\mathbb{R}$. V 中的向量加法为通常的向量加法; 数乘定义为: 对任意的 $k\in\mathbb{R}$, $\boldsymbol{\alpha}\in V$, $k\boldsymbol{\alpha}=\mathbf{0}$.

(2) V 为平面上全体向量构成的集合, $\mathbb{F}=\mathbb{R}$. V 中的向量加法为通常的向量加法; 数乘定义为: 对任意的 $k\in\mathbb{R}$, $\boldsymbol{\alpha}\in V$, $k\boldsymbol{\alpha}=\boldsymbol{\alpha}$.

(3) V 为所有满足 $f(-1)=0$ 的实函数集合, $\mathbb{F}=\mathbb{R}$. V 中向量的加法为函数的加法; 数乘定义为实数与函数的乘.

(4) V 为 $\mathbb{F}$ 上的全体 n 阶对称 (反对称) 矩阵全体构成的集合. 加法和数乘即为通常的矩阵的加法和数乘.

(5) 设 $\boldsymbol{A}$ 为 $\mathbb{F}$ 上的 n 阶方阵, V 为所有满足 $\boldsymbol{AB}=\boldsymbol{BA}$ 的 $\mathbb{F}$ 上的方阵 $\boldsymbol{B}$ 的集合. 加法和数乘为通常的矩阵加法和数乘.

6.2 向量组的线性相关性

在第 3 章 3.3 节, 我们学习了实向量空间 $\mathbb{R}^n$ 的有关性质, 我们将把这些性质推广到一般线性空间.

定义 6.2.1 设 V 为数域 $\mathbb{F}$ 上的线性空间, $\boldsymbol{\alpha},\boldsymbol{\alpha}_1,\boldsymbol{\alpha}_2,\cdots,\boldsymbol{\alpha}_r$ 为 V 的一组向量. 若存在 $k_1, k_2, \cdots, k_r\in\mathbb{F}$, 使得

$$\boldsymbol{\alpha}=k_1\boldsymbol{\alpha}_1+k_2\boldsymbol{\alpha}_2+\cdots+k_r\boldsymbol{\alpha}_r,$$

则称向量 $\boldsymbol{\alpha}$ 可由向量组 $\boldsymbol{\alpha}_1,\boldsymbol{\alpha}_2,\cdots,\boldsymbol{\alpha}_r$**线性表示**, 或称 $\boldsymbol{\alpha}$ 为向量组 $\boldsymbol{\alpha}_1,\boldsymbol{\alpha}_2,\cdots,\boldsymbol{\alpha}_r$ 的一个**线性组合**.

由定义易知, 零向量是任一个向量组的线性组合.

例 6.2.1 $\mathbb{F}^{m\times n}$ 为数域 $\mathbb{F}$ 上的线性空间. 设矩阵 $\boldsymbol{E}_{ij}\in\mathbb{F}^{m\times n}$, 其第 i 行第 j 列元素为 1, 其余元素均为 0, 其中 $i=1,2,\cdots,m$; $j=1,2,\cdots,n$. 对任意 $\boldsymbol{A}=(a_{ij})\in\mathbb{F}^{m\times n}$, 易知

$$\boldsymbol{A}=\sum_{i=1}^{m}\sum_{j=1}^{n}a_{ij}\boldsymbol{E}_{ij}.$$

定义 6.2.2 设 V 为数域 $\mathbb{F}$ 上的线性空间, $\boldsymbol{\alpha}_1,\boldsymbol{\alpha}_2,\cdots,\boldsymbol{\alpha}_r$ 为 V 的一组向量. 如果存在不全为零的数 $k_1,k_2,\cdots,k_r\in\mathbb{F}$, 使得

$$k_1\boldsymbol{\alpha}_1+k_2\boldsymbol{\alpha}_2+\cdots+k_r\boldsymbol{\alpha}_r=\boldsymbol{0}, \tag{6.2.1}$$

则称向量组 $\boldsymbol{\alpha}_1,\boldsymbol{\alpha}_2,\cdots,\boldsymbol{\alpha}_r$ **线性相关**; 否则称向量组 $\boldsymbol{\alpha}_1,\boldsymbol{\alpha}_2,\cdots,\boldsymbol{\alpha}_r$ **线性无关**.

例 6.2.2 在例 6.2.1 中, 向量组 $\boldsymbol{E}_{ij}$ $(i=1,2,\cdots,m;\ j=1,2,\cdots,n)$ 线性无关. $\boldsymbol{A}$ 和 $\boldsymbol{E}_{ij}$ $(i=1,2,\cdots,m;\ j=1,2,\cdots,n)$ 构成的向量组线性相关.

例 6.2.3 设 $C([a,b])$ 是闭区间 $[a,b]$ 上所有连续函数构成的集合. 它关于函数的加法、实数与函数的乘法构成一个实线性空间. 向量组 $1,x,x^2,\cdots,x^{r-1}$ 是线性无关的. 事实上, 假设存在 $k_1,k_2,\cdots,k_r\in\mathbb{R}$, 使得 $k_1 1+k_2x+\cdots+k_rx^{r-1}=0$ 对所有的 $x\in[a,b]$ 成立. 则必有 $k_1=k_2=\cdots=k_r=0$.

在第 3 章 3.3 节, 向量空间 $\mathbb{F}^n$ 上的一些定义和性质可以平移到一般的线性空间. 在此我们不再重复论证, 有兴趣的读者可以自行证明.

由线性相关的定义可以得到以下性质.

性质 6.2.1　任一个包含零向量的向量组一定是线性相关的.

性质 6.2.2　由一个向量 $\boldsymbol{\alpha}$ 组成的向量组线性相关当且仅当 $\boldsymbol{\alpha}=\mathbf{0}$.

性质 6.2.3　若一个向量组的部分向量组线性相关, 则这个向量组线性相关.

性质 6.2.4　若一个向量组线性无关, 则它的任一部分向量组也线性无关.

下面定理给出线性相关与线性组合的内在联系.

定理 6.2.1　向量组 $\boldsymbol{\alpha}_1,\boldsymbol{\alpha}_2,\cdots,\boldsymbol{\alpha}_r$ $(r\geqslant 2)$ 线性相关当且仅当其中一个向量是其余 $r-1$ 个向量的线性组合.

定义 6.2.3　如果向量组 $\boldsymbol{\alpha}_1,\boldsymbol{\alpha}_2,\cdots,\boldsymbol{\alpha}_r$ 的每个 $\boldsymbol{\alpha}_i$ 都可由向量组 $\boldsymbol{\beta}_1,\boldsymbol{\beta}_2,\cdots,\boldsymbol{\beta}_s$ 线性表示, $i=1,2,\cdots,r$, 则称向量组 $\boldsymbol{\alpha}_1,\boldsymbol{\alpha}_2,\cdots,\boldsymbol{\alpha}_r$ 可由向量组 $\boldsymbol{\beta}_1,\boldsymbol{\beta}_2,\cdots,\boldsymbol{\beta}_s$ **线性表示**.

性质 6.2.5　若向量组 $\boldsymbol{\alpha}_1,\boldsymbol{\alpha}_2,\cdots,\boldsymbol{\alpha}_r$ 可由向量组 $\boldsymbol{\beta}_1,\boldsymbol{\beta}_2,\cdots,\boldsymbol{\beta}_s$ 线性表示, 且 $r>s$, 则向量组 $\boldsymbol{\alpha}_1,\boldsymbol{\alpha}_2,\cdots,\boldsymbol{\alpha}_r$ 线性相关.

性质 6.2.6　若向量组 $\boldsymbol{\alpha}_1,\boldsymbol{\alpha}_2,\cdots,\boldsymbol{\alpha}_r$ 可由向量组 $\boldsymbol{\beta}_1,\boldsymbol{\beta}_2,\cdots,\boldsymbol{\beta}_s$ 线性表示, 且向量组 $\boldsymbol{\alpha}_1$, $\boldsymbol{\alpha}_2$, $\cdots$, $\boldsymbol{\alpha}_r$ 线性无关, 则 $r\leqslant s$.

定义 6.2.4　如果向量组 $\boldsymbol{\alpha}_1,\boldsymbol{\alpha}_2,\cdots,\boldsymbol{\alpha}_r$ 和向量组 $\boldsymbol{\beta}_1,\boldsymbol{\beta}_2,\cdots,\boldsymbol{\beta}_s$ 可以互相线性表示, 则称这两个向量组**等价**.

容易验证, 向量组等价是一种等价关系, 即满足反身性、对称性和传递性; 具体参考 3.3 节定义 3.3.9 后面的备注.

定理 6.2.2　如果向量组 $\boldsymbol{\alpha}_1,\boldsymbol{\alpha}_2,\cdots,\boldsymbol{\alpha}_r$ 线性无关, 而向量组 $\boldsymbol{\alpha}_1,\boldsymbol{\alpha}_2,\cdots,\boldsymbol{\alpha}_r,\boldsymbol{\beta}$ 线性相关, 则 $\boldsymbol{\beta}$ 可由 $\boldsymbol{\alpha}_1,\boldsymbol{\alpha}_2,\cdots,\boldsymbol{\alpha}_r$ 线性表示, 且表示唯一.

定义 6.2.5　若向量组的一个部分向量组是线性无关的, 且与该向量组等价, 则称这个部分向量组为该向量组的一个**极大线性无关组**.

定义 6.2.6　称向量组 $\boldsymbol{\alpha}_1,\boldsymbol{\alpha}_2,\cdots,\boldsymbol{\alpha}_r$ 的极大线性无关组所含向量的个数为 $\boldsymbol{\alpha}_1,\boldsymbol{\alpha}_2,\cdots,\boldsymbol{\alpha}_r$ 的**秩**, 记为 $r(\boldsymbol{\alpha}_1,\boldsymbol{\alpha}_2,\cdots,\boldsymbol{\alpha}_r)$.

性质 6.2.7　若向量组 $\boldsymbol{\alpha}_1,\boldsymbol{\alpha}_2,\cdots,\boldsymbol{\alpha}_r$ 可由向量组 $\boldsymbol{\beta}_1,\boldsymbol{\beta}_2,\cdots,\boldsymbol{\beta}_s$ 线性表示, 则

$$r(\boldsymbol{\alpha}_1,\boldsymbol{\alpha}_2,\cdots,\boldsymbol{\alpha}_r)\leqslant r(\boldsymbol{\beta}_1,\boldsymbol{\beta}_2,\cdots,\boldsymbol{\beta}_s).$$

性质 6.2.8　若向量组 $\boldsymbol{\alpha}_1,\boldsymbol{\alpha}_2,\cdots,\boldsymbol{\alpha}_r$ 与向量组 $\boldsymbol{\beta}_1,\boldsymbol{\beta}_2,\cdots,\boldsymbol{\beta}_s$ 等价, 则

$$r(\boldsymbol{\alpha}_1,\boldsymbol{\alpha}_2,\cdots,\boldsymbol{\alpha}_r)=r\left(\boldsymbol{\beta}_1,\boldsymbol{\beta}_2,\cdots,\boldsymbol{\beta}_s\right).$$

习 题 6.2

1. 设 V 为实数域上连续函数全体构成的线性空间. 证明下列函数组线性无关.

(1) $\sin x, \sin 2x, \cdots, \sin nx$;

(2) $1, \cos x, \cos 2x, \cdots, \cos nx$.

2. 设向量组 $\boldsymbol{\alpha}_1, \boldsymbol{\alpha}_2, \cdots, \boldsymbol{\alpha}_s$ 线性无关. 讨论 $\boldsymbol{\alpha}_1+\boldsymbol{\alpha}_2, \boldsymbol{\alpha}_2+\boldsymbol{\alpha}_3, \cdots, \boldsymbol{\alpha}_s+\boldsymbol{\alpha}_1$ 的线性相关性, 其中 $s \geqslant 2$.

3. 设向量组 $\boldsymbol{\alpha}_1, \boldsymbol{\alpha}_2, \cdots, \boldsymbol{\alpha}_s$ 的秩为 r, $\boldsymbol{\alpha}_{i_1}, \boldsymbol{\alpha}_{i_2}, \cdots, \boldsymbol{\alpha}_{i_r}$ 是其中的 r 个向量, 使得 $\boldsymbol{\alpha}_1, \boldsymbol{\alpha}_2, \cdots, \boldsymbol{\alpha}_s$ 可由 $\boldsymbol{\alpha}_{i_1}, \boldsymbol{\alpha}_{i_2}, \cdots, \boldsymbol{\alpha}_{i_r}$ 线性表示. 证明: $\boldsymbol{\alpha}_{i_1}, \boldsymbol{\alpha}_{i_2}, \cdots, \boldsymbol{\alpha}_{i_r}$ 是 $\boldsymbol{\alpha}_1, \boldsymbol{\alpha}_2, \cdots, \boldsymbol{\alpha}_s$ 的一个极大线性无关组.

4. 已知向量组 $\boldsymbol{\alpha}_1, \boldsymbol{\alpha}_2, \cdots, \boldsymbol{\alpha}_r$ 与 $\boldsymbol{\alpha}_1, \boldsymbol{\alpha}_2, \cdots, \boldsymbol{\alpha}_r, \boldsymbol{\alpha}_{r+1}, \boldsymbol{\alpha}_{r+2}, \cdots, \boldsymbol{\alpha}_s$ 有相同的秩. 证明: $\boldsymbol{\alpha}_1, \boldsymbol{\alpha}_2, \cdots, \boldsymbol{\alpha}_r$ 与 $\boldsymbol{\alpha}_1, \boldsymbol{\alpha}_2, \cdots, \boldsymbol{\alpha}_r, \boldsymbol{\alpha}_{r+1}, \boldsymbol{\alpha}_{r+2}, \cdots, \boldsymbol{\alpha}_s$ 等价.

5. 设 $\boldsymbol{\beta}_1=\boldsymbol{\alpha}_2+\boldsymbol{\alpha}_3+\cdots+\boldsymbol{\alpha}_r, \boldsymbol{\beta}_2=\boldsymbol{\alpha}_1+\boldsymbol{\alpha}_3+\cdots+\boldsymbol{\alpha}_r, \cdots, \boldsymbol{\beta}_r=\boldsymbol{\alpha}_1+\boldsymbol{\alpha}_2+\cdots+\boldsymbol{\alpha}_{r-1}$. 证明: 向量组 $\boldsymbol{\beta}_1, \boldsymbol{\beta}_2, \cdots, \boldsymbol{\beta}_r$ 与 $\boldsymbol{\alpha}_1, \boldsymbol{\alpha}_2, \cdots, \boldsymbol{\alpha}_r$ 有相同的秩.

6.3 基与坐标

定义 6.3.1 设 S 为数域 $\mathbb{F}$ 上线性空间 V 的一个子集. 若 S 中任意有限个向量都是线性无关的, 且 V 的任一向量都可以由 S 中有限个向量线性表示, 则称 S 为线性空间 V 的一个**基**. 若 V 有一个仅含有限个向量的基, 则称线性空间 V 为**有限维**的; 否则称线性空间 V 为**无限维**的.

如果数域 $\mathbb{F}$ 上线性空间 V 只含一个向量, 则 $V=\{\mathbf{0}\}$. 此时, 称 V 为**零空间**. 对于零空间, 上述的向量集合 S 是空集. 因而上述定义是针对非零空间的.

按照上述定义, 不难看出, 单位向量组 $\{\boldsymbol{\varepsilon}_1, \boldsymbol{\varepsilon}_2, \boldsymbol{\varepsilon}_3\}$ 是实向量空间 $\mathbb{R}^3$ 的一个基. 因而, $\mathbb{R}^3$ 是有限维的. 根据例 6.2.1, 矩阵组 $\boldsymbol{E}_{ij}$ $(i=1,2,\cdots,m;\ j=1,2,\cdots,n)$ 为线性空间 $\mathbb{F}^{m\times n}$ 的一个基.

对于由实系数多项式构成的实线性空间 $\mathbb{R}[x]$, $S=\{1, x, x^2, \cdots, x^{n-1}, \cdots\}$ 是 $\mathbb{R}[x]$ 的一个基, 且 $\mathbb{R}[x]$ 是无限维的实线性空间. 本章中我们主要讨论有限维线性空间.

定理 6.3.1 设数域 $\mathbb{F}$ 上有限维线性空间 V 有一个基 $\boldsymbol{\alpha}_1, \boldsymbol{\alpha}_2, \cdots, \boldsymbol{\alpha}_n$, 则 V 中任意一个线性无关向量集 S 都是有限的, 且 S 中所含的向量个数不超过 n.

推论 6.3.1 有限维线性空间 V 的任意两个基所含的向量个数相等.

根据上述推论, 有如下定义.

定义 6.3.2 称数域 $\mathbb{F}$ 上有限维线性空间 V 的一个基中所含向量的个数 n 为 V 的**维数**, 记为 $\dim_{\mathbb{F}} V$ 或简记为 $\dim V$, 并称 V 为 n **维线性空间**.

根据定理 6.3.1, 我们有如下推论.

推论 6.3.2 设 V 为数域 $\mathbb{F}$ 上的 n 维线性空间, 则 V 中任意 $n+1$ 个向量都线性相关.

在 3.3 节, 数域 $\mathbb{F}$ 上的向量空间 $\mathbb{F}^n$ 中的运算都是针对向量的分量或坐标 (仍属于 $\mathbb{F}$) 进行的. 对于 $\mathbb{F}$ 上线性空间 V, 我们仍希望向量的运算可以在 $\mathbb{F}$ 中进行. 为此, 我们可以引入向量坐标的概念.

定义 6.3.3 设 V 为数域 $\mathbb{F}$ 上 n 维线性空间, $\varepsilon_1,\varepsilon_2,\cdots,\varepsilon_n$ 为 V 的一个基, $\boldsymbol{\alpha}$ 为 V 的任一向量, 则 $\boldsymbol{\alpha}$ 可由 $\varepsilon_1,\varepsilon_2,\cdots,\varepsilon_n$ 唯一线性表示:

$$\boldsymbol{\alpha}=a_1\varepsilon_1+a_2\varepsilon_2+\cdots+a_n\varepsilon_n.$$

称 $a_1,a_2,\cdots,a_n$ 为向量 $\boldsymbol{\alpha}$ 在基 $\varepsilon_1,\varepsilon_2,\cdots,\varepsilon_n$ 下的**坐标**, 记为 $(a_1,a_2,\cdots,a_n)$.

给定线性空间的一个基, 则向量与其坐标是一一对应的. 向量的运算可以通过其坐标实现. 设 $\boldsymbol{\alpha},\boldsymbol{\beta}$ 在基 $\varepsilon_1,\varepsilon_2,\cdots,\varepsilon_n$ 下的坐标分别为 $(a_1,a_2,\cdots,a_n)$, $(b_1,b_2,\cdots,b_n)$, 则 $\boldsymbol{\alpha}+\boldsymbol{\beta}$ 在基 $\varepsilon_1,\varepsilon_2,\cdots,\varepsilon_n$ 下的坐标为 $(a_1+b_1,a_2+b_2,\cdots,a_n+b_n)$. 设 $k\in\mathbb{F}$, 则 $k\boldsymbol{\alpha}$ 在基 $\varepsilon_1,\varepsilon_2,\cdots,\varepsilon_n$ 下的坐标为 $k(a_1,a_2,\cdots,a_n)$.

例 6.3.1 在数域 $\mathbb{F}$ 上的线性空间 $\mathbb{F}_n[x]$, $1,x,\cdots,x^{n-1}$ 是 n 个线性无关的向量. 对任意 $f(x)\in\mathbb{F}_n[x]$, $f(x)=a_0+a_1x+\cdots+a_{n-1}x^{n-1}$, 其中 $a_0,a_1,\cdots,a_{n-1}\in\mathbb{F}$. 故 $1,x,\cdots,x^{n-1}$ 为 $\mathbb{F}_n[x]$ 的一个基, $\dim\mathbb{F}_n[x]=n$. 容易看出, $f(x)$ 在该基下的坐标为 $(a_0,a_1,\cdots,a_{n-1})$.

根据推论 6.3.1, 在 n 维线性空间中, 任意 n 个线性无关向量组都可以作为线性空间的基. 同一个向量在不同基下的坐标一般是不同的. 现在我们来讨论同一个向量在不同基下的坐标之间的联系.

设 $\varepsilon_1,\varepsilon_2,\cdots,\varepsilon_n$ 与 $\varepsilon_1',\varepsilon_2',\cdots,\varepsilon_n'$ 均为数域 $\mathbb{F}$ 上 n 维线性空间 V 的基. 则 $\varepsilon_1',\varepsilon_2',\cdots,\varepsilon_n'$ 可由 ε_1, ε_2, $\cdots$, ε_n 线性表示, 即

$$\begin{cases}\varepsilon_1'=a_{11}\varepsilon_1+a_{21}\varepsilon_2+\cdots+a_{n1}\varepsilon_n,\\ \varepsilon_2'=a_{12}\varepsilon_1+a_{22}\varepsilon_2+\cdots+a_{n2}\varepsilon_n,\\ \qquad\cdots\cdots\\ \varepsilon_n'=a_{1n}\varepsilon_1+a_{2n}\varepsilon_2+\cdots+a_{nn}\varepsilon_n,\end{cases}\tag{6.3.1}$$

其中 $a_{ij}\in\mathbb{F}$, $i,j=1,2,\cdots,n$.

记 $\boldsymbol{A}=(a_{ij})_{n\times n}\in\mathbb{F}^{n\times n}$. 将式 (6.3.1) 写成矩阵的形式,

$$(\varepsilon_1',\varepsilon_2',\cdots,\varepsilon_n')=(\varepsilon_1,\varepsilon_2,\cdots,\varepsilon_n)\begin{pmatrix} a_{11} & a_{12} & \cdots & a_{1n} \\ a_{21} & a_{22} & \cdots & a_{2n} \\ \vdots & \vdots & & \vdots \\ a_{n1} & a_{n2} & \cdots & a_{nn} \end{pmatrix},$$

或

$$(\varepsilon_1',\varepsilon_2',\cdots,\varepsilon_n')=(\varepsilon_1,\varepsilon_2,\cdots,\varepsilon_n)\,\boldsymbol{A}. \tag{6.3.2}$$

式 (6.3.2) 称为由基 $\varepsilon_1,\varepsilon_2,\cdots,\varepsilon_n$ 到基 $\varepsilon_1',\varepsilon_2',\cdots,\varepsilon_n'$ 的**基变换公式**, $\boldsymbol{A}$ 称为由基 $\varepsilon_1,\varepsilon_2,\cdots,\varepsilon_n$ 到基 $\varepsilon_1',\varepsilon_2',\cdots,\varepsilon_n'$ 的**过渡矩阵**.

例 6.3.2 求 $\mathbb{R}^3$ 中由基 $\varepsilon_1=(1,0,0)$, $\varepsilon_2=(1,1,0)$, $\varepsilon_3=(1,1,1)$ 到基 $\varepsilon_1'=(1,0,-1)$, $\varepsilon_2'=(0,1,1)$, $\varepsilon_3'=(0,1,0)$ 的过渡矩阵.

解 显然, $\boldsymbol{\alpha}_1=(1,0,0),\boldsymbol{\alpha}_2=(0,1,0),\boldsymbol{\alpha}_3=(0,0,1)$ 为 $\mathbb{R}^3$ 的一组基, 且

$$(\varepsilon_1,\varepsilon_2,\varepsilon_3)=(\boldsymbol{\alpha}_1,\boldsymbol{\alpha}_2,\boldsymbol{\alpha}_3)\begin{pmatrix} 1 & 1 & 1 \\ 0 & 1 & 1 \\ 0 & 0 & 1 \end{pmatrix}=(\boldsymbol{\alpha}_1,\boldsymbol{\alpha}_2,\boldsymbol{\alpha}_3)\boldsymbol{A}.$$

故

$$(\boldsymbol{\alpha}_1,\boldsymbol{\alpha}_2,\boldsymbol{\alpha}_3)=(\varepsilon_1,\varepsilon_2,\varepsilon_3)\boldsymbol{A}^{-1}.$$

类似可得

$$\begin{aligned}(\varepsilon_1',\varepsilon_2',\varepsilon_3')&=(\boldsymbol{\alpha}_1,\boldsymbol{\alpha}_2,\boldsymbol{\alpha}_3)\begin{pmatrix} 1 & 0 & 0 \\ 0 & 1 & 1 \\ -1 & 1 & 0 \end{pmatrix}=(\boldsymbol{\alpha}_1,\boldsymbol{\alpha}_2,\boldsymbol{\alpha}_3)\boldsymbol{B}\\ &=(\varepsilon_1,\varepsilon_2,\varepsilon_3)\,\boldsymbol{A}^{-1}\boldsymbol{B},\end{aligned}$$

即由 $\varepsilon_1,\varepsilon_2,\varepsilon_3$ 到 $\varepsilon_1',\varepsilon_2',\varepsilon_3'$ 的过渡矩阵为

$$\boldsymbol{A}^{-1}\boldsymbol{B}=\begin{pmatrix} 1 & 1 & 1 \\ 0 & 1 & 1 \\ 0 & 0 & 1 \end{pmatrix}^{-1}\begin{pmatrix} 1 & 0 & 0 \\ 0 & 1 & 1 \\ -1 & 1 & 0 \end{pmatrix}=\begin{pmatrix} 1 & -1 & -1 \\ 1 & 0 & 1 \\ -1 & 1 & 0 \end{pmatrix}.$$ □

在例 6.3.2 中, $\boldsymbol{A}$ 其实为由基 $(\boldsymbol{\alpha}_1,\boldsymbol{\alpha}_2,\boldsymbol{\alpha}_3)$ 到基 $(\varepsilon_1,\varepsilon_2,\varepsilon_3)$ 的过渡矩阵. 我们发现 $\boldsymbol{A}$ 是可逆的, 但这不是巧合.

定理 6.3.2 设 $\varepsilon_1,\varepsilon_2,\cdots,\varepsilon_n$ 与 $\varepsilon_1',\varepsilon_2',\cdots,\varepsilon_n'$ 均为 $\mathbb{F}$ 上 n 维线性空间 V 的基. 设 $\boldsymbol{A}=(a_{ij})_{n\times n}$ 为由基 $\varepsilon_1,\varepsilon_2,\cdots,\varepsilon_n$ 到基 $\varepsilon_1',\varepsilon_2',\cdots,\varepsilon_n'$ 的过渡矩阵. 则 $\boldsymbol{A}$ 可逆, 且由基 $\varepsilon_1',\varepsilon_2',\cdots,\varepsilon_n'$ 到基 $\varepsilon_1,\ \varepsilon_2,\ \cdots,\ \varepsilon_n$ 的过渡矩阵为 $\boldsymbol{A}^{-1}$.

证明 由于矩阵 $\boldsymbol{A}$ 为基 $\varepsilon_1,\varepsilon_2,\cdots,\varepsilon_n$ 到基 $\varepsilon_1',\varepsilon_2',\cdots,\varepsilon_n'$ 的过渡矩阵, 则

$$(\varepsilon_1',\varepsilon_2',\cdots,\varepsilon_n')=(\varepsilon_1,\varepsilon_2,\cdots,\varepsilon_n)\boldsymbol{A}.$$

设由基 $\varepsilon_1',\varepsilon_2',\cdots,\varepsilon_n'$ 到基 $\varepsilon_1,\varepsilon_2,\cdots,\varepsilon_n$ 的过渡矩阵为 $\boldsymbol{B}=(b_{ij})_{n\times n}$, 则

$$\begin{aligned}(\varepsilon_1,\varepsilon_2,\cdots,\varepsilon_n)&=(\varepsilon_1',\varepsilon_2',\cdots,\varepsilon_n')\boldsymbol{B}=(\varepsilon_1,\varepsilon_2,\cdots,\varepsilon_n)\boldsymbol{AB},\\&=(\varepsilon_1,\varepsilon_2,\cdots,\varepsilon_n)\begin{pmatrix}c_{11}&c_{12}&\cdots&c_{1n}\\c_{21}&c_{22}&\cdots&c_{2n}\\\vdots&\vdots&&\vdots\\c_{n1}&c_{n2}&\cdots&c_{nn}\end{pmatrix},\end{aligned}$$

即

$$\begin{cases}\varepsilon_1=c_{11}\varepsilon_1+c_{21}\varepsilon_2+\cdots+c_{n1}\varepsilon_n,\\\varepsilon_2=c_{12}\varepsilon_1+c_{22}\varepsilon_2+\cdots+c_{n2}\varepsilon_n,\\\cdots\cdots\\\varepsilon_n=c_{1n}\varepsilon_1+c_{2n}\varepsilon_2+\cdots+c_{nn}\varepsilon_n.\end{cases}$$

因此,

$$\begin{cases}(c_{11}-1)\varepsilon_1+c_{21}\varepsilon_2+\cdots+c_{n1}\varepsilon_n=0,\\c_{12}\varepsilon_1+(c_{22}-1)\varepsilon_2+\cdots+c_{n2}\varepsilon_n=0,\\\cdots\cdots\\c_{1n}\varepsilon_1+c_{2n}\varepsilon_2+\cdots+(c_{nn}-1)\varepsilon_n=0.\end{cases}$$

由于向量组 $\varepsilon_1,\varepsilon_2,\cdots,\varepsilon_n$ 是线性无关的, 所以

$$c_{ij}=\begin{cases}1,&i=j,\\0,&i\neq j.\end{cases}$$

由此可知, $\boldsymbol{AB}=\boldsymbol{I}_n$. 从而方阵 $\boldsymbol{A}$ 可逆, 且 $\boldsymbol{A}^{-1}=\boldsymbol{B}$. □

现在给出向量在不同基下的坐标间的联系.

定理 6.3.3 设 $\varepsilon_1,\varepsilon_2,\cdots,\varepsilon_n$ 与 $\varepsilon_1',\varepsilon_2',\cdots,\varepsilon_n'$ 均为 $\mathbb{F}$ 上 n 维线性空间 V 的基. 设 $\boldsymbol{A}=(a_{ij})_{n\times n}$ 为由基 $\varepsilon_1,\varepsilon_2,\cdots,\varepsilon_n$ 到基 $\varepsilon_1',\varepsilon_2',\cdots,\varepsilon_n'$ 的过渡矩阵. 设向量 $\boldsymbol{\alpha}$ 在基 $\varepsilon_1,\varepsilon_2,\cdots,\varepsilon_n$ 与 $\varepsilon_1',\varepsilon_2',\cdots,\varepsilon_n'$ 下的坐标分别为 $(x_1,x_2,\cdots,x_n)$ 与 $(x_1',x_2',\cdots,x_n')$, 则

$$\begin{pmatrix}x_1\\x_2\\\vdots\\x_n\end{pmatrix}=\boldsymbol{A}\begin{pmatrix}x_1'\\x_2'\\\vdots\\x_n'\end{pmatrix}.\tag{6.3.3}$$

式 (6.3.3) 为同一个向量在不同基下的**坐标变换公式**.

证明 由题中条件,

$$\boldsymbol{\alpha}=(\boldsymbol{\varepsilon}_1,\boldsymbol{\varepsilon}_2,\cdots,\boldsymbol{\varepsilon}_n)\begin{pmatrix}x_1\\x_2\\\vdots\\x_n\end{pmatrix}=(\boldsymbol{\varepsilon}_1',\boldsymbol{\varepsilon}_2',\cdots,\boldsymbol{\varepsilon}_n')\begin{pmatrix}x_1'\\x_2'\\\vdots\\x_n'\end{pmatrix},$$

且

$$(\boldsymbol{\varepsilon}_1',\boldsymbol{\varepsilon}_2',\cdots,\boldsymbol{\varepsilon}_n')=(\boldsymbol{\varepsilon}_1,\boldsymbol{\varepsilon}_2,\cdots,\boldsymbol{\varepsilon}_n)\boldsymbol{A}.$$

因此,

$$\boldsymbol{\alpha}=(\boldsymbol{\varepsilon}_1,\boldsymbol{\varepsilon}_2,\cdots,\boldsymbol{\varepsilon}_n)\boldsymbol{A}\begin{pmatrix}x_1'\\x_2'\\\vdots\\x_n'\end{pmatrix}.$$

根据向量 $\boldsymbol{\alpha}$ 在基 $\boldsymbol{\varepsilon}_1,\boldsymbol{\varepsilon}_2,\cdots,\boldsymbol{\varepsilon}_n$ 下坐标的唯一性,

$$\begin{pmatrix}x_1\\x_2\\\vdots\\x_n\end{pmatrix}=\boldsymbol{A}\begin{pmatrix}x_1'\\x_2'\\\vdots\\x_n'\end{pmatrix}.$$

□

习 题 6.3

1. 求线性空间 $\mathbb{F}^{n\times n}$ 的维数与一个基.

2. 设 $\boldsymbol{\alpha}_1,\boldsymbol{\alpha}_2,\cdots,\boldsymbol{\alpha}_n$ 是数域 $\mathbb{F}$ 上 n 维线性空间 V 的一个基. 证明: $\boldsymbol{\alpha}_1,\boldsymbol{\alpha}_1+\boldsymbol{\alpha}_2,\cdots,\boldsymbol{\alpha}_1+\boldsymbol{\alpha}_2+\cdots+\boldsymbol{\alpha}_n$ 仍是 V 的一个基. 若向量 $\boldsymbol{\alpha}$ 在 $\boldsymbol{\alpha}_1,\boldsymbol{\alpha}_2,\cdots,\boldsymbol{\alpha}_n$ 下的坐标为 $(n,n-1,\cdots,2,1)$, 求 $\boldsymbol{\alpha}$ 在后一个基下的坐标.

3. 证明: 在数域 $\mathbb{F}$ 上所有次数小于 n 的多项式构成的线性空间 $\mathbb{F}_n[x]$ 中, 向量 1, $(x+a)$, $(x+a)^2$, $\cdots$, $(x+a)^{n-1}$ 构成一个基, 其中 $a\in\mathbb{F}$. 并求 $f(x)=a_0+a_1x+a_2x^2+\cdots+a_{n-1}x^{n-1}$ 在这个基下的坐标.

6.4 线性子空间

在空间解析几何中, 对于一个过原点的平面, 它是 3 维欧式空间 $\mathbb{R}^3$ 的子集, 而且它对 $\mathbb{R}^3$ 的加法和数乘自身构成了一个线性空间. 本节将这一情形推广到一般线性空间中, 引入线性子空间的概念.

定义 6.4.1 设 V 是数域 $\mathbb{F}$ 上维线性空间, W 是 V 的一个非空子集. 若 W 关于 V 的加法和数乘也构成了数域 $\mathbb{F}$ 上的线性空间, 则称 W 为 V 的一个**线性子空间**, 简称**子空间**.

根据线性空间的定义, 我们不难证明如下定理, 请读者自行证明.

定理 6.4.1 若线性空间 V 的非空子集 W 关于 V 的加法和数乘运算封闭, 则 W 是 V 的子空间.

例 6.4.1 显然, 线性空间 V 本身是 V 的一个子空间; 仅由零向量构成的集合 $\{\mathbf{0}\}$ 也是 V 的子空间, 称为**零子空间**. 这两个子空间称为 V 的**平凡子空间**, 而 V 的其他子空间称为 V 的**非平凡子空间**.

例 6.4.2 在全体实函数构成的实线性空间中, 所有实系数多项式集合构成它的一个子空间.

例 6.4.3 设 $\mathbb{F}[x]$ 为数域 $\mathbb{F}$ 上关于 x 的一元多项式构成的线性空间. 则集合 $W=\{f(x)\in\mathbb{F}[x]:f(-x)=f(x)\}$ 是 $\mathbb{F}[x]$ 的一个子空间.

证明 对任意 $f,g\in W$,

$$(f+g)(-x)=f(-x)+g(-x)=f(x)+g(x)=(f+g)(x).$$

因此, $f+g\in W$. 对任意 $k\in\mathbb{F}$, $f\in W$,

$$(kf)(-x)=kf(-x)=kf(x)=(kf)(x).$$

因此 $kf\in W$. 根据定理 6.4.1, W 是 $\mathbb{F}[x]$ 的一个子空间. □

例 6.4.4 设齐次线性方程组 $\boldsymbol{AX}=\mathbf{0}$, 其中 $\boldsymbol{A}\in\mathbb{F}^{m\times n}$. 由定理 6.4.1 不难验证, 方程组在 $\mathbb{F}$ 上所有的解构成的集合

$$\mathcal{S}(\boldsymbol{A})=\{\boldsymbol{X}\in\mathbb{F}^n:\boldsymbol{AX}=\mathbf{0}\}$$

是数域 $\mathbb{F}$ 上向量空间 $\mathbb{F}^n$ 的子空间, 称之为方程组的**解空间**. 方程组的基础解系就是解空间 $\mathcal{S}(\boldsymbol{A})$ 的一个基. 因此, 解空间 $\mathcal{S}(\boldsymbol{A})$ 的维数为 $n-r(\boldsymbol{A})$, 即基础解系所含向量的个数.

例 6.4.5 设矩阵 $\boldsymbol{A}\in\mathbb{F}^{n\times n}$, $\lambda\in\mathbb{F}$ 为 $\boldsymbol{A}$ 的一个特征值. 设

$$\mathcal{V}_\lambda(\boldsymbol{A})=\{\boldsymbol{\alpha}\in\mathbb{F}^n:\boldsymbol{A\alpha}=\lambda\boldsymbol{\alpha}\},$$

即由 $\boldsymbol{A}$ 的属于特征值 λ 的特征向量及零向量构成的集合. 由定理 6.4.1 不难验证, $\mathcal{V}_\lambda(\boldsymbol{A})$ 是 $\mathbb{F}^n$ 的子空间, 称之为 $\boldsymbol{A}$ 的属于特征值 λ 的**特征子空间**. 特征子空间 $\mathcal{V}_\lambda(\boldsymbol{A})$ 的维数就是解空间 $\mathcal{S}(\lambda\boldsymbol{I}-\boldsymbol{A})$ 的维数, 或方程组 $(\lambda\boldsymbol{I}-\boldsymbol{A})\boldsymbol{X}=\mathbf{0}$ 的基础解系所含向量的个数, 为 $n-r(\lambda\boldsymbol{I}-\boldsymbol{A})$. 特征值 λ 的**几何重数**即为特征子空间 $\mathcal{V}_\lambda(\boldsymbol{A})$ 的维数.

设 $\boldsymbol{\alpha}_1,\boldsymbol{\alpha}_2,\cdots,\boldsymbol{\alpha}_r$ 是数域 $\mathbb{F}$ 上线性空间 V 的一组向量, 则这组向量所有可能的线性组合构成的集合, 记为

$$L(\boldsymbol{\alpha}_1,\boldsymbol{\alpha}_2,\cdots,\boldsymbol{\alpha}_r)=\{k_1\boldsymbol{\alpha}_1+k_2\boldsymbol{\alpha}_2+\cdots+k_r\boldsymbol{\alpha}_r:k_1,k_2,\cdots,k_r\in\mathbb{F}\},$$

关于 V 的两种运算封闭, 因而是 V 的一个子空间, 称为由 $\boldsymbol{\alpha}_1,\boldsymbol{\alpha}_2,\cdots,\boldsymbol{\alpha}_r$ **生成的子空间**.

定理 6.4.2 设 $\boldsymbol{\alpha}_1,\boldsymbol{\alpha}_2,\cdots,\boldsymbol{\alpha}_r$ 是线性空间 V 的一组向量. 由 $\boldsymbol{\alpha}_1,\boldsymbol{\alpha}_2,\cdots,\boldsymbol{\alpha}_r$ 生成的子空间 $L(\boldsymbol{\alpha}_1,\boldsymbol{\alpha}_2,\cdots,\boldsymbol{\alpha}_r)$ 是 V 的包含 $\boldsymbol{\alpha}_1,\boldsymbol{\alpha}_2,\cdots,\boldsymbol{\alpha}_r$ 的最小子空间.

在有限维线性空间中, 任何一个子空间都可以由有限个向量生成. 事实上, 设 W 是线性空间 V 的一个子空间, 则 W 也是有限维的. 取 W 一个基 $\boldsymbol{\alpha}_1,\boldsymbol{\alpha}_2,\cdots,\boldsymbol{\alpha}_r$, 则 $W=L(\boldsymbol{\alpha}_1,\boldsymbol{\alpha}_2,\cdots,\boldsymbol{\alpha}_r)$. 特别地, V 本身就可以由它的基向量生成.

定理 6.4.3 (1) 两个向量组生成相同子空间当且仅当这两个向量组等价;

(2) 向量组 $\boldsymbol{\alpha}_1,\boldsymbol{\alpha}_2,\cdots,\boldsymbol{\alpha}_r$ 的极大线性无关组就是 $L(\boldsymbol{\alpha}_1,\boldsymbol{\alpha}_2,\cdots,\boldsymbol{\alpha}_r)$ 的一个基, 因此 $L(\boldsymbol{\alpha}_1,\boldsymbol{\alpha}_2,\cdots,\boldsymbol{\alpha}_r)$ 的维数就是向量组 $\boldsymbol{\alpha}_1,\boldsymbol{\alpha}_2,\cdots,\boldsymbol{\alpha}_r$ 的秩.

证明 (1) 设 $\boldsymbol{\alpha}_1,\boldsymbol{\alpha}_2,\cdots,\boldsymbol{\alpha}_r$ 与 $\boldsymbol{\beta}_1,\boldsymbol{\beta}_2,\cdots,\boldsymbol{\beta}_s$ 为两个向量组. 如果

$$L(\boldsymbol{\alpha}_1,\boldsymbol{\alpha}_2,\cdots,\boldsymbol{\alpha}_r)=L(\boldsymbol{\beta}_1,\boldsymbol{\beta}_2,\cdots,\boldsymbol{\beta}_s),$$

则对任意 $i=1,2,\cdots,r$, 向量 $\boldsymbol{\alpha}_i\in L(\boldsymbol{\beta}_1,\boldsymbol{\beta}_2,\cdots,\boldsymbol{\beta}_s)$, 即 $\boldsymbol{\alpha}_i$ 是 $\boldsymbol{\beta}_1,\boldsymbol{\beta}_2,\cdots,\boldsymbol{\beta}_s$ 的线性组合, 因此向量组 $\boldsymbol{\alpha}_1,\boldsymbol{\alpha}_2,\cdots,\boldsymbol{\alpha}_r$ 可由向量组 $\boldsymbol{\beta}_1,\boldsymbol{\beta}_2,\cdots,\boldsymbol{\beta}_s$ 线性表示. 类似地, 向量组 $\boldsymbol{\beta}_1,\boldsymbol{\beta}_2,\cdots,\boldsymbol{\beta}_s$ 也可由向量组 $\boldsymbol{\alpha}_1,\boldsymbol{\alpha}_2,\cdots,\boldsymbol{\alpha}_r$ 线性表示, 因此这两个向量组等价.

反之, 如果向量组 $\boldsymbol{\alpha}_1,\boldsymbol{\alpha}_2,\cdots,\boldsymbol{\alpha}_r$ 与 $\boldsymbol{\beta}_1,\boldsymbol{\beta}_2,\cdots,\boldsymbol{\beta}_s$ 等价, 则任一 $\boldsymbol{\alpha}_1,\boldsymbol{\alpha}_2,\cdots,\boldsymbol{\alpha}_r$ 的线性组合都可以由 $\boldsymbol{\beta}_1,\boldsymbol{\beta}_2,\cdots,\boldsymbol{\beta}_s$ 线性表示. 因此

$$L(\boldsymbol{\alpha}_1,\boldsymbol{\alpha}_2,\cdots,\boldsymbol{\alpha}_r)\subseteq L(\boldsymbol{\beta}_1,\boldsymbol{\beta}_2,\cdots,\boldsymbol{\beta}_s).$$

类似可证 $L(\boldsymbol{\beta}_1,\boldsymbol{\beta}_2,\cdots,\boldsymbol{\beta}_s)\subseteq L(\boldsymbol{\alpha}_1,\boldsymbol{\alpha}_2,\cdots,\boldsymbol{\alpha}_r)$. 故

$$L(\boldsymbol{\alpha}_1,\boldsymbol{\alpha}_2,\cdots,\boldsymbol{\alpha}_r)=L(\boldsymbol{\beta}_1,\boldsymbol{\beta}_2,\cdots,\boldsymbol{\beta}_s).$$

(2) 设向量组 $\boldsymbol{\alpha}_1,\boldsymbol{\alpha}_2,\cdots,\boldsymbol{\alpha}_r$ 的秩为 s, 且不妨设 $\boldsymbol{\alpha}_1,\boldsymbol{\alpha}_2,\cdots,\boldsymbol{\alpha}_s$ 是它的一个极大线性无关组. 因为 $\boldsymbol{\alpha}_1,\boldsymbol{\alpha}_2,\cdots,\boldsymbol{\alpha}_s$ 与 $\boldsymbol{\alpha}_1,\boldsymbol{\alpha}_2,\cdots,\boldsymbol{\alpha}_r$ 等价, 由 (1) 可知,

$$L(\boldsymbol{\alpha}_1,\boldsymbol{\alpha}_2,\cdots,\boldsymbol{\alpha}_s)=L(\boldsymbol{\alpha}_1,\boldsymbol{\alpha}_2,\cdots,\boldsymbol{\alpha}_r),$$

故 $\boldsymbol{\alpha}_1,\boldsymbol{\alpha}_2,\cdots,\boldsymbol{\alpha}_s$ 就是 $L(\boldsymbol{\alpha}_1,\boldsymbol{\alpha}_2,\cdots,\boldsymbol{\alpha}_r)$ 的一个基. 因此, $L(\boldsymbol{\alpha}_1,\boldsymbol{\alpha}_2,\cdots,\boldsymbol{\alpha}_r)$ 的维数为 s, 即向量组 $\boldsymbol{\alpha}_1,\boldsymbol{\alpha}_2,\cdots,\boldsymbol{\alpha}_r$ 的秩. □

定理 6.4.4 数域 $\mathbb{F}$ 上 n 维线性空间 V 的任一个线性无关的向量组都可扩充成为 V 的一个基, 即, 若 $\boldsymbol{\alpha}_1,\boldsymbol{\alpha}_2,\cdots,\boldsymbol{\alpha}_r\ (r<n)$ 是 V 的一个线性无关的向量组, 则存在 $\boldsymbol{\alpha}_{r+1},\boldsymbol{\alpha}_{r+2},\cdots,\boldsymbol{\alpha}_n\in V$, 使得 $\boldsymbol{\alpha}_1,\boldsymbol{\alpha}_2,\cdots,\boldsymbol{\alpha}_r,\boldsymbol{\alpha}_{r+1},\boldsymbol{\alpha}_{r+2},\cdots,\boldsymbol{\alpha}_n$ 是 V 的一个基.

推论 6.4.1 设 V 为数域 $\mathbb{F}$ 上的 n 维线性空间, W 为 V 的一个 m 维子空间 $(m<n)$, $\boldsymbol{\alpha}_1,\boldsymbol{\alpha}_2,\cdots,\boldsymbol{\alpha}_m$ 为 W 的一个基. 则存在 $n-m$ 个向量 $\boldsymbol{\alpha}_{m+1},\boldsymbol{\alpha}_{m+2},\cdots,\boldsymbol{\alpha}_n\in V$, 使得 $\boldsymbol{\alpha}_1,\boldsymbol{\alpha}_2,\cdots,\boldsymbol{\alpha}_m,\boldsymbol{\alpha}_{m+1},\boldsymbol{\alpha}_{m+2},\cdots,\boldsymbol{\alpha}_n$ 是 V 的一个基.

习 题 6.4

1. 设 $\mathbb{R}^3$ 的两个子集

$$W_1=\{(x_1,x_2,x_3):x_1-2x_2+2x_3=0\},$$
$$W_2=\{(x_1,x_2,x_3):x_1+\frac{1}{2}x_2+x_3=1\}.$$

证明: W_1 是 $\mathbb{R}^3$ 的一个子空间, W_2 不是 $\mathbb{R}^3$ 的一个子空间.

2. 在 $\mathbb{R}^4$ 中, 求由 $\boldsymbol{\alpha}_1,\boldsymbol{\alpha}_2,\boldsymbol{\alpha}_3,\boldsymbol{\alpha}_4,\boldsymbol{\alpha}_5$ 生成的子空间维数和一个基, 其中

$$\boldsymbol{\alpha}_1=(1,3,0,5),\ \boldsymbol{\alpha}_2=(1,2,1,4),\ \boldsymbol{\alpha}_3=(1,1,2,3),\ \boldsymbol{\alpha}_4=(0,1,2,4),\ \boldsymbol{\alpha}_5=(1,-3,0,-7).$$

3. 在 $\mathbb{R}^3$ 中, 求由基 $\boldsymbol{\alpha}_1,\boldsymbol{\alpha}_2,\boldsymbol{\alpha}_3$ 到基 $\boldsymbol{\beta}_1,\boldsymbol{\beta}_2,\boldsymbol{\beta}_3$ 的过渡矩阵, 其中

$$\boldsymbol{\alpha}_1=(1,2,1),\quad \boldsymbol{\alpha}_2=(2,3,3),\quad \boldsymbol{\alpha}_3=(3,7,1);$$
$$\boldsymbol{\beta}_1=(3,1,4),\quad \boldsymbol{\beta}_2=(5,2,1),\quad \boldsymbol{\beta}_3=(1,1,-6).$$

4. 求下列齐次线性方程组的解空间的维数以及一个基.

$$\begin{cases} x_1+2x_2-2x_3+3x_4=0,\\ -3x_1-x_2+x_3+x_4=0,\\ -7x_1-5x_2+x_3+2x_4=0,\\ 4x_1+x_2+3x_3-7x_4=0.\end{cases}$$

5. 求下列矩阵的所有特征子空间以及相应的维数.

$$\boldsymbol{A}=\begin{pmatrix}1&0&0\\-2&1&0\\3&0&2\end{pmatrix}.$$

6.5 线性映射与矩阵

线性映射是研究两个线性空间之间的关系或同一线性空间中向量间内在联系的一种重要映射, 是线性代数的中心内容.

定义 6.5.1 设 V 和 W 均为数域 $\mathbb{F}$ 上的线性空间. 如果映射 $\varphi: V \to W$ 满足

(1) 对任意 $\boldsymbol{\alpha}, \boldsymbol{\beta} \in V$, $\varphi(\boldsymbol{\alpha}+\boldsymbol{\beta}) = \varphi(\boldsymbol{\alpha}) + \varphi(\boldsymbol{\beta})$;

(2) 对任意 $k \in \mathbb{F}, \boldsymbol{\alpha} \in V$, $\varphi(k\boldsymbol{\alpha}) = k\varphi(\boldsymbol{\alpha})$.

则称 φ 为线性空间 V 到 W 的**线性映射**.

当 $V = W$ 时, 则称 φ 为 V 上的**线性变换**. 当 $W = \mathbb{F}$ 时, 则称 φ 为 V 上的**线性函数**. 记 $\mathrm{Hom}(V, W)$ 为 V 到 W 的所有线性映射构成的集合.

例 6.5.1 设 V 和 W 均为数域 $\mathbb{F}$ 上的线性空间. 对任意 $\boldsymbol{\alpha} \in V$, 定义 $\varphi(\boldsymbol{\alpha}) = \mathbf{0}$. 显然 φ 是 V 到 W 的一个线性映射, 称为**零映射**.

例 6.5.2 设 V 为数域 $\mathbb{F}$ 上的线性空间, 定义 $I_V: V \to V$, $I_V(\boldsymbol{\alpha}) = \boldsymbol{\alpha}$. 显然, I_V 为 V 上的线性变换, 称为 V 上的**恒等变换**, 简记为 I.

例 6.5.3 设 V 为数域 $\mathbb{F}$ 上 n 维线性空间, $\varepsilon_1, \varepsilon_2, \cdots, \varepsilon_n$ 为 V 的一个基. 对任意 $\boldsymbol{\alpha} \in V$, 若它在基 $\varepsilon_1, \varepsilon_2, \cdots, \varepsilon_n$ 下的坐标为 $(a_1, a_2, \cdots, a_n)$, 定义 $\varphi(\boldsymbol{\alpha}) = (a_1, a_2, \cdots, a_n)$. 证明: 映射 φ 为 V 到 n 维向量空间 $\mathbb{F}^n$ 的一个线性映射.

证明 设 $\boldsymbol{\alpha}, \boldsymbol{\beta}$ 在基 $\varepsilon_1, \varepsilon_2, \cdots, \varepsilon_n$ 下的坐标分别为 $(a_1, a_2, \cdots, a_n)$, $(b_1, b_2, \cdots, b_n)$, 则

$$\varphi(\boldsymbol{\alpha}) = (a_1, a_2, \cdots, a_n), \quad \varphi(\boldsymbol{\beta}) = (b_1, b_2, \cdots, b_n).$$

显然, $\boldsymbol{\alpha}+\boldsymbol{\beta}$ 与 $k\boldsymbol{\alpha}$ 的坐标分别为 $(a_1+b_1, a_2+b_2, \cdots, a_n+b_n)$ 与 $(ka_1, ka_2, \cdots, ka_n)$, 其中 $k \in \mathbb{F}$. 因此,

$$\begin{aligned} \varphi(\boldsymbol{\alpha}+\boldsymbol{\beta}) &= (a_1+b_1, a_2+b_2, \cdots, a_n+b_n) = \varphi(\boldsymbol{\alpha}) + \varphi(\boldsymbol{\beta}), \\ \varphi(k\boldsymbol{\alpha}) &= (ka_1, ka_2, \cdots, ka_n) = k\varphi(\boldsymbol{\alpha}). \end{aligned}$$

由定义可知, 映射 $\varphi: V \to \mathbb{F}^n$ 是线性映射. □

设 V, W 均为 $\mathbb{F}$ 上线性空间, $\varphi: V \to W$ 为线性映射. 容易验证 φ 具有以下性质.

性质 6.5.1 $\varphi(\mathbf{0}) = \mathbf{0}$.

性质 6.5.2 设 $k_1, k_2, \cdots, k_m \in \mathbb{F}$, $\boldsymbol{\alpha}_1, \boldsymbol{\alpha}_2, \cdots, \boldsymbol{\alpha}_m \in V$, 则

$$\varphi(k_1\boldsymbol{\alpha}_1 + k_2\boldsymbol{\alpha}_2 + \cdots + k_m\boldsymbol{\alpha}_m) = k_1\varphi(\boldsymbol{\alpha}_1) + k_2\varphi(\boldsymbol{\alpha}_2) + \cdots + k_m\varphi(\boldsymbol{\alpha}_m).$$

性质 6.5.3 设 V' 为 V 的子空间, W' 为 W 的子空间. 则 V' 在 φ 下的像 $\varphi(V') = \{\varphi(\boldsymbol{\alpha}) \in W : \boldsymbol{\alpha} \in V'\}$ 为 W 的一个子空间, W' 在 φ 下的原像 $\varphi^{-1}(W') = \{\boldsymbol{\alpha} \in V : \varphi(\boldsymbol{\alpha}) \in W'\}$ 为 V 的一个子空间.

下面定理说明线性映射是由它在基向量上的作用唯一确定. 请读者自行证明.

定理 6.5.1　设 V 与 W 分别为数域 $\mathbb{F}$ 上 n 维与 m 维线性空间, $\varepsilon_1,\varepsilon_2,\cdots,\varepsilon_n$ 为 V 的一个基. 则对于 W 中任意给定的 n 个向量 $\gamma_1,\gamma_2,\cdots,\gamma_n$, 存在唯一线性映射 $\varphi: V\to W$, 使得 $\varphi(\varepsilon_i)=\gamma_i, i=1,2,\cdots,n$.

下面我们讨论线性映射与矩阵的联系.

设 V 与 W 分别为 $\mathbb{F}$ 上 n 维与 m 维线性空间, φ 为 V 到 W 的线性映射. 设 $\varepsilon_1,\varepsilon_2,\cdots,\varepsilon_n$, $\boldsymbol{\eta}_1,\boldsymbol{\eta}_2,\cdots,\boldsymbol{\eta}_m$ 分别为 V 与 W 的基. 则 $\varphi(\varepsilon_1),\varphi(\varepsilon_2),\cdots,\varphi(\varepsilon_n)$ 可由 $\boldsymbol{\eta}_1,\boldsymbol{\eta}_2,\cdots,\boldsymbol{\eta}_m$ 线性表示, 即

$$\begin{aligned}\varphi(\varepsilon_1)&=a_{11}\boldsymbol{\eta}_1+a_{21}\boldsymbol{\eta}_2+\cdots+a_{m1}\boldsymbol{\eta}_m,\\ \varphi(\varepsilon_2)&=a_{12}\boldsymbol{\eta}_1+a_{22}\boldsymbol{\eta}_2+\cdots+a_{m2}\boldsymbol{\eta}_m,\\ &\cdots\cdots\\ \varphi(\varepsilon_n)&=a_{1n}\boldsymbol{\eta}_1+a_{2n}\boldsymbol{\eta}_2+\cdots+a_{mn}\boldsymbol{\eta}_m.\end{aligned}$$

设 $\boldsymbol{A}=(a_{ij})_{m\times n}\in\mathbb{F}^{m\times n}$, 则

$$\begin{aligned}(\varphi(\varepsilon_1),\varphi(\varepsilon_2),\cdots,\varphi(\varepsilon_n))&=(\boldsymbol{\eta}_1,\boldsymbol{\eta}_2,\cdots,\boldsymbol{\eta}_m)\begin{pmatrix}a_{11}&a_{12}&\cdots&a_{1n}\\ a_{21}&a_{22}&\cdots&a_{2n}\\ \vdots&\vdots&&\vdots\\ a_{m1}&a_{m2}&\cdots&a_{mn}\end{pmatrix}\\ &=(\boldsymbol{\eta}_1,\boldsymbol{\eta}_2,\cdots,\boldsymbol{\eta}_m)\boldsymbol{A}.\end{aligned}$$

称 $\boldsymbol{A}$ 为 φ 在基 $\varepsilon_1,\varepsilon_2,\cdots,\varepsilon_n$ 和 $\boldsymbol{\eta}_1,\boldsymbol{\eta}_2,\cdots,\boldsymbol{\eta}_m$ 下的矩阵.

根据定理 6.5.1, 给定 V 与 W 的基, 则线性映射 $\varphi: V\to W$ 由它在这两个基下的矩阵所唯一确定. 接下来我们给出 $\boldsymbol{\alpha}$ 在 V 的基下的坐标与它的像 $\varphi(\boldsymbol{\alpha})$ 在 W 基下的坐标之间的联系, 即定理 6.5.2, 请读者尝试证明.

定理 6.5.2　设 φ 为线性空间 V 到 W 的线性映射, $\varepsilon_1,\varepsilon_2,\cdots,\varepsilon_n$ 和 $\boldsymbol{\eta}_1,\boldsymbol{\eta}_2,\cdots,\boldsymbol{\eta}_m$ 分别为 V 与 W 的基, 且 φ 在这两个基下的矩阵为 $\boldsymbol{A}$. 若 $\boldsymbol{\alpha}\in V$ 在基 $\varepsilon_1,\varepsilon_2,\cdots,\varepsilon_n$ 下的坐标为 $(x_1,x_2,\cdots,x_n)$, $\varphi(\boldsymbol{\alpha})$ 在基 $\boldsymbol{\eta}_1,\boldsymbol{\eta}_2,\cdots,\boldsymbol{\eta}_m$ 下的坐标为 $(y_1,y_2,\cdots,y_m)$, 则

$$\begin{pmatrix}y_1\\ y_2\\ \vdots\\ y_m\end{pmatrix}=\boldsymbol{A}\begin{pmatrix}x_1\\ x_2\\ \vdots\\ x_n\end{pmatrix}.$$

定理 6.5.3　设 φ 为线性空间 V 到 W 的线性映射. 设 $\varepsilon_1,\varepsilon_2,\cdots,\varepsilon_n$ 与 $\varepsilon_1',\varepsilon_2',\cdots,\varepsilon_n'$ 为 V 的两个基, 且 $\varepsilon_1,\varepsilon_2,\cdots,\varepsilon_n$ 到 $\varepsilon_1',\varepsilon_2',\cdots,\varepsilon_n'$ 的过渡矩阵为 $\boldsymbol{P}$. 设 $\boldsymbol{\eta}_1,\boldsymbol{\eta}_2,\cdots,\boldsymbol{\eta}_m$ 与 $\boldsymbol{\eta}_1',\boldsymbol{\eta}_2',\cdots,\boldsymbol{\eta}_m'$ 为 W 的两个基, 且 $\boldsymbol{\eta}_1,\boldsymbol{\eta}_2,\cdots,\boldsymbol{\eta}_m$ 到 $\boldsymbol{\eta}_1',\boldsymbol{\eta}_2',\cdots,\boldsymbol{\eta}_m'$

的过渡矩阵为 $\boldsymbol{Q}$. 若线性映射 φ 在基 $\boldsymbol{\varepsilon}_1, \boldsymbol{\varepsilon}_2, \cdots, \boldsymbol{\varepsilon}_n$ 和基 $\boldsymbol{\eta}_1, \boldsymbol{\eta}_2, \cdots, \boldsymbol{\eta}_m$ 下的矩阵为 $\boldsymbol{A}$, 在基 $\boldsymbol{\varepsilon}_1', \boldsymbol{\varepsilon}_2', \cdots, \boldsymbol{\varepsilon}_n'$ 和基 $\boldsymbol{\eta}_1', \boldsymbol{\eta}_2', \cdots, \boldsymbol{\eta}_m'$ 下的矩阵为 $\boldsymbol{B}$, 则 $\boldsymbol{B} = \boldsymbol{Q}^{-1}\boldsymbol{A}\boldsymbol{P}$.

定理 6.5.3 给出了 φ 在 V 和 W 的两组不同基下的矩阵的联系, 即它们是等价的. 根据第一章定理 1.3.2 和推论 1.3.2, 任一个矩阵都和一个标准形等价. 因此, 对于定理 6.5.3 中的矩阵 $\boldsymbol{A} \in \mathbb{F}^{m\times n}$, 存在 m 阶可逆矩阵 $\boldsymbol{Q}$ 和 n 阶可逆矩阵 $\boldsymbol{P}$, 使得

$$\boldsymbol{Q}^{-1}\boldsymbol{A}\boldsymbol{P} = \begin{pmatrix} \boldsymbol{I}_r & \boldsymbol{0} \\ \boldsymbol{0} & \boldsymbol{0} \end{pmatrix}, \tag{6.5.1}$$

其中 r 为矩阵 $\boldsymbol{A}$ 的秩. 因此, 如果我们在 V 中取基

$$(\boldsymbol{\varepsilon}_1', \boldsymbol{\varepsilon}_2', \cdots, \boldsymbol{\varepsilon}_n') = (\boldsymbol{\varepsilon}_1, \boldsymbol{\varepsilon}_2, \cdots, \boldsymbol{\varepsilon}_n)\boldsymbol{P},$$

在 W 中取基

$$(\boldsymbol{\eta}_1', \boldsymbol{\eta}_2', \cdots, \boldsymbol{\eta}_m') = (\boldsymbol{\eta}_1, \boldsymbol{\eta}_2, \cdots, \boldsymbol{\eta}_m)\boldsymbol{Q},$$

则 φ 在新的基下的矩阵为 $\boldsymbol{Q}^{-1}\boldsymbol{A}\boldsymbol{P}$, 即式 (6.5.1) 的标准形. 写成矩阵的形式,

$$(\varphi(\boldsymbol{\varepsilon}_1'), \varphi(\boldsymbol{\varepsilon}_2'), \cdots, \varphi(\boldsymbol{\varepsilon}_n')) = (\boldsymbol{\eta}_1', \boldsymbol{\eta}_2', \cdots, \boldsymbol{\eta}_m') \begin{pmatrix} \boldsymbol{I}_r & \boldsymbol{0} \\ \boldsymbol{0} & \boldsymbol{0} \end{pmatrix},$$

等价于

$$\varphi(\boldsymbol{\varepsilon}_i') = \begin{cases} \boldsymbol{\eta}_i', & i = 1, 2, \cdots, r; \\ \boldsymbol{0}, & i = r+1, r+2, \cdots, n. \end{cases} \tag{6.5.2}$$

这说明, 如果我们在 V 和 W 中分别取比较好的基, 则线性映射 $\varphi: V \to W$ 在这两个基下的矩阵具有最简形式.

定理 6.5.4 设 φ 为线性空间 V 到 W 的线性映射, 则存在 V 的一个基 $\boldsymbol{\varepsilon}_1, \boldsymbol{\varepsilon}_2, \cdots, \boldsymbol{\varepsilon}_n$ 和 W 的一个基 $\boldsymbol{\eta}_1, \boldsymbol{\eta}_2, \cdots, \boldsymbol{\eta}_m$, 使得 φ 在这两个基下的矩阵为式 (6.5.1), 或等价地, φ 对基向量的作用满足式 (6.5.2).

下面我们来讨论线性映射之间的运算.

设 V 与 W 分别为数域 $\mathbb{F}$ 上 n 维与 m 维线性空间, φ, ψ 为 V 到 W 的两个线性映射, $k \in \mathbb{F}$. 分别定义 φ 与 ψ 的加法以及 k 与 φ 的数乘如下: 对任意 $\boldsymbol{\alpha} \in V$,

$$(\varphi + \psi)(\boldsymbol{\alpha}) = \varphi(\boldsymbol{\alpha}) + \psi(\boldsymbol{\alpha}),$$
$$(k\varphi)(\boldsymbol{\alpha}) = k\varphi(\boldsymbol{\alpha}).$$

容易验证, $\varphi + \psi$ 与 $k\varphi$ 仍为 V 到 W 的线性映射. 因此, $\mathrm{Hom}(V, W)$, 即 V 到 W 的所有线性映射构成的集合, 在上述加法与数乘运算下构成了数域 $\mathbb{F}$ 上线性空间.

定理 6.5.5　设 φ, ψ 均为 V 到 W 上的线性映射, 设 $\varepsilon_1, \varepsilon_2, \cdots, \varepsilon_n$ 和 $\boldsymbol{\eta}_1, \boldsymbol{\eta}_2, \cdots, \boldsymbol{\eta}_m$ 分别为 V 和 W 的基, 且 φ, ψ 在这两个基下的矩阵分别为 $\boldsymbol{A}$ 和 $\boldsymbol{B}$. 则 $\varphi+\psi$, $k\varphi$ 在这两个基下的矩阵分别为 $\boldsymbol{A}+\boldsymbol{B}$, $k\boldsymbol{A}$, 其中 $k \in \mathbb{F}$.

设 φ, ψ 分别为 V 到 W, W 到 U 的线性映射. 定义映射 φ 与 ψ 的复合 $\psi \circ \varphi : V \to U$, 即对任意 $\boldsymbol{\alpha} \in V$, $(\psi \circ \varphi)(\boldsymbol{\alpha}) = \psi(\varphi(\boldsymbol{\alpha}))$. 容易验证, $\psi \circ \varphi$ 为 V 到 U 的线性映射.

定理 6.5.6　设 φ, ψ 分别为 V 到 W, W 到 U 的线性映射. 设 $\varepsilon_1, \varepsilon_2, \cdots, \varepsilon_n$; $\boldsymbol{\eta}_1, \boldsymbol{\eta}_2, \cdots, \boldsymbol{\eta}_m$; $\boldsymbol{\xi}_1, \boldsymbol{\xi}_2, \cdots, \boldsymbol{\xi}_l$ 分别为 V, W, U 的基, 且 φ 在基 $\varepsilon_1, \varepsilon_2, \cdots, \varepsilon_n$ 与 $\boldsymbol{\eta}_1, \boldsymbol{\eta}_2, \cdots, \boldsymbol{\eta}_m$ 下的矩阵为 $\boldsymbol{A}$, ψ 在基 $\boldsymbol{\eta}_1, \boldsymbol{\eta}_2, \cdots, \boldsymbol{\eta}_m$ 与 $\boldsymbol{\xi}_1, \boldsymbol{\xi}_2, \cdots, \boldsymbol{\xi}_l$ 下的矩阵为 $\boldsymbol{B}$, 则 $\psi \circ \varphi$ 在基 $\varepsilon_1, \varepsilon_2, \cdots, \varepsilon_n$ 与 $\boldsymbol{\xi}_1, \boldsymbol{\xi}_2, \cdots, \boldsymbol{\xi}_l$ 下的矩阵为 $\boldsymbol{BA}$.

习　题　6.5

1. 证明: 存在一个线性映射 $\varphi : \mathbb{R}^2 \to \mathbb{R}^3$, 使得 $\varphi(1,1) = (1,0,2)$, $\varphi(2,3) = (1,-1,4)$, 并求 $\varphi(8,11)$.

2. 是否存在线性映射 $\varphi : \mathbb{R}^3 \to \mathbb{R}^2$, 使得 $(1,0,3) = \varphi^{-1}(1,1)$, $(-2,0,-6) = \varphi^{-1}(2,1)$.

3. 证明: 映射 $\varphi : V \to W$ 为线性映射当且仅当对任意 $\lambda, \mu \in \mathbb{F}$, $\boldsymbol{\alpha}, \boldsymbol{\beta} \in V$, 均有 $\varphi(\lambda\boldsymbol{\alpha} + \mu\boldsymbol{\beta}) = \lambda\varphi(\boldsymbol{\alpha}) + \mu\varphi(\boldsymbol{\beta})$.

6.6　线性空间的同构

前面我们利用线性映射建立了同一数域上线性空间之间的联系, 进一步地, 本节将讨论线性空间的分类问题.

定义 6.6.1　设 φ 为线性空间 V 到 W 的线性映射. 若 φ 是单射, 则称 φ 为 V 到 W 的一个**单线性映射**. 若 φ 是满射, 则称 φ 是 V 到 W 的一个**满线性映射**. 若 φ 是双射, 则称 φ 是 V 到 W 的一个**同构映射**, 并称线性空间 V 与 W 同构, 记作 $V \cong W$.

在数域 $\mathbb{F}$ 上的 n 维线性空间 V 中取定一个基 $\varepsilon_1, \varepsilon_2, \cdots, \varepsilon_n$, V 中每个向量 $\boldsymbol{\alpha}$ 在该基下都有唯一的坐标 $(a_1, a_2, \cdots, a_n)$, 即 $\boldsymbol{\alpha} = a_1\varepsilon_1 + a_2\varepsilon_2 + \cdots + a_n\varepsilon_n$. 根据例 6.5.3, 映射 $\varphi : \alpha \mapsto (a_1, a_2, \cdots, a_n)$ 是 V 到 $\mathbb{F}^n$ 的一个线性映射. 可以证明, φ 是一个同构映射.

定理 6.6.1　数域 $\mathbb{F}$ 上任一 n 维线性空间都与 $\mathbb{F}^n$ 同构, 其中 $n \geqslant 1$.

下面我们来讨论同构映射的性质.

性质 6.6.1　同构映射的逆映射是同构映射.

性质 6.6.2　两个同构映射的复合是同构映射.

由上述性质可知, 线性空间之间的同构关系具有以下性质. 对数域 $\mathbb{F}$ 上任意线性空间 V, W, U,

(1) 反身性: $V \cong V$;

(2) 对称性: 若 $V \cong W$, 则 $W \cong V$;

(3) 传递性: 若 $V \cong W$, $W \cong U$, 则 $V \cong U$.

因此, 同构关系是数域 $\mathbb{F}$ 上所有线性空间的一种等价关系. 由此可以给出 $\mathbb{F}$ 上线性空间的分类, 使得同一类中的任意两个线性空间是同构的.

定理 6.6.2 设 φ 为 V 到 W 的同构映射. 则

(1) V 中向量组 $\boldsymbol{\alpha}_1, \boldsymbol{\alpha}_2, \cdots, \boldsymbol{\alpha}_r$ 线性相关 (或线性无关) 当且仅当 $\varphi(\boldsymbol{\alpha}_1), \varphi(\boldsymbol{\alpha}_2), \cdots, \varphi(\boldsymbol{\alpha}_r)$ 线性相关 (或线性无关).

(2) 若 U 为 V 的子空间, 则 $\dim U = \dim \varphi(U)$.

定理 6.6.3 设 V_1, V_2 均为数域 $\mathbb{F}$ 上线性空间. 则 $V_1 \cong V_2$ 当且仅当 $\dim V_1 = \dim V_2$.

在对线性空间的讨论中, 我们并没有涉及线性空间中的向量的具体特征, 也没有涉及其中的具体运算, 而只是关注线性空间在所定义的运算下的代数性质. 从这个观点来看, 同构的线性空间是可以不加区别的.

定理 6.6.3 表明维数是有限维线性空间的唯一本质特征. 因此从结构上看, 对数域 $\mathbb{F}$ 上任一 n 维线性空间而言, 总可以选取 n 维向量空间 $\mathbb{F}^n$ 作为其所在同构类的代表元, 也就是说可以用 $\mathbb{F}^n$ 来理解一般的 $\mathbb{F}$ 上的 n 维线性空间.

习 题 6.6

1. 设 φ 为 V 到 W 的线性映射. 证明: φ 为同构映射当且仅当 φ 在 V 到 W 的任两个基下的矩阵可逆.

2. 设 φ 为 V 到 W 的线性映射. 证明:

(1) 若 $\dim V < \dim W$, 则 φ 不可能是满射;

(2) 若 $\dim V > \dim W$, 则 φ 不可能是单射.

6.7 线性映射的像与核

本节介绍线性映射的像和核. 在今后的代数学习中, 常用到这两个概念.

定义 6.7.1 设 φ 为 V 到 W 的线性映射. 称集合 $\operatorname{Im}\varphi = \{\varphi(\boldsymbol{\alpha}) \in W : \boldsymbol{\alpha} \in V\}$ 为 φ 的**像**; 称集合 $\operatorname{Ker}\varphi = \{\boldsymbol{\alpha} \in V : \varphi(\boldsymbol{\alpha}) = \mathbf{0}\}$ 为 φ 的**核**.

例 6.7.1 考虑 $\mathbb{R}^n$ 上的线性函数 $f(a_1, a_2, \cdots, a_n) = \sum\limits_{i=1}^{n} a_i$. 显然, $\operatorname{Im} f(\mathbb{R}^n) =$

$\mathbb{R}$, $\operatorname{Ker} f = \left\{(a_1, a_2, \cdots, a_n) \in \mathbb{R}^n : \sum_{i=1}^{n} a_i = 0\right\}$. □

定理 6.7.1　设 φ 为 V 到 W 的线性映射. 则 φ 为单射的充要条件是 $\operatorname{Ker}\varphi = 0$.

定理 6.7.2　设 φ 为 V 到 W 的线性映射. 则 $\operatorname{Ker}\varphi$ 为 V 的子空间, $\operatorname{Im}\varphi$ 为 W 的子空间.

例 6.7.2　设 $\mathbb{F}^n$ 为数域 $\mathbb{F}$ 上 n 维列向量空间, $\boldsymbol{A}$ 为 $\mathbb{F}$ 上的 $m \times n$ 矩阵. 定义线性映射 $\varphi : \mathbb{F}^n \to \mathbb{F}^m, \boldsymbol{X} \mapsto \boldsymbol{AX}$. 记 $\boldsymbol{A} = (\boldsymbol{\alpha}_1, \boldsymbol{\alpha}_2, \cdots, \boldsymbol{\alpha}_n)$, 则 $\operatorname{Ker}\varphi$ 即为 $\boldsymbol{AX} = \boldsymbol{0}$ 的解空间, $\operatorname{Im}\varphi$ 为 $\boldsymbol{A}$ 的列向量组生成的子空间 $L(\boldsymbol{\alpha}_1, \boldsymbol{\alpha}_2, \cdots, \boldsymbol{\alpha}_n)$.

关于像与核的关系, 我们有如下非常重要的定理.

定理 6.7.3　设 φ 为 V 到 W 的线性映射. 则 $\dim V = \dim(\operatorname{Im}\varphi) + \dim(\operatorname{Ker}\varphi)$.

定义 6.7.2　设 φ 为 V 到 W 的线性映射. 称 $\dim(\operatorname{Im}\varphi)$ 为 φ 的**秩**, 记为 $r(\varphi)$; 称 $\dim(\operatorname{Ker}\varphi)$ 为 φ 的**零度**, 记为 $v(\varphi)$.

推论 6.7.1　设 φ 为 V 到 W 的线性映射, 且 φ 在 V 的基 $\boldsymbol{\varepsilon}_1, \boldsymbol{\varepsilon}_2, \cdots, \boldsymbol{\varepsilon}_n$ 与 W 的基 $\boldsymbol{\eta}_1, \boldsymbol{\eta}_2, \cdots, \boldsymbol{\eta}_m$ 下的矩阵为 $\boldsymbol{A}$. 则 $r(\varphi) = r(\boldsymbol{A})$, $v(\varphi) = n - r(\boldsymbol{A})$.

习　题　6.7

1. 证明: 映射 $\varphi : \mathbb{R}^2 \to \mathbb{R}^1, (x, y) \mapsto x - y$ 是线性映射; 并求其值域与核.

2. 设 φ 为 V 到 W 的线性映射, 且 $\dim V > \dim W$. 证明: $\operatorname{Ker}\varphi \neq \{0\}$.

// 复习题 6 //

1. 设 $\mathbb{F}$ 为数域. 证明:

(1) $f_r(x) = (x - a_1) \cdots (x - a_{r-1})(x - a_{r+1}) \cdots (x - a_n)$, $r = 1, 2, \cdots, n$, 是 $\mathbb{F}_n[x]$ 的一个基, 其中 $a_1, a_2, \cdots, a_n$ 为互不相同的数.

(2) 在 (1) 中, 取 $a_1, a_2, \cdots, a_n$ 为全体 n 次单位根, 求基 $1, x, x^2, \cdots, x^{n-1}$ 到 $f_1, f_2, \cdots, f_n$ 的过渡矩阵.

2. 设向量组 $\boldsymbol{\alpha}_1, \boldsymbol{\alpha}_2, \cdots, \boldsymbol{\alpha}_r$; $\boldsymbol{\beta}_1, \boldsymbol{\beta}_2, \cdots, \boldsymbol{\beta}_s$; $\boldsymbol{\alpha}_1, \boldsymbol{\alpha}_2, \cdots, \boldsymbol{\alpha}_r, \boldsymbol{\beta}_1, \boldsymbol{\beta}_2, \cdots, \boldsymbol{\beta}_s$ 的秩分别为 r_1, r_2, r_3. 证明: $\max\{r_1, r_2\} \leqslant r_3 \leqslant r_1 + r_2$.

3. 设 $\boldsymbol{\alpha}_i = (a_{i1}, a_{i2}, \cdots, a_{in})$, $i = 1, 2, \cdots, m$, $\boldsymbol{\beta} = (b_1, b_2, \cdots, b_n)$. 证明: 如果线性方程组

$$\begin{cases} a_{11}x_1 + a_{12}x_2 + \cdots + a_{1n}x_n = 0, \\ a_{21}x_1 + a_{22}x_2 + \cdots + a_{2n}x_n = 0, \\ \cdots\cdots \\ a_{m1}x_1 + a_{m2}x_2 + \cdots + a_{mn}x_n = 0 \end{cases}$$

的解全是方程 $b_1x_1 + b_2x_2 + \cdots + b_nx_n = 0$ 的解, 则 $\boldsymbol{\beta}$ 可以由 $\boldsymbol{\alpha}_1, \boldsymbol{\alpha}_2, \cdots, \boldsymbol{\alpha}_m$ 线性表出.

4. 设 $\boldsymbol{\eta}_0$ 为非齐次线性方程组 $\boldsymbol{AX}=\boldsymbol{b}$ 的一个解, $\boldsymbol{\eta}_1,\boldsymbol{\eta}_2,\cdots,\boldsymbol{\eta}_t$ 是它的导出组 $\boldsymbol{AX}=\boldsymbol{0}$ 的一个基础解系. 设 $\gamma_1=\boldsymbol{\eta}_0,\gamma_2=\boldsymbol{\eta}_1+\boldsymbol{\eta}_0,\cdots,\gamma_{t+1}=\boldsymbol{\eta}_t+\boldsymbol{\eta}_0$. 证明: 线性方程组的任一个解 γ 都可表示成 $\gamma=u_1\gamma_1+u_2\gamma_2+\cdots+u_{t+1}\gamma_{t+1}$, 其中 $u_1+u_2+\cdots+u_{t+1}=1$.

5. 设 $\boldsymbol{\alpha}_1,\boldsymbol{\alpha}_2,\cdots,\boldsymbol{\alpha}_n$ 为数域 $\mathbb{F}$ 上 n 维线性空间 V 的一个基, $\boldsymbol{A}$ 是一个 $n\times s$ 矩阵, 且

$$(\boldsymbol{\beta}_1,\boldsymbol{\beta}_2,\cdots,\boldsymbol{\beta}_s)=(\boldsymbol{\alpha}_1,\boldsymbol{\alpha}_2,\cdots,\boldsymbol{\alpha}_n)\,\boldsymbol{A},$$

证明: $L(\boldsymbol{\beta}_1,\boldsymbol{\beta}_2,\cdots,\boldsymbol{\beta}_s)$ 的维数等于 $\boldsymbol{A}$ 的秩.

6. 设 $\boldsymbol{A}$ 和 $\boldsymbol{B}$ 均为数域 $\mathbb{F}$ 上的 $m\times n$ 矩阵. 证明: $r(\boldsymbol{A}+\boldsymbol{B})\leqslant r(\boldsymbol{A})+r(\boldsymbol{B})$.

7. 设 $\boldsymbol{A}$ 和 $\boldsymbol{B}$ 分别为数域 F 上 $n\times m$ 和 $m\times n$ 矩阵. 设 $V=\{\boldsymbol{B\alpha}|\boldsymbol{AB\alpha}=\boldsymbol{0},\boldsymbol{\alpha}\in\mathbb{F}^n\}$. 证明: V 是数域 $\mathbb{F}$ 上的一个线性空间, 且 $\dim V=r(\boldsymbol{A})-r(\boldsymbol{AB})$.

习题参考答案

习　题　1.1

1.

	1	2	3	4	5	6
1	0	1	−1	1	1	1
2	−1	0	−1	1	1	1
3	1	1	0	1	−1	−1
4	−1	−1	−1	0	1	1
5	−1	−1	1	−1	0	1
6	−1	−1	1	−1	−1	0

，排序为 1, 3, 2, 4, 5, 6.

2.

	C	F	J	P	Q	R	U
C	0	1	0	0	0	−2	0
F	0	0	1.5	0	0	0	2
J	0	0	0	1	0	0	0
P	0	0	0	0	0	0	1.5
Q	0	0	0	0.3	0	0	0
R	0	0	0	0	0	0	−0.3
U	1.8	0	0	0	1.2	−0.5	0

.

3.

	甲	乙	丙	丁	戊
1	E	D	A	C	B
2	C	A	E	B	D
3	B	E	D	A	C
4	D	C	B	E	A
5	A	B	C	D	E

.

习　题　1.2

1. (1) $\begin{pmatrix} 7 & 9 & 5 & 7 \\ 4 & 4 & 4 & 7 \\ 3 & 5 & 9 & 11 \end{pmatrix}$;　(2) $\begin{pmatrix} 3 & 1 & 1 & -1 \\ -4 & 0 & -4 & -1 \\ -1 & -3 & -3 & -5 \end{pmatrix}$.

2. (1) (10);　(2) $\begin{pmatrix} 3 & 6 & 9 \\ 2 & 4 & 6 \\ 1 & 2 & 3 \end{pmatrix}$;　(3) $\begin{pmatrix} 4 & 6 \\ 7 & -1 \end{pmatrix}$;

(4) $\begin{pmatrix} 10 & 4 & -1 \\ 4 & -3 & -1 \end{pmatrix}$; (5) $a_{11}x_1^2+a_{22}x_2^2+a_{33}x_3^2+2a_{12}x_1x_2+2a_{13}x_1x_3+2a_{23}x_2x_3$.

3. $\begin{pmatrix} 10 & 3 & 3 \\ 0 & 4 & 0 \\ 3 & 3 & 1 \end{pmatrix}$.

4. (1) $\begin{pmatrix} 2 & -23 \\ 0 & 8 \end{pmatrix}$; (2) $\begin{pmatrix} -5 & 4 & -2 \\ -4 & 5 & -2 \\ -9 & 7 & -4 \end{pmatrix}$.

5. $\boldsymbol{B}=\begin{pmatrix} a & b \\ 0 & a \end{pmatrix}$, 其中 a,b 为任意常数.

6. (1) $\begin{pmatrix} 1 & n \\ 0 & 1 \end{pmatrix}$; (2) $\begin{pmatrix} 1 & n & \dfrac{n(n-1)}{2} \\ 0 & 1 & n \\ 0 & 0 & 1 \end{pmatrix}$; (3) $\begin{pmatrix} \cos n\varphi & \sin n\varphi \\ -\sin n\varphi & \cos n\varphi \end{pmatrix}$.

7. $\begin{pmatrix} 1 \\ 0 \end{pmatrix}, \begin{pmatrix} 1 \\ -1 \end{pmatrix}$.

8. 9. 略.

习 题 1.3

1. $(\boldsymbol{I}_3\ \boldsymbol{0})$.

2. (1) $\begin{pmatrix} 1 & 0 & 0 \\ -\dfrac{1}{2} & \dfrac{1}{2} & 0 \\ 0 & -\dfrac{1}{3} & \dfrac{1}{3} \end{pmatrix}$; (2) $\begin{pmatrix} \dfrac{2}{3} & \dfrac{2}{9} & -\dfrac{1}{9} \\ -\dfrac{1}{3} & -\dfrac{1}{6} & \dfrac{1}{6} \\ -\dfrac{1}{3} & \dfrac{1}{9} & \dfrac{1}{9} \end{pmatrix}$;

(3) $\begin{pmatrix} 0 & 0 & -1 & 1 \\ 0 & -1 & 1 & 0 \\ -1 & 1 & 0 & 0 \\ 1 & 0 & 0 & 0 \end{pmatrix}$; (4) $\begin{pmatrix} 0 & 0 & \cdots & 0 & \dfrac{1}{a_n} \\ \dfrac{1}{a_1} & 0 & \cdots & 0 & 0 \\ 0 & \dfrac{1}{a_2} & \cdots & 0 & 0 \\ \vdots & \vdots & & \vdots & \vdots \\ 0 & 0 & \cdots & \dfrac{1}{a_{n-1}} & 0 \end{pmatrix}$.

3. $\begin{pmatrix} 0 & 1 & 1 \\ -2 & 2 & 8 \\ 0 & 0 & 3 \end{pmatrix}$.

4. (1) $\begin{pmatrix} 10 & 2 \\ -15 & -3 \\ 12 & 4 \end{pmatrix}$; (2) $\begin{pmatrix} 2 & -1 & -1 \\ -4 & 7 & 4 \end{pmatrix}$;

(3) $\begin{pmatrix} 0 & 1 & -1 \\ -1 & 0 & 1 \\ 1 & -1 & 0 \end{pmatrix}$; (4) $\begin{pmatrix} 1 & 2 & 5 \\ 0 & 1 & 2 \\ 0 & 0 & 1 \end{pmatrix}$.

5. 证明: 略. $\boldsymbol{A}^{-1} = \dfrac{1}{2}(\boldsymbol{A} - 3\boldsymbol{I})$.

习 题 1.4

1. (1) $\begin{pmatrix} a & 0 & ac & 0 \\ 0 & a & 0 & ac \\ 1 & 0 & c+bd & 0 \\ 0 & 1 & 0 & c+bd \end{pmatrix}$; (2) $\begin{pmatrix} 1 & 2 & 5 & 1 \\ 0 & 1 & 2 & -4 \\ 0 & 0 & -4 & 3 \\ 0 & 0 & 0 & -9 \end{pmatrix}$.

2. $\begin{pmatrix} \boldsymbol{0} & \boldsymbol{B}^{-1} \\ \boldsymbol{A}^{-1} & \boldsymbol{0} \end{pmatrix}$.

3. (1) $\begin{pmatrix} 0 & -2 & 1 \\ 0 & \dfrac{3}{2} & -\dfrac{1}{2} \\ \dfrac{1}{2} & 0 & 0 \end{pmatrix}$; (2) $\begin{pmatrix} 1 & -2 & 0 & 0 \\ -2 & 5 & 0 & 0 \\ 0 & 0 & 2 & -3 \\ 0 & 0 & -5 & 8 \end{pmatrix}$;

(3) $\begin{pmatrix} 0 & 0 & \cdots & 0 & \dfrac{1}{a_n} \\ \dfrac{1}{a_1} & 0 & \cdots & 0 & 0 \\ 0 & \dfrac{1}{a_2} & \cdots & 0 & 0 \\ \vdots & \vdots & & \vdots & \vdots \\ 0 & 0 & \cdots & \dfrac{1}{a_{n-1}} & 0 \end{pmatrix}$.

4. $X = (\boldsymbol{C}^{-1}\boldsymbol{B})$, 其中 $\boldsymbol{B}$ 是第一列元素全为零而其余元素任意取值的 $n \times 3$ 矩阵.

5. $\begin{pmatrix} 5^4 & 0 & 0 & 0 \\ 0 & 5^4 & 0 & 0 \\ 0 & 0 & 2^4 & 0 \\ 0 & 0 & 2^6 & 2^4 \end{pmatrix}$.

复 习 题 1

1 ~ 3. 略.

4. $(-4)^5\,\boldsymbol{A}$.

5. $\begin{pmatrix} 3^n & C_n^1 3^{n-1} & C_n^2 3^{n-2} & & \\ & 3^n & C_n^1 3^{n-1} & & \\ & & 3^n & & \\ & & & 3\cdot 6^{n-1} & -6^{n-1} \\ & & & -96^{n-1} & 36^{n-1} \end{pmatrix}$.

6. 0.

7. 略.

8. $\begin{pmatrix} -\frac{1}{2} & -\frac{3}{2} & -\frac{5}{2} \\ \frac{1}{2} & \frac{1}{2} & \frac{1}{2} \\ 0 & 1 & 1 \end{pmatrix}$.

9. $\begin{pmatrix} 3 & 4 \\ -1 & -2 \end{pmatrix}$.

10. $\begin{pmatrix} \frac{3}{4} & -\frac{1}{4} & & & \\ \frac{1}{4} & \frac{1}{4} & & & \\ & & -\frac{1}{2} & 0 & 0 \\ & & 0 & 1 & -2 \\ & & 0 & 0 & 1 \end{pmatrix}$.

11. $\boldsymbol{I}(i,j)$.

12. (1) $\boldsymbol{I}+\boldsymbol{A}$; (2) $\begin{pmatrix} \frac{1}{2} & 0 & 0 \\ 0 & \frac{7}{2} & -\frac{3}{2} \\ 0 & 9 & -4 \end{pmatrix}$.

13. $\begin{pmatrix} 1 & 0 & 0 & 0 \\ -2 & 1 & 0 & 0 \\ 1 & -2 & 1 & 0 \\ 0 & 1 & -2 & 1 \end{pmatrix}$.

14. $\begin{pmatrix} 3 & & \\ & 2 & \\ & & 1 \end{pmatrix}$.

15~ 16. 略.

习 题 2.1

1. (1) -2; (2) -10; (3) λ^{2n}; (4) λ^{2n}.

2. $x_1=1, x_2=-\dfrac{1}{2}, x_3=-1$.

3. $|a|>\dfrac{3}{2}$.

4. $r^2\sin\varphi$.

5. 略.

习 题 2.2

1. (1) 27; (2) $\dfrac{n(n+1)}{2}$; (3) $i=6, j=2$.

2. $\dfrac{n(n-1)}{2}-k$.

3. $a_{11}a_{23}a_{34}a_{42}$.

4. (1) $a_{12}a_{23}a_{34}a_{45}a_{51}$; (2) 0; (3) $(-1)^{(n-1)}n!$; (4) $(-1)^{\frac{(n-1)(n-2)}{2}}n!$.

5. 6. 略.

习 题 2.3

1. (1) 1; (2) x^2y^2; (3) $x^n+(-1)^{n+1}y^n$; (4) $(-1)^{n-1}m^{n-1}\left(\sum\limits_{i=1}^{n}x_i-m\right)$;

(5) $-2(n-2)!$; (6) $x^n+a_{n-1}x^{n-1}+\cdots+a_1x+a_0$; (7) 2^{n-1}.

2. 略.

3. -12.

4. -15.

5. 略.

6. 0.

7. $2700-100Q+Q^2$.

习 题 2.4

1. $|\boldsymbol{A}|=2\neq 0,\ \boldsymbol{A}^{-1}=\begin{pmatrix}1 & -\dfrac{1}{2} & \dfrac{1}{2}\\ 1 & -\dfrac{1}{2} & -\dfrac{1}{2}\\ -2 & \dfrac{3}{2} & -\dfrac{1}{2}\end{pmatrix}$.

2. $|\boldsymbol{A}|^{(n-1)^3}$.

3. 32.

4. $\boldsymbol{A}^{-1}=\dfrac{1}{2}(\boldsymbol{A}+\boldsymbol{I})$.

5. 略.

习 题 2.5

1. $4x+y+3z-8=0$.

2. $x_1=1,x_2=-1,x_3=1,x_4=-1,x_5=1$.

3. 当 $n=2$ 时,

$$f(x)=\begin{vmatrix}1&a_1&a_1^2\\1&a_2&a_2^2\\1&a_3&a_3^2\end{vmatrix}^{-1}\left(\begin{vmatrix}b_1&a_1&a_1^2\\b_2&a_2&a_2^2\\b_3&a_3&a_3^2\end{vmatrix}+\begin{vmatrix}1&b_1&a_1^2\\1&b_2&a_2^2\\1&b_3&a_3^2\end{vmatrix}x+\begin{vmatrix}1&a_1&b_1\\1&a_2&b_2\\1&a_3&b_3\end{vmatrix}x^2\right).$$

4. 略.

5. (1) $\lambda\neq\pm1$; (2) $\lambda=\pm1$.

6. $2x^2-3x+1$.

习 题 2.6

1. $\begin{pmatrix}-2&1&-\dfrac{9}{10}&\dfrac{7}{10}\\\dfrac{3}{2}&-\dfrac{1}{2}&\dfrac{13}{20}&-\dfrac{9}{20}\\0&0&\dfrac{4}{10}&-\dfrac{1}{5}\\0&0&-\dfrac{1}{10}&\dfrac{3}{10}\end{pmatrix}$.

2. $\begin{pmatrix}-\boldsymbol{C}^{-1}\boldsymbol{D}\boldsymbol{A}^{-1}&\boldsymbol{C}^{-1}\\\boldsymbol{A}^{-1}&\boldsymbol{0}\end{pmatrix}$.

复 习 题 2

1. (1) 略; (2) 2.

2. (1) 324; (2) $\begin{pmatrix}-\dfrac{1}{3}&-\dfrac{2}{3}&0\\-\dfrac{2}{3}&-\dfrac{1}{3}&0\\0&0&2\end{pmatrix}$.

3. x^4 的系数为 5, x^3 的系数为 -1, $\dfrac{\mathrm{d}^3f(x)}{\mathrm{d}x^3}=120x-6$.

4. $x_1=a_1,x_2=a_2,\cdots,x_{n-1}=a_{n-1}$.

5. (1) $n!$; (2) $\prod\limits_{i=1}^{n}a_i-\prod\limits_{i=2}^{n}a_i\sum\limits_{k=2}^{n}\dfrac{1}{a_k}$;

(3) $a^{n-2}(a^2-b^2)$; (4) $\prod\limits_{1\leqslant j<i\leqslant n}^{n}(x_i-x_j)\sum\limits_{k=1}^{n}x_k$;

(5) 当 $y\neq z$ 时, $\dfrac{y(x-z)^n-z(x-y)^n}{y-z}$; 当 $y=z$ 时, $[x+(n-1)y]\,(x-y)^{n-1}$.

6. (1) 18, -9; (2) $(-1)^{\frac{n(n-1)}{2}}\dfrac{n^{n-1}(n+1)}{2}$.

7. $(n+1)!x^n$.

8. 略.

9. $3^{n+1}-2^{n+1}$.

10. 略.

11 ~ 13. 略.

习　题　3.1

1. (1) 数域.

(2) 不是数域.

(3) 不是数域.

2. 略.

3. 略.

4. (1) 略.

(2) 否, 例如设 $\mathbb{F}=\mathbb{Q}(\sqrt{2})$, $\mathbb{K}=\mathbb{Q}(\sqrt{3})$.

习　题　3.2

1. (1) 无解.

(2) 有唯一解, 解为 $x_1=3,x_2=-4,x_3=-1,x_4=1$.

(3) 有无穷多解, 通解为 $k(-19,7,1)$, 其中 k 为任意常数.

2. (1) 当 $a=0,b=2$ 时, 线性方程组有解, 通解为

$$\begin{pmatrix}-2\\3\\0\\0\end{pmatrix}+k_1\begin{pmatrix}1\\-2\\1\\0\end{pmatrix}+k_2\begin{pmatrix}1\\-2\\0\\1\end{pmatrix},$$

其中 k_1,k_2 为任意常数. 对于其他情形, 线性方程组无解.

(2) 当 $k\neq 0$ 且 $k\neq 2$ 时, 线性方程组有唯一解, 解为

$$\begin{cases}x_1=\dfrac{3}{k},\\ x_2=\dfrac{7k^2-18k+9}{k^2-2k},\\ x_3=\dfrac{-5k^2+14k-9}{k^2-2k}.\end{cases}$$

当 $k=0$ 或 $k=2$ 时, 线性方程组无解.

3. $$\bar{\boldsymbol{A}}=\begin{pmatrix}1&1&-2&3&0\\2&1&-6&4&-1\\3&2&p&7&-1\\1&-1&-2&-2&t+3\end{pmatrix}\rightarrow\begin{pmatrix}1&0&0&0&t+4\\0&1&2&2&1\\0&0&-4&1&-(t+5)\\0&0&0&\dfrac{p+8}{4}&-\dfrac{(p+8)(t+5)}{4}\end{pmatrix}$$

(1) 当 $p \neq -8$ 时, 方程组有唯一解, 为 $(t+4, 2t+11, 0, -(t+5))$.

(2) 当 $p=-8$ 时, 方程组有无穷个解, 通解为 $\left(t+4, -\frac{t+3+5k}{2}, \frac{t+5+k}{4}, k\right)$, 其中 k 为任意常数.

习 题 3.3

1. $\boldsymbol{\alpha}_1, \boldsymbol{\alpha}_2, \boldsymbol{\alpha}_3$ 线性无关.

2. $\boldsymbol{\alpha}_2, \boldsymbol{\alpha}_3, \boldsymbol{\alpha}_4, \boldsymbol{\alpha}_5$ 线性无关, $\boldsymbol{\alpha}_1 = \frac{5}{4}\boldsymbol{\alpha}_2 + \frac{1}{4}\boldsymbol{\alpha}_3 - \frac{1}{4}\boldsymbol{\alpha}_4 - \frac{1}{4}\boldsymbol{\alpha}_5$.

3. 略.

4. (1) 能; (2) 不能.

5. 略.

6. $\boldsymbol{\alpha}_1, \boldsymbol{\alpha}_2, \boldsymbol{\alpha}_3, \boldsymbol{\alpha}_4$ 的秩为 3, 极大线性无关组为 $\boldsymbol{\alpha}_1, \boldsymbol{\alpha}_2, \boldsymbol{\alpha}_4$, 或 $\boldsymbol{\alpha}_1, \boldsymbol{\alpha}_3, \boldsymbol{\alpha}_4$, 或 $\boldsymbol{\alpha}_2, \boldsymbol{\alpha}_3, \boldsymbol{\alpha}_4$.

7. 略.

习 题 3.4

1. (1) 2; (2) 2; (3) 3.

2. (1) 秩为 4; (2) 秩为 4.

3. 略.

4. 利用等式 $\boldsymbol{AB}-\boldsymbol{I} = \boldsymbol{A}(\boldsymbol{B}-\boldsymbol{I}) + (\boldsymbol{A}-\boldsymbol{I})$.

习 题 3.5

1. (1) 基础解系为 $(-2,1,0,0,0)$, $(-4,0,-1,1,0)$, $(3,0,1,0,1)$. 一般解为 $k_1(-2,1,0,0,0) + k_2(-4,0,-1,1,0) + k_3(3,0,1,0,1)$, 其中 k_1, k_2, k_3 为任意常数.

(2) 基础解系为 $(8,-6,1,0), (-7,5,0,1)$. 一般解为 $k_1(8,-6,1,0) + k_2(-7,5,0,1)$, 其中 k_1, k_2 为任意常数.

2. (1) 一般解为

$$\left(\frac{31}{6}, \frac{2}{3}, -\frac{7}{6}, 0\right) + k\left(\frac{1}{2}, 0, -\frac{1}{2}, 1\right), \quad \text{其中 } k \text{ 为任意常数.}$$

(2) 一般解为

$$\left(-\frac{1}{2}, 0, 0, 1, 0\right) + k_1\left(-\frac{7}{12}, 1, 0, 0, 0\right) + k_2\left(-\frac{5}{4}, 0, 1, 0, 0\right) + k_3\left(-\frac{7}{8}, 0, 0, -\frac{1}{2}, 1\right),$$

其中 k_1, k_2, k_3 为任意常数.

3. 当 λ 取 8 或 5 或 2 时, 原方程组有非零解.

4. 方程组有解的充分必要条件是 $a=1$. 当 $a=1$ 时, 方程组的通解为

$$(x,y,z,w) = \left(\frac{2}{5}, -\frac{1}{5}, 0, 0\right) + k_1\left(\frac{3}{5}, \frac{1}{5}, 1, 0\right) + k_2(0,1,0,1),$$

其中 k_1, k_2 为任意常数.

5. 略.

复 习 题 3

1. 向量组 $\boldsymbol{\alpha}_1, \boldsymbol{\alpha}_2, \boldsymbol{\alpha}_3, \boldsymbol{\alpha}_4$ 的秩为 2, $\boldsymbol{\alpha}_1, \boldsymbol{\alpha}_2$ 为其一个极大线性无关组.

2. 当 $a=5$ 时, $\boldsymbol{\beta}=(1-3t)\boldsymbol{\alpha}_1+(t-4)\boldsymbol{\alpha}_2+3\boldsymbol{\alpha}_3+t\boldsymbol{\alpha}_4$, 其中 t 为任意常数.

3. 4. 略.

5. 当 $a \neq 0, b \neq \pm 1$ 时, 有唯一解

$$x_1=\frac{5-b}{a(b+1)}, \quad x_2=-\frac{2}{b+1}, \quad x_3=\frac{2(b-1)}{b+1}.$$

当 $a \neq 0, b=1$ 时, 有无穷多解

$$x_1=\frac{1-c}{a}, \quad x_2=c, \quad x_3=0, \quad \text{其中 } c \text{ 为任意常数}.$$

当 $a \neq 0, b=-1$ 时, 无解.

当 $a=0, b \neq \pm 1, b \neq 5$ 时, 无解.

当 $a=0, b=-1$ 时, 无解.

当 $a=0, b=1$ 时, 有无穷多解

$$x_1=c, \quad x_2=1, \quad x_3=0, \quad \text{其中 } c \text{ 为任意常数}.$$

当 $a=0, b=5$ 时, 有无穷多解

$$x_1=c, \quad x_2=-\frac{1}{3}, \quad x_3=\frac{4}{3}, \quad \text{其中 } c \text{ 为任意常数}.$$

6. 当 $\lambda \neq -2$ 且 $\lambda \neq 1$ 时, 方程组有唯一解, $x_1=\dfrac{-(\lambda+1)}{\lambda+2}, x_2=\dfrac{1}{\lambda+2}, x_3=\dfrac{(\lambda+1)^2}{\lambda+2}$.

当 $\lambda=-2$ 时, 方程组无解.

当 $\lambda=1$ 时, 方程组有无穷多解, 一般解为 $x_1=1-x_2-x_3$, 其中 x_2, x_3 为自由未知量.

7. 用线性方程组解的性质.

8. 略.

9. 当 $k_1+k_2+\cdots+k_s=0$ 时, $k_1\boldsymbol{\eta}_1+k_2\boldsymbol{\eta}_2+\cdots+k_s\boldsymbol{\eta}_s$ 是 $\boldsymbol{A}\boldsymbol{x}=\mathbf{0}$ 的解.

10. 通解为

$$\boldsymbol{\eta}=k\begin{pmatrix}-1\\1\\-7\end{pmatrix}+\begin{pmatrix}2\\0\\3\end{pmatrix}, \quad \text{其中 } k \text{ 为任意常数}.$$

11. 可考虑方程组 $\boldsymbol{A}\boldsymbol{X}=\mathbf{0}$ 的解.

12. 提示: 利用第 11 题结论.

13. 利用等式 $\begin{pmatrix}\boldsymbol{I}_n & \mathbf{0}\\ -\boldsymbol{A} & \boldsymbol{I}_s\end{pmatrix}\begin{pmatrix}\boldsymbol{I}_n & \boldsymbol{B}\\ \boldsymbol{A} & \mathbf{0}\end{pmatrix}\begin{pmatrix}\boldsymbol{I}_n & -\boldsymbol{B}\\ \mathbf{0} & \boldsymbol{I}_m\end{pmatrix}=\begin{pmatrix}\boldsymbol{I}_n & \mathbf{0}\\ \mathbf{0} & -\boldsymbol{A}\boldsymbol{B}\end{pmatrix}$.

习　题　4.1

1. (1) $\lambda_1=\lambda_2=3$, $\lambda_3=1$.

属于 $\lambda_1=\lambda_2=3$ 的特征向量为 $k\,(1,1,-1)^\top$, $k\neq 0$;

属于 $\lambda_3=1$ 的特征向量为 $k\,(3,1,-3)^\top$, $k\neq 0$.

(2) $\lambda_1=\lambda_2=2$, $\lambda_3=6$.

属于 $\lambda_1=\lambda_2=2$ 的特征向量为 $k_1\,(1,-1,0)^\top+k_2\,(1,0,-1)^\top$, k_1,k_2 不全为零;

属于 $\lambda_3=6$ 的特征向量为 $k_3\,(1,2,1)^\mathrm{T}$, $k_3\neq 0$.

(3) $\lambda_1=2$, $\lambda_2=1+\sqrt{3}$, $\lambda_3=1-\sqrt{3}$.

属于 $\lambda_1=2$ 的特征向量为 $k_1\,(-2,1,0)^\top$, $k_1\neq 0$;

属于 $\lambda_2=1+\sqrt{3}$ 的特征向量为 $k_2\left(-3,1,\sqrt{3}-2\right)^\top$, $k_2\neq 0$;

属于 $\lambda_3=1-\sqrt{3}$ 的特征向量为 $k_3\left(-3,1,-\sqrt{3}-2\right)^\top$, $k_3\neq 0$.

(4) $\lambda_1=1$, $\lambda_2=-1$, $\lambda_3=\lambda_4=2$.

属于 $\lambda_1=1$ 的特征向量为 $k_1\,(1,0,0,0)^\top$, $k_1\neq 0$;

属于 $\lambda_2=-1$ 的特征向量为 $k_2\left(-\dfrac{3}{2},1,0,0\right)^\top$, $k_2\neq 0$;

属于 $\lambda_3=\lambda_4=2$ 的特征向量为 $k_3\left(2,\dfrac{1}{3},1,0\right)^\top$, $k_3\neq 0$.

2. 一个特征值为 a, 相应的一个特征向量为 $(1,1,\cdots,1)^\top$.

3. 2.

4. (1) $t=8$;　(2) $k\,(0,1,-2)^\top$,　$k\neq 0$.

5. $0,2,-1$.

6. 略.

7. 21.

8. -1.

9. $3,0,0$.

10. $\lambda_2\neq 0$.

习　题　4.2

1. 略.

2. λ 是 $\boldsymbol{B}$ 的特征值, $\boldsymbol{P}^{-1}\alpha$ 是其一个特征向量.

3. (1) 能对角化, $\boldsymbol{P}=\begin{pmatrix}1&-1&1\\1&0&1\\0&1&2\end{pmatrix}$;

(2) 不能对角化;

(3) 能对角化, $P=\begin{pmatrix}1&1&1\\-1&0&-2\\0&1&3\end{pmatrix}$.

4. $x+y=0$.

5. (1) $a=0,b=1$; (2) $\boldsymbol{P}=\begin{pmatrix}1&0&0\\0&1&1\\0&1&-1\end{pmatrix}$.

6. $\boldsymbol{A}^n=\begin{pmatrix}2^n&2^n-1&2^n-1\\0&2^n&0\\0&1-2^n&1\end{pmatrix}$.

7. $\boldsymbol{P}=\begin{pmatrix}-1&1&1\\2&0&0\\0&2&1\end{pmatrix}$.

8. 2.

9. 当 $a=-2$ 时, $\boldsymbol{A}$ 可相似对角化; 当 $a=-\dfrac{2}{3}$ 时, $\boldsymbol{A}$ 不可相似对角化.

10. 略.

习 题 4.3

1. $\dfrac{\pi}{4}$.

2. (1) $\boldsymbol{\eta}_1=\left(\dfrac{1}{\sqrt{2}},0,\dfrac{1}{\sqrt{2}}\right)$, $\boldsymbol{\eta}_2=\left(\dfrac{1}{\sqrt{6}},\dfrac{2}{\sqrt{6}},-\dfrac{1}{\sqrt{6}}\right)$, $\boldsymbol{\eta}_3=\left(-\dfrac{1}{\sqrt{3}},\dfrac{1}{\sqrt{3}},\dfrac{1}{\sqrt{3}}\right)$;

(2) $\boldsymbol{\eta}_1=\left(\dfrac{1}{2},\dfrac{1}{2},\dfrac{1}{2},\dfrac{1}{2}\right)$, $\boldsymbol{\eta}_2=\left(\dfrac{3}{\sqrt{14}},0,\dfrac{-1}{\sqrt{14}},\dfrac{-2}{\sqrt{14}}\right)$, $\boldsymbol{\eta}_3=\left(\dfrac{1}{\sqrt{42}},0,\dfrac{-5}{\sqrt{42}},\dfrac{4}{\sqrt{42}}\right)$.

3. $\boldsymbol{\alpha}_2=(1,0,-1)$, $\boldsymbol{\alpha}_3=\left(-\dfrac{1}{2},1,-\dfrac{1}{2}\right)$.

4. (1) 不是; (2) 是.

5. 略.

习 题 4.4

1. (1) $\boldsymbol{Q}=\begin{pmatrix}-\dfrac{1}{\sqrt{2}}&-\dfrac{1}{\sqrt{6}}&\dfrac{1}{\sqrt{3}}\\\dfrac{1}{\sqrt{2}}&-\dfrac{1}{\sqrt{6}}&\dfrac{1}{\sqrt{3}}\\0&\dfrac{2}{\sqrt{6}}&\dfrac{1}{\sqrt{3}}\end{pmatrix}$; (2) $\boldsymbol{Q}=\begin{pmatrix}\dfrac{1}{\sqrt{6}}&\dfrac{1}{\sqrt{2}}&\dfrac{1}{\sqrt{3}}\\\dfrac{2}{\sqrt{6}}&0&-\dfrac{1}{\sqrt{3}}\\\dfrac{1}{\sqrt{6}}&-\dfrac{1}{\sqrt{2}}&\dfrac{1}{\sqrt{3}}\end{pmatrix}$;

(3) $\boldsymbol{Q}=\begin{pmatrix}\dfrac{\sqrt{2}}{2}&0&-\dfrac{1}{2}&\dfrac{1}{2}\\0&\dfrac{\sqrt{2}}{2}&-\dfrac{1}{2}&-\dfrac{1}{2}\\\dfrac{\sqrt{2}}{2}&0&\dfrac{1}{2}&-\dfrac{1}{2}\\0&\dfrac{\sqrt{2}}{2}&\dfrac{1}{2}&\dfrac{1}{2}\end{pmatrix}$.

2. $\boldsymbol{A}=\begin{pmatrix}0&1&0\\1&0&0\\0&0&1\end{pmatrix}$.

3. (1) $\lambda_1=3$, 对应的特征向量为 $k_1\begin{pmatrix}1\\1\\1\end{pmatrix}$, $k_1\neq 0$,

$\lambda_2=\lambda_3=0$, 对应的特征向量为 $k_2\begin{pmatrix}-1\\2\\-1\end{pmatrix}+k_3\begin{pmatrix}0\\-1\\1\end{pmatrix}$, k_2,k_3 不全为零;

(2) $\boldsymbol{Q}=\begin{pmatrix}-\dfrac{1}{\sqrt{6}}&-\dfrac{1}{\sqrt{2}}&\dfrac{1}{\sqrt{3}}\\\dfrac{2}{\sqrt{6}}&0&\dfrac{1}{\sqrt{3}}\\-\dfrac{1}{\sqrt{6}}&\dfrac{1}{\sqrt{2}}&\dfrac{1}{\sqrt{3}}\end{pmatrix}$.

4. 5. 略.

6. $a=-1$, $\boldsymbol{Q}=\begin{pmatrix}\dfrac{1}{\sqrt{6}}&-\dfrac{1}{\sqrt{2}}&\dfrac{1}{\sqrt{3}}\\\dfrac{2}{\sqrt{6}}&0&-\dfrac{1}{\sqrt{3}}\\\dfrac{1}{\sqrt{6}}&\dfrac{1}{\sqrt{2}}&\dfrac{1}{\sqrt{3}}\end{pmatrix}$.

7. (1) $\boldsymbol{B}$ 的全部特征值为 $-2,1,1,\boldsymbol{B}$ 的属于 1 的特征向量为 $k_1(1,0-1)^\top+k_2(1,1,0)^\top$, 其中 k_1,k_2 为不全为零的任意常数; $\boldsymbol{B}$ 的属于 -2 的特征向量为 $k_3(1,-1,1)^\top$, 其中 k_3 不为零.

(2) $\boldsymbol{B}=\begin{pmatrix}0&1&-1\\1&0&1\\-1&1&0\end{pmatrix}$.

复习题 4

1. (1) $\lambda_1=1$, 对应的特征向量: $k_1\begin{pmatrix}0\\1\\1\end{pmatrix}$, 其中 k_1 为非零常数.

$\lambda_2=\lambda_3=2$, 对应的特征向量: $k_2\begin{pmatrix}1\\0\\1\end{pmatrix}+k_3\begin{pmatrix}0\\1\\0\end{pmatrix}$, 其中 k_2,k_3 为不全为零常数.

(2) $\lambda_1=\lambda_2=9$, 对应的特征向量: $k_1\begin{pmatrix}-2\\1\\0\end{pmatrix}+k_2\begin{pmatrix}-1\\0\\1\end{pmatrix}$, 其中 k_1,k_2 为不全为零常数.

$\lambda_3=1$, 对应的特征向量: $k_3\begin{pmatrix}1\\2\\3\end{pmatrix}$, 其中 k_3 为非零常数.

2. B.

3. (1) $a=-3$, $b=0$, 特征值为 $\lambda=-1$;

(2) 不能相似于对角阵.

4. $\begin{pmatrix}1&1&1\\0&2&0\\1&-1&1\end{pmatrix}$.

5. (1) $a=-2$; (2) $\boldsymbol{Q}=\begin{pmatrix}\frac{1}{\sqrt{2}}&\frac{1}{\sqrt{6}}&\frac{1}{\sqrt{3}}\\0&-\frac{2}{\sqrt{6}}&\frac{1}{\sqrt{3}}\\-\frac{1}{\sqrt{2}}&\frac{1}{\sqrt{6}}&\frac{1}{\sqrt{3}}\end{pmatrix}$.

6. (1) 当 $b\neq 0$ 时, $\boldsymbol{A}$ 的特征值为 $\lambda_1=1+(n-1)b$, $\lambda_2=\cdots=\lambda_n=1-b$.

属于 λ_1 的特征向量为 $k\boldsymbol{\xi}_1=k(1,1,1,\cdots,1)^\top$, 其中 k 为非零的常数.

属于 λ_2 的特征向量为 $k_2\boldsymbol{\xi}_2+k_3\boldsymbol{\xi}_3+\cdots+k_n\boldsymbol{\xi}_n$, 其中 $k_2,k_3,\cdots,k_n$ 为不全为零的常数, $\boldsymbol{\xi}_2=(1,-1,0,\cdots,0)^\top$, $\boldsymbol{\xi}_3=(1,0,-1,\cdots,0)^\top$, $\cdots$, $\boldsymbol{\xi}_n=(1,0,0,\cdots,-1)^\top$.

当 $b=0$ 时, 特征值为 $\lambda_1=\cdots=\lambda_n=1$, 此时任意非零向量均为特征向量.

(2) 当 $b\neq 0$ 时, A 有 n 个线性无关的特征向量, 设 $\boldsymbol{P}=(\boldsymbol{\xi}_1,\boldsymbol{\xi}_2,\cdots,\boldsymbol{\xi}_n)$, 则

$$\boldsymbol{P}^{-1}\boldsymbol{A}\boldsymbol{P}=\begin{pmatrix}1+(n-1)b&&&\\&1-b&&\\&&\ddots&\\&&&1-b\end{pmatrix}.$$

当 $b=0$ 时, $\boldsymbol{A}=\boldsymbol{I}$, 对任意可逆矩阵 $\boldsymbol{P}$, 均有 $\boldsymbol{P}^{-1}\boldsymbol{A}\boldsymbol{P}=\boldsymbol{I}$.

7. (1) $\boldsymbol{B}=\begin{pmatrix}0&0&0\\1&0&3\\0&1&-2\end{pmatrix}$; (2) -4.

习 题 5.1

1. (1) $\begin{pmatrix}1&\frac{1}{2}&0\\\frac{1}{2}&2&-1\\0&-1&0\end{pmatrix}$, 3; (2) $\begin{pmatrix}1&1&0\\1&2&2\\0&2&4\end{pmatrix}$, 2;

(3) $\begin{pmatrix} 0 & \frac{1}{2} & 0 & 0 \\ \frac{1}{2} & 0 & -1 & 0 \\ 0 & -1 & 0 & \frac{3}{2} \\ 0 & 0 & \frac{3}{2} & 0 \end{pmatrix}$, 4; (4) $\begin{pmatrix} 1 & 2 & 2 & 1 \\ 2 & 2 & 1 & 1 \\ 2 & 1 & 0 & 1 \\ 1 & 1 & 1 & 1 \end{pmatrix}$, 3.

2. $f(x_1, x_2, x_3) = x_1^2 + x_3^2 - 4x_1x_2 + 2x_1x_3 + 2x_2x_3$.

3. $\begin{pmatrix} 1 & 3 & 5 \\ 3 & 5 & 7 \\ 5 & 7 & 9 \end{pmatrix}$.

4. $\begin{pmatrix} 0 & 1 & 0 \\ 1 & 0 & 0 \\ 0 & 0 & 1 \end{pmatrix}$.

5. (1) $f = 2y_1^2 - y_2^2 + 4y_3^2$; (2) $f = y_1^2 - y_2^2 + y_3^2$.

习 题 5.2

1. (1) $y_1^2 + y_2^2$; (2) $-y_1^2 + y_2^2 - 12y_3^2$; (3) $2y_1^2 - 2y_2^2$; (4) $y_1^2 - 4y_2^2 + y_3^2$.

2. (1) $\begin{pmatrix} 0 & 1 & 0 \\ \frac{1}{\sqrt{2}} & 0 & \frac{1}{\sqrt{2}} \\ -\frac{1}{\sqrt{2}} & 0 & \frac{1}{\sqrt{2}} \end{pmatrix}$, $y_1^2 + 2y_2^2 + 5y_3^2$; (2) $\begin{pmatrix} -\frac{2}{\sqrt{5}} & \frac{2}{3\sqrt{5}} & -\frac{1}{3} \\ \frac{1}{\sqrt{5}} & \frac{4}{3\sqrt{5}} & -\frac{2}{3} \\ 0 & \frac{5}{3\sqrt{5}} & \frac{2}{3} \end{pmatrix}$, $2y_1^2 + 2y_2^2 - 7y_3^2$.

3. (1) 规范形为 $y_1^2 + y_2^2 - y_3^2$, 正惯性指数为 2, 秩为 3.

(2) 规范形为 $y_1^2 - y_2^2$, 正惯性指数为 1, 秩为 2.

4. $\begin{pmatrix} \frac{1}{\sqrt{2}} & 0 & \frac{-1}{\sqrt{2}} \\ 0 & 1 & 0 \\ \frac{1}{\sqrt{2}} & 0 & \frac{1}{\sqrt{2}} \end{pmatrix}$.

5. $c = 3$, $\begin{pmatrix} \frac{1}{\sqrt{2}} & \frac{1}{\sqrt{3}} & \frac{-1}{\sqrt{6}} \\ \frac{1}{\sqrt{2}} & -\frac{1}{\sqrt{3}} & \frac{1}{\sqrt{6}} \\ 0 & \frac{1}{\sqrt{3}} & \frac{2}{\sqrt{6}} \end{pmatrix}$.

习 题 5.3

1. (1) 是正定的; (2) 不是正定的.

2. (1) $-\frac{4}{5} < a < 0$; (2) $a > 2$.

3. $-3 < a < 1$.

4 ~ 6. 略.

复习题 5

1. −3.

2. 略.

3. (1) 2; (2) $\begin{pmatrix} 1 & 0 & 0 & 0 \\ 0 & 1 & 0 & 0 \\ 0 & 0 & 1 & -\frac{4}{5} \\ 0 & 0 & 0 & 1 \end{pmatrix}$.

4. 略.

5. $a=3, b=1, \boldsymbol{P}=\begin{pmatrix} \frac{1}{\sqrt{2}} & \frac{1}{\sqrt{3}} & \frac{1}{\sqrt{6}} \\ 0 & -\frac{1}{\sqrt{3}} & \frac{2}{\sqrt{6}} \\ -\frac{1}{\sqrt{2}} & \frac{1}{\sqrt{3}} & \frac{1}{\sqrt{6}} \end{pmatrix}$.

6. $2y_1^2+2y_2^2+2y_3^2$.

7. 正定.

8. 2, 0; 椭圆柱面.

9. $-1<k<0$.

10 ~ 17. 略.

习 题 6.1

1. 2. 略.

3. (1) 否; (2) 否; (3) 是; (4) 是; (5) 是.

习 题 6.2

1. 略.

2. 当 s 为奇数时, 向量组线性无关; 当 s 为偶数时, 向量组线性相关.

3 ~ 5. 略.

习 题 6.3

1. $\dim \mathbb{F}^{n\times n}=n^2$, 基为 E_{ij}, $i,j=1,2,\cdots,n$.

2. $(1,1,\cdots,1)$.

3. $\left(f(-a), f'(-a), \cdots, \dfrac{f^{(n-1)}(-a)}{(n-1)!}\right)$.

习 题 6.4

1. 略.

2. 维数为 3, $\boldsymbol{\alpha}_1, \boldsymbol{\alpha}_2, \boldsymbol{\alpha}_4$ 为一个基.

3. $\begin{pmatrix} -27 & -71 & -41 \\ 9 & 20 & 9 \\ 4 & 12 & 8 \end{pmatrix}$.

4. 维数为 1, $(4,-3,5,4)$ 为一个基.

5. 特征值为 2, 1 (2 重). 对应于特征值 2 的特征子空间为 $\{k(0,0,1):k$ 任意常数$\}$, 维数为 1. 对应于特征值 1 的特征子空间为 $\{k(0,1,0):k$ 任意常数$\}$, 维数为 1.

习 题 6.5

1. 略.
2. 不存在.
3. 略.

习 题 6.6

1. 2. 略.

习 题 6.7

1. 2. 略.

复习题 6

1. (1) 略. (2) 提示: $x^n-1=\prod_{i=1}^{n}(x-a_i)$, 把 $f_r(x)$ 的系数用单位根表示出来.

$2\sim7$. 略.